"十三五"国家重点出版物出版规划项目

经济科学译丛

现代劳动经济学
理论与公共政策

（第十三版）

罗纳德·G. 伊兰伯格（Ronald G. Ehrenberg）
罗伯特·S. 史密斯（Robert S. Smith） 著

刘昕 译

MODERN LABOR ECONOMICS:
THEORY AND PUBLIC POLICY
(THIRTEENTH EDITION)

中国人民大学出版社
·北京·

《经济科学译丛》总序

中国是一个文明古国，有着几千年的辉煌历史。鸦片战争后，中国由盛而衰，一度成为世界上最贫穷、落后的国家之一。中国共产党领导的革命把中国从饥饿、贫困、被欺侮、被奴役的境地中解放出来。1949 年中华人民共和国成立，中国人民从此当家做主。1978 年以来的改革开放，使中国真正走上了通向繁荣富强的道路。

中国改革开放的目标是建立一个有效的社会主义市场经济体制，加速发展经济，提高人民生活水平。但是，要完成这一历史使命绝非易事，我们不仅需要从自己的实践中总结教训，也要从别人的实践中获取经验，还要用理论来指导我们的改革。市场经济虽然对我们这个共和国来说是全新的，但市场经济的运行在发达国家已有几百年的历史，市场经济的理论亦在不断发展完善，并形成了一个现代经济学理论体系。虽然许多经济学名著出自西方学者之手，研究的是西方国家的经济问题，但他们归纳出来的许多经济学理论反映的是人类社会的普遍行为，这些理论是全人类的共同财富。要想迅速稳定地改革和发展我国的经济，我们必须学习和借鉴世界各国包括西方国家在内的先进经济学的理论与知识。

本着这一目的，我们组织翻译了这套经济学教科书系列。这套译丛的特点是：第一，全面系统。除了经济学、宏观经济学、微观经济学等基本原理之外，这套译丛还包括了产业组织理论、国际经济学、发展经济学、货币金融学、财政学、劳动经济学、计量经济学等重要领域。第二，简明通俗。与经济学的经典名著不同，这套丛书都是国外大学通用的经济学教科书，大部分都已发行了几版或十几版。作者尽可能地用简明通俗的语言来阐述深奥的经济学原理，并附有案例与习题，对初学者来说，更容易理解与掌握。

经济学是一门社会科学，许多基本原理的应用受各种不同的社会、政治或经济体制的影响，许多经济学理论是建立在一定的假设条件上的，假设条件不同，结论也就不一定成立。因此，正确理解掌握经济分析的方法而不是生搬硬套某些不同条件下产生的结论，才是我们学习当代经济学的正确方法。

本套译丛于 1995 年春由中国人民大学出版社发起筹备并成立了由许多经济学专家学者组织的编辑委员会。中国留美经济学会的许多学者参与了原著的推荐工作。中国人民大学出版社向所有原著的出版社购买了翻译版权。北京大学、中国人民大学、复旦大学以及中国社会科学院的许多专家教授参与了翻译工作。前任策划编辑梁晶女士为本套译丛的出版做出了重要贡献，在此表示衷心的感谢。在中国构建高水平社会主义市场经济体制的时期，我们把这套译丛献给读者，希望为中国经济的深入改革与发展做出贡献。

《经济科学译丛》编辑委员会

译者前言

劳动经济学是应用经济学中的一个重要分支学科，我国劳动经济学的发展始于新中国成立初期，只是当时的劳动经济学一方面在理论上主要依托政治经济学的相关理论，另一方面又将劳动管理的内容掺杂其中，因而，我国早期的劳动经济学与国外的劳动经济学无论是在研究方法方面，还是在研究内容方面，都存在较大的差异。随着中国的改革开放以及经济体制改革的深入进行，尤其是随着我国劳动力市场的形成和发展，我国的劳动经济学也逐渐开始转向对劳动力市场以及基于劳动力市场的公共政策的研究，研究方法和研究内容都出现了与国际接轨的趋势。尽管我国的劳动力市场发育过程、政府对劳动力市场的干预程度以及干预方式与西方国家存在一定的差异，但是劳动力市场的运行仍然存在一些共性的原理，如何基于劳动力市场运行的一般原理来研究中国的劳动力市场运行及其相关的公共政策，是我国劳动经济学者面临的一个重要挑战。

我国是一个人口大国，但却并非人力资源强国，如何在充分发挥劳动力市场功能的基础上，一方面提升我国的人力资源配置效率，另一方面提升我国的人力资源质量，对于中国的经济增长以及社会发展来说具有重要的意义。这是学习和研究劳动经济学在宏观层面的价值。此外，在市场竞争中生存和发展的企业也是时时刻刻都在与劳动力市场打交道，尤其是新员工的招募甄选、员工的离职以及薪酬水平的决定等人力资源管理内容，都涉及组织外部的劳动力市场，因此，企业必须了解劳动力市场的运行规律，才能在劳动力市场上的人才争夺中占据有利位置。最后，对于个人来说，了解了劳动力市场的功能及其作用机理，理解了企业的劳动力需求行为、劳动力供给行为以及人力资本投资理论等基本原理，有助于劳动者在劳动力市场上做出更为明智、有效的决策，从而促进个人实现职业发展和自我价值。因此，学习劳动经济学的基本知识，无论是对于国家、企业来说，还是对于个人来说，都是非常有意义的。

《现代劳动经济学：理论与公共政策》一书是劳动经济学领域的一本经典教材，自 1982 年问世以来，经过了多次修订再版。1991 年时，该书的第一个中文版由原中国劳动出版社出版，这个版本是根据原书 1988 年的第三版翻译过来的，由当时正在中国人民大学学习劳动经济学的潘功胜博士等人翻译。刘昕教授于 1997 年获得国内第一个劳动经济学博士学位，在留校任教后与潘功胜博士共同完成了本书第六版中文版的翻译工作。潘功胜博士因为先后在中国工商银行总行、中国农业银行总行以及中国人民银行等机构担任重要职务，无法继续参与本书的翻译工作，后由刘昕教授独立完成了此书第八版（2007 年）以及第十版（2015 年）的翻译工作，现在第十三版中文版仍然由刘昕教授完成。中国人民大学劳动人事学院和公共管理学院前院长董克用教授自 1991 年该书的中文版首次出版时开始，便一直担任此书各中文版（也包括当前这一版）的校阅工作，不仅在一些关键词汇的翻译以及概念的统一上提出了很多建设性的意见，同时也为本书翻译的准确性提供了重要的保证。

在此次第十三版的翻译过程中，中国人民大学公共管理学院组织与人力资源研究所的硕士生曾琦和邵舜帮助译者找出了第十三版和第十二版之间的区别，并对一些内容进行了初步的翻译。在此，我们要对他们的辛勤劳动表示感谢。此外，我们也要感谢一直在使用这本教材中文版的国内各高校的教师和学生，你们的期望和鼓励是推动我们一直保持着翻译此书的热情的强大动力。

本书非常适合劳动经济学、人力资源管理、社会保障等专业的学生作为专业基础课程来学习，也适合对劳动力市场问题感兴趣的其他专业的学生阅读，同时，本书也可以作为政府人力资源和社会保障部门工作者以及企业人力资源专业人员提高自身理论水平的教材。我们衷心希望本书第十三版的面世能够继续对我国劳动经济学及其相关领域的人才培养以及教学和科研工作产生有益的影响。

前　言

《现代劳动经济学：理论与公共政策（第十三版）》一书是建立在我们在劳动力市场经济学领域的近四十年教学经验以及为影响公共政策而进行的多项研究的基础之上的。本书发展了劳动力市场行为的现代理论，总结了能够支持或反对每一种假设的实证证据，详细阐述了相关概念对公共政策分析的作用。我们坚信，向学生们展示概念和原理的社会实践含义将会激发他们的学习热情，同时，在一种分析性的背景下运用每一章中学习的那些概念也会使学生们了解到它们在实践中是如何得到运用的。本书的一个主要特色是对相关概念和理论的政策应用进行了大量的深入阐述。

如果按照经济学家们信奉的那样，即能否“通过市场检验”是判断一项创新能否取得成功的终极标准，那么，《现代劳动经济学：理论与公共政策（第十三版）》的正式发行就是我们为使读者满意以及获得读者的关注所做的一种努力。我们相信，在政策分析和评估领域，经济分析方法正在被越来越广泛接受，同时也日益受到重视。劳动经济学也已经成为经济学领域中充满活力且正在蓬勃发展的一个分支学科。《现代劳动经济学：理论与公共政策》最早出版于劳动力市场的新古典分析方法替代制度分析方法成为主流范式的大约十年之后。在接下来的几十年中，这种范式在对劳动力市场问题以及影响劳动力市场的各种制度进行分析方面都变得日益复杂。这一时期对于每一位劳动经济学家来说都是激动人心的，也是收获颇丰的，而我们对于将这一领域介绍给学生们的初衷至今未改。

□ 第十三版新增的内容

第一，《现代劳动经济学：理论与公共政策（第十三版）》通过全面的更新吸收了与劳动力市场有关的一些描述性数据以及最新的一些专业学术文献。我们的目标是：通过这种更新使本书成为一份与劳动力市场的关键性、事实性信息以及劳动经济学专业文献有关的综合性参考。

第二，我们通过系统的描述和分析揭示了数字化和计算能力的巨大进步是如何改变了劳动力需求（第 4 章），以及这种变化对工资性报酬分配不均等所产生的影响——其中包括特定的技能（包括社会技能）所获得的回报以及一个赢者通吃的市场（第 15 章）。在医疗成本不断上涨以及对医疗保险法律产生激烈争论的背景下，我们在讨论补偿性工资差别这一章（第 8 章）中增加了一部分内容，来充分讨论《平价医疗法案》给雇主带来的成本。

第三，各个专栏中的例子描述了经济理论可以怎样被用来帮助我们理解日常生活和历史发展，这些例子在过去的 12 个版本中已经成为《现代劳动经济学：理论与公共政策》的关键特征。在第十三版中，我们增加了 7 个新的例子，其中包括对从"助推"的社会使用价值到在线劳动力市场的分析。

□ 本书总览

《现代劳动经济学：理论与公共政策（第十三版）》一书是为本科生或不具备较深经济学背景的研究生设计的一学期或四个月的劳动经济学课程所用的教材。从 1974 年开始，我们在康奈尔大学的劳工关系学院教授相关的课程。对于本科生的课程，我们要求学生必须首先学习过经济学基本原理，对于研究生（类似 MBA 专业学位研究生）则没有特别的先修课程要求。我们发现，为了让学生理解一些重要的原理，并不一定非要运用一些非常具备技术性的手段来讲授这门课程，那些仅具备有限经济学知识的学生也可以在这一门课程中掌握很多内容。而对于那些已经具备中级微观经济学基础的学生而言，我们则特别在其中的 7 章提供了附录，用于对课本中没有提供的一些更为高级的内容进行讲解，或者是对一些技术性概念和原理进行更为详细的讨论。

劳动经济学一直被视为一门"应用"经济学，而要让这门学科真正接地气，就要求运用者至少熟悉一些基本的方法论技术及其存在的相关问题。第 1 章的附录展示了对回归分析的简要介绍。之后的每一章都附有一个与各章讲授内容相关的"实证研究"专栏，从而使学生们了解进行应用研究的经济学家们面临的各种方法论问题。

在第 1 章中介绍了劳动经济学的一些基本概念之后，第 2 章则对劳动力市场的需求和供给进行了一个简要的介绍，从而使学生可以在一开始便明白对劳动力市场行为产生影响的两种主要力量之间的关系。对于那些只上四个月课程的学生以及具有较强的经济学背景的学生来说，第 2 章可以略过。第 3 章到第 5 章主要讨论了劳动力需求问题，而第 6 章到第 10 章则着重讨论了劳动力供给问题。

从第 11 章开始，我们运用经济学原理分析了令学生们特别感兴趣的几个劳动力市场方面的问题。第 11 章讨论了薪酬和生产率之间的关系；而第 12 章则重点关注了女性及少数族裔劳动者群体的工资性报酬问题——其中也包括歧视的问题；第13章主要运用经济学原理分析了私营部门及公共部门中的集体谈判问题；第14章讨论了失业问题。

第15章及第16章针对在过去的二三十年中非常重要的两个政策问题进行分析，这就是工资性报酬分配的不均等程度扩大问题（第15章）以及国际贸易和生产共享日益扩大产生的影响（第16章）。这两章都具有双重作用：一是回顾并实际应用在前面各章中讲述的一些关键原理，二是分析这两个方面的重要政策问题。

除了公共政策案例的运用以及提供了一些技术性的附录之外，本书还包含了一些方便教学的内容。第一，在每一章中都开辟了一些专栏，这些专栏中的案例都描述了那一章中讲述的理论在一些非传统的、历史的、商业性的或跨文化背景下的应用情况。第二，在每一章中都包含了一些需要讨论或思考的问题，这可以使学生们将在该章中学到的内容应用于具体的政策问题分析。为了确保学生们能够掌握这些知识，我们在本书后面提供了每一章奇数题的答案。第三，在每章后面列出的推荐阅读材料指导学生们去阅读更高级的学习资源。第四，本书所有的脚注都进行了更新，以便确保所引用的都是相关问题方面的最新文献，更新这些文献的目的是为那些愿意在某个问题上进行更为深入学习的学生或教师提供参考材料。

□ 本书的其他辅助材料*

《现代劳动经济学：理论与公共政策（第十三版）》为读者提供了综合性的网站支持，其中包括学习指南、测试题、定量和计量经济学练习、各章概览、复习题、应用练习题、PPT讲义、案例研究、网页链接以及教师手册等。这些材料都已经根据第十三版的内容做了全面更新，请访问与本书配套的学习网站 www.routledge.com/cw/ehrenberg。

在这里，我们由衷感谢 Elizabeth Wheaton 提供的计量经济学和定量分析题，Leonie Stone 编写的教师手册、PPT讲义和学习指南以及 Richard Haskell 提供的案例研究。

□ 致谢

我们在此要衷心感谢很多人对我们的帮助。首先，我们要感谢在我们做学生时或担任年轻教师时帮助我们学习劳动经济学原理及这些原理与社会存在的关联性的老师们，他们是 Orley Ashenfelter，Frank Brechling，George Delehanty，Dale Mortensen，John Pencavel，Orme Phelps 以及 Mel Reder。其次，我们要感谢在本书的每一个新版本面世前能够从头到尾在课堂上听我们讲授的各位本科生和研究生，正是由于他们的提问以及回应促使我们不断完善本书。最后，是本书的审议者，他们针对这个最新版本的未来情况提供了非常有价值的反馈。

* 中国人民大学出版社并未购买这些辅助材料的版权。——出版者注

此外，有不少同事都通过正式或非正式的方式为我们完善本书提供了帮助。我们特别感谢以下人员提出的建议：

John Abowd
（康奈尔大学）
Francine Blau
（康奈尔大学）
George Boyer
（康奈尔大学）
Gary Fields
（康奈尔大学）
Kevin Hallock
（康奈尔大学）
Rebert Hutchens
（康奈尔大学）
George Jakubson
（康奈尔大学）
Lawrence Kahn
（康奈尔大学）
Tim Schmidle
（纽约州伊萨卡）

罗纳德·G. 伊兰伯格
罗伯特·S. 史密斯

目　录

第 1 章 导　论

经济理论对个人行为以及社会行为提供了非常有力的独到见解。这些见解之所以引人入胜，是因为它们可以帮助我们理解与我们的生活息息相关的很多重要内容。不仅如此，政府、企业、劳动者以及其他人群也逐渐意识到，经济学家的思想以及他们的思维过程对社会政策的制定同样是非常有用的。

本书对雇主和员工的行为以及他们之间的相互关系进行了经济分析。2016 年，美国员工从其雇主手中获得的薪酬总额为 9.9 万亿美元，而当年所有其他形式——来源于投资、自雇佣、养老金以及各种政府福利计划——的个人收入总额是 5.8 万亿美元。因此，雇佣关系在我们的现实生活中是最基本的关系之一，它因此也引起了各国立法机构的高度关注。要想理解大量的社会问题和各种社会计划——无论是美国的还是其他国家或地区的，就必须掌握劳动经济学的基本原理。

作为积极参与分析和评价公共政策的经济学家，我们当然相信，劳动经济学对理解这些公共政策或计划所产生的效果是非常有用的。更为重要的或许是，政策分析对讲授劳动经济学的基本原理来说非常有益。因此，在将这种政策分析贯穿于本书各章的过程中，我们要时刻牢记以下两个方面的目的：第一，我们认为，让学生们明白自己学习的这些经济学原理与现实之间存在的联系及其社会实践含义，会激发学生的学习兴趣；第二，在政策分析背景下运用各章中的经济学原理，有助于加深学生对这些理论的理解，让他们明白这些原理是怎样“发挥作用”的。

劳动力市场

据说，曾经有一位美国劳工部长试图从本部门的出版物中摒弃劳动力市场一词，因为他认为，将劳动力视为像粮食、石油或钢铁等物品一样来买卖的做法，实在是对劳动者的一种侮辱。诚然，从几个方面来说，劳动力是具有其独特性的。首先，劳动力服务只能被租用，而劳动者本人是不能被买卖的。其次，由于劳动力服务不可能与劳动者相互分离，因此，租用劳动力服务的条件本身与租用劳动力服务的价格是同样重要的。与商品市场相比，在雇用劳动力的交易中，非货币因素——工作环境、工伤风险、管理者的个性特点、对公平对待的感知以及工作时间的灵活性等——显得更为重要。最后，很多会对雇佣关系产生影响的机构和立法在其他市场上也是不存在的。

然而，无论如何，由于以下几个方面的原因，雇主和员工之间存在的这种租借劳动力服务的情况很显然构成了一个市场：第一，为了便于劳动力服务买卖双方之间的联系和接触，建立起了像专门的招募和雇佣机构等这样一些组织。第二，一旦劳动力服务买卖双方之间建立了联系，在求职申请和面试过程中，双方之间就会交换关于劳动力服务的价格和质量等方面的信息。第三，当双方经过协商达成一致之后，还需要签订某种正式或非正式的合同，在合同中约定薪酬、工作条件、就业保障甚至合同期限等方面的内容。通常情况下，这些合同都要求雇主根据劳动者的实际工作时间，而不是他们生产的产品来支付薪酬。这种形式的薪酬就要求雇主在甄选和雇用员工的过程中必须对劳动者的工作动机及其可靠性给予充分的关注。

雇主和员工之间在劳动力市场上进行交易的最终结果就是以一定的工资率将劳动者配置于特定的工作岗位上。对劳动力服务的这种配置，不仅是劳动者个人的需要，同时也是整个社会的需要。借助于劳动力市场，一个国家最为重要的资源——劳动力——就被配置到了不同的企业、行业、职业以及地区之中。[①]

劳动经济学：一些基本概念

劳动经济学是对劳动力市场的运行及其结果进行研究的一门学科。更确切地说，劳动经济学所要研究的是雇主和员工对工资、价格、利润以及雇佣关系中的非货币因素（如工作条件）所做出的行为反应。这些刺激因素既会鼓励一个人做出选择，同时也会限制一个人的选择。经济学的关注点在于推导出那些非个人化的，并且能够适用于广泛人群的行为。

例如，我们在本书中将考察：工资与就业机会之间的关系；工资、收入和工作决策之间的相互作用；各种一般性市场刺激因素对劳动者的职业选择产生影响的方

① 关于从哲学的角度分析工作的文章，参见 Yoram Weiss，“Work and Leisure：A History of Ideas，” Journal of Labor Economics 27 (January 2009)：1－20。

式；工资水平与令人不愉快的工作特征之间的关系；对教育和培训投资产生激励的因素及其产生的效果；工会对工资、生产率和员工流动性产生的影响等。在这一过程中，我们将分析下列各种社会政策对就业和工资产生的影响：比如关于最低工资和加班的法律规定、职业安全与健康方面的立法、福利改革、工薪税、失业保险、移民政策以及反歧视立法等。

我们对劳动经济学的研究将从两个层次展开。在本书的大部分章节中，我们将运用经济理论来分析“是什么”的问题，即我们将运用实证经济学的分析方法来解释人们的行为；在其他章节中，我们将运用规范经济学的分析方法来判断“应该是什么”的问题。

□ 实证经济学

实证经济学是一种行为理论，它假定人们通常都会对收益做出积极的反应，而对成本则做出消极的反应。就此而言，实证经济学非常类似于斯金纳的心理学理论，他的心理学理论认为，人们的行为是通过报酬和惩罚两种方式被塑造出来的。在经济理论中，这种报酬包括货币方面以及非货币方面的利益（收益），而惩罚则是放弃的机会（成本）。例如，一个人如果因为外科医生的工资性报酬和社会地位较高而选择成为一名外科医生，那么，他就必须放弃成为一名律师的机会，并且必须在 24 小时中随时做好为病人提供服务的准备。因此，在进行这种职业选择时，必须同时考虑收益和成本两个方面的因素。

稀缺性 构建经济理论基础的一个普遍假设就是资源的稀缺性。这种假设认为，无论是社会还是个人都没有充分的资源来满足其所有的需要。因此，用来满足某一组需要的资源本来都是可以用于满足另外一组需要的。这就意味着，任何一项决策或者行动都是有成本的。例如，一家政府业务承包商在雇用劳动力修筑公路时产生的真实成本，实际上包括由于未能将这些劳动力用于其他商品或服务的生产而导致的产出损失。因此，用一句俗语来说，就是“天下没有免费的午餐”。总之，我们必须不断地做出选择，并且承受这些选择带给我们的报酬和成本。此外，当我们做出这些选择时，我们总是会受到可获得的资源的约束。

理性 实证经济学的第二个基本假设是，人是理性的——人都有自己的目标，并且总是会以一种前后一致的方式来追求这种目标。在考虑人的问题时，经济学家总是假定，他们所追求的目标是效用最大化——假定人们总是会努力（在自己有限的资源范围内）使自己过得尽可能幸福。当然，这里所说的效用既可以从与就业有关的货币报酬中获得，也可以从与之相关的非货币报酬中获得。

在考虑企业行为时，经济学家假设这种非个人化的实体追求的行为目标是利润最大化。事实上，利润最大化只不过是效用最大化的一个特例而已，它只强调了货币收益，而忽略了非货币因素。

这种理性假设意味着，行为主体对一般性经济刺激所做出的行为反应具有一致性，同时，当这些经济刺激发生变化之后，行为主体的行为又具有适应性。这两种行为特征是预测劳动者个人和企业如何对各种经济刺激做出反应的基础。[①]

□ 实证经济学模型及其预测

经济学中的行为预测或多或少都直接源于理性和稀缺性这两种基本假设。劳动者个人必须不断地做出选择，例如：是否寻求其他工作；是否接受加班要求；是否迁移到其他地区；是否获得更高程度的教育水平等。雇主也必须不断地做出选择，例如，达到多高的产出水平以及利用什么样的机器与劳动力组合来生产这些产出等。经济学家通常会假设，员工和雇主在做这些选择时所依据的指导方针是效用最大化或利润最大化。然而，对于这种经济行为理论来说，雇主或员工中的任何一方所追求的特定目标并非最重要的，相反，经济主体为实现某些目标或其他目标而对各种备选方案的成本和收益所进行的那些权衡才更为重要。

有人可能会提出异议，认为这些假设是不现实的，因为人们并不会像经济学家假定的那样去进行计算，同时他们也并不知道所有的备选方案，或者是并不像经济学家假设的那样有那么多的选择机会。而经济学家则很可能会回答，如果人们并不进行计算，也不知道自己有什么备选方案，或者是根本就没有任何选择机会，那么经济理论做出的大多数预测就不会得到现实世界证据的支持。他们认为，对作为实证经济学基础的这些理论所做的判断，应当基于经济理论做出的预测，而不是经济理论提出的假设。

我们之所以需要提出假设，并且创建一种相对较为简单的行为理论，是因为劳动力市场的实际运行状况复杂得令人难以想象。每天都有数以百万计的劳动者和雇主在相互接触，其中的每一个人都有着自己不同的动机、偏好、信息以及对个人利益的理解。而我们需要揭示的则是有助于对劳动力市场运行进行合理解释的一些一般性原理。我们希望通过本书来说明，有几种因素对劳动力市场行为来说是具有决定性作用的。仅仅抓住这几种因素，我们就可以预测或解释我们观察到的劳动力市场上的许多结果和行为。

当我们试图运用一些为数不多的基本因素来解释一系列复杂的行为和结果时，我们就创建了一个模型。这些模型并不试图囊括与行为有关的所有复杂因素；相反，创建模型的目的恰恰在于过滤掉一些随机的和异常的因素，从而使我们可以将重点放在对一般原理的研究上。物理学中的一个类似模型可以使我们更加清楚地认识这些模型的实质以及它们与实际行为之间的关系。

---

① 关于理性和相关的偏好问题，参见 Gary Becker，"Irrational Behavior and Economic Theory，" Journal of Political Economy 70（February 1962）：1-13。另外三篇是发表于 Journal of Economic Literature 36（March 1998）的文章，分别是：Matthew Rabin，"Psychology and Economics，" 11-46；Jon Elster，"Emotions and Economic Theory，" 47-74；and Samuel Bowles，"Endogenous Preference：The Cultural Consequences of Markets and Other Economic Institutions，" 75-111。又可见 Richard H. Thaler，"From Homo Economics to Homo Sapiens，" Journal of Economic Perspectives 14（Winter 2000）：133-141。

一个物理学模型 物理学家通过简单地计算速度和重力就可以预测出，如果以一定的力将一个球与地面成一定的夹角踢出去，这个球会落在何处。球的实际下落点可能会偏离物理学家预测的那个点，这是由风速以及球自身可能产生的旋转引起的——而这些因素在计算中被忽略了。如果踢出 100 个球，也许没有一个球恰好落在预测的那个点上，但所有的球的下落点都会密集分布于预测点的周围。虽然这一模型的精度并不完美，但是对一位需要估计是否能够射门得分的足球教练来说，这一模型足够了。也就是说，从制定政策的角度而言，我们通常只需要知道结果的平均趋势就够了。而要预测这些平均趋势，就需要了解在其中发挥作用的若干关键因素。但是，我们必须将注意力限定在少数几个影响因素之上，只有这样才能使这种通过计算进行预测的努力变得可行（关于物理学和实证经济学的进一步比较，请参阅例 1.1）。

例 1.1☞

实证经济学："理解"某种行为意味着什么？

实证经济分析的目的就是分析、理解人们对市场刺激做出的行为反应。但是，在一个极其复杂的世界里，"理解"某种行为的含义是什么呢？一位理论物理学家是这样阐述的：

> 我们可以想象，构成这个"世界"的各种运动物体的复杂组合就像上帝在参加的一场大规模象棋比赛，而我们则是旁观者。我们并不知道这场比赛的规则是什么；我们所能做的只能是观看比赛。当然，如果我们观察这种比赛的时间足够长，我们最终也会了解到其中的一些规则，这些比赛规则就是我们所说的基础物理学。然而，即使我们了解了每一项规则……我们根据这些规则所做出的解释却是非常有限的，因为几乎所有的情形都是如此复杂。所以，我们不可能运用这些规则来观看比赛，更不要说预测下一步会发生什么了。因此，我们就只能局限于探讨与比赛规则有关的一些基本问题。如果我们了解了这些规则，我们就认为自己"理解"了这个世界。

如果对没有意图的自然行为进行分析都是如此之难，那么，理解人的行为就会成为一个更大的挑战。人的行为并不是机械地遵从某一组规则，因此，如果要对实证经济学的目标做一个最为现实的描述，那就应当是——试图解释人的行为趋势。

资料来源：Richard P. Feynman. The Feynman Lectures on Physics，2011.

一个经济学模型 为了真正领会经济学模型中的这些假设和预测，我们来看一个具体的例子。假定我们首先断定，如果除工资水平之外，每一种工作的所有其他特征都是相同的，那么在资源稀缺这一条件约束下，劳动者会更愿意接受工资水平更高的工作，而不是工资水平更低的工作。因而，一旦他们认为辞去低工资的工作，转而从事高工资工作会给自己带来足够的改善，他们就会这么做。这个原理并不意味着劳动者仅仅关心工资，也不意味着所有的人都存在相同的辞职可能性。劳动者显然关心与就业有关的多种特征，现有工作中的这些特征发生的任何一点改善都有可能会降低员工的流动率。同样，有些劳动者会比另外一些劳动者更愿意接受流动。不过，如果我们假定现有工作中的其他因素不变，而工资水平却提高了，那么我们将会清楚地看到，劳动者辞职的可能性会下降。

对市场上的雇主一方而言，我们也可以考虑做一个类似的预测。企业需要获得利润才能生存，如果员工的流动率太高，那么它们的成本就会比员工流动率低时更高，这是因为，它们需要重新雇用和培训替代离职者的新员工。因此，在员工流动率很高的情况下，企业便无力支付高工资。然而，如果它们能够通过支付较高的工资水平来降低员工的流动率，那么因此而产生的更高工资成本也许就是值得的。这样，无论是员工的效用最大化行为，还是企业的利润最大化行为，都能使我们预见这样一种情况：在其他条件相同的情况下，低流动率是与高工资相联系的，而高流动率则是与低工资相联系的。

关于上述预测，我们在这里指出几个重要问题。

（1）这些预测都是直接从理性和稀缺性这两种假设中推导出来的。员工和雇主都意识到他们的资源是稀缺的，因而都在寻求改善自己福祉的机会。同时，这些预测也同样基于下列假设：这些员工能够意识到或者了解其他工作机会的存在，并且这些工作机会对他们是开放的。

（2）我们是在假定其他情况不变的前提下预测出在工资与自愿流动率之间存在负相关关系的。但这一理论并不否认除工资之外的其他工作特征对员工来说也是相当重要的。此外，它也并不否认雇主可以通过改变与除工资率之外的其他工作特征有关的政策来降低员工流动率。因此，我们的模型是在假定其他因素保持不变的前提下预测出上述两种变量之间是存在负相关关系的。

（3）理论假设涉及的是雇主和员工的个体行为，但预测所要得出的却是工资水平和流动率之间的总体关系。这种预测并不意味着如果员工的工资水平上升了，则所有的员工都将继续从事原来的工作，而只是说，由于工资水平上升会导致流动率下降，所以足够多的员工将会继续留在原来的企业中。因此，这一预测能否经得起检验，将取决于在对企业或行业的总体数据进行的研究中，能否发现在工资水平和员工流动率之间存在这一预测所说的那种负相关关系。

详细的统计研究为高工资能够降低员工的自愿流动率这一假设提供了支持。最近的一项研究估计：在员工个人的特征保持不变的情况下，如果工资水平上升 10%，则员工的离职率会下降 1 个百分点。[①]（附录 1A 会介绍经济学家在检验这些假设时常用的一些统计技术。）

① V. Bhaskar, Alan Manning, and Ted To, "Oligopsony and Monopsonistic Competition in Labor Markets," Journal of Economic Perspectives 16 (Spring 2002): 158.

□ 规范经济学

为了理解规范经济学，我们先从认识两种不同类型的经济交易开始。第一种经济交易是自愿达成的，因为参与交易的各方均能从中受益。例如，如果萨莉愿意在每小时得到 20 美元的条件下绘制一份工程规划图，而埃斯工程服务公司愿意为此工作支付的报酬最高不超过每小时 22 美元，那么，一旦埃斯工程服务公司以介于每小时 20 美元和 22 美元之间的某个工资水平雇用萨莉来从事这项工作，则双方都会获益；这种交易就是互惠的。而劳动力市场的作用就是为这种自愿且互惠的交易的达成提供方便。如果市场成功地促成了所有可能的互惠交易，那么，我们就可以说它达成了被经济学家称为帕累托效率（或经济效率）的那种状态。[①]（经济学家是在一种非常特殊的意义上来使用"效率"一词的，它表示所有的互惠交易均已达成这样一种状态。这个词的定义比它通常所指的成本最小化的含义更广一些。）如果真正达到了帕累托效率状态，就不会再有任何自愿交易发生了，因为再发生的交易就不再是互惠的了。

第二种经济交易是一方或多方受损的交易。这些交易通常涉及收入的再分配，即一方以牺牲他方利益的方式获益。这些再分配性质十分明显的交易是不会自愿发生的，除非出于善心的驱使（在这种情况下，捐赠者获得了非货币方面的满足）；或者说，这种再分配性交易是由政府通过税收和支出政策强制进行的。因此，一方面，市场可以为自愿交易提供便利；另一方面，政府却常常要进行某些强制性交易。

任何规范性的陈述——指明应当是什么的陈述——都是以某种价值观作为基础的。对劳动力市场产生影响的政府政策常常是建立在人们普遍比较认同但却并不能完全取得一致的这样一种价值观基础之上的：社会应该努力使收入分配变得更加平等。各种福利计划、最低工资法以及对移民的限制等都是基于这种分配方面的考虑而制定出来的政策的例子。其他方面的劳动力市场政策则是旨在改变或者规范劳动者在追求个人效用最大化时做出的选择。隐含在这些做法背后的价值观常常是：不应该允许劳动者将自己或他们的家庭置于人身安全或经济状况会受到伤害的境地之中。例如，要求劳动者戴上硬头盔和耳塞之类的劳保用品的做法在某些特定的情况下是被视为非常有益的，因而，即使有些劳动者不愿意使用这些劳保用品，也不允许他们有其他的选择。

涉及收入再分配或者强制使用某些好产品的政策常常会引起争议，因为有些劳动者觉得在这些政策得到执行之后，他们的处境反而变得更糟了。因此，这些交易

① 帕累托效率得名于意大利经济学家维尔弗雷多·帕累托（Vilfredo Pareto）。帕累托在 1900 年左右坚持认为，经济学应当只对在社会福利方面出现的明确变化得出规范性的结论。他反对效用是可以计量（从而可以在不同的个人之间进行比较）的观点。帕累托认为，只有通过受到交易影响的各方的证词或者行为，才能判断一项交易是否改善了社会福利。如果作为交易各方的个人都认为自身的境况得到了改善，那么这项交易毫无疑问就是好的——尽管我们无法衡量他们的感觉到底好了多少。

一定要由政府强制执行，因为它们是无法自愿达成的。

市场和价值观 经济理论提醒我们，还是会存在一些无人受损的交易。如果受到某些政策或交易影响的所有各方均能够从中受益，则这种情况就可以被称为帕累托改进，这是因为它们促进了帕累托效率的实现。由于这些政策或交易明显地增进了社会福利，因此它们的存在是有意义的，从而会得到一致的支持。经济学家对这类政策特别感兴趣，这是因为经济学总体来说是研究市场行为的——那些在追求自身利益的基础上达成的自愿交易。

在下述任一种情况发生时，一项交易都能够得到广泛一致的支持：

（1）交易中的各方均能从中受益；

（2）交易中的某些人受益，但是无人受损；

（3）交易中的某些人受益，另外一些人受损，但受益者能够充分补偿受损者的损失。

如果在上述第三种情况下，补偿确实发生了，则这种情况就会转化为第二种情况。在现实中，经济学家们常常根据受益者获得的收益是否超过了受损者蒙受的损失来对一笔交易做出判断，这样可能就会出现没有受损者的交易。但是，如果受损者本来是可能获得补偿的，但这种补偿在现实中却并没有发生，就会出现事实上的受损者。因此，许多经济学家认为，一项政府政策如果想真正促进帕累托效率的实现，就必须使补偿能够实际发生。

如上所述，劳动力市场扮演的角色就是为实现那些自愿的互惠交易提供便利。因此，如果劳动力市场未能促进这些交易的达成，则大概很少有人会反对这样一种观点，即政府至少应当对劳动力市场施加某些类型的干预。那么，为什么会出现劳动力市场的失灵呢？

市场失灵：不知情 人们可能会由于不了解某些重要的事实而做出对自己的利益不利的决策。例如，一位吸烟的劳动者可能会选择到一家石棉加工厂去工作，原因是他并不知道吸入人体的烟和石棉尘埃混合在一起会极大地增加他的患病风险。如果这位劳动者了解这一情况，他可能就会要么戒烟，要么换一份工作，但是由于这位劳动者对此并不知情，所以，后两种交易就被“阻滞”了。

市场失灵：交易障碍 存在着一些有碍互惠交易完成的因素。这种障碍常常是由禁止进行某些交易的法律造成的。例如，直到三四十年前，美国的许多州还禁止雇主雇用女性在每周中工作超过 40 小时。结果，那些希望雇用员工在每周中工作 40 小时以上的企业就不可能与那些愿意从事加班工作的女性进行交易——而这种情况会给双方都带来损失。这样，当互惠交易被政府禁止时，作为一个整体的社会就会因此而蒙受损失。

妨碍互惠交易完成的另外一个因素可能是交易费用。在某个地区的就业机会非常有限的非技术工人可能希望流动到其他地区去找一份较好的工作，或者他们希望能参加某些培训项目。但是，在上述两种情况下，他们都有可能会因为缺乏资金而无法达成理想的交易。（关于另外一个略有不同的交易的情况，请参见例 1.2。）

例 1.2☞

我们真能懒到不会为自己做出正确决策吗?

完成一项交易的成本之一是克服自己的惯性。凯丽可能想吃得健康一些，但是当她在一家自助餐厅里吃饭时，却很可能会去取甜点而不是沙拉，这仅仅是因为甜点离她的位置更近一些，而要想取沙拉却需要走到更远的地方。凯西可能想要为将来存点钱，但她却很可能会推迟签署由雇主资助的储蓄计划，原因仅仅是签署文件太麻烦了。那么，我们能否推出一些政策来克服这种成为交易障碍的惯性呢?

一种创造性的克服惯性的方法是利用这些惯性“推动”(而不是强迫)人们去做他们真正想要做出的那些决定。例如，如果沙拉在自助餐厅中被放在一个人们更容易拿到的地方，而相反，甜点则被放置在更难取得的位置上，那么可能就会有更多的人选择沙拉(当然他们也可能会承受这些麻烦以享用甜点)。在企业中，雇主可以常规性地将所有的员工都纳入自己的储蓄计划之中，但也可以允许那些不愿意加入的员工通过填写书面文件从该计划中退出。

这种“助推”的想法是通过降低人们在做出一个可能会增加他们的长期效用的决策时所面临的成本，促使他们做出更好的选择——同时使他们在做出其他选择时必须克服自己的惯性。

资料来源：Richard H. Thaler and Cass R. Sunstein. Nudge: Improving Decisions about Health, Wealth, and Happiness. New Haven, CT: Yale University Press, 2008.

市场失灵：外部性 市场失灵也可能会在这样一种情况下发生：买方和卖方都同意达成一项交易，但这项交易的成本或收益却会被强加给并不属于这个交易决策当事人的第三方；换言之，有些决策的成本或收益对决定达成交易的决策者来说是具有“外部性”的。为什么这种外部性会引起市场失灵呢?

当买方和卖方做决策时，他们通常只会权衡交易给自己带来的成本和收益——当然，只有在收益大于成本时，他们才会决定达成一项交易。如果所有的交易成本和收益都归于决策者本人，那么我们可以肯定地说，这种交易对整个社会来说是向帕累托效率迈进了一步。然而，如果这种交易的成本或者收益要由那些不能影响这一决定的人来承担，这种交易可能就不会给整个社会带来正向的净收益。

想要确信某项特定的交易是向帕累托效率迈进了一步，我们就必须确保受到这一决策影响的所有的人都是自愿地接受这一交易的。如果一项交易存在外部性，受到交易影响但是却不能影响最终决策的人，就会被强迫接受一项他们可能本来并不愿意达成的交易。如果事实果真如此，那么，一旦将所有的(而不仅仅是决策者的)成本和收益都计算在内，这项交易的成本很可能就会大于收益。

童工的问题提供了一个显而易见的外部性的例子，因为儿童没有能力或权力做出会影响他们生活的很多重要决策。如果家长在做出是送孩子去工作，还是去上学的决策时是完全自私的，忽视孩子的利益，则社会就不能相信这些家长的决策能够促进经济效率（这是因为，在做出工作或者上学决策时，孩子的成本和收益都被忽略了）。

另外，如果员工不能通过某种机制将他们在工作中受伤的成本转嫁给他们的雇主——决定花多少钱来减少工作场所中的风险的人，外部性也同样会存在。如果这样的机制不存在（我们在第 8 章中还会探讨这一问题），我们的工作场所安全就会比其应有的状态更差，这是因为，雇主在做出降低风险的决策时至少忽略了某些成本（即由员工们承担的那部分成本）。

市场失灵：公共物品 有一种特殊的外部性有时候被称为“搭便车问题”。例如，有一家工会所代表的是那些在噪音很大的锯木行业中工作的工人，它打算赞助一项针对过量噪音对工人的听力损失所造成的影响的研究。这项研究的费用很高，但是由于研究结果对其他有噪音的行业中的工会或工人个人来说也同样有用，因此，锯木工人工会就考虑是否可以通过将研究结果卖给对此感兴趣的其他工会或者工人的方式来支付研究费用。然而，锯木工人工会很快就意识到，一旦将这项研究的结果告诉它的会员们或者是第一批“客户”，那么这种结果很快就会通过口头、报纸或互联网等渠道传播出去，被所有的人获取——甚至是那些没有付费的“搭便车者”。

上面所说的这种研究结果只是公共物品的一个例子。所谓公共物品，就是指可以被任意数量的人在同一时间进行消费的物品，其中也包括那些未付费的人。由于无法将那些未付费者排除在物品消费的范围之外，因此没有一位潜在的消费者愿意为此物品付费。一旦清楚了这一点，物品或服务的潜在提供者（在我们的例子中就是锯木工人工会）很可能就会决定不去提供这些物品或服务。

在属于公共物品的情况下，私人决策者在做出自己的决策时就会忽略他人可能获得的利益，这是因为没有一种机制能够让他们自己去“获取”这些利益。因此，除非政府——它可以通过税收系统强迫人们为之付费——介入来提供这些公共物品，否则社会对这类物品就会投资不足。

市场失灵：价格扭曲 互惠交易面临的一种特殊障碍可能是由税收、补贴或其他会导致“不正确的”价格出现的因素引起的。价格对交易的积极性有着重大影响，交易中的要价或出价必须反映交易各方的真实偏好。而当价格偏离了偏好之后，可能就会引导交易各方做出从社会层面来看无益的交易，或导致他们避开那些对各方有益的交易。例如，如果管道工对自己的工作每小时收费 25 美元，而他们的客户必须向政府支付每小时 5 美元的额外税收，那么，那些在没有税收的情况下愿意以每小时 25～30 美元的价格来雇用管道工的客户就不会进行这种交易了——这对双方都是一种损失。

□ 规范经济学与政府政策

要想解决在达成对社会有益的交易时可能遇到的那些障碍，常常需要政府进行干预。比如说，如果问题在于缺乏关于健康风险的信息，那么可以采取的一个很明显的解决方法就是，由政府采取相关措施来确保工人们能够了解存在的健康风险。

如果问题的症结在于现行的某种法律阻碍了女性劳动者按照自己想要的工时数去工作，那么一个明显的解决办法就是废除这项法律。

对于其他类型的交易障碍，政府需要进行的干预就是，强制完成或者积极推动与市场自行达成的那些交易（也就是说，那些私人决策者做出的交易）有所不同的某些交易。当政府决定用自己的决策来"替代"市场的决策时，政策制定就会变得很复杂，这是因为，政府需要猜测什么才是合适的交易。接下来，我们将讨论通过政府干预来解决交易障碍的两个例子。

资本市场的不完善性 劳动者发现，他们想要通过贷款方式获得参加职业培训或跨地区寻找更好工作的经费是一件非常困难的事情，因为通常来说，他们能够提供的所有还款保证也只是在将来一定会归还贷款的承诺。然而，政府却可能提供这样的贷款，尽管它也面临着同样的违约风险，这是因为，让劳动者获得新的技能或者流动到需要他们的地方会对整体经济的发展起到促进作用。当然，如果政府决定提供这些贷款，它就必须设定批准这些贷款的合理条件，其中包括应该贷出多少钱。

外部性 在前面我们曾经指出：在决定送孩子去工作还是去上学的时候，家长可能不会考虑孩子的利益。大多数社会在解决这一问题时采取的一种做法就是：要求孩子在达到某一年龄之前必须待在学校里，并且由国家免费提供至少达到那个年龄水平的义务教育。当然，在理想状态下，政府在确定强制要求孩子待在学校里的具体年龄时，需要仔细考察受教育水平不同的人的终身收益（参见第 9 章），并且将这种收益与受教育的直接成本以及孩子们因无法从事生产而产生的机会成本加以比较。为了进行收益-成本分析，我们必须在掌握坚实的经济理论的基础上巧妙地解决外部性问题（我们将在第 8 章中讨论这一问题）。

□ 效率与公平

对政策决策者而言，实现更为公平的收入分配常常是一个至关重要的社会目标，而在制定政策时，常常会出现的一种争议则是：到底应当将公平还是经济效率作为首要的考虑因素。这种争论产生的一个根本原因在于，能够满足帕累托效率要求的交易并不只有一组，事实上，存在着许多能够满足我们的经济效率定义的交易组合，于是，自然就会产生到底哪一组交易最为公平的问题。

为了帮助大家理解能够满足经济效率要求的多种不同交易组合，我们回顾一下前面提到过的那位愿意按照每小时 20 美元的报酬来完成制图工作的女员工的例子。如果埃斯工程服务公司为完成这项制图工作愿意支付的报酬水平最高不超过每小时 22 美元，而萨莉觉得 20 美元就可以接受，那么，如果双方在每小时 21 美元的水平上达成雇佣协议，则双方就都能从中受益。此外，如果双方在每小时 20.25 美元或 21.75 美元的水平上达成协议，也同样是对双方都有益。我们可以做出这样一种客观判断，即任何一个此类的潜在协议都是有效率的，因为与不进行交易时相比，交易双方的福利状况都因此得到了改善。但是，如果我们不能对"公平"给出一个主观性的标准，就很难判断哪一种潜在的协议更为公平。

关于公平与效率的争论产生的另一个原因与下面这个问题有关，即为了实现更大程度的公平，常常需要采取一些偏离帕累托效率的措施。[①] 例如，最低工资立法就阻碍了交易双方自愿在较低工资水平上达成交易；因此，原本愿意接受提供低于法定最低工资水平的工作的那些人，现在就什么工作都找不到了，这是因为，他们现在提供的服务出现了“定价超过市场水平”的情况。类似的情况是，目前实施的很多福利计划往往都会导致那些已经找到带薪工作的福利享受者实际上只能得到零工资——这是一种重大的价格扭曲，要避免这种价格扭曲不仅不是那么容易的，而且可能要付出较高的成本（正如我们在第 6 章将要论述的）。

规范经济学之所以倾向于将效率置于公平之上，并非因为效率更重要，而是因为对效率可以进行更为科学的分析。一笔交易要想成为互惠交易，只需交易各方都觉得自己的福利状况变得更好就可以了，因此，在考虑经济效率的时候，对自愿交易（即市场行为）进行研究就十分有用。但是，公平方面的考虑却总是涉及将损失方在交易中失去的福利与另一些人获得的额外效用进行比较——由于无法对交易各方的福利状况进行衡量，因此，这种比较就很难做到科学化。所以，在涉及建立在公平考虑基础之上的政策决策时，一个社会往往会转而依赖政治体系，而不是市场。

本书的规划

劳动经济学主要研究的是雇主和员工之间——或者是需求和供给之间的相互作用。我们在第 2 章中对劳动力市场上的需求和供给状况进行概览，使学生从一开始就明白影响劳动力市场行为的这两大主要力量之间的相互关系。第 3 章至第 5 章考察劳动力需求。因此，这三章主要是对雇主的动机和行为进行分析。

我们在第 6 章至第 10 章对劳动者的劳动力供给行为的各个方面进行分析。其主要内容涉及：是否为获得薪酬而从事工作（与之相对的是消费闲暇或者是在家中从事不会得到工资的家务劳动）；如何在具有各种不同特征的职业或工作之间做出选择；劳动者为提高他们获得工资性报酬的能力必须做出的教育和其他方面投资的决策。与我们论述关于“劳动力需求”的几章一样，关于“劳动力供给”的这几章内容也必然需要将劳动力市场上的另外一方（这里是指雇主）的行为纳入考虑范围。

第 11 章至第 16 章将论述劳动经济学家感兴趣的几个特殊专题，其中包括劳动力市场上的制度力量所产生的影响。第 11 章分析了如何通过薪酬结构的设计来实现更高生产率的激励；第 12 章分析了与种族、性别有关的工资差别；第 13 章分析了工会产生的劳动力市场效应；第 14 章主要对失业问题进行了分析；第 15 章论述了

① 关于效率与公平问题的讨论，参见 Arthur Okun，Equality and Efficiency：The Big Trade-off（Washington，D.C.：Brookings Institution，1975）。

不平等现象；第 16 章论述了全球化问题，同时也回顾了前面各章中介绍过的大部分重要概念。

在每章的末尾我们都设计了一些帮助读者强化理解该章内容的小模块。首先，从第 2 章开始，读者们会看到与该章正文中介绍过的理论有关的一项实证研究的概述。这种概述的目的在于用一种非技术的方式告诉大家，研究者们是如何创造性地检验经济理论做出的预测在“现实世界”中到底是怎样的。由于这些概述常常假设读者对回归分析方法（经济学分析中的基本实证工具）有基本的了解，所以我们将会在附录 1A 中介绍这种统计技术。

在各章末尾还包括一套复习题，目的是检验读者是否理解该章中所讲述的概念，以及这些概念在政策问题上是如何被运用的。这些问题依难度大小排列（排在越后面的题目越难），奇数题的答案我们放在了本书末尾的一个单独部分之中。在复习题后面还有一些练习题，同样，奇数题的答案也放在本书的最后。

对想更为深入地研究每章中介绍的理论的学生，我们提供了大量的脚注，其目的在于提供一些有重大影响力的学术成果和最新文献。我们在每章的末尾都提供了精选的、更具深度的阅读材料，在许多章节的附录中还包括了有些读者可能会感兴趣的更为深入的专题讨论。

复习题

1. 运用规范经济学的概念来说明，在什么时候可以判断劳动力市场处于最优状态？哪些方面的不完善会阻碍市场达到这种状态？

2. 下列表述是“实证性的”还是“规范性的”？为什么？

（1）不应当要求雇主向他们的员工提供养老金。

（2）那些向员工提供养老金的雇主支付的工资水平将会低于那些不提供养老金的雇主。

（3）如果限制国外非技术移民的进一步进入，则那些已经进入的非技术移民的工资水平将会提高。

（4）征兵的做法实际上是强迫人们进行并非出于自愿的交易，所以应该避免通过这种方式招募军人。

（5）如果重新采用强制征兵的方式，那么军人的薪资水平可能就会下降。

3. 假设美国联邦政府需要一些工人沿一条容易泛滥的河流修筑大堤。从规范经济学的角度来说，下面两种做法之间存在什么区别？一种做法是强迫体格健壮的市民都去修筑大堤（向他们支付工资），另外一种做法则是通过正常的招募程序来招募求职者，让他们自己决定是否愿意接受这种工作。

4. 经济模型的功能和局限是什么？

5. 我们在第 1 章中已经设计了一个简单的模型，根据这一模型做出的预测是：如果劳动者在某一工作岗位上获得的工资水平低于他们在其他地方的类似工作岗位上能够获得的工资水平，则他们就会倾向于辞职，去寻找工资水平更高的工作。假如我们看到一名女员工在受到老板的多次骚扰或批评之后，辞掉了一份每小时 8 美元工资的工作，然后去从事另外一份每小时只有 7.50 美元工资的工作。请回答下列问题：

（1）这位女员工的行为与本章中描绘的辞职模型一致吗？

（2）我们能否通过检验看出这位女员工的行为与理性假设是一致的？

（3）假如她的老板也骚扰了其他员工，但辞职的却只有这位女员工一个人，那么，我们是否可以得出这样的结论，经济理论仅仅适用于某些人的行为，而不适用于另外一些人的行为？

6. 加拿大某省的一个城镇颁布了一项法律，要求大型超市在周日时最多只能让四位员工上班。请运用规范经济学的概念来分析这项法律。

7. 关于童工的立法一般都禁止未满 14 岁的儿童从事工作，同时还限制青少年参加某些被视为并不危险的工作。请对童工立法的这些禁止性规定与作为规范经济分析基础的这些原则之间的一致性进行分析。

8. 在讨论如何减少由工作场所中存在的危害造成的肺部疾病时，有人这样说道：

> 佩戴防毒面具会让人感觉非常不舒服，但经济学家却认为，只要生产这种防毒面具的成本低于改建通风系统的成本，那么这就是一种社会偏好的减少有毒气体吸入的方法。

试从规范经济学的角度对这段话加以评价。

练习题

1. （参考本章附录）假设你现在通过随机抽样的方式收集到了快餐行业中的 13 位年轻员工的下列数据（见下表）。请问年龄和工资之间在总体上存在一种什么样的关系？将这些数据绘制成散点图，然后再构建一个线性方程来说明这一关系。

年龄（岁）	工资（美元/小时）	年龄（岁）	工资（美元/小时）
16	7.25	18	8.00
16	8.00	18	8.50
17	7.50	18	9.50
17	8.00	19	8.50
17	8.25	19	8.75
18	7.25	19	10.00
18	7.75		

2. （参考本章附录）假设通过最小二乘法的回归分析我们推导出了如下估计方程：

$$W_i = -1 + 0.3A_i$$

式中，W 为小时工资率（美元/小时）；A 为年龄（岁）；

假定通过对另外一组员工群体做同样的回归分析之后推导出了如下估计方程：

$$W_i = 3 + 0.3A_i - 0.01A_i^2$$

请问：

（1）基于第一种估计，一位 20 岁的员工预计能够得到的工资水平是多少？

（2）基于第二种估计，一位 20 岁的员工预计能够得到的工资水平是多少？

3.（参考本章附录）假设你推导出的工资水平和年龄之间的相关关系如下：

$$W_i=-1+0.3A_i$$
$$(0.1)$$

（括号中是标准误。）那么，你能确信工资率一定会随着年龄的增长而上升吗？

4.（参考本章附录）现在有13位随机抽选的在快餐行业工作的年轻员工，假设你知道其中的哪些人是从事非全日制工作，哪些人是从事全日制工作。如果是从事全日制工作的员工，则变量$F_i=1$；如果是从事非全日制工作的员工，则$F_i=0$。根据这些信息，你估计出工资、年龄以及从事全日制工作这三者之间的关系为：

$$W_i=-0.5+0.25A_i+0.75F_i$$
$$(0.10)\quad(0.20)$$

（括号中是标准误。）

（1）基于这种估计，一位从事全日制工作的20岁员工预计能够得到的工资水平是多少？

（2）基于这种估计，一位从事非全日制工作的20岁员工预计能够得到的工资水平是多少？

5.（参考本章附录）基于练习题4中的回归估计方程，对估计出来的回归系数在统计上的显著性加以评价。

6.（参考本章附录）对练习题2和练习题4中的回归估计方程加以比较，然后解释以下两个问题：

（1）当从事全日制工作这样一个变量没有被包括在公式中的时候，是否存在遗漏变量偏差？

（2）关于年龄和从事全日制工作之间的关系，我们应当怎样表达？

推荐阅读

Boyer, George R., and Robert S. Smith, "The Development of the Neoclassical Tradition in Labor Economics," Industrial and Labor Relations Review 54 (January 2001): 199-223.

Friedman, Milton, Essays in Positive Economics. Chicago: University of Chicago Press, 1953.

Hausman, Daniel M. "Economic Methodology in a Nutshell," Journal of Economic Perspective 3 (Spring 1989): 115-128.

McCloskey, Donald, "The Rhetoric of Economics," Journal of Economic Literature 21 (June 1983): 481-517.

附录1A 劳动力市场假设的统计检验

本附录简要介绍了劳动经济学家是怎样对假设进行检验的。我们在这里将讨论怎样对在第1章中所提及的假设进行检验——其他条件相同，一家企业支付的工资水平越高，则其员工的自愿流动率就会越低。换句话说，如果我们把离职率界定为在一定时期内（比如1年）某企业自愿辞职的员工所占的比例，我们将会看到，假如影响离职率的其他因素保持不变，则一家企业支付的工资水平越高，其员工的离职率就越低。

□ 单变量检验

要检验上述假设，第一步要做的就是收集一组企业在一个既定年份中产生的离职率数据，然后将这些数据与企业的工资率数据相匹配。我们把这种分析称为单变量分析，原因是我们仅仅分析另外一种变量（工资率）对离职率这种变量产生的影响。这些数据则被称为横截面数据，因为这些数据是对同一时点上的很多行为单位的某些状况的反映。① 表 1A.1 显示的是 1993 年某一劳动力市场上的 10 家假设企业的有关数据。例如，我们假定企业 A 支付的平均工资率为每小时 4 美元，它在 1993 年的离职率是 40%。

表 1A.1　　某一劳动力市场上的 10 家假设企业在 1993 年的平均工资水平和离职率

企业	支付的平均小时工资（美元）	离职率（%）	企业	支付的平均小时工资（美元）	离职率（%）
A	4	40	F	8	20
B	4	30	G	10	25
C	6	35	H	10	15
D	6	25	I	12	20
E	8	30	J	12	10

我们在图 1A.1 中绘制了这些关于工资水平和离职率的数据。图中的每一点都代表了表 1A.1 中的某家企业的离职率和平均小时工资两个数据的组合。例如，A 企业的情况是由图中的点 A 代表的，该点表示的意思是：40%的离职率和每小时 4 美元的平均工资水平；点 B 反映的是 B 企业的相关情况。通过观察图中的 10 个数据点可以看出，在我们假设的这些企业样本中，向员工支付的工资率越高的企业，离职率的水平的确也越低。尽管图 1A.1 中的所有数据点很显然并非位于同一条直线上，但总体趋势告诉我们，就通常情况而言，在一家企业的离职率和工资率之间确实存在一种线性相关关系。

任何线性关系都可以用下述的一般性方程来表示，即：

$$Y=a+bX \tag{1A.1}$$

变量 Y 是因变量，在描述上述直线的图形上，它一般都用纵轴表示；变量 X 是自变量或解释变量，它一般都用横轴表示。② a、b 是公式中的一个参数（固定的系数），a 表示截距，b 表示直线的斜率。换言之，a 是直线与纵轴相截时（即 $X=0$ 时）的 Y 值。斜率 b 则表示直线在水平距离上每增加一个单位时，其垂直距离所发生的变化。如果 b 是正值，其斜率也是正的（直线从左下方向右上方倾斜）；如果 b 是负值，则斜率也为负。

如果要绘制出一条能够与图 1A.1 中的所有各点实现最佳匹配的直线，那么很显然，这条直线会自左上方向右下方倾斜，并且它并不能通过图中的所有 10 个点，这条直线会位于某些点的上方，同时又会位于某些点的下方，因此，它只能是在存在某种误差的情况下与这些点实现了“匹

① 劳动经济学家常常也会使用其他几种类型的数据，例如，可以观察一家既定企业的离职率和工资率随时间的推移而发生的变化。这种通过对单个行为单位在多个时期中的情况进行观察得到的数据被称为时间序列数据。有时候，劳动经济学家也会收集多个行为单位（比如多家雇主）在多个时期中的数据，这种把横截面数据和时间序列数据组合在一起的数据被称为面板数据。

② 一种例外的情况出现在对企业面临的需求曲线和供给曲线的描绘上，此时，自变量（价格）通常被描绘在纵轴上。

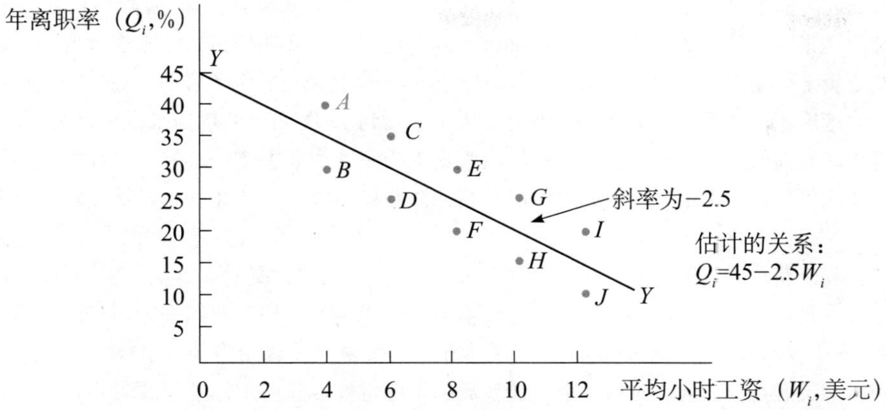

图 1A.1　运用表 1A.1 中的数据对工资水平与离职率之间的关系进行的估计

配”。我们可以针对图中各数据点之间的关系建立如下模型：

$$Q_i = \alpha_0 + \alpha_1 W_i + \varepsilon_i \tag{1A.2}$$

式中，Q_i 表示的是企业 i 的离职率，它是因变量。自变量或解释变量则是 W_i，它表示的是企业 i 的工资率；α_0、α_1 是参数，其中 α_0 为截距，α_1 为斜率。ε_i 为随机误差，之所以在模型中要包括该项，是因为我们知道不可能让这条直线（$Q_i = \alpha_0 + \alpha_1 W_i$）完美地将所有各点连接起来。从行为科学的角度来说，我们实际上是假定，与工资率无关的其他一些随机因素的出现也会影响不同企业之间的离职率差异。

我们想估计 α_0 和 α_1 的值。每一个 α_0 值和 α_1 值的组合都会确定一条不同的直线，因此，我们可以绘制出无数条直线来与点 A 到点 J 的所有各点进行“匹配”。那么我们自然会问：“到底哪一条直线的匹配程度是最佳的呢?”为了回答这一问题，我们就需要使用某些更为精确的衡量标准，在这方面，统计学家和经济学家经常采用的方法就是选择这样一条直线，该直线与所有各点之间的垂直距离平方和（在本例中，就是指穿过代表所有企业的点）最小，这种方法被称为最小二乘法回归分析，这种方法具有很多理想的特征。[①]

运用这一方法对表 1A.1 中的数据加以处理，就可以得到下面的估计直线：

$$\underset{(5.3)}{Q_i = 45} - \underset{(0.625)}{2.5 W_i} \tag{1A.3}$$

α_0 表示截距的估计值是 45，α_1 表示斜率的估计值是 −2.5。[②] 于是，如果一家企业的工资水平是每小时 4 美元，那么我们就可以预测，其年离职率是（45−2.5×4）×100%，即 35%。这种对离职率和工资率之间的关系的估计可以绘制成图 1A.1 中的直线 YY。（上述公式下面的括号中的数字，我们会在后面进行讨论。）

对上述关系，有以下几点需要注意：第一，就表面数值而言，这种预测关系表明了，企业即使一分钱也不付给它们的员工（即支付零工资），员工的年离职率也仅为 45%［(45−2.5×0)×

① 这些特征包括：通常能够得到 α_1 的正确答案；在各类预测方法中，能够提供最为精确的估计；各数据点和估计直线之间的正负垂直离差之和为零。如果想了解关于最小二乘法的更为规范的操作方法，请参考任何一本统计学或计量经济学教材。对那些没有统计学背景知识的读者而言，下面这本介绍性的读物很不错：Larry D. Schroeder，David L. Sjoquist，and Paula E. Stephan，Understanding Regression Analysis：An Introductory Guide（Beverly Hills，Calif.：Sage，1986）。

② 能够运用计算机软件来估计回归模型的学生很容易验证这一结果。

100%＝45%]，而如果企业支付的工资率高于每小时 18 美元，则其员工的离职率就会为负值。[①] 前一个结果是很荒谬的（如果员工一分钱都得不到，他们凭什么还要留在这家企业呢?），而后一种结果在逻辑上也是不可能的（离职率不可能低于零）。这些极端的例子说明，在使用线性模型进行估计时，选取超出观测值范围（在本例中是从 4 美元到 12 美元）的数据来做估计是很危险的。对非常低和非常高的工资率数值，我们就不能假定工资率和离职率之间存在一种线性关系了。幸运的是，我们可以很容易地对在本例中使用的线性回归模型进行一般化处理，从而转变成非线性关系。

第二，我们获得的截距（45）和斜率（－2.5）的估计值仅仅是对“真实”关系的一种估计，在这种估计中还存在一些不确定性因素。这种不确定性产生的一部分原因在于，我们试图从一个仅包含 10 家企业的样本中来推断 α_0、α_1 的真实值——能够反映在所有企业群体的工资率和离职率之间存在的关系特征的值。对每一个估计系数的不确定性，我们用标准误或者系数的估计标准离差来衡量，这些标准误就记录于方程（1A.3）两个估计系数下方的圆括号中。例如，根据上面的数据，工资率系数的估计标准误是 0.625，而截距的估计标准误则为 5.3。标准误越大，则我们所得出的系数估计值的不确定性就越大。

在对方程（1A.2）中的随机误差 ε 的分布做出适当假设的前提下，我们可以运用这些标准误来检验对这些估计系数所做的假设。[②] 在这个例子中，我们所要检验的是 α_1 为负这一假设（根据上述理论，该假设意味着工资水平越高，则离职率越低），推翻假定 α_1 为零的原假设——在工资率与离职率之间没有关系。通常的检验方法是为每一个系数计算一个 t 统计值——系数与其标准误之比。一个具有启发性的规则——对这一规则可以做精确的描述——是，如果 t 统计值的绝对值大于 2，那么，系数的真实数值等于零的假设就可以被拒绝。也就是说，如果系数的绝对值至少是其标准误的 2 倍，那么我们就可以肯定地说，系数的真实数值不会为零。在上述例子中，工资率系数的 t 统计值是－2.5/0.625，或－4.0，这就使我们可以毫无疑问地断定，在工资水平和离职率之间存在着负相关关系。

□ 多元回归分析

前面的讨论假定，除了随机因素（不可解释的因素）之外，影响离职率的唯一变量是企业支付的工资率。但是，我们在第 1 章中关于实证经济学的讨论强调，关于工资率与离职率之间存在负相关关系的预测，是在假定所有其他因素保持不变的前提下做出的。正如我们在第 10 章中将要讨论的，除了工资率之外，还有很多其他因素会对离职率产生系统性的影响，这些因素包括企业自身的特征（比如企业提供的员工福利、工作条件以及企业规模等）和员工个人的特征（比如年龄和接受过的培训）。如果被我们的分析忽略的这些其他因素在各企业中是系统性地随着企业提供的工资水平的变化而发生变化的，那么我们最终对工资率和离职率之间的关系所做的估计就是不正确的。在这种情况下，我们就必须将其他这些因素也同时考虑在内，即采用不止一个自变量的模型。我们可以根据经济理论来判断哪些变量应当被纳入我们的统计分析，并且判断出因果关系的方向。

为了对这一过程加以描述，我们可以简单假定，除了工资率之外，全体员工的平均年龄这一变量也会对员工的离职率产生影响。在其他条件相同的情况下，年纪较大的员工由于多方面的原因（随着年龄的增长，人们与朋友、邻居和同事之间的关系会变得更加紧密，换工作——经常要

① 例如，企业支付的工资为 20 美元/小时，其离职率就是（45－2.5×20）×100%，或年离职率为－5%。

② 在任何一本计量经济学教材中都会对这些假设进行讨论。

求员工跨地区流动——的心理成本也会变得越来越高），往往更不愿意辞职。为了同时体现工资率和年龄对离职率的影响，我们假定一家企业的离职率可以表示为：

$$Q_i=\alpha_0'+\alpha_1'W_i+\alpha_2'A_i+\varepsilon_i \tag{1A.4}$$

式中，A_i 为企业 i 员工年龄的变量。尽管 A_i 可以用全体员工的平均年龄或者超过某一年龄的员工在全体员工中所占的百分比来衡量，但是为了解释上的方便，我们将其定义为一个二分变量：如果企业 i 员工的平均年龄超过 40 岁，则 A_i 等于 1，否则就等于 0。根据经济理论分析，α_2'显然是负值，它表明：无论 α_1'，α_2' 和 W_i 取什么值（也就是说，其他因素保持不变），员工平均年龄超过 40 岁的企业面临的离职率都会比员工平均年龄等于或低于 40 岁的企业要低。

运用多元回归分析，即与上述描述相似的分析过程，我们就可以估计出方程（1A.4）中的参数 α_0'，α_1'和 α_2'的值。通过这种方法可以找到能够使因变量和一组自变量之间达成最佳线性关系的参数值。其中的每一个参数都会告诉我们，在其他自变量保持不变的情况下，某一自变量发生的一个单位的变化会对因变量产生怎样的影响。因此，α_1'的估计值能够告诉我们的是，在企业员工的平均年龄（A）保持不变的情况下，工资率（W）变化一个单位对离职率（Q）所产生的影响有多大。

□ 遗漏变量问题

如果我们在应当使用多元回归分析的情况下使用了一元回归分析——也就是说，遗漏了一个重要的自变量，那么我们的预测结果就会产生遗漏变量偏差。我们之所以在这里讨论这种偏差，是因为它在假设检验中存在一个重要缺陷，并且它说明了必须利用经济理论来对实证检验提供指导。

为简便起见，假定我们知道方程（1A.4）中 α_0'，α_1'和 α_2'的真实值，并且在这一模型中没有随机误差项（每一个 ε_i 都为零）。具体地说，我们假定：

$$Q_i=50-2.5W_i-10A_i \tag{1A.5}$$

于是，员工平均年龄超过 40 岁的企业在任何工资水平上面临的离职率都要比员工平均年龄低于或等于 40 岁的企业低 10 个百分点。

图 1A.2 以图形的形式描述了离职率、工资率和员工平均年龄三者之间的关系。对员工的平均年龄低于或等于 40 岁的所有企业而言，A_i 等于零，其员工的离职率由直线 Z_0Z_0 给定；对员工的平均年龄超过 40 岁的所有企业而言，A_i 等于 1，其员工的离职率由直线 Z_1Z_1 给定。对后一组企业来说，它们在任何时候的离职率都比前一组企业的离职率低 10 个百分点。不过，图形表明，对两组企业来说，它们的平均小时工资如果增加 1 美元，都会导致员工的年离职率下降 2.5 个百分点（也就是说，两条直线的斜率是相同的）。

现在假定一个研究者要估计离职率和工资率之间的关系，但是忽略了这样一个事实，即企业员工的平均年龄也会影响到离职率。也就是说，一个人要在遗漏年龄因素的情况下对下列方程进行估计：

$$Q_i=a_0+\alpha_1W_i+\varepsilon_i \tag{1A.6}$$

对我们来说，很重要的一点是，α_1 的估计值与工资率和离职率关系图中的真实斜率——我们已经假定为−2.5——是否一致。

答案主要取决于平均工资水平和员工平均年龄在不同企业之间的差别。表 1A.2 中分别列举了雇用年龄较大员工（平均年龄超过 40 岁）的 3 家企业和雇用年轻员工的 3 家企业的离职率和工资率数据。给定每一家企业支付的工资率，那么我们便可以利用方程（1A.5）直接推导出它们各自的离职率数据。

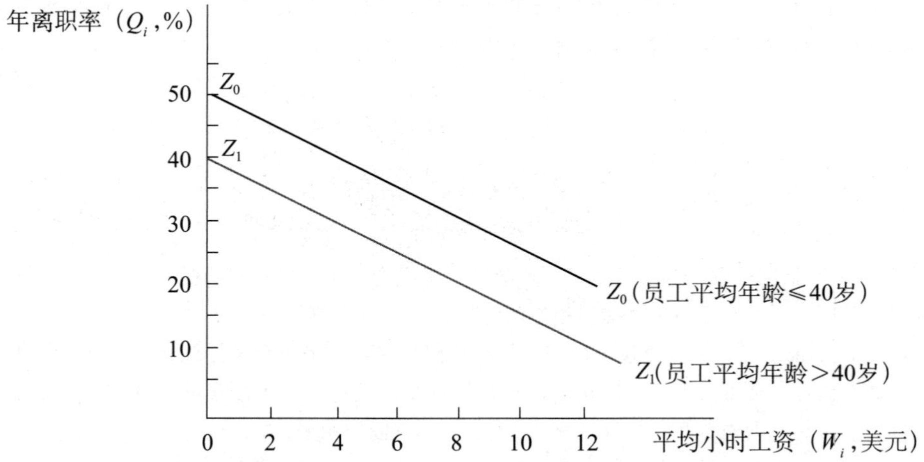

图 1A.2　工资率和离职率之间的关系（方程（1A.5））

表 1A.2　假设的雇用年龄较大员工和雇用年轻员工的各 3 家企业的平均工资率和离职率数据

雇用年龄较大员工的企业（$A_i=1$）			雇用年轻员工的企业（$A_i=0$）		
企业	平均小时工资（美元）	离职率（%）	企业	平均小时工资（美元）	离职率（%）
k	8	20	p	4	40
l	10	15	q	6	35
m	12	10	r	8	30

一个众所周知的事实是，员工的工资性报酬会随着年龄的增加而上升。[①] 因而，就一般情况而言，与那些雇用年轻员工的企业相比，雇用年龄较大员工的企业往往也会支付较高的工资。上述 6 家企业的工资率-离职率组合如图 1A.3 中的直线 Z_0Z_0 和 Z_1Z_1（从图 1A.2 中复制过来）所示。[②]

当我们运用这 6 家企业的数据点来对方程（1A.6）进行估计时，便可以得到下述直线方程：

$$Q_i = 57 - 4W_i \qquad (1A.7)$$

　　（5.1）（0.612）

估计出来的这种关系如图 1A.3 中的直线 XX 所示。α_1 的估计值等于－4 意味着，工资水平每提高 1 个百分点，就可以导致离职率下降 4 个百分点，然而，我们知道（根据假设），工资水平每提高 1 个百分点，离职率实际上只下降了 2.5 个百分点。于是，我们的估计就夸大了离职率对工资水平变化的敏感性，原因则在于估计方程遗漏了员工年龄对离职率的影响。

换句话说，提供高工资的企业离职率之所以较低，实际上有两方面的原因：一是它们支付的工资水平较高；二是提供高工资的企业往往倾向于雇用年龄较大的员工，而这些员工的离职率又比较低。由于在分析中遗漏了员工年龄因素，导致我们错误地夸大了离职率对工资水平变化的实际敏感度。由于我们在模型中遗漏了一个既会影响离职率，同时又与工资水平有关的重要解释变量（年龄），结果就使我们错误地估计工资水平对离职率产生的影响。

这里的讨论强调了劳动经济学中提出的大多数假设具有的“其他条件保持不变”的性质。在

① 我们将在第 5、9、11 章中讨论出现这种情况的原因。

② 所有的这些点之所以都正好位于直线上，只不过是对方程（1A.5）中没有随机误差项的假设所做的一种图形表示。如果存在随机误差项，那么这些点将落在直线的周围，而不可能全都落在这两条直线上。

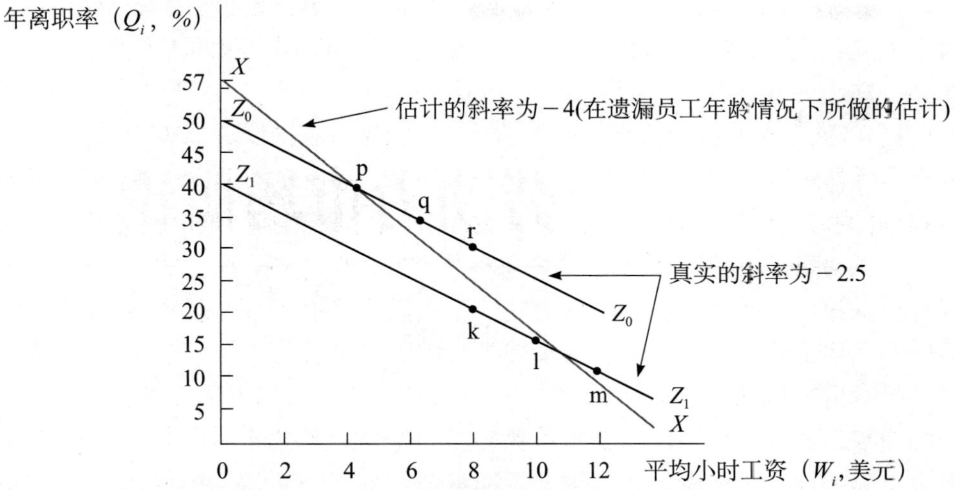

图 1A. 3　运用表 1A. 2 中的数据估计出的工资率和离职率之间的关系

对假设进行检验时，我们必须控制会对我们感兴趣的变量产生影响的其他因素。通常的做法是，将一个因变量界定为一组自变量的函数。而这种界定必须以经济理论作为指导，而学习经济理论的原因之一就在于，它可以指导我们对与人类行为有关的假设进行检验。如果没有一个坚实的理论基础，那么，我们在对行为进行分析时，很容易就会成为遗漏变量偏差的受害者。

说到这里，我们也必须指出，既无可能也无必要去收集我们认为会对要考察的变量产生影响的所有其他变量的数据。正如我们在第 1 章中强调的那样，对经济模型的检验实际上就是去寻找一种一般性的关系，而忽略一些特殊的因素。两位在年龄和工资水平上都相同的员工，离职行为却可能迥异，这是因为，比如，一个人之所以想离开城镇，只不过是为了避开令人讨厌的岳父而已。类似这样的一种特殊因素对检验离职率的经济模型就不太重要，这是因为，岳父对员工离职既不具有可预测的影响（有些岳父是易于共处的），同时与工资率也无任何关联。重复一遍，只有当被遗漏的变量对因变量（离职率）有影响，并且与我们感兴趣的自变量（工资率）有关的时候，遗漏变量偏差才会成为一个问题。

第 2 章

劳动力市场概论

每一个社会——无论其财富水平、政府治理方式或经济组织形式如何——都必须进行一些基本决策。它们必须决定生产什么、生产多少、如何生产以及如何对产品进行分配。在进行这些决策时，社会需要了解消费者需要什么、可用的生产技术有哪些、劳动者的技能和偏好是什么样的；需要决定在哪里进行生产；同时需要在所有这些决策之间进行协调，从而使比如说数以百万计的纽约市居民以及居住在与世隔绝的阿拉斯加小渔村中的为数不多的人，都能够在食品杂货店中购买到他们需要的牛奶、面包、肉、香草精、驱蚊剂以及棕色鞋油。这种协调过程就涉及创造某些激励因素，从而使适量的劳动力和资本能够在恰当的时候被使用到恰当的地方。

当然，这些决策也可以由集权的官僚部门雇用的一群管理者来做出。不过，这些官僚部门为了明智地做出成千上万种必要的决策而必须获得和处理的信息以及为保证各种决策之间的协调而必须创造出来的各种激励，在数量上会是惊人的。如果再考虑到集中决策的另外一种重要替代方式——分散化的市场，就会更加令人头疼。数以百万计的试图盈利的生产者，必须首先观察数以百万计的消费者愿意为产品支付的价格的情况，以及数以百万计的劳动者愿意接受的工资水平的情况，然后再将这些信息和关于各种技术的资料结合起来，最终决定在哪里进行生产、生产什么、雇用哪些人以及生产多少产品或服务。尽管没有一位负责人，尽管市场的不完善性会阻碍资源达到最佳配置状态，但是，数以百万计的劳动者依然能够找到使他们有能力购买自己每年所需物品的工作。借助市场上产生的这些价格信号，整个社会就做出了关于生产、就业和消费的决策，并且对这些决策进行协调。

这种把劳动者配置于不同的工作岗位上并且协调就业决策的市场被称为劳动力市场。在拥有接近 1.5 亿劳动者和 700 万以上雇主的美国，每天都必须做出的且必须加以协调的关于职业选择、雇用、离职、薪酬以及技术等方面的决策多达成千上万种。

我们认为，学生们从一开始时就有必要对“全部画面”有一个整体性的认识，所以本章从总体上考察了劳动力市场的功能是什么以及它的运行方式是怎样的。在考察了劳动力市场上的买方和卖方在总体上（或市场层面）是如何相互协调的之后，我们将会在随后的各章中更为详细地分析每一方的个体行为。

劳动力市场：定义、事实和趋势

任何市场都有买卖双方，劳动力市场也不例外：劳动力市场上的买方是雇主，卖方则是劳动者。在劳动力市场的这两大参与者阵营中，某些特定的参与者可能并不是在任何时候都很积极地去寻找新的雇员或新的工作。但是，在每一天，都会有成千上万的企业和劳动者“在市场上”活动，以谋求达成交易。以医生和机械工程师为例，如果买卖双方都在全国范围内彼此进行搜寻，那么这种市场就被称为全国性劳动力市场；如果买卖双方仅仅是在所在地区范围内彼此进行搜寻，这种市场就被称为地区性劳动力市场，例如数据录入员或汽车维修技师的劳动力市场。

当我们谈及某一特定的“劳动力市场”，比如出租车司机的劳动力市场时，我们实际上是在广义上使用这一概念，它是指那些试图雇用人来驾驶出租车的企业以及寻求成为一名出租车司机的那些劳动者。这种劳动力买卖双方之间进行交易以及建立起雇佣关系的活动就构成了出租车司机的劳动力市场。不过，这里的劳动力买卖双方都并不完全局限在这一市场上，他们可以同时处于其他的市场上。一位有 10 万美元可用于投资的企业家，既可以考虑经营一家汽车出租公司，也可以考虑经营一家汽车清洗公司，这取决于两个项目的预期收益和成本的对比情况。一位正在寻求成为出租车司机的人，也可能正在寻找一份做演员的工作。因此，我们根据行业、职业、地区、交易规则或工作岗位特征来定义的所有各种形式的劳动力市场，实际上在某种程度上都是相互联系的。为方便起见，我们将讨论的就是这种狭义的劳动力市场。

有些劳动力市场，尤其是劳动力的出售者是由工会代表的那种劳动力市场，是在一整套非常正规的规则约束之下运行的，这些规则部分地主导着劳动力市场买卖双方之间的交易。例如，在成立了工会的建筑行业，雇主必须到工会的职业介绍所，从工会提供的一份符合资格要求的工会会员名单中挑选工人。在其他成立了工会的劳动力市场上，雇主有权决定雇用哪些人，但是在诸如雇员临时解雇顺序、员工申诉程序以及晋升等方面，会受到劳资协议的约束。在政府的工作岗位以及大型非工会企业的工作岗位所在的劳动力市场上，雇主的活动也是在一些规则的约束之下展开的，这些规则对资方的权限施加了一定的限制，从而可以确保员工能够得到公平的对待。当一家企业内部存在着一整套用来指导和约束雇佣关系的正式规则和程序时，我们就说存在内部劳动力市场。①

□ 劳动力与失业

图 2.1 揭示了与劳动力市场状况有关的一些基本定义。劳动力是指或者处于就业状态，或者正在积极寻找工作，或者被临时解雇但是等待被召回的所有 16 岁以上的人口。那些虽然处于劳动力队伍之中，但是却没有能够实现有酬就业的人被称为失业者。② 而那些既没有工作，也不寻找工作，同时也不是因为被临时解雇而等待被雇主召回的人，就不能算作劳动力。因此，在劳动力队伍中实际上包括就业者和失业者两类人。

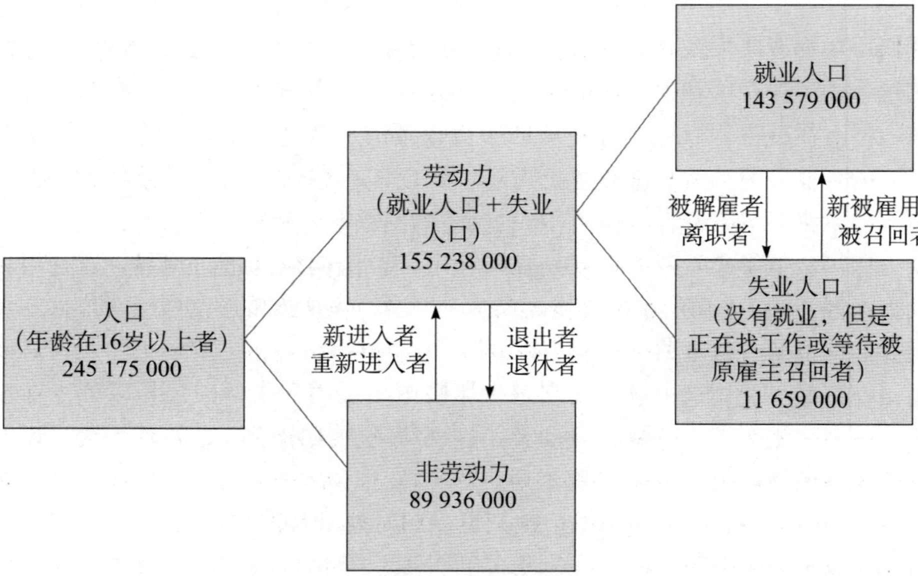

图 2.1　2013 年 4 月美国成年平民人口的劳动力市场状况（经季节性调整后）

处于各种不同类型劳动力市场状态中的人员的数量及其身份都是在不断变化着的，正如我们在第 14 章中将会论述的，在各种不同的劳动力市场状态之间流动的人员的规模很大。如图 2.1 所示，在各种不同的劳动力市场状态之间，主要有四种流动形式。

（1）劳动者由于自愿离职或被解雇（非自愿性地被从企业中剥离出来，可能是

---

① 关于内部劳动力市场的分析，参见 Michale L. Wachter and Randall Wright，"The Economics of Internal Labor Markets," University of Pennsylvania Law Review 29（Spring 1990）：240－262。

② 出于政府统计的目的，官方对失业者的定义包括下述几类人：被雇主临时解雇的人；已经被雇主解雇或者主动辞职但是在寻找其他工作的人；刚刚进入或者重新进入劳动力队伍但尚未找到工作的人。美国对失业程度的估计是通过"当前人口调查"（Current Population Survey，CPS）来进行的，该项调查每个月都会针对大约 50 000 个家庭进行。调查者们试图弄清楚的是：这些被调查家庭中的成员到底是已经实现了就业，还是满足我们在上面所说的"失业"中的某一项条件，或者处于劳动力队伍之外。

暂时性的，也有可能是永久性的），而从就业者变成了失业者。

（2）失业者由于重新被雇用或被召回到他们被临时解雇之前从事的岗位上而变成了就业者。

（3）原来处于劳动力队伍之中的人，无论是就业者还是失业者，都有可能会由于退休或决定不再接受或寻找能够获得薪酬的工作（中途退出）而离开劳动力队伍。

（4）以前从未工作过或从未寻找过工作的人，通过进入劳动力队伍，使这一队伍得以扩大，那些过去曾经中途退出劳动力队伍者的重新进入，也起到了同样的作用。

2016 年 3 月，美国的劳动力大约有 1.59 亿，约占 16 岁以上总人口的 63%。63%的总体劳动力参与率（劳动力人口除以总人口）高于 20 世纪 80 年代以前的水平，那时的劳动力参与率一直徘徊在 60%左右，却略低于 2000 年时的劳动力参与率，如表 2.1 所示。从总体劳动力参与率的长期变动情况来看，一个潜在的变化趋势是，男性的劳动力参与率持续下降，而女性的劳动力参与率却在 2000 年之前出现了大幅度的上升，此后也只有轻微的下降。关于这些趋势及其产生的原因，我们将会在第 6 章和第 7 章中加以详细讨论。

表 2.1　　不同性别劳动者的劳动力参与率，1950—2016 年（%）

年份	总体	男性	女性
1950	59.9	86.8	33.9
1960	60.2	84.0	37.8
1970	61.3	80.6	43.4
1980	64.2	77.9	51.6
1990	66.5	76.4	57.5
2000	67.2	74.7	60.2
2010（3 月）	64.9	71.3	58.9
2016（3 月）	63.0	69.4	57.0

资料来源：1950—1980：U. S. President，Employment and Training Report of the President（Washington，D. C.：U. S. Government Printing Office），transmitted to the Congress 1981，Table A-1.

1990：U. S. Bureau of Labor Statistics，Employment and Earnings 45（February 1998），Table A-1 and A-2.

2000：U. S. Bureau of Labor Statistics，Employment Situation（News Release，October 2001），Table A-1.

2010：U. S. Bureau of Labor Statistics，Employment Situation（Economic News Release，April 2010），Table A-1.

2016：U. S. Bureau of Labor Statistics，Employment Situation（Economic News Release，April 2016），Table A-1.

相关数据和新闻的发布可以通过下列网址在线查阅：www. bls. gov。

失业人数与劳动力总人数之比被称为失业率。尽管失业率这一指标显得有些粗略并且存在几个方面的不完善之处，但是在谈及劳动力市场状况时，它仍然是最经常被引用的一个指标。在美国，当失业率达到 5%左右的时候，人们就认为劳动力市场是紧缩的，这就意味着，从总体上来看，在劳动力市场上存在充足的职位空缺，雇主们很难找到人去填补这些职位空缺，而大多数失业者则能够很快找到一份新的工作。当失业率高于上述数字的时候——比如说达到 7%或者更高，人们就认为劳动力市场是宽松的，这就意味着，在劳动力市场上的劳动者人数较为富足时，雇主的职位空缺就比较容易找到人来填补。但是，劳动力市场从总体上看是宽松的这种说法并不意味着在哪里都不存在劳动力短缺的情况；而在劳动力市场从总体上看是紧缩的时候，仍然可能存在这样一种情况，即对于某些职业或者在某些地方，求职者人数超过了在现行工资水平上能够提供的工作岗位的数量。

图 2.2 显示了在第二次世界大战之后的 70 年中，美国的总体失业率变化情况。这些数据显示，第二次世界大战之后一直到 20 世纪 60 年代，美国的失业率通常为 3.5%～5.5%，其间有两次上升到 6.8%左右。20 世纪 70 年代、80 年代以及 90 年代早期，美国的失业率几乎从来没有下降到 5.5%以下，在 80 年代早期甚至还超过了 9.5%。从 1997 年到 2007 年的 11 年间，有 7 年中的失业率都低于 5%，而在最近的经济衰退中，失业率则上升到 9%以上——然后又回到 21 世纪初的典型水平。我们将在第 14 章中讨论与失业率及其衡量相关的各种问题。

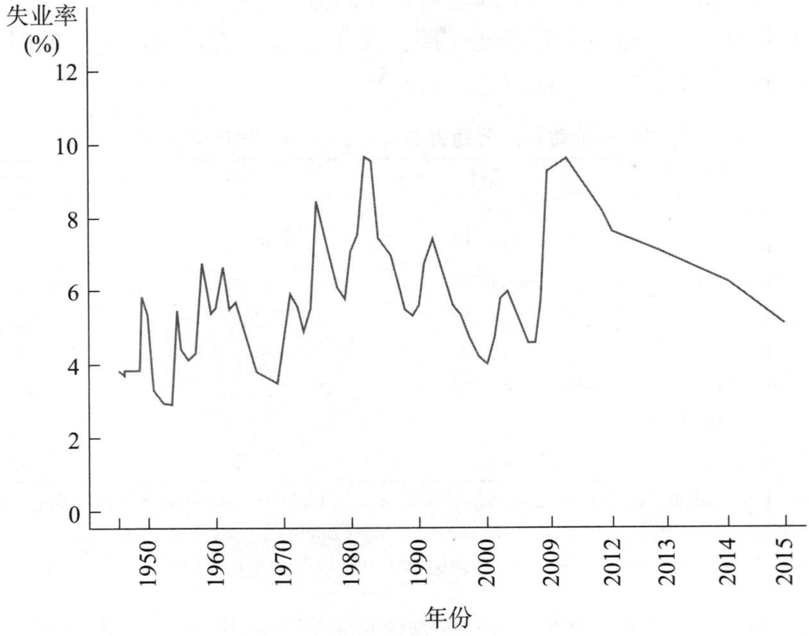

图 2.2　美国平民劳动力的失业率，1947—2015 年

□ 产业和职业——适应变化

正如我们在前面指出的，劳动力市场是使劳动者与工作岗位得以匹配的一种机制。在过去的 50 多年中，某些类型的工作岗位数量增加了，而另外一些工作岗位的数量则缩减了。无论是劳动者还是雇主，都必须根据劳动力市场提供的信号来对上述这些变化做出反应。在一个动态的经济中，劳动力市场的变化是相当大的；例如，在 2015 年夏天，美国有 610 万个岗位（1/15）在企业裁员或倒闭时消失，而在扩张或新开办的企业中则新创造了 730 万个岗位。①

通过对 1954—2016 年间的就业人数的产业分布状况进行考察，可以揭示出劳动力市场必须促进实现的那些变化。图 2.3 揭示出这样一个重大变化，即产品生产行业（主要是制造业）的就业人数在非农就业总人口中所占的比亘已经下降，而私营部门服务业的就业人数所占的比重则出现了显著的上升。因此，一方面，在美国劳动力队伍中，在工厂中工作的人所占的比重正在下降；另一方面，私营雇主在批发和零售业、教育和健康护理、专业和商业服务、休闲和接待活动、金融以及信息服务等行业中所提供的就业机会却在增加。在这段时间中，政府部门的就业人数在总就业人数中所占的比重在一个相对狭小的范围内波动。

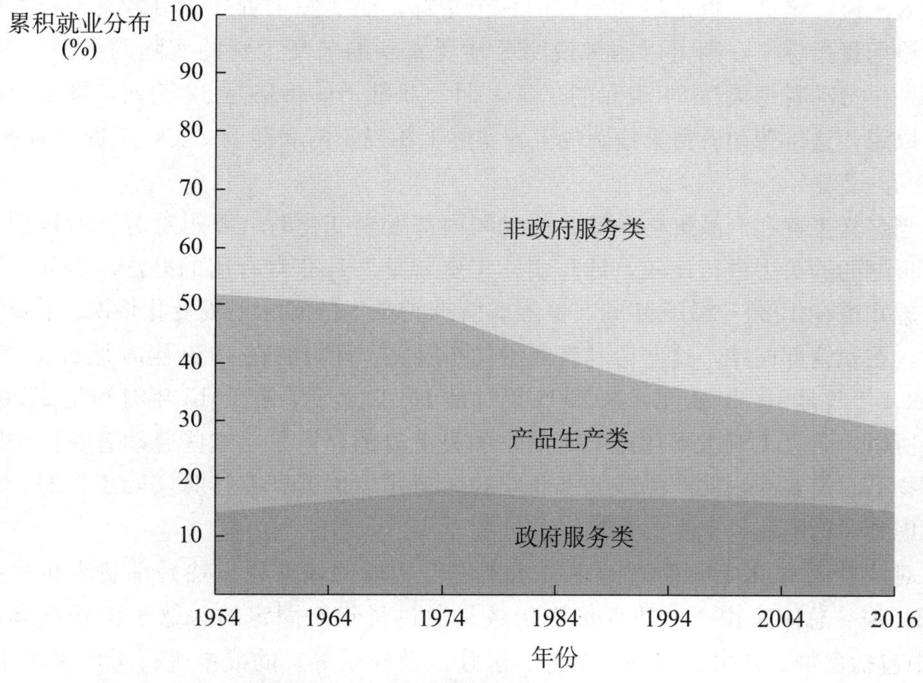

图 2.3　各主要产业部门的就业分布，1954—2016 年

工作岗位在各产业中的分布情况的变化，再加上各部门内部的生产技术变革，都要求劳动者必须获取新的技能，从而能够在新的岗位上从事工作。例如，从 1983 年开始，从事管理和专业工作的美国劳动者所占的比重从 23%上升到 39%，从事低级别的服务性工作的人所占的比重也从 14%上升到超过 17%，然而从事管理支持类、销售类、工厂类工作的人所占的比重却从 63%下降到了 44%。②

① U. S. Department of Labor，Bureau of Labor Statistic，"Business Employment Dynamics：Second Quarter 2015，" News Release USDL 16－0820（April 27，2016），at www. bls. gov.

② U. S. Department of Labor，Bureau of Labor Statistics，Employment and Earnings 31（January 1984），Table 20；Employment and Earnings Online（January 2016），Table 10（at www. bls. gov）.

□ 劳动者的工资性报酬

劳动力市场上的买方行为和卖方行为不仅共同促成了各类不同劳动力的配置，而且确定了其价格。从整个社会的角度来看，这些价格在劳动力的配置过程中——这一过程主要是在个体及其自愿决策的基础上完成的——起到了信号或者激励因素的作用。从劳动者的角度看，劳动力的价格是决定其收入从而决定其购买力的一个重要因素。

名义工资和实际工资 工资率是指单位工作时间内的劳动力价格。① 名义工资是指劳动者根据当前货币价值得到的小时工资，对比较各类劳动者在同一时间内的工资收入来说，名义工资是最为有用的一个指标；而实际工资——用名义工资除以某种价格衡量指标——则可以用来说明劳动者拿到的名义工资的实际购买力。例如，如果一位劳动者每天挣 64 美元的工资，而一双鞋子的价格是 32 美元，那么，我们就可以说，这位劳动者每天挣到的工资实际上相当于两双鞋子（实际工资＝64 美元/32 美元＝2）。

当名义工资和产品价格在某一段时间内都发生变化时，要想对劳动者得到的工资性报酬的购买力进行比较，计算实际工资就是一种非常有用的办法。例如，假定我们想知道在 1980—2015 年间，美国非管理类员工的实际工资变化情况。由表 2.2 可知，在私营部门中，这些劳动者的平均小时工资性报酬在 1980 年时是 6.85 美元，在 1990 年时是 10.20 美元，在 2000 年时是 14.02 美元，在 2015 年时则是 21.04 美元。所以，名义工资水平在这一时期是明显上升的。但是，这些劳动者在同一时期购买物品时需要支付的产品或服务价格也上升了。因此，在计算实际工资时，就必须考虑到通货膨胀所产生的影响。

对消费者在几年中面对的物价水平进行比较的最常用方法是消费者价格指数（CPI）法。总体来说，消费者价格指数是通过每年对固定的一篮子消费品和服务（其中包括食物、住房、衣物、交通、医疗以及娱乐等）的成本进行考察来决定的。首先将这一篮子消费品和服务在基期的成本确定为 100，然后再根据其他年份的相应成本与基期成本之比来计算以后各年的消费者价格指数。例如，如果我们把某一篮子消费品和服务在 1982—1984 年间的平均成本作为基期的物价水平（这一时期的消费者价格指数平均值定为 100），如果到了 2006 年，这一篮子消费品和服务的成本是

---

① 在本书中，我们是按照下列方式来定义小时工资的：当问及劳动者的工资时，大多数人都会对他们的“计时”工资所做的那种陈述。这就是指劳动者如果未经批准而缺勤时，每小时会损失的货币工资数。当我们用这种方式来定义工资时，带薪休假就成为一种“员工福利”——正如我们在下面所指出的那样，这是因为劳动者此时不仅可以享受闲暇时间，而且照样能够拿工资。因此，如果一位员工在 25 小时中——其中有 20 小时是工作时间，5 小时是闲暇时间——拿到了 100 美元的工资，那么，他的小时工资就是 4 美元，同时还得到了价值 20 美元的闲暇。另外一种方法是根据劳动者的实际工作时间来定义工资——比如，按照这种定义，在上例中，劳动者的小时工资就是 5 美元。我们更倾向于使用第一种定义，这是因为如果有一位劳动者获得了在某一个周中少工作 1 小时的机会，那么他的薪酬收入将会减少 4 美元，而不是 5 美元（只要工作时间的减少不会影响到这位劳动者有资格享受带薪的休假时间或闲暇时间）。

基期的 2 倍，则 2006 年的消费者价格指数就是 200。由表 2.2 中的第二行数据可知，如果以 1982—1984 年间的消费者价格指数作为基数，则 1980 年的消费者价格指数是 82.9，2015 年的消费者价格指数则是 231.8——这意味着在这一期间，物价水平几乎达到 1980 年的三倍（231.8/82.9=2.79）。换句话说，用 2015 年的 1 美元所能够购买到的商品和服务还不到 1980 年的 1 美元能够购买到的同类商品和服务的 1/3。

表 2.2　美国私营部门非管理类员工的名义和实际小时工资性报酬，1980—2015 年

	1980 年	1990 年	2000 年	2015 年
平均每小时的工资性报酬（美元）	6.85	10.20	14.02	21.04
消费者价格指数（以 1982—1984 年作为基期）	82.9	129.0	168.9	231.8
按 1982—1984 年的美元价值计算的平均小时工资性报酬（运用消费者价格指数计算）（美元）	8.26	7.91	8.30	9.08
按 2015 年的美元价值计算的平均小时工资性报酬（运用消费者价格指数计算）（美元）	19.15	18.33	19.24	21.04
按 2015 年的美元价值计算的平均小时工资性报酬（按每年的以消费者价格指数衡量的通货膨胀率减去 1%计算）（美元）	14.54	16.15	17.86	21.04

资料来源：U. S. President, Economic Report of the President (Washington, DC: U. S. Government Printing Office, 2016), Table B-15; and U. S. Department of Labor, Bureau of Labor Statistics, CPI Detailed Report (March 2016), Table 27 (at www. bls. gov/cpi/).

我们可以利用表 2.2 中前两行的数据信息，使用几种不同的方法来计算实际工资。最直接的方法就是用名义工资除以每一年的消费者价格指数，然后再乘以 100。通过这种方法，就可以将每一年的名义工资转换成按 1982—1984 年的美元价值计算的工资，因此，劳动者在 1980 年时挣到的 6.85 美元的工资，在 1982—1984 年时就可以购买到相当于 8.26 美元的商品和服务。另一种方法是，我们可以利用表 2.2 中的信息，把这些工资转换为按 2015 年的美元价值计算的平均小时工资性报酬，具体办法是：用每一年的名义工资乘以从这一年到 2015 年之间的价格上升百分比。由于在 1980—2015 年间，价格上升了 1.79 倍，因此，1980 年时的 6.85 美元就相当于 2015 年时的 19.15 美元。

消费者价格指数　我们在表 2.2 中的计算表明，2000 年，美国非管理类员工的实际工资与 1980 年的实际工资几乎是一样的（在 20 世纪 80 年代有所下降），但从 2000 年到 2015 年增长了 9 个百分点。但是，目前依然存在的一个非常激烈的争论是，对一位普通的美国人而言，这种基于消费者价格指数计算的实际工资，能否作为一个对小时工资的购买力变化情况进行衡量的精确指标。这是一个超出了本书讨论范围的技术问题，但是它提出了与使用固定的一篮子商品和服务来对不同年度之间的价格进行比较有关的两个重要问题。

其中的一个问题是，随着时间的推移，消费者可能会改变他们实际购买的一篮子商品和服务——改变的部分原因在于商品和服务的价格发生了变化。例如，如果牛肉的价格上升了，消费者可能就会多吃鸡肉；这样，仍然根据固定的一篮子商品和服务来确定价格指数的做法，就低估了当前美元的购买力，因为它假定消费者仍然购买和以前相同数量的牛肉。正是出于这种原因，为了衡量价格变化而选取的一篮子商品和服务需要阶段性地进行更新。

更大的难题涉及商品和服务的质量问题。假定住院成本在 5 年中上升了 50%，但是与此同时，新的医疗设备和外科技术也变得比过去更好了。因此，有一部分住院价格的上升实际上反映了现在能够提供的一些新型服务——也就是说，过去提供的服务现在质量提高了——而不是美元的购买力下降了。然而问题在于，我们到目前为止尚未发现一种可行的方法能够将质量变化因素从对价格的衡量中分离出来。

考虑到上述两个方面的问题，有些经济学家认为，消费者价格指数大概将每年的通货膨胀率夸大了 1 个百分点。[①] 尽管并非所有的人都认为实际通货膨胀率被夸大到这样的程度，但一种有益的做法是，我们可以假定实际情况确实是这样，然后再重新计算实际工资。在 2000—2015 年间，根据消费者价格指数衡量的平均每年的通货膨胀率是 2.1%，因此我们从表 2.2 中可以预测出，2015 年的 19.24 美元与 15 年前的 14.02 美元可以购买相同的商品和服务。将 19.24 美元和 2015 年时实际支付的小时工资 21.04 美元相比，就可以计算出，在 2000—2015 年间，实际工资上升了 9%。如果在这一时期，每年的真实购买力下降程度只有 1.1%，那么，要想达到 2000 年时的 14.02 美元的购买力水平，2015 年的小时工资只需要达到 17.86 美元就可以了。而劳动者在 2015 年时实际得到的小时工资是 21.04 美元。如果我们假设实际的通货膨胀率比按照消费者价格指数计算的通货膨胀率要低 1 个百分点，那么，这将帮助我们推导出这样一个结论，即在这段时间中，实际工资上升了 18%（而不仅仅是 9%）！如果我们在计算 1980 年和 1990 年的实际工资时也对实际通货膨胀率做出相似的修正，我们就可以估计出 1980—1990 年间的实际工资大约上升了 11%，而并非在下降。因此，实际工资变化的估算值对消费者价格指数调整——许多经济学家认为是应当的——的幅度是非常敏感的。（例 2.1 讨论了关于实际工资计算的相关问题以及一个比较巧妙的解决方案。）

例 2.1

不同国家和不同时间的实际工资：小时工资巨无霸指数

“实际工资”是由名义工资除以某种消费价格衡量指标得出的。由于对实际工资的衡量给出了每工作一个小时可以购买的商品和服务的数量，因此，它反映了不同国家或一个国家在不同时期的生活标准存在的差异。但是，在对实际工资进行有用性衡量的过程中却存在三大难题。

首先，我们需要通过衡量名义工资（分子）来反映拥有相似技能的工人得到的

① 关于这一主题的研究综述，参见 David E. Lebow and Jeremy B. Rudd, “Measurement Error in the Consumer Price Index: Where Do We Stand?” Journal of Economic Literature 41 (March 2003): 159 - 201。作者认为，消费者价格指数每年带来的高估偏差在 0.3 个百分点到 1.4 个百分点之间，最可能出现的偏差是 0.9 个百分点。

工资水平。将汽车修理工和自行车修理工进行比较是没有意义的。

其次，实际工资计算中的分母——物价水平是与质量具有可比性的商品和服务联系在一起的。比如，如果我们想比较一下在不同国家工作一个小时分别能买多少双鞋，我们就会面临这样一个问题，即意大利的鞋子和阿富汗的鞋子质量差别可能很大。

最后，如果我们用物价指数（比如消费者价格指数）作为分母，我们将面临这样一个问题，即作为衡量这一物价指数的基础的一篮子商品和服务在不同时间以及不同国家都是会发生变化的。比如，用一个典型的伦敦人在1704年购买的一篮子商品（淀粉、肉、茶、糖、衣服等）来对伦敦和中国广州的实际工资水平加以比较就会发现，伦敦的实际工资水平更高。然而，如果让广州人来购买同样的一篮子商品，则广州的实际工资水平更高。

能够避免以上所有这些问题的一个很巧妙的计算实际工资的方法就是"小时工资巨无霸"（BMPH）指数。它通过计算在麦当劳餐厅中工作的员工每工作一个小时能够购买多少个巨无霸汉堡包来得出实际工资。"小时工资巨无霸"指数的分子中包含的那些工资水平所对应的工作岗位在不同时间和地点都具有完全可比性，这是因为，麦当劳已经通过一份覆盖从食品准备到递送的各个方面的冗长操作手册使各项操作工作都实现了标准化。这个指数的分母中所指的商品（一个巨无霸汉堡包）的价格在不同的时间和地点也是标准化的。因此，"小时工资巨无霸"指数提供了对不同时间或不同地区的购买力（尽管只是有限商品）所做的真实比较。

"小时工资巨无霸"指数能告诉我们什么呢？比如，在美国，2007年的"小时工资巨无霸"指数是2.41，也就是说，在麦当劳餐厅工作的员工每工作一个小时能够购买2.41个巨无霸汉堡包。而与之相比，日本的"小时工资巨无霸"指数为3.09，西欧的是2.23，加拿大的是2.19，俄罗斯的是1.19，中国的是0.57，印度的则是0.35。通过比较不同时期的"小时工资巨无霸"指数就可以发现，在2000—2007年期间，美国和加拿大的这一指数下降了7%～9%，而中国和印度的这一指数却上升了50%～60%，俄罗斯上升了150%。从2007年到2011年，"小时工资巨无霸"指数在俄罗斯和中国持续上升，而在其他地方却都是在下降的。

资料来源：Orley Ashenfelter, "Comparing Real Wage Rates," American Economic Review 102 (April 2012): 617-642.

工资率、工资性报酬、总薪酬和收入　在提及工资的时候，我们通常都是指那些领取薪金——比如按月领取而不是按工作小时数领取报酬——的劳动者获得的货币报酬。我们对这一概念进行这样的限定实际上不过是为了使用上的方便，对大多数情况而言，这种区分是无关紧要的。不过，正如我们在图2.4中所示的那样，对工资率、工资性报酬和收入加以区分却很重要。工资率是指单位工作时间能够获得的货币性报酬；工资性报酬则是指工作时间单位（通常是小时）的数量乘以工资率。因此，劳动者获得的工资性报酬取决于工资率和工作时长这两个因素。

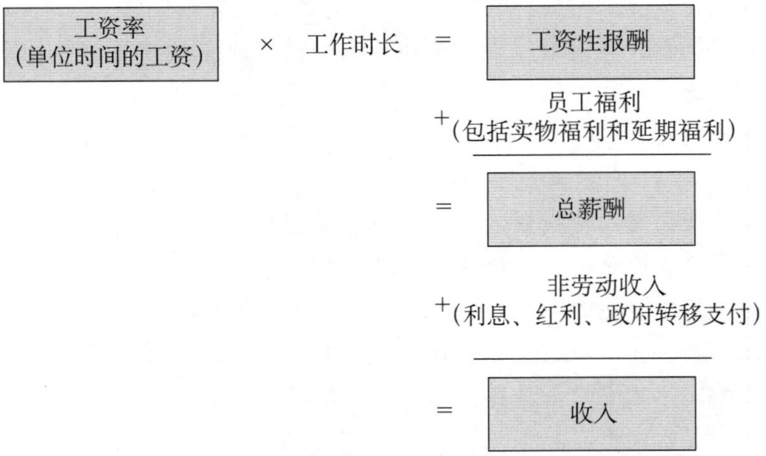

图 2.4　工资率、工资性报酬、总薪酬和收入之间的关系

在定义和衡量工资率和工资性报酬时，通常都是指在税前支付给劳动者的直接货币金额。而总薪酬则包括工资性报酬和员工福利——或是以实物形式支付，或是延期支付——两部分内容。实物福利的例子包括由雇主提供的医疗保健和健康保险——在这种福利计划下，员工从中得到的是一种服务或者是一项保险，而不是货币；带薪休假也属于这一类福利，因为在这种情况下，员工得到的是休假时间而不是现金。

延期福利可以采取雇主提供退休福利的形式，其中包括社会保障税——在这种福利计划下，雇主要事先留出一定数量的资金，以便自己的员工在以后能够得到养老金。

收入是指一个人或一个家庭在某一时期内（通常是一年）获得的所有资源——包括工资性报酬、福利以及非劳动收入三个组成部分。所谓非劳动收入，则包括来自投资的分红或利息以及以食品券、福利支付、失业保险等形式得到的来自政府的转移支付等。

劳动力市场的运行

如图 2.5 所示，劳动力市场是企业为了生存而必须成功地在其中运营的三大市场之一；另外两个市场分别是资本市场和产品市场。劳动力市场和资本市场是企业购买投入要素的主要市场，产品市场是企业出售产品的市场。当然，在现实中，一个企业可能会同时处于各种不同的劳动力市场、资本市场或产品市场上。

关于劳动力市场的研究自始至终都是在对劳动力的需求和供给进行分析。在劳动力市场上，需求一方是雇主，雇主关于雇用劳动力的决策会受到所有三个市场情况的影响。在劳动力市场上，供给一方则是劳动者和潜在的劳动者，他们在做出关于到哪里去工作（以及是否工作）的决策时，必须考虑他们还能将自己的时间花费到其他哪些方面。

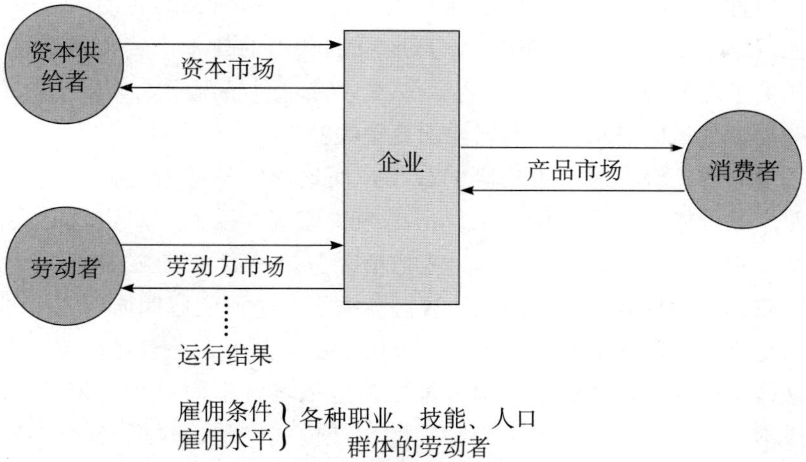

图 2.5　企业必须在其中运营的各种市场

记住下面这一点是非常有用的，即主要的劳动力市场结果都与雇佣条件（工资率、总薪酬水平、工作条件）和雇佣水平相关。在分析这些结果时，我们通常必须对构成总体劳动力市场的各种职业、技能和人口群体的劳动者进行区分。此外，任何一种劳动力市场结果都会受到劳动力需求和劳动力供给两种因素的影响，只不过程度有所不同而已。按照经济学家阿尔弗雷德·马歇尔（Alfred Marshall）的说法，所有的经济结果都取决于需求和供给两个方面的力量，正如剪刀在剪布时需要有两个刀片共同作用一样。

在本章中，我们将论述最简单的劳动力市场经济模型的基本轮廓及其广泛含义。在随后的几章中，我们将在这一基本模型中增加一些复杂性，并且对相关假设及其含义做出充分的解释。不过，我们在这里描述的关于劳动力需求和供给的简单模型，仍然有助于大家较为深入地理解和认识劳动力市场行为，而这种理解和认识对社会政策的制定可能是非常有用的。本书后续章节的分析都是对本章中展示的基本模型进行的扩展和修正。

□ 劳动力需求

企业通过将各种生产要素——主要是资本和劳动力——加以组合，来生产出能够在某一特定产品市场上销售的产品和服务。至于企业的总产出以及它们以何种方式将资本和劳动力组合在一起，则取决于三个方面的因素：产品需求、企业在既定价格水平下能够购买的资本和劳动力的数量以及企业能够选择的技术。在研究劳动力需求时，我们的兴趣点主要在于揭示出这样一个问题，即一家企业或一组企业雇用的劳动力数量在受到上述一种或多种因素的变化影响时是怎样发生变化的。为简化讨论，我们一次只研究其中一种因素发生变化的情况，此时，我们假定其他的因素都保持不变。

工资率变化 当工资率发生变化时，企业对劳动者数量（或总劳动工时数）的需求会发生何种变化呢？例如，假设我们可以在一个相当长的时期内改变某一特定行业中的工资率水平，而与此同时，该行业可以利用的技术、资本供给水平、产品价格和产品需求之间的关系都保持不变。那么，在这种情况下，如果工资率提高了，该行业对劳动力数量的需求会发生怎样的变化呢？

第一，更高的工资率意味着更高的成本，而这通常意味着更高的产品价格。由于消费者对产品价格上升通常做出的反应是减少购买，因此，雇主这时会倾向于降低他们的产出水平以及雇佣水平（假定其他情况保持不变）。在这种情况下出现的雇佣水平下降被称为规模效应——因生产规模萎缩而对企业的雇佣需求产生的影响。

第二，随着工资率的上升（假设资本价格不变，至少在一开始时是这样），雇主就会产生这样一种动机，即通过采用一种更多地依赖资本而更少地依赖劳动力的技术来降低成本。由于雇主向资本更为密集的生产模式转移，这就必然造成他们对劳动力的需求量下降，这种效应被称为替代效应。这是因为，随着工资率的上升，在生产过程中出现了资本对劳动力的替代。

对于各种不同的工资率水平对雇佣水平产生的影响，我们可以用一张能够展示每种工资率水平对应的劳动力需求量的表格加以描述。表 2.3 就是这样一张需求表。表中列举的各种工资率水平与雇佣水平之间的关系可以通过一条需求曲线描绘出来。图 2.6 显示的就是根据表 2.3 中的数据绘制出来的一条需求曲线。需要指出的是，这条曲线的斜率为负。这表明，随着工资率的上升，劳动力的需求量反而是在下降的。（另外还需要说明的是，我们遵循了经济学的传统习惯，用纵轴表示工资率，尽管在分析一家企业的劳动力需求时，它是一个自变量。）劳动力需求曲线告诉我们：当影响需求的其他因素保持不变时，企业对劳动力的需求水平——无论是用劳动工时数来衡量，还是用劳动者人数来衡量——是如何随着劳动力价格的变化而变化的。

表 2.3　　某一假设行业中的劳动力需求表

工资率（美元/小时）	雇佣水平
3.00	250
4.00	190
5.00	160
6.00	130
7.00	100
8.00	70

注：对于雇佣水平，既可以用企业的劳动者人数来衡量，也可以用劳动工时数来衡量，我们在这里选择用劳动者人数来进行衡量。

影响劳动力需求的其他因素变化 如果除了工资率之外的其他某种因素发生了变化，劳动力需求会发生怎样的变化呢？

第一，假定某一特定行业的产品需求上升了，那么在任何一种价格水平上都可以销售出去更多的商品或服务；同时，我们仍然假定该行业可以利用的技术、资本

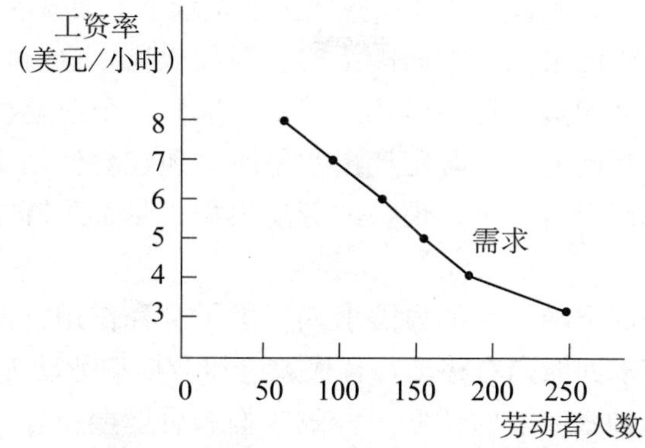

图 2.6　劳动力需求曲线（根据表 2.3 中的数据绘制）

和劳动力的供给条件都没有发生变化。那么，随着该行业中的企业对最大化利润的追求，产出水平很显然会上升，这种规模效应（或产出效应）会导致任一既定工资率水平上的劳动力需求量上升（由于资本和劳动力的相对价格保持不变，因此不存在替代效应）。

那么，应当如何用需求曲线来描述劳动力需求出现的上述变化呢？因为可用的技术以及资本和劳动力的供给条件都保持不变，所以这种产品需求的变化将会导致与任何一种可行的工资率水平相对应的劳动力需求量上升。换言之，整条劳动力需求曲线将会向右移动。这种向右移动的情况，可以用图 2.7 中的劳动力需求曲线从 D 向 D' 的移动来表示。这种情况表明，与任何一种可能的工资率相对应的人员需求量都比过去上升了。

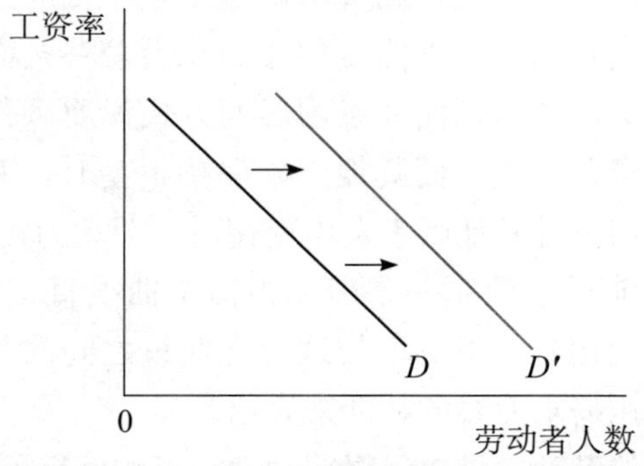

图 2.7　因产品需求上升而导致的劳动力需求曲线的移动

第二，我们来考虑另外一种情况：如果产品需求、技术、劳动力供给条件都保持不变，但是资本的供给却发生了变化，比如资本价格下降到其原有价格的 50%。那么，资本供给发生的这种变化会对劳动力需求产生何种影响呢？

在分析另外一种生产投入要素的价格变化对劳动力需求产生的影响时，我们采用的方法是类似的，即必须同时考虑规模效应和替代效应。第一个方面，当资本价格下降时，生产成本会趋于下降。成本的下降会刺激生产的扩张，而这种生产的扩张势必会趋于提高与任一既定工资率水平相对应的雇佣水平。因此，资本价格下降产生的这种规模效应会趋于提高在任一既定工资率水平上的劳动力需求量。

资本价格下降产生的第二个方面的影响是替代效应，这时，企业会由于资本变得更加便宜而倾向于采用资本更为密集的技术。这样，企业就会用资本来替代劳动力，即在生产与原来相同的任一既定产出水平时，现在会使用更少的劳动力。由于在任一工资率水平和产出水平下，现在的劳动力需求量都下降了，因此，劳动力需求曲线就会向左移动。

于是，资本价格的下降对劳动力需求就产生了两种作用方向相反的效应。规模效应会推动劳动力需求曲线向右移动，替代效应却会推动劳动力需求曲线向左移动。如图 2.8 所示，这两种效应中的任何一种效应都有可能会占主导地位。因此，资本价格下降会对劳动力需求产生何种影响，经济理论并不能提供一种明确的预测。（资本价格的上升对劳动力需求产生的影响同样也具有类似的模糊性，这时的规模效应会推动劳动力需求曲线向左移动，而替代效应则会推动劳动力需求曲线向右移动。）

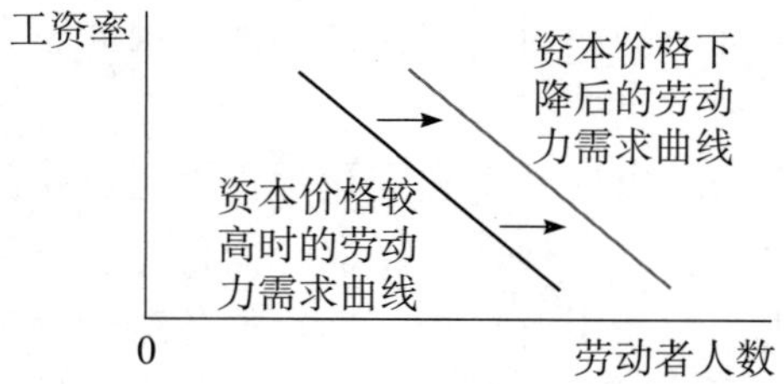

(a) 规模效应可能占主导地位

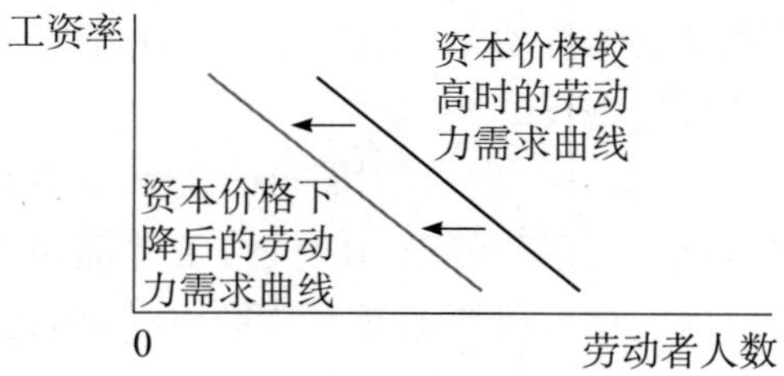

(b) 替代效应可能占主导地位

图 2.8　资本价格下降导致劳动力需求曲线可能出现的移动

我们在上面讨论的假定产品需求和资本供给发生变化的这些情况会趋于引起劳动力需求曲线的移动。而对一条需求曲线的移动和沿着一条需求曲线的移动加以区分是非常重要的。一条劳动力需求曲线以图形的方式说明了作为工资率的一个函数的劳动力需求量。当工资率变化，而其他因素保持不变时，变动是沿着一条需求曲线进行的。然而，当任何一种其他因素发生变化时，劳动力需求曲线就会发生移动。与工资率不同，我们不能通过绘制一条劳动力需求曲线直接将这些因素表示出来。因此，当这些因素发生变化时，工资率与理想雇佣量之间的关系就会呈现出另外一副样子，这种情况只能用需求曲线的移动来表示。

市场、行业和企业的劳动力需求　对劳动力需求的分析可以在三个层次上展开。

(1) 在分析一家特定企业的劳动力需求时，我们将考察比如说机械师的工资上升会如何影响一家特定的飞机制造商的人员雇佣量。

(2) 在分析机械师的工资上升将会如何影响整个飞机制造行业愿意雇用的机械师人数时，我们将会使用行业劳动力需求曲线。

(3) 在分析机械师的工资上升将会如何影响整个机械师劳动力市场——所有使用机械师的行业时，我们将会使用劳动力市场需求曲线。

我们在第 3 章和第 4 章中将会论述，企业、行业以及市场的劳动力需求曲线的形状在某种程度上是有所不同的，这是因为在不同的劳动力需求层次上，规模效应和替代效应所产生的影响在程度上是不同的。然而，需要记住的很重要的一点是：在劳动力需求的这三个层次上，工资率变化产生的规模效应和替代效应的作用方向都是相同的，因此，企业、行业和市场三种劳动力需求曲线全部是自左上方向右下方倾斜的。

长期和短期 我们还可以对长期劳动力需求曲线和短期劳动力需求曲线加以区分。在短期中，雇主会发现很难用资本来替代劳动力（反之亦然），而消费者也很难在价格上升时大幅度调整自己的产品需求。换言之，消费行为和生产行为的充分调整是需要时间的。当然，在长期中，工资或其他因素的变化对劳动力需求产生的影响会更大，同时也更全面。

□ 劳动力供给

在考察了反映劳动力市场上的买方（或需求方）行为的一个简单模型之后，我们现在考察一下劳动力市场上的卖方（或供给方）行为。为了满足本章分析的需要，我们假定劳动者已经决定参加工作了，他们面临的问题仅仅是选择哪一种职业以及哪一位雇主。

市场劳动力供给 我们首先考察一下整个劳动力市场上的劳动力供给（与此相对的情况是单个企业面临的劳动力供给），假定我们现在考察的是律师助理的劳动力市场，律师助理可能得到的工资水平的变化将会如何影响他们的劳动力供给呢?

如果其他职业的工资保持不变，仅仅是律师助理的工资上升了，那么我们将会看到，会有更多的人希望成为律师助理。例如，假定现在有 100 名高中毕业生，他们中的每一个人都可以在保险经纪人和律师助理两种职业之间做出选择。那么，在这 100 人中，肯定会有一些人愿意去做保险经纪人，尽管律师助理的工资水平更高一些，这是因为那些人喜欢推销工作所带来的挑战性以及较多的社会交往机会。而有些人却愿意做律师助理，即使律师助理所得到的报酬相对较低，原因是他们讨厌推销工作所带来的压力。然而，还有很多人认为自己做任何一种工作都行，在这时，决定最终从事哪一种职业的主要因素，就是这两种职业薪酬水平的高低了。

因此，假定其他职业的工资率保持不变，某一个特定劳动力市场上的劳动力供给就会与该市场上通行的工资率呈现一种正相关关系。也就是说，如果保险经纪人的工资率保持不变，而律师助理的工资率上升了，那么就会有更多的人愿意选择成为律师助理，如图 2.9 所示，因为这样做会使自己的薪酬水平有所改善。

同劳动力需求曲线一样，我们在描绘每一条劳动力供给曲线时，也是假定其他价格和工资率保持不变。如果在其他价格或工资率中，有一种或多种发生了变化，将会引起劳动力供给曲线的移动。当保险经纪人的薪酬增长时，有一些人就会改变当律师助理的打算，转而去做保险经纪人。如果用图形的方式来加以描述，那么我们可以看到，保险经纪人的薪酬增长将会导致律师助理的劳动力供给曲线向左移动，如图 2.10 所示。

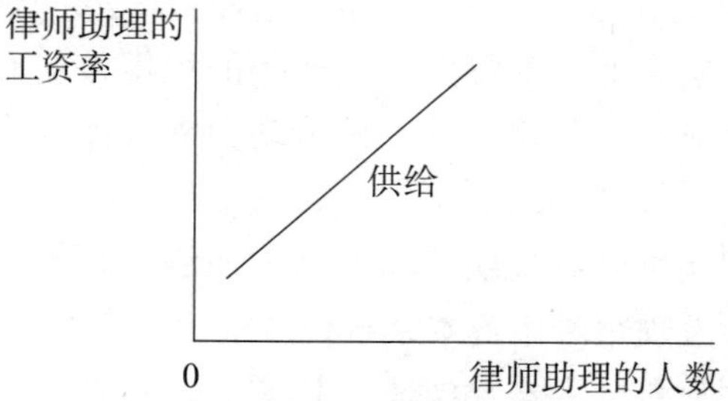

图 2.9　律师助理的市场劳动力供给曲线

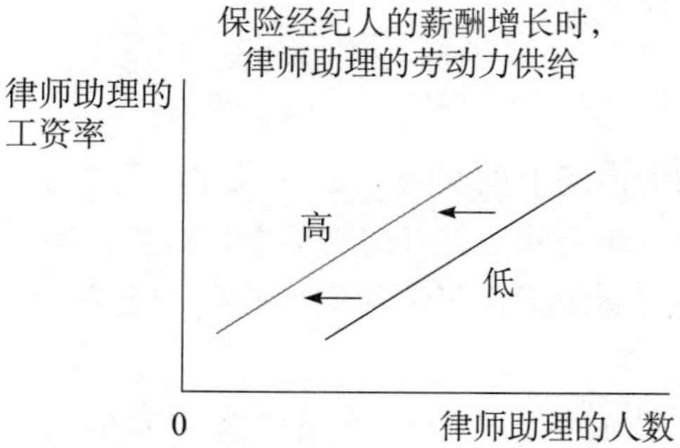

图 2.10　因保险经纪人薪酬增长而引起的律师助理市场劳动力供给曲线的变化

企业面临的劳动力供给　如果一个人已经决定去做一名律师助理，那么这个人接下来就要决定接受哪一位雇主发出的邀请。假定所有的雇主提供的律师助理工作几乎都一样，那么这种选择就将完全取决于薪酬水平的高低。任何一家企业如果不明智地提供比其他企业低的工资，那么它就会发现，自己根本吸引不来任何一位劳动者（或者至少吸引不来它希望获得的人才）。反过来说，也没有哪一家企业会愚蠢到非要支付比通行工资更高的工资水平，这是因为，这时它支付的工资已经超过了为吸引一定数量和质量的劳动者而不得不支付的必要工资水平。因此，一家企业面临的劳动力供给曲线是呈水平状的，如图 2.11 所示。这种形状表明，只要按照通行工资率来付工资，一家企业就能够获得它需要的所有律师助理。如果劳动力市场上的其他企业向律师助理支付的工资率是 W_0，那么这家企业面临的劳动力供给曲线就是 S_0；如果市场工资率下降到 W_1，则这家企业面临的劳动力供给曲线就变成了 S_1。

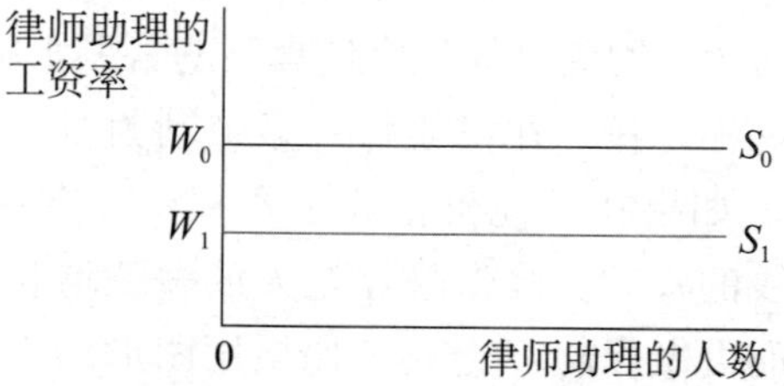

图 2.11　不同市场工资率水平下的律师助理供给

市场劳动力供给曲线和一家企业面临的劳动力供给曲线的斜率差异，与劳动者面临的选择类型直接相关。在决定是否进入律师助理劳动力市场时，劳动者必须权衡其他就业机会（例如当保险经纪人）的薪酬水平及其任职资格要求。如果律师助理的工资水平有所下降，也不会出现所有的人都会退出这一劳动力市场的情况，这是因为，保险经纪人和律师助理这两种职业并非完全可以相互替代。当律师助理的工资水平下降之后，仍然会有一些人愿意做律师助理，原因是他们不喜欢保险经纪人的工作要求。

一旦决定了去做一名律师助理，那么，在选择为哪一位雇主工作时，劳动者要做的就是在工作要求几乎相同的若干雇主之间做出选择。此时，选择的唯一依据就是薪酬水平了。如果一家企业试图将其支付的工资降低到其他企业支付的工资水平以下，那么它将会失去所有的求职者。因此，水平状的劳动力供给曲线实际上反映了劳动者在各家完全可以相互替代的雇主之间进行选择时做出的劳动力供给决策。

我们在前面曾指出，想雇用律师助理的企业只有两种选择：要么支付通行的市场工资，要么失去所有的求职者。尽管这看起来有点不太现实，但这是一个有助于我们进行分析的不错假设。如果一家企业提供的工作岗位与其他企业提供的工作岗位具有可比性，只是总薪酬水平要低一些，那么，这家企业或许能够吸引到一些具备它所需要的那种素质的求职者，因为这些求职者并不了解其他企业支付的薪酬水平。不过，随着时间的推移，这家企业支付的工资水平相对较低这种信息就会被越来越多的人知道，这时这家企业就会发现，它将不得不依赖那些素质不合格的劳动力来填补其职位空缺。只有在企业提供的是不具备可比性的工作岗位（例如更令人愉快的工作条件、更长的带薪休假等）时，它才可能以低于市场平均水平的工资获得合格的劳动者。关于劳动力供给中的这些因素，我们将会在第 8 章中进行讨论。现在，我们假定每一家企业都像每一位劳动者一样，通常都是工资的接受者；也就是说，如果它们在劳动力市场上面临竞争，那么它们向自己的员工支付的工资就必须与市场工资非常接近。无论是单个的劳动者还是单个的企业，都不能在偏离通行工资太远的工资水平上达成交易（关于这种一般假设的例外情况，我们将在第 5 章中论述）。

□ 工资决定

无论是否有工会或其他非市场力量参与，某一特定劳动力市场上的通行工资都会受到劳动力需求和劳动力供给两方面因素的重大影响。在本节中，我们将分析劳动力市场上的供给和需求是如何共同影响工资的。

市场出清工资　回忆一下，市场劳动力需求曲线代表的含义是：假定资本价格和产品需求保持不变，雇主在每一工资率水平上愿意雇用的劳动者人数有多少。而市场劳动力供给曲线代表的含义则是：假定其他职业的工资率保持不变，在每一工资率水平上，有多少劳动者愿意进入这一劳动力市场。我们可以把这两条曲线描绘在同一幅图上，从而揭示出一些有意义的信息，如图 2.12 所示。

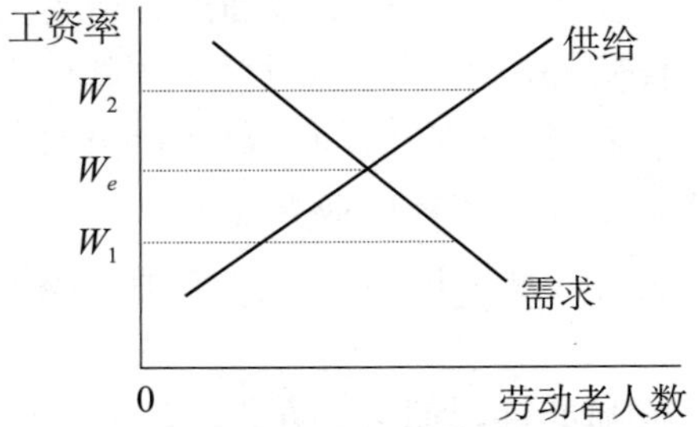

图 2.12　市场劳动力需求与市场劳动力供给

例如，假设市场工资率确定为 W_1。图 2.12 显示出，在这一较低的工资率水平上，劳动力需求超过了劳动力供给。于是，雇主们为了争夺劳动力市场上为数不多的劳动者会展开竞争，此时会出现劳动力短缺的现象。各家企业为了吸引更多的劳动者，必然会抬高自己的工资出价，从而推动劳动力市场上的整体工资水平上升。随着工资水平的上升，将会出现两种情况：首先，将会有更多的人愿意进入这一劳动力市场来找工作（一种沿着劳动力供给曲线发生的变动）；其次，工资率的上升将会引起雇主对劳动者需求的下降（一种沿着劳动力需求曲线发生的变动）。

如果工资率上升到了 W_2，劳动力供给就会超过劳动力需求。此时，雇主愿意雇用的劳动者人数要少于市场上供给的人数，从而导致并非所有愿意就业的人都能够找到工作，这样就产生了劳动力过剩。在这种情况下，雇主的任何一个职位空缺都会吸引来一大批急不可待的求职者。雇主们很快就会意识到，即使提供更低一些的工资，他们也仍然能得到可以填补职位空缺的合格求职者。此外，如果能够支付更低的工资，雇主们会希望雇用更多的劳动者。有些人可能会乐于接受这一较低的工资，因为他们只要能够找到一份工作就已经很满足了；而当工资率下降时，另外一些人则会离开这一市场，转到其他市场去求职。于是，随着工资率从 W_2 降下来，劳动力供给和劳动力需求将会逐渐趋于均衡。

劳动力需求和劳动力供给相等时的工资率就是市场出清工资率。在图 2.12 中的工资率水平 W_e 处，雇主的所有职位空缺都可以找到人来填补，而在这一市场上，所有希望找到工作的人都能够找到一份工作。在 W_e 处，既不存在劳动力过剩，也不存在劳动力短缺，所有各方的需求都得到了满足，不存在任何进一步改变工资水平的激励。当工资水平保持为 W_e 时，劳动力市场处于均衡状态。

因此，市场出清工资率 W_e 就成为单个雇主和雇员必须面对的通行工资率，换言之，工资率是由市场决定并且“宣布”给每一位市场参与者的。图 2.13（a）显示的是市场劳动力供给和劳动力需求；图 2.13（b）显示的则是这一市场上的一家典型企业（企业 A）的劳动力需求曲线和劳动力供给曲线。这一市场上的所有企业都按照 W_e 支付工资，并且总雇佣量 L 等于市场上每一家企业的雇佣量之和。

均衡的打破　那么，一旦劳动力市场达到了均衡状态，什么样的情况会改变这种均衡呢？改变这种均衡的因素可能来自劳动力需求曲线或劳动力供给曲线中任何

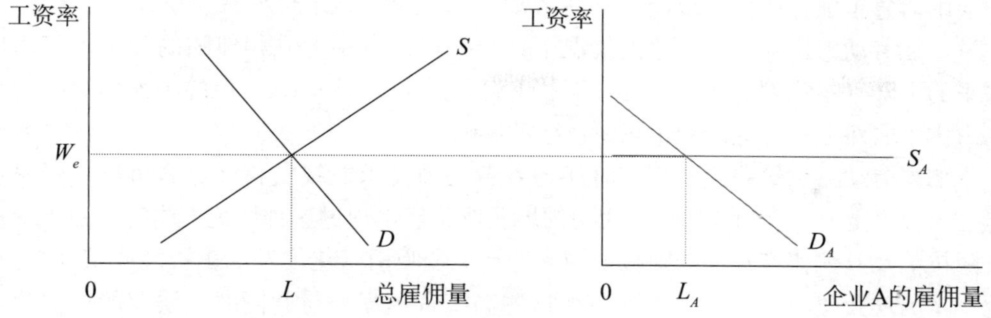

图 2.13 "市场"和"企业"层次上的劳动力需求和劳动力供给

一条曲线的移动。例如，如果随着政府对某一行业管制力度的加大，企业的文件处理工作量增加了，从而比以前需要更多的律师助理（在任一既定的工资率下）。如图 2.14 所示，这种劳动力需求的增加将会表现为劳动力需求曲线的右移。这时如果仍然坚持将工资率定为 W_e，则在律师助理劳动力市场上将会出现劳动力短缺现象（因为此时的劳动力需求大于劳动力供给），而这种劳动力短缺的情况将会促使雇主们提高自己的工资出价。最终，律师助理的工资率将会被抬升为 W_e^*。请注意，在这种情况下，均衡雇佣水平也上升了。

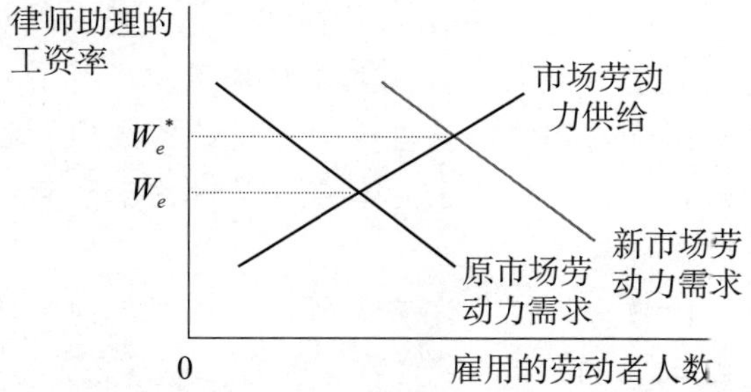

图 2.14 劳动力需求曲线右移后的新劳动力市场均衡

如果劳动力供给曲线向左移动，市场工资率同样也可能会上升。由图 2.15 可知，劳动力供给曲线的这种移动会在原有的均衡工资率 W_e 处形成劳动力短缺。雇主

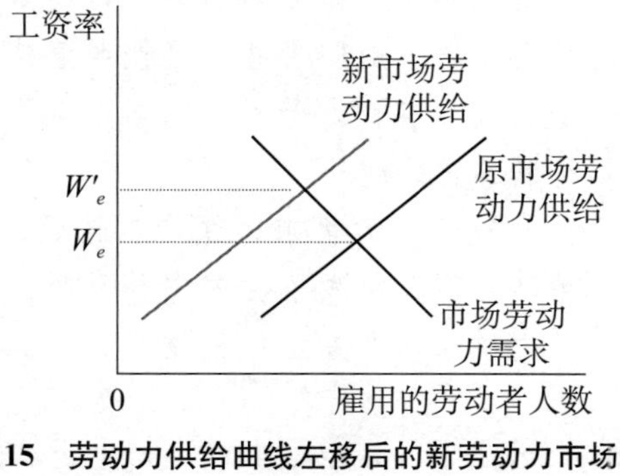

图 2.15 劳动力供给曲线左移后的新劳动力市场均衡

们会因为急于填补职位空缺而展开对劳动力的竞争，结果会导致工资率上升到 W'_e。不过，在劳动力供给曲线左移的情况下，与市场工资率上升相伴随的却是均衡雇佣水平的下降（参见例 2.2。在例 2.2 中我们分析了 1348—1351 年的黑死病导致的劳动力供给曲线左移对劳动力市场所产生的影响）。

如果劳动力供给曲线左移同时伴随着劳动力需求曲线右移，那么市场工资率可能会大幅度上升。20 世纪 70 年代初的埃及就曾经出现过这种情况。当时，由于受沙特阿拉伯及其他盛产石油的阿拉伯国家的高工资吸引（比埃及的工资高 6 倍多），将近一半的埃及建筑工人离开本国前往这些高工资国家。与此同时，埃及的住宅建设业却在蓬勃发展。这样，劳动力供给曲线的左移与劳动力需求曲线的右移就共同导致埃及建筑工人的实际工资在短短的 5 年时间里上升了 100%。[①]（这种显著的工资上升同时伴随着埃及建筑行业人员净雇佣量的增长，在本章复习题的第 1 题中，我们要求学生利用图形来对这种现象加以分析。）

例 2.2☞

黑死病与劳动者工资

要了解劳动力供给突然发生变化时工资会受到怎样的影响，我们可以列举 1348—1351 年的一个例子。当时，一场瘟疫——黑死病——袭击了英国（也包括其他欧洲国家）。尽管人们对确切的数字有着不同的估计，但一般认为，在当时很短的一段时间内，英国总人口中的 17%～40%死于这场瘟疫。英国人口的这种大量减少立即产生了提高劳动者工资的影响。随着劳动力供给曲线的左移，在原有的工资水平上出现了劳动力短缺，雇主们展开了对幸存劳动者的激烈竞争，结果导致工资水平大幅度上升。

虽然难以获得可靠的数字，但是许多人估计，在四年的时间里，英国的工资上升了 50%～100%。例如，1348 年，一位打谷者的工资是 2.5 便士/天，而到了 1350 年则变成了 4.5 便士/天；1348 年，一位割草者的工资是每英亩 5 便士，到了 1350 年则变成了每英亩 9 便士。无论总体工资水平增长的幅度是否有这么大，劳动力短缺的现象却是明显存在的，同时工资也确实出现了前所未有的增长。为了应对这种劳动力短缺的局面，当时的皇室甚至发布了一项命令，要求领主与相邻的其他领主共用稀缺的劳动力，同时还用监禁来威胁那些拒绝按照瘟疫之前的工资水平从事工作的劳动者，但是这种命令的收效甚微。劳动力的短缺太严重了，市场力量又太过强大，以至于不能成功地抑制工资的增长。

在此，聪明的学生可能会对劳动力需求曲线产生怀疑：难道随着人口——以及消费者人数——的下降，劳动力需求曲线不会向左移动吗？显然会，但是劳动力需求曲线的这种移动不像劳动力供给曲线左移的幅度那样大。尽管消费劳动者所生产

① Bent Hansen and Samir Radwan, Employment Opportunities and Equity in Egypt (Geneva: International Labour Office, 1982): 74.

的产出的人数减少了，但是那些幸存下来的消费者的人均消费量却比以前增加了。在1348年以前就存在的货币、金银以及耐用品，到1350年时，实际上是在更少的人之间进行分配了，而人均财富数量的增加随之带来了人均消费水平，尤其是奢侈品的消费水平普遍性的大幅度上升。因此，与劳动力需求曲线的左移相比，劳动力供给曲线的左移更占上风，于是，一个很容易预见的结果就是工资出现了大幅度的上升。

资料来源：Harry A. Miskimin, The Economy of Early Renaissance Europe, 1300 - 1460 (Englewood Cliffs, N. J.: Prentice-Hall, 1969); George M. Modlin and Frank T. deVyver, Development of Economic Society (Boston: D. C. Heath, 1946); Douglass C. North and Robert Paul Thomas, The Rise of the Western World (Cambridge: Cambridge University Press, 1973); Philip Ziegler, The Black Death (New York: Harper and Row, 1969). 对15—18世纪欧洲战争影响的相似分析，参见 Nico Voightländer and Hans-Joachim Voth, "Gifts of Mars: Warfare and Europe's Early Rise to Riches," Journal of Economic Perspectives 27 (Fall 2013): 165 - 186。

如果劳动力供给增加或劳动力需求减少，也有可能出现市场出清工资率下降的情况。劳动力供给增加可以用劳动力供给曲线右移来表示，原因是在每一工资率水平下，都有更多的人进入这一劳动力市场，如图2.16所示。劳动力供给曲线的右移会导致在原有的均衡工资水平 W_e 处出现劳动力过剩，从而导致雇主采取行动将工资率降低到图2.16中的 W_e'' 处。请注意，这时的均衡雇佣水平上升了。劳动力需求的下降（劳动力需求曲线的左移）也会引起市场出清工资率的下降，尽管这种移动所伴随的是均衡雇佣水平的下降。

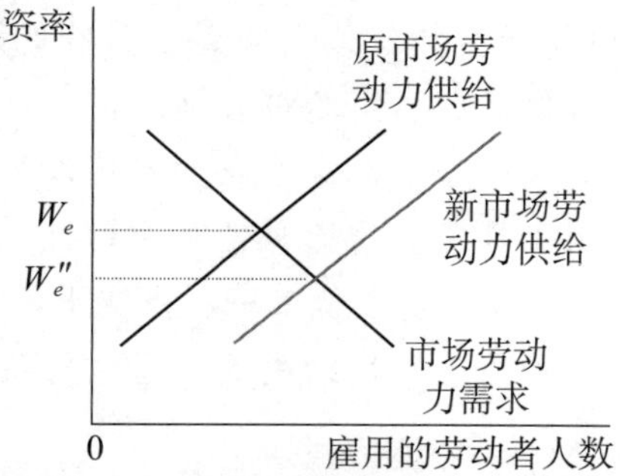

图2.16 劳动力供给曲线右移后的新劳动力市场均衡

非均衡及非市场影响因素 市场出清工资在理论上存在并不意味着它在实践中能够实现——或者能够很快实现。由于劳动力服务不能与劳动者相互分离，并且对普通人来说，劳动收入是迄今为止最为重要的购买力来源，因此，劳动力市场必然会受到某些因素的影响，这些因素会阻碍工资和雇佣水平随着劳动力供求的变化而做出调整。在这些阻碍工资和雇佣水平调整的因素中，有些因素本身也是我们在本书随后的章节中将讨论的各种经济力量共同作用的结果。例如，换工作常常需要一位劳动者投资于新的技能（参见第9章），或是承担流动的成本（参见第10章）。从劳动力市场的雇主一方来看，雇用员工可能涉及在搜寻和培训人员方面的投资（参见第 5 章），而解雇员工或者削减工资可能又会被视为对员工不公平，从而会影响到那些继续被留用的员工的生产率（参见第 11 章）。

另一些阻碍工资和雇佣水平调整的因素源自一些非市场力量，比如制约个人和企业做出选择的法律、习俗或规章制度。尽管我们并不清楚到底是哪些因素会使工资低于其均衡水平（参见例 2.3），但是非市场力量的作用却通常会使工资高于市场水平。例如，最低工资立法（参见第 4 章）和工会（参见第 13 章）就是这类影响因素的两个很好的例子，它们都是以使工资超出市场应有水平为明确目的。同样，如果人们普遍认为削减工资是不公平的，那么，当市场上出现了劳动力需求曲线左移或者劳动力供给曲线右移的情况时，可能就会出现阻止工资水平下降的法律或习俗。

人们通常认为，与需要削减工资的时候相比，在工资水平需要提高的时候，劳动力市场做出调整的速度往往更快。如果事实的确如此，那么，我们看到的那些长期处于非均衡状态的市场，应当是一些工资高于市场水平的市场。高于市场水平的工资率的存在意味着劳动力供给超过了雇主提供的职位空缺数量（见图 2.12 中工资率为 W_2 时的那种相对劳动力供求状况）。因此，如果很多劳动力市场都存在这种非均衡现象，那么结果必然会导致普遍性的失业。

例 2.3☞

起诉离职员工

通常情况下，员工们现在可以因为任何原因自由地离开自己的雇主（一个比较突出的例外是军人），其中包括在其他地方得到了一份更好的工作。然而，在 19 世纪的英国，工人们通常会与他们的雇主签订长期合同，如果他们为了得到更高的工资或更好的工作条件离开原来的雇主，这些雇主就可以依据主仆法来起诉他们违反了合同规定。这些起诉限制了员工们的选择性和流动性，在劳动力需求曲线右移的时期，起诉数量将会上升——从而会压低工资。事实上，当英国在 1875 年废除主仆法之后，雇主对员工流动施加的强制性消失了，雇主们不得不通过提高工资水平来应对劳动力需求曲线的右移。

资料来源：Suresh Naidu and Noam Yuchtman, "Coercive Contract Enforcement: Law and the Labor Market in Nineteenth Century Industrial Britain," American Economic Review 103 (February 2013): 107 - 144.

理论应用

尽管在随后的章节中我们还会对劳动力市场是如何运作的这种简单模型进行进一步的修正和阐述，但它已经可以解释许多重要的现象，其中包括这样一些问题：

什么时候员工的工资过高？什么时候员工的工资过低？哪些因素能够解释失业的国际差别？

□ 谁的工资过低？谁的工资过高？

我们在第 1 章中曾经指出，规范经济学的一个基本价值观是，作为一个社会，我们应当努力完成所有的互惠交易。对这种价值观我们还可以做另外一种表述：我们必须努力以尽可能有效的方式来运用我们的稀缺资源，这就意味着我们应当以成本最小化的方式来生产，从而使得这些既定资源能够获得最大数量的产出。这个目标再加上本章中勾勒的劳动力市场模型，就可以启发我们应当如何来界定工资过高这一概念。

高于市场水平的工资 如果劳动者得到的工资高于他们所从事的职业的市场出清水平，我们就定义其为工资过高。由于在某些工资过高的岗位上存在劳动力过剩的现象，超过市场水平的工资率会产生两个方面的影响，如图 2.17 所示。

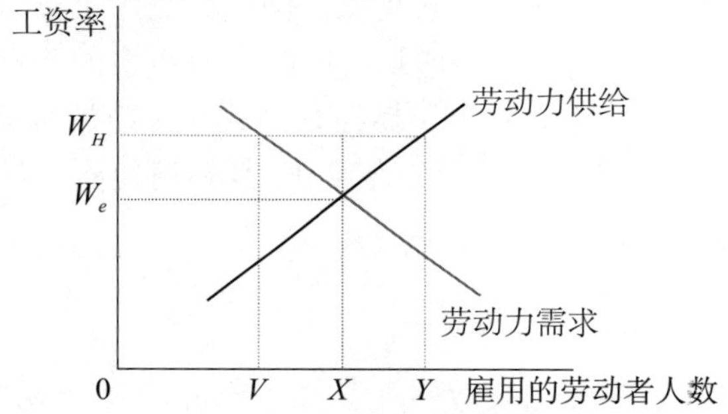

图 2.17 工资率超出市场均衡水平所产生的影响

首先，为了生产既定的产出，雇主们现在需要支付比应当支付的工资更高的工资水平（他们现在需要支付 W_H，而非 W_e）；他们即使削减工资也能够为自己的空缺职位找到足够的合格劳动者。事实上，如果他们削减了工资，不仅可以扩大产出，而且还能使产品变得更加便宜，让消费者更容易得到这些产品。其次，希望找工作的求职者人数超过了职位空缺数量（Y 个劳动者想要找工作，但是只有 V 个职位空缺）。如果工资水平略有降低，那么在这些失望的劳动者中就会有更多的人能够找到工作。因此，如果工资超过了市场水平，那么不仅会造成消费者价格比原来高、产出水平比原来低，并且会造成并非所有希望找到工作的人都能实现就业。

关于高于市场水平的工资的一个有趣例子在 1988 年时出现在休斯敦的劳动力市场上。为休斯敦城市交通管理局（Houston Metropolitan Transit Authority）工作的汽车清洁工们得到的工资为每小时 10.08 美元，这比在休斯敦地区的其他私营汽车公司工作的汽车清洁工获得的工资（每小时 5.94 美元）高出约 70%。这种工资过高的情况产生的一个（可以预料到的）结果就是，在休斯敦城市交通管理局工作的清洁工的离职率只有全国同类清洁工平均离职率的 1/7。[①]

为了更好地理解工资过高造成的社会损失，我们现在回顾一下规范经济学的基本原理。如果能够将过高的工资水平降下来，会使受益者得到的收益大于受损者遭受的损失吗？仍以休斯敦城市交通管理局的清洁工为例，假定仅仅是将新雇用的清洁工的工资水平降至比如说每小时 6.40 美元，那么现在的这些清洁工是不会蒙受任何损失的，但是，在那些目前在别的地方每小时只能挣 5.94 美元工资的劳动者中，许多人都想抓住这种能够获得更高工资的机会。这时，纳税者们就会意识到，现在其实可以用比过去更低的成本来扩大交通服务，这样他们就会增加对这种服务的需求，从而为更多的劳动者创造新的工作岗位。于是，有些劳动者获益了，同时却并没有人受损——社会福利很显然改善了。[②] 简言之，降低工资将会是一种帕累托改进（参见第 1 章）。

低于市场水平的工资　如果劳动者的工资低于市场出清水平，那么就可以将其定义为工资过低。在低于市场工资水平的情况下，雇主就难以找到劳动者来满足消费者的需求，因而就会出现劳动力短缺现象。同时，雇主也难以留住已经找到的劳动者。如果提高工资水平，则产出会增加，同时会有更多的劳动者被吸引到这一市场中来。因而，提高工资对社会上的人都会有好处，无论是对消费者，还是对劳动者而言。图 2.18 描绘了工资率从 W_L 上升到 W_e 是如何使雇佣量从 V 增加到 X（同时工资水平上升）的。

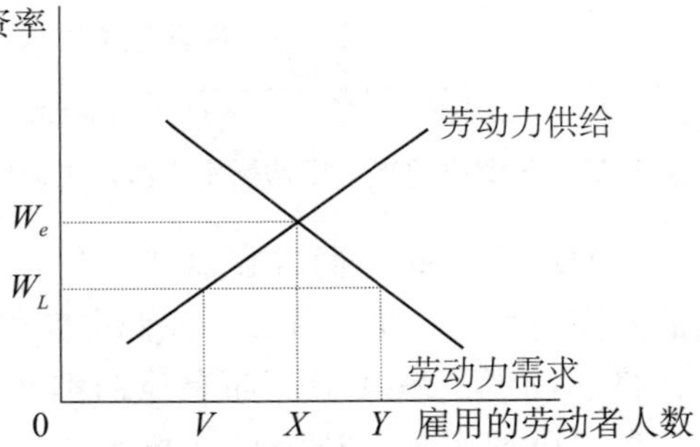

图 2.18　工资率低于市场均衡水平所产生的影响

美国军人的工资可以说明市场是如何对低于市场水平的工资做出调节的。在 1973 年之前，美国的征兵制还没有被废止，政府可以执行一项以低于市场水平的工资招募新兵的政策，这是因为供给和需求之间的缺口可以通过征兵来填补。毫不奇怪，当我们将 20 世纪 70 年代末的工资水平与实行征兵制最后十年中的工资水平进

① William J. Moore and Robert J. Newman, "Government Wage Differentials in a Municipal Labor Market: The Case of Houston Metropolitan Transit Workers," Industrial and Labor Relations Review 45 (October 1991): 145 - 153.

② 如果换工作的工人获得的工资大约等于其对前雇主的价值，这会使得前雇主产出损失 5.94 美元，但成本也节省了 5.94 美元——他们的福利不会因此受到影响。关于雇员的工资相当于他们对雇主的价值的假设，我们将在第 3 章中详细讨论。

行比较时会发现，与具有可比性的平民劳动者的工资水平相比，在册军人的货币工资水平上升了 19%（依靠强制劳动对劳动力市场产生影响的另外一个例子可参见例 2.4）。

例 2.4☞

莫桑比克殖民地时期的强制劳动

有两种办法可以解决劳动力短缺的问题：第一种办法是将工资提高到足够高的水平，以吸引劳动者自愿来工作；另外一种办法则是（通过征召他们）强迫劳动者去工作。虽然强制劳动看起来可能是一种成本更低的办法，但是这种带有强迫性质的劳动给劳动者带来的愤恨往往会导致很高的机会成本，这个成本甚至会超过节约下来的工资。我们列举莫桑比克殖民地时期的一个早期的例子。

19 世纪后期，莫桑比克处于葡萄牙的统治之下，殖民者为便于管理，将莫桑比克划分为几块大的领地。领地的所有者要向殖民当局上交地租和税收，但是他们还有权向居住在他们领地范围内的每一位非洲人征收（并自行留用）每年 800 里斯（葡萄牙及巴西的旧货币单位）的“人头税”。在很多领地中，由于蔗糖种植园提供的工资水平很低，同时工作条件又很恶劣，所以在这些种植园中出现了劳动力短缺的情况。1880 年，许多领主决定通过强迫非洲人每年在他们的种植园中工作两星期（不付报酬）的方法来收取人头税。

在这两周的工作期间，强制劳动隐含的工资率是每周 400 里斯，而在别的地区通过自愿方式招募到种植园工作的劳动者每周的工资是 500～750 里斯。因此，出现使用强制劳动方式的领主们不得不去对付一群极其不满意和愤怒的劳动者的情况就毫不令人惊讶了。他们的劳动力每两周更换一次，如何激励这些劳动者是一个很大的问题（这迫使他们不得不采用鞭打等武力手段），同时他们还不得不雇用私人警察去追捕那些逃跑者——这些人显然试图逃避隐含的低工资和恶劣的激励方法。

1894 年，莫桑比克糖业公司（Mozambique Sugar Company）废除了使用强制劳动的做法，因为它发现，这种做法的机会成本很高，于是该公司将工资提升到了足够高的水平，从而使劳动者们自愿返回自己原来所在的领地。因此，莫桑比克的领主们最后从本质上得出了这样一个结论：为劳动者支付他们所需的工资水平以吸引自愿工作的劳动力，要比使用强制劳动更加有利可图。

资料来源：Leroy Vail and Landeg White，Capitalism and Colonialism in Mozambique：A Study of the Quelimane District（Minneapolis：University of Minnesota Press，1980）：77，120－125，134.

经济租金　工资过高和工资过低的概念与以成本最小化的方式来生产令人满意的商品和服务这样一个社会问题有关；因此，我们要将雇主支付的工资与市场出清工资进行比较。在个人层次上，将在某一职位上实际得到的工资与一个人的保留工资——低于该工资时劳动者将会拒绝接受某一职位（或离职）——进行比较常常是很有用的。一个人在某一特定职位上实际得到的工资超过其保留工资的那部分数额，就是他得到的经济租金。

让我们来看一看军队的劳动力供给曲线。如图 2.19 所示，如果军队想要雇用 L_1 那么多的人，它就必须支付 W_1 这一水平的工资。这种相对较低的工资将会吸引那些喜欢军队文化，并且对战争风险不那么刻意规避的人。如果军队希望扩大规模，雇用到相当于 L_2 那么多的人，则它必须支付相当于 W_2 的工资。要想吸引那些在工资水平较低时觉得军队中的职业不那么有吸引力的人参军，就必须支付相对较高的工资。如果 W_2 正好是能够使供给与需求相等的那种工资水平，同时军队所支付的恰好也是这一水平的工资，则那些原本在低于这一水平的工资上也愿意加入军队的人就得到了经济租金！

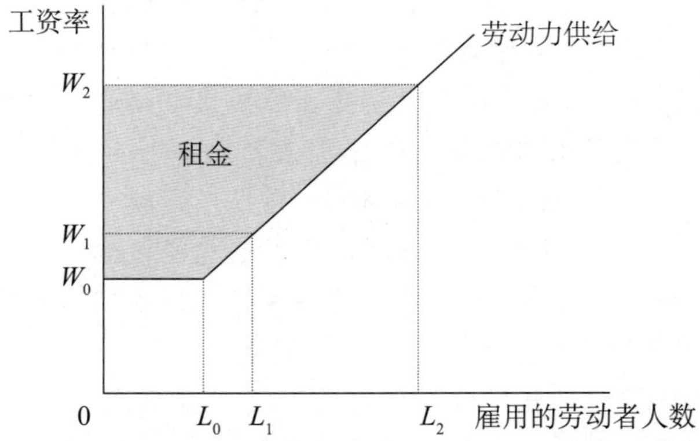

图 2.19　军队的劳动力供给：不同的偏好意味着不同的“经济租金”

换言之，对某一个职业或行业来说，劳动力供给曲线就是一张保留工资表，这张工资表代表了在每一工资水平上可以获得的劳动力数量。实际支付给劳动者的工资和保留工资之间的差额——图 2.19 中的阴影部分——就是租金的数量。由于每一位劳动者可能都会有不同的保留工资水平，因此，市场上的每一位劳动者获得的经济租金也各不相同。在图 2.19 中，L_0 代表的那些劳动者获得的租金金额是最高的，这是因为即使工资水平只有 W_0，这些人也愿意加入军队，因此，他们获得的经济租金是 W_2-W_0。

为什么雇主不能将每一位劳动者的工资率降至其保留工资水平呢？尽管拿走劳动者们的经济租金对雇主来说似乎是一件有利可图的事情——因为根据其定义，拿走这些租金也不会导致员工离职，但如果雇主真的试图这样做，又必将会引发员工的怨恨，同时，即使这种政策能被执行，也会给雇主带来极其高昂的执行成本。雇主并不清楚每一位员工或求职者的真实保留工资水平，想了解这些保留工资，就必须进行一系列的试验，要么在开始时提供较高的工资，然后再逐渐降低；要么在开始时提供较低的工资，然后再逐渐提高。然而，这样做是要付出代价的，如果劳动者知道企业是在进行试验，他们就会试图掩盖自己的真实保留工资，而采取一种与谈判有关的战略行为（比如欺瞒）。所以，企业通常根据职位、劳动者的经验、在本企业中的资历以及绩效等方面的考虑来支付工资，而不是根据劳动者的偏好来付酬。

□ 失业及其对不同国家技术变革的反应

我们在前面曾指出，劳动力市场常常会受到非市场因素的影响，从而使工资率高于市场出清水平。由于这些非市场因素通常都采取法律、政府计划、习俗或机构（比如工会）等形式，因此，它们对劳动力市场的影响力度在各国之间是大不一样的。那么，我们能否得出一些结论——这些非市场力量在哪些国家产生的影响最为显著呢？

我们在本章中提出的理论为：如果工资率高于市场出清水平，就会导致失业的出现（寻找工作的人数就会超过能够获得的职位数）。此外，如果工资率保持在高于市场出清水平的位置上，同时劳动力需求曲线出现了左移，那么失业还会进一步上升到更高的水平（要观察到这一点，你可以自己画一张这样的图：劳动力供给曲线保持不变，工资率也不变，只有劳动力需求曲线左移）。另外，高于市场水平的工资还会阻碍新的工作岗位的增加，所以，工资“钉在”高于市场出清水平的位置上，还可能会导致那些已经失去工作有一段时间的失业者继续在失业状态下滞留更长的时间。因此，关于失业的发生情况以及失业时间长短的指标——幸运的是，关于这些指标，在若干发达国家中都有可比较的定义以及估计值——有时可用于推断非市场因素在不同国家劳动力市场上的相对强度。比如，我们可以来考察一下 20 世纪 80 年代和 90 年代，欧洲和北美洲的失业率都发生了怎样的变化。

20 世纪 80 年代，世界上的一些发达国家出现的一个重要现象就是，与计算机运用有关的技术变革加速。这种变化导致了市场对低技术的、受教育水平较低以及工资水平也较低的劳动者的需求下降。在加拿大和美国，对低技术劳动者需求的下降导致他们的实际工资在整个 80 年代都是下降的；尽管这些受教育水平较低的劳动者的实际工资下降了，但是在这 10 年中，其失业率却上升了——美国的失业率从 7.2%上升到了 8.5%，加拿大的失业率从 6.3%上升到了 9.3%。

然而，在我们能够得到按技能水平分类的工资和失业率数据的两个欧洲国家，低工资劳动者的实际工资在这 10 年中却是上升的，结果导致受教育水平较低的劳动者的失业率出现了更为明显的上升。在法国，那些工资水平最低的劳动者的实际工资水平每年上升了 1%，而他们的失业率在这 10 年中则从 4.6%上升到了 10.7%；在德国，低工资劳动者的工资水平每年上升 5%，这些劳动者的失业率则从 4.4%上升到了 13.5%。①

① 这 4 个国家的工资性报酬数据均为在这些国家的工资性报酬分布中处于最低的 10%位置上的劳动者的报酬数据。资料来源于经济合作与发展组织（OECD）的以下文件：Employment Outlook：July 1993（Paris：OECD，1993），Table 5.3。失业率资料来源于 Federal Reserve Bank of Kansas City，Reducing Unemployment：Current Issues and Policy Options（Kansas City，Mo.：Federal Reserve Bank of Kansas City，1994）：25。

实证研究

薪酬水平与军官的供给：从横截面数据中获得的样本变异

根据经济理论的预测，当某一特定职业的工资水平上升或者其他职业的工资水平下降时，这种职业的劳动力供给将会增加。20世纪60年代末期，美国政府正在考虑改变一项政策，其最终目的是取消征兵制，这样，它就需要估算出必须给军人增加多少工资——相对民用劳动者的工资而言——才能确保在不实行征兵制的情况下，军队也能够吸引到足够数量的军官和士兵。能否预测出军官的劳动力供给曲线，取决于我们能否获得适合的数据集。

在研究变量X（自变量）如何影响变量Y（因变量）时，研究者必须掌握足够数量的数据，在这些数据中，变量X和变量Y都呈现出很大程度的变异。换句话说，关于因果关系的科学研究要求我们必须去观察一下，各种不同的原因到底是怎样导致不同的结果出现的！那些能够在实验室进行试验的研究者会把他们的研究对象加以不同的"处理"，然后再来探索这些不同的处理到底产生了怎样不同的结果。经济学家很少有机会去做这种试验，于是，他们就必须去寻找符合这种条件的数据集：某一个样本中的X和Y在若干组观测值中会很自然地发生变化。如果军人工资与平民工资之比是我们的自变量（X），那么决定以军官身份加入军队的人数就是因变量（Y）。在这种情况下，我们怎样才能找到一个样本，让这个样本中的这两个变量都显示出足够的变异，从而使我们能够估计出两者之间的关系呢?

一种方法是使用20～30年的时间数据（"时间序列"数据），其中每一年的军人和平民的相对工资以及新军官的数量就代表了样本中的一组观测值。运用时间序列数据存在的问题是，样本很小（我们并没有许多年份的完整数据）。此外，人的行为在一段时间内会受到各种情况变化或是偏好变化（例如，战争、在军队内外都存在新的职位、劳动力对风险的态度发生改变等）的影响，因此，如果使用时间序列数据，我们还需要控制那些与时间相关的变化，这样才能确保我们把工资对劳动力供给决策的影响分离出来。

另外一种研究相对工资水平对劳动力供给的影响的方法是使用"横截面数据"，它涉及收集不同的人在同一个时间点上的工资和劳动力供给两个方面的观测数据。这通常使我们能够收集到一个更大的数据集，但是它要求数据集中的观测数据必须是从存在足够大差别的环境中收集来的，这样才能保证变量X和变量Y实际上出现变化。例如，对每一位初级军官来说，他们在任意一年中拿到的军队工资都是相同的，所以只有当样本中的人面对的民用工作工资是可以被衡量的，并且这种工资确实发生了重大变化的情况下，我们才可以用横截面数据来研究军人的劳动力供给决策。

20世纪60年代末期完成的一项研究分析了1963年由82所大学提供的通过它们的预备军官训练营（Reserve Officer Training Corps，ROTC）项目参军入伍的人数数据。在这项研究中，供给变量（Y）被确定为在这 82 所大学的每所大学中报名参加陆军、海军和空军预备军官训练营的男性所占的百分比（事实上，在那时，美国军队里都是男性）。由于从这 82 家预备军官训练营毕业的人面对的军队工资都是相同的，因此最近刚毕业的这批学员在民用工作工资机会方面存在的差别，就代表了唯一可以使用的工资变量。事实表明，刚从这 82 所大学毕业的男性大学生可以拿到的平均工资性报酬数据不仅是可以获得的，而且在各个大学之间也存在足够大的差异，因而这一数据是可以使用的。因此，用来衡量工资的变量（X）就是 1958 年从这些大学毕业的人在 1963 年时的平均工资性报酬。

理论引导我们得到这样的预期，即一所大学的毕业生从事民用工作时能够获得的工资水平越高，则报名参加预备军官训练营的人数就会越少。最终的研究结果得出了这样的估计，即在民用工作工资水平和预备军官训练营招收的人数之间确实存在一种统计上显著的负相关关系。[a]这种估计关系指出，当民用工作工资上升 10%的时候，预备军官训练营招收到的人数会下降 20%。这个研究结果表明，如果民用工作工资水平保持不变，而军队的工资水平上升 10%，则报名参加预备军官训练营的人数就会上升 20%。显然，报名参加预备军官训练营的人数对民用工作工资的变化所做出的反应非常迅速！

a. 在估计方程中还加入了其他一些自变量，这些自变量是用来考虑这样一个事实的，即不同大学的样本中提供的参加陆、海、空预备军官训练营的人的组合是不同的。此外，由于在任一工资水平上，美国南部的学生可能都更偏好参军，因此，自变量中也包括了一个反映一所大学是否位于南部的变量。

资料来源：Stuart H. Altman and Alan E. Fechter，"The Supply of Military Personnel in the Absence of a Draft，" American Economic Review 57（May 1967）：19－31.

复习题

1. 正如我们在本章中论述的，20 世纪 70 年代，埃及的建筑工人曾经出现了大量外流的情形，他们纷纷前往沙特阿拉伯寻找高工资的工作。与此同时，埃及国内对建筑工人的需求也急剧上升。以图形的方式说明劳动力供给和劳动力需求所出现的移动，然后运用图形来预测埃及国内建筑部门的工资水平和雇佣水平在这一时期发生变化的方向。

2. 分析当某一特定职业面临下述变化时，其工资水平和雇佣量会受到怎样的影响：

（1）职业的危险程度降低；

（2）产品需求上升；

（3）其他职业的工资上升。

3. 如果政府削减了研发计划开支，那么工程师的工资率和就业水平会发生什么样的变化？运用图形来加以说明。

4. 假定某一特定劳动力市场处于市场出清状态，那么什么情况的发生可能会引起均衡工资水平的下降？如果物价水平每年都在上升，但是名义工资却因为存在"下降刚性"而永远不会下降，那么该市场上的实际工资又将会如何做出调整呢？

5. 假定有一家公司雇用你来针对其雇用的电焊工做一项薪资调查，因为该公司怀疑自己向电焊工支付的工资水平过高。假定该公司表明了追求利润最大化的愿望，那么在这种情况下，你准备采用什么样的“工资过高”定义呢？同时你又将怎样弄清楚电焊工的工资是否过高？

6. 厄瓜多尔是世界上最大的香蕉出口国，而该国的香蕉种植和收割工作需要依靠大量的劳动力，其中也包括许多儿童。假设现在厄瓜多尔宣布在香蕉种植园中使用童工是非法的。请运用经济理论的“实证”模型来分析厄瓜多尔的香蕉种植业中的就业和工资将会发生何种变化。请在你的分析中运用供给曲线和需求曲线。

7. 工会能够通过两种方式来提高工会会员的工资：第一，工会可以通过集体谈判来确定一个高于市场出清水平的工资率。尽管资方不能支付低于该水平的工资，但是他们有权决定雇用多少名员工。第二，建筑行业的工会通常会与资方达成这样一项协议，即资方只能雇用工会会员，与此同时，工会还有能力对劳动者加入工会进行控制，从而能够通过限制劳动力供给来增加工资。

（1）运用劳动力需求曲线和劳动力供给曲线以绘图的形式表述工会运用的上述第一种方法。

（2）运用劳动力需求曲线和劳动力供给曲线以绘图的形式表述工会运用的上述第二种方法。

8. 假设伊拉克战争增大了美国军队的理想规模，并假设潜在的新兵供给因为面临危险的、恶劣的战时条件而减少了。第一，请分析战争对军人的劳动力供给曲线和劳动力需求曲线所产生的影响；第二，用你的分析结果来预测战争是如何影响军人的工资和雇佣水平的。

9. 假定职业安全与健康管理局（Occupational Safety and Health Administration）将强制要求所有的冲床都必须安装一种防止工人受伤的非常昂贵的安全保护设施，但这一设施并不能提高冲床的工作效率。该规定对劳动力需求曲线会产生什么样的影响？解释你的答案。

10. 假定我们观察到了某一地区的就业水平由于以下两个方面的因素而出现了突然的下滑：

（1）该地区的劳动力需求下降；

（2）工资在短期中是固定的。

如果新的劳动力需求曲线在长期中保持不变，且该地区的劳动力供给曲线并未移动，那么，该地区的就业水平有可能恢复到原有水平吗？解释你的答案。

11. 在 2003—2004 年的经济复苏时期，加拿大工作岗位数量的增长速度快于美国。回答下列问题：

（1）总体来说，经济增长会对劳动力需求曲线产生何种影响？

（2）假设在这两个国家中，经济增长都不会对劳动力供给曲线产生影响，并且进一步假设，与加拿大工作岗位数量快速增长相伴随的是比美国的增长幅度要低的工资增长（仍然是正向的增长）。关于加拿大工作岗位数量之所以相对美国而言增长更快的原因，上述事实可以告诉我们什么？

练习题

1. 假设成年人口是 2.1 亿，其中 1.3 亿人属于就业人口，500 万人属于失业人口。请计算出失业率和劳动力参与率。

2. 假设教师的劳动力供给曲线是 $L_S = 20\ 000 + 350W$，而教师的劳动力需求曲线是 $L_D =$

100 000－150W，其中 L 代表教师数量，W 代表日工资率。

(1) 绘制教师的劳动力供给曲线和劳动力需求曲线；

(2) 在这一市场上的均衡工资率和均衡就业量分别是多少？

(3) 假定在任一既定的工资水平上现在都额外新增了 20 000 名愿意从事教师这一职业的劳动者，请绘制新的教师劳动力供给曲线，同时寻找新的均衡工资率以及均衡就业水平。

3. 在过去的 12 个月里，美国的生产类和非管理类员工的实际平均小时工资上升了吗？登录美国劳工统计局（Bureau of Labor Statistics）的网站（http：//stats. bls. gov），寻找相关数据来回答这一问题。

4. 假定一座城市中的成年人口是 982.3 万人，其中 334 万人不在劳动力队伍中，609.4 万人是就业人口。

(1) 计算该城市劳动力队伍中的成年人数量以及失业的成年人数量。

(2) 计算劳动力参与率和失业率。

5. 从表 2.2 中可知，消费者价格指数（以 1982—1984 年＝100 为基数）从 1990 年的 130.7 上升到了 2006 年的 201.6。美国联邦政府规定的最低工资（名义小时工资）从 1990 年的 3.80 美元上升到了 2006 年的 5.15 美元。计算最低工资的实际货币价值（即相对于 1982—1984 年的货币价值）。1990—2006 年，最低工资的实际货币价值到底是上升了还是下降了？

6. 下表给出了零售店收银员的需求和供给情况。

工资率（美元/小时）	收银员需求人数（名）	收银员供给人数（名）
3.00	200	70
4.00	180	100
5.00	170	120
6.00	150	150
7.00	130	160
8.00	110	175
9.00	80	190

(1) 绘制收银员的供给曲线和需求曲线。

(2) 这一市场上的均衡工资率和均衡雇佣水平各是多少？

(3) 假设在每一个工资率上，收银员的需求量都增加了 30%。绘制新的需求曲线。现在市场上的均衡工资率和均衡雇佣水平又分别是多少？

7. 根据练习题 6 中的原始需求函数（参见练习题 6 中的表），如果雇主支付每小时 8 美元的工资，有多少收银员能够找到工作？讨论收银员劳动力市场上的 8 美元/小时工资率的含义。

推荐阅读

Blau，Francine D. and Lawrence M. Kahn，At Home and Abroad：U. S. Labor-Market Performance in International Perspective. New York：Russell Sage Foundation，2002.

Freeman，Richard，America Works：The Exceptional U. S. Labor Market. New York：Russell

Sage Foundation, 2007.

Nickell, Stephen, "Is the U. S. Labor Market Really That Exceptional? A Review of Richard Freeman's America Works: The Exceptional U. S. Labor Market," Journal of Economic Literature 46 (June 2008): 384 - 395.

President's Commission on an All-Volunteer Armed Force. Report of the President's Commission on an All-Volunteer Armed Force. Chapter 3, "Conscription Is a Tax," 23 - 33. Washington, D. C.: U. S. Government Printing Office, February 1970.

Rottenberg, Simon, "On Choice in Labor Markets," Industrial and Labor Relations Review 9 (January 1956): 183 - 199. [Robert J. Lampman, "On Choice in Labor Markets: Comment," Industrial and Labor Relations Review 9 (July 1956): 636 - 641.]

Saint-Paul, Gilles, "Why Are European Countries Diverging in Their Unemployment Experience?" Journal of Economic Perspectives 18 (Fall 2004): 49 - 68.

第 3 章

劳动力需求

劳动力需求是一种派生需求。雇主之所以需要雇用劳动者，是由于劳动者在生产某些用于销售的产品或服务时能够做出贡献。然而，劳动者获得的工资以及他们有资格获得的员工福利，甚至包括他们得到的工作条件，在某种程度上都会受到政府的影响，其中包括最低工资立法、养老金规定、对解雇员工的限制、工作中的安全要求、移民控制、由政府提供的养老金以及通过雇主缴纳工薪税的方式筹集的失业保险金等。所有这些要求和规定都有一个共同的特点，这就是它们提高了雇主雇用员工的成本。

我们在第 2 章中曾经解释过，与某一工资率变化相伴随的规模效应和替代效应表明，劳动力需求是工资率的一个负斜率函数。如果这一非常简单的命题是正确的，那么强制性地提高雇主雇用员工成本的政策就会产生一种大家不希望看到的副作用，这就是减少劳动者的就业机会。如果这种就业机会的减少幅度很大，那么劳动者们失去的工作机会可能足以抵消政府的这些规定为他们提供的帮助。因此，对任何一个对公共政策感兴趣的人来说，理解劳动力需求曲线的特征绝对是至关重要的。一个人对劳动力市场管制计划的看法在很大程度上取决于他对劳动力需求曲线的理解程度。

我们在本章中将确认隐含在“劳动力需求是工资率的一个负斜率函数”这一命题背后的一些假设。第 4 章则把劳动力需求曲线的负斜率性质视为一个既定特征，在此基础上来着重讨论，为什么在面对某一既定工资率上升的情况时，有些时候劳动力需求会出现较大幅度的下降，而在有些时候却几乎感觉不到它的变化。

利润最大化

劳动力需求理论的一个基本假设是企业——雇用劳动者的雇主——是追求利润最大化的。在这一过程中，我们可以想象企业总是在不断地问这样一个问题："我们还能够通过进行一些改进来提高我们的利润水平吗?"对企业持续不断地努力增加利润这一行为，有两件事情需要强调。首先，一家企业能够改变的仅仅是那些在其控制范围之内的变量。由于企业生产的产品的价格以及它必须购买的投入要素的价格在很大程度上都取决于其他人（"市场"），所以，一家企业的利润最大化决策涉及的主要问题通常表现为是否可以以及如何增加或减少产出。

其次，由于我们假设企业总是在不断地寻找增加利润的可能性，所以我们的理论必须将重点放在解释企业每天都必须完成的一些小变化（"边际"变化）上。对一家企业而言，需要做出真正重大决策——比如是否开设一家新的工厂或是否要引进一条新的生产线等——的时候相对来说是很少的。一旦这样的决策完成之后，雇主就必须不断地进行一些小的改进，从而在试错过程中逐渐地接近利润最大化的状态。因此，我们需要理解企业必须做出的这些增加利润的决策依据到底是什么，尤其需要注意的是，雇主在什么时候会停止对产出水平或投入组合做出任何改变。

（在谈到投入要素的使用时，需要认识到的很重要的一点是，当我们对边际变化进行分析时，它实际上有这样一个隐含假设，即一种投入要素的一点点变化是在其他投入要素的使用量保持不变的前提下发生的。比如，在分析劳动力投入出现一个单位的变化所产生的影响时，我们实际上是假设资本的投入保持不变的。类似地，我们也是在假定劳动力投入保持不变的前提下来分析资本的边际变化的。）

在需要不断决定自己的最佳产出水平的过程中，一家追求利润最大化的企业只有在下面这种情况才会愿意继续增加一个单位的产出，即出售一个单位的额外产出获得的收益增量要大于生产这一单位产出导致的成本增量。只要从新增的产出中获得的边际收益超过它的边际成本，利润最大化的企业就会继续扩大产出。类似地，当生产的边际成本超过边际收益的时候，企业就希望缩减产出规模。当某一产出水平能够使企业生产该产出的边际成本和边际收益相等时，企业的利润就实现最大化了（也就是说，企业就停止再进行任何改变了）。

当然，我们这里假定企业只能通过改变它的投入使用量来增加或减少产出。从最一般的意义上说，我们假设一家企业是用劳动力和资本这两种类型的投入或生产要素组合来生产产出的。因此，我们在上面谈到的企业在决定是否增加或减少边际产出时所遵循的决策规则，就与劳动力和资本的使用量存在重要的因果联系：

其一，如果增加一个单位的某种投入所获得的收入超过了因此而增加的费用，那么就增加一个单位的此种投入；

其二，如果增加一个单位的某种投入所获得的收入少于因此而增加的费用，那么就减少此种投入的使用量；

其三，如果增加一个单位的某种投入所获得的收入恰好等于因此而增加的费用，那么不改变此种投入的使用量是最佳做法。

上面的三项决策规则都是从投入方面，而不是从产出方面对利润最大化标准所做的阐述。正如我们将要论述的，企业在决定如何增加或减少边际产出以及是否增加或减少边际产出时，上面的这些决策规则是非常有用的指导原则。下面我们得更为详细地界定和考察这些决策规则的构成要素。

□ 新增一个单位的投入带来的边际收入

新增一个单位的劳动力或资本将会为企业带来一定的收入增量，这是因为可以生产出来并销售出去的产出会有所增加。类似地，减少劳动力和资本的使用量会减少企业的收入流，这是因为能够用于销售的产出减少了。这样，要想得到与一个单位的额外投入相联系的边际收入，只要将以下两个数值相乘就可以了：一是生产出来的实物产出所发生的变化（被称为该种投入的边际产品）；二是一个单位的实物产出带来的边际收益（marginal revenue，*MR*）。因此，我们将一个单位的投入产生的边际收入称为该种投入的边际收益产品。例如，如果某位网球明星的出场使网球巡回公开赛的观众人数增加 20 000 人，并且比赛的组织者从每一个到现场观看的球迷身上能净赚 25 美元，那么，这位明星创造的边际收入就等于她的边际产品（20 000 名球迷）乘以产品的边际收益（即每位球迷 25 美元）。这样，她的边际收益产品就等于 500 000 美元。（关于大学橄榄球球星的边际收益产品的实际计算过程，参见例 3.1。）

例 3.1☞

大学橄榄球球星的边际收益产品

由于以下两个方面的原因，要计算出一位劳动者的边际收益产品常常是一件非常复杂的事情。一是缺乏数据；二是在确保所有其他变量都不变的情况下计算收益的增量也确实存在困难。可能正是由于这两方面的原因，很多经济学家的研究注意力被吸引到了体育产业，因为在这一产业中，与球员的生产率以及运动队的收益有关的统计数据实在太丰富了。

美国的很多大学都很重视橄榄球赛事，一些明星球员为他们的学校带来了巨大的收益，尽管这些运动员本人没有得到任何报酬——除了能够享受免费教育之外。罗伯特·W. 布朗（Robert W. Brown）收集了 2004—2005 赛季 I-A 大学橄榄球联赛上共 47 支队伍的收入数据——其中包括学校通过门票、外界对体育部的捐赠以及电视广播机构支付的转播费等渠道获得的收入。（令人遗憾的是，这些数据遗漏了一些重要的潜在收入来源，比如在比赛时收取的停车费以及场地租用费，还有外界对学校基金的捐赠。）

接下来，布朗考察了市场规模、对手实力、全国排名以及球队中最终进入美国橄榄球职业联赛（National Football League，NFL）的优秀球员人数等变量对球队收入做出的贡献。结果显示，能够进入橄榄球职业联赛的球员人数每增加一个，就能够为其所在球队的收入带来超过 100 万美元的收入增量。依此类推，一位高水平的球员在四年的大学联赛生涯中可以为其所在的球队带来超过 400 万美元的收益！

资料来源：Robert W. Brown，"An Estimate of the Rent Generated by a Premium College Football Player，" Economic Inquiry 31（October 1993），671－684. Robert Brown，"Research Note：Estimates of College Football Player Rents，" Journal of Sports Economics 12（April 2011）：200－212.

边际产品　我们把劳动力的边际产品（marginal product of labor，MP_L）正式定义为，在资本投入量保持不变的情况下，劳动力投入数量的变化（ΔL）带来的实物产出变化（ΔQ）[①]，即：

$$MP_L=\Delta Q/\Delta L \text{（资本数量保持不变）} \tag{3.1}$$

类似地，资本的边际产品（marginal product of capital，MP_K）也被界定为，在劳动力数量一定的情况下，与一个单位的资本存量变化（ΔK）相联系的产出变化，即：

$$MP_K=\Delta Q/\Delta K \text{（劳动力数量保持不变）} \tag{3.2}$$

边际收益　公式（3.1）和公式（3.2）反映了这样一个事实，即一家企业只能通过增加或减少它的劳动力或资本使用量来扩大或缩减它的产出规模。从新增的每一单位产出中获得的边际收益（MR）取决于企业在销售产出时所处的产品市场的特点。如果企业是在一个完全竞争的产品市场上从事经营活动，产品市场上存在许多竞争对手，并且企业对自己的产品价格也没有控制力，那么销售每一单位产出的边际收益就等于产品的价格（P）。如果企业生产的是一种与其他企业有差异的产品，从而在产品市场上有某种程度的垄断力，那么企业只有降低产品的价格才能使自己的产品销量有额外的增加（因为企业面对的产品需求曲线实际上就是自己生产的这种特殊产品的市场需求曲线）；只要回忆一下经济学入门教材中讲述过的内容就可以知道，在这种情况下，产品的边际收益低于产品价格（$MR<P$）。[②]

边际收益产品　将本小节中的表达式合并起来，我们就可以将企业的劳动力边际收益产品（marginal revenue product of labor，MRP_L）表示为：

$$MRP_L=MP_L \cdot MR \text{（在一般情况下）} \tag{3.3a}$$

或

$$MRP_L=MP_L \cdot P \text{（如果产品市场是竞争性的）} \tag{3.3b}$$

---

① 符号 Δ（即希腊字母 δ）被用来表示某方面的变化。

② 一个竞争性的企业可以按照市场价格销售追加的任意数量的产品，这是因为，相对整个市场而言，一个企业是很小的，因此一个企业的产出并不足以对产品价格构成影响。然而，垄断者却是产品市场上的唯一供给方，所以要想额外销售任一既定数量的产品，它都必须降低产品价格。又因为它必须降低所有已经生产出来的产品的价格，而不仅仅是降低额外销售的这些产品的价格，所以与一个单位新增产品的销售相联系的边际收益低于产品价格。

类似地，企业的资本边际收益产品（marginal revenue product of capital，MRP_K）在一般情况下可以被表示为 $MP_K \cdot MR$，而在产品市场是竞争性的情况下，它可以被表示为 $MP_K \cdot P$。

□ 新增一个单位的投入带来的边际费用

当然，改变劳动力和资本的使用量会增加或减少企业的总成本。因雇用更多的劳动力带来的劳动力边际费用（marginal expense of labor，ME_L）会受到劳动力市场竞争性质的影响。如果企业是在一个竞争性的劳动力市场上运行，对自己必须支付的工资水平没有控制力（即企业是"工资接受者"），则此时的劳动力边际费用就是市场工资率。换言之，在竞争性劳动力市场上运行的企业面临的劳动力供给曲线是沿着通行工资率的一条水平线（见图 2.11）；如果它们多雇用劳动力工作一小时，则它们需要增加的成本就等于工资率 W。

在本章中，我们将维持劳动力市场是竞争性的这样一个假设，因此企业面临的劳动力供给曲线就是沿着通行工资率的一条水平线。在第 5 章中，我们将放宽这个假设来分析单个企业面临的自左下方向右上方倾斜的劳动力供给曲线是如何导致劳动力边际费用发生改变的。

在随后的分析中，我们用 C 来表示增加一个单位的资本所产生的边际费用，我们可以把它想象成在一段时间内租用一个单位的资本时需要支付的费用。我们在这里不需要考虑 C 的具体计算方法，但是它很显然取决于资本资产的购买价格、资本资产的预期使用寿命、借入资金的利率，甚至还取决于与资本有关的一些特定税收条款。

产品市场和劳动力市场均为竞争性时的短期劳动力需求

要理解如何从企业的利润最大化行为中推导出劳动力需求曲线，最简单的一种办法是分析企业在不能改变自己的资本存量的较短时期内采取的行为。这一时期就是我们所谓的短期。当然，对不同的企业而言，这一时期的时间长度是不同的（一家会计师事务所如果想要订购并安装一种用来处理税款申报表的新式计算机系统，也许只需用 3 个月的时间就够了，但是一家炼油厂也许需要花上 5 年的时间才能安装一套新的生产流程）。在短期中，有一种情况被简化了，即由于资本的数量是固定的，因此企业的产出水平选择和雇佣水平选择只不过是同一个决策的两个方面而已。换言之，在短期中，企业只需要做出是否调整产出水平的决策；至于如何提高或降低产出水平则并不是一个问题，因为这时只有劳动力的使用量是可以调整的。

□ 一个关键假设：劳动力边际产品递减

我们将劳动力的边际产品（MP_L）定义为：在资本保持不变的情况下，企业改变一个单位的劳动力雇佣量时产生的（实物）产出水平的变化。由于企业可以改变它的劳动力雇佣量，因此，我们必须考虑增加或减少劳动力使用量是如何影响劳动力的边际产品的。表 3.1 显示的是一家假设的汽车经销商的情况，假定它雇用的每一位销售员都同样勤奋地工作，并且说服顾客购买的能力也一样。在没有销售员时，我们假设该汽车经销商的汽车销售量为 0，在有一位销售员的时候，每个月能够卖出 10 辆汽车。这样，第一位被雇用的销售员的边际产品就是 10。如果经销商再雇用第二个人，并且我们假定总产出从 10 上升到了 21，那么，这就意味着第二位销售员的边际产品为 11。如果经销商又雇用了第三位具有同等说服力的销售员，则汽车的销售量会从 21 上升到 26（$MP_L=5$），而如果再雇用第四个人，那么销售量会从 26 上升到 29（$MP_L=3$）。为什么？

表 3.1　　一家假设的汽车经销商的劳动力边际产品（资本保持不变）

销售员数量	汽车总销售量	劳动力边际产品
0	0	
1	10	10
2	21	11
3	26	5
4	29	3

表 3.1 假设，在每一种情况下，额外增加的每个销售人员都能提高总产出（售出的汽车数量）。只要产出是随劳动力的增加而上升的，则劳动力的边际产品就为正。但是，在我们这个例子中，劳动力的边际产品最初是上升的（从 10 上升到 11），但是后来就下降了（一开始是 5，后来下降到 3），这是为什么呢？

边际产品在最初之所以会出现上升，并不是由于第二位销售员比第一位销售员更好。我们通过假定所有的销售员都同样能干实际上就已经排除了这种可能性。这种销售数量的上升可能是由于两者在促销方面通力合作，或者是他们以某种方式相互帮助的结果。但是后来，随着更多的销售员被雇用，劳动力的边际产品必然会下降。一幢固定的建筑物（记住资本保持不变）中能够容纳的汽车数量和顾客人数是一定的，因此，通过每增加一位销售员能够带来的产出增长必然越来越小。这种边际收益递减规律是从下述事实中得出的一种经验性总结，即随着雇佣量的增加，每一位新增的劳动者在工作中能够使用的资本份额会越来越小。为了解释上的方便，我们将假设劳动力的边际产品总是下降的。[①]

① 做出这种假设并不会导致我们遭受任何损失，因为我们在本小节的后面将会论述，任何一家企业都不会使经营永远停留在劳动力的边际产品正在上升的某个点上。

□ 从利润最大化到劳动力需求

从上面讨论的利润最大化决策规则中可以很清楚地看出，只要劳动力的边际收益产品超过它的边际费用，企业就应该继续增加它的劳动力使用量。相反，只要减少劳动力使用量带来的费用节约大于它带来的收入损失，企业就应该继续减少它的劳动力使用量。因此，只有当劳动力的使用量达到下述水平时才能实现利润最大化：劳动力的使用量如果再有任何一个单位的改变，就会出现一个与边际费用相等的边际收益产品，即：

$$MRP_L = ME_L \tag{3.4}$$

在我们当前所做的竞争性产品市场和竞争性劳动力市场假设之下，我们可以将能够使利润达到最大化的劳动力投入水平表示为：

$$MP_L \cdot P = W \tag{3.5}$$

很显然，公式（3.5）是根据某种货币单位（比如美元）条件所做的表述。

然而，我们还可以采用另外一种表述方式，即将公式（3.5）的两边都除以产品价格 P，从而将雇用劳动力的利润最大化条件用实物数量来加以表述，即：

$$MP_L = W/P \tag{3.6}$$

我们将 MP_L 定义为与一单位的劳动力使用量变化相联系的实物产出变化，因此，很显然，公式（3.6）的左边是实物产品数量。要理解式右边也是实物产品数量，注意下面一点就够了：分子（W）是单位劳动力的货币价格，而分母（P）是单位产出的货币价格，因此，比率 W/P 就成为一种实物数量单位。比如，如果一位女性劳动者每小时得到的工资为 10 美元，而她生产的产品的售价为每单位 2 美元，从企业的角度看，她每小时获得的报酬就相当于 5(=10÷2) 个单位的产品。从企业这方面来说，这 5 个单位的产品就代表了她的“实际工资”。

实际工资条件下的劳动力需求　对于劳动力需求，既可以依据实际工资条件来进行分析，也可以根据货币工资条件来进行分析。到底使用哪一种劳动力需求分析方法，要看哪一种方法更方便。在本小节以及下面的一个小节中，我们将就这两种分析方法各举出相应的例子。

图 3.1 显示了一家典型企业的劳动力边际产品曲线（MP_L）。在这张图中，纵轴表示的是劳动力边际产品，横轴表示的是生产中使用的劳动力数量。该曲线的负斜率表明，每一个单位新增劳动力投入在被使用之后带来的产出增量会越来越少（但仍然为正）。由于实际工资和劳动力边际产品都是用相同的数量单位（产品数量）来进行衡量的，因此，我们也可以将实际工资描绘在图 3.1 中的纵轴上。

因而，在任一（由市场确定的）既定的实际工资水平下，企业都会使劳动力的雇佣量达到这样一个点，即劳动力边际产品恰好等于实际工资［公式（3.6）］的那个点。换言之，企业的短期劳动力需求与其劳动力边际产品曲线向下倾斜的部分是

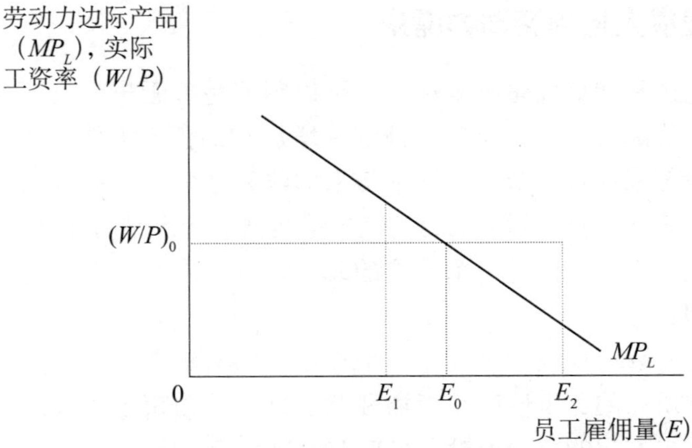

图 3.1　短期劳动力需求（在实际工资率条件下）

重合的。[①]

为了验证这种说法的正确性，我们可以选取任一实际工资水平——比如，我们选取图 3.1 中标出的（W/P）$_0$这一实际工资水平来进行考察。我们已经断言，企业的劳动力需求曲线与其劳动力边际产品曲线向下倾斜的部分重合，因此，当实际工资水平为（W/P）$_0$时，企业将雇用 E_0 位员工。现在假设一家企业最初雇用的员工人数为图 3.1 中标明的 E_2，且 E_2 是任意一个比 E_0 高的雇佣水平。那么在实际工资水平为（W/P）$_0$ 并且雇佣水平为 E_2 的情况下，劳动力的边际产品将低于实际工资；于是，企业为雇用最后一个单位的劳动力而支付的边际实际成本将高于其边际产品。其结果是，企业只有降低雇佣水平才能增加利润。类似地，假如一家企业最初雇用了 E_1 位员工，而 E_1 是任意一个比 E_0 低的雇佣水平。那么当既定的实际工资水平仍然为（W/P）$_0$时，在 E_1 这一雇佣水平上，劳动力的边际产品就会高于实际工资，从而任意一个额外新增的劳动力带来的边际产品将会超过其边际实际成本。于是，企业就可以通过扩大它的雇佣规模来提高利润水平。

因此，为了使利润达到最大化，在实际工资既定的情况下，企业应该在这样一点上停止雇用劳动力：增加使用任何一个单位的劳动力带来的成本都将超过其能够生产的产出。该利润最大化规则有两层含义：

第一，企业应当将其使用的劳动力增加到劳动力的实际工资等于劳动力的边际产品这样一点上，但不能超过这一点。

第二，利润最大化的雇佣水平存在于劳动力边际产品正在下降的那一部分上。如果 $W/P=MP_L$，但 MP_L 却正在上升，那么增加使用任何一个单位的劳动力都将会导致劳动力边际产品超过 W/P。只要新增劳动力会导致 MP_L 超过 W/P，那么，追求利润最大化的企业必然会继续雇用劳动力。只有当一个单位的新增劳动力将 MP_L 降低到 W/P 之下时，企业才会停止增加劳动力的雇佣量，而这一点只有当

① 在这里，我们还应该加上这样一个条件：企业的收益超过其劳动力成本。因为如果实际工资超过了某一水平，这一条件可能就无法实现，这时，企业就会破产（雇佣量会下降为 0）。

MP_L 下降时才会出现。因此，能够与利润最大化要求保持一致的只能是位于 MP_L 曲线下降部分的那些雇佣水平。

货币工资条件下的劳动力需求 在有些情况下，劳动力需求曲线会更经常地被定义为货币工资的负斜率函数。为了使这种分析尽可能具体，我们在本小节中将分析百货商店对反偷窃人员的需求。

一天，在一家公司的一次经营会议上，百货商店的一位高层管理人员夸口说，他的商店已经将失窃率降低到了总销售额的 1%。他的一位女同事却摇着头说："这一失窃率太低了，我认为失窃率应该保持在销售额的 2%左右。"为什么失窃率高反而比失窃率低好呢？该回答基于这样一个事实：降低失窃率本身是要付出很大成本的。如果为降低失窃率而不得不负担的额外成本超过了失窃率降低以后节约下来的价值，那么一家追求利润最大化的企业将不愿意采取降低失窃率的措施。

表 3.2 显示的是一家假设的百货商店中的反偷窃人员的劳动力边际收益产品（MRP_L）。在该例中，当该商店只雇用一位反偷窃人员时，此人将会在每一小时中使商店避免遭受 50 美元的失窃损失。若雇用两位反偷窃人员，则每小时能够避免的损失为 90 美元，也就是说，只比雇用一位反偷窃人员时多避免 40 美元的损失。因此，雇用第二位反偷窃人员的边际收益产品就是 40 美元。第三位反偷窃人员每小时将会为商店再避免 20 美元的损失，从而带来 20 美元的收益增加值。

表 3.2　一家假设的百货商店中的反偷窃人员的劳动力边际收益产品

商店营业的每小时中执勤的反偷窃人员数量	每小时避免的失窃损失总价值（美元）	每小时避免的边际被窃价值（美元）
0	0	—
1	50	50
2	90	40
3	110	20
4	115	5
5	117	2

边际收益产品之所以从 40 美元下降到 20 美元，原因并不在于新增的反偷窃人员比前面的反偷窃人员更不称职。事实上，我们假设所有的反偷窃人员都具有同样的警觉性，并且受过同等的专门训练。边际收益产品下降的部分原因在于监视设备（即资本）的数量是固定的；随着反偷窃人员数量的增加，平均每人能够使用的设备就会越来越少。然而，边际收益产品之所以下降，还有另外一个原因，就是再进一步努力减少失窃损失会变得越来越困难。在只有很少几名反偷窃人员的情况下，被抓住的一般都是作案形迹比较明显、作案经验比较少的偷窃者。随着商店雇用的反偷窃人员越来越多，阻止偷窃高手行窃的可能性也会随之增加，但是这些高手不仅很难被发现，而且他们的人数相对也较少。因此，边际收益产品下降的主要原因在于，一旦那些容易被抓获的行窃者全都被抓住，商店防止行窃的工作就会变得越来越困难。

为了绘制劳动力需求曲线，我们需要确定的是，商店在每一既定的工资率下愿意雇用的反偷窃人员分别是多少，要记住，雇主——通过非全日制雇用——能够雇用到劳动者的一部分工作时间而非全部工作时间。比如，当工资率为每小时 50 美元的时候，商店愿意雇用的反偷窃人员一共会有多少名呢？只要运用 $MRP_L=W$ 这一标准，我们就能很容易地看出，答案应当是“1 位”。当工资率为每小时 40 美元的时候，商店将希望雇用 2 位反偷窃人员；当小时工资率为 20 美元的时候，反偷窃人员的需求量将会是 3 位。我们将能够表明该百货商店利润最大化时反偷窃人员雇佣量的这条劳动力需求曲线绘制在图 3.2 中。

图 3.2 描述了这样一个基本观点，即短期中的劳动力需求曲线之所以向下倾斜，是因为 MRP_L 曲线是向下倾斜的——而 MRP_L 曲线向下倾斜又是因为劳动力的边际产品是递减的。劳动力需求曲线和 MRP_L 曲线是一致的，这种情况可以用下述事实来证明：如果把表 3.2 中的内容画成一条 MRP_L 曲线，那么就可以看到，那条曲线将会与我们在图 3.2 中画的曲线完全一样。在只雇用一位反偷窃人员的时候，MRP_L 是 50 美元；在雇用两位反偷窃人员的时候，MRP_L 是 40 美元；如此等等。由于对一个接受既定工资率的追求利润最大化的企业来说，MRP_L 总是要等于 W 的，因此，MRP_L 曲线和劳动力需求曲线（用货币工资率的一个函数来表示）必然是一样的。

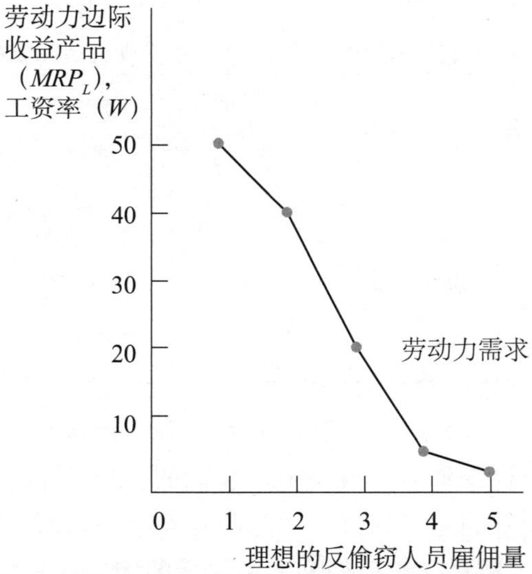

图 3.2　短期劳动力需求（在货币工资率条件下）

本例的另外一个含义是，对百货商店而言，存在一种如果容忍失窃而不是努力降低失窃时会更有利可图的失窃率水平。与反偷窃人员的工资率较低时相比，百货商店反偷窃人员的工资率较高时的相对合理失窃率水平会更高。因此，说商店的失窃率“过低”，就是指减少偷窃犯罪的边际成本已经超过了因此而节约的边际价值，即商店实际上未能达到利润最大化。

最后，我们必须强调的很重要的一点是，一个人的边际产品并不仅仅是他个人特征的一个函数。正如前面强调的，一位劳动者的边际产品取决于企业已经雇用的类似员工的人数。一位劳动者的边际产品还取决于企业的资本存量规模；企业的资本存量上升将使整条劳动力边际产品曲线上移。因此，如果把一个人的生产率说成一个仅仅与其个人特征相联系的不可变要素，完全独立于和他共同参与生产的其他投入的特征，那么这种说法就是不正确的。

市场需求曲线 单个企业的劳动力需求曲线（或需求表）表明了企业在每一工资率水平上愿意雇用的劳动力数量。而劳动力的市场需求曲线（或需求表）则是某一特定劳动力市场上的所有企业在每一实际工资水平上的劳动力需求量之和。[①] 假如在某个劳动力市场上有三家企业，并且在某一既定的实际工资水平上，企业 A 愿意雇用 12 名员工，企业 B 愿意雇用 6 名员工，企业 C 愿意雇用 20 名员工，那么，在这一实际工资水平上的劳动力市场需求就是 38 人。更为重要的是，由于市场需求曲线是直接从企业需求曲线中推导出来的，因此，它也是实际工资率的一个负斜率函数。当实际工资下降时，现有企业愿意雇用的员工数量会上升。此外，较低的实际工资还会使进入这一市场的新企业有利可图。相反，当实际工资上升时，现有的企业愿意雇用的员工人数将会减少，有些企业甚至还会被迫完全停止经营。

对劳动力需求的边际生产率理论的批判 本节中介绍的劳动力需求理论有时会受到两个方面的批评。第一种批评是，几乎没有人听到过哪一位雇主谈及“劳动力的边际收益产品”，并且大多数雇主实际上也不会去做劳动力需求理论假设的那种程度的精确计算。这种批评意见认为，雇主们在许多情况下实际上并不能精确地衡量单个员工的产出。

对这样一种批评，我们可以做出如下回答，即无论雇主能否用语言来表述利润最大化的条件，也无论他们能否清楚地衡量出劳动力的边际收益产品，要想在一个竞争性的环境中生存下来，他们至少能够凭直觉感知到这些东西。竞争将会“清除”那些不善于获得利润的雇主，正像竞争会清除那些不懂得速度、角度和旋转会如何影响身体在空中的运动这类复杂知识的跳水运动员一样。但是，走遍美国的所有跳水场所，你也许都无法找到一位能够清晰地表达牛顿运动定律的跳水选手！问题的关键在于，雇主可以知道某些概念，但他们未必能够表达出来。在竞争性的市场上，那些不善于实现利润最大化的雇主不会存在很久。

对劳动力需求的边际生产率理论提出的第二种批评意见是，在很多情况下，如果保持资本不变而仅仅增加劳动力的使用量，似乎根本就不会带来产出的任何增加。比如，一位秘书和一台文字处理机的结合可以创造出产出，但是如果在保持文字处理机数量不变的情况下再增加一位秘书，却似乎不会带来任何产出的增加，这是因为，第二位秘书没有可以用来工作的机器。

---

① 如果企业的劳动力需求曲线被描绘成货币工资率的函数，那么，它代表的实际上就是企业的劳动力边际收益产品曲线向下倾斜的部分。在一个完全竞争的行业中，产品的价格是市场给定的，因此单个企业的劳动力边际收益产品实际上是建立在产品价格既定的基础之上的。但是，当我们把企业的劳动力需求加总为市场需求水平的时候，产品价格就不能再被视为固定的了，因此，整个市场的劳动力需求就不再是单个企业劳动力需求的简单加总。

对这种批评的回答是，这两位秘书还可以交替使用文字处理机，这样两个人都可以不至于因过于疲劳而导致错误率增大以及打字速度降低。第二位秘书还可以接听电话，从而以另外一种方式加快工作进程。这样，即使是在似乎每个人都必须配备一台机器的技术状况下，如果保持资本使用量不变而增加一个人，由此带来的边际收益产品通常也是大于零的。

其他投入要素可变时的竞争性市场上的劳动力需求

我们的劳动力需求理论的一个含义是，由于劳动力在短期内——也就是说，在任何时候——是可以变化的，所以在劳动力的边际收益产品等于工资率（在竞争性的劳动力市场上，它是指劳动力的边际成本）的情况下，追求利润最大化的企业就会一直经营下去。而我们现在必须考虑的则是，企业调整其他投入的能力将会如何影响劳动力需求。我们首先来分析企业在长期中能够调整资本使用量的情况可能会产生的影响，接着再把我们的注意力转移到企业能够调整两种以上投入的使用量的情形。

□ 长期中的劳动力需求

为了在长期中实现利润最大化，企业必须同时调整劳动力和资本的使用量，从而使两种投入要素的边际收益产品等于它们各自的边际费用。从我们在本章一开始就已经讨论过的一些定义可知，要想实现利润最大化，就必须同时满足以下两个等式的要求，即：

$$MP_L \cdot P = W \text{［对公式（3.5）的重新表述］} \quad (3.7a)$$

$$MP_K \cdot P = C \text{（利润最大化的资本条件）} \quad (3.7b)$$

我们可以将公式（3.7a）和公式（3.7b）加以重新整理，以分离出 P，因此，这两个利润最大化的条件又可以被表达为：

$$P = W/MP_L \text{［对公式（3.7a）的重新表述］} \quad (3.8a)$$

$$P = C/MP_K \text{［对公式（3.7b）的重新表述］} \quad (3.8b)$$

此外，由于公式（3.8a）和公式（3.8b）的左边都等于相同的量 P，所以，利润最大化又要求：

$$W/MP_L = C/MP_K \quad (3.8c)$$

公式（3.8c）中包含的经济含义是理解资本调整对企业的劳动力需求会产生何种影响的关键所在。考虑公式（3.8c）的左边，分子是雇用一个单位劳动力的成本，分母是增加一个单位的劳动力使用而产生的额外产出。因此，比率 W/MP_L 就代表运用劳动力来生产一个单位的额外产出时带来的成本增量。[1] 类似地，公式（3.8c）右边代表的则是运用资本来生产一个单位的额外产出时带来的边际成本。公式（3.8c）的含义是，要想实现利润最大化，企业必须对它的劳动力和资本同时进行调整，从而使运用劳动力来生产一个单位的额外产出时带来的边际成本，等于运用资本来生产一个单位的额外产出时带来的边际成本。为什么说这个条件是实现利润最大化的一个基本要求呢？

要想追求利润最大化，企业必须以成本最低的方式来生产它选定的产出水平。从逻辑上说，只要企业仍然能够以两种投入中较为便宜的一种投入来扩大产出规模，那么它就不是以成本最小化的方式在进行生产。比如，如果用劳动力来增加一个单位的产出的边际成本为 10 美元，而用资本来增加一个单位的产出的边际成本为 12 美元，那么，企业就可以在保持其产出水平不变的情况下降低它的生产成本！怎么才能办到呢？它可以将资本的使用量减少到能够使产出降低一个单位的程度（从而节约 12 美元），然后再增加足够的劳动力来恢复被降低的那一个单位的产出（需要付出的成本为 10 美元）。产出还是一样，但是成本已经下降了 2 美元。所以，对追求利润最大化的企业而言，它必然是在这样一点上进行生产的，即在该点上，劳动力和资本的任何边际变化都既不能降低成本，同时也不能增加利润。

第一，先记住公式（3.8a）和公式（3.8c），如果一个利润最大化企业面临的工资率（W）上升了，那么，长期劳动力需求会发生何种变化呢？首先，正如我们在短期劳动力需求一节中讨论过的，W 的上升将会打破公式（3.8a）的平衡，即使是在不能调整资本使用量的情况下，企业也会希望减少它的劳动力使用量。由于假定劳动力的边际产品将会随着雇佣量的减少而上升，所以任何劳动力的削减都将会提高劳动力的边际产品（MP_L）。

第二，由于每一个单位的资本现在只有较少的劳动者来配合，所以资本的边际产品（MP_K）将会下降，从而打破公式（3.8b）的平衡。而公式（3.8b）本身的不平衡又会导致企业希望减少其资本存量。

第三，W 的上升在一开始就会终止公式（3.8c）的平衡，这就意味着运用劳动力进行生产的边际成本超过了运用资本进行生产的边际成本。如果我们前面提到的劳动力削减只发生在短期中，那么，MP_L 的相应上升和 MP_K 的相应下降将会逐步恢复公式（3.8c）的平衡；然而，在长期中，如果用劳动力来生产一个单位的额外产出仍然比用资本来生产这一个单位的额外产出需要的成本更高，那么，企业就会考虑用资本来替代劳动力了。资本对劳动力的替代意味着，企业将会用一种资本更为密集的方式来达到它的利润最大化产出水平（这一产出水平显然会因 W 的上升而下降）。用资本替代劳动力的做法还有助于提高 MP_L 和降低 MP_K，从而促进公式（3.8c）向平衡状态的回归。

---

① 因为 $MP_L=\Delta Q/\Delta L$，所以表达式 W/MP_L 可以被改写为：$W\cdot\Delta L/\Delta Q$。又由于 $W\cdot\Delta L$ 代表增加雇用一个单位的劳动力所带来的成本增量，所以表达式 $W\cdot\Delta L/\Delta Q$ 所代表的含义就是：当新增的一个单位产出是通过新增劳动力的方式生产出来的时候，这一个单位的额外产出所产生的成本增加。

总之，由于以下两个方面的原因，W 的上升会引起企业减少其愿意雇用的劳动力数量：一方面，企业的利润最大化产出水平会有所下降，而由它导致的对投入（既包括资本，也包括劳动力）的需求下降则是一种典型的规模效应。另一方面，W 的上升还会引起企业用资本替代劳动力，以便它能够继续以成本最低的方式来从事生产；而在生产过程中发生的资本与劳动力组合的改变是一种典型的替代效应。尽管工资率上升的规模效应和替代效应对企业愿意保持的资本存量到底会产生何种影响并不清楚，但是这两种效应对劳动力需求的影响却都会导致对劳动力的需求下降。所以，正如例 3.2 中描述的，企业在长期中的资本调整能力为劳动力需求曲线是工资率的负斜率函数这一观点提供了进一步的理论支持。

例 3.2☞

矿工的工资与资本替代

工资率上升既会产生规模效应，又会产生替代效应。众所周知，这两种效应都趋于减少雇佣量——对这一点，即使是那些致力于不断推动工资水平提高的人也是承认的。约翰·L. 刘易斯（John L. Lewis）在 20 世纪 20—40 年代曾担任矿工联合会（United Mine Workers）这家工会的主席。在这个时期，矿工的工资得到大幅度的提高。而他很清楚，这种情况将会导致资本对劳动力的替代。下面是刘易斯本人的说法：

> 起初，美国矿工联合会主要从其会员的利益出发，要维持现有的集体合同保证的工资标准……但是，在坚决维持美国煤炭领域的工资标准的同时，美国矿工联合会对推动国家这一基础行业的重组，从而实现更为科学和有效的生产也发挥了部分作用，甚至是很大的作用。保持这种工资率的做法将会加速自然经济规律的作用，其结果就是及时淘汰了那些不经济的煤矿、落后的设备以及不完善的管理。
>
> 美国矿工联合会的这种政策不可避免地会导致雇主在需要体力劳动的煤炭开采领域最大限度地使用机械设备……随着机械对人力的逐渐替代，公平的工资标准和美国的生活水平不可避免地会同时上升。工资水平和机械化水平携手前进绝非偶然。

资料来源：John L. Lewis，The Miners' Fight for American Standards（Indianapolis，IN：Bell，1925）：40，41，108.

□ 当生产过程中有两种以上的投入时

迄今为止，我们一直假定在生产过程中仅仅存在两种投入要素：资本和劳动力。事实上，劳动力可以被划分为许多种类。比如，可以根据年龄、受教育程度以及职业来对劳动力进行划分。在生产过程中使用的其他投入要素还包括原材料和能源。

如果一家企业是追求成本最小化的，那么它在长期中使用的所有投入的水平都应当达到这样一点，即无论使用哪种投入要素来生产一个单位的额外产出，其边际成本都是一样的。这就是对公式（3.8c）所做的一般化表述，它引出了一个明显的结论，即对任何一种劳动力的需求都将是其自身工资率以及所有其他种类劳动力、资本和供给品的工资率或价格（通过规模效应和替代效应发挥作用）的函数。

如果各投入要素在生产中是相互替代的 如前所述，每一种劳动力的需求曲线都将是支付给此类劳动力的工资率的负斜率函数，但是其他投入要素的工资或者价格的变化会给当前这种劳动力的需求曲线带来何种影响呢？如果两种投入要素在生产过程中是相互替代的（也就是说，如果在生产产出的过程中增加一种投入要素的使用量，就可以弥补另外一种投入要素使用量的减少），那么，另外一种投入要素的价格上升将会导致既定种类的劳动力需求曲线要么右移，要么左移，其最终结果取决于替代效应和规模效应的作用力度孰大孰小。如果一种投入要素的价格上升导致另外一种投入要素的需求曲线左移——就像图 3.3（a）中所描述的那样，那么，这就说明规模效应超过了替代效应，从而证明这两种投入要素是总互补关系；如果另外一种投入要素的需求曲线右移——就像图 3.3（b）中所描述的那样，那么这就说明替代效应超过了规模效应，从而这两种投入要素之间是总替代关系。

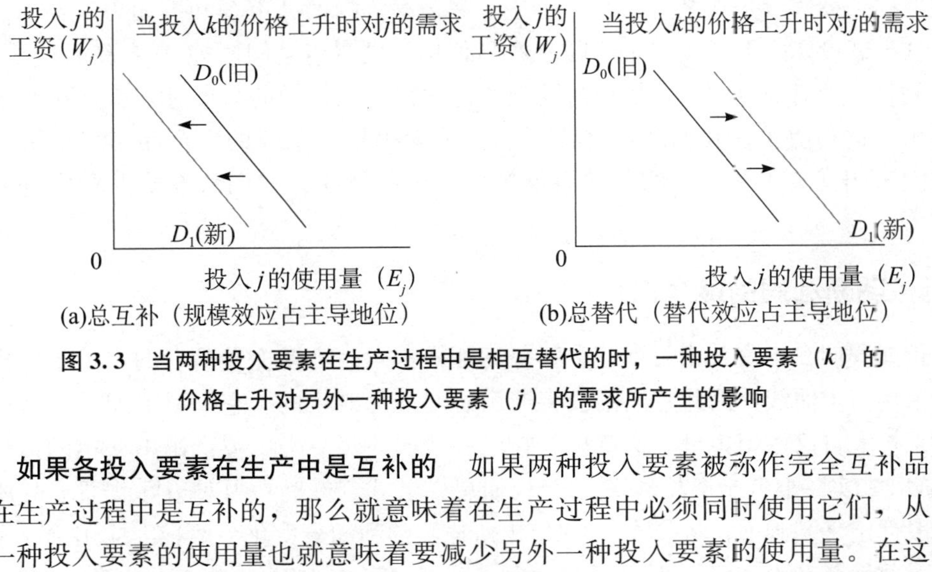

(a)总互补（规模效应占主导地位）　　(b)总替代（替代效应占主导地位）

图 3.3　当两种投入要素在生产过程中是相互替代的时，一种投入要素（k）的价格上升对另外一种投入要素（j）的需求所产生的影响

如果各投入要素在生产中是互补的 如果两种投入要素被称作完全互补品，或者在生产过程中是互补的，那么就意味着在生产过程中必须同时使用它们，从而减少一种投入要素的使用量也就意味着要减少另外一种投入要素的使用量。在这种情况下，不存在替代效应，而只有规模效应，而且这两种投入要素之间必然为总互补关系。

举例 现在让我们来考虑一家清除积雪的企业的例子。该企业雇用的技术工人和非技术工人在生产过程中是相互替代的——积雪既可以由非技术工人（用铲子）来清除，也可以由技术工人驾驶铲雪机来清除。我们主要分析对技术工人的需求。在其他条件不变的情况下，技术工人工资的上升将会引起企业减少对其的雇佣量；他们的需求曲线是其工资率的负斜率函数。然而，如果仅仅是非技术工人的工资上升了，那么，为了清除既定数量的积雪，雇主现在就会比原来雇用更少的非技术工人，而增加现在变得相对便宜了的技术工人的雇佣量。一旦替代效应超过了规模效应，那么技术工人的需求曲线就会向右移动。在这种情况下，技术工人和非技术工人之间将会是一种总替代关系。相反，如果产出规模的下降最终引起了技术工人雇佣量的减少，那么即使技术工人在生产过程中是被用来替代非技术工人的，技术工人和非技术工人之间也会被看成一种总互补关系。

对清除积雪的企业来说，铲雪机和技术工人在生产过程中是互补的。如果铲雪机的价格上升，雇主就会减少它们的使用量，而这又会导致在每一种工资率水平上，雇主对开铲雪机的技术工人的需求减少。正如我们前面所论述的，在生产过程中互补的两种投入要素总会呈现出一种总互补的关系。

产品市场不完全竞争时的劳动力需求

迄今为止，我们对劳动力需求的分析，无论是短期分析还是长期分析，都是建立在这样一种假设基础之上，即企业是在完全竞争的产品市场和劳动力市场上经营的。这种假设实际上意味着企业既是产品价格的接受者，同时也是工资的接受者；也就是说，企业把 P 和 W 都视为既定的，它们所能够做的只不过是就产出水平和投入水平进行决策。我们现在将探讨非完全竞争性（垄断的）产品市场对劳动力需求的影响（关于非竞争性劳动力市场所产生的影响，我们将在第 5 章中进行分析）。

□ 垄断利润的最大化

正如我们在本章及相关章节中解释的那样，产品市场上垄断者的产出水平需要服从市场需求曲线，因此它们不会将产出价格视为既定的。它们只能通过降低产品价格来扩大自己的销售量，这意味着它们从增加的每一个单位产出中获得的边际收益（MR）实际上低于产品价格（P）。如果在公式（3.3a）中对边际收益产品所做的一般性定义基础上，将公式（3.4）中所描绘的利润最大化一般标准应用到一家需要到竞争性劳动力市场上去雇用劳动力（因而 $ME_L=W$）的垄断企业身上，那么，这家垄断企业雇用的员工人数必然会达到劳动力的边际收益产品（MRP_L）等于工资率这一点，即：

$$MRP_L=MR\cdot MP_L=W \tag{3.9}$$

现在，我们可以通过将公式（3.9）的两边除以企业的产品价格 P，从而根据实际工资率条件来表述短期中的劳动力需求，即：

$$\frac{MR}{P}\cdot MP_L=\frac{W}{P} \tag{3.10}$$

由于垄断者的边际收益总是低于其产品价格，所以，公式（3.10）中的比率（MR/P）总是小于1的。因此，与其他条件完全相同，但是把产品价格视为既定的另外一家企业的劳动力需求曲线相比，在产品市场上具有垄断力量的企业的劳动力需求曲线就会位于前者劳动力需求曲线的左下方。换言之，就像垄断条件下的利润最大化产出水平比完全竞争条件下的产出水平低一样，在其他条件相同的情况下，垄断条件下的雇佣水平也比完全竞争条件下的雇佣水平低。

然而，即使产品市场上的垄断者与完全竞争者的雇佣水平是不同的，垄断企业支付的工资率却未必与完全竞争企业不同。一位在产品市场上具有垄断力量的雇主在某个特定类型的劳动力市场上却可能仅占很小的一个份额，从而在劳动力市场上仍然是一个价格接受者。比如，一家地方性的公用事业公司可能是产品市场上的垄断者，但是它在雇用文员的时候，却必须与所有其他企业进行竞争，从而必须支付通行的工资率。

□ 垄断企业会支付更高的工资吗？

长期以来，经济学家一直猜测产品市场上的垄断者支付的工资是高于竞争性产品市场上的企业愿意支付的工资水平的。[①] 尽管垄断者往往受到政府管制，以防止它们利用自己的有利地位来谋取垄断利润，但是它们却被允许将生产成本转嫁给消费者。于是，由于不能达到利润最大化，垄断企业的管理者就有可能通过下列方式来提高其效用水平，即向员工支付较高水平的工资，然后再以更高的产品价格的形式将成本转嫁给消费者。这种支付高工资的能力将会使垄断企业管理者的生活变得更为愉快，因为他们有可能雇用到更有魅力或具有其他自己所欣赏的特点的人来为自己工作。

然而，关于垄断企业支付的工资水平的证据却仍然并不是很确凿。有些研究认为，与竞争性企业相比，那些在企业数量相对较少的行业中经营的企业，向具有相同教育水平和工作经验的员工支付的工资水平确实要高一些。然而，在对被管制垄断企业的工资水平进行的一些研究中，对垄断行业中的企业向具有可比性的员工支付的工资水平是否比其他行业中的企业要高这一问题，却得出了各种不同的结论。[②]

---

① 关于这一观点的全面论述，参见 Armen Alchian and Reuben Kessel, "Competition, Monopoly, and the Pursuit of Money," in Aspects of Labor Economics, ed. H. G. Lewis (Princeton, N. J.: Princeton University Press, 1962)。

② Ronald Ehrenberg, The Regulatory Process and Labor Earnings (New York: Academic Press, 1979); Barry T. Hirsch, "Trucking Regulation, Unionization, and Labor Earnings," Journal of Human Resources 23 (Summer 1988): 296-319; S. Nickell, J. Vainiomaki, and S. Wadhwani, "Wages and Product Market Power," Economica 61 (November 1994): 457-473; and Marianne Bertrand and Sendhil Mullainathan, "Is There Discretion in Wage Setting? A Test Using Takeover Legislation," RAND Journal of Economics 30 (Autumn 1999): 535-554.

政策应用：雇主工薪税以及工资补贴的劳动力市场效应

我们现在探讨劳动力需求理论在雇主工薪税和工资补贴中的应用。各国政府都广泛地通过税收的方式来为某些社会计划提供资金，而这些税收规定往往都要求雇主根据他们的薪酬总成本来缴纳税金。正如我们将要论述的，向雇主征收新的工薪税或提高原有工薪税的水平，都会提高劳动力的雇佣成本，而这很可能会导致他们减少对劳动力的需求。相反，我们可以说，如果政府对雇主需要向员工支付的工资提供补贴，那么，雇主的劳动力需求必然会上升；事实上，在有些时候，经常有人提出这样的建议，即应当通过向社会上某些特殊的劣势群体提供工资补贴的方式来提高他们的就业水平。在本节中，我们将分析工薪税和工资补贴对劳动力市场产生的影响。

□ 工薪税到底由谁承担？

工薪税要求雇主根据他们雇用员工的工资性报酬——通常都有一个应税的收入上限——的一定百分比来向政府缴纳税金。这方面的典型例子包括失业保险以及社会保障计划中的退休、伤残以及医疗保险计划。那么，这种通过向雇主征税为各种社会计划筹集资金的做法，是否真的减轻了本来应该由员工承担的经济负担呢？

假定政府只要求雇主一方缴纳各种社会计划的费用，并且要求雇主按照每个劳动工时缴纳一笔固定税金（X）的方式来纳税，而不是按照工资总额的一定百分比来纳税。现在我们来看图3.4中的市场劳动力需求曲线 D_0，这条曲线是根据与员工得到的工资率相对应的理想雇佣量绘制出来的。在征税之前，员工得到的工资就等于雇主支付的工资。因此，如果 D_0 是征税之前的劳动力需求曲线，那么它反映的一般意义就是，在每一既定的工资率水平上，雇主愿意雇用的劳动力数量是多少。然而，征税之后，雇主的工资成本就会比员工得到的工资高出 X。

劳动力需求曲线的移动 如果员工得到的工资率为 W_0，那么，雇主需要面对的成本就将是 W_0+X。这时，雇主的劳动力需求就不再是 E_0 名员工了；相反，由于他们现在的成本是 W_0+X，雇佣量落在原需求曲线的点 C 上，所以他们的劳动力需求就只有 E_2 名员工了。点 A（W_0 和 E_2的交点）就将成为原有市场劳动力需求曲线因税收作用而左移之后形成的新市场劳动力需求曲线上的一点（记住，图3.4中的纵轴代表的是员工得到的工资率，而不是雇主支付的工资率）。只有当员工的工资率下降到 W_0-X 的时候，企业才会愿意继续雇用 E_0 名员工，而在这时，雇主承担的成本就和纳税之前是一样的。因此，点 B 也会处在新的经过移动后的市场劳动力需

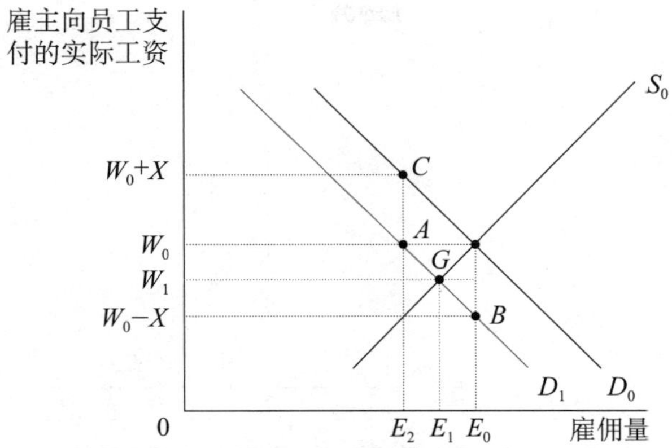

图 3.4 市场劳动力需求曲线与雇主缴纳工薪税产生的影响

求曲线上。需要指出的是，在征收数量为 X 的税之后，新的市场劳动力需求曲线（D_1）将会平行于原有的市场劳动力需求曲线，并且两者在垂直方向上的距离等于 X。

因税收原因造成的市场劳动力需求曲线向 D_1 的移动意味着，在原来的均衡工资率水平 W_0 处，现在将会出现超额的劳动力供给。这种劳动力过剩的局面将会对员工的工资带来一种下压的力量，在员工的工资率下降到 W_1 之前，这种对员工的工资形成下压的力量将会一直存在——在 W_1 这一点上，劳动力供给恰好等于劳动力需求。此时，员工的雇佣量会下降到 E_1。所以，员工实际上以更低的工资率和更低的雇佣水平的形式部分地承担了工薪税成本。至此，问题已经很明朗了，即当政府为筹集社会计划所需的资金而面向雇主征收工薪税时，员工们实际上也承担了其中一部分成本。

然而，图 3.4 也表明，雇主至少还承担了一部分工薪税，这是因为，员工得到的工资并没有伴随工薪税而全部等额下降（W_0-W_1 小于 X，而 X 是新旧两条市场劳动力需求曲线在垂直方向上的距离）。出现这种情况的原因在于，在市场劳动力供给曲线是自左下方向右上方倾斜的情况下，随着工资率的下降，一部分员工会退出劳动力市场，于是，企业招收员工就会变得越来越困难。如果工资率下降到 W_0-X，那么，员工们退出劳动力市场的情况就会导致劳动力短缺现象的出现，而劳动力短缺现象又会将工资率上推到介于 W_0-X 和 W_0 之间的某一个点上（在我们的例子中是 W_1）。只有当市场劳动力供给曲线是垂直的时候——这意味着工资率的下降不会对劳动力供给产生任何影响，全部的工薪税才会以工资率下降 X 的形式完全转嫁给员工，如图 3.5 所示。

劳动力供给曲线的影响　市场劳动力供给曲线对工资率变动的敏感程度决定了雇主缴纳的工薪税有多大的比例被转嫁给了员工。劳动力供给曲线对工资率的变动越不敏感，退出劳动力市场的员工人数就越少，则以工资率下降形式转嫁到员工身上的税收所占的比例就越大（比较一下图 3.4 和图 3.5 中的不同结果）。此外，还必须指出的是，如果员工的工资水平不下降，那么，雇佣量就会下降；而在雇主的工

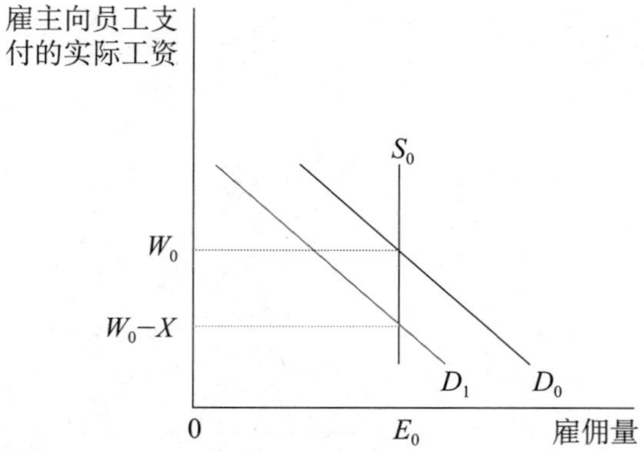

图 3.5　劳动力供给曲线垂直情况下的工薪税

薪税上升但员工的工资率却没有出现太多下降的情况下，雇主的劳动力成本就必然会上升——而这种劳动力成本的上升又会降低雇主的劳动力需求量。

大量的实证研究都试图搞清楚，在由雇主承担的工薪税成本中，到底有多大的比例被以工资率降低（或降低工资增幅）的形式转嫁给了员工。尽管这些研究得到的证据比较模糊，但是对这些研究所做的一项综述还是得出了这样一个至少是暂时性的结论，即雇主承担的大部分工薪税最终都被转嫁到员工的工资之中，其对雇佣量产生的长期影响很小。①

□ 为帮助穷人而设计的就业补贴

与向雇主征收工薪税相反的另外一种做法是由政府向雇主提供工资补贴。比如，如图 3.4 所示，如果政府不是采取按照每个劳动工时向雇主征税 X 美元的做法，而是向雇主支付 X 美元的补贴，那么，市场劳动力需求曲线将会向上垂直移动 X。劳动力需求曲线的这种上移会引发雇佣量以及员工工资提高的压力。与实行工薪税的情况一样，到底是雇佣量受工资补贴的影响更大，还是工资水平受工资补贴的影响更大，最终都取决于市场劳动力供给曲线的形状。

（要想验证自己对这一问题的理解程度，可以先画出一条能够反映出对每小时工作时间补贴 X 美元的新计划的劳动力需求曲线，然后再分别用向右上方倾斜的市场劳动力供给曲线和垂直的市场劳动力供给曲线来分析这种工资补贴计划对雇佣水平和工资率产生的影响。提示一点，最后得出的结论应当是图 3.4 和图 3.5 中的劳动力需求曲线 D_1 向 D_0 移动之后的情形。）

向雇主支付的工资补贴可以采取多种形式——既可以以现金的形式支付——就

① Daniel S. Hamermesh, Labor Demand (Princeton, N. J.: Princeton University Press, 1993), 169 - 173; Jonathan Gruber, "The Incidence of Payroll Taxation: Evidence from Chile," Journal of Economics 15, no. 3, pt. 2 (July 1997): S72 - S101; Patricia M. Anderson and Bruce D. Meyer, "The Effects of the Unemployment Insurance Payroll Tax on Wages, Employment, Claims and Denials," Journal of Public Economics 78 (October 2000): 81 - 106; and Kevin Lang, "The Effect of the Payroll Tax on Earnings: A Test of Competing Models of Wage Determination," National Bureau of Economic Research Working Paper no. 9537, February 2003.

像我们在前面假设的例子中暗含的那样，也可以以税收减免的形式出现。税收减免既可以采取直接降低企业需要缴纳的工薪税税率的做法，也可能采取减免一定数量的雇主需缴纳的其他税收的做法——这种税收减免量往往基于雇用的实际工时数的一定比例来确定。下面，我们将先介绍直接对雇主的雇佣行为提供补贴的计划，然后再讨论减免工薪税对就业产生的潜在影响。

雇佣补贴计划 这种补贴计划可以采取以下三种不同的提供方式。一是根据一家企业的雇佣水平提供补贴；二是将补贴对象圈定为在某一特定日期之后受雇的新员工（即使这个人是被用来替换已经离开企业的其他人的）；三是仅仅针对导致一家企业的雇佣水平提高的那些新员工提供补贴。这种工资补贴既可以是普遍性的，也可以是选择性的。普遍性的工资补贴没有条件限制，它不需要根据受雇员工的特征来发放；而选择性或有目标的补贴是有条件限制的，雇主只有在雇用了属于某些特定目标群体（比如弱势群体）中的劳动者之后，才有资格得到工资补贴。

在美国，联邦政府和州政府多年来一直采用这种雇佣补贴政策。联邦政府的雇佣补贴主要针对的是特定的弱势群体，但偶尔也会在衰退时期为增加就业而提供一般性的补贴。而州政府的雇佣补贴政策已经变得较少针对弱势群体。对关于这些补贴的就业效应进行分析的研究综述所得出的结论是：针对弱势群体的补贴并不十分有效，这可能是因为雇主将获得雇佣补贴的资格标准视为代表员工生产率的一个负面指标（比如说正在领取福利救济）。而旨在应对经济衰退期间的失业而提供的一般性雇佣补贴所产生的作用可能更为有效。

工薪税减免 我们在前面讨论图 3.5 时提到过，减免雇主需要缴纳的工薪税是激励他们雇用更多人的一种可选政策。然而，当劳动力供给曲线呈垂直状时，如果增加或减少雇主的工薪税，对需求曲线变动产生的影响将只体现在雇员的工资上，并不影响雇佣量。但是，我们仍有理由相信，在失业广泛存在的时期，减免工薪税有提高雇佣量的效果。

如图 3.6 所示，假设反映目前雇主的工薪税水平的劳动力需求曲线是 D_1，劳动力供给曲线是 S_1，但因为某种原因，雇主实际支付的工资率钉在高于市场出清水平（W^*）的 W' 处。在工资率为 W' 的情况下，只有 E_1 名工人能找到工作，却有 E' 名工人想要在此工资率水平下得到工作。因此，如果工资真的钉在 W' 处，则社会将面临大量失业（在这个例子中有数量为 $E'-E_1$ 的工人会失业）。那么，如果政府减免工薪税，失业率能否下降呢？

如图 3.6 所示，如果政府减免工薪税，则劳动力需求曲线就会向右移动到 D_2 的位置。在员工的工资水平为 W' 的情况下，雇佣量将提高到 E_2，失业人口将下降到 $E'-E_2$。不同的是，当失业与高于市场出清水平的工资相关时，减免工薪税就会对雇佣量增加产生影响，而不是对工资产生影响。[①]

① David Neumark, "Spurring Job Creation in Response to Severe Recessions: Reconsidering Hiring Credits," Journal of Policy Analysis and Management 32 (Winter 2013): 142 - 171.

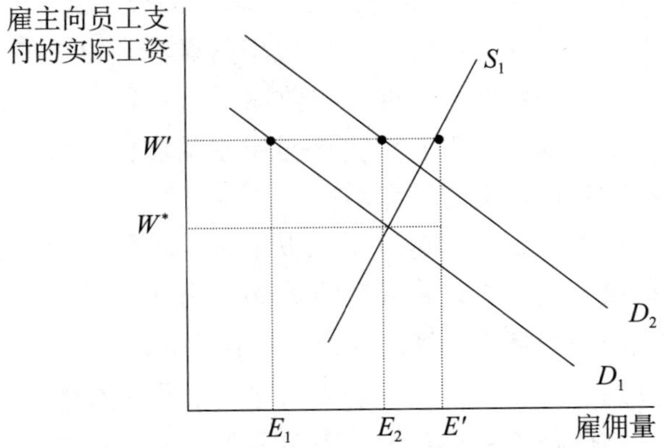

图 3.6　失业广泛存在时期的工薪税减免

实证研究

女性为雇主交纳的生育福利买单了吗？使用一段时期内的横截面数据分析“双重差分”

1976 年下半年，美国伊利诺伊州、新泽西州和纽约州都通过相关的法律，要求雇主提供的健康保险计划要像对待疾病和工伤一样来对待怀孕（也就是说，健康保险计划要像对待疾病和工伤一样，覆盖女员工怀孕时需要支付的门诊费用和住院费用）。这些强制规定增加了孕龄女性的健康保险成本，大约相当于这些员工的工资性报酬的 4%。那么，由此导致的雇主成本上升是由雇主自己承担呢，还是雇主会通过减少与增加的成本量相等的女性员工的工资，从而让女性员工自己来承担呢？

在对这个问题进行分析的时候，研究者们面临的一个问题是，通过这类法律规定的几个州都是收入水平比较高的州，而且这些州很可能也制定了鼓励扩大女性就业机会的立法。这样，要想比较各州之间的工资水平，我们就需要从统计上控制除强制生育福利规定之外的其他影响工资的因素。由于我们对影响工资水平的各州的经济、社会和法律等因素没有足够的控制力，因而我们需要找到其他的方法来进行分析。

幸运的是，以下三个因素有助于回答我们所要研究的问题：第一个因素是，有些州通过了这类法律，而另一些州却没有；第二个因素是，即使在通过这类法律的几个州中，也只是孕龄妇女（以及她们的丈夫）的保险成本增加了，单身男性劳动力以及老年劳动力的保险成本并没有增加；第三个因素是，由于这几个州都是在同一时期内通过这些法律，所以那些随时间的推移影响女性劳动者工资的变量（例如，经济衰退或者女性在劳动力队伍中的人数增加等），并不会对我们的分析产生影响。

第一个因素和第三个因素使我们可以进行经济学家所说的“双重差分”分析。特别是这些因素使我们可以比较以下两组女性劳动者在这类法律通过之前的几年中和通过之后的几年中发生的工资变化：一组是通过了新法律的几个州中的孕龄女性（“试验组”）；另一组是在同一时期内没有通过新法律的其他州中的同龄女性（“对照组”)。通过对同一个州内的孕龄女性在法律通过前后的工资变化情况加以比较，我们就不必找指标来控制不同的州在经济、社会和公共政策等方面存在的差异了——这些差异会导致一个州的最初工资水平与其他州有所不同。例如，无论导致新泽西州的工资水平提高的因素是什么，在该州通过有关生育福利的法律前后，这些因素都是一直存在的。

当然，还有一种可能的观点是，那些通过了新法律的州和没有通过新法律的州可能还会因为受到（与生育福利无关的）其他力量的影响，导致它们在这段时间中的工资变化程度不同。例如，新泽西州的经济在开始实施生育福利的那段时间里可能正处于高速发展时期，而其他州的经济可能并非如此。然而，如果通过了新法律的州正面临除生育福利以外的其他一些独特的工资压力，那么这些压力所产生的影响就应当同样可以从单身男性劳动力以及老年劳动力——不受新法律影响的群体——的工资变化中反映出来。这样，我们就可以通过对颁布新法律的州中的孕龄女性的工资变化情况，与该州中的单身男性劳动力和老年劳动力的工资变化情况加以比较来探讨第二个因素。

以上三个因素使研究者可以衡量在颁布新法律的三个州中，年龄在 20～40 岁之间的已婚妇女在 1974—1975 年到 1977—1978 年间的工资水平是如何变化的。然后再将这些变化与未颁布新法律的（但是经济状况相似）州中处于同年龄段的女性的工资变化情况进行比较。考虑到在这段时期内可能还有其他一些生育福利之外的力量也会影响不同州之间的工资变化，研究者还测量了未婚男性以及 40 岁以上的劳动力的工资变化情况。这项研究的结论是，在那些颁布了生育福利法律的州中，处于 20～40 岁年龄段的女性劳动力在新法律颁布后的工资水平，要比在不颁布这种法律的情况下可能得到的工资低 4%。这项研究结果表明，生育福利的全部成本很快就被转嫁到了孕龄女性劳动者的身上。

资料来源：Jonathan Gruber, “The Incidence of Mandated Maternity Benefits,” American Economic Review 84 (June 1994): 622 - 641.

复习题

1. 在 1992 年的美国总统大选期间，一个试图对各政党施加影响的组织在一份声明中宣称，美国公司设在墨西哥的工厂给工人开出的工资是如此之低，以至于工资水平和工人的生产率之间几乎没有关系了。用利润最大化的原理对此声明加以评论。

2. 假设印度的键盘操作员（资料录入员）的工资比美国同类人员要低。这是否意味着美国的键盘操作类工作全部会被印度夺走？请解释你的答案。

3. 职业安全与健康管理局是一个制定安全和健康标准的机构。它颁布的标准一般适用于机器设备（资本），要求企业必须在机器设备上安装防护装置、保护罩等诸如此类的防护设施。这些标准的另外一种要求是，雇主必须为员工（劳动力）提供个人防护设施——比如耳塞、安全帽、安全靴等。如果我们暂时不考虑在这两类标准中，哪一类规定对劳动者所提供的工伤保护效果更好，那么，在分析这两类安全要求对就业量可能产生的影响时，我们必须考虑与其有关的哪些方面的问题呢？

4. 假如监狱在过去都要求犯人从事内部的各种清洁以及食物准备工作，并且不付报酬。现在，假定监狱允许犯人在围墙内从事有酬工作，同时雇用监狱外面的非犯人来从事各种清洁以及食物准备工作。那么，在这两种情况下，你认为监狱在清洁工作和食物准备工作方面使用的技术会有什么不同？请解释你的答案。

5. 几年前，英国在服务行业实施了一项基于工资的征税计划——税收从雇主身上收取，但是对制造业的工资则不课征这种税收。请讨论这种税收政策对工资和雇佣水平产生的影响。

6. 假定政府现在面向人口群体中的所有女性劳动者提供工资补贴，雇主每雇用女性劳动者工作一个小时，政府就向雇主支付 50 美分的补贴。这种做法对女性劳动者的工资率会产生何种影响？它对雇主实际支付的净工资率又会产生何种影响？（雇主需要支付的净工资率等于女性劳动者得到的工资率减去 50 美分。）

7. 在过去的 20 年中，涌入美国境内的墨西哥非法移民的数量大幅度上升，而他们中的大多数都是非技术工人，所以政府最近正在考虑采取一些措施来减少这些移民的流入量。被列入考虑范围的政策之一是，雇主一旦被发现雇用非法移民，政府将给予较重的经济处罚。

这种政策对非技术性的非法移民的就业会产生怎样的影响？它对美国“本土”的技术劳动力的需求又会产生怎样的影响？

8. 如果反血汗工厂运动成功地帮助国外的服装工人提高了工资，同时也改善了工作条件，那么，国外的这些变化会对美国国内的制衣业和零售业的劳动力市场结果产生怎样的影响？请解释你的答案。

9. X 国的失业率目前超过 10%，（25 岁以下的）青年的失业率大约为 22%。在今后几年中，这些失业人口中的 100 万人将会得到有补贴的工作（政府补贴会发给那些创造新职位的雇主，他们每雇用一名失业者将会得到每小时 X 欧元的补贴）。运用在本章中学习的理论分析这种向雇主支付工资补贴的做法可能会对 X 国的就业水平产生怎样的影响。

10. 假设互联网行业中的所有雇主现在都允许程序员和网页设计员在家里工作，而这会吸引那些需要照顾小孩或其他家庭成员的人。与必须离开家到单位上班相比，他们现在可以用更低的成本履行家庭责任。现在再假设这些雇主突然意识到，让程序员和网页设计员到公司办公室来一起工作有助于提高他们的生产率。也就是说，雇主开始相信，如果不再允许程序员和网页设计员在家工作，则可以在工作中激发一种创新和积极的企业文化。请用第 2 章和第 3 章中的内容来分析这项新政策对互联网行业的劳动力市场会产生怎样的影响。

练习题

1. 在美国田纳西州进行的一项试验发现，在包括阅读、听力、数学和语言学习能力等内容的标准化测试中，在小教室（13～17 人）中上课的二、三年级学生与在常规教室（22～25 人）中上课的二、三年级学生所得的分数是一样的。假设在一所学校中，目前有 4 位老师在教 90 名三年级的学生，现在准备再增加2位老师来缩小班级的规模。如果田纳西州的这项研究普遍适用于其他地方，额外增加的这2位老师的劳动力边际产品是多少？

2. 一家锯木厂的劳动力边际收益产品 $MRP_L = 20 - 0.5L$，其中，L 代表工人的人数。如果锯木厂工人的工资是每小时10美元，那么，这家工厂会雇用多少名工人？

3. 假定救生员的劳动力供给曲线为 $L_S = 20$，而其劳动力需求曲线为 $L_D = 100 - 20W$，其中，L 代表救生员的数量，W 代表工资率。绘制救生员的劳动力需求曲线和劳动力供给曲线。现在，假定政府开始向雇用救生员的公司征税，即雇主每雇用1位员工1小时就要缴纳1美元的税收。根据救生员获得的工资率水平画出新的（纳税之后的）劳动力需求曲线。政府的这种税收对救生员的工资率水平以及雇佣量会产生怎样的影响？

4. 假定在一家工厂中，员工的产出取决于企业雇用的管理人员数量（见下表）。这家工厂按照0.50美元的单价销售自己的产品，它以每人每天100美元的工资雇用了50名工人，现在它需要决定的是，到底应当雇用多少名管理人员。假定管理人员的工资为每天500美元，正如表中所示，工厂的产出会随着雇用的管理人员数量增加而上升，请问这家工厂应当雇用多少名管理人员？

管理人员数量	产出数量（每天的产品单位数）
0	11 000
1	14 800
2	18 000
3	19 500
4	20 200
5	20 600

5. （参考本章附录）豪斯伯瑞公司的工厂生产的产品是一种叫作溜溜球的玩具。它所在的资本市场和劳动力市场都是竞争性的。工人的工资是每小时12美元，租用溜溜球生产设备的租金是每小时4美元。其生产函数是 $q = 40K^{0.25}L^{0.75}$，q 代表每周生产出来的溜溜球产品的箱数，K 代表使用溜溜球生产设备的小时数，L 代表工人的劳动小时数。因此，$MP_L = 30K^{0.25}L^{-0.25}$，$MP_K = 10K^{-0.75}L^{0.75}$，能够使得这家工厂实现成本最小化的劳动力-资本组合应当是一种什么样的比率？

6. 下表显示了一个当地的面包店每天可以烤制的蛋糕数量，这一数量取决于面包师的数量。

面包师的数量	蛋糕的数量
0	0
1	10
2	18
3	23
4	27

（1）请计算劳动力的边际产品。

（2）你在这里是否看到了边际产品递减规律？请解释。

（3）假设每一块蛋糕的售价是10美元，请计算劳动力的边际收益产品。

（4）请绘制出劳动力的边际收益产品曲线，即面包师的需求曲线。

（5）如果每一位面包师每天的工资是80美元，那么，在追求利润最大化目标的情况下，这家面包房的主人应当雇用多少位面包师？

7. （参考本章附录）创意悬垂（Creative Dangles）是一家耳环设计和制造公司。耳环的生产

函数是 $Q=25KL$，其中，Q 是每周生产出来的耳环对数，K 是使用设备的小时数，L 是劳动小时数。假定员工的小时工资是 8 美元，设备的租金也是每小时 8 美元。

(1) 请确定能够使这家公司达到成本最小化的资本-劳动力比率。

(2) 生产 1 万对耳环的总成本是多少?

(3) 假设设备租金降至每小时 6 美元，那么能够达到成本最小化的新的资本-劳动力比率是多少?

8. 园丁的劳动力需求曲线是 $G_D=19-W$，其中，G 是园丁人数，W 是工资率，园丁的劳动力供给曲线是 $G_S=4+2W$。

(1) 请绘制出园丁的劳动力需求曲线和劳动力供给曲线。园丁的均衡工资率和均衡就业量分别是多少?

(2) 假设市政府对所有的园丁收取一项每小时 2 美元的税收。请指出这种税收对园丁劳动力市场会产生怎样的影响。它会对园丁的均衡工资率和均衡就业量产生何种影响? 园丁现在能获得多少收入? 雇用园丁的客户现在需要支付多少钱? 政府拿到的税收收入又是多少?

推荐阅读

Blank, Rebecce M., ed. Social Protection Versus Economic Flexibility: Is There a Trade-Off? Chicago: University of Chicago Press, 1994.

Hamermesh, Daniel S. Labor Demand. Princeton, N. J.: Princeton University Press, 1993.

Neumark, David, "Spurring Job Creation in Response to Severe Recessions: Reconsidering Hiring Credits," Journal of Policy Analysis and Management 32 (Winter 2013): 142 - 171.

附录 3A 企业劳动力需求曲线的图形推导

我们在第 3 章用语言论述了企业的劳动力需求曲线的推导方法，而本附录则用图形的方式来进行同样的推导。尽管这里所做的图形推导是一种更为严格的推导，但是，我们得出的结论——短期和长期的劳动力需求曲线都是自左上方向右下方倾斜——仍然保持不变。

□ 生产函数

产出通常可以被看成资本和劳动力共同组合生产出来的。图 3A.1 以图形的方式描绘了这种生产函数，同时描绘出了与生产过程有关的几个方面的问题。

考虑标注为 $Q=100$ 的凸状曲线。在这条曲线上，劳动力 (L) 和资本 (K) 的每一种组合都能够生产出 100 个单位的产出 (Q)。也就是说，在点 A (L_a, K_a) 上的劳动力和资本组合与点 B 和点 C 上的劳动力与资本组合都能够生产 100 个单位的产出。由于位于 $Q=100$ 曲线上的每一点都能生产相同的产出，因此这条曲线被称为等产量线。

在图 3A.1 中还有另外两条等产量线 ($Q=150$, $Q=200$)，这两条等产量线代表的产出水平比

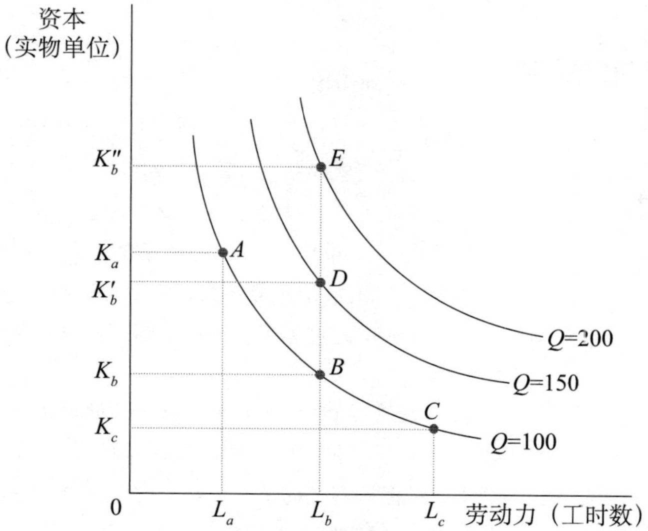

图 3A.1　生产函数

$Q=100$ 这条曲线代表的产出水平更高。要想看出这些等产量线代表的产出水平较高，我们可以用下面的办法来观察：将劳动力保持在（比如说）L_b 这一水平上，然后观察资本使用水平的不同。如果与 L_b 相结合的资本数量是 K_b，那么将会生产出 100 个单位的产出。如果与 L_b 相结合的资本数量是 K_b'，那么将会生产出 150 个单位的产出（K_b' 比 K_b 大）。如果与 L_b 相结合的是更大的资本数量（比如说 K_b''），那么就将生产出 200 个单位的产出。

需要指出的是，图 3A.1 中的等产量线的斜率是负的，这反映出劳动力和资本是相互替代的这样一个假设。比如，如果我们将资本的数量从 K_a 削减到 K_b，那么，我们可以通过将劳动力的使用量从 L_a 增加到 L_b 来保持产出不变（仍然为 100 个单位的产出）。换言之，可以通过用劳动力替代资本的方式来维持既定的产出水平。

还需要指出的是，等产量线是凸状的。在点 A，等产量线 $Q=100$ 比较陡峭，这表明为了将产出保持在 100 这一水平上，既定数量的资本减少需要同时用一定程度的劳动力数量增加来加以补偿。然而，在点 C，等产量线相对而言就比较平坦了。这种较为平坦的形状就意味着，为了使产出水平保持不变，资本的等量减少就需要更大幅度的劳动力数量增加来加以补偿。在保持产出水平不变的情况下，既定数量的劳动力增加能够取代的资本数量减少被称为资本和劳动力之间的边际技术替代率（marginal rate of technical substitution，*MRTS*）。如果用数学符号来表示，则 *MRTS* 可以被写为

$$MRTS=\frac{\Delta K}{\Delta L}\bigg|\bar{Q} \qquad (3A.1)$$

式中，Δ 表示"某方面的变化"；$\bar{Q}$ 表示"保持产出不变"。*MRTS* 是负的，这是因为如果 L 增加，那么要想保持 Q 不变，就必须减少 K 的使用量。

为什么边际技术替代率的绝对值会随着雇主使用的劳动力数量的增加而递减呢？如果在生产过程中使用的劳动力很多，而资本很少（如图 3A.1 中的点 C 所示），那么就会有资本可做的许多工作。劳动力是很容易被替代的。如果资本的数量增加，那么，在资本能够获得最高回报的生产过程中的某些环节，企业就会用资本来替代劳动力。然而，随着资本使用量越来越多，劳动力使用量越来越少，留下来的少数工人承担的工作就是机器很难完成的工作，在这种情况下，要想替

代一个工人，就必须使用大量的资本。①

□ 短期劳动力需求

我们在第 3 章中指出，企业在短期内（即当 K 固定时）实现利润最大化的方法是：将劳动力的雇佣量一直扩大到能够使劳动力的边际产品（MP_L）等于其实际工资率（W/P）这样一个点上。得出这种决策规则的原因是，实际工资代表了每增加一个单位的劳动力带来的成本（根据产出数量来表述），而边际产品则是额外增加一个单位的劳动力带来的产出增量。只要企业通过增加劳动力的使用量（K 固定不变）而获得的产出数量比成本大，它就会继续扩大劳动力的雇佣量。只有当额外增加一个单位的劳动力的边际成本超过了劳动力的边际产品时，企业才会停止继续雇用劳动力。

为了实现利润最大化，就必须达到 $MP_L=W/P$ 的要求，这一条件意味着，企业的短期劳动力需求曲线（根据实际工资来表述）与它的劳动力边际产品曲线是同一条曲线（参见图 3.1）。请记住，劳动力的边际产品是指在资本数量保持不变的情况下，每增加一个单位的劳动力雇佣量带来的产出增量，在此基础上，让我们来看一看图 3A.2 中描述的那个生产函数。在资本保持 K_a 这一数量不变的情况下，如果企业雇用的劳动力数量等于 L_a，那么它可以生产出来的产出就是 100 个单位。如果劳动力的雇佣量增加到 L_a'，那么企业就可以多生产 50 个单位的产出；如果劳动力的雇佣量从 L_a' 又上升到 L_a''，则企业就可以再多生产出 50 个单位的产出。然而，需要注意的是，为了取得后一个 50 单位的额外产出而需要增加的劳动力数量—— $L_a''-L_a'$，比生产第一个 50 单位的额外产出需要增加的劳动力数量 $L_a'-L_a$ 要多。这种差别意味着，当资本数量固定时，随着劳动力的数量增加，每一新增的劳动工时能够生产的产出增量只会越来越少。换言之，我们可以图 3A.2 来描述劳动力的边际生产率递减规律。

为什么劳动力的边际生产率是递减的呢？我们在第 3 章中的解释是，劳动力的边际生产率之所以会下降，是因为在 K 固定的情况下，每一位新增的工人在工作中能够使用的（人均）资本数量会越来越少。那么，这种解释在图 3A.2 中能否得到证明呢？很遗憾，答案是否定的。图 3A.2 是在假设边际生产率递减这一基础上画出来的。如果将等产量线上的数字重新标注，那么就将会产生一组完全不同的边际生产率数字。（要明白这一点，可以将 $Q=150$ 改写成 $Q=200$，将 $Q=200$ 改写成 $Q=500$。这样，劳动力的边际生产率就上升了。）然而，在建筑物、机器设备以及生产工具保持不变的情况下，劳动力的边际产品必然会随着劳动力数量的增加而逐渐减少这样一个逻辑，确实令人信服。此外，正如我们在第 3 章中指出的，即使 MP_L 最初是上升的，企业也只会在 MP_L 下降的阶段停止雇用劳动力；只要 MP_L 是高于 W/P 的，并且正在上升，企业就必然会继续雇用劳动力。

MP_L 最终必然下降以及企业必然将劳动力的雇佣量确定在 $MP_L=W/P$ 这一点上这两个假设，是决定企业的短期劳动力需求曲线自左上方向右下方倾斜的基础。在本附录中对劳动力需求曲线所做的更为严格的图形分析，肯定和支持了本章中的语言描述。不过，它却比语言分析更为清楚地强调了短期劳动力需求曲线自左上方向右下方倾斜的性质是建立在这样一个合理的假设——随着雇佣量的上升，MP_L 会下降——的基础上的。

---

① 这里有个例子。随着时代的发展，电话接线员（他们过去常常处理长途电话）已经越来越多地被资本更为密集的自动拨号系统所取代。然而，那些仍然被雇用的接线员则承担着最难以让机器来完成的工作——处理对方的付费电话、提供电话号码查询服务以及解决出现的种种难题。

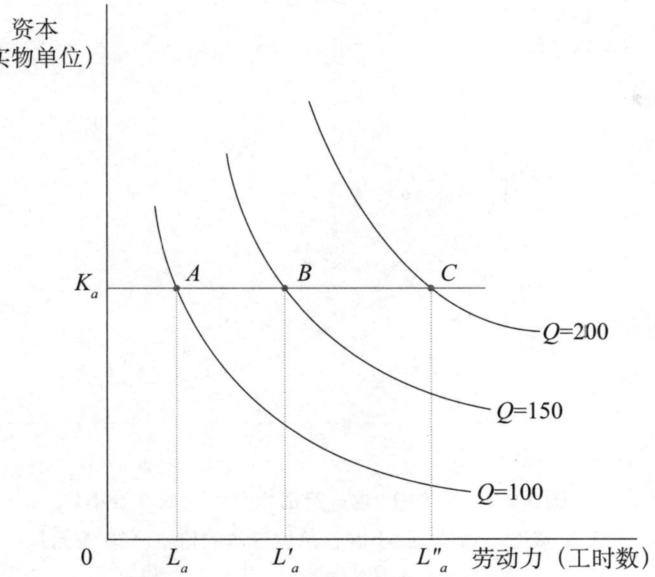

图 3A.2　劳动力的边际生产率递减

□ 长期劳动力需求

回忆一下，企业是通过生产一个能够使边际成本等于边际收益的产出水平（Q^*）来实现利润最大化的。也就是说，企业将持续不断地增加产出，直到每一个单位的额外产出带来的收益增量等于生产这一个单位的额外产出需要支付的成本。由于边际收益——对一个竞争性的企业来说，它等于产品价格——在我们的生产函数图形中没有得到体现，因此利润最大化的产出水平也就无法确定。然而，将我们对生产函数的分析继续进行下去，就可以揭示出长期劳动力需求的一些重要特点。

成本最小化条件　在图 3A.3 中，利润最大化的产出水平被假定为 Q^*。那么，企业如何对劳动力和资本进行组合来生产 Q^* 这一产出水平呢？它只有以费用最低的方式来生产 Q^* 这一产出水平才能实现利润最大化。也就是说，它必须使生产 Q^* 这一产出水平的成本达到最小化。为了更好地理解成本最小化的特点，可以参阅图 3A.3 中的三条等成本线——AA'，BB'，DD'。在沿着这些直线中的任何一条移动时，企业使用的资本和劳动力组合的成本都是相等的。

比如，直线 AA' 代表的总成本为 1 000 美元。假如工资率（W）为 10 美元/小时，那么，如果某企业不使用资本，而只是雇用 100 小时的劳动力（点 A' 的情况），那么它的总成本将会是 1 000 美元。相反，如果单位资本的价格（C）是 20 美元，企业就可以在 1 000 美元的成本约束下使用 50 个单位的资本而不雇用劳动力（点 A 的情况）。介于点 A 和点 A' 之间的所有这些点代表的都是在 $W=10$ 美元/小时、$C=20$ 美元并且总成本为 1 000 美元这种情况下可以实现的各种可能的 L 和 K 的组合。

等成本线 AA' 存在的问题在于，它与等产量线 Q^* 没有交点，这就意味着，在 1 000 美元的成本下无法生产出 Q^* 这一产出水平。当 $W=10$ 美元/小时且 $C=20$ 美元时，企业无法在保持总成本为 1 000 美元不变的情况下，购买足够的资源来生产 Q^* 水平的产出。不过，企业可以在 2 000 美元的成本下生产出 Q^*。直线 DD' 代表的是 2 000 美元的总成本，它与 Q^* 相交于点 X 和点 Y。然而，这两点存在的问题都在于，它们并不是成本最小化的，Q^* 可以以低于 2 000 美元的总成本被

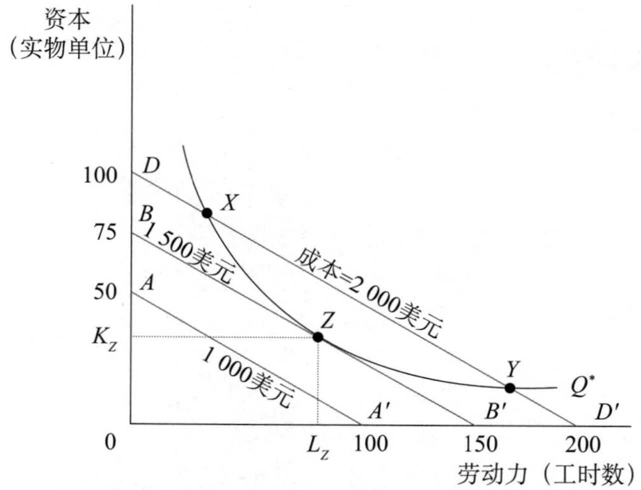

图 3A.3　生产 Q^* 这一产出水平时的成本最小化

(工资率=10 美元/小时；单位资本的价格=20 美元)

生产出来。

由于等产量线 Q^* 是凸状的，所以在生产 Q^* 时，成本最小化的 L 和 K 的组合应当在等成本线和等产量线的切点上得到（也就是说，只在唯一的点上与等产量线 Q^* 相交）。在 W=10 美元/小时且 C=20 美元这一既定情况下，在点 Z 上，即劳动力等于 L_Z 而资本等于 K_Z 的时候，企业才能以最小的成本生产出 Q^* 这一产出水平。总成本更低的其他等成本线接触不到等产量线 Q^*，这种情况意味着：企业不可能以低于 1 500 美元的成本生产出 Q^* 这一产出水平。

点 Z 的重要之处在于，等产量线在 Z 这一点上的斜率与等成本线在这一点上的斜率相等（一条曲线在某一点上的斜率等于曲线在这一点上的切线的斜率）。而等产量线在任一既定点上的斜率就是公式（3A.1）中所界定的边际技术替代率。公式（3A.1）的另外一种表达方式是：

$$MRTS=\frac{-\Delta K/\Delta Q}{\Delta L/\Delta Q} \tag{3A.2}$$

公式（3A.2）直接表明了 $MRTS$ 这一比率反映的含义，即在劳动力的增加量足以将产出提高一个单位时，为了达到降低一个单位产出的目的，需要减少的资本使用量。[公式（3A.2）中的两个 ΔQ 可以相互抵消且保持产出水平不变。] 如果我们把公式（3A.2）再向前推进一步，重新整理分子和分母，那么我们就可以得到下式①：

$$MRTS=-\frac{\Delta K/\Delta Q}{\Delta L/\Delta Q}=-\frac{\Delta Q/\Delta L}{\Delta Q/\Delta K}=-\frac{MP_L}{MP_K} \tag{3A.3}$$

式中，MP_L 和 MP_K 分别表示劳动力的边际生产率和资本的边际生产率。

等成本线的斜率等于 $-W/C$（在图 3A.3 中，W/C 等于 10/20，即 0.5）。② 因此，在 Z 这一以成本最小化方式生产 Q^* 的点上，下式是成立的：

$$MRTS=-\frac{MP_L}{MP_K}=-\frac{W}{C} \tag{3A.4}$$

---

① 这一步依据的事实是：在用第二个数来除以第一个数时，与用第一个数乘以第二个数的倒数是等价的。

② 10/20=75/150，或 $0B/0B'$。

公式（3A. 4）只不过是本章中公式（3. 8c）的一种重新排列。①

隐含在成本最小化背后的经济含义或逻辑含义用下面的方式是最容易看出来的，即将 *MRTS* 用 $-\frac{\Delta K/\Delta Q}{\Delta L/\Delta Q}$ 这一形式表示出来［参见公式（3A. 2）］，然后使其等于用 $-\frac{W}{C}$ 这种形式表达的 *MRTS*，即：

$$-\frac{\Delta K/\Delta Q}{\Delta L/\Delta Q}=-\frac{W}{C} \tag{3A. 5}$$

或者

$$\frac{\Delta K}{\Delta Q}\cdot C=\frac{\Delta L}{\Delta Q}\cdot W \tag{3A. 6}$$

从公式（3A. 6）中可以很清楚地看出，要想实现成本最小化，就必须使得用只增加劳动力的方式来生产一个单位的额外产出的成本，等于用只增加资本的方式来生产这一个单位的额外产出时的成本。如果这两种成本不相等，那么企业还可以降低总成本，其途径是：增加可以以较为便宜的方式提高产出的那种要素的使用量，同时减少另外一种要素的使用量。在 Q 保持不变而成本却仍然可以降低的任何一点，成本都没有达到最小化。

替代效应 如果在图 3A. 3 中假设的那个工资率从原来的每小时 10 美元上升到了每小时 20 美元（C 仍然保持不变），那么，生产 Q^* 这一产出的成本最小化方式会发生何种变化呢？图 3A. 4 描述了一个基于常识就可以得到的答案，这就是总成本上升，并且在生产 Q^* 时，使用的资本数量更多了，而使用的劳动力数量更少了。当 $W=20$ 美元/小时的时候，如果总成本仍然保持在 1 500 美元，那么企业就无法购买 150 个单位的劳动力了。事实上，如果总成本等于 1 500 美元，企业就只能雇用 75 个单位的劳动力。于是，1 500 美元的等成本线就从 BB' 移动到了 BB''，并且它也不再与等产量线 Q^* 相切了。Q^* 无法用 1 500 美元的成本生产出来，生产 Q^* 的最低成本也上升了。在图 3A. 4 中，我们假设最低成本上升到了 2 250 美元（等成本线 EE' 是一条与等产量线 Q^* 相切的线）。

此外，劳动力成本相对于资本成本的上升，还会导致企业使用更多的资本和更少的劳动力。从图形上来说，原来的切点 Z 被新的切点 Z' 所取代，正如我们在公式（3. 8c）和公式（3A. 4）中解释过的，在新的切点上，劳动力的边际生产率相对来说要比资本的边际生产率（MP_K）高。从点 Z 到点 Z' 的过程是通过增加资本的使用量，同时减少劳动力的使用量来实现的。这种从 L_Z 到 L'_Z 的移动，就是工资率上升产生的替代效应。

规模效应 Q^* 这一产出水平无法用 1 500 美元的成本生产出来，而至少需要 2 250 美元，这一事实意味着：Q^* 已经不再是利润最大化的产出水平了。新的利润最大化生产水平应当比 Q^* 要低（至于到底低多少，在我们不知道产品需求曲线的情况下无法确定）。

假如利润最大化的产出水平如图 3A. 5 所示，从 Q^* 下降到 Q^{**}。由于在 $W=20$ 美元/小时且 $C=20$ 美元的情况下，所有的等成本线都有了一个新的斜率 -1，因此生产 Q^{**} 的成本最小化方式，应当是与 EE' 平行的一条等成本线。我们发现，生产 Q^{**} 的成本最小化方式在点 Z'' 上，在这一点上，等成本线 FF' 与等产量线 Q^{**} 是相切的。

因此，劳动力雇佣量对工资率上升的总体反应是，劳动力使用量会从 L_Z 的水平下降到 L''_Z 的水平。正如我们已经论述过的，从 L_Z 到 L'_Z 的下降被称为替代效应。之所以会出现替代效应，是因为工资率与资本价格之比（W/C）发生变化以后，K 和 L 在生产过程中的使用比例发生了变

① 由于公式（3A. 4）两端的负号可以相互抵消，因此可以忽略不计。

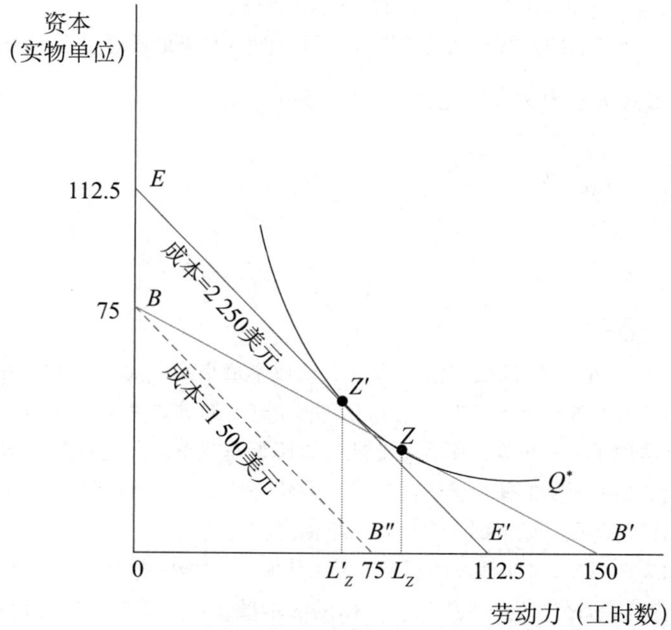

图 3A.4　生产 Q^* 这一产出水平时的成本最小化

（工资率＝20 美元/小时；单位资本的价格＝20 美元）

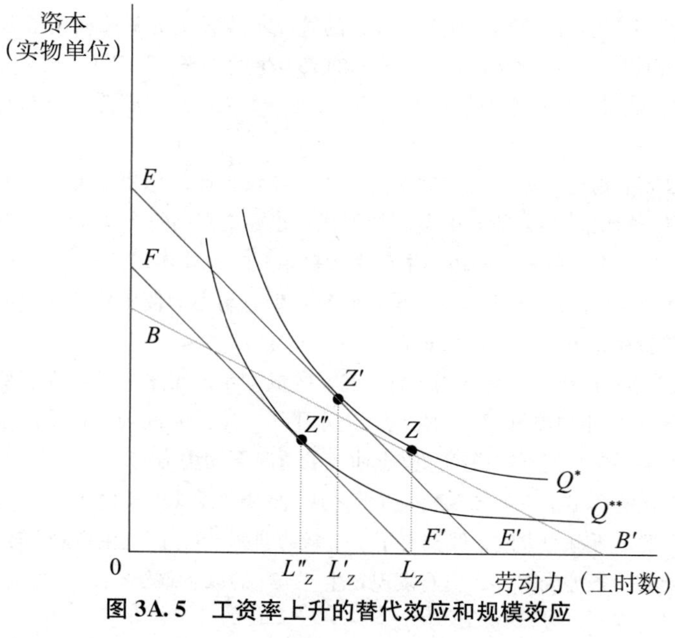

图 3A.5　工资率上升的替代效应和规模效应

化。而规模效应则可以被看成雇佣量从 L'_Z 到 L''_Z 的下降，在这里，K 和 L 的使用量之所以会出现下降，仅仅是因为生产规模缩减了。当工资率上升而资本价格保持不变的时候，替代效应和规模效应同时发生作用。但是，正如图 3A.5 所示，这两种效应不仅在概念上不同，并且因为不同的原因而发生。总体来说，这两种效应使我们断定：长期劳动力需求曲线是自左上方向右下方倾斜的。

第 4 章

劳动力需求弹性

1995 年，经济学家和政策制定者就最低工资立法对就业产生的影响展开了激烈的争论。显然，根据第 3 章中建立起来的经典理论的预测，如果最低工资立法导致工资率超出了市场水平，那么，企业的劳动力需求量就会沿其劳动力需求曲线向上（同时向左）移动，结果就会导致就业机会的减少。但是，有两位著名劳动经济学家却得出了不同的结论。他们在考察了前人关于这一课题的研究并且自己进行了一些新的研究之后，于 1995 年出版了一本书。在这本书中，他们指出，人们预期的那种与最低工资水平上升相伴随的就业岗位丧失的现象，在现实中是观察不到的，至少这种现象并不是有规律地发生的。[①]

该书引发了一个长期以来一直在激烈争论的话题：面对既定的工资率变化，雇佣需求到底会做出怎样的反应？[②] 几乎没有人会怀疑，如果强制性的工资上涨幅度很大，则工作岗位的数量一定会减少，但是如果工资的上涨幅度并不是很大，工作岗位的数量将会减少多少呢？

本章将集中分析工资率的变化对雇佣量的影响程度。关于劳动力需求对工资率变化的反应敏感程度，我们通常用弹性来加以衡量。劳动力需求弹性是指工资率变化 1%引起的雇佣量变化的百分比。在开始我们的分析之前，我们首先定义和讨论劳

① David Card and Alan B. Krueger，Myth and Measurement：The New Economics of the Minimum Wage（Princeton，N. J.：Princeton University Press，1995）.

② 关于该书的 6 篇评论刊登于 1995 年 7 月出版的 Industrial and Labor Relations 48，no. 4 的图书评论专栏中。更多的最新评论参见 David Neumark，J. M. Ian Salas，and William Wascher，“Revisiting the Minimum Wage-Employment Debate：Throwing Out the Baby with the Bathwater?” Industrial and Labor Relations Review 67（May 2014）：608 - 648；and Jonathan Meer and Jeremy West，“Effects of the Minimum Wage on Employment Dynamics，” Journal of Human Resources 51（Spring 2016）：500 - 522。

动力需求的自身工资弹性和交叉工资弹性，然后再运用这些概念来分析最低工资立法以及技术创新对就业的影响。

劳动力需求的自身工资弹性

劳动力需求的自身工资弹性（own-wage elasticity of demand）是指某一类劳动力的工资率（W）增长1%导致的此类劳动力的雇佣量（E）变化的百分比，也即：

$$\eta_{ii}=\frac{\%\Delta E_i}{\%\Delta W_i} \tag{4.1}$$

式中，下标 i 表示第 i 类劳动力；希腊字母 η 表示弹性；%Δ 表示“变化的百分比”。正如我们在前一章中论述过的，劳动力需求曲线是自左上方向右下方倾斜的，因而，工资率上升将会导致雇佣量下降，所以，劳动力需求的自身工资弹性值为负。真正重要的是它的数值大小，劳动力需求的自身工资弹性的绝对值（只反映其数值大小，不考虑其符号）越大，与既定百分比的工资增长相伴随的雇佣量下降百分比就越大。

劳动经济学家经常关注的是劳动力需求弹性的绝对值是大于1，还是小于1。如果劳动力需求弹性的绝对值大于1，则1%的工资增长引起的雇佣量下降百分比将会大于1%，于是这种劳动力需求曲线就被称为富有弹性的（elastic）需求曲线。相反，如果其绝对值小于1，1%的工资增长引起的雇佣量下降百分比将会小于1%，这种劳动力需求曲线就被称为缺乏弹性的（inelastic）需求曲线。如果劳动力需求曲线是富有弹性的，则在工资率上升的时候，此类劳动力的工资性报酬总额（工资率乘以雇佣水平）将会下降，这是因为雇佣量的下降速度将会快于工资率的上升速度。相反，如果劳动力需求是缺乏弹性的，则在工资率上升时，此类劳动力的工资性报酬总额是增加的。如果劳动力需求的自身工资弹性正好等于−1，则这种需求曲线称为具有单位弹性的（unitary elastic）需求曲线。这时，当工资率上升时，此类劳动力的工资性报酬总额不会发生任何变化。

图4.1显示的是，与形状较为陡峭的劳动力需求曲线（D_2）相比，较为平缓的劳动力需求曲线（D_1）的自身工资弹性更大。从任何一个工资率水平（比如 W）起步，既定的工资率变化（例如从 W 变化到 W'）在 D_1 上导致的雇佣量变化都大于在 D_2 上发生的雇佣量变化。要想判断相同百分比的工资率增长导致的不同弹性，可以对 $(E_1-E_1')/E_1$ 和 $(E_2-E_2')/E_2$ 加以比较。很显然，劳动力需求曲线 D_1 的弹性更大。

但是，如果说某条劳动力需求曲线只有“一个”弹性，则在技术上是错误的。因为任何一条既定的需求曲线一般都有自己的富有弹性区域和缺乏弹性区域——尽管我们通常只对市场通行工资率附近区域的需求弹性感兴趣。如果我们不懂得在一

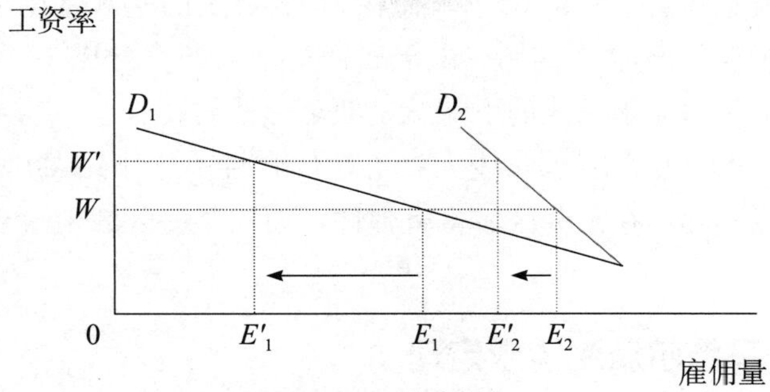

图 4.1　相对劳动力需求弹性

条既定的劳动力需求曲线的不同点上需求弹性是可以变化的，我们就不可能充分理解弹性的内涵。

为了描述这种情况，我们现在考察在第 2 章和第 3 章中经常使用的直线型劳动力需求曲线，如图 4.2 所示。该直线型需求曲线的一个特点是，从需求曲线上的任何一点出发，一个单位的工资率变化引起的雇佣量的变化单位都是相同的。例如，沿着图 4.2 中的需求曲线上的任何一点变动，工资率每下降 2 美元，都会导致多雇用 10 个工人。

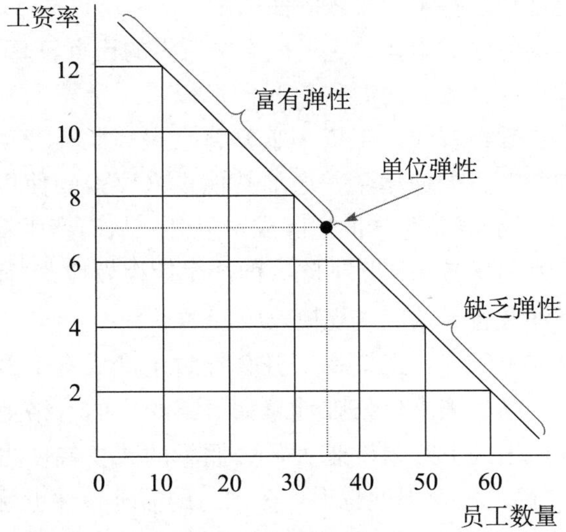

图 4.2　同一条劳动力需求曲线上的不同弹性

然而，沿着需求曲线发生的单位数量变化相同，并不意味着变化的百分比相同。为了理解这一点，我们先来看一看图 4.2 需求曲线的上端（此处的工资率水平较高，而雇佣量较低）。当工资率的基数是 12 美元时，工资率下降 2 美元就意味着下降了约 17%。而与此同时，雇佣量的基数是 10 名工人，再增加 10 名工人就意味着劳动力需求量上升了 100%，很显然，此时的劳动力需求是富有弹性的。但是，如果我们再来看这条需求曲线的下端（此处的工资率水平较低，而雇佣量较高），尽管单位数量的变化相同，但劳动力需求却变得缺乏弹性了。例如，工资率在 4 美元的基数基础上下降 2 美元就意味着下降了 50%。而在 50 名员工的基数基础上再增加 10 名员工却意味着雇佣量仅仅增加了 20%。由于雇佣量增长的百分比小于工资率下降的百分比，因此这条劳动力需求曲线的下端就是缺乏弹性的。

因此，在直线形劳动力需求曲线上，上端的弹性大于下端的弹性。此外，直线形劳动力需求曲线实际上在某些区域富有弹性，而在某些区域则缺乏弹性（如图 4.2 所示）。

□ 希克斯-马歇尔派生需求定理

影响劳动力需求自身工资弹性的因素可以被归纳为希克斯-马歇尔派生需求定理（Hicks-Marshall law of derived demand）——这是以两位著名的英国经济学家约翰·希克斯（John Hicks）和阿尔弗雷德·马歇尔（Alfred Marshall）的名字命名的四条定理，因为他们与该定理的推导密切相关。[①] 这些定理认为，其他条件相同时，在下述情况下，某一类劳动力需求的自身工资弹性通常会比较高：

（1）此类劳动力生产的产品的需求价格弹性比较高；

（2）其他生产要素可以很容易地替代此类劳动力；

（3）其他生产要素的供给弹性较高（也就是说，在无须大幅度提高其他生产要素价格的情况下就能增加这些生产要素的使用量）；

（4）雇用此类劳动力的成本在总生产成本中所占的比重较高。

在解释上述定理为什么成立的时候，我们可以将工资率上升对劳动力需求产生影响的过程分为两个步骤：首先，工资率上升将会提高此类劳动力的相对成本，从而促使雇主减少此类劳动力的使用量，增加其他投入要素的使用量（即产生替代效应）。其次，工资率上升会导致生产的边际成本上升，从而产生提高产品价格以及缩小生产规模的压力，进而导致雇佣量下降（即产生规模效应）。而派生需求定理中的上述四条定理分别都涉及替代效应或规模效应。

最终产品需求 如上所述，工资率上升会导致生产成本上升，从而倾向于导致产品价格上升。最终产品的需求价格弹性越大，与既定的价格上涨相联系的产出下降幅度就越大——而产出的下降幅度越大，雇佣量的减少幅度也就越大（当其他条件相同时）。因此，产品的需求弹性越大，劳动力的需求弹性也就越大。

第一条派生需求定理的第一个含义是：当其他条件相同时，企业层次上的劳动力需求会比行业或市场层次上的劳动力需求更加富有弹性。例如，就单个地毯生产公司来说，它所面临的产品需求曲线的弹性较大，这是因为 X 公司的地毯很容易替代 Y 公司的地毯。然而，与企业层次上的产品价格上升相比，行业层次上的产品价格上升对需求量的影响就不会那么大。这是因为，能够替代地毯的比较相近的物品是木材、瓷砖或者某种塑料地板——但其中的任何一种都不能很好地替代地毯。（同

---

① John Hicks, The Theory of Wages, 2nd ed. (New York: St. Martin's Press, 1966): 241 - 247; and Alfred Marshall, Principles of Economics, 8th ed. (London: Macmillan, 1923): 518 - 538.

理，垄断者面临的劳动力需求弹性，就比处于竞争性产业中的单个企业面临的劳动力需求弹性小。这是因为，垄断者面临的产品需求曲线就是市场需求曲线——因为它们是某个特定市场上的唯一产品销售者。）

第一条派生需求定理的第二个含义是：劳动力需求在长期中的工资弹性比短期中的工资弹性更大。这是因为，在产品市场上，产品的需求价格弹性在长期中更大。在短期中，要么是某种产品没有很好的替代品，要么是消费者只使用已经储备的现有耐用消费品。但是，经过一段时间之后，能够替代某种产品的新产品可能就会被开发出来，同时消费者也开始更新已经被磨损的耐用消费品。

其他生产要素的替代能力 随着某一类劳动力的工资率上升，企业就会产生一种用现在变得相对便宜的其他投入要素来替代此类劳动力的动机。然而，假定不存在这种替代的可能性，要想生产一个单位的某种产品，就必须使用一定数量的某类劳动力，那么，在这种情况下，就不会产生因为替代效应带来的雇佣量下降。相反，如果确实存在替代的可能性，那么，替代效应导致的雇佣量下降就会与规模效应引起的雇佣量下降同时出现。因此，当其他条件相同时，越容易被其他生产要素替代的那一类劳动力，其需求的自身工资弹性就越大。[①]

对替代的可能性产生制约的并不一定仅仅是技术。例如，正如我们在第 13 章中将要论述的，工会经常会通过在集体合同中加入一些特定的工作规定（比如规定在铁路机车上工作的工人的最低人员数）来限制这种替代发生的可能性。再例如，政府可能会出于安全方面的考虑，通过立法来对最低雇佣水平做出规定，从而限制替代的可能性（例如，纽约州的每一个公共游泳池都必须配备一名救生员）。诸如此类的一些限制性因素就导致劳动力的需求弹性更小了。然而，在短期内不可能实现的替代，在长期中却有可能实现。例如，如果铁路工人的工资水平上升，铁路公司可以购买功率更大的机车，这样就可以扩大每列火车的运量，同时减少机车的使用数量。同理，如果救生员的工资水平上升，各个城市可以建造规模更大但是数量更少的游泳池。但是，很多诸如此类的调整都只能在长期中发生，这是长期劳动力需求比短期劳动力需求更加富有弹性的另外一个原因。

其他生产要素的供给 假定随着工资率的上升，雇主试图用其他的生产要素来替代劳动力，那么这些投入要素的价格就会大幅度上升。例如，如果我们试图用资本设备来替代劳动力，这种情况就有可能会发生。如果资本设备制造商的生产能力已接近饱和，接受新的订单将会导致其成本大幅度上升——因为它们不得不让员工加班加点，并支付加班费。在这种情况下，只有当它们能够对自己生产的设备收取较高的价格时，才会接受新的订单。而设备价格的这种上升，将降低其他企业对这

① 在某些情况下，可替代性更强也并不一定会导致劳动力需求更加富有弹性；参见 Robert S. Chirinko and Debdulal Mallick, "The Elasticity of Derived Demand, Factor Substitution, and Product Demand: Corrections to Hick's Formula and Marshall's Four Rules," Labour Economics 18 (2011): 708－711。

些设备的需求，从而限制资本对劳动力的替代。

再例如，假定非技术工人的工资率上升导致雇主考虑用技术工人来替代非技术工人。如果在某个地区，技术工人的人数是固定的，那么他们的工资就会被雇主哄抬上去。正如前面举的例子一样，雇主用其他投入要素来替代当前要素的积极性就会下降，因而由替代效应引发的非技术工人的雇佣量下降就会较少。相反，如果雇主试图增加其他投入要素的使用量，且这些投入要素的价格并不会因此而上升，那么，当其他条件相同时，替代效应——从而劳动力需求的自身工资弹性——就会较大。

需要再次指出的是，与短期中的情况相比，在长期中，其他投入要素的价格更不易被哄抬。这是因为，在长期中，资本设备的现有制造商可以扩大其生产能力，同时新的制造商也可以进入这一市场。类似地，在长期中可以训练出更多的技术工人，这也是长期劳动需求更加富有弹性的另外一个原因。

劳动力成本在总成本中所占的比重 最后，某一种劳动力的成本在总成本中所占的比重是对劳动力需求弹性的大小产生影响的一个重要因素。如果某一种劳动力的成本在总成本中占的比重最初是20%，那么，当其他条件相同时，此类劳动力的工资率上升10%就会导致总成本增长2%。相反，如果劳动力成本最初占的比重是80%，那么其工资率上升10%就会导致总成本增长8%。由于在后一种情况下，雇主被迫提高产品价格的幅度更大，因此产出规模和雇佣量的下降幅度也就更大。因此，劳动力成本在总成本中所占的比重越大，劳动力需求的工资弹性越大。[①]

□ 对劳动力需求的自身工资弹性的估计

现在我们来看一些对劳动力需求的自身工资弹性进行研究推导出的结果。这些研究是将劳动力作为一种一般性的投入要素来看待的（也就是说，假定劳动力在技能水平方面没有差异）。我们将论述的这些估计结果都是利用企业或狭义的行业层次上的工资、产出以及就业量数据进行研究之后得到的。因此，这些对工资率上升可能会给雇佣量带来的影响所做的估计，实际上近似反映了一家为了保持自己在劳动力市场上的竞争力而不得不提高工资的企业做出的反应。这些估计只是说明了企业可能会做出的“典型”反应，显然不能代表某一家特定的企业实际上将会做出的

① 该定理的一种例外情形发生在这样一种情况下，即雇主用其他生产要素来替代当前这种劳动力要比消费者用其他产品来替代当前劳动力生产的产品更为容易。举例来说，假设消费者对某种产品的需求弹性为零，那么在这种情况下，工资率的提升只会带来替代效应。劳动力所占的比重越大，劳动力与资本之比越大，则由于工资率上升而导致的劳动力使用百分比下降的程度就会越小。更多关于劳动力所占的比重对需求弹性的影响的解释，参见 Saul D. Hoffman, “Revisiting Marshall’s Third Law: Why Does Labor’s Share Interact with the Elasticity of Substitution to Decrease the Elasticity of Labor Demand?” Journal of Economic Education 40 (Fall 2009): 437-445。

反应。

正如我们前面的分析中指出的，雇主的劳动力需求对工资率变化做出的反应可以被分解为两部分，即规模效应和替代效应。这两类效应本身都可以用弹性来表示，两种效应之和就是劳动力需求的自身工资弹性。在表 4.1 中，我们列举了对以下三种情况的估计：一是短期的规模效应；二是替代效应；三是长期中的总体劳动力需求弹性。

表 4.1　　劳动力需求的自身工资弹性的构成：采用工厂层次数据进行的经验估计

	弹性估计
短期的规模效应	
英国的制造业企业：1974—1982 年	－0.53
替代效应	
运用工厂或狭义的行业数据所进行的 32 项研究	平均值：－0.45 （典型浮动范围：－0.75～－0.15）
总体劳动力需求弹性	
英国的工厂：1984 年	－0.93
英国的煤矿：1950—1980 年	－1.4～－1.0

资料来源：Daniel S. Hamermesh，Labor Demand（Princeton，N. J.：Princeton University Press，1993）：94-104.

规模效应（用弹性来表述）是指在生产技术保持不变的条件下，既定的工资率变化百分比导致的雇佣量变化百分比。也就是说，它是在没有替代效应的情况下发生的雇佣量变化。从定义上来说，短期的劳动力需求弹性仅仅包含规模效应，尽管我们在前面曾指出，规模效应在长期中很可能比在短期中要大（归因于产品市场在长期中更有可能出现替代）。因此，短期劳动力需求弹性的估计值与短期规模效应应当是同义词，如果产品市场替代是相对迅速的，那么它可能也近似等于长期的规模效应。如表 4.1 所示，运用英国制造业企业的数据进行的一项研究所做的估计是，在短期中，劳动力需求的自身工资弹性是－0.53。因此，一家典型企业或者狭义行业的短期劳动力需求曲线看起来是缺乏弹性的。

如果我们用弹性来表述替代效应，它就是指在产出水平不变的条件下，既定的工资率变化百分比导致的雇佣量变化百分比。也就是说，它所要衡量的是，在产出水平不变的情况下（也就是说，在没有规模效应的情况下），当雇主面对工资率的变化时，会怎样改变自己的生产技术。因为对替代效应进行估测比较容易，因此关于这一效应的研究比较多。有一项综述对 32 项估计替代效应的研究进行了详细的总结，估计出来的平均弹性值是－0.45（正如表 4.1 所示），大多数的弹性估计值都位于－0.15～－0.75 这一范围之内。[①]

由于短期规模效应和替代效应都接近于－0.5，所以，毫不奇怪长期总体劳动力需求弹性的估计值接近单位弹性。表 4.1 显示，对英国几个行业中的工厂所做的一项研究估计，劳动力需求的自身工资弹性大约是－0.93。而另一项对英国煤矿的研

① Daniel S. Hamermesh，Labor Demand（Princeton，N. J.：Princeton University Press，1993）：103.

究则估计，劳动力需求弹性介于－1.4 和－1.0 之间。[①] 因此，这些估计数据表明，如果一家企业必须支付的工资水平提高了 10%，那么，在其他条件相同的情况下（也就是说，如果不是发生了会对劳动力需求产生影响的其他情况），在长期中，企业的雇佣量将会缩减 10%。

□ 派生需求定理的应用：推论分析

在进行某些特定决策时，我们往往需要了解劳动力需求弹性的经验估计值，但是，在很多时候，我们常常找不到这样的估计值，于是我们经常需要推断劳动力需求弹性的估计值大概是多少。在进行这些推断的时候，我们至少可以运用派生需求定理来预测各种类型劳动力的相对需求弹性大小。我们现在先考察一下对参加工会的纽约市制衣工人的劳动力需求。正如我们在第 13 章中将论述的，由于工会是一种比较复杂的组织，我们并不总是能很明确地说清楚它们的目标到底是什么。然而有一点是毫无疑问的，这就是大多数工会都很注重为其会员争取工资和就业机会方面的利益。从这一点看，我们可以得出一个简单的预测，即当其他条件相同时，劳动力需求的弹性越大，工会能够成功地为其会员争取到的工资增长幅度就越小。之所以这样预测，是因为劳动力需求曲线越富有弹性，则与既定的工资上升百分比相联系的雇佣量下降百分比就越大。于是，我们可以预测到以下情况：

（1）在劳动力需求曲线缺乏弹性的市场上，工会能够为其会员争取到较大的工资增长；

（2）工会会积极采取有助于降低其会员的劳动力需求工资弹性的措施；

（3）工会会首先选择在劳动力需求曲线缺乏弹性的市场上发动工人加入工会（因为工会在这种市场上有可能争取到更多的好处）。

然而，由于来自国外的同类产品的竞争，市场对纽约市制衣工人生产出来的服装的需求价格弹性非常高。此外，雇主很容易就可以找到能够替代这些劳动力的其他投入要素——比如说，位于南部地区或者国外的工资较低的非工会工人。上述这些事实使得我们可以推断出这样一个结果，即加入工会的纽约制衣工人的劳动力需求有着很高的工资弹性。而从历史上看，这一行业中的工会提出的工资要求确实也是比较适度的。此外，工会还会通过积极支持限制外国竞争的政策来降低自己的工

---

① 一项更近的研究针对第二次世界大战之后美国女性的工资率和雇佣量所做的分析估计，雇主对她们的总体劳动力需求弹性十分相似——位于－1.5～－1.0 的范围之内；参见 Daron Acemoglu，David H. Autor，and David Lyle，"Women，War and Wages：The Effect of Female Labor Supply on the Wage Structure at Midcentury，" Journal of Political Economy 112（June 2004）：497－551。另一项分析估计的德国制造业熟练和非熟练劳动力需求自身工资弹性似乎更低——位于－1.3～－0.6 的范围之内。参见 John T. Addison，Lutz Bellmann，Thorsten Schank，and Paulino Teixeira，"The Demand for Labor：An Analysis Using Matched Employer-Employee Data from the German LIAB. Will the High Unskilled Worker Own-Wage Elasticity Please Stand Up?" Journal of Labor Research，29（June 2008）：114－137。最近一项关于美国跨行业和城市的劳动力需求弹性研究估计出来的劳动力需求弹性范围为－1～－0.3；参见 Paul Beaudry，David A. Green，and Benjamin Sand，"In search of Labor Demand，" working paper no. 20568，National Bureau of Economic Research（Cambridge，MA，October 2014）。

会会员生产出来的那些产品的需求弹性。同时，为了阻止雇主们将工厂搬迁到南方，工会还会积极推动联邦政府制定更高水平的最低工资标准。(关于富有弹性的产品需求是如何限制工会工资增加的例子，参见例 4.1)。

接下来，我们考察一下成立了工会的美国民航飞行员的劳动力需求工资弹性。在一家大型航空公司的运营中，飞行员的工资在总成本中所占的比重是很小的，与燃料成本和资本成本相比，简直是小巫见大巫。此外，对飞行员进行替代的可能性也很小，很难用非技术劳动力来替代技术劳动力（尽管航空公司可以通过减少航班数量，同时扩大单架飞机的载客量的方式来用资本替代劳动力）。此外，在 1978 年美国政府解除对航空业的管制之前，许多航空公司在其经营的航线上都没有竞争对手。同时，即便是在相同的航线上运营，政府也禁止各航空公司利用降价的方法来与同行竞争。这些因素都表明，民航飞行员的劳动力需求工资弹性非常小（缺乏弹性）。所以，正如我们可以预料到的，飞行员的工资水平被抬得很高，因为飞行员工会在推动飞行员的工资大幅度上升时，无须担心工资的上升会使得飞行员的雇佣水平大大降低。但是，在政府对航空业的管制取消之后，各航空公司之间的竞争日益激烈，这就导致航空公司对飞行员的劳动力需求更加富有弹性。于是，许多航空公司“要求”并且确实成功地削减了飞行员的工资。

例 4.1☞

为什么货运业中的两个部门的工会会员工资会如此不同？

货运业中的“普通货物”运输部门运送的是无须使用专门设施或无须进行专门处理就能够装运的那些货物，这一行业分为两个不同的部门。一种是批量货运业，即把货物装满卡车之后，直接将其从一个地方装运到某一个目的地；另外一种是零担货运业，由于每一批货物都不足以装满一辆卡车，因此，在每辆卡车上都要装载多组不同的货物，从而会牵涉到多次接货和运货的复杂协调工作。在普通货运业的上述两个不同部门中，各自产品的需求弹性差别很大，因此，在这两个部门中，代表卡车司机的工会在提高会员工资（在不导致就业出现令人难以接受的损失的前提下）的能力方面存在的差别也很大。

批量货运业所处的产品市场竞争十分激烈，这是因为任何企业或个人要想进入这一领域都十分容易——你只要有一辆卡车、一本专门的驾照以及一部电话（与货运经纪人保持联系，因为他们负责将需要交运的货物和卡车司机进行适当的组合），就可以开业了。因为在这一行业中有许多相互竞争的企业，因此，如果运输价格上升，企业所面临的竞争就会变得更加激烈，于是，每一家企业都面临相对富有弹性的产品需求曲线。

而专门从事零担货运的企业则必须拥有能够在各个城市之间以及城市内部进行货运协调的复杂系统，因此，它们就必须达到足够大的规模，才能够支撑储存货物以及从一条线路向另外一条线路转运货物的众多货运集散站。由于这一行业很不容易进入，因而具有部分垄断性。1980—1995 年，批量货运企业的数量达到了原来的 3 倍，而同期进入零担货运业市场的新机构却只不过是原来就已经存在的那些全国性零担货运企业的地区性分支机构！由于在这两个不同的产品市场上存在的竞争差异如此之大，于是在 1987 年，4 家最大的零担货运企业所获得的收益占到零担货运业总收益的 37%，而 4 家最大的批量货运企业所获得的收益仅占到批量货运业总收益的 11%。

批量货运业面临更高程度的竞争这一事实意味着，在企业层面上，批量货运业中的企业面临的产品需求比零担货运业中的企业面临的产品需求更加富有弹性。因此，当其他条件相同时，我们可以预见到，批量货运业的劳动力需求曲线也会比零担货运业更加富有弹性。由于工会在与运输公司进行工资谈判时会担心潜在的就业损失，所以我们可以预见到，批量货运业中的工会会员的工资会比零担货运业中的工会会员工资低。事实上，1991 年所做的一项调查揭示出，这两大部门工会会员的里程工资率（卡车司机的薪酬通常是按跑一英里多少美分这样的方式计算的）差异很大。

批量货运部门：

工会会员的平均工资率：28.4 美分/英里

工会会员与非工会会员的工资率之比：1.23

零担货运部门：

工会会员的平均工资率：35.8 美分/英里

工会会员与非工会会员的工资率之比：1.34

上述数据证实了这样一个理论假设，即当产品需求（因而劳动力需求）相对缺乏弹性时，工会提高其会员工资的能力更强。与竞争更为激烈的批量货运业相比，在竞争相对较少的零担货运业中工作的已经成为工会会员的卡车司机的工资，无论是在绝对水平上，还是在相对于非工会会员卡车司机的工资水平上，都更高。

资料来源：Michael H. Belzer, "Collective Bargaining after Deregulation: Do the Teamsters Still Count?" Industrial and Labor Relations Review 48 (July 1995): 636 - 655; and Michael H. Belzer, Paying the Toll: Economic Deregulation of the Trucking Industry (Washington, D. C.: Economic Policy Institute, 1994).

劳动力需求的交叉工资弹性

由于企业往往使用几种不同类型的劳动力和资本，而对其中任何一种劳动力或资本的需求都可能会受到其他种类的劳动力或资本的价格变化的影响。例如，如果木匠的工资水平上升了，那么，一方面，会有更多的人建造砖瓦结构的房屋，从而导致对泥瓦匠的需求上升；另一方面，木匠工资的上升还有可能导致整个经济中的房屋建设规模萎缩，而这又会导致市场对管道工的需求下降。最后，资本价格的变化可能会导致市场对三种不同类型工人的需求出现上升或者下降。

我们可以用一种投入要素相对于另一种投入要素的价格变化产生的需求弹性来表示上述效应的作用方向及其大小。投入要素 j 相对于投入要素 k 的价格变动的需求弹性被定义为投入要素 k 的价格变化 1%导致的投入要素 j 的需求量变化的百分比。如果这两种投入要素都是劳动力，那么，这种需求的交叉工资弹性就可以通过下式计算出来，即：

$$\eta_{jk}=\frac{\%\Delta E_j}{\%\Delta W_k} \tag{4.2}$$

和

$$\eta_{kj}=\frac{\%\Delta E_k}{\%\Delta W_j}$$

式中，希腊字母 η 代表弹性。如果交叉工资弹性值为正（一种投入要素的价格上升会导致另外一种投入要素的需求量上升），则我们说这两种投入要素之间是总替代关系。如果两者的交叉工资弹性值为负（一种投入要素的价格上升会导致另外一种投入要素的需求量下降），则我们说这两种投入要素之间是总互补关系（见图 3.3）。

需要强调的是，两种投入要素之间到底是总替代关系，还是总互补关系，取决于规模效应和替代效应的相对规模大小。为明确这一点，我们假设成人和青少年在生产过程中是相互替代的。那么，青少年工资水平的下降会对成人的就业产生负面的影响。一方面会存在替代效应，即在任何一个既定的产出水平上，雇主现在都存在一种在生产过程中用青少年来替代成人的动机，这样就会减少成人的雇佣量；另一方面还同时会存在规模效应，即青少年的工资水平下降可能会促使雇主增加各种投入要素的使用量，其中也包括成人的雇佣量。

如果最终结果表明规模效应小于替代效应，那么成人的雇佣量就会与青少年的工资水平变动走向一致，这两个劳动力群体之间就是总替代关系；如果规模效应大于替代效应，成人的雇佣量就会与青少年的工资水平变动呈现出相反的走向，这时这两个劳动力群体就是一种总互补关系。因此，如果仅仅知道两个劳动力群体在生产过程中是可以相互替代的，并不足以说明他们之间到底是总替代关系，还是总互补关系。①

由于经济理论并不能事先说明两种投入要素之间到底是总替代关系，还是总互补关系，因此，与需求的交叉工资弹性有关的主要政策问题就涉及符号的问题；也就是说，我们最希望知道的常常是某一交叉工资弹性值到底是正的，还是负的。在对实际的证据进行考察之前，我们先分析一下决定交叉工资弹性符号的因素。

① 正如我们在第 3 章中所述，如果两个劳动力群体在生产过程中是互补的，则一个劳动力群体工资的下降会导致另外一个劳动力群体的雇佣量上升。因此，在生产过程中互补的两个劳动力群体总是呈现出总互补关系。

□ 派生需求定理能够运用于交叉工资弹性吗?

希克斯-马歇尔派生需求定理是以决定自身工资弹性大小的四大技术或市场条件为基础的。这四个条件都会影响替代效应或规模效应，而正如我们在前面论述的，替代效应和规模效应的相对强度也是决定交叉工资弹性符号的因素。然而，我们却不能将运用于自身工资弹性的定理直接运用于交叉工资弹性，这是因为，在交叉工资弹性中，替代效应（如果存在的话）和规模效应的作用方向是相反的。但是相同的考虑也构成了对交叉工资弹性进行分析的基础。

当我们在交叉工资弹性的背景下讨论上述四个条件时，脑中有一个例子会比较好。所以，让我们回顾一下前面的例子，如果青少年的工资水平下降，那么对成人劳动者的需求会发生怎样的变化呢？如前所述，答案取决于规模效应和替代效应的相对强度大小。那么，决定这两种效应强度的因素是什么呢？

规模效应 青少年工资水平下降的最直接效应就是会使雇用青少年进行生产的那些企业的生产成本下降。产品市场上的竞争会促使企业在成本降低之后接着降低产品价格，而产品价格的下降又会刺激产品需求和产出水平的同时上升。产出水平的上升势必导致对各种劳动者（其中也包括成人）的雇佣量增加。这一连串的事件很明显地描述了隐藏在规模效应背后的各种行为，现在让我们考察一下哪些条件可能会导致较强（或较弱）的规模效应出现。

对那些用于雇用青少年的工资成本在总成本中所占比重较高的雇主来说，初始成本（以及价格）的下降幅度会更大。在其他条件相同的情况下，产品价格的下降幅度越大，产品需求及总雇佣量的上升幅度也就越大。因此，价格发生变化的这种生产要素在总成本中所占的比重会影响到规模效应的大小。在其他条件相同的情况下，上述比重越大，规模效应就越大（于是，总互补关系存在的可能性也就越大）。这一趋势类似于前面讨论过的希克斯-马歇尔派生需求定理中的第4个条件。不同之处在于，在交叉工资弹性中，价格发生变化的那种生产要素与被分析的雇佣量所对应的那种生产要素不是同一种要素。

对规模效应的大小影响较大的另外一个条件是产品需求弹性。在上述关于青少年的工资水平下降的例子中，因产品价格下降而导致的产品需求上升幅度越大，则雇主雇用的各种劳动力（其中也包括成人）的数量增加幅度也就越大。更为一般性地说，当其他条件不变时，产品的需求价格弹性越大，规模效应也就越大（从而出现总互补关系的可能性也就越大）。因此，产品需求弹性产生的效应对自身工资弹性和交叉工资弹性来说是类似的。

替代效应 在青少年的工资水平下降之后，企业还会产生这样一种动机，即通过改变它们的生产技术来更多地使用青少年劳动力进行生产。至于更多地使用青少年劳动力究竟会导致成人雇佣量的上升还是下降，则部分地取决于这样一个技术问题，即青少年与成人在生产过程中究竟是互补的，还是相互替代的？如果他们在生产过程中是互补关系，那么生产技术的变化对成人产生的影响将会是强化规模效应，从而毫无疑问会增加成人的雇佣量（当然，这意味着青少年与成人之间是一种总互补关系）。但是，如果他们在生产过程中是相互替代的，那么生产技术的变化就会提高企业雇用的青少年和成人的比率，因而问题最后就转变为，相对于规模效应而言，这种替代效应是更大，还是更小。

影响替代效应大小的一个技术条件是从我们前面讨论过的希克斯-马歇尔派生需求定理的第2个条件中直接衍生出来的：当价格发生变化的某一类劳动力很容易替代其他生产要素时，替代效应会更大。当我们分析青少年的工资水平下降对成人的就业所产生的影响时，很显然的一个问题是：用青少年劳动力来替代成人劳动力越容易，则替代效应（从而这两类劳动力之间呈现总替代关系的可能性）就越大。

还有一个条件也会对与青少年工资水平下降有关的替代效应产生影响，这就是成人的劳动力供给曲线。如果成人的劳动力供给曲线向上倾斜，并且十分陡峭，则当雇主用青少年劳动力来替代成人劳动力时，成人的工资水平就会下降，同时成人的劳动力需求曲线左移。成人的工资水平出现的这种下降将会淡化替代效应，因为成人劳动力现在变得更加便宜了。相反，如果成人的劳动力供给曲线相对平缓，因而成人的工资水平受成人劳动力需求减少的影响不会很大，则替代效应就不会被削弱。正如在自身工资弹性中的情况一样，在交叉工资弹性问题上，当其他条件相同时，替代性投入要素的供给弹性越大，替代效应就会越大。[①]

□ 与交叉工资弹性有关的估计

对评价公共政策而言，估计出劳动力需求的交叉工资弹性的符号是非常有用的。例如，如果我们准备降低青少年的最低工资，那么这将会对成人劳动力的需求产生怎样的影响呢？如果政府准备对资本进行补贴，那么这种政策将会对劳动力需求产生何种影响？或者，我们拿一个近年来争论非常激烈的话题来讨论（我们将在第10章中详细论述这个问题）：当移民劳动力变得越来越便宜并且更容易获得时，这种情况将会对各种技能等级的本国劳动力的需求产生哪些可能的影响呢？当然，这些问题实际上都是在问一个问题，即在上述每一句话中的每两种投入要素之间到底是存在总互补关系还是总替代关系？

虽然从制定政策的角度来说，真正令人感兴趣的问题是两种投入要素之间是总互补关系，还是总替代关系，但是要对这种关系做出可信的估计还是挑战性很大的（这是因为很难估计出规模效应）。因此，大多数关于交叉工资弹性的实证研究关注的都是两种投入要素在生产过程中是互补关系，还是替代关系。这些研究在假定产出水平不变（这样就可以使我们只考虑生产过程中的要素组合发生的变化）的情况

① 在我们前面所分析的例子中，青少年的工资总额在总成本中所占的比重会影响到替代效应和规模效应。比如，如果青少年的劳动力成本在总成本中所占的比重非常大，那么，青少年劳动力对成人劳动力的进一步替代就会非常有限（考虑一下青少年的工资总额就是百分之百的生产成本时的情况，我们就可以很容易地看出这一点）。因此，尽管青少年的劳动力成本在总成本中所占的比重越大，规模效应的相对强度就越大，但是，它也反映了另外一种情况：与其他情况相比，它会使得用青少年劳动力对成人劳动力进行替代的可能性更小。

下来估计在其他种类投入要素的工资或价格发生变化时，某种投入要素的使用量所发生的变化。在这些研究中，被分析的那些配对的生产要素有许多种，但是得到的研究结果却并不总是很明确。总体来说，这些研究至少可以概括出以下五条结论①：

（1）劳动力和能源在生产过程中显然是相互替代的，尽管它们之间的替代性并不是很强。劳动力和原材料在生产过程中也可能是相互替代的，但是它们之间的替代性也不是很强。

（2）技术劳动力和非技术劳动力在生产过程中是相互替代的。②

（3）对技术劳动力或非技术劳动力在生产过程中与资本之间到底是相互替代的，还是互补的，我们并没有明确的答案。不过比较明显的一点似乎是，与非技术劳动力相比，技术劳动力（或受教育程度较高的劳动者）与资本之间更有可能是互补的。同时，如果这两类劳动力与资本之间都是相互替代的，那么资本对技术劳动力的替代性较低。③

（4）第3条中的结论说明，与非技术劳动力相比，技术劳动力与资本之间更有可能是一种总互补关系。对我们理解技术劳动力与非技术劳动力的工资性报酬在最近出现的一些变化趋势（参见第15章）来说，这一发现十分重要，这是因为，在过去的一二十年间，计算机和其他高科技产品的价格已经大幅度下降了。

（5）第3条的结论还意味着，如果技术劳动力和非技术劳动力的工资上升幅度相同，那么，在与替代效应相联系的就业损失（因为雇主会用资本替代劳动力）方面，非技术劳动力遭受的损失会更大。因此，我们会看到，当其他条件相同时，与技术劳动力相比，非技术劳动力需求的自身工资弹性更大。

政策应用：最低工资立法所产生的影响

□ 历史与描述

1938年颁布的《公平劳工标准法》(Fair Labor Standards Act）是美国在国家层次上颁布的第一部重要的保护性劳工立法。这部法律的一些条款规定了最低工资率，

① Hamermesh, Labor Demand, 105－127.

② James D. Adams, "The Structure of Firm R&D, the Factor Intensity of Production, and Skill Bias," Review of Economics and Statistics 81 (August 1999): 499－510; and Antonio Ciccone and Giovanni Peri, "Long-Run Substitutability between More and Less Educated Workers: Evidence from U. S. States, 1950－1990," Review of Economics and Statistic 87 (November 2005): 652－663.

③ Claudia Goldin and Lawrence Katz, "The Origins of Technology-Skill Complementarity," Quarterly Journal of Economics 113 (May 1998): 693-732; and Anders Akerman, Inguil Gaarder, and Magne Mogstad, "The Skill Complementarity of Broadband Internet," Quarterly Journal of Economics 130 (November 2015): 1781－1824.

即一旦工资率开始低于这一工资水平，就不能再进一步降低了。同时还规定了每周工作小时数较多的劳动者应当享受加班工资。此外，该法律还禁止雇主使用童工。在一开始实行最低工资的时候，最低工资标准被确定为每小时 0.25 美元，在领取工资和薪金的非管理层员工中，有 43%的人——这些人主要受雇于从事州际贸易（制造业、采掘业和建筑业）的一些大型企业——都受到这一法律的覆盖。后来，随着时间的推移，最低工资水平本身提高了，它的覆盖范围也扩大了。2009 年（并且一直持续到 2016 年），最低工资被确定在每小时 7.25 美元的水平上，并且几乎 90%的非管理层劳动者都受到这一法律的保护。

需要强调的很重要的一点是，最低工资率是根据名义工资水平制定的，而不是相对于其他工资或者价格指数制定的。如图 4.3 所示，名义工资水平通常都是每过几年才会涨一次。截至 20 世纪 80 年代早期，美国新通过的法定最低工资水平通常大约相当于生产类及非管理类员工平均小时工资的 45%。在前后两次修订法定最低工资之间的这些年中，由于制造业的生产率提高以及通货膨胀会导致制造业的工资水平上涨，所以在每一次提高法定最低工资水平之前，最低工资与制造业平均工资相比实际上已经落后了至少 10 个百分点。在 2000 年以后，甚至刚刚修订过的法定最低工资水平也不到生产类及非管理类员工平均工资水平的 40%。

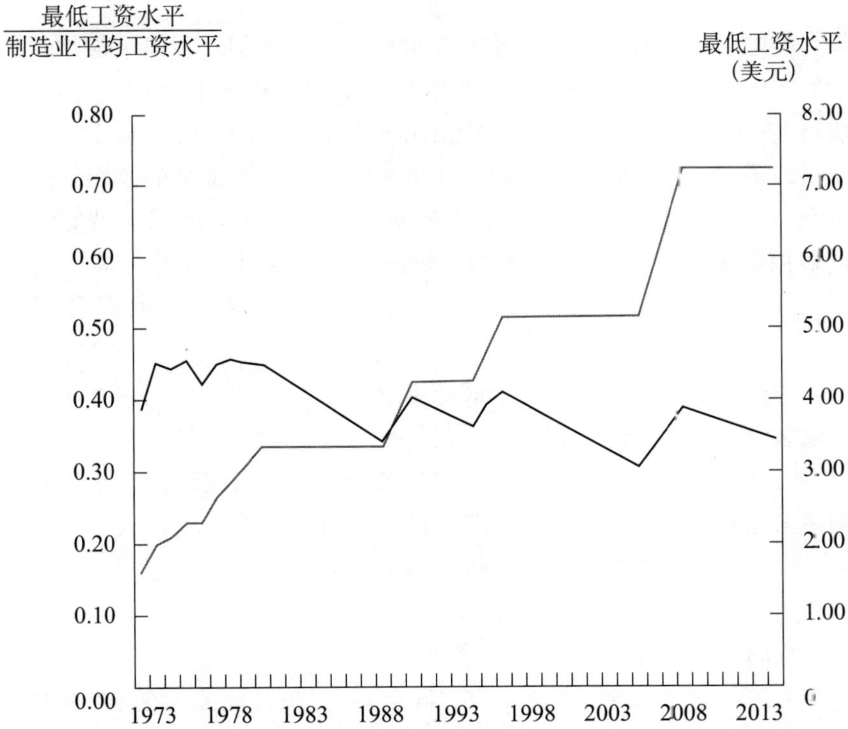

图 4.3　美国联邦政府最低工资与制造业生产类及非管理类员工平均工资之比，1973—2015 年

□ 最低工资对就业的影响：理论分析

自最低工资立法颁布以来，人们心中一直存在的一种担心就是它会不会导致就业量减少，尤其是否会对受最低工资立法保护的这些劳动者的就业产生不利影响。在面临向右下方倾斜的劳动力需求曲线的情况下，一项强迫企业提高所有低工资工人的工资水平的政策很可能会导致低技能工人或缺乏工作经验的工人的就业机会减少。此外，如果低工资工人的就业下降百分比大于他们的工资上涨百分比——如果低工资工人的劳动力需求曲线是富有弹性的，那么低工资工人获得的工资性报酬总量将会由于最低工资水平的上升而下降。

在评价有关最低工资对就业的影响这方面的研究成果时，我们必须牢记——一项好的研究必须得到良好的理论指导。理论为我们提供了一幅对现实世界进行探索的路径图，它指出了有关最低工资的任何研究都必须涉及的几个方面的问题。

名义工资与实际工资　如上所述，美国的最低工资水平是以名义工资的方式确定的，并且由国会不定期进行调整。其结果是，在国会两次对最低工资水平进行调整的这段间隔期中，总体价格水平的上升会逐渐降低实际的最低工资水平。因而，表面上似乎固定不变的最低工资在这一期间对就业的影响实际上是会发生变化的。

另外，美国联邦政府规定的最低工资水平统一适用于一个以区域性价格水平差异为特征的大国。在考虑到地区之间的价格水平或工资水平差别之后，我们发现，阿拉斯加州（这一地区的工资水平和价格水平都很高）的实际最低工资水平要低于密西西比州。了解了在不同地区之间存在着实际最低工资水平的差别之后，我们就可以预见到，在全国范围内普遍适用的最低工资立法对生活成本最低的地区的就业产生的负面影响是最大的。（研究人员还必须考虑这样一个事实，即许多州都有自己的最低工资立法，有些州的最低工资标准要高于联邦政府规定的最低工资标准。）

假定其他条件不变　在预测由于最低工资水平提高而导致的就业损失时，都是以假定其他条件保持不变作为前提的。尤其是当我们预测最低工资水平提高对就业产生的影响时，通常都是通过沿着一条固定的劳动力需求曲线向左上方移动所发生的变化来做出判断的。然而，如果在新的最低工资水平生效的同时，劳动力需求曲线也发生了位移，那么，劳动力需求曲线的位移对就业产生的影响就会与新的最低工资标准产生的就业效应混合在一起。

例如，我们可以来看一下图 4.4。为了简便起见，我们在图中略去了劳动力供给曲线，主要关注劳动力市场上的需求方。假定 D_0 是低技能工人在第 0 年所面临的劳动力需求曲线，在这一年的实际工资水平是 W_0/P_0，就业水平为 E_0。我们再进一步假定，在最低工资水平不发生任何变化的条件下，货币工资水平与价格水平在第 2 年会以同样的百分比增长，因而第 1 年的实际工资水平（W_1/P_1）与第 0 年完全相同。

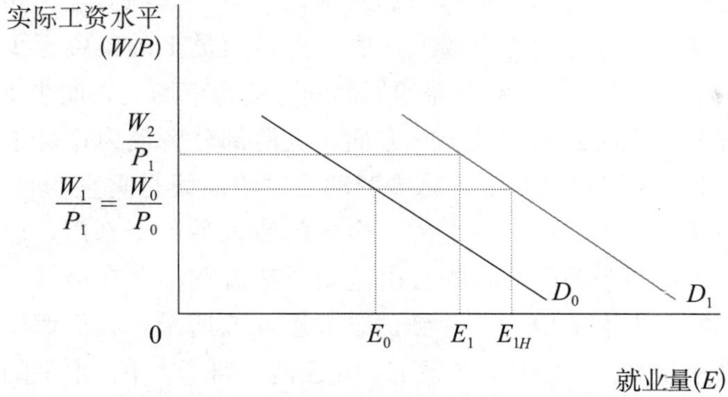

图 4.4　最低工资的影响：需求的增加弱化了就业的损失

现在我们假定在第 1 年中有两件事情发生了变化。第一，最低工资水平提高到了 W_2，且 $W_2>W_1$，结果导致实际工资水平增长到了 W_2/P_1；第二，由于经济扩张，对低技能工人的劳动力需求移动到了 D_1。这两方面的因素共同导致就业量从 E_0 上升到了 E_1。

通过对图 4.4 中两个时点上的就业水平变化进行观察和比较，一些调查人员得出了这样的结论，即最低工资水平上升并没有对就业产生负面影响。然而，如果劳动力需求曲线发生了如图 4.4 中所示的那种平移，这种通过对事前和事后情况进行简单比较就得出结论的做法就不正确了。相反，我们会问这样一个问题："与最低工资水平没有上升时的可能就业水平相比，第 1 年的实际就业水平究竟是更高还是更低?" 由于劳动力需求在两个时期之间出现了上升，这一假设的就业水平本来应当是 E_{1H}，而很显然，E_{1H}是大于第 1 年中的实际就业水平 E_1 的。因此，$E_{1H}-E_1$ 就代表了由于最低工资水平提高而造成的就业损失。因此，在一个扩张性的经济中，每一次最低工资水平提高产生的预期影响都是降低就业增长率。在衡量最低工资变化对就业产生的影响时，一个主要的困难就是控制住除工资以外的所有其他会对劳动力需求产生影响的因素。

对未被覆盖部门的影响　与许多其他的联邦政府法规一样，美国联邦政府的最低工资立法也存在着一些未被覆盖的部门。尽管最低工资立法的覆盖面在过去的这些年中是在不断扩大的，但目前仍然有一些非管理层员工未被包括进来（主要是那些在零售业和服务业的小企业中工作的员工）。此外，由于雇主的数量数以百万计，政府的监管力量又十分有限，因此不遵守法律的现象可能会非常普遍，这就造成了另外一种未覆盖到的情况。[①] 未被覆盖部门的存在会显著影响最低工资水平提高对低工资工人的总体就业量所产生的影响。

---

① Orley Ashenfelter and Robert Smith, "Compliance with the Minimum Wage Law," Journal of Political Economy 87 (April 1979): 335 - 350. 关于服装承包商违反最低工资法律规定的一项最近研究，参见 David Weil, "Public Enforcement/Private Monitoring: Evaluating a New Approach to Regulating the Minimum Wage," Industrial and Labor Relations Review 58 (January 2005): 238 - 257。

我们现在考察一下如图 4.5 所示的非技术低工资工人的劳动力市场。这一市场分为两个部分，在一部分劳动力市场上，雇主支付给员工的工资至少必须等于最低工资水平 W_1；而在未被最低工资覆盖的那部分劳动力市场上，雇主支付的工资却可以随着市场条件的变化而自由波动。一方面，这两部分劳动力市场上的总体劳动力供给固定在 E_T 水平上（也就是说，总体劳动力供给曲线是垂直的）；另一方面，劳动者可以自由地从这个劳动力市场上的一个部门流入另一个部门，以便寻求更好的工作机会。劳动力在两个部门之间的自由流动意味着在不存在最低工资立法的情况下，这两个部门的工资水平应当是一致的。如图 4.5 所示，我们假定，最低工资立法之前的工资水平是 W_0；总就业水平 E_T 分成两个部分：E_0^C 水平的就业量发生在被覆盖部门，E_0^U 水平的就业量发生在未被覆盖部门。

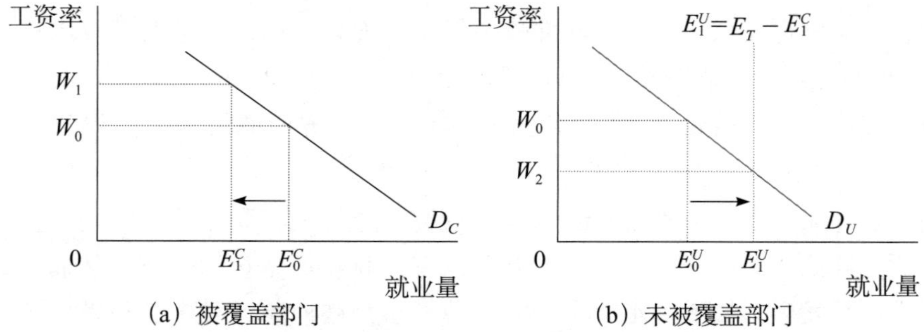

图 4.5　最低工资的影响：不完全覆盖引起就业的转移

如果最低工资 W_1 被强加给被覆盖部门，那么所有的非技术工人将都愿意在这个部门工作。但是，由于该部门的工资水平从 W_0 上升到 W_1 导致了劳动力需求的下降，这就使被覆盖部门的雇佣量从 E_0^C 下降到 E_1^C。于是，以前在被覆盖部门已经找到工作或者可能找到工作的部分劳动者，现在就必须到未被覆盖部门去寻找工作了。这样，在以前就在未被覆盖部门工作的 E_0^U 名劳动者的基础上，现在又新增加了 $E_0^C-E_1^C$ 名劳动者到该部门求职。这样，所有那些运气不佳，在 W_1 这一工资率下无法在被覆盖部门找到工作的非技术工人，现在都必须到未被覆盖部门求职了。① 于是，这一部门的（垂直）劳动力供给曲线就变成了 E_1^U $[=E_0^U+(E_0^C-E_1^C)=E_T-E_1^C]$，劳动力供给的上升会推动该部门的工资率水平从 W_0 下降到 W_2。

未被覆盖部门的存在意味着，随着最低工资水平的上升，非技术工人的就业将会出现重新分配，而不是减少。从上述例子中可以看出，在实施最低工资立法之后，所有的 E_T 名劳动者仍然都能够实现就业。因此，尽管局部覆盖的最低工资立法并没有减少就业总量，但是它却起到了将部分低技能劳动者从被覆盖部门转移到未被覆盖部门，进而导致未被覆盖部门的工资水平下降的作用。

---

① 在有些情况下，对这些失业的工人来说，保持一段时间的失业状态，从而等待在被覆盖部门重新找到工作可能是一种理性的选择。我们将在第 13 章中探讨出现这种“等待性失业”的可能性——关于这一问题在 Jacob Mincer，“Unemployment Effects of Minimum Wage Changes，” Journal of Political Economy 84（August 1976）：S87－S104 中论述过。在这里我们只简单提及，如果这种情况发生，就会导致失业出现。

当然，就业量从被覆盖部门向未被覆盖部门转移的规模大小，取决于未被覆盖部门自身的规模大小；未被覆盖部门的规模越小，则来自被覆盖部门的失业者重新实现就业的机会越小。但是，无论未被覆盖部门的规模大小如何，它的存在本身就会导致总体就业损失小于被覆盖部门遭受的就业损失。

部门之间产品需求的转移 工资率变化对就业产生的影响是规模效应和替代效应共同作用的结果。替代效应是从企业选择的生产方式变化中衍生出来的，而规模效应则源于消费者根据产品价格变化做出的消费行为调整。我们现在回忆一下，在最低工资水平出现一定幅度上升的情况下，低工资劳动力成本在总成本中所占份额越大的企业面临的成本上升幅度也越大。因此，对被覆盖部门中的不同企业而言，同样幅度的最低工资水平上涨对它们的产品价格产生的影响会有很大的不同。此外，如果处于各子部门中的这些企业之间还在相互争夺消费者，那么很可能出现的一种情况就是，最低工资上升的规模效应将会增加处于被覆盖部门中的有些企业的雇佣量。

举个例子来说，假定在便利店中销售的商品在大型超市中也有销售，并且在这两类不同的商店中，最低工资立法使雇主支付给低技能劳动力的最低工资水平都上升了。如果与大型超市相比，便利店中的低技能劳动力成本在总成本中所占的比重更大，那么，在其他条件相同的情况下，最低工资立法将会导致便利店的成本相比于大型超市的成本上升的百分比更大。当便利店中销售的商品的价格比大型超市中同类商品的价格出现更大幅度上升的时候，消费者就会将他们原来在便利店中购买的部分商品转移到大型超市去购买。因此，最低工资水平的上升对大型超市的雇佣量最终产生的影响就是模糊的。一方面，大型超市雇用的非技术劳动力的成本上升会同时产生导致雇佣量下降的规模效应和替代效应；另一方面，由于大型超市攫取了一部分原来属于便利店的生意，因而又会产生引发自身劳动力需求上升的规模效应。

□ 最低工资对就业的影响：经验估计

尽管美国在最初实施最低工资立法时产生的就业效应已经被观察到了（参见例4.2），但是最近的最低工资水平提高产生的就业效应却并不是很明显——必须运用一些比较复杂的统计技术才能推导出。受最低工资的就业效应影响最为明显的人口群体按道理说应该是青少年——这是一个众所周知的低工资人群，但是，关于最低工资水平上升对青少年的就业到底产生了怎样的影响，各项研究之间却并未达成一致性的结论。

例 4.2☞

美国联邦政府第一部最低工资立法对就业的影响

当美国联邦政府的第一部最低工资立法于 1938 年 10 月 24 日首次付诸实施时，

人们认为它会对南方的经济产生巨大的影响，因为南方地区的工资水平比美国其他地区低得多。针对南方最大的制造业之一——机器针织业所做的一项研究也确实证实了这种预测。

非常明显的一点是，新的最低工资规定适用于机器针织业。但是，截至 1940 年，还有近三分之一的劳动者的工资低于最低工资立法规定的每小时 2.5 美分的标准（后来新的标准又定为每小时 32.5 美分）。针对 87 家公司进行的一项纵向研究表明，一直处于上升态势的就业出现了逆转，开始下降了，尽管这一时期的总体产品需求以及生产水平是在不断上升的。南方工厂的雇佣量下降了 5.5%，而在同期，北方工厂的雇佣量却上升了 4.9%。更引人关注的是，在那些原来支付的工资水平比新的最低法定工资要低的工厂中，雇佣量下降了 17%，而在那些过去支付的工资水平本来就比较高的工厂中，雇佣量却基本上没有发生变化。

在最低工资立法通过之前，在这些工厂中就存在从使用手工传送针织机向使用转换传送针织机转变的缓慢过程（转换传送针织机上有一些附属的设施，能够使某些特定类型的工作实现自动化）。而最低工资立法似乎加速了这一进程。在最低工资立法开始实施的最初两年里，手工传送针织机的使用量下降了 23%，而转换传送针织机的使用量则上涨了 69%，完全自动化生产设备的使用量也增长了 10%。此外，这些工厂使用机器设备的密集程度也比过去大大提高。另外，许多工厂还增加了夜班，而上夜班的劳动者却并未因为自己上了这种不愿意上的夜班而拿到额外的工资。而且，在最低工资立法实施之后的两年时间里，机器针织品的进口上升了大约 27%。

资料来源：Andrew J. Seltzer，“The Effects of the Fair Labor Standards Act of 1938 on the Southern Seamless Hosiery and Lumber Industries，” Journal of Economic History 57（June 1997）：396 - 415.

例如，很多研究者针对最低工资立法对快餐业就业产生的影响进行了多次考察和重复性研究，但是，20 世纪 90 年代早期的法定最低工资水平的提高到底对就业是否产生了影响，这些研究却并未达成一致性的结论。[①] 不过，一项研究针对美国早期发表的关于最低工资对青少年的总体就业状况产生的影响的研究成果进行了回顾和更新，结果发现，最低工资水平的上升对青少年的就业产生了负面影响。该研究还分析了最低工资水平上升导致青少年的平均工资上升的幅度，其结论是：青少年劳

① 参见 David Neumark and William Wascher，“Minimum Wages and Employment：A Case Study of the Fast-Food Industry in New Jersey and Pennsylvania：Comment，” and David Card and Alan B. Krueger，“Minimum Wages and Employment：A Case Study of the Fast-Food Industry in New Jersey and Pennsylvania：Reply，” both in American Economic Review 90（December 2000）：1362 - 1420。关于这方面的一项最新研究，参见 Arindrajit Dube，T. William Lester，and Michael Reich，“Minimum Wage Effects Across State Borders：Estimates Using Contiguous Counties，” Review of Economics and Statistics 92（November 2010）：945 - 96。在这几篇文章中都包括了关于早期研究成果的一些介绍以及对这一主题的综述。

动力的需求弹性介于－1.9和－0.4之间。①

最近的一项研究则考察了最低工资水平上升是如何对所有低工资劳动者（而不仅仅是青少年劳动者）的就业产生影响的。研究结果表明，这些劳动力需求的自身工资弹性是相当小的。这项研究专门考察了在最低工资水平上升之前就处在最低工资水平线以上或与之接近的那些劳动者的就业状况，然后在时隔一年之后再去考察他们的就业状况。从就业可能性下降这一估计结果来看，针对这些劳动者的劳动力需求的自身工资弹性大约为－0.15。② 最近的一项研究发现，在最低工资上调两年之后，与最低工资上调有关的就业量减少幅度大约是最低工资刚刚上调后的两倍，这主要是因为在扩张性企业中，岗位增加的数量出现了下降。③

一些研究估计，最低工资对就业并没有产生影响，尽管其中的一些研究确实也估计出了劳动力需求的自身工资弹性小于单位弹性（我们在表4.1中可以看到平均值），但是我们对于最低工资上升对低工资劳动者的就业到底会产生怎样的影响仍然感到非常不确定。我们将在第5章中详细论述这个问题，并且提供一个可能的原因来解释：与通过市场力量实现的工资水平上升相比，强制性的工资水平上涨对劳动力需求产生的影响为什么更小，同时也更加不确定。

□ 最低工资能够起到反贫困的作用吗?

最低工资除了可能会对低工资劳动者的就业机会产生负面影响之外，还有其他两个方面的原因表明，最低工资对减少贫困来说可能是一种相对无效的手段。首先，许多生活在贫困中的人不会受最低工资的影响，这要么是因为他们根本就没有就业，要么是因为他们的工资水平尽管很低，却在最低工资水平之上。例如，一项研究对1990—1991年间的最低工资提高情况进行了考察，这项研究根据家庭收入状况将所有的家庭划分为10个规模相同的小组（十分位数）。在收入最低的那个十分位上包括的家庭中，有80%的成年人是位于贫困线之下的（在考虑到他们的家庭规模的情

① Neumark, Salas, and Wascher, "Revising the Minimum Wage-Employment Debate: Throwing Out the Baby with the Bathwater?" 而且他们引用的一些研究表明，一般来说，青少年相对于最低工资水平变化的就业弹性为－0.6～－0.2。用这一弹性除以估计出来的青少年平均工资对最低工资变化的弹性（即青少年的平均工资变动百分比除以最低工资的变动百分比，其结果介于0.32和0.48之间），就可以得到对青少年劳动力需求的弹性估计。一项最近的研究表明，最低工资对青少年的就业所产生的大多数影响都可以从临时性岗位或新雇用员工身上观察到，参见 Jeffrey P. Thompson, "Using Local Labor Market Data to Re-Examine the Employment Effects of the Minimum Wage," Industrial and Labor Relations Review 62 (April 2009): 343－366。

② David Neumark, Mark Schweitzer, and William Wascher, "The Effects of Minimum Wages Throughout the Wage Distribution," Journal of Human Resources 39 (Spring 2004): 425－450. 这项研究发现，对那些位于最低工资水平以上的人而言，最低工资水平的变化所产生的就业弹性为－0.12，而他们的工资水平对最低工资水平变化的弹性是0.8，用－0.12除以0.8就可以得到估计出来的需求弹性，即－0.15。关于就业对最低工资变化所做出的更富有弹性的反应，参见 Joseph J. Sabia, Richard V. Burkhauser and Benjamin Hansen, "Are the Effects of Minimum Wage Increases Always Small? New Evidence from a Case Study of New York State," Industrial and Labor Relations Review 65 (April 2012): 350－376。

③ Jonathan Meer and Jeremy West, "Effects of the Minimum Wage on Employment Dynamics," Journal of Human Resources 51 (Spring 2016): 500－522.

况下），然而他们中只有四分之一的人是工作着的；而在那些工作着的人当中，又只有不到三分之一的人获得的工资收入是低于新的最低工资标准的！① 因此，即使没有损失任何就业机会，在收入最低的那个十分位上包括的家庭中，也只有不到 10%的人能从 1990—1991 年的最低工资水平上升中获益。

其次，在受最低工资影响最大的人中，有许多是青少年，他们可能并未生活在贫困家庭中。上面引用的研究发现，在由最低工资水平上升而引发的工资性报酬增长中，估计只有 19%进入了那些收入低于贫困线水平的家庭——与此同时，50%以上的工资性报酬增长进入了那些收入至少超过贫困线两倍的家庭之中。

尽管将最低工资立法作为一种消除贫困的手段存在上述局限性，但在 2016 年总统竞选活动中以及在许多州和地方政府进行的讨论中，都曾经提及应将联邦政府最低工资水平从每小时 7.15 美元提高到每小时 15 美元。我们仍然可以用第 5 章中的理论来帮助我们分析最低工资如此大幅度上涨可能产生的潜在影响，这里提供两条评论。首先，关于最低工资水平上调所产生的就业效应，研究者们已经在最低工资上涨（2～3 年以上）从未超过 40%的背景下研究过了。最低工资翻倍的情况远远超出了我们过去的观察范围，因此我们根本无法判断最低工资上调产生的就业效应在未来是否仍然具有预测价值。其次，将最低工资翻倍将会使除青少年和工资很低人群之外的其他受到影响的工人数量上升，如果最低工资对就业产生的影响不是很大，这种更高的最低工资水平就会比更低的最低工资能够更有效地减少贫困人口的数量。

□“生存工资”立法

可能是由于美国联邦政府规定的最低工资水平相对较低，并且还不经常变动，所以在美国大约有 100 个城市、乡村和社区已经批准了“生存工资”法律。这些法律只运用于管辖范围内的一部分雇主，强制要求这些雇主提供比美国联邦政府和州政府规定的最低工资水平更高的最低工资。受这种规定影响的雇主主要是那些需要履行与地方政府签订的合同的企业以及从市或镇得到经济援助的雇主。生存工资水平通常与联邦政府制定的贫困指导线相关：2016 年，针对在美国内陆生活的一个三口之家的贫困指导线为 20 160 美元；针对四口之家的贫困指导线为 24 300 美元（要达到这条贫困指导线，就必须每小时挣到 10～12 美元的工资）。所以在 2016 年，生存工资法律规定的典型最低工资水平是每小时 10～15 美元。

然而，生存工资法律给那些低工资劳动者带来的潜在福利显然是非常有限的，这是因为它适用的雇主范围相当狭窄。当然，如果这些法律导致受到影响的雇主降低了自己的雇佣水平，或者将企业转移到没有制定这种生存工资法律的城市中，这

① Richard V. Burkhauser, Kenneth A. Couch, and David C. Wittenburg, "'Who Gets What' from Minimum Wage Hikes: A Re-Estimation of Card and Krueger's Distributional Analysis in Myth and Measurement: The New Economics of the Minimum Wage," Industrial and Labor Relations Review 49 (April 1996): 547 - 552. David Neumark, Mark Schweitzer, and William Wascher, "The Effects of Minimum Wages on the Distribution of Family Income: A Nonparametric Approach," Journal of Human Resources 40 (Fall 2005): 867 - 894.

种法律带来的好处还会进一步减少。

但是，要想估计出这种生存工资法律的颁布对就业的影响，不能简单地将这些城市和没有颁布生存工资法律的城市的就业变化情况加以比较，因为这两类城市的就业和工资发展趋势可能本来就根本不同。例如，在决定是否颁布生存工资法律的时候，那些就业机会快速扩张的城市和那些就业机会停滞甚至减少的城市很可能会做出不同的选择。由于这些法律相对来说还比较新，同时也因为大家在如何评价这些法律对就业的影响方面还没有找到一条公认的最佳途径，所以迄今为止，对于生存工资法律到底是如何影响就业的尚未达成一致性意见。[①]

劳动力需求弹性原理在技术变革问题上的应用

我们正生活在一个非凡的技术创新时代。在过去的50年里，每一美元的支出所能购买的计算能力每一年或每两年就会翻一番![②] 此外，将文本、声音、照片、视频以及来自仪器或传感器［如全球定位系统（Global Positioning System，GPS）］的数据实现数字化（转换为计算机语言中的1和0）的能力，已经彻底改变了消费和生产的可能性。[③] 综上所述，计算能力的扩展和数字化创造了做很多事情的全新方式，比如，购物、制订旅行计划、获取新闻、填写纳税申报单、阅读书籍、彼此交流、拍照、听音乐，以及在一个陌生的地方确定方向等。那些对这些惊人的创新持积极态度的人指出了这些创新对提高我们的生活水平发挥的作用，比如，相比于去商店购物，在网上通过比较来订购大量的商品、服务或音乐要容易得多，使用税务准备程序来浏览和填写纳税申报单通常成本也更低，我们可以与那些相距很远的人举行视频会议，而不需要亲自过去，并且，使用全球定位系统也比使用地图更容易。

而那些哀叹这些技术进步的人则指出了这些创新给许多劳动者带来了压力。我们已经看到了百货公司、书店和报社的关门或收缩。税务人员和旅行社不得不寻找新的出路，而那些以销售唱片为生的人其收入和就业机会都在下降。在判断技术变革对劳动者所产生的影响时，劳动力需求弹性背后的那些原理会有用吗？

---

① 在估计生存工资法律对就业的影响方面，一种可能得到认同的方法是，对以下两类城市的就业变化情况加以比较：一类是实施了生存工资法律的城市；另一类是尽管通过了这项法律，但是外界力量（州立法机关以及法庭的判决）却认为此项法律并不妥当，因而将其叫停的城市。这种方法可参见 Scott Adams and David Neumark，“The Effects of Living Wage Laws：Evidence from Failed and Derailed Living Wage Campaigns，” Journal of Urban Economics 58（September 2005）：177－202。估计一个城市的最低工资水平对就业的影响，参见 Arindrajit Dube，Suresh Naidu，and Michael Reich，“The Economic Effects of a Citywide Minimum Wage，” Industrial and Labor Relations Review 60（July 2007）：522－543。

② Erik Brynjolfsson and Andrew McAfee，The Second Machine Age：Work，Progress，and Prosperity in a Time of Brilliant Technologies（New York：W. W. Norton，2014）：41.

③ Brunjolfsson and McAffee，The Second Machine Age：63.

产品需求变动 在技术变革中，以下两个方面的因素会对劳动力需求产生影响。一个方面的因素是产品需求。产品需求曲线的移动会引起劳动力需求曲线朝着同一个方向移动，产品需求的价格弹性发生的变化会引起劳动力需求的自身工资弹性出现性质上类似的变化。作为老产品（打字机）替代者的新产品（比如个人电脑）的发明会导致老产品生产部门的劳动需求曲线左移，从而导致该部门出现就业量的损失。如果这些新发明造成了更大的产品替代可能性，新产品的引入还能够提高产品需求——从而劳动力需求——的弹性。而这会导致集体谈判工资提高之后，损失的工作岗位数量上升，从而削弱工会在老产品生产部门中攫取较大幅度工资增长的力量。因此，尽管新产品的发明有益于消费者，并且在新产品生产部门中提供了新的工作岗位，但是它也给原有的产业带来了某些令人痛苦的变化，这是因为劳动者、工会以及雇主都必须针对新的环境做出调整。

生产中的替代或互补？ 对劳动力需求产生影响的技术变革的另一个方面与商品或服务的生产方式有关。某一特定类别的劳动力与目前的成本变得更低的那些生产技术之间到底是替代关系，还是互补关系？计算机和机器人非常善于遵守明确制定的规则，因此它们能够非常迅速和准确地执行日常操作。然而，它们（至少到目前为止）还不适合去创造一些新想法或者是“跳出思维定式”。因此，新技术对那些从事重复性生产功能或日常办公事务的岗位——比如通过计算或搜索数据集来回答问题——来说往往是一种替代品。

然而，在生产中，新技术与那些从事创新或编程技术的岗位，或者那些能够使这些技术的生产率变得更高的岗位之间，则更多的是互补性的。例如，当工厂中的条件发生变化，哪怕是发生很微小的变化，工程师或技术人员就需要对机器人进行重新编程；数据分析师可以提出在现有的海量数据集中可以得到解答的更具创造性的问题；技能水平很高的管理人员可以通过利用新的网络构建技术在更多的地方管理更多的人；建筑师可以使用计算机应用程序更快、更准确地将他们的规划变得可视化；医生也可以更为快速地获取关于疾病和病人的数据。

总替代还是总互补？ 如果一种劳动力在生产中与新技术是具有互补性的，则就不存在替代效应，于是就存在总互补关系。但是，如果这两个因素在生产中是具有替代性的，那么，它们之间可能是总替代关系（如果替代效应相对于规模效应占据主导地位），也可以是总互补关系（如果规模效应占据主导地位）。那些在新技术对其具有较高替代性的岗位上工作的劳动者往往会被资本取代；而那些在新技术不容易替代的岗位上工作的劳动者，或者是在技术革新创造出来的新岗位上工作的人则可能会发现，他们与资本之间是一种总互补关系（见例 4.3）。

显然，资本和某种特定类型的劳动力之间到底是一种总替代关系还是一种总互补关系，主要取决于几个方面的因素，而所有这些因素都是与特定的行业和生产过程高度相关的。或许最能说明问题的是，与最新的技术创新相关的替代效应已经导致了对车间生产岗位以及办公室日常工作岗位的需求减少。相反，与这些创新相关的规模效应却增加了对那些处于高技能岗位（处理抽象的或与人际关系有关的工作）

以及处于非常规性的低技能“服务类”岗位（比如园林绿化、儿童看护、医院或家庭护理等）的劳动者的需求。因此，技术变革增加了对处于工资水平变动范围的高端和低端两端上的劳动者的需求，同时减少了对处于工资变动范围中间部分的工厂生产岗位和办公事务岗位的需求。我们将在第 15 章回到对这种“极化”现象的分析。①

例 4.3☞

数字化和在线劳动力市场

互联网的普及以及文字、声音、照片、视频和各种数据的数字化，使得在线劳动力市场取得了发展和繁荣。这些市场使得雇主雇用那些与自己相距较远的劳动者变得更加容易。那么，数字化到底是导致本地工作岗位流失给了那些从外地来的劳动者，还是为劳动者们创造了新的就业机会？

很多雇主都需要劳动者来执行数据输入、会计记账、市场营销、工资管理、编写、翻译以及网页和软件开发等任务，他们现在都可以在一个在线平台提供商那里注册，通过打广告吸引那些愿意作为自雇佣签约者工作的劳动者。而那些愿意以自由职业者身份从事工作的劳动者，通常可以在自己的业余时间或在做家务的时候，以类似的方式注册并申请网上列出的工作。

在线劳动力市场取得了令人瞩目的增长。2005 年，一家平台提供商的创始人发现，从 2009 年到 2013 年，在其平台上注册的雇主数量增长了 8 倍以上，而通过该平台提供商接受合同性工作的劳动者人数同期增长了 10 倍以上。一家大型平台提供商发布的广告（截至 2016 年）显示，该平台每年向全球各地的 1 000 万注册自由职业者发布了 300 万份工作，这些自由职业者的年收入总计超过 10 亿美元。

一项研究发现，大多数寻找合同性工人的组织都在高收入国家，并且这些企业往往都将自己描述为小型初创企业。然而，大多数自由职业者（通常是女性）却都来自低收入国家。尽管在线劳动力市场因此而使一些高工资国家中的工作实现了“离岸经营”，但一项调查发现，在那些在线外包工作的雇主中，只有 15%的雇主称自己会考虑雇用一名员工；将近 60%的人声称，如果没有这种在线的劳动力市场，他们会考虑亲自做这些工作。因此，通过远程提供服务而实现的成本下降（通过数字化实现的），导致了一些自由职业者（通常来自低工资国家）取代了当地的员工。然而，更大的（规模）效应似乎体现在新岗位的创造方面，因为小企业主们发现，远程雇用劳动者远比自己做成本更低。

资料来源：Arjay Agrawal，John Horton，Nicola Lacetera，and Elizabeth Lyons，“Digitization and the Con-

① 关于一项最近的研究及对早期研究的引用，参见 David Autor，David Dorn，and Gordon H. Hanson，“Untangling Trade and Technology：Evidence from Local Labour Markets，” Economic Journal 125（May 2015）：621－646。对低技能“服务类”岗位增长的分析，参见 David H. Autor and David Dorn，“The Growth of Low-Skill Service Jobs and the Polarization of the US Labor Market，” American Economic Review 103（August 2015）：1553－1597。

tract Labor Market: A Research Agenda," working paper no. 19525, National Bureau of Economic Research (Cambridge, MA, October 2013); and the Upwork website: https: //www. upwork. com/about/.

技术变革的总体效应 从上面的分析中可以看出，技术创新显然会通过规模效应和替代效应两种方式来影响劳动力需求。然而，在许多围绕技术变革展开的公开讨论中，规模效应却经常被忽视，大家的关注点都放在替代效应上了——有些时候甚至用一些危言耸听的话来为此争辩。例如，在1979年出版的一本名为《工作的瓦解》(*The Collapse of Work*) 的书中，作者认为技术变革将会引发一场“工作岗位大屠杀”，并且呼吁制定政策来应对“不断增长的失业”。[①] 正是由于人们对技术变革存在如此大的恐惧，所以我们有必要运用经济分析方法来考察一下技术变革对整个社会而言到底是不是真的弊大于利。

幸运的是，技术变革会造成“工作岗位大屠杀”的恐惧已经被证明是毫无根据的。例如，当《工作的瓦解》一书面世时，美国有60%的成年人是在工作的，而在所有想要参加工作的人中，失业人口占到了5.8%。而到了2016年，在经历了40年的快速技术变革之后，成年人中从事工作的人所占的百分比仍然大约为60%，失业率徘徊在5%左右。

然而，技术变革确实给有些劳动者带来了成本——社会对这些人提供的服务的需求下降了，因此他们必须承担重新找工作的成本。这些成本包括工资损失、暂时性失业，或者是需要投资学习新的技能等。但是，由于技术创新同时也强化了对其他劳动者的需求，并且导致成本下降，再加上消费者可以选择的产品类别增加了，所以，一个很自然的问题就是：我们能否找到一种方法来分析技术变革的总体净效应到底是正的，还是负的？换言之（用我们在第1章中谈到的规范经济学的原理来表述），经济理论能否告诉我们，在一个社会中，技术变革的受益者获得的收益是否比受损者遭受的损失要多？

在开始分析时，我们首先考虑一个劳动力资源和资本资源的数量都固定的社会。同时，为简便起见，我们进一步假设这些资源只能被用来生产两种物品，即食品和（或）衣服。图4.6描绘了我们假设的这个简单社会的生产可能性曲线。如果所有的劳动力和资本投入都被用来生产食品，则总共可以生产出2亿单位的食品（没有生产衣服）（如点 Y 所示）。类似地，如果所有资源都被用来生产衣服，则总共可以生产出1亿单位的衣服（没有生产食品）（如点 X 所示）。如果将50%的资源用来生产食品，50%的资源用来生产衣服，则社会就总共能够生产1亿单位的食品和0.5亿单位的衣服（如点 A 所示）。这个社会能够生产出来的全部食品和衣服的组合约束如图4.6中的直线 XY 所示，这条线就被称为“生产可能性曲线”。[②] 所有位于直线

① Clive Jenkins and Barrie Sherman, The Collapse of Work (Fakenham, England: Eyre Methuen, 1979), chapter 20.

② 图4.6中的生产可能性“曲线”是一条直线，反映了这样一个简化了的假设：食品可以被“转化”为衣服的比率从未改变，反之亦然。这个假设对这里的讨论并不是必需的，但是会使最初的理解容易一些。

XY 上或以下（左下方）的组合都是可能的；在直线 XY 以上（右上方）的组合不能被生产出来。

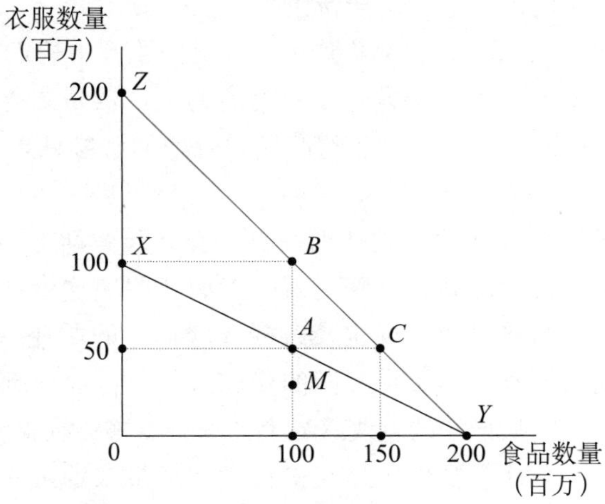

图 4.6　一个假设社会的生产可能性曲线

在复杂的现代社会中，实际生产出来的食品和衣服的组合可以由政府、市场或者两者的某种组合来决定。在一种极端情况下，一个集权化的政府官僚机构可以操控食品和衣服的生产数量；而在另一种极端情况下，这个决策可以通过消费者（需求）和生产者（供给）在市场上的相互作用产生。当然，即使是在市场环境下，政府也可以影响食品和衣服的生产组合——通过税收、补贴或管制来改变食品和（或）衣服的生产成本或生产方法。

然而，无论决策制定过程如何，我们通常都假设，一个社会都想选择恰好位于生产可能性曲线上的某个食品和衣服的数量组合，而不是位于这条线下方的某种组合。例如，如果一个社会选择了图 4.6 中的点 M 代表的食品和衣服数量组合，那么，在技术和资源既定的情况下，它就不可能生产本来能够生产出的那么多食品和衣服。简言之，它的资源没有得到充分的利用，同时它的消费者也得不到其资源本来能够生产出来的全部产品。现在我们就开始进行分析，我们假设图 4.6 中描绘的那个社会选择了 XY 这条线上的点 A，从而生产出 1 亿单位的食品和 0.5 亿单位的衣服。

现在，假设有人发明了一种设备，它可以将缝纫过程的速度提高到原来的 2 倍，这样，在任何一种要素投入水平上，现在的产出都是原来的 2 倍。这样，如果所有的资源都用来生产衣服，则通过这种新设备可以生产出 2 亿单位的衣服（如点 Z 所示）——相比于原来只能生产的 1 亿单位的衣服，生产水平大大提高了。然而，这种新设备却不并能改进食品的生产，因而这个社会仍然只能生产 2 亿单位的食品。于是，一条新的生产可能性曲线如图 4.6 中的 ZY 所示。

如图 4.6 所示，新的技术发明显然扩大了整个社会的消费可能性。他们可以选择保留一半的资源用于食品生产，同时将另外一半资源用来生产衣服。如果是这样，他们就能够在同样消费 1 亿单位的食品的同时，将消费的衣服的数量从 0.5 亿单位增加到 1 亿单位（参见图 4.6 中的点 B）。另外，这个社会也可以选择将衣服的消费数量保持在 0.5 亿单位的水平上，这样新设备就只需要用 25%的社会资源来生产这些衣服，剩下的 75%的资源用在食品生产上（参见图 4.6 中的点 C）。最后，除了保持一种物品的生产数量不变而增加另外一种物品的生产数量之外，这个社会还可以选择通过投入要素的分配，使两种物品的产量同时增加（参见点 B 和点 C 之间的所有点）。

很显然，只要选择除点 B 之外的任何一点，都涉及劳动力和资本两种投入要素在食品和衣服两个生产行业之间的重新配置。然而，即使这个社会继续给每个行业分配一半的资源，新缝纫技术的出现也会改变衣服行业的职业要求——要求这个行业中的劳动者学习新的技术或是接受不同的雇佣条件。行业内部和外部的那些变化发生得越快、越平稳，则从最初的直线 XY 上的那个点移动到直线 ZY 上的某个点的速度就越快。因此，一个社会要想实际获得技术变革带来的可能产量增加，就必须通过政策或机构来促进（至少是允许）资本和劳动力的流动。

迄今为止，我们对技术变革产生的影响所做的分析表明，技术变革使社会有可能从有限的资源中获得更多的产品和服务，因此也就潜在地提高了人均消费水平。[①]但是，更高的平均消费水平是否足以保证整个社会从技术变革中获益呢？要回答这个问题，我们必须回顾第 1 章中曾经介绍过的某些实证分析和规范分析原理。

经济理论的假设是，无论是作为劳动者的个人，还是作为消费者的个人，都试图实现其效用的最大化。此外，我们通常还假设，当个人能够消费更多的产品和服务（其中包括闲暇）的时候，他的效用就提高了。因此，我们可以认为，当技术变革提高了人均消费水平时，经济理论会引导我们认为，这时候整个社会的福利状况比过去更好了——但这并不完全正确。

请考虑这样一种（非常极端的）情况，技术变革的唯一受益者是社会上最富有的那个人，他每年的收入为 1 000 亿美元，而技术变革的成本则落在了每年的收入只有 1.6 万美元的 100 万名低工资劳动者身上。如果这个富人从技术变革中获利 50 亿美元，则这 100 万名劳动者每人就要承担 4 000 美元的成本（总成本为 40 亿美元），这样，整个社会的总消费水平就提高了 10 亿美元。然而，正如我们接下来将要解释的，这 10 亿美元的收益带来的可能就是整个社会的总效用损失。[②]

在我们的例子中，这个富人获得的收益仅仅占他个人年收入的 5%，由于此人有如此大的一个收入基数，新增加 50 亿美元的收入并不会给这个人带来多大的效用增加。而对那 100 万名劳动者来说，每个人损失的 4 000 美元就相当于他们年收入的

① 为了描述方便，我们将分析限定在食品和衣服两种物品上——但是如果我们考虑人们可以消费多种产品和服务，其中也包括闲暇（参见第 6 章）的社会，这种分析及其结论也不会受到影响。

② 最近的心理学研究发现，富裕经济中的人通常属于损失规避型的。也就是说，他们从收入增长中获得的效用收益，小于他们因收入减少而产生的效用损失，参见 Richard Layard, "Happiness and Public Policy: A Challenge to the Profession," Economic Journal 116 (March 2006): C24 - 33。

25%，与之相关的效用损失——从总体上来说——要远远大于富人获得的那点收益。在这种情况下，要想确保整个社会获得收益（从效用的角度来说），唯一的方法就是要求受益的富人补偿所有受损者的损失。如果受益者被要求将所获得收益中的40亿美元分配给承担技术变革成本的人，那么劳动者的境况就不会变得更糟，而受益者仍然能够继续获益，因为他还能留下10亿美元的收入。这样，在受损者的损失得到补偿之后，就满足了第1章中提出的规范经济分析条件，即有些人可以从技术变革中获益，却没有人受损。

将第1章中提出的规范经济分析原理加以重新阐述，我们就可以确切地说，只有当所有的受损者都得到充分补偿时，一个社会才能从某种经济交易——这里就是技术变革——中获益。由于大多数技术变革都是由市场上数以百万计的企业做出的决策导致的，所以，要想使这些受到企业决策影响而失去工作的人得到补偿，就需要制定一揽子的社会保险政策来帮助这些劳动者重新实现就业。例如，失业保险可以在劳动者寻找工作期间对他们提供支持，在他们不得不接受更低工资的工作时，某种形式的工资补贴可以帮助他们实现工资损失的最小化；各种培训项目可以帮助劳动者获得新的技能；政府就业中心或者在线的“职位空缺库”可以帮助劳动者找到工作；公共工资补贴可以支付给那些愿意招收新员工的企业；在一些国家，政府还会扮演“最后一位可以求助的雇主”的角色——直接给那些找不到新工作的人安排一份工作。我们在第3章中已经分析了支付给雇主的工资补贴的情况，在接下来的章节中，我们还将分析其他一些类似计划所产生的影响。

实证研究

对劳动力需求曲线的估计：时间序列数据与“同步偏差”的处理

当某种可能会导致劳动力成本上升的劳动力市场政策被提出来的时候，我们经常希望经济学家能给我们提供更多的信息，而不是仅仅告诉我们：这一政策将会导致就业下降。我们想知道的是，到底有多少就业会受到影响！因此，从实用的角度来说，对劳动力需求弹性进行估计是大有用处的。

事实上，估计劳动力需求弹性是很困难的，这也很好地解释了为什么我们在表4.1中只引用很少的关于需求弹性的研究。第一个问题在于，只有当我们能够获得具有以下特征的各组劳动者的工资和就业数据时，我们才能对劳动力需求弹性做出可信的估计：这些劳动者具体从事的工作、他们与资本之间的替代性以及他们的雇主面临的产品需求特征等方面必须具有足够的同质性。考虑到雇用同一种职业劳动者的企业（雇主）具有多样性（例如保安可以受雇于零售商、学校，也可以受雇于电影明星），同质性的要求通常会导致作为研究对象的劳动者群体的范围十分狭窄，从而很难收集到足够多的数据资料。

对劳动力需求曲线进行估计会遇到的第二个问题在于，工资和就业是通过劳动力供给曲线和劳动力需求曲线之间的相互作用同时决定的，这两条曲线都显示出在工资和就业之间存在的某种关系（但两种关系并不相同）。因此，如果我们只在工资和就业层面收集资料，我们就说不清楚我们估计的到底是劳动力需求曲线，还是劳动力供给曲线，还是说两者都不是！图 1 和图 2 显示的都是某种职业的劳动者在劳动力市场上的工资（W）和就业（E）的关系。

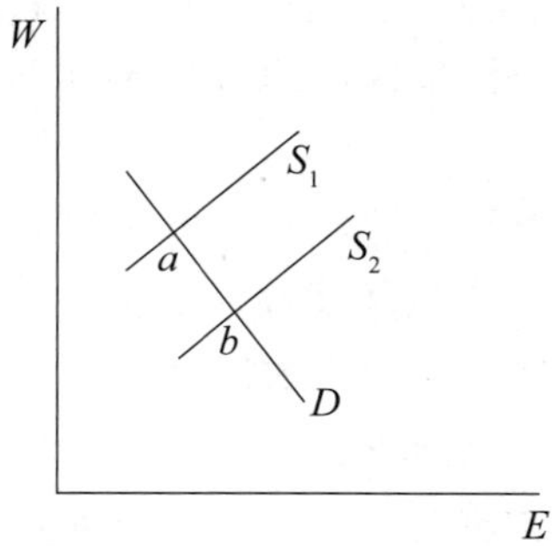

图1

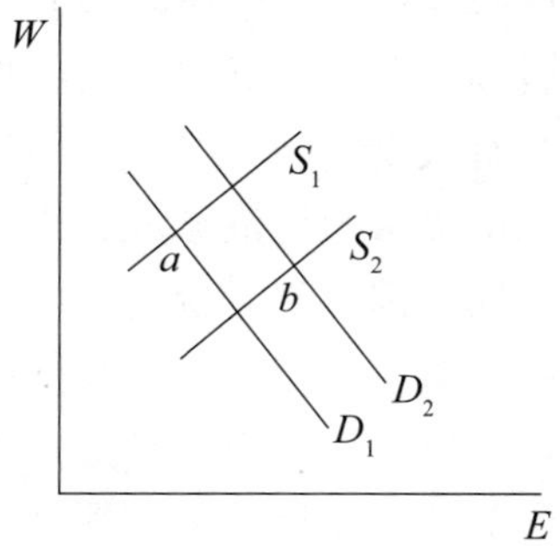

图2

我们的研究如图 1 所示。在图中，劳动力需求曲线保持不变，但是劳动力供给曲线由于某种原因发生了移动。研究者能够观察到的仅仅是点 a 和点 b，把这两个点连在一起就勾勒出了劳动力需求曲线（当然，要想做出可靠的估计，通常需要比这两个观察值更多的点）。

因此，如果劳动力需求曲线没有发生移动，同时我们能够观察到劳动力供给曲线的移动，那么，我们就能“确定”劳动力需求曲线。然而，在现实中，劳动力供给曲线和劳动力需求曲线可能都会随着时间的推移而发生移动（参见图 2）。当它们都发生移动的时候，在点 a 和点 b 之间画出的这条线就既不是劳动力供给曲线，也不是劳动力需求曲线。那么，当两条曲线都可能发生移动的时候，我们怎样才能确定劳动力需求曲线呢？

首先，我们必须找到引起劳动力需求曲线移动的变量；如果我们能够控制在一段时间内导致劳动力需求曲线移动的变量，从统计的角度来说，我们就能把劳动力需求曲线移回其原来的位置，然后创造出一幅如图 1 所示的那种图形。

其次，为了满足图 1 中的条件，我们还必须能够找到至少一个仅仅会导致劳动力供给曲线移动，但是并不会导致劳动力需求曲线移动的变量。（有些变量，比如实际工资水平，从理论上说，既有可能影响劳动力需求曲线，同时又有可能影响劳动力供给曲线。如果我们得到的这种影响变量会对两条曲线都产生影响，我们就又回到了图 2 中所描绘的那种情况，我们就不能将两条曲线区分开来了！）

关于英国的矿工需求的一项研究（表 4.1 中引用了此研究）为我们提供了一个如何估计某一特定职业的劳动力需求曲线的例子。这个职业是在某一个行业中找到的，在产品需求、雇主使用的技术方面具有同质性，并且也能够得到在若干年中的工资和就业时间序列资料（这项研究使用的是 1950—1980 年的资料）。研究者还能够收集到估计会对劳动力需求曲线的移动产生影响的那些因素（例如，石油的价格，因为石油在发电方面是煤的替代品）的资料。他们还能够获得估计会对劳动力供给曲线的移动造成影响的那些因素的资料——其中也包括那些仅仅会对劳动力供给曲线的移动产生影响的因素（例如，矿工可以找到的其他类型工作的工资）。这样，研究者就能够确定劳动力需求函数了，他们运用回归分析的方法证明了在英国煤矿行业中，劳动力需求弹性（相对工资率变化的就业量变化）介于－1.4和－1.0之间。

资料来源：Alan A. Carruth and Andrew J. Oswald, "Miners' Wage in Post-War Britain: An Application of a Model of Trade Union Behaviour," Economic Journal 95 (December 1985): 1003 - 1020.

复习题

1. 假定政府将最低工资水平提高了20%。试将希克斯-马歇尔的四条派生需求定理应用于某个特定行业，思考和分析这样一个问题，即在什么样的条件下，该行业中青少年劳动者的工作岗位损失程度是最小的？

2. 在美国的加利福尼亚州，雇用人数超过50人的雇主现在必须为家里刚刚生小孩的员工提供带薪家庭假期。根据这项法律，雇用人数超过50人的雇主必须为这类员工提供带薪休假福利，休假时间最长可以达到6周。在此期间，雇主必须为劳动者保留职位。在带薪休假期间，劳动者得到的收入相当于他们名义工资的55%。请问：劳动力市场上的需求方（即雇主）可能会对此项法律做出怎样的反应？在你的分析中应当考虑会对雇主反应程度产生影响的因素。

3. 假定联邦政府为了刺激就业增长，通过了这样一部法律，即向那些投资于新的机器设备和其他资本品的雇主提供税收减免优惠。运用交叉工资弹性的概念来分析，在何种条件下，某一特定行业所产生的就业收益是最大的？

4. 某个州的公用事业委员会放松了对销售给生产企业的天然气价格的控制，允许公用事业单位按照市场价格来收取天然气费用（价格将上升30%）。由此带来的生产企业成本上升必然会导致这些生产企业中的工作岗位减少，那么，哪些条件有利于将这种不利影响的程度降到最低？

5. 许多雇主都为员工提供健康保险，而有些雇主——主要是小企业——却不这么做。假定政府希望所有员工都能够获得达到或超过某一标准的健康保险。再假定政府希望由雇主来支付这笔保险费用，并且政府目前正在考虑从下面两种不同的方法中选择其一来实施：

选择一，如果一位雇主不愿意主动向其员工提供可接受的健康保险，则必须根据其实际使用的劳动小时数来缴纳每小时 X 美分的税收。然后，政府再利用通过这种途径形成的基金为员工提供健康保险。

选择二，与选择一的情况相同，但是政府获得健康保险基金的方式有所不同，现在采取按照雇主总收益的一定比例来征税的方式形成这笔基金。

针对这两种方法对劳动力市场所产生的影响进行分析和对比。

6. 1942年，美国政府颁布了一项规定，禁止许多类型的服装由劳动者自己在家中缝纫和编织。如果此项禁令被取消，则无论是在工厂中上班的劳动者，还是在自己家中从事生产的独立签约者，现在都可以生产任何类型的服装了。这种情况对制衣行业中的工厂工人的劳动力需求曲线会产生何种影响？

7. 简析下述计划对钢铁行业的劳动力需求弹性会产生的影响：

(1) 提高钢材的进口关税；

(2) 国家制定了一项宣布企业因经济原因裁员的做法属于非法的禁令；

(3) 机器制造业——将钢材作为投入品的生产行业——的繁荣导致该行业的生产规模扩大；

(4) 钢铁厂的所有者们决定延缓采纳新技术；

(5) 钢铁行业的雇主支付的工资水平上升；

(6) 政府对生产出来的每吨钢材征税。

8. 2012年，德国的一个组织建议设立一项"财富税"，即对在建筑物、机器和设备等资产上的投资至少达到140万美元的雇主征收这方面的税收。运用本章中学习的理论，分析这种情况对于在德国大型企业中工作的员工所处的劳动力市场会带来哪些方面的影响，并解释在什么情况下德国劳动者的处境会变得更糟。

练习题

1. 假定牙医的劳动力需求函数为 $L_D=5\ 000-20W$，其中，L 代表牙医的数量，W 代表日工资水平。当日工资水平 $W=100$ 美元时，牙医劳动力需求的自身工资弹性是多少？牙医的劳动力需求在这一点上是富有弹性，还是缺乏弹性？

当日工资水平 $W=200$ 美元时，牙医劳动力需求的自身工资弹性是多少？牙医的劳动力需求在这一点上是富有弹性，还是缺乏弹性？

2. 一位悲观的教授在国会发言时指出，缩减美国军队的规模会给普通美国劳动者带来灾难性的后果。他认为，如果美军裁员100万人，并且这些人在民用劳动力市场上得到雇用，那么民用劳动力市场上的平均工资水平将会大幅度下降。假定在美国军队裁员的同时，美国的民用劳动力需求曲线并没有发生位移。首先，画一个简要的图形来描述大量的退役军人进入劳动力市场所产生的影响。其次，运用你掌握的下列知识，用图形对这一事件以及民用劳动力的整体工资水平下降幅度加以描绘：第一，劳动力需求的自身工资弹性定义；第二，在整个经济中，这种劳动力需求自身工资弹性的大小；第三，与军人退役涌入劳动力市场相比，民用劳动力的就业规模。经过分析之后，你会同意这位教授的观点吗？

3. 假定在某个小城市，快餐店中三明治制作工的劳动力需求函数为 $L_D=300-20W$，其中，L 代表三明治制作工的数量，W 代表小时工资率。均衡工资率为每小时4美元，但是政府现在却把最低工资水平定为每小时5美元。

(1) 最低工资对快餐店的雇佣量会产生什么影响？画一幅图来说明可能会发生的情况，并估计它对快餐行业的雇佣量产生的影响。

(2) 假定在该城市中还有一个未被覆盖部门，在最低工资立法实施之前，其劳动力供给曲线为 $L_S=-100+80W$，劳动力需求曲线为 $L_D=300-20W$。再假定所有因实行最低工资而失业的三明治制作工都会到未被覆盖部门中寻找工作。那么，未被覆盖部门中的工资率和雇佣量会发生怎样的变化？画一幅图来说明所发生的情况，并分析这种情况对未被覆盖部门中的工资率和雇佣量所产生的影响。

4. 下表显示的是坐落在一个小镇上的一家名为 Homer's Hideaway 的汽车旅馆的劳动力需求情况。

工资率（美元）	工作时数
10	2
8	3
6	4
4	5
2	6

（1）画出这家旅馆的劳动力需求曲线。

（2）计算劳动力需求曲线每一点上的需求工资弹性，并指出这些弹性是富有弹性、缺乏弹性还是单位弹性。

（3）在沿着需求曲线向下移动时，需求曲线是变得更加富有弹性了，还是更加缺乏弹性？

5. 工会 A 面临这样一条需求曲线，即每小时 4 美元的工资对应的劳动力需求为 20 000 工时，每小时 5 美元的工资对应的需求为 10 000 工时。工会 B 面临的劳动力需求曲线则是：每小时 6 美元的工资对应的是 30 000 工时的需求，而每小时 5 美元的工资对应的则是 33 000 工时的需求。

（1）哪一个工会面临的劳动力需求曲线更加富有弹性？

（2）在增加工会会员的总工资性报酬（工资率×工时数）方面，哪一个工会做得更成功？

6. 计算下面三种职业劳动力需求的自身工资弹性。其中 E_D 和 W 是初始的就业量和工资水平。E'_D 和 W' 是新的就业量和工资水平。分析这种劳动力的需求工资弹性是富有弹性、缺乏弹性，还是单位弹性。

第一种职业：$\%\Delta E_D=5$，$\%\Delta W=-10$

第二种职业：$E_D=50$，$W=7$；$E'_D=40$，$W'=8$

第三种职业：$E_D=80$，$W=8$；$E'_D=100$，$W'=6$

7. 当制作生面团的机器成本下降 10%的时候，对助理面包师的需求就会下降 15%。请问在这种情况下，助理面包师劳动力需求的交叉工资弹性是多少？助理面包师和制作生面团的机器之间是总互补关系，还是总替代关系？

推荐阅读

Card, David, and Alan B. Krueger, Myth and Measurement: The New Economics of the Minimum Wage. Princeton: N. J.: Princeton University Press, 1995.

Cunningham, Wendy, Minimum Wages and Social Policy: Lessons from Developing Countries. Washington, DC.: World Bank, 2007.

Hamermesh, Daniel S. Labor Demand. Princeton, N. J.: Princeton University Press, 1993.

Kennan, John, "The Elusive Effects of Minimum Wages," Journal of Economics Literature 33 (December 1995): 1950 - 1965.

Neumark, David, and William L. Wascher, Minimum Wages. Cambridge, Mass.: MIT Press, 2010.

第5章 劳动力市场上的摩擦力

迄今为止，在对劳动力市场进行分析时，我们一直认为雇主的劳动力成本有两个方面的特征。第一，我们假设雇主必须支付的工资率是由市场给定的。也就是说，我们假设一家企业面对的劳动力供给曲线是水平的（位于市场工资水平上）。一位雇主支付的工资水平不能低于通行工资，这是因为，如果支付的工资低于通行的市场工资水平，这位雇主雇用到的员工就会立即辞职，到支付通行工资的其他企业中去工作。类似地，如果企业支付的是市场通行工资水平，那么，它可以在市场上雇用到自己需要的所有劳动力。因此，如果企业支付超过市场水平的工资，也只会增加企业的成本，同时减弱它在产品市场上的竞争力（正如我们在第3章中指出的，只有在产品市场上处于垄断地位的企业才可以在支付高于市场水平的工资的情况下仍然生存下来）。处在竞争性产品市场上的单个雇主被视为工资接受者（而非工资决定者），因而它们的劳动力市场决策只涉及雇用多少劳动力和使用多少资本的问题。

第二，我们一直把全部的劳动力成本都视为可变的——也就是说，严格地与员工的工作时间长度成比例。当然，诸如小时工资率这样的可变劳动力成本在每个时期都会重复发生，因此，如果工作时间减少，可变劳动力成本也会随之下降。在假设所有劳动力成本都是可变的之后，我们实际上就可以假设，企业可以随着市场条件的变化立即调整它们的劳动力投入以及与此相关的成本。

本章的目的是考察这样一种情况，即当员工和企业都发现，根据劳动力供给条件和需求条件来调整自己的行为会产生很高的成本时，劳动力需求会受到怎样的影响。总体来说，改变行为的成本越高，则会导致员工和企业都对改变行为表现出更多的抵制，经济学家从物理学中（不是很确切地）借用了一个概念，即将这些成本称为会导致劳动力市场出现“摩擦”的摩擦力。在本章中，我们将分析劳动力市场上的摩擦力产生的影响。也就是说，我们将在本章中考察，在下列假设条件下到底会出现怎样的情况：员工发现，换一个雇主的代价很高；雇主发现，雇用或解雇员工的成本同样也很高。

在第一节中，我们将从劳动力市场上的员工的角度来考察摩擦力的影响，也就是分析员工更换工作时的成本会对劳动力市场产生怎样的影响。我们将会看到，随着员工换工作的成本上升，企业做出的雇佣决策也会与竞争模型给出的预测有所不同——尤其是在面临政府规定的强制工资水平的情况下。我们还将简要考察劳动者的流动成本对工资与劳动者的劳动力市场经验、为同一个雇主连续服务的年限以及失业等之间存在的可以观察到的那些关系的影响。

在本章的最后三节中，我们将分析雇主在改变自己的雇佣水平时需要承担的成本。我们将对可变劳动力成本和“准固定”劳动力成本加以区分，可变劳动力成本实际上是按小时计算的，而准固定成本则只与雇用的员工数量相联系（其中包括企业在员工的雇用和培训方面所做的投资）。劳动力市场上的雇主一方承担的准固定成本的出现，引起了我们对以下这些问题的兴趣：企业对加班的使用；企业为什么决定培训一部分员工，却不培训另外一部分员工，而是在经济衰退时期将这部分员工裁掉；工资和生产率之间的关系；保护就业的法律对工作岗位数量的增长产生的影响。

劳动力市场中员工一方遇到的摩擦力

在本节中，我们首先来分析一下员工可以在不付出任何成本的情况下就能够在不同雇主之间转换工作这样一个假设中包含的一个主要假定，以及可以推翻这一假定的证据。其次，我们将基于员工的流动是要付出成本的这样一个假设建立一个关于工资和雇佣决策的模型。最后，探讨这一模型的劳动力市场预测。

□ 一价定律

简单的劳动力市场模型是建立在这样一个假设基础上的，即员工能够没有成本地在不同雇主之间转换工作，该模型有一个强有力的并且可以检验的预测：即拥有同样技能且从事同一职业的劳动者可以得到相同的工资。[①] 这种说法的含义就是所谓的“一价定律”，该定律是稳固地建立在下列假设基础之上的，即员工可以在没有任

① 这个预测加上“如果他们在相似环境中工作”这一条件才有效。正如我们在第8章中将要讨论的，我们的确希望相似的劳动者如果在生活成本不同的城市中工作，将会获得不同水平的工资。也就是说，如果一些劳动者在更加危险和令人不愉快的环境中工作，他们将会得到不同的工资。

何延迟且无成本的条件下，从为一位雇主工作转变到为另外一位雇主工作。这个模型假设，如果一家目前支付市场工资水平的企业想要减少即使1美分的小时工资，那么它的所有员工都会立即离职，转而去到其他支付市场工资水平的企业中工作。此外，由于一位雇主只要支付相当于市场水平的工资，就能获得需要的所有员工，因此，没有任何一位雇主能够从支付超过市场水平的工资中获利。于是，劳动力市场就会确保拥有同样技能的所有员工都得到相同的工资。

然而，这种推断遇到的问题是，它似乎与事实不相符。例如，我们如何解释2016年在奥尔巴尼市、麦迪逊市以及萨克拉门托市——都是中等规模的州首府所在地，而且生活成本相近——这三座不同城市中工作的注册护士的平均小时工资却分别是29.64美元、33.54美元和56.10美元呢?[①] 同样地，我们也可以质疑这样一种情况：为什么市场就能允许医疗服务机构的调度计时员的平均小时工资（每小时18.13美元）比保险公司的调度计时员的平均小时工资低15%?[②]

如果劳动者在不同的雇主之间可以完全自由流动，那么在不同地区、企业以及行业之间的工资差别就不可能维持（除非支付高工资和支付低工资的企业在工作条件方面存在非常大的差异）。那些发现自己在低工资企业中工作的劳动者会辞职，向支付高工资的企业流动，哪怕这意味着必须改变自己的居住区域或者从事的行业。然而，我们在现实中能够很容易地观察到工资差别的存在，这表明劳动力流动是要付出成本的，因此劳动力流动在某种程度上是会受到限制的。

例如，在奥尔巴尼市工作的护士必须花费一些时间和精力才能发现萨克拉门托市的工资水平更高，而且即使知道了这种情况，她们也会发现，去求职、参加面试、从一个地区迁移到另外一个地区以及离开自己在奥尔巴尼市的亲朋好友等，对她们来说也必须付出很高的成本。同样，那些在同一居住区域内向支付较高工资的企业或行业转移的员工也要承担类似的成本；他们必须首先花费一些精力去获取信息，然后还要承担求职以及转换到新雇主那里的成本。

劳动力流动的一部分成本是货币性的（打印简历、购买参加面试的服装、租用交通工具等的花费），但所有的就业变动都还会涉及某些非货币性成本：填写求职表以及参加面试所花费的时间；放弃目前的工作提供的一些有价值的非货币性福利

---

① U.S. Department of Labor, Bureau of Labor Statistics, Occupational Employment Statistics, http://www.bls.gov/oes/current/oessrcma.htm.

② U.S. Department of Labor, Bureau of Labor Statistics, Occupational Employment Statistics, http://www.bls.gov/oes/current/oessrcma.htm. 更多关于职业内工资差别以及一价定律的研究，参见 Stephen Machin and Alan Manning, "A Test of Competition Labor Market Theory: The Wage Structure among Care Assistants in the South of England," Industrial and Labor Relations Review 57 (April 2004): 371 - 385; V. Bhaskar, Alan Manning, and Ted To, "Oligopsony and Monopsonistic Competition in Labor Markets," Journal of Economic Perspectives 16 (Spring 2002): 155 - 174; and Dale T. Mortensen, Wage Dispersion: Why Are Similar Workers Paid Differently? (Cambridge, Mass: Massachusetts Institute of Technology, 2003); and Samuel Berlinski, "Wages and Contracting Out: Does the Law of One Price Hold?" British Journal of Industrial Relations 46 (March 2008): 59 - 75。

(灵活的工作时间安排、特定的工作职责、公司的地理位置、与同事之间的社交机会等)[①]；因为离开一个熟悉的环境去适应一个新的工作场所而引发的压力。需要指出的很重要的一点是，不同的劳动者对这些非货币性成本做出的评价是存在差异的，所以有些人觉得换工作的成本比另外一些人高。

员工流动是要付出成本的这样一个假设，对单个雇主面对的劳动力供给曲线的形状有着深刻的理论意义。与我们在前面假设的那种水平状的劳动力供给曲线不同，当员工流动被假定是有成本的时，企业面对的劳动力供给曲线就会变成从左下方向右上方倾斜了。请考虑图 5.1 中的实线表示的关系。如果企业 A 现在支付每小时 9.25 美元的工资，并且决定要将工资率提高到每小时 9.50 美元，那么它就能够使愿意来本企业工作的员工人数从 E_O 增加到 E_H。支付较高水平的工资一方面可以吸引流动成本相对较低的其他企业中的员工；另一方面也可以降低本企业员工离职的可能性。然而，这种工资增长却不能吸引劳动力市场上的所有其他劳动者，因为有些人会发现，换雇主的成本太高了，目前这种有限的工资增长还不足以弥补他们更换雇主的成本。同样地，如果企业 A 将其工资率降到每小时 9.00 美元，那么它能够吸引到的劳动者人数就会降到 E_L，因为它很可能会失去其现有员工中的一部分人，但不大可能失去所有的员工（因为存在流动成本）。这样，根据企业 A 的工资变化引发的反应描绘出来的劳动力供给曲线就如图 5.1 中的实线所示。

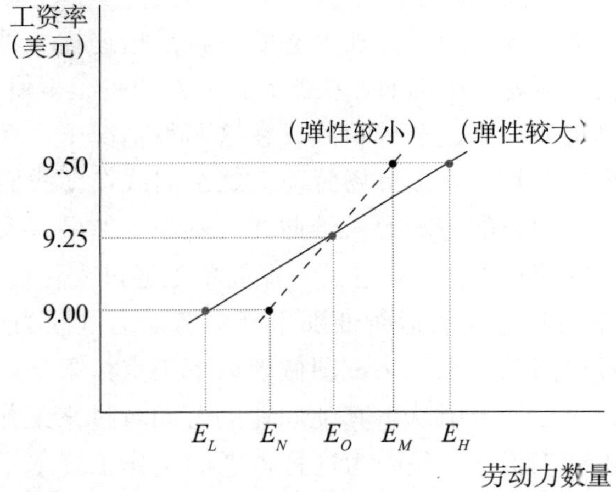

图 5.1　企业 A 的劳动力供给曲线：劳动力流动成本增大了单个雇主所面对的劳动力供给曲线的斜率

劳动力流动成本的上升是如何影响企业 A 面对的劳动力供给曲线的？劳动力流动成本越高，则相同的工资增长带来的劳动力供给增加就越少。同样，相同幅度的工资下降带来的劳动力供给减少就越少。为了强化这种推导，我们回顾图 5.1，现在

---

① 有一种垄断竞争理论是建立在不同员工对非货币性福利的不同偏好基础之上的，参见 V. Bhaskar and Ted To, "Minimum Wages for Ronald McDonald Monopsonies: A Theory of Monopsonistic Competition," Economic Journal 109 (April 1999): 190 - 203。

假设小时工资增加到 9.50 美元仅仅会使劳动力供给水平增加到 E_M，而工资下降到每小时 9.00 美元也仅仅会使劳动力供给减少到 E_N。于是，这些市场反应产生的劳动力供给曲线就如图 5.1 中的虚线所示，它比实线所示的那条劳动力供给曲线更为陡峭——也就是说弹性更小（劳动力供给曲线的弹性被定义为劳动力供给量变化的百分比除以工资率变化的百分比）。

因此，劳动力流动成本越高，单个企业面对的劳动力供给曲线就越陡峭。相反，随着劳动力流动成本的下降，在其他条件保持不变的情况下，单个企业面对的劳动力供给曲线会更加平缓，从而变得更富有弹性。在流动成本为 0 的特例中，单个企业面对的劳动力供给曲线是水平的——从而是弹性无限大的——位于市场工资水平上。有趣的是，最近有一些研究考察了企业支付的工资水平是如何对员工的辞职可能性及企业招募新员工的能力产生影响的。研究结果显示，单个雇主面对的劳动力供给弹性远不是无穷大的。①

□ 买方独家垄断劳动力市场：一个定义

经济学家认为，单个雇主面对的自左下方向右上方倾斜的劳动力供给曲线实际上为劳动力市场上的买方独家垄断创造了条件。为了解释为什么要使用这个术语，我们就需要回顾第 2 章，讨论一下市场面对的劳动力供给曲线与市场中的单个企业面对的劳动力供给曲线之间的区别。

严格地讲，劳动力市场上的买方独家垄断者就是指这样一种企业，它是劳动力市场上唯一的劳动力购买者——例如，在西弗吉尼亚州一个偏僻小镇上的一家煤矿，或是夏威夷某个小岛上的一个菠萝种植园。在这两种情况下，雇主（作为劳动力市场上的唯一雇主）面对的其实就是市场劳动力供给曲线，即我们在第 2 章中描绘的那种自左下方向右上方倾斜的劳动力供给曲线。例如，如果一家位于偏僻小镇上的煤矿运营商想扩大它的劳动力供给，它就不能简单地通过支付现行市场工资率水平，从与自己有竞争关系的其他煤矿运营商那里吸引劳动力（因为没有其他企业）。相反，它将不得不通过提高工资水平来试图做到以下三点：第一，吸引外来矿工搬到这个小镇上来工作；第二，吸引从事其他职业的劳动者过来工作——这些劳动者之所以原来不愿意从事矿工工作，是因为这种古老的工作工资水平很低，而他们更愿意从事不那么危险，同时也不那么脏的工作；第三，吸引现在不在劳动力队伍中的

---

① Journal of Labor Economics 28 (April 20) 这一期杂志上发表的全部都是关于劳动力市场上的买方独家垄断条件的文章。其中，下列文章重点讨论了对雇主面临的劳动力供给曲线的估计，Douglas O. Staiger, Joanne Spetz, and Ciaran S. Phibbs, "Is There Monopsony in the Labor Market? Evidence from a Natural Experiment" (pp. 211－236); Torberg Falch, "The Elasticity of Labor Supply at the Establishment Level" (pp. 237－266); and Michael R. Ransom and David P. Sims, "Estimating the Firm's Labor Supply Curve in a New Monopsony's Framework: School Teachers in Missouri" (pp. 331－356)。下面这篇文章就这一主题对这些文章提供了一份很好的概要性总结：Orley C. Ashenfelter, Henry Farber, and Michael R. Ranson, "Modern Models of Monopsony in Labor Markets: A Brief Survey" (pp. 203－210)。最近发表的是关于对特定劳动力市场上的买方独家垄断条件的检验，参见 Jordan Matsudaira, "Monopsony in the Low-Wage Labor Market? Evidence from Minimum Nurse Staffing Regulations," Review of Economics and Statistics 96 (March 2014): 92－102。

人开始寻找有报酬的工作。

在第3章中，我们首先在产品市场和劳动力市场都是完全竞争的这两个假设基础之上绘制出了劳动力需求曲线。在这一章的最后，我们简要分析了产品市场垄断（一种产品只有一位售卖者）对劳动力需求的影响，但是我们在第3章中并没有分析劳动力市场在何种条件下可能也不是竞争性的。我们现在重新对劳动力需求进行分析，然后考虑在劳动力市场并非完全竞争的情况下——也就是说，当劳动力流动成本阻碍了劳动者进入、退出各个不同企业的时候——可能会出现怎样的情形。我们把这种劳动力市场称为买方独家垄断市场。

然而，在继续进行分析之前，我们必须强调，当我们把一个劳动力市场描述为买方独家垄断市场的时候，我们并不是只考虑那种非常罕见的完全垄断的情况（在偏僻地方的唯一雇主）。事实上，我们对买方独家垄断的劳动力市场的分析只不过基于这样一个假设，即单个雇主面对的劳动力供给曲线是自左下方向右上方倾斜的（而不是水平的）。在这种分析中，这些曲线为什么是向右上方倾斜的并不重要。小镇里唯一的雇主显然是造成这种劳动力供给曲线形状的一个原因，但是在前面我们已经指出，劳动力供给曲线向右上方倾斜的另外一个原因是，劳动者发现改变工作的成本很高——即便在劳动力市场上有好几位潜在雇主的情况下也是如此。这样，尽管我们使用了买方独家垄断市场这个术语，但是我们接下来要分析的劳动力市场实际上是存在很多雇主的。

□ 买方独家垄断条件下的利润最大化

回忆一下第3章中论述过的内容，只要增加一名劳动者带来的边际收益产品大于边际费用，追求利润最大化的企业就会继续雇用劳动力。当边际收益产品等于边际费用时，雇佣活动就会停止。当我们假设只要支付市场通行工资水平就可以吸引额外的劳动者到企业来工作时（也就是说，企业面对的劳动力供给曲线是水平的），劳动力的边际费用就直接等于工资率。然而，当企业面对的是向右上方倾斜的劳动力供给曲线的时候，雇用劳动力的边际费用就超过了工资率。我们现在要做的就是分析当劳动力的边际费用超过工资率时，工资率和雇佣水平会受到怎样的影响。

为什么劳动力的边际费用会超过工资率？ 我们首先考虑为什么向右上方倾斜的劳动力供给曲线会使劳动力的边际费用超过工资率。要理解这个问题，我们可以假设有一家新创办的企业必须从其他企业吸引员工。它的潜在雇员发现，如果要更换工作就必须承担成本，并且对其中的有些人而言需要承担的成本比其他人更高。于是，这家新成立的企业面对的就是表5.1所对应的向右上方倾斜的劳动力供给曲线。如果这家企业想雇用10名员工来开展经营，它就需要支付每小时8美元的工资。但是，如果它想吸引11名员工，它就必须支付每小时9美元的工资；如果它想拥有12名员工，它就必须支付每小时10美元的工资。

简单地进行一个乘法运算就可以知道，这家企业如果雇用10名员工，则其每小时需要承担的劳动力总成本为80美元。但是，当它雇用11名员工的时候，它的每小时劳动力总成本就变成了 99 美元；这样，它雇用第 11 名员工的边际费用就是 19 美元。如果这家企业要雇用 12 名员工而不是 11 名，则它每小时的劳动力总成本将会由 99 美元上升至 120 美元，于是第 12 名员工的边际费用就是 21 美元。我们可以马上看出，19 美元和 21 美元的边际费用远远高于企业支付的工资水平（10 美元和 11 美元）。

表 5.1　　一家在买方独家垄断市场上运营的假设企业的劳动力供给表

支付的工资水平（美元）	劳动力供给量	每小时劳动力总成本（美元）	劳动力边际费用（美元）
8	10	80	
9	11	99	19
10	12	120	21
11	13	143	23

在这种情况下，为什么边际费用会超过工资水平这么多呢？例如，在从 10 名员工增至 11 名员工时，这家企业将不得不在原来计划雇用的每一名员工的工资基础上再额外每小时增加 1 美元，同时还要给新雇用的最后一名员工支付每小时 9 美元的工资——总共额外增加了 19 美元的成本。这种边际费用，既包括支付给新雇用的这名新员工的工资（正如我们在第 3 章中列举的例子一样），同时也包括由于不得不提高所有其他员工的工资而带来的额外成本。[①]

我们将表 5.1 中假设的数据描绘在图 5.2 中。当然，图 5.2 中的（实线）劳动力供给曲线表示企业在每一种工资水平上吸引的员工人数。简言之，它表示这家企业为了获得希望获得的每一种雇佣水平而必须支付的工资率。虚线表示的是边际费用——在原有雇佣水平上每增加一名员工所带来的额外成本。边际费用曲线不仅位于劳动力供给曲线的上方，而且比劳动力供给曲线更为陡峭（也就是说，以更快的速率上升）。[②]

企业对工资率和雇佣水平的选择　劳动力边际费用超过工资率这样一种情况会给劳动力市场带来何种影响呢？我们知道，为了实现利润最大化，任何企业——包括那些在买方独家垄断市场上的企业——在雇用劳动力时，应当一直达到劳动力的边际收益产品（MRP_L）与劳动力的边际费用（ME_L）相等的那一点时才停止雇佣活动，即：

① 这里我们假设企业计划给所有的未来员工提供相同的工资，并且它们没有能力发现哪些求职者愿意接受更低的工资。关于这一问题的全面讨论以及支持这一假设的一些实证研究结果，参见 Alan Manning，Monopsony in Motion：Imperfect Competition in Labor Markets（Princeton，N. J.：Princeton University Press，2003），chapter 5。

② 在表 5.1 和图 5.2 所展示的那个例子中，劳动力供给曲线的斜率是 1；企业每多雇用一名员工，就必须增加 1 美元的工资率。而边际费用曲线的斜率却是 2（例如，企业雇用的员工人数如果从 11 名增加到 12 名，边际费用将会从 19 美元上升至 21 美元）。总而言之，我们（如果了解一点微积分）很容易看出，如果一家企业面对的劳动力供给曲线是一条直线，则与这条劳动力供给曲线相联系的边际费用曲线的斜率就是供给曲线斜率的 2 倍。

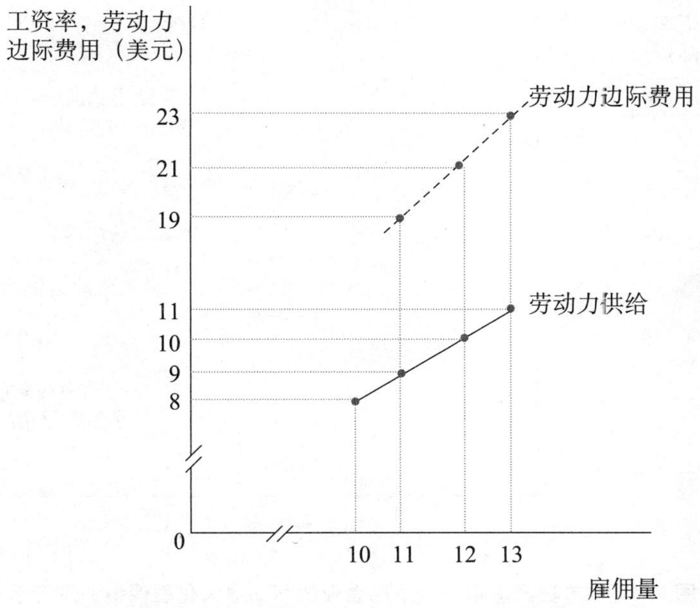

图 5.2　基于表 5.1 中的企业数据所做的图

$$MRP_L = ME_L \tag{5.1}$$

为了解释劳动力边际费用（ME_L）超过工资率（W）可能会产生的影响，我们考察一下图 5.3，图中展示了三条曲线：第一条是一家既定的企业面对的劳动力供给曲线；第二条是与之相关的劳动力边际费用曲线；第三条是一条向右下方倾斜的描绘企业的劳动力边际收益产品的曲线。

在买方独家垄断劳动力市场上的任何一家企业都必须做出两项与雇用有关的决策。首先，正如在竞争劳动力市场上的企业一样，它必须要决定雇用多少员工。在进行这个决策时，同样要遵循公式（5.1）中的利润最大化标准，即找到正好位于 $MRP_L = ME_L$ 那一点上的雇佣水平。在图 5.3 中，这家企业的利润最大化雇佣水平为 E^*，因为在这一点上能够实现 $MRP_L = ME_L$（这两条曲线相交于点 X）。

其次，这家企业还必须确定，要想得到 E^* 名员工，必须支付的工资率。从图 5.3 中可以看出，能够吸引 E^* 名员工的工资率是 W^*（注意劳动力供给曲线上的点 Y）。这家企业的劳动力供给曲线所代表的是，它所能支付的各种潜在的工资率与在相应工资率上有兴趣到企业工作的员工人数之间的关系。于是，第二项决策（关于工资率的决策）在图形上表示的就是，为了吸引到能够帮助组织实现利润最大化的员工人数，通过劳动力供给曲线可以反映出来的企业必须支付的那个工资水平。

买方独家垄断的条件以及企业的工资政策　竞争性劳动力市场和买方独家垄断劳动力市场之间的区别直接表现在雇主制定的工资政策方面。在竞争性劳动力市场中，单个企业是工资接受者，因而可以在通行工资水平上雇用到自己想要的所有员工，雇主只需要决定想雇用多少名员工；需要支付的工资率已经由市场决定了。然

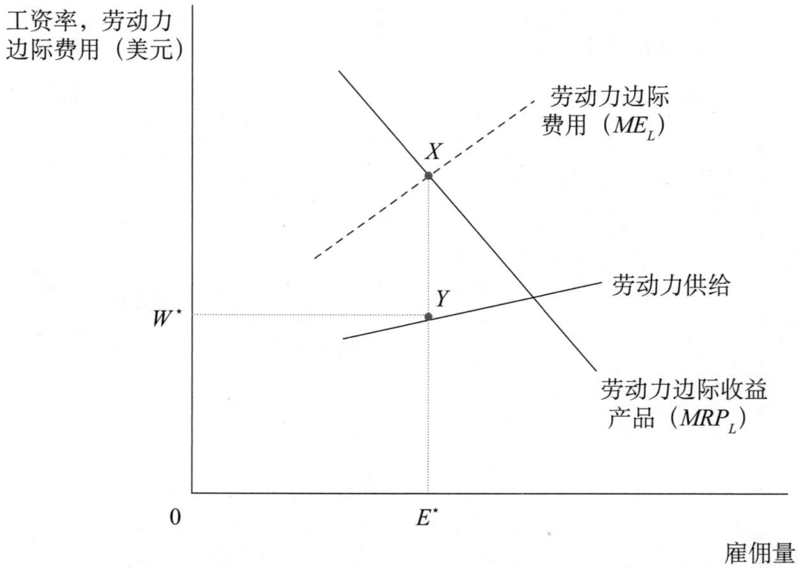

图 5.3　买方独家垄断市场上的企业的利润最大化雇佣量和工资水平

而，我们已经看到，面对买方独家垄断市场的企业还需要做出第二个决策，即它们必须决定要支付的工资率。进一步说，竞争性劳动力市场上的企业在雇用员工的时候，会止步于员工的边际收益产品等于（给定的）工资率那一点上，而买方独家垄断市场上的企业支付给员工的工资则低于劳动力的边际收益产品。

当然，买方独家垄断劳动力市场上的企业需要制定自己的工资政策这种情况，并不意味着它们在制定工资水平时可以不受约束。我们从图 5.3 的模型中可以看到，企业需要支付的工资水平是由它们面对的 MRP_L 曲线和劳动力供给曲线共同决定的。在我们的简单模型中，企业面对的这两条曲线都是给定的，因此，企业对这两条曲线都没有控制力。此外（图中没有表现出来），企业在制定劳动力市场决策时，还必须确保这些决策能够使它们在产品市场上保持竞争力。于是，买方独家垄断条件并没有赋予企业完全的工资决策自由；企业必须面对来自劳动力市场和产品市场两个方面的限制。

然而，尽管受到来自劳动力市场和产品市场的双重制约，买方独家垄断劳动力市场上的不同企业还是有可能对同等技能水平的劳动者支付不同水平的工资。即使是在同一个劳动力市场上，不同企业面对的劳动力供给曲线和劳动力边际收益产品曲线很可能也是不同的。因此，如果我们看到个人技能水平完全等同的员工由于在不同的企业中工作，因而边际生产率不同，进而得到的工资水平存在差异，就不应该感到惊奇了。那些使用旧设备，因而劳动力边际收益产品较低的企业，可以通过向具有相同技能水平的员工支付更低工资水平的方式，与那些因为使用新设备而拥有较高的劳动力边际收益产品的企业共存。事实上，仔细地总结一下最近发表的关于工资差别以及一价定律的研究成果，我们就可以找到一些证据来表明，相同的劳动者如果为不同的雇主工作，那么，他将会获得不同水平的工资。[1]

□ 买方独家垄断企业对劳动力供给曲线的移动会做出何种反应?

在买方独家垄断市场上实际上并不存在企业的劳动力需求曲线！这是因为，要想得出一家企业的劳动力需求曲线，就需要不断地问这样一个问题，即如果市场工资率维持在某一水平上（比如说每小时 5 美元），那么，这家企业的利润最大化雇佣水平是多少？或者问这样一个问题，即如果工资率现在是每小时 6 美元，那么，这家企业的理想雇佣水平是多少？在买方独家垄断的情况下，企业不是工资接受者，所以，向企业询问上述这种与工资水平有关的假设问题是毫无意义的。在企业面对的劳动力供给曲线及其边际收益产品曲线（在不同雇佣水平上的劳动力边际收益产品）既定的情况下，只存在唯一的利润最大化雇佣水平和与其相联系的唯一工资率，而这两者又都是由企业自己选定的。

劳动力供给曲线移动会引发劳动力边际费用（ME_L）上升　我们首先考虑，如果企业面对的劳动力供给曲线出现了移动（但仍然保持向右上方倾斜的形状），那么这种情况在短期和长期中会分别对买方独家垄断企业的理想雇佣水平产生什么样的影响。举个例子来说，假如劳动力供给曲线向左移动了，这表明在任何一个既定工资水平上，愿意工作的人数都减少了。根据竞争性劳动力需求模型，市场劳动力供给曲线的左移会引起市场工资率的上升和雇佣量的下降，就像雇主沿着其劳动力需求曲线向左移动一样。那么，在买方独家垄断的情况下，工资率和雇佣量发生的这种变化还同样会出现吗？

在图 5.4 中，劳动力边际收益产品（MRP_L）曲线是固定的（我们是在谈短期的情况），劳动力供给曲线的左移，我们可以用原始劳动力供给曲线 S 向新曲线 S' 的移动来表示。在劳动力供给曲线为 S 的时候，企业的劳动力边际费用为 ME_L，它会选择雇用 E 名员工并支付 W 的工资。当供给曲线移动到 S' 之后，企业的劳动力边际费用曲线就移动到了更高的位置，新曲线为 ME_L'。因此，新的利润最大化雇佣水平就会下降到 E'，而新的工资率则上升到了 W'。所以，在买方独家垄断模型中（与在竞争性劳动力市场模型中一样），劳动力供给曲线的左移在短期内会提高劳动力边际费用和工资率，同时会降低企业的理想雇佣水平。

在长期中，由于企业总是要寻找能够实现成本最小化的资本和劳动力组合，因此，劳动力边际费用的上升将会导致资本对劳动力的替代。大家可以回顾一下公式（3.8c）中给出的完全竞争条件下的资本和劳动力组合的成本最小化条件。在公式（3.8c）中，工资率即被视为劳动力的边际费用。在买方独家垄断劳动力市场上，ME_L 超过 W，所以，公式（3.8c）的左边必须写为下列一般式，即：

$$ME_L/MP_L=C/MP_K \tag{5.2}$$

[1] 参见 Mortensen，Wage Dispersion，chapter 1。

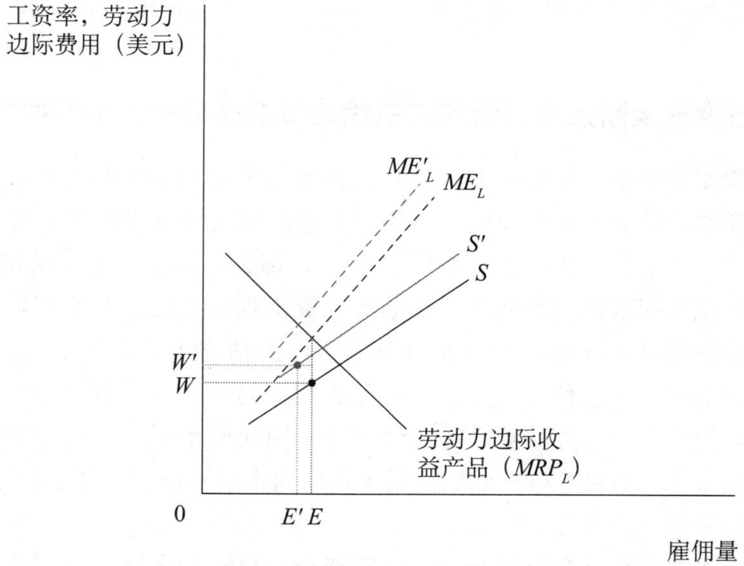

图 5.4　买方独家垄断企业对劳动力供给曲线左移的短期反应：雇佣量下降和工资率上升

显然，如果一位买方独家垄断者正在努力实现生产成本的最小化，那么在劳动力的边际费用上升的情况下，它就会试图通过资本对劳动力的替代来恢复公式（5.2）中的平衡条件。于是，雇佣量下降的幅度在长期中比在短期中更大。

强制性工资产生的影响　接下来，我们来分析，如果某些非市场力量强迫企业支付比其当前所付的工资水平更高的工资，那么会发生什么样的情况呢？企业的理想雇佣水平会下降吗？关于买方独家垄断企业做出的短期反应可以参见图 5.5。从图中可以看出，买方独家垄断企业最初在点 A 实现 $MRP_L=ME_L$，此时它会选择雇用 E_0 名员工，而这要求它支付 W_0 的工资率。

现在，我们假设强制性工资率被确定在图 5.5 中的 W_m 这一水平上。这种强制规定禁止企业支付比 W_m 这一水平更低的工资率，从而在企业面对的劳动力供给曲线上（当前的劳动力供给曲线为 BDS）创造出了一条水平线段（BD）。企业的劳动力边际费用曲线现在就变成了 $BDEM$，这是因为，一直到 E_1 这一雇佣水平之前，劳动力的边际费用都等于 W_m。企业通过使边际收益产品与边际费用相等（这个相等的点就是图中的点 C）就能够实现利润最大化，这时的企业就会雇用 E_m 位员工。尽管工资率从 W_0 上升到了 W_m，但理想雇佣量却从 E_0 上升到了 E_m。

因此，对买方独家垄断企业来说，强制性工资规定会同时提高劳动力的平均成本（也就是支付给员工的工资）和降低劳动力的边际费用。而正是边际费用的下降导致了企业在短期中扩大产出规模和增加雇佣量。因此，由于向右上方倾斜的劳动力供给曲线变成了一条水平线，所以如果对买方独家垄断企业规定一个强制性的工资，可能就会出现工资率和雇佣量同时上升的情况，至少在与当前雇佣人数较为接近的雇佣水平上存在这种可能性。然而，这种可能性的出现必须满足以下两

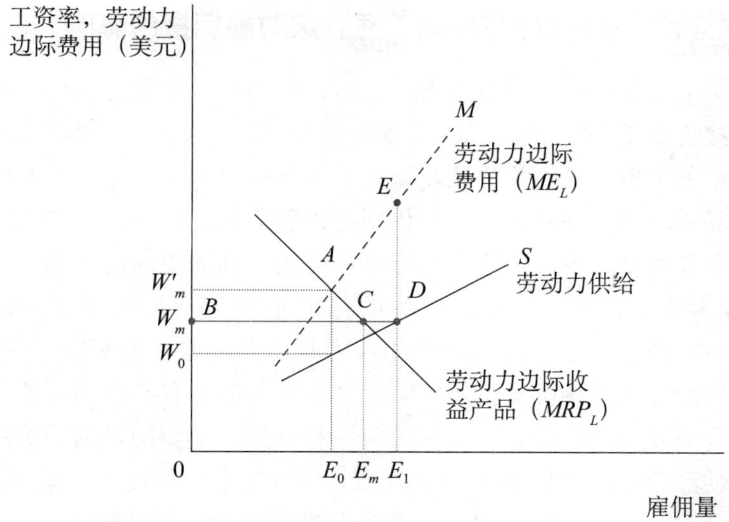

图 5.5　买方独家垄断条件下的最低工资效应：
工资水平和雇佣量在短期中可能都会上升

个条件。

第一，如图 5.5 所示，只有当强制性工资率被确定在 W_0 和 W'_m 之间时，雇佣量才会上升。如果强制性工资率被确定在高于 W'_m 的水平上，则它会导致劳动力边际费用的上升，从而导致能够确保利润最大化的雇佣水平下降到 E_0 以下。（要验证这一点，只需要从位于纵轴的 W'_m 以上的任何一点画一条水平线，就可以看到这一水平线将会与 MRP_L 曲线相交于 E_0 的左侧。）

第二，图 5.5 中的劳动力边际收益产品曲线是固定的，因而它只描述了买方独家垄断企业对强制性工资做出的短期反应。在长期中，对雇佣量有影响的两种（相反的）效应都可能会发挥作用。如果强制性工资率不是太高，那么买方独家垄断企业的劳动力边际费用就会下降，从而在长期中引起劳动力对资本的替代。然而，尽管买方独家垄断企业的劳动力边际费用下降了，但是它的劳动力平均成本（工资率）却上升了。现在，即使是生产与原来水平相同的产出，费用水平也更高了。于是，企业的利润就会下降。如果一家企业所处的产品市场是完全竞争的，那么，它最初的利润水平就只能算是这种产品市场上的正常水平，而利润水平的任何下降都会使它的利润低于正常水平。一些企业主就会退出市场，从而对雇佣量产生一种向下的压力。如果后一种（规模）效应足够大，那么在长期中，一旦实行强制性工资，买方独家垄断部门中的雇佣量就会下降。

总之，劳动力市场上买方独家垄断情况的出现，使下面这个问题的答案变得不确定了，即如果新的强制性工资起到了降低企业的劳动力边际费用的作用，那么，雇佣量对此会做出何种反应？然而，有一点是确定无疑的，这就是如果劳动力供给曲线的移动提高了企业的劳动力边际费用，那么必然会导致雇佣水平的下降。

□ 买方独家垄断条件和最低工资立法对雇佣量的影响

我们在第 4 章中讨论劳动力需求弹性时，引用的一些研究表明，总的劳动力需求弹性可能接近于 1（参见围绕表 4.1 所做的讨论）——然而，到了第 4 章末尾我们又发现，与最低工资上涨相关的就业损失其实弹性是很小的，甚至有时为零。而基于劳动力市场买方独家垄断条件的分析则可以我们帮助解释这一悖论。一方面，正如我们在图 5.5 中看到的，如果劳动力市场是买方独家垄断的，那么最低工资上涨会提高工资水平，但是——如果上涨的幅度不算大（也就是说，保持在 W'_m 以下）——却可以降低劳动力的边际费用。因此，当买方独家垄断条件确实存在时，最低工资上涨所导致的就业变化的方向就是不确定的：有些公司可能会出现雇佣量的上升（因为 ME_L 下降了），而其他公司则有可能被迫倒闭，因为更高的总劳动力成本使它们的经营变得无利可图。（请注意，图 5.5 中只是描述了那些仍然在经营的雇主的雇佣情况。）另一方面，表 4.1 中所示的弹性仅仅是根据通过市场力量产生的工资和就业结果来做的估计。从图形上来看，这些估计来自类似于图 5.4 中所做的那种分析。在图 5.4 中，劳动力供给曲线向左移动明确地导致了工资水平上涨和就业量或雇佣量的下降。如果买方独家垄断条件确实成立，那么理论也就可以告诉我们，就业量对市场力量引起的工资变化所做出的反应，可能不同于对通过立法提高的工资所做出的反应。

我们在这里所做的分析对于讨论过的 2016 年最低工资翻倍问题意味着什么？上一节中针对强制性工资上涨所做的分析表明，最低工资的大幅度上涨——在图 5.5 中将最低工资水平提高到 W'_m 以上——将会同时提高工资水平和劳动力边际费用（ME_L），因此这必然导致就业量的减少。事实上，将最低工资提高到 W'_m 以上所产的效果类似于图 5.4 中所示的劳动力供给曲线向左移动——这种效果与最低工资上涨幅度不大时的情况不同，由此造成的就业量损失不会因为劳动力边际费用的下降而得到缓解。因此，与最低工资上涨相联系的就业损失较小这一到目前为止的结果，可能并不能帮助我们预测：一旦像在 2016 年设想的那样大幅度提高最低工资，则可能会对就业产生怎样的影响。

那么，我们能否说，买方独家垄断条件可能正是导致最低工资变化时雇佣水平发生的变化很小或变化方向不确定的原因呢？由于这些研究的对象大多都是青少年，而人们可能会认为，青少年可以在不支付任何成本的情况下从一份非全日制工作转换到另外一份非全日制工作。如果对青少年来说，换一份工作真的没有成本，那么只要出现很小的工资差别，他们就应该立即换工作。所以，青少年的劳动力市场就应该非常接近竞争性劳动力市场模型。于是，我们就必须找其他的理由来解释最低工资变化对青少年的雇佣量所产生的不确定性影响。

我们在前面已经指出，劳动力流动会受到很多因素的阻碍（使流动的成本更高），其中包括：其他雇主提供的工资水平以及工作要求信息的不完善；求职与接受别人评估所需要的时间以及相应的烦恼；必须放弃一些在新工作中很难得到替代的有价值的非工资性工作特征等。青少年和成年人一样也面临许多此类成本。此外，青少年在找工作的时候一般都只打算待很短一段时间，与为了换工作而投入的时间和精力相比，找到一份工资水平更高的工作能够给他们带来的总收益并没有那么大。于是，我们仍然可以说，那些通常只雇用青少年的企业（比如快餐店）面对的劳动力供给曲线也是向右上方倾斜的，买方独家垄断条件在这些地方同样也很普遍地存在。

□ 工作搜寻成本与其他劳动力市场结果

对劳动者来说，劳动力流动成本的存在意味着他们必须决定何时开始寻找新工作（从而产生搜寻成本）以及何时停止搜寻的努力。这些关于工作搜寻的决定中所包含的一些很有趣的含义可以帮助我们解释这样一种现象，即为什么工资会随着劳动者的劳动力市场经验增长以及在同一位雇主处工作时间（在职年限）的延长而上涨。关于工资水平会随着劳动者的市场经验以及在职年限的增长而上涨的其他一些理由，我们将在本书随后的章节中讨论，我们现在对工作搜寻成本所做的讨论仅仅是为了引起大家对其中的一些含义的注意。我们还将讨论工作搜寻成本是如何对失业者的决定产生影响的。

工资水平、运气与工作搜寻 我们已经论述过，员工的流动成本可以创造一种买方独家垄断条件，而这种条件可能会导致生产能力相同的劳动者获得不同水平的工资。然而，买方独家垄断条件也并非导致相似员工得到不同工资水平的唯一原因。事实上，我们在本书随后的章节中将会花很多时间分析与所从事工作的特征或劳动者个人的特征有关的工资差别——这一类工资差别不容易被衡量，也不容易被观察到。这些特征包括不同的工作条件（第 8 章）、不同的在职培训要求或在职培训机会（第 9 章）以及用来激励生产率的不同工资支付方式（第 11 章）。此外，我们还会分析可能与生产率特征无关的种族、族裔或性别等因素造成的工资差别（第12 章）。

然而，买方独家垄断劳动力市场理论对我们分析工资差别带来的一个启示就是，一位劳动者得到的工资在某种程度上取决于运气。一些劳动者比较幸运，得到了支付高工资的那些雇主提供的工作，而另外一些人的运气却较差。此外，考虑到换工作的成本，即使劳动者可以从低工资企业向高工资企业流动，可能也永远无法实现工资的均等化，或者达到能使工资均等的速度。

即使劳动者认为他们可以在其他地方获得更好的工作机会，他们仍然也要面对搜寻雇主的成本，由此我们很自然地就会想到，员工-雇主之间的“匹配”过程可能需要发生在一段足够长的时间内。我们可以认为，虽然劳动者希望尽可能快地与雇主达成最佳匹配状态，但是他们会发现，要想获得更好的匹配状态是需要付出成本的。那些认为自己与雇主之间匹配不佳（可能是由于工资低）的劳动者，比那些已经很幸运地实现了较好匹配（即得到高工资）的劳动者，有更强的寻找新工作机会的动力。经过一段时间之后，随着那些不够幸运的劳动者有更多的机会找到新工作，他们的匹配质量会得到提高——但是，在有些工资水平上，由于新工作带来的工资增长幅度太小（或者是劳动者预期在新工作上就业的时间比较短），结果就会导致进一步寻找新工作的收益尚不能弥补其成本。

许多劳动力市场研究已经发现，劳动者的工资倾向于随着下列两种因素的强化而上涨。一是总的劳动力市场经验年限；二是在总的劳动力市场经验年限不变的情况下，在同一位雇主处连续就职的时间长短（在职年限）。[①] 工作搜寻方面的考虑在这两种模型的形成方面起到了一定的作用，因此，我们在这里将做一个简要的讨论。

工资和劳动力市场经验 使工作搜寻活动成本变得高昂的原因之一就是获得新的工作机会是需要花费时间和精力的。此外，空缺职位在一段时间内的出现多多少少是随机性的。所以，在劳动者恰好“处在劳动力市场上”的某一段时间里，并非所有对劳动者有吸引力的潜在职位空缺都是存在的。然而，随着时间的推移，可能会出现职位空缺，这时劳动者才有机会决定去申请什么样的工作。那些在劳动力市场上花费更多时间的劳动者，获得更好的工作机会的可能性也越大，因而也更有可能改善他们最初的工作匹配水平。我们在第 9 章中还会从其他方面来说明为什么工作搜寻成本能够对下面这种情况提供解释，即从总体上来说，劳动者在劳动力市场上的活跃时间越长，则他们的工资得到改善的可能性也就越大。

工资和在职年限 由于搜寻工作的成本很高，所以一旦幸运地找到一份高工资工作，劳动者继续去寻找新工作机会的动力就会很弱，而那些没那么幸运的劳动者仍然会继续找工作。这也就意味着，那些在企业中工作年限最长的员工，往往也是一开始在这家企业工作时工资水平就相对较高的人。因此，我们可以看到，在职年限和工资之间呈现出一种正相关关系。事实上，正如我们在前面指出的那样，实证研究也发现，在那些拥有相同技能和相同的劳动力市场经验的劳动者中，在同一位雇主那里工作的在职年限越长，劳动者的工资水平往往也越高。虽然对这种关系还存在其他一些可能的解释（参见第 9 章和第 11 章），但是工作搜寻成本的存在却向我们表明，可能并不是简单地因为在职年限长才导致工资水平高；相反，很可能是因为工资水平高，所以才导致员工的在职年限长！

工作搜寻成本与失业 工作搜寻成本也可以帮助我们解释失业的出现（以及失业水平）。虽然我们将在第 14 章中分析失业问题，但是在这里介绍一下工作搜寻成本和失业之间的关系还是很重要的。简单地说，寻找工作机会是失业者必须要做的一件事情，而找工作过程本身是要花费时间和精力的。一位劳动者在得到一个可以接受的工作机会之前等待的时间越长，他失业的时间就越长。因此，较高的工作搜寻成本会延长失业者的失业周期，从而增加失业率。[②]

□ 买方独家垄断条件和竞争模型之间的相关性

如果员工流动成本的存在意味着在典型的劳动力市场上存在买方独家垄断条件，

① Manning，Monopsony in Motion，chapter 6.

② 关于工作搜寻和失业之间的关系，参见 Manning，Monopsony in Motion，chapter 9。

那么，这是否意味着竞争性劳动力市场模型是没有用的或是会起误导作用呢？尽管我们已经看到，竞争性劳动力市场模型确实提出了一些至少是与部分事实相冲突的推论，但是很难就此断定，这种竞争性的劳动力市场模型是毫无用处的，尤其是在长期中。

当然，竞争性劳动力市场模型和买方独家垄断模型之间的一个主要区别就是——是否存在劳动力的流动成本这样一个假设。然而，如果我们把劳动者视为一个群体，我们就会发现，近期的劳动力流动成本可能要高于长期中的劳动力流动成本。例如，对一位现居住在奥尔巴尼市的注册护士而言，要让她及其全家搬迁到萨克拉门托市，成本是相对较高的。同样，一位在一家就业服务机构中工作的薪酬专员也会发现，要到家具生产行业中找到一个类似的职位，也是一件很让人烦心和耗费时间的事情。然而，对一位刚刚大学毕业或刚刚移民到美国，还没有决定在哪里定居，或者是到哪个行业中去工作的人来说，找工作的相对成本就低很多。刚毕业的人和新进的移民无论如何都要做出这些方面的决定（而那些已经工作的劳动者就不需要做这些决策），并且，当他们在各种不同的工作机会之间做出选择时，他们需要放弃的既定关系很少。随着时间的推移，那些原来在职的人退休了，新员工取而代之，而这些新员工是能够看到定居在某些特定的区域或者在某些特定的行业中工作的好处的。于是，经过一段时间之后，我们就可以看到，由运气因素造成的工资差别就消失了——即使劳动力流动成本在短期中仍然存在。例如，一项研究发现，那些刚刚移民到美国的新移民更有可能聚集在那些为自己所属的技能群体提供高工资的州中，而他们的出现有助于缩小地区之间的工资差别。[①]

另一种情况是，即使存在买方独家垄断条件，雇主在确定工资的时候也不能偏离市场工资水平太远，否则，在吸引、留住以及激励员工方面都会遇到困难（我们在第11章中还会详细论述这个话题）。诺贝尔经济学奖获得者保罗·A. 萨缪尔森（Paul A. Samuelson）在他的畅销经济学教材中是这样解释这个问题的：

> 不要仅仅因为竞争不是百分之百的完美，就认为它根本不存在。在对雇主需要支付的工资产生的影响方面，这个世界是竞争力量和某种程度的垄断力量两者之间的一个混合体。那些试图将自己的工资确定在过低水平上的企业很快会认识到这一点。它们一开始这么做时可能什么也不会发生。但是，最终它就会发现，其员工的离职速度会比在其他情况下要快很多。企业会越来越难以招募到具有相同质量的员工，同时，那些目前仍然在职的劳动者的绩效和生产率也会变得越来越差。[②]

① George Borjas, "Does Immigration Grease the Wheels of the Labour Market?" Brookings Paper on Economic Activity (2001): 69-119.

② Paul A. Samuelson, Economics: An Introductory Analysis (New York: McGraw-Hill, 1951): 554.

劳动力市场中雇主一方遇到的摩擦力

雇主在搜寻和雇用员工时也要面对摩擦力。这些摩擦力导致企业必须承担一些与其雇用的员工人数有关而与员工的工作时间无关的成本。这些成本被称为“准固定”成本，这是因为要想在短期中降低这些成本，要么十分困难，要么根本就不可能——这种情况与可变成本（比如小时工资率）很不相同，因为只要减少工作小时数，就能够很轻易地降低可变劳动力成本。准固定成本的出现导致企业在随市场条件的改变而调整自己的雇佣水平时，调整的步伐被放慢。我们在本节中首先讨论准固定成本的种类，然后再分析这些准固定成本对企业在劳动力市场上的行为产生的影响。

□ 准固定成本的类型

雇主在雇用员工和向员工支付报酬的时候经常会产生大量的准固定成本。总的来说，这些成本分为两类，即在劳动力身上进行的投资和一定的员工福利。现在我们来对每一种准固定成本分别进行讨论。

对劳动力的投资 当一位雇主有了一个职位空缺之后，就必须雇用一位合适的员工，而这就必定会产生成本。雇主可能要去刊登招聘广告、筛选求职信、对潜在的候选人进行面试。如果雇用的是一位稀缺人才，可能还要宴请新员工。例如，1982 年的一项研究就对那些主要雇用低技能劳动者的雇主进行了调查。结果发现，即使是在出现这一类职位空缺时，雇主在筛选和面试求职者方面花费的时间也达到了人均 22 小时。① 而一旦录用了求职者，还会有新的成本产生，其中包括对新员工进行岗前培训以及把他们的名字录入工资单中。

还有一项不能被忽略的雇佣成本是解雇员工的成本——尤其是当这个问题已经成为公共政策中的一个重要争论话题时。如果经济状况或者员工的个人工作绩效不佳，企业雇用的每一位员工可能都会被企业解雇。正如我们在例 5.1 中讨论的那样，要求企业在解雇员工时必须支付遣散费或提供其他补偿条件的政策会增加企业结束雇佣关系时需要承担的成本，因而也就增加了雇用劳动者的准固定成本。

除了雇佣成本之外，企业还要向其新员工以及老员工提供正式或非正式的培训。这类培训成本大概可以划分为三类：

（1）正式雇用培训师以及提供培训材料的显性货币成本；

① John Bishop, “Improving Job Matches in the U. S. Labor Market,” Brookings Papers on Economic Activity: Microeconomics (1993): 379.

（2）在一些不那么正式的培训活动中，由于让有经验的员工来向受训者演示工作程序，因而会导致他们损失一部分产量，由此产生的隐性成本或机会成本；

（3）因占用受训者的时间而产生的隐性成本或机会成本。

例 5.1☞

就业保护法真的保护劳动者了吗？

欧洲许多国家都采取了就业保护政策，这些政策使雇主解雇劳动者的成本变得更高了。这些政策中包括的条款明确地界定了在什么时候解雇员工是“不正当的”或“不公平的”。有些国家（比如希腊）则走得更远，它们规定，公司业务不足或员工能力不够都不能构成解雇员工的正当理由。虽然许多国家的政策没有走那么远——只要求企业将准备解雇的员工转移到其他企业，或者是对他们重新进行培训，但是如果这些国家的企业提出的解雇员工的理由是“不正当的”，它们通常需要支付相当于被解雇员工 8～12 个月工资的遣散费。

这些法律规定还使雇主在解雇员工时会遇到一些程序上的不便。例如，企业需要通知或者征得第三方（例如工会）的同意，而且，员工有权通过法律途径对雇主做出的解雇决定提出挑战。此外，想要采取集体裁员措施的企业还会受到更多程序上的限制以及时间上的拖延。最后，这些政策还对企业使用临时工以及根据固定工作期限的合同雇用员工的做法做出了规定和限制，因为使用这些类型的劳动者的做法被认为不利于就业保护目标的实现。

一项研究对世界各国的就业保护法的严格程度进行了分析，结果发现，在那些就业保护法规定最为严格的国家中，从就业变成失业的劳动力的流动规模确实也更小。也就是说，强有力的就业保护政策确实减少了解雇的可能性。然而，过强的就业保护政策也减缓了劳动者从失业人群中流出的速度，因为这些政策引发的成本会阻碍雇主创造新的工作岗位。尽管失业人口的流入和流出速度会对总失业率的数值产生一种相互抵消效应，但是研究发现，较为严格的就业保护往往与长期失业以及女性劳动者和青少年劳动者的低就业水平联系在一起。

资料来源：OECD Employment Outlook：2004（Paris：Organization for Economic Cooperation and Development，2004），chapter 2；and Lawrence M. Kahn，“The Impact of Employment Protection Mandates on Demographic Temporary Employment Patterns：International Microeconomic Evidence，”Economic Journal 117（June 2007）：F333 - F356. 有一项研究则发现，就业保护法也能带来一些积极的影响，参见 Viral Acharya，Ramin Baghai，and Krishnamurthy Subramanian，“Wrongful Discharge Laws and Innovation，”Review of Financial Studies 27（January 2014）：301 - 346。

20 世纪 90 年代早期的一项研究发现，一位员工在加入一家企业的头三个月中（或 520 小时的总工作时间中），把大约 30％的时间（153 小时）都花在了培训上。我们把这项研究得出的数据总结在表 5.2 中。从数据中可以看出，这些培训很少采取正式的课堂讲授形式；相反，大多数都是采取非正式的在岗培训方式。[①]

表 5.2　　企业在新员工入职后的头三个月中对他进行培训的时间

培训活动类型	平均小时数
培训人员提供正式指导的时间	19
管理人员在岗前培训、非正式培训以及额外的指导监督方面花费的时间	59
由同事以非正式方式进行培训的时间	34
新员工观摩其他人的工作所耗费的时间	41
合计	153

资料来源：John Bishop，"The Incidence of and Payoff to Employer Training，" Cornell University Center for Advanced Human Resource Studies，working paper 94－17，July 1994，11.

雇佣成本和培训成本可以被归类为投资，这是因为它们尽管发生在现在，但却只能在未来获得收益（以生产率提高的形式）。而且投资本身是有风险的，因为一旦投资付出了，成本就"沉没"了，没有人能保证在未来一定能够得到回报。我们在随后的章节中将分析这些投资对雇主行为造成的影响。

员工福利　除了得到直接的工资和薪资报酬之外，劳动者通常还会得到一些非工资性薪酬，其主要形式包括由雇主提供的医疗和人寿保险、养老金计划、带薪假期、社会保障支付以及其他各种员工福利。表 5.3 中详细列举了 2016 年劳动者获得的员工福利情况，需要指出的很重要的一点是，这些福利中的很多项目对雇主而言都属于准固定成本。也就是说，许多员工福利都与企业雇用的员工人数有关，而与员工的工作小时数无关。

表 5.3　　员工福利在总薪酬中所占的百分比，2016 年（括号中是每小时的平均成本）

法定缴费	**7.5**	**(2.55 美元)**
社会保障	5.5	(1.87 美元)
工伤保险	1.4	(0.47 美元)
失业保险及其他[a]	0.6	(0.21 美元)
养老金	**5.1**	**(1.74 美元)**
根据福利公式计算的雇佣成本[a]（收益确定计划）	3.2	(1.09 美元)
与工资性报酬成比例的雇主成本（缴费确定计划）	1.9	(0.65 美元)
保险[a]（医疗保险、人寿保险）	**8.8**	**(3.00 美元)**
带薪假期、节假日以及病假[a]	**6.9**	**(2.35 美元)**
其他	**3.1**	**(1.05 美元)**
总计	**31.5**	**(10.70 美元)**

a. 很多人认为这些福利在很大程度上属于准固定成本（参见正文中的讨论）。

资料来源：U. S. Labor Department，Bureau of Labor Statistics，"Employer Costs for Employee Compensation—March 2016，" Table 1，news release USDL：16－1150（June 9，2016）.

① 其他的研究和相关资料，参见 Harley Frazis，Maury Gittleman，and Mary Joyce，"Correlates of Training：An Analysis Using Both Employer and Employee Characteristic，" Industrial and Labor Relations Review 53（April 2000）：443－462。

大部分人寿保险和医疗保险政策都需要雇主按照自己雇用的员工人数来付费，而不是与员工的工作小时数成比例。带薪非工作时间（休假、节假日和病假）基本也属于准固定成本。有些养老金计划的成本是与员工的工作小时数成比例的，这是因为许多雇主提供的都是缴费确定计划，在这种养老金计划下，需要由雇主承担的缴费是与员工的工资或薪资性报酬成一定比例的。但是，还有一些雇主建立的则是收益确定计划，这种养老金计划向员工做出的承诺是，员工退休以后能够领取的养老金数量将是他们在本企业中的工作年限的一个函数，而不是他们的实际工作小时数的一个函数。因此，这种养老金计划的成本从本质上说也属于准固定性质的。

在各种法定福利中，工伤保险成本是严格与工作小时数成比例的，因为它是基于雇员工资总额的一定百分比征收的。而且，对大多数员工来说，社会保障工薪税也是与工资成比例的。[①] 但是，失业保险工薪税却是根据每一位员工的年度工资性报酬总额中处于可征税最高工资性报酬（课税工资基数）之下的那部分工资性报酬的一定比率（税率）来征收的。2016 年，在美国三分之二的州中，这一课税工资基数介于 7 000 美元和 18 500 美元之间。[②] 因为大多数全职员工的年工资性报酬都超过了 18 500 美元，因此，员工每周工作的小时数增加，并不会导致雇主的工薪税负担加重。因此，失业保险成本对雇主而言是一种准固定成本。

在表 5.3 中，我们已经指明了哪些非工资性成本通常属于准固定性质。表中的数据表明，总薪酬成本中几乎 20%的部分——或者说平均每位全日制员工每年大概 13 000 美元的部分——都属于准固定成本。许多非工资性劳动力成本的准固定性质，对雇主最终决定是雇用新人还是让现有员工来加班，有着重要的影响，我们在下一节中将对此展开分析。

增加雇用与增加工时之间的权衡

在前面的章节讨论过的简单劳动力需求模型中，我们仅仅谈到了劳动力需求量的问题，没有提到一家企业雇用的员工人数与这些员工的周平均工作小时数之间的区别。但是，假定所有其他投入要素保持不变，企业为生产某一既定水平的产出，却可以选择采用多种不同的员工人数及其周平均工作小时数的组合。我们显然可以

① 雇主所要承担的社会保障工薪税是在每一位员工的个人工资性报酬中，位于最高可纳税工资基数之下的那部分工资性报酬的一个既定百分比。2016 年，养老保险和工伤保险税的税率是 118 500 美元以下的那部分工资性报酬的 6.20%；而医疗保险税则是员工所得到的全部工资性报酬的 1.45%。由于可课税的最高工资性报酬基数超过了大多数劳动者的年度工资性报酬总额，因而当一位典型员工的周工作小时数增加时，雇主的工薪税负担也会相应增加。

② U.S. Department of Labor, Employment and Training Administration, Compensation of State Unemployment Insurance Laws, January 1, 2016 (www.unemploymentinsurance.doleta.gov/unemploy/comparison2016.asp).

假设，在其他条件相同的情况下，如果增加企业雇用的员工人数，则可以缩短每一位员工的周平均工作时间；而延长每位员工的周平均工作时间，则可以使企业减少需要雇用的员工人数。

在第 3 章中，我们将劳动力边际产品（MP_L）界定为一个单位的劳动力增量在资本保持不变的条件下所引发的产出量变化值。一旦我们对企业雇用的员工人数（我们用 M 来表示）和每一位员工的周平均工作小时数（H）加以区分，我们就必须考虑两类不同的劳动力边际产品，其中 MP_M 是在资本和每一位员工的周平均工作小时数保持不变的情况下，新增一名员工带来的产出增量；而 MP_H 则是指在资本和员工人数保持不变的情况下，每一位员工的周平均工作时间增加一小时带来的产出增量。与 MP_L 一样，我们假定 MP_M 和 MP_H 都是正的，但会随着企业雇用的员工人数（M）以及周平均工作小时数（H）的增加而下降。①

那么，一家企业应当如何决定最优的员工人数和工时组合呢？雇主到底是应当让现有的员工经常性地加班加点，从而支付加班工资合适呢？还是雇用新员工更合适呢？

员工人数和工时数组合决策　有些劳动力成本与员工的工作小时数有关，另一些劳动力成本则与工作小时数无关，这样的事实会引导雇主把“员工”以及“每位员工的工作小时数”当成两种可以相互替代的劳动力投入。因此，追求利润最大化的雇主就会对下面两种增产方式的成本加以权衡：一种做法是通过雇用更多的员工来多生产一件产品；另一种做法是通过增加现有员工的工作小时数来多生产一件产品。回忆我们讨论过的公式（3.8c），只有在两种成本相等的时候，企业才能实现利润最大化。于是，如果额外雇用一位员工的边际费用是 ME_M，而让现有员工多工作一小时的边际费用是 ME_H，那么，要想实现利润最大化，就必须满足下式中的条件：

$$ME_M/MP_M=ME_H/MP_H \tag{5.3}$$

公式（5.3）的左侧是通过多雇用一位员工来多生产一件产品的成本；而公式的右侧则是增加现有员工的工作小时数来多生产一件产品的成本。

公式（5.3）的一个含义是，如果某种原因导致 ME_M 相对 ME_H 上升了，企业就会希望用增加现有员工的工作小时数的做法来代替增加员工的做法，即雇用更少的员工，但是让每一位员工每周工作的时间更变得长。（在雇用更多的员工和增加现有员工的工时之外，还有另外一种备选方案，就是“租用”员工，参见例 5.2。）相反，如果 ME_H 相对 ME_M 上升了，雇主就会希望通过增加员工人数而不是增加现有员工的周平均工作时间的方式来实现其利润最大化水平的产出。ME_M/ME_H 和工作小时数之间的关系如图 5.6 所示。图 5.6 表明，在其他条件不变的情况下，随着 ME_M 相对于 ME_H 的上升，每位员工的周平均工作时间会上升。

① 当员工人数增加时，MP_M 的下降可能是由每一位员工能够使用的资本量下降造成的；而在每一位员工的周平均工作时间延长的情况下，MP_H 的下降则可能是由员工工作到某一时间点之后就会出现疲劳导致的。

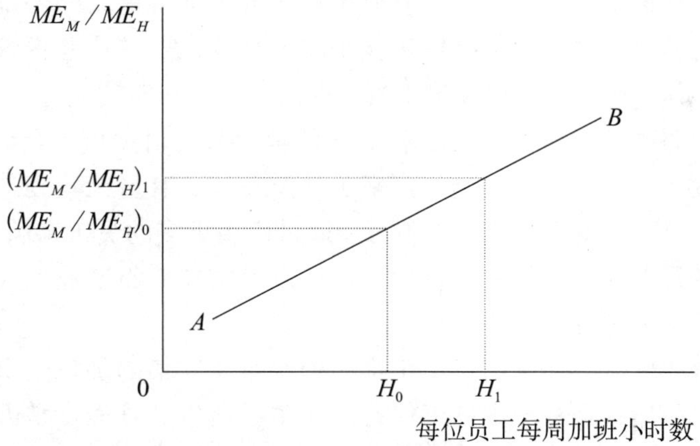

图 5.6 ME_M/ME_H 和加班小时数之间的关系估计

例 5.2

把“租用”员工作为应对雇佣成本的一种方法

雇用新员工的准固定成本非常高这样一种情况，可以从提供临时雇佣服务的公司成长迅速的现象中看出来。临时雇佣服务公司会专门招募一些劳动者，然后将他们派往需要临时使用劳动力的公司中。临时雇佣服务公司通常会向接受其服务的企业客户收取一定的费用，而且每小时服务收取的费用往往高于这些企业自己直接去雇用员工时需要支付的小时工资——这些临时雇佣服务公司的客户之所以愿意支付这个溢价，是因为它们通过使用临时雇佣服务可以节约一部分与雇用有关的投资成本。同时，由于劳动者通过临时雇佣服务公司来找工作，可以节约因不断寻找和申请各种可能的临时就业机会而需付出的成本，所以他们也愿意接受比自己去找工作时可能得到的工资率要低一些的工资率。而向企业客户收取的费用和支付给本公司员工的工资之间的差价，就能够使这些临时雇佣服务公司负担自己招募员工以及安排员工从事工作的成本。

由于企业不必承担雇用员工的准固定成本，或者是当产品需求不足以支撑它们雇用这些员工时就可以解雇他们，因此，企业通常会在不确定性很高的时期使用临时雇佣服务机构的服务。例如，在 2008 年和 2009 年的“大衰退”期间，临时雇佣服务机构——它们总共雇用了大约 2%的美国劳动力——失去的工作岗位在全部失业中占了 11%。与此相对应，在 2009 年之后的经济复苏时期，临时雇佣服务机构在全部新增就业中获得了 13%以上。

资料来源：Susan N. Houseman and Carolyn J. Heinrich, “Temporary Help Employment in Recession and Recovery,” working paper no. 15 - 227, W. E. Upjohn Institute for Employment Research (Kalamazoo, MI, 2015); and Lewis M. Segal and Daniel G. Sullivan, “The Growth of Temporary Services Work,” Journal of Economic Perspective 11 (Spring 1997): 117 - 136.

政策分析：加班工资 在美国，根据《公平劳工标准法》的要求，如果雇主要求被该法案覆盖的雇员（一般是指按工作小时数来拿工资的非监督管理岗位上的员工）从事加班工作，则必须支付加班工资，即对每周工作时间超过 40 小时的那部分工时，至少要按照高于正常小时工资率 50%的幅度来支付加班工资。然而，许多加班时间都发生在非正常情况下，例如，来了加急订单、有员工缺勤或是机器出了故障等，在这些情况下，就很难或根本不可能通过雇用更多的员工来满足加班的需求。不过，有些加班是事前安排好的，例如，20%以上的技术类产业工人或技术人员每周的工作时间通常都超过 44 小时。①

考虑到要给加班员工支付相当于正常工资水平 1.5 倍的加班工资，我们可以得出这样的结论，即那些经常安排员工加班的雇主之所以这样做，是因为这样做肯定会比雇用更多的员工更合算，因为雇用更多的人会带来更多的准固定成本。事实上，那些经常加班的生产工人最有可能是雇佣成本和培训成本相对较高的员工。例如，虽然 20%以上的男性技术工人每周被安排工作的时间超过 44 小时，但是在男性非技术工人中，每周工作时间超过 44 小时的人所占的比例却只有 12%。②

在 2016 年，美国劳工部（U. S. Department of Labor）更新了联邦政府关于加班问题的早期法律规定，对能够得到《公平劳工标准法》关于加班工资规定豁免的那些职位重新进行了界定。总的来说，雇主的一个职位要想得到关于支付加班工资规定的豁免，则这个职位上的员工必须是领取薪金的（即不是按小时计算工资的），同时还必须履行专门的行政管理、专业或高层管理类的工作职责。2016 年的修订取消了对低薪金（每周薪金低于 913 美元）的那些职位的豁免，而不再考虑从事这些职位实际承担的工作职责是什么。此外，得到豁免的还包括那些年薪超过 134 004 美元的职位。③

加班和工作机会扩张 通常认为，支付相当于正常小时工资 1.5 倍的加班工资的要求，可以通过减少雇主对加班的依赖而“扩大工作机会”（即创造出更多的职位空缺），从而保护劳动者。然而，我们需要对这种加班工资规定的覆盖面扩大会创造出更多的就业机会的说法保持警惕，原因之一在于，即使一家企业在原来的基础上减少了加班时间的使用，加班工资也会提高企业的劳动力平均成本！过去依赖加班的企业是可以增加它们的员工人数，同时减少原来使用的那些加班时间的。但事实上它们却并没有这样做。这种情况表明，雇用员工的准固定成本使企业这样做的代价比支付加班工资更为高昂。如果它们现在减少加班时间，并且在同样的基本工资

① Daniel Hecker, “How Hours of Work Affect Occupational Earnings,” Monthly Labor Review 121 (October 1998): 8 - 18.

② 关于使用加班的相关研究，参见 Dora L. Costa, “Hours of Work and the Fair Labor Standards Act: A Study of Retail and Wholesale Trade, 1938 - 1950,” Industrial and Labor Relations Review 53 (July 2000): 648 - 664；也可参见 Hecker, “How Hours of Work Affect Occupational Earning,” 10。

③ 数据参见 U. S. Department of Labor, Wage and Hour Division, “Fact Sheet: Final Rule to Update the Regulations and Delimiting the Exemption for Executive, Administrative, and Professional Employees” (May 2016), https: //www. dol. gov/whd/overtime/final2016/。

率水平上雇用更多的员工，那么，它们的劳动力成本显然会上升。而劳动力成本的上升不仅会降低产出规模，而且会促使企业用资本来替代劳动力，于是，这些受到影响的企业就会减少对总劳动力工时的需求。因此，即使基本工资没有变，所有减少的加班时间也不会被转化为更多的员工被雇用。

加班和总薪酬 在 2004 年以后才被覆盖到的那些员工的工资会不会上涨呢？而刚被豁免的那些职位的工资会不会因为这种修订而下降呢？很可能都不会。这是因为，基本工资率可能会随着加班规定覆盖范围的变化而发生变动。

我们已经论述过，许多加班工作时间都是提前安排好了的，在这种情况下，雇主和员工很可能会就每周的工作小时数和总薪酬（至少是非正式地）达成一个协商一致的"一揽子"方案。如果是这样，那么经常安排加班的企业面对法律覆盖范围扩大以后的情况可能会做出这样一种反应，即在考虑新的加班工资支付要求之后，降低计时工资的支付水平，但保证每一位员工获得的总薪酬不变。事实上，一项关于美国工资的研究发现，当强制性的加班工资水平上涨之后，基本工资趋于下降，这种情况在那些需要经常性地大量加班的企业中尤其常见。[①] 另一项关于美国的加班工资所产生的影响的研究也发现了同样的证据，即企业支付的基本工资针对加班工资规定的变化进行调整的方式表明，雇主和员工是将工作小时数和总薪酬作为一揽子组合来看待的。这项研究还发现，法定加班工资覆盖范围的扩大对加班小时数并没有产生可衡量的影响。[②]

培训投资

我们已经将雇主对培训的投资确认为一项重要的投资，这项投资会增加雇用员工的准固定成本。培训的成本即使从表面上看是由雇主承担的，但实际上员工或多或少会以某种方式承担其中的一部分成本。所以，培训投资是劳动力市场上一种相当独特的摩擦力。我们在本节中将探索这种摩擦力对雇主和员工两方面的行为产生的影响。

□ 雇主的培训决策

假设一位雇主刚刚雇用了一名新员工，并且这位雇主决定承担培训这名员工的成本，那么它就要面对我们在前面提到过的各种显性和隐性培训成本——其中当然也包括这位接受培训的员工放弃的那部分产出。于是，在培训期间，雇主可能就要

① Anthony Barkume, "The Structure of Labor Costs with Overtime Work in U.S. Jobs," Industrial and Labor Relations Review 64 (October 2010): 128 - 142.

② Stephen J. Trejo, "Does the Statutory Overtime Premium Discourage Long Workweeks?" Industrial and Labor Relations Review 56 (April 2003): 530 - 551.

承担超过新员工的边际收益产品的那部分培训成本了。那么，在什么条件下雇主才会愿意承担这种投资成本呢?

与任何其他投资一样，雇主只有在相信员工接受培训后能够使自己得到投资收益的情况下，才会愿意在培训期间承担培训的净成本。正是认为员工在接受培训后生产率会有所提高的期望，激励着雇主们为新员工提供培训。但是，雇主要想使这项投资得到回报，唯一的方法就是“保住”自身在员工接受培训后增加的这些收益中的一部分，而不是将所有的收益都以工资上涨的形式归于员工。

简言之，要想让一家企业对培训进行投资，就必须满足两个条件。第一，员工接受培训之后产生的边际收益生产率增长必须超过员工的工资增长；第二，员工必须在现在的企业中工作足够长的时间，从而使雇主能够得到必要的收益（显然，在其他条件相同的情况下，员工在企业中工作的时间越长，这项投资就会变得越有利可图）。

□ 培训的种类

从两个极端的情况来看，雇主可以提供两种类型的培训。一种是一般培训，这种培训传授给员工的技能可以提高他们在许多雇主那里工作时能够达到的生产率。像学习如何说英语、如何运用文字处理程序、如何驾驶卡车以及如何创建网页等方面的培训，都是一般培训的例子。另一种是特殊培训，这种培训提供给员工的技能只能提高他们在提供培训的雇主这里的生产率。特殊培训的例子包括教会员工使用只有当前的工作场所才有的某种独一无二的机器设备；让员工了解在未来的各种工作场景中可能需要接触到的特定程序以及人员等。

一般培训　对一位雇主来说，向员工提供一般培训是一项风险很高的投资，这是因为，如果雇主试图控制员工接受培训后的工资增长水平，从而使其低于员工的边际收益生产率增长幅度，则这些接受了培训的员工有可能会离开。由于一般培训同样能够提高员工在其他企业工作时的生产率，于是，受过培训的员工就有动力去寻找能够向他们支付更高工资的其他企业，而这些企业并没有承担培训成本，因而是不需要收回培训投资成本的!

于是，如果员工的流动成本不高，雇主就会停止对一般培训进行投资。因为在这种情况下，企业收回必要的培训投资收益的可能性会很小。理由是，员工接受培训之后，他们的边际收益产品和工资之间的差距可能不足够大，或者是接受培训的员工在当前企业中的持续任职年限不够长，这样，企业就无法收回投资成本。于是，当员工的流动成本很低的时候，企业要么根本就不提供一般培训，要么通过在培训期间给员工支付较低工资率的做法（在某些采用实习方式的情况下，甚至不支付工资），实际上让员工自己来承担培训成本。然而，最近的研究发现，很多企业确实经常对员工提供一般培训，这表明员工在企业之间的流动成本是很高的，并且劳动力市场因而确实具备买方独家垄断条件的特征。一种可能性是，虽然员工通过培训获得的技能在本质上属于一般性的，但不同的雇主所要求的一般性技能组合却是差异极大的，而这种技能组合的差异化削弱了这些技能在不同雇主间的可转移性。①

特殊培训 雇主进行特殊培训投资的动机很强烈，这是因为这类投资并不能提高员工到其他企业工作时的生产率。这样的话，这些员工对与本企业竞争的其他组织来说就没有那么大的吸引力了。虽然培训本身并不能增加员工获得更多外部雇主提供的工作机会，但是提供特殊培训的企业无论如何一定会小心，不让这些接受过培训的员工离职，因为这些员工一旦离职，企业的培训投资就泡汤了（也就是说，投资收益就收不回来了）。于是，无论是对特殊培训进行投资，还是对一般培训进行投资，雇主都会有这样的顾虑，即在自己能够收回投资收益之前，接受培训的员工有可能会离职。雇主的这些顾虑引发我们讨论以下两个问题：第一，应当由谁来承担培训成本？第二，培训之后员工的工资上涨幅度应该是多大？

□ 培训及培训后的工资增长

假设有这样一个情形，即员工的流动成本相对较低，而雇主正在考虑承担所有的培训成本。为了收回这些培训成本，雇主在培训结束后就再也没有能力把员工的工资做较大幅度的上调了，否则就没有动力对培训进行投资。我们知道，较高的工资水平有助于降低员工的离职可能性，因此，若不在培训后大幅提高员工的工资，就会使培训投资陷入一种危险的境地。受训后的员工可能会由于某种很小的刺激（例如，老板某一天的心情不好，或是公司偶尔要求加班）就提出辞职。因此，如果没有任何能够使员工留下来的保障措施，企业就不愿意对需要由它们承担全部成本的培训进行投资。

相反，如果一家企业的员工为自己接受的培训付费——采取的方式是，在受训期间得到的工资低于他们在其他地方能够得到的工资——他们就会要求在培训结束后获得更大幅度的工资上涨，这样才会使在这家企业中工作对他们来说有吸引力。然而，如果员工以工资增长的形式得到他们的所有新增边际收益产品，那么，企业就会发现，雇用和解雇员工对它们来说成本很低，这时它们又很可能会因为一些很小的刺激因素就解雇员工，因为这种做法对它们来说几乎没有什么损失——但是，如果员工被解雇了，那么，它们的投资就泡汤了！

因此，如果劳动力市场上的摩擦力很小，则对在职培训进行投资的最佳方式就是由雇主和雇员共同分担培训投资的成本，同时共享投资的收益。如果员工能支付

① Edward P. Lazear, "Firm-Specific Human Capital: A Skill-Weights Approach," Journal of Political Economy 117 (October 2009): 914 - 940; Daron Acemoglu and Jörn-Steffen Pischke, "Beyond Becker: Training in Imperfect Labour Markets," Economic Journal 109 (February 1999): F112 - F142; Mark A. Loewenstein and James R. Spletzer, "General and Specific Training: Evidence and Implications," Journal of Human Resources 34 (Fall 1999): 710 - 733; Laurie J. Bassi and Jens Ludwig, "School-to-Work Programs in the United States: A Multi-Firm Case Study of Training, Benefits, and Costs," Industrial and Labor Relations Review 53 (January 2000): 219 - 239; and Edwin Leuven, Hessel Oosterbeek, Randoph Sloof, and Chris van Klaveren "Worker Reciprocity and Employer Investment in Training," Economica 72 (February 2005): 137 - 149; and Colleen Flaherty Manchester, "General Human Capital and Employee Mobility: How Tuition Reimbursement Increase Retention through Sorting and Participation," Industrial and Labor Relation Review 65 (October 2012): 951 - 974.

部分培训成本，则在接受培训后的工资增长幅度就会大于由雇主承担全部培训成本时的情况——同时在培训之后的工资增长又会降低受训员工离职的机会，从而保护企业的投资。雇主要想收回承担的那部分培训成本，就不能在培训后将员工的工资提高太多，但是这又有利于保护员工的投资，因为这使得企业有动力留住员工，除非员工犯了大的过错（我们将在随后的章节中讨论裁员的问题）。换句话说，如果雇主和雇员共同分担培训成本，同时共同分享投资收益，那么，如果雇佣关系在培训结束后中断，对双方来说都是有损失的。

一些实证研究对与在职培训有关的一些美国工资变动资料进行了分析，结果发现，雇主实际上承担了大部分培训成本，同时也获得大部分培训收益。培训期间的工资显然并没有被压低到足以抵消雇主承担的直接培训成本的地步，因此培训结束后的工资增长也就比生产率的增长幅度小很多。[①] 图 5.7 中展示的是一项对雇主所做的调查，根据这项调查，在一位员工为一位雇主工作的前两年时间里，员工的生产率增长幅度会远远超过他的工资增长幅度——从员工开始接受在职培训的数小时之内，这种生产率的增长就开始出现了。还有一些研究则直接将美国劳动者的工资数据与他们受过的培训数量联系在了一起，这些研究发现，员工的工资在培训结束后的增长幅度相对来说不是很大。[②]

雇主承担了大部分培训成本，同时也获得了大部分培训收益，这种证据表明，雇主相信员工需要承担的劳动力流动成本是相对较高的。这些企业之所以愿意承担投资成本，是因为它们并不认为在实施培训之后一定要将工资提高到较高水平上才能留住这些接受过培训的员工。

□ 雇主培训投资和衰退期裁员

我们已经论述过，只有当员工在接受培训后的边际收益生产率增长超过工资水平增长的程度足够高——从而培训投资能够产生可观的收益时，雇主才有动力对员工培训进行投资。假设一家企业已经对员工进行了培训投资，但是在此后的某个时间点上却发现由于经济滑坡（“衰退”），员工的边际收益生产率已经低于预期的水平。如果企业由于某种原因不能降低员工的工资（我们将在第 14 章中讨论为什么工资缺乏向下浮动的灵活性），那么企业会裁掉这些受过培训的员工吗？

---

① John Bishop, “The Incidence of and Payoff to Employer Training,” Cornell University Center for Advanced Human Resource Studies, working paper 94 - 117, July 1994; and Margaret Stevens, “An Investment Model for the Supply of General Training by Employers,” Economic Journal 104 (May 1994): 556 - 570.

② David Blanchflower and Lisa Lynch, “Training at Work: A Comparison of U. S and British Youth,” in Training and the Private Sector: International Comparison, ed. Lisa Lynch (Chicago: University of Chicago Press for the National Bureau of Economic Research, 1994), 233 - 260; Jonathan R. Veum, “Sources of Training and Their Impact on Wage,” Industrial and Labor Relations Review 48 (July 1995): 812 - 826; Alan Krueger and Cecilia Rouse, “The Effect of Workplace Education on Earnings, Turnover, and Job Performance,” Journal of Labor Economics 16 (January 1998): 61 - 94; Judith K. Hellerstein and David Neumark, “Are Earnings Profiles Steeper Than Productivity Profiles? Evidence from Israeli Firm-Level Data,” Journal of Human Resources 30 (Winter 1995): 89 - 112.

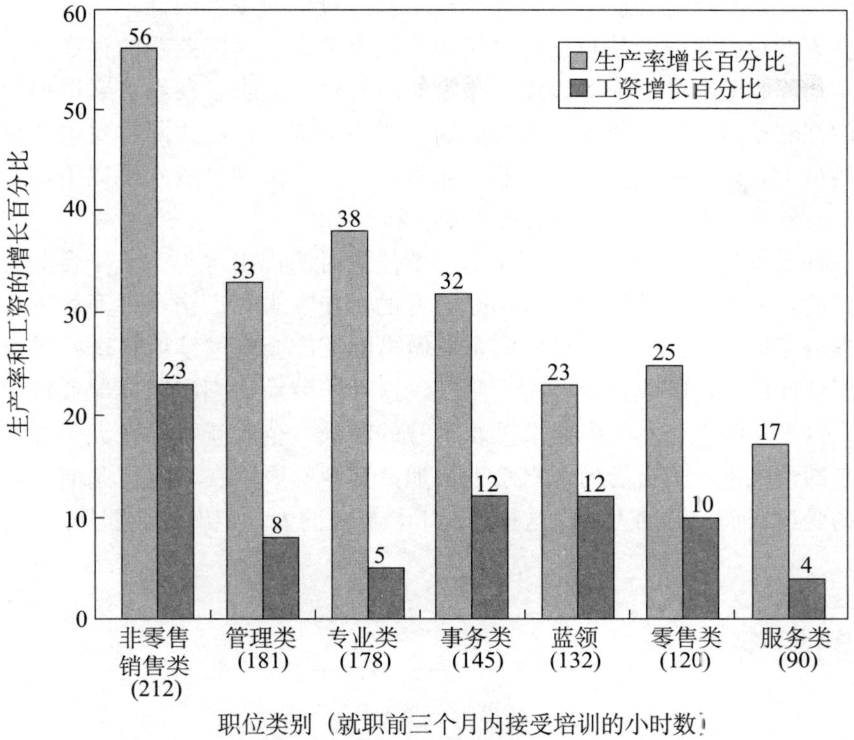

图 5.7　员工上岗头两年中的生产率与工资增长，根据职位和雇主最初提供的培训小时数划分

资料来源：John Bishop，"The Incidence of and Payoff to Employer Training，" Cornell University Center for Advanced Human Resource Studies，working paper 94－17，July 1994，Table 1.

一般来说，只要员工给企业带来的收益仍然超过他们领取的工资，企业就不会裁减他们。即便边际收益生产率与工资之间的差距不足以使企业的培训投资产生可观的回报，那些培训成本——一旦发生——就会"沉没"。虽然企业可能希望自己没有进行过这种培训投资，然而一旦完成了培训投资，企业所能做的最好的事情就是收回所有可能得到的收益。一旦将那些接受过培训的员工裁掉，他们显然就不能再给企业带来回报了，所以企业会有动力留住任何一位边际收益生产率超过工资的员工。当然，如果经济滑坡导致边际收益生产率降到工资率之下，企业就有动机解雇这些受过培训的员工了（除非企业认为这种经济滑坡的时间非常短，因而不愿意承受被自己裁掉的员工到其他雇主那里去寻找工作这样一种风险）。

雇主在培训方面的投资为我们在劳动力市场上可以观察到的两种现象提供了某种解释。第一种现象是，一般而言，我们可以看到，在经济衰退期间最不容易被解雇的员工往往是那些技能水平最高、同时任职年限也最长的人。[①] 年纪较大和技能水

① Hilary Hoynes，Douglas L. Miller，and Jessamyn Schaller，"Who Suffers During Recessions?" Journal of Economic Perspectives 26 (Summer 2012)：27－48.

平较高的员工最有可能是雇主已经进行过培训投资的对象，因此，在进入衰退期之前，这些人的边际收益产品和工资之间的差距也较大。这些差距的存在缓冲了经济滑坡时期边际收益产品下降的程度，并为他们的雇主提供了在经济衰退期间继续雇用他们的强烈动机。一旦经济进入衰退期，那些工资水平和边际收益生产率原本就很接近的员工，最有可能发现自己的边际收益产品下降到工资水平以下，当这种情况发生时，雇主就会发现解雇这类员工是有利可图的。

第二种现象是，平均劳动生产率——单位工时的产出水平——在衰退的早期阶段是下降的，而在复苏的早期阶段则是上升的。在需求和产出水平开始下降时，那些已经在员工培训方面进行了投资的企业做出的反应会是继续留住这些受过培训的员工，即使他们的边际收益生产率下降了。这种“劳动力囤积”会导致每位员工的人均产出水平下降。当然，当需求重新上升的时候，企业就可以在无须等比例扩大雇佣水平的情况下，使自己的产出水平增加，其中的原因在于它们此前已经留下了足够多的受过培训的劳动力。在这种情况下，员工的人均产出就会上升。

雇佣投资

除了对员工进行培训之外，企业还必须在做出与雇佣、替换以及晋升有关的决策时对员工进行评价。因此，它们会发现，这些培训项目——即使是“一般性”的培训——可以用来帮助自身发现新员工的学习能力、工作习惯以及工作动机（参见例 5.3）。[①] 于是，有些表面上看来属于一般培训的投资，实际上可能代表了企业为获取对自身有用的特定员工信息而进行的投资，这些员工信息将会在以后进行工作安排以及做出晋升决策的时候被用到。我们在本章最后一节中将更仔细地分析企业的雇佣和甄选投资。

□ 资格证书的使用

由于企业常常要承担雇用和培训员工的成本，因此它们很自然地希望这些成本越低越好。在其他条件相同的情况下，企业当然愿意用最低的成本来得到一支达到既定质量水平的员工队伍。类似地，它们更愿意雇用善于学习的人，因为企业在对这些员工进行培训时的成本可以更低一些。然而，令人遗憾的是，企业如果要大范围地对每一位求职者的背景进行详细调查，从而判断其技能水平以及接受培训的能力高低，这个成本将会是非常高的。

降低这些成本的方法之一就是企业在雇用过程中依靠各种资格证书或者某些信

① Margaret Stevens, “An Investment Model for the Supply of General Training by Employers”; and W. R. Bowman and Stephen L. Mehay, “Graduate Education and Employee Performance: Evidence from Military Personnel,” Economics of Education Review 18 (October 1999): 453 - 463.

号来进行决策，而不是去对每一位求职者个人的情况进行深入的调查。[①] 例如，如果就平均情况而言，大学毕业生的生产率要高于高中毕业生，雇主就可以将取得大学学历确定为求职者申请某个职位的一个基本要求。在这种情况下，企业就不需要对所有的求职者进行面试和各种测试，然后努力判断每位求职者的生产率水平高低，相反，它可以仅仅从符合学历标准要求的那些求职者中挑选自己的新员工。

某些根据群体特征来对个人做判断的统计性歧视显然也是有成本的。一方面，有些高中毕业生实际上完全有能力胜任企业坚持必须由大学毕业生来承担的那些工作。因此，将这些人排除在潜在求职者群体之外，实际上就给这些人带来了成本（因为他们得不到这些工作）；但是，如果企业难以找到其他的合格求职者，这种情况同时也给企业带来了成本。另一方面，在大学毕业生中可能也存在一些生产率不高的人，所以一旦企业雇用了这些人，它们也是要蒙受损失的。不过，无论如何，如果因为使用某些信号（比如学历证书、婚姻状况或年龄等）而产生的雇佣成本下降程度很高，那么，对一位雇主而言，即使偶尔有个别不那么令人满意的求职者蒙混过关，使用这些信号仍然是有利可图的。

□ 内部劳动力市场

在雇用员工时可能会遇到的难题之一是，像可靠性、工作动机、诚实性以及灵活性等一些人格特征都是很难通过面试、甄选测试，甚至是前任雇主的推荐加以判断的。这种难题导致许多大公司在企业内部创建了一种内部劳动力市场，在这一劳动力市场上，刚刚被公司雇用的员工只能在级别相对较低的职位上开始工作，较高层次上的职位空缺只通过内部选拔的方式来加以填补。这种政策就为雇主提供了一个观察已被雇用的这些员工的真实生产率特征的机会，这种信息可以被雇主用于决定哪些人应当继续留在企业中。同时，留下的这些人应当以多快的速度得到晋升，他们应当被提拔到哪个层级上。

采用内部劳动力市场来填补职位空缺的收益表现为企业对自己的员工比较了解。在为更高一级的工作岗位选拔任职者的时候，无论选择的范围是蓝领员工还是白领员工，企业的雇佣决策通常都不会有什么意外。采用内部劳动力市场做法的成本在于，它将竞争这些高级工作岗位的人完全局限于企业内部的人。企业内部的这些员工未必是担任这些更高一级岗位的最佳人选，但企业却只在这些人中进行挑选。那些最有可能认为内部劳动力市场的收益大于成本的企业，通常都具有这样一种特征，即从事更高一级岗位工作的人必须具有大量的企业专门知识，受过一些特殊的企业培训，而这些知识和培训往往只能通过多年的在岗学习获得。[②]

---

① 参见 Michael Spence，"Job Market Signaling," Quarterly Journal of Economics 87（August 1973）：355 - 374。关于信号问题的更为详细的讨论，参见本书第 9 章的内容。

② 关于内部劳动力市场的更为详细的讨论，参见 Paul Osterman，ed.，Internal Labor Market（Cambridge，Mass：MIT Press，1984）；George Baker and Bengt Holmstrom，"Internal Labor Markets：Too Many Theories，Too Few Facts，" American Economic Review 85，（May 1995）：255 - 259。

如前所述，进行培训投资的企业都希望能够获得具有快速学习能力，并且能够长期服务于企业的员工。员工受训后在企业服务足够长的年限，企业才能收回自己的培训成本。对这类企业来说，内部劳动力市场具有以下两个方面的吸引力。第一，它使企业能够通过观察员工在岗位上的工作表现来更好地做出判断，哪些人将来应当接受培训——因为培训的成本可能很高。第二，内部劳动力市场有利于促使员工和企业之间形成一种紧密的关系。这是因为，在这种情况下，员工知道自己有一条向上晋升的内部通道，并且企业外部的人是不会被考虑的。而一旦离职，他们也就失去了这种特权，于是他们就有动力成为企业的长期员工。关于内部劳动力市场对企业的工资政策产生的全面影响，我们将在第 11 章中加以论述。

□ 雇主如何才能收回自己的雇佣投资?

无论企业是否真的会在培训或甄选员工方面进行投资，决策的标准都只有一个——只有当企业认为在这些方面的投资能够获得令人满意的投资收益率时，它们才会这样做。要想使对劳动力的投资变得有利可图，雇主就必须能够从下列情况中获益，即在投资完成之后，员工的工资水平要低于他们给企业带来的边际价值。那么，雇主如何才能从自己的雇佣投资中获得投资之后的剩余呢?

假定在某个空缺职位的求职者中既有生产率处于平均水平的人，也有生产率低于或高于平均水平的人。如果雇主不进行某种形式的投资，就无法获得关于求职者的真实生产率的信息。如果企业真的不进行这种投资，它就必须假定任何一位求职者的能力都属于平均水平，同时根据这种能力来支付工资；但是，如果企业为了获取这种信息进行了投资，它就可以只雇用生产率高于平均水平的人。在这种情况下，企业为回收自己的投资成本所需的剩余就可以通过下列途径获得，即支付给生产率超过平均水平的那些员工的工资要比他们的真实生产率低一些。

在员工的个人生产率高于平均水平的情况下，企业是否仍然会仅仅向新员工支付平均工资水平，从而让自己获得全部剩余呢? 与培训投资时的情况一样，企业很可能会支付一种超过平均水平但是低于员工的实际生产率的工资，这样做的目的是让那些已经接受了培训的员工有更大的可能性继续留在企业中。如果员工离职了，企业就必须在获取其替代者的信息方面进行新的投资。

尽管自身利润最大化的动机会促使雇主向生产率超过平均水平的员工支付超过平均水平的工资，但以下两个方面的因素使企业在员工甄选方面进行投资之后，仍然能够向员工支付低于其充分生产率的工资。第一个因素是，员工存在劳动力流动成本；第二个因素是，对于某位雇主通过成本很高的甄选过程获得的那些信息，另外一位雇主在不进行这种投资的情况下是无法获得的。这两个方面的情况就会阻碍员工从本企业的竞争对手那里获得与他们的充分生产率一致的工资，尽管那些竞争对手由于不需要回收甄选成本而有能力支付这种更高的工资。①

实证研究

哪些因素能够解释看似相同的劳动者之间存在的工资差别？运用面板数据处理不可观测的异质性

为了检验一价定律在劳动力市场上是否适用，我们必须通过检验来分析生产率相同的劳动者得到的工资之间是否存在差异。然而，如果运用同一个时间点上的面板数据来进行这种检验，我们会遇到一个很大的问题，这就是研究者并不能观察到会对员工的生产率产生影响的所有特征。例如，我们既无法衡量一名员工在临时得到加班通知的情况下有多愿意接受这一要求，也无法衡量一名员工受到客户和同事喜欢的程度，更无法衡量员工是不是属于"团队型选手"或者性格是否很开朗。如果没有办法衡量员工在这些很重要但是无法直接观察的个性特征上存在的差异（经济学家倾向于将其称为"未被测量的员工异质性"），我们就不能令人信服地检验出一价定律在劳动力市场上是否有效。

为了更好地理解这个问题，假设我们通过运用一组面板样本数据能够估计员工得到的工资与他们可衡量的个人特征之间的一般关系。这样，我们就可以利用这种关系来推导出某位女性员工的预期工资，只要我们知道她的年龄、受教育程度、所在的职位以及其他一些可观测的个人特征。但是，如果她的实际工资超过了她的预期工资，我们就不知道这到底是因为她比较幸运（从而一价定律不适用），还是由于她具有某种雇主非常看重的未被观测到的特征（从而在可观测到的个人特征一定的情况下，实际上具有高于平均水平的生产率）。

幸运的是，我们找到了解决这种未被观测到的异质性问题的一种方法，但是需要承担由于收集"面板数据"所产生的成本——这种数据要求对同一个人进行两年或更多年的观察。如果我们能够在一段时间里跟踪这些人，我们就可以分析，随着他们的职位、雇主以及受教育程度的变化，他们的工资是如何变化的。如果我们举例的那位女性劳动者在她的第一位雇主那里获得了高于预期水平的工资，而当她转换工作到了第二位雇主那里之后，同样又获得了高于预期水平的工资，那么，她很可能就是一位生产率高于平均水平的生产者，而不仅仅是因为她两次都比较幸运。

因此，如果我们可以跟踪员工个人一段时间，我们就可以通过下列方式来控制他们身上那些无法被观测到的个人生产率特征（"个人效应"），即考察当同一个人

① 企业如果雇用那些没有工作经验的员工（无法判断这些过去没有工作过的员工的可靠性、积极性、学习能力和其他个人特征等），那就是在进行一项高风险的投资，这是因为一些员工可能会被证明无法达到令人满意的绩效。如果这些企业不能通过降低留下来的这些员工的工资上升幅度来收回投资成本，它们可能就不会愿意雇用那些没有工作经验的员工——这种抵触心理可能有助于解释为什么年轻人的失业率通常总是高于平均水平。更多关于雇用无经验员工的详细分析，参见 Amanda Pallais，" Inefficient Hiring in Entry-Level Labor Markets," American Economic Review 104 (November 2014)：3365－3599。

的可衡量条件（例如，受教育程度、职位、雇主）发生变化时，他的工资是怎样改变的。对个人效应进行控制的能力对得到的实际劳动力市场结果与一价定律的预测结果之间的相关程度具有重要的影响。为了理解这种影响，我们列举1999年运用法国的一组面板数据所做的一项研究。

在这项研究中，研究者对几百万名法国劳动者的面板数据进行了分析，考察了员工的工资和可衡量的个人生产率特征之间的关系。结果发现，可衡量的生产率特征只能解释不同劳动者之间存在的30%的工资差异。这项研究结果似乎表明，一价定律的预测是很不准确的！然而，一旦运用面板数据把个人效应（除了可衡量的个人特征之外）考虑在内，研究者就能够解释法国劳动者之间存在的77%的工资差别了。虽然还有一些工资差别显然不能用员工的（可观测到的和无法被观测到的）个人特征来加以解释，但是运用面板数据却能够对一价定律做出更为有效的验证。运用面板数据得到的研究结果表明，由运气因素而导致的工资差别远比看上去的程度要小得多。

资料来源：John M. Abowd, Francis Kramarz, and David N. Margolis, "High Wage Workers and High Wage Firms," Econometrica 67 (March 1999): 251-333.

复习题

1. 劳动力流动成本是如何影响单个企业面对的劳动力供给曲线的斜率的？

2. 为什么企业面对的向右上方倾斜的劳动力供给曲线会使劳动力的边际费用超过工资率？

3. 假设有人声称："在经济开始扩张的第一年，每位员工的产出都会出现上升的情况，是因为企业雇用新员工的速度太慢。"这种说法能够得到本章中讲授的理论的支持吗？

4. "最低工资立法会对低工资员工起到帮助作用，这是因为这些法律在提高员工工资的同时，降低了劳动力的边际费用。"请对这种说法进行分析。

5. 有人最近断言："低工资工作岗位提供的工作小时数比高工资工作岗位提供的工作小时数少。"根据经济学理论，这种说法有可能是正确的吗？为什么？

6. 某公司对在某种职位上工作的一批员工进行了培训，根据该公司的计算，要想收回其投资成本，员工的工资水平就必须比他们的边际生产率每小时低5美元。假设培训之后，员工的工资确实被确定在比他们的边际生产率每小时低5美元的水平上，但是，产品市场上的情况变化很快就使员工们的边际生产率每小时（永久性地）下降了2美元。如果公司认为它不能再降低员工的工资或者福利待遇了，那么在短期中，这家公司的雇佣水平会受到怎样的影响？在长期中又会受到怎样的影响？请解释你的答案，注意明确你所谓的短期和长期的含义。

7. 几十年来，大多数大企业都向保险公司购买以员工人数作为缴费依据的集体健康保险。1993年，有人提出了一项全国性的健康保险计划，其中包括这样一项要求，即提供集体健康保险的保险公司应当以工资总额为基础来收取保费（事实上，是以工薪"税"的形式来收取保费）。假设雇主支付的保费总额不变，则这种关于缴纳健康保险保费的建议所提出的政策改变会对劳动力市场产生怎样的影响？

8. 大联盟棒球队的一个经理指出，即使我认为队员 X 是没有价值的，我也不能解雇他。他和我签订了一份金额高达 2 400 万美元的为期四年的合约，现在才第三年。我们球队在经济上根本没有能力不履行剩下的这段时间的合约。请运用经济理论分析该经理说这句话的理由。

9. 法国总统宣布，他的政府正在考虑废止一部在 2002 年制定的法律，这部法律对法国劳动者每周能够工作的时间上限做了规定（法国劳动者每周的工作时间不允许超过 35 小时）。而准备取消每周工作时间上限的理由则是，这一规定对劳动者的技能开发以及雇佣水平产生了“未曾预料到的负面后果”。请运用在本章中学到的经济理论分析，对每周工作时间规定上限的做法，对劳动者的技能开发以及雇佣水平到底有怎样的影响。

10. 美国北卡罗来纳州正计划制订一项由政府资助的培训计划，在社区大学中针对那些处于不利地位的劳动者提供一些培训。对于那些至少能够雇用 12 名新员工的企业，就可以安排社区大学为它们提供定制的培训课程。这些社区大学刊登广告并对求职者进行筛选，企业可以从社区大学提供的名单中挑出它们想要培训的那些潜在员工，然后再由社区大学（使用由企业提供的设备）对挑选出来的这些人进行培训。最后，企业再从成功完成培训课程的人中选择自己准备雇用的员工。这些受训者在接受培训期间是不必支付费用的。这项计划的实施会对工资、雇佣水平以及工作小时数产生怎样的影响？

练习题

1. 假设一家企业的劳动力供给曲线是 $E=5W$，其中，W 是小时工资。

（1）求解为吸引到既定数量（E）的员工来企业工作而需要支付的小时工资水平。

（2）用公式表示在任何既定的雇佣水平上，企业需要承担的总的小时劳动力成本。

（3）用公式表示多雇用一位员工时的劳动力边际费用（ME_L）。

2. 假设一家企业的劳动力供给曲线与第 1 题中的相同。如果这家企业的劳动力边际收益产品 $MRP_L=240-2E$，那么，这家企业的利润最大化雇佣水平（E^*）是什么？这家企业为了获得 E^* 名员工，需要支付的工资水平（W^*）是多少？

3. 一家公司正在考虑雇用一位员工，并且向这位员工提供一些一般培训。培训的成本为 1 000 美元，这位员工在受训期间的边际收益产品 MRP_L 为 3 000 美元。如果这位员工在完成培训之后可以在不需承担任何成本的情况下跳槽，同时其他企业也愿意根据这位员工受训后的新边际收益产品来向其支付工资。那么在这位员工受训期间，提供培训的这家公司愿意支付的工资水平会是多少？

4. 与劳动力需求的自身工资弹性一样，劳动力的供给弹性也可以进行相似的类别划分。如果弹性系数大于 1，则劳动力供给就是富有弹性的；如果弹性系数小于 1，则劳动力供给就是缺乏弹性的；如果劳动力供给弹性等于 1，则就是单位弹性的。计算下面每一种职位的劳动力供给弹性，并说明它是富有弹性的、缺乏弹性的，还是单位弹性的。E_S 和 W 是初始的劳动力供给和工资水平。E'_S 和 W' 是新的劳动力供给和工资水平。

（1）$\%\Delta E_S=7$，$\%\Delta W=3$。

（2）$E_S=120$，$W=8$；$E'_S=90$，$W'=6$。

（3）$E_S=100$，$W=5$；$E'_S=120$，$W'=7$。

5. 特迪公司是一家专门经营宠物狗食用饼干的公司，这家公司的劳动力供给情况如下表所示，它是一个追求利润最大化的买方独家垄断者。

（1）计算在每一种雇佣水平上的劳动力总成本以及劳动力边际费用；

（2）画出劳动力供给曲线和劳动力边际费用曲线。

提供的工资（美元）	劳动力供给（小时数）
4	18
5	19
6	20
7	21
8	22

6. 第5题中专门经营宠物狗食用饼干的特迪公司的劳动力边际收益产品（MRP_L）如下表所示。

工作小时数	劳动力边际收益产品（MRP_L）
18	29
19	27
20	25
21	23
22	21

（1）在第5题绘制出来的图中再增加一条劳动力边际收益产品曲线。

（2）如果特迪公司想实现利润最大化，那么它需要雇用多少小时的劳动力？需要提供多高水平的工资？

7. 假设特迪公司的员工在每一个工资率水平上都增加了他们愿意工作的小时数。于是，新的劳动力供给变成了下表所示的情况。

提供的工资（美元）	劳动力供给（小时数）
4	19
5	20
6	21
7	22
8	23

（1）计算劳动力总成本和每一个雇佣水平上的劳动力边际费用。

（2）画出新的劳动力供给曲线和劳动力边际费用曲线。

（3）分别与第5题中的劳动力供给曲线和劳动力边际费用曲线加以比较，发生了哪些变化？

（4）假设劳动力边际收益产品（MRP_L）不变，那么，这家企业现在要雇用多少小时的劳动力？需要提供多高水平的工资？

8. 假设一家公司新雇用一位员工的边际费用是150美元，而雇用现有员工多工作1小时的边际费用是10美元。还假设，在资本和每位员工的平均工作时间不变的情况下，每多增加一位员工所能够带来的产出增量为120个单位。而在资本和员工人数保持不变的情况下，每位员工多工作1小时所能带来的产出增量为7个单位。如果这家企业要实现利润最大化，它应该采用哪一种做法？

9. 托尔斯蒂餐厅是一家专营早餐和午餐的饭店，它可以使用的劳动力数量、需要提供的工资水平以及相应的劳动力边际收益产品如下表所示。

劳动力数量（小时数）	需要提供的工资（美元）	劳动力边际收益产品（MRP_L）
5	6	—
6	8	50
7	10	38
8	12	26
9	14	14
10	16	2
11	18	1

（1）计算劳动力边际费用。

（2）画出托尔斯蒂餐厅的劳动力供给曲线、劳动力边际费用曲线、劳动力边际收益产品曲线。

（3）要实现利润最大化，这家餐厅要雇用多少小时的劳动力？要支付多少工资？

（4）如果某些非市场力量迫使企业支付给员工每小时 14 美元的工资，将发生什么样的情况？

（5）如果某些非市场力量迫使企业支付给员工每小时 26 美元的工资，将发生什么样的情况？

（6）如果某些非市场力量迫使企业支付给员工高于每小时 26 美元的工资，又将发生怎样的情况？

推荐阅读

Becker，Gary，Human Capital. 2nd ed. New York：National Bureau of Economic Research，1975.

Hart，Robert，Working Time and Employment. London：Allen and Unwin，1986.

Lynch，Lisa，ed. Training and the Private Sector：International Comparisons. Chicago，IL：University of Chicago Press，1994.

Manning，Alan，"Modern Model of Monopsony in Labor Markets：Test and Papers from a Conference Held in Sundance，Utah，November 2008，Organized by Orley Ashenfelter，Henry Faber，and Michael Ransom，" Journal of Labor Economics 28 (April 2010)：203－472.

Manning，Alan，Monopsony in Motion：Imperfect Competition in Labor Markets. Princeton，N J：Princeton University Press，2003.

Osterman，Paul，ed. Internal Labor Markets. Cambridge，MA.：MIT Press，1984.

Parsons，Donald，"The Firm's Decision to Train，" in Research in Labor Economics 11，eds. Lauri J. Bassi and David L. Crawford 53－75. Greenwich，CT.：JAI Press，1990.

Williamson，Oliver，et al. "Understanding the Employment Relation：The Analysis of Idiosyncratic Exchange，" Bell Journal of Economics 16 (Spring 1975)：250－280.

第 6 章 经济中的劳动力供给：工作决策

本章和随后的四章将论述劳动者的行为。也就是说，在第 6 章至第 10 章中，我们将讨论和分析与劳动力供给行为有关的各个方面的问题。劳动力供给决策大致可分为两类。第一类劳动力供给决策（我们将在本章和下一章中加以讨论）涉及是否参加工作以及如果准备参加工作，每天想工作多长时间的问题。在这一类决策中必须回答的问题包括：是否加入劳动力队伍；是寻找全日制工作还是非全日制工作；每天在家里做家务和外出工作的时间分别有多长。第二类劳动力供给决策（我们将在第 8 章至第 10 章中加以讨论）要解决的问题是一个人在决定去寻找有酬工作之后必然会面临的一些问题，即寻找何种职业或者范围较大的哪一类职业（第 8 章和第 9 章）以及应当在哪些地理区域寻找这些职业（第 10 章）。

本章首先从有关劳动力参与率和工时的一些基本事实开始论述，然后构建一个可以对有酬工作决策进行分析的理论框架。该理论框架同样也有助于对各种收入维持计划的设计进行分析。

劳动力参与和工时的变化趋势

当一个人正在积极寻求工作的时候，他就可以被界定为劳动力了。正如我们在第 2 章中指出的那样，劳动力参与率是指在既定的人口中，有工作的人和正在寻找工作的人所占的百分比。因此，在衡量人们走出家门到外面去工作的意愿时，劳动力参与率是一个重要且明确的统计指标。

□ 劳动力参与率

在过去的60年中，劳动力市场上发生的一个最为剧烈的变化就是女性（尤其是已婚女性）的劳动力参与率上升了。表6.1显示了这种变化在美国有多大。截至1950年，美国已婚女性的劳动力参与率还不到25%；1980年，这一百分比已经翻了1倍多——到2000年已超过了61%。然而，自2000年以来，各种婚姻状况群体中的女性的劳动力参与率都有所下降。[①] 我们在本章中的一个兴趣点就在于分析导致这些变化出现的因素。

表6.1　16岁以上美国女性的劳动力参与率，按婚姻状况分组，1900—2014年（%）

年份	全部女性	单身女性	寡居或离婚女性	已婚女性
1900	20.6	45.9	32.5	5.6
1910	25.5	54.0	34.1	10.7
1920	24.0	—	—	9.0
1930	25.3	55.2	34.4	11.7
1940	26.7	53.1	33.7	13.8
1950	29.7	53.6	35.5	21.6
1960	37.7	58.6	41.6	31.9
1970	43.3	56.8	40.3	40.5
1980	51.5	64.4	43.6	49.8
1990	57.5	66.7	47.2	58.4
2000	59.9	68.9	49.0	61.1
2010	58.6	63.3	48.8	61.0
2014	57.0	62.9	47.3	58.4

资料来源：1900—1950：Clarence D. Long，The Labor Force Under Changing Income and Employment (Princeton，NJ：Princeton University Press，1958)，Table A-6.

1960—2011：U.S. Department of Labor，Bureau of Labor Statistics，Handbook of Labor Statistics，Bulletin 2340 (Washington，DC：U.S. Government Printing Office，1989)，Table 6；and U.S. Census Bureau，2010 Statistical Abstract，Section 12 (Table 598)，www.census.gov/compendia/statab/2012/tables/12s0597.pdf；and U.S. Department of Labor，Bureau of Labor Statistics，Women in the Labor Force：A Databook，Report 1040 (December 2011) and Report 1059 (December 2015)，Table 4.

如表6.2所示，劳动力参与的另一个变化是男性（尤其是青年男性和老年男性）的劳动力参与率出现了下降。在美国男性中，劳动力参与率下降幅度最大的是65岁及以上的人口群体——从1950年时的大约42%下降到了目前的不足20%。从1950年到2000年，20～24岁和25～44岁年龄段男性的劳动力参与率略有波动，但在此期间基本保持不变；然而，自2000年以来，这两个群体的劳动力参与率都有所下

① 关于女性劳动力参与率随时间推移而改变的文章，参见Francine D. Blau and Lawrence M. Kahn，"Female Labor Supply：Why is the United States Falling Behind?" American Economic Review：Paper of Proceedings 103 (May 2013)：251-256；Claudia Goldin and Claudia Olivetti，"Shocking Labor Supply：A Reassessment of the Role of World War Ⅱ on Women's Labor Supply，" American Economic Review：Papers of Proceedings 103 (May 2013)：257-262；Chinhui Juhn and Simon Potter，"Changes in Labour Force Participation in the United States，" Journal of Economic Perspectives 20 (Summer 2006)：27-46。

降，尤其是年轻男性群体。自1960年以来，45～64岁男性的劳动力参与率每过十年都会出现下降。[①]

表6.2　　美国男性的劳动力参与率，按年龄分组，1900—2014年（%）

年份	年龄组					
	14～19岁	16～19岁	20～24岁	25～44岁	45～64岁	65岁及以上
1900	61.1	—	91.7	96.3	93.3	68.3
1910	56.2	—	91.1	96.6	93.6	58.1
1920	52.6	—	90.9	97.1	93.8	60.1
1930	41.1	—	89.9	97.5	94.1	58.3
1940	34.4	—	88.0	95.0	88.7	41.5
1950	39.9	63.2	82.8	92.8	87.9	41.6
1960	38.1	56.1	86.1	95.2	89.0	30.6
1970	35.8	56.1	80.9	94.4	87.3	25.0
1980	—	60.5	85.9	95.4	82.2	19.0
1990	—	55.7	84.4	94.8	80.5	16.3
2000	—	52.8	82.6	93.0	80.4	17.7
2010	—	34.9	74.5	90.6	79.4	22.1
2014	—	33.5	73.9	89.6	78.1	23.0

资料来源：1900—1950：Clarence D. Long，The Labor Force under Changing Income and Employment (Princeton，NJ：Princeton University Press，1958)，Table A-2.

1960：U. S. Department of Commerce，Bureau of The Census，Census of Population，1960：Employment Status，Subject Reports PC(2) -6A，Table 1.

1970：U. S. Department of Commerce，Bureau of the Census，Census of Population，1970：Employment Status and Work Experience，Subject Reports PC(2) -6A，Table 1.

1980—2011：U. S. Census Bureau，2010 Statistical Abstract，Section 12 (Table 575)，www.census.gov/compendia/statab/2010edition.html；and U. S. Department of Labor，Bureau of Labor Statistics，Women in the Labor Force：A Databook，Report 1034 (December 2011)，and Report 1059 (December 2015)，Table 1.

美国出现的劳动力参与率变动趋势在其他工业化国家也存在。在表6.3中，我们展示了相关国家的一些可比数据，其中包括25～54岁这一年龄段中的女性的劳动力参与率变动趋势以及接近提前退休年龄（55～64岁）的男性的劳动力参与率变动趋势。1965年，进入劳动力队伍的女性所占的比例不超过50%，而在大约50年后却达到了将近四分之三甚至更高；而55～64岁这一年龄段的男性中，所有国家此类人的劳动力参与率在20世纪90年代中期均大幅度下降，此后有所回升（除了日本）——特别是欧洲国家。因此，尽管不同国家的劳动力参与率变动趋势存在一些差别，但是很可能存在着一些影响这些工业化国家的劳动力供给变动趋势的共同因素。

① 对这类趋势的讨论，参见Stephanic Aaronson，Tomaz Cajner，Bruce Fallick，Felix Galbis-Reig，Christopher Smith，and William Wascher，"Labor Force Participation：Recent Developments and Future Prospects，" Brookings Papers on Economic Activity (Fall 2014)：197-275。

表 6.3　　　若干国家的女性和老年男性的劳动力参与率，1965—2014 年（%）

国家	1965 年	1973 年	1983 年	1993 年	2014 年
女性（年龄为 25～54 岁）					
加拿大	33.9	44.0	65.1	75.6	81.9
法国	42.8	54.1	67.0	76.1	83.5
德国	46.1	50.5	58.3	72.5	82.4
日本	—	53.0*	59.5	65.2	74.5
瑞典	56.0	68.9	87.1	88.2	88.0
美国	45.1	52.0	67.1	74.3	73.9
男性（年龄为 55～64 岁）					
加拿大	86.4	81.3	72.3	60.4	68.7
法国	76.0	72.1	53.6	43.5	53.1
德国	84.6	73.4	63.1	53.0	75.5
日本	—	86.3*	84.7	85.4	84.8
瑞典	88.3	82.7	77.0	70.9	81.7
美国	82.9	76.9	69.4	66.5	69.9

*1974 年的资料（早期的资料不具可比性）。

资料来源：Organization for Economic Cooperation and Development，Labor Force Statistics (Paris：OECD，various dates)，http：//stats. oecd. org/Index. aspx?DataSetCode=LFS _ SEXAGE _ I _ R.

□ 工作小时数

因为劳动力参与的数据包括已经就业的人和尚未就业但是希望就业的人，因而这是一个衡量劳动力供给的较为准确的指标。相反，一位典型劳动者在每周或每年的工作小时数常常被认为是由劳动力市场上的需求方单方面决定的。难道雇主不会针对我们在第 5 章中讨论过的那些因素来确定自己期望员工工作的小时数吗？当然会。但是，工作小时数同样也会受到劳动力市场上供给一方即员工偏好的影响，在长期中尤其如此。

尽管工作时间表是由雇主确定的，但是员工可以通过做出下面的决策来表达自己对工作小时数的偏好。比如，是从事全日制工作还是非全日制工作，是否从事兼职工作，选择从事哪一种职业以及到哪一个雇主那里工作。[①] 例如，与从事全日制事务性工作的女性员工相比，从事全日制工作的女性管理人员每周的工时数更多。此外，不同的雇主往往会提供不同的全日制工作和非全日制工作组合、不同的周工作时间表，同时在休假和带薪节假日政策方面制定不同的规定。

① 在任何时候，大约 5%的美国劳动者从事不止一份工作——更多的人（20%的男性和 12%的女性）在一年中的某个时点上会从事不止一份工作。参见 Christina H. Paxson and Nachum Sicherman，"The Dynamics of Dual Job Holding and Job Mobility，" Journal of Labor Economics 14 (July 1996)：357 - 393；and Jean Kimmel and Karen Smith Conway，"Who Moonlights and Why? Evidence from the SIPP，" Industrial Relations 40 (January 2001)：89 - 120。关于检验（以及支持）员工在选择工作时间时是不受限制的假设的研究，参见 John C. Ham and Kevin T. Reilly，"Testing Intertemporal Substitution，Implicit Contracts，and Hours Restriction Models of the Labor Market Using Micro Data，" American Economic Review 92 (September 2002)：905 - 927。

雇主在工时和工资方面所做出的安排旨在增加自己的利润，但它们同样必须满足现有的以及未来的潜在员工的偏好。例如，如果员工现在每周工作 40 小时，每小时的工资为 X 美元。而这些员工实际上仅仅希望每周工作 30 小时，同时继续将每小时的工资保持在 X 美元，那么，一些具有创新精神的企业（可能是某一位准固定成本相对较低的雇主）最终就会了解到员工的这种不满，并且提供每周只工作 30 小时的工作。此举使得员工更加满意了，生产率也更高了。

尽管从长期来看，雇主必须满足员工的劳动力供给偏好，但是大多数短期工时的变化似乎都源于劳动力市场上需求一方的需要。① 周工时数通常会随经济周期的阶段而变化，例如，在市场需求活跃时期，周工时就会更长一些。因此，在分析工时变化趋势时，我们必须仔细地区别劳动力需求方面的因素和劳动力供给方面的因素。

20 世纪上半叶，在经济繁荣时期，美国制造业工厂中的生产工人通常每周工作 55 小时；而在过去的 20 年中，美国的制造业工人在相似时期的平均周工时数却不到 40 小时。举个例子来说，1988 年、1995 年和 2004 年——当时的失业率大约为 5.5%并且正在下降，美国制造业工人的周平均工时分别为 38.4 小时、39.3 小时和 38.6 小时；总体来说，美国制造业周工时数下降的情况主要发生在 1950 年之前，此后，美国制造业的周工时数就没有再出现过下降的趋势。②

工作决策理论

劳动力供给理论有助于我们理解前面讨论的劳动力参与和工时变化的长期趋势吗？由于劳动力是一种最富有生产力的生产要素，因此我们可以说，从长期来看，一个国家的总体福祉主要取决于该国人民从事工作的意愿。当然，闲暇以及除从事有酬工作之外的其他时间耗费形式在福祉创造的过程中也同样非常重要。然而，无论如何，任何经济的存在和发展，主要还是取决于能够用于市场交易的物品和服务

---

① 例如，参见 Joseph G. Altonji and Christina H. Paxson，"Job Characteristics and Hours of Work," in Research in Labor Economics，vol. 8，ed. Ronald Ehrenberg (Greenwich，CT.：JAI Press，1986)；Orley Ashenfelter，"Macroeconomic Analyses and Microeconomic Analyses of Labor Supply," Carnegie-Rochester Conference Series on Public Policy 21 (1984)：117 - 156。一项最近的研究表明，劳动者希望实现的劳动力供给调整更多地来源于改变雇主，而不是在同一雇主处调整工时数，参见 Rechard Blundell，Mike Brewer，and Marco Francesconi，"Job Changes and Hours Changes：Understanding the Path of Labor Supply Adjustment," Journal of Labor Economics 26 (July 2008)：421 - 454。

② 这里引用的平均周工时数指的是实际工时 [通过《制造业普查》(*Census of Manufactures*) 获得的]，而不是更为常用的"有酬工时"，因为这种工时中包括一些带薪的病假、节假日以及年休假。一项相对较近的研究发现，在 20 世纪最后 20 年中，受教育水平较高的人的工时数出现了意想不到的增加；参见 Peter Kuhn and Fernando Lozano，"The Expanding Workweek? Understanding Trends in Long Work Hours among U.S. Men，1979 - 2006," Journal of Labor Economics 26 (April 2008)：311 - 343。

的生产情况。因此，了解高工资和高收入、各种税收以及各种形式的收入维持计划产生的工作动机效应就显得十分重要。

总之，工作决策最终还是一个关于如何利用时间的决策问题。一种利用时间的方式是将其用于令人愉悦的闲暇活动，另一种利用方式则是将其用于工作。我们可以在家里工作，从事诸如养育孩子、做缝纫活儿、盖房子甚至种庄稼等这样一些家庭生产活动。同样，我们也可以从事有报酬的工作，并拿因此而获得的工资性报酬来购买食物、住房、衣物以及儿童看护服务等。

由于从事有酬工作（然后购买家庭所需的物品或服务*）和自己从事家庭生产是两种可以达到同样目的的方式，所以，我们在一开始的时候暂时忽略它们之间的区别，并且把所有工作活动都视为有酬工作。这样，我们就可以把工作决策视为在闲暇和有酬工作之间做出的一种选择。在这一框架下，我们就可以理解会对人的工作动机产生影响的大多数关键因素。如果对家庭生产活动进行更为深入的考察，那么会进一步丰富我们对劳动力供给行为的认识。关于这方面的问题，我们将在第 7 章中论述。

如果我们把用在吃饭、睡觉以及其他维持自身生命活动的时间视为由自然规律决定的，因而基本上是固定的，那么，剩下的可自由支配时间（比如每天 16 小时）就可以被分配于工作和闲暇两种活动上了。对我们来说，最方便的做法莫过于通过分析人们对闲暇时间的需求来对工作-闲暇选择展开研究。

□ 一些基本概念

一般而言，人们对一种物品的需求是以下三个变量的函数：

（1）这种物品的机会成本（通常等于其市场价格）；

（2）一个人的财富水平；

（3）一个人的偏好组合。

例如，取暖性用油的消费会随其成本变化而发生变化。当取暖性用油的成本上升时，这种油的消费量必然会下降，除非其他两个变量对此有所干预。比如，随着财富的增加，人们通常希望住上更宽敞、更暖和的房子，这显然需要使用更多的油来取暖。① 即使能源的价格和个人的财富保持不变，随着出生率下降和人口寿命延长导致的老年人口比例增大——这些人需要住更暖和的房子，对能源的需求同样会上升。人口构成的这种变化导致人们对更为暖和的房屋的总体偏好发生了变化，从而进一步导致了对取暖性用油的需求发生了变化。（经济学家通常假定偏好是既定的，不会很快发生变化。对政策分析来说，价格和财富的变化对解释需求的变化是极其重要的，因为这些变量最容易受到政策和市场力量的影响。）

---

* 括号中内容为译者所注。

① 如果人们对一种物品的需求是随着财富的增加而增加的，则经济学家称之为正常物品。如果人们对一种物品的需求是随着财富的增加而下降的，则这种商品被称为低档物品（有时候，人们将乘坐公共汽车去旅游或上下班视为低档物品的一个例子）。

闲暇的机会成本 为了将一般性的需求分析运用于对闲暇需求的分析，我们首先要问："什么是闲暇的机会成本?"一个人看 1 小时电视付出的成本是他将这 1 小时用于工作时能够获得的收入。因此，1 小时闲暇的机会成本就等于一个人的工资率——一位劳动者多工作 1 小时就能够多拿到的那些额外的工资性报酬。①

财富和收入 其次，我们必须知晓如何衡量财富。很自然地，财富包括一个家庭拥有的银行存款、金融投资和实物财产。劳动者的技能也可以被看作一种资产，因为这些技能可以按照一定的价格出租给雇主。一个人能够获得的工资水平越高，则表明此人的人力资产价值越高。然而，令人遗憾的是，我们通常还不能直接衡量这种财富。但是，对来自财富的收益进行衡量却容易得多，这是因为，关于一个人的总收入的数据可以从政府的调查中得到。因此，经济学家经常将总收入作为财富总量的一种衡量指标，因为这两个概念非常接近。②

定义收入效应 理论上认为，如果收入增加而工资和偏好保持不变，则对闲暇的需求将会增加。也就是说，如果收入增加而工资保持不变，则理想的工时数会减少。(相反，如果收入下降而工资率保持不变，则理想的工时数就会上升。)经济学将这种在工资率保持不变的情况下，由收入变化而导致的理想闲暇小时数的变化称为收入效应。收入效应基于这样一个简单的逻辑，即假定闲暇的机会成本保持不变，则随着收入的增加，人们就希望消费更多的闲暇时间（这就意味着工作时间的减少)。

因为我们已经假设，人们的时间不是用于闲暇消费，就是用于有酬工作，因此，收入效应既可以用对闲暇小时数的需求来表示，也可以用工时供给来表示。由于本章的最终关注点是劳动力供给，所以我们选择用劳动力供给条件来表示收入效应。

我们将收入效应定义为在工资保持不变的情况下（$\overline{W}$），收入变化（ΔY）引起的工时变化（ΔH），即：

$$\text{收入效应}=\left.\frac{\Delta H}{\Delta Y}\right|\overline{W}<0 \tag{6.1}$$

我们说收入效应是负的，这是因为公式（6.1）中的分数的符号为负。也就是说，如果收入增加（工资保持不变），则工时减少；如果收入下降，则工时增加。公式（6.1）中的分子（ΔH）和分母（ΔY）的变动方向是相反的，因而收入效应为负。

定义替代效应 理论同样也表明，如果收入保持不变，但工资率上升导致闲暇的价格上升，则闲暇需求下降，从而导致从事工作的动机增强。(同理，在收入保持不变的情况下，工资率下降会导致闲暇的机会成本降低，工作动机弱化。)之所以会

---

① 它假定，在一个固定的工资率下，一个人可以选择工作尽可能多的小时数。尽管这种假设看起来过于简单，但对本章所要分析的问题来说，它还不至于引出错误的结论。更严格地说，闲暇的边际机会成本就是边际工资率（一个人多工作 1 小时所能够得到的工资)。

② 最好的财富衡量指标应当是一个人永久的或长期的潜在收入。出于各方面的原因（失业、疾病、非常规性的大量加班等)，一个人当前的收入并不等于其永久性收入。不过，就我们在这里的（研究）目的而言，在当前收入和永久性收入之间的这种区别并不是很重要。

发生替代效应，是因为在收入不变的情况下，随着闲暇成本的变化，闲暇和工时之间出现了相互替代。

与收入效应相反，替代效应的值为正。因为这种效应是在收入保持不变的情况下（$\bar{Y}$），工资率变化（ΔW）导致的工时变化（ΔH），因此，替代效应可表示为：

$$\text{替代效应}=\left.\frac{\Delta H}{\Delta W}\right|\bar{Y}>0 \tag{6.2}$$

由于公式（6.2）中的分子（ΔH）和分母（ΔW）变化的方向相同——至少从理论上来说是这样，因此，替代效应为正。

分别考察收入效应和替代效应 当工资水平上升或下降时，收入效应和替代效应同时出现，并且作用方向常常相反。然而，有时我们却可以观察到，在一些特殊环境或者项目中，收入效应或替代效应只有一种效应发生的情况。

继承一笔遗产常常是产生纯收入效应的一个很好的例子。获得遗产的人在不改变工时的情况下获得了个人财富（收入）的增加。这种收入的增加不会导致此人通过一小时的工作获得的薪酬发生任何变化。在这种情况下，收入效应会诱使这个人消费更多的闲暇，从而削弱从事工作的意愿。（我们将在例 6.2 中看到对这一理论推导的某些证据支持。）

可以直接观察到的纯替代效应的情况是很少的，但是 1980 年总统竞选的例子可以说明这一点。当时的一位总统候选人约翰·安德森（John Anderson）提出了一项汽油节约计划。他的计划是提高汽油税，同时减少每个人需要根据自己的工资性报酬缴纳的社会保障税，从而抵消这种税收的增长。其含义是，提高汽油的价格，同时又不减少人们的总体可支配收入。

就我们的目的而言，这个计划是十分有趣的，因为它会对劳动力供给造成一种纯替代效应。由于社会保障基金是通过对工资性报酬征税来筹集的，因而，这种税收的减少实际上导致了大多数劳动者的工资率上升。然而，对一般人来说，因这种工资率上升而带来的财富增加几乎被汽油税的提高抵消了。[①] 因此，就产生了这样一种效果：工资率上升了，而收入却基本上没有发生什么变化。因而这一计划创造了一种纯粹的替代效应，即诱使人们工作更多的时间。

工资率上升时同时出现的两种效应 尽管我们在上述例子中说明了收入效应或替代效应各自分别出现的情形，但是在通常情况下，这两种效应往往会同时出现，而且它们的作用方向经常是相反的。在许多情况下，这两种作用相反的效应的同时存在，导致我们无法预测劳动力供给在总体上会做出何种反应。接下来，我们分析一下在一个人的工资率上涨时可能会出现的情况。

劳动力供给对一次简单的工资率上升做出的反应既包括收入效应，也包括替代效应。收入效应是指一个人在工资率上涨之后获得的财富（或潜在收入）增加的情

① 只有当对汽油的需求是缺乏弹性的时候，汽油价格的上涨才会减少人们用于非汽油消费的开支。在这种情况下，汽油消费量下降的百分比要小于价格上升的百分比。因此，用于汽油的总支出将会增加。在我们的分析中所假设的就是这样一种情况。

况。在个人的工作努力程度保持不变的情况下，此人现在能够支配的资源比过去更多了（因为在其工作的任何一小时里，现在获得的收入都比过去高了）。而替代效应的出现则来自因工资率上涨导致闲暇的机会成本上升。由于劳动力供给做出的实际反应是收入效应与替代效应之和，因此我们无法事先对劳动力供给可能做出的反应进行预测——因为我们无法从理论上知道，到底哪一种效应更强。

如果收入效应更占优势，则当工资率上升的时候，一个人可能做出的反应是减少自己的劳动力供给。但是，与由于非劳动财富增加而产生的等量财富变化引起的劳动力供给减少相比，工资率上升导致的这种劳动力供给减少的幅度更小。这是因为，工资率的变化除了会引发收入效应之外，还会引发替代效应，而替代效应的存在可以缓解收入变化对劳动力供给产生的影响。但是，正如例 6.1 中展示的，当收入效应占主导地位时，替代效应并不能阻止劳动力供给的减少。当然，也完全有可能出现替代效应占优势的局面。如果是这样，针对工资率上升做出的实际反应就是劳动力供给的增加。

例 6.1☞

纽约市出租车司机的劳动力供给

验证劳动力供给理论是一件十分困难的事情，这是因为在现实中，大多数劳动者在不换工作的情况下很难大幅度改变自己的工时。然而，纽约市的出租车司机确实可以自由决定本人的工时长短。纽约市出租车与轿车委员会分别在 1996 年和 2004 年批准了出租车上调单价，因此，很有趣的一件事情就是，我们可以来看一看出租车司机们的工时——体现在他们的驾驶里程上——是如何随着车费上调而发生变化的。价格上调将出租车司机的小时工资平均提高了 19%。而一项细致的研究发现，出租车司机们对此次调价做出的反应是将他们的驾驶里程缩短了 4%。很显然，工资上涨给他们带来的收入效应比替代效应更强。

资料来源：Orley Ashenfelter, Kick Doran, and Bruce Schaller, "A Shred of Credible Evidence on the Long-Run Elasticity of Labor Supply," Economica 77 (October, 2010): 637 - 650. 关于该主题的更多研究，参见 Henry S. Farber, "Why You Can't Find a Taxi in the Rain and Other Labor Supply Lessons from Cab Drivers," Quarterly Journal of Economics 130 (November 2015): 1975 - 2026。

如果替代效应占据主导地位，那么一个人的劳动力供给曲线（即将理想的工时数与工资率联系起来的一条线）的斜率就是正的。也就是说，劳动力供给会随着工资率的上涨而增加。如果收入效应占据主导地位，劳动力供给曲线的斜率就为负。经济理论并不能告诉我们到底哪一种效应会占优势，实际上，在某一个工资区间内，个人劳动力供给曲线的斜率可能是正的，但是在另外一个工资区间内，个人劳动力供给曲线的斜率可能又会为负。例如，如图 6.1 所示，在工资水平比较低的时候（低于 W^*），随着工资率的上涨，一个人的理想工时数是增加的（替代效应占据主导优势）。然而，在较高的工资水平上，工资率上涨则会导致理想工时数的减少（收入效应占据主导优势）。经济学家把这种曲线称为“向后弯曲的曲线”。

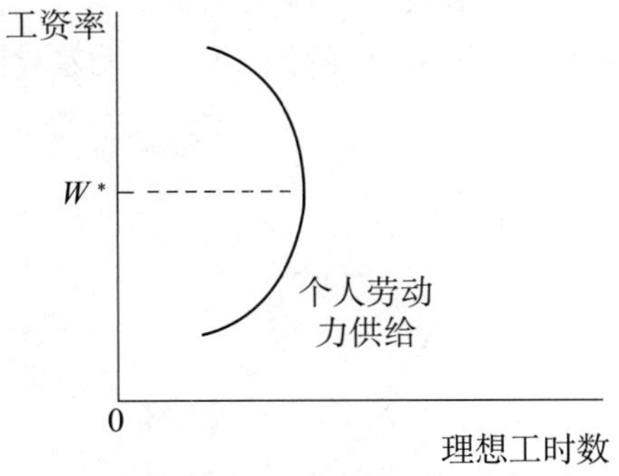

图 6.1　可能会向后弯曲的个人劳动力供给曲线

□ 劳动与闲暇的选择分析

我们在本小节中将论述无差异曲线和预算约束线——图解分析有助于我们更为形象地理解劳动力供给理论，并将这一理论运用于分析更为复杂的政策问题。这些图形直观地勾勒出了会对我们前面讨论过的闲暇需求（或劳动力供给）产生影响的基本因素。

偏好　我们假设有两大类能使人们感到快乐的物品——闲暇时间和人们能够用货币买到的商品。如果我们将商品的价格视为固定的，那么我们就可以将它们转化为能够用货币收入来衡量的一个指数（在商品价格固定的情况下，更多的货币收入意味着可以消费更多的商品）。把所有的物品分为闲暇和货币收入两大类之后，我们就可以在一个二维空间中绘制我们的图形。

既然闲暇与货币收入都能够带来满足感（或效用），这两类物品在某种程度上就是可以相互替代的。如果一个人被迫放弃一些货币收入——比如通过缩短工作时间——那么，闲暇时间的增加就可以替代这部分货币收入的损失，从而使其依旧像过去一样快乐。

为了理解用图形的方式描绘出来的人的偏好，假定我们要求一位经过深思熟虑的消费者（同时也是一位劳动者）说出，每天挣 64 美元再加上 8 小时的闲暇时间（图 6.2 中的点 a）给他带来的快乐到底有多少。我们称这种水平的快乐程度为效用水平 A。这位消费者兼劳动者还可以说出同样能够产生效用水平 A 的其他一些货币收入与闲暇时间的组合，假如他还说出了另外五种组合。那么，我们在图 6.2 中就用黑圆点表示这六种效用水平都为 A 的货币收入和闲暇时间组合。将这些点连接在一起的线就被称为无差异曲线，这种曲线将效用水平相同的各种货币收入和闲暇时间组合连接在了一起。（无差异曲线这一术语源自这样一个事实，即曲线上的每一个点产生的效用都相同，人们并不关心他们会分别落在曲线的哪一个点上。）

如果这位劳动者兼消费者能够在每天得到 8 小时闲暇时间的同时，还能够得到

100 美元而不是仅仅 64 美元的货币收入，那么，他无疑能够达到更高的快乐水平。我们将这一更高水平的效用称为效用水平 B。这位消费者还可以说出其他一些同样能够产生这种较高效用水平的货币收入与闲暇时间组合，这些组合我们在图 6.2 中用“×”来表示，将这些点连接起来便得到了第二条无差异曲线。

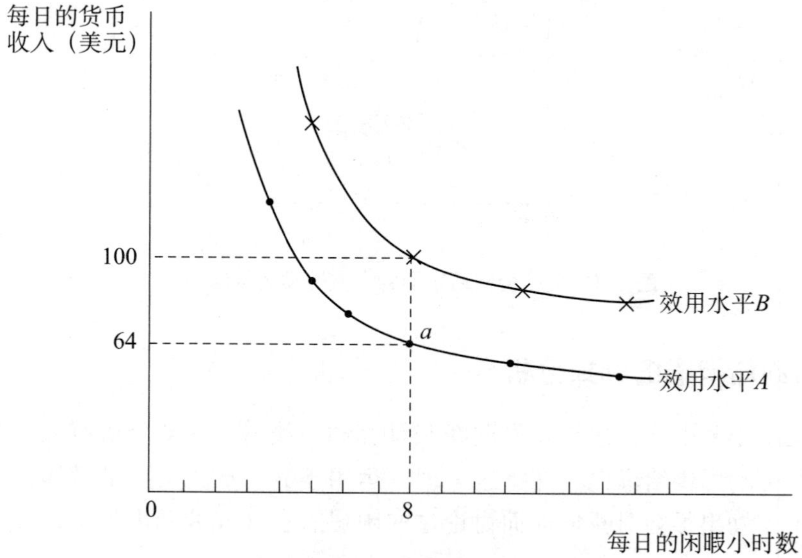

图 6.2　同一个人的两条不同的无差异曲线

从无差异曲线的形状我们可知，它有一些既定的特征：

（1）与效用水平 A 相比，效用水平 B 代表着更高程度的快乐。与效用水平 B 上的每一种闲暇消费水平组合在一起的收入都比效用水平 A 上的高。因此，劳动者兼消费者宁愿得到无差异曲线 B 上的所有点，而不要曲线 A 上的任意一点。对一个特定的人来说，我们可以为其绘出整整一组无差异曲线，每一条无差异曲线都代表着一种不同的效用水平。在图中，位于右上方的任何一条无差异曲线都比位于左下方的无差异曲线更为人们所偏好，这是因为前者代表的效用水平更高。

（2）无差异曲线之间不会相交。如果相交，那么两者的交点会表明这样一层意思，即一种货币收入和闲暇时间组合可以产生两种不同的效用水平。如果真的出现了这种情况，我们就会假定这位劳动者兼消费者在陈述自己的偏好时出现了自相矛盾的现象。

（3）无差异曲线的斜率为负。这是因为，如果货币收入或闲暇时间两者中有一项增加了，则为了保持效用水平不变，另一项就必须减少。如果无差异曲线是陡直的，如图 6.3 中的 LK 段所示，那么，要保持效用水平不变，既定的收入减少就不需要通过闲暇时间的大幅增加来弥补。[①] 可是，当无差异曲线比较平缓时，如图 6.3

① 在闲暇时间变化 1 单位时，为了维持效用水平不变而需要达到的货币收入变化，被经济学家称为闲暇和货币收入之间的边际替代率。这种边际替代率在图形上可以理解为无差异曲线上的任何一点的斜率。例如，在点 L，无差异曲线相对陡峭。所以经济学家会说，点 L 上的边际替代率相对较高。

中的 MN 段所示，既定的收入下降就必须伴随着大量闲暇消费的增加，才能保持效用不变。因此，当无差异曲线较陡时，人们不像它相对平缓时那样看重货币收入；当无差异曲线较为平缓时，要想保持效用水平不变，收入损失就只能依靠闲暇的大幅增加来补偿。

（4）无差异曲线是凸的——曲线的左上半部分比右下半部分更为陡峭。这种形状反映了这样一种假设，即在货币收入相对较高的时候，闲暇时间相对较少。这时，一个人就会比闲暇时间较多而收入较少时更看重闲暇。如图 6.3 中的 LK 段所示，大量的收入损失（例如从 Y_4 到 Y_3）只需要少量的闲暇增加就能够得到补偿，而少量闲暇时间的损失（例如从 H_3 到 H_4）却需要大量的收入增加加以补偿，这样才能维持效用水平不变。正如俗话所说的，物以稀为贵。

（5）当收入较低而闲暇较多时（如图 6.3 中的 MN 段所示），一个人就会更加看重货币收入。要想保持效用水平不变，收入的减少（例如从 Y_2 到 Y_1）就需要以闲暇的大幅增加来补偿。再重复一遍，物以稀为贵。

（6）不同的人有不同的无差异曲线群。图 6.2 和图 6.3 中所示的是某一个人的无差异曲线，如果换了另外一个人，则可能会有另一组完全不同的无差异由线。例如，比较看重闲暇的人的无差异曲线通常都比较陡直［参见图 6.4（a）］；而不太看重闲暇的人的无差异曲线则相对扁平［参见图 6.4（b）］。因此，我们是可以用图形来描绘个人偏好的。

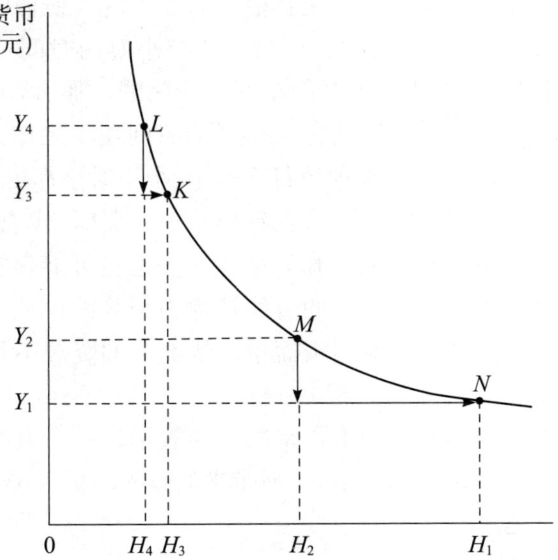

图 6.3　一条无差异曲线

收入和工资约束　每个人都想实现个人效用最大化，而要想做到这一点，一个人就需要在获得最高收入的同时，尽可能地去消费任何一小时的可能闲暇。然而，令人遗憾的是，任何一个人能够支配的资源都是有限的。因此，对每一个人来说，

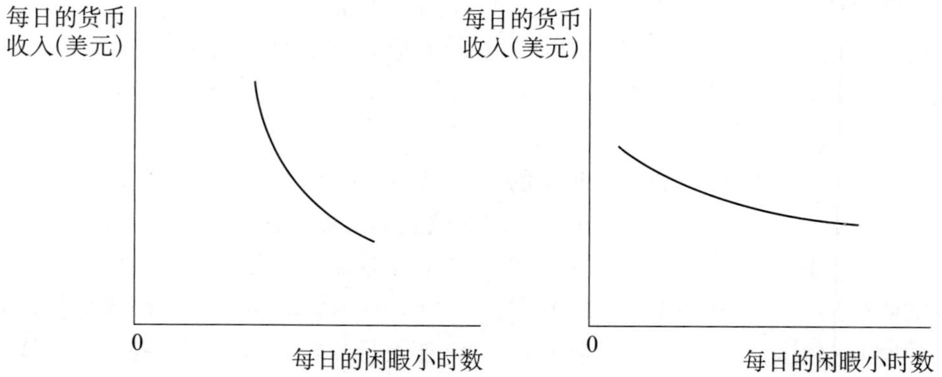

(a) 对额外1小时的闲暇更为看重的人

(b) 对额外1小时的闲暇不那么看重的人

图 6.4 两个不同的人的无差异曲线

都只能在有限的资源范围内尽力而为。要从图形上看到这种资源限制情况，就需要对一个人的一组无差异曲线施加某些约束条件，从而看一看哪一种收入与闲暇组合是有可能实现的，而哪些是不可能实现的。

我们假定个人的无差异曲线如图 6.2 所示的某个人，除了自己的劳动收入之外，再无其他收入来源。我们再进一步假定此人的小时工资率是 8 美元。在图 6.5 中，不仅有两条原来在图 6.2 中描绘的无差异曲线，而且包括一条直线（DE），这条直线将这个小时工资率为 8 美元且再无其他外部收入的人所面临的各种收入与闲暇组合连接在了一起。如果一个人每天总共有 16 个小时的时间可以用于工作和闲暇[①]，那么，一旦此人将这 16 个小时的时间全都用于闲暇，那么，他的货币收入就会是 0（图 6.5 中的点 D）；如果他每天将 5 个小时的时间用于工作，那么他的货币收入就会是每天 40 美元（点 M）；如果他把每天的 16 个小时全都用于工作，则他的日收入就是 128 美元（点 E）。这条直线上的其他点——例如，代表每天有 15 个小时的闲暇和 8 美元收入（从事 1 小时的工作）的点——也是可能存在的。这条能够反映此人可以获得的各种闲暇和收入组合的直线被称为预算约束线，位于这条线右方的任何一种组合都是无法实现的。原因很简单，他拥有的资源不足以达成这些闲暇和货币收入组合。

预算约束线的斜率实际上是工资率的图形表示。一个人的工资率可以被恰当地定义为：一个单位的工时增加（ΔH）所带来的收入增量（ΔY），即：

$$工资率=\frac{\Delta Y}{\Delta H} \tag{6.3}$$

---

① 我们假定每天需要 8 个小时的时间用于睡眠以及其他的“维持性”活动，这纯粹是出于解释上的方便。这些活动本身其实也是一个经济选择问题，至少在某种程度上来说如此。参见 Jeff. E. Biddle and Daniel S. Hamermesh，“Sleep and the Allocation of Time,” Journal of Political Economy 98，no. 5. pt. 1（October 1990）：922－943。在工作、闲暇和维持性活动之间构建一个三维选择模型只会使我们的分析复杂化，而不会在我们构建的这个劳动-闲暇选择模型基础上，对劳动者所必须做出的决策得出任何更为深刻的见解。

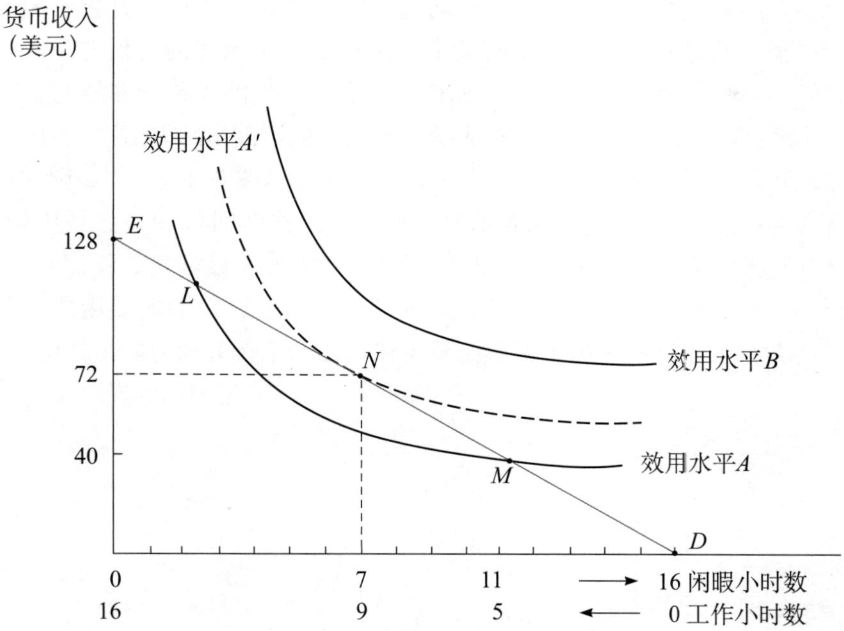

图 6.5　无差异曲线与预算约束线

式中，$\Delta Y/\Delta H$ 正好是预算约束线的斜率（用绝对值来表示）。[①] 图 6.5 清楚地表明了，一个人的工作时间每增加 1 小时，他的预算约束是怎样增加 8 美元的。如果一个人每天的工作时间为 0，那么他的日货币收入也就为 0；如果此人工作 1 个小时，他就能够得到 8 美元的收入；如果工作 5 个小时，其收入就是 40 美元。之所以会出现每多工作 1 个小时预算就增加 8 美元的情况，是因为小时工资率是 8 美元。如果一个人每小时可以挣 16 美元工资，那么，此人的预算就会以过去 2 倍的速度增长，预算约束线的陡峭程度也会增加 1 倍。

由图 6.5 可以清楚地看出，消费者兼劳动者是不可能达到效用水平 B 的。他只能达到代表效用水平 A 的那条无差异曲线上的某些点——尤其是介于图 6.5 中的点 L 和点 M 之间的那些点。然而，如果这位消费者兼劳动者是一位效用最大化追求者，他就会认识到，自己能够实现的效用水平可以超过 A。请记住，在图 6.5 中的 A、B 两条无差异曲线之间，我们还可以再画出无数条无差异曲线，其中的每一条无差异曲线都代表介于效用水平 A 和效用水平 B 之间的某种可能的满意水平。我们可以绘出一条位于曲线 A 右上方的曲线（A'），这条曲线正好与预算约束线相切于点 N，沿着这条预算约束线发生的任何一种偏离这个切点的移动，都会使此人位于效用水平低于 A' 的无差异曲线上。

① 横轴上的一个单位距离变化所引起的纵轴上的距离变化被称为斜率，斜率的绝对值是指斜率的大小程度，而不考虑其符号为正还是为负。图 6.5 中的预算约束线是一条直线（因此其斜率为常量）。用经济学的术语来说，直线形预算约束线反映了这样一种假设：一个人在从事工作时，其工资率是固定的，即工资率不会随着工作小时数的变化而变化。不过，即使采用凸形预算约束曲线，也并不改变通过直线形约束线所得到的那些主要理论的含义。所以，为了解释上的便利，我们假定工资率固定不变。

即使预算约束线相同，对闲暇有不同偏好的劳动者也会在工时数上做出不同的选择。如果个人偏好如图 6.5 所示的某个人不那么看重闲暇的价值——所以他的无差异曲线较为扁平，像图 6.4（b）中那样——那么，他的无差异曲线与预算约束线 ED 的切点就会落在点 N 的左边（这表示工作更多的时间）。如果这个人的无差异曲线相对比较陡峭，就说明此人比较看重闲暇时间［参见图 6.4（a）］，则在图 6.5 中的切点就会落在点 N 的右边，这表示对他而言，工作时间较少一点是比较理想的。事实上，有些人的无差异曲线实在太陡峭了（即对闲暇的偏好过于强烈），以至于它与 ED 线甚至没有切点。对这些人而言，如图 6.6 所示，他们的效用最大化点位于“角点”（点 D）上。这些人根本就不愿意工作，因而不在劳动力队伍之中。

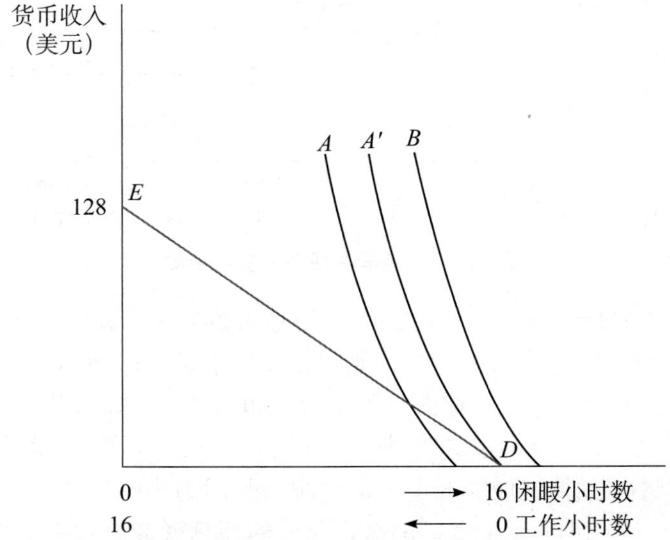

图 6.6　决定不参加工作是一种“角点方案”

收入效应　现在假设我们在图 6.5 中描述的那个人运气不错，获得了另外一种与工作无关的收入来源。我们进一步假定这种非劳动收入的数量大约为每天 36 美元。于是，即使这个人每天工作 0 个小时，其收入也能够达到每天 36 美元。很自然地，如果他每天的工作时间超过 0 个小时，他的日收入就会等于 36 美元再加上额外挣得的工资性报酬（等于工资率乘以工作小时数）。

此人可以支配的资源很显然增加了，我们可以用一条新的预算约束线来反映他获得的这种非劳动收入，如图 6.7 中加粗的那条直线所示，新的预算约束线的两个端点分别是点 d（工作小时数为 0，货币收入为 36 美元）和点 e（工作小时数为 16 个小时，货币收入为 164 美元——36 美元的非劳动收入再加上 128 美元的工资性报酬）。需要指出的是，这条新的预算约束线平行于原来的预算约束线。两条相互平行的直线具有相同的斜率；由于每一条直线的斜率反映的都是工资率，所以我们可以推断，非劳动收入的增加并不会改变一个人的工资率。

我们描述的是一种可以观察到的纯收入效应出现时的情况，即收入（财富）增加了，但是工资率却保持不变。我们在前面曾提到过，如果财富增加了而闲暇的机会成本保持不变，则一个人就会消费更多的闲暇时间，同时减少用于工作的时间。于是，我们就可以得出结论：收入效应的值是负的。在图 6.7 中我们用图形描述了这种负相关关系。

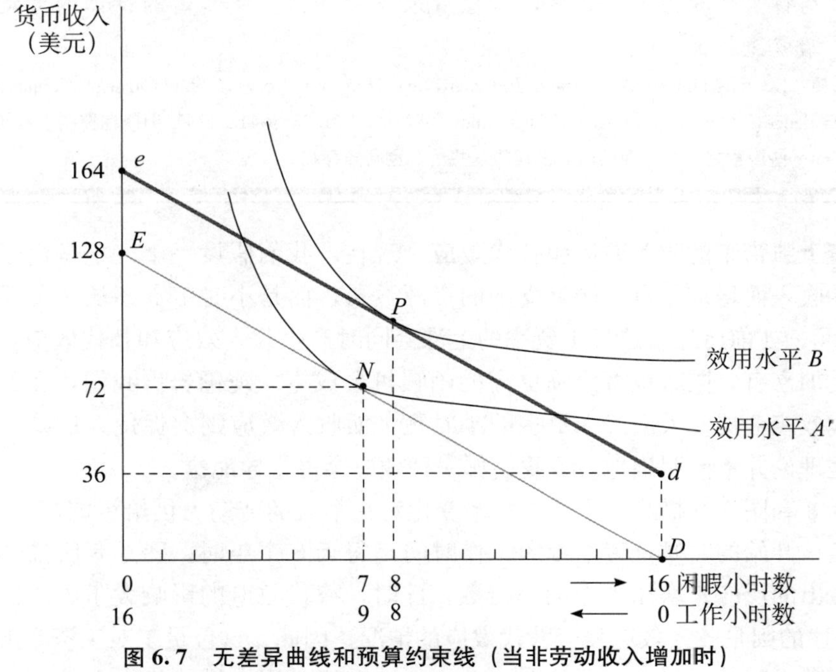

图 6.7　无差异曲线和预算约束线（当非劳动收入增加时）

根据原来的预算约束线（*DE*），一个人可以达到最高效用水平的点是点 *N*，即每天工作 9 个小时。新的预算约束线（*ed*）出现之后，对这个人来说，每天的最佳工作时间就变成 8 个小时了（点 *P*）。由于新的收入来源并没有改变工资率，所以它的出现就产生了一种收入效应，导致每天的工作时间减少了 1 个小时。对继承了大额遗产的人（参见例 6.2）或者中了大奖的人[①]所做的统计分析为非劳动收入增加会导致劳动力供给减少这一推论提供了支持。

例 6.2

巨额遗产会导致一个人退出劳动力队伍吗？

非劳动收入性质的巨额馈赠会削弱人们的工作积极性吗？近期的一项研究首先将 1982—1983 年间继承过遗产的人分为两个群体，即接受了小额馈赠的群体（平均价值为 7 700 美元）和接受了大额馈赠的群体（平均价值为 346 200 美元）。然后，这项研究分析了这两个群体在 1982—1985 年间的劳动力参与率变化情况。毫不奇

① Guido W. Imbens, Donald B. Rubin, and Bruce I. Sacerdote, "Estimating the Effects of Unearned Income on Labor Earnings, Savings, and Consumption: Evidence from a Survey of Lottery Players," American Economic Review 91 (September 2001): 778－794.

怪，继承遗产较多的群体更有可能会退出劳动力队伍。更为具体地说，接受小额馈赠的群体的劳动力参与率在此期间从76%上升到了81%，而接受了大额馈赠的群体的劳动力参与率却从70%下降到了65%。更令人惊奇的一个事实也许是，由于能够预见到自己将来会获得大额馈赠，这些后来确实得到大额馈赠的群体的劳动力参与率从一开始就比较低。

资料来源：Douglas Holtz-Eakin，David Joulfaian，and Harvey S. Rosen，"The Carnegie Conjecture：Some Empirical Evidence，" Quarterly Journal of Economics 108，no. 2（1993）：413－435. 即使在控制了像年龄和工资性报酬等这样一些因素之后，上面的研究发现的这些情况也同样存在。

工资上涨带来的收入效应和替代效应　现在，我们假设一个人不是由于得到一笔非劳动收入而增加了自己能够支配的资源数量，而是小时工资率从 8 美元上升到了 12 美元。如前所述，这种工资率的上涨会同时产生收入效应和替代效应，劳动者会变得更加富有，同时也将面临更高的闲暇机会成本。理论告诉我们，在这种情况下，替代效应会促使人们工作更多的小时数，而收入效应则会促使人们减少工作时间，但是理论并不能明确地告诉我们哪一种效应会占主导地位。

图 6.8 和图 6.9 描绘了上述工资率变化对一个人的劳动力供给可能产生的影响，我们假定一开始的时候，劳动者的工作时间是每天 8 个小时。图 6.8 所描述的这位员工所做出的反应是增加工作的小时数，此时，替代效应的影响大于收入效应。图 6.9 所描述的则是收入效应强于替代效应的情况，因此，这位员工对工资率上升做出的反应是减少工作时间。这两幅图的唯一区别在于，用来描述每个人的不同偏好的无差异曲线的形状是不同的，而反映财富和工资率水平的两条预算约束线则是完全一样的。

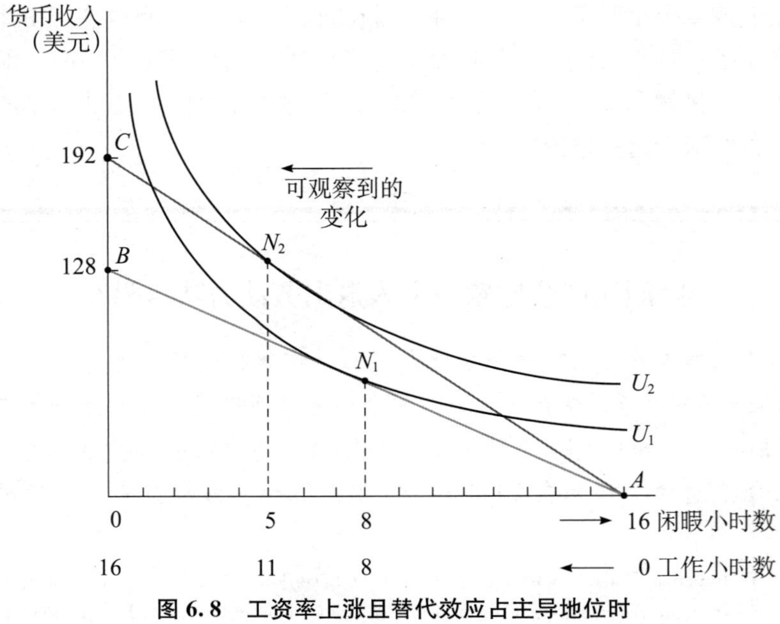

图 6.8　工资率上涨且替代效应占主导地位时

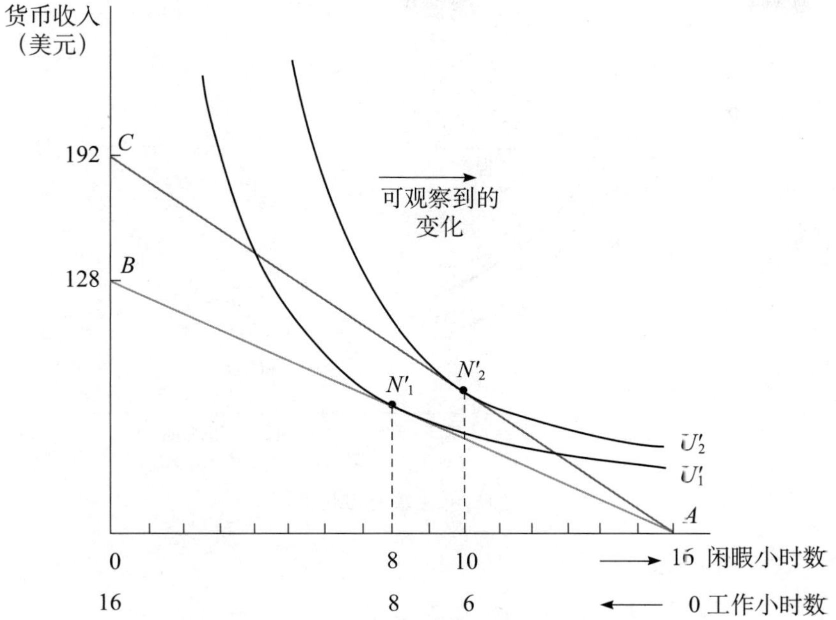

图 6.9　工资率上涨且收入效应占主导地位时

图 6.8 和图 6.9 都显示出了原来的预算约束线 AB，其斜率反映了每小时的工资为 8 美元这一事实。同时，在这两幅图中也显示出了新的预算约束线 AC，这条线反映出了小时工资为 12 美元这种情况。我们假定劳动者没有获得非劳动收入，因此两条预算约束线的端点都在点 A 上，这表明当劳动者的工作时间为 0 时，其收入也为 0。新预算约束线上的点 C 现在代表的是 192 美元（16 个小时乘以每小时 12 美元）。

对个人偏好如图 6.8 所示的劳动者来说，工资率的上涨使得他们可以达到的最高效用水平为 U_2。切点位于点 N_2 说明了，每天的最佳工作时间是 11 个小时。当面临的是原有的预算约束线时，劳动者的效用最大化工作时间是每天 8 个小时（点 N_1）。因此，工资率的上涨会导致此人每天的理想工作时间增加 3 个小时。

当劳动者的个人偏好如图 6.9 所示时，工资率上涨会使他们能够达到的最高效用水平变成 U'_2（这里的符号"′"强调了劳动者的偏好是不同的，因而图 6.8 和图 6.9 中的效用水平是不可比的），此时，效用水平在点 N'_2 处达到最大化，即每天工作 6 个小时。因此，在个人偏好如图 6.9 所示的情况下，随着工资率的上涨，劳动者的工作时间从每天 8 个小时下降到了 6 个小时。

分离收入效应和替代效应　我们在前面已经用图形的方式描绘了只有收入效应发挥作用时的情形（见图 6.7）以及工资率上涨有可能会导致的两种结果（见图 6.8 和图 6.9），这两种结果都是收入效应和替代效应共同作用的结果。那么，我们能否从图形上将替代效应区别出来呢？答案是肯定的。而做到这一点的最有效途径则是重新回到工资率变化的背景之下，正如图 6.8 和图 6.9 所示的情形。我们从中随意选择了图 6.8 所示的情况来进行分析。

图 6.10 中有 3 幅小图。图 6.10（a）重复了图 6.8 的情况，它展示了工资率变

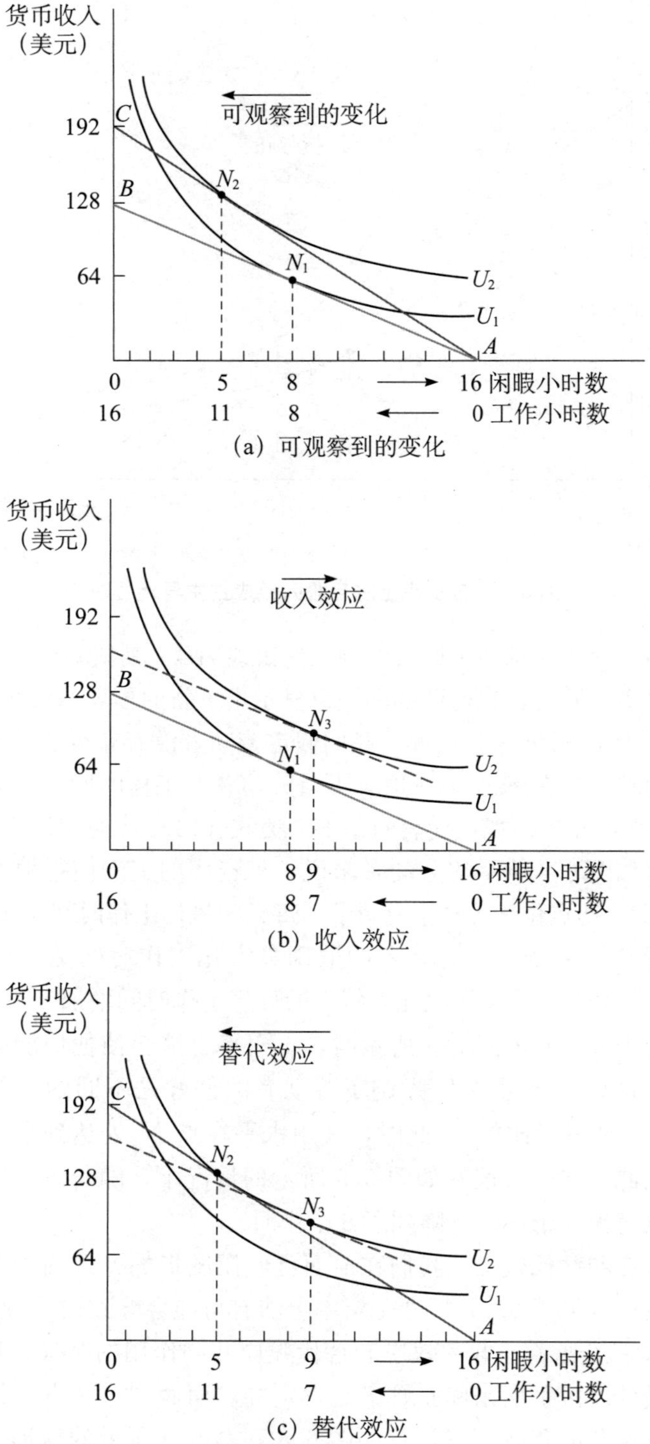

图 6.10　工资率上涨且替代效应占主导地位时，分离出收入效应和替代效应

化对具有图中所示偏好的人的劳动力供给产生的最终总效应。如前所述，在这种情况下，工资率上涨产生的效应是将其效用水平从 U_1 提高到 U_2，并使他的理想工作时间从每天 8 个小时增加到每天 11 个小时。而在这种工资率上涨产生的总效应中，实际上又内含两种同时发挥作用的效应，其中收入效应会导致人们减少工作时间，而替代效应则会促使人们增加工作时间，我们分别在图 6.10（b）和图 6.10（c）中以图形的形式表示这两种效应。

图 6.10（b）展示的是，在工资率变化的情况下，劳动力供给做出的总反应中的收入效应。根据定义，收入效应是在工资率保持不变的情况下，财富的增加引起的理想工时发生的变化。为了分辨出收入效应，我们提出一个假设性的问题："如果图 6.10（a）中描绘的那个人是因为非劳动收入的变化，而不是因为工资率变化才达到新的无差异曲线（U_2）的，那么这个人的劳动力供给会发生怎样的变化呢？"

为了回答这个问题，我们先将原有的预算约束线向右上方移动，这表示随着财富的增加，一个人能够支配的闲暇时间和货币收入比过去多了——因而能够达到更高的效用水平。这条预算约束线在向外移动的时候，其原有的斜率（反映了原有的工资率，即每小时 8 美元）依旧保持不变——这使得工资率依然保持不变。图 6.10（b）中的虚线描绘了这种假设的预算约束线移动的情况，它最终会在点 N_3 上与无差异曲线 U_2 形成一个新的切点。这种相切的情况表明，此人在工资率没有变化的情况下得到了非劳动收入，从而足以达到更高的效用水平。于是，这个人就会将自己每天的工作时间从 8 个小时（点 N_1）减少到 7 个小时（点 N_3）。假设闲暇是一种正常物品，那么，这种移动就以图形的方式证明了收入效应确实为负。

替代效应是指在财富保持不变的情况下，工资率变化对劳动力供给产生的影响。我们可以从图 6.10（c）中看到这种效应，此人最终在无差异曲线 U_2 上实际停留的点（切点 N_2）和在只有纯收入效应的情况下应当停留的点（切点 N_3）之间的差就是替代效应。在同一条无差异曲线上对不同的切点加以比较，实际上就是以图形的方式来表达财富保持不变这样一种假设。因此，在工资率发生变化的情况下，图 6.10 表示的这个人最终的决策点在点 N_2 上，即每天工作 11 个小时；在工资率没有发生变化的情况下，这个人本来会选择每天工作 7 个小时（点 N_3）。当效用（或实际财富）保持不变时，工资率发生变化这件事情本身导致这个人每天的工作时间增加了 4 个小时。[①] 这种工时增加的情况表明，替代效应确实为正。

总之，在工资率从每小时 8 美元上涨到每小时 12 美元之后，我们在图 6.10 中可以观察到的效应就是每天的工作时间从 8 个小时增加到 11 个小时。但是，这种可以被观察到的效应实际上是两种效应之和。收入效应——由于工资上涨导致个人的实际财富增加而出现的——趋向于推动此人将每天的工作时间从 8 个小时减少到 7

① 在当初对替代效应所做的定义中，我们假定货币收入保持不变，而在图形分析中，我们却假定效用保持不变，这种略有差别的做法主要是为了解释上的方便，它们（分别）代表了尤金·斯勒茨基（Evgeny Slutsky）和约翰·希克斯（John Hicks）各自所做的理论分析。

个小时。而替代效应——完全是由闲暇的机会成本变化而导致的——则倾向于推动此人将每天的工作时间增加 4 个小时。最终的结果就是，此人每天的工作时间增加了 3 个小时。

到底哪种效应更强呢？ 假设由于工资率上涨导致一个人面临的预算约束线从图 6.11 中的 CD 变成了 CE。如果这位劳动者的个人无差异曲线较为平坦，那么他的无差异曲线和预算约束线 CD 的切点最初可能会在点 A 上，这表示他的工作时间相对较多。如果此人的无差异曲线更为陡峭，则最初的切点可能就会在点 B 上了，在这一点上，此人的工作时间较少。

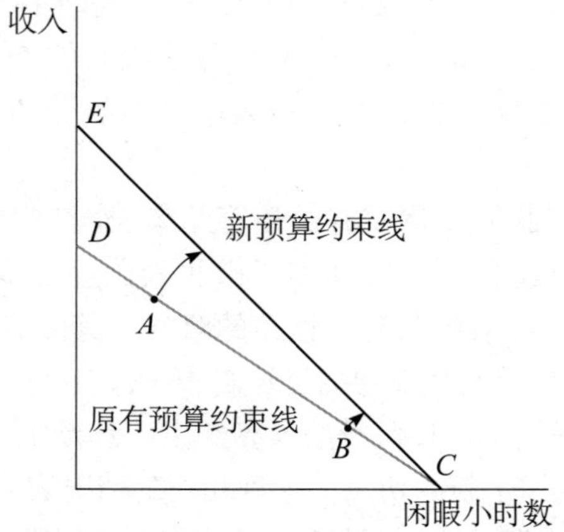

图 6.11　收入效应的大小会受到初始工作小时数的影响

对收入效应的大小产生影响的一个重要因素是新的预算约束线向右上方移动的幅度。预算约束线向右上方移动的幅度越大，则收入效应的作用就越大。例如，对一个最初的切点在点 A 上的人来说，预算约束线向右上方移动的幅度就比最初的切点在点 B 上的人要大。换言之，只有当一个人工作的时候，工资率上涨导致的可支配资源量增加才有可能实现，工作倾向越强的人，同样的工资率上涨产生的可支配资源增加量就越大。因此，在其他条件相同的情况下，工资率变化产生的收入效应，在那些工作时间越长的人身上表现出来的程度越强。

我们看一下这一推理的极端情况，假定一个人的无差异曲线是如此陡峭，以至在一开始的时候，这个人根本就没有加入劳动力队伍（也就是说，当预算约束线是图 6.11 中的 CD 时，此人在点 C 实现了效用最大化）。工资率上涨及其导致的新预算约束线 CE 可能会诱导出两种结果：一种情况是，这个人现在开始从事有酬工作了；另外一种情况是，他仍然处于劳动力队伍之外。减少有酬工作时间对此人来说是不可能的。* 对身处劳动力队伍之外的人来说，随着工资率的上涨而做出加入劳动力队伍之中这样一种决策，本身就反映了替代效应占据主导地位。相反，如果在工资率下降时，一个现在正在从事工作的人决定改变他的劳动力参与决策，决定退出

---

* 因为他原本就没有工作。——译者注

劳动力市场，那么替代效应这时又再次占据了主导地位。因此，由工资率变化引起的劳动力参与决策主要表现为替代效应。接下来，我们详细分析劳动者所要做出的是否加入劳动力队伍的决策。

保留工资 我们的劳动力供给理论的含义之一是，如果一个处于劳动力队伍之外的人认为1个小时边际闲暇的价值为 X 美元，那么，只有当工资率高于 X 美元时，他才愿意去工作。由于在工资率达到或者超过 X 美元之前，他会“保留”自己的劳动力（参见例6.3），所以经济学家称他有一个数量为 X 美元的保留工资。因此，保留工资就是那种若水平比它低则人们就不愿意从事工作的工资，从劳动和闲暇这一角度来说，它代表了因失去1个小时的闲暇时间而丧失的价值。①

例6.3

棒球场上的日劳动力供给

劳动力供给理论部分地建立在这样一种假设基础之上，即当劳动者可以得到的工资超过他们的保留工资时，他们就会参与劳动力市场。该理论的一个推论就是，对那些按天来雇人的工作而言——这些工作的工资率每天的波动很大，我们应当可以看到，劳动者的参与情况也是每天都在波动的！我们的这些预测可以在全美职业棒球联赛（Major League Baseball）中小贩们的日劳动力供给决策中得到证明。

最近的一项研究考察了在全美职业棒球联赛1996年的整个赛季中，一个棒球场中的小贩们的个体劳动力供给行为。这些小贩在看台上兜售食品和饮料，他们的工资性报酬完全取决于他们每天的销售额。这些被作为研究对象的小贩可以自行选择是否在某一场比赛进行的时候出来工作。这项研究收集的数据清楚地表明，他们在做出决策时，要对工作的机会成本和在某一场比赛中预期可以获得的工资性报酬进行一番权衡。（当然，他们的预期工资性报酬取决于很多因素，比如当天有多少球迷可能前来观看比赛。）

这项研究能够对每场比赛中每一位小贩实际挣到的工资性报酬和决定到赛场来工作的小贩人数加以比较。在赛场上，小贩们挣到的平均工资性报酬是43.81美元，收入最低的一场比赛平均只挣到26.55美元，收入最高的一场比赛则挣到了73.15美元——在赛场上，大约有45名小贩在工作。研究发现，工资性报酬平均每增加10美元（这代表着在43.81美元均值的基础上增加了大约1个标准差），会多吸引大约额外6名小贩来赛场工作。

很显然，小贩们的行为表明，他们似乎是有保留工资率的。当他们需要决定是否到某一场比赛中工作时，他们会将自己的保留工资率与预期可能得到的工资性报

① 关于保留工资的一项最新研究，参见 Hans G. Bloemen and Elena G. F. Stancanelli，“Individual Wealth, Reservation Wages, and Transitions into Employment,” Journal of Labor Economics 19（April 2001）：400－439。

酬加以对比。

资料来源：Gerald Oettinger，“An Empirical Analysis of the Daily Labor Supply of Stadium Vendors，”Journal of Political Economy 107（April 1999）：360－392.

我们现在回顾图 6.6，它以图形的方式描述了一个人选择不去工作时的情形。此人的无差异曲线与预算约束线没有切点的原因也是这个人仍然停留在劳动力队伍之外的原因，也就是说，此人在任何地方能够得到的工资都比其闲暇时间的边际价值低。

人们通常认为，一个人在考虑接受一份工作之前，他心中既有自己的保留工资，同时也有一个自己愿意工作的特定小时数。其中的原因并不难理解，正如图 6.12 所示。假定接受一份工作就意味着某个人每天要花 2 个小时的通勤时间（往返时间）。当然，这些花在上下班路上的时间是没有报酬的。因此，此人的预算约束线必须反映这一点。如果此人接受了这份工作，那么在收入没有任何增加之前，这个人首先必须放弃 2 个小时的闲暇时间。图 6.12 中的 *AB* 段反映出了这种工作的固定成本，而图中的 *BC* 段则反映了这个人可能获得的工资性报酬（一旦开始工作），*BC* 段的斜率代表了这个人的工资率。

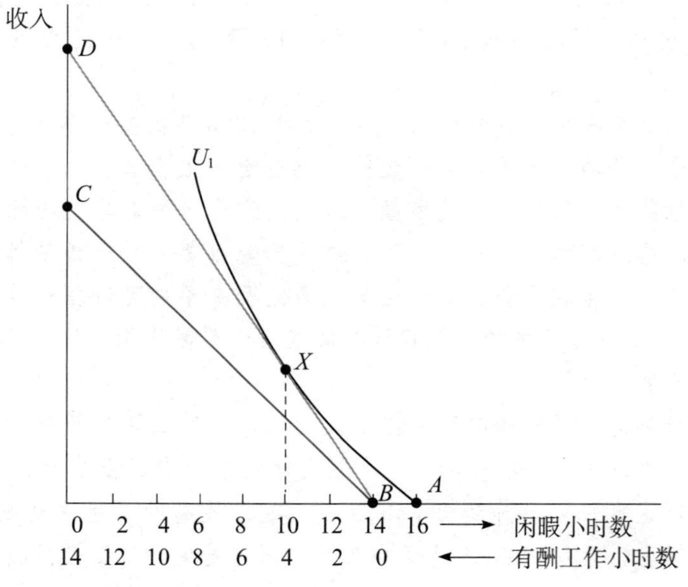

图 6.12　工作存在固定时间成本情况下的保留工资

那么，隐藏在 *BC* 段背后的工资高到足以诱使这个人去工作的地步了吗？在预算约束线 *ABC* 一定的情况下，让我们来看一看无差异曲线 U_1，它代表了这个人可以达到的最高效用水平。此人的效用水平在点 *A* 实现了最大化，这个人会选择不工作。很显然，此人之所以做出这种选择，是因为雇主提供的工资水平（在 2 个小时的通勤时间已定的情况下）低于这个人的保留工资。我们能否用图形的方式来反映保留工资呢？

要接受 2 个小时的通勤时间，图 6.12 中所示的这个人就必须能够找到这样一份工作，这份工作能够实现的工资性报酬和闲暇时间组合最终能够产生等于或大于 U_1 的效用水平，而这种情况只有在预算约束线为 ABD（或者位于其右侧）的时候才能出现。在这种情况下，这条预算约束线在点 X 处与 U_1 相切。因此，这个人的保留工资就等于直线 BD 的斜率。很容易看出，在这种情况下，BD 的斜率超过了 BC 的斜率——它代表雇主提供的工资。此外，要使效用水平提高到 U_1（不工作时的效用）以上，图 6.12 中描述的这个人就必须能够找到这样一份工作，即可以在拿到与保留工资相等的工资水平的情况下每天工作 4 个小时。换句话说，在此人的保留工资水平上，这个人希望每天消费 10 个小时的闲暇，由于必须将 2 个小时用于上下班路途，因而此人的工作时间就是每天 4 个小时。

□ 收入效应与替代效应的实证研究结论

劳动力供给理论认为，劳动者做出的理想工时数决策除了取决于他们的偏好之外，还取决于他们拥有的财富以及可以得到的工资率。尤其需要指出的是，劳动力供给理论认为，存在一个负的收入效应和一个正的替代效应。劳动力供给理论的实证研究通常都试图确定，如果这两种效应是可以被观察到的，并且它们是按预期的方向在发挥作用，那么它们的相对规模有多大。

大多数关于劳动力供给的近期研究都在假定其他影响因素（例如年龄）不变的情况下，通过大样本个体数据来分析工资率和收入是如何影响劳动力参与率和工时的。这些关于男性和女性劳动力供给行为的研究都是分开进行的，原因在于，男性和女性在承担家务和抚养孩子等方面通常扮演着不同的角色，尽管这些活动很明显会对劳动力供给决策产生影响，但是这方面的信息却很少。

一篇文章对大量针对男性劳动力供给行为所做的研究进行了综述，结果发现，由于不同研究者所使用的数据和统计方法不同，因而，估计出来的收入效应和替代效应的数值也存在很大差异。然而，总的来说，这些研究得出了与理论一致的结果，即观测到的替代效应为正，而收入效应为负。仍然不太清楚的一点是，当工资率发生变化时，到底哪一种效应会占主导地位；事实上，典型的研究发现，这两种效应在大小上似乎是大致相似的。[①] 关于老年男性的退休行为的研究（我们将在第 7 章中讨论这个问题）也发现，与理论预测的一样，替代效应在是否退出劳动力市场的决策中占了主导地位。[②]

针对女性劳动力供给行为所做的研究通常都发现，女性的劳动力供给行为对工资变化做出的反应要大于男性。如前所述，劳动力供给既可以用劳动力参与率来衡

① Micheal P. Keane, "Labor Supply and Taxes: A Survey," Journal of Economic Literature 49 (December 2011): 961 - 1075.

② Franco Peracchi and Finis Welch, "Trends in the Labor Force Transitions of Older Men and Women," Journal of Labor Economics 12 (April 1994): 210 - 242.

量，也可以用工时来测量。在历史上，女性劳动力参与率对工资水平变化做出的反应比男性更大（正如在例 6.4 中，已婚女性的劳动力参与率对工资水平变化做出的反应，要比她们的工时对工资水平变化做出的反应更大）。然而，一项证据表明，在过去的 20 年中，已婚女性的劳动力供给行为已经变得与男性越来越相似——这就意味着与过去相比，女性的劳动力供给对工资水平变化做出的反应现在变得更小了。在女性的劳动力参与决策中，对工资变化的反应程度下降这种情况尤其值得注意，因为女性和男性之间在这方面的差别一直是最大的。[①] 男性和女性之间在劳动力供给行为方面的相似性增强，可能恰恰是因为男性和女性对工作和事业的期望现在变得越来越接近了。

例 6.4☞

所得税减免的劳动力供给效应

1986 年，美国国会改变了美国的个人收入所得税制度，大幅削减了对高收入课征的所得税税率。例如，在这一变化发生之前，超过 17 万美元的那部分可征税家庭收入面临的所得税税率是 50%。而在税收制度变化以后，这一税率降至 28%。此外，超过 5 万美元的那部分可征税家庭收入面临的所得税税率确定为 28%，而过去则是 40%。个人收入所得税税率的下降产生了增加家庭可支配收入的效果，因而这实际上相当于提高了工资率。由于税率降低同时导致了作用方向相反的收入效应和替代效应的出现，因而，它对劳动力供给可能会产生的影响是模糊的。那么在现实中，我们能否发现到底哪一种效应占主导地位呢？

1986 年的这次税收制度变化就像一次“自然试验”（因为只有一个变量出现了突然的变化，同时它对不同群体产生的影响也是不同的）。这次突然的、大规模的变化，对收入水平不同的家庭产生的影响是十分不同的。对有些已婚女性而言，即使她们自己不出去挣钱，家庭收入就已经处于收入分配的第 99 分位上了（即收入最高的那 1%家庭之列），因此，这次所得税税率下降实际上意味着她们的可支配工资率比过去提高了 22%；对家庭收入处于第 90 分位上的女性而言，幅度相对较低的税率削减意味着她们的可支配工资率只不过上升了 12%。通过观察可以发现，家庭收入位于第 99 分位和第 90 分位上的已婚女性在年龄、受教育程度以及职业等方面是相似的——她们的劳动力供给增加情况在 1986 年之前也是类似的。因此，通过比较她们相对自己的税后工资率发生的不同变化而做出的反应，我们就可以看到，已婚女性的劳动力供给是如何对税率变化做出反应的。

---

① Keane, “Labor Supply and Taxes: A Survey”; Francine D. Blau and Lawrence M. Kahn, “Changes in the Labor Supply Behavior of Married Women: 1980—2000,” Journal of Labor Economics 25 (July 2007): 393 - 438; Bradly T. Heim, “Structural Estimation of Family Labor Supply with Taxes: Estimating a Continuous Hours Model Using a Direct Utility Specification,” Journal of Human Resource 44 (Spring 2009): 350 - 385; Kelly Bishop, Bradly Heim, and Kata Mihaly, “Single Women's Labor Supply Elasticities: Trends and Policy Implications,” Industrial and Labor Relations Review 63 (October 2009): 146 - 168.

有一项研究对1984—1990年间家庭收入位于第99分位及第90分位上的已婚女性的劳动力供给增加情况进行了比较。研究发现，家庭收入位于第99分位上的女性的劳动力参与率上升了19.4%，并且，如果已经参加了工作，她们在这个时期的工作小时数增加了12.7%。相反，家庭收入位于第90分位上的女性的劳动力参与率和工作小时数都仅提升了6.5%。因此，这一自然试验的数据表明，可支配工资率上升幅度较大的员工的劳动力供给增加幅度也较大——这意味着，对这些女性而言，替代效应强于收入效应。此外，与理论及其他研究结果（在本书中讨论过的）一致的是，替代效应占据的主导地位在劳动力参与决策中要比在工作时数决策中表现得更加明显。

资料来源：Nada Eissa, "Taxation and Labor Supply of Married Women: The Tax Reform Act of 1986 as a Natural Experiment," working paper no. 5023, National Bureau of Economic Research, Cambridge, Mass., February 1995.

政策运用

许多收入维持计划都导致了下面这样一种预算约束线的出现：它能够在削减可支配工资率的同时，使收入有所增加（从而导致收入效应和替代效应的作用方向相同）。因此，运用劳动力供给理论来分析各种社会福利计划对劳动者的工作动机产生的影响，不仅十分有益，而且非常重要。我们通过社会福利计划为福利受益者创造的预算约束线来考察这些计划的特点。

□ 带"钉子"的预算约束线

某些社会保险计划会向由于临时性工伤、永久性伤残或者被临时解雇而不能从事工作的员工提供一定的补偿。如果员工在工作中受伤，则工伤保险会补偿劳动者因此而失去的绝大部分工资性报酬。此外，对因其他原因而导致身体或心理严重伤残，从而无法从事工作的劳动者，各种私人伤残保险计划或者公共伤残保险计划同样也会提供补偿。失业保险计划所要补偿的对象是那些失去了工作且尚未找到新工作的人。尽管在一些偶然的司法裁决中可以发现一些例外①，但就一般情况而言，这些收入替代计划都有一个共同的特点：它们向没有工作的人提供补偿。

为了分析只对不工作的人支付福利产生的后果，我们假定一种工伤保险计划是这样规定的，即在出现工伤之后，只要劳动者不重返工作岗位，他们就能够一直获

① 在美国，失业保险计划和工伤保险计划都是在州一级的层次上运行的，因而它们的特点在某种程度上会有所不同。

得与受伤之前完全相同的工资性报酬。而一旦他们开始从事工作，哪怕只工作 1 个小时，便认为他们已经不再是伤残的了，从而不能继续享受福利。我们在图 6.13 中分析了这种方案对劳动者的工作动机产生的影响。图 6.13 假定，员工在受伤之前的预算约束线是 AB，在受伤之前的工资水平是 E_0（$=AC$）。此外，我们进一步假定，员工所面临的“市场”预算约束线（即在不存在工伤保险计划情况下的预算约束线）并没有发生变化，因此，在员工康复之后，他们仍然能够得到与受伤之前相同的工资水平。在上述条件下，员工在受伤之后面临的预算约束线就是 BAC，而个人的效用最大化点则在点 C——不工作的那一个点上。

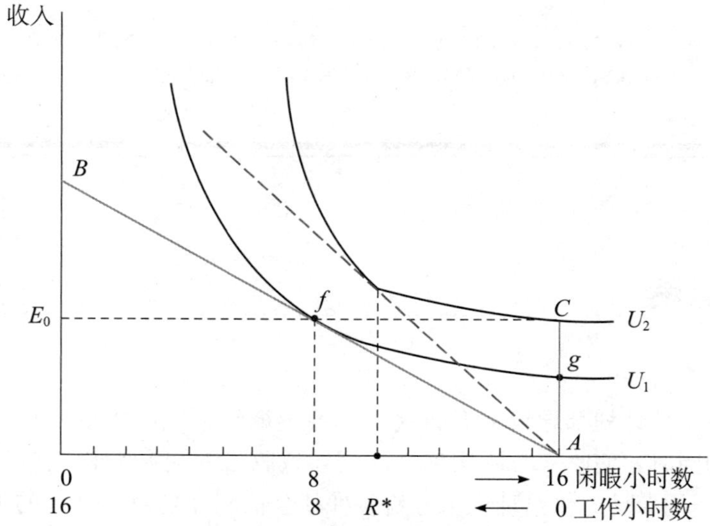

图 6.13　带“钉子”的预算约束线

请注意，预算约束线 BAC 包括了 AC 这一段，AC 这一段看上去像是一个“钉子”，正是这个“钉子”对员工的工作动机造成了严重的影响，原因主要有两点。第一，与劳动者康复后刚开始从事工作的前 4 个小时联系在一起的收益是负的。也就是说，如果原来处于点 C（不工作点）上的人现在重返工作岗位并且工作 1 个小时，则他将会发现，由于重新开始工作，自己的收入反而大幅下降了，此人通过工作挣到的工资性报酬会被福利水平的下降抵消，这产生了一种负的“净工资”。与这一计划的这种特征相联系的替代效应显然会阻碍人们重新回到工作岗位上。①

第二，我们假定劳动者在不工作时的福利水平 AC 等于受工伤之前的工资性报

① 如果用图形的方式来表达，预算约束线包括了一个垂直的“钉子”，这一垂直线段的斜率无疑是无穷负的。用经济学的语言来表达，这种无穷负的（净）工资源于这样一个事实：一位劳动者哪怕工作 1 分钟，他也会失去全部的福利。关于这方面的最近的一些实证研究，参见 Susan Chen and Wilbert van der Klaauw, “The Work Disincentive Effects of the Disability Insurance Program in the 1990s,” Journal of Economics 142 (February 2008): 757 - 784。关于一项伤残保险的使用情况的分析，参见 David H. Autor and Mark G. Duggan, “The Growth in the Social Security Disability Rolls: A Fiscal Crisis Unfolding,” Journal of Economic Perspectives 20 (Summer 2006): 71 - 96。

酬水平 E_0。显然，只要劳动者认为闲暇哪怕只有一点点价值（正如标准的向右下方倾斜的无差异曲线所假定的那样），那么，如果在能够得到原有工资性报酬水平的情况下，还能再多享受一些闲暇，劳动者的效用显然就增加了，即劳动者在点 C 时的境况会比在点 f 时——受工伤前的工资与闲暇组合——更好，因为这时他位于无差异曲线 U_2 上而不再是 U_1 上。这样，劳动者就可以在不工作的情况下达到一个更高的效用水平，而这显然会产生一种强烈的收入效应，这种效应会阻碍福利享受者重返工作岗位或者至少放慢他们重返工作岗位的步伐。

我们假定的这种福利计划实际上使劳动者的保留工资率被提高到比他们受工伤之前的工资率还要高的水平，这就意味着，只有当劳动者有资格从事工资水平更高的工作时，他才会重返工作状态。要想从图形上看到这一点，可以观察图 6.13 中始于点 A 并与无差异曲线 U_2（因为该社会保险计划的存在才使之成为可能的那个效用水平）相切的那条虚线。这条虚线的斜率等于劳动者的保留工资率，这是因为，如果此人可以在这个工资水平或更高的工资水平上获得理想的工时数，他就至少可以达到与点 C 相同的效用水平。还需要指出的一点是，要想诱导劳动力参与，劳动者能够获得的保留工资率至少为工作小时数 R^* 对应的工资水平。

由于这种收入替代计划的主要目的是使那些遭受不幸的劳动者在某种经济意义上得以“保全”自己，因此，这种计划对工作动机产生的不利影响很自然地就被放到了次要考虑的位置上，因此，要想制订一项能够避免对工作动机产生不利影响的此类计划并不易。在劳动者的偏好如图 6.13 所示的情况下，一个略低于 Ag 的福利水平就既能保证劳动者的效用损失最小，同时还能促使受伤者在身体康复的情况下尽可能快地重返工作岗位（如果劳动者重新开始工作，他将能够达到无差异曲线 U_1 的水平——请看点 f。但是，如果劳动者不重新开始工作而是接受低于 Ag 的福利，他就不能达到无差异曲线 U_1 的水平）。不过，令人遗憾的是，由于每一位劳动者的偏好不同，所以每个人的最优福利水平——既能够产生促使劳动者尽快返回工作岗位的激励，同时又能确保劳动者所遭受的效用损失最小的那个福利水平——也不相同。

对那些制造出“钉子”的社会福利计划，政策制定者能够采取的最好做法就是，将不工作时的福利水平确定为劳动者享受福利之前得到的工资性报酬的一定比例，然后再运用行政管理手段鼓励在不工作时效用水平更高的人重返工作岗位。例如，对典型的美国劳动者来说，失业保险福利通常仅仅只能补偿他们因失业而损失的工资性报酬的一半左右，但是失业保险计划对失业者能够享受失业保险福利的周数会有一个上限限制。对一般性的劳动者来说，工伤保险大约会补偿他们因工伤而遭受的工资性报酬损失的三分之二，但是必须由医生——有时候甚至要通过法院听证——来决定一位劳动者是否还有资格继续享受工伤保险（关于更为慷慨的工伤保险计划确实会导致员工缺勤更长时间的证据，参见例 6.5）。①

例 6.5☞

在位于肯塔基州的家里待着：工伤保险福利与重返工作岗位

受了工伤的劳动者在不能上班时可以获得工伤保险福利。这种福利的水平在美国的各个州中是不同的，但是对大多数劳动者来说，这种福利都是根据他们在受工伤之前每周得到的税前工资性报酬的一定比例（通常为三分之二）来计算的。但是，对高工资劳动者来说，他们能够享受的周工伤保险福利通常都有一个封顶的上限，而这个上限在各州中同样也是不同的。

1980 年 7 月 15 日，肯塔基州将劳动者能够享受的周最高工伤福利水平提高了 66%，除此之外，该州并没有采用任何其他方式调整工伤保险计划，所以这一变化实际上仅仅大幅提高了高工资劳动者能够享受的工伤福利水平，但并没有给其他劳动者带来任何变化。由于在 7 月 15 日之前受工伤的劳动者没有资格享受这种福利上调的好处，即使他们 7 月 15 日之后仍然不能重返工作岗位。这种政策上的变化也产生了一个很好的自然试验，即一部分受工伤的劳动者可以获得较高的工伤保险，而另一部分却不能。那么，结果是否真的像理论所认为的那样，获得工伤保险福利水平较高的那部分人确实会减少自己的劳动力供给呢？

工伤保险水平提高对劳动力供给产生的影响显而易见。没有资格享受新的保险福利的高工资劳动者不工作的时间通常有 4 周，而那些在 7 月 15 日之后受工伤的高工资劳动者不工作的时间却是 5 周——时间增加了 25%！而那些受了工伤的低工资劳动者——这些人并没有受到这一政策变化的影响——不工作的时间并没有出现延长的情况。

资料来源：Bruce D. Meyer, W. Kip Viscusi, and David L. Durbin, "Workers' Compensation and Injury Duration: Evidence from a Natural Experiment," American Economic Review 85 (June 1995): 322 - 340. 还有证据表明，劳动者处于失业状态的时间越长，他们能够领取的失业保险金越丰厚，参见 David Card, Andrew Johnston, Pauline Leung, Alexandre Mas, and Zhuan Pei, "The Effect of Unemployment Benefits on the Duration of

① 关于失业保险和工伤保险对劳动力供给所产生的影响的证据综述，参见 Alan B. Krueger and Bruce D. Meyer, "Labor Supply Effects of Social Insurance," in Handbook of Public Economics, vol. 4, eds. Alan Auerbach and Martin Feldstein (Amsterdam: North Holland, 2002); and Peter Kuhn and Chris Riddell, "The Long-Term Effects of a Generous Income Support Program: Unemployment Insurance in New Brunswick and Maine, 1940 - 1991," Industrial and Labor Relations Review 63 (January 2010): 183 - 204。伤残保险计划也会制造出"钉子"；关于有资格获得伤残保险金的劳动者对伤残福利水平上升在劳动力供给方面做出的反应的证据，参见 Lex Borghans, Anne C. Gielen, and Erzo F. P. Luttmer, "Social Support Substitution and the Earnings Rebound: Evidence from a Regression Discontinuity in Disability Insurance Reform," American Economic Journal: Economic Policy 6 (November 2014): 34 - 70; and David Autor, Mark Duggan, and Jonathan Gruber, "Moral Hazard and Claims Deterrence in Private Disability Insurance," American Economic Journal: Applied Economics 6 (October 2014): 110 - 141; and Nicole Maestas, Kathleen J. Mullen, and Alexander Strand, "Does Disability Insurance Receipt Discourage Work? Using Examiner Assignment to Estimate Causal Effects of SSDI Receipt," American Economic Review 103 (August 2013): 1797 - 1829。

Unemployment Insurance Receipt: New Evidence from a Regression Kink Design in Missouri, 2003－2013," American Economic Review Papers and Proceedings 105 (May 2015): 126－130。

□ 净工资率为零的社会福利计划

我们前面讨论的社会福利计划的意图是向不能工作的劳动者提供福利。该计划要求，想获得福利的人必须无法工作，该资格要求就在预算约束线上形成了一颗"钉子"。而其他一些社会福利计划则有不同的享受资格标准以及福利计算方法。这些社会福利计划制定的资格标准考虑了收入需要，即根据劳动者实际获得的工资性报酬和他们的实际需要之间的差额来提供福利。我们将会看到，按照劳动者的工资性报酬和实际需要之间的差距来支付福利的做法，实际上造成了一种净工资率为零的局面。因此，与这些福利计划有关的工作动机问题产生于这样一个事实：它增加了这些计划的受益人的收入，同时也大幅度降低了他们的闲暇价格。

福利补贴的性质 从历史上看，福利计划通常采取的是一种有保障的年收入的形式。在这一年收入标准的基础上，由福利工作者根据一位劳动者的家庭规模、地区生活费用以及当地的福利规定等因素来决定有资格享受福利的这个人实际需要的收入水平（图 6.14 中的 Y_n）。然后从这位劳动者需要的收入中减去家庭实际挣得的工资性报酬，最后就按该差额每个月给这个家庭提供一张支票。如果这个人不工作，那么他能够获得的福利就是 Y_n；如果这个人工作，并且他所能够享受的福利水平按照与工资 1∶1 的比率减少，那么就会产生一条如图 6.14 中的 $BACD$ 所示的预算约束线。只要这个人继续享受福利，他的收入就一直是 Y_n。如果这个人正在享受福利，那么他每多工作 1 个小时所产生的净收入增长就为零，这是因为，他的工资性报酬每增长多少，他能够享受的福利就会等量减少多少。所以在该计划中，这个人的净工资（因而他的闲暇价格）为零，如图中斜率为零的预算约束线 BC 所示。[①]

因此，像图 6.14 所示的那种福利制度，是通过把预算约束线从 AC 外移到 ABC 而增加穷人的收入的。正如图 6.14 中假设的那条虚的预算约束线所示，这种移动产生了一种收入效应，该收入效应将劳动力供给从点 E 对应的工时水平减少到了点 F 对应的工时水平。然而，这种福利制度同时也导致工资下降为零，因为工资性报酬每增加 1 美元，劳动者能够享受的福利就会相应地减少 1 美元。这种按照 1∶1 的比率减少福利的做法产生了一种大规模的替代效应，导致那些享受福利的人把自己的工作时间减少到 0（点 B）。当然，如果一个人的无差异曲线足够扁平，他的无差异曲线与预算约束线 CD 段的切点可能会超过点 B，如图 6.15 所示。在这种情况下，

① 加里·伯特里斯（Gary Burtless）的一篇文章对美国在 1990 年之前实施的各种公共援助计划进行了总结。他指出，在实践中，劳动者由于工作而减少的福利与他们的工资性报酬之间的比率是小于 1∶1 的（可能是根据工资性报酬的 80%或 90%这样的比例减少的），参见 Gary Burtless, "The Economist's Lament: Public Assistance in America," Journal of Economic Perspectives 4 (Winter 1990): 57－78。

这个人选择工作而不是享受福利就能够达到效用最大化。①

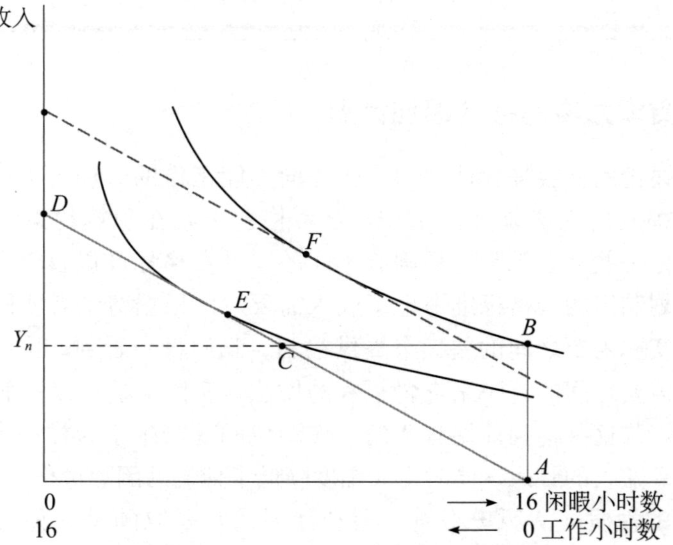

图 6.14　基本福利制度的收入效应和替代效应

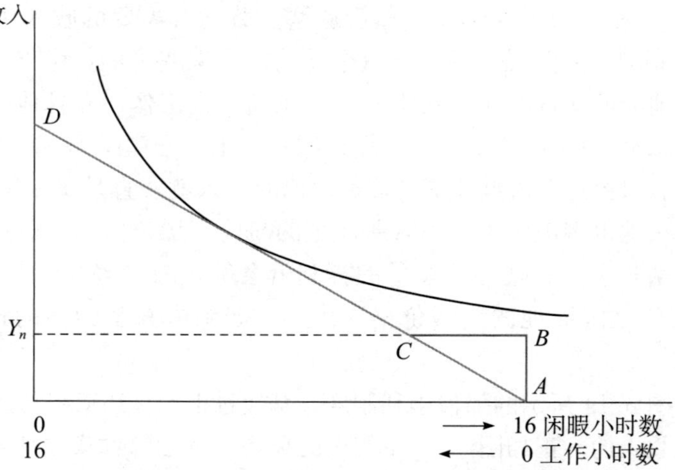

图 6.15　基本福利制度：一个选择不享受福利的人

福利改革　由于传统的福利计划对福利享受者的工作动机产生了负面刺激，因此美国政府在 20 世纪 90 年代对其收入补贴型福利计划进行了重大改革。1996 年《个人责任与工作机会调整法》(Personal Responsibility and Work Opportunity Reconciliation Act，PRWORA) 赋予各州在设计自己的福利计划方面更大的自主权，其目的在于在引导各州在设计具有以下特征的福利计划方面进行更多的试验：鼓励

① 有关福利制度的劳动力供给效应方面的文献，参见 Robert Moffitt，"Incentive Effects of the U. S. Welfare System：A Review，" Journal of Economic Literature 30 (March 1990)：1－61。

工作、减少贫困、促使人们摆脱对福利的依赖。[1]《个人责任与工作机会调整法》还对福利享受者设置了一项五年（终身）的享受时间限制，并且要求福利享受者在领取福利两年之后，每周必须至少工作 30 个小时。这些变化看来确实起到了提高单亲母亲（旧福利计划的主要受益者）的劳动力参与率的作用——单亲母亲的劳动力参与率从 1994 年的 68%跃升至 2000 年的 78%——这一上升幅度比其他女性群体的劳动力参与率上升幅度大很多。[2]

终身福利享受时间限制 无论是新福利计划提出的终身福利享受时间限制，还是参加工作的要求，我们都可以使用本章建立的图形工具来加以分析。对福利享受者所施加的终身福利享受时间限制起到的作用是，通过以下两种渠道之一终止福利享受者接受转移支付的资格。一种方式是强迫福利享受者脱离福利计划，另外一种方式则是诱使福利享受者脱离福利计划，使他们必须这样做才能“保住”以后在需要时能够继续享受福利的资格。因此，在图 6.14 中，终身福利享受时间限制最终从潜在福利享受者的预算约束线上去掉了 *ABC* 一段，将其恢复为市场预算约束线 *AD*。

很显然，终身福利享受时间限制通过最终取消收入补贴增加了对福利享受者的工作激励。对潜在的福利享受者来说，他们必须在自己有资格享受福利的这些年限中做出选择，即何时领取收入补贴，何时“保住”自己在以后享受福利的资格。联邦法律只向有 18 岁以下孩子的家庭提供福利补贴，因此，一个家庭中最小的孩子越快满 18 岁（届时这个家庭就会失去享受福利的资格了），家长放弃福利补贴、为未来的需要而保留福利享受资格的动机就越小。[3]

工作要求 正如我们在前面论述过的，《个人责任与工作机会调整法》将工作要求引入了福利系统之中，虽然在有些情况下，从事非带薪工作或者注册参加某些教育或培训计划也算满足了工作要求。在福利享受者得到的工资性报酬会如何影响他们能够得到的福利方面，各州情况不同。许多州的规定都允许福利享受者保留他们得到的大部分工资性报酬（即并不降低他们能够享受的福利水平，至少不降低很多）。我们将在下一节中分析这一类计划。迄今为止，我们可以在维持下面这种假设的基础上来理解这种工作要求产生的基本影响，即一旦福利享受者能够得到一定数量的工资性报酬，他们能够享受的福利水平将会出现等量的下降。

图 6.16 描述了与每天必须工作 6 小时（每周 30 小时）这种最低工时要求相联系的预算约束线。如果一个人不能达到每天必须工作 6 小时的要求，他就不能得到福利支付，他就将只能处于预算约束线上的 *AB* 段。如果他达到了这种最低工作时间要求，但是收入却少于 Y_n，则他将会获得相当于 *BCD* 的福利支付。如果他超出

① 对各种改革以及围绕改革所做的各种分析的综述，参见 Jeffery Grogger and Lynn A. Karoly, Welfare Reform: Effects of a Decade of Change (Cambridge, MA.: Harvard University Press, 2005)。

② Rebecca M. Blank, “Evaluating Welfare Reform in the United States,” Journal of Economic Literature 40 (December 2002): 1105 - 1166.

③ Jeffery Grogger, “Time Limits and Welfare Use,” Journal of Human Resources 39 (Spring 2004): 405 - 424.

了最低工作时间的要求，他的收入（工资性报酬加上福利）依然可以保持在 Y_n 这一水平上（他此时位于预算约束线的 CD 段上），一直到他通过工作挣到的工资性报酬超过了他需要的收入，达到预算约束线的 DE 段时，他在经济上就不再有资格享受福利补贴了。

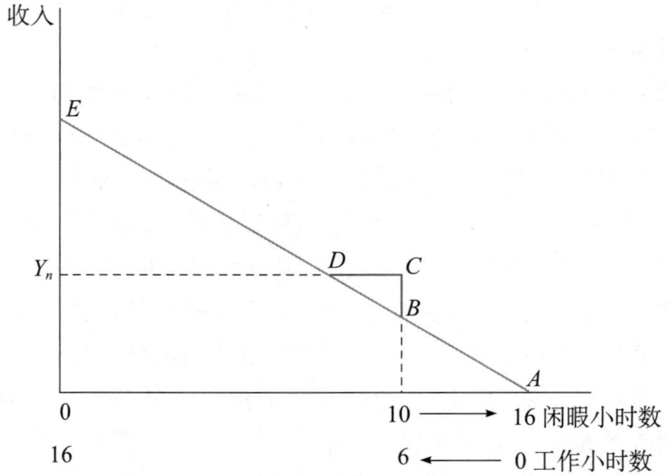

图 6.16　带有最低工时要求的福利制度

福利计划提出的工作要求所产生的工作激励效应如图 6.16 所示。图中的分析对象是技能水平比较低，因而很可能会成为福利享受者的那些人。在一种极端情况下，一些潜在的福利享受者可能有着非常陡峭的无差异曲线（这反映出一种强烈的待在家里的偏好或需要），因而他们的效用最大化点会出现在 AB 段上。但是在这一段上，由于他们参与的市场工作太少，所以没有资格享受福利。在相反的另一种极端情况下，有些人的无差异曲线可能太平坦了（这反映出一种强烈的收入偏好以及非常微弱的闲暇偏好），以至他们的效用最大化点会在 DE 段上实现。由于他们工作的时间足够多，他们因此失去了享受福利的资格。

处在上述两种极端情况中间的是这样一些人：他们的偏好使他们愿意工作足够长的时间，从而能够获得享受福利的资格。如果他们的工资性报酬每增加 1 美元，他们的福利收入就会减少 1 美元——如图 6.16 中的水平部分 DC 段所示，那么他们愿意工作的时间就是为获得享受福利的资格而必须工作的最少工时数，因为他们的效用最大化点将会是点 C，而不是沿着 DC 这一段。（关于劳动力供给针对不同的工作要求——战争时期对农民提出的粮食要求——做出的反应的情况，参见例 6.6。）

例 6.6☞

战时食物需求与对农业劳动的激励

陷入战争之中的国家通常会实施“工作要求”政策，从而从农民那里获得必要的食物供给，而这种供给往往是非自愿性的。毫无疑问，这种强制要求农民提供食物的做法会对农民的劳动积极性产生巨大的影响。在本例中，我们对执行这种政策的两种不同方法做了比较。其中的一种方法是在苏俄革命发生之后的内战期间，布尔什维克政府所采取的政策；另一种方法则是日本在第二次世界大战期间采取的政策。

1917—1921 年，布尔什维克政府将为维持农民自己的生存所需要的食品之外的所有其他食物都征收了。事实上，这些剩余食物是被强行征收的，然后再分配给士兵和城市居民。从图形上看，这种政策对农民造成了一条如图（a）所示的预算约束线 ACY_s，由于在产出没有达到维持自身生存所需的收入水平（Y_s）之前，农民都可以保留自己的全部产出，因此，在收入达到 Y_s 之前，农民面临的一直都是市场工资率。但是，当收入超过这一水平之后，农民的净工资就变成零了（CY_s 部分），这是因为，这时所有的额外产出都会被政府拿走，因此，农民在战前面对的市场预算约束线 AB 就变成了 ACY_s。其结果是，大多数农民都在点 C 附近达到自己的效用最大化。1917—1921 年，苏俄的种植面积平均下降了 27%，产量下降了 50%！

在第二次世界大战期间，日本在处理其食物需求时采取的却是完全不同的另外一种政策。它规定，农民必须以很低的价格向政府缴纳一个粮食定额，但允许农民以较高的（市场）价格出售超出这一定额的粮食产量。这种政策就将战前的预算约束线 AB 转变成了图（b）所示的预算约束线 EFG。实际上，农民必须以低于市场工资（EF）的工资率为政府工作 AE 小时，但是在此之后就可以挣市场工资率了。这就保护了农民的生产积极性，它很显然造成了一种促使日本农民增加总工作时间的收入效应。因此，尽管战争导致了日本的资本和劳动力短缺，但是 1944 年，日本的稻谷产量却高于 1941 年！

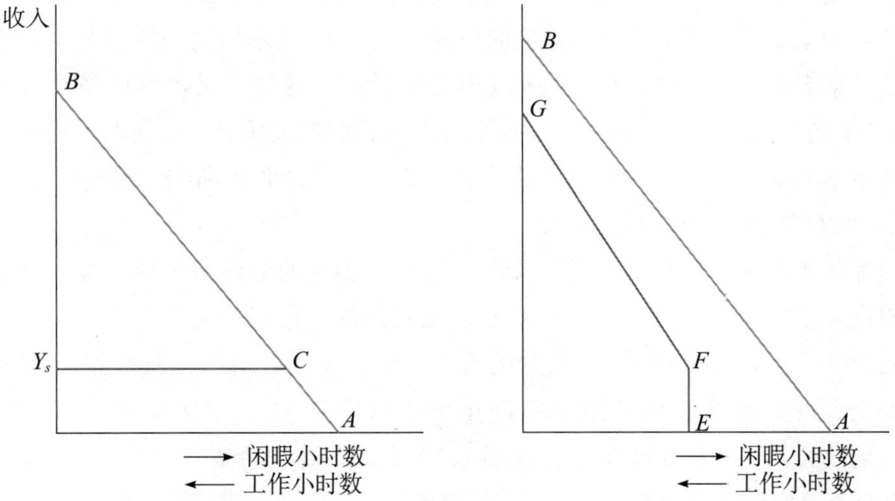

(a) 苏俄内战时期农民的预算约束线

(b) 第二次世界大战时期日本农民的预算约束线

资料来源：Jack Hirshleifer, Economic Behavior in Adversity (Chicago, IL: University of Chicago Press, 1987): 16-21, 39-41.

□ 净工资率为正的社会福利计划

迄今为止，我们分析了导致福利享受者的净工资率为负或为零的收入维持计划对享受者的工作动机所产生的影响（也就是说，这些计划造成了要么“带钉”，要么带有水平段的预算约束线）。但是，我们也可以设计出能够导致福利享受者的净工资率为正的福利计划。这种计划能够解决福利享受者的工作动机问题吗？接下来，我们通过分析较近一段时间里普及速度很快的工资性收入所得税减免计划（Earned Income Tax Credit，EITC）来回答这一问题。

工资性收入所得税减免计划是对至少有一名就业者的低收入家庭实行的税收减免计划。在该工资性收入所得税减免计划中，1 美元的税收减免能够将一个人的收入所得税减少 1 美元，如果该计划受益者可以享受的税收减免额度超过了他缴纳的全部所得税税款，政府会将两者之间的差额以支票的形式邮寄给这个人。因此，工资性收入所得税减免计划在功能上实际上属于一种工资性报酬补贴计划，因为该计划只补贴那些工作的人，因此，很多人认为这一计划是一种能够维持受益者的工作积极性的收入维持计划。在克林顿执政期间，这种观点导致美国国会大力推广工资性收入所得税减免计划。目前，这一计划是为有孩子的低收入家庭提供的金额最大的现金补贴计划。

工资性收入所得税减免计划提供的税收减免额度主要取决于劳动者挣到的工资性报酬和其所抚养孩子的数量。为了达到我们的分析目的，即了解工资性收入所得税减免计划对受益者的工作动机产生的影响，我们将集中分析 2015 年对有两个孩子需要抚养的未婚劳动者提供税收减免的情况。图 6.17 显示的是一位有两个孩子需要抚养的劳动者可以享受的这种税收减免计划的特征。这位劳动者可以挣到（不受补贴的）“市场”工资水平，这一工资水平可以用预算约束线 AC 的斜率来表示。正如我们接下来将论述的，对这样一位劳动者来说，工资性收入所得税减免计划会造成一条如 $ABDEC$ 所示的预算约束线。

对那些年工资性报酬水平等于或低于 13 870 美元的劳动者来说，税收的减免数量是根据其工资性报酬的 40%来计算的。也就是说，他们每通过工作挣 1 美元，相应地还能够得到政府提供的 40 美分的税收减免。于是，对年工资性报酬水平低于 13 870 美元的劳动者来说，他们的净工资率（W_n）就比市场工资率（W）高出 40%。请注意，这一税收减免情况如图 6.17 中的预算约束线的 AB 段所示，显然，AB 段的斜率大于市场预算约束线 AC 的斜率。

有两个孩子需要抚养的单身劳动者能够获得的最高税收减免额是 5 548 美元（2015 年）。年工资性报酬水平介于 13 870 美元和 18 110 美元之间的劳动者都有资格享受这种最高的税收减免额。因为这些劳动者的工资性报酬每增加 1 美元，他们能够获得的税收减免额并不会出现增减，因此他们的净工资率就等于市场工资率。年

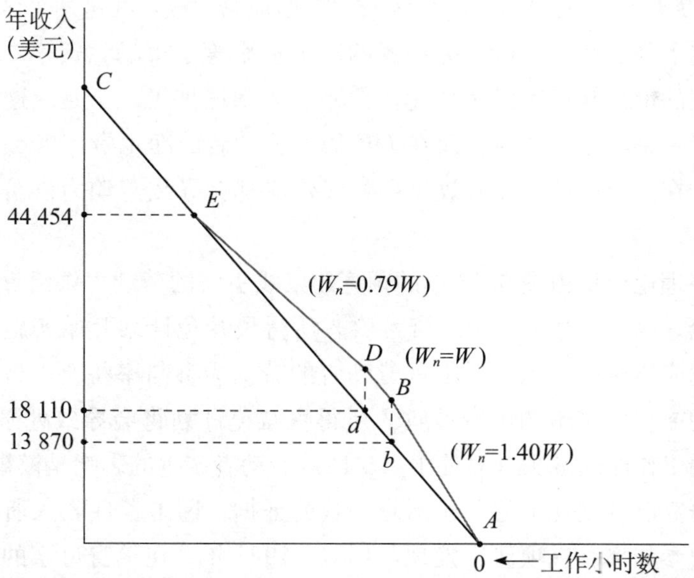

图 6.17　工资性收入所得税减免计划（针对有两个孩子需要抚养的未婚者），2015 年

工资性报酬水平介于此区间的劳动者面临的预算约束线如图 6.17 中的 BD 段所示，这一段预算约束线的斜率等于预算约束线 AC 的斜率。

对年工资性报酬水平超过 18 110 美元的劳动者而言，他们能够获得的税收减免额逐渐减少。当他们的工资性报酬水平达到 44 454 美元的时候，他们能够享受的税收减免额就变成 0 了。因为在劳动者的年工资性报酬水平超出 18 110 美元之后，再通过工作多挣 1 美元，就会导致他们能够享受的税收减免额下降 21 美分，即工资性收入所得税减免计划受益者的净工资只是市场工资的 79%（图 6.17 中的 DE 的斜率比 AC 的斜率小）。

通过观察图 6.17 可知，工资性收入所得税减免计划受益者处于以下三个区域之一：AB 段、BD 段或 DE 段。所有三个区域中的劳动者的收入无疑都提高了，这就意味着，工资性收入所得税减免计划的所有受益者都经历了一个收入效应，这种效应促使他们减少工作时间。然而，这种税收减免计划又在不同的工资性报酬水平区域中制造出不同的净工资率，以致不同区域产生不同的替代效应。

对年工资性报酬水平低于 13 870 美元的劳动者来说，他们的净工资率比市场工资率高（高出大约 40%），所以，对处在 AB 段的劳动者来说，他们的闲暇价格上升了。因此，对年工资性报酬水平低于 13 870 美元的劳动者来说，他们经历了一种促使他们工作更多时间的替代效应。由于收入效应和替代效应会使得劳动者的工作时间朝不同的方向发展，因此，我们无法从理论上肯定到底哪一种效应更占优势。不过，我们可以预期的是，实施工资性收入所得税减免计划之前没有加入劳动力队伍之中的人，现在可能会决定找工作了（我们在前面曾经讨论过这样一个事实，即对没有加入劳动力队伍的人来说，替代效应是占优势的）。

BD 段和 *DE* 段代表着其他两个区域，根据理论预测，在这两个区域中，劳动力供给将会出现下降。在 *BD* 段，劳动者的净工资率等于市场工资率，因此，在这个区域中，闲暇的价格并没有发生变化，但是收入却增加了。于是，这个区域中的劳动者就经历了一种纯收入效应。而在 *DE* 段，劳动者的净工资率实际上低于市场工资率，所以，在这个区域，收入效应和替代效应都会导致劳动力供给朝减少的方向发展。

运用经济理论分析由图 6.17 中的预算约束线引发的劳动力供给反应，我们可以得出两个推论。第一，如果一项工资性收入所得税减免计划开始实施或者扩大实施范围，则我们应该可以看到，低工资劳动者的劳动力参与率将会上升。第二，一项刚开始实施的或扩大实施的工资性收入所得税减免计划将会导致处于 *BD* 段和 *DE* 段的劳动者的工作时间减少（对处于 *AB* 段的劳动者产生的影响是模糊的）。

有几项研究已经发现了与上述预测一致的证据，即工资性收入所得税减免计划会提高劳动力参与率。一项研究发现，1984—1996 年，在单身母亲的劳动力参与率提高中，有一半以上的情况是由工资性收入所得税减免计划在那段时间扩张引起的。然而，如图 6.17 所示，与收入相关的工资性收入所得税减免计划计算起来十分复杂，以至不同的人对这种计划的了解程度是存在差异的。对于那些对这种计划了解最多的人来说，在图 6.17 中的 *AB* 段的工时是上升的——这意味着在这一段替代效应占主导地位。而在 *DE* 段，收入效应和替代效应共同作用的结果估计是导致工时下降。在那些对这一计划了解较多的员工中，确实会出现预测中的那种工时数下降的情况。①

实证研究

对彩票中奖者的收入效应所做的估计：寻找“外生变量”

回归分析使我们能够分析一个或多个自变量对因变量产生的影响。这种统计过程是建立在这样一个重要假设基础之上的，即每个自变量都是外生的（即取决于某种外部因素，且自身不受因变量的影响）。也就是说，我们假设存在一条从自变量到因变量的因果关系链，但是并不存在一种从因变量再回到我们假设的自变量的反馈性。

在估计收入水平变化（在工资水平保持不变的情况下）对工时数产生的影响时，

① 关于劳动力供给对工资性收入所得税减免计划做出的反应的研究，参见 Raj Chetty, John N. Friedman, and Emmanuel Saez, “Using Differences in Knowledge across Neighborhoods to Uncover the Impacts of the EITC on Earnings,” American Economic Review 103 (December 2013): 2683 - 2721。关于在其他项目中，劳动力参与率和工时数变化的类似研究结果，参见 Patrick Kline and Melissa Tartari, “Bounding the Labor Supply Responses to a Randomized Welfare Experiment: A Revealed Preference Approach,” American Economic Review 106 (April 2016): 972 - 1014。

外生性的问题就出现了。理论引导我们得出这样的推论，即理想的工时数是工资水平、财富和偏好的一个函数。在大多数数据集中，我们都观察不到财富数据，因而只能用金融投资收益等一些非劳动收入数据作为财富水平的一个近似替代。通过衡量在工资水平不变的情况下，非劳动收入（自变量）对理想工时数（因变量）产生的影响，研究者们都试图推导出劳动力供给理论所预测的那种收入效应。

但是，这种做法却存在一个问题。举个例子来说，工作偏好强烈和闲暇偏好很弱的人，很可能会在一段时间之后累积很多金融资产，从而在后来拥有较高水平的非劳动收入。换句话说，较高的工时数（假定为我们的因变量）可能会创造出高水平的非劳动收入（我们期望其能够成为我们的自变量）。因此，在我们预测工时数和非劳动收入之间的关系时，我们就不能确定到底是在预测收入效应，还是在预测努力工作和储蓄之间的某种关系，或是两个方面的内容兼而有之（类似于我们在第4章的实证研究中讨论过的那个问题）。因此，在估计收入效应的时候，研究者必须非常谨慎地使用外生的、不受理想工时数影响的非劳动收入指标。

那么，彩票中奖带来的收入是一种外生的非劳动收入来源吗？一旦某个人购买了彩票，能否获奖就完全是一种随机事件，因而是不受工时数影响的。然而，购买彩票的行为也并不是那么独立。例如，如果购买彩票的人有很强的闲暇偏好，那么在各种不同类型的人中建立起工时数与彩票中奖之间的相关关系，就不一定能够分离出收入效应。相反，它可能只不过反映出闲暇偏好强烈（同时工时数很少）的人更愿意购买彩票而已。

因此，如果想衡量出与彩票中奖相关的收入效应，我们就需要找到一种方法来确保工资水平以及闲暇偏好保持不变。一项关于彩票中奖是如何影响劳动力供给的研究，就通过使用面板数据对中奖者和未中奖者在购买彩票前后的情况进行分析，从而考虑到了买彩票者的个人偏好。也就是说，研究者将中奖者——定义为中奖金额超过2万美元，获得奖金的中值为63.5万美元的那批人——在彩票中奖之前的6年以及中奖之后的6年中的工时数进行了对比。通过关注每个人在前后两段时间中的工时数变化以及中奖情况，就可以将偏好（我们假设它是不变的）产生的影响剔除。

在这项研究中，未中奖者被定义为那些只中了小额奖金（介于100美元和5 000美元之间）的彩票购买者。研究者将他们在中了小额奖金前后的劳动力供给变化情况与中大奖者的劳动力供给变化情况进行了比较。结果发现，每中奖10万美元，中奖者就会减少工作时间，从而使他们的工资性报酬减少1.1万美元（也就是说，中奖者用奖金的11%“购买”了闲暇）。当然，这些结果与关于非劳动收入对劳动力供给产生的收入效应的预测结果是一致的。

资料来源：Guido W. Imbens，Donald B. Rubin，and Bruce I. Sacerdote，“Estimating the Effect of Unearned Income on Labor Earnings，Savings，and Consumption：Evidence from a Survey of Lottery Players，” American Economic Review 91（September 2001）：778－794.

复习题

1. 根据前文脚注中正常物品和低档物品的定义判断下面这句话是正确的、不正确的，还是不确定的，并解释你的答案。“为了确保某个人的劳动力供给曲线是向后弯曲的，闲暇必须是一种低档物品。”

2. 对下面的说法做出评价：“对任何一个劳动者群体来说，能够拿到的可支配工资率的提高会导致这些群体的劳动参与率提高。”

3. 假设某政府正在考虑通过下列几种方式来确保向穷人提供法律服务：

方案 A：要求所有的律师都必须拿出 5%的工作时间免费为穷人提供服务；

方案 B：要求所有的律师都必须为穷人提供 100 小时的免费服务；

方案 C：在某一年中的收入超过 50 000 美元的律师都必须向一个由政府设立的帮助穷人的基金捐赠 5 000 美元。

讨论上述三种方案对律师的工作时间可能产生的影响（画出每一种方案对律师形成的预算约束线将有助于完成上述分析）。

4. 根据目前正在运行的工伤保险制度，一位因工永久性受伤的员工无论是否工作每年都可以得到 X 美元的保险金。假定政府现在实施一项新的计划，这项计划规定，那些根本不工作的人每年将会得到 $0.5X$ 美元，而那些参加工作的人则不仅可以得到 $0.5X$ 美元，而且还能以每一个工作小时追加 50 美分的方式得到一笔额外的工伤保险（当然，这笔补贴是在雇主支付的工资之外额外追加的）。

如果以这种方式来计算工伤保险，劳动者的工作动机会产生什么样的变化呢？

5. 一家企业准备向自己的员工提供带薪病假，但又不希望员工滥用这种假期，休一些不必要的病假。这家企业现在正在考虑以下两种方案：

方案 A：每位员工每年可以有 10 天的带薪病假，如果到年末时没有休满这 10 天病假，则可按员工的日工资率换算为现金发放给员工；

方案 B：每位员工每年可以有 10 天的带薪病假，如果员工连续两年未休病假，则公司将会为其购买 100 000 美元的人寿保险。

试比较两种方案对员工的工作动机所产生的短期和长期影响。

6. 2002 年，法国实施了一项法律，把标准工作周从 39 小时减少至 35 小时（尽管劳动者一周只工作 35 小时，但是他们却得到 39 小时的工资），同时还禁止安排加班加点的工作。（在法国，加班工资高出正常工资水平 25%。）

（1）画出旧的预算约束线，标明周工作时间超过 39 小时之后的加班工资率。

（2）画出新的预算约束线。

（3）在 2002 年法国新法律实施之后，哪些员工会从中受益？哪些员工会因此而受损？请解释。

7. 假设有人提出了这样一项建议，即向穷人提供一笔与他们的收入水平相联系的住房补贴，这种补贴采取凭证的形式，穷人可以用这种凭证向他们的房东支付全部或部分房租。只要劳动者的年工资性报酬水平不超过 8 000 美元，每年就可以得到 2 400 美元的住房补贴；当劳动者的年工资性报酬水平超过 8 000 美元之后，工资性报酬每增加 1 美元，住房补贴就减少 60 美分。也就是说，当劳动者的年工资性报酬水平超过 12 000 美元时，他们就不再有资格享受这种补贴了。

首先任意画一条预算约束线来表示在没有政府住房补贴时的劳动者状况，然后再根据上述的住房补贴建议画一条位置更高的预算约束线，在绘制出与这项建议相关的预算约束线之后，分析这种住房补贴计划对各种人口群体的劳动力供给行为会产生怎样的影响。

8. 1986 年《税收改革法案》(Tax Reform Act) 旨在降低边际税率（对最后 1 美元工资的征税），同时减少税收减免，堵塞税收漏洞，从而确保政府的税收总收入保持稳定。试分析这种税收改革措施——在保持税收总收入不变的情况下降低边际税率——对劳动者的工作动机所产生的影响。

9. 现行的美国失业保险计划（UI）会向失业人员每天支付 X 美元，但是一旦失业人员接受了一份工作，哪怕是每天只工作 1 个小时，他们就无法从失业保险中得到 1 美分。假定这项法律现在修改了，失业保险的领取者即使每天能够工作 2 个小时或不到 2 个小时，也能继续领取 X 美元，但是如果他们每天的工作时间超过 2 个小时，则失业保险福利就会终止。画出与新旧失业保险计划相联系的两条预算约束线（清楚地标注出来），并分析失业保险计划的这种变化对劳动者的工作动机所产生的影响。

10. 假设现行的为不能工作的人提供的伤残保险（Disability Insurance，DI）福利是每天 X 美元，但是如果残疾人接受了一份工作，即使每天只能工作 1 个小时，也不能再得到任何福利。假设现在伤残保险福利的规则发生了变化，如果参加工作的残疾人每天获得的工资收入低于 X 美元，则他们会得到一份福利，从而使他们每天的总收入（工资收入加上福利收入）能够达到 X 美元。只要他们的市场工资率高于每天 X 美元，他们的福利就会终止。画出与新旧伤残保险相联系的预算约束线（清楚地标注出来），并分析伤残保险福利的这种变化对残疾人的工作动机所产生的影响。

练习题

1. 当美国的《公平劳工标准法》强制要求雇主在员工加班时多支付 50% 的工资时，许多雇主都试图通过降低小时工资率来加以规避，因此，员工的总工资水平和总工时数依然与过去相同。

(1) 假设法律要求对每天超过 8 小时的工作时间都必须多支付 50% 的加班补贴，画一条预算约束线来说明雇主采取的这种降低小时工资率的策略，假设原有的总工作时间不变，同时员工的工资性报酬总额也保持不变。

(2) 假设最初的时候，一位雇主支付的工资率是每小时 11 美元，让员工每天工作 10 小时。那么，在新的法律要求下，雇主提供的基本工资应当是多少时，才能使每天工作 10 小时的员工获得的总工资性报酬保持不变?

(3) 在新的环境下（包括新的工资率和法定加班费），原来每天工作 10 小时的员工现在希望每天的工作时间超过 10 小时，还是少于 10 小时?

2. 假定尼娜可以自行选择自己的周工作时间。由于一座新桥开始投入使用，尼娜每天往返工作场所的通勤时间减少了 1 个小时。如果闲暇和收入都是正常物品，更短的通勤时间会对尼娜的工作时间产生什么样的影响?

3. 假设你买彩票中奖了，这使得你一直到退休为止，每年都能在税后得到 5 万美元的收入。于是，你决定从事非全日制工作，在原来的工作岗位上每周只工作 30 个小时，而不是 40 个小时。

(1) 请以每年 50 个周为基数，计算彩票中奖对你产生的年收入效应。请运用本章中讲述的理论来分析此结果。

(2) 彩票中奖的替代效应是怎样的？请解释。

4. 2007 年 7 月 24 日，联邦政府规定的最低工资从 5.15 美元上升到了 5.85 美元。如果每天有 16 小时可以用于工作和闲暇活动，画出最低工资率为 5.15 美元时的劳动者日预算约束线以及最低工资水平增长后的新预算约束线。

5. 假设迈克尔每天能够从遗产中得到 50 美元的利息。他的工资率是每小时 20 美元，他在岗位上每天最多工作 16 个小时。画出他的日预算约束线。

6. 斯特拉每天最多可以在岗位上工作 16 个小时。她的工资率在每天的前 8 个小时中是每小时 8.00 美元。如果她的日工作时间超过 8 个小时，则雇主会对超出的那部分工作时间支付给她 1.5 倍的工资。画出她的日预算约束线。

7. 特迪的日预算约束线如下图所示。他的雇主支付给他一个基本工资率，如果他的日工作时间超出正常小时数，雇主还会支付给他一项加班工资。特迪每天的非劳动收入是多少？他的基本工资率是多少？加班工资率是多少？他需要工作多长时间才能获得加班工资？

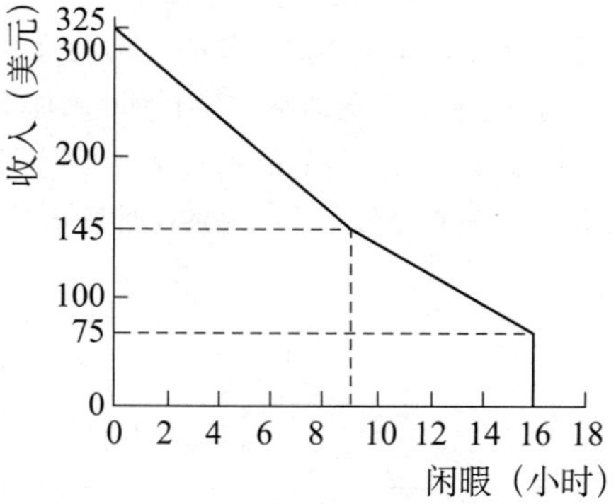

推荐阅读

Blank, Rebecca M. "Evaluating Welfare Reform in the United States," Journal of Economic Literature 40 (December 2002): 1105 - 1166.

Card, David E., and Rebecca M. Blank, eds. Finding Jobs: Work and Welfare Reform. New York: Russell Sage Foundation, 2000.

Hoffman, Saul D., and Laurence S. Seidman, Helping Working Families: The Earned Income Tax Credit. Kalamazoo, MI.: W. E. Upjohn Institute for Employment Research, 2002.

Killingsworth, Mark R. Labor Supply. Cambridge, England: Cambridge University Press, 1983.

Linder, Staffan B. The Harriet Leisure Class. New York: Columbia University Press, 1970.

Moffitt, Robert, "Incentive Effects of the U. S. Welfare System: A Review," Journal of Economic Literature 30 (March 1992): 1 - 62.

Pencavel, John, "Labor Supply of Men: A Surrey," in Handbook of Labor Economics, eds. Orley Ashenfelter and David Card. Amsterdam, New York: Elsevier, 1999.

第 7 章 劳动力供给：家庭生产、家庭和生命周期

我们在第 6 章中论述的劳动力供给理论主要讨论了一种比较简单的情形，即个人需要在劳动和闲暇之间做出选择的情况。本章将通过考虑三个方面的问题来重构劳动力供给理论：第一，人们在家庭中花费的大多数时间都用于生产活动（例如做饭、照顾孩子）而非闲暇活动；第二，对那些与配偶生活在一起的劳动者来说，他们在做出与从事有酬工作、家务劳动以及享受闲暇有关的决策时，通常都要考虑其他家庭成员的主要活动及其收入状况；第三，正如从事有酬工作的时间与在家庭中的时间可以相互替代一样，在生命周期中的某一个阶段从事有酬工作的时间，与在生命周期的另外一个阶段从事有酬工作的时间之间也是可以相互替代的。对我们的简单劳动力供给模型所做的上述修正并不改变劳动力供给理论的基本结论或推论，但是它确实进一步丰富了劳动力供给理论。

考虑到家庭生产的劳动力供给模型

在上一章中，我们基于以下简单假设建立了一个劳动力供给模型，即人们有两种使用时间的方式，一是为获得报酬去工作，二是消费闲暇。然而，在现实中，使用时间的选择却更为复杂——人们在家庭中耗费的大多数时间都用于从事一些更接近于工作而不是闲暇的活动（比如做饭、打扫卫生、照顾孩子等）。这样，我们能不能在考虑到这种将家庭时间用于其他用途的情况下建立一个劳动力供给模型呢？

为了对潜在的劳动者实际上会如何分配他们的时间有一个概念，我们考察表 7.1

中的数据。表中将涉及的三类家庭（分类的依据是家里是否有孩子以及孩子的年龄大小）的全部活动划分为四大类（有酬工作、家务劳动、闲暇以及个人养护）。表中的平均数据表明，与孩子年龄较大的女性相比，孩子年龄很小的女性在家务劳动中花费的时间更多，而在“市场”工作中花费的时间更少。同时，在这三类家庭中，与男性相比，女性花费在家务活动中的时间更多，而在能获得报酬的工作中花费的时间更少——但是，随着孩子逐渐长大并离开家庭，男性与女性在这些方面的时间差距就变得越来越小了。此外，男性和女性的闲暇时间都会随着孩子年龄的增长而有所增加。[①] 最后，这三类家庭在个人养护方面花费的时间差别很小。

表 7.1　18 岁以上的男性和女性每周在有酬工作、家务劳动、闲暇以及个人养护方面花费的时间，2015 年

	家中有小于 6 岁孩子的家庭		家中有 6～17 岁孩子的家庭		家中没有 18 岁以下孩子的家庭	
	女性	男性	女性	男性	女性	男性
有酬工作[a]	32	46	38	46	37	42
家务劳动[b]	46	21	27	17	21	15
闲暇[c]	26	29	30	32	34	36
个人养护[d]	75	71	73	72	75	73

a 包括通勤时间；
b 包括购买物品和服务与照顾他人的时间；
c 包括在志愿性和教育性活动中花费的时间；
d 包括睡觉和吃饭的时间。
资料来源：U. S. Department of Labor, Bureau of Labor Statistics, “American Time Use Survey—2015 Results,” Table 8B, http://www.bls.gov/news.release/archives/atus_06242016.pdf.

□ 针对个人的基本模型：与劳动-闲暇模型的相似之处

在将家务劳动而不是闲暇整合到我们的劳动力供给模型中的时候，并不要求我们对在第 6 章中开发出来的模型进行重大修改，而只需要将“闲暇时间”替换为“家庭生产时间”（或简称家庭时间）即可。用在家庭生产方面的时间包括在家里做杂事或者在家里放松的时间，其中也包括尽管不在家里但也是在做家务或者放松的时间，比如去购物或者去看电影的时间。

为了解释我们的模型中包含家庭活动而不是闲暇带来的主要影响，我们假设有这样一个家庭：家里的唯一决策者是一位需要抚养孩子的名为萨莉的未婚母亲。正如我们在第 6 章中假设的，我们仍然假设萨莉每天都需要 8 小时的时间来进行个人照料，这样她每天就只有 16 小时可以用来从事有酬工作、闲暇或者家务劳动。在图

① 一项研究考察了在 2008—2010 年经济危机时期失业的一些人，结果发现他们的家务劳动时间以及（特别是）闲暇时间都有所增加；参见 Mark Aguiar, Erik Hurst, and Loukas Karabarbounis, “Time Use During the Great Recession,” American Economic Review 103 (August 2013): 1664－1696。还有一项研究表明，那些薪酬水平高但是闲暇时间较少的劳动者会搬到距离工作地点更近的地方居住，以减少通勤所需的时间；参见 Lena Edlund, Cecilia Machado, and Maria Micaela Sviatschi, “Bright Minds, Big Rent: Gentrification and the Rising Returns to Skill,” NBER working paper no. 21729 (Cambridge, MA, November 2015)。

7.1 中，我们用横轴表示萨莉的可利用时间——从左到右是“家庭”时间，从右到左是“市场工作”（从事有酬工作）时间。

跟原来一样，我们假设萨莉会努力实现她个人的效用最大化。她可以通过获得商品或服务来提高自己的效用水平——一所干净的房子、美味的餐食、快乐的孩子以及各种休闲放松活动。为了获得这些商品或服务，她要么需要花费家庭时间来自己生产这些商品或服务，要么需要通过赚钱然后从他人那里购买商品或服务。将这两种情况都考虑在内之后，图 7.1 中的两条坐标轴实际上反映了萨莉可以用来生产效用的两个投入来源：用横轴表示的家庭时间以及用纵轴表示的收入。

正如我们在第 6 章讨论过的那样，萨莉在如何使用自己的时间方面做出的选择会受到她个人的偏好、她的收入以及她的工资率的影响。我们在接下来的几节中将讨论这些影响。

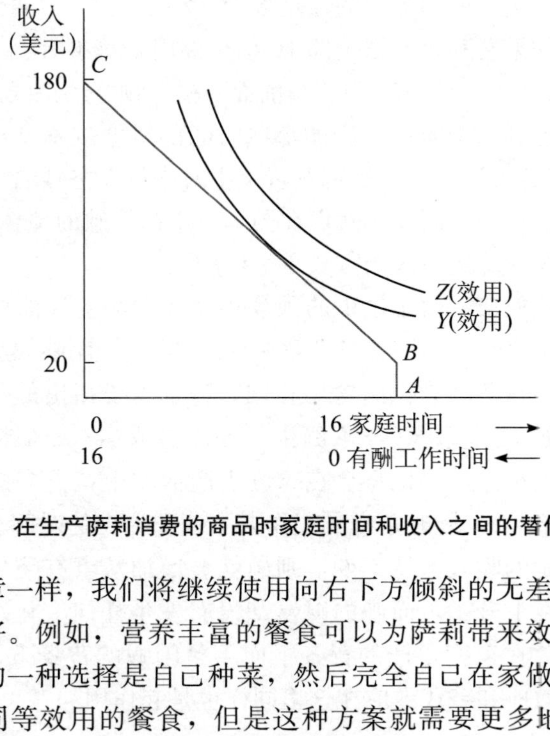

图 7.1　在生产萨莉消费的商品时家庭时间和收入之间的替代关系

偏好　与第 6 章一样，我们将继续使用向右下方倾斜的无差异曲线，以图形的方式表示萨莉的偏好。例如，营养丰富的餐食可以为萨莉带来效用，为了得到这种餐食，她可以做出的一种选择是自己种菜，然后完全自己在家做饭。她的另外一种选择可以带来产生同等效用的餐食，但是这种方案就需要更多地购买商品或服务，在家准备餐食的时间却更少了：例如，购买包装好的食物在家里加热，或者在饭店里用餐。休闲放松也可以产生效用，同时，能够产生同等效用的休闲放松活动既可以是需要很多时间但是不需要购买很多商品的活动（用一天的时间在家附近的一个公园里散步），也可以是需要更多地购买商品但需要耗费的时间却较少的活动（整晚待在一个酒吧里）。

由于在生产能够产生效用的物品时，购买来的商品和时间是可以相互替代的，因而萨莉的无差异曲线是向右下方倾斜的（正如我们在第 6 章中解释的一样）。我们可以基于第 6 章中解释的原因继续将这些曲线画成凸的。也就是说，我们假设，如果萨莉在抚养孩子方面试图越来越多地用购买来的物品去替代她的时间，她就会发现，要想在这样做的同时继续保持自己的效用水平不变会变得越来越难。最后，我们对萨莉的偏好所做的图形展示还假设：如果她获取资源的能力提高——她就可以从图 7.1 中的无差异曲线 Y 移动到无差异曲线 Z——她的效用水平还会提高。这些假设使得萨莉的无差异曲线与第 6 章中的无差异曲线相同。

预算约束线 当然，萨莉必须根据她的收入和工资率状况来做出如何支配时间的选择，她面对的预算约束线为她的各种可能选择界定了一个范围。图 7.1 中的预算约束线 ABC 是在这样一个假设基础上绘制出来的，即萨莉每小时能够赚 10 美元，如果她不从事有酬工作，则她每天会有 20 美元的非劳动收入。

与我们在第 6 章中论述的情况一样，预算约束线 ABC 介于两条坐标轴之间。预算约束线右下方的那个端点告诉我们，如果萨莉不从事市场工作，而是把所有的时间都用于家庭生产，则她能够支配的钱是多少（20 美元）。预算约束线左上方的那个端点则告诉我们，如果萨莉每天把全部 16 小时都用来从事有酬工作，则她能够支配的收入是多少（160＋20＝180 美元）。与前面一样，预算约束线的斜率反映了萨莉的工资率，同时这也是她用于家庭生产的那些时间的机会成本（也就是说，如果她每小时能挣到 10 美元的工资，那么她每花费 1 小时来做家务或者享受闲暇，她就需要放弃 10 美元的潜在收入）。因此，我们在图 7.1 中描绘她的预算约束线 ABC 时，与我们在第 6 章中描绘预算约束线的方式是一样的。

收入效应和替代效应 由于这里的预算约束线和无差异曲线的形状与第 6 章是一样的，因此，毫不奇怪，我们在第 6 章中描绘的劳动-闲暇模型与我们在这里分析的家庭生产模型的潜在劳动力供给含义相同。特别需要指出的是，如果我们假设萨莉的收入提高，而她的工资率——家庭生产的机会成本——保持不变，则家庭生产模型将会得出这样的推论，即她将会在家庭生产活动中花更多的时间（消费更多能够给她带来效用的商品），同时在有酬工作方面分配更少的时间。类似地，如果她的工资率上升了，而她的收入保持不变，则她就会增加从事有酬工作的时间，因为她待在家里的成本现在上升了，而她的财富却没有发生任何变化。简言之，如果我们把劳动力供给模型放在家庭生产的背景下而不是闲暇的背景下，那么，我们在第 6 章中介绍过的收入效应和替代效应在这里同样也是起作用的。

□ 针对个人的基本模型：一些新的含义

尽管当我们的关注点从闲暇时间转向范围更广的家庭生产时间时，并未从根本上改变我们的劳动力供给模型，但它还是引发了一些需要分析的新问题，我们将在本节以及接下来的几节中对此加以讨论。一个显而易见但很重要的含义是，劳动力供给决策和如何生产出家庭需要消费的那些物品的决策是同时做出的。因此，做出与市场工作、想要养育的孩子数量、如何抚养孩子、如何准备餐食（参见例 7.1）等有关的决策时，会受到一些相同因素的影响。对这些问题的关注导致在经济学中开启了一个全新的研究领域——家庭经济分析，这一研究领域超越了我们这里讲的劳动力供给问题，它研究的问题涵盖了婚姻、离婚、生育、抚养孩子以及家庭需要完成的其他一些活动和需要做出的其他一些决策。[①]

例 7.1

肥胖和家庭生产模型

在美国，肥胖是一个与健康有关的重要问题。20 世纪 70 年代末到 2012 年，被认为属于肥胖人群的美国成年人所占的百分比从 14%上升到了 35%！肥胖现在已经成为导致早期死亡的第二大原因——每年有 30 万例未成年人死亡都与肥胖并发症（心脏病、中风和糖尿病等）有关。根据一项估计，每年美国用于应对肥胖的成本（医疗成本加上生产率损失）就高达近 1 900 亿美元。当然，肥胖与基因和其他家庭影响因素都有一定的关系，但是肥胖人数激增这种情况表明，肯定还存在其他一些在发挥作用的因素。那么，经济学理论能够对这种现象进行解释吗？

本章中所述的家庭生产模型表明，在像准备餐食等这样一些家务劳动中花费的时间会对个人偏好的变化以及收入效应和替代效应做出相应的反应。当收入上涨而工资水平不变时，我们预期劳动者会用更多的时间生产在家庭中消费的那些物品。然而，当工资率上涨而收入保持不变时，在家中花费的那些时间的机会成本就上升了，这就使得人们在家务活动中分配更少的时间，从而将更多的时间用于从事有酬工作。如果机会成本或者偏好变化诱使更多的人（尤其是女性）去寻找市场工作，而在家务劳动中（包括准备餐食）花费较少的时间，那么我们可以做这样的预期，即人们对方便食品的需求将会上升。

事实上，在 1972—1997 年——从事工作的美国女性的百分比在此期间从 44%升至 60%，人均光顾快餐店的次数增加了一倍，人均光顾全套服务餐厅的次数也增长了三分之一。最近的一项研究还发现，快餐店——尤其是提供富含卡路里的高热量食物的快餐店数量的增长——与肥胖人数的增长有着密切的关系。也就是说，这项研究发现，在保持个人特征不变的情况下，肥胖人数的增长更多地出现在人均光顾快餐店的次数增长较快的地区。

此外，这项研究发现的一些证据还表明，收入效应和替代效应对肥胖产生的影响与我们的预测也是一致的，即在既定的地理区域内用性别、种族、婚姻状况、受教育程度等因素来定义的各种人口群体中，在各自的工资水平保持不变的情况下，

① 关于家庭在生育、抚养孩子以及其他重要决策方面的研究，参见 Francine D. Blau，Marianne A. Ferber，and Anne E. Winkler，The Economics of Women，Men，and Work，5th ed.（Upper Saddle River，NJ：Pearson/Prentice Hall，2006）；and Shelly Lundberg and Robert A. Pollak，"The American Family and Family Economics，" Journal of Economic Perspectives 21（Spring 2007）：326。关于市场工作和家务劳动之间的替代的分析，参见 Alexander M. Gelber and Joshua W. Mitchell，"Taxs and Time Allocation：Evidence from Single Women and Men，" Review of Economic Studies 79（July 2012）：863 - 897；and Richard Rogerson，"Structural Transformation and the Deterioration of European Labor Market Outcomes，" Journal of Political Economy 116（April 2008）：253 - 259。

家庭收入越高的人出现肥胖的可能性越小。这一发现与我们的这样一个假设是一致的，即收入效应会诱使人们在家里花费更多的时间自己做饭，而更少食用那些容易导致肥胖的方便食品。

在收入保持不变的情况下，那些在小时工资率较高（市场工作时间较长）的地区和人群中的人发生肥胖的可能性则会上升。后一种发现表明，随着时间的机会成本上升，替代效应可能会诱使人们花更少的时间待在家里自己做饭，而更多地去食用方便食品。事实上，一项最新的研究发现，随着劳动者的工资（即时间的机会成本）上涨，他们留给吃饭的时间更少，从而把更多的时间用于工作，而这也会导致体重的增加。

资料来源：Shin-Yi Chou，Michael Grossman，and Henry Saffer，"An Economic Analysis of Adult Obesity：Results from the Behavioral Risk Factor Surveillance System，" Journal of Health Economics 23（May 2004）：565－587；and Charles J. Courtemanche，Joshua C. Pinkston，Christopher J. Ruhm，and George L. Wehby，"Can Changing Economic Factors Explain the Rise in Obesity?" Southern Economic Journal 82（April 2016）：1266－1310.

我们还必须更加仔细地考虑图 7.1 中的无差异曲线。这些曲线的斜率反映了萨莉在用购买来的商品和服务代替家务劳动时间时面临的困难。如果萨莉是一个极有天赋的母亲，如果她完成的那些家务活动很难用购买来的商品和服务替代，如果她可以从家庭生产中获得很大的快乐，则她的无差异曲线就会十分陡峭——这就意味着，如果她要减少自己在家的时间，就必须在收入方面有很大的增长作为补偿，这样才能保持她的总效用不变。当然，陡峭的无差异曲线会使图 7.1 中与预算约束线相切的那个切点进一步向右移动。因此，萨莉的无差异曲线越陡峭，则她在家里的时间就越长，在劳动力市场上供给劳动力的时间就越短。如果她的无差异曲线足够陡峭，她甚至会不去寻找市场工作，从而不加入劳动力队伍中。

随着萨莉的孩子逐渐长大，她可能会发现，用购买来的商品或服务替代自己的家庭时间变得更容易了。比如，合适的儿童看护服务变得更容易找到，或者是当孩子上学以后，在白天照顾孩子的需要就减少了。如果她的无差异曲线变得比过去扁平了，那么她更有可能会加入劳动力队伍中——并且，如果她从事有酬工作，更有可能会从事全日制工作。

因此，家庭模型所做的预测是，随着一个人待在家里的必要性下降，或者是用购买来的商品和服务代替家庭时间更为容易，劳动者的劳动力参与率以及参加有酬工作的时间都会有所上升。在历史上，女性承担着从事家庭生产的主要责任，然而，随着洗衣机、烘干机、洗碗机、微波炉、网上购物以及电子银行等的出现，用购买来的商品和服务替代家庭时间变得越来越容易。我们可以从表 6.1 中看到可预测到的女性劳动力参与率上升的情况。

孩子的年龄可能也会影响到他们的父母在家庭时间和收入之间做出的选择。表 7.2 提供了与下面这种判断一致的证据，即随着孩子逐渐长大，母亲的劳动力参与率是在上升的。家中有婴儿的已婚女性的劳动力参与率为 58%，但是当孩子长到 2 岁的时候，她们的平均劳动力参与率会上升至61%。对单身母亲来说，劳动力参与率的上升幅度更大，随着孩子长到2岁，她们的平均劳动力参与率会从59%上升至71%。然而，那些家里有年幼的孩子且从事全日制工作的女性所占的比例则相对稳定。

家庭生产模型不仅能够分析只有一位决策者的家庭在某一年中的决策，而且可以启发我们理解有多位决策者的家庭做出的决策。此外，对于如何在一生中分配时间而不仅仅是在一年中分配时间的决策而言，家庭生产模型同样具有重要的指导意义。我们将在随后的章节中分析这些方面的意义。

表 7.2　有小孩的母亲的劳动力参与率和全日制工作情况，根据孩子的年龄分组，2015 年

孩子的年龄	劳动力参与率（%）		从事全日制工作者所占的百分比*	
	已婚	单身	已婚	单身
1岁以下	58	59	74	69
1岁	60	67	74	69
2岁	61	71	75	70

* 从事全日制工作的母亲所占的百分比。

资料来源：U. S. Department of Labor，Bureau of Labor Statistics，“Employment Characteristics of Families-2015，” Table 6，www. bls. gov/news. release/famee. t06. htm.

家庭中的联合劳动力供给决策

我们在第6章以及本章迄今为止描述的模型中都假设只存在一位决策者，并且我们假定这位决策者的目的就是实现个人效用的最大化。然而，对于与自己的配偶生活在一起的人来说，却必须采用某种联合决策过程来决定如何分配各自的时间，同时就谁应当在家里做什么达成一致。这一决策过程可能会由于配偶之间的感情关系而变得比较复杂，并且，他们在市场工作和家务劳动方面的决策在很大程度上还会受到习惯的影响。[①]尽管如此，经济理论仍然有助于我们部分地认识到对家庭必须做出的这些决策产生影响的因素到底有哪些。

如何为家庭中的这种不同决策过程建立一个模型是经济学家刚刚开始研究的一个问题。迄今为止已经建立起来的适用于已婚夫妇的正式决策模型——这些模型均建立在效用最大化的原则基础之上——可以被分为两大类。[②] 最简单的一类模型是将

① 参见 Julie A. Nelson，“I，Thou，and Them：Capabilities，Altruism，and Norms in the Economics of Marriage，” American Economic Review 84（May 1994）：126－131；and Claire Brown，“An Institutional Model of Wives' Work Decisions，” Industrial Relations 24（Spring 1985）：182－204。

② 参见 Shelly Lundberg and Robert A. Pollak，“Bargaining and Distribution in Marriage，” Journal of Economic Perspectives 10（Fall 1996）：139－158。

适用于单一决策者的假设扩展到已婚夫妇，这些模型要么假定一对夫妇有着相同的偏好，要么假定由其中的一个人来进行所有的决策。这些“单一”模型的一个潜在含义是：在一对夫妇中，无论是谁获得收入，夫妇俩人的消费模式都相同。然而，实证研究却倾向于拒绝这种对家庭决策方式所做的简单解释。[①]

将夫妻双方引入决策模型的另一种方式则是，假定夫妻之间是通过谈判来进行决策的。每个人在谈判过程拥有的权力似乎都与这个因素有关，即如果夫妻双方之间因不能解决冲突而导致他们的关系解体，则此时各自的境况会是怎样的。这个模型表明，在家庭决策过程中，夫妻双方中获取资源更多的那一方的影响力更大。越来越多的证据对这种谈判模型提供了支持，其中包括一个令人不愿意接受的事实，这就是当夫妻双方发生争执时，拥有经济资源越少的女性更有可能成为家庭暴力的受害者。[②]

然而，无论夫妻双方之间通过什么样的过程做出他们的时间分配决策，都会存在所有家庭都必须面对的某些问题。接下来，我们将简要分析会对劳动力供给产生影响的一些联合决策。

□ 职能专门化

夫妻双方通常会发现，无论是在市场工作中还是在家务劳动中，对家庭需要完成的各种工作进行某种程度的专门化安排，对整个家庭是有益的。夫妻双方中通常有一个人必须主要承担准备饭菜、购物、打扫以及抚养孩子等诸如此类的职责。可能也会出现这样的情况，即当双方都从事有酬工作时，夫妻双方中的某一方加班和出差的时间会更多；当家中遇到紧急事情需要处理时，某一方更有可能向单位请假。那么，在决定夫妻双方中的哪一个人应专门从事哪一项工作时，夫妻双方的主要考虑因素有哪些呢？

理论 假设有一对夫妻正在做这样一个决定，即夫妻双方中哪一方应当留在家里，或是应当从事工作时间要求不那么严格或上下班路途比较短的工作，从而承担起抚养孩子的主要责任。由于主要承担抚养孩子责任的人必须花更多的时间在家中，因此，这对夫妻需要回答这样两个问题，即谁在从事家务劳动方面的效率相对更高？谁在从事市场工作方面的效率相对更高？

例如，一对夫妻在决定谁应当更多地留在家中承担起抚养小孩的责任时，会对丈夫或妻子承担这一责任时的收益和损失加以考虑。他们留在家中的损失分别与各

---

① Francine D. Blau, Marianne A. Ferber, and Anne E. Winkler, The Economics of Women, Men, and Work, 52.

② Richard Blindell, Pierre-Andre Chiappori, and Costas Meghir, “Collective Labor Supply Model with Children,” Journal of Political Economy 113 (December 2005): 1277 - 1306; Lauren Cherchye, Bram Derock, and Frederic Vermeulen, “Married with Children: A Collective Labor Supply Model with Detailed Time Use and Intrahousehold Expenditure Information,” American Economic Review 102 (December 2012): 3377 - 3405; and Anna Aizer, “The Gender Wage Gap and Domestic Violence,” American Economic Review 100 (September 2010): 1847 - 1859.

自的市场工资率有关，而收益则取决于他们从抚养孩子中能够得到的快乐以及本人在从事这项工作方面的技能水平高低。(由于在抚养孩子的过程中得到的快乐能够增加效用，因此，我们可以把高水平的享受和高水平的技能作为在抚养孩子方面具备更高“生产率”的标志。)一般而言，女性的工资率低于同类男性的工资率。另外，出现这样一种情况的可能性也更大，这就是由于社会化方面的原因，妻子在传统上往往比丈夫在抚养孩子方面的生产率更高。如果一位女性的工资率低于她丈夫的工资率，同时她在抚养孩子方面的生产率也更高，那么，很显然，让女性来承担抚养孩子的主要任务会使这个家庭放弃的市场商品更少，而从抚养孩子中得到的乐趣更多。

对未来的预测 在解释夫妻双方决定应当由哪一方来承担大部分家务劳动责任的决策模型中，一般都假定这种决策会受到夫妻双方在家务劳动和市场工作方面的相对生产率的影响，但这并不意味着在形成夫妻双方的偏好或者限制家庭生产决策最终做出的选择方面，传统习惯就无足轻重。相反，它们是非常重要的。家庭生产理论强调的是，随着工资率、收入以及家庭生产率的变化，家务劳动的时间分配情况也会发生变化。一项研究已经发现，当夫妻双方都从事市场工作时，每个人每周在家务劳动方面花费的时间，确实是受两个人的相对工资率影响的。也就是说，随着妻子的工资率相对丈夫的工资率有所上升，丈夫承担家务劳动的时间也会有所增加，而妻子从事家务劳动的时间则会有所减少。①

□ 夫妻双方都从事有酬工作吗?

很明显，并没有必要让夫妻双方中的某个人全职待在家中。从修剪草坪到照顾孩子的许多家务都可以雇人来完成，或者是用购买来的更多商品或服务，同时用更少的家务劳动时间来完成。② 此外，有证据表明，较多的家务劳动时间实际上会降低一个人未来的工资要价，因此选择专门从事家务劳动还会产生一种长期成本。③

总体来说，只要夫妻双方中的任何一个人在市场上多工作 1 小时产生的商品购买力，超过了为弥补牺牲 1 小时的家庭生产时间而需要增加的商品数量，那么，两

① Joni Hersch and Leslie S. Stratton, “Housework, Wages, and the Division of Household Time for Employed Spouses,” American Economic Review 84 (May 1994): 120－125; Marianne Bertand, Claudia Goldin, and Lawrence F. Katz, “Dynamics of Gender Gap for Young Professionals in the Financial and Corporate Sectors,” American Economic Journal: Applied Economics 2 (July 2010): 228－255; and James Feyrer, Bruce Sacerdote, and Ariel Dora Stern, “Will the Stork Return to Europe and Japan? Understanding Fertility within Developed Nations,” Journal of Economic Perspectives 22 (Summer 2008): 3－22.

② 例如，有证据表明，低技能移民的涌入——那些可以从事清洁和儿童看护等家务劳动的人，增加了高技能女性从事市场工作的时间；参见 Patricia Cortes and Jose Tessada, “Low-Skilled Immigration and the Labor Supply of Highly Skilled Women,” American Economic Journal: Applied Economics 3 (July 2011): 88－123。

③ Joni Hersch and Leslie S. Stratton, “Housework, Wages, and the Division of Household Time for Employed Spouses,” American Economic Review 84 (May 1994): 217－229; Elizabeth Ty Wilde, Lily Batchelder, and David T. Ellwood, “The Mommy Track Divides: The Impact of Childbearing on Wages of Women of Differing Skill Levels,” National Bureau of Economic Research, working paper no. 16582 (Cambridge, MA, December 2010).

人中的任何一个人多在外面工作 1 小时都能够增加家庭可以支配的资源数量。如图 7.2 所示，如果夫妻双方都位于点 A，那么，通过将家庭生产时间从 H_0 减少到 H_1 而带来的有酬工作时间增加给这个家庭带来的资源增加值（BD），就会超过为弥补失去的家庭生产时间而需要增加的那部分资源（BC）。

很显然，一条预算约束线越陡峭（收入保持不变），就越有可能强化——通过替代效应——劳动者增加市场工作时间的愿望。同时，较为扁平的无差异曲线也会产生相同的效应，因为它代表了一种得到增强的以收入换取家庭生产时间的愿望（此时为弥补家庭生产时间的损失而需要的收入补偿较少）。我们已经提到过，以下这些因素会使无差异曲线变得扁平：使利用购买来的商品替代家庭生产时间变得更容易的各种发明；随着孩子年龄的增长，大人在家庭中花费的那些时间的价值下降；因为待在家里而导致的未来工资水平下降越严重。

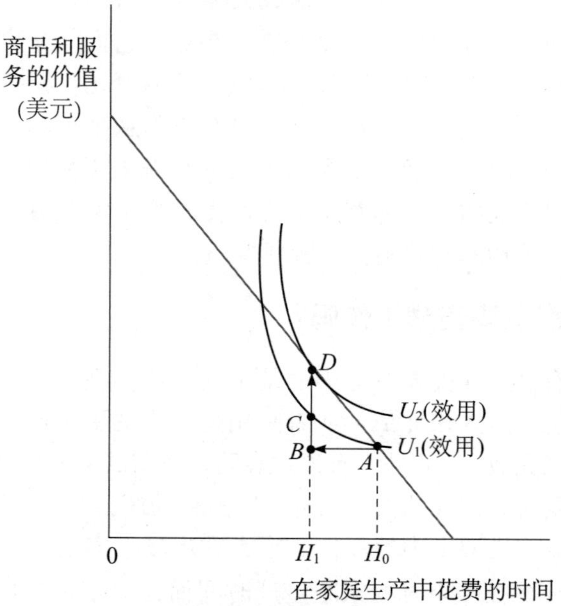

图 7.2　从事家庭生产和市场工作的生产率

另外一个会使夫妻双方的无差异曲线变得更加扁平的因素最近也引发了人们的关注。一些人断言，美国夫妇现在越来越重视购买容易被其他人看见的那些商品，比如豪华汽车或者大房子，同时越来越不重视在家庭中那些不易为外人观察到的生产活动（比如陪孩子们玩桌游或者是给孩子们读书）。[①] 如果这种越来越强调个人或者家庭在社会上的相对地位的情况确实存在，并且这种地位确实取决于能够被大家观察到的那些消费，则人们获得更多收入的愿望就会得到增强，这就会使无差异曲线变得更加扁平，而这会引导人们将更多的时间用于从事有酬工作，而将更少的时

① Robert H. Frank，Luxury Fever：Why Money Fails to Satisfy in an Era of Excess（New York：The Free Press，1999）.

间用在家里。[①]

□ 联合决策与家庭生产率的相互依赖

我们已经论述过，家庭劳动力供给决策是在综合考虑夫妻双方在家庭生产和市场工作中的生产率之后得出的结果。然而，夫妻中的任何一方在家庭中的生产率还会受到另外一方在市场上的劳动力供给情况的影响，因此，建立起来的联合决策模型就会非常复杂。一方面，如果一位已婚女性决定增加自己在家庭之外的工作时间，则她的丈夫由于必须负责完成原来由她从事的那部分家务劳动，他现在从事家务劳动的边际生产率就会随之提高。因此，根据我们在前面讨论过的情况，妻子增加从事有酬工作的时间可能会导致丈夫的无差异曲线变得更加陡峭，从而使丈夫减少从事有酬工作的时间，增加在家里的时间。

另一方面，如果夫妻中的一方喜欢得到另外一方的陪伴，那么当妻子在家庭中的时间减少时，丈夫认为自己待在家里的那些时间的价值也会更低，于是，丈夫的无差异曲线就会变得更加扁平，从而增加他从事有酬工作的时间。理论还无法预测的是，如果夫妻中的一方减少了待在家里的时间，另外一方的无差异曲线到底是变得更加陡峭了，还是更加扁平了。实证研究在这个问题上也还没有达成一致意见。[②]

□ 衰退时期的劳动力供给："灰心丧气的"的劳动者和"附加的"劳动者

夫妻中任何一方在家务劳动或市场工作中的生产率变化都有可能改变家庭的基本劳动力供给决策。例如，我们现在来分析一个"传统的"家庭，即丈夫从事市场工作，妻子则将全部时间都用于家务劳动。那么，如果经济衰退导致丈夫失业，这个家庭的决策将会发生什么变化呢？

"附加的"劳动者效应 丈夫在市场工作中的生产率下降了，至少是暂时下降了。随着丈夫在市场中的生产率相对于家庭生产率（它不会受到经济衰退的影响）的下降，这个家庭会发现，让他去从事家庭生产活动对家庭会更有益。如果妻子在有酬工作中能够挣到的工资性报酬并没有受到影响，则为了保持家庭原先的效用水平（可能受到消费和储蓄水平两个方面的影响），这个家庭可能会做出这样的决定，即只要经济衰退一直持续下去，就应当让妻子出去寻找市场工作，而丈夫则替代妻子从事原来由她承担的那些家庭生产活动。丈夫仍然可以作为虽处于失业状态但等待被召回的人留在劳动力队伍中，而妻子则开始出去找工作，这样，她就成为劳动力队伍中"附加"的一员。也就是说，面对家庭收入的下降，寻找市场工作的家庭成员的数量可能会增加。这种潜在的反应类似于收入效应，即随着家庭收入的减少，

① 以下这篇文章通过提供一个例子，试图分析对地位的关注是否会导致女性增加从事有酬工作的时间，参见 David Neumark and Andrew Postlewaite, "Relative Income Concerns and the Rise in Married Women's Employment," Journal of Public Economics 70 (October 1998): 157 - 183。

② 有关这些问题的最新文章，参见 Dominique Goux, Eric Maurin, and Barbara Petrongolo, "Worktime Regulations and Spousal Labor Supply," American Economic Review 104 (January 2014): 252 - 276。

家庭能够消费的商品也会减少——而随着用于消费的时间减少，人们相应地也就愿意从事更长时间的有酬工作。[1]

“灰心丧气的”劳动者效应 然而，我们同时还必须分析，工资率需要达到何种水平才能让那些现在没有工作的人愿意去寻找工作。这种预期工资率——我们用 $E(W)$ 表示——实际上可以被描述为一个精确的统计概念，即：

$$E(W)=\pi W \tag{7.1}$$

式中，W 为在职人员的工资率；π 为一个人一旦失去工作后重新找到工作的概率。对没有工作的人来说，待在家中的机会成本是 $E(W)$。当失业率上升时，没有工作的人找到工作的概率下降了，这种情况会导致没有工作者的预期工资率急剧下降，这里的原因有二。第一，在经济衰退时期，劳动力供给相对劳动力需求的过剩势必压低（那些在职者的）实际工资水平；第二，在经济衰退时期，找到工作的机会减少了。因此，在经济衰退时期，无论是 W 还是 π 都会下降，因而自然会导致 $E(W)$ 下降。

需要指出的是，由于存在随预期工资水平下降而产生的替代效应，因此，有人指出，在经济衰退时期，本来想到市场上寻找工作的人却变得灰心丧气了，于是倾向于继续滞留在劳动力市场之外。寻找工作给他们带来的预期回报是如此之低，以至于这些人觉得，与寻找工作相比，把时间用在家里的生产率更高。这种与衰退时期的“灰心丧气的”劳动者相联系的劳动力队伍萎缩和“附加的”劳动者效应所产生的作用方向是相反的——正如替代效应与收入效应的作用方向是相反的一样。（正如例 7.2 中描述的，替代效应和收入效应有助于分析童工问题。）

例 7.2

贫困国家的童工

根据国际劳工组织（International Labor Organization，ILO）的预测，2004 年全世界一共有 1.26 亿名儿童——占全世界儿童总数的大约 8%——在从事着对他们的身体和教育发展有害的工作。许多人都担心，随着越来越多的企业试图利用贫困国家的低工资劳动力生产在富裕国家中销售的那些商品，童工的数量会越来越多。那么，经济学对童工现象做出的预测是怎样的呢？

家庭生产理论将一个家庭在家庭生产活动和劳动力市场活动之间的选择视为市场工资率、家务劳动生产率以及家庭收入的一个函数。一个家庭必须做出的一项劳动力供给决策就是要不要将孩子送入劳动力队伍中以及应该在什么时候这样做——理论表明，最近出现的生产全球化引发了两种相互冲突的力量。

一方面，在贫困国家中创造出来的制造业工作岗位可以为这些国家的居民带来

[1] 关于“附加的劳动者效应”的最近研究，参见 Richard Blundell，Luigi Pistaferri，and Itay Saporta-Eksten，“Consumption Inequality and Family Labor Supply，” American Economic Review 106 (February 2016)：387 - 435。

更多的赚钱机会。如果这些国家的居民确实选择离开现有的岗位去接受制造业中的这些工作机会，则我们必须假设（如果他们的决定是出于自愿）他们认为自己的经济状况会因此而有所改善。因此，如果新的工作机会代表了工资水平的上升，与之相关的替代效应就会吸引居民们去从事这些工作，同时也可能会吸引他们的孩子来从事这些工作。虽然到这类岗位上去工作的许多孩子在此之前要么是在从事低工资的工作，要么是在自己的家里（干农活或手工活）。但还有一些孩子则是因为他们的家长看重可能获得的较高工资收入而被送去工作，而不是被送到学校上学。这类家长的决策会增加童工的使用量。

另一方面，家长们通过劳动挣钱的机会增加又会产生一种收入效应，而这种效应会减少家庭中的童工数量。然而，由于许多家庭实在是太穷了，家长根本无法放弃自己的孩子可能带来的这些收入（根据世界银行的统计，2001 年，全世界有 11 亿人的消费水平低于每天 1 美元，有 27 亿人每天要依靠不到 2 美元的水平维持生存）。如果家长将童工和成年劳动力视为可以相互替代的提供家庭收入的方法，则成年劳动力的工资增长所产生的收入效应就会引导家长将孩子从劳动力队伍中解放出来。

迄今为止，有两类数据表明，在现实中收入效应是大于替代效应的——随着获得工资性报酬的机会增加，家长愿意让孩子享受更多的闲暇（或去上学）。第一，童工在世界上最穷的国家中是最多的——在非洲和亚洲数量最多，在欧洲和北美洲数量最少；第二，在 2002—2006 年，从事危险工作的童工数量减少了 26%，而其中下降幅度最大的（33%）是年龄在 15 岁以下的儿童。因此，我们可以预见，随着贫困国家中工资水平的上涨以及正规学校教育变得更加普及，童工终有一天会成为历史。

资料来源：Kaushik Basu，“Child Labor：Cause，Consequence，and Cure，with Remarks on International Labor Standards，” Journal of Economic Literature 37，no. 3（September 1999）：1083 - 1119；International Labor Office，Office of the Director-General，The End of Child Labor：Within Reach，Report Ⅰ（B），International Labor Conference，95th Session（Geneva：International Labor Office，2006）；Shanina Amin，Shakli Quayes，and Janet M. Rives，“Are Children and Parents Substitutes or Complements in the Family Labor Supply Decision in Bangladesh?” Journal of Developing Areas 40（Fall 2006）：15 - 37. 也可参见 Eric V. Edmonds and Norbert Sechady，“Poverty Alleviation and Child Labor，” American Economic Journal：Economic Policy 4（November 2012）：100 - 124。

哪种效应占优势？ 当然，“附加的”劳动者效应和“灰心丧气的”劳动者效应很可能是同时存在的，因为“附加的”劳动者与“灰心丧气的”劳动者可能属于不同的人口群体。但是，哪一个群体占主导地位则是一个比较重要的问题。如果在经济衰退时期，由于“附加的”劳动者进入而导致劳动力队伍扩大，那么，政府公布的失业率数字很可能就会随之上升（这是因为“附加的”劳动者会增加寻找工作的人数），但如果“灰心丧气的”劳动者在失业之后退出了劳动力市场，那么，寻找工作的人数减少就会导致失业率下降。为了从公布的失业率数字中对劳动力市场的实际状况进行准确判断，了解哪一种效应更占优势就变得非常必要。

我们知道，“附加的”劳动者效应确实是存在的，尽管这种效应通常比较小。

"附加的"劳动者效应往往仅限于唯一的挣钱者失去了工作的极少数家庭，同时，有证据表明，随着失业保险福利计划的实施，"附加的"劳动者效应可能会进一步受到削弱。此外，随着越来越多的女性开始从事正规的有酬工作，"附加的"劳动者效应一方面是在减弱的，另一方面也越来越多地局限于青少年身上。相反，由于每个家庭几乎都会发生预期的实际工资下降的情况，同时替代效应在已婚女性身上表现得相对更为强烈，因此，毫不奇怪的是，很多研究都得出了这样一个一致性的结论，即"灰心丧气的"劳动者效应占主导地位。[①] 在其他条件相同的情况下，劳动力队伍在经济衰退期倾向于萎缩，而在经济复苏期则倾向于扩张。

隐性失业 "灰心丧气的"劳动者效应占据主导地位的情况导致一些人存在所谓的隐性失业现象，即有些人本来是愿意出来工作的，但是由于工作岗位实在太少，因此出去寻找工作也没有什么意义。由于他们不再寻找工作，因此在政府的统计数据中，他们已经不被计算为失业者了。在 2007—2009 年间，官方的总失业率数值从 4.6%上升到了 9.3%，这一数值变化就为我们了解隐性失业的规模提供了一些信息。

2007 年，平均共有 710 万人（相当于劳动力队伍的 4.6%）被计算为失业者。此外，还有 36.9 万人表示，他们本来是希望出去工作的，但由于觉得找到工作的希望实在太渺茫了，就没去找工作。这一人口群体在成年非劳动力人口中占到了 0.5%。截至 2009 年，共有 1 430 万人（相当于劳动力队伍的 9.3%）被官方统计为失业者，但同样还有 77.8 万人因为觉得找到工作太难而没有去找工作。随着工作机会的减少，"灰心丧气的"劳动者人数在成年非劳动力人口中所占的比重也上升到了 1%。如果将这些"灰心丧气的"劳动者也计算为劳动力队伍中的失业者，则 2007 年和 2009 年的失业率数值分别为 4.9%和 9.7%。因此，尽管从 2007 年到 2009 年官方的失业率数值仅仅上升了 4.7 个百分点，但是如果将"灰心丧气的"劳动者都包括在内，失业率数值实际上上升了 4.8 个百分点。[②]

---

① T. Aldrich Finegan, Roberto V. Penaloza, and Mototsugu Shintani, "Reassessing Cyclical Changes in Workers' Labor Market Status: Gross Flows and the Types of Workers Who Determine Them," Industrial and Labor Relations Review 61 (January 2008): 244-257; Catalina Amuedo-Dorantes and Jean Kimmer, "Moonlighting over the Business Cycle," Economic Inquiry 47 (October 2009): 754-765. Melvin Stephens Jr., "Worker Displacement and the Added Worker Effect," Journal of Labor Economics 20 (July 2002): 504-537; Paul Bingley and Ian Walker, "Household Unemployment and the Labor Supply of Married Women," Economica 68 (May 2001): 157-185; and Hans G. Bloemen, "Job Search, Search Intensity, and Labor Market Transitions: An Empirical Analysis," Journal of Human Resources 40 (Winter 2005): 231-269. 关于在衰退时期失业者发生的劳动力队伍退出和再进入方面的研究，参见 Alan B. Krueger, Judd Cramer, and David Cho, "Are the Long-Term Unemployed on the Margins of the Labor Market?" Brookings Papers on Economic Activity (Spring 2014): 229-280。

② 尽管我们在这里指出将"灰心丧气的"劳动者纳入失业统计会导致官方公布的失业率数值变化，但是这并不意味着我们在实践中就应该这样做。有关赞成和反对将"灰心丧气的"劳动者纳入失业者统计范围的争论，参见下文所做的总结：National Commission on Employment and Unemployment Statistics, Counting the Labor Force (Washington, D.C.: NCEUS, 1979): 44-49。

劳动力供给的生命周期模型

因为在生命周期中的不同阶段，一个人的市场生产率（工资）和家庭生产率是在不断变化的，因而人们在一生中是在不断调整自己对市场的劳动时间供给的。与晚期阶段相比，一个人在早期阶段用于工作的时间较少，用于接受正规教育的时间较多。而在最晚期阶段，人们则会彻底退休或部分退休，尽管不同的人退休年龄会有所差别。在中年阶段（比如 25～50 岁），大多数男性都会持续处于劳动力队伍中，而已婚女性的劳动力参与率也会随着年龄增长而上升。尽管我们到第 9 章才会讨论正规教育的问题，但是将本章讨论的家庭生产模型加以扩展，将生命周期的问题也考虑进来，会有助于丰富我们对几个领域中的劳动力供给行为的理解，接下来，我们就针对其中两个方面的问题加以讨论。

□ 替代效应与在一生中何时开始工作

就像夫妻双方在做出关于市场工作和家庭工作的联合决策时需要对双方在市场上和家庭中的生产率加以比较一样，一个人决定自己在一生中的何时开始从事工作时，同样也必须对自己在不同时间里的市场生产率和家庭生产率加以比较。这里的一个基本思想是，当一个人得到市场工资性报酬的能力高于在家庭中的生产率时，他倾向于将大部分时间用于市场工作。相反，当他获得市场工资性报酬的能力相对较低时，他将会从事家庭生产活动。

假定一位通过领取佣金获得报酬的销售代表知道自己在某个特定的年份中可以获得的潜在收入大约是 6 万美元，只不过 7 月份的潜在收入可能是 11 月份的潜在收入的 2 倍。如果她将自己的休假活动（一种时间密集型活动）安排在 11 月份，则这会是一种合理的安排吗？这个问题的答案取决于在这两个月中她自己的家庭生产率和市场生产率之间的对比关系。显然，她的市场生产率（工资率）在 7 月份要高于 11 月份，这就意味着在 7 月份休假的机会成本更高。不过，如果她家里有只能在 7 月份放假的孩子，则她可能就会认为，自己在 7 月份的家庭生产率（就效用而言）要远高于自己在 11 月份的家庭生产率，结果就会导致她在 7 月份休假的收益远远高于成本。如果她没有处在上学年龄的孩子，那么她在 11 月份休假的效用就会与在 7 月份休假的效用相近，但是机会成本却更低，这就会使她在 11 月份休假更好。

类似的决策也可以在长期中甚至在一个人的一生中做出。正如我们在第 9 章中将要论述的，在一个人刚刚成年的那些年份中，市场生产率（从工资率上反映出来）一开始时是很低的，但是会随着年龄的增长而迅速提高，接着这个人的市场生产率就会保持在一定的水平上不再增长。在晚年，这个人的生产率甚至会下降，这一点如图 7.3（a）所示。这种普遍性的模式广泛适用于各种不同的受教育群体，尽管他们的工资变化轨迹在细节上会有所不同。当个人在一生中的预期工资变化轨迹是可知的时候，劳动者就可以预测到对他们的劳动力供给决策至关重要的两个变量，即终身财富以及他们在各种不同的年龄上面临的闲暇或家务劳动时间的成本。因此，如果他们的家庭生产率多多少少可以不随年龄增长而变化，则那些在考虑到预期终身财富的基础上进行劳动力供给决策的劳动者在面临预期（终身）工资增长时，毫无疑问地都会增加自己的劳动力供给。这种工资率的增长会提高闲暇时间和家务劳动时间的成本，但是并不会增加预期的终身财富，因此，这些工资率增长带来的只有替代效应。

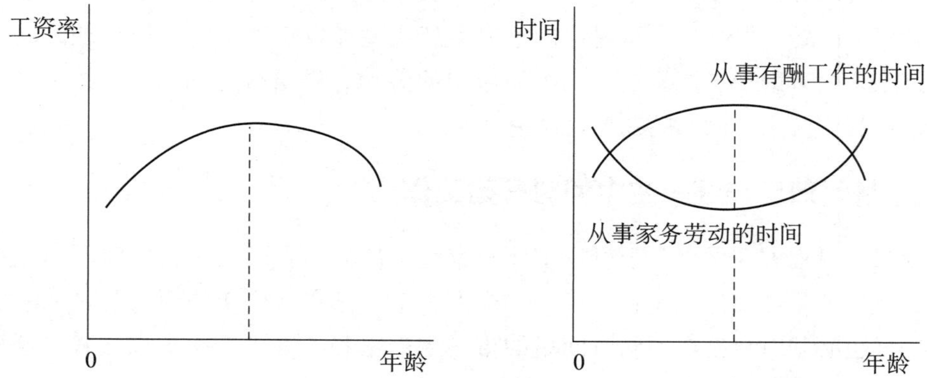

(a)一个人在一生中的市场生产率　　(b) 一个人在一生中从事有酬工作的时间

图 7.3　个人在生命周期中的时间分配

在将生命周期这一因素引入劳动力供给理论之后，我们就可以推导出这样一个推论，即一个人在一生中从事市场工作和远离市场工作的时间变化曲线可能会如图 7.3（b）所示。也就是说，一个人在中年时（即工资水平相对较高时）会将较多的时间用于从事有酬工作。类似地，生命周期方面的考虑还告诉我们，高度时间密集型闲暇活动消费主要发生在一个人的成年阶段早期以及晚年阶段。（到国外去旅游的人之所以主要是青年人和老年人，很显然与这样的事实有关，即处于这些年龄群体中的人的时间机会成本较低。）

如果劳动者在考虑到生命周期的情况下进行劳动力供给决策，他们在面对预期到的和未预期到的工资变化时就会做出不同的反应。预期到的工资变化只会产生替代效应，因为预计的终身财富会保持不变。（同样的预期也可以应用到明显属于暂时性的工资水平增长方面，参见例 7.3。）但是，未预期到的工资变化却会导致他们修正自己对预期终身财富的估计，而这种变化同时会产生收入效应和替代效应。关于生命周期因素在大多数劳动者的劳动力供给决策中的重要性，针对劳动力供给生命周期模型所做的实证检验尚未达成共识。[1]

例 7.3☞

劳动力供给是如何对住房补贴做出反应的

正如我们在第 6 章的图 6.17（关于工资性报酬收入的税收减免问题）中看到的，向家庭提供的补贴随着家庭收入的上升而逐渐减少这种情况会使劳动者产生两类减少工作时间的动机。其一，由于补贴增强了相关家庭的消费可能性，因而它会产生一种降低劳动者减少工作时间的收入效应。其二，如果家庭成员的工资性报酬上升导致家庭获得的补贴下降，这种补贴减少的情况就像导致收入下降的征税一样，它所产生的替代效应同样会诱使劳动者减少工作时间。

在美国，向穷人提供的力度最大的补贴之一是住房券，它每年向近 200 万个家庭提供帮助。符合条件的家庭可以将住房券付给房主来折抵应付的房租（而房主则可以将住房券交给政府来报销房租）。住房券的价值取决于具体的家庭收入，需求越大的家庭得到的住房券的价值也越高。

由于政府受到预算的限制，因此，申请住房券的家庭要比实际能够得到住房券的家庭多得多。例如，芝加哥市政府于 1997 年时开放了申请住房券的候补家庭名单，这是 12 年来的首次开放，结果总共有 8.2 万个符合条件的人申请了住房券。芝加哥市政府随机将这些申请者分配到候补名单之中，并且通知在该名单上排在前 3.5 万位之列的人，他们可以在近期收到住房券；而通知剩下的 4.7 万人，他们将不会得到住房券。

一项关于芝加哥市政府的这种住房补贴制度是如何影响劳动力供给的研究发现了下面与本章讲授内容相关的两个结果。第一个发现是，与我们对收入效应和替代效应所做的分析一致，那些适龄的正常劳动者在开始得到住房券后工作时间下降了 6%。

第二个发现则与那些被告知自己将来会领到住房券的比较幸运的 3.5 万申请者有关。研究发现，在他们得知自己将会领到住房券但是却尚未开始领取的时候，他们的工作时间增加了。这种工作时间增加的情况与劳动力供给的生命周期模型所做的预测是一致的，也就是说，在他们的预期终身财富（会随着住房券的发放而有所增加）一定的情况下，人们会将劳动力供给时间从他们拿到的工资水平相对较低的时候——他们开始领取住房券之后——转移到他们拿到的工资水平相对较高的时候。

---

① Michael Keane and Richard Rogerson, "Micro and Macro Labor Supply Elasticities: A Reassessment of Conventional Wisdom," Journal of Economic Literature 50 (June 2012): 464 - 476; Richard Rogerson and Johanna Wallenius, "Nonconvexities, Retirement, and the Elasticity of Labor Supply," American Economic Review 103 (June 2013): 1445 - 1462; Blundell, Pistaferri and Saporta-Eksten, "Consumption Inequality and Family Labor Supply"; John C. Ham and Kevin T. Reilly, "Testing Intertemporal Substitution, Implicit Contracts, and Hours Restriction Models of the Labor Market Using Micro Data," American Economic Review 92 (September 2002): 905 - 927.

资料来源：Brian A. Jacob and Jens Ludwig, "The Effects of Housing Assistance on Labor Supply: Evidence from a Voucher Lottery," American Economic Review 102 (February 2012): 272 - 304.

□ 退休年龄的选择

要想构建更为完整的关于劳动者的退休决策的模型，也必须将多年期的问题同样纳入考虑范围。这是因为，年退休福利、预期的终身福利以及终身的工资性报酬等都会受到退休日期的影响。退休人员的年退休福利通常是以养老金的方式按月领取的，且退休福利的多少直接或间接地与劳动者在退休之前的年工资性报酬水平及其工作年限有关。在退休者的未来预期寿命中，已经得到承诺的年退休福利的总价值就是我们所说的"预期寿命收益"。很显然，这种价值会受到年退休福利的规模和退休者的年龄（及其剩余的预期寿命）的影响，但是要想得到这一价值的数额，并不能只是简单地将这些每年都能获得的收益相加。

将未来若干年中的年收益相加在一起时，还必须考虑到这样一个事实，即因为会产生利息的缘故，现在的一笔钱会随时间的推移而"自动"增多。例如，如果年利率是 10%，一位承诺在今年支付给一名员工 1 000 美元的雇主就比一位承诺在 10 年之后支付给一名员工 2 000 美元的雇主承担的成本更高（因而实际提供给员工的价值也会更高）。在前一种情况下，雇主现在就需要支付 1 000 美元，而在后一种情况下，雇主现在只需要留出 772 美元就够了（在利率为 10%的情况下，772 美元在 10 年之后就会增长到 2 000 美元）。因此，经济学家称 772 美元为 10 年后的 2 000 美元的现值（在利率为 10%的情况下）。

我们将在第 9 章中讨论如何计算现值的问题。现在需要知道的是，一笔未来收入流的现值就是一个人为确保能够在未来得到这种收入流而在当前必须拥有的一笔基金，这笔基金中的钱可以在一个既定的利率下进行投资。例如，如果一个养老金系统承诺在连续 17 年的时间里每年向一位退休者支付 1 万美元的养老金，我们就认为，为了保证在未来确实能够支付这样一笔养老金，现在就必须有一笔金额为 17 万美元的基金存在那里。然而，如果这笔基金能够以 2%的年利率进行投资，我们就可以运用一个标准的公式计算出，现在大约只需要有 14.3 万美元的资金就可以保证未来的支付承诺兑现了。这笔基金每年将会减少 1 万美元，但是剩余的资金还可以继续进行投资，并且每年产生 2%的利息，这些利息当然就可以帮助基金来兑现以后的支付承诺。因此，我们可以说，如果年利率是 2%，那么一笔持续支付 17 年且每年支付 1 万美元的收入流的现值就是 14.3 万美元。

本小节的目的就是探讨可能会对退休年龄产生影响的经济因素。为了描述上的方便，我们现在讨论一位 62 岁的男性劳动者面临的退休激励。如表 7.3 所示，他现在的工资性报酬为每年 4 万美元，并且在未来的每一年中都还能继续获得这么多的工资性报酬。为了进一步简化我们的讨论，我们假设除了社会保障系统提供的退休收入之外，这位老人再没有其他的养老金，对他而言，退休就意味着结束所有的有酬工作。

表 7.3　假设的一位 62 岁男性的社会保障福利及其工资性报酬

（年工资性报酬＝40 000 美元；利率＝2%；未来期望寿命＝17 年）

退休年龄（岁）[b]	余生的现值[a]			
	年社会保障福利（美元）	工资性报酬（美元）	社会保障福利（美元）	合计（美元）
62	10 752	0	153 666	153 666
63	11 568	39 216	157 067	196 283
64	12 684	77 662	162 980	240 642
65	13 836	115 355	167 502	282 857
66	15 012	152 309	170 362	322 671
67	16 404	188 538	173 478	362 016
68	17 820	224 057	174 402	398 459
69	19 248	258 880	172 897	431 777
70	20 712	293 019	169 056	462 075

a. 现值都是以 62 岁为基础计算的，表中的美元值都是用现期价值表示的。

b. 在估计此人每年能够获得的社会保障福利时，我们假定他是从退休的那一年就开始领取的。因此，本表忽略了这样一个事实，即在一位劳动者达到正常退休年龄（对生于 1943—1954 年间的人来说，这一年龄为 66 岁）之后，他可以在尚未退休的时候就开始领取社会保障福利。同时，推迟领取社会保障福利也并不会提高他将来的年福利水平。

这位劳动者面临的退休激励与三个基本因素有关。第一，如果他在 62 岁时退休，则在他预期的余生中可获得的收入现值是多少；第二，如果他推迟退休，上述总收入的现值会有什么变化；第三，一个人在家庭时间和可用货币购买的商品两者之间的偏好如何。正如我们在下面将会论述的，根据在本章中以及在第 6 章中所做的劳动力供给分析，上面的第一个因素类似于非劳动收入，第二个因素则类似于工资率。

预算约束线的图形表示　表 7.3 列举了我们假设的这位劳动者（目前为 62 岁）在 70 岁及之前的每一个可能年龄退休时能够获得的养老金和工资性报酬的现值；如果他在 62 岁时退休，他在未来的预期寿命中可获得的收入现值是 153 666 美元；如果他将退休年龄推迟到 63 岁，则他在未来的预期寿命中可获得的收入现值就会增加 42 617 美元，达到 196 283 美元。收入现值的这种增加大部分来自工资性报酬的增加（第三列），但是要注意到，如果他推迟退休年龄，则他的终身社会保障福利现值也会略有增加（第四列）。将退休年龄推迟到 64 岁会使他的未来终身收入现值有一个更大增加——从 196 283 美元增加到 240 642 美元——因为终身社会保障福利的价值增长幅度更大。（因为推迟退休年龄就意味着此人领取退休福利的年数变得更少，因此，此人的终身社会保障福利随着退休年龄的推迟到底是上升还是下降，取决于他每年领取的社会保障福利是如何随退休年龄的变化而变化的。对于将退休年龄推迟到 68 岁的人来说，在表 7.3 的第四列中列举的终身社会保障福利有小幅度的上升，但是如果退休年龄更大，其终身社会保障福利反而会下降。）

在图 7.4 中，我们用预算约束线 ABJ 来表示表 7.3 中最后一列的数据，其中的

AB 段代表的是这个人在 62 岁时退休可能得到的终身收入现值，因此，这部分收入可以被视为一种非劳动收入。图中的 *BC* 段的斜率代表的是如果此人将退休年龄推迟到 63 岁，则其终身收入将会增加 42 617 美元（达到 196 283 美元）。从点 *B* 到点 *J* 之间的其他线段的斜率也反映了与推迟一年退休相联系的终身收入现值增加的情况。因此，这些斜率表示的是年净工资。

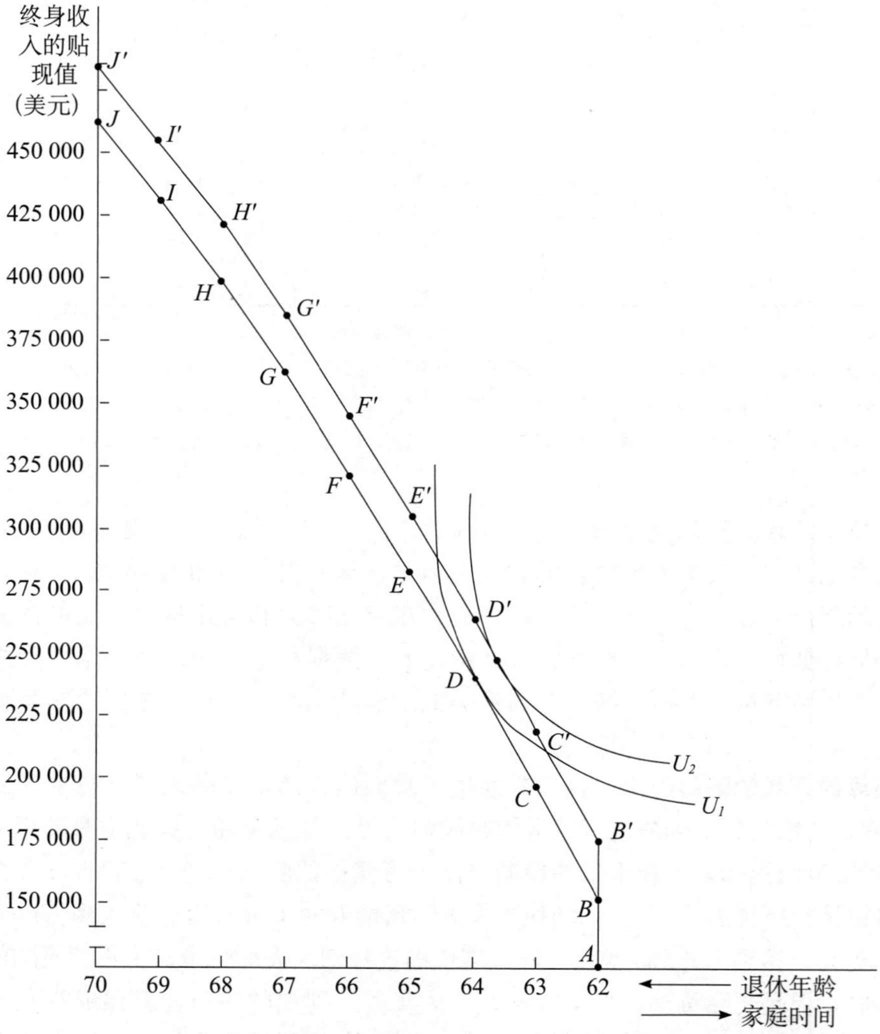

图 7.4　一位假设劳动者的最佳退休年龄选择（基于表 7.3 中的数据）

预算约束线的变化　在 U_1 代表的这种偏好一定的情况下，我们假设这位劳动者的最佳退休年龄是 64 岁。那么，如果社会保障福利增加了，此人的最佳退休年龄会有什么变化呢？[①] 答案取决于关于这种福利增加的具体规定是怎样的。如果社会保障

① 本小节的分析主要取材于 Olivia S. Mitchell and Gary S. Fields，"The Effects of Pensions and Earnings on Retirement：A Review Essay，" Research in Labor Economics vol. 5，ed. Ronald Ehrenberg（Greenwich，CT：JAI Press，1982）：115 - 155。

福利的增加是按照一个固定数额给付的，那么这会导致在每个年龄退休时能够获得的终身福利都出人意料地增加了，从而使得这位 62 岁的男子面临的预算约束线向上（向外）移动到 $AB'J'$。在点 B' 和点 J' 之间的这一线段的斜率就等于 BJ 段的斜率。因此，这时就存在收入效应而不存在替代效应（也就是说，年净工资并没有变化）。在这种情况下，最佳退休年龄毫无疑问会有所下降，这一点正如图 7.4 所示。

现在考虑另外一种情况，如果社会保障福利的调整导致劳动者若将他们的退休年龄推迟到 62 岁以后，他们的终身福利现值就会出现更大幅度的上升，那么，点 B 是不会受到影响的，但是点 B 和纵轴之间的部分会变得更加陡峭。预算约束线的斜率增大将会诱导劳动者表现出与工资增长有关的行为。替代效应会使我们假设的这位劳动者向着推迟退休的方向移动，但是与更多的终身财富相联系的收入效应又会促使员工选择更早退休。于是，我们就不知道那一种效应会占上风了。

（退休意愿会受到经济形势的影响。例如，从 2008 年延续到 2009 年的经济“大衰退”从两个方面对退休年龄产生了影响。首先，股票价格的下跌导致员工预存的用于养老的投资基金的价值缩水；而养老金的下降带来的收入效应会使劳动者推迟退休。其次，许多年龄大的人将面临薪酬下降甚至失业的局面，如果他们选择继续工作，由此带来的替代效应将会使他们被迫选择提早退休。在关于退休年龄如何受“大衰退”影响的研究中，这两种效应都存在记录。）①

我们对图 7.4 所做的分析表明，如果我们想通过政策设计影响劳动者的退休年龄，使它朝着某个特定的方向发展，则那种确保收入效应和替代效应都朝相同方向起作用的政策将会更有效。例如，许多私营部门的养老金计划都有引导员工提前退休的条款规定。它们向那些提前退休的员工提供慷慨的福利，同时在员工延迟退休时又会削减他们积累下来的终身养老金福利现值（一种替代效应）。例 7.4 描述了一种收入效应和替代效应都促使劳动者提前退休的政府养老金计划。

而现在，或许是因为企业想让有经验的员工在组织中工作更长的时间，许多此类养老金计划要么已经被取消了，要么做了修订。即一方面降低劳动者提前退休能够享受到的福利待遇，另一方面，在劳动者选择推迟退休的年头越长时，使他们的终身养老金福利现值增加的幅度更大。根据图 7.4 中的情况，降低提前退休福利的做法会把 AB' 降低到 AB，这会使整条预算约束线出现向下和向左的移动；劳动者的终身财富趋于下降产生的收入效应会推动他们更晚退休。而与推迟退休有关的终身养老金福利现值的增加又会导致 $B'J'$ 的斜率增大，从而产生诱使退休进一步推迟的

① Courtney C. Cole and Phillip B. Levine, “Recession, Retirement, and Social Security,” and Gopi Shah Godi, John B. Shoven, and Sita Nataraj Slavov, “What Explains Changes in Retirement Plans during the Great Recession” both in American Economic Review: Papers and Proceedings 101 (May 2011): 23 - 24.

替代效应（通过增加提前一年退休的机会成本来实现）。[①]

例 7.4

20 世纪 30 年代的诱导提前退休计划

早在我们今天所知的社会保障退休福利在 20 世纪 40 年代全面实施之前，美国联邦政府就已开始提供资金帮助各州建立老年援助（Old Age Assistance，OAA）计划了。到了 1939 年，所有各州都已制订了老年援助计划。虽然老年援助计划在各州不同，但所有这些计划都有两个共同特点：一是它们旨在为 65 岁以上的低收入人群提供退休福利。二是受益人每赚 1 美元，福利就减少 1 美元。因此，当这一计划刚刚制订的时候，为符合领取条件的人提供基本福利实际上起到了收入效应的作用，这就是推动劳动者提前退休。此外，福利领取者每多挣 1 美元，他们的福利就减少 1 美元，这一事实使他们的有效工资率为零，这也促使领取者提前退休。实际上，各州采用的老年援助计划形成了与图 6.14 中所示的福利约束非常相似的预算约束线。

我们可以基于收入效应和替代效应是如何影响劳动者的退休年龄选择的理论来考察 20 世纪 30 年代实施的这种老年援助计划所产生的影响，我们毫不惊讶地发现，这些计划引发了许多年龄为 65～74 岁的男性劳动者选择退休，并且，提供的退休福利越丰厚的州，这种效应产生的影响也越大。事实上，研究发现，在导致老年男性劳动力参与率在 20 世纪 30 年代出现下降的原因中，老年援助计划所起的作用占了一半以上。

资料来源：Daniel K. Fetter and Lee M. Lockwood，“Government Old-Age Support and Labor Supply：Evidence from the Old Age Assistance Program，” NBER working paper no. 22132（Cambridge，MA，March 2016）.

当然，关于退休决策的完整分析还必须考虑到家庭生产偏好。例如，最近的一项研究发现，与不从事有酬工作的人相比，从事有酬工作的人会完成更多的家庭生产活动，并且享受闲暇的时间更少。此外，研究还发现，年龄较大的人与他们自己年轻的时候相比，在一天中从事家务劳动和享受闲暇的时间也是不一样的。总而言

① Leora Friedberg and Anthony Webb，“Retirement and the Evolution of Pension Structure，” Journal of Human Resources 40（Spring 2006）：281 - 308. 私营部门的养老金计划改变所产生的收入效应和替代效应很显然是朝着同一个方向起作用的，这就使得退休年龄进一步提前；然而，如果 $B'J'$ 的斜率增大到使其足够陡峭的程度，则新的预算约束线可能会在一个更晚的退休年龄上穿过旧的预算约束线，从而在新的预算约束线上创造出一个位于原预算约束线右上方的新区域。在这个新区域，由于 $B'J'$ 的斜率增大而产生的替代效应至少会部分地被推动提前退休的收入效应所抵消，所以这一区域最终会对退休年龄产生何种影响，其结果是模糊不清的。对退休问题所做的其他经济学分析，参见 Richard Disney and Sarah Smith，“The Labor Supply Effect of the Abolition of the Earnings Rule for Older Workers in the United Kingdom，” Economic Journal 112（March 2002）：136 - 152；Jonathan Gruber and David A. Wise，eds.，Social Security Programs and Retirement Around the World：Micro-estimation，NBER Conference Report Series（Chicago：University of Chicago Press，2004）；Jeffrey B. Liebman，Erzo F. P. Luttmer，and David G. Seif，“Labor Supply Responses to Marginal Social Security Benefits：Evidence from Discontinuities，” Journal of Public Economics 93（December 2009）：1208 - 1223。

之，研究表明，如果随着年龄的增大，人们的闲暇需求会上升，那么退休决策就会受到影响。在这种情况下，让年龄较大的员工采取渐进的退休方式（从事几年的非全日制工作）或是让他们选择灵活的工作时间，可能比改变养老金计划能够更好地起到让他们推迟退休的作用。①

政策应用：儿童看护与劳动力供给

对许多家庭来说，在我们论述的各种家庭生产活动中，一个非常重要的内容就是照看和抚养孩子。大多数父母都希望自己的孩子能够得到高质量的照顾，不管这种照顾是由自己的家庭来完成的，还是很大程度上通过家庭之外的购买来完成的。社会也十分关心每对父母向自己的孩子提供的看护质量。这方面的社会计划有多种形式，从从事工作的父母购买儿童看护服务时可以获得的税收减免，到政府对日托、学校午餐及健康检查等提供的补贴等。本节的目的就是分析这种对儿童看护提供支持的社会计划对劳动力市场会产生怎样的影响。

□ 儿童看护补贴

大约 46%的美国家庭都需要花钱照顾 5 岁以下的孩子，在这方面支出的平均费用大致相当于家庭收入的 10.5%——虽然对于年均收入低于 3.6 万美元的家庭来说，这一比例会占到 19%。② 儿童看护成本很显然会随着儿童看护时间的增加而上升，但是在这些儿童看护成本中，有一部分似乎是固定的。一项研究发现，与每周工作时间超过 10 个小时的女性相比，每周工作时间不到 10 个小时的女性每工作一个小时所对应的儿童看护成本要高出 3 倍。③ 由于在最近的 20 年中，美国联邦政府在儿童看护方面提供的补贴已经翻倍，因此，本小节的目的就是分析这种水平更高的儿童看护补贴对这些儿童的父母的劳动力供给产生了怎样的影响。

降低儿童看护的固定成本 我们暂时假定儿童看护成本是完全固定的，因此，无论他们的孩子需要被看护多长时间，在未实行补贴政策之前，父母们每天都必须支付一定数量的儿童看护费用。图 7.5 和图 7.6 描述了在政府通过提供补贴来承担全部儿童看护费用的情况下，一位母亲——这位母亲每天可以得到相当于 ab 的非劳

① Daniel S. Hamermesh and Stephen Donald, "The Time and Timing Costs of Market Work," National Bureau of Economic Research, working paper no. 13127 (May 2007).

② U. S. Census Bureau, "Who's Minding the Kids? Child Care Arrangements: Spring 2011," Table 6, http: //www. census. gov/prod/2013pubs/p70 - 135. pdf. Patricia M. Anderson and Phillip B. Levine, "Child Care and Mothers' Employment Decisions," in Finding Jobs: Work and Welfare Reform, eds. David E. Card and Rebecca M. Blank (New York: Russell Sage Foundation, 2000): 426.

③ David C. Ribar, "A Structural Model of Child Care and the Labor Supply of Married Women," Journal of Labor Economics 13 (July 1995): 558 - 597.

动收入——的劳动力供给将会受到怎样的影响。

首先，我们来考虑这位母亲现在不工作的情况（见图 7.5）。如果她打算去工作，她就必须在 cd 这条线上选择其中的一点，而且 bc 这段距离代表固定的儿童看护成本。当然，cd 这条线的斜率代表的是她的工资率。在图 7.5 中，我们给出了她的偏好和面临的预算约束线，原来不工作（在点 b）比开始从事工作（在点 X）会让她获得更高的效用。如果儿童看护的固定成本现在减少到零，即她现在的预算约束线是 abe，那么，在曲线 U_3 的点 Y，她将能够实现自己的效用最大化，这时，她会发现，去工作要比不工作更好。因此，降低或免去固定儿童看护成本的补贴会激励那些原本不工作的人去参加工作。（这种补贴并不能确保所有不工作的人都去参加工作，因为其中有一些人的无差异曲线过于陡峭，参加工作仍然无法使他们实现自己的效用最大化。）

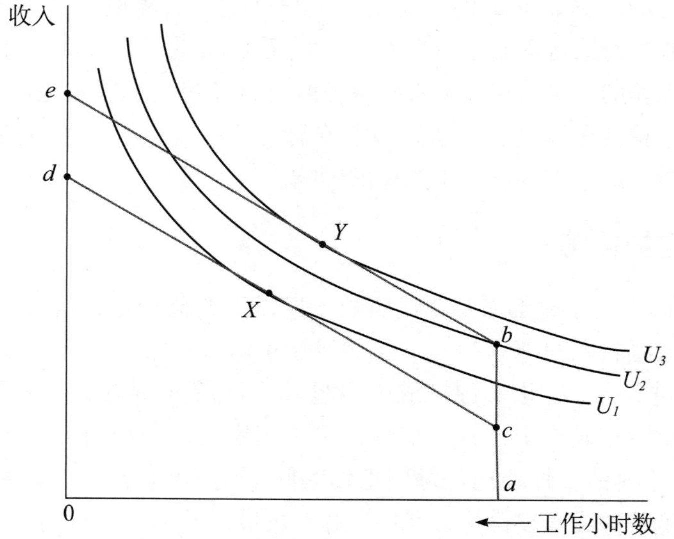

图 7.5　劳动力供给与固定的儿童看护成本：当初处于劳动力队伍外的父母

现在我们考虑图 7.6 中描述的另外一种情况，即在补贴政策开始实施时已经参加了工作的女性。在获得补贴之前，此人在无差异曲线 U_1' 上的点 X' 达到自己的效用最大化——这时她的工作时间为 H_1' 小时。当补贴导致了新预算约束线 abe 出现时，她的新效用最大化点将会是点 Y'（位于无差异曲线 U_2' 上）。这时她会将自己的工作时间减少到 H_2' 小时。因此，对已经参加工作的人来说，免去固定的儿童看护成本将会产生一种导致他们减少工作时间的收入效应。（但需要注意的是，图 7.6 中描绘的这位女性仍然留在劳动力队伍中。）

降低小时儿童看护成本　现在我们考虑儿童看护成本完全是根据小时计算的，而没有任何固定成分的情况。如果每小时儿童看护成本为 3 美元，则这只会导致参加工作的父母拿到的可支配工资率减少 3 美元。如果有一种政府补贴把儿童看护成本减少到了 0，那么这些从事工作的父母实际上就经历了一次可支配工资率的上升，而他们的劳动力供给受到的影响就是工资率上升时引发的那些影响。对已经工作的

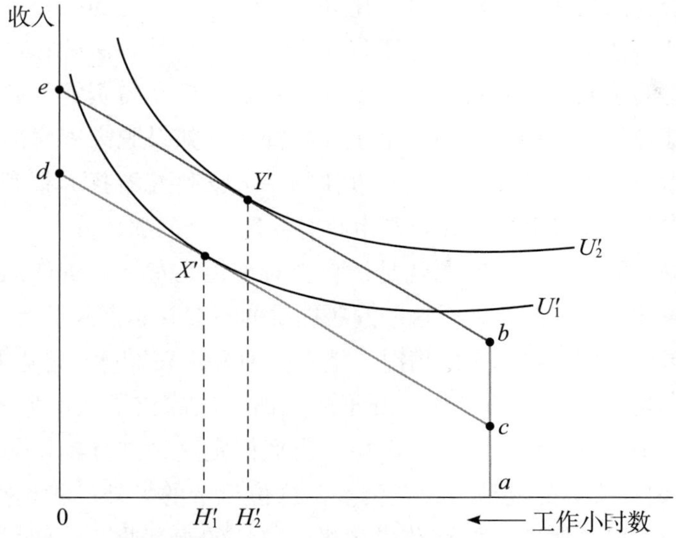

图 7.6　劳动力供给与固定的儿童看护成本：当初就从事有酬工作的父母

父母来说，儿童看护补贴会以彼此相反的方向对他们的理想工作时间同时产生收入效应和替代效应。而对那些并没有参加工作的父母来说，可支配工资率的上升会使他们更有可能加入劳动力队伍中（替代效应在劳动力参与决策中占主导地位）。

可观察到的对儿童看护补贴做出的反应　我们在上面的分析表明，对已经参加工作的父母来说，儿童看护补贴——实际上会同时减少儿童看护的固定成本和小时成本——对他们的工作时间产生的最终影响在理论上是模糊的。然而，它对劳动力参与产生的影响却是非常清楚的，这就是儿童看护补贴会提高父母——尤其是母亲——的劳动力参与率。关于对儿童看护成本与劳动力参与率之间关系所做的实证研究最终得出的结论与下面的这个推论是一致的，即当儿童看护成本下降时，劳动力参与率会上升。进一步来说，劳动力参与率上升最快的通常是那些处于收入最低人群中的父母。[①]

□ 儿童抚养保证

绝大多数生活在贫困家庭中的孩子都没有母亲或没有父亲。美国联邦政府已经采取了几项措施来保证在领取福利的家庭中，已经脱离家庭的另外一方也要对孩子的抚养做出自己足够的贡献。然而，一方能否从脱离家庭的另外一方手中得到抚养

① 关于儿童看护成本将会如何影响母亲的工作决策的实证研究总结，参见 Anderson and Levine，“Child Care and Mothers' Employment Decisions”。更近一些的文章，参见 Erdal Tekin，“Childcare Subsidies，Wages and Employment of Single Mothers，” Journal of Human Resources 42 (Spring 2007)：453 - 487；Pierre Lefebvre and Philip Merrigan，“Child-Care Policy and the Labor Supply of Mothers with Young Children：A Natural Experiment from Canada，” Journal of Labor Economics 26 (July 2008)：519 - 548。以下文章发现在欧洲母亲的劳动力参与率上升得比美国的快，因为在欧洲“家庭友好”政策推行得更快，参见 Francine Blau and Lawrence Kahn，“Female Labor Supply：Why is the U. S. Falling Behind?” American Economic Review Papers and Proceedings 103 (May 2013)：251 - 256。

孩子的费用却会受到很多因素的限制。比如，已经脱离家庭的另外一方可能也缺少足够的资源来抚养孩子，或者是故意不提供抚养费，另外，法院在许多离婚案件的判决中也并没有明确儿童抚养责任。为了确保单亲家庭获得资源，有人建议建立一种儿童抚养保证计划。这些计划的一个主要特征是，如果脱离家庭的另外一方不支付抚养费，则由政府来向承担儿童抚养责任的一方支付儿童抚养福利。如果脱离家庭的另外一方仅仅负担部分抚养费，则由政府补足其余的那部分。

对该计划提出的一个尖锐问题就是：它会对承担儿童抚养责任的一方的劳动力供给产生何种影响？经济理论针对这一问题提供的答案并非直截了当。

我们现在考虑一位单身母亲的情况，她有两种方式来维持自己以及孩子的生计。一种选择是到市场上从事有酬工作，既不从脱离家庭的孩子父亲那里得到抚养费，也不从福利系统中领取福利。在图 7.7 中，我们假定这种选择提供的预算约束线为 AB，这条线的斜率代表的就是她的工资率。这位母亲的另外一种选择是申请福利，我们假定福利制度可以保证她能够获得相当于 AC 的福利收入。回忆一下，我们在第 6 章中分析过，福利的计算方式通常是用家庭“需要”的收入水平（AC）减去通过其他渠道获得的实际收入（其中包括工资性报酬），因此，预算约束线是 $ACDB$，从图中可以看出，CD 段反映的实际上是可支配工资率为零的情况。

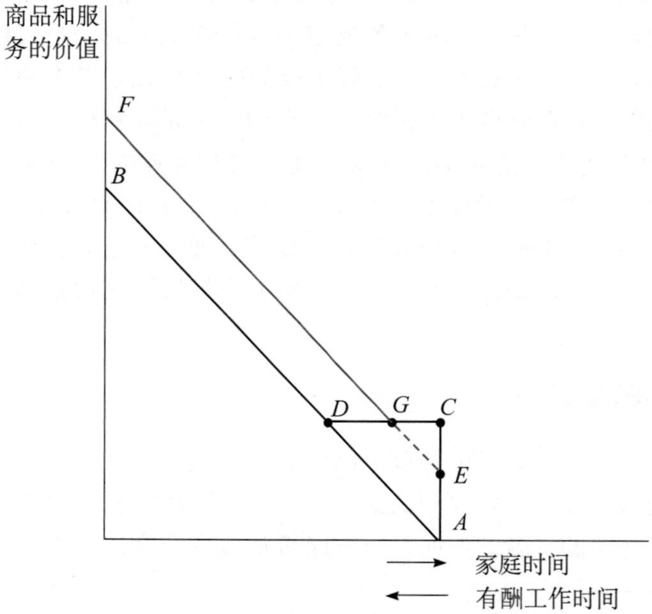

图 7.7 儿童抚养保证计划实施前后一位单身母亲面临的预算约束线

如果这位母亲的无差异曲线非常陡峭（当然，这意味着她不能或不愿意减少在家中的时间），她的效用在点 C 实现最大化，此时，她会申请福利而不从事有酬工作。如果这位母亲的无差异曲线较为平缓，她会在 DB 段上实现效用最大化。在这种情况下，她将从事有酬工作，而不依赖福利来补充其收入的不足。

我们现在假定儿童抚养保证计划真的开始实施了，这位母亲可以获得相当于 AE 的儿童抚养补贴，而且无论她是否工作都可以领取。如果她还从事工作，新计划给她带来的影响就是在她的工资性报酬之外再额外增加一个等于 AE（$=BF$）的儿童抚养补贴；如果她不工作而是继续完全领取社会福利，她的社会福利将会减少 AE。因此，她获得的儿童抚养补贴加上她领取的其他社会福利之和将会继续等于 AC。于是，在儿童抚养保证计划开始实施之后，她的预算约束线就变成了 $ACGF$。[1]

这种新的儿童抚养保证计划会对这位母亲在家中的时间以及从事有酬工作的时间产生怎样的影响呢？有三种可能。第一，有些母亲的无差异曲线十分陡峭，因此她们将继续留在劳动力队伍外，将自己的所有时间都用于家中（即她们仍然停留在图 7.7 中的点 C 上），这些母亲将会得到相当于 AE 的儿童抚养补贴再加上相当于 EC 的其他社会福利。

第二，对过去就从事有酬工作的母亲来说，她们原本处于 DB 段上，该新计划带来了纯收入效应。这些母亲将会继续从事有酬工作，但是现在却沿着 GF 段实现自己的效用最大化了。我们可以预期，她们会减少自己在家庭之外从事市场工作的理想工时数。

第三，有些女性的无差异曲线与图 7.8 中的无差异曲线（U_1 和 U_2）类似，她们会从享受福利转变为去寻找有酬工作。对她们而言，对市场工作的劳动力供给将会

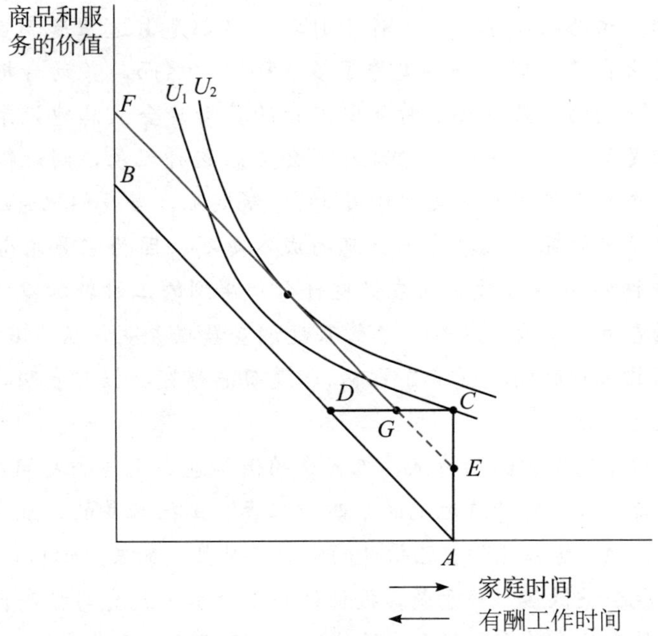

图 7.8　一位在儿童抚养保证计划实施后加入劳动力队伍的单身母亲

① Irwin Garfinkel, Philip K. Robins, Pat Wong, and Daniel R. Meyer, "The Wisconsin Child Support Assurance System: Estimated Effects on Poverty, Labor Supply, Caseloads, and Costs," Journal of Human Resources 25 (Winter 1990): 1-31.

增加。她们过去的效用最大化点为点 C，而现在，一边工作一边继续获得儿童抚养补贴这种新的可能性却使她们效用最大化工作时间处于 GF 段上了。

总之，我们讨论的这种假设的儿童抚养保证计划会提高单身母亲的劳动力参与率（从而减少享受福利的人数），同时，它又会降低已经工作的母亲从事有酬工作的理想工时数。一些研究针对儿童抚养补贴对劳动力市场产生的影响进行了分析，结果发现，单身母亲对劳动力供给做出的反应与理论预期是一致的。[①]

实证研究

工资增长对劳动力供给（及睡眠）的影响：时间使用的日志数据及样本选择偏差

我们已经论述过，工资上涨对劳动力供给产生的预期影响在理论上是模糊的。如果替代效应占据主导地位，则最终产生的影响就是增加劳动者想要供给的工时数；如果收入效应占据主导地位，则最终产生的影响就是减少劳动者想要供给的工时数。因此，劳动力供给会对工资率上涨——比如由收入所得税税率下降造成的——做出何种反应就成为一个必须通过实证来回答的问题——这个领域中的研究必须与这样一个问题做斗争，即如何衡量工资率和工作时间。

在关于劳动力供给的研究中，工作小时数一般都是通过家庭调查来衡量的。该调查会询问劳动者在"上周"一共工作了多少小时。然而，劳动者提供的答案在某种程度上是值得怀疑的。虽说按小时领取工资的劳动者会认真地记录自己在每周中的工作时间，但是拿固定薪酬的劳动者却不会去做这种记录，因此很多人在回答的时候就会给出一个非常简单的答案"40 小时"。事实上，当我们把通过家庭调查得出的工时数与通过日志研究（收集这类信息的成本更高，因为它要求劳动者必须详细报告自己在过去的 24 小时中到底都在做些什么）得到的工时数加以比较时，就会发现，两者之间的差异非常大。例如，尽管家庭调查数据表明，从 1965 年到 1981 年，男性劳动者每周的工作时间减少了 2.7%，但是日志研究数据却表明，实际的工作时间下降幅度达到了 13.5%。[a]

同时，由于以下两个方面的情况，工资率的衡量也会出现一些问题。第一，对拿固定薪酬的劳动者来说，要计算他们的小时"工资"是很容易的，就是用他们在"上周获得的工资性报酬"除以他们自己估计的实际工时数。如果他们估计的工时数过多，他们的工资水平就会被低估——于是，被低估的工资水平就会与被高估的工时数之间出现一种（虚假的）反向关系。相反，低估工时数会产生相反的偏差。

第二，由于不工作的人是没有可以被观察到的工资率的，所以，我们是否应该

① John W. Graham and Andrea H. Beller, "The Effect of Child Suport Payments on the Labor Supply of Female Family Heads," Journal of Human Resources 24 (Fall 1989): 664-688; and Wei-Yin Hu, "Child Support, Welfare Dependency, and Women's Labor Supply," Journal of Human Resources 34 (Winter 1999): 71-103.

把这类人排除在样本之外，仅仅将分析集中在那些得到的工资是能够被观察到的人身上呢？然而，我们不能简单地将不在劳动力队伍中的人排除在我们的劳动力供给研究之外。理论表明，潜在劳动力者会将自己能够得到的工资与个人的保留工资加以比较，如果雇主的工资出价低于他们的保留工资，他们就会决定不接受工作。我们用来对数据进行分析的统计方法有赖于这些数据是随机产生的，而将不工作的人（要么是由于他们超常的高保留工资，要么是因为超常的低工资率）排除在外的做法会导致经济学家所说的那种"样本选择偏差"的出现。

如果不在劳动力队伍中的人必须留在我们的分析之中，那么对这些人到底采用什么样的工资率数据才是合适的呢？当然，如果他们去工作，他们就会挣到一点工资，这样他们的潜在工资就不会为零了——只不过是无法被观察到而已。由于我们不能直接观察劳动者的保留工资或工资出价，所以我们必须用统计方法为不在劳动力队伍中的人分配一个工资数据。幸运的是，能够解决这种数据分配难题的技术已经有了，在下面这项研究中，我们就可以将这种技术描述出来。

我们可以在分析工资水平是如何影响人的睡眠、非市场工作时间（闲暇加上家务劳动时间）以及劳动力供给的一项研究中体会到对日志衍生数据的有趣运用。日志数据能够解决我们在前面提到的估计工作时间（分析劳动力供给时的因变量）的准确性问题。就业者的工资可以通过传统方法，根据劳动者的个人特征——比如受教育程度、是否加入工会以及居住地等——加以衡量。这种统计关系可以被用来预测样本中的每一个人的工资，其中也包括那些不在劳动力队伍中的人的工资。

当研究者运用回归技术将工时数与预测出来的工资联系在一起时，他们发现，工资水平的上涨减少了男性的劳动力供给——但是这种影响太微不足道了，实际上几乎为零。因此，研究的最终结果表明，对男性而言，收入效应和替代效应是力量相当的，因而可以互相抵消。而对女性而言，替代效应则占主导地位，工资水平上涨10%将会导致女性的工时数增加2%。（有趣的是，更高的工资水平往往是与男性在非市场活动上——假设为闲暇——花费更多的时间联系在一起的，而更高的工资水平却会使女性在这类活动上花费更少的时间，而这可能是由于女性从事家务劳动的时间减少了。此外，尽管更高的工资水平会导致男性和女性的睡眠时间都减少，但是这些影响都非常小。）

a. F. Thomas Juster and Frank P. Stafford, "The Allocation of Time: Empirical Findings, Behavioral Models, and Problems of Measurement," Journal of Economic Literature 29 (June 1991): 494.

资料来源：Jeff E. Biddle and Daniel S. Hamermesh, "Sleep and the Allocation of Time," Journal of Political Economy 98, no. 5, pt. 1 (October 1990): 922-943.

复习题

1. 假设5%的失业率被定义为"充分就业"，而现在的失业率是7%。再进一步假设我们有下面的数据。

失业率	劳动力	失业人口	就业人口
5%	6 000	300	5 700
7%	5 600	392	5 208

（1）当失业率为7%时，“隐性”失业人口有多少？

（2）如果人口是10 000，失业率的边际变化会导致劳动力参与率发生怎样的变化？

（3）隐性失业的经济含义是什么？为了获得一个“总失业率”数值，我们是否应将显性失业人数和隐性失业人数加总？

2. 最近的一项针对第二次世界大战之后女性劳动力参与率所做的研究指出：

> 在长期中，影响工作性质的各种因素发生的一系列变化会使女性加入有酬工作中。这些因素主要表现为事务性工作和专业性工作的增加、女性受教育程度的提高、节省劳动时间的家务劳动设备的发明、生育率的下降以及城市化水平的上升。

请将上面提到的每一个因素与第7章中阐述的劳动力供给的家庭生产模型联系在一起。

3. 在1976年的美国总统大选中，总统候选人吉米·卡特（Jimmy Carter）在一次辩论中指出：“尽管在近期出现的就业增长大部分是由已婚女性和青少年进入劳动力队伍引起的，但是大量人群流入劳动力队伍中这件事情本身就是经济衰退的一个征兆。这些人之所以出来寻找工作，是因为这些家庭的主要收入获取者已经失业了，而这些额外的劳动者之所以出现，实际上是为了维持家庭的收入水平。”试对这段话加以评论。

4. 下面这种说法是正确的、错误的，还是不确定的？为什么？“如果一位已婚女性的丈夫的工资水平上升了，她就会倾向于工作更少的时间。但是，如果她本人的工资水平上升了，则她会倾向于增加自己的工作时间。”

5. 假设日托中心是根据看护儿童的小时数来向参与工作的父母收费的（不存在任何固定的儿童看护成本）。再假设联邦政府通过了一项补贴法案，这项法案导致父母承担的小时日托费用降低了一半。那么，这项政策会导致有小孩的父母增加自己的劳动力供给吗？

6. 假设某个州的州政府原来不给有工作的单亲家长提供儿童看护补贴，但现在这个州却想采取一项计划鼓励单身家长加入劳动力队伍中。假设儿童看护成本是按小时计算的，并且假设这个州政府采取的儿童看护补贴计划的内容是：单亲家长每从事1小时的工作，政府就给予他们3美元的儿童看护补贴，并且规定家长每天能够得到儿童看护补贴的最长工作时间为8个小时。绘制出一位假设的单身母亲原来面临的预算约束线（儿童看护的净成本）及其面临的新预算约束线。讨论这项计划对劳动力参与率以及工时数可能产生的影响。

7. 假设随着工作人口与退休人口之间比率的持续下降，选民们赞成改变社会保障福利的计算方法——这种方法能够有效地将每一位退休者的养老金减少一半。这种变化会影响到全体人口中的每一个人，无论他们年龄的大小以及现在是否处于退休状态。与这项措施相伴随的则是工薪税降低50%。这种变化对已经非常接近常规退休年龄（62岁或65岁）的劳动者的劳动力供给会产生何种影响？对那些刚刚开始自己的职业生涯（例如20岁）的劳动者的劳动力供给又会产生怎样的影响？

8. 某个州政府想向单亲家长提供一个进入劳动力市场并获得就业的激励，它正在考虑这样一项政策，即如果正在抚养未满18岁孩子的单亲家长能够每周工作5天，每天至少工作6小时，则政府会向他们支付每天20美元的补贴。画出这些单亲家长目前面临的日预算约束线，然后再画出每天有20美元补贴后的新的日预算约束线。讨论这一补贴政策对劳动力参与率以及工时数分别可能产生的影响。

9. 纽约州政府禁止 18 岁以下的青少年每天工作的时间超过 8 小时，除非他们是高尔夫球童、婴儿保姆或者农场劳动者。考虑这样一位青少年的情况，她在整个夏季的主要家庭工作就是准备参加大学升学考试以及练习乐器，但她也可以选择从事两种有酬工作，即她可以到一家餐厅去做服务员（每天限于 8 小时以内），每小时可以挣 6 美元；她也可以去从事婴儿看护的工作（无工作时间限制），每小时挣 5 美元。

（1）针对她可以选择的每一种有酬工作分别绘制一条日预算约束线（假定她可以做餐厅服务员，也可以做保姆，但是只能从事其中一项工作）。

（2）分析这位 16 岁的青少年可能会做出的劳动力供给决策，特别注意考虑限制每天从事有酬工作超过 8 个小时的该州立法产生的影响。

10. 假设某个州的州政府原来不给有工作的单亲家长提供儿童看护补贴，但现在这个州却想采取一项计划来鼓励那些单身家长加入劳动力队伍中。假设儿童看护成本是按小时计算的，并且这个州政府采取的儿童看护补贴计划是：如果单亲家长每天能够工作 4 个小时或 4 个小时以上，政府就会给予每小时 4 美元的儿童看护补贴。请绘制出一位假设的单身母亲原来面临的预算约束线（假设工资就是儿童看护成本的净值）及其面临的新预算约束线。讨论这项计划对劳动力参与率以及工时数可能产生的影响。

11. X 公司有时会雇用一年期合同的技术工人到偏远地区去工作。它为愿意来工作的人提供一笔金额为 1 万美元的签约奖金以及每小时 20 美元的工资。Y 公司现在也进入了这个市场，但是它并不提供签约奖金，而是提供每小时 25 美元的工资。这两家公司都想吸引年工作时间超过 2 000 个小时的员工（对所有的工作时间都会按照上面给出的小时工资支付工资）。

（1）我们首先假设劳动者同时收到了这两家公司的入职通知，在同一幅图上绘制出劳动者来年在两家不同的公司工作时，分别可能会面临的收入-家庭时间（“预算”）约束线。（清楚地标注出哪一条是 X 公司的，哪一条是 Y 公司的。）

（2）假设现在有一位每年愿意工作 2 500 个小时的 X 公司的员工。假设她的合同已经到期了，并且 X 公司和 Y 公司现在都想雇用她。假设她对收入和家庭时间的偏好没有改变，我们能否明确指出她会选择哪一家公司？请解释（或演示）。如果她现在选择了 Y 公司，她是会继续每年工作 2 500 个小时呢，还是会增加或减少年工作小时数？请详细地解释。

练习题

1. 下表提供的信息是 2006 年 6 月—2007 年 6 月在劳动力队伍中的人数、被界定为失业者的人数以及因为觉得自己找不到工作而脱离了劳动力队伍的人数（单位：千人）。最后一组是那些被称为灰心丧气的劳动者，有些人认为这些人属于隐性失业人员（他们过去找过工作，也是能够工作的，但是他们现在认为工作岗位太稀少了，即使找工作也找不到）。

日期	劳动力人数	失业人数	灰心丧气的劳动者人数
2006 年 6 月	152 557	7 341	481
2007 年 6 月	154 252	7 295	401

资料来源：Bureau of Labor Statistics，U. S. Department of Labor，Current Population Survey (CPS)，Tables A-1 and A-13.

(1) 计算出 2006 年 6 月和 2007 年 6 月的官方失业率。从 2006 年 6 月到 2007 年 6 月，失业率有何变化？

(2) 计算包括隐性失业在内的这两个时间点上的非官方失业率。这种失业率从 2006 年 6 月到 2007 年 6 月有何变化？

(3) 如果官方定义的失业率在下降，你认为这种情况会对灰心丧气的劳动者人数有怎样的影响？灰心丧气的劳动者人数的变化对从 2006 年 6 月到 2007 年 6 月的官方失业率的变化有何影响？

2. 假设一位单身家长每天最长能够工作 16 个小时，每小时的工资是 10 美元。

现在已经制订了各种收入维持计划来确保低收入家庭能够获得一个最低的收入水平。《儿童抚养家庭补助计划》(Aid to Families with Dependent Children，AFDC) 是随着 1935 年《社会保障法》(Social Security Act) 的颁布而制定的一项法律。这项法律根据一个家庭的规模大小来向其提供一笔补贴。根据这项计划，一个家庭每赚得 1 美元的收入，得到的补贴就会相应减少 1 美元。假设我们在上面描述的这位单身家长每天能够获得的最高补贴额度为 40 美元。

(1) 画出该单身家长在没有参加这一福利项目时的日预算约束线。

(2) 在同一幅图上，画出该单身家长参加《儿童抚养家庭补助计划》制订的福利计划后的日预算约束线。

(3) 这项福利计划对劳动者的工作动机有何种影响？解释你的答案。

3. 下图显示的是一位低收入劳动者面临的两条日预算约束线。一条预算约束线描述的是他没有得到政府补贴，每天最多可以工作 16 个小时的情况。另一条预算约束线表示的则是他参加收入维持计划后面临的情况。该收入维持计划提供一种非工作福利，并且提供的补贴会随着劳动者能得到的工资性报酬的增长而逐渐减少，最后直至取消。

(1) 他没有参加收入维持计划时的个人工资率是多少？

(2) 这项计划中的非工作福利是什么？他在参加收入维持计划后的有效工资率是多少？

(3) 如果在参加此项计划之前，他选择的日工作时间少于 8 个小时，他参加这项计划后总体福利水平更高还是更低？如果在参加此项计划之前，他已经选择每天工作超过 8 个小时，他是参加这项计划更好，还是不参加更好？

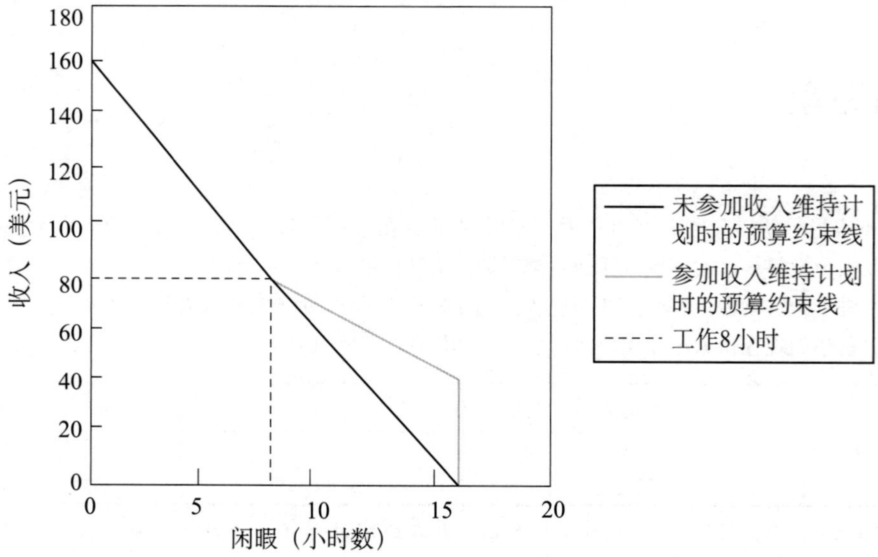

（4）对一位在此项收入维持计划实施之前就选择每天工作 8 小时，同时现在也有资格参加此项计划的劳动者而言，他的劳动力供给情况会对这项计划做出怎样的反应？

4. 假设一位单身家长每天最多可以工作 16 个小时，工资率是每小时 10 美元。现在已经制订了各种收入维持计划来确保低收入家庭能够获得一个最低的收入水平，《儿童抚养家庭补助计划》就是其中一种（参见练习题第 2 题）。但是，《儿童抚养家庭补助计划》存在的问题之一是，接受援助的劳动者每获得 1 美元的工资性报酬，其获得的补贴金额就会减少 1 美元。另外一项可供选择的收入维持计划是《贫困家庭临时救助计划》（Temporary Assistance for Needy Families，TANF），这项计划同样也提供非工作福利，但是接受援助者每挣到 1 美元的工资性报酬，补贴金额只会减少一个较小的额度。这种计划的一个简化版本就是，单身家长可以得到每天 40 美元的非工作福利，但是此人每挣 1 美元的工资性报酬，其补贴金额会减少 75 美分。

（1）画出这位单身家长不参加任何收入维持计划时的日预算约束线。

（2）在同一幅图上画出参加 TANF 的单身家长的日预算约束线。在他的收入水平达到何种程度时，补贴会被取消？此时，他的日工作小时数是多少？讨论参加这种收入维持计划对劳动者的工作动机会产生怎样的影响。

（3）在同一幅图上画出上面所描述的这位单身家长参加 AFDC 情况下的日预算约束线（参考练习题 2 的内容）。

（4）比较《儿童抚养家庭补助计划》和《贫困家庭临时救助计划》这两项计划对劳动者的工作动机产生的影响。

推荐阅读

Becker，Gary S. “A Theory of the Allocation of Time，” Economic Journal 75（September 1965）：493－517.

Fields，Gary S.，and Olivia S. Mitchell，Retirement，Pensions，and Social Security. Cambridge，MA：MIT Press，1984.

Ghez，Gilbert R.，and Gary S. Becker，The Allocation of Time and Goods over the Life Cycle，chapter 3. New York：Columbia University Press，1975.

Gronau，Reuben，“The Measurement of Output of the Nonmarket Sector：The Evaluation of Housewives' Time，” in The Measurement of Economic and Social Performance，ed. Milton Moss，163－189. New York：National Bureau of Economic Research，1973.

Layard，Richard，and Jacob Mincer，“Special Issue on Child Care，” Journal of Human Resources 27（Winter 1992）.

第8章 补偿性工资差别与劳动力市场

我们在第6章和第7章中分析的是劳动者是否寻找工作以及工作多长时间的决策，而在第8章和第9章中将分析劳动者准备到哪个行业、职业或企业去工作的决策。本章重点强调像工作环境、工伤风险以及员工福利的多少等每天都在重复出现的一些工作特征对劳动者的工作选择可能会产生的影响。第9章将分析雇主要求达到的教育投资水平对劳动者的职业选择所产生的影响。

工作匹配：劳动者的偏好及信息的作用

劳动力市场的主要功能之一是为追求效用最大化的劳动者和追求利润最大化的雇主提供一种在双方之间达成良好匹配的信号和机制。然而，实现双方之间的这种匹配却是一项非常艰难的任务，这是因为不同的劳动者在技能和偏好方面的差异很大，而雇主提供的工作岗位在任职要求和工作环境方面也存在很大差别。实现劳动者和雇主之间的最佳匹配的过程实际上就是一个试错过程，而实现匹配的过程到底是存在很大缺陷的，还是相当令人满意的，也是可以通过经济理论中的规范分析模型加以分析的一个重要政策问题。

劳动者力图实现自己的效用最大化这一假设意味着他们既重视通过从事工作能够获得的货币收入，同时也重视工作中的非货币方面。一方面，我们可以看到，薪酬水平越高（假定工作任务本身没有变化），则愿意从事某项工作的人就越多。另一方面，一个明显的事实是，货币收入并非劳动者关心的全部问题。在匹配的过程中，某种职业的工作任务是什么以及劳动者的偏好与这些工作任务之间的吻合度是两个非常关键的因素。本章所要讨论的重点就是劳动力市场是如何适应劳动者的偏好的。

如果劳动力市场上的所有工作都是完全一样的并且位于同一个地点，那么，一个人在决定到底去哪里工作时就比较简单了，劳动者只要选择薪酬水平最高的工作就行了。不同雇主提供的薪酬之间存在的任何差别都会导致劳动者从低薪企业向高薪企业流动。如果这种劳动力流动没有遇到任何障碍，市场最终会促使所有的雇主支付相同的薪酬。

然而，并非所有的工作都是一样的。有些工作是在清洁的、现代化的空间里完成的，而另外一些工作则是在有噪音、灰尘甚至危险的环境里完成的；有些工作使得员工在工作的时间和空间上有一定的自由度，而另外一些工作赋予员工的灵活性却很小；有些雇主比其他雇主提供的各种员工福利更为慷慨。同时，不同的工作地点还涉及不同的通勤距离以及不同的社区环境特点。接下来我们将讨论在工作特征方面存在的这些差异是如何对劳动者的个人选择以及可观察到的市场结果产生影响的。

□ 个人选择及其结果

假设有几位非技术劳动者得到了两位不同的雇主提供的工作机会。企业 X 提供的工作每小时工资为 12 美元，工作环境清洁、安全；而企业 Y 提供的工作每小时工资也是 12 美元，但工作环境不仅肮脏而且噪音大。在这种情况下，劳动者会选择到哪一位雇主那里去工作呢？毫无疑问，大多数人会选择企业 X，这是因为虽然两位雇主提供的工资水平是相同的，但是企业 X 提供的工作条件更好。

显然，12 美元并不是两家企业的均衡工资。① 因为企业 X 会发现，提供 12 美元的工资很容易就能吸引来求职者，这样它就不会考虑在未来再涨工资了。但是，企业 Y 如果想填补它的全部职位空缺，就必须使工厂变得更加清洁，或是支付更高水平的工资，或是两者同时进行。假设它决定不改变自己提供的工作条件，那么，为了在劳动力市场上保持竞争力，它就必须支付高于 12 美元的工资。它为了吸引劳动者而必须支付的额外工资被称为补偿性工资差别，这是因为较高的工资水平是因不理想的工作条件而对劳动者进行的补偿。如果在工资方面的这种差别不存在，企业 Y 就不能像企业 X 那样吸引到劳动者。

均衡工资差别 假设企业 Y 将其工资提高到每小时 12.50 美元，而企业 X 的工资水平仍为 12 美元。那么这种每小时 50 美分——一年额外增加 1 000 美元——的工资差别就足以将所有的非技术劳动者都吸引到企业 Y 中来吗？如果企业 Y 真的吸引了所有的劳动者，企业 X 就会主动提高其工资水平，而企业 Y 则可能希望将自己的

① 少数一些人也许确实对工作场所中的噪音和肮脏等状况并不在意。不过，我们这里假设这样的人是极少数的，或者企业 Y 对劳动者的需求极大，以至企业 Y 仅仅依靠雇用对噪音和肮脏完全不在意的人是无法填补所有的职位空缺的。

工资水平稍微降低一点。于是在这种情况下，50 美分的工资差别就不是一种均衡的工资差别。

然而，更有可能出现的一种情况却是，企业 Y 提供的较高工资也只能吸引来一部分劳动者。有些人对肮脏和噪音并不是那么讨厌，因而他们为了挣更高的工资，宁愿忍受较差的工作条件。然而，另外一些对噪音或者肮脏的环境非常敏感的人却宁愿接受低一点的工资，也不愿意在一种令人不愉快的工作条件下工作。如果这两家企业最终都得到了它们期望的既定数量和质量的劳动者，这 50 美分的工资差别就将会是一种均衡工资差别，即此时不再存在推动这一工资差别改变的力量。

因此，劳动者希望避开令人不愉快的或危险的工作环境的愿望会促使那些提供令人不愉快的或危险的工作条件的雇主必须支付比正常工作条件下更高的工资。这种工资差别达成了两个相关的并且社会希望看到的结果。第一，它通过刺激人们自愿承担肮脏的、危险的或令人不愉快环境下的工作而满足了社会的需要；第二，在个人层面上，它通过向接受令人不愉快工作的劳动者支付比从事令人愉快工作的同类劳动者更高的工资，向他们提供了回报。

劳动力的配置 有许多工作不可避免地需要在肮脏的环境中完成，或是要付出极高的成本才能使其变得安全和令人愉快（这些工作的例子包括采煤、深海潜水以及警察的工作等）。在为这些工作招募必需的劳动力时主要有两种方法：一种办法是强迫人们来从事这些工作（军队征兵是一种最明显的强迫劳动的例子），另外一种办法则是诱导人们自愿从事这些工作。

大多数现代社会都主要依靠补偿性工资差别这样一种激励手段来招收自愿从事令人不愉快的工作的劳动者。劳动者之所以愿意从事采煤工作、在离地面 50 层楼高的地方焊接钢梁、从事夜班工作，原因就在于，与从事他们有资格承担的其他工作相比，这些工作支付的工资更高。例如，夜班工作的压力很大，因为它扰乱了人们正常的睡眠时间和家庭生活，但是雇主却发现，让自己的工厂和机器一天 24 小时日夜不停地运转是效率最高的。其结果是，未加入工会的劳动者从事夜班工作时获得的工资比他们从事白班工作时要高出 4%。①

对劳动者的补偿 补偿性工资差别还向那些接受了较差的或者艰苦的工作条件的劳动者个人提供了一种奖励，因为支付给他们的工资要高于他们在从事其他工作时可能得到的工资。换言之，那些只愿意接受更加令人愉快的工作条件的劳动者实际上不得不以接受较低工资的方式来“购买”他们喜欢的工作条件。例如，如果一

---

① Peter F. Kostiuk, “Compensating Differentials for Shift Work,” Journal of Political Economy 98, no. 5, pt. 1 (October 1990): 1054 - 1075. 轮班工资的差别在法国更大，参见 Joseph Lanfranchi, Henry Ohlsson, and Ali Skalli, “Compensating Wage Differentials and Shift Work Preferences,” Economics Letters 74 (February 2002): 393 - 398。据估计，从事夜班工作的注册护士能够获得大约 12% 的补偿性工资差别，参见 Edward J. Schumacher and Barry T. Hirsch, “Compensating Differentials and Unmeasured Ability in the Labor Market for Nurses: Why Do Hospitals Pay More?” Industrial and Labor Relations Review 50 (July 1997): 557 - 579。

个人接受了企业 X 提供的每小时 12 美元的工作，他就放弃了从事工作条件较差的企业 Y 提供的每小时 12.50 美元工作的机会。实际上，人们是用每小时 50 美分的价格购买了较好的工作条件。

因此，补偿性工资差别就变成了一种劳动者可以购买好的工作条件的价格，或将较差的工作条件出售给劳动者的价格。与通常的说法相反，那些引发不良心理影响的事件或条件常常可以与货币价值联系在一起。补偿性工资差别就为评估就业中的非货币条件的价值提供了一种非常重要的方法。

例如，劳动者对于那些能够使自己在正常时间里享受闲暇活动以及睡眠的工作时间安排会给予多高的价值评价呢？如果我们知道从事夜班工作的劳动者得到的工资比从事白班工作时高出 4%——比一位典型的劳动者每年多挣 1 000 美元，则在回答这一问题时的推理过程就是直截了当的。对白天难以入睡的人或者喜欢与家人或朋友一同享受闲暇的人来说，他们是不大可能为每年多挣 1 000 美元而从事夜班工作的。他们宁愿放弃 1 000 美元的额外收入，也要去从事那些具有常规工作时间要求的工作。然而，另外一些人对在非常规时间里睡觉以及从事闲暇活动却不会感到那么无法容忍，他们愿意为多挣 1 000 美元而从事夜班工作。尽管在这些人中，有一部分人甚至可以在额外收入低于 1 000 美元的情况下也愿意从事夜班工作，但是另外一些人却会觉得根据现行的工资差别从事夜班工作的决策已经处于边际状态了。如果工资差别再下降哪怕只是一点点，有些现在从事夜班工作的劳动者就会改变想法，拒绝继续从事夜班工作了；如果工资差别略高于 1 000 美元，就会有更多的人愿意从事夜班工作。因此，每年 1 000 美元的工资差别就是那些处于边际状态的人（几乎要改变想法的人）愿意为正常的工作时间安排而支付的价格。①

□ 假设和推论

我们已经论述了关于个人的简单工作选择理论是如何推导出这样一个推论的，即补偿性工资差别是与各种不同的工作特征联系在一起的。正向的工资差别（较高的工资水平）与“差”工作特征联系在一起，而负向的工资差别（较低的工资水平）则与“好”工作特征联系在一起。然而，需要了解的非常重要的一点是，只有在假定其他条件相同时才能得出这样的推论。

我们关于补偿性工资差别存在的推论是从这样一个合理的假设中引申出来的，即如果一位劳动者既可以选择接受有着“好”工作条件的工作，也可以选择接受尽管工资水平相同但却具有“差”工作条件的工作，那么，他毫无疑问将会选择具有“好”工作条件的工作。如果有一位员工是非技术劳动者，他现在正在两种工作之间做选择，一份工作是需要铺设热沥青的不令人愉快的工作，而另外一份则是在备有空调的仓库中干活的较舒服的工作，无论这位员工做出哪一种选择，他都将得到与

① 丹尼尔·S. 哈默梅什（Daniel S. Hamermesh）的一项研究发现，随着财富的增加，人们越来越愿意避开夜班工作，参见 Daniel S. Hamermesh, “The Timing of Work over Time,” Economic Journal 109 (January 1999): 37-66。

非技术劳动者通常能够得到的工资大体接近的工资水平。不过，我们的理论却预测，从事沥青铺设工作的劳动者会比从事仓库工作的劳动者获得更高的工资。

然而，我们的工作选择理论推断出来的结果并不是简单地认为，在“差”工作条件下工作的劳动者一定会比在“好”工作条件下工作的劳动者得到的工资水平更高。相反，我们的推论是，假定劳动者的个人特征保持不变，则在差工作条件下从事工作的劳动者比在较舒适的工作条件下从事工作的劳动者能够获得更高的工资。我们假定必须保持不变的这些特征包括所有会对工资构成影响的其他因素，比如技术水平、年龄、工作经验、种族、性别、是否加入工会以及所在地区等。事实上，我们的这个推论是建立在下面三个假设基础之上的。

假设1：效用最大化 我们的第一个假设是劳动者追求的是个人的效用最大化而不是收入最大化。只有当一些劳动者不选择工资水平较高的工作，而是宁愿从事工资水平更低但是却更令人愉快的工作时，才会产生补偿性工资差别。劳动者的这种行为使得只提供较低的工资但是却提供更令人愉快的工作岗位的雇主同样具有竞争力。在这种情况下，不同雇主间的工资水平是不会相等的。但是，对边际劳动者来说，净收益——从工资和工作的心理方面获得的总效用——却是趋于均等的。

假设2：劳动者的信息获得 在我们的分析中隐含的第二个假设是，劳动者了解对他们来说非常重要的那些工作的特征。至于他们到底是在接受工作之前就知道这些工作特征信息的，还是在开始从事工作之后不久才知道这些信息的，实际上并不是十分重要。无论在哪一种情况下，如果一家企业提供的工作较“差”同时又没有提供补偿性工资差别，这家企业在招募或留住员工方面就会遇到麻烦，这些麻烦最终会迫使企业提高工资。

劳动者可能很快就能了解到危险、噪音、严格的纪律管制、工作的保障性差以及其他一些明显很差的工作条件。但同样可能存在的一种情况是，劳动者并不知道自己被解雇或者受工伤的准确概率是多大。然而，即使劳动者并不能准确地了解这些可能性，他们也可以通过自己的直接观察以及其他员工的口口相传来获得足够的信息，从而对工作特征做出具有一定准确性的估计。例如，认为自己从事的是危险工作的员工在某一行业中所占的比例与政府公布的该行业的实际工伤率数值是密切相关的。① 这说明，尽管劳动者可能无法说出受工伤的准确概率，他们还是可以对几

① 下面这两篇文章认为，劳动者对风险的感知会随着在职期限的延长而变得越来越准确，参见 W. Kip Viscusi, “Labor Market Valuations of Life and Limb: Empirical Evidence and Policy Implications,” Public Policy 26 (Summer 1978): 359 - 386; W. Kip Viscusi and Michael J. Moore, “Worker Learning and Compensating Differentials,” Industrial and Labor Relations Review 45 (October 1991): 80 - 96。关于人们对交通死亡和总死亡风险的估计，参见 Henrik Andersson and Peter Lundborg, “Perception of Own Death Risk: An Analysis of Road-Traffic and Overall Mortality Risks,” Journal of Risk and Uncertainty 34 (February 2007): 67 - 84。另一项研究表明，甚至在出现风险的可能性很低时，人们也会调整自己的行为，参见 Daniel Sutter and Marc Poitras, “Do People Respond to Low Probability Risks? Evidence from Tornado Risk and Manufactured Homes,” Journal of Risk and Uncertainty 40 (April 2010): 181 - 196。

种不同工作的相对风险大小做出比较准确的判断。

然而，劳动者对那些非常模糊的工作特征进行预测的准确程度就令我们感到失望了。例如，我们现在知道石棉灰尘对劳动者的健康危害极大，然而在大约 50 年前，这个事实还并不广为人知。之所以经过这么长的时间才了解到工厂中存在石棉危害的信息，原因之一在于与石棉有关的疾病要过 20 多年才会发病。劳动者和研究者一样，对这种因果关系并不清楚，因而他们在进行工作选择时并不知道存在这种风险。因此，针对这种危险性而提供的补偿性工资差别就不可能在那个时候出现。所以，我们关于补偿性工资差别的推论仅仅适用于劳动者已经了解的工作特征。

假设 3：劳动者的流动性　在我们的理论中隐含的第三个假设是劳动者获得了一系列可以从中做出选择的工作机会。如果没有选择的余地，劳动者就无法选择他们喜欢的工作特征组合，或是避开他们不喜欢的工作特征组合。例如，如果劳动者只能得到比较危险的工作，那么针对工伤危险提供的补偿性工资差别就不会出现。只有当劳动者可以选择比较安全的工作而不是危险的工作时，才能迫使提供危险工作的雇主增加工资。

劳动者的这种选择行为能够发生的方式之一是，每一位求职者都可以得到好几个可以从中做出选择的工作机会。而另外一种使劳动者可以做出选择的方式则是劳动者具有（至少是潜在地具有）高度的流动性。换言之，当劳动者面临的工作选择机会不多时，他们可能会接受工作，然而，如果他们认为自己还有机会进一步改善，他们会继续寻找工作。因此，即使劳动者在某一个时点上能够获得的工作机会很少，但是在一段时间里，劳动者仍然可以扩大自己的选择范围，从而最终找到能够使自己的效用达到最大化的工作。

劳动者的流动性到底有多大呢？截至 2006 年 1 月，在 20 岁及以上年龄的全体美国劳动力中，大约 22%的人在他们当前的雇主处工作的时间只有一年或不到一年，3.5%的人每个月都要更换一位雇主。对有些人而言，他们必须找到一位新的雇主，因为他们是被前雇主辞退的，但是在美国，每个月都有大约 2%的劳动者自愿离职——而且他们当中有大约 40%的人都是去了工资比原来更低的岗位上工作（这可能是因为这些工作岗位的工作条件或者福利更吸引人）。[①]

□ 补偿性工资差别的实证检验

关于雇主需要针对令人厌烦的工作特征支付补偿性工资差别的论断在 200 多年

---

① U. S. Department of Labor, Bureau of Labor Statistics, "Employee Tenure Summary," news release USDL 06-1563 (http://www.bls.gov/news.release/tenure.nr0.htm), September 8, 2006, Table 3; U. S. Department of Labor, Bureau of Labor Statistics, "Job Openings and Labor Turnover Survey," (http://data.bls.gov/cgi-bin/surveymost and http://data.bls.gov/cgi-bin/dsrv); and Peter Rupert, "Wage and Employer Changes over the Life Cycle," Economic Commentary, Federal Reserve Bank of Cleveland (April 15, 2004).

以前就出现了。亚当·斯密在1776年出版的《国民财富的性质和原因的研究》一书中，就指出了五种“主要的情况……其中，一方面要对某些职业的微薄货币报酬给予补偿，另一方面又要对一些职业的优厚报酬加以抵消”。亚当·斯密列出的情况包括雇用的持久性、学习新工作的难易度、成功的可能性以及对员工的信任程度。虽然我们在本章中的讨论可能仅仅关注其中的一种情况，但迄今为止的大多数研究关注的都是亚当·斯密的这样一种论断：“劳动工资因工作有难易、有污洁、有尊卑而有所不同。”①

在实际预测补偿性工资差别的时候会遇到两个问题。首先，我们必须创建一整套数据资料，从而使我们能够在劳动者个人层面上将相关工作特征和同样会对工资水平构成影响的个人特征（年龄、受教育程度、是否加入工会等）匹配起来。其次，我们必须预先对令人不愉快的工作特征加以明确界定（例如，并非所有的人都认为户外工作或者重复性的工作是令人厌烦的）。

对补偿性工资差别的存在所做的最广泛验证主要集中在工作中的工伤风险或死亡风险方面，这是因为在这些方面存在的较高风险毫无疑问是“差”的工作条件。这些研究通常——尽管不是全部——都支持这样一种推论，即当这方面的风险较高时，工资水平通常也较高。最近对在美国存在的补偿性工资差别所做的估计表明，与在工作中面临的死亡风险处于平均水平（大约为1/30 000）的可比劳动者相比，那些在工作中面临死亡的风险达到前者3倍的劳动者得到的工资水平大约高出1%。②

尽管针对补偿性工资差别的研究已经有很多，但是由于这种差别广泛分布于各种工作特征之间，因而要判断它们对理论的支持程度是非常困难的。但无论如何，假定其他影响因素保持不变，正的工资溢价确实是与以下一些不好的工作特征联系在一起的，即夜间工作、不灵活的工作时间安排、需要长时间站立、需要在一个嘈杂的环境中工作等③（参见例8.1，观察一下与另外一种“差”工作特征——远离家人的工作——有关的一些不是那么正规的数据）。还有一些关于超长工作时间得到的补偿性工资差别方面的证据。④（我们将在第12章回到这个话题，因为男性在家庭中通常做家务的时间较少，而工作时间往往更长——因此，相对于具备同等任职资格

① Adam Smith, Wealth of Nations (New York: Modern Library, 1937), book 1, Chapter 10.

② Thomas J. Kniesner, W. Kip Viscusi, Christopher Woock, and James P. Ziliak, "The Value of a Statistical Life: Evidence from Panel Data," Review of Economics and Statistics 94 (February 2012): 74 - 87.

③ Christophe Daniel and Catherine Sofer, "Bargaining, Compensating Wage Differentials, and Dualism of the Labor Market: Theory and Evidence for France," Journal of Labor Economics 16 (July 1998): 546 - 575; Mattew A. Cole, Robert J. R. Elliott, and Joanne K. Lindley, "Dirty Monkey: Is There a Wage Premium for Working in a Pollution Intensive Industry?" Journal of Risk and Uncertainty 39 (October 2009): 161 - 180; Emilia Del Bono and Andrea Weber, "Do Wages Compensate for Anticipated Working Time Restrictions? Evidence from Seasonal Employment in Austria," Journal of Labor Economics 26 (January 2008): 181 - 221.

④ Claudia Goldin, "A Grand Convergence: Its Last Chapter," American Economic Review 104 (April 2014): 1091 - 1119; Youngjoo Cha and Kim A. Weeden, "Overwork and the Slow Convergence in the Gender Gap in Wages," American Sociological Review 79 (June 2014): 457 - 484.

的女性而言，这种情况会使他们的工资提高。）

例 8.1

在铁路上工作：使坏工作变成好工作

尽管我们很难对补偿性工资差别进行准确的衡量，但是本章阐述的理论常常可以在关于工作选择的日常讨论中得到支持。下面的这个例子来自一篇新闻报道。圣达菲铁路公司（Santa Fe Railway）只用纳瓦霍族人（Navajos）维修从洛杉矶到芝加哥的 9 000 英里铁路。

220 名纳瓦霍族人被分成两组"铁路维护工"。他们承担机器不能完成的一些工作，比如将旧的道钉拔出来并进行分类、将铁轨焊接在一起以及检查新铁轨的安全性。这种繁重的工作在本质上毫无吸引力可言，因为这种工作每年只能持续 5～8 个月的时间；大部分工作是在干燥酷热的条件下进行的；劳动者必须远离家人，与 16 名其他劳动者一起挤在一辆宿营车中；工作地点位于偏远地区，业余生活单调枯燥，让人感到孤独。

从本章的理论阐述中我们可以得到关于这类工作的两个假设。这两个假设我们在下面列出，同时附上了从报纸上摘录的一些证据。

假设 1. 提供的工作没有吸引力的企业将会发现自己很难招募和留住员工。而愿意接受这些工作的劳动者是最不在意这些工作条件的人。

> 他们试过很多人，纳瓦霍族人是唯一一类愿意离开家人去做这项工作，并且还能把这份工作做好的人。
>
> （圣达菲铁路公司的一位员工招募者）
>
> 孤独？不，我从不感到孤独。这里什么都没有，只有纳瓦霍族人……我们说着同样的语言并且能够相互理解……这是一份好工作。
>
> （一位有着 16 年工作经验的铁路维护工）

假设 2. 如果企业将工资提高到比劳动者在其他地方能够得到的工资更高的水平，则这份工作对目标劳动者来说就变得有吸引力了。

> 我希望能够一直待在家里与家人在一起。但这是不可能的。我到哪儿去找一份每工作两周就能挣到 900 美元工资的工作呢？
>
> （一位有着 11 年铁路维护经验的退伍军人）

（20 世纪 90 年代初，铁路维护工的工资率是每小时 12～17 美元，这大大高于当时的操作工和粗工的全国平均工资水平——每小时 10 美元。）

资料来源：Paula Moñarez, "Navajos Keep Rail Lines Safe," Long Beach Independent Press-Telegram, May 14, 1992, D1.

享乐主义工资理论与工伤风险

现在，我们运用图形表述补偿性工资差别理论——所谓的享乐主义工资理论。[①]运用图形工具来进行分析有助于我们进一步认识这一理论，同时使我们对与某些重要的管制问题有关的规范分析更为了解。在本节中，我们将分析针对负面的工作特征和工伤风险提出的补偿性工资差别理论，并且将这些概念运用到对政府制定的职业安全规定的规范分析中。

工伤是工作场所中存在的一种令人不快的特征，不同职业和行业发生工伤事故率的差别很大。例如，我们指出过，在美国的工作场所中，平均每年发生的工伤死亡率是 1/30 000，而建筑业劳动者和卡车司机的死亡率却比平均死亡率高出 7～14 倍。每年大约有 2%的美国劳动者遭受至少会导致他们必须休息一天的工伤事故，而即使是在制造部门中，这一比率的差别也很大。石油加工业的这一比率是 1%，而在木材加工业，这一比率则超过 3.8%。[②]

为了简化我们针对工伤风险而提出的补偿性工资差别的讨论，我们假设针对其他工作特征方面的补偿性工资差别已经建立起来。这种假设可以使我们更加清楚地看到工作选择过程得出的结果，由于针对其他任何一种特征我们都可以重复这一分析过程，因此，用这种方法来进行分析得出的结论就是明确的。为了对工作选择过程及其结果有一个更加完整的理解，我们有必要像之前一样同时考察市场上的雇主和员工双方的情况。

□ 员工方面的考虑

我们可以比较肯定地假设员工是不喜欢在工作中受伤的。如果一位劳动者得到了一家企业提供的一份工作，这份工作的工资率是每小时 12 美元，而这家企业的全体员工中每年有 3%的人会受工伤。如果这位劳动者接受了这份工作，他就可以达到某一既定的效用水平。如果假定其他工作特征保持不变，但工伤率上升到了 4%，这家企业就需要为这份工作支付更高的工资，才能为这位劳动者带来与原来相同的效用水平（除非下面这种几乎不可能出现的事件真的发生了，即在工伤发生之后，因

① 享乐主义哲学是与 18 世纪晚期的一位哲学家杰里米·边沁（Jeremy Bentham）联系在一起的。他认为，人们总是按照自认为能够实现个人享乐最大化的方式来行事。后面的分析主要来源于 Sherwin Rosen, "Hedonic Prices and Implicit Markets," Journal of Political Economy 82 (January/February 1974): 34－55。

② U. S. Bureau of Labor Statistics, "2014 Census of Fatal Occupational Injuries (revised data)," http://www.bls.gov/iif/oshwc/cfoi/cfch0013.pdf; and U. S. Bureau of Labor Statistics, "Employer Reported Workplace Injury and Illnesses-2014," USDL-15-2086, October 29, 2015.

工伤而引起的工资损失、医疗费用以及劳动者遭受的痛苦等完全由企业或保险公司承担)。[1]

我们还可以设计出与每小时 12 美元工资和 3%的工伤风险这种组合产生的效用水平完全相同的其他一些工资率与工伤风险组合。我们可以在图形上将这些组合连接起来以形成一条无差异曲线（如图 8.1 中的曲线 U_2 所示），与第 6 章和第 7 章中的无差异曲线不同，图 8.1 中的无差异曲线是向右上方倾斜的，这是因为，工伤风险是一种“差的”工作特征而不是（像闲暇那样的）一种“好的”特征。换句话说，如果工伤风险增加，则要保持劳动者的效用不变，就必须提高工资率。

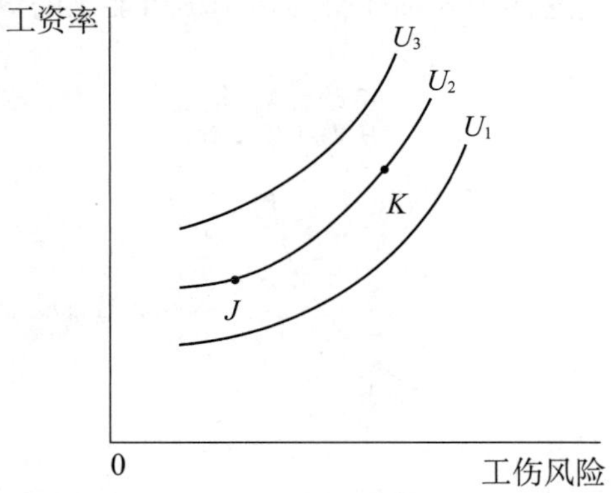

图 8.1　工资率与工伤风险组合形成的一组无差异曲线

正如我们在前面的章节中论述的一样，对每一个可能的效用水平都只有一条无差异曲线。因为在工伤风险的水平一定的情况下，工资水平越高，则效用水平也就越高，故位于左上方的无差异曲线表示的效用水平更高。[2] 因此，在图 8.1 中，曲线 U_3 上所有的点代表的效用水平，都高于曲线 U_2 上所有的点代表的效用水平，而曲线 U_2 上所有的点代表的效用水平又高于曲线 U_1 上所有的点代表的效用水平。每条无差异曲线都是凸的（从下往上看），这一事实反映了边际替代率递减这一常规假设。在曲线 U_2 上的点 K，这个人得到了相对较高的工资率，同时也面临相对较高的工伤风险。由于这位劳动者面临的工伤风险如此之高，以至于他时时刻刻都面临危险，而与此同时，他通过用工资购买而实现的商品消费水平已经很高了，所以这位劳动者可能愿意放弃一部分工资，以换取工伤风险一定程度的下降。然而，随着工伤风险和工资率的同时下降（比如说到了点 J），这位劳动者可能就不会再愿意为了降低一定的工伤风险而放弃一定数量的工资了。因为在这个时候，工伤风险已经不再是每时每刻都存在的了，而他的商品消费水平已经不是很高了。

① 补偿性工资差别是在“事前”对工伤风险提供补偿，而劳动者也可以在事后获得损害补偿（以保持效用水平不变）。工伤保险向受工伤的劳动者提供事后的补偿，但是这种保险支付对工伤损失所提供的补偿往往都不是全部的。

② 当我们用横轴代表一种“不好的东西”（如图 8.1 所示），而用纵轴代表一种“好的东西”时，人们所拥有的“不好的东西”越少、“好的东西”越多，则人们的福利状况毫无疑问会更好，而这种组合在图中恰好表现为无差异曲线向左上方移动。

当然，人们对工伤风险的厌恶程度是不同的。在工伤风险出现任何上升趋势时，为了保持效用水平不变，对工伤风险非常敏感的人就会要求雇主大幅度提高工资，而对工伤风险不是太敏感的劳动者只会要求工资有适度的增加。如图 8.2 所示，在任何一种工伤风险水平上，对工伤风险比较敏感的劳动者的无差异曲线都会比不太敏感的劳动者的更为陡峭。在 R_1 这一工伤风险水平上，点 C 的斜率显然比点 D 的斜率大。点 C 在劳动者 A 的无差异曲线上，而这个人对工伤风险相当敏感，而点 D 则处于劳动者 B 的无差异曲线上，这个人对工伤风险并不是那么敏感。当然，劳动者 A 和劳动者 B 都各自有一组无差异曲线，只不过我们没有在图 8.2 中显示出这些无差异曲线而已，同样，这两个人都在努力达到尽可能高的效用水平。

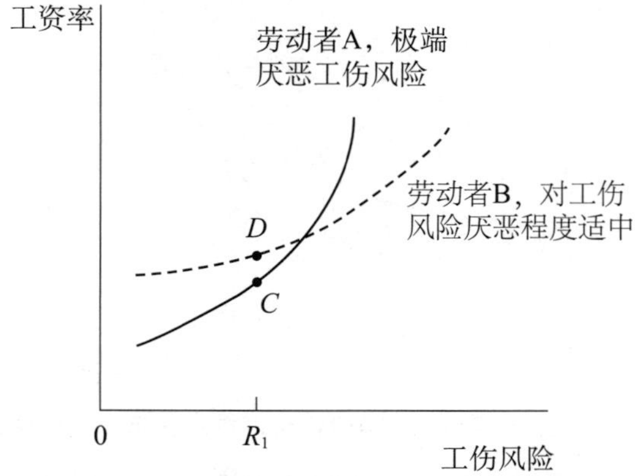

图 8.2　在工伤风险规避倾向上不同的两位劳动者的无差异曲线

□ 雇主方面的考虑

雇主们同样也面临工资与工伤风险之间的权衡，这主要源于以下三个假设。第一，我们假设要想减少员工面临的工伤风险，就必须支付很高的费用，这是因为，雇主必须在机器上安装安全装置，必须牺牲生产时间来开展安全培训，必须为员工配备劳保服等。第二，我们假设竞争的压力会导致许多企业都必须在零利润状态上经营（也就是说，在这样一点上维持运转，即在扣除所有成本之后，资本收益率与类似的其他投资取得的收益率是相同的）。[①] 第三，其他的所有工作特征都已经给定。这三个假设带来的结果就是，如果一家企业实施一项降低工伤风险的计划，则为了保持竞争力，它就必须降低工资。

因此，在其他条件相同的情况下，劳动力市场上的雇主一方面临的各种因素就会导致低工伤风险与低工资联系在一起，而高工伤风险则与高工资联系在一起。这里的所谓其他条件，可能是员工福利或者其他一些工作特征，假定这些因素是给定的且不会影响我们所做分析的有效性（尽管乍一看似乎很不现实）。这里的关键点在

① 如果收益率总是低于一般水平，则雇主还不如将工厂关闭，然后将资金投资到其他行业中。如果收益率总是高于一般水平，就会吸引其他投资者进入该行业，越来越激烈的竞争最终会促使该行业的利润下降。

于，如果一家企业在安全上花了很多钱，那么为了保持竞争力，它就必须在其他方面少花一些钱。因此，在我们的理论分析中，工资可以被视为“雇佣条件”的一种简写形式。

雇主在工资和工伤风险水平之间所做的权衡可以在图形上用等利润曲线来表示。等利润曲线表示的是在某一既定的利润水平下的各种可能工伤风险和工资水平组合。如图 8.3 所示，一条既定等利润曲线上的所有点代表的都是能够产生相同利润水平的各种工资率与工伤风险的组合。在图中，位于右下方的等利润曲线代表的利润水平也更高，这是因为，在雇佣合同中的所有其他条件一定的情况下，与每一种工伤风险水平相联系的工资水平都比左上方的曲线更低；因此，左上方的等利润曲线代表的利润水平较低。

需要指出的是，图 8.3 中的等利润曲线是凸的（从下往上看），这种凸的形状代表的是我们的这样一个假设，即安全费用支出的边际收益是递减的。例如，假设企业在图 8.3 中的点 M 运行，这是工伤风险较高的一个点。企业用于降低工伤风险的第一笔支出将会产生相对较高的收益，这是因为，企业在解决安全问题时显然会首先选择那些最明显的，同时也是所需费用最低的问题。由于工伤风险（以及与之相伴随的成本）被降低的程度是相对较大的，因此，企业并不需要大幅度降低工资就能够维持利润水平不变，因此，等利润曲线在点 M 相对扁平。但是在点 N，等利润曲线就比较陡峭了，这表明，企业要想在保持利润水平不变的前提下降低一部分工伤风险，就必须较大幅度降低工资。之所以需要大幅度降低工资，是因为要想在这一点上再进一步增大安全性，需要的费用会很高。

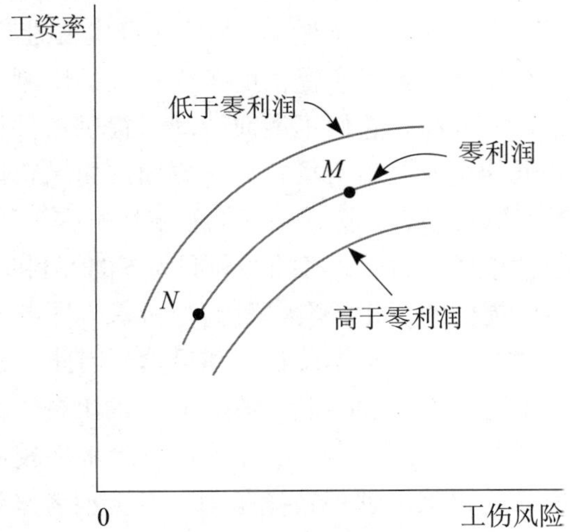

图 8.3　一位雇主的一组等利润曲线

我们还假设雇主在消除工伤风险的难易程度（成本）方面也是不同的。我们刚才已经提到过，雇主降低工伤风险的成本可以用等利润曲线的斜率来反映。在降低工伤风险的费用很高的企业中，要想在保持利润不变的前提下实施一项安全计划，往往需要大幅度降低工资。在这种情况下，等利润曲线是非常陡峭的。这种企业的等利润曲线可以用图 8.4 中的虚线 YY' 曲线来表示。比较容易降低工伤风险的企业的等利润曲线则比较扁平。需要指出的是，图 8.4 中的等利润曲线 XX' 在每一工伤风险水平上都比曲线 YY' 更扁平，这说明企业 X 能够以比企业 Y 更低的成本来降低工伤风险。

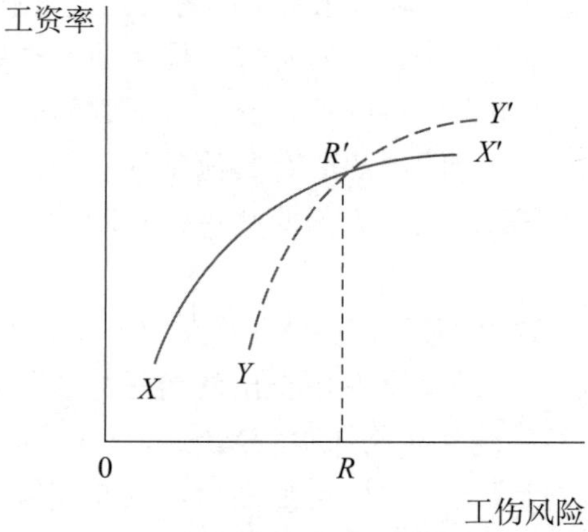

图 8.4　两家企业的零利润曲线

□ 雇主和员工的匹配

员工的目标是通过自己的工作选择尽可能地实现最大的效用。如果他们同时得到了两份工资率相同的工作，则他们会选择工伤风险比较小的工作；如果他们同时得到两份工伤风险相同的工作，则他们将会接受工资率较高的那份工作。总之，他们将会选择位于最靠近左上方的无差异曲线上的那些点代表的工作。

员工在获取工作时往往会受到雇主提供的工作机会的限制。而雇主一方也会受到两个方面因素的约束。一方面，它们不能向劳动者提供条件极其优惠的工作，否则，它们就会被成本较低的企业赶出市场；另一方面，如果它们提供的就业条件很差，也就无法吸引来员工（劳动者会选择到其他雇主那里去工作）。这两个方面的力量会迫使一家处于竞争性市场上的企业必须在利润为零的等利润曲线上经营。

为了更好地理解企业提供的工作机会，我们分析一下图 8.4 中描述的两家不同企业的情况。企业 X 能够以较低的成本降低工伤风险，因此，与企业 Y 相比，它能够在较低的工伤风险水平上（点 R' 的左边）提供较高的工资。由于它能够用较低的成本构建一个安全的生产环境，因此它可以在工伤风险水平较低的情况下提供较高的工资，而且即使这样，它仍然能够保持竞争力。对劳动者来说，XR' 上的所有点都比 YR' 上的所有点更有吸引力，这是因为，在工伤风险相同的情况下，前者代表的工资水平更高。

然而，在工伤风险较高时，企业 Y 就可以通过提供比企业 X 更高的工资来吸引员工。如果企业 X 允许工伤风险上升到 R 以上，它也不能节约很多开支，这是因为，它降低工伤风险的成本太低了。然而，企业 Y 如果在超过 R 的工伤风险水平上运营却能够节约很多费用，于是，它就愿意在一种较高的风险水平上支付同样较高水平的工资。而对员工来说，$R'Y'$上的各点代表的工作机会比$R'X'$上的各点代表的工作机会更有吸引力，因此，从事工伤风险较高工作的员工都愿意到企业Y去工作。

通过将劳动者的无差异曲线与雇主的等利润曲线绘制在同一幅图中，我们就可以看出不同的劳动者会选择哪一种工作机会。图8.5中显示的是两位雇主（企业X和企业Y）的零利润曲线和两位员工（员工A和员工B）的无差异曲线。员工A通过为企业X工作，并接受W_{AX}的工资率和R_{AX}的工伤风险而达到效用最大化；员工B则通过为企业Y工作，并接受W_{BY}的工资率和R_{BY}的工伤风险而达到效用最大化。

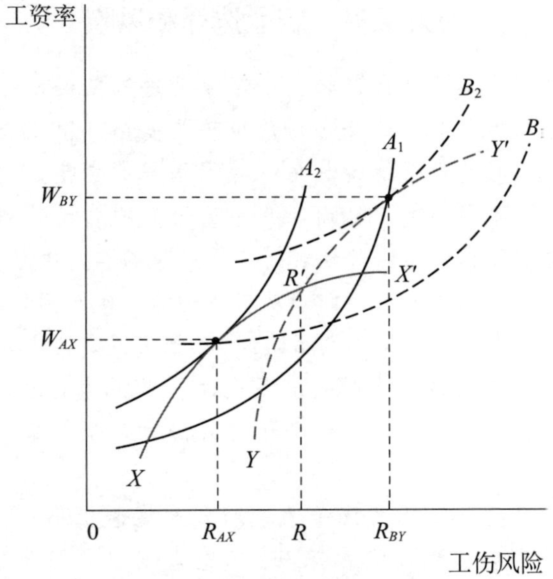

图8.5 雇主和员工之间的匹配

如果进一步对员工A做出的选择进行考察，我们将会发现，如果员工A接受了员工B选择的那份工作——W_{BY}和R_{BY}的组合，那么，他能够达到的效用水平就将会是A_1，然而很显然，A_1是小于A_2的。员工A对安全的价值评价是很高的，W_{BY}的工资是不足以补偿高水平的工伤风险的。而员工B的无差异曲线却较为扁平（这表明此人对工伤风险的厌恶程度比较低），这个人会发现，位于无差异曲线B_2上的W_{BY}和R_{BY}组合比员工A接受的那份工作更好。员工B显然不愿意为了把工伤风险从R_{BY}降低到R_{AX}而让工资水平下降到W_{AX}，因为这样的话，他就将会位于无差异曲线B_1上。

因此，员工A和企业X结合，而员工B和企业Y结合绝不是一种偶然事件或随机事件。[①] 与企业Y相比，企业X能够更低成本地“生产”出安全的工作环境，因

① 以下文章对劳动者基于自己的偏好将选择不同类型的职位的理论含义进行了直接验证，参见Alan B. Krueger and David Schkade，“Sorting in the Labor Market：Do Gregarious Workers Flock to Interactive Jobs?” Journal of Human Resources 43（Fall 2008）：859－883。

此，很自然地，企业 X 会成为一家低工伤风险生产商，同时，它主要吸引像员工 A 这样一些对安全的价值评价比较高的员工。同样，由于企业 Y 通过在较高的工伤风险水平上运行可以节省大量的成本，因而它可以在支付较高工资的情况下仍然保持竞争力。企业 Y 吸引的是一些像员工 B 那样对货币工资有强烈偏好，而对安全的偏好却较弱的劳动者。（关于风险厌恶程度如何影响工作选择的一项研究，参见例 8.2。）

例 8.2

为人父母、职业选择和风险

补偿性工资差别理论是建立在这样一个假设的基础上的，即在某一既定的劳动力市场上，比较厌恶风险的劳动者会选择从事较为安全（但工资水平也较低）的工作。但是，要想对这个假设进行检验却是一件很困难的事情，因为对人们的风险厌恶程度进行测量几乎是不可能的。然而，有一项研究的确对劳动者的风险厌恶程度进行了测量，并且发现了如何推断劳动者对工伤风险的相对厌恶程度。

众所周知，女性往往比男性更倾向于从事安全的工作。例如，20 世纪 90 年代中期，男性在全体劳动者中所占的比例为 54%，但是在因公死亡人员中所占的比例却高达 92%。然而，一个或许还不太那么广为人知的事实是，无论是在男性还是在女性中，都存在一个完全相同的模式——单身父亲和单身母亲都会选择从事较为安全的工作。

这项研究认为，那些正在抚养孩子的劳动者对规避工伤风险有着更高的需求，这是因为他们的孩子需要得到他们的抚养。当然，对单身父母来说情况更是如此。事实上，这项研究发现，与有孩子的已婚女性相比，没有孩子的已婚女性从事的工作面临的死亡风险往往更大，而且单身母亲愿意选择更为安全的工作。

此项研究还发现，在男性中，对已婚男性来说，单身父亲从事的工作往往更为安全，但是在工作的安全性倾向方面，有孩子的已婚男性和没有孩子的已婚男性却似乎并没有太大的不同。这项研究认为，由于已婚男性通常都不是照料孩子的主要角色，因此他们可能会认为自己可以从事风险较高而工资水平也更高的工作，然后再通过购买人寿保险来保护自己的孩子。相反，已婚女性则认为，购买人寿保险并非保护孩子的一种有效途径，因为保险只能提供金钱，但是却不能提供母亲能够给予的关爱和抚育。

资料来源：Thomas Deleire and Helen Levy, "Worker Sorting and the Risk of Death on the Job," Journal of Labor Economics 22 (October 2004): 925 - 953.

工作机会提供曲线　我们前面论述的匹配过程可以推广到不止两位雇主和两位员工的更为一般的情况。此时，应当注意的很重要的一点是，只有处在图 8.4 和图 8.5 中的曲线 $XR'Y'$ 上的点才有机会被劳动者接受。曲线 $XR'Y'$ 可以被称为工作机会提供曲线，这是因为，雇主沿着 $XR'Y'$ 上的点提供的工作机会才有可能会被劳动者接受。工作机会提供曲线的概念对我们讨论两家以上企业的一般性情况是非常有用的，这是因为，我们可以仅用一条工作机会提供曲线来将某一特定劳动力市场上的多位雇主提供的各种潜在工作机会都表示出来。

例如，在图 8.6 中一共包含了从企业 L 到企业 Q 在内的数家企业的利润为零的等利润曲线。通过对图 8.4 和图 8.5 的讨论我们已经知道，员工将只会接受这组曲线中最靠近左上方的那部分曲线代表的工作机会。否则，他们在每一个既定的风险水平上都只能得到更低水平的工资。因此，可能会被员工接受的工作机会都处于图 8.6 中的深线部分上，即我们所称的工作机会提供曲线。劳动力市场上的企业类型越多，则这条提供曲线就越平滑。然而，这条曲线的形状将会一直是自左下方向右上方倾斜的，原因在于我们同时做出的以下两个假设：第一，降低风险的成本是高昂的；第二，如果工伤风险增大，则员工为了保持自己的效用水平不变，必然会要求得到更高的工资。在下面的一些举例中，我们将用工作机会提供曲线来概括劳动力市场上的多位雇主提供的、可能被员工接受的工作机会。用一条提供曲线来加以概括的做法可以使我们避免因为需要引入许多雇主的等利润曲线而使我们的图形变得杂乱无章。

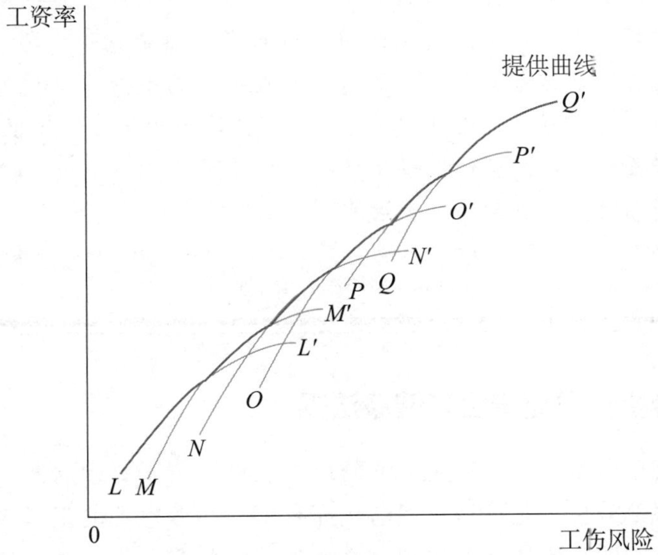

图 8.6　一条工作机会提供曲线

重要的行为推论　从实证经济学的角度来看，我们的享乐主义模型得出了两个主要的推论。第一个推论是，在其他条件相同的情况下，工资水平会随着风险水平的上升而上升。根据这一推论，如果雇主试图吸引的那些劳动者认为有些工作特征是不理想的，则雇主就必须支付补偿性工资差别（参见例 8.3）。对安全有较强烈偏好的劳动者会倾向于到创造安全工作环境所需的费用较少的企业中去工作。那些对工伤风险并不是太反感的劳动者则会寻找和接受工资水平较高同时工伤风险也较高的工作，而这些工作往往是构建安全工作环境的费用较高的企业提供的。[1] 因而，第二个推论就是，工作匹配过程——如果这一过程是在信息充分和自由选择的条件下发生的——就是企业提供工作机会而劳动者接受工作机会，同时双方的优势和偏好还能够得到最大限度的发挥和满足的过程。

例 8.3☞

契约奴与补偿性工资差别

在殖民地时期，契约奴为家境贫穷的移民提供了一条通向新世界的道路。那些自己没钱买船票离开原来的国家移民到新世界的人，可以与他们国家的一位商人或航海的船长签订一份合同（一份卖身契），根据这份合同，移民可以被带往新世界。作为回报，移民需要承诺在到达目的地国家之后以奴仆的身份为主人工作一定的年限。这些商人或船长必须负责移民的饮食、衣服，并且负责将他们送往目的地。一旦到达目的地，这些商人或船长就会把这份卖身契卖给当地的农场主或种植园主，这些移民在契约约定的期限内就要为这些购买契约的人干活。

从契约奴的角度来看，这种奴役型契约的一个主要特征就是它的时间长度及履约的目的地，有些契约能够提供稍微好一点的工作条件，或者是在契约期满之后能够使他们获得较好的工作机会。英国的契约奴市场显然是竞争性的，这是因为，有足够多的代理商在贩卖这些契约——而那些潜在的契约奴对目的地的特征也有着充分的信息，于是，补偿性工资差别便产生了。例如，与在马里兰州出售的契约相比，在西印度群岛售卖的成年人契约要短 9 个月时间（16%）！其中的一个重要原因就在于，在西印度群岛的蔗糖种植园中干活的工作条件非常差。

资料来源：David Galenson，“Immigration and the Colonial Labor System：An Analysis of the Length of Indenture，” Explorations in Economic History 14（November 1977）：360－377.

□ 规范分析：职业安全与健康法规

针对工作安全所做的享乐主义工资分析可以被运用于对政府制定的工作场所安全法规进行的规范分析。尤其是我们已经拥有了一些概念性的工具来帮助我们分析诸如下面的一些问题，比如这些法规是必要的吗？如果是必要的，这些法规的目标应当是什么？

劳动者是工伤风险降低的受益者吗？ 1970 年，美国国会通过了《职业安全与健康法》（Occupational Safety and Health Act），这一法案责成美国劳工部负责发布和强制实施适用于所有私营雇主的职业安全和健康标准。安全标准的主要目的是降低

[1] 有证据表明，对非工作风险不太在乎的劳动者（比如吸烟者）也会选择工伤风险较高的工作。关于此问题的分析，参见 W. Kip Viscusi and Joni Hersch，“Cigarette Smokers as Job Risk Takers，” Review of Economics and Statistics 83（May 2001）：269－280。

身体伤害风险；而健康标准的主要目的则是解决劳动者接触可能致病的物质的问题。这项法案定义的目标是确保“员工能够得到最高水平的健康和安全保护”。

尽管从理想的角度来说，员工在工作场所中面临的风险应当达到尽可能低的水平，但是，如果把这种理想作为一种社会政策来执行就未必最符合劳动者的利益了。我们的享乐主义模型可以推断出，在有些情况下，降低工伤风险的努力可能会导致劳动者的效用水平下降。现在我们分析一下图 8.7。

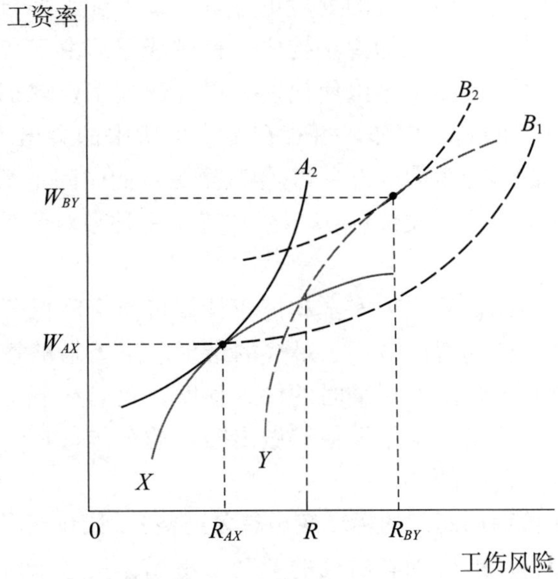

图 8.7　政府管制对一个功能完善的劳动力市场产生的影响

假设有一个劳动力市场就像我们在书中描述的那样运行。在这个市场上，劳动者十分了解任何一种工作的内含危险性，并且也具有充分的流动性，从而能够避开他们不愿意承担的那些风险。在这些情况下，工资水平是与风险正相关的（在其他条件相同的情况下），劳动者会根据自己的偏好把自己归类于不同的工作中。对这种市场，我们可以建立起一个如图 8.7 所示的模型。为了简化分析，我们假设有两种劳动者和两类企业。劳动者 A 十分厌恶工伤风险，因而此人会以 W_{AX} 的工资和 R_{AX} 的风险为企业 X 工作；而劳动者 B 则会以 W_{BY} 的工资和 R_{BY} 的风险为企业 Y 工作。

现在，我们假设美国劳工部中负责执行联邦政府安全和健康计划的机构——职业安全与健康管理局（Occupational Safety and Health Administration，OSHA）颁布了一项标准，规定凡是超过 R_{AX} 的风险水平均为非法。尽管这一标准产生的影响可能是无意的，而且其结果也不会马上显示出来，但它对劳动者 B 这一类员工显然是有所损害的。降低风险的成本很高，在风险水平 R_{AX} 上，一位劳动者可以获得的最高工资水平只有 W_{AX}。可是，对劳动者 B 来说，W_{AX} 的工资水平和 R_{AX} 的风险水平相结合所产生的效用是低于企业 Y 提供的 W_{BY} 的工资和 R_{BY} 的风险相结合所产生的效用水平的。

在一个劳动者承担的风险已经得到补偿的市场上，政府强制要求企业降低风险的做法就会惩罚类似劳动者B的这样一类劳动者，因为这些人对风险并不十分敏感，因而非常喜欢与高风险相联系的高工资。当然，这里的关键问题是，劳动者能否获得补偿性工资差别还要看他们能否满足以下两个条件，即他们能否掌握关于工伤风险的充分信息以及是否有足够的工作选择机会。许多人认为，劳动者并不掌握工伤风险方面的信息，也无法理解各种不同的风险水平，或者不能自由流动，因此，大多数人实际上都不是在自愿的前提下选择风险较高的工作的。如果事实确实如此，政府制定的法规可能就会使劳动者的处境更好。尽管工资水平与工伤风险之间呈正相关关系这一事实可能会对下面的说法构成一种挑战，即由于劳动者所获的信息和流动性通常是不充分的，因而不足以使他们获得补偿性工资差别，但是在有些特定的领域中确实存在这些问题。例如，每年在工作场所中都会出现一些新的化学品，这些化学品对人类的健康产生的危害在20年甚至更长的时间里都是未知的（这归因于大多数癌症和肺病的潜伏期较长），这显然代表了一种会对劳动力市场参与者构成重大信息障碍的问题。

当然，我们说政府制订的这种安全和健康计划可能会降低劳动者的效用，也并不意味着它一定会降低劳动者的效用。最终的结果取决于未被管制的市场本身的运行状况以及政府在确定风险降低标准时的仔细程度。我们在下文将分析在市场并没有为员工提供足够的风险信息来帮助他们做出明智的工作选择时，一项政府安全与健康计划的执行情况是怎样的。

职业安全与健康管理局制定的标准应当有多严格？ 让我们考察一下我们在前面的章节中所论述的石棉厂的劳动者所处的劳动力市场。在这个市场中，信息不灵通或者劳动者无法流动导致了劳动力市场的运行受阻。我们进一步假定政府意识到了其中存在的健康危害，因而希望制定一项标准来防止劳动者暴露于这种不良的危害之下。那么，这项标准应该严格到什么程度呢？

制定这一标准的难点在于降低危害程度是要付出较高代价的，危害的降低幅度越大，则需要付出的代价就越高。尽管在一开始的时候是由企业来负担这些成本的，但它们最终做出的反应却是在其他方面削减成本或者抬高价格（一直到已经不再可能削减成本为止）。因为对大多数企业来说，劳动力成本是企业成本中最大的一块。于是，由于政府的强制性危害降低政策而面临大量成本的企业很自然地就会限制工资增长，或者采取一种类似于降低工资的政策，比如加快生产速度、对缺勤现象不再那么宽容、削减员工福利等。尤其需要指出的是，任何产品或服务价格的上涨（这当然会趋于导致产品的需求量减少）都有可能导致雇佣量的下降。一些工作岗位的丧失将表现为员工被永久解雇的形式，这就迫使劳动者到其他地方去寻找工作——而这些工作可能是他们过去就能够找到的，只是那个时候他们还不愿意接受这些工作。而另外一些工作岗位的丧失则表现为企业减少雇用新员工的形式，而这些员工本来认为这些工作是他们最理想的工作选择。

因此，无论在遵守政府标准时采取的是工资增长幅度缩小、工作条件变得更差的形式，还是使劳动者无法获得或留住自己的首选工作的形式，最终成本都是由员工来承担。我们可以以图形的方式举例分析一下，看看当职业安全与健康管理局制定的强制性风险防范标准被实施之后，劳动者的效用水平是上升还是下降了。

图 8.8 描述了这样一位劳动者的情况，她认为自己接受的是一份风险很低的工作，但实际上这份工作的危害程度却极高，可能会在 20 年的时间里摧垮她的身体。她现在的工资水平是 W_1，并且她认为自己处在点 J，点 J 代表的风险水平是 R_1，效用水平为 U_1。而事实上，她处于点 K，这一点代表的工资水平是 W_1，风险水平是 R_2（她并未意识到风险有这么高）。因此，如果她知道自己现在面临的风险程度，她的效用水平显然会下降（下降到无差异曲线 U_0 上）。

假设政府现在发现了这种工作是非常有害的，则政府可以采取一种最简单的做法，即告知这些劳动者实际存在的工作危害，然后让他们去找其他的工作。但是，如果政府担心这些劳动者无法理解这一信息或者不具备找到其他工作的能力，它就会制定一项限制员工暴露于这种危险环境的标准。那么，这个标准提供的保护水平应当是怎样的呢？

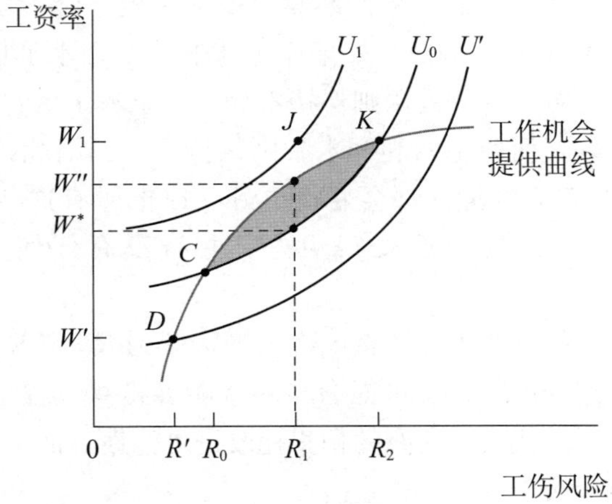

图 8.8　一位接受了未知风险的劳动者

如果职业安全与健康管理局强制要求企业必须将危险程度降至 R'，那么，在我们的这个例子中，劳动者能够获得的最高工资水平就是 W'（提供曲线上的点 D）。但是，点 D 位于无差异曲线 U' 上，这一效用水平低于劳动者目前已经获得的效用水平 U_0。所以，在政府强制实施标准之后，她的境况变得更差了。另外，如果政府将危险水平强制降低到 R_0 与 R_2 之间，则她的境况会变得更好，因为此时她能够达到比 U_0 高的无差异曲线（图 8.8 中的阴影部分）。为了更好地理解这一点，我们将对隐藏在收益-成本分析背后的一些概念加以简单解释——经济学家通常建议利用收益-成本分析这种技术来估计政府强制实施的一些政策是否有助于改善社会福利。

收益-成本分析　在劳动力市场上进行收益-成本分析的主要目的是对以下两个方面的情况加以比较：一是政府管制的成本；二是劳动者对这一管制产生的预期收益的评价（以劳动者愿意为得到这些收益而付出的代价来衡量）。在图 8.8 中，我们用提供曲线表示企业为达到政府强制规定的标准而必须承受的人均成本——提供曲线指出了企业为保持利润水平不变而必须降低工资水平的状况。例如，如果职业安全与健康管理局强制要求企业将危险程度从 R_2 降低到 R_1，那么雇主负担的成本就会导致它们将员工的工资降低到 W''。因而，这一标准带来的人均成本就是 (W_1-W'')。

从理论上讲，职业安全与健康管理局制定的标准产生的收益可以用劳动者为降低风险而自愿降低的工资水平来衡量。在图 8.8 中，如果风险水平能够被降低到 R_1，则劳动者愿意将自己的工资减少到 W^*，这是因为，那种工资水平和风险水平为她带来的效用水平和她目前的效用水平是一样的（回忆一下，她实际上处于无差异曲线 U_0 上的点 K）。因此，她愿意为降低工伤风险而付出的最高代价是 (W_1-W^*)。如果工资率被强制降低到 W^* 以下，则她的境况会变得更糟（下降到一条水平更低的无差异曲线上），如果工资水平能够高于 W^*，则她的境况会变得更好。

在图 8.8 所举的例子中，政府强制要求企业将风险降至 R_1 带来的收益是大于成本的。也就是说，劳动者为降低风险而愿意接受的工资下降程度 (W_1-W^*) 超过了降低风险的实际成本 (W_1-W'')。如果雇主能够将工资水平压低至 W^*，其利润水平就比现在还高，而劳动者的效用则保持不变；如果将工资水平压低到 W''，则劳动者的境况会变得更好，而雇主的利润水平则保持不变。因此，如果工资水平下降至 W^* 到 W'' 之间，则双方的境况都会变得更好。以上所有这些可能选择都属于帕累托改进（至少有一方的境况会变得更好，并且没有任何一方的境况会变得更差）。

在图 8.8 中，政府强制要求企业将风险水平降低到 R_0 与 R_2 之间，这种规定产生的收益大于成本。这些风险程度可能会伴随着能够将双方置于图中阴影区域的工资水平——这个阴影区域代表着所有的帕累托改进可能性。低于 R_0 的风险水平给社会带来的成本可能就会大于收益。

现在让我们跳出书本，以一种现实的眼光来看一看到底应当如何衡量劳动者为降低风险而愿意接受的工资损失。答案是，我们可以估计一下在劳动力市场上起作用的那些补偿性工资差别。假设在一个运行正常的劳动力市场上，为了能够使年工伤死亡率下降 1/10 000，劳动者愿意接受的工资下降幅度为每年 700 美元——这个量与关于补偿性工资差别的一些近期研究是一致的。[①] 如果情况确实如此，劳动者显然相信，在其他条件保持不变的情况下，当死亡风险被降低这个量时，他们实际上相当于获得了 700 美元的福利。虽然我们对劳动者为降低死亡风险而意愿承担的代价所做的估计并不精确，但是分析补偿性工资差别的做法无疑是相对合理地估算劳动者认为死亡风险下降所具有的价值的一种最佳途径了。

---

① Kniesner, Viscusi, Woock, and Ziliak, "The Value of a Statistical Life: Evidence from Panel Data." 另外一篇文章分析了人们对风险下降所做的价值判断，参见 Chris Roohlfs, Ryan Sullivan, and Thomas Kniesner, "New Estimates of the Value of a Statistical Life Using Air Bag Regulations as a Quasi-Experiment," American Economic Journal: Economic Policy 7 (February 2015): 331–359。

尽管对劳动者为降低风险而愿意承担的代价所做的估计是很粗略的，同时在一定程度上很可能存在错误，但是这些估计仍然可以被用来评价政府制定的相关规章制度是否恰当。如果我们认为，为了使每年的在职死亡风险降低万分之一，劳动者愿意每年支付 700 美元，那么，如果政府制定的安全和健康标准带来的成本高出这一水平，则就应该重新考虑了。例如，20 世纪 80 年代，美国职业安全与健康管理局制定的三项规章制度为了将劳动者的年度在职死亡风险降低万分之一，导致每位劳动者的人均成本介于 8 000 美元和 7 800 万美元之间![1] 即使我们认为我们估计的劳动者为了降低风险而愿意承担的 700 美元成本只不过是他们实际愿意承担成本的一半（或四分之一），这些安全和健康标准要求达到的强制风险降低水平也会降低劳动者的效用，而不是增加他们的效用。

享乐主义工资理论与员工福利

从表 5.3 中我们可以看出，在较大的企业中，员工福利占到员工薪酬总额的 30%左右，其中 2/3 以上的员工福利与养老和医疗保险有关——这两项福利在过去的 30 年中变得越来越重要，并且已经引起了政策制定者的注意。在本节中，我们将运用享乐主义工资理论来对员工福利产生的劳动力市场效应加以分析。

□ 员工的偏好

大多数员工福利都有一个突出的特征，即它们不是采取在目前可支配的现金的形式向劳动者提供报酬。总体来说，员工福利可以划分为两大类。第一类是实物薪酬——以某种商品的形式来向员工提供薪酬，比如由雇主提供的保险或者带薪休假时间。[2] 第二类是延期薪酬，即这些薪酬是现在挣到的，但是要在今后才能以货币的形式得到，雇主在员工的养老金计划中缴纳的费用在员工福利中占比最大。

实物薪酬 一个已经得到公认的经济理论是，在其他条件相同的情况下，人们宁愿得到 X 美元的现金，也不愿意得到价格等于 X 美元的商品。原因很简单，手中拿着 X 美元现金的人可以购买某种特定的商品或者随心所欲地购买其他商品。显然，现金是一种能够赋予人们最大自由选择权的薪酬形式，它在实现效用最大化方面是最优的。

---

① John Morrall Ⅲ, "Saving Lives: A Review of the Record," Journal of Risk and Uncertainty 27 (December 2003): 221 - 237.

② 假定一位女性劳动者每年工作 2 000 小时，年度工资性报酬总额为 15 000 美元。那么，她可以通过以下两种方式来将她的工资率从 7.50 美元提高到 8 美元：一是直接提高货币工资率；二是在年度工资性报酬总额不下降的情况下，将工作时间减少到 1 875 小时。如果她是通过带薪休假的形式获得工资率提高的，那么她事实上是以闲暇时间这样一种商品的形式获得薪酬的。

但是，正如很多人怀疑的那样，这里的“其他条件”往往并不相同。特别是，像雇主提供的健康保险这样一些实物薪酬还为员工提供了相当可观的税收优惠——根据美国当前的收入所得税规定，这种保险收入中的大部分是无须纳税的。实物薪酬无须纳税的优点在某种程度上抵消了它会限制消费的缺点。一般情况下，劳动者宁愿要价值 1 000 美元的现金而不愿意要 1 000 美元的实物。但是，如果他的所得税和工薪税合起来总共达到 25%，则实际上需要比较的就是 750 美元的现金和价值 1 000 美元的实物之间的优劣了。

延期薪酬 像实物薪酬一样，与现金支付相比，延期薪酬计划也受到一定的消费限制，但是也享受税收优惠。例如，对养老金来说，雇主现在向一个养老基金缴费，但是它的员工在退休之后才有资格得到这笔钱。然而，无论是雇主以员工的名义向养老基金缴纳的费用，还是这笔基金经过投资之后产生的收益，都不需要缴纳个人所得税。只有当员工退休以后，实际得到这笔养老金时，他们才需要纳税。

无差异曲线 在劳动者对员工福利的偏好形成的过程中，有两种作用方向相反的力量在同时起作用。一方面，这些福利能够获得特殊的税收优惠。只要想一想，对大多数劳动者来说，他们承担的收入所得税和社会保障税通常都超过 20%，我们就会知道，员工福利的这个特点意义非同寻常。另一方面，员工福利又意味着人们失去对全部薪酬的自由支配权。其结果是，如果我们用图形的方式来表示劳动者对现金薪酬（工资率）和员工福利的偏好，我们就可以得到如图 8.9 所示的无差异曲线。当现金形式的工资性报酬较高，而员工福利较少时（点 J 的情况），劳动者就愿意放弃较大数量的现金薪酬，以换取员工福利所带来的税收优惠。然而，一旦在员工的总薪酬中大部分都是员工福利，现金薪酬占的比例很小（点 K 的情况），再进一步增加员工福利就会大大减少员工可自由支配的工资性报酬，结果导致税收优惠变得很小。因此，在点 K，无差异曲线比较扁平。因此，表示员工对现金形式的工资性报酬和员工福利的偏好的无差异曲线，在形态上与第 6 章和第 7 章中展示的无

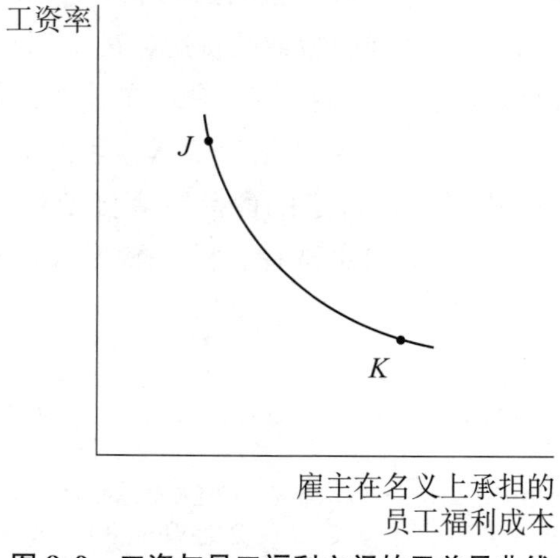

图 8.9 工资与员工福利之间的无差异曲线

差异曲线是一样的。[①]

□ 雇主的偏好

雇主在准备向自己的员工提供何种现金薪酬和员工福利组合方面，也要做出自己的选择。[②] 它们对这种组合的偏好可以在图形上用等利润曲线来表示。

斜率绝对值为 1 的等利润曲线 在分析雇主是如何在支付给员工的现金薪酬和员工福利之间做出权衡的时候，我们一开始最好假设雇主对支付 X 美元的工资或 X 美元的员工福利是无所谓的，只要两种支付方式的成本相同，又何必在意采取哪种方式呢？

如果企业对支付给员工的现金薪酬和员工福利如何进行组合是无所谓的，那么它们唯一关心的就是总薪酬水平了。如果某种特定类型的工作要求雇主必须支付的总薪酬为 X 美元，则雇主可能会愿意支付 X 美元的工资，或者 X 美元的员工福利，或者总额为 X 美元的工资和福利的某种组合。这些对企业有相同吸引力的各种组合，我们可以用图 8.10 中利润为零的等利润曲线来表示。需要指出的是，这条等利润曲线的斜率为-1，这表明，要想保持利润不变，则雇主在员工福利中每增加 1 美元，就必须相应地在工资中减少 1 美元。

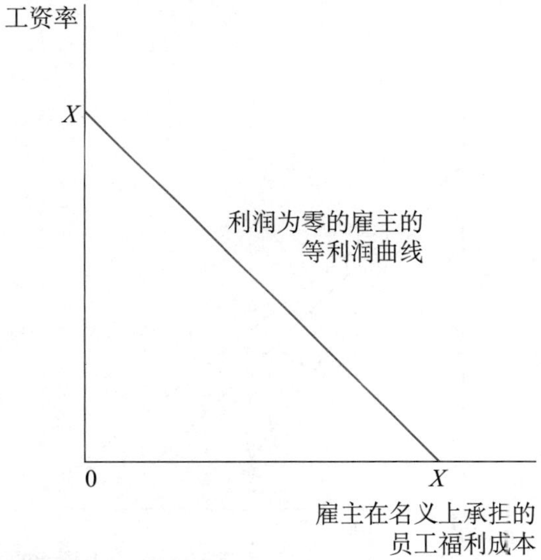

图 8.10 代表企业愿意向员工提供的工资和福利组合的一条等利润曲线：斜率绝对值为 1

扁平的等利润曲线 企业在愿意向员工提供的工资和福利之间进行权衡时，并

---

① 我们在前文所论述的无差异曲线是向右上方倾斜的，原因是横轴所表示的是“差的”特征，而不是“好的”特征。

② 雇主在提供员工福利时，会对员工的偏好非常敏感，关于这方面的证据，参见 Itzik Fadlon, Jessica Laird, and Torben Heien Nielsen, “Do Employer Pension Contributions Reflect Employee Preferences? Evidence from a Retirement Savings Reform in Denmark,” American Economic Journal: Applied Economics 8 (July 2016): 196-216。

非总是愿意按 1∶1 的比率来进行替代。与向员工支付现金工资相比，有些员工福利能够给雇主带来一些税收上的节约。例如，雇主必须缴纳的社会保障税都是以现金工资为基数，而不是以员工福利为基数。因此，通过实物形式或者延期福利形式向员工提供报酬，而不是以等量现金形式向员工提供报酬的做法，能够减轻雇主的税收负担。

此外，企业还可以通过提供属于某一特定群体的劳动者更为看重的福利的方式来帮助自己筛选求职者。这里的关键是，企业提供的福利对它希望吸引的特定群体中的劳动者应当是有吸引力的，但是却会打击另外一些劳动者的求职积极性。例如，延期薪酬对更为看重未来的劳动者可能更有吸引力；而学费资助这样的员工福利也只对重视继续教育的人才会有吸引力。那些只关心现在或者不希望继续接受正规教育的人甚至不会来求职，因此，提供这两种福利（而不是提供高工资）的雇主就可以节约自己的甄选成本——这些成本是以其他方式招聘和雇用人员时不得不付出的。

当员工福利能够为企业带来税收或其他方面的好处时，等利润曲线就会趋于扁平，如图 8.11 中的曲线 *A* 所示。扁平状的曲线表明，名义成本为 300 美元的员工福利由于能够通过其他一些途径给企业带来一些成本节约，因此，员工的工资水平只要降低 280 美元就能够使企业的利润水平保持不变。

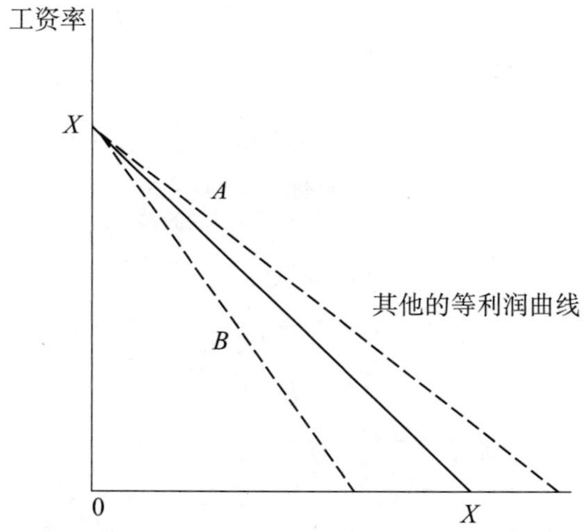

图 8.11　代表企业愿意向员工提供的工资和福利组合的其他等利润曲线：斜率绝对值不为 1

陡峭的等利润曲线　在有些领域，员工福利可能也会使雇主的成本增加，结果导致以福利形式支付的员工报酬比以现金形式支付的成本更高。例如，雇主为员工支付的人寿保险和医疗保险通常是不会受到员工工作小时数影响的（只要员工被认定为“全日制员工”就行了）。保险福利增加而工资率并没有增加这种情况就会导致在闲暇价格没有上升的情况下产生一种收入效应。因此，以这种形式来增加薪酬的结果是导致人们朝着减少工作时间的方向发展，只不过更多的是采取缺勤的形式。[①]如果员工福利在其他领域中增加了企业的成本，企业的等利润曲线就会变得陡峭（参见图 8.11 中的曲线 B）——这表明，要想保持利润水平不变，企业每提供名义成本为 300 美元的员工福利就需要将工资减少 300 美元以上。

□ 工资和福利的联合决定

某个特定劳动力市场上的提供曲线可以通过将每一家企业的零利润等利润曲线上的相关部分连接起来画出。当所有企业的等利润曲线的斜率都为－1 时，提供曲线就是一条斜率为－1 的直线，该提供曲线的形状如图 8.12 所示。这条曲线与图 8.10 中的零利润等利润曲线的唯一区别是，后者描绘了一家企业假设提供的工资和福利组合情况，而前者却描绘了这一劳动力市场上的所有企业实际提供的工资和福利组合情况。当然，如果各企业的等利润曲线的斜率并不等于－1，那么提供曲线就不会完全像图 8.12 中所示的那样。但是，无论提供曲线的形状或斜率的绝对值如何，它都会自左上方向右下方倾斜。

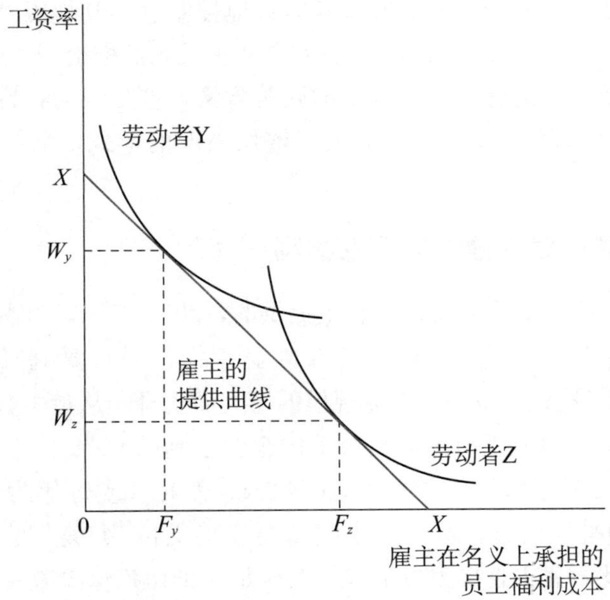

图 8.12　工资和福利组合的市场决定

因此，员工实际上面临需要进行权衡的一系列工资和员工福利组合。相对来说，比较在意获得目前可支配的现金的员工（如图 8.12 中的劳动者 Y），会选择大部分由工资构成的总薪酬。而对当前的现金收入并不太在意，却对员工福利的税收优势比较感兴趣的员工，则会选择员工福利所占的比重较大的总薪酬（如图 8.12 中的劳

① 参见 Steven G. Allen, "Compensation, Safety, and Absenteeism: Evidence from the Paper Industry," Industrial and Labor Relations Review 34 (January 1981): 207－218，以及他的另一篇文章，"An Empirical Model of Work Attendance," Review of Economics and Statistics 63 (February 1981): 77－87。

动者 Z)。因此，雇主会专门针对所希望吸引的劳动者的偏好来量体裁衣式地设计自己的总薪酬体系。例如，如果雇主雇用的员工比较年轻且比较穷，那么雇主设计的总薪酬就会主要侧重于工资，而只将很少的部分以养老金和保险的方式来提供；如果雇主试图吸引的劳动者是家庭收入较高的某一个地区中的人，而且员工福利常常能够给企业带来大量的税收减免，这时，企业可能就会提供一种员工福利占较大比重的总薪酬体系。

图 8.12 表明，在其他条件相同的情况下，员工得到的福利水平越高，则获得的工资水平就越低。此外，如果雇主的等利润曲线的斜率为－1，则雇主每提供成本为 1 美元的员工福利，劳动者就要少获得 1 美元的工资。换句话说，经济理论认为，员工福利实际上是由劳动者自己买单的。

要想实际观察到工资与员工福利之间的权衡情况并不是一件容易的事情，这是因为，提供高工资的企业通常提供的员工福利也比较好。很多随意的观察者或许会认为，工资与员工福利之间是一种正相关关系。但是这种随意的观察往往会造成误导，这是因为，它没能考虑到会对总薪酬产生影响的其他一些因素，比如工作的要求以及劳动者的质量。统计方法能够非常容易地控制这些其他因素的影响，一些统计研究已经证实了工资与员工福利之间存在负相关关系的推论。[①] 工资与员工福利之间存在负相关关系的结论有着非常重要的政策含义，这是因为，旨在改善员工福利的政府立法可能会以降低劳动者未来工资增长幅度的形式，最终让劳动者自己来买单。

□ 政策案例：雇主提供的医疗福利

美国劳动者的医疗保险主要是由雇主提供的，2015 年，有 72%的劳动者可享受雇主提供的医疗保险。全日制员工的覆盖率（88%）要高于非全日制员工（22%）——同时，覆盖率也随着企业规模的增大而上升，从员工数量不到 100 名的企业达到的 58%，上升到拥有 500 名员工的企业达到的 90%。[②] 2015 年，平均每位雇主为员工支付的医疗保险缴费是每小时 2.85 美元（或每年为全日制员工支付 5 700 美元）[③]，而平均而言，员工每小时需要直接支付 71 美分的缴费（每年支付 1 420 美元）。因此，雇主直接为员工支付大约 80%的医疗保险缴费。[④]

2010 年通过的《平价医疗法案》（Affordable Care Act，又称《奥巴马医疗法

---

① 下面这篇文章介绍了早期所做的与养老金有关的补偿性工资差别方面的一些研究，参见 Edward Montgomery and Kathryn Shaw, "Pensions and Wage Premia," Economic Inquiry 35 (July 1997): 510－522。

② U. S. Department of Labor, Bureau of Labor Statistics, "Employee Benefits in the United States—March 2015," USDL-15－1432 (July 24, 2015), Table 2.

③ U. S. Department of Labor, Bureau of Labor Statistics, "Employer Costs per Hour Worked for Employee Compensation and Costs as a Present of Total Compensation: Civilian Workers," Economic News Release (June 9, 2016), Table 1.

④ U. S. Department of Labor, Bureau of Labor Statistics, "Employee Benefits in the United States—March 2015," Table 3.

案》）并未要求雇主向员工提供医疗保险，但员工人数超过 50 人的雇主如果不提供医疗保险，则可能会被按照员工人数处以每人 2 000 美元的罚款。此外，《平价医疗法案》确实要求所有的医疗保险计划都必须包含某些条款[①]：

- 必须允许年轻人在 26 岁之前继续享受父母的医疗保险
- 保险公司不得以任何理由拒绝给任何人提供保险，包括目前的健康状况
- 保单不能对承保范围施加终身限制
- 新的计划必须包括某些不需要参与者支付任何费用的预防性服务
- 必须包括一套最低限度的服务

《平价医疗法案》提出的要求总体来说以两种方式增加了雇主承担的医疗保险费用：一是一些在《平价医疗法案》颁布之前没有提供医疗保险的雇主，现在有动力提供了；二是在《平价医疗法案》颁布之前已经实施了许多相关医疗保险政策的雇主，现在必须将覆盖范围扩大（最明显的就是将覆盖面扩大至员工的年轻成年子女）。

由于雇主直接支付员工医疗保险费用的 80%，因此补偿性工资差别理论表明，雇主承担的医疗保险费用增加将会伴随着员工的工资下降。在雇主这方面，成本上升的压力将会导致企业寻求在其他方面削减劳动力成本的方法；而且员工由于获得了有价值的东西，他们很可能也愿意为此被降薪。事实上，一项研究估计，医疗保险费用每上升 10%，会造成工资下降 2.3%。此外，对于《平价医疗法案》要求将员工医疗保险覆盖其年轻成年子女的这项规定，有分析发现，这会导致员工的年收入下降大约 1 200 美元，这笔钱会用于将医疗保险覆盖至员工子女。因此，至少扩大医疗保险覆盖范围的这部分成本，似乎将由员工受到工资下降的压力这样一种形式来承担。

实证研究

对风险导致的补偿性工资差别进行估计
到底有多冒险？“变量误差”问题

研究者在估计与工伤死亡风险相联系的补偿性工资差别时，需要从一个包括很多人的样本中收集大量信息，这些信息包括这些人的工资水平数据以及会对工资水平产生影响的各种非风险性因素（其中包括他们所属的职业以及行业等指标）。与工伤死亡风险有关的指标，通常可以从政府的相关报告中获得，政府一般会根据职业或行业将这些指标在表格中列举出来。研究者可以通过职业或行业将工伤死亡风险与样本中的每一个人匹配起来。当然，研究者的主要目的还是在控制所有其他可能会影响工资的变量之后，（使用多元回归技术）估计出工伤死亡风险对工资的影响。

① The Henry J. Kaiser Foundation, “Summary of Coverage Provisions in the Patient Protection and Affordable Care Act” (July 17, 2012), http: //kff. org/health-costs/issue-brief/summary-of-coverage-provisions-in-the-patient/.

然而，这种研究所得到的结果的可信度有多大？

在美国，对工作场所中发生的死亡情况进行统计的数据来源主要有两个，分别为美国劳工统计局（Bureau of Labor Statistics，BLS）和美国国家职业安全与健康管理局（National Institute for Occupational Safety and Health，NIOSH），但是这两个数据来源并非不存在问题。美国劳工统计局是通过对雇主进行调查来了解工作场所中的工伤情况（其中包括致命的工伤）的，而美国国家职业安全与健康管理局则是通过对死亡证明的验证来收集资料的。然而问题在于，在如何记录死亡事故方面，常常令人很难做出判断。例如，在美国发生的全部工伤死亡事故中，大约25%是由高速公路交通事故造成的；12%的情况则是由他杀导致的。正因为如此，对于一次死亡事故是否属于工伤死亡，这两个数据来源往往并不能完全达成一致。例如，1995年，美国劳工统计局记录的工伤死亡事故数量为6 275例，而美国国家职业安全与健康管理局记录的数字则为5 314例。

在计算单个劳动者面对的风险时遇到的另一个问题源自一个令人欣慰的事实，即在工作中被人杀害是一种相对罕见的事件（每年，每10万人中大约才有4人）。例如，假设我们想统计出美国人口普查中采用的500个具体职业在200个细分行业中的风险情况。那么，这就会出现10万个职业和行业交叉单元，由于每年大约只有5 500例死亡出现，因此大多数单元中都会表现出零工伤死亡风险。正是出于这方面的原因，报告的工伤死亡风险数据都是加总数据（或是根据行业来报告，或是根据职业来报告，但是不会同时根据行业和职业来报告）。

美国劳工统计局会报告美国全国的分行业或分职业的工伤死亡风险数据，但是它只报告至少有5例死亡的那些单元中的数据。因此，劳动者人数相对较少或者工伤死亡风险相对较低的行业或职业就没有被包括在它的数据之中。美国国家职业安全与健康管理局则按州来报告工伤死亡风险数据，但是它报告的数据仅仅限于人员高度集中的行业或职业（包括的行业或职业数量分别只有大约20种）。如果只是在加总水平上将劳动者与风险水平进行匹配，就会迫使我们做出这样的假设，即在相关职业或行业中的全体劳动者都面临相同水平的工伤死亡风险。例如，运用国家职业安全与健康管理局提供的按职业分类的工伤死亡风险数据时，我们会假设在每个不同州中的警察和牙医助手（在美国国家职业安全与健康管理局的样本中都被合并称为“服务类人员”）都面临相同的工伤死亡风险。类似地，运用美国劳工统计局发布的按行业分类的工伤死亡风险数据，我们又会被迫假设伐木行业（美国劳工统计局所界定的一个细分行业）中的会计和伐木工面临相同的工伤死亡风险。

因此，很显然，在将这些职业或行业水平上的工伤死亡风险数据应用到劳动者个人身上时是存在误差的。回归技术假设对因变量（在这里就是工资率）的衡量是存在误差的，但是它假设对像死亡风险这样的自变量是不存在衡量误差的。因此，当某一特定的自变量存在“变量误差”问题时，这个自变量对因变量的估计所产生的影响就会趋于零——这当然就会削弱我们对结果的信任程度。但是由于我们对这个问题是无能为力的，所以我们最好的期望就是，无论将哪种衡量工伤死亡风险的指标与劳动者个人联系起来，我们都能得到类似的结果。

一项研究运用四种不同的工伤死亡风险衡量指标对估计出来的各种不同的补偿性工资差别进行了比较。这四种工伤死亡风险衡量指标分别为：美国劳工统计局提供的分行业的工伤死亡风险数据、美国劳工统计局报告的分职业的工伤死亡风险数据、美国国家职业安全与健康管理局报告的分行业的工伤死亡风险数据以及美国国家职业安全与健康管理局报告的分职业的工伤死亡风险数据。在运用这四种工伤死亡风险数据进行的估计中，有三种估计结果都表明，补偿性工资差别的大小与工伤死亡风险的增加是显著正相关的（这与预期情况是一致的），尽管在某些程度上存在差异——影响最大的估计值是影响最小的估计值的 2 倍。第四种估计得到的补偿性工资差别是负的，因而与理论预测是相反的。因此，遗憾的是，尽管实证研究能够支持这样一个结论，即在职死亡风险确实会导致补偿性工资差别的存在，但是这种结论并不是最终定论。要想得到更为确定的估计值，我们还需要找到能够解决“变量误差”问题的方法，而这需要我们找到能更准确地衡量劳动者个人所面临的工伤死亡风险的数据资料。

另一项研究对分别使用行业层面的工伤风险数据（正如前文讨论的研究中所做的那样）和使用企业层面的工伤风险数据估计出来的补偿性工资差别进行了比较。尽管人们可能做出这样的预测，即企业层面的数据将能够更为准确地描绘出员工个人面临的风险特征，但也很可能会出现另外一种情况（这种情况在小企业中发生的可能性尤其大），即由于工伤发生的次数太少，以至某一特定年份中的企业层面数据并不能准确地描绘出员工在长期中面临的风险。因此，这项研究发现，运用企业层面的数据估计出来的与工伤风险上升相联系的补偿性工资差别更小（但仍然是正值）。

资料来源：Dan A. Black and Thomas J. Kniesner, “On the Measurement of Job Risk in Hedonic Wage Model,” Journal of Risk and Uncertainty 27 (December 2003): 205－220; Rafael Lalive, “Did We Overestimate the Value of Health?” Journal of Risk and Uncertainty 27 (October 2003): 171－193.

复习题

1. 建设一条横穿阿拉斯加州的输油管道需要使用大量从美国本土招募的劳动者，这些人将生活在集体宿舍中，同时在恶劣的气候中完成工作。运用普通的劳动力供给和劳动力需求的概念讨论这种工作的补偿性工资差别。

2. 陈述 1：“企业的高层管理人员都是一些贪婪的利润最大化者，他们只关心自己的利益。”陈述 2：“在其他条件相同的情况下，从事不卫生、危险的工作的劳动者，必将得到较高的工资。”这两种说法在一般情况下是正确的吗？为什么？

3. “将劳动力配置于工作条件各异的各种工作中的方法有三种：第一种方法是采取强制分配

手段；第二种方法是采取欺骗手段；第三种方法是提供补偿性工资差别。”对此加以评论。

4. 有人宣称，低工资岗位上的劳动者缺乏高工资岗位上的劳动者所能够享受的那些医疗保险和养老金福利，假如这一说法是正确的，那么这种情况与补偿性工资差别理论是否就相违背呢？试着对其进行解释。

5. 判断下面这种说法是正确的、错误的，还是不确定的：“某些特定的职业，比如采煤工作，本身就对劳动者的健康和安全构成了威胁。因此最恰当的政府政策无疑就是制定和实施严格的安全和健康标准。”解释你的答案。

6. 假设美国国会决定让所有的雇主都必须为自己的员工提供一份价值至少为 50 000 美元的身故保险。运用经济理论中的实证分析方法和规范分析方法，分析该政策对员工的总体福利所产生的影响。

7. 美国联邦政府在 1942 年通过了一项法律，禁止制衣厂雇用在自己家里从事制衣工作的独立签约者。制定这项法律的原因在于，政府认为在家里工作的劳动者挣的钱太少了，政策制定者觉得他们受到了制衣厂的剥削。试对以下判断加以评论：从事相同工作的工厂劳动者和家庭劳动者之间存在的工资差别，就是对家庭劳动者遭受剥削程度的一种衡量指标。

8. “针对危险工作提供的补偿性工资差别的概念不适用于煤矿这一类产业，因为在这类产业中，工会已经迫使工资和所有其他的薪酬项目都变得相同了。由于所有的煤矿主都必须支付相同的工资，所以，补偿性工资差别是不可能存在的。”这种说法正确吗？（假设向从事危险工作和非危险工作的员工支付的工资和其他形式的薪酬都必须相同，考虑一下这种情况对个人的劳动力供给行为会产生怎样的影响。）

9. 1991 年，德国建议欧盟所有的国家都一致同意，不允许在星期日工作（一种可以允许的例外情况是：穆斯林、犹太人和其他宗教群体在不是星期日的时候庆祝了安息日，因而需要在星期日补充工作）。运用经济理论中的实证分析和规范分析方法，分析禁止在星期日工作这种政策所产生的各种可能的影响。

10. 2005 年，联邦法院授权美国联合航空公司（United Airlines，UAL）终止其养老金计划。政府将接管美国联合航空公司的养老金，并向该公司的退休员工支付养老金，但是政府的这种做法意味着，美国联合航空公司的退休员工以及目前的在职员工所获得的养老金水平将低于美国联合航空公司当初的承诺。那么，面对养老金福利出现的这种突然而出人意料的减少，你认为在未来的劳动力市场上会产生怎样的影响？

练习题

1. 一位研究者发现，从事水下施工的劳动者的工资等式为 $W_i=10+0.5D$，其中，W 为每小时的工资（单位：美元），D 为劳动者在工作时的水下深度（单位：米）。根据以上信息描绘雇主的提供曲线以及劳动者 A 和劳动者 B 可能的无差异曲线，其中劳动者 A 在水下 3 米处工作，劳动者 B 在水下 5 米处工作。根据他们目前的工资水平和在水下工作的深度，在保持效用不变的前提下，这两位劳动者在小时工资和在水下工作的深度变化 1 米这两者之间进行权衡时，他们愿意接受的条件是什么？当工作地点位于水下 3 米处时，哪一位劳动者更乐意为减少水下深度而付费？

2. 考虑一下香水工厂中的工作条件。在纽约的香水工厂里，劳动者并不喜欢闻香水的气味，但是在加利福尼亚的香水工厂里，劳动者却非常喜欢闻香水的气味，只要这些香水气味的浓度不超过 S^* 这一水平（如果超过 S^* 这一水平，他们就会厌恶香水的气味了）。假定这些香水工厂在减轻或者消除香水气味方面没有成本，并且劳动者在其他地方可以获得的工资水平为 W^*。

运用等利润曲线和无差异曲线以图形的形式表示上述两种情况。（纽约和加利福尼亚香水工厂的等利润曲线是相同的，但是劳动者的无差异曲线却是不同的。）纽约香水工厂的香水气味会保持在何种水平？加利福尼亚工厂中的香水气味呢？在纽约香水工厂和加利福尼亚香水工厂中工作的劳动者之间存在工资差别吗？

3.（参考本章附录）托马斯的效用函数为 $U=\sqrt{Y}$，其中 Y 为年收入。他现在有两个工作机会可以选择，第一个工作机会的年收入为 40 000 美元，而且不存在短期解雇的问题。另外一个工作机会可能存在短期解雇的问题，大约有一半的年份是不景气的，因而劳动者会被临时解雇，这就导致劳动者的年收入会下降到 22 500 美元，而其他的年份则是好年份。在好年份中，托马斯的年收入要达到多少，才能补偿他承担的较高的短期解雇风险呢？

4. 下面的两幅图代表的是劳动力市场上的两个行业，这两个行业都需要相同的技能和经验，只不过行业 B 的工作环境中的噪音比行业 A 中的更大。这两个行业之间的补偿性工资差别是多少？

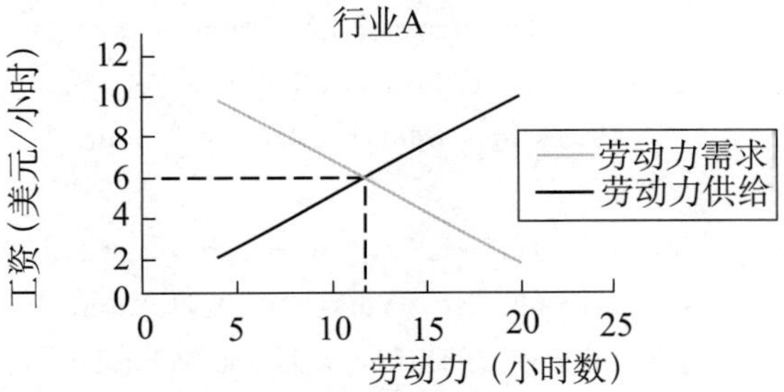

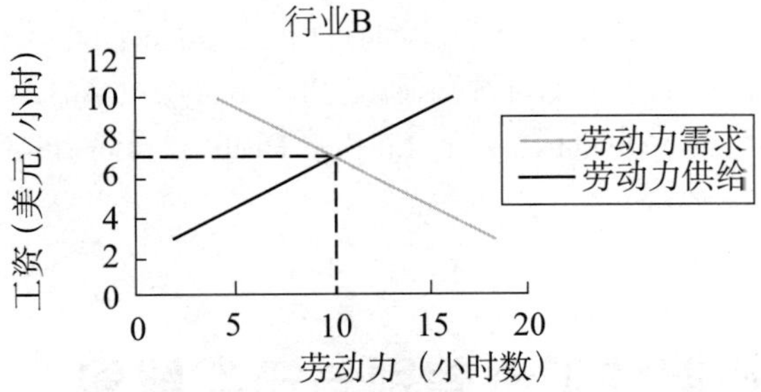

5. 对谢尔顿来说，下面两种组合带来的效用是相同的，即 2%的工伤风险和每小时 15 美元的工资率以及 3%的工伤风险和每小时 18 美元的工资率。而对谢尔伯而言，效用相同的两种组合则分别是 2%的工伤风险和每小时 16 美元的工资率以及 3%的工伤风险和每小时 18 美元的工资率。

（1）谁的风险规避意识更强？

（2）考虑一条凹的（从下往上看）市场“工作机会提供曲线”。这条曲线上的哪一点有可能使谢尔顿的效用实现最大化？将其与谢尔伯的效用最大化点加以比较，并做出解释。

6. 职业 A 的劳动力需求曲线是 $L_D=20-W$，L_D 为该职业的劳动力需求量（单位：千人）。职业 A 的劳动力供给曲线是 $L_A=-1.25+0.5W$。职业 B 的劳动力需求曲线与职业 A 类似，但是其劳动力供给曲线是 $L_B=-0.5+0.6W$。哪方面的情况表明，与职业 A 相比，职业 B 的工作环境更令人愉快？这两种职业之间的补偿性工资差别是多少？

7. 对 ABC 公司来说，利润为零的等利润曲线是 $W=4+0.5R$，其中 W 是在利润保持为零的情况下，公司在某一特定的风险水平 R 上愿意提供的工资率。而对 XY 公司来说，利润为零的等利润线则是 $W=3+0.75R$。

（1）绘制出每一家公司面临的利润为零的等利润曲线。一条用来反映在安全方面的支出产生的边际收益的线性等利润曲线隐含了一个什么样的假设？

（2）这两家公司在何种风险水平上愿意提供相同的工资？

（3）在风险水平较低的情况下，哪一家公司更受劳动者的青睐？在风险水平较高的情况下，哪一家公司更受劳动者的青睐？请解释你的答案。

推荐阅读

Duncan, Greg, and Bertil Holmlund, "Was Adam Smith Right After All? Another Test of the Theory of Compensating Wage Differentials," Journal of Labor Economics 1 (October 1983): 366 - 379.

Fishback, Price V. "Operations of 'Unfettered' Labor Markets: Exit and Voice in American Labor Markets at the Turn of the Century," Journal of Economic Literature 36 (June 1998): 722 - 765.

Rosen, Sherwin, "Hedonic Prices and Implicit Markets," Journal of Political Economy 82 (January-February 1974): 34 - 55.

——, "The Theory of Equalizing Differences," In Handbook of Labor Economics, eds. Orley Ashenfelter and Richard Layard, 641 - 692. New York: North Holland, 1986.

Smith, Robert S. "Compensating Wage Differentials and Pubic Policy: A Review," Industrial and Labor Relations Review 32 (April 1979): 339 - 352.

Viscusi, W. Kip and Joseph E. Aldy, "The Value of a Statistical Life: A Critical Review of Market Estimates Throughout the World," Journal of Risk and Uncertainty 27 (August 2003): 5 - 76.

Viscusi, W. Kip, "The Value of Risks to Life and Health," Journal of Economic Literature 31 (December 1993): 1912 - 1946.

附录 8A　补偿性工资差别与短期解雇

正如我们在本章正文中所述，亚当·斯密指出了出现补偿性工资差别的情况之一是"就业的稳定与否"。然而，正如我们将要论述的，尽管有证据支持这种推论，但工资与短期解雇可能性之间的关系却并不像亚当·斯密想象的那样简单。需要特别指出的是，在对这一问题进行分析时有三个方面的重要问题需要考虑，我们现在对这三个问题进行简要讨论。[①]

① 本附录中的分析主要源自 John M. Abowd and Orley Ashenfelter, "Anticipated Unemployment, Temporary Layoffs, and Compensating Wage Differentials," in Studies in Labor Markets, ed. Sherwin Rosen (Chicago: University of Chicago Press, 1981): 141 - 170。

□ 不受限制的工时选择

根据第 6 章和第 7 章，我们可以假设员工能够在一种具有无限多种工时选择机会的劳动力市场上自由地选择自己的理想工时数。在一位特定的劳动者能够获得的工资水平或者非工资收入一定的情况下，劳动者就会根据效用最大化原则来选择自己愿意接受的工时数。对图 8A.1 中描绘的这个人来说，在他的工资率（W^*）和非工资性收入（这里假设为零）一定的情况下，他的效用最大化工时选择是 H^* 小时。

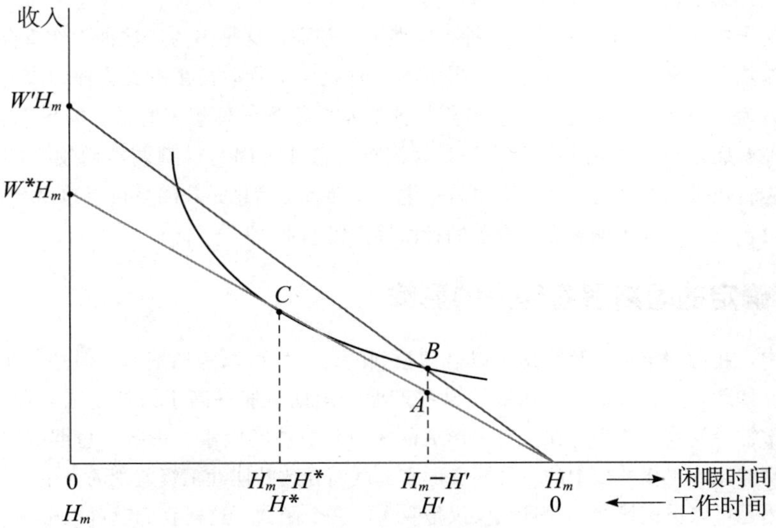

图 8A.1　工时数的选择

如果我们把 H^* 视作年工时数，我们就很容易理解这位劳动者会倾向于选择含有短期解雇时间的工作。假设 H^* 代表每年工作 1 500 小时，也就是说，相当于一个典型的“全日制工作”的年工时数 2 000 小时的四分之三。一个人可以每天工作 6 小时、每周工作 5 天、每年工作 50 周，也可以每天工作 8 小时、每周工作 5 天、每年工作 9 个月，同时同意有 3 个月的短期解雇期。至于哪一种选择对哪一类劳动者更富有吸引力，则取决于他们对大量的闲暇时间或家务劳动时间的偏好。但很显然的一点是，许多人非常重视大段的可支配时间。例如，教师就是一种很典型的一年中从事 9 个月（一学年）全日制工作，然后有较长假期的工作。从建筑业到罐头加工业，其他许多工作也都有可预测的季节性短期解雇时间，从事这些工作的劳动者之所以当初选择这些工作，可能就是因为他们比较看重可以利用短期解雇时间来享受闲暇或者家庭生产时间的价值。

换言之，上述观点意味着，补偿性工资差别理论认为，只有当某种工作特征被边际劳动者视为不好的东西时，补偿性工资差别才会为正。与季节性短期解雇相伴随的可预见到的大段闲暇时间或家庭生产时间可能并不会被边际劳动者视为一种坏的东西。事实上，某些劳动力市场上的劳动者恰恰将短期解雇视为获得理想年工时数的一种最好的手段。

□ 受到限制的工时选择

假设图 8A.1 中描述的这位劳动者面临的工作机会有两个：一个是工资率为 W^*、工时数为 H^* 小时的工作；另一种工作则由于每年都有可预测到的短期解雇，工时数比理想的工时数少，为 H' 小时。很显然，如果后一种工作的工资率仍然为 W^*，则劳动者接受这种工时数为 H' 的工作将会导致其效用下降，因为这位劳动者将会位于通过点 A 的那条无差异曲线上。因此，工资率为 W^* 且工时数为 H^* 的工作对劳动者更有吸引力。

然而，假设企业提供的工时数仍然只有 H' 小时，但是工资率却达到高于 W^* 的 W'，那么，当 W' 高于 W^* 的幅度足够大时，劳动者就可以达到点 B。点 B 代表的情况是工资为 W' 且工时数为 H'，这时，它与点 C（代表工资率为 W^* 时的效用最大化点）位于同一条无差异曲线上。在雇主提供的工资为 W' 时，点 B 并不是劳动者的效用最大化点。① 但是，如果劳动者在 W^* 这一工资率下能够获得不受限制的工时选择机会，或者在 W' 这一工资率下，工时数被限制为 H'，那么，这位劳动者选择哪一种工作其实都是无所谓的。

在上述例子中，$(W'-W^*)$ 就是一种补偿性工资差别，这是因为，这种工作机会对劳动者的工时数选择施加了某种约束，它导致实际提供的工时数少于劳动者在不受这种约束时的理想工时数。许多人认为，短期解雇妨碍了劳动者获得他们希望得到的理想工时数。如果事实果真如此，如果这些短期解雇是可以提前预知的——就像汽车制造业中因为模型调整而发生的短期解雇那样——则在运行正常的劳动力市场上（也就是说，劳动者是信息充分的且可以自由流动的），就必然会出现与可预见的某种短期解雇率有关的补偿性工资差别。②

□ 不确定的短期解雇带来的影响

在上文中，我们假定短期解雇是可以被预见到的，并且可以确切把握。但是，在大多数情况下，事实并非如此。尽管我们可以推断出某些产业的短期解雇率高于另外一些产业，但实际上，这种解雇率常常会受到产业内部在多年中形成的大量随机波动因素的影响。短期解雇的这种不确定性本身常常被视为工作特征中的一种不良因素，从而导致补偿性工资差别的产生。

假设效用是可以被衡量的，并且它仅仅是收入的一个函数，这样我们就可以根据收入（Y）来描绘出一条如图 8A.2 所示的等效用曲线。③ 并且假设图中描述的这个人得到了这样一个工作机会，即工资率为 W'，但是年工作小时数 H' 却具有一定的不确定性。与工时数 H' 相联系的效用水平 $U(H')$ 是此人在 H' 小时的工作中获得的收入——$W'H'$——的一个函数（同样假设此人没有非工资性收入）。

现在假设此人还有另外一个工作机会，这个工作机会提供的工资率为 W'，年平均工时数为 H'，但是要求劳动者在一半的年份中工作 H_h 小时，在另外一半的年份中工作 H_l 小时。虽然我们假设 $0.5H_h+0.5H_l=H'$，从而在多年中这个人的年平均工时数仍然是 H'，但是正如我们描绘的凹形的效用函数所示，这个人的平均效用是低于 $U(H')$ 的。为了理解这一点，我们必须更仔细地对图 8A.2 进行考察。

当这个人的工作时间是 H_h 小时——在一半的年份中是这样，他挣到的收入为 $W'H_h$，这一收

---

① 它并不是一个切点，也就是说，当工资率为 W' 时，图 8A.1 中所描述的劳动者如果可以自由选择自己的工时数，则他会愿意工作比 H' 更长的时间。在这里的讨论中，我们假设劳动者的工时数选择是受到约束的，不能超过 H' 小时。

② 类似的理由可以用来预测这样一种情况：如果劳动者被迫延长工作时间，导致工时数超过他们的理想工时数，那么，他们也会得到补偿性工资差别。关于这种意见的讨论及其证据，参见 Ronald G. Ehrenberg and Paul L. Schumann, "Compensating Wage Differentials for Mandatory Overtime," Economic Inquiry 22 (December 1984)。

③ 虽然经济学家常常采用序数效用函数，即对各种效用进行相对排序但并不为每一种效用指明一个特定的数值，但是，在分析不确定性情况下的选择问题时，我们却需要运用基数效用函数（即为每一种效用水平确定一个特定的数值）。

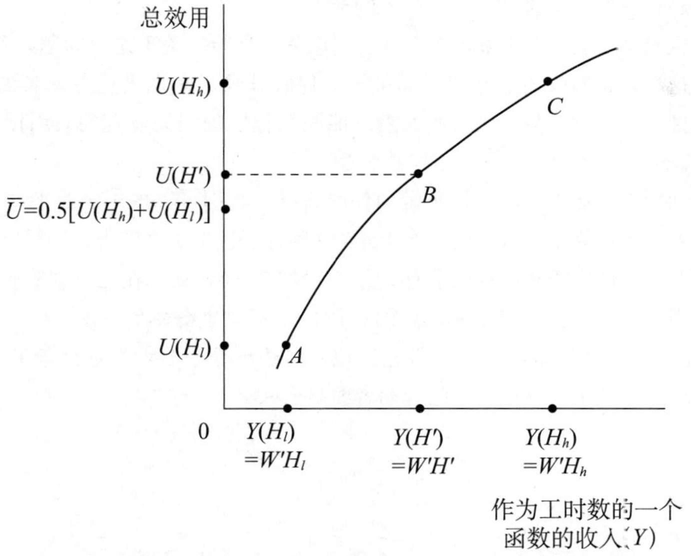

图 8A.2 在确定的 H' 小时工时和平均 H' 小时工时之间的选择

入产生的效用水平是 $U(H_h)$。于是，在一半的年份中，这位劳动者会处在点 C 上，享受 $U(H_h)$ 的效用水平。然而，在另外一半的年份中，这位劳动者的工时数为 H_l 小时，挣到的收入为 $W'H_l$，此时他处在点 A 上，享受等于 $U(H_l)$ 的效用。因此此人的平均效用水平为 $\overline{U}$，$\overline{U}=0.5U(H_h)+0.5U(H_l)$。请注意，在我们的例子中，$\overline{U}$ 介于 $U(H_h)$ 和 $U(H_l)$ 的中间，但低于 $U(H')$ ——工资率为 W'、每年的工作时间确定地为 H' 小时的工作给劳动者带来的效用。

为什么在上述两种情况下，即使年平均工时数均为 H'，却会出现 $\overline{U}<U(H')$ 的情形呢？答案在于效用函数的凹性，经济学家将这种形状定义为人们对风险的厌恶。在横轴上，从 $Y(H')$ 到 $Y(H_h)$ 的绝对距离与从 $Y(H')$ 到 $Y(H_l)$ 的绝对距离是相同的，但是两者代表的效用变化程度却是不同的。尤其需要指出的是，在好年份时，由于从 $Y(H')$ 到 $Y(H_h)$（即从点 B 到点 C）的移动增加的效用要小于在坏年份时由于从 $Y(H')$ 到 $Y(H_l)$（即从点 B 到点 A）的移动而导致的效用损失。换句话说，图 8A.2 中的总效用曲线的那种凹性实际上包含收入的边际效用递减这一含义。因此，在坏年份里，由于年工时数低于 H' 小时而导致的劳动者效用降低幅度是很大的（相对每年工作 H' 小时的效用水平而言）；而在好年份里，收入增加给劳动者带来的效用增加却相对较少。

我们在这里讨论的结果就是，当劳动者厌恶风险时——当他们的效用函数是凹形时，他们对既定收入水平负方向变化的重视程度就超过了他们对等量货币收入水平正方向变化的重视程度——他们宁愿得到工资率为 W' 且工作时间肯定为 H' 小时的工作，而不愿意要工资率为 W' 但只能保证年平均工作时间为 H' 小时的工作。因此，为了补偿他们与风险厌恶相联系的效用损失，他们会要求只能保证年平均工作时间为 H' 小时的雇主将工资率提高到 W' 以上。

□ 可观察到的工资与短期解雇之间的关系

我们前面的讨论主要集中于劳动者对短期解雇的偏好方面。当然，要想出现补偿性工资差别，还必须确保雇主愿意支付这种补偿性工资差别。也就是说，雇主必须能够通过短期解雇劳动者获利。如果我们看到某些企业采取的是高工资和高概率短期解雇战略，那么，它们通过短期解雇获得的收益一定会超过它们因支付高工资而产生的成本。

前面的讨论也忽略了向短期失业的劳动者支付的失业保险。关于这个问题，我们将在第 14 章中详细讨论。在这里，我们仅需要指出，如果失业保险补偿了短期失业劳动者的全部效用损失，则不会出现补偿性工资差别。只有当失业保险不能完全补偿短期失业者的效用损失时，才会出现补偿性工资差别。

通过对工资和短期失业之间的关系所做的仔细研究，我们可以看出，对平均短期解雇概率提供的补偿性工资差别大约为工资水平的 4%，而在这种补偿性工资差别中，80%以上与劳动者厌恶与失业率波动（不确定性）相联系的风险有关。20 世纪 70 年代初，在汽车制造业和建筑业这样一些短期解雇概率很高的产业中，劳动者得到的补偿性工资差别分别为 6%～14%和 6%～11%。[①] 一项对 1990 年左右的农业劳动者所做的研究发现，那些承受季节性失业风险的劳动者的小时工资，比在农场中稳定地从事常年性工作的劳动者要高出 9%～12%。[②]

---

① 这些估计来自本附录第一个脚注中 Abowd 和 Ashenfelter 的文章。同样的证据，我们还可以从下列文献中获得，参见 Elisabeth Magnani，"Product Market Volatility and the Adjustment of Earnings to Risk，" Industrial Relations 41（April 2002）：304－328。对失业保险对工资水平所产生的影响感兴趣的读者，可参见 David A. Anderson，"Compensating Wage Differentials and the Optimal Provision of Unemployment Insurance，" Southern Economic Journal 60（January 1994）：644－656。

② Enrico Moretti，"Do Wages Compensate for Risk of Unemployment? Parametric and Semiparametric Evidence from Seasonal Jobs，" Journal of Risk and Uncertainty 20（January 2000）：45－66.

第 9 章 人力资本投资：教育与培训

劳动力供给方面的许多选择都要求劳动者必须做出大量的初始投资。我们现在回顾一下什么是投资。从定义上说，投资涉及一笔初始成本，一个人可以期待在一定时期之后从这笔成本中得到一定的回报。因此，对许多劳动力供给决策来说，当前的工资水平和工作条件并非唯一的决策因素。要想建立一个关于这些决策的模型，就要求我们必须开发出一个能够将投资行为和从终身角度考虑问题整合起来的理论框架。

劳动者承担的劳动力市场投资主要有三种类型，即教育和培训、迁移以及寻找新的工作。这三种投资都包括一笔初始投资，并且投资者在做出这三种投资时都希望自己在将来能够从中得到丰厚的回报。为了强调这些投资与其他类型的投资在本质上的相似性，经济学家将这种投资称为人力资本投资。这一名词将劳动者概念化为一整套可以向雇主“出租”的技能。一位劳动者具有的知识和技能——这些知识和技能来自教育和培训，其中也包括通过实际工作经验获得的知识和技能——形成了一种特定的生产性资本储备。这种生产性资本的价值则取决于这些技能在劳动力市场上能够得到的报酬。寻找工作和迁移行为都是能够提高一个人的人力资本价值的活动，它们提高了既定的知识和技能储备在劳动力市场上能够获得的价格（工资）。

一个社会的财富总量是人力资本和非人力资本的一种组合。人力资本包括在教育、培训以及劳动力迁移等此类活动中的累计投资，而非人力资本则包括一个社会储备的自然资源、建筑物以及机器的存量。2010 年，美国的人均财富总量大约为 51.7 万美元，其中，70%的财富表现为人力资本的形式。[①]（我们在例 9.1 中以另外

① United Nations (UNU-IHDP and UNEP), Inclusive Wealth Report 2014: Measuring Progress Toward Sustainability (Cambridge: Cambridge University Press, 2014), Data Annex.

一种方式描述了人力资本投资的总体重要性。)

对劳动者的知识和技能所做的投资主要发生在三个阶段。第一个阶段是早期儿童时代。在这一时期，一个人的人力资本获得在相当大的程度上取决于他人的决策。一个人的父母拥有的资源以及他们提供的指导，再加上文化环境以及早期的正规学校教育，会直接影响到一个人的基本语言能力和数学能力、对学习的态度、总体的身体健康状况以及预期寿命（这些因素本身又会影响一个人的工作能力）。第二个阶段是青少年和刚刚成年阶段。这时，一个人大多是通过成为高中、大学或某一职业培训项目中的全日制学生的方式来获得知识和技能的。第三个阶段是在进入劳动力市场之后。在这一阶段，劳动者通常是通过业余学习来增加自己的人力资本投资的，投资的方式包括参加在职培训、上夜校或者参加持续时间相对较短的正式培训项目。在本章中，我们主要讨论后两个阶段上的人力资本投资问题。

任何行为理论都会遇到的挑战之一就是，如何解释人们在看似相同的环境下却会做出非常不同的选择。在本章中，我们将会看到，一个人关于人力资本投资的决策会受到他在学习时的难易程度和速度、对未来的热情和渴望以及能否获得经济资源等若干因素的影响。

例 9.1☞

战争与人力资本

对某些曾经惨遭战争重创的城市进行考察之后发现的一些有趣事实有助于我们描绘物力资本和人力资本的相对重要性。在第二次世界大战末期，日本广岛遭受的原子弹袭击使这座城市70%的建筑物被摧毁、30%的人口被炸死。在爆炸发生之后，幸存者纷纷逃离城市。然而，在3个月之内，三分之二的幸存者已经返回城市。由于在空中爆炸的原子弹并没有损伤该城市的地下公共设施系统，所以仅仅在1天之内，幸存地区的电力供应就恢复了；2天之内，全部的铁路服务也开始恢复；电话服务则在1周之内开始重新启动。相当于广岛工业产量四分之三的工厂（大多数工厂因在城市外围和郊区而未遭到破坏）在30天之内就开始恢复正常运行了。

德国的汉堡在1943年夏季时还是一座拥有150万人口的城市，在这一年的7—8月份，盟军对该城市进行了为期10天的狂轰滥炸，结果，该城市大约有一半的建筑物被摧毁，3%的人口被炸死。尽管该城市的供水系统受到了严重破坏，但是在最后一次空袭过去的几天之后，电力和煤气供应就全面恢复了，电报系统也在4天之内恢复了营运。1周之后，中央银行重新开门，企业开始正常运转，邮政服务在空袭后的12天之内也恢复了。根据《战略轰炸调查》(Strategic Bombing Survey)，仅仅在5个月之内，汉堡的生产力就已经恢复到了被轰炸之前的80%。

这些城市从灾难中复苏的速度和成功程度促使一位经济学家得出了以下两个结论。

第一，在一国或一个地区的实际财富中，与从其人口中积累下来的知识和技能所占的比重相比，有形的物质资本所占的比重很小；第二，在一国或一个地区的人口中蕴藏着巨大的能量，这种能量在正常的时候并没有被激发出来，但是一旦遇到像灾难刚刚过后这样一种特殊环境，这种能量就可以被利用起来。

资料来源：Jack Hirshleifer，Economic Behavior in Adversity（Chicago：University of Chicago Press，1987）：12－14，78－79.

人力资本投资：基本模型

与任何其他类型的投资一样，人力资本投资也涉及在当前时期需要付出一定的成本以及预期在将来能够产生的收益。总体来说，我们可以将增加人力资本形成的成本划分为三种类型：

（1）实际增加的费用或直接费用，其中包括学费成本以及在书籍和其他物品上的花费。

（2）一个人在人力资本投资期间通常不能工作，至少是不能从事全日制工作，因此而不得不放弃的工资性报酬。

（3）学习常常是困难而且沉闷的，由此而产生的心理损失。

在劳动者本人对教育和培训进行投资的情况下，他们的预期收益表现为更高的未来工资性报酬、一生中的工作满意程度提高以及从非市场性活动和兴趣中获得更多的享受。然而，即使我们能够将所有这些未来收益进行量化处理，要想把产生于不同年份中的这些收益进行加总也不是一个简单的过程，这是因为，在得到这些投资回报时会存在延迟性。

□ 现值的概念

在做出一项投资决策时，投资者往往需要在当前支出一笔费用以换取预期在未来能够获得的一个收益流。投资回报很显然是存在一定的风险的（因为没有人能够确切地预测未来），同时投资回报也具有延迟性，因为投资回报通常是在投资之后的相当长一段时间内陆续产生的。于是，投资者就需要对投资支出的现期价值和预期得到的投资回报的现期价值加以比较，但是在这种比较的过程中，必须考虑到投资回报的延迟性产生的影响。下面我们就来解释如何处理这种延迟性问题。

假设有人给一位女性提供了两个不同的机会：一种选择是在现在得到100美元，另外一种选择则是在一年后得到100美元。那么，这两种机会对这位女性具有同样的吸引力吗？答案是否定的。这是因为，如果她现在就能够得到这笔钱，她可以有两个选择：第一种选择是现在就花掉（和享受）这笔钱，第二种选择则是将这100美元投资，于是她在第二年就能够得到利息了。比如说，如果利率是5%，现在的

100 美元在一年之后就涨到 105 美元了。因此，现在得到的 100 美元要比一年以后得到的 100 美元的价值更高。

在利率为 5%的情况下，一个在一年之后能够得到 105 美元的机会，才会被视为等同于在现在得到 100 美元所具有的价值。这是因为现在的 100 美元可以在一年之后涨到 105 美元，因此，这两种选择具有相同的价值。另外一种解释这两种选择具有等价性的方法是，当利率为 5%时，现在的 100 美元在一年之后具有的未来价值（B_1）是 105 美元。由于这位女性在一年之后不仅可以拿回当初的 100 美元本金（B_0），而且还能得到这笔本金产生的利息收入（$r=0.05$），所以这个计算过程可以通过下列数学公式来表达：

$$B_1=B_0+B_0r=B_0(1+r)=100\times1.05=105\text{ 美元} \tag{9.1}$$

我们也可以说，一年以后得到的 105 美元的“现值”（B_0）是 100 美元（利率为 5%）。因为 $B_1=B_0(1+r)$，所以下面的等式也是成立的：

$$B_0=B_1/(1+r)=105/1.05=100\text{ 美元} \tag{9.2}$$

也就是说，一年之后得到的 105 美元相当于现在得到 100 美元，然后以 5%的利率将其投资出去一年的价值。将未来的价值转化为等价的现值的过程就被称为贴现。如果预期收益仅仅在一年之后产生，那么我们在贴现时就可以通过将预期收益除以贴现因子（$1+r$）来计算与其等价的现值。

然而，如果投资收益是在两年之后才获得的，该怎么办呢？如果我们现在能够拿到一笔钱 B_0，并且将其投资，则在一年之后，其价值就会为 $B_1=B_0(1+r)$。于是，在第一年年底，我们就可以得到一笔新的财产（B_1），并且可以按照 r 的利率将其再投资一年。于是，在第二年年底，我们总共能够得到的收入就是 B_2，即：

$$B_2=B_1+B_1r=B_1(1+r) \tag{9.3}$$

将等式（9.1）代入等式（9.3），于是有：

$$B_2=B_0(1+r)+B_0(1+r)r=B_0(1+r)(1+r)=B_0(1+r)^2 \tag{9.4}$$

[等式（9.4）描述的是复利原则，这是因为，在第二年年底获得的利息既包括初始的本金产生的利息，同时也包括在第一年年底获得的利息进一步产生的利息。]

如果 $B_2=B_0(1+r)^2$，那么，下面的等式同样也成立，即：

$$B_0=\frac{B_2}{(1+r)^2} \tag{9.5}$$

因此，要想得到在两年之后才能获得的一笔收益的现值，我们就可以通过除以 $(1+r)^2$ 来对未来的收益进行贴现。如果收益是在三年之后获得的，我们可以运用在等式（9.3）和等式（9.4）中暗含的逻辑来计算出贴现因子为 $(1+r)^3$。对在四年后才能获得的收益进行贴现时应该通过除以 $(1+r)^4$ 来得到其现值，依此类推。很显然，贴现因子是呈指数型增长的，这反映了这样一个事实，即如果现在的一笔资金以 r 的利率进行投资，它是可以获得复利的。

如果人力资本投资在第一年产生的收益是 B_1，在第二年产生的收益是 B_2，依此类推，直到第 T 年，那么，我们可以采用下面的方法来计算投资产生的总收益的现值，即：

$$现值=\frac{B_1}{1+r}+\frac{B_2}{(1+r)^2}+\frac{B_3}{(1+r)^3}+\cdots+\frac{B_T}{(1+r)^T} \quad (9.6)$$

式中，r 表示利率（或贴现率）。只要 r 为正，未来的收益就将被累进贴现。比如，如果 $r=0.06$，那么在未来 30 年中能够获得的收益在经过贴现之后，其价值只相当于现在就能够立即消费的等量收益的 17%（$1.06^{30}=5.74$；$1/5.74=0.17$）。r 的值越小，则未来收益的价值与当前能够立即消费的等量收益的价值之比就越大。例如，如果 $r=0.02$，那么，在未来 30 年中能够获得的总收益的价值就相当于现在能够立即消费的等量收益价值的 55%。

□ 人力资本投资决策模型的构建

我们的人力资本投资模型假定，人是追求效用最大化的，并且在做出教育与培训方面的选择时总是从终身的角度来考虑问题。因此，我们可以假定，人们在做决策时，比如说，决定是否继续增加正规受教育年限时，是会对近期的投资成本（C）与预期未来收益的现值进行比较的。如果未来收益的现值超过了成本，那么延长正规教育的投资就是有吸引力的，即：

$$\frac{B_1}{1+r}+\frac{B_2}{(1+r)^2}+\cdots+\frac{B_T}{(1+r)^T}>C \quad (9.7)$$

当然，效用最大化假设要求：只要不等式（9.7）中的条件能够得到满足，人们就应当继续追加人力资本投资，只有当额外追加的人力资本投资所产生的收益与追加的成本相等甚至比后者还要低时，人们才会停止追加投资。

我们可以用两种方法来衡量不等式（9.7）中的条件能否得到满足。其一是现值法，我们可以首先确定贴现率 r 的值，然后再来看收益现值与成本比较的结果如何。其二是内部收益率法。这种方法要回答这样一个问题，即“在使投资仍然有利可图的前提下，贴现率的值最高可以达到多大?”很显然，如果收益非常高，以至于在贴现率的值很高的情况下投资仍然是有利可图的，那么，这种人力资本投资计划就是值得的。在实际中，我们在计算这种内部收益率时，通常都是首先通过假定收益现值与成本相等求出 r 的值，然后，再将这种内部收益率与其他形式投资的收益率加以比较。

不等式（9.7）中暗含的人力资本投资模型的一些基本含义可以用图 9.1 来加以描述，这幅图用边际成本和边际收益的概念对人力资本投资决策进行了描述。我们在这里假定，每追加一个单位人力资本的边际成本 MC（比如说，每多上一年学所增加的学费、学习用品费用、不得不放弃的工资性报酬以及心理成本等）是不变的。边际收益 MB 的现值在图中是下降的，这是因为，每多接受一年的正规学校教育就意味着少了一年能够获得收益的时间。对任何人来说，能够达到效用最大化的人力资本数量（HC^*）都是在 $MC=MB$ 的这一点取得的。

对那些感到学习特别费力的人来说，他们在进行人力资本投资时往往有着隐含的更高的边际心理成本。正如图 9.1（a）中的 MC' 所示，边际成本较高的人能达到的人力资本水平会更低（可以将图中的 HC' 与 HC^* 进行比较）。类似地，那些认为额外追加的人力资本能够带来的未来收益较少的人［由图 9.1（b）中的 MB''代表］达到的人力资本水平也会更低。

这种含义非常明显的理论得出了有关劳动者的行为及其工资性报酬方面的一些有趣结论。这些有趣的结论我们可以通过对刚刚成年的青年人面临的一种决策——自己在高中毕业之后是否应当继续投资于全日制（大学）教育或培训项目——加以分析推导出来。

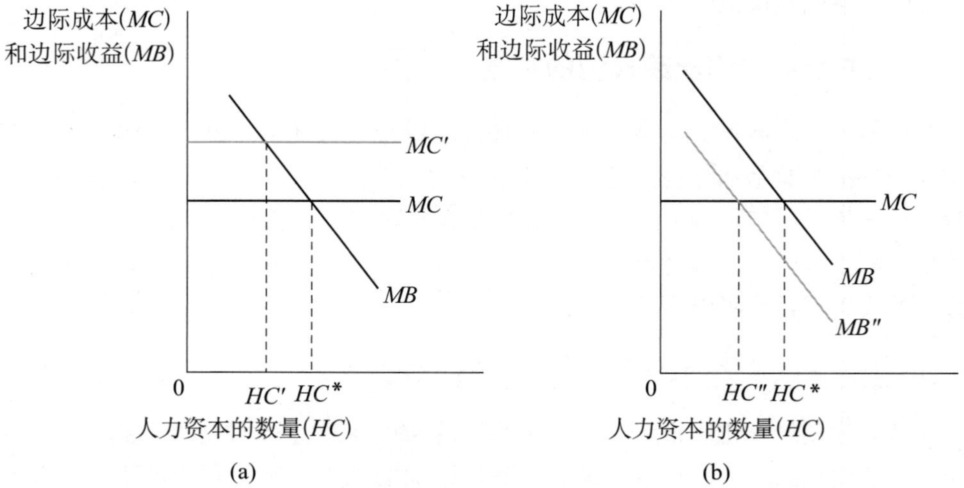

图 9.1　人力资本的最佳水平

对大学教育的需求

对大学教育的需求——可以用高中毕业生中的上大学者所占的比例来衡量——是极富变化性的。例如，美国男性高中毕业生的大学入学率在 1970 年时为 55.2%，在 1980 年时下降到 46.7%，到 1990 年时又反弹到 58%，到 2015 年时则进一步上升至大约 66%。而与之具有可比性的女性高中毕业生的大学入学率则是从较低的水平起步的，1970 年时仅为 48.5%，在整个 20 世纪 70 年代缓慢上升，此后则是快速上升，到 2015 年时达到了 73%。为什么高中毕业生的大学入学率会出现这种变化呢？

□ 大学教育的成本与收益权衡

很显然，只有当人们认为上大学会使自己的现状更好时才会去上。对某些人来说，在上大学的收益中至少有一部分是属于短期性的——他们喜欢大学里的课程或者喜欢学生的生活方式——从这种意义上说，上大学至少可以部分地被视为一种消费品。然而，在未来的十年中，上大学所产生的消费收益却似乎不太可能发生很大的改变，因此，大学入学率在相对较短的时间里发生的这种变化，很可能反映与上大学的投资特征相联系的边际成本或边际收益出现了某些变化。

从某种更为宽泛的意义上说，一个正在考虑是否上大学的人实际上是在两种不同的报酬流之间做出选择。工资性报酬流 A 开始得很早，但是却不会上升得很高；这是高中毕业生的工资性报酬流。工资性报酬流 B（大学毕业生的工资性报酬流）在前四年中只有负的收入流（上大学的学费成本导致的），接下来的一段时间里，他们的收入流可能会比高中毕业生的收入流还要低，但是再接下来，它就会开始上升，最终高出工资性报酬流 A。这两种工资性报酬流如图 9.2 所示。（至于这两种工资性报酬流为什么会呈现出不同的形状，我们将在本章后面加以讨论。）我们之所以将工资性报酬流描绘成图 9.2 中的这种模式化形状，主要是为了强调一些基本的观点，现实中的工资性报酬流我们将在图 9.3 和图 9.4 中加以描绘。

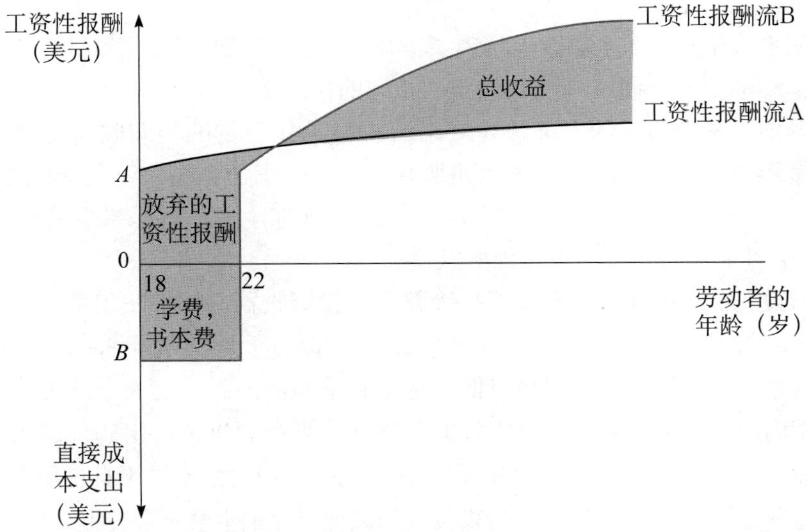

图 9.2　两种不同的工资性报酬流

很显然，大学毕业生的工资性报酬只有超过高中毕业生的工资性报酬才能吸引人们投资于大学教育（当然，除非与大学教育中的消费有关的收益非常大）。投资于大学教育的总收益——两种工资性报酬流之间的差异总额——必须大于上大学的总成本，因为这种收益是在未来产生的，因而还需要进行贴现。比如，假定某人为获得为期四年的大学教育，每年必须付出的成本为 2.5 万美元，实际利率（名义利率减去通货膨胀率）为 2%，那么，从纯粹的货币条件来说，要想使高等教育投资是合理的，就必须确保根据恒定货币（也就是说，在消除了通货膨胀的影响之后）计算的税后收益——如果这些收益在每一年都是相同的——能够达到这样一种水平，即在 40 年中每年都达到 3 652 美元。税后收益之所以要达到 3 652 美元，是因为如果一个人有 10 万美元，并且可以按照 2%的年利率进行投资，这位投资者在此后的 40

年中能够获得的总收益（利息加上本金）就相当于每年 3 652 美元。[①]

□ 人力资本投资理论的推论

毫无疑问，在考虑是否上大学时，很少有学生会借助不等式（9.7）来对上大学的成本和收益进行精确的计算。然而，如果他们是在考虑到这两种因素的情况下通过某种不那么正式的估算方式来做决策的，我们仍然可以得出关于大学教育需求的以下四条推论。

（1）与看重未来者相比，看重当前者上大学的可能性较小（在其他条件相同的情况下）。

（2）接受完高等教育之后的时间越长［不等式（9.7）中的 T］，从上大学中获得的收益就越高；因此，大多数大学生都是年轻人。

（3）如果上大学的成本上升，则高中毕业生的大学入学率会下降（在其他条件相同的情况下）。

（4）如果大学毕业生和高中毕业生之间的工资性报酬差别扩大，则高中毕业生的大学入学率会上升（同样是在其他条件相同的情况下）。

当前导向 尽管所有的人都认为未来的收益不如等量的当前收益更有价值，但是心理学家用“当前导向”一词来描述那些对未来的事情或结果不是非常在意的人。根据公式（9.6）和不等式（9.7）的表达方式，当前导向者就是指那些用很高的贴现率（r）来对未来的收益加以贴现的人。

现在假设我们要用现值法来计算高等教育的投资收益。如果贴现率 r 很高，则最后计算出来的与高等教育相联系的投资收益就会较低。于是，与那些未来导向者相比，当前导向者赋予上大学的收益就会更低，越是看重当前的人，上大学的可能性也会越低。如果用内部收益率法来评估上大学的合理性，则我们也会得出同样的结论。如果高等教育能够产生 8%的内部收益率，但一位当前到导向者由于过于看重现在，可能非要等到收益率达到 25%时才愿意进行投资，那么他可能根本就不会去上大学。

当前导向者比未来导向者上大学的可能性更小，对该论点加以证实或证伪都是很困难的。这主要是因为，我们很难确定人们在进行投资决策时使用的贴现率到底是多少。[②] 不过，这一模型实际上指出，那些在高等教育方面具有较高投资意向的

---

① 可以采用下列年金计算公式：$Y=X\times\frac{1-[1/(1+r)^n]}{r}$。式中，$Y$ 为总投资（在我们的例子中为 10 万美元）；X 为每年的收益（3 652 美元）；r 为利率（2%）；n 为收入年限（40 年）。在本例中，我们将大学教育的成本当成在一年中发生，而不是在四年中分散支出，这种简化的做法并不会对投资者要求的收益规模产生太大的影响。

② 最近有人专门研究了军队因财政原因而裁员时，被裁减的军人们做出的不同退伍补偿选择，结果推导出了个人的贴现率。这项研究发现，拥有本科学位的军官的个人贴现率低于没有本科学位的军官，接受过大学教育的军官的个人贴现率比士兵（这些人通常没有接受过大学教育）低。参见 John T. Warner and Saul Pleeter, “The Personal Discount Rate: Evidence from Military Downsizing Program,” American Economic Review 91 (March 2001): 33 - 53。关于缺乏耐心在人力资本形成过程中所起的作用，参见 Brian C. Cadena and Benjamin J. Keys, “Human Capital and the Lifetime Costs of Impatience,” American Economic Journal: Economic Policy 7 (August 2013): 126 - 153。

人往往在其他行为方面同样也更看重未来。某些医学统计数据对这种推论提供了支持。

在美国，人们的受教育程度与其健康状况之间存在着很强的统计相关性。[①] 受正规教育时间较长的人死亡率更低，患病（比如高血压、高血脂、X光透视不正常等）的症状更少，报告本人的身体健康状况良好的可能性也更大。并且，除了生活在最低贫困线的人，教育对健康的这种影响与收入水平没有太大关系，人们的收入状况本身对他们的健康状况似乎没有什么影响。那么，受教育程度与健康状况之间的这种相关性，是不是因为受过良好教育的人能够更好地利用医疗资源呢？答案并非如此。因为通过将受过良好教育的人与收入相同但受教育较少的人进行对照就可以发现，他们在做手术时选择的医生是相同的，到医院寻求治疗时所处的疾病发展阶段也是相同的，住院的时间长短也都一样。

导致受教育水平和健康水平之间出现这种相关性的原因，也许正是由于受过更多教育的人更有远见。贴现率较低的人上大学的可能性更大，他们养成更有远见的、健康的生活习惯的可能性也更大。他们可能会选择更有利于健康的饮食、更清楚地意识到健康方面的风险，并且更多地使用预防性药物。对受教育程度与人的健康状况之间的相关性做出的这种解释当然不是唯一合理的解释，但是与美国烟民有关的一些数据却对这一结论提供了某种直接的支持。[②] 1966—1987年，男性大学毕业生中吸烟者的比例下降了50%。而在同一时期的男性高中辍学者中，吸烟者所占的比例却基本上没有什么变化。要说受教育程度较低的人群不知道吸烟的危害也不大可能，更可能出现的情况是，这些人不愿意为了长远的利益而放弃眼前的快乐。于是，我们至少可以有一些证据来说明：在教育方面投资较多的人，同样也会在其他方面表现出更看重未来的特性。（例9.2揭示了一种语言在语法上对未来事件进行描述的方式将会如何对说这种语言的国民的投资行为产生影响。）

年龄 在上大学带来的年收益类似的情况下，年轻人获得的总收益现值比年纪

① 关于受教育水平与健康状况之间的相关性分析，主要取自 Victor Fuchs, "The Economics of Health in a Post-Industrial Society," Public Interest (Summer 1979): 3-20。关于近期的一项研究，参见 Damon Clark and Heather Royer, "The Effect of Education on Adult Mortality and Health: Evidence from Britain," American Economic Review 103 (October 2013): 2087-2120。

② 例如，一种可能的情况是，那些更为健康从而寿命较长的人之所以更愿意投资于人力资本，是因为他们希望自己能够有一个更长的投资回报期。反过来，我们也可以说，由于大学毕业生在其毕业之后的未来一生中能够获得的收入更高，这就意味着，他们一旦生病，则因此而丧失的收入就比那些没有上过大学的人更多。关于吸烟者的资料来自 U. S. Department of Health and Human Services, Public Health Service, Smoking Tobacco and Health, DHHS publication no. (CDC) 87-8397, October 1989, 5。关于吸烟与工资的关系的研究，参见 Irina B. Grafova and Frank P. Stafford, "The Wage Effect of Personal Smoking History," Industrial and Labor Relations Review 62 (April 2009): 381-393。关于工资对吸烟的影响的研究，参见 George Wehby, Dhaval Dave, and Robert Kaestner, "Effects of the Minimum Wage on Infant Health," National Bureau of Economic Research working paper no. 22373 (Cambridge, MA: June 2016); Hilary Hoynes, Doug Miller, and David Simon, "Income, the Earned Income Tax Credit, and Infant Health," American Economic Journal: Economic Policy 7 (February 2015): 172-211。

大的人会更高，这是因为年轻人在大学毕业之后的工作生涯更长。[①] 不等式（9.7）就意味着年轻人的 T 值比年纪大者更高。因而我们可以预期，在获得大学教育和参加其他形式的培训活动方面，年轻人比年纪大者的积极性更高。这种推论与我们在第 5 章中研究雇主的雇佣或特殊培训决策时得出的结论是相同的，在那里，我们分析了雇主会决定投资于哪些劳动者。

成本 我们模型的第三个推论是，人力资本投资的成本越低，则人力资本投资发生的可能性就越大。上大学的主要货币成本是当事人放弃的工资性报酬以及由学费、书本费、杂费等构成的直接成本（食宿费并不总是上大学的机会成本，这是因为，在一个人不上大学的情况下，其中的某些成本也是会发生的）。因此，如果其他条件没有发生变化，只是上大学者必须放弃的工资性报酬或学费成本下降了，那么我们将看到，大学的入学率就会上升；相反，当这些成本中的任何一种成本上升时，理论就会做出这样的预测：上大学的人数会有所下降。[②]

例 9.2☞

语言会影响投资行为吗？

不同的语言对未来发生的事件有着不同的表述方式。在谈论今天的天气时，说英语的人会说："今天很冷。"但是在讨论明天的天气时，英语的语言规范就要求他们表达为："明天将会很冷。"而在德语中，同样的陈述则会被表述为："今天很冷"和"明天很冷"。在德语中并不要求严格区分现在时和将来时，这可能是源于其使用者认为未来并不遥远，那么，这样的差异是否会导致说德语的人在做决策时更具有前瞻性呢？换言之，那些在语法上不严格区分现在时和将来时的人是否会比严格对其加以区分的人有更低的贴现率？

如前所述，个人的贴现率是很难被量化的。然而，如果那些在语法上并不区分现在时和将来时的人拥有更低的贴现率这种假设成立，我们就应当能够观察到这样一种现象，即与那些说英语等这样一些严格区分现在时和将来时语言的人相比，那些所说的语言不做这种区分的人应当更倾向于进行各种类型的投资。有意思的是，一项研究确实发现，在对现在时和将来时不做严格区分的文化情境中，人们更倾向于表现出诸如为退休后的生活而存款以及为健康做出投资（锻炼、戒烟及注意饮食）

① 关于预期的工作生涯对人力资本投资决策的影响方面的其他证据，参见 Emily Oster，Ira Shoulson，and E. Ray Dorsey，"Limited Life Expectancy，Human Capital and Health Investments，" American Economic Review 103（August 2013）：1977－2002。

② 例如，有证据表明，在 21 世纪初的房地产繁荣期间，建筑业的就业机会增加，导致了青年男女的入学率下降；参见 Kerwin Kofi Charles，Erik Hurst，and Matthew J. Notowidigdo，"Housing Booms and Busts，Labor Market Opportunities，and College Attendance，" National Bureau of Economic Research working paper no. 21587（Cambridge，MA，September 2015）。类似地，当天然气行业的水力压裂钻井岗位急剧增加时，高中男生的辍学率上升；参见 Elizabeth U. Cascio and Ayushi Narayan，"Who Needs a Fracking Education? The Educational Response to Low-Skill Biased Technological Change，" National Bureau of Economic Research working paper no. 21359（Cambridge，MA，July 2015）。

等这样一些与未来相关的行为。

资料来源：M. Keith Chen，"The Effect of Language on Economic Behavior：Evidence from Savings Rates，Health Behaviors，and Retirement Assets，" American Economic Review 103（April 2013）：690-731.

然而，潜在的大学生在获得可以帮助他们支付学费、书费以及其他各种费用的资金方面的能力却存在很大差别——甚至在高中参加美国大学入学要求的标准化学术能力考试（SAT）的能力方面都有所不同。[①] 有些人可以因为他人（家人或者是奖学金）的慷慨资助而得到所需的全部或部分资金，而有些人则必须通过承担贷款的成本或者是通过自己工作来得到上大学所需的这些资金。换言之，不同的人在为获得上大学所需的资金而必须承担的成本方面存在很大的差别。那些发现获得这种资金的成本很高或者根本无法获得这种资金的人被经济学家称为"受到信贷约束"。为了解决潜在的大学生面临的信贷约束问题，一个社会通常会采取两种主要对策，一是向大学生提供得到补贴的政府低息贷款，二是建立公立大学。大部分研究都发现，放松这种信贷约束（使大学生更容易得到贷款或者使贷款的成本更低）会提高大学入学率，美国实施的放松信贷约束的公共政策已经取得了很大的成功。[②]

上大学的成本为我们提供了另外一个理由来解释，为什么年纪大者比年轻人上大学的可能性小。由于随着劳动者年龄的增加，他们的工作经验更加丰富，也更为成熟，所以，雇主们就愿意为他们支付较高的工资。这样就导致年纪大者上大学的机会成本比年轻人高。不过，有趣的是，如例 9.3 所示，退伍军人（比典型的大学生年纪要大）中上大学者所占的比例对他们能够获得的教育补贴水平非常敏感。[③]

例 9.3

《退伍军人权利法案》是否提高了第二次世界大战退伍军人的受教育程度？

美国联邦政府通过的《退伍军人权利法案》（G. I. Bill）为从第二次世界大战战场上退伍的美国军人上大学提供了前所未有的资助。根据《退伍军人权利法案》提

① George Bulman，"The Effect of Access to College Assessments on Enrollment and Attainment，" American Economic Journal：Applied Economics 7（October 2015）：1-36.

② 近期的一项研究对此前的文献进行了梳理，参见 Katharine G. Abraham and Melissa A. Clark，"Financial Aid and Students College Decisions：Evidence from the District of Columbia's Tuition Assistance Grant Program，" Journal of Human Resources 41（Summer 2006）：578-610。直接对信贷约束进行衡量的一些文章包括：Stepthen V. Cameron and Christopher Taber，"Estimation of Educational Borrowing Constraints Using Returns to Schooling，" Journal of Political Economy 112（February 2004）：132-183；and Pedro Carneiro and James J. Heckmen，"The Evidence on Credit Constraints in Post-Secondary Schooling，" Economic Journal 112（October 2002）：705-734。后一篇文章分析了为什么家庭收入和大学入学率是正相关的。它得出了这样的结论：在解释家庭收入和大学入学率之间的关系时，与孩子从家长那里获得的对学习的态度和技能的重要性相比，财务信贷约束的重要性较低。

③ 参见 Joshua D. Angrist，"The Effect of Veterans' Benefits on Education and Earnings，" Industrial and Labor Relations Review 46（July 1993）：637-652。

供的福利，第二次世界大战退伍军人上大学所需的成本得到了政府的大规模补贴，补贴的内容包括上几乎所有私立大学和公立大学的学费，同时还包括每个月大约相当于美国当时人均收入50%～70%的生活津贴。第二次世界大战结束之后，很多退伍军人都去上大学，与战前相比，战后的大学入学人数上升了50%以上。在《退伍军人权利法案》的支持下，220多万名退伍军人接受了大学教育，在《退伍军人权利法案》提供的福利被使用的高峰时期，退伍军人在当时的在校男生中占了大约70%。正因为该法案起到的作用如此巨大，参议员拉尔夫·亚伯勒（Ralph Yarborough）声称，在第二次世界大战之后实施的《退伍军人权利法案》是“在美国人的生活中曾经出现过的发挥作用最大、影响最为深远的一项法案”。

《退伍军人权利法案》是否真的产生了如此大的影响呢？还是说它只不过为那些本来就已经打算接受大学教育的退伍军人提供了相应的补贴呢？最近的一篇文章可以帮助我们回答这个问题。这篇文章将第二次世界大战男性退伍军人上大学的情况与在其他方面与他们类似的群体上大学的情况进行了对比。结果发现，在高中毕业生中，第二次世界大战退伍军人完成大学教育的年限比非退伍军人平均多出0.3年，完成大学教育的退伍军人所占的比重也比非退伍军人高出大约6个百分点。此外，该研究还将有机会参加战争服务并且有资格获得《退伍军人权利法案》资助的退伍军人与那些因出生时间太晚而无法参战从而也无法得到资助的人进行了比较，也得出了类似的结论。

这项研究得出的结论是，第二次世界大战退伍军人对通过《退伍军人权利法案》提供的补贴所做出的反应与现在的学生对大学学费的变化做出的反应是类似的。在这两种情况下，学生上大学的成本每降低10%，则大学的入学率和毕业率会提高4%或5%。

资料来源：John Bound and Sarah Tuner, “Going to War and Going to College: Did the G. I. Bill Increase Educational Attainment for Returning Veterans?” Journal of Labor Economics 20 (October 2002): 784 - 815; Keith W. Olson, The G. I. Bill, the Veterans, and the College (Lexington: University Press of Kentucky, 1974).

上大学的投资除了会产生经济成本之外，还会产生我们在前面曾经提到过的心理成本。我们的理论还预测，那些在上大学所需的学习能力方面具有更好资质的学生会比那些在学习方面存在困难的学生更有可能上大学。事实上，越来越多的证据表明，人力资本的获得会在很大程度上受到家庭背景的影响，也就是说，父母的投资和家庭环境会对他们的子女在高中及之后的人生中取得成功所需的那些认知能力和行为能力（比如注意力、动力、应对策略等）产生重要影响。有证据表明，来自单亲家庭或是低收入家庭的孩子在进入幼儿园时，在学校要求的认知能力和人际情感能力等方面均较为缺乏；这一现象引发了经济学家们的兴趣，他们致力于探索早期儿童教育项目能否以及如何提升上述这些能力，从而永久性地降低这些目标群体在上学时可能产生的心理成本。[①]

然而，除了能力之外，经济学家还认识到，“同事效应”也可以改变上大学的心理成本。如果一个人通过努力学习和获得好的成绩能够提高自己在同事中的地位，那么学习的成本就会降低——相反，如果一个人在学业上取得的成就会降低其在同事中的地位，则学习的成本就会上升。[②]

总而言之，很多方面的因素都可以导致上大学的成本在不同的个体之间存在差异，这些因素有助于解释为什么在面对相同的大环境时，不同的人会做出不同的人力资本投资决策。我们现在论述另外一组会对人力资本投资决策产生影响的力量，这就是与人力资本投资相联系的预期收益。

工资性报酬差别 人力资本理论的第四条推论是，教育需求与一个人通过大学教育能够获得的终身工资性报酬的上升是正相关的——任何一个人的预期收益都是相当不确定的。[③] 尽管如此，作为一种最为相似的情况，我们可以这样推断，即最近毕业的大学生得到的平均工资性报酬会对当前高中毕业生上大学的决策产生很大影响。

大学教育获得的货币性收益在过去 30 年中发生的剧烈变化至少是影响我们前面提及的大学入学率变化的一个因素，即便它并不是一个主要的影响因素。例如，从表 9.1 的第二列和第四列中可以看出，男性高中生的大学入学率在 20 世纪 70 年代出现的下降，与大学毕业生和高中毕业生之间的工资性报酬差别有所下降是相关的，而 1980 年之后，男性高中生的大学入学率重新升高，则是与大学毕业生和高中毕业生之间的较大工资性报酬差别联系在一起的。[④]

---

① 有关该话题所引用文献的延展性阅读，参见 Greg J. Duncan and Katherine Magnuson, “Investing in Preschool Programs,” Journal of Economic Perspectives 27 (Spring 2013): 109 - 132; and Richard J. Murnane, “U. S. High School Graduation Rates: Patterns and Explanations,” Journal of Economic Literature 51 (June 2013): 370 - 422。

② Gordon C. Williams and David J. Zimmerman, “Peer Effects in Higher Education,” in College Choices: The Economics of Where to Go, When to Go, and How to Pay for It, ed. Caroline M. Hoxby (Chicago: University of Chicago Press, 2004): 395 - 421; and David Austen-Smith and Roland G. Fryer Jr. , “An Economic Analysis of ‘Acting White,’ ” Quarterly Journal of Economics 120 (May 2005): 551 - 583; and Raj Chetty, National Hendren, and Lawrence Katz, “The Effects of Exposure to Better Neighborhoods on Children: New Evidence from the Moving to Opportunity Experiment,” American Economic Review 106 (April 2016): 855 - 902.

③ 关于教育决策与工资性报酬差别的一项历史分析，参见 Claudia Goldin and Lawrence F. Katz, The Race between Education and Technology (Cambridge, MA: Belknap Press, 2008)。将不确定性整合到未来的工资性报酬估计过程中的一些研究，参见 Joseph G. Altonji, “The Demand for and Return to Education When Education Outcomes are Uncertain,” Journal of Labor Economics 10 (January 1993): 48 - 83。关于学生们对各种不同领域中或者不同年龄上的薪资信息掌握的准确性方面的研究，参见 Julian R. Betts, “What Do Students Know about Wages? Evidence from a Survey of Undergraduates,” and Jeff Dominitz and Charles F. Manski, “Eliciting Students Expectations of the Returns to Schooling,” both in Journal of Human Resource 31 (Winter 1996): 1 - 56。关于教育回报的地域差异性的研究，参见 Dan Black, Natalia Kolesnikova, and Lowell Taylor, “Earnings Functions When Wages and Prices Vary by Location,” Journal of Labor Economics 27 (January 2009): 21 - 48。

④ 鉴于大学毕业生越来越多地选择居住在生活成本较高的城市，因此，显示出来的工资性报酬差别可能夸大了大学毕业生和高中毕业生之间的“实际”工资性报酬差别，参见 Enrico Moretti, “Real Wage Inequality,” American Economic Journal: Applied Economics 5 (January 2013): 65 - 103。

表 9.1 的第三列和第五列揭示了女性高中毕业生的大学入学率变化，及该变化与女性大学毕业生和女性高中毕业生的工资性报酬差别两者之间的关系。与男性高中毕业生的大学入学率不同，在整个 30 年中，女性高中毕业生的大学入学率一直都是上升的。值得一提的是，她们的入学率在 20 世纪 80 年代的上升幅度是最大的，当时，大学毕业生与高中毕业生之间的工资性报酬差别扩大的速度也是最快的。为什么在 20 世纪 70 年代大学毕业生与高中毕业生之间的工资性报酬差别缩小的情况下，女性高中毕业生的大学入学率反而上升呢？一个比较合理的解释是，尽管两种不同受教育程度者之间的工资性报酬差别缩小了，但是对女性而言，教育的预期收益实际上是在上升的，因为她们的劳动力参与意愿增强了，在家庭之外从事工作的时间增加了（这两种情况都延长了能够获得这种工资性报酬差别的时间长度）。①

表 9.1　　大学入学率变化与大学毕业生和高中毕业生之间的工资性报酬差别，按性别划分，1970—2010 年

年份	高中毕业生的大学入学率（%）		大学毕业生与高中毕业生的平均工资性报酬之比，25～34 岁，上年度[a]	
	男性	女性	男性	女性
1970	55.2	48.5	1.38	1.42
1980	46.7	51.8	1.19	1.29
1990	58.0	62.2	1.48	1.59
2000	59.9	66.2	1.60	1.74
2010	62.8	74.0	1.59	1.66

a. 指全年从事全日制工作的劳动者。前两年的数据是个人收入数据，而不是工资性报酬数据。然而，在收入数据和工资性报酬数据都能够取得的年份，两者之间的比率基本上是相同的。

资料来源：U. S. Department of Education，Digest of Education Statistics 2011（June 2012），Table 209；U. S. Bureau of the Census，Money Income of Families and Persons in the United States，Current Population Reports P-60，no. 66（Table 41），no. 129（Table 53）；U. S. Bureau of the Census，" Money Income in the United States：1999，" Detailed Person Income（P60 Package），Table PINC-04，www. census. gov/hhes/www/cpstables/macro/032000/perinc/toc. htm；and U. S. Bureau of the Census，"Income，Poverty and Health Insurance in the United States：2009，" Person Income，Table PINC-04，www. census. gov/hhes/www/cpstables/032010/perinc/new04 _ 000. htm.

很重要的一点是，必须认识到，与其他投资一样，人力资本投资是包含不确定性的。② 尽管对个人来说，了解大学毕业生和高中毕业生之间在工资性报酬方面存在的平均差别是很有用的，但每个人同时还应当评价一下自己在那些需要拿到大学文

① 关于对本人扮演的经济角色持"传统"观点的女性所获得的人力资本收益率较低，同时所进行的人力资本投资也较少的证据，参见 Francis Vella，"Gender Roles and Human Capital Investment：The Relationship between Traditional Attitudes and Female Labor Market Performance，" Economica 61（May 1994）：191 - 211。关于对女性高中毕业生的大学入学率所经历的历史发展趋势进行的有趣分析，参见 Claudia Goldin，Lawrence Katz，and Ilyana Kuziemko，"The Homecoming of American College Women：The Reversal of the College Gender Cap，" Journal of Economic Perspectives 20（Fall 2006）：133 - 156。

② 关于在经济衰退期毕业与运气对一个人毕业后获得的第一位工作产生的影响，参见 Philip Oreopoulos，Till von Wachter，and Andrew Heisz，"The Short-and Long-Term Career Effects of Graduating in a Recession，" American Economic Journal：Applied Economics 4（January 2012）：1 - 29。

凭才能从事的领域中取得成功的可能性有多大。[①] 例如，如果大学毕业生的平均收益在上升，但与此同时，在那些最成功的大学毕业生和最不成功的大学毕业生之间存在的工资性报酬差别也在逐渐扩大，则那些认为自己很可能属于后一群体的人就可能会做出延迟大学教育投资的决策。最近的一些研究还指出，即使在控制住个人在父母收入状况或其受教育程度方面的差异之后，仍然可以发现，一个人结交的朋友、所属的种族以及居住的社区等因素仍然会对这个人的人力资本投资决策具有重要影响。一方面，正如我们在前面的章节中曾讨论过的那样，这些同群效应可以通过作用于成本进而影响一个人的教育决策；另一方面，榜样的存在则有助于减少预测一个人未来在某一领域中能否取得成功时不可避免地会遇到的不确定性。[②]

□ 市场对大学入学率变化做出的反应

与其他市场价格一样，上大学的收益也是雇主的需求和员工的供给这两种力量共同作用的结果。如果上大学这种投资的收益很高导致有更多的高中毕业生决定上大学，市场力量发挥作用的方向就倾向于降低大学教育在未来的收益。在其他条件相同的情况下，大学毕业生人数的增加会对可观察到的劳动力市场上的工资施加一种下压的力量，而高中毕业生人数的减少则有助于提高受教育水平较低的劳动者的市场工资。

由于大学教育投资产生的回报具有不确定性，因此，利用大学教育投资的当前收益来预测其未来收益就是不可靠的。一个人可能因为观察到大学教育投资的收益在近期上升了就决定去上大学，但是别忘了，与此同时，其他许多人也同样看到了这种情况。当大批的大学毕业生在四年中不断地流向劳动力市场的时候，大学教育投资的收益在那个时候就会产生一种下降的压力。这一事实提醒我们，所有的投资——包括人力资本投资——都会遇到这样一种情况，即成本支出是在当前，而收益是在未来，并且具有不确定性。（如果人们认为当前的收益可以持续到未来，并据此采取行动，那么，劳动力市场会做出何种反应呢？关于这方面的分析，参见附录 9A。）

教育、工资性报酬与离校后的人力资本投资

我们在前一节中运用人力资本理论分析了参加全日制正规教育项目（上大学）的决策。现在我们分析劳动者在工作中接受培训的决策。这种在职培训是很难被经

① 上大学的学生也可以了解自己的能力和兴趣，并且每一年都有机会决定是继续上学还是辍学。参见 Kevin M. Stange, "An Empirical Investigation of the Option Value of College Enrollment," American Economic Journal: Applied Economics 4 (January 2012): 49-84。

② 对这里所讨论的问题的一些最新研究，参见 Kerwin Kofi Charles and MingChing Luoh, "Gender Differences in Completed Schooling," Review of Economics and Statistics 85 (August 2003): 559-577; and Ira N. Gang and Klaus F. Zimmermann, "Is Child Like Parent? Educational Attainment and Ethnic Origin," Journal of Human Resources 35 (Summer 2000): 550-569。

济学家直接观察到的，这是因为这些培训大多是非正式的，并且没有公开的记录。然而，尽管如此，我们仍然可以运用人力资本理论和与劳动者的终身工资性报酬的某些特定模式推导出与劳动者的在职培训需求有关的一些推断。

我们在图 9.3 和图 9.4 中描绘了各种受教育程度以及年龄不同的男性劳动者和女性劳动者在 2014 年时得到的工资性报酬情况。这些图形揭示出以下四个方面的显著特点：

（1）全日制劳动者的平均工资性报酬水平会随受教育程度的增加而上升；

（2）工资性报酬增长最快的时期发生在人们工作的早期阶段，因而无论是男性劳动者的年龄与工资性报酬剖面曲线，还是女性劳动者的年龄与工资性报酬剖面曲线，都是凹状的；

（3）年龄与工资性报酬剖面曲线趋于呈扇形散开，因此，与受教育程度有关的工资性报酬差别在劳动者工作的后期阶段比在前期阶段更大；

（4）与女性劳动者相比，男性劳动者的年龄与工资性报酬剖面曲线的凹状更为明显，同时呈扇形散开的幅度也更大。

那么，人力资本理论有助于我们解释这些经验性规律吗？

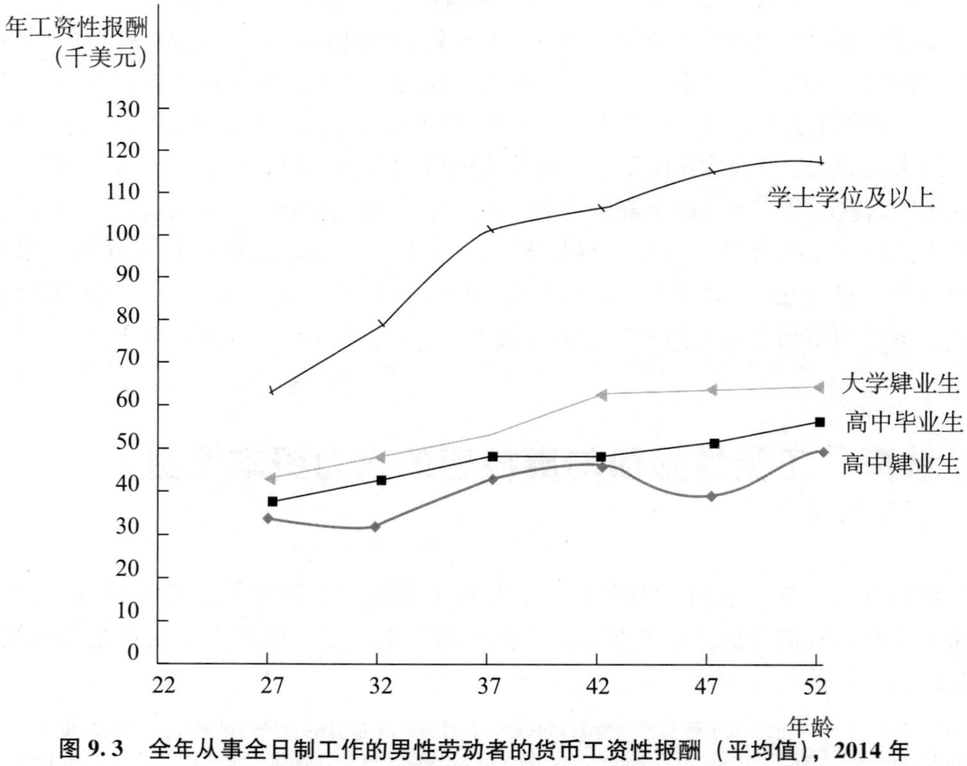

图 9.3　全年从事全日制工作的男性劳动者的货币工资性报酬（平均值），2014 年

资料来源：U. S. Bureau of the Census，www. census. gov/data/tables/time-series/demo/income-poverty/cps-pinc/pinc-04. html.

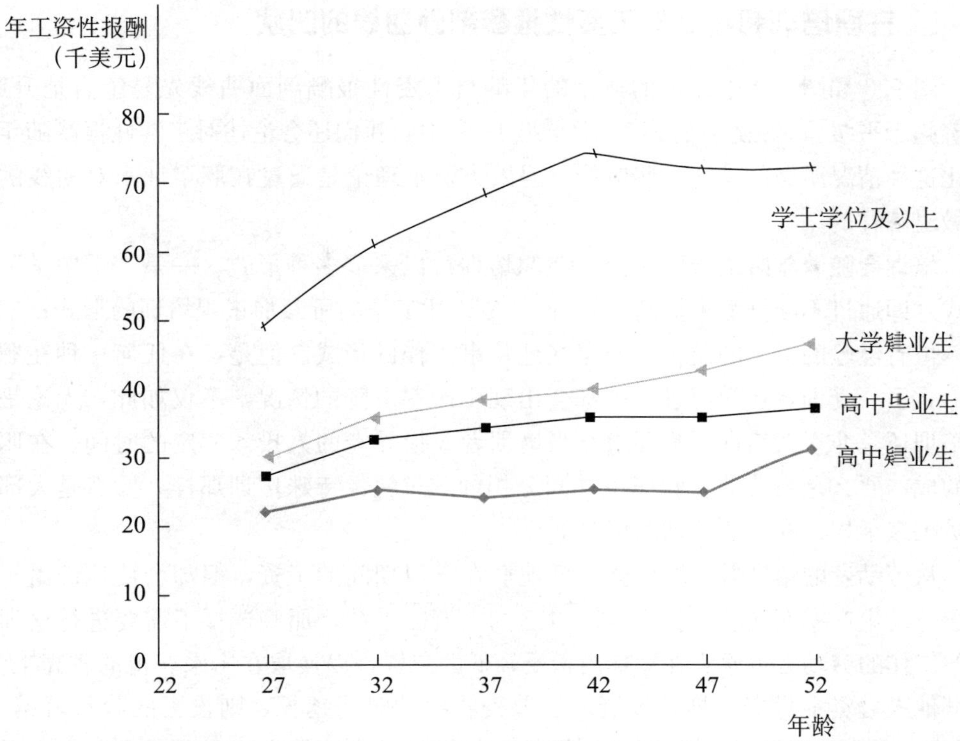

图 9.4　全年从事全日制工作的女性劳动者的货币工资性报酬（平均值），2014 年

资料来源：同图 9.3。

□ 平均工资性报酬与教育水平

我们的教育选择投资模型暗含这样一个假设，即工资性报酬会随着受教育水平的提高而上升，这是因为，若非如此，导致学生们投资于更高层次教育的激励因素就会消失。因此，我们可以毫不奇怪地看到，在图 9.3 和图 9.4 中，受过更高水平教育的劳动者获得的平均工资性报酬会超过受教育较少的劳动者。

但是，需要牢记的一点是，工资性报酬本身会同时受到工资率和工时两个方面因素的影响。因此，当我们探讨一种教育投资的收益时，工资率可能是最为贴切的一种数据了，这是因为工资率表明了劳动者每工作一个时间单位能够得到的报酬。然而，工资率数据往往不像工资性报酬数据那样容易取得。在使用工资性报酬数据时，我们可以采取的一种较为粗略但比较可行的控制工时差别的做法是，集中研究全年都从事全日制工作的劳动者——这也正是我们在图 9.3 和图 9.4 中采用的做法。当然，即使是在控制住工时因素和有可能提高工资率的其他非教育因素之后，通过更为详细的统计分析也推导出了与图 9.3 和图 9.4 相同的结论——更高的教育水平是与更高的工资水平联系在一起的。

□ 在职培训和年龄与工资性报酬剖面曲线的凹状

图 9.3 和图 9.4 中显示的典型的年龄与工资性报酬剖面曲线先是笔直地升起，接着趋于平缓。[①] 在随后的第 10 章与第 11 章中，我们还会论述对工资性报酬随年龄变化这种情况所做的其他一些解释，但人力资本理论是通过在职培训来对曲线的凹状做出解释的。[②]

培训会随着年龄增长而减少 在职培训可以采取多种形式。一是"干中学"的形式（即通过不断操练来提高技能）；二是离开工作场所参加正规培训的形式；三是在一位有经验的员工的监督下非正式地从事工作的形式。但是，在任何一种在职培训形式下，受训者在学习过程中都会出现生产率下降的情况，不仅如此，无论是正式培训还是非正式培训，都要求充当培训者或指导者的人投入一定的时间。在职培训的成本要么是由劳动者和雇主共同分担的——就像特殊培训那样，要么是大部分由员工来承担（在一般培训的情况下）。

从劳动者的角度看，培训会降低他们在学习期间的工资，但却会使他们由于提高了劳动生产率而能够在将来提高自己的工资。因此，那些选择了需要进行培训投资的工作的劳动者也愿意在短期内接受较低的工资，以换取在未来获得的较高工资。与其他人力资本投资一样，投资之后取得收益的时间越长，则投资的收益就越大。因此，我们可以预期，劳动者在年轻的时候进行的在职培训投资是最多的，此后会随着年龄的增长而逐步减少。

图 9.5 描述了将人力资本理论运用于在职培训问题时其具有的生命周期含义。图中描绘的个人在年龄为 A_0 时就完成了全日制正规学校教育，此人此时能够挣得的工资性报酬为 E_s。如果此人不再接受进一步的培训，而且他已经掌握的知识和技能也不会随着时间的推移而贬值，那么他在整个生命周期中能够获得的工资性报酬将会一直保持在 E_s 这一水平上。然而，如果此人选择投资于在职培训，他在未来的工资性报酬增长潜力就会得到强化，这种情况如图中的曲线（虚线）E_p 所示。不过，

---

① 这些图形所使用的数据来自 U. S. Bureau of the Census，网址为 www. census. gov/data/tables/time-series/demo/income-poverty/cps-pinc/pinc _ 04. html。图中的数据并不是某个特定的人在一段时间中的工资性报酬，它们所反映的是在某个特定的年份中，年龄以及受教育水平不同的各种人的平均工资性报酬状况。运用特定个人的工资性报酬时间序列数据所进行的研究，参见 Richard W. Johnson and David Neumark，"Wage Decline and Older Men，" Review of Economics and Statistics 78（November 1996）：740－748；下面这篇文章对若干群人在一段时间内的工资性报酬变化情况进行了跟踪，参见 David Card and Thomas Lemieux，"Can Falling Supply Explain the Rising Return to College for Younger Men? A Cohort-Based Approach，" Quarterly Journal of Economics 116（May 2001）：705－746。

② 对人力资本理论关于年龄与工资性报酬剖面曲线的上升所做解释的相对重要性程度的讨论，参见 Ann P. Bartel，"Training，Wage Growth，and Job Performance：Evidence from a Company Database，" Journal of Labor Economics 13（July 1995）：401－425；Charles Brown，"Empirical Evidence on Private Training，" in Research in Labor Economics，vol. 11，eds. Lauri J. Bassi and David L. Crawford（Greenwich，Conn.：JAI Press，1990）：97－114；and Jacob Mincer，"The Production of Human Capital and the Life Cycle of Earning：Variation on a Theme，" Journal of Labor Economics 15，no. 1，pt. 2（January 1997）：S26－S47。

在职培训投资产生的一种近期后果却是导致劳动者在受训期间的实际工资性报酬低于本来可能得到的潜在工资性报酬。于是，只要员工正在进行投资，他的实际工资性报酬 E_a 在图 9.5 中就会位于 E_p 之下。实际上，E_p 和 E_a 之间的差价恰恰等于劳动者的投资成本。

我们之所以画出图 9.5，实际上是为了反映我们在前面提及的这样一种理论含义，即人力资本投资会随着年龄的增长而减少。在培训投资完成之后的每一年中，员工的实际工资性报酬就会越来越接近于其潜在的工资性报酬。此外，由于员工随着年龄的增长越来越不愿意进行人力资本投资，所以，员工在每一年中的潜在工资性报酬增长就会变得越来越小。于是，曲线 E_p 就呈现为一种凹形，即开始时快速上升并超过曲线 E_s，但是在以后的生命周期中会逐渐变得扁平。曲线 E_a（即我们在图 9.3 和图 9.4 中所观察到的那条曲线）也会因为同样的原因而呈现凹形。①

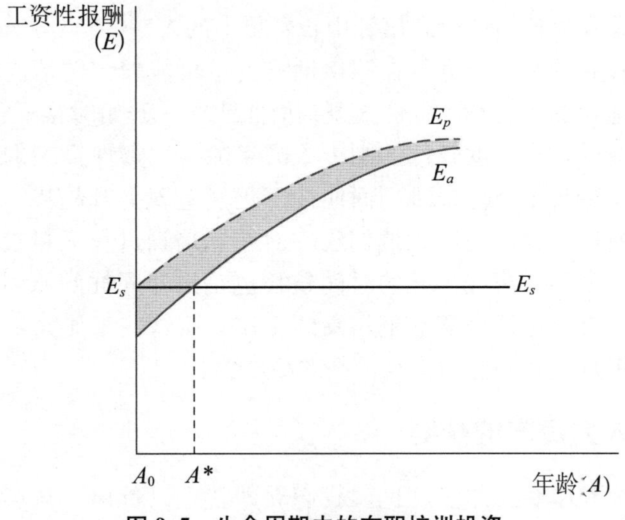

图 9.5　生命周期中的在职培训投资

① 对那些投资于在职培训的人而言，他们的实际工资性报酬在一开始时是低于 E_s 的，在他们的年龄快到 A^* 时，他们的实际工资性报酬就接近 E_s 的水平了，然后会继续增长并超过 E_s。我们将年龄 A^* 称为赶超年龄，即具有相同正规学校教育水平的劳动者，无论是否继续进行在职培训投资，在这一年龄上取得的工资性报酬都相同。赶超年龄的概念具有非常有趣的实证含义。

我们能够观察到劳动者的受教育水平，但是我们却无法观察到 E_p 或者劳动者花费于在职培训的时间。于是，当我们用统计方法来分析不同个体之间的工资性报酬差别时，劳动者的工资性报酬水平和受教育水平之间的相关关系在年龄 A^* 上（此时 $E_a=E_s$）是最强的。为什么是这样呢？这是因为，在职培训的出现会导致正规学校教育和工资性报酬水平之间的相关性在年龄 A^* 之前和之后都是在减弱的。由于我们无法测量在职培训，从而也就无法从统计上对在职培训因素加以控制。有趣的是，我们发现，在劳动者进入劳动力市场之后大约十年的时间里，他们的受教育水平和工资性报酬之间的相关性是最强的。这个发现对从人力资本角度解释存在在职培训情况下的年龄与工资性报酬剖面曲线提供了支持。关于在工资基础上估计工资性报酬效应的开创性研究，参见 Jacob Mincer，Schooling，Experience，and Earnings（New York：Columbia University Press for National Bureau of Economic Research，1974）。

□ 从年龄与工资性报酬剖面曲线中得到的有趣发现

随着年龄的增长，具有不同受教育背景的劳动者之间的工资性报酬差别也趋于更加明显。这一现象与人力资本理论的推论也是一致的。

预期收益差别越大、初始投资成本越小、投资者得到投资回报的时间越长或者本人的贴现率越低，则人力资本投资的可能性也就越大。这一结论同样也适用于那些具有快速学习能力的人。这一方面是因为快速学习能力有助于缩短培训时间，另一方面则是因为能够快速学习的人在培训期间产生的心理成本较低（受到的挫折较轻）。

所以，那些有快速学习能力的人往往就是最愿意寻找培训机会的人，同时也是最有可能被雇主赋予各种培训机会的人。但是，谁是学习速度最快的人呢？那些能够从正规学校教育中获取最多收益的人，也最有可能是学习速度最快的人！因此，人力资本理论就引导我们得出这样一条推论，即那些在正规学校教育中投资更多的劳动者，同时也是在离校后的继续培训中投资更多的人。[①]

受教育程度较高的劳动者进行在职培训投资也可能较多的情况解释了这样一个问题，即为什么他们的年龄与工资性报酬剖面曲线在一开始时很低，但上升得很快，并且即使是当那些受教育程度较低的同类人的年龄与工资性报酬剖面曲线已经开始下滑时，他们的年龄与工资性报酬剖面曲线却仍然呈现上升趋势。他们的工资性报酬上升的速度之所以更快，是因为他们正在对在职培训进行大量投资，此外，他们的年龄和工资性报酬剖面曲线上升的时间较长也是出于同样的原因。换言之，有能力学得更快的人最终会选择报酬水平较高的工作，而这些工作又要求从业者学习更多的东西，从而把从业者的能力推向最高的高度。

□ 女性与人力资本的获得

通过对图 9.3 和图 9.4 加以对比，我们立即就可以看出，与年龄和受教育程度完全相同的男性劳动者相比，全年都从事全日制工作的女性劳动者获得的工资性报酬较低。在每一受教育群体中，女性的工资性报酬随年龄增长的速度都较慢。本小节的目的是用人力资本理论来分析男性和女性劳动者之间的这种差别形成的原因（我们在第 12 章中将对男性和女性之间的工资差别进行更为全面的分析）。

过去通常认为，男性和女性在进行人力资本投资时受到的激励是不同的，其中的差异主要表现为两者的职业生涯长度不同——而职业生涯的长度恰好会影响人力

---

① 关于在职培训与受教育水平以及能力之间的相关性的研究，参见 Joseph G. Altonji and James R. Spletzer, "Worker Characteristics, Job Characteristics, and the Receipt of On-the-Job Training," Industrial and Labor Relations Review 45 (October 1991): 58 - 79; and Joseph Hight, "Younger Worker Participation in Post-School Education and Training," Monthly Labor Review 121 (June 1998): 14 - 21。一项研究表明，对正规学校教育的投资和对在职培训的投资是互补的，参见 Adriana Kugler, Maurice Kugler, Juan Saavedra, and Luis Omar Herrera Prada, "Long-Term Direct and Spillover Effects of Job Training: Experimental Evidence from Colombia," National Bureau of Economic Research working paper no. 21607 (Cambridge, MA, October 2015)。

资本投资成本的回收时间。我们在第 6 章和第 7 章中已经详细地论述了从事有酬工作的女性的工资水平在最近的几十年中出现了快速增长，而这一事实显然会使人力资本投资对女性变得更加有利。然而，尽管如此，从表 9.2 中的数据可以看出，一个明显的事实是，就平均情况来说，女性从事（有酬）工作的年限还是比男性短。此外，在表 9.2 中列出的几种职业还表明，女性劳动者的周工时数与男性相比平均要少几个小时。

表 9.2　美国的劳动力参与率、全日制工作状态及工作小时数，按性别划分，2015 年

	女性	男性
16 岁及以上人口的劳动力参与率	56.7%	69.3%
从事全日制工作的劳动者所占的百分比	67.9%	81.0%
全日制工作者平均周工时数，按职业划分：		
管理、经营和金融类	42.4	45.9
专业专家类	40.8	43.3
办公室和行政支持类	39.8	41.6
销售类	40.9	44.4
安装维修类	41.6	42.9

资料来源：U. S. Bureau of Labor Statistics，Labor Force Statistics from the Current Population Survey：www. bls. gov/cps/tables. htm，Table 2，22；U. S. Bureau of Labor Statistics，Labor Force Statistics from the Current Population Survey：www. bls. gov/cps/cpsaat23. htm，Table 23.

女性的预期职业生涯之所以比男性短，其中的主要原因在于女性根据传统习惯需要扮演的角色，即她们在养育孩子和家庭生产方面发挥重要的作用。尽管女性的这种传统角色正在经历明显的变化，但是仍然造成许多女性在生养孩子的时期会退出劳动力市场一段时间。这样，当同类的男性劳动者在持续积累工作经验的时候，女性劳动者却不得不经历一个职业中断的时期。如果这种历史经验导致在进行重要人力资本投资决策的年轻女性能够预见到自己的劳动力参与是不连续的，她们可能就会有意识地避免从事某些职业，因为如果她们从事这些职业或进入该领域，则在脱离劳动力市场期间，她们的技能将会出现贬值。[①] 此外，历史经验可能还会导致雇主尽量避免雇用女性来从事需要接受较多在职培训的工作——这种做法本身又将影响女性对从人力资本投资中能够获得的收益的预期。不过，人力资本理论也推断出，女性的劳动力参与率（尤其是处于生育期的已婚女性的劳动力参与率）最近出现的一些变化，正引起女性接受正规学校教育和在职培训的情况发生剧烈变化。我们现

① 对女性在生育期间因中途中断与劳动力市场的联系而面临的工资性报酬损失方面的讨论，参见 Shelly Lundberg and Elaina Rose，"Parenthood and the Earnings of Married Men and Women，" Labor Economics 7 (November 2000)：687 - 710；and Jane Waldfogel，"Understanding the 'Family Gap' in Pay for Women with Children，" Journal of Economics Perspectives 12 (Winter 1998)：137 - 156。在越南战争期间，那些因非自愿被征入伍而脱离自己职业生涯的男性劳动者也蒙受了同样的损失，参见 Joshua D. Angrist，Stacy H. Chen，and Jae Song，"Long-Term Consequences of Vietnam-Era Conscription：New Estimates Using Social Security Data，" American Economic Review：Papers and Proceedings 101 (May 2011)：334 - 338。一项研究比较了男女两类劳动者的工资由于职业中断所受到的不同影响，参见 Christy Spivey，"Time Off at What Price? The Effects of Career Interruptions on Earnings，" Industrial and Labor Relations Review 59 (October 2005)：119 - 140。

在论述在这两个领域中最近发生的一些变化。

女性与在职培训 毫无疑问，与男性相比，女性劳动者得到的在职培训更少，尽管这一差距可能正在缩小。最近一项关于雇主提供的培训情况的调查发现，在1995年时，在6个月的时间里，接受调查的女性劳动者报告自己获得的正式和非正式培训时间共计41.5小时，而被调查的男性劳动者则报告自己获得的正式和非正式培训时间总共为47.6小时。两者在培训时间上的差距主要体现在非正式培训方面。[①] 由于正式在职培训会导致年龄与工资性报酬剖面曲线呈现凹状，因此，我们就可以用女性受到的在职培训较少来解释她们的年龄与工资性报酬剖面曲线为什么会更为平坦。

从人力资本的角度对女性劳动者的年龄与工资性报酬剖面曲线较为平坦做出的这种解释，并没有直接指出这样一点，即女性在工作中受到的培训较少这种情况，到底是雇主方面的原因而导致的，还是劳动者方面的原因而导致的。但是从理论上说，这两方面的原因都有可能存在。如果雇主预见到女性劳动者的职业生涯较短，他们就不大愿意向她们提供培训。同理，如果女性劳动者预见到自己的职业生涯较短，她们也不大愿意寻找那些必须接受较多培训的工作。最后，如果女性劳动者预见到雇主会将她们排除在那些要求任职者接受较多的培训，或获得较丰富的工作经验的职位之外，她们从事这些职业或进入这些领域的动机无疑也会被削弱。[②]

人力资本理论一方面推断，女性在生养孩子方面扮演的传统角色会导致她们对教育和培训投资的动机削减；另一方面，它又指出，随着女性在社会上扮演的角色发生转变，女性接受培训的动机将会发生变化。因而，我们应当能够观察到，在过去的几十年中，女性劳动者的年龄与工资性报酬剖面曲线的凹状会变得越来越明显，总体来说，图9.6中显示的情形对我们的这种预期提供了支持。

图9.6中的深线表示的是2014年时不同年龄的女性大学毕业生和女性高中毕业生的工资性报酬变化趋势，而浅线表示的是1990年时的可比趋势（将消费者价格指数调整到2014年的美元价值）。[③] 通过进行直观的比较我们不难看出，女性高中毕业生和女性大学毕业生（尤其是大学毕业生）在30多岁时的年龄与工资性报酬剖面曲线都已经变得相当陡峭。女性劳动者的工资性报酬在其职业生涯的早期阶段出现的这种快速增长情况，说明了与过去10多年相比，她们获得的在职培训更多。

女性与正规学校教育 正如表9.1所示，女性接受的正规教育水平在最近的若干年中也正在发生着显著的变化。她们的学习领域已经出现了显著的改变。这些变化毫无疑问地反映出这样一种情况，即由于劳动力参与意愿增强以及预期职业生涯

---

① H. Frazis, M. Gittleman, M. Horrigan, and M. Joyce, "Results from the 1995 Survey of Employer-Provided Training," Monthly Labor Review 121 (June 1998): 3 - 13.

② 下面这篇文章对女性的工资预期及其所产生的结果进行了研究，参见 Peter F. Orazem, James D. Werbel, and James C. McElroy, "Market Expectations, Job Search, and Gender Differences in Starting Pay," Journal of Labor Research 24 (Spring 2003): 307 - 321。

③ 数据来源于 U.S. Bureau of the Census, "Historical Income Tables: People," Table P-33, www.census.gov/data/tables/time-series/demo/income-poverty/historical-income-people.html。

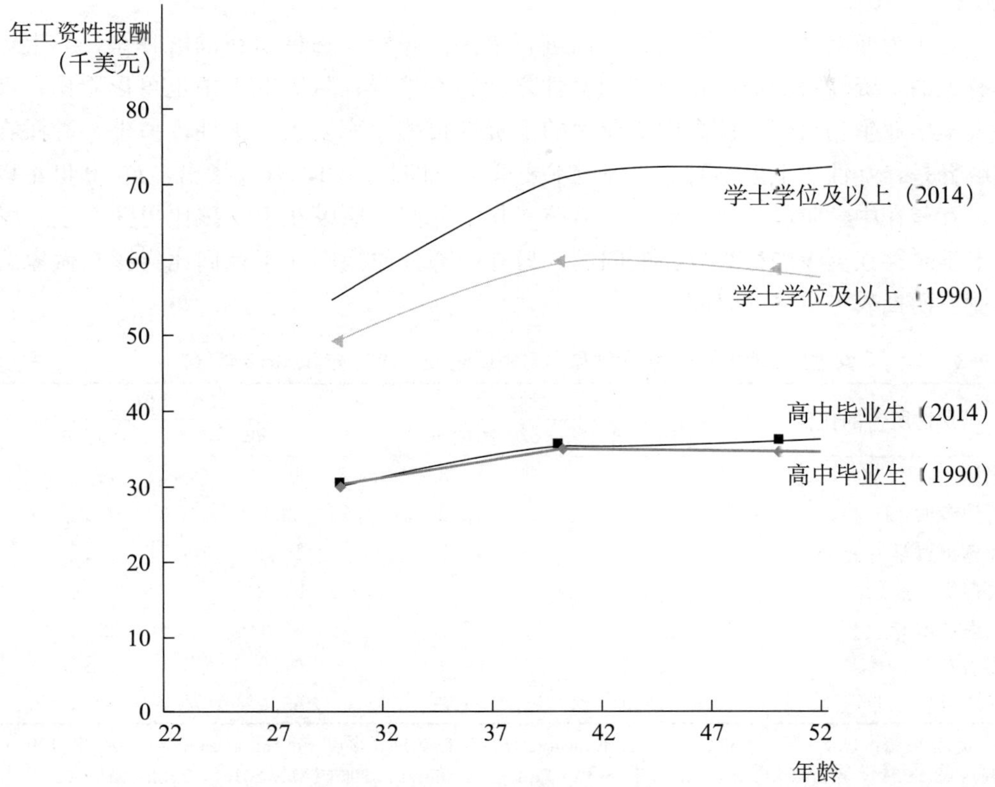

图 9.6　女性劳动者的年龄与工资性报酬剖面曲线变得越来越凹

延长，女性劳动者的人力资本投资收益增加了。表 9.3 描述了这些变化的程度。

在传统上，女性从大学毕业的可能性比男性要小。而在今天，无论是在学士学位获得者中，还是在硕士学位获得者中，女性都已经占到了将近 60%。不仅如此，女性在大学中主修的专业领域也发生了显著的变化，最为突出的是在商学（本科生和硕士生）、法学以及医学领域——在这些专业中，女性所占的比重已经从原来的不足 10%迅速增长到 45%，甚至更高的水平。尽管在计算机科学以及工程技术领域，女性所占的比重仍然不高，但是她们在这些领域中也取得了很大的进展。[①] 表 9.3 中的数据表明，在过去 40 年中，由于女性的劳动力参与水平越来越高，因此，投资于学士学位和硕士学位对女性的吸引力越来越大。

从表 9.3 中很容易看出，目前在美国，女性比男性更愿意投资大学教育。女性投资大学学位比例的上升与她们留在劳动力队伍中的时间延长紧密相关（第 6 章分析过）。然而，女性在劳动力队伍中停留的时间平均而言仍然短于男性，因而仅凭女性在劳动力队伍中停留的时间延长这一因素无法解释为什么女性比男性更倾向于上

① 然而，一项研究在对男女大学本科生主修专业的差异进行比较之后，却得出了这样一个结论：除了在商学领域外，两者之间的差异自 20 世纪 70 年代以来并没有发生重大的变化，参见 Sarah E. Turner and William G. Bowen, "Choice of Major: The Changing (Unchanging) Gender Gap," Industrial and Labor Relations Review 52 (January 1999): 289 - 313。

大学。

对于为何女性更愿意在教育方面进行更多的投资，一种潜在的解释是，与上大学有关的工资性报酬溢价在男性和女性之间存在差异；从表 9.1 中也可以看出，女性大学毕业生相对于女性高中毕业生的工资性报酬比率要大于男性。另外一种潜在的解释是，女性在上大学时的心理成本要低于男性。例如，有人指出，自 20 世纪以来，女孩在中学阶段的成绩要超过男孩，其中的部分原因在于女孩比男孩在上小学和中学时存在更少的行为方面的问题，另外一部分原因则在于她们比男孩在做家庭作业方面投入了更多的时间。①

表 9.3　　女性所占的比例，按学位和学习领域划分，1971 年和 2012 年（%）

女性所占的比例	学士学位		硕士学位	
	1971 年	2012 年	1971 年	2012 年
总计	43.4	57.3	40.1	59.9
商学专业	9.1	48.2	3.9	46.1
计算机科学专业	13.6	18.2	10.3	27.7
教育学专业	74.5	79.4	56.2	76.0
工程技术专业	0.8	17.5	1.1	23.1
英语专业	66.7	68.4	61.0	65.8
医疗卫生专业	77.1	84.8	55.9	81.4

资料来源：U.S. National Center for Education Statistics, Digest of Education Statistics 1993 (1993), Tables 235, 269, 271-273, 275, 278; Digest of Education Statistics 2013 (May 2015), Tables 318.30.

教育是一项有益的投资吗？

无论是对个人而言，还是对政府政策制定者来说，大家共同关心的一个问题是，对教育进行更多的投资是否总是好的？一个人可能会问这样一个问题："我通过再多上一年学能够获得的货币收益和心理收益是否足以弥补我为之付出的成本？"而政府也必须判断，在教育部门投入更多的资源产生的促进生产率提高的预期收益能否超过与这些投入本身相伴随的机会成本。我们在前面曾经指出过，在回答这些问题时，我们既可以运用现值法（例 9.4 进行了相关说明），也可以运用内部收益率法。在接下来的几个小节中，我们将运用内部收益率法来进行分析。

□ 教育对个人来说是一种良好的投资吗？

在美国，一个人如果决定投资于大学教育，则在典型情况下，这就意味着他每

① Claudia Goldin, Lawrence F. Katz, and Ilyana Kuziemko, "The Homecoming of American College Women: The Reversal of the College Gender Gap," Journal of Economic Perspectives 20 (Fall 2006): 133-156.

年必须负担 2.5 万美元的成本。那么，是否有证据表明这个学生的投资会得到回报呢？已经有几项研究试图通过计算教育投资的内部收益率来回答这一问题。尽管这些研究运用的方法和数据各异，但通常都会运用类似图 9.3 和图 9.4 中的年龄与工资性报酬剖面曲线来计算劳动者在各个年龄点上的工资性报酬在投资前后的差异如何，以此来判断教育投资的收益大小。研究者们之所以通常都用工资性报酬来衡量教育的收益，是因为更高的工资水平和更为稳定的工作这两者都是通过接受更多教育获得的回报。（然而，稍后讨论的预估回报率仅仅与教育的货币报酬相关，我们应当注意到，许多近期的研究发现，教育投资还存在很多显著的非货币报酬，比如教育投资将会带来更好的健康状况以及更高的生活满意度。①）

例 9.4☞

人力资产估价：一桩医生离婚案

美国各州的离婚法一般都规定，当夫妻双方离婚时，在婚姻存续期间获得的所有财产都要按照某种公平的方式进行分割。在这些需要分割的财产中，也包括夫妻双方中的任何一方在婚姻存续期间进行的人力资本投资产生的价值。那么，应当如何对这些人力资本的价值进行衡量呢？我们列举这方面的一个具体例子。

多伊医生在取得全科医生行医执照之后不久与现任妻子结婚。不过，多伊医生当时并未立即开业（即开家庭诊所）行医，而是去接受做一名外科医生的特殊培训。在他接受培训（以及安家）期间，多伊医生和他的妻子得到的收入要远远低于他如果开业行医可能得到的收入。于是，多伊医生夫妻双方实际上都在对多伊医生的人力资本进行投资，只不过投资的程度不同罢了。

然而，在他们的家刚刚安顿下来以及多伊医生取得外科医生行医资格之后不久，两人决定离婚了。女方要求对多伊先生的外科医生行医资格中包含的财产价值进行平等分割。那么，如何对这一财产价值进行评估呢？

多伊先生获得的外科医生行医资格包含的财产价值等于这一行医资格预期为多伊医生带来的终身工资性报酬增量的现值。对多伊医生的年工资性报酬增量进行估算的最合理办法是，从一名典型的外科医生的年工资性报酬中减去一名普通的全科医生每年获得的平均工资性报酬（这是多伊先生如果不接受外科医生资格培训可能获得的年工资性报酬）。

2015 年时，一名普通的外科医生的平均年工资性报酬在 24.8 万美元左右，而一名普通的全科医生的平均年工资性报酬则在 19.2 万美元左右。假定多伊医生是一位

① Philip Oreopoulos and Kjell G. Salvanes, "Priceless: The Nonpecuniary Benefits of Schooling," Journal of Economic Perspectives 25 (Winter 2011): 159–184; James J. Heckman, John Eric Humphries, and Gregory Veramendi, "Returns to Education: The Causal Effects of Education on Earnings, Health and Smoking," National Bureau of Economic Research working paper no. 22291 (Cambridge, MA, May 2016); Clark and Boyer, "The Effect of Education on Adult Mortality and Health: Evidence from Britain."

“普通的”医生，则根据2015年的货币价值来计算，他在婚姻期间获得的外科医生行医执照就使得其每年的工资性报酬增加了5.6万美元左右。[a] 假设多伊医生将来还有25年的工作时间，实际利率（考虑到通货膨胀对工资性报酬差别可能会产生的影响）为2%，那么，多伊医生从其接受的外科医生培训中获得的财产现值就等于110万美元。（于是，法院就会根据这一数额在多伊夫妻之间来平等地分割这笔财产。）

a. 这里所使用的工资性报酬数据源自 U. S. Department of Labor，Bureau of Labor Statistics，“May 2015 National Occupational Employment and Wage Estimates United States，” www.bls.gov/oes/current/oes_nat.htm#b29-0000。这里使用的计算现值的公式是前文脚注描述的那种，其中 $X=56\ 000$ 美元，$r=0.02$，$n=25$。

在估计一项教育投资的回报率时，通常需要对个人条件相似但受教育水平不同的人之间的工资性报酬进行对比。运用常规数据所做的统计估计都会在控制那些可能会对工资性报酬产生影响且能够被测量出来的其他一些因素——例如，年龄、种族、性别、健康状况、是否加入工会以及居住地点等等——之后，来考察与正规受教育年限相联系的工资性报酬的增加情况。这类研究报告的数量多达数百篇，它们估计出来的教育投资回报率通常都介于5%和12%之间。①

能力偏差 这种对教育投资回报率进行估计的常规方法可能会遇到的一个问题是，它可能过高地估计一个学生能够从教育投资中获得的收益。这是因为，这种估计通常并未区分在出现的较高工资性报酬中，到底哪些部分是能力起的作用，哪些部分是学校教育起的作用。② 然而，问题在于，第一，那些越聪明、越勤奋、越积极的人越有可能获得更多的正规学校教育；第二，与其他人相比，这些人即使没有接受更多的正规学校教育，他们的生产率仍然也可能比其他人高，从而能够得到更高的平均工资水平。当反映学习者的真实能力的指标无法被观察到，或者没有被考虑到的时候，研究者往往会将与上大学有关的所有工资性报酬差别都归结为上大学本身，而不是将其中的一部分差别归结为能力差异，尽管在大学毕业生获得的高出高中毕业生的那部分工资性报酬中，有一部分实际上可能也会被没有上过大学却具有

① 参见 David Card，“Estimating the Return To Schooling：Progress On Some Persistent Econometric Problems，” Econometrica 69（September 2001）：1127－1160；and David Card，“The Casual Effect of Education on Earnings，” in Handbook of Labor Economics，eds。比较全面的一些综述，参见 Orley Ashenfelter and David Card（New York：Elsevier，1999），pp. 1802－1863。最近的一项研究，参见 Manudeep Bhuller，Magne Mogstad，and Kjell G. Salvanes，“Life Cycled Earnings，Education Premiums and Internal Rates of Return，” National Bureau of Economic Research Working Paper no. 20250（Cambridge，MA，June 2014）。在经济萧条期毕业可能会在很大程度上导致投资回报下降，关于这一问题的讨论，参见 Philip Oreopoulos，Till von Wachter，and Andrew Heisz，“The Short- and Long-Term Career Effects of Graduating in a Recession，” American Economic Journal：Applied Economics 4（January 2012）：1－29。

② 一项教育投资所带来的工资增长应当超过总体财富水平的提高程度——而这（回忆一下第6章和第7章中的内容）应当会导致工时的增加。于是，在与接受更多的正规学校教育相联系的工资性报酬增长中，就有一部分是减少闲暇带来的，而这又构成了高估偏差的另外一个来源。关于这种观点，参见 C. M. Lindsay，“Measuring Human Capital Returns，” Journal of Political Economy 79（November/December 1971）：1195－1215。

同等能力的高中毕业生得到。

一些研究已经尝试运用智商测试分数或者能力测试分数等来控制人们在能力方面存在的差异。但是，关于这些测试手段到底能够在多大程度上测试出人们在天生能力方面的差异，目前仍然存在许多争论。既能够控制个体之间的能力差异，同时又不需要依赖这些测试分数的一种比较明智的方法是，分析若干组同卵双胞胎之间出现的工资性报酬差别（参见本章末尾的实证研究）。同卵双胞胎的基因相同，因此他们的天生能力相同。同时，人们可能会认为，在配对的双胞胎中测量由于受教育水平差异而产生的工资性报酬差别应该能够得到关于教育投资回报的无偏估计。最近以双胞胎为对象所做的一些研究最终估计出来的教育投资回报率，与前面提到的用传统方法估计出来的回报率并没有太大差别。因此，这些研究表明，对教育投资回报率进行估计的传统方法存在的能力偏差可能并不是很大。①

谁能得到回报？ 正如本章前面讨论过的，愿意进行教育投资的人与不愿意进行教育投资的人之间是存在差异的。例如，与那些不愿意进行教育投资的人相比，那些愿意对教育进行投资的人在学习时可能有着更低的心理成本或者更低的贴现率。因此，那些在教育方面进行投资的人可以获得的投资回报率，很可能与那些不对教育进行投资的人差别很大。对于考察那些鼓励不愿意进行教育投资的人进行更多教育投资的政策是否合理，我们真正应当关注和了解的是，一旦这些本来不愿意进行教育投资的人改变了自己的想法，则他们的教育投资回报率会有多少。

经济学家们最近正在试图发掘这样一些研究背景，即那些在受教育程度方面存在差异的人之所以会存在这种差异，并不是因为他们自己当初做出的这种决策，而是源于他们不可控的一些外部因素的影响。义务教育法为经济学家们提供了这样一种背景——义务教育法要求适龄儿童必须在规定的年龄进入学校学习，直至学习期满方可毕业离校。通过对高中辍学者的受教育年限以及工资性报酬进行对比，就可以估计出那些不是在最近投资于正规学校教育的人的投资回报率了，这是因为，一部分高中辍学者由于出生日期是在义务教育法颁布之后，所以被迫比另外一部分高中辍学者上更长时间的学。然而，迄今为止，尚未有足够多的此类研究能够对这些教育投资回报率达成一致意见。②

---

① Orley Ashenfelter and Cecilia Rouse，“Income，Schooling，and Ability：Evidence from a New Sample of Identical Twins，” Quarterly Journal of Economics 113（February 1998）：253 - 284；Andrew Leigh and Chris Ryan，“Estimating Returns to Education Using Different Natural Experiment Techniques，” Economics of Education Review 27（April 2008）：149 - 160；and Vikesh Amin，“Returns to Education：Evidence from UK Twins：Comment，” American Economic Review 101（June 2011）：1629 - 1635.

② 最近的一项研究对相关研究进行了归纳和总结，参见 Melvin Stephens Jr. and Dou-Yan Yang，“Compulsory Education and the Benefits of Schooling，” American Economic Review 104（June 2014）：1777 - 1792。关于那些选择不对教育进行投资的人的投资回报率的研究视角，参见 Pedro Carneiro，James J. Heckman，and Edward J. Vytlacil，“Estimating Marginal Returns to Education，” American Economic Review 101（October 2011）：2754 - 2781；and Andrew J. Hussey and Omari H. Swinton，“Estimating the ex ante Expected Returns to College，” American Economic Review：Papers and Proceedings 101（May 2011）：598 - 602。

□ 教育是一种好的社会投资吗?

在过去的几十年中，作为一种社会投资的教育问题已经引起了美国人的极大兴趣，这尤其应当归咎于在以下三个相关领域中出现的一些情况。第一，产品市场变得越来越国际化，从而导致产品需求和劳动力需求的弹性都有所提高。于是，美国劳动者面临来自其他国家劳动者的更为激烈的竞争。第二，获得高技术资本的可能性越来越大，这导致了新产品以及新生产系统的出现，而它们往往要求劳动者必须具备更高水平的认知能力、适应能力以及高效学习的能力。[1] 第三，正如表 9.4 中的数据所示，美国的小学生和中学生在科学以及（尤其是）数学能力等方面取得的成绩，比其他国家和地区的同类学生明显低一些。

表 9.4　　正规学校教育指标的国际比较，2008 年和 2009 年

国家	2008 年中学的生均成本支出（美元）	2009 年测试分数（15 岁）	
		数学	科学
法国	10 231	497	498
德国	8 606	513	520
日本	9 092	529	524
英国	9 487	492	514
美国	12 097	487	502

资料来源：U. S. National Center for Education Statistics，Digest of Education Statistics，2011，Table 416，429，http：//nces. ed. gov/pubs2012/2012001. pdf.

上述三个方面的原因共同导致人们对美国未来的劳动力队伍相对其他国家劳动力生产率水平的关注，并且导致人们对美国的教育体制提出了一系列问题，比如，美国在教育自己的当前劳动力和未来劳动力方面投入的资源是否充足？已经投入教育中的资源是否应当以某种形式加以重新配置？是否应当对在校的小学生和中学生提出更高的要求？

社会成本　正如表 9.4 所示，与某些发达国家相比，美国在正规学校教育方面投入的资源相对更多——2008 年时，美国在每位中学生身上支出的成本超过 1.2 万美元。然而，美国学生在成绩测试方面的表现却相对较差，这就引起了这样一种疑问，即美国在教育资源上的投入到底是太多了还是太少了——或者说，美国是否并没有合理地使用其教育资源？如果再将学生因为上学而放弃的工资性报酬考虑进去，对这一问题的回答就显得更为迫切，因为按照这种计算方式，美国将 10%以上的国

① 关于认知技能与工资性报酬的关系所做的一项近期研究以及对过去此类研究的回顾，参见 Eric A. Hanushek and Ludger Woessmann，"The Role of Cognitive Skills in Economic Development，" Journal of Economic Literature 46 (September 2008)：607 - 668。对非认知技能重要性的研究，参见 James J. Heckman，Heckman，John Eric Humphries，and Tim Kautz，The Myth of Achievement Tests：The GED and the Role of Character in American Life (Chicago，IL：University of Chicago Press：2014)。

内生产总值都投入从小学到大学的教育中去了。[①] 在回答这些问题之前，我们必须先弄清楚教育与生产率之间到底具有怎样的相关性。

社会收益 一种观点是，教育投资的增加会提高劳动者的生产率。这种观点往往是从对下列现象的观察中直接得出的，即教育投资往往能够增加接受教育的人得到的工资性报酬。如果A由于接受了更多的学校教育导致其生产率上升，其结果就是整个社会的人力资本存量增加。然而，有些人还认为，A获得的教育水平的提高也会提高必须与A一起工作的B的收益。如果更长时间的正规学校教育使A能够更加清晰地进行沟通，或是能够更富有创造力地解决问题，则B的生产率也会随之提高。根据我们在第1章中介绍过的概念，教育可以创造出积极的外部性，因此，教育的社会收益要高于其私人收益。[②]

还有一些人认为，教育的社会收益小于其私人收益。他们认为，教育体系已被社会作为一种对人进行分类的筛选机制，而筛选的依据则是人们的（先天）能力。正如我们接下来将要讨论的，在极端情况下，这种观点将教育体系完全看成一种帮助我们找出哪些人属于高生产率者的手段，而不是一种强化劳动者的生产率的手段。

信号模型 一位正在准备雇用员工的雇主实际上永远也不可能完全搞清楚任何一位求职者的实际生产率。不仅如此，在很多时候，一位雇主在已经雇用某一位员工很长时间的情况下仍然可能并不能完全确定这位劳动者的实际生产率。雇主能够观察到的是他们认为与劳动者的生产率存在相关关系的某些特定指标，比如年龄、工作经验、受教育程度以及其他一些个人特征。其中的有些指标是不可改变的，比如年龄，而另外一些指标（比如正规的受教育程度）却是可以被劳动者本人获得的。这些能够被个人获得的指标被称为信号。我们接下来将集中讨论正规学校教育的信号功能。

现在我们假设，想雇用新员工来从事某些特定工作的企业很清楚，在当前的劳动力市场上存在两大类求职者，且这两类求职者的比例大体相同。例如，一类求职者具有我们定义的2这种生产率，另外一类求职者具有1这种生产率。此外，我们进一步假设这些人的生产率水平是不能通过接受教育而改变的，并且雇主事先并不能区分某一位求职者到底来自哪一群体。如果雇主不能做出这种区分，雇主就会被迫假设所有的求职者都具有"平均的"生产率水平——假设每一位求职者的生产率都是1.5（相应地，支付给他们最高达1.5的工资率）。

---

① 在美国，大约有6.4%的国内生产总值被用于支付正规学校教育的直接成本（从小学到大学），但是，有一项研究估计，美国的高中生和大学生因为上学而放弃的工资性报酬会在直接成本的基础上再增加60%的间接成本。参见 Theodore Schultz，The Economic Value of Education（New York：Columbia University Press，1963）。

② 关于教育外部性的研究（引用了他人的研究）的一个例子，参见 Enrico Moretti，"Workers' Education，Spillovers and Productivity：Evidence from Plant-Level Data，" American Economic Review 94（June 2004）：656 - 690；and Susana Iranzo and Giovanni Peri，"Schooling Externalities，Technology and Productivity：Theory and Evidence from U. S. States，" National Bureau of Economic Research working paper no. 12440（Cambridge，MA，August 2006）。关于教育所产生的非生产性社会效益的证据，参见 Lance Lochner，"Non-Production Benefits of Education：Crime，Health，and Good Citizenship，" National Bureau of Economic Research working paper no. 16722（Cambridge，MA，January 2011）。

在我们列举的这个简单例子中，尽管每一位劳动者都将得到根据平均生产率水平确定的报酬，但如果任何一家企业能够（以很小的成本或零成本）设计出一种方案来区分出这两类求职者，这家企业就能够提高自己的利润水平。当工资率为 1.5 的时候，生产率等于 1 的劳动者得到的报酬实际上高于他们应得的报酬。如果企业能够发现这些求职者，要么不录用他们，要么把他们安排到低工资工作岗位上，都能够明显地增加自己的利润。有迹象表明，即使是在教育本身并不能提高生产率的情况下，将劳动者的受教育程度作为一种雇佣标准也有助于提高企业的利润。我们可以举一个简单的例子来说明这一点。

对信号的描绘　为了描述对教育信号的运用，我们假设雇主认为那些在高中毕业后至少继续受过 e^* 年教育的求职者才是生产率为 2 的人；而那些在高中毕业后继续接受教育的年限不足 e^* 年的人属于生产率较低者。在雇主的这样一种信念下，他们将会拒绝为那些在高中毕业后继续接受教育的年限不足 e^* 年的劳动者提供任何工资率水平高于 1 的工作；而那些高中毕业后继续接受教育的年限至少为 e^* 年的劳动者则会发现，雇主对他们的竞争最终会把他们的工资率水平提高到 2。这种简单的工资结构如图 9.7 所示。[①] 如果额外的正规学校教育并不能使受教育者的生产率有所提高，那么，在高中毕业后是否完成 e^* 年以上的继续教育这一条件是否真的能够区分两种不同的求职者群体呢？如果劳动者在高中毕业后为达到额外的受教育年限而付出的成本与他们在工作中的生产率是负相关，答案就是肯定的。

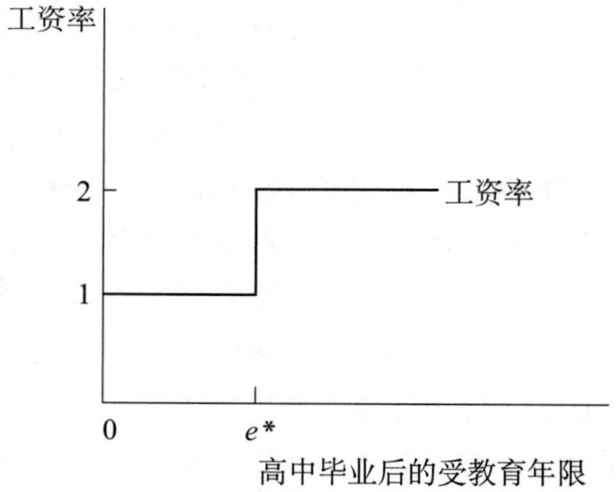

图 9.7　教育信号为劳动者带来的收益

如果在高中毕业后至少接受过 e^* 年正规学校教育的劳动者能够得到的工资率水平为 2，而高中毕业后的受教育年限少于 e^* 年的人只能得到 1 这一工资率水平，且劳动者获得 e^* 年教育水平这一信号是不需要付出成本的，则最终的结果必然是所有的劳动者都将达到 e^* 年这一企业要求的延伸教育水平。然而，正如我们在前面已经指出过的，正规学校教育的成本不仅数额较大，而且对不同的个体来说，这种成本

① 这一部分分析主要基于 Michael Spence, "Job Market Signaling," Quarterly Journal of Economics 87 (August 1973): 205 - 221。

的差别也很大。特别重要的是，教育的心理成本很可能是与一个人的能力呈负相关关系的，即那些能够很容易完成学习的人可以用比其他人更低的成本获得教育信号（在本例中就是指高中毕业后 e^* 年的教育年限）。如果——这一点非常关键——那些能够以较低的成本获得教育信号的人同时也是在工作中更富有生产率的人，那么雇主对求职者提出获得教育信号的要求就是有用的。

为了理解教育信号的成本所起的作用，我们来分析图 9.8。该图是对图 9.7 中的报酬结构按照终身工资性报酬现值的条件进行的重新表述（工资率水平为 1 的人的终身工资性报酬现值总额为 PVE_1，工资率水平为 2 的人的终身工资性报酬现值总额为 PVE_2）。现在，我们假设生产率较低者平均每年的受教育成本为 C，生产率较高者平均每年的受教育成本为 $C/2$。

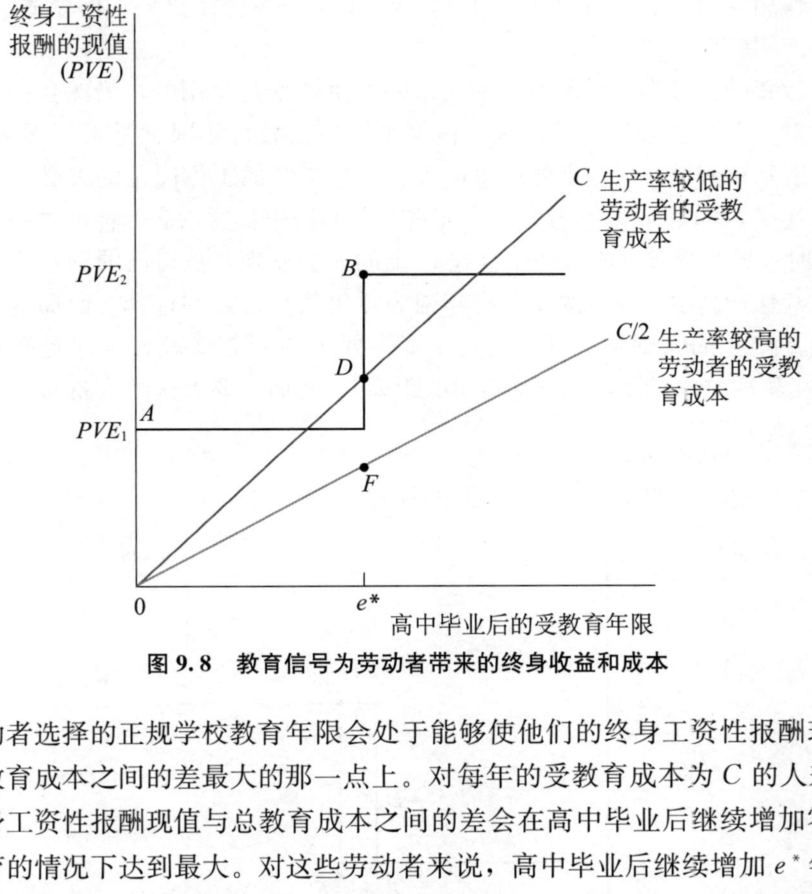

图 9.8　教育信号为劳动者带来的终身收益和成本

劳动者选择的正规学校教育年限会处于能够使他们的终身工资性报酬现值和他们的总教育成本之间的差最大的那一点上。对每年的受教育成本为 C 的人来说，他们的终身工资性报酬现值与总教育成本之间的差会在高中毕业后继续增加零年正规学校教育的情况下达到最大。对这些劳动者来说，高中毕业后继续增加 e^* 年的受教育年限带来的净收益（即图中的距离 BD），比在高中毕业后增加零年额外教育产生的净收益还少（即图中的距离 $A0$），因此，对他们来说，获得 e^* 年延伸教育这样一个信号的收益，尚不足以弥补因此而额外增加的成本。

而对那些每年的受教育成本为 $C/2$ 的人来说，我们可以看出，他们投资于 e^* 年延伸教育的净收益（即图中的距离 BF）会超过投资于其他年数的正规教育带来的净收益。因此，年度受教育成本为 $C/2$ 的人——生产率为 2 的劳动者——会发现，获

得额外 e^* 年的正规学校教育是有利可图的。在这个例子中，受教育程度是生产率的一种有用信号。

与信号有关的几点注意事项 我们的简单模型已经证明了，即使教育不能直接提高劳动者的生产率，它仍然是有价值的。不过，我们在这里必须强调一点——要想使教育像在本例中那样具有信号价值，劳动者的在职生产率与他们受教育的成本必须是负相关的。在我们的例子中，如果直线 C 代表的较高成本是与较低的认知能力或对学习的厌恶联系在一起的，我们就可以认为这些成本可以成为低生产率的一种指示器。然而，如果那些处于直线 C 上的人的教育成本之所以较高，仅仅是他们的家庭财富较少（因而能够从他人那里获得的教育成本补贴较少）的缘故，则他们在工作中的生产率也许并不比教育成本处于 $C/2$ 上的人更低。在后一种情况下，教育的信号作用就消失了，因为较高的教育成本只不过反映了这些人的家庭财富较少，而不是生产率较低。

即使教育的信号作用对预测一个人未来的生产率是有用的，仍然会存在一种最优信号。对一个社会来说，超过这一信号水平的受教育年限就是不值得的。比如，如图 9.9 所示，假设雇主原来要求想进入工资率为 2 的工作岗位的人必须在高中毕业后继续接受 e^* 年的正规学校教育，而现在它们则想将这一雇佣标准进一步提高到 e' 年。此时，那些受教育成本处于直线 C 上的人会发现，从自己的利益最大化角度考虑，继续保持高中毕业后的受教育年限为零仍然是最好的选择。而那些受教育成本在直线 $C/2$ 上的人则会发现，投资于雇主要求的 e' 年受教育年限是有利可图的（这是因为 $B'F'$ 之间的距离大于 $A0$ 间的距离）。然而，要求这些准备从事高工资工

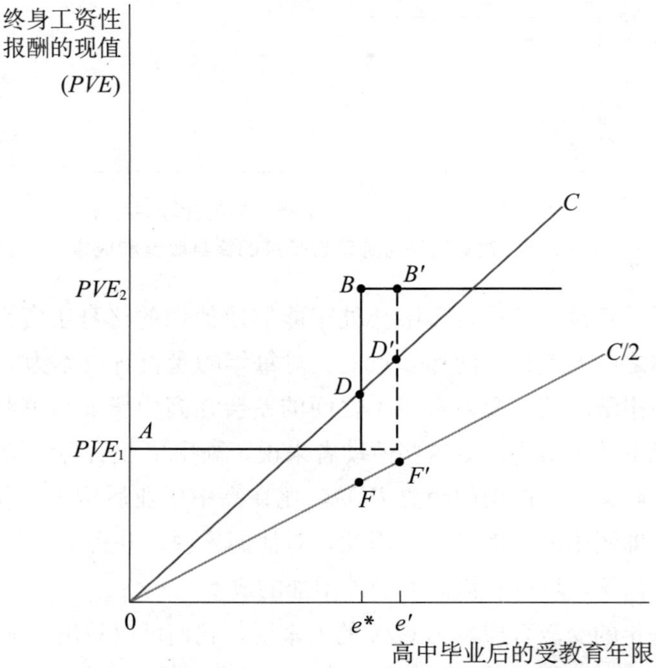

图 9.9 要求过高的教育信号可能只会增加成本而不会带来收益

作的人达到更长的学校教育年限的做法却会给这些劳动者带来更高的成本（对整个社会来说也是如此）。尽管这种新的信号要求能够区分出两种不同类型的劳动者，但是它同时也增加了不必要的社会成本，而这对一个社会来说显然不是最优的。

对个人来说，投资于教育信号显然是有利可图的。但是，如果正规学校教育仅仅具有信号的价值，那么整个社会还值得对教育进行投资吗？如果正规学校教育的唯一目的在于提供一种信号，为什么还要鼓励在正规学校教育的数量或质量升级方面进行投资呢？如果在50年前，达到高中毕业的教育水平就标志着一个人具有超出平均水平的智力和工作知识，那么在今天，我们为什么还要为提高大学的入学率而投入巨大的成本呢？要知道，到最后我们只不过发现，原来高中毕业就能够代表的智力和工作知识水平，现在却必须由学士学位这一信号来代表了。这一问题在欠发达国家显得更为重要，因为在这些国家中，一旦极端稀缺的资本资源的配置发生错误，其结果可能是灾难性的（参见例9.5）。那么，在正规学校教育仅仅具有信号价值的情况下，它是否还具有社会价值呢？在做出这一判断之前，我们先回到一个更基本的问题上，也就是说，我们能否发现正规学校教育到底是强化了人力资本，还是仅仅是人力资本的一个信号而已？

例9.5☞

一个社会的最优教育投资水平

除了问一问正规学校教育是不是一项好的社会投资之外，我们可能还会问另外一个问题，即一个社会应当提供的最优正规学校教育水平应当是多少？指导我们回答这一问题的一个一般性的原则是，一个社会应当增加或者减少其正规学校教育投资，直到教育投资（对社会）的边际收益率等于其他资本投资形式（比如说，对实物资本的投资）给社会带来的边际收益率。

上述基本原则的推导过程如下：如果一个社会拥有一些想投资的资金，那么它希望将这些钱投入能够产生最高收益率的项目中。如果一项实物资本投资产生了20%的收益率，而同样的资金投入正规学校教育中只能产生10%的收益率（所有的收益都考虑进去），那么，很显然这个社会将愿意把资金投入实物资本中。只要这两种投资的收益率存在差别，这个社会就总是可以通过削减对低收益率项目的投资，同时相应增加对高收益率项目的投资来增加自己的福利。

在本章中，我们已经讨论了在估算正规学校教育的收益率时存在的多种困难和偏差。然而，使得教育的社会收益率等于其他各种形式投资的收益率这样一个一般性的原则还是值得考虑的。比如说，该原则表明，对资本匮乏的国家来说，只有当正规学校教育的收益率比较高——在考虑到各种可能性的情况下，甚至比资本相对富足的国家所要求的最佳收益率还高时，才应当增加对教育的投资。

事实上，欠发达国家无论是在中学教育的收益率方面，还是在大学教育的收益率方面，通常都比发达国家更高。一项综述估计，在高收入国家中，中学教育投资的回报率平均为 5.3%，而在东亚、拉丁美洲和撒哈拉以南非洲地区，中学教育投资的平均回报率分别为 6.3%、6.6%和 10.8%。相比之下，高收入国家在高等教育上的投资回报率为 11%，而东亚、拉丁美洲和撒哈拉以南非洲地区的回报率则为 15.4%~21.9%。

资料来源：Claudio E. Montenegro and Harry Anthony Patrinos，"Returns to Investment around the World，" background paper for the World Development Report 2013（Washington，DC：World Bank Group，2013），Table 3.

信号还是人力资本？ 我们很难找到教育对社会所起作用的直接证据。比如，支持信号观点的人可能会指出，大学毕业生获得的收益率比大学退学生更高，这就足以证明正规学校教育就是一种信号。① 他们不认为一个人在学校学到的东西与其在学校中花费的时间是成正比的，而是认为对某一文凭支付的额外奖金（收益率）恰恰是对信号假设的一种证明。而那些认为正规学校教育确实会强化人力资本的人则可能会提出相反意见。他们认为，上完四年大学之后毕业的人所学的东西可能是大学一年级就退学的人的 4 倍以上。并且他们认为，从大学退学的学生更有可能是能力较差的学生——他们起初过高地估计了自己可以从大学教育中获得的收益，一旦他们发现自己的判断错误，他们便会退学。所以，他们获得的相对较低的收益率与他们的退学行为本身无关，而与他们退学的原因密切相关。

我们再列举一个例子。赞成教育可以强化人力资本这种观点的人可能会指出，大学毕业生和高中毕业生之间的工资性报酬差别会随着年龄的增加而不断扩大这一事实为他们的观点提供了支持。如果正规学校教育仅仅是一个信号，雇主在一开始的时候可能会依赖它来挑选员工，但是当他们通过员工的实际工作表现积累了更为直接的信息之后，正规学校教育在员工的工资性报酬决定中所占的比重就会很小。而支持信号观点的人则可能会提出相反的看法，即大学毕业生和高中毕业生之间的工资性报酬差别不断扩大这一情况，恰恰说明了受教育程度是一种成功的信号。②

---

① 从大学中途退学的学生所得到的工资性报酬很自然地比大学毕业生低，这是因为他们所进行的投资较少，但是他们的收益率是否也比大学毕业生低，还不太清楚。关于这一问题的进一步讨论及其证据，参见 David A. Jaeger and Marianne E. Page，"Degrees Matter：New Evidence on Sheepskin Effects in the Returns to Education，" Review of Economics and Statistics 78（November 1996）：733 - 740。Thomas J. Kane and Cecilia Elena Rouse，"Comment on W. Norton Grubb：'The Varied Economic Returns to Postsecondary Education：New Evidence from the Class of 1972，'" Journal of Human Resources 30（Winter 1995）：205 - 221，此文质疑了这样一个观点，即毕业生所获得的收益与他们所得到的学分无关。

② 对关于教育的这两种观点加以区分的尝试仍然在继续。比如，Joseph Altonji，"The Effects of High School Curriculum on Education and Labor Market Outcomes，" Journal of Human Resources 30（Summer 1995）：409 - 438；Andrew Weiss，"Human Capital vs. Signaling Explanations of Wages，" Journal of Economic Perspectives 9（Fall 1995）：133 - 154；Wim Groot and Hessel Oosterbeek，"Earnings Effects of Different Components of Schooling：Human Capital versus Screening，" Review of Economics and Statistics 76（May 1994）：317 - 321；Kelly Bedard，"Human Capital versus Signal Models：University Access and High School Dropouts，" Journal of Political Economy 109（August 2001）：749 - 755；and Harley Frazis，"Human Capital，Signaling，and the Pattern of Returns to Education，" Oxford Economic Papers 54（April 2002）：298 - 320。

学校教育的质量 由于很难对能够直接区分教育的信号观点和人力资本假设的劳动力市场结果得出一个一般性的推论，大家可能会考虑能否找到其他的办法来解决这场争论，以至与学校教育质量有关的发展潜力较大的一项研究战略得以发展起来。

正如我们在前面提及的，美国学生的认知能力已经引起了整个社会的关注。如果正规学校教育承担的主要是信号功能，即帮助（雇主）发现一个人的认知能力，那么，我们就不能再指望教育体系能够解决学生的认知水平较低的问题了。如果正规学校教育能够增强人们在劳动力市场上可以得到报酬的那些技能，那么，为提高国民教育的质量而增加投资就有了正当的理由。

赞成信号观点和人力资本观点的人都同意这样一种论断，即认知能力越强的人越有可能是高生产率的人。他们之间的分歧主要在于，更好的学校教育到底能否通过改善劳动者的认知能力提高其生产率。信号观点的拥护者引用了大量的文献来说明，很难证明在正规学校教育方面的支出与学生在认知能力测试中取得的成绩之间存在明显的联系，虽然能够证明这一问题的证据还不是很明确。[①] 人力资本观点的拥护者则在有关工资性报酬和学校教育质量之间关系的研究中找到了自己的证据。这些研究都表明，在其他条件相同的情况下，接受高质量学校教育（这意味着在这种学校中，每一位学生占有的资源比较多）的学生在工作以后获得的工资性报酬也比较高。[②]

很显然，通过考察学校教育质量所起的作用来对正规学校教育的社会收益进行

---

① 例如，参见 Eric A. Hanushek John F. Kain，Daniel M. O'Brien，and Steven G. Rivkin，"The Market for Teacher Quality，" National Bureau of Economic Research working paper no. 11154（February 2005）；Charles T. Clotfelter，Helen F. Ladd，and Jacob L. Vigdor，"How and Why Do Teacher Credentials Matter for Student Achievement?" National Bureau of Economic Research working paper no. 12828（January 2007）；Thomas J. Kane，Jonah E. Rockoff，and Douglas Staigner，"What Does Certification Tell Us about Teacher Effectiveness? Evidence from New York City，" National Bureau of Economic Research working paper no. 12155（July 2006）；Eric A. Hanushek and Dennis D. Kimko，"Schooling，Labor Force Quality，and the Growth of Nations，" American Economic Review 90（December 2000）：1184－1208；and Alan B. Krueger and Diane M. Whitmore，"The Effect of Attending a Small Class in the Early Grades on College-Test and Middle School Test Results：Evidence from Project STAR，" Economic Journal 111（January 2001）：1－28；David Autor，David Figlio，Krzysztof Karbownik，Jeffrey Roth，and Melanie Wasserman，"School Quality and the Gender Gap in Educational Achievement，" American Economic Review Papers and Proceedings 106（May 2016）：289－295。也有可能是公立学校在行政管理和教学理念方面所做的贡献提升了学生的认知能力；参见 Atila Abdulkadiroglu，Joshua D. Angrist，Susan M. Dynarski，Thomas J. Kane and Parag A. Pathak，"Accountability and Flexibility in Public Schools：Evidence from Boston's Charters and Pilots，" Quarterly Journal of Economics 126（May 2011）：699－748。

② 对学校资源和学生学习成绩这两者之间关系的文献的诸多引用，参见 George A. Akerlof and Rachel E. Kranton，"Identity and Schooling：Some Lessons for the Economics of Education，" Journal of Economic Literature 40（December 2002）：1167－1201；Orley Ashenfelter，William J. Collins and Albert Yoon，"Evaluating the Role of Brown vs. Board of Education in School Equalization，Desegregation，and the Income of African Americans，" National Bureau of Economic Research working paper no. 11394（Cambridge，MA，June 2005）；and C. Kirabo Jackson，Rucker Johnson，and Claudia Persico，"The Effect of School Finance Reforms on the Distribution of Spending，Academic Achievement，and Adult Outcomes，" National Bureau of Economic Research working paper no. 20118（Cambridge，MA，May 2014）。

的评价迄今为止得出的结论仍然是比较模糊的。更好的学校教育可能会提高学生在劳动力市场上能够获得的工资性报酬，但是关于它能否提高学生的可衡量的认知能力，证据却相对薄弱。当然，一种可能的情况是，更好的学校教育可以通过传授解决问题的有用技能或更好的工作习惯——这些特征在劳动力市场上可能会被看重，但是无法很好地从标准化的认知能力测试中反映出来——来强化学生的生产率。另外一种可能性是，更好的学校教育为学生提供了关于他们的兴趣和能力方面的信息，从而帮助他们做出更为成功的职业选择。然而，尽管如此，有些重要的问题仍然没有得到回答。

这种争论有必要吗？ 最后，教育的信号观点和教育的人力资本观点两者之间的争论也许并没有那么重要。事实是，正规学校教育投资为个人提供了与从其他类型的投资中能够获得的具有可比性的货币收益率。要想使个人的人力资本投资成本得到补偿，就要求雇主愿意向达到较高教育水平的人支付较高的工资。要想使雇主愿意这么做，学校教育就必须能够提供一种雇主本人不能以较为便宜的成本自行提供的服务。

比如，我们在前面曾指出，为了从 10 万美元的高等教育投资中获得一定的利益，大学毕业生每年获得的工资性报酬就必须比他们不上大学时每年获得的工资性报酬至少要高 3 652 美元。这很自然地要求他们能够找到愿意支付给他们这么高年薪的雇主。如果大学教育仅仅是帮助雇主揭示出谁是高生产率者，那么，那些认为自己可以用比 3 652 美元更低的成本来得到同样信息的雇主，很显然就会选择用自己的方式来筛选员工。

事实是，雇主在制定雇佣标准时还是在继续强调受教育程度方面的要求，这表明要么是因为更多的教育确实提高了劳动者的生产率，要么是因为受教育程度比雇主能够使用的其他筛选工具成本都更低。在其中任何一种情况下，雇主愿意向受教育程度较高的劳动者支付较高的工资这一事实似乎都说明了教育确实产生了社会收益。①

□ 公共部门提供的培训是一种有益的社会投资吗？

政策制定者也应该根据政府提供的培训项目的收益来对这些项目的合理性加以评价。在过去的 40 年中，美国联邦政府已经为一系列的培训计划提供了经费，这些培训计划针对的主要是处于不利地位的男性、女性以及青年人。其中的一些培训项目是在自愿申请的基础上为受训者提供服务，而一些培训项目则是接受公共救助的人必须参加的强制项目（如果这些人不参加这些培训项目，他们就会失去领取福利的资格）。一些项目提供的仅仅是帮助劳动者寻找工作的成本较低的服务，另外一些

① 下面这篇文章以一种更为正规的分析得出了类似的结论，参见 Kevin Lang，“Does the Human Capital/Educational Sorting Debate Matter for Development Polity?” American Economic Review 84（March 1994）：353 - 358。

项目则直接为被资助者提供获得工作经验的机会或是提供与离家谋生有关的各种综合性服务［比如工作训练团（Job Corps）* ］。近几十年里，在注册的人中大约有一半的人在职业学校或社区大学得到了课堂培训，另外还有15%的人得到了在工厂的实地培训。在后两种类型的培训项目中，每一位学生花费的成本在4 600美元到9 400美元之间（根据2015年美元价格计算）。[①]

要对这些培训项目进行评价，就必须对其成本与预期收益现值进行比较。我们可以通过计算因参加培训而得到的工资增长情况来确定这些培训项目的收益。而在计算这些项目的收益时，又必须估计出这些受训者如果未接受过培训能够得到的工资性报酬是多少。在进行这种估计时，研究者会遇到几个必须成功解决的棘手问题。但是，在对迄今为止已经完成的一些较为可信的研究进行总结之后发现，在各种弱势群体中，成年女性是从这种培训中获益明显的唯一群体；在各项不同的研究中，成年男性和青年人这两大群体均未表现出工资性报酬稳定增加的现象。此外，参加自愿培训计划的女性的工资性报酬每年大约增加了2 040美元（2015年美元价格）。[②]那么，这种工资性报酬增长幅度足以弥补这些项目的成本吗？

这些培训项目为每位受训者支出的直接成本为4 600美元到9 400美元，但是他们还以放弃部分产出的形式承担了机会成本。一位典型的受训者在这种项目中要受训16周，由于这些受训者中的许多人在接受培训之前实际上都在享受政府提供的福利，因此，他们在这种培训中所花费时间的机会成本肯定不会为零。事实上，只要回忆一下第7章的内容就可以想到，一个人的生产率既可以用于工作场所，也可以用于家庭。如果我们将受训者的小时价值确定在相当于最低工资的水平上（2015年为7.25美元），那么，花费16周的时间去参加培训的机会成本就为4 600美元左右。于是，一位女性参加这种培训的总成本介于9 200美元和14 000美元之间。

如果在参加自愿培训项目之后的20年中，受训者每年得到额外2 040美元的收益，并且一个恰当的贴现率为2%，则这一收益的现值就为33 360美元。这种收益规模显然超出了成本。实际上，如果这种年工资性报酬上涨的情况只能持续7年的时间，这种自愿培训项目产生的收益现值仍然会超过11 600美元（位于成本浮动范

* Job Corps，成立于1964年，主要职能是为16～21岁的美国城乡贫困青年提供训练和就业的机会。——译者注

① 下面这篇文章介绍了美国联邦政府所发起的培训项目的简史，并总结了对这些项目的成效进行评价的有关问题，参见 Robert J. LaLonde, "The Promise of Public Sector-Sponsored Training Programs," Journal of Economic Perspectives 9 (Spring 1995): 149 - 168。

② David H. Greenberg, Charles Michalopoulos, and Philip K. Robins, "A Meta-Analysis of Government-Sponsored Training Programs," Industrial and Labor Relations Review 57 (October 2003): 31 - 53. 一些研究发现，工作训练团对青少年和青年的收益率有积极的影响，参见 German Blanco, Carlos A. Flores, and Alfonso Flores-Lagunes, "The Effects of Job Corps Training on Wages of Adolescents and Young Adults," American Economic Review: Papers and Proceedings 103 (May 2013): 418 - 422。

围的中点）。[①]

实证研究

运用双胞胎样本来估计教育的收益率：对无法观察到的能力差别问题所做的处理

从事实证研究的人必须时刻意识到，自己得到的结果是如何受到遗漏变量问题的影响的。得到所有的相关自变量数据的情况是罕见的，我们在第 1 章的附录 1A 中描述的回归技术包含一个误差条件，即它们都明确假设我们的已有变量并不能解释既定因变量出现的所有变化。如果一个遗漏变量与任何一个可以被观察到的自变量都不相关，那么，对自变量会如何影响因变量的估计就不会出现偏差了。

然而，如果一个遗漏自变量与某个特定的可以被观察到的自变量具有相关性，那么，对这个可以被观察到的变量产生的影响所做的估计就会存在偏差。解决遗漏变量偏差的一种方法，我们可以用研究者遇到的下面这种困境——研究者需要在缺乏人的天生学习能力（很难观察到）数据的情况下对正规学校教育的收益率进行估计——为例来加以说明。

通常情况下，在估计教育收益率时都是利用多元回归技术，使用横截面数据来分析劳动者的受教育年限增加会给其带来多大程度的工资增长——在控制了其他可观察到的会对工资性报酬产生影响的一些因素之后。然而，如果那些天生学习能力就很强的人（他们的能力更强）恰恰也是那些谋求获得更多教育的人，则在对正规学校教育的收益率所做的估计中就会涵盖劳动力市场对能力本身提供的回报——除非研究者能够测量出天生学习能力。换言之，如果受教育水平和能力水平是正相关的，但我们却无法观察到天生能力方面的数据，那么我们对正规学校教育产生的影响所做的估计就会呈现出一种高估偏差（我们在此前曾经将这种情况作为一种能力偏差进行过讨论）。因此，如果不能找到一种方法来控制学习能力，我们要想估计出一个典型的个体（在既定的学习能力水平上）在多上一年学的情况下能够获得多少收入就会遇到困难。那么，我们能不能找到一种方法来纠正能力偏差？如果能，我

---

① Paul Lengermann, “How Long Do the Benefits of Training Last? Evidence of Long-Term Effects Across Current and Previous Employers,” Research in Labor Economics 18 (1999): 439 - 461. 这项研究发现，从公司提供的正式培训中获得的收益至少会持续 9 年的时间。针对工作训练团培训所产生的收益的分析，参见 Peter Z. Schochet, John Burghardt, and Sheena McConnell, “Does Job Corps Work? Impact Findings from the National Job Corps Study,” American Review 98 (December 2008): 1864 - 1886。关于职业教育的研究，参见 Paul Ryan, “The School-to-Work Transition: A Cross-National Perspective,” Journal of Economic Literature 29 (March 2001): 34 - 92。对德国开展的一项将培训、工作实践和收入支持结合在一起的项目所做的评估，参见 Simen Markussen and Knut Roed, “Leaving Poverty Behind: The Effects of Generous Income Support Paired with Activation,” American Economic Journal: Economic Policy 8 (February 2016): 180 - 211。征召入伍似乎也增加了弱势群体的人力资本，至少在和平时期是这样的；参见 David Care and Ana Rute Cardoso, “Can Compulsory Military Service Raise Civilian Wages? Evidence from the Peacetime Draft in Portugal,” American Economic Journal: Applied Economic 4 (October 2014): 57 - 93。

们能否估计出这种偏差的大小呢？

能够避免能力偏差的一种明智方法就是采用同卵双胞胎样本，因为双胞胎的基因完全相同，因此天生能力相同。在相同的能力和家庭背景下，同卵双胞胎对教育投资的动机应该相同。然而，很多随机因素（婚姻、离婚和职业兴趣等）都可能会对他们的教育投资决策产生影响，从而使他们的受教育水平并不相同。通过对几组同卵双胞胎的数据进行统计分析，我们可以研究出在成对的双胞胎之间，他们各自的不同受教育年限是如何影响他们之间存在的工资性报酬差别的。于是，我们便能够用一种不存在能力偏差的方法来估计教育收益率。

一项研究非常细致地分析了在1991—1993年间来到位于俄亥俄州的特温斯堡（Twinsburg）参加双胞胎节的340对同卵双胞胎。通过考察这340对双胞胎中的每一对在工资性报酬以及受教育水平方面存在的差别，研究者估计出教育的投资回报率大约为9%。相比之下，当他们用传统方法来估计教育的投资回报率时（不控制能力差别），得到的回报率则是10%。因此，他们得出了这样的结论：不控制能力差别的情况仅会使得传统的教育投资回报率估计方法产生很小的高估偏差。

资料来源：Orley Ashenfelter and Cecilia Rouse，“Income，Schooling，and Ability：Evidence from a New Sample of Identical Twins，” Quarterly Journal of Economics 113（February 1998）：253 - 284.

复习题

1. 就平均情况而言，与同龄男性相比，女性的工资水平较低。人力资本理论中的哪些观点有助于解释这种现象？请解释。为什么男性和女性之间的工资性报酬差别会随着年龄的增长而不断扩大？

2. “一个社会的税收政策如果严格追求使各种不同技能水平劳动者群体之间的收入达到平均化这样一个目标，将会阻碍这个社会实现资源的最优配置。”对这种说法加以评价。

3. 几年前，一所著名的医学院由于疏忽导致招收的新生人数超过了其承受能力。为了不因此而推迟开学时间，该医学院向新生承诺：如果他们愿意主动推迟一年入学，学校将免去他们一年的学费。请讨论在决定是否延迟一年入学时，这些新生需要考虑的因素有哪些。

4. 当工厂X关闭时，另外一家雇主Y（不向员工提供任何培训）雇用了很多在当地政府机构接受完较长时间的全日制再培训项目的原工厂X的员工。该市的公平就业机会委员会（Equal Employment Opportunity Commission）注意到，雇主Y雇用的这些工厂X的员工都是年轻人，于是便对其展开了就业年龄歧视调查。在调查过程中，雇主Y宣称，他雇用的所有来自工厂X的求职者都是顺利完成再培训项目的人，而并没有考虑年龄因素。根据你知道的人力资本理论，雇主Y的说法有道理吗？请解释。

5. 为什么那些认为更高的教育水平“代表着”更强能力的人相信，最有能力的人将获得最高的受教育程度？

6. 一项研究表明，美国的高中辍学者在以后通过非全日制学习获得同等学力（General Equivalency Degree，GED）只能获得很小的回报。但是它也证明了，对那些没有在本国完成高中学习的移民来说，获得同等学力能够给他们带来较高的回报。我们能够运用信号理论来解释这些研究结果吗？

7. 在许多国家，高等教育都得到了政府的大量补贴（也就是说，大学生并不需要承担他们接受大学教育的全部成本）。尽管有许多好的理由来说明政府对大学教育提供大量补贴是有道理的，但这种做法本身也存在一定的危险性。试运用人力资本理论来解释这些危险是什么。

8. 许多针对财产的犯罪（比如盗窃）都可以被视为虽然能够带来一时的收益，但是要承担长期成本的活动。一旦被抓并关进监狱，罪犯不仅会失去可能从犯罪活动中获取的收入，而且也会失去可能从非犯罪活动中获取的收入。请运用长期职业选择模式分析哪些人最有可能从事犯罪活动。一个社会可以采取哪些措施减少犯罪？

9. 英国最近的一项研究发现，与男医生相比，女医生更有可能从事全科家庭医疗服务，而不选择在某个特定的专科领域（例如外科）接受更多的培训。这项研究还发现，在从事家庭医疗服务工作的女医生中，大多数人都从事非全日制工作；而在从事家庭医疗服务工作的男医生中，只有10%的人从事非全日制工作。运用人力资本投资理论分析在这两个事实之间是否存在某种相关性，请充分解释你的答案。

10. 在一次聚会中，有人说了这样一段话："乔从来没有上过大学，但是他挣的钱却比拥有硕士学位的肯还要多，这可不对啊，学历高的人应该比学历低的人挣钱更多才对。"请运用人力资本投资理论来对这种说法做出评价。

练习题

1. 贝姬目前在从事销售工作，但是她打算辞职两年去攻读工商管理硕士学位（MBA）。她目前的年薪是4万美元（税后），但是如果她获得了工商管理硕士学位，她的年薪就会达到5.5万美元。攻读工商管理硕士学位的学费是每年1万美元，租下一套学校附近的公寓每年需要支付1万美元的租金，这与她目前租住的公寓租金是一样的。贝姬的贴现率是每年6%，她今年刚刚48岁，并且打算无论能否获得工商管理硕士学位，都会到60岁的时候就退休。根据这些信息，她是否应该回到学校去攻读工商管理硕士学位？请详细解释你的答案。

2. （参考本章附录）假设验光配镜师的供给曲线是 $L_s=-6+0.6W$，而对这类劳动者的需求曲线是 $L_D=50-W$，其中，W 为年工资性报酬（单位：千美元/年），L 为验光配镜师的人数（单位：千人）。

（1）计算均衡工资率和均衡就业水平。

（2）现在假设对验光配镜师的需求上升了，新的需求曲线变成了 $L_D=66-W$。假设该市场的情况符合蛛网模型，但是要想培养出一位专业的验光配镜师需要花3年的时间。而当市场进行调整时，验光配镜师在短期中的供给是固定的。计算出前三轮调整中每一次的工资水平和就业水平，计算出新的长期均衡点，并且用图形来表示上面出现的这些情况。

3. 假设有人让你选择是愿意现在得到100美元，还是在5年后得到125美元。假定利率是4%。计算125美元的现值。如果你的目标是选择现值更大的那种机会，你会选哪一个？

4. 预先支付上大学学费的计划也被称为预付教育经费安排（Prepaid Education Arrangements, PEAs），这种计划允许一个人按照当前价格来预先支付上大学所需的学费，不管未来成本是多少。实施这种计划的州会保证这种投资的价值，即使其足以缴纳上公立大学所需的学费。假设你现在正在考虑购买一份价值 2.5 万美元的受教育证书，这份证书可以保证你目前才 8 岁的女儿未来上大学所需的学费。你估计你女儿在未来的 10 年中获得一个本科学位的学费成本是 5 万美元。你的个人贴现率是多少才能使你觉得进行这种投资，即购买这种受教育证书是值得的？

5. 西奥多正在考虑参加一项为期一年的培训项目，这一培训项目的内容是学习如何安装机场安检设备，学费是 2 万美元。如果他决定注册参加这个培训项目，则他的机会成本是他需要放弃的现在每年能赚到的 10 万美元。完成这个项目之后，他肯定能得到一份可以持续 5 年的工作，并且这份工作的年薪是 13 万美元。(5 年之后，这些安检设备就会被淘汰，但是他计划在那个时候就退休。）假设西奥多的个人贴现率是 5%。他应该注册参加这个培训项目吗？为什么？(写出你的计算过程。)

推荐阅读

Becker, Gray, Human Capital. New York: National Bureau of Economic Research, 1975.

Borjas, George J. "Earnings Determination: A Survey of the Neoclassical Approach," In Three Worlds of Labor Economics, eds. Garth Magum and Peter Philips. Armonk, N Y: M. E. Sharpe, 1988.

Card, David, "The Causal Effect of Education on Earnings," In Handbook of Labor Economics, eds. Orley Ashenfelter and David Card. New York: Elsevier, 1999.

Clotfelter, Charles T., Ronald G. Ehrenberg, Malcolm Getz, and John Siegfried, Economic Challenges in Higher Education. Chicago: University of Chicago Press, 1991.

Friendlander, Daniel, David H. Greenberg, and Philip K. Robins, "Evaluating Government Training Programs for the Economically Disadvantaged," Journal of Economic Literature 35 (December 1997): 1809 - 1855.

Goldin, Claudia, and Lawrence F. Katz, The Race between Education and Technology. Cambridge, MA: Belknap Press, 2008

Heckman, James J., John Eric Humphries, and Tim Kautz, The Myth of Achievement Tests: The GED and the Role of Character in American Life. Chicago, IL: University of Chicago Press, 2014.

Krueger, Alan B., and Mikael Lindahl, "Education for Growth: Why and for Whom?" Journal of Economic Literature 39 (December 2001): 1101 - 1136.

Mincer, Jacob, Schooling, Experience, and Earnings. New York: National Bureau of Economic Research, 1974.

Schultz, Theodore, The Economic Value of Education. New York: Columbia University Press, 1963.

Spence, Michael, "Job Market Signaling," Quarterly Journal of Economics 87 (August 1973): 355 - 374.

附录 9A 劳动力市场调整的“蛛网模型”

大学入学率根据高等教育的收益率变化进行的调整并非总能够顺利地或快速地完成，尤其是在某些技术性很强的专业领域，比如工程以及法律等专业方面。这里的问题在于，假如工程师的工资率在某一年中突然抬升，但新毕业工程师的供给却并不会受到影响，而是必须要等到三四年之后才会发生变化（这是因为学习这一专业需要花费一定的时间）。同理，如果工程师的工资率下降了，那些已经入学学习工程专业的学生也不大可能立即放弃对这一专业的学习。他们已经在这个领域中投入了许多时间和精力，所以他们宁愿在工程专业领域中等待机会，而不是花费更多的时间和金钱去学习一个新的专业领域。

劳动力供给不能对劳动力市场状况的变化立即做出反应，这种情况很可能会导致市场对高技术劳动者的需求出现一个繁荣-萧条周期。如果政府部门或私营部门的教育规划者没有意识到这些周期的存在，那么在本应该采取措施提高或削减相应专业的大学生入学人数的时候，他们很可能会采取正好相反的做法，这种情况如下所述。

□“蛛网模型”调整的一个例子

假设工程师所在的劳动力市场当前是处于均衡状态的，并且工资率为 W_0，工程师的人数为 N_0，如图 9A.1 所示。现在，我们假定工程师的劳动力需求曲线从 D_0 移动到了 D_1。起初，对工程师这种劳动力需求的增加并未导致工程师的供给增加到 N_0 以上，这是因为即使一个人决定成为一名工程师，他也还要经历很长的一段时间才能真正成为工程师。所以，尽管对工程师的需求上升会导致更多的人决定进入工程技术领域，但此时劳动力市场上可雇用的工程师人数仍然是 N_0。这 N_0 位工程师在当前就可以获得 W_1 的工资率（事实上，在几年之内，在新毕业的学生增加了工程师的供给之前，在 N_0 这一点上都存在一条垂直状的工程师劳动力供给曲线）。

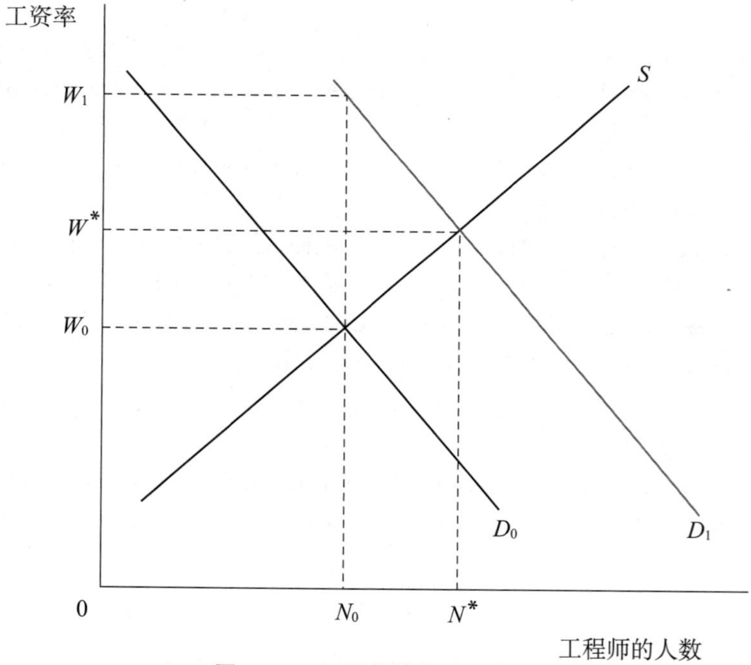

图 9A.1　工程师的劳动力市场

工程师的现行工资率为 W_1，高于由 D_1 曲线和 S 曲线相交决定的长期均衡工资率 W^*。然而，市场并未意识到 W^* 的存在，它只观察到了 W_1。如果人们缺乏远见，将 W_1 看成新的均衡工资率，则就会有 N_1 个人进入工程专业领域，如图 9A.2 所示。当 N_1 个学生都毕业时，劳动力市场上便

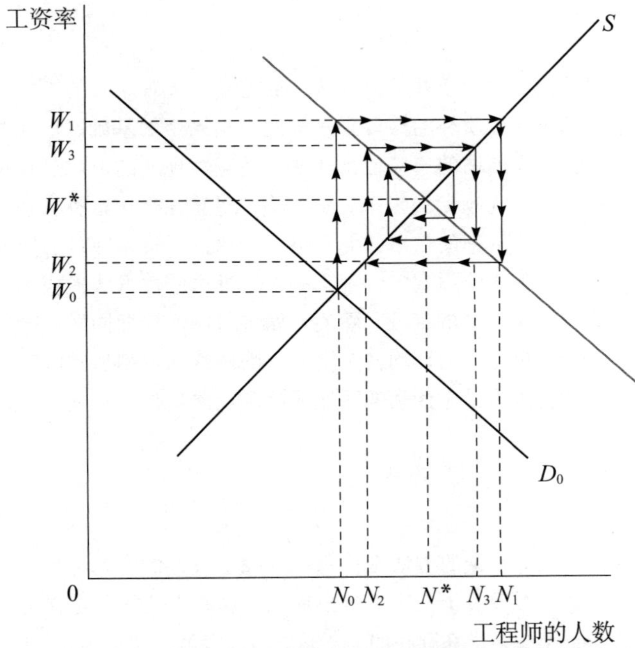

图 9A.2　工程师的劳动力市场：蛛网模型

会出现工程师的过剩（请记住，W_1 是高于长期均衡工资率的）。

由于工程师的供给现在暂时固定在 N_1 上，因此，工资率会下降到 W_2。而这种工资率的下降又将引起学生和劳动者从工程专业领域退出。但是，这种效应在几年之内还不能被人们充分地感觉到。与此同时，我们还需要指出的是，这时的工资率 W_2 是低于长期均衡工资率（仍然为 W^*）的。因此，当劳动力供给真的依据 W_2 进行调整的时候，它的调整幅度又太大了——它会使工程师的供给一直调整到 N_2。此时，又会再次出现工程师短缺的现象，这是因为当工程师的供给调整到 N_2 之后，对工程师的需求在工资率 W_2 上超过了工程师的供给。这会导致工资率上升到 W_3，于是，同样的循环又出现了。经过一段时间以后，摆动的幅度变得越来越小，最终逐渐达到均衡位置。由于图 9A.2 中的调整路径看上去有些类似于一张蜘蛛网，因此，上述这种调整过程有时被称为蛛网模型（cobweb model）。

蛛网模型的关键点在于，它假设劳动者对工资率的未来变动形成的预期是基于当前的情况做出的。在我们举的例子中，劳动者首先假定 W_1 是未来的通行工资率，忽略了其他人的职业选择在四年之后会将工资率压低到 W_1 以下的可能性。在理解许多影响劳动力市场的关键问题时，一个非常重要的因素是，劳动者（以及其他经济行为主体，如投资者和纳税人等）是如何形成他们关于未来的工资水平（或价格水平）的预期的。①

① 对蛛网模型来说，极为关键的另外一点是，劳动力需求曲线应当比劳动力供给曲线更为平坦。如果情况不是如此，那么，当需求曲线移动时，蛛网就会发散，从而永远也达不到一个均衡工资点。发散型蛛网模型是从经济学对混沌现象的研究中得出的一个特例。对这一极富吸引力问题的研究所做的概括，参见 James Gleick，Chaos（New York：Penguin Books，1987）。经济文献中探讨混沌理论的一篇文章是 William J. Baumol and Jess Benhabib，"Chaos：Significance，Mechanism，and Economic Applications，" Journal of Economic Perspectives 3（Winter 1989）：77－106。

□ 适应性预期

预测未来工资水平的一种最简单也最质朴的方法是，假定在今天观察到的工资率就是未来将要流行的工资率。如上所述，这种比较质朴的假设正是蛛网模型产生的基础。形成关于未来工资水平预期的一种更为复杂的方式就是所谓的适应性预期法。适应性预期的形成过程是将当前工资率和过去工资率的某一加权平均数作为预期的未来工资水平。尽管在运用这种方法时，赋予当前工资率的权重一般要大于赋予过去工资率的权重，但它也不会忽视工资率在过去所发生的变化情况。于是，与用比较质朴的方法所形成的预期工资率不同，通过适应性方法形成的预期工资率不会出现过高或过低地偏离均衡工资率水平的现象。然而，如果适应性预期同样也会导致劳动者先是过高地估计均衡工资率，然后又过低地估计均衡工资率，则像蛛网模型那样的工资率和劳动力供给变化仍然会出现（尽管可能会因为适应性预期法比质朴预期法更接近均衡点，因而它的波动幅度可能会更小）。

□ 理性预期

预测未来劳动力市场结果的最为复杂的方法是使用一种完全成熟的劳动力市场模型。有些人相信人们是通过理性预期的方式来形成关于未来工资预期的。这些人往往假定在劳动者的脑子里确实存在着一种理性预期模型，至少是潜在存在的。于是，劳动者就会意识到，（比如说）工程师的工资性报酬出现的显著上升很可能只是一种暂时的现象，因为工程师的供给将会扩大，并最终会使人们因投资于工程专业而获得的收益与投资于其他职业能够获得的收益相同。换句话说，理性预期模型假设，劳动者在决定采取何种行为时就好像他们都已经受过劳动经济学方面的良好教育，因而他们不会傻乎乎地去高估或低估未来的工资水平。

人们到底是如何形成自己的预期的，这是一个重要的经验问题。通过研究人们已经发现了，在工程师、律师和牙科医生这些职业中，确实存在蛛网模型描述的劳动力供给的阶段性波动现象。① 无论这种波动是不是由于劳动者的质朴预期造成的，政府的政策制定者们都应当注意从蛛网模型中吸取经验教训。如果政府选择采取积极的措施来解决劳动力短缺和过剩的问题，它就必须意识到，由于在高技术劳动力市场上的劳动力供给调整是非常缓慢的，因此，这些市场上的工资调整一般都会出现调整过度的现象。换言之，政府的预期以及对市场的干预都应当尽可能地以理性预期为基础。比如（就我们列举过的例子而言），在第一个阶段首先出现了劳动力供给短缺的现象，当时的工资率开始向 W_1 抬升。此时，政府就应当指出，W_1 很可能是高于长期均衡工资率水平的。如果政府的做法正好相反，试图通过向这一专业领域的学生提供补贴的方式来弥补当前的这种劳动力供给短缺，那么它实际上是鼓励在以后出现更大规模的劳动力供给过剩。这个例子的寓意在于，我们在判断政府对劳动力市场的干预产生的影响到底是利大于弊还是弊大于利之前，必须首先充分了解劳动力市场是如何针对劳动力需求或劳动力供给方面出现的变动而进行调整的。

① 关于蛛网和理性预期模型的分析，参见 Jaewoo Ryoo and Sherwin Rosen，“The Engineering Labor Market，” Journal of Political Economy 112（February 2004，supplement）：S110 - S140。

第 10 章 劳动力流动：移出、移入以及人员流动

当前，跨国劳动力流动已经不再是一种新现象——事实上，澳大利亚、加拿大和美国等国的形成都有赖于移民。在过去的 20～30 年间，到欧洲和北美的移民已经显著地提高了在国外出生的欧洲人和北美人所占的比例。例如，在欧洲总人口中，在国外出生的人所占的比例已经从 1990 年的 6.8%上升到 2015 年的 10.3%；在同一时期，在国外出生的人占加拿大总人口的比重也从 15.7%上升到了 21.8%。而在美国，这一比例同样从 9.2%上升到 14.5%。[①]由于现有的移民中增长最快的那部分人通常不是讲英语的，而且来自贫穷国家，因此这种情况导致一部分人大声呼吁应当严格限制外来移民，或者采取更为强硬的"国境安全"措施——这种情况在美国尤为突出，由于美国与比其贫穷得多的国家（墨西哥）之间有一段相当长的边境线，因此它吸引了大批并未获得官方签证的外来工人。在对要求更为严格地限制移民——其中包括驱逐那些没有工作签证的移民——的政策建议进行辩护时，理由之一是移民的进入导致了本国居民的工资水平下降，或者是加重了移入国家的财政负担。

在本章中，我们将运用经济学原理来分析向国外移民的决策以及移民进入对劳动力市场所产生的影响。在这个过程中，我们将考察进入的移民与其他人之间存在的个人特征差异（年龄以及未来导向等）以及哪些因素会影响移民进入是否会提高在接收国出生的那些人的人均实际收入。在本章中，我们先从劳动力流动的成因及其结果讲起——移民的大部分只是劳动力流动这个大集合中的一个子集而已。在市场经济中，劳动力流动的作用非常重要。由于任何一个市场的作用都在于推动自愿

① United Nations, Population Division, Department of Economic and Social Affairs, "Trends in International Immigrant Stock: The 2015 Revision" (New York: United Nations, 2015), Table 3, at www.un.org/en/development/desa/population/migration/data/estimates2/estimates15.shtml.

交换的实现，因此一个社会实际上是依靠劳动者在雇主之间的自由流动，以一种能够使劳动者和消费者同时达到最大满足的方式来进行劳动力配置的。比如说，劳动者（无论是现实地还是潜在地）从低工资工作向高工资工作流动这一活动本身，就会迫使那些支付给劳动者的工资低于均衡工资水平的企业提高工资水平。再举一个例子来说明，补偿性工资差别的存在同样也取决于能够获得充分信息的劳动者为了提高自己的效用水平而在各种就业机会之间进行选择的能力。

然而，流动是要付出成本的。劳动者必须花费一定的时间来四处搜寻关于其他工作的信息，并且至少对一部分劳动者来说，首先辞去现在的工作再去找其他的工作可能是最有效率的（例如到一个新的地区去寻找工作的时候）。中断与当前雇主的雇佣关系往往还意味着离开朋友和熟悉的环境，有时可能还意味着放弃有价值的员工福利或是未来的内部晋升机会。而一旦找到一份新的工作，劳动者在向新的环境转移时可能还需要承担一定的货币成本，同时几乎肯定会产生一定的心理成本。简言之，劳动者为了在以后提高自己的效用水平，就必须在短期内承受向新雇主转移的成本。所以，我们在第 9 章中论述的人力资本模型就可以被用来分析劳动者在流动方面的投资。

劳动力流动的决定因素

人力资本模型将自愿流动视为一种投资，即劳动者为了在长期中获得收益而在早些时候承担的一些成本。如果与流动相联系的收益现值超过了与之有关的货币成本和心理成本的总和，我们就可以认为劳动者将会决定更换工作，或者流动到另外一个地区，又或者是既换工作，同时又在地理上进行流动。如果贴现之后的收益流还不如相关的成本高，则劳动者就不会决定进行流动了。

显然，决定流动的净收益（即流动收益减去流动成本）现值的那些因素也就是决定劳动者的流动决策的因素。如果能够把计算流动的净收益现值的公式写出来，我们就可以更好地确认这些因素了，即：

$$\text{净收益现值}=\sum_{t=1}^{T}\frac{B_t}{(1+r)^t}-C \tag{10.1}$$

式中，B_t 为在第 t 年因为换工作而获得的效用增加值；T 为个人预期在新工作中持续的工作长度（用年限表示）；r 为贴现率；C 为流动本身产生的效用损失（直接成本和心理成本）；$\sum$ 为加总符号，在这里是指从第 1 年到第 T 年这一时期中，每一年的净收益现值总和。

很显然，劳动者流动的净收益现值在以下几种情况下会更大：一是劳动者从新工作中获得的效用水平越高；二是劳动者在原来的工作中得到的快乐越少；三是与流动相联系的直接成本越小；四是劳动者在新工作中持续的时间越长（即 T 的值越大）。这些结论可以启发我们对以下问题得出较为明确的推论，即社会上的哪些劳动者群体是流动性最强的以及我们将会建立怎样的劳动力流动模型。

跨地域流动

劳动者在国与国之间以及在一国内的不同地区之间流动是经济生活中的一个重要现象。我们发现，在国外出生的人占到了欧洲及北美洲总人口的 20%。此外，在从 2005 年到 2010 年的 5 年间，美国本土的每 14 位员工中就有 1 位离开了他们原来居住的州。① 在跨州流动的劳动者中，大约有三分之一的人仍然是为原来的雇主工作的。如果我们考虑的是受经济因素激励而流动并且同时还更换了雇主的人，则在跨州劳动力流动中有大约一半的人改变了原有的雇佣关系。② 我们之所以强调工作的改变，是为了说明人力资本理论能够帮助我们理解哪些劳动者最有可能进行跨地区流动的投资以及劳动力的流动方向。

□ 劳动力迁移去向

人力资本理论预测，劳动力会从获得较高工资性报酬的机会相对较少的地区向机会较多的地区迁移。对移民流动情况所做的研究为这种推论提供了支持。总体来看，这些研究都证实了一点，即目标地区的较好机会产生的拉力大于流出地区的较差机会产生的推力。换言之，虽然人们总是会被吸引到预期工资性报酬较高的地区，但是他们流出的地区却并非一定是机会最差的地区。

较为深入细致的研究得出的一个最为一致的结论是：人们总是会被吸引到那些向全日制劳动者支付的实际工资性报酬最高的地区。但是这些研究都发现，在失业率和移民流入之间并不存在一种稳定的关系，这可能主要是因为从数量上来说，找好新工作之后再迁移的人是那些先迁移、然后再设法找工作者的 3 倍。如果一个人已经在某个特定地区找到了工作，则该地区的失业率就与其无关了。③

大多数研究都发现，与人们的预期相反，劳动者在流动之前所在地区的特征对劳动力迁移的净影响并不是太大。这是因为，尽管居住在最贫困地区的人的迁移动

① U.S. Census Bureau, "Geographical Mobility: 2005 - 2010: Detailed Tables," Table 3, http://www.census.gov/hhes/migration/data/cps/cps2010-5yr.html.

② Ann P. Bartel, "The Migration Decision: What Role Does Job-Mobility Play?" American Economic Review 69 (December 1979): 775 - 786. 也可参见 Larry Schroeder, "Interrelatedness of Occupational and Geographical Labor Mobility," Industrial and Labor Relations Review 29 (April 1976): 405 - 411。

③ 与失业率相比，一个地区的近期雇佣水平能够更好地解释移民的流入情况，参见 Gary Field, "Place to Place Migration: Some New Evidence," Review of Economic and Statistics 61 (February 1979): 21 - 32。Robert H. Topel, "Local Labor Market," Journal of Political Economy 94, no. 3, pt. 2 (June 1986): S111 - S143，这篇文章分析了一个地区的永久性和临时性的劳动力需求变化是如何对其移民和工资情况产生影响的。

机往往最强，但是最贫困地区的人同时往往又是财富最少、受教育水平和技能水平最低的人——这些人的迁移意愿（或能力）一般都是最弱的。为了理解这一现象，我们现在必须论述谁最有可能迁移这一问题。（此外，我们还要考虑人们何时会迁移。我们在例 10.1 中分析了谁将迁移、向哪里迁移以及何时迁移三个问题，分析了美国历史上曾经发生过的最为重要的国内迁移事件之一，即 20 世纪上半叶发生的黑人从美国南部向美国北部的大迁移。）

□ 迁移者的个人特征

从并非所有的人都愿意迁移这一点上来说，迁移是具有选择性的。更为具体地说，正像人力资本理论预言的那样，年轻人和受过良好教育的人的流动性往往更大。

年龄 在决定谁会迁移时，年龄是最为重要的一个因素。从 2005 年到 2010 年间，在 20 多岁的美国人中，9%的人会选择搬到美国国内的另一个地方，而在 30 多岁和 40 多岁的美国人中，相对应的比例则分别只有 6%和 3%。[①]

为什么迁移主要是年轻人从事的活动呢？有两个方面的原因可以解释这个问题。首先，一个人越年轻，那么他从一项人力资本投资中获得收益的时间就会越长，同时这些收益的现值也就越高。

其次，相当大一部分迁移成本都是心理成本，这些成本主要与以下几个方面有关：离开一些朋友；失去与原来社区的联系；失去因熟悉原有的工作而具有的一些好处。随着劳动者的年龄增大，他们与社会之间的联系会变得更加紧密，所以，与迁移相关的心理损失会变得越来越大。

例 10.1☞

大迁移：南方黑人向北方的大迁移

根据我们的模型预测结果，当迁移的净收益现值为正时，劳动者就会选择进行迁移。在美国内战结束及黑人解放运动之后，美国南方和北方之间存在着巨大的工资差距——北方的工资水平通常是南方同类工作的两倍。尽管如此，在 19 世纪 70 年代，从美国南方向北方迁移的黑人还很少，只有大约 6.8 万人。

在第一次世界大战期间，大规模的迁移开始了。在 20 世纪的第一个十年中就有 50 多万黑人离开了南方；20 世纪 20 年代，移民的数字几乎达到了 100 万；20 世纪 40 年代，移民人数超过了 150 万人。截至 20 世纪 50 年代，在南方出生的黑人中，超过 20%的人都迁移到了北方。

为什么这次迁移活动持续如此之久并且仍然在继续？一个重要的因素就是这些

---

① U. S. Census Bureau, "Geographical Mobility: 2005 — 2010 Detailed Tables," Table 1, at http://www.census.gov/hhes/migration/data/cps/cps2010—5yr.html. 关于美国国内人口流动的综述及最新趋势，参见 Raven Molloy, Christopher L. Smith, and Abigail Wozniak, "Internal Migration in the United States," Journal of Economic Perspectives 25 (Summer 2011): 173 - 196。

劳动者的受教育水平较低，这使他们很难了解外部的机会。1880 年时，在年龄超过 10 岁的非洲裔美国人中，75%以上的人都是文盲。这一数字到 1930 年时就下降到了 20%。一项研究发现，1900 年时，在黑人成年男子中，有文化的人迁移的概率比文盲要高 3 倍。截至 1940 年，受过高中教育的黑人迁移的概率高出只上过 0～4 年学的黑人两倍。尽管如此，文化水平的提高还并不足以解释这种突然爆发的移民高潮。

移民源自第一次世界大战的爆发。首先，它导致了北方工业对劳动力需求的激增。其次，它导致国外的移民不再可能进入美国。第一次世界大战之前，蓬勃发展的北方工业主要依靠欧洲的移民作为劳动力的一个重要来源。当国外的移民潮退下以后，雇主便开始雇用黑人劳动者了——甚至派代理人到南方招募员工。北方的工作机会终于向黑人开放了，而很多黑人随之做出了积极的反应。

一项运用 1870—1950 年的人口调查数据所做的研究发现，正如预料之中的一样，工资水平最高以及制造业发展更为迅速的北方各州吸引的黑人移民是最多的。欧洲移民人数的下降刺激了黑人移民的增多，据估计，如果在 20 世纪初就完全限制欧洲移民进入，大迁移会开始得更早。

资料来源：William J. Collins，“When the Tide Turned：Immigration and the Delay of the Great Black Migration，” Journal of Economic History 57（September 1997）：607－632；Robert A. Margo，Race and Schooling in the South，1880－1950（Chicago：University of Chicago Press，1990）. 也可参见 William J. Collins and Marianne H. Wanamaker，“Selection and Economic Gains in the Great Migration of African Americans：New Evidence from Linked Census Data，” American Economic Journal：Applied Economic 6（January 2014）：220－252。

教育　在预测哪些人将会迁移方面，受教育程度是第二个重要的指标。例如，在 2005—2010 年间，拥有大学学位的美国人的迁移比例是那些没有大学学位者的两倍。①

迁移的成本之一是与求职以及面试新工作机会相关的成本，如果某种职位是处于全国（或国际）劳动力市场上的，就像大学毕业生那样，则雇主的招募人员会自己到大学校园里去，同时，安排候选人飞到公司所在地进行面试也是一种十分普遍的安排，而这些成本通常都是雇主承担的。然而，如果某一职位的相关劳动力市场是本地化的，则企业不大可能远距离地去招募员工，而那些想要到远离居住地点的其他地区去参加面试的劳动者发现成本也会相对较高。

□ 迁移距离的影响

人力资本理论的一个清晰推论是：随着迁移成本的增加，移民的流量会减少。而迁移成本会由于以下两个方面的原因随迁移距离增加而上升。第一，当目标就业地与劳动者当前的居住地更为接近时，更容易获得关于那里存在的就业机会的可靠信息；第二，与迁移本身以及迁移之后回去探望朋友和亲属相伴随的时间成本和货

① U. S. Bureau of the Census，“Geographical Mobility：2005－2010：Detailed Tables，” Table 1，http：//www. census. gov/hhes/migration/data/cps/cps2010-5yr. html.

币成本，以及迁移的心理成本，都会随着距离的增加而上升。事实上，我们发现，在 2005—2010 年间，在迁移到不同劳动力市场的美国人中，60%的人的搬迁距离小于 500 英里，这其中，35%的人的搬迁地距其最初居住地不超过 200 英里。①

有趣的是，对远距离迁移来说，较低的受教育水平似乎是一个比年龄产生的障碍作用更大的因素（在其他影响因素保持不变的情况下）——这一事实有助于我们了解信息成本或心理成本是不是阻碍迁移的首要因素。正如我们在前面的章节中谈到的，年龄这一阻碍迁移的因素与心理成本密切相关，而受教育水平则与取得信息的难易程度密切相关。受教育水平对迁移决策产生的阻碍作用明显更大，这一事实显然说明了，信息成本对迁移和距离之间的关系产生的影响更大。②

□ 移出国以及国际移民的工资性报酬分配

迄今为止，我们列举的影响劳动者在不同地理区域之间流动的一些因素都与劳动者在一国国内的迁移有关。然而，年龄、信息获得的难易程度、工资性报酬方面的潜在收益以及迁移的距离等因素同样也与国际迁移有关。此外，由于移民本身是经过自我选择的，并且迁移的成本非常高，因此，个人的贴现率（或是其未来导向性）是非常关键的，并且在移民和非移民之间很可能存在很大的不同。也就是说，正如例 10.2 描绘的那样，移民——像其他进行重大人力资本投资的人一样——的个人贴现率可能会低于平均值。

例 10.2

移民以及一个人的时间导向性

经济理论表明，那些投资后受益年限越长、越有远见的人越有可能进行人力资本投资。那么，我们能在最有可能移民的人身上发现支持这种理论的证据吗？最近的一篇文章考察了这样一种可能性，即那些更看重自己的子孙的福利的人更愿意承担与移民有关的巨额成本。

1989 年之前，居住在苏联的犹太人尽管不是完全不可能向国外移民，但却是非常困难的。在递交了移民申请——这本身就包含很高的费用——之后，申请者的财产常常会被没收，并且他们的工作也会被暂停。然而，随着苏联在 1989 年解体，这些规定都被废除了。也就是说，在 1989 年之后移民的收益和之前是大体相同的，但是移民的成本却大大降低了。

那些在早期就移民的人——他们愿意承担非常高的移民成本——与那些在移民成本大大下降之后才移民的人有什么不同呢？这项研究发现的证据表明，和后来才

① U. S. Bureau of the Census, "Geographical Mobility: 2005 - 2010: Detailed Tables," Table 24, http://www.census.gov/hhes/migration/data/cps/cps2010-5yr.html.

② Aba Schwartz, "Interpreting the Effect of Distance on Migration," Journal of Political Economy 81 (September/October 1973): 1153 - 1167.

移民到以色列的同类女性相比，那些在较早时期就移民到以色列的犹太女性往往拥有较多的家庭成员（平均多出 0.4～0.8 个孩子）。这表明，那些在 1989 年之前就移民的人是出于使孩子受益的考虑决定移民的。

类似地，一项对 51～61 岁这一年龄段的女性进行的研究发现，与那些在美国本土出生的祖母相比，后来才移民到美国的祖母与她们的孙辈在一起的时间每年会多出 200 小时。同时，这些女性也更有可能报告说，她们认为给后辈留下一些遗产（而不是在自己的有生之年将所有的财富都花掉）是很重要的。

因此，事实上存在一些与理论含义一致的证据，这些证据显示，与那些不愿意移民的人相比，那些投资于移民的人的收益时间通常较长，同时也更有远见（从非常看重他们的子孙的福利这一角度来说）。

资料来源：Eli Berman and Zaur Rzakhanov, "Fertility, Migration and Altruism," National Bureau of Economic Research working paper no. 7545 (February 2000).

在分析国际劳动力流动时，最重要的是分析通过迁移能够产生的潜在收益，即移民流出国与移民流入国之间的工资性报酬分配对比情况。工资性报酬的相对分配情况有助于我们预测在移民流出国中，哪些类型的技能劳动者更有可能移民。[①]

有些国家的工资性报酬分配结构比美国更为扁平（平均）。在这些国家中，技术劳动力和非技术劳动力之间的平均工资性报酬差别更小，这意味着在这些国家中，人力资本投资的收益比美国少。因此，这些国家（北欧国家的情况在这方面是最明显的）中的技术劳动力和专业工作者通过移民到美国而获得的收益是最大的。与美国的非技术劳动力相比，这些国家中的非技术劳动力获得的工资性报酬不仅更为平均，而且水平也更高，因此他们往美国移民的动力就很弱。这样，与那些没有移民美国的人相比，从其他国家移民到美国的人的技能水平往往更高。

在工资性报酬分配状况比美国更不均等的国家中，技术劳动力的相对工资性报酬水平可能更高，但是对这些国家中的非技术劳动力来说，向美国移民的潜在收益巨大。这些非技术劳动力在他们原来的国家中可能由于受到某些阻碍而不能进行人力资本投资（从而不能从投资中获得通过巨大的工资性报酬差别体现出来的较高收益），所以，他们就可能采取移民和到美国找工作的形式来进行人力资本投资。相对来说，欠发达国家的工资性报酬分配一般都更加不平等。因此，我们可以预见，从这些国家（尤其是距离美国最近的墨西哥）向美国移民的人中有相当大的比例都是非技术类劳动者。

□ 国际移民和国内迁移的收益

我们已经发现，移民迁移的目标地区都是使得他们有机会获得更高收入的地区。

① 本节中所采用的理论源自 Andrew D. Roy, "Some Thoughts on the Distribution of Earnings," Oxford Economic Paper 3 (June 1951: 75 - 106)；对这一问题所做的更为全面彻底的讨论，参见 George J. Borjas, Friends or Strangers (New York: Basic Books, 1990)，尤其是其中的第 1 章和第 7 章。

对个人来说，通过移民获得的工资性报酬的增长幅度主要取决于迁移的原因以及迁移者所做的准备。

出于经济原因的国内迁移 我们可以预料到，通过迁移活动获得的收益最大的会是这样一些人，即他们是因为得到了一份更好的工作才移民的，并且是在辞去上一份工作之前就已经通过工作搜寻活动获得了新的工作机会。一项针对上述人群中的 20 多岁的男性和女性进行的研究发现，在 1979—1985 年间进行过迁移的人与在此期间没有进行过迁移的人相比，工资性报酬上升了 14%～18%。即使是那些自愿辞职并且在移民之前没有找到工作就因经济原因而移民的人，他们得到的工资性报酬也比待在原地上涨了 6%～9%。[①] 由于经济原因而移民的男性和女性得到的收益是非常类似的。

家庭迁移 大多数人都是生活在家庭中的，因此，如果在家庭中有不止一个外出工作的人，那么，迁移决定对不同家庭成员的工资性报酬产生的影响很可能就是不同的。回顾一下第 7 章的内容，在那里我们指出过，那些生活在一起的人在做出联合劳动力供给决策时，实际上有不止一个最佳模型。但是在迁移决策中，如果整个家庭的总工资性报酬出现了净增长，则这个家庭很可能就会决定移民。当然，即使夫妻中的一方由于迁移而导致工资性报酬水平下降，只要另外一方得到了相对较高的收益，家庭的总工资性报酬还是会增加。在考虑家庭迁移决策时，会引发关联迁移者——那些是因家庭原因而非本人的工资性报酬能够增长才同意迁移的人——的问题。

在 1979—1985 年间进行过迁移的 20 多岁的年轻人中，由于家庭原因辞去工作并且迁移到其他地方者的工资性报酬平均下降了 10%～15%——尽管在迁移之前就开始寻找新的工作显然阻止了他们的工资性报酬下降到零。[②] 显然，作为关联迁移者而迁移的人需要承担的成本是很高的。在传统上，与男性相比，女性因家庭原因而迁移的频率更高。但是，随着更多的女性完成本科教育和研究生教育并且进入自己的职业生涯，她们因为家庭原因而迁移的意愿可能就会下降。双方都受过大学教育的夫妻越来越愿意在大城市居住，这是因为在大城市中夫妻双方的工作机会都很多，这也从一个侧面反映出作为关联迁移者迁移的成本很高。[③]

移民的收益 通常情况下，要对国际移民在迁移后的工资性报酬和他们在不移民情况下可能得到的工资性报酬进行对比几乎是不可能的，这是因为缺乏他们在原居住国时的工资性报酬的数据——尽管将美国的墨西哥移民获得的工资与同类工人在墨西哥的工资进行比较的结果表明，2000 年时跨国流动的收益范围在 9 000 美元到 16 000 美元之间（由于当年墨西哥人均收入为 9 700 美元，大部分移民都获得了

① Kristen Keith and Abagail McWilliams, "The Returns to Mobility and Job Search by Gender," Industrial and Labor Relations Review 52 (April 1999): 460 - 477.

② Keith and McWilliams, "The Returns to Mobility and Job Search by Gender."

③ Dora L. Costa and Matthew E. Kahn, " Power Couples: Changes in the Locational Choice of the College Educated, 1940 - 1990," Quarterly Journal of Economics 115 (November 2000): 1287 - 1315.

更大的收益)。①

大多数关于国际移民获得的收益的研究主要集中在将移民迁移后的工资性报酬与迁入国本土劳动者的工资性报酬进行对比。图 10.1 显示了数十年前移民到美国来的男性劳动者的工资性报酬相对于具有相似劳动力市场经验的美国本土劳动者的工资性报酬的变动情况。尽管该图并未反映近期移民的情况,但反映了移民的相对收益随着时间的推移而发生的三大普遍发展趋势。第一,当移民刚刚到达美国时,他们的工资性报酬比美国本土的同类劳动者低很多。第二,后进入美国的移民群体在刚进入美国时的工资性报酬不如更早的移民群体刚进入美国时高。第三,移民的相对工资性报酬会随着时间的推移而不断提高,这意味着他们的工资性报酬比美国本土劳动者的工资性报酬上升得更快,尤其是在移民到美国之后的最初 10 年中。

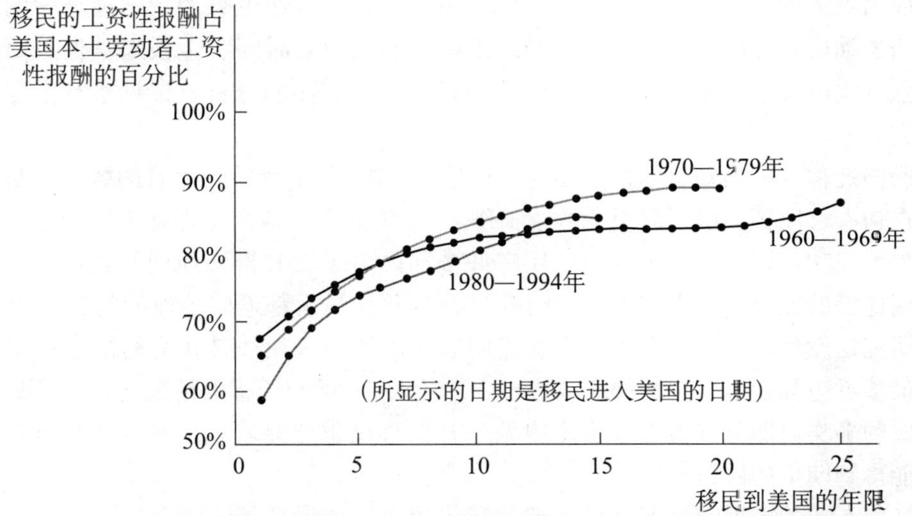

图 10.1 男性移民相对具有相似劳动力市场经验的美国本土劳动者的工资性报酬变动情况,按照移民群体划分

资料来源:改编自 Darren Lubotsky, "Chutes or Ladders? A Longitudinal Analysis of Immigrant Earnings," working paper no. 445, Industrial Relations Section, Princeton University, August 2000, Figure 6。

移民后的最初工资性报酬 移民在刚刚进入美国时挣到的工资性报酬比当地人少得多,这一点丝毫不会让人感到奇怪。即使是在控制了年龄和受教育水平这两个方面的影响因素(移民的年龄通常比当地人小,但受教育程度却比当地人低)之后,移民仍然会由于以下原因而获得较低的工资性报酬:英语方面的障碍;不熟悉美国的就业机会;缺乏在美国工作的经验(因而雇主对他们的生产率没有把握)等。

① 工资比较是以 2000 年的美元价值为单位,代表的是相同年龄且受教育水平相同的美国-墨西哥劳动者之间的工资差别;参见 Gordon H. Hanson, "The Economic Consequences of International Migration of Labor," American Review of Economics 1 (September 2009): 179 - 208。关于分析预估移民货币收入存在的问题,参见 Ran Abramitzky, Leah Boustan, and Katherine Eriksson, "Europe's Tired, Poor, Huddled Masses: Self-Selection and Economic Outcomes in the Age of Mass Migration," American Economic Review 102 (August 2012): 1832 - 1856。

近年来，大量的研究开始比较在不同时间进入美国的各移民群体与美国本地人的最初工资性报酬情况。这些研究似乎揭示出这样一个事实，即移民到美国的人越来越多地来自国民受教育程度相对较低的国家，因此他们在进入美国时拥有的人力资本也越来越少。[①]

移民的工资性报酬增长 移民的工资性报酬增长速度相对较快，这无疑反映了他们在移民到美国之后进行的人力资本投资产生的收益率较高。到达美国之后，这些移民一般都通过获得实际工作经验和提高自己使用英语的熟练程度来对自己进行人力资本投资，这些投资提高了他们能够得到的工资水平。比如，最近的一项研究发现，在美国，移民掌握流利的英语能够使其工资性报酬平均提高 17%；在加拿大平均提高 12%；在澳大利亚则平均提高 9%。当然，并非所有的移民都有同样的动力去成为英语的熟练运用者。生活在可以用本民族语言做生意的特定地域中的人学习英语的动机就会减弱，而不能回到原来国家的人投入时间和金钱来掌握英语的动力更强（政治避难者被包括在这一组人中；关于这方面的分析，参见本章末尾的实证研究）。[②]

回归迁移 应当知晓的很重要的一点是，在图 10.1 背后隐含着的数据都是源自那些在初次移民到美国之后至少持续工作了 15 年的人。他们是在移民方面进行投资并取得了成功，因而留下来的人。还有许多移民由于没有得到预期的收益，最后决定返回他们的原属国。事实上，大约有 20%的移民最后都返回了他们的原迁出地。[③]一项研究还发现，那些最有可能重新流回原迁出地的人往往是在当初决定移民时就属于最接近边际状态（预期的净收益最少）的人。[④] 回归迁移的情况还解释了另外一个重要的事实，即与其他人力资本投资一样，移民也蕴涵着风险——并非所有的投资都能得到期望的回报。

---

① George Borjas, "The Economics of Immigration," Journal of Economic Literature 32 (December 1994): 1667 - 1717; and George Borjas, "The Slowdown in the Economic Assimilation of Immigrants: Aging and Cohort Effects Revisited Again," Journal of Human Capital 9 (Winter 2015): 483 - 517.

② Barry R. Chiswick and Paul W. Miller, "The Endogeneity between Language and Earnings: International Analyses," Journal of Labor Economics 13 (April 1995): 246 - 288; Barry R. Chiswick and Paul W. Miller, "Language Skills and Earnings among Legalized Aliens," Journal of Population Economics 12 (February 1999): 63 - 91; Heather Antecol, Peter Kuhn, and Stephen J. Trejo, "Assimilation via Prices or Quantities? Sources of Immigrant Earnings Growth in Australia, Canada, and the United States," Journal of Human Resources 41 (Fall 2006): 821 - 840; and Eli Berman, Kevin Lang, and Erez Siniver, "Language-Skill Complementarity: Returns to Immigrant Language Acquisition," Labor Economics 10 (June 2003): 265 - 290.

③ John Vanderkamp, "Migration Flows, Their Determinants and the Effects of Return Migration," Journal of Political Economy 79 (September/October 1971): 1012 - 1031; Fernando A. Ramos, "Outmigration and Return Migration of Puerto Ricans," in Immigration and the Work Force, eds. George J. Borjas and Richard B. Freeman (Chicago: University of Chicago Press, 1992); and Borjas, "The Economics of Immigration," 1691 - 1692.

④ George J. Borjas and Bernt Bratsberg, "Who Leaves? The Outmigration of the Foreign-Born," Review of Economics and Statistics 78 (February 1996): 165 - 176.

政策应用：限制移民的进入

经济学家的分析工具在移民政策领域中的应用可能要比在其他任何领域中的应用都更为重要。移民进入将同时带来经济和文化层面的影响，有证据表明，人们是否欢迎移民进入在很大程度上取决于他们对文化多样性的态度。[①]然而在移民问题上，公众争论的焦点往往集中于其产生的经济影响，因而使用经济理论来指导我们对移民可能产生的潜在影响进行分析就十分重要了。本节将在简要描述美国移民政策的发展历史之后，进一步详细分析当前在美国引发了广泛讨论的一个现象带来的经济影响，这就是那部分因没有经过官方"授权"而移民进入美国的人，他们没有在美国合法居住所需的文件。

□ 美国移民史

美国是一个富庶的国家，它的富有和较高的生活水平使得它对几乎全世界各个地方的移民来说都极富吸引力。在美国成为一个独立国家的前 140 年历史中，它奉行的都是一种对移民基本上不加限制的政策（对移民做出的唯一比较重要的限制是针对亚洲人和罪犯的）。1840 年以后，进入美国的移民流量显著增加，当时，美国的工业化已经开始，而欧洲则处于政治和经济动荡之中，因此，对成千上万的人来说，移民到美国是一项非常有吸引力的投资。美国官方记载的移民高峰出现在 20 世纪的第一个 10 年中，当时，每年进入美国的移民流量都超过美国人口的 1%，如表 10.1 所示。

移民限制 1921 年美国国会通过了《限额法》（Quota Law），这项法案要求根据移民的国籍分别确定每年的移民配额。这种配额限制产生的影响是导致来自东欧和南欧的移民人数减少。该项法案的主旨被于 1924 年和 1929 年通过的其他法律所遵循，从而进一步加强了对来自东南欧的移民的限制。美国之所以在移民政策上进行这些修正，其中的一部分原因是在美国普遍存在这样一种担忧，即来自东欧和南欧的非技术劳动力的流入对美国本土劳动者的就业问题可能会产生一种不良的影响。

1965 年通过的《移民与国籍法》（Immigration and Nationality Act）废除了对北欧和西欧人非常有利的、按照国家来源确定移民配额的制度。根据该法案在 1990 年时的修正案，美国对每年的移民总人数正式实施严格限制，大部分配额都留给那些家庭团聚的人以及少数（大约占到 20%）因具有美国需要的特殊技能来工作的人。至于政治避难者，则必须在达到在母国受到某种迫害标准的情况下才可以移民到美

① David Card, Christian Dustmann, and Ian Preston, "Immigration, Wages, and Compositional Amenities," Journal of European Economic Association, 10 (February 2012): 78 - 119.

国而不受移民人数的限制。移民到美国对很多人来说都是一种有价值的投资，而这个人数远远大于能够合法移民到美国的人，因此，这就导致许多人想通过非法途径移民到美国生活。

表 10.1　美国官方关于移民的记载，1901—2014 年

时期	移民人数（千人）	年比率（在每千名美国人中）	年份	移民人数（千人）	年比率（在每千名美国人中）
1901—1910	8 795	10.4	2001	1 059	3.7
1911—1920	5 736	5.7	2002	1 059	3.7
1921—1930	4 107	3.5	2003	704	2.4
1931—1940	528	0.4	2004	958	3.3
1941—1950	1 035	0.7	2005	1 122	3.8
1951—1960	2 515	1.5	2006	1 266	4.2
1961—1970	3 322	1.7	2007	1 052	3.5
1971—1980	4 389	2.0	2008	1 107	3.6
1981—1990[a]	7 338	3.1	2009	1 131	3.7
1991—2000[a]	9 082	3.4	2010	1 043	3.4
			2011	1 062	3.4
			2012	1 031	3.3
			2013	991	3.1
			2014	1 017	3.2

a. 包括根据 1986 年《移民改革与控制法案》（Immigration Reform and Control Act）得到大赦的非法移民人数。

资料来源：U. S. Immigration and Naturalization Service，Yearbook of Immigration Statistics：2014，Table 1，http：//www. dhs. gov/sites/default/files/publications/ois _ yb _ 2014. pdf.

未经授权的移民　未经授权的移民被划分成人数大致相等的两大类：一种是合法进入美国但是超期滞留，或是违反签证上的某些条款规定的移民；另外一种则是非法入境者。2013 年时，平均每天都有 16.7 万人通过学生签证或旅游签证等非移民签证进入美国，通常是以游客和商务身份，或者是学生身份。① 但是一旦到了美国，他们还是可以去找工作。一旦这些学生或旅游者找到了一份工作，他们便可以申请"改变身份"，要求成为合法的美国永久居留者——尽管对一位普通的劳动者来说，提出以就业为目的的移民申请得到批准的机会微乎其微。

另外一种人是非法入境者，即在没有拿到签证的情况下就以各种方法进入美国的人。来自加勒比地区的非法移民通常是通过波多黎各进入美国的，因为波多黎各居民是美国公民，因而可以自由进入美国本土。一些人是徒步穿越墨西哥边境进入美国的；还有一些人则是通过偷渡或者使用伪造证件蒙骗海关的方式进入美国的。

① Katie Foreman and Randall Monger，"Nonimmigrant Admissions to the United States：2013，" Annual Flow Report，July 2014，U. S. Department of Homeland Security，Office of Immigration Statistics（Washington，D. C.：July 2014），http：//www. dhs. gov/sites/default/files/publications/ois _ ni _ fr _ 2013. pdf.

从 1995 年到 2004 年间，每年增加的通过非授权渠道进入美国并定居的人数预计多达 60 万人，尽管随着日益严格的边境政策及工作机会的减少，从 2005 年到 2010 年间，每年增加的此类人数回落至 30 万人。据称，非法移民的总人数在 2007 年达到高峰值，共计有近 1 200 万人。但是随着 2008—2009 年的经济萧条，有一部分人又离开了美国。截至 2012 年，非法移民的总人数估计在 1 140 万人左右，其中有 14%的非法移民是在 2005 年以后进入美国的（以此判断在 2005 年以后每年进入美国的非法移民大约为 22.8 万人）。其中，四分之三的非法移民来自墨西哥（59%）和中美洲（14%）。①

2016 年，美国社会在如何处理非法移民的问题上出现了分歧。有人呼吁加强边境的安全保卫工作，尤其是美国与墨西哥接壤的边境地区，这些人断言非法移民作为一个整体来说，对美国是有害的——会增加非技能劳动力，降低本土劳动者的工资，并且这些非法移民对政府支出产生的需求超过了他们缴纳的税收。另外，一些人坚持认为，非法移民承担了美国人越来越不愿意做的很多工作，履行了一种有用的经济职能，因而应当为他们提供一种能够帮助他们获得合法居留权的途径。在我们开始针对非法移民对移民接收国产生的影响进行经济分析之前，首先简单地描述一下目前的争论中心所在——来自墨西哥的非法移民。

来自墨西哥的移民 移民到美国的墨西哥人——无论是合法进入的，还是非授权进入的——的数量相当大，这主要是由于两国之间的人均收入差异非常大，同时两国之间的边境线又很长。2007 年，在美国居住着 1 200 万来自墨西哥的移民，他们在整个美国的外国出生人口中占了大约三分之一。②而在这 1 200 万移民当中，大约有一半是未经授权的。

经济理论告诉我们，对一个国内收入分配差距比美国大的国家来说，我们可以预见，从这个国家流向美国的移民大部分会来自技能水平较低的那个劳动者群体。然而，尽管典型的墨西哥移民的受教育水平低于美国的平均水平——这主要是因为墨西哥的总体教育水平比较低，但是，最近移民到美国的墨西哥人的技能水平却处于墨西哥国内劳动者总体技能水平的中间位置，而不是技能较低的那一端。例如，我们分析一下年龄在 28～37 岁的墨西哥男性的情况。在墨西哥，23%的处于这个年龄段中的人达到的正规学校教育年限为 10～15 年。然而，在最近移民到美国的这一年龄段的墨西哥人中，却有 40%的人达到这种受教育水平。尽管在墨西哥国内处于这个年龄段的人中，有三分之二的人受到的正规学校教育不足 10 年。但是，在从墨西哥移民到美国的这一年龄段的人中，属于这种教育水平的人却只有二分之一。那

① Bryan Baker and Nancy Rytina, "Estimates of Unauthorized Immigrant Population Residing in the United States: January 2012," U. S. Department of Homeland Security, Office of Immigration Statistics (Washington, D. C.: March 2013); Gordon H. Hanson, "Illegal Migration from Mexico to the United States," Journal of Economic Literature 44 (December 2006): 869 - 924.

② U. S. Census Bureau, "Race and Hispanic Origin of Foreign-Born Population in the United States: 2007," American Community Survey Reports (Washington, D. C.: January 2010). 本节中的数据均源自 Hanson, "Illegal Migration from Mexico to the United States"。

么，为什么在从墨西哥移民到美国的人中，受教育水平处于中间位置的人在移民中占的比例更大，而不是那些受教育程度较低的人呢？

从墨西哥跨越边境进入美国的成本很高。2002 年时，在美国加强对边境的监管之后，这种成本就变得更高了。对移民到美国人数相对比较集中的一些墨西哥相关地区所做的调查表明，在那些非法穿越墨美边境线的人中，80%～95%的人都购买了偷渡组织者（“丛林狼”）提供的服务，为了能够跨越边境线，他们事先会向偷渡组织者付钱。据报道，2004 年，偷渡组织者收取的平均费用大概为 2 065 美元（2015 年的美元价格），而这相当于墨西哥当年的人均国民收入。此外，这些人即使支付了费用，仍然有大约一半的概率会被抓到（从而被遣返墨西哥）。尽管根据估算，这笔投资在偷渡者进入美国工作 8～11 周之后就能收回来，然而，对那些最贫困的墨西哥人来说，这笔钱仍然是一个非常大的经济约束。

人们会支持什么样的移民政策主要取决于他们认为移民对于雇主、消费者、纳税人以及属于各种不同技能水平及种族团体的劳动者而言会引发怎样的后果。而在强调这些结果时，几乎每一个对这个问题持有某种观点的人在自己的大脑中都有一个明确的或隐含的经济模型；而我们在本小节的目的就是要将这些模型清楚地表达出来，并对它们加以评价。

□ 对移民问题的朴素观点

反对非法移民的朴素观点有两个。一个观点是，每一位非法移民都从美国公民或合法移居到美国的外国人手中夺走了一份工作。例如，一位劳工部的官员告诉一个研究移民问题的内务委员会：“我认为得出这样一种结论是符合逻辑的，即如果非法移民真的被雇用了，那么他们实际上是从我们的某一位美国公民手中夺走了一份工作。”按照这种观点，如果有 x 名非法移民被驱逐出境并且保证其他非法移民被拒于美国国门之外，则美国的失业人数将会减少 x 人。

与上述观点相反的另外一个朴素观点是，非法移民从事的工作都是全体美国公民不愿意干的：“如果我们没有粗工，我们将不可能在纽约开旅馆，也不可能在纽约开餐馆……我们自己人中已经不可能再有人愿意做这种粗工了……我们到哪里去找人来干这些粗活呢？”①

然而，上述两种观点都过于简单，因为它们都忽略了劳动力需求曲线和劳动力供给曲线的斜率。比如，我们可以考虑一下“粗工”工作——大多数美国公民都厌恶的工作——的劳动力市场。如果没有非法移民，美国公民在这一劳动力市场上的有限供给就意味着从事这些工作的人可以得到相对较高的工资（如图 10.2 中的 W_1 所示），并且有 N_1 位美国公民被雇用。假如有非法移民进入这一市场，市场上的劳动力供给曲线将会外移，并且可能还会变得更为扁平（这就意味着，与美国本地居

① 本节中的引用均源自 Elliott Abrams and Franklin S. Abrams，“Immigration Policy—Who Gets In and Why?” Public Interest 38（Winter 1975）：25 - 26。

民相比，非法移民对粗工的工资上涨更为敏感)。非法移民的进入将会促使粗工的工资水平下降到 W_2，但就业人数却会上升到 N_2。

美国人是否真的不愿意从事粗工工作呢？很显然，在市场工资率为 W_2 时，愿意从事这些工作的外国移民比愿意从事这些工作的美国本地人要多。只有 N_3 名美国人愿意在这种较低的工资水平上从事这些粗工工作，剩下的劳动力供给（N_2-N_3）就全部由外来的移民承担了。然而，如果没有移民进入美国，就将会有 N_1 位美国人在 W_1 这一工资率上被雇用来从事粗工工作。尽管与有移民时的情况相比，粗工的市场工资率在没有移民进入美国时会更高，同时使用这种劳动力生产出来的产品或服务的价格相应也会更高，但是工作还是会有人干的。只是在 W_2 这一较低的工资率水平上，美国人的劳动力供给才会出现短缺；在工资率 W_1 上是不存在美国人的劳动力供给短缺问题的（参见第 2 章中关于劳动力短缺问题的分析）。

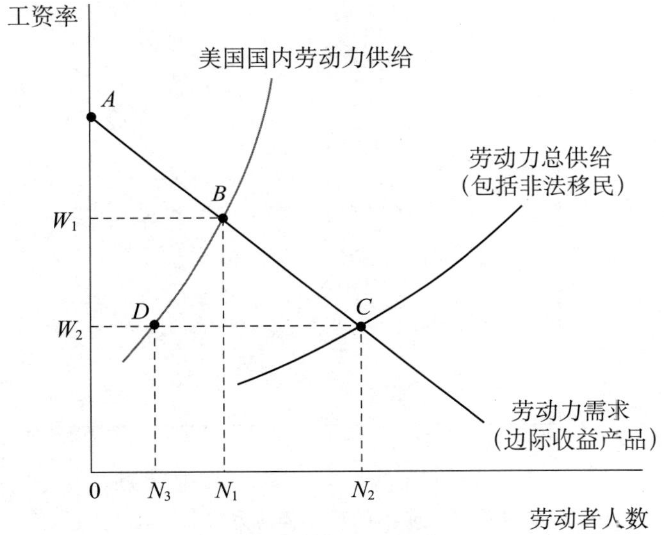

图 10.2　粗工的劳动力需求与劳动力供给

如果将所有从事粗工工作的外国移民都驱逐出境，是否就能够为美国人创造出同等数量的工作岗位呢？答案是否定的。如果从事粗工工作的 N_2-N_3 名外国移民被驱逐出境，并且所有的非法移民都被挡在粗工的劳动力市场之外，则被雇用来从事粗工工作的美国人的数量将会从 N_3 上升到 N_1，并且他们的工资率将会从 W_2 上升到 W_1（参见图 10.2）。还有数量为 N_2-N_1 的工作岗位因与驱逐非法移民相联系的工资率水平上升而被毁掉了。因此，尽管驱逐非法移民将会增加美国人的就业量，并且提高美国人在粗工劳动力市场上能够得到的工资水平，但可以肯定的是，它并不是以 1∶1 的比率增加美国人的就业的。[①]

---

① 一项研究表明，对于每 5 位移民到加利福尼亚州的越南手工艺者会净增加 3 个工作岗位，参见 Maya N. Federman, David E. Harrington, and Kathy J. Krynski, "Vietnamese Manicurists: Are Immigrants Displacing Natives or Finding New Nails to Polish?" Industrial and Labor Relations Review 59 (January 2006): 302-318。

然而，在一种情况下，驱逐非法移民将会使美国的就业人数按 1∶1 的比率增加，这就是当美国联邦政府的最低工资立法导致劳动力出现过剩时。比如，假定美国人在粗工劳动力市场上的供给如图 10.3 中的 ABS_1 所示，而劳动力总供给由 ACS_2 代表。由于人为的高工资导致了劳动力供给过剩，即在最低工资水平上，愿意从事粗工工作的一共有 N' 个人，但是只有 N 个人能够找到工作。在这种情况下，如果这 N 个人中有些人是非法移民，那么将他们遣送回原来的国家——同时成功地阻止其他非法移民获得这些工作——将会为美国人创造同等数量的工作岗位。然而，要想阻止在将非法移民遣送回国之后出现工资水平上涨（从而毁掉一部分工作岗位），劳动力需求曲线却必须与美国国内的劳动力供给曲线（ABS_1）相交于点 B 或点 B 的左侧。

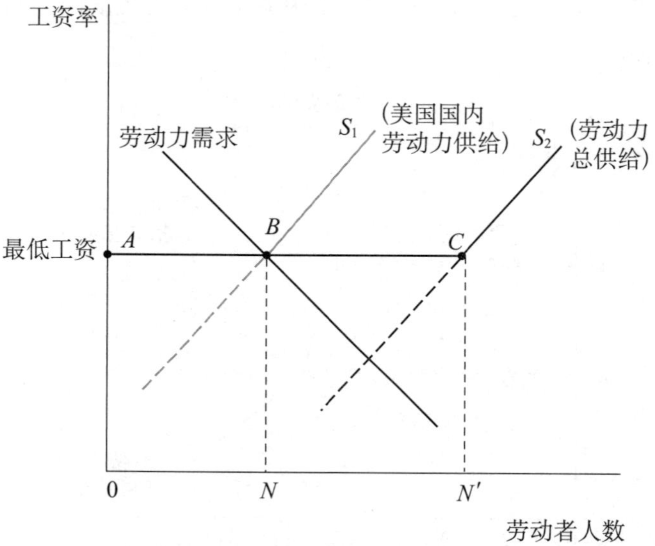

图 10.3　存在最低工资时的粗工劳动力需求与劳动力供给

上述分析忽略了这样一种可能性，即一旦这些工资较低的移民劳动力被阻止进入美国从事这些工作，则雇主可能会将这些工作转移到那些低工资劳动力的供给非常丰富的国家。在这种情况下，无论这些低工资劳动力是在美国被雇用，还是在世界上其他国家被雇用，美国的低技能劳动者无论如何都要与国外的低技能劳动者展开竞争。然而，并非所有的低技术工作都能够被转移到国外，因为并非所有的产出都能够进口（比如，大多数低技术性的服务都必须在消费场所提供）。因此，我们的分析将继续集中在低技术工作岗位的“出口”难以实现或者实现的成本很高这样一种情形。

□ 移民的获益者与受损者分析

移民对美国劳动者是有害的这种观点常常是根据图 10.2 中所示的单个劳动力市场的分析得出的。在图 10.2 中，当移民的进入增加了粗工的劳动力供给时，从事粗工工作的美国本地人的工资水平和就业水平都会有所下降。支付给美国本地劳动者的工资总额将会从图 10.2 中的 $W_1 0 N_1 B$ 下降到 $W_2 0 N_3 D$。此时，有些美国劳动者会因为工资水平太低而离开粗工劳动力市场，而那些留下来的美国本地人则不得不接受较低的工资率。

然而，即使移民进来的非技术劳动力会对美国国内的粗工产生不利的影响，也不能就此错误地得出结论，即移民对作为一个整体的所有美国人必然构成损害。让我们更进一步地来分析一下外来劳动力涌入可能给美国带来的收益和损失。

消费者 移民带来的“廉价劳动力”显然会使得购买这些劳动力生产的产品的那些消费者受益。随着工资水平的下降和就业量的上升，由这些劳动力生产的产品和服务将会出现数量增加而价格下降的局面。事实上，最新的一项研究表明，低技能移民（他们通常会提供家政和儿童看护服务）的涌入使美国国内接受过大学教育的女性能够在抚养孩子的同时兼顾自己的职业发展。①

雇主 雇用粗工的雇主（继续分析我们举过的例子）显然也会从中受益，至少在短期内可能如此。在图 10.2 中，利润会从 $W_1 AB$ 上升到 $W_2 AC$。这种盈利水平的上升将会带来两个方面的重要影响。对投资者来说，资本收益的提高是一个增加对工厂和设备投资的信号。利润的增加还会诱使更多的人成为雇主。资本的增加和雇主数量的上升最终又会将利润重新下压到一个正常的水平，但到最后，整个国家的资本存量增加了，并且还为一些劳动者创造了从雇员变为雇主的机会。

“粗工劳动力”市场上的员工 你应该能回想起第 3 章和第 4 章中的内容，即劳动力需求曲线会同时受到替代效应和规模效应两种效应的影响。考虑这两种效应会对我们理解移民如何影响美国劳动者有很大帮助。

在开始分析移民进入会如何对本国劳动者产生影响之前，我们先假设（如同我们在图 10.2 中绘制的那样），移民和本国劳动者拥有相同的技能，因而是完全可以互相替代的。有所不同的是，我们在这里的分析首先假设低技能移民和低技能本国劳动者是在同一个劳动力市场上的。如果移民进入导致劳动力供给上升，则这种情况对工资和就业产生的影响将会在很大程度上取决于该市场上的劳动力需求曲线的弹性。假如图 10.2 中的劳动力需求曲线就比最初的那条劳动力需求曲线更平坦（即更富有弹性），因此，我们不难发现，粗工的工资下降程度会相对较小，而就业的增加幅度却更大。

什么原因会导致出现一条更富有弹性的劳动力需求曲线呢？我们在第 3 章和第 4 章的分析中指出，当替代效应和规模效应都十分显著时，劳动力需求曲线就会更加富有弹性。也就是说，当粗工的工资下降是由劳动力供给增加引起的时候，在以下两个条件同时成立的情况下，雇主对劳动力的需求将会变大：一是生产成本的下降

① Delia Furtado and Henrich Hock, “Low Skilled Immigration and Work-Fertility Tradeoffs among High Skilled US Natives,” American Economic Review: Papers and Proceedings 100 (May 2010): 224 - 228; Patricia Cortes and Jose Tessada, “Low-Skilled Immigration and Labor Supply of Highly Skilled Women,” American Economic Journal: Applied Economics 3 (July 2011): 88 - 123.

会带来消费需求的更大幅度增加（规模效应）；二是在生产任何既定水平的产出时，雇主会使用更多的劳动力（替代效应）。在粗工移民涌入的情况下，更大的规模效应和替代效应将能够缓解本土粗工工资的下降（从而使他们放弃在该劳动力市场上的工作的程度更低）。

迄今为止，我们对粗工劳动力市场的分析都是假设移民的进入并不会造成粗工劳动力需求曲线的移动（在图 10.2 中被假设为固定）。然而，移民的进入必然会导致美国境内的消费者人数增加，进而会导致对机械工、公交车司机、零售店员、教师、建筑工人等的需求增加。此类人口的增加还有可能直接导致对粗工（如建筑工人和肉制品打包工人）的更多需求，而且对其他低工资劳动者（园林工人、停车场服务员、儿童看护者）的需求也可能会随之增加，因为有更多的本地人将会离家工作或者是工作的时间更长。[①] 如果图 10.2 中的劳动力需求曲线能够向右平移，则粗工劳动力市场上的工资下降效应将会被进一步削弱（如果劳动力需求曲线向右移动的幅度够大，粗工的工资甚至还有可能会上涨）。

其他劳动力市场上的员工 现在让我们思考一下粗工劳动力的涌入会对其他劳动力市场上的本国劳动者产生的影响。为了简便起见，我们将其他劳动力市场统称为“技术”劳动力市场，我们采用这种称呼的主要目的实际上是表示在这种劳动力市场上的工作提出的技能要求（例如清晰的英语沟通能力）使得移民很难替代本国劳动者。[②]

对于技术劳动力市场上的劳动者而言，粗工劳动力市场上的工资变化将会带来方向相反的规模效应和替代效应。如果粗工的工资水平下降，并且假设技术劳动者和非技术劳动者在生产上是能够相互替代的，则替代效应将会导致市场对技术劳动者的需求下降。而非技术劳动者的成本下降有可能会引发市场对技术劳动者的需求增加这样一种规模效应——这种规模效应的大小将会被我们之前指出过的总人口规模的上升强化。那么，到底哪一种效应会占主导地位呢？

尽管理论分析尚不能证明规模效应会占主导地位这样一个推论，即无法证实当技术劳动者和非技术劳动者在生产过程中可以相互替代时，非技术移民的增加将会导致市场对技术劳动者的需求上升；但对技术劳动者的需求出现上升仍然存在很大的可能性。如果规模效应确实占主导地位，则技术劳动者劳动力需求曲线向右移动（正如图 10.4 中所示的那样）的结果必然会倾向于提高技术劳动者的工资水平并增加其就业量。（当然，任何一种在生产过程中与非技术劳动者存在互补关系的劳动者——比如说监督和管理类人员——都有可能会从非技术移民的进入中获益，因为

① Delia Furtado and Henrich Hock, “Low Skilled Immigration and Work-Fertility Tradeoffs Among High Skilled US Natives”; and Patricia Cortes and Jose Tessada, “Low-Skilled Immigration and Labor Supply of Highly Skilled Women”.

② Giovanni Peri and Chad Sparber, “Task Specialization, Immigration, and Wages,” American Economic Journal: Applied Economics 1 (July 2009): 135 - 169.

他们之间并不存在替代效应。)①

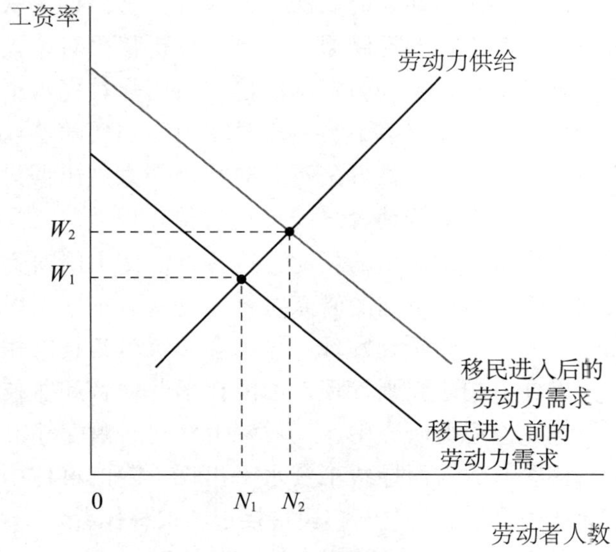

图 10.4　技术劳动力市场

对本国居民影响的实证估计　出于非常关心非法移民对美国劳动者可能会造成影响的目的，许多实证研究都集中在大量低技能移民的涌入对美国劳动者——尤其是那些低技能部门中的劳动者——可能会造成的影响方面。总体来说，这些研究通常采用两种方法。

一种方法是考察非技术移民在一个城市中所占的比例会对该市的本国劳动者——尤其是那些高中辍学者——的工资产生何种影响。在这些研究中必须注意到的一个问题是，移民往往会进入工作机会最多的城市。考虑到这种可能性，大多数采用这种方法的研究得到的结论都是：在过去的 20 多年中，非技术移民的涌入对本地高中辍学者的工资产生的影响相当小（甚至可以忽略不计）。②

一些经济学家认为，将城市作为一个观察单元来估计移民对当地劳动者的工资产生的影响是存在偏差的，它很自然地会使最终的影响趋于零。他们认为，许多低技能本国劳动者对移民（与他们竞争工作岗位）做出的反应是离开自己原来所在的城市，因而这些研究并没有能够衡量出移民进入对他们的工资到底产生了怎样的影响。然而，关于本国劳动者是否会用这种方式对移民的进入做出反应以及如果确实

① 最近的一些研究发现，低技能移民的出现促使低技能本国居民去从事更为复杂的工作，因此移民和本国居民之间的互补性要超过替代性。参见 Gianmarco I. P. Ottaviano, Giovanni Peri, and Greg C. Wright, "Immigration, Offshoring, and American Jobs," American Economic Review 103 (August 2013): 1925 – 1959; and Mette Foged and Giovanni Peri, "Immigrants' Effect on Native Workers: New Analysis on Longitudinal Data," American Economic Journal: Applied Economic 8 (April 2016): 1 – 34。

② 有关外来移民如何影响本国居民的工资的研究综述，参见 Francine D. Blau and Lawrence M. Kahn, "Immigration and the Distribution of Incomes," in Handbook of the Economics of International Migration, eds. Barry R. Chiswick and Paul W. Miller (Amsterdam: Elsevier, 2015), 793 – 843.

做出了反应，则这种反应的速度又有多快等问题仍然没有得到解决。[①]

由于本国劳动者会以迁徙到别处的做法来回应外国移民的进入，这使以地区为单位所做的研究很可能会产生偏差性结果。所以，分析移民对本国劳动者产生的影响的第二种方法是以具有某种特定人力资本的群体（用受教育水平和工作经验来进行界定）为对象，分析他们的工资水平在一段时间中是如何随着这一群体中的移民所占比例的变化而发生变化的。这种方法需要对两个因素做出假设：一是在同一种人力资本群体内部，移民和本国劳动者之间存在的替代程度；二是资本投资在一段时间内可能会对劳动力供给变化做出的反应。这种方法得出的研究结果几乎都会受到上述这两个假设的影响，而且不同的研究对移民进入对本国居民所产生的影响做出的估计也是存在差异的。一些研究发现，移民会导致与其技能相似的本国居民的工资水平的下降，而另外一些研究则发现，本国技术劳动者和非技术劳动者的工资水平均有所上升，但是在这两类研究中，工资发生变动的幅度都很小。[②]研究者们都认同一点：在由于新移民的涌入而导致工资水平出现下降的群体中，受影响最大的是在更早之前到达的移民（他们是与新移民最接近的被替代者）。[③]

一种比较公平的说法似乎是，尚不完全清楚外国移民对美国本国劳动者的工资水平或平均工资产生的影响。但是，各种研究结果似乎都认同一点：美国的高中辍学者的工资水平已经由于移民的进入而有所下降，尽管这些研究对他们的工资水平的下降程度到底有多大尚未达成一致意见。与移民有关的一个更大的问题是，在美国的低技能劳动者蒙受了损失的同时，作为一个整体的美国人是否因为移民进入而受益？如果事实果真如此，那么正如我们在前面分析技术变革时的情况一样（参见第 4 章的结尾部分），移民政策的一个重要关注点就应该是如何将因移民进入而获得的总收益中的一部分转移给那些由于移民进入而遭受经济损失的人。接下来我们将分析移民——尤其是非法移民——对整个美国社会产生的经济影响。

□ 移民的总收益超过了其总成本吗？

迄今为止，我们运用经济理论分析了移民对当地人中的各种人员群体——其中包括消费者、雇主以及技术劳动者和非技术劳动者——可能产生的影响。理论表明，一部分雇主、消费者以及在生产过程中与移民互补的当地劳动者极有可能成为从移民进入中获得净收益的人。而那些与移民劳动者具有高度的相互替代性的当地劳动者则最有可能成为移民进入的受损者。至于其他种类的当地劳动者到底是从移民进入中受益，还是会因此而受损，理论就无法预测了。这主要是因为，移民进入之后产生的替代效应和规模效应具有潜在的相互抵消作用。此外，据估计，上述几种人受到移民进入的影响都非常小，尽管实际的影响到底如何还没有定论。

---

① Blau and Kahn, "Immigration and the Distribution of Incomes."

② 同①.

③ 另一个可能会受到较大影响的群体是年轻人；参见 Christopher L. Smith, "The Impact of Low-Skilled Immigration on the Youth Labor Market," Journal of Labor Economics 30 (January 2012): 55 - 89。

在本小节中，我们将运用经济理论来分析一个略微有些不同的问题，即经济理论是如何评价移民对移民进入国产生的总体影响的。本小节对问题的探讨将依据第1章谈到的规范性标准展开，它要回答这样一个问题，即如果移民进入本身既会使进入国中的一部分本地人获益，同时还会使另外一部分人受损，那么，受益者获得的收益是否不但能弥补受损者的损失，而且还能进一步使总体境况有所改善呢？如果移民的进入增加了当地人的可支配总收入，这个问题的答案就是肯定的。

移民增加了什么？ 移民既是消费者，又是生产者，所以，移民到底是使进入国的原有公民在总体上变得更加富有还是更加贫穷，在很大程度上取决于移民为该国带来的生产增加量与他们的消费量相比哪一个更大。我们现在列举一个简单的例子，有些老年人之所以被获准移民美国，是因为他们要与已经成人的子女团聚。如果这些移民不找工作，并且假定他们要依靠自己的子女或者美国的纳税人来维持他们的消费，那么很显然美国本地人的人均可支配收入必然会下降。（当然，这种人均可支配收入的下降可能会因为得以团聚的家庭的效用增加而被抵消，在这种情况下，人均可支配收入的降低可能就是移民进入国愿意承担的一种成本。）

若移民在进入美国之后还要找工作，问题就稍微复杂一些了，但是我们的利润最大化雇主行为模型告诉我们，雇主支付给移民的工资不会超出他们本人的边际产品价值。所以，如果这些移民仅仅是依靠自己的工资性报酬来维持自己的消费，那么参加工作的移民并不会减少移民进入国中原有居民的人均可支配收入。此外，如果移民的工资性报酬并不等于他们为进入国创造的全部产出价值，那么，移民进入国当地人的人均可支配收入还会上升。①

移民、税收与公共补贴 在大多数移民进入国（包括美国）中，政府都有一些针对移民的福利补贴计划。如果移民缴纳的税收足以弥补他们从这些政府计划中获得的福利，移民流入就不会对进入国本地人的人均可支配收入造成任何威胁。事实上，有些政府项目——比如国防——就是一种真正意义上的公共产品（这类产品的成本不会随移民数量的增加而上升），而移民缴纳的税收却能够帮助当地人分担此类项目所需的费用。然而，如果移民是政府负担的福利项目使用程度相对较高的人，并且他们缴纳的税收并不足以弥补他们领取的福利价值，那么，移民引发的财政负担可能就会大到足以削减当地人总收入的程度。

有些研究针对最近的合法移民对美国财政收入产生的净影响进行了研究，结

① 例如，一项研究发现，移民从X国流向Y国会导致从Y国至X国的出口增加。参见 Giovanni Peri and Francisco Requena, "The Trade Creation Effect of Immigrants: Evidence from the Remarkable Case of Spain," Canadian Journal of Economics 43 (August 2010): 1433－1459。其他一些研究发现，移民在美国发明家中所占的比例要大于他们在美国人口中所占的比例，参见 William R. Kerr and Willian F. Lincoln, "The Supply Side of Innovation: H-1B Visa Reforms and U.S. Ethnic Invention," Journal of Labor Economics 28 (July 2010): 473－508; Jennifer Hunt and Marjolaine Gauthier-Loiselle, "How Much Does Immigration Boost Innovation?" American Economic Journal: Macroeconomics 2 (April 2010): 31－56。

果表明，无论是根据移民刚刚流入之后的情况来看，还是从移民及其后代在一生中的情况来看，这种影响很明显都非常小。也就是说，移民和他们的后代缴纳的税收明显与他们获得的政府福利趋于一致。此外，最新的一项研究表明，移民给居住的社区带来的负担甚至小于本国居民。[1] 但是那些非法移民产生的净影响就不得而知了。

非法移民产生的总体影响 最近几年，非法移民问题一直是美国移民政策关注的主要对象，因此，就非法移民对美国公民（以及其他合法居民）的可支配收入可能会产生的影响进行专门研究十分有意义。尽管我们还不知道这一问题的确切答案，但是以下三个方面的因素却表明，与合法移民相比，非法移民更有可能提高美国本地人的收入。

第一，非法移民主要是到美国来找工作的。[2] 因此，他们会增加美国国内的产品和服务产出数量。

第二，尽管他们确实可以享受到急诊治疗，他们的孩子也可以接受教育，但他们却没有资格申请许多旨在向低收入阶层转移收入的政府补贴（福利、食品券、社会保障、失业保险等）。此外，如例 10.3 所展现的，受教育水平较低的移民——其中的大部分人没有得到政府的许可——进入监狱的比例小于受过同等教育水平的美国人。

例 10.3

非法移民、个人贴现率和犯罪

与土生土长的美国人相比，从国外来到美国的移民（包括那些非法移民）因暴力或财产问题而犯罪——美国对这类犯罪主要以监禁作为惩罚手段——的可能性较小。例如，2000 年时，3.4%的土生土长的美国人受到监禁，其中的大部分人被送往监狱（其他人则被送往精神病医院、药物治疗中心或是长期监护机构）。相比之下，移民中受到监禁的人所占的比例（0.7%）最高大约也就相当于美国本土居民同一比例的五分之一。从只受过高中以下教育程度的群体——他们的犯罪率高于平均水平——的情况来看，美国本土居民和外国移民中的这部分人受到监禁的百分比之间的差距更大，美国本土居民中的这一比例为 11%，而国外移民只有 1%。

尽管几个方面的因素都能够影响不同群体在被监禁比例方面的差别，但是造成这种差别的一个原因很可能是通过人力资本理论可以推导出的移民的一个重要特点，这就是他们的个人贴现率低于平均水平。无论是合法移民还是非法移民，他们都是

① Una Okonkwo Osili and Jia Xie, "Do Immigrants and Their Children Free Ride More Than Natives?" American Economic Review: Papers and Proceedings 99 (May 2009): 28 - 34.

② 据估计，墨西哥的非法移民对墨西哥本国的真实工资率变化是极为敏感的，参见 Gordon Hnason and Antomio Spilimbergo, "Illegal Immigration, Border Enforcement, and Relative Wages: Evidence from Apprehensions at the U. S. -Mexico Border," American Economic Review 89 (December 1999): 1337 - 1357。

通过自我选择进入具有下列特征的这样一个群体的，即这群人抱着获得未来收益的期望，愿意承担极高的成本进入一个新的国家，并且去适应它。这样，在面对同样的当前成本和未来收益的一群人中，最愿意离开自己的原属国移民到一个新的国家去的人就是那些个人贴现率相对较低的人（也就是说，他们的未来导向是最突出的）。

犯罪的人往往是当前导向的；用经济学的术语来讲，他们的贴现率相对较高。对罪犯而言，他们认为自己从犯罪行为中能够获得的收益都发生在现在，而成本——如果被逮住——则出现在未来。而在贴现率较高的情况下，与当前的收益相比，那些未来的成本就显得相对较低了。因此，经济理论表明，移民和罪犯在未来导向方面很可能具有完全不同的特征。

任何国家的普通人群中都会分布着贴现率不同的各种人，而在那些贴现率较高的人中，有一部分人可能会犯罪。然而，移民是经过自我选择之后被证明属于贴现率较低的人，因此，移民中的犯罪率如此低也就不令人奇怪了。

说明：关于移民及其被监禁方面的数据，参见 Kristin F. Butcher and Anne Morrison Piehl，"Why Are Immigrants' Incarceration Rates So Low? Evidence on Selective Immigration，Deterrence，and Deportation，" National Bureau of Economic Research，working paper no. 13229（July 2007）。关于有类似发现的其他研究，参见 Aaron Chalfin，"The Long-Run Effect of Mexican Immigration on Crime in US Cities：Evidence from Variation in Mexican Fertility Rates，" American Economic Review Papers and Proceedings 105（May 2015）：220－225。

第三，尽管他们都不希望美国政府知道自己的存在，但实际上，他们还是不可避免地要缴纳大多数税收（尤其是工薪税、消费税以及财产税）。一项研究表明，75%的非法移民都有资格要求政府返还收入所得税，但是真正申请的人所占的比例却很小。① 此外，自 1986 年的美国移民改革法通过以来，非法移民在美国获得工作资格的一种典型办法是购买一张假的社会保障号码卡。雇主会据此代扣工薪税并将其上交给政府。从 20 世纪 80 年代中期开始，不能与有效的社会保障号码匹配的收入（这样就不能在未来得到养老金）已经出现了急速的上升——这种情况很可能是非法移民导致的。②

于是，我们就不能排除这样一种可能性，即尽管美国政府千方百计禁止非法移民，但非法移民"交易"——用第 1 章中的规范性名词来讲——仍然是一种帕累托改进。（关于移民的另外一种帕累托改进的情况，我们会在例 10.4 中加以解释。）也就是说，非法移民本人很显然是移民的获益者（要不然他们就会回到原属国）。而且

① Gregory DeFreitas，Inequality at Work：Hispanics in the U. S. Labor Force（New York：Oxford University Press，1991），228. 同一项研究还表明，非法移民对公共服务的使用程度也是最低的。

② 参见 Office of the Inspector General，Social Security Administration，"Recent Efforts to Reduce the Size and Growth of the Social Security Administration's Earnings Suspense File，" 16－18，May 2002；http：//www. ssa. gov/oig/ADOBEPDF/A-03-01-30035. pdf。一项最新的报告估计，社会保障项目在 2010 年从非法移民那里收取了 130 亿美元的工薪税，参见 Social Security Administration，Office of the Chief Actuary，"Effects of Unauthorized Immigration on the Actual Status of the Social Security Trust Funds，" Actuarial Note no. 151（Baltimore，MD：April 2013）。

美国本地人作为一个整体来说也并没有什么损失![1] 这显然是一个实证问题，美国在决定将更多的资源用于阻止非法移民进入之前，应当投入更多的资源对非法移民产生的净效应进行更为细致的研究。

例 10.4☞

美国的移民和劳动力流动

迁移的决定需要考虑成本和收益，我们的理论讨论揭示了个人的贴现率和离开当前居住地的心理成本所起的关键作用。我们可以假定那些选择通过进行非常高昂的投资来改变自己所居住的国家的人，通常都具有较低的个人贴现率、较低的迁移心理成本，或者两者兼而有之。

正如我们在第 2 章和第 5 章中看到的，劳动者的流动对消除不同雇主和不同地区中具有可比性的岗位之间的工资差别是至关重要的（一价定律）。正如我们在第 8 章和第 9 章中看到的，劳动者的流动对在工作职责或要求方面不可比的岗位之间制造工资差别也同样至关重要。因此，劳动者的流动实际上是以产生最大社会效益（帕累托效率）的方式将劳动力分配到相应的雇主那里的核心所在。

2007—2009 年的大衰退导致美国几乎所有地方的劳动力需求曲线都出现了向左移的趋势，但这种劳动力需求曲线向左移动的情况在某些地区要比在其他地区更为严重。在劳动力需求萎缩最为严重的地区，能够找到工作的人口所占的比例往往下降得最厉害——除非这些失业的劳动者离开这种地区，到劳动力需求相对强劲的地区去找工作。由于上述同样的原因，移民可能比本地人更有可能搬到就业机会更多的地区；因此，更多移民的出现可能会增强劳动力的流动性，减少不同地区之间在工资和就业方面的差异。

例如，最近的一项研究发现，相对于技术水平较低的美国本土劳动者（他们的流动性相对较低），技术水平较低的墨西哥裔美国移民更有可能因劳动力需求的变化而在美国国内的不同地区之间迁移。因此，当大衰退来袭时，墨西哥裔劳动者所占的比例较高的城市经历了更大的劳动力外流（劳动力供给曲线向左移动的幅度更大）——而这往往会降低剩余人口中的失业者所占的比例。例如，研究发现，从 2006 年到 2010 年，佛罗里达州奥兰多市（几乎没有墨西哥裔劳动者）的成年就业人口比例从 78.6%下降到了 66%。如果奥兰多的墨西哥裔居民所占的比例与凤凰城相同，并因此经历了更大规模的劳动力外流，那么奥兰多的就业人口与总人口的比例只会下降到 68.7%。

资料来源：Brian C. Cadena and Brian K. Kovak, "Immigrants Equilibrate Local Labor Markets: Evidence from the Great Recession," American Economic Journal: Applied Economics 8 (January 2016): 257 - 290.

---

① 关于多个国家中的移民（包括非法移民）所产生的影响的研究，参见 Michele Battisti, Gabriel Felbermayr, Giovanni Peri, and Panu Poutvaara, "Immigration, Search, and Redistribution: A Quantitative Assessment of Native Welfare," National Bureau of Economic Research, working paper no. 20131 (Cambridge, MA, May 2014)。

员工流动

虽然迄今为止，我们在本章中一直都在关注员工跨地区流动的潜在原因及其产生的影响，但需要注意的很重要的一点是，员工在不同雇主之间的流动（也被称为“离职”）是可以在不改变居住地的情况下发生的。我们在第 5 章中曾经指出，一般情况下，员工会发现寻找新的工作机会是需要承担成本的，在本节中我们将运用人力资本模型的一些基本原理来解释员工流动中存在的某些模式。

从第 8 章和第 9 章的讨论中，我们可以推导出这样一种情况，即由于每个人的个人贴现率不同，因而每个人在辞职并寻找新的工作时承受的心理成本也是不同的。不同的人在这些方面的差别表明，有些员工比其他员工更可能更换雇主，即使这两类人面对的工资出价组合是相同的。事实上，一项研究发现，在一段为期 3 年的时间里发生的所有离职事件中，几乎有一半都与在此期间离职次数达到 3 次或 3 次以上的那 13%的劳动者有关。[①] 当然，尽管每位劳动者都拥有各不相同的特点，但是很显然，还是存在着一些对工作流动模式产生影响的系统性因素。

□ 年龄的影响

本章的理论明确地预测了人力资本投资会随着年龄的增长而下降。当员工年轻时，在不同雇主之间的流动——可能涉及也可能不涉及跨地区的流动——对他们相当有吸引力。正如我们在本章早些时候所讨论过的，跳槽到另外一个雇主那里的心理成本可能很低，而可以获得潜在收益的时间却相对较长。此外，由于劳动者的工作经验为分析他们的职业优势和偏好提供了宝贵的信息，因此，对许多员工来说，刚开始工作的头 10 年左右的时间可以被描述为职业生涯中的“岗位采购”阶段。[②]

□ 工资的影响

人力资本理论的一个推论是，在其他条件相同的情况下，从事低工资工作的劳动者比从事高工资工作的劳动者辞职的可能性更大。也就是说，那些目前得到的工资比他们能够在其他地方得到的工资低的劳动者，辞职的可能性是最大的。事实上，几乎所有关于劳动者辞职行为的研究都得出了一个非常明显而且具有一致性的结论，这就是假定劳动者的个人特征保持不变，在工资水平较低的行业中工作的员工的辞

① Patrical M. Anderson and Bruce D. Meyer, “The Extent and Consequences of Job Turnover,” Brookings Papers on Economic Activity: Microeconomics (1994): 177 - 248.

② Jesper Bagger, Francois Fontaine, Fabien Postel-Vinay, and Jean-Marc Robin, “Tenure Experience, Human Capital, and Wages: A Tractable Equilibrium Search Model of Wage Dynamics,” American Economic Review 104 (June 2014): 1551 - 1596.

职率较高。这些研究还指出，在单个劳动者的层面上，与没有更换过雇主的劳动者相比，更换过雇主的劳动者在换工作之后获得的收益更高。事实上，与他们自己不换工作而留在原来雇主那里的情况相比，这些人在换工作之后的工资增长速度确实更快。①

□ 企业规模的影响

从表 10.2 中我们可以看出，随着企业规模的扩大，员工的辞职率会趋于下降。对这一现象所做的一种解释是大企业为员工提供了更多的工作调动和晋升的机会。而另外一种解释则建立在这样一个事实基础之上，即大企业支付给员工的工资率通常较高。② 这种解释断言，大企业往往有着较高的机械化生产过程，其中一个团队的产出在很大程度上有赖于在生产链中处于其上游的那些生产小组的工作状况。因此，这种观点认为，大企业对可靠和稳定的劳动力队伍有着更高程度的需要，这是因为，它们的员工如果消极怠工，就会给各环节彼此高度依赖的生产过程带来很大的成本。所以，出于本书第 5 章中提出的理由，大企业往往会建立起自己的“内部劳动力市场”；也就是说，它们只雇用填补初级岗位的劳动者，然后通过仔细观察来辨别他们的可靠性、工作动机以及细节注意力等一些难以直接筛选的个人特征。一旦在为企业运转挑选最好的劳动者方面投资了一定的时间和精力，大企业就会发现，这些劳动者辞职给企业带来的成本会很高。因此，大企业之所以往往会通过支付较高的工资来降低员工辞职的可能性，是因为它们在筛选员工方面已经支付了较大数额的

表 10.2　　相关行业中不同规模企业的月辞职率（每百名员工中的辞职者），1977—1981 年间的平均值

行业	员工人数			
	不到 250 人	250～499 人	500～999 人	1 000 人及以上
所有制造业	3.28	3.12	2.40	1.50
食品与相关产品制造业	3.46	4.11	3.95	2.28
金属制品行业	3.33	2.64	2.12	1.20
电气机械行业	3.81	3.12	2.47	1.60
交通设备行业	3.90	2.78	2.21	1.41

资料来源：Walter Oi，“The Durability of Worker-Firm Attachments，” report to the U. S. Department of Labor，Office of the Assistant Secretary for Policy，Evaluation，and Research，March 25，1983，Table 1.

① Donald O. Parsons，“Models of Labor Market Turnover：A Theoretical and Empirical Survey，” in Research in Labor Economics，vol. 1，ed. Ronald Ehrenberg（Greenwich，Conn.：JAI Press，1977）：185－223；Michael G. Abbott and Charles M. Beach，“Wage Changes and Job Changes of Canadian Women：Evidence from the 1986－1987 Labor Market Activity Survey，” Journal of Human Resources 29（Spring 1994）：429－460；Christopher J. Flinn，“Wages and Job Mobility of Young Workers，” Journal of Political Economy 94，no. 3 pt. 2（June 1986）：S88－S110；and Monica Galizzi and Kevin Lang，“Relative Wages，Wage Growth，and Quit Behavior，” Journal of Labor Economics 16（April 1998）：367－391.

② Walter Oi，“The Fixed Employment Costs of Specialized Labor，” in The Measurement of Labor Cost，ed. Jack E. Triplett（Chicago：University of Chicago Press，1983）.

特殊投资。①

□ 性别差异

一个可以被广泛观察到的现象是：女性劳动者比男性劳动者的辞职率更高，从而任职年限较短。女性劳动者的这种较高辞职率在很大程度上可能反映了这样一种情况，即她们接受的企业特殊人力资本投资比较少。我们在第9章中指出过，“传统”女性劳动者的职业生涯中断会使她们从多种人力资本投资中得到的收益都比在没有出现职业中断的情况下小，而所接受的企业特殊培训投资较少又可以解释她们的工资较低、任职年限较短以及辞职率较高等情况。② 事实上，一旦控制住女性劳动者的较低工资水平和较短任职年限等因素，不同性别劳动者的辞职倾向几乎没有什么区别，尤其是在受过高中以上教育的人群中。③

□ 劳动力市场周期的影响

人力资本理论的另外一层含义是，当劳动者能够相对容易、快速地找到一份更好的工作时，他们辞职的可能性会更大。因此，我们可以预见到，当劳动力市场较为紧张（相对求职者来说，工作岗位是充分的）时，劳动者的辞职率就比劳动力市场较为宽松（只有很少的工作岗位可供选择，许多劳动者都被临时解雇了）时更高。这种推论得到了根据时间序列数据所做的很多研究的证实。当劳动力市场紧张的时候，辞职率趋于上升；当劳动力市场宽松的时候，辞职率趋于下降。劳动力市场松紧程度的一个衡量指标是失业率。辞职率和失业率之间存在的负相关关系，如图10.5所示。④

□ 企业的地理位置

经济理论预测，当劳动者辞去某一工作的成本相对较低时，劳动者流动的可能性就较大。与那些工作地点主要集中在非都市地带的行业相比，工作地点大都集中在都市里的行业的劳动者辞职率通常也较高（在工资率和员工年龄一定的情况下），

① 这种观点在下面这篇文章中得到了更全面和更进一步的发展，参见 Walter Oi，“Low Wages and Small Firms，” in Research in Labor Economics，vol. 12，ed. Ronald Ehrenberg（Greenwich，Conn.：JAI Press，1991）。

② Jacob Mincer and Boyan Jovanovic，“Labor Mobility and Wages，” in Studies in Labor Markets，ed. Sherwin Rosen（Chicago：University of Chicago Press，1981）.

③ Anne Beeson Royalty，“Job-to-Job and Job-to-Nonemployment Turnover by Gender and Education Level，” Journal of Labor Economics 16（April 1998）：392 - 443；and Anders Frederiksen，“Explaining Individual Job Separations in a Segregated Labor Market，” working paper no. 490，Industrial Relations Section，Princeton University，August 2004.

④ 关于这方面的最新研究，参见 Lisa B. Kahn and Erika McEntarfer，“Employment Cyclicality and Firm Quality，” National Bureau of Economic Research，working paper no. 20698（Cambridge，MA，November 2014）。

这是因为这些劳动者在换工作时并不需要在改变居住地点方面再进行新的投资。[1]

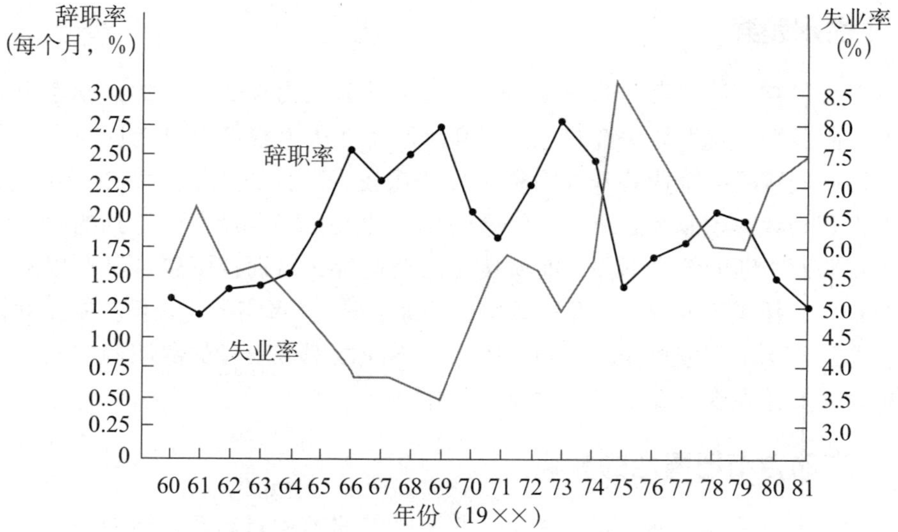

图 10.5　辞职率与劳动力市场紧张度

□ 流动越多越好吗?

一方面，劳动力流动对社会是有益的，因为它不仅会改善个人福利，而且也提高了工作匹配的质量。例如，我们在第 8 章中曾经指出，对补偿性工资差别的出现来说，劳动力流动（或者至少是劳动力流动的威胁）是很有必要的。此外，在某一既定时点上，劳动力市场上的员工和雇主的数量越多，整个经济为最好地适应环境变化而进行工作匹配的灵活性就越大。事实上，当经济学家看到工作流动的这一作用时，他们常常担心整个经济中是否有足够的流动性。最近的一个关注焦点就是，雇主们是否已经创造出了一种所谓的“工作锁”，这种工作锁是通过建立员工在离开企业时不能带走的养老金计划和健康保险计划而形成的。[2] 此外，如我们在第 5 章中论述的，劳动力流动成本可能还会将买方独家垄断条件带入劳动力市场，进而导致工资水平低于边际收益产品。

另一方面，劳动者面临的较低流动成本（从而较高的流动率）可能会削弱雇主和员工双方进行特殊培训投资的动力，或者削弱他们对与工作匹配有关的特定信息

---

① Parsons, “Models of Labor Market Turnover”; and Farrell E. Bloch, “Labor Turnover in U. S. Manufacturing Industries,” Journal of Human Resources 14 (Spring 1979): 236 - 246.

② Stuart Dorsey, “Pension Portability and Labor Market Efficiency: A Survey of the Literature,” Industrial and Labor Relations Review 48 (January 1995): 276 - 292; Kevin T. Stroupe, Eleanor D. Kinney, and Thomas J. Kniesner, “Chronic Illness and Health Insurance-Related Job Lock,” Journal of Policy Analysis and Management 20 (Summer 2001): 525 - 544; Donna B. Gilleskie and Byron F. Lutz, “The Impact of Employer-Provided Health Insurance on Dynamic Employment Transitions,” Journal of Human Resources 37 (Winter 2002): 129 - 162; and Mark C. Berger, Dan A. Black, and Frank A. Scott, “Is There Job Lock? Evidence from the Pre-HIPPA Era,” Southern Economic Journal 70 (April 2004): 953 - 976.

进行投资的动机。可以说，这些方面投资的不足降低了员工的潜在生产率。

实证研究

政治避难者会比经济移民进行更多的人力资本投资吗？运用人工合成的群体

移民之所以会移民，主要是因为他们认为通过移民能够改善他们的整体福利状况。对有些人来说，这种决策主要是受经济因素的驱动，移民的时间选择既是自愿做出的，同时也是事先计划好的，这类群体被称为“经济移民”。但是还有其他一些人则可能是由于政治方面的原因而被迫逃离他们的原属国（通常是非常仓促的），这些人在他们后来所到的国家通常被称为“难民”。

由于难民几乎没有进行事先的移民规划，我们可以预见，他们在刚刚到达新的国家时，比拥有相同技能水平的经济移民得到的工资水平更低。然而，与经济移民——如果他们迁移不成功，还可以返回原来的所属国——不同，难民是不能安全地返回其原来的所属国的。因此，我们可以假设，难民在到达新的国家之后，就有更强的动机进行人力资本投资（包括掌握英语）并且获得公民资格。所以，我们可以做出这样的预期，即他们的工资性报酬比经济移民增长得更快。

在理想情况下，如果想检验难民是否比经济移民进行了更多的人力资本投资，同时他们的工资性报酬是否也比经济移民有更快的增长，我们就必须收集对两类移民进行跟踪的数据。然而，收集面板数据的代价非常高，因为这要求移民能够定居下来，同时还需要在多个不同的时点上对移民进行访谈。不过，我们可以运用人工合成群体的方法作为收集面板数据的一种替代方法，尽管它还不是一种很完美的替代。

例如，一项研究以在1975—1980年间来美国的移民群体的工资性报酬、受教育水平以及英语熟练程度——1980年的人口普查数据——作为样本。然后，这项研究再次将1975—1980年间来到美国的移民作为样本，根据1990年的人口普查数据来收集相同的数据。由于1980年样本中的移民与1990年样本中的移民并不一定是相同的人（由于随机抽样的原因以及1980年样本中的一部分移民在1990年时已经去世，或者是已经离开了美国），我们获得的1990年的数据实际上不一定是1980年观察到的那组移民的数据。正是由于这方面的原因，1990年的样本群体被称为“人工合成的”（早期移民群体的人工合成代表）。

如果对两次人口普查数据进行的取样是随机的，则1980—1990年间从同一样本中离开的这些人也是随机决定的，因此，就平均情况而言，这种比较产生的结果与我们从1980—1990年跟踪同样的人获得的结果应该是相同的。不过，使用人工合成群体可能存在的问题是，离开美国的经济移民很可能是那些在美国过得最不成功的人。因此，在衡量经济移民群体1980—1990年间获得的工资性报酬收益时就会产生一种高估偏差（因为只有那些相对成功的人才会在美国待足够长的时间，从而能够被计算在1990年的人口普查中)。如果工资性报酬增长幅度最小的经济移民能够离开美国，而难民却不能，那么对1980—1990年间的工资性报酬增长状况进行比较的做法就会导致支持下列假设的证据产生偏差，即难民会获得更大的工资性报酬增长。

尽管存在上面讨论的这些偏差，这项研究还是发现，虽然在1980年，难民的工资性报酬比经济移民低6%，但在1990年，难民的工资性报酬却超出经济移民20%。此外，难民在1980年更可能去注册参加学校教育计划。20世纪80年代，他们中也有更高比例的人能够熟练掌握英语，同时在1980—1990年间也有更多的人获得了公民身份。这些数据似乎与下面这种假设是一致的，即与经济移民相比，难民进行人力资本投资的动力更强，而这可能是因为他们不能再回到原来的国家。

资料来源：Kalena E. Cortes, "Are Refugees Different from Economic Immigrant? Some Empirical Evidence on the Heterogeneity of Immigrant Groups in the United States," Review of Economics and Statistics 86 (May 2004): 465-480.

复习题

1. 在美国，劳动者要想在护士以及医生等一些职业领域中就业，就必须在准备求职的那个州参加由政府组织的相关考试，从而获得从业资格。美国的一家全国性报社曾经这样写道："每当一位医疗工作者流动到另外一个州的时候，就会有一些官僚跳出来告诉你，你现在不能再工作了。"这篇文章认为，如果能够废除州与州之间的这种准入资格障碍，则美国的医疗成本就会下降。

请回答下列问题：

(1) 从实证经济学的角度来说，这种由各州分别颁发职业资格证书而不是由美国联邦政府统一颁发资格证书的做法会对劳动力市场产生什么样的影响?

(2) 哪些人可以从联邦政府统一颁发职业资格证书的做法中获益，哪些人会因此而受损?

2. 政府促进经济增长的途径之一是向处于经济衰退地区的劳动者支付迁移费用，让他们迁移到工作机会相对较多的地区。政府的这种政策会对劳动力市场产生什么影响?

3. 最近一个对墨西哥移民问题进行报道的电视节目称，大多数经济学家认为移民对美国是有利的。

(1) 阐述隐藏在这种观点背后的逻辑推理过程。

(2) 从规范分析的角度看，移民给进入国本土劳动者的工资带来的影响或者进入国政府向移民提供的补贴是一个非常关键的问题吗? 为什么?

4. 假如美国强化了对非法移民的惩罚，其中包括对非法劳工处以更长时间的监禁。分析这种惩罚措施的严厉化对各相关劳动者群体的工资和就业水平分别会产生怎样的影响。

5. 在其他条件相同的情况下，企业常常希望劳动者的辞职率较低。然而，从一个社会的角度来看，劳动者的辞职率可能过低了。为什么企业希望劳动者的辞职率低一些，而社会却会因为这种辞职率"太低"而陷入不利呢?

6. 在过去的30年中，受教育程度较高与受教育程度较低的美国人之间的工资差距变得越来越大。假设劳动者最后都采取加大教育投资的方法来缩小这种工资差距，结果导致技能水平较低的劳动者的工资增长速度快于技能水平较高的那些劳动者（从而使两者之间的工资差距缩小）。高技能劳动者和低技能劳动者之间的这种工资差距的缩小会对以美国为迁移地的移民产生何种影响呢？

7. 有人说，“日本员工的辞职率比美国员工低这个事实，实际上说明了日本员工在本质上比美国员工更忠于他们的雇主”。请对这种判断——辞职率较低的劳动者的忠诚偏好往往较强——做出评价。

8. 两个盛产石油的中东国家为获得来自印度和巴基斯坦的移民展开了服务竞争，这些移民愿意从事这两个石油国家的本国人不愿意做的仆人工作。A 国不允许女性从事工作、驾车或是在无人陪伴的情况下出门。B 国没有这样严格的限制。你认为这两个国家支付给具有可比性的男性移民的工资水平会大体相等吗？解释你的答案。

9. 如果一个人想要建立一个关于犯罪——比如偷盗——的经济模型，并在这个模型中包括与人力资本投资模型相同的一些要素。两者之间的区别在于，与人力资本投资不同，偷盗的收益是立即获得的，而其成本（如果被逮住）则被分散到未来的若干年中。请记住这种差异，然后运用人力资本理论的一些要素来分析，与收入类似的居民相比，移民更有可能还是更不可能犯偷盗罪。

10. 一位著名经济学家最近的一项研究发现了这样的证据，即在拥有既定的技能水平的群体中，移民的数量每增加 10%，处于该技能群体中的本国劳动者的工资水平会下降 3.5%。一名社会评论人士指出：“这些研究结果无疑向我们表明了一个问题——移民对美国劳动者来说不是好事，因而对美国社会来说也不是好事。”运用经济理论对这段评论加以评价。

练习题

1. 罗丝生活在一个贫穷的国家里，她每年才挣 5 000 美元。她获得了到一个更为富裕的国家临时工作 5 年的机会。在这个富裕的国家里，她从事同样的工作却可以每年赚 35 000 美元。迁移的费用是 2 000 美元，她为了在富裕国家居住每年必须花费 10 000 美元。罗丝的贴现率是 10%。罗丝最终决定不到国外去工作，因为她不愿意与自己的朋友和家人分开。估计一下罗丝迁移的心理成本。

2. 假定对粗工的劳动力需求为 $L_D=100-10W$，其中，W 为每小时的工资，L 为劳动者人数。如果移民的进入导致被雇用的粗工的人数从 50 人增加到 60 人，那么，在这一市场变化过程中，雇主的短期利润将会出现多大的变化？

3. 克莱尔住在法国，每年工作可以赚到 3 万美元。她现在正在考虑一份在美国的工作，在未来的 4 年中，这份工作每年能够给她带来 3.2 万美元的收入。4 年之后，她将回到法国上大学。迁移成本（搬到美国然后再搬回来）是 6 000 美元，两地的生活成本是相似的，她的个人贴现率是 6%。如果她迁移到美国 4 年，她的净收益或净损失现值是多少？

4. 下表概括了某种职业的劳动力市场。表中的“需求”是指在特定的工资水平上公司愿意雇用的人数（单位：千人）；“国内供给”是在特定的工资水平上本国中愿意从事这一职业的劳动者人数（单位：千人）；“移民供给”是在特定的工资水平上愿意从事这一职业的移民人数（单位：千人）。

工资（美元）	需求	国内供给	移民供给
3	30	22	4
4	29	23	4
5	28	24	4
6	27	25	4
7	26	26	4
8	25	27	4
9	24	28	4
10	23	29	4

(1) 为该劳动力市场画出其劳动力需求曲线、国内劳动力供给曲线以及总劳动力供给曲线。

(2) 在没有移民到来之前的均衡工资率是多少？有多少位劳动者会被雇用？

(3) 在移民到来之后的均衡工资率是多少？有多少位劳动者会被雇用？有多少位国内劳动者会被雇用？有多少位移民会被雇用？

(4) 比较第（2）题和第（3）题的答案，移民的到来是否引发了国内劳动者被雇用人数的变化？如果有变化，是怎样的变化？导致变化发生的原因是什么？

5. 国内某行业的劳动力需求是 $D=36-2W$，其中 W 为工资率，D 为在特定的工资水平上公司愿意雇用的人数（单位：千人）。$S_{国内}=9+W$，其中 $S_{国内}$ 为在特定的工资水平上，本国愿意从事这一职业的劳动者人数（单位：千人）。$S_{总}=10+2W$，其中 $S_{总}$ 为在特定的工资水平上，愿意从事这一职业的劳动者总人数（其中包括移民）（单位：千人）。

(1) 为这个劳动力市场画出其劳动力需求曲线、国内劳动力供给曲线、移民劳动力供给曲线以及总劳动力供给曲线。

(2) 在没有移民到来之前的均衡工资率是多少？雇用多少位劳动者？

(3) 在移民到来之后的均衡工资率是多少？雇用多少位劳动者？有多少位国内劳动者会被雇用？有多少位移民会被雇用？

推荐阅读

Abowd, John M., and Richard B. Freeman, eds. Immigration, Trade, and the Labor Market. Chicago: University of Chicago Press, 1991.

Blau, Francine D., and Lawrence M. Kahn, "Immigration and the Distribution of Incomes," in Handbook of the Economics of International Migration, eds. Barry R. Chiswick and Paul W. Miller. Amsterdam: Elsevier, 2015.

Borjas, George, "The Economics of Immigration," Journal of Economic Literature 32 (December 1994): 1667-1717.

——. Friends or Strangers. New York: Basic Books, 1990.

——. International Differences in the Labor Market Performance of Immigrants. Kalamazoo, Mich.: W. E. Upjohn Institute for Employment Research, 1988.

Borjas, George J., ed. Issues in the Economics of Immigration. Chicago: University of Chicago

Press, 2000.

Borjas, George J., and Richard B. Freeman, eds. Immigrants and the Work Force. Chicago: University of Chicago Press, 1992.

Chiswick, Barry, Illegal Aliens: Their Employment and Employers. Kalamazoo, Mich.: W. E. Upjohn Institute for Employment Research, 1988.

——. "Illegal Immigration and Immigration Control," Journal of Economic Perspectives 2 (Summer 1998): 101 - 115.

Hamermesh, Daniel S., and Frank D. Bean, eds. Help or Hindrance? The Economic Implications of Immigration for African Americans. New York: Russell Sage Foundation, 1998.

Hanson, Gordon H. "Illegal Migration from Mexico to the United States," Journal of Economic Literature 44 (December 2006): 869 - 924.

Parsons, Donald O. "Models of Labor Market Turnover: A Theoretical and Empirical Survey," in Research in Labor Economics, vol. 1, ed. Ronald Ehrenberg. Greenwich, Conn.: JAI Press, 1997.

Smith, James P., and Barry Edmonston, eds. The New Americans: Economic, Demographic, and Fiscal Effects of Immigration. Washington, D. C.: National Academy Press, 1997.

第 11 章 薪酬与生产率：企业的工资决定

在最简单的劳动力需求模型中（我们已经在第 3 章和第 4 章中讨论过），雇主需要做出的管理决策很少——只需要得到不同种类劳动力的边际生产率表及其市场工资率，然后再雇用能够使自己实现利润最大化的劳动力数量就可以了。在这个模型中，雇主没有必要设计自己的薪酬政策。

然而在现实中，大多数雇主都必须对自己的薪酬政策给予较多的关注，至于其中的原因，我们已经探讨过了。比如，向员工提供特殊培训的雇主（参见第 5 章）有一个能够适当降低工资的区域，必须在以下两个方面做出平衡：一方面是接受过特殊培训的劳动者的工资上升引发的成本；另一方面是从留住这些劳动者的较大可能性中产生的节约。类似地，当总薪酬中进一步包括比如员工福利或工作安全性（参见第 8 章）等这样一些项目时，雇主就必须决定如何确定工资和其他一些有价值项目在总薪酬体系中的组合。我们已经论述过，在某些特定的条件下，雇主会采取类似买方独家垄断的行为，在这种情况下，它们自己制定工资，而不是将工资视为既定的。

本章将更为详细地探讨薪酬与生产率之间的复杂关系。简言之，雇主必须在下列现实情况下做出多种管理决策。

（1）不同劳动者的工作习惯各不相同，这些工作习惯又会对生产率产生极大的影响，但是，在实际雇用劳动者之前，有时甚至在雇用了一段时间之后，雇主都很难观察到劳动者的工作习惯（或者观察到的成本太高）。[1]

---

① 不同的监督管理人员之间的生产率同样差异很大，参见 Edward Lazear，Kathryn Shaw，and Christopher Santon，“The Value of Bosses，” working paper no. 18317，National Bureau of Economic Research (Cambridge，Mass.：October 2015)：823 - 861。

(2) 具有既定人力资本水平的某位劳动者的生产率在不同时间或不同工作环境中的变化会很大，它取决于此人受到的激励水平（参见例 11.1）。

(3) 劳动者在某一时间段中的生产率是以下三种因素的一个函数：天生能力、努力程度以及环境（天气、企业一般经营状况或者其他员工的行为等）。①

(4) 达到较高的生产率水平常常并不是一个仅仅要求员工盲目服从命令的问题，而是一个要求他们发挥主动性来帮助企业达到目标的问题。②

于是，为了雇用到正确的（也就是能够使利润最大化的）员工，并为他们提供最佳的生产激励，雇主就必须选择适当的管理战略和薪酬政策。在这个过程中，它们必须对各种政策的成本和收益进行权衡。本章的研究重点是企业的薪酬政策在推动劳动者的生产率实现最大化的过程中能够起到的作用。

例 11.1☞

生产率的可能变动区间：一家无法削减产量的工厂的案例

1987 年，纽约州的一家“BB 式气枪”制造商发现自己的销售量滞后于自己的产量。为了在不进行大范围裁员的情况下将产量削减 20%左右，这家制造商决定临时性地将周工作时间从 5 天减为 4 天。但是，让该公司感到吃惊的是，尽管它的工时数减少了 20%，但是生产水平却丝毫没有降低——它的员工在 4 天中生产出来的气枪数量竟然与他们原来在 5 天中生产的气枪数量是一样的！

这家制造商之所以难以达到它期望的产出减少水平，主要原因在于它是根据员工生产的产品数量来支付工资的。面对自己的工资性报酬可能会暂时降低的情况，员工们减少了工间休息时间，加快了工作节奏，从而充分维持了原来的产出水平（以及工资性报酬水平）。于是，该公司不得不人为地限制员工的最高产量，当员工的产量达到定额时，公司就不允许他们再生产更多的产品了。

这种尽管压缩了工时但是却无法降低产出的情况说明了，在某些企业中员工生产率的变动范围有多么大。正因为如此，无论是对企业，还是对整个社会来说，管理者对员工的工作动机以及士气给予充分的注意都会产生非常重要的影响。

---

① 有证据表明，员工们在大衰退期间会更勤奋工作，参见 Edward P. Lazear, Kathryn L. Shaw, and Christopher P. Stanton, “Making Do with Less: Working Harder during Recessions,” Journal of Labor Economics 34, pt. 2 (January 2016): S333 - S360。

② 下面这篇文章对这一问题做了具有启发性的进一步讨论，参见 Herbert A. Simon, “Organizations and Markets,” Journal of Economic Perspectives 5 (Spring 1991): 24 - 44。关于契约和动机的更为正规的分析，参见 James M. Malcomson, “Contracts, Hold-Up and Labor Markets,” Journal of Economic Literature 35 (December 1997): 1916 - 1957, and Canice Prendergast, “The Provision of Incentives in Firms,” Journal of Economic Literature 37 (March 1999): 7 - 63。

激励员工：基本原理概览

雇主和员工都有各自的目标和关注点，因此，雇佣关系中内含的激励对实现两者利益的一致性是至关重要的。在分析雇主可以采取的能诱使员工提高生产率的各种薪酬计划之前，我们首先对雇佣关系的关键特征做一个整体性概括。

□ 雇佣合同

雇佣关系可以被视为雇主（“委托人”）和员工（“代理人”）之间的一种契约。雇主雇用员工的目的是让员工帮助自己实现目标，而作为回报，雇主会让员工得到工资和其他福利。通常情况下，雇主和员工双方之间存在一种默契或者潜在承诺，即如果员工足够努力并且工作完成得较好，则随着员工职业的发展，他们将会被晋升到薪酬水平更高的岗位上。

正式合同　一位员工为了在当前以及未来得到薪酬而同意为一位雇主完成各种工作任务的协议可以被视为一份合同。一份正式合同正如一家银行和一位房屋所有者共同签署的贷款偿还合同一样，通常都会非常明确地指明签约双方承诺履行何种责任以及如果双方当事人中的任何一方未能履行责任，则必须承担何种后果。一份正式合同一旦生效，合同签署双方中的任何一方都不能随意废除合同且不受惩罚。当合同签署双方对合同的履行情况产生争议时，可以诉诸法庭或交由第三方来解决。

隐含合同　与正式合同不同，大多数雇佣合同是不完整的和隐含的合同。从下面这层意义上来说，雇佣合同通常属于一种隐含合同，即雇佣合同很少能够事先把可能要求员工完成的每一项特定工作任务都明确地列举出来。而如果真的这样做，就会限制雇主在情况变化时做出灵活反应的能力，同时还要求在每一次情况发生变化时，雇主和员工之间都必须就合同重新进行谈判——这对双方来说都是成本高昂的。

之所以说雇佣合同是一种隐含合同，还表现在下面这样一层含义上，即它们一般都表现为一整套非正式的默契，这种默契因为太模糊而无法用法律来强制执行。比如，当一位员工答应“努力工作”时，她实际上是在承诺自己要做些什么呢？又能拿出什么样的证据来证明她没有履行自己的承诺呢？再比如，当一家企业承诺“一旦有机会，就会提升那些条件合适的员工”时，它实际上是在承诺自己要干什么呢？此外，员工几乎总是能够随意地辞职，雇主常常也具有很大的解雇员工的自由度。因此，雇佣合同常常是一种签约双方之间的任何一方都能够随意废除而不会受到惩罚的合同。①

要想使合同在法律上具有强制执行力，合同本身就必须具备一定的限制条件，所以，隐含合同必须具有自我强制执行力。我们现在所要论述的就是，如果想使一份雇佣合同具有自我强制执行力，首先必须解决哪几个难题。

□ 信息不对称问题的处理

通常情况下，合同签订双方中的任何一方或双方都有可能通过欺骗对方——以某种方式撕毁合约——来获益。当信息不对称的时候——也就是说，当其中的一方比另外一方更清楚地了解自己在订立合同时的动机或做法的时候，欺骗对方的机会就增加了。比如，一家保险公司向一位刚刚被雇用的保险理赔员做出这样一个承诺，即如果她“工作干得好”，则将会在 4 年之内获得较大幅度的加薪。但是 4 年期满时，该公司可以故意宣称她的工作做得不够好，拒绝向这位员工提供她应当获得的加薪。另外，这位平时不在办公室里工作，大部分时间都远离上级监督的保险理赔员，也存在“轻轻松松干活”的动机，她要么可以草率行事，要么在预测客户遭受的损失时，明显地加以高估。那么，如何才能避免这些形式的欺骗发生呢?

当然，在雇主和员工共同订立的正式合同中，可以包括针对欺骗行为而制定的各种形式的制裁措施。例如，雇主如果违反自己与工会签订的集体合同条款，那么，它们可能就会受到起诉或者是面对员工举行的合法罢工。然而，这种情况要求一方必须能够证明另外一方的欺骗行为确实已经发生了。那么，在合同是非正式性的，同时很难对违约的一方实施正式惩罚的情况下，我们又如何降低被欺骗的概率呢?

打击欺骗行为：发送信号 避免遭受欺骗的途径之一是，只与那些“正确的”人进行交易。为了做到这一点，我们就必须找到一种办法来诱使另外一方暴露出——或通过发送信号来指明——他们的实际特点以及真实意图。比如，假设现在有这样一位雇主，它希望雇用一位愿意牺牲当前的满足以换取长期收益的员工（也就是说，它需要雇用一位对未来的收益没有太高贴现率的员工），那么，通过简单地询问求职者是否愿意推迟当前能够获得的满足是无法得到诚实答案的。然而，雇主还可以采用多种方法来使得求职者间接地表明自己的偏好。

正如我们在第 8 章中指出的，雇主可以向求职者提供相对较低的现期工资，但同时提供较高水平的退休福利。与那些贴现率相对较低的求职者相比，贴现率相对较高的潜在求职者会发现，这种总体薪酬体系对他们的吸引力较低，因此，这些人

---

① 自由雇佣规则在美国历史上曾经很流行，根据这一规则，雇主（和员工）都有权在任何时候随时终止雇佣关系。在美国，不受该条规则约束的人曾经包括：加入工会的工人（集体合同条款对雇主解雇他们的条件做出了特殊规定）、获得终身教职的教师以及国家公务员。美国的许多州法院都采纳了反对自由雇佣规则的公共政策和/或隐含合同。关于这些问题的讨论，参见 Ronald Ehrenberg，“Workers' Rights: Rethinking Protective Labor Legislation,” in Rethinking Employment Policy, eds. Lee Bawden and Felicity Skidmore (Washington, D. C.: Urban Institute Press, 1989)。有些证据发现，如果使雇主解雇员工的成本下降，则员工的工作努力程度会有所上升，参见 Perdo S. Martins，“Dismissals for Cause: The Difference that Just Eight Paragraphs Can Make,” Journal of Labor Economics 27 (April 2009): 257 - 279。

要么不会去申请这一工作，要么是在雇主向他们提供这一工作机会时予以拒绝。

企业还可以用另外一种方式来诱使求职者通过发送某种信号来暴露其真实贴现率，这就是将获得大学学位或进行过某些其他培训投资作为雇佣标准的一个组成部分。正如我们在第 9 章中指出的，具有较高贴现率的人进行任何一项投资的可能性都较小，因此，企业的雇佣标准应当能够鼓励那些具有较高贴现率的人不来求职。

信号发送的实质是促使求职者自觉自愿地用自己的行为，而不是通过语言陈述来披露关于自己的真实信息。我们在本章后面将要讨论的许多薪酬政策至少在某种程度上都是以获取求职者或员工的真实信号为目的的。[①]

打击欺骗行为：自我强制执行 当然，即使是“正确的”人常常也存在不完全履行自己承诺的动机。经济学家通常将这种类型的欺骗行为称为机会主义行为，这种行为的出现并不是因为人们一开始就有不诚实的企图，而是因为他们通常都会设法通过调整自己的行为，利用各种机会来改善自己的利益。因此，在这里，要想打击欺骗行为，就必须采纳能够自动诱使签约双方都坚守自己承诺的薪酬政策。[②]

要想使一份合同能够得到自我强制执行，关键的一点在于，一旦欺骗者违反了合同，即使无法证明这一点，他们也会遭受损失。在劳动力市场上，对合同欺骗者的通常惩罚是，受害者会解除自己与欺骗者之间的雇佣关系。因此，要想使一份雇佣合同具有自我强制执行性，就要求雇主和员工双方通过诚实履行雇佣合同从现有雇佣关系中获得的收益，比解除雇佣关系获得的收益更高。一方面，如果劳动者从现有雇佣关系中获得的收益要比他们从其他企业获得的预期收益更高，那么，一旦他们因为消极怠工而被解雇就会产生损失。另一方面，如果雇主从维持与现有员工之间的雇佣关系中获得的利润要比它们重新招收新员工获得的利润更高，那么，一旦它们因为未能恪守自己的承诺而导致员工辞职，同样也会遭受损失。

创造一种剩余 如果劳动者在该企业中获得的报酬高于他们在其他企业就业时可能获得的报酬，同时这种报酬低于这些劳动者为该企业带来的边际产品价值，这时雇主和劳动者双方共同遵守隐含合同的动机是最强的。在劳动者为该企业带来的边际收益产品与他们在其他企业中可能获得的报酬之间形成的这个差距，就代表了可以在雇主和员工之间进行分享的某种剩余。要想使隐含合同具有自我强制执行性，这种剩余就必须在合同签署双方之间共享，这是因为，如果其中的一方获得了全部剩余，则另外一方即使终止雇佣关系也不会遭受任何损失。这种剩余的分割方式如图 11.1 所示。从图中我们可以看出，如果一方试图增加自己享有的份额，就必然会导致另外一方因终止雇佣关系而蒙受的损失下降。

剩余通常都是从雇主的某些早期投资中产生的。在第 5 章中我们论述过，企业

---

① 将受教育程度作为一种衡量天生能力（它是雇主很难直接观察到的）的信号的正式模型，参见我们在第 9 章中的论述。关于信号发送理论的全面综述，参见 John G. Riley，“Silver Signals：Twenty-Five Years of Screening and Signaling，” Journal of Economic Literature 39（June 2001）：432 - 478。

② 关于自我强制执行对隐含合同的重要性的更为全面的讨论，参见 H. Lorne Carmichael，“Self-Enforcing Contracts，Shirking，and Life Cycle Incentives，” Journal of Economic Perspectives 3（Fall 1989）：65 - 84。

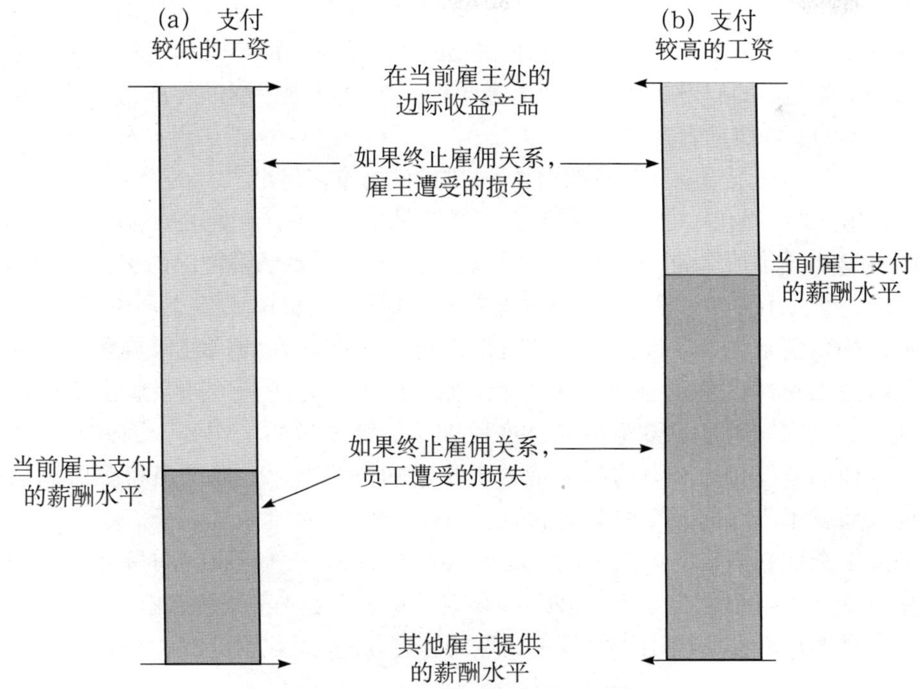

图 11.1　两种不同的剩余分割方式

在特殊培训或者雇用、评价劳动者方面进行的投资可以提高劳动者的生产率，并且使其工资超过在其他企业可能获得的薪酬水平。企业还可以通过对自己的声誉进行投资而创造一种剩余。例如，如果一位雇主以遵守自己在未来为员工提供晋升或加薪的承诺而著称，那么与那些名声较差的雇主相比，它就能够以更低的成本吸引到生产率更高的员工。（一家在履行承诺方面名声较差的企业如果想从名声较好的企业那里吸引来既定质量的劳动者，就必须支付一笔补偿性工资差别。）由于良好的声誉提高了与支付的工资率相对应的生产率，因此它就创造出了一种可以在企业和其员工之间进行分割的剩余。

□ 激励员工

除了加强自我强制执行性之外，雇佣合同还对雇主激励员工的问题提出了要求。劳动者可以被看成效用最大化追求者。"尽自己最大的努力"意味着他们在生病或者受到个人问题困扰的时候仍然会努力工作，也意味着在很费力的情况下才能跟得上工作节奏。除非雇主利用薪酬体系诱使员工去做某些事情，否则员工一般只会从事那些他们认为对自己有利的事情。那么，我们如何才能创建一种薪酬体系激励员工朝着雇主想要实现的目标而努力呢？

绩效工资　对员工进行激励的最明显方法就是根据他们的个人产出来付酬。将工资与产出联系起来的做法对提高生产率是一种很强的激励，但是这种激励性工资方案却必须面对两个具有普遍性的问题。[①] 第一个问题是，基于产出来付酬的做法对雇主来说既是有收益的，也是有成本的。这种做法的收益和成本都会受到这样一个因素的影响，即一位劳动者的产出在多大程度上会受到不为自己所控制的外部力量的影响。以一位名为简的女性劳动者为例，如果简确信，只要自己多付出 10%的努力就一定能够实现 10%的产出增加（从而工资的增长），则她就愿意多付出 10%的努力。然而，如果机器老是出问题，她多付出 10%的努力只能够带来 5%的产出增加，她就会觉得多付出 10%的努力是不值得的。这样，从雇主的角度来说，如果简付出的努力与她得到的最终产出之间并不存在紧密联系，这种根据产出付酬的机制就是缺乏激励性的。

从简的角度来说，在产出和自己付出的努力之间存在的这种微弱联系，导致她能够获得的工资性报酬处于一种自己无法控制的波动之中——如果雇主不向她提供补偿性工资差别，她是不愿意接受以这种方式提供薪酬的工作的。因此，除非员工的产出与他们自己付出努力的程度是紧密相连的，否则，根据产出付酬的做法对雇主来说收益就很小，同时反而会增加很多额外的成本。[②]

绩效工资计划面临的第二个问题是，必须挑选出一个与雇主的最终目标一致的产出衡量指标。与态度友好或能够提供有效的帮助等这样一些定性产出相比，定量产出（如在客户服务部门工作的员工处理的顾客投诉数量等）更容易衡量——然而，从培养客户对企业的忠诚度来说，这些定性指标是至关重要的。此外，在现代工厂中，企业常常要求员工以团队的形式开展工作，这样他们就能生产出像团队计划、决策以及问题解决等这样一些“产出”，而这些产出的数量和质量却是难以衡量的。正如我们可以预见到的，一种设计不够完善的绩效衡量指标可能会产生一种相反的效果，它会引导员工将自己的努力配置到那些容易被衡量的绩效方面，而忽视对自己的工作真正重要的其他方面的一些职责。[③]

计时工资加上监督 另一种工资支付方式是以员工提供的工作时间为依据。这种工资支付方式会降低简（继续用我们上面例子中的人物）的工资每周都会波动的风险，保证她能够得到一个与其实际产出无关的薪酬水平，但是这种工资方案却会引发道德风险问题，即如果自己的努力得不到回报，自己为什么还要努力工作呢？（参见例 11.2 中描述的基于产出和时间计算工资的计划产生的实际生产率对比情况。）由于面临员工可能仅仅“投入自己的时间”（而不是真实的努力）这样一种风险，雇主就必须对员工的行为进行严密的监督。

① 本小节的内容大量取材于 David E. Sappington, “Incentives in Principal-Agent Relationships,” Journal of Economic Perspectives 5 (Spring 1991): 45 - 66, and George P. Baker, “Incentive Contracts and Performance Measurement,” Journal of Political Economy 100 (June 1992): 598 - 614。

② 关于这一问题的更为全面的讨论，参见 Canice Prendergast, “What Trade-off of Risk and Incentives?,” American Economic Review 90 (May 2000): 421 - 425。

③ 关于本小节中讨论的这两种激励方案的一项分析，参见 George Baker, “Distortion and Risk in Optimal Incentive Contracts,” Journal of Human Resources 37 (Fall 2002): 728 - 751。关于计件薪酬在制造业中的使用有所减少的一项研究，参见 Susan Helper, Morris M. Kleiner, and Yingchun Wang, “Analyzing Compensation Methods in Manufacturing: Piece Rates, Time Rates, or Gain Sharing?” working paper no. 16540, National Bureau of Economic Research (Cambridge, Mass.: November 2010)。

然而，问题在于，对员工进行严密的监督的成本高昂。由于在几乎所有的工作场所中，工作任务都被分割开来，以便能够从专业化中获得经济收益，因而劳动者就必须在自己的职责范围内持续不断地针对情况的变化做出调整，而要对员工进行严密的监督，就要求监督者必须掌握与劳动者完全相同的信息，同时还必须与所有下属员工位于一个完全相同的环境之中。如果真是这样，监督者们就可以自己做出所有的决策了！简言之，严密的监督可能会摧毁专业化的优势。

例 11.2☞

卡路里消耗与工资类型

我们在本章中曾指出，以时间为依据的工资计划会导致道德风险问题；也就是说，由于劳动者得到的工资与他们的产出没有关系，他们可能不会尽自己的最大努力。对这一问题所做的一项有趣检验发生在菲律宾的布基农。在这个地方，一位劳动者在一年中从事好几种农业工作的现象十分普遍。在其中一些工作中，雇主是按时间支付工资的；而在另外一些工作中，雇主则是直接根据每个人的产出支付工资的。于是，我们就能够观察到，一个人的工作努力程度在两种不同的工资体系下会有什么不同。

最近的一项研究揭示出这样一种明确的证据，即在需要体力的工作中，与根据劳动者的产出支付工资的做法相比，在根据工时支付工资的情况下，劳动者付出的努力较少。这项研究用体重变化和卡路里消耗这两项指标来衡量劳动者付出的努力程度，结果发现，与按产出拿工资的情况相比，当劳动者按工时拿工资时，他们消耗的卡路里要少 23%，并且消耗的每卡路里带来的体重增加也更多。这些事实都表明，与实行计件工资相比，劳动者在计时工资体系下付出的体力更少。

资料来源：Andrew D. Foster and Mark R. Rosenzweig, "A Test for Moral Hazard in the Labor Market: Contractual Arrangements, Effort, and Health," Review of Economics and Statistics 76 (May 1994): 213 - 227. 更多关于领取绩效工资的劳动者工作更努力，并且感受到的压力更大以及耗竭程度更高的证据，参见 Thomas Dohmen and Armin Falk, "Performance Pay and Multidimensional Sorting: Productivity, Preferences, and Gender," American Economic Review 101 (April 2011): 556 - 590。

□ 激励群体中的个人

如果劳动者试图通过增加自己消费的有价值物品的数量来实现自己的效用最大化，那么，在制定自己的工资政策时，雇主只要重点考虑如何将每一位劳动者的工资与其绩效联系起来就可以了。然而，劳动者对自己在一个群体中所处的相对位置的关注常常也是影响劳动者效用的一个重要因素。在对个人进行激励的问题上，群体的重要性对雇主来说既是一个难题，又是一种机遇。

公平问题 人们都非常关心的一件事情是，相对于参照群体中的其他人而言，自己得到的待遇如何。这就意味着公平问题是在雇佣关系中普遍存在的一个重要问题。如果某一年的物价和平均工资增长水平为4%，而一位劳动者在这一年中获得了7%的工资增长，那么他肯定十分高兴。但是，如果他后来发现，与自己受雇于同一个雇主且从事相同工作的一位同事得到的工资增长幅度为10%，他就不再那么高兴了（参见例11.3）。如果员工感到自己受到了不公平对待，则为了与雇主“扯平”，他们可能会采取的行动包括离职、降低努力程度、偷窃雇主财物，甚至破坏雇主的产品。① 然而，对雇主来说，关于它做出的同一项政策决策，员工们对政策的公平性所持的看法往往也会因为各自所处的情况不同而大相径庭。

例如，在一项研究中，研究者要求一组人考虑同一种情况，即两家小公司由于没有达到预计的增长水平，因而都不得不削减成本。两家公司都按照每小时10美元的标准向自己的员工支付工资，不同之处在于，A公司完全是以固定薪金的形式来向员工支付工资的，而B公司则是将工资分为两个部分，一部分是以9美元固定薪金的方式支付的，另外一部分则是以1美元奖金的方式支付的。这项研究发现，大部分被调查者都认为A公司将工资削减10%的做法是不公平的，但是认为B公司取消奖金的做法是公平的。很显然，与以“奖金”形式支付的工资相比，以“薪金”形式支付的工资含有更大的既得权利的意味。②

我们现在列举第二个例子。假如一家经营比较成功的房屋油漆商发现，自己现在可以用更低的工资雇用到同样质量的劳动者，于是，它把支付给劳动者的工资从原来的每小时9美元降低到每小时7美元。大多数被调查者都认为这位雇主的做法是不公平的。然而，如果这位雇主决定退出房屋油漆行业，转而经营园林风景美化行业（该行业的薪酬水平通常较低），在这种情况下，被调查者就认为，这位雇主支付每小时7美元的工资是公平的。很显然，劳动者在判断自己得到的待遇是否公平时，也会将雇主列入参照群体中，一位雇主做出的决策是否被员工视为公平的，决策的背景与决策的内容具有同样的重要性。

例11.3☞

较低的相对工资对员工满意度的影响

2008年3月，加利福尼亚州的一份重要报纸公布了一个数据库，其中包括加利福尼亚州所有公共部门雇员的工资，也包括加州大学所有非学生雇员的工资。在这

① 关于薪酬公平问题的综述（其中包括员工感知到的公平对生产率的影响），参见 Ernst Fehr, Lorenz Goette, and Christian Zehnder, “A Behavioral Account of the Labor Market: The Role of Fairness Concerns,” Annual Review of Economics 1 (September 2009): 335-384。关于传递身份感的员工奖励计划可以成为一种有效激励因素的论述，参见 Michael Kosfeld and Susanne Neckermann, “Getting More Work for Nothing? Symbolic Awards and Worker Performance,” American Economic Journal: Microeconomics 3 (August 2011): 86-99。

② Daniel Kahneman, Jack L. Knetsch, and Richard Thaler, “Fairness as a Constraint on Profit-Seeking: Entitlements in the Market,” American Economic Review 76 (September 1986): 728-741. 另一项研究发现，员工对自己即将失去一笔已经得到的奖金的预期要比在未来获得一笔奖金能够对他们产生更强的激励，参见 Ronald G. Fryer, Jr., Steven Levitt, John List, and Sally Sadoff, “Enhancing the Efficacy of Teacher Incentives through Loss Aversion,” working paper no. 18237, National Bureau of Economic Research (Cambridge, Mass.: July 2012).

年春季晚些时候，有四名经济学家做了一项研究，给加州大学系统中的一些教师和职工发送了电子邮件，告知他们这个网址，并且仅仅询问他们是否知道这个数据库。接着，研究者们又给加州大学的所有雇员都发送了一封电子邮件，询问他们是否知道并且使用了这个数据库，还询问他们的职位等级和对工资的满意度。

研究发现，前往该网址访问并且发现自己的工资低于本系全体员工的工资中位数的那些员工，要比那些工资水平相同但是却并未访问这个网址（大概更不可能知道他们同事的工资）的员工报告了更低的工作满意度。然而，发现自己的工资高于本系全体员工的工资中位数的员工，却并没有倾向于报告更高的工作满意度。因此，这一研究结果表明，员工通常会关心自己的工资相对于同事工资的情况，而这里，他们的关注点就是自己的工资是否低于平均水平。

资料来源：David Card, Alexandre Mas, Enrico Moretti, and Emmanual Saez, "Inequality at Work: The Effect of Peer Salaries on Job Satisfaction," American Economic Review 102 (October 2012): 2981 - 3003.

群体忠诚度 员工除了关注自己的消费水平以及自己在群体中的相对位置以外，通常还会非常关注整个群体的境况或者福祉。尽管在一个群体中，员工总是会受到"搭便车"的诱惑——自己悠着点干，然后去享受别人努力工作带来的利益，但大多数人还是会为自己所在的班组、学校、工作群体、社区或者国家做出部分牺牲。[①] 由于"干得好"这句话在本质上常常意味着通过许多细小的、难以被人注意的方式主动采取行动来增加组织的利益，因此，拥有高生产率员工的雇主无一例外地都会制定有助于培养员工的组织忠诚度的政策。尽管雇主采取的很多种培养员工的组织忠诚度的做法已经超出了经济学的范畴，但是我们接下来将分析的这些薪酬计划却都会将员工的工资与群体绩效联系在一起。

□ 薪酬计划：概述及本章剩余各节导引

薪酬计划与雇主制定的雇佣标准、监督政策以及总体管理哲学等的共同作用极大地影响了员工努力工作的动机。尽管对许多管理政策的详细讨论已经超出了本书的范围，但是，薪酬方案产生的激励作用却完全属于现代劳动经济学的研究范畴。因此，在本章剩余各节中，我们将运用经济学的概念来分析薪酬方案具有的主要特征。

以下三个方面的要素通常决定了一位雇主的薪酬方案具有的特征：一是计算工资的依据；二是与其他企业中具有可比性的劳动者相比，本企业支付的薪酬水平高

① 一项研究发现，劳动者在第二次世界大战期间的生产率比平时高出 5%。工业领域出现的生产率提高中，高达 9%以上的部分都与劳动者在战争期间的努力直接相关。参见 Mark Bils and Yongsung Chang, "Wages and the Allocation of Hours and Effort," National Bureau of Economic Research, working paper no. 7309, August 1999。关于劳动者的利他主义行为的其他一些方面的考虑，参见 Simon, "Organizations and Markets," 34 - 38; and Julio J. Rotemberg, "Human Relations in the Workplace," Journal of Political Economy 102 (August 1994): 684 - 717。

低；三是——对建立了内部劳动力市场的雇主而言——在劳动者的整个职业生涯中向他们支付薪酬的先后顺序。本章剩余各节将对这三种要素进行分析。

生产率与薪酬确定依据

雇主既可以根据劳动者的实际工时数来向他们支付工资，也可以依据劳动者的产出来支付工资，还可以运用两者的某种组合来支付工资。大部分美国员工的工资都是根据工时支付的，于是，我们必须问这样一个问题，即为什么根据产出计算工资的方式未能得到更为普遍的应用呢？由于薪酬计划必须同时满足员工和雇主双方的需要，所以我们的分析将围绕与劳动力市场上的供求双方都有关的各类因素来展开。

员工方面的偏好

计件工资最为普遍的适用对象是生产工人，并且是一种针对个人的激励工资。在这种工资制度下，劳动者将根据他们生产的每一件产品获得固定数量的工资。另外一种将工资性报酬与个人产出相联系的工资支付形式是佣金。在佣金制下，劳动者（通常是销售人员）获得他们销售的产品价值的一定比例。最近日益盛行的收益分享计划则是一种群体激励计划，它部分地将员工个人的工资性报酬与其所属群体的生产率、成本降低、产品质量提高或其他代表群体成就的衡量指标联系在一起。利润分享计划和分红计划则试图将劳动者的工资与他们所在企业或部门的利润联系起来。这种工资支付形式同样也是以集体为单位而不是以个人为单位的。在所有这些工资制度下，劳动者得到的报酬中都有一部分取决于他们的产出或者雇用他们的雇主获得的利润。

薪酬的可变性 如果员工被告知，在若干年的时间里，无论是在以工时为基础的工资计划下，还是在以产出为基础的工资计划下，他们能够获得的平均工资性报酬是相同的，那么，他们很可能会更为偏好按时间支付工资的计划。这是为什么呢？这是因为在以产出为基础的工资计划下，他们能够得到的工资性报酬会随着作为工资计算依据的产出指标的变化而波动。正如我们在前面曾经论述过的，许多会影响个人或群体产出的因素都取决于外部环境，而不仅仅取决于单个劳动者投入工作中的精力强弱或承诺度高低。一位劳动者在一天中生产的产品数量会受到多种因素的影响，比如，机器的使用年限及其运行状况、由于罢工或暴风雪而造成的供给中断、劳动者个人的疾病或工伤状况等。而销售人员能够获得的佣金也会受到他们所要销售的产品的总需求状况的影响，而这种总需求可能会因为销售人员个人不能控制的各种因素而出现波动。最后，基于某种群体产出指标而确定的工资性报酬，也会因为群体中的其他人付出的努力水平不同而发生相应的变化。

在以产出为基础的工资计划下存在的这种工资性报酬可能发生波动的情况是劳动者不愿意接受的，这是因为我们假设了他们是风险规避型的（也就是说，劳动者对确定性的工资性报酬的偏好更大，即使这意味着薪酬水平可能会低一些）。大多数劳动者每个月都必须支付房租以及购买食品、保险和家庭生活用品等。因此，如果他们连续好几个月的收入较低，那么即使接下来的几个月是高收入的月份，他们可能也很难承受相应的经济压力。

由于劳动者担心自己会遇到比平时的产出更低的月份，因此，在其他条件（比如工资性报酬的平均水平）相同的情况下，员工更喜欢以工时为基础的工资制度所具有的确定性。为了诱使风险规避型员工接受以产出为基础的工资，雇主就必须向他们支付一笔补偿性工资差别。

人员分类 既然劳动者具有风险规避倾向，我们就需要考虑这样一个有趣的问题，即到底哪些劳动者会被吸引接受计件工资或佣金计划？由于以时间为基础的工资计划无论是对高生产率者还是对低生产率者支付的工资率都是相同的——至少在短期内如此，所以，那些从计件工资计划或佣金制中获益最大的人，将会是那些工作动机最强或能力高于平均水平的人。因此，如果一位员工宁愿到根据个人生产率定工资的企业中去工作，则这就能够成为一个信号，即它标志着这些人相信自己的生产率会高于一般生产者。例如，20 世纪 90 年代中期，当一家美国的汽车玻璃安装公司从计时工资制改为计件工资制时，那些继续留在公司中的员工的个人平均产出水平上升了 22%。因此，我们可以得出这样一个结论，即同样的员工在计件工资制下会更努力工作。由于计件工资制能够吸引和留住生产率最高的员工，所以该公司员工的整体劳动生产率水平提高了近 44%。①

薪酬比较 有三个方面的原因使我们能够估计，在根据产出定工资的薪酬计划下，劳动者要比在根据工时定工资的薪酬计划下得到的工资性报酬更高：第一，激励性工资会促使员工更加努力地工作；第二，这种工资制度必须能够吸引到生产率最高的劳动者；第三，由于承担了工资波动的风险，因而能够获得一笔补偿性工资差别。一项对某些制衣行业所做的工资方面的研究发现，与计时工人相比，计件工人的工资高出 14%以上。根据这项研究的估计，在这一工资差别中，大约有三分之一的部分属于补偿性工资差别，剩余的工资差别都与计件工资制的激励作用和人员分类作用有关。②

---

① Edward P. Lazear，"Performance Pay and Productivity，" American Economic Review 90（December 2000）：1346 - 1361. 关于绩效工资对人员分类产生的类似影响，参见 Thomas Dohmen and Armin Falk，"Performance Pay and Multidimensional Sorting：Productivity，Preferences and Gender，" American Economic Review 101（April 2011）：556 - 590。

② Eric Seiler，"Piece Rate vs. Time Rate：The Effect of Incentives on Earnings，" Review of Economic and Statistics 66（August 1984）：363 - 376. 近期的一个研究能够控制存在于雇员和公司的一些无法观察到的差异，参见 Tuomas Pekkarinen and Chris Riddell，"Performance Pay and Earnings：Evidence from Personnel Records，" Industrial and Labor Relations Review 61（April 2008）：297 - 319。

□ 雇主方面的考虑

雇主是否愿意为吸引员工接受计件工资计划而支付额外的费用主要取决于激励性工资计划为其带来的成本和收益。如果雇主以计件工资或佣金的方式向员工支付工资，那么，如前所述，劳动者自己实际上承担了低生产率产生的一切后果。于是，雇主在筛选员工以及监督员工的工作方面就可以少花一些时间了。如果雇主是根据工时向员工支付工资的，则雇主就要承担劳动者的生产率波动风险：当劳动者的生产率很高时，雇主的利润就会上升；当劳动者的生产率很低时，雇主的利润就会下降。然而，雇主对生产率波动的这种担心可能会比员工更小。这是因为它们的资产通常都更多，因而能够比劳动者更为舒服地度过收入不佳的时期。此外，一位雇主通常会雇用多名员工，而所有的员工在同一时间内出现相同生产率波动的可能性不会很大（除非企业中出现了士气不足的问题）。这样，雇主为使收入更加稳定而愿意付费的倾向就不会像劳动者那样强烈。

雇主在决定工资支付基础时的另外一个主要考虑因素是激励员工努力工作的问题。我们接下来将讨论的是与三种主要激励计划的使用有关的一些问题。

根据产出支付薪酬：个人激励计划 从雇主的角度来说，针对个人的产出定薪酬的激励计划所具有的最大优点是，它能够诱使员工接受与产出有关的一整套工作目标。事实上，正如我们在前面提及的汽车玻璃安装公司的原有员工的产出增加一样，在林业部门中，从计时工资制向计件工资制的转变可能带来的员工个人生产率的增长幅度估计在20%的范围内。[①] 然而，这种激励性工资计划也存在以下问题。

第一个问题是，由于以个人产出为基础的工资需要将工资与一些能够被客观衡量的产出指标联系在一起，而这可能会诱使劳动者忽视那些不容易被衡量的绩效。如果他们的工资仅仅取决于他们自己生产或销售的产出数量，那么，他们就不会重视质量、安全程序、所属团队的绩效或团队其他成员的职业发展。[②] 除非能够诱使劳动者自己监督质量问题，否则上述这些问题的存在就会导致雇主在质量控制方面不得不承担高昂的管理成本。只有当某一特定的产品或服务可以归咎于员工的责任时，才容易对质量实行自我监督。比如，我们在前面提及的汽车玻璃安装公司就规定，凡是没有正确安装好汽车挡风玻璃的工人，不仅需要自己掏钱重新更换一块挡风玻璃，而且还要自己在正常工作时间之外利用个人时间重新更换挡风玻璃。

---

① Bruce Shearer, "Piece Rates, Fixed Wages and Incentives: Evidence from a Field Experiment," Review of Economic Studies 71 (April 2004): 513-534. 提高计件工资率也会带来努力程度的增强，参见 M. Ryan Haley, "The Response of Worker Effort to Piece Rates: Evidence from the Midwest Logging Industry," Journal of Human Resources 38 (Fall 2003): 881-890。

② 下面这篇文章提供了与这个问题有关的文献综述，其中引用了大量的文献，参见 Robert Gibbons, "Incentives in Organizations," Journal of Economic Perspectives 12 (Fall 1998): 115-132。关于因计件工资而引发的"博弈"问题的讨论（也就是说，员工们愿意做出的是有助于提高作为薪酬确定依据的那些指标的值的行为，而不是真正有助于增加产出的行为），参见 Pascal Courty and Gerald Marschke, "An Empirical Investigation of Gaming Responses to Explicit Performance Incentives," Journal of Labor Economics 22 (January 2004): 23-56。

第二个问题是，由于激励性工资计划会诱使劳动者尽快完成工作，这样就可能导致机器或工具常常因为没有得到适当的维护或使用而受损。由于机器损坏而引起的停工时间会导致劳动者的工资性报酬下降，因而滥用机器和工具的问题会得到一定程度的缓解。但是，雇主对这一问题仍然存在很多担忧，因此，许多实行计件工资制的企业经常要求劳动者在工作中使用自己的机器或工具。

那么，在难以衡量个人产出的总体价值的情况下，企业如何才能创造一种合适的工资计划来正确激励员工呢？接下来我们将探讨两种备选办法：一种办法是以团队产出的某种衡量指标为基础来计算工资；另外一种办法是部分地根据主管人员的主观判断来定工资。

根据产出支付薪酬：群体激励计划 在很难监督个人产出的情况下，当个人激励计划对产出质量有害时，或是当产出是由相互依赖的员工共同创造出来时，企业有时会采用群体激励性工资方案，以更为紧密地将雇主的利益和员工的利益联系在一起。[①] 这些工资计划要么是将工资的一部分与企业利润的某些影响因素（比如群体生产率、产品质量以及成本降低等）联系在一起，要么是直接将工资与企业的整体利润水平挂钩。在其他一些情况下，劳动者甚至可能拥有企业，从而在他们之间直接分配利润。[②]

群体激励计划的一个缺点是，群体是由个人组成的，而消极怠工决策最终又是在个人层面上做出的。一个为提高群体产出或企业利润而努力工作的人，到最后却必须与那些可能并没有付出更多的努力的人共同分享由自己通过劳动创造的果实。于是，"搭便车"的机会就会刺激劳动者以消极怠工的方式来欺骗自己的同事。[③]（群体激励计划存在的第二个不利之处在于，它有可能导致企业雇用错误类型的员工，从而导致优秀员工离开。我们在例 11.4 中讨论了这方面的一个极端例子。）

例 11.4☞

不良的激励计划注定了震荡教派的衰落

震荡教派是一个非同寻常的宗教派别。它要求个人过严格的独身生活，同时实

① Barton H. Hamilton, Jack A. Nickerson, and Hideo Owan, "Team Incentives and Worker Heterogeneity: An Empirical Analysis of the Impact of Teams on Productivity and Participation," Journal of Political Economy 111 (June 2003): 465 - 497; Susan Helper, Morris M. Kleiner, and Yingchun Wang, "Analyzing Compensation Methods in Manufacturing: Piece Rates, Time Rates, or Gain Sharing?"

② 关于员工所有的或者由员工管理的企业的生产率状况的文献综述，参见 James B. Rebitzer, "Radical Political Economy and the Economics of Labor Markets," Journal of Economic Literature 31 (September 1993): 1405 - 1409; and Michael A. Conte and Jan Svejnar, "The Performance Effects of Employee Ownership Plans," in Paying for Productivity, ed. Alan S. Blinder (Washington, D. C.: Brookings Institution, 1990): 142 - 181。

③ 关于这个难题的更为深入的分析，参见 Haig R. Nalbantian, "Incentive Contracts in Perspective," in Incentives, Cooperation, and Risk Sharing, ed. Haig R. Nalbantian (Totowa, N. J.: Rowman & Littlefield, 1987); and Eugene Kandel and Edward Lazear, "Peer Pressure and Partnerships," Journal of Political Economy 100 (August 1992): 801 - 817。关于将来自同事的压力作为克服"搭便车者"问题的一种方式的分析，参见 Alexandre Mas and Enrico Moretti, "Peer at Work," American Economic Review 99 (March 2009): 112 - 145。

行财产的社区所有权，社区中的所有成员都要平等地分享群体收入——得到平均产出。1774 年，这一教派来到美国，截至 1850 年已经达到了大约 4 000 人的规模，但是这一群体规模从这时也就开始下降了。这一群体规模之所以出现下降，主要原因在于它无法进行有效的再生产以及大家的宗教热情下降。但是，经济史学家约翰·穆雷（John Murray）却认为，它实行的群体薪酬计划是导致这一群体消失的一个重要原因。

对边际生产率高于平均水平的人来说，他们得到的薪酬水平低于他们创造的产出价值——通常也低于他们能够在其他地方挣到的钱。因此，高生产率组织成员就有退出的动机。相反，那些生产率较低的外部人则有加入该组织的积极性，因为他们在组织中可以得到比他们创造的产出的价值更高的工资——通常也高于他们在外部能够获得的工资。

穆雷用文化程度近似地表示边际生产率。当震荡教派在俄亥俄州和肯塔基州建立自己的社区时，其组织成员充满了宗教热情，这种情况一开始时可能可以解决激励问题。这些人的识字率几乎为 100%，远远高于他们周围的其他人口。然而，到了美国内战时期，一些文盲开始大量加入该群体，于是导致该群体人口的识字率低于周围其他人口的识字率。类似地，穆雷还发现，与该群体中的文盲相比，受过教育的组织成员退出该群体（从而成为“背教者”）的可能性要高 30%～40%。

与他们同时代的人开始质疑新加入该教派的那些人的真诚性，认为他们是“面包和黄油震荡者”，即企图享受高生产率的兄弟姐妹创造的价值的“搭便车者”。他们中的许多人是不能或者不愿意到社区之外的世界中去劳动养活自己的人。最终，震荡教派社区中的人员构成变化使得其遇到了一次危机——群体的平均产品数量下降，饱受成员热情锐减、内部关系紧张以及人员数量下降的冲击。

资料来源：John E. Murray，“Human Capital in Religious Communes：Literacy and Selection of Nineteenth Century Shakers,” Explorations in Economic History 32（April 1995）：217－235.

在很小的群体中，欺骗行为很容易被发现，并且来自同事的压力可以有效地消除这种欺骗行为。然而，当被群体激励计划覆盖的劳动者人数很多时，雇主如果想减少消极怠工行为，可能就不得不将一定的管理资源用于培养员工对组织的忠诚度了。有趣的是，尽管存在着“搭便车者”的问题，但研究表明，与群体产出相挂钩的薪酬和处于该群体中的员工的生产率仍然是正相关的。①

群体激励与高管人员的工资 高管人员的薪酬为基于群体成果定工资的激励计划所具有的优势及其可能遇到的问题提供了一个很好的例子。企业的高管人员经营

① Brent Boning，Casey Ichniowski，and Kathryn Shaw，“Opportunity Counts：Teams and the Effectiveness of Production Incentives,” Journal of Labor Economics 25（October 2007）：613－650；Douglas Kruse，Joseph Blasi，and Richard Freeman，“Does Linking Worker Pay to Firm Performance Help the Best Firms Do Even Better?” working paper no. 17745，National Bureau of Economic Research（Cambridge，Mass.：January 2012）.

管理着一家企业，但是并不拥有该企业的所有权，与其他员工一样，他们也希望增进自己的利益。[①] 那么，企业怎样才能使这些关键人物的薪酬与企业所有者（股东）的利益联系在一起呢？

因为企业追求的是利润最大化，因此我们可以考虑将企业高管人员的工资与企业的利润挂钩。但是，应当在多长的时间段内对利润加以衡量呢？如果根据企业当年的利润来确定企业高管人员在本年度的工资，则会导致我们在前面的章节中讨论计件工资时遇到的负面激励问题。当年利润对高管人员当年的工资影响过大就会诱使高管人员只追求不利于企业长期利益的短期战略（或会计技巧），因为企业的高管人员会试图在人们观察到他们的决策所产生的长期效果之前“拿到自己的钱就跑”，到其他公司另谋职位。

将公司高管人员的利益与所有者的利益更为紧密地联系起来的一种方法可能是，以公司股票或者股票期权的形式向他们支付报酬。这种做法表面上看起来似乎能够激励企业高管人员努力增加公司的财富，同时对他们所采取的减少公司财富的行为加以惩罚。然而，向公司的高层决策者提供公司股票的做法有三个方面的缺点。第一，一家公司的股票价格不仅受到公司绩效的影响，还会受到总体上投资者对行情看涨的影响。此外，即使股价在一定程度上反映了公司的盈利性，但盈利性本身——正如石油公司从油价上涨中获利那样——很可能与公司管理团队的决策质量或者付出的努力毫无关系。因此，用股票的形式来向企业高管人员支付工资的做法实际上不仅是在对这些高管人员的努力付酬，同时也是在对他们的运气付酬——而这很可能会降低他们为提升公司利益而付出的努力。

第二，整体经济波动对股票价格的影响不仅会削弱对高管人员的激励，同时还会使得高管人员的工资因自己无法控制的一些因素而发生波动，由于公司在这些高管人员的工资中增加了一些风险因素，因此，它们可能不得不向这些高管人员支付一笔补偿性工资差别。

第三，激励性的股票提供主要是为了达到诱使这些公司高管人员在制定影响公司实力的决策时关注长期，因此，一旦高管人员售出自己持有的公司股票，这种激励就消失了。因此，对公司高管人员薪酬感兴趣的政策制定者经常会建议对高管人员出售公司股票的能力施加一定的限制。[②]

在实践中，美国公司首席执行官的薪酬已经越来越多地与股东的价值联系在一起。1984 年，美国公司首席执行官的薪酬中有 17%的部分是以股票或股票期权的形

① 正如我们在第 3 章中对买方独家垄断条件下的劳动力需求所做的讨论那样，在可能的情况下，企业的高管人员可以通过放弃对利润最大化的追求来获得一些和平和安宁。关于这方面的例子，参见 Marianne Bertrand and Sendhil Mullainathan，“Is There Discretion in Wage Setting? A Test Using Takeover Legislation,” RAND Journal of Economics 30（Autumn 1999）：535 - 554。

② 一个例子可见 Gene Sperling，“Opening Statement before the U. S. House of Representatives Committee on Financial Service,” June 11，2009，www. treas. gov/press/releases/tg166. htm。

式支付的，而到了大约2000年，这一可比数据已经接近30%。[①]（首席执行官薪酬中的其他部分还包括薪金、福利以及根据当年利润计算的奖金。）在那些销售额的波动比较大的行业中——在以利润或股票价值为依据来计算工资的制度下，首席执行官的收入将会因为自己无法控制的原因而出现更大的波动——公司为了吸引优秀的高管人员加盟，会更多地以薪金的形式来向首席执行官支付工资，基于公司绩效支付的那部分工资数量较少。[②]

从目前的情况来看，总的来说，用股票或股票期权的形式向首席执行官支付薪酬似乎是可行的。总体来说，在高管人员的薪酬计划更多地向股票或股票期权倾斜的那些公司中，公司财富的增长水平似乎也更高。然而，有证据表明，将首席执行官的工资与股票市场价值联系在一起的做法可能会导致首席执行官过于担心自己的收入波动性，从而促使他们避开那些有风险的项目，即使这些项目可能有利可图。[③]

最近披露的有关首席执行官的一些丑闻已经引发了人们对另一个问题的关注，即如何使对首席执行官的激励与股东的动机保持一致？也就是说，首席执行官是否会利用他们与董事会成员（他们中的许多人长期与公司密切相关）的密切关系，通过谈判来获得一份超出正常水平的总薪酬？更准确地说，他们是否会利用与确定他们薪酬的"内部人"之间的关系来获取一份与股东价值最大化原则不相吻合的过高薪酬？虽然研究者对这个问题的回答存在分歧，但是大多数人都认为，首席执行官和董事会成员之间的串谋确实是一个潜在的问题，而吸收更多的"外部"董事或者知识、经验更为丰富的股东（即机构投资者），对于确保首席执行官的动机与股东的价值最大化动机保持一致是非常关键的。[④]

根据工时支付工资并实施绩效加薪 由于以下两个方面的原因，大多数雇主倾向于选择某种基于工时来确定工资的计划：一是员工具有风险规避倾向；二是为个人或群体激励计划设计出合适的、可衡量的结果性指标存在困难。然而，尽管根据工时确定工资的计划能够满足员工对工资稳定性的要求，但是它却导致了激励问题

---

① John M. Abowd and David S. Kaplan, "Executive Compensation: Six Questions that Need Answering," Journal of Economic Perspectives 13 (Fall 1999): 145 - 168. 关于首席执行官薪酬的综述，参见 Marianne Bertrand, "CEOs," Annual Review of Economics 1 (September 2009): 121 - 150; Carola Frydman and Raven E. Saks, "Executive Compensation: A New View from a Long-Term Perspective, 1936 - 2005," Review of Financial Studies 23 (May 2010): 2099 - 2138; Brian D. Bell and John Van Reenen, "Extreme Wage Inequality: Pay at the Very Top," American Economic Review Papers and Proceedings 103 (May 2013): 153 - 157。

② Brian J. Hall and Jeffrey B. Liebman, "Are CEOs Really Paid Like Bureaucrats?" Quarterly Journal of Economic 113 (August 1998): 653 - 691.

③ Abowd and Kaplan, "Executive Compensation," 158 - 159.

④ Alex Edmans and Xavier Gabaix, "Executive Compensation: A Modern Primer," National Bureau of Economic Research, working paper no. 21131 (Cambridge, MA, April 2015); Xavier Gabaix, Augustin Landier, and Julien Sauvagnat, "CEO Pay and Firm Size: An Update after the Crisis," Economic Journal 124 (February 2014): F40 - F59; Bertrand, "CEO"; Kevin J. Murphy and Tatiana Sandino, "Executive Pay and 'Independent' Compensation Consultants," Journal of Accounting and Economics 49 (April 2010): 247 - 262.

的出现，因为在这种工资计划中，个人的薪酬与其产出水平并不是直接联系在一起的。为了应对这种问题，雇主通常采用绩效加薪的做法，即对每年被上级评定为绩效优秀的员工，企业提供较大幅度的工资增长。

一方面，根据上级的评价结果来确定员工工资的做法对员工形成了一种强大的激励，因为这种评价方式可以将那些对雇主的利益来说非常重要的主观绩效方面（比如友善、团队合作等）也考虑在内。[①] 然而，另一方面，绩效加薪计划同样也面临与其他根据产出定工资的计划类似的两个方面的激励问题。

如果企业要求各级主管人员根据员工对实际产出的贡献来确定员工的绩效评价等级，绩效加薪计划同样也会遇到（我们现在已经非常熟悉）的一个问题就是，由于存在员工个人无法控制的一些原因，员工的努力程度与最终的产出之间并不具有很强的相关性。正因如此，很多企业常常要求各级主管人员通过对他们的下属进行相对比较的方式来做出评价，这种做法的一个理论假设就是，所有的员工面临的像暴风雪、机器故障停工等外部力量都是相同的。

为进行绩效加薪而对员工的绩效进行相对排序的做法存在的问题是，它诱导出来的员工努力可能与雇主的利益并不一致。比如，提高个人的相对位置的方法之一是破坏别人的工作。在常常根据相对排名来判断学生绩效优劣的大学或学院中，有些事情可能并不少见，那就是在每次大考之前，总会有人从学校图书馆库存的书籍中将与考试有关的关键内容撕掉，据为己有。在工作场所中还有另外一种尽管不如破坏他人那样险恶，但同样也会对雇主的利益产生不利的做法，那就是不合作。最近的一项研究表明，报酬与相对绩效挂钩的力度越大，员工与自己的同事共享设备和工具的意愿就越低。[②]

由于相对绩效评价常常带有主观成分，因此，另外一种对生产率提高不利的努力就会产生，那就是“玩政治”。[③] 员工可能会花费大量宝贵的工作时间来“推销”自己的服务，或者对自己的上级逢迎拍马。于是，员工的努力就偏离了生产率本身，最终只不过产生了一种生产率的表象。[④]

---

① 关于表明主观评价可以提升绩效的一项研究，参见 Eric S. Taylor and John H. Tyler，“The Effect of Evaluation on Teacher Performance，” American Economic Review 102（December 2012）：3628 - 3651。

② Robert Drago and Gerald T. Garvey， “Incentives for Helping on the Job：Theory and Evidence，” Journal of Labor Economics 16（January 1998）：1 - 25.

③ Paul Milgrom，“Employment Contracts，Influence Activities，and Efficient Organization Design，” Journal of Political Economy 96（February 1988）：42 - 60；and Canice Prendergast， “A Theory of ‘Yes Men’，” American Economic Review 83（September 1993）：757 - 770. 影响员工与雇主之间信任度的重要因素，参见 George Baker，Robert Gibbons，and Kevin J. Murphy，“Subjective Performance Measures in Optimal Incentive Contracts，” Quarterly Journal of Economics 109（November 1994）：1125 - 1156。

④ 尽管我们一直都单独讨论每一种激励员工的工具——激励工资、监督、股权、利润分享等——但实际上，这些手段都应当被视为企业激励员工的完整体系中的一个组成部分。对这种观点的阐述，参见 Casey Ichniowski and Kathryn Shaw，“Beyond Incentive Pay：Insiders' Estimates of the Value of Complementary Human Resource Management Practices，” Journal of Economic Perspectives 17（Winter 2003）：155 - 180。

生产率与薪酬水平

由于绩效工资计划（包括绩效加薪）给雇主和员工双方都带来了一定的难题，因此，雇主常常注意寻找能够对自己的员工产生激励的其他一些货币激励方式。在本节中，我们将讨论与薪酬水平有关的激励问题。

□ 为什么高薪酬可能会提高员工的生产率

有多种原因可以帮助我们解释为什么人们认为高薪酬能够提高劳动者的生产率。其中的一种解释涉及提高薪酬的企业能够吸引到的员工类型；另外一种解释则与高薪酬能够从既定劳动者身上激发出来的生产率有关。

吸引优秀员工 高薪酬常常能够通过增加雇主面对的求职者人数帮助企业吸引更好的员工。到企业求职的人数越多，企业的挑选余地就越大，高薪酬使雇主得以将求职者中经验最丰富、能力最强以及工作积极性最高的人挑选出来，真正做到汲取精华。[①]

培育员工的组织承诺度 高薪酬能够从既定的劳动者身上激发出更高的生产率则完全与员工对企业的忠诚度和认同感有关。相对员工能够在其他企业获得的工资而言，当前雇主支付的薪酬水平越高，员工辞职的可能性就越小。一旦了解了这一点，雇主就更加愿意向员工提供培训，同时也更有可能要求员工工作更长的时间以及加快工作节奏。从员工的角度看，他们也认识到，即使企业对自己的监督可能并不足以严密到一定能抓住自己的偷懒行为这样一种地步，但是如果自己违背早前做出的努力工作的承诺而采取偷懒这种欺骗行为，一旦被抓住就可能会被解雇。所以，无论是对现在来说，还是对今后的整个工作生涯来说，员工失去这种能够得到工资高于市场平均水平的工作无疑成本都是高昂的。

公平感 高薪酬之所以能够从既定的员工身上挖掘出较高的生产率，一个相关的原因是，劳动者十分关注自己是否得到了公平对待。那些认为自己得到了公平对待的员工更愿意尽自己的努力去工作，而那些认为自己没有得到公平对待的员工则可能会通过付出较少的努力，甚至从事破坏活动来设法跟雇主"扯平"。[②]

员工在判断自己是否得到了公平对待时，会考虑雇主从他们的服务中获得了多

---

① Stephen G. Bronars and Melissa Famulari, "Wage, Tenure, and Wage Growth Variation within and across Establishments," Journal of Labor Economics 15 (April 1997): 285 - 317.

② 这种判断是基于心理学家所谓的公平理论得出的。经济学家运用这一理论的文献，参见 George A. Akerlof and Janet Yellen, "The Fair Wage-Effort Hypothesis and Unemployment," Quarterly Journal of Economics 105 (May 1990): 255 - 283; and Robert M. Solow, The Labor Market as a Social Institution (Cambridge, Mass: Basil Blackwell, 1990).

少利润。如果一位利润水平很高的雇主不是很慷慨地与自己的员工分享它的好运气，那么，即使这位雇主现在支付的薪酬水平相对来说已经很高了，员工仍然会认为不够公平。同理，如果雇主要求劳动者为了工作而牺牲闲暇和付出额外的努力，他们就会期望雇主反过来也会对他们提供额外的经济补偿（也就是说，向他们提供较高水平的工资）。①

此外，员工通常还会通过比较目前的工资和自己能够在其他企业获得的工资来判断自己待遇的公平性。当然，如果某一雇主把自己的薪酬水平提高到劳动者能够在其他企业获得的薪酬水平以上，则对该雇主而言，就既会有收益，也会有成本。

□ 效率工资

尽管工资在初始阶段的增长可能有助于提高生产率，从而增加企业的利润，但是在过了某一点以后，雇主如果继续提高薪酬水平，则这种做法给雇主带来的成本就会超过收益。只有当雇主从进一步增加工资中获得的边际收益与随之产生的边际成本相等时，高于市场水平的工资才能使雇主实现利润最大化。这种工资就是众所周知的效率工资（参见例 11.5）。②

例 11.5☞

亨利·福特支付效率工资了吗?

在 1908—1914 年间，福特汽车公司引进了“科学管理”和流水线生产流程。生产方法的改变导致福特汽车公司的员工队伍在职业构成方面发生了变化。截至 1914 年，它使用的大多数劳动者都是技术相对较低的、不在美国本土出生的人。尽管这些变化对公司来说是极为有利可图的，但是劳动者的不满情绪却很严重。1913 年，公司的员工流动率高达 370%（也就是说，为了保证公司中每 100 个岗位上的工作都有人承担，它每年就要雇用 370 个人），即使按照当时的底特律汽车工业的标准来看，福特汽车公司的这一员工流动率也算是高的了。与此类似，福特汽车公司员工的缺勤率平均每天也达到了 10%。然而，尽管亨利·福特在留住员工以及激发他们的努力水平方面遇到了困难，但是要想找到替代离职员工的人却没有丝毫困难，因为工厂大门口总有一长列求职者在等待就业。因为福特汽车公司在 1913 年支付的大

① 关于工资与利润之间的关系的一项研究，参见 Andrew K. G. Hildreth and Andrew J. Oswald，“Rent-Sharing and Wage：Evidence from Company and Establishment Panels，” Journal of Labor Economics 15（April 1997）：318－337。

② 这里需要澄清的一点是，效率工资所指的是所有各种形式的薪酬，而不仅仅指现金工资部分。下面这些文章对各种效率工资理论进行了详细的分析，参见 Lawrence Katz，“Efficiency Wage Theories：A Partial Evaluation，” in NBER Macroeconomics Annual，1986，ed. Stanley Fischer（Cambridge，Mass.：MIT Press，1986）；Joseph E. Stiglitz，“The Causes and Consequences of the Dependence of Quality on Price，” Journal of Economic Literature 25（March 1987）：1－48；and Kevin M. Murphy and Robert H. Topel，“Efficiency Wages Reconsidered：Theory and Evidence，” in Advances in Theory and Measurement of Unemployment，eds. Yoram Weiss and Gideon Fishelson（London：Macmillan，1990）。

约 2.50 美元的日工资标准在当时至少还是处于市场竞争水平上的。

1914 年 1 月，福特汽车公司开始实施一项新的日工资标准，即每天 5 美元。这种翻了一番的新工资标准只适用于那些在公司中至少已经工作了 6 个月的员工。几乎是在同一时间，福特汽车公司又规定了另外一条新的雇佣标准，即新的求职者必须至少在底特律地区已经居住了 6 个月。由于公司严格限制潜在求职者的流入，同时在提高薪酬之后又不再对求职者进行更为仔细的筛选，所以，该公司显著提高薪酬的动机看上去似乎并不是为了提高新员工的质量。

然而，薪酬水平的提高确实对已有员工的行为产生了影响。1913 年 3 月—1914 年 3 月，福特汽车公司员工的辞职率下降了 87%，解雇率下降了 90%。类似地，缺勤率在 1913 年 10 月—1914 年 10 月也下降了 75%。由于员工的士气和生产率提高了，该公司继续处于盈利状态。

然而，有证据表明，在新工资标准刚开始实施的最初阶段，福特汽车公司从中获得的生产率收益是低于相应的工资增长的。历史学家指出，当时影响福特决策的有一些非经济因素，其中包括他希望教导自己的员工养成良好生活习惯的父爱主义动机。(福特汽车公司的员工要想获得这种工资增长，首先必须接受公司派出的相关人员进行的调查，以证明他们没有嗜赌或酗酒等不良生活方式。) 尽管这种工资增长可能并没有达到能够使公司实现利润最大化的薪酬水平（因为工资只要有比现在更小幅度的增加，可能就达到了同样的效果），但是这一政策对公司员工的流动率、工作努力程度、士气以及生产率确实都产生了巨大的积极影响。

资料来源：Daniel Raff and Lawrence Summers，"Did Henry Ford Pay Efficiency Wages?，" Journal of Labor Economics 5 (October 1987)：S57 - S86.

支付效率工资有着一整套广泛的含义，近年来，经济学家已经开始对这些含义进行探讨了。比如，有人认为，失业现象之所以持续存在，原因之一可能就是雇主普遍向员工支付高于市场水平的工资率（参见第 14 章）。[①] 此外，就业于不同行业但是质量相似的劳动者得到的工资率却存在着持续性的差别这一现象，也被有些经济学家认为是效率工资导致的一种结果。[②]

然而，对我们现在的目的来说，效率工资最重要的含义在于它对生产率产生的影响。有两类与此相关的实证研究十分有趣。一类实证研究是从支付效率工资的企业本身的类型来推导出效率工资对生产率产生的影响。也就是说，如果某些企业出

① Janet Yellen，"Efficiency Wage Models of Unemployment，" American Economic Review 74 (May 1984)：200 - 208；and Andrew Weiss，Efficiency Wages：Models of Unemployment，Layoffs，and Wage Dispersion (Princeton，N. J.：Princeton University Press，1990).

② Richard Thaler，"Anomalies：Interindustry Wage Differentials，" Journal of Economic Perspectives 3 (Spring 1989)：181 - 193；Surendra Gera and Gilles Grenier，"Interindustry Wage Differentials and Efficiency Wages：Some Canadian Evidence，" Canadian Journal of Economics 27 (February 1994)：81 - 100；and Paul Chen and Per-Anders Edin，"Efficiency Wages and Industry Wage Differentials：A Comparison Across Methods of Pay，" Review of Economics and Statistics 84 (November 2002)：617 - 631.

于利润最大化的目的将自己的薪酬水平提高到市场薪酬水平以上，那么，我们就能够看到，采取这种做法的企业应该属于以下两种类型之一：一种是能够从强化员工的稳定性中获得最大收益的企业（这也许是因为这些企业已经在机器设备上进行了高昂的投资），另外一种则是通过根据产出定工资的计划或上级监督来对劳动者进行激励的难度最大的企业。[①] 另一类实证研究则直接考察效率工资与某些生产率指标、惩罚性解雇率或雇主的产品市场份额变化情况等指标之间的关系。[②] 尽管这类研究在数量上目前还比较有限，但总体来说，它们都对效率工资提供了支持。

需要提到的一点是，向劳动者支付高于他们在其他企业中能够获得的工资这种做法，只有在劳动者期望与企业保持长期雇佣关系的情况下才是有效的。如果劳动者每隔一定的时期就要换一次工作，那么即使企业支付给他们的薪酬水平比市场水平要高，也仍然无法起到鼓励他们削弱偷懒动机的效果。这是因为，解雇一个本来就准备辞职的人对此人来说实际上并不是一种有效的惩罚。在这种情况下，企业就不会有动力执行效率工资政策。因此，只有在存在结构性的内部劳动力市场的情况下，效率工资才有可能出现。然而，在存在内部劳动力市场的情况下，又会产生用工资来对劳动者进行激励的其他一些可能性，而这也正是我们下面所要讨论的内容。

生产率与终身薪酬支付顺序

在建立了内部劳动力市场的企业中，雇主在对劳动者进行激励的问题上有一定的选择权，这与员工对个人在组织中的职业生涯预期有关。那些到建立了内部劳动力市场的企业去求职的人以及这类企业中的员工都非常关注自己在整个职业生涯中获得的薪酬的现值。这些人持有的"终身"观点扩大了雇主在制定薪酬政策时的选择余地，因为在这种情况下，虽然必须提供有吸引力的终身薪酬现值仍然是对雇主的一种约束，但无论是对于一个人在职业生涯的某一位置上的薪酬水平，还是将员工晋升到某一既定位置上的速度快慢，企业都是可以调整的。在本节中，我们将分析几种被认为能够激励劳动者实现更高生产率的、贯穿于劳动者的整个职业生涯的

① Alan B. Krueger, "Ownership, Agency and Wages: An Examination of Franchising in the Fast Food Industry," Quarterly Journal of Economics 106 (February 1991): 75–101; Erica L. Groshen and Alan B. Krueger, "The Structure of Supervision and Pay in Hospitals," Industrial and Labor Relations Review 43 (February 1990): 134S–146S; Carl M. Campbell Ⅲ, "Do Firms Pay Efficiency Wages? Evidence with Data at the Firm Level," Journal of Labor Economics 11 (July 1993): 442–470; and Bradley T. Ewing and James E. Payne, "The Trade-Off between Supervision and Wages: Evidence of Efficiency Wages from the NLSY," Southern Economic Journal 66 (October 1999): 424–432; and Bjorn Bartling, Ernst Fehr, and Klaus M. Schmidt, "Screening, Competition, and Job Design: Economic Origins of Good Jobs," American Economic Review 102 (April 2012): 834–864.

② Peter Cappelli and Keith Chauvin, "An Interplant Test of the Efficiency Wage Hypothesis," Quarterly Journal of Economics 106 (August 1991): 769–787; and Jozef Konings and Patrick P. Walsh, "Evidence of Efficiency Wage Payments in U. K. Firm Level Panel Data," Economic Journal 104 (May 1994): 542–555

终身薪酬支付顺序。

□ 先减额支付后超额支付

如果在员工职业生涯的早期阶段对他们实行“减额支付”，然后在后期阶段对他们实行“超额支付”，那么这种工资安排顺序无论是对雇主来说，还是对员工来说，可能都是有益的。① 也就是说，这样一种工资支付顺序会提高劳动者的生产率，并且使企业能够支付高于其他企业能够支付的薪酬现值。要想理解导致这种情况出现的原因，我们就必须回到在存在信息不对称的情况下订立隐含合同时可能会遇到的欺骗问题上来。

员工分类　将员工在职业生涯早期中的一部分薪酬延迟到他们职业生涯的后期阶段发放，这种工资计划具有一种重要的信号发送作用。这种工资计划对下面这类劳动者是最具有吸引力的，即他们准备在本企业中工作较长的时间，并且愿意努力工作，从而避免自己在获得延期支付薪酬之前就被雇主解雇。因此，在无法判断哪些劳动者是愿意在企业中长期工作并且愿意勤奋工作的人的情况下，雇主可能就会发现这种先减额支付然后再超额支付的工资方案是很有吸引力的，这是因为，这种工资计划会使那些符合雇主需要的劳动者被自动归入雇主所需的求职者队伍中。②

工作动机　一家企业如果在一开始时向员工支付很低的工资，到后来再支付很高的工资，这家企业就可以增强员工勤奋工作的动机。这家企业的员工一旦到了工作岗位上，就有勤奋工作的动力，因为只有这样他们才能获得后来的超额支付。这时雇主就不需像在其他情况下那样每年要耗费很多资源来对员工的工作状况进行监督，因为企业现在可以通过多年的时间来发现哪些人是偷懒者，并且偷懒者将会受到扣发延期报酬的惩罚。由于所有的员工都将比他们在其他情况下更加努力工作，因此企业支付的总薪酬相应地也就会更高。

约束条件　一种可能的薪酬支付顺序方案是：在员工职业生涯的早期阶段支付的工资比他们的边际收益产品要低，而在后期阶段，支付的工资则比他们的边际收益产品要高。然而，这种工资支付方案必须能够满足两个约束条件。

首先，企业提供给员工的工资性报酬流的现值必须至少等于劳动力市场上的其他企业支付给员工的工资性报酬流的现值；如果情况不是这样，企业就无法吸引到它所需要的劳动者。

---

① 我们在这里的讨论借鉴了下文的一些内容，参见 Edward Lazear，“Why is There Mandatory Retirement?,” Journal of Political Economy 87 (December 1979)：1261－1284。在本节以及下一节中提出的对这些问题的综述，参见 H. Lorne Carmichael，“Self-Enforcing Contracts，Shirking，and Life Cycle Incentives”。也可参见 Steffen Huck，Andrew J. Seltzer，and Brian Wallace，“Deferred Compensation in Multiperiod Labor Contracts：An Experimental Test of Lazear's Model，” American Economic Review 101 (April 2011)：819－843。

② 在雇主承诺当员工退休时为他们提供较高养老金的情况下，这些劳动者的流动率通常较低，但是这种情况并不是因为这些劳动者害怕失去养老金，很显然应当主要归咎于这些劳动者所做的自我选择。参见 Steven G. Allen，Robert L. Clark，and Ann A. McDermed，“Pensions，Bonding，and Lifetime Jobs，” Journal of Human Resources 28 (Summer 1993)：463－481。

其次，这种工资支付方案还必须能够满足这样一种均衡条件，即企业能够实现利润最大化但不能获得超额利润。如果企业不能实现利润最大化，企业的生存就会受到威胁；如果企业获得了超额利润，则新的企业就会被吸引进入这一市场。因此，在这两种情况下，均衡状态都不会继续存在。

如果企业在雇用员工时遵循以下原则，即一位员工在整个职业生涯中的边际收益产品现值等于其在整个职业生涯中获得的工资性报酬流现值，则上述两个约束条件都能得到满足。（这种整个职业生涯中的利润最大化条件，是我们在第3章中讨论过的一年中的利润最大化条件应用于多年期时的一种情况。）因此，对那些选择“现在减额支付、将来超额支付”薪酬支付方案的企业来说，要想在劳动力市场和产品市场上具有竞争力，就必须在早期的每年中使边际收益产品（*MRP*）超过薪酬的总额现值等于后来每年中边际收益产品低于薪酬的总额现值。

图形分析　我们将上述薪酬支付计划以图形的方式描述在图11.2中。我们假设边际收益产品在一个人的职业生涯中是不断上升的，但是在此人被雇用的前 t^* 年中，其薪酬水平一直是低于边际收益产品的。当此人在这家企业中工作的时间达到了某一个点——在图中是 t^* 年——时，其薪酬水平就开始超过边际收益产品。然后从第 t^* 年一直到第 r 年这一退休年份的时期中，工作勤奋的员工就能获得比他们此时能够在其他企业中获得的薪酬（也就是他们的边际收益产品）更高的薪酬，从而得到延期的薪酬支付。企业要想在劳动力市场和产品市场上保持竞争力，图中区域 A 的现值就必须等于区域 B 的现值。（在图11.2中，区域 B 的面积显得比区域 A 的面积大，这是因为，在计算现值时，获得收入的时间越晚，则需要进行的贴现程度就越高。）

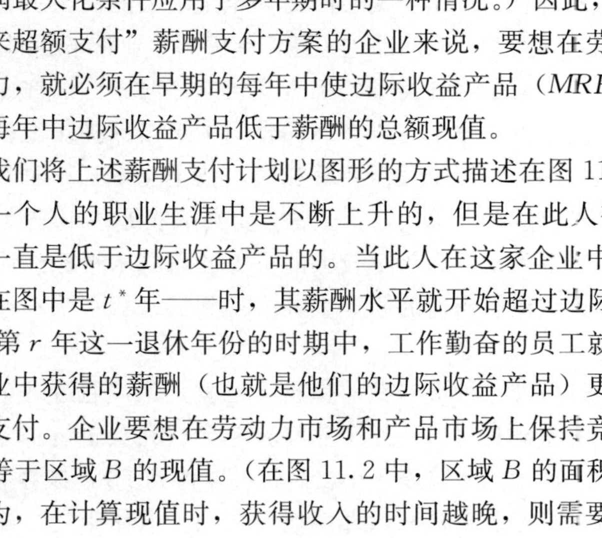

图 11.2　一种能够增强对员工激励的薪酬支付顺序方案

风险　显然，达成这种薪酬支付协议的双方都是要承担风险的。一方面，同意接受这种薪酬方案的员工可能会没缘由地被雇主解雇，或者在他们还没有来得及在

t^* 年以后收回那些报酬时雇主就已经破产了。我们很容易看出，雇主方面存在毁约的动机，这是因为它们支付给年纪较大的劳动者的工资要超过这些劳动者为企业带来的直接（边际）价值。

另一方面，那些不愿意解雇年纪较大的员工的雇主也会面临这样一种风险，即这些年纪较大且“工资过高”的员工在工作岗位上停留的时间将会超过他们收回延期报酬的必要时间——也就是说，他们工作的时间将会超过图 11.2 中的 r 年。他们知道自己现在获得的薪酬水平要高于自己能够在其他企业得到的工资，因为他们现在获得的工资比他们现有的产出要高，因此，年纪较大的员工就有在企业中工作更长时间的动机，结果导致工作时间超过了他们能够为企业带来利润的工作年限。

对员工的保护　在采取这种类型的工资支付顺序时，可以在雇佣合同中订立一些对员工进行保护的条款。雇主可以在雇佣合同中承诺保护年纪较大的员工的资历权，根据这种条款的约定，当企业需要裁员时，在企业中工作时间最短的员工将会首先被裁掉。如果没有这种资历权，企业就会受到解雇那些年纪较大的员工的诱惑，从而把那些年轻人留下来，因为年纪较大的员工的薪酬水平已经比他们的边际收益产品高了，而年轻人在他们当前的职业生涯中得到的薪酬水平却比他们的边际收益产品低。

员工还可以通过另外一种形式获得保护，也就是说，通过既定养老金权利的方式部分地获得后期的超额支付。一旦企业将养老金权利授予员工（按照美国联邦政府的法律规定，员工在为企业服务 5 年之后就可以得到了），被养老金计划覆盖的员工就有权在退休时享受养老金福利，即使他们在到达退休年龄之前就已经从原来的雇主那里离职了。

然而，能够为年纪较大的劳动者提供的一种最佳保护却可能是这样一种情况，即雇主将来还需要招募年轻的员工。一旦一位雇主置隐含合同于不顾而解雇年纪较大的员工，并且获得了这方面的不良声誉，它在招募新员工方面就会遇到麻烦。然而，如果该雇主位于永久性业绩下滑的处境，它面临的是一种极不寻常的恶劣市场，或者外界很难获得与其雇佣政策有关的信息，那么，它不遵守自己承诺的动机毫无疑问就会非常强烈。

对雇主的保护　在 1978 年之前，许多雇主都为员工设定了强制退休年龄，从而保证它们都能够在员工的工作年限达到（比如说）r 年之后就强迫他们退休。但是，美国在 1978 年和 1986 年对《反就业年龄歧视法》（Age Discrimination in Employment Act）所做的修订却禁止企业为大多数员工规定强制退休年龄。根据新的《反就业年龄歧视法》，对那些工作年限已经超过 r 年，但是仍然留在工作岗位上的劳动者，雇主要想削减他们的工资也变得越来越难了。

在这种情况下，采用先减额支付然后再超额支付这样一种薪酬支付顺序的雇主就会采取一种行动，这就是提供一笔很大的资金诱使员工在达到某一特定年龄的时候主动要求退休。比如，对美国 190 家最大公司（雇用了美国大约四分之一的劳动力）的养老金计划所做的一项研究发现，在企业中存在这样一个普遍现象，即退休者在其预期寿命中能够享受的所有养老金福利的现值会随着劳动者退休时间的推迟而下降。这项研究发现，对在工资性报酬水平以及工作年限方面都非常典型的劳动者来说，如果他们在达到正常退休年龄前 5 年就退休，而不是等到了正常的退休年龄时才退休，那么，他们能够享受的养老金福利的现值将会增加 25%左右。①

哪些企业会采用延期薪酬支付方案？ “先减额支付，然后再超额支付”这种薪酬支付顺序的一个含义是：它更可能存在于那些无法对劳动者进行严密监督的工作岗位。事实上，在将工作划分为可以进行严密监督的和不可以进行严密监督的两类之后，一项研究发现，在后一类工作中，年纪较大的劳动者获得相对较高工资的可能性更高，同时（至少在过去）受到强制退休规定的约束的可能性更高。②

□ 晋升竞赛

在存在内部劳动力市场的情况下对劳动者进行激励的另外一种形式被称为晋升竞赛。竞赛具有三个重要特征：第一，谁是最终的胜利者是不确定的；第二，胜利者是依据相对工作绩效（也就是说，相对于其他“参赛者”的绩效进行比较的结果）挑选出来的；第三，所有的报酬完全归胜利者所有，因此胜利和失败两种结果之间的差别将会很大。然而，并非企业中的所有晋升都满足这种竞赛的定义，这主要是因为在晋升决策中，获胜者得到的报酬相对较少，并且比较容易预测出谁将是获胜者。比如，一项研究发现，一次晋升通常只与 2%～3%的工资增长联系在一起，并且那些上一次晋升的速度最快的人，也极有可能是下一次晋升得最快的人。③

然而，一个人向企业高层领导职位晋升时所经历的过程常常符合我们描述的这种竞赛的特征。④ 例如，在美国最大的公司里，一位副总裁如果幸运地战胜其他竞争对手而晋升到首席执行官位置上，那么他在一生中可能获得的收入增加将会超过 400 万美元。⑤ 这种规模的回报就代表了在竞赛结束之后向胜利者提供的一种奖励；然而，如果一位副总裁的实际工作生产率确实比所有其他人都高，则他在很久以前就应该已经得到晋升了（或者其他人就已经被解雇了）！那么，到底是哪些因素决定了一次竞赛对参赛者的激励强度呢？在晋升竞赛过程中又需要解决哪些方面的问题呢？

努力的动机 在任何一次竞赛中，运动员或者参赛者都必须决定自己准备付出

---

① Edward Lazear, “Pensions as Severance Pay,” in Financial Aspects of the United States Pension System, eds. Zvi Bodie and John Shoven (Chicago: University of Chicago Press, 1983).

② Robert Hutchends, “A Test of Lazear's Theory of Delayed Payment Contracts,” Journal of Labor Economics 5, no. 4, Pt. 2 (October 1987): S153 - S170. 关于年龄歧视法规是怎样对延期薪酬支付方案产生影响的，参见 David Neumark and Wendy A. Stock, “Age Discrimination Laws and Labor Market Efficiency,” Journal of Political Economy 107 (October 1999): 1081 - 1125。

③ George Baker and Bengt Holmstrom, “Internal Labor Markets: Too Many Theories, Too Few Facts,” American Economic Review 85 (May 1995): 255 - 259.

④ Michael L. Bognanno, “Corporate Tournaments,” Journal of Labor Economics 19 (April 2001): 290 - 315. 关于竞赛在各种经济部门中的发展情况以及与较小的生产率差异相联系的巨大收益所产生的不利社会影响，参见 Robert H. Frank and Philip J. Cook, The Winner-Take-All Society (New York: Free Press, 1995)。

⑤ Bognanno, “Corporate Tournaments,” 299.（根据通货膨胀进行了调整。）

多少努力来取得胜利。例如，在网球比赛中，当一位运动员遇到一个很难救的球时，他就必须决定自己应当冒多大的拉伤或扭伤风险去救这个球。在企业中，已经做了父母的员工需要考虑继续在办公室里通宵工作一周（比如做一个项目），从而牺牲与孩子在一起的时间到底是否值得。我们可以假设，如果他们从竞赛获胜中得到的边际收益超过了为此而必须承担的风险、不便之处或者效用损失，则这些参赛者将会付出更多的努力去争取获胜。

参赛者付出额外努力产生的边际收益是以下两个因素的函数：一是获胜的可能性增大的程度；二是胜利者得到的奖励的价值（其中包括声誉）。一个人获胜的机会在多大程度上会有所增加取决于我们现在已经非常熟悉的一个因素，即参赛者的努力和最终产出之间的联系到底有多紧密。举个例子来说，如果能否获胜在很大程度上是一件靠运气的事情，那么即使付出更多的努力对结果的影响也非常小。[①]

当然，获胜者得到的奖励的价值在很大程度上取决于获胜者和失败者在得到的东西方面存在的差别大小。如果一场竞赛要求参赛者在付出努力时必须做出巨大的个人牺牲，或者参赛者的人数太多，因而个人即使付出更多的额外努力，对自己获胜机会的影响也很小，那么，这场竞赛就必须为获胜者提供大量的奖励才能真正对参赛者有激励性。

竞赛还能够增加产出，这是因为它具有一种分类价值。那些对自己的能力有信心，并且愿意为得到获胜者奖励而牺牲当前利益的人，比其他人更有可能去参加竞赛。这样，员工实际上是通过自我选择而参加（或退出）晋升竞赛的，他们在这样做的时候实际上已经向雇主发送了一个信号，而雇主在其他时候是很难得到这种信号传递出来的信息的。[②]（参见例 11.6 对律师事务所中甄选问题的讨论。）

存在的问题　对采用晋升竞赛的公司而言，虽然可能获得自我选择的一些收益，但同时也会引发与之相关的一些问题。晋升竞赛易于吸引“新进入者”，而他们往往对自己的能力过于自信，从而可能会做出很多风险过高的决策，最终危害到雇主的利益——因此，这种情况很可能会导致那些风险规避者或者在高度竞争的环境中表现不佳的人不愿意参加竞赛。例如，越来越多的证据表明，与具有同等生产率水平的男性相比，女性参加晋升竞赛的兴趣往往更低，并且这种竞赛引发的竞争促使她们的绩效提升的幅度也比较小。[③]

晋升竞赛存在的另一个问题是，由于绩效加薪决策是根据相对绩效做出的，因

---

① 下面这篇文章分析了公司在以下两种情况下会如何确定竞赛获胜的标准：第一种情况是对高管层实施激励；第二种情况是遏制高管人员实施可能会将公司置于较高风险之中的那些项目。参见 Hans，K. Hvide，“Tournament Rewards and Risk Taking，” Journal of Labor Economics 20 (October 2002)：877 - 898。

② 下面这篇文章试图从对个人绩效的激励作用中将竞赛的“分类”作用分离出来，参见 Bentley Coffey and M. T. Maloney，“The Thrill of Victory：Measuring the Incentive to Win，” Journal of Labor Economics 28 (January 2010)：87 - 112。

③ Rachel Croson and Uri Gneezy，“Gender Differences in Preferences，” Journal of Economic Literature 47 (June 2009)：448 - 474；Victor Lavy，“Gender Differences in Market Competitiveness in a Real Workplace：Evidence from Performance-Based Pay Tournaments among Teachers，” Economic Journal 123 (June 2013)：540 - 573.

此，参赛者可能不会将更多的努力用于增加自己的产出，而是用在减少竞争对手的产出方面。确实，如果存在这种蓄意破坏行为，晋升竞赛实际上有可能降低组织的总产出。①

实行晋升竞赛的组织还必须考虑如何对待那些失败者。在竞赛期间，工资性报酬方面的巨大差别会对参赛者产生很大的激励作用，但同时也意味着失败者的未来处境相对更差了。如果一家企业对失败者的态度非常麻木，它在刚开始吸引参赛者时就会遇到麻烦（毕竟大多数参赛者都会是失败者）。因此，企业就必须找到一种大小合适的工资性报酬差别，这种差别既要大到能够对参赛者产生激励作用，同时又不能因为差别过大而导致没有人愿意参赛！

然而，如果员工发现他们在组织之外还有其他可能的职业发展，同时他们至少还能向那些潜在的雇主发送与自己的生产力有关的某些信号时，与晋升有关的激励计划还会面临其他方面的一些问题。接下来，我们分析当员工将他们个人的努力用于寻找外部就业机会时可能会出现的一些情况。

例 11.6☞

律师事务所中的"老鼠赛跑"

在很多律师事务所中，合伙人——能够分享律师事务所利润的律师——需要从非合伙人律师中仔细甄选晋升上来。更具体地说，合伙人们想把那些能力最强且工作最努力的律师晋升上来——也就是说，他们想挑选的是那些个人贡献要大于所分利润的人。他们倾向于将"收费小时数"（billable hours）作为衡量一位律师的生产率的指标。

当然，所有从法学院毕业的求职者都会声称自己是非常努力工作的人，甚至连那些本来强烈偏好相对更短的（或甚至是"正常的"）工作时间的人，在被律师事务所雇用之后，也能在一段时间里伪装成"工时很长的人"。因此，雇主需要从求职者或现有员工那里获得一种能够反映他们具有长期工作导向的信号，而获得这种信号的方式之一就是告诉所有的求职者，事务所会要求他们必须在长期中长时间地工作。这些要求显然必须足够合理才能吸引来求职者，但据我们在第 9 章中对信号的讨论，宣称的这种工作要求又必须足够苛刻才能阻止那些伪装自己能长时间工作的人来求职。

然而，这种为阻止伪装者而提出的工作时间要求，甚至同时也超出了那些选择到律师事务所来工作的人愿意接受的工作时间。

比如，一项关于美国东北部两家大型律师事务所的研究发现，一半以上的律师每周的工作时间超过 50 个小时，并且 70%的律师通常在周末也要工作至少半天的时间。这一研究还发现，如果给大家提供 5%的加薪，则高达 65%的律师更愿意把工

① Jeffrey Carpenter, Peter Hans Matthews, and John Schirm, "Tournaments and Office Politics: Evidence from a Real Effort Experiment," American Economic Review 100 (March 2010): 504-517.

作时间减少 5%，而不愿意继续工作同样的时间以获得更高的收入。在那些配偶也从事全日制工作，从而需要共同分担家庭责任的律师中，75%以上的人希望能工作更少的时间。

资料来源：Renée M. Landers, James B. Rebitzer, and Lowell J. Taylor, "Rat Race Redux: Adverse Selection in the Determination of Work Hours in Law Firms," American Economic Review 86 (June 1996): 329 - 348.

□ 职业生涯方面的考虑与生产率

员工常常更倾向于把自己界定为某一专业或某一领域中的成员，而不是将自己认定为某一特定组织的成员。因此，他们可能会有一种在其他雇主面前表现自己（以希望自己将来能够得到他们提出的工作邀请）的动机，就好像这些雇主就是自己现在的雇主一样。那么，这些"职业生涯方面的考虑"究竟有什么样的含义呢?

努力的扭曲 当外界雇主观察其他企业员工的工作绩效时，客观绩效指标往往比主观绩效指标（比如说"质量"）更容易观察到。于是，关心自己职业发展的员工就存在这样一种动机，即更多地将自己的努力分配到可衡量的绩效领域之中，对外界雇主无法观察到的那些绩效领域则不予重视。正如我们在前面讨论过的那样，准备到其他企业就业的企业高管人员会存在一种追求能够产生短期利润的战略的动机，即使这种做法对当前雇主的长期利益可能是有害的。①

计件工资率与努力 尽管到其他雇主那里工作的可能性会导致员工将自己的努力加以扭曲性配置，但它却可以解决计件工资计划存在的另外一个问题。在一个产品和技术都在不断变化的世界中，企业必须不断地重新确定计件工资率。而在确定计件工资率的时候，雇主必须重新预测完成一项工作需要多长的时间，然后再对计件工资率进行修订，从而保证为其工作的劳动者在每小时中获得的平均工资性报酬是有吸引力的，进而使企业能够招募并留住一支员工队伍。

然而，管理层可能永远也不会确切地知道，当生产工人保持一种合理的较高水平努力时，完成一项工作任务到底需要多长的时间。此外，正如我们前面论述过的，在试运行阶段，劳动者会有一种"放慢工作步伐"的动机，以诱使管理层高估完成一项工作任务所需的时间，从而最终确定一种相对较高的计件工资率。假如员工知道管理层对完成一项工作任务所需的时间估计过高，他们就会刻意放慢工作速度，因为他们担心雇主在发现事实真相之后会降低他们的计件工资率。

然而，如果员工在不同企业之间是不断流动的，他们就不太会关心自己现在的

---

① 当员工当前的雇主能够比局外人更好地观察到他们的真实生产率特征的时候，准备"挖墙脚"的局外人（即其他雇主）往往会通过观察谁会得到晋升来推断出哪些人是最有价值的员工。于是，晋升本身就向其他雇主传递了一种信号，这种信号对那些已经得到晋升的员工是有帮助的，但是对这些员工当前的雇主却是有害的。有几篇文章对这一问题进行了讨论，其中包括：Dan Bernhardt, "Strategic Promotion and Compensation," Review of Economic Studies 62 (April 1995): 315 - 339; and Derek Laing, "Involuntary Layoffs in a Model with Asymmetric Information Concerning Worker Ability," Review of Economic Studies 61 (April 1994): 375 - 392。

雇主将来会采取何种行动。这时，他们就更有可能决定以最快的速度完成工作，从而给其他雇主留下深刻的印象，使这些雇主将来愿意雇用自己。当劳动者的工资至少有一部分是建立在计件工资基础之上时，员工对职业生涯的这种考虑有助于雇主从他们那里获取最高的效率。

努力顺序 对那些关心未来晋升的员工来说，无论是在现在的雇主这旦，还是在其他雇主那里，他们通常都会受到努力达成高生产率的两方百激励——当前的薪酬水平以及未来的晋升机会。当员工对职业生涯（也就是晋升）极为关注时，雇主可能就不太需要通过根据当前的绩效定工资的激励计划来促使员工努力工作了；而当员工对职业生涯的关心度比较低时，企业可能就需要更多地采取更具当前激励性的计划，因为只有这样才能促使劳动者保持足够的努力程度。[①]

当劳动者的工作经验相对缺乏的时候，他们更有可能会受到职业生涯方面的激励，而对根据当前绩效定工资的激励计划则不那么看重。如果对这些工作经验不足的员工实行根据当前绩效定工资的计划，则会遇到问题，这是因为员工的产出是个人的能力、努力以及运气的函数，而当员工相对年轻时，无论是他们自己，还是雇用他们的雇主，可能都不知道他们完成工作的真实能力到底如何。由于在员工的能力未知的情况下，员工个人的努力和产出之间的关系是不清楚的，因此，这时采取将缺乏经验的员工的工资与绩效联系在一起的做法是不大可能强化对他们的激励的。然而，那些对职业生涯考虑较多的人努力工作的动机会很强烈，因为他们意识到雇主正在通过对他们进行观察来预测他们的能力以及他们愿意付出努力的意愿强弱。

此外，在员工对职业生涯极为关注的情况下，即使雇主——尤其是外部雇主——无法监控员工的努力程度，劳动者同样也会付出更多的努力。员工意识到自己未来的晋升在很大程度上取决于雇主认为自己的能力有多强。由于员工有一部分努力是可以隐藏起来的，尤其是从外部雇主的角度看，因此，缺乏工作经验的员工就有一种偷偷地额外付出一些努力的动机，以使雇主对他们的能力做出一种错误判断。比如，一位本来一周只需要工作 50 个小时的员工，可能会通过在家里额外工作 20 个小时来提高其工作绩效，从而试图进一步改善雇主对其能力形成的印象。

然而，随着一个人职业的不断发展，其能力会越来越清楚地显示出来，建立在职业发展基础上的激励计划在激发员工付出额外的努力方面产生的效果就会下降。不过，我们不必担心的是，正如我们在前面提及的，建立在绩效基础之上的现期工资激励计划产生的激励作用同样也是很强的。事实上，一项研究发现，与较为年轻的首席执行官相比，在年纪较大的首席执行官得到的报酬中，取决于其现期绩效的部分所占的比重确实更大。[②]

① Robert Gibbons and Kevin J. Murphy, "Optimal Incentive Contracts in the Presence of Career Concerns: Theory and Evidence," Journal of Political Economy 100 (June 1992): 468 - 505.

② Gibbons and Murphy, "Optimal Incentive Contracts in the Presence of Career Concerns."

理论应用：揭开两个劳动力市场之谜

我们在本章中论述的几个理论问题有助于我们解释一直困扰着劳动经济学家的两个问题：为什么薪酬水平会随着劳动者的资历增加而上升？为什么规模较大的企业支付给员工的工资水平也较高？在两种情形中，我们都可以找到多种理论或数据方面的原因来解释这些经验现象；其中的一些原因是我们在本章中介绍的，其他一些原因我们在前面的章节中已经论述过。本节将对这些原因加以简要的总结，并且通过回顾实证研究结果，对看似最为可信的解释加以评析。

为什么工资性报酬会随着员工的任职年限增加而上升？

正如我们在第 9 章中论述过的，一个人得到的工资性报酬是随着年龄的增长而上升的；然而，在同一个年龄组中，一个人的工资性报酬也会随着此人在其雇主那里的任职年限增加而上升。那么，为什么在同一位雇主那里工作的时间长短如此重要呢？为什么在员工年龄（或者总体劳动力市场经验）一定的情况下，员工的工资水平增长会与任职年限联系在一起？关于这方面有以下三种解释。[①]

第一种最简单的解释是，雇主支付给劳动者的工资在任何时候都等于他们的边际收益产品——参见图 11.3（a），因而工资和生产率会随着员工在雇主那里工作时间的延长而一起上升。很显然，如果员工接受了对许多潜在雇主都有价值的一般培训，则他们的工资将会随着年龄增长而上升——但我们的问题是，为什么一个人的工资性报酬还会随着其在同一位雇主那里的任职年限增加而上升？我们在第 5 章中推导出的一种解释与工作和员工之间的匹配程度相关。由于一位既定的劳动者可能会面对多位潜在的雇主，同时在寻找工作的时候是需要付出成本的，因此，所有的劳动者都能快速找到能够实现自身技能价值最大化的工作（从而得到最高水平的工资）的情况是不太可能出现的。当然，有些幸运的人很快就能找到这种工作，这些幸运的人于是就会在这种雇主那里工作，不会再去寻找新的工作。那些不太幸运的人就会继续寻找更好的工作（以及更高的工资），因此他们的任职年限就更短。于是，可以这样认为，较长的任职年限以及较高水平的工资都反映了同一种现象，即工作和劳动者之间实现了更好的匹配（因而效率也更高）。

对工资会随任职年限增加而上升的第二种解释是，企业对特殊培训的投资是由

① 关于这种谜团的综述以及与之相关的一些早期实证研究文献，参见 Robert Hutchens，"Seniority，Wages，and Productivity：A Turbulent Decade，" Journal of Economic Perspectives 3（Fall 1989）：49－64。关于资历工资对雇佣行为所产生的影响，参见 Thomas Zwick，"Consequences of Seniority Wages on the Employment Structure，" Industrial and Labor Relations Review 65（January 2012）：108－125。

劳动者和企业共同承担的（见第5章）。企业和劳动者的共同投资创造出了一种可以在双方之间分享的剩余，因此，劳动者获得的工资增长往往低于他们的生产率增长。正如图11.3（b）描绘的那样，在存在企业特殊人力资本投资的情况下，劳动者得到的薪酬水平低于他们的边际收益产品，并且比后者上升得更缓慢。

工资会随任职年限增加而上升的第三种解释是，这种情况可能是雇主为了吸引和激励那些愿意长期为自身服务的劳动者而设计的延期薪酬激励体系的一个组成部分。根据这种解释，即如图11.3（c）所示，工资的上升速度将会快于边际收益产品的上升速度，并且最终会超过后者。[1]

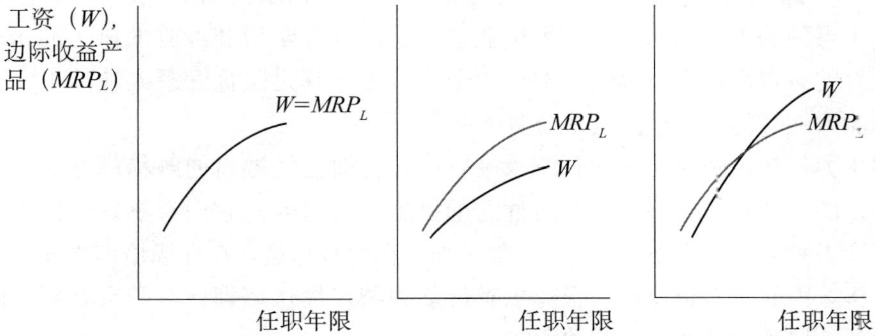

（a）一般人力资本　（b）企业特殊人力资本　（c）延期薪酬激励

图11.3　关于任职年限增加对工资增长所产生影响的三种解释

经济学家感兴趣的是，如何通过一些实证分析设计来对上述三种彼此不同的解释加以区分，然而，要想对生产率进行直接衡量并不是一件容易的事情。[2] 因此，大多数研究往往都是首先找到这样一些特定的劳动者，即从理论上来说，上述几种解释对他们来说是成立的（或不成立的），然后将他们的工资剖面曲线与其他劳动者的工资剖面曲线加以比较，如果相对工资剖面曲线表现得正如某种解释描述的那样，那么就可以认为某种解释得到了支持。比如，如果某一位劳动者的产出是很容易被监控的，或者这位劳动者是自我雇用者，或是拿计件工资的，就没有必要对他们实行延期薪酬激励计划。因此，如果我们能够找到证据证明这些劳动者的工资随其任职年限延长而增长的速度比一般劳动者要慢，那么我们就可以得到证明延期薪酬激

① 关于第三种解释的一种变形是，雇主之所以提供这种随任职年限增加而不断上升的工资剖面曲线，是因为员工更偏好这种安排。下面这篇文章认为，员工的效用部分地是他们的工资增长情况（而不仅仅是他们的工资水平）的一个函数。因此，企业要想在劳动力市场上更有竞争力，往往倾向于提供这样一种其他企业无法提供的工资剖面曲线，即在前面的工资水平较低，而在后来却上升得很快。参见 Robert H. Frank and Robert M. Hutchens, "Wages, Seniority, and the Demand for Rising Consumption Profiles," Journal of Economic Behavior and Organization 21 (August 1993): 251-276。

② 包含生产率资料的一项研究，参见 Judith K. Hellerstein and David Neumark, "Are Earnings Profiles Steeper Than Productivity Profiles? Evidence from Israeli Firm-Level Data," Journal of Human Resources 30 (Winter 1995): 89-112。

励计划确实存在的证据。① 如果那些最有可能在培训方面进行投资的劳动者的工资随任职年限的延长而上升得最为陡峭，则人力资本方面的解释都能够得到支持。② 迄今为止，对薪酬水平随着任职年限增加而上升这种情况，我们还没有找到最好的解释——当然，我们也可以说，上述三种解释分别对工资性报酬随任职年限延长而上升提供了部分解释。

□ 为什么规模较大的企业支付的薪酬水平较高?

美国私营部门中的劳动力大约有 20%是在人数不足 20 人的小企业中工作的，另外还有 45%的人是在人数超过 500 人的大企业中工作的。然而，在后一种企业中工作的员工得到的工资却比在前一种企业中工作的同等学历和经验的员工高很多。而且很明显的一点是，在规模较大的企业中，员工尤其是监督管理人员的工资在随着工作经验增加时的增长速度也快得多。③

关于为什么大企业支付的薪酬水平较高，目前已经做出的解释都是从以下一些角度出发的，即它们需要雇用到更优秀的员工以及（或）它们有更好的机会使自己的员工变得更富有生产率。④ 例如，第一种潜在的解释是，在在职培训方面存在一种规模经济，因此，大企业比小企业更有可能为员工提供培训，它们也有更大的动力去吸引那些愿意接受培训的劳动者。⑤

第二种可能的解释是，大企业通常更多地使用彼此之间具有较高相互依赖性的生产流程，而这种生产流程要求劳动者必须是极其可靠而且训练有素的（一个人消极怠工就有可能会降低整个团队的产出）。在这样一种高度相互依赖的生产环境中，劳动者必然会受到较大的约束，独立采取行动的能力大大下降，因此，他们的高薪

---

① Edward P. Lazear and Robert L. Moore, "Incentives, Productivity, and Labor Contracts," Quarterly Journal of Economics 99 (May 1984): 275 - 296; and Robert Hutchens, "A Test of Lazear's Theory of Delayed Payment Contracts."

② James N. Brown, "Why Do Wages Increase with Tenure?" American Economic Review 79 (December 1989): 971 - 991. 类似的一些研究，参见 Sheldon E. Haber and Robert S. Goldfarb, "Does Salaried Status Affect Human Capital Accumulation?" Industrial and Labor Relations Review 48 (January 1995): 322 - 337; David Neumark and Paul Taubman, "Why Do Wage Profiles Slope Upward? Test of the General Human Capital Model," Journal of Labor Economics 13 (October 1995): 736 - 761; and Erling Barth, "Firm-Specific Seniority and Wages," Journal of Labor Economics 15, no. 3, pt. 1 (July 1997): 495 - 506。

③ 关于最近的一项研究，参见 Brianna Cardiff-Hicks, Francine Lafontaine, and Kathryn Shaw, "Do Large Modern Retailers Pay Premium Wages?" Industrial and Labor Relations Review 68 (May 2015): 633 - 665。

④ 试图对这两种因素进行区分的研究，参见 Rudolf Winter-Ebmer and Josef Zweimuller, "Firm-Size Differentials in Switzerland: Evidence from Job Changers," American Economic Review 89 (May 1999): 89 - 93; and John M. Abowd and Francis Kramarz, "Inter-Industry and Firm-Size Wage Differentials: New Evidence from Linked Employer-Employee Data," Cornell University, School of Industrial and Labor Relations Institute for Labor Market Policies, July 2000。

⑤ Kevin T. Reilly, "Human Capital and Information: The Employer Size-Wage Effect," Journal of Human Resources 30 (Winter 1995): 1 - 18; and Dan A. Black, Brett J. Noel, and Zheng Wang, "On-the-Job Training, Establishment Size, and Firm Size: Evidence for Economies of Scale in the Production of Human Capital," Southern Economic Journal 66 (July 1999): 82 - 100.

酬可以被视为一种补偿性工资差别，即这些工作要求劳动者必须接受严格的纪律约束，从而导致这些工作对劳动者缺乏吸引力，因而需要对他们提供补偿。

第三种解释是，在大企业中存在职位空缺的成本更高。如前所述，大企业的资本密集程度通常更高，而且企业的各生产流程之间的相互依赖性也更高。因此，在这些大企业中，如果有一项工作没有人做或者是出现了预料之外的员工离职，就会对整个企业的生产造成比小企业更为严重的影响，这是因为很多劳动力和资本会闲置下来，而这会给大企业带来高昂的成本。所以，为了降低离职率以及确保职位空缺能够迅速得到填补，大企业自然会支付较高水平的薪酬——即使大企业的工作环境并不是那么缺乏吸引力，或者它们本来也并不一定要实行效率工资（因为还存在其他一些激励员工的手段）。①

第四种解释则认为大企业中的员工生产率更高，因为大企业在将员工更有效率地配置到不同的工作任务以及机器设备上去时有更多的选择机会。它们有足够的资本、劳动力和客户，所以这种解释认为大企业的员工出现闲置的可能性更小，同时生产率最高的员工也可以与最新的和生产率最高的机器设备匹配在一起。②

其他一些解释则是源于本章中讨论的理论。一种解释是，大企业可以为劳动者提供很多可能的职业晋升阶梯，因此在大企业中，劳动者和雇主之间保持长期雇佣关系的做法比在小企业中更富有吸引力。正如我们在本章中已经讨论过的，当员工努力寻求与雇主形成长期雇佣关系时，雇主在运用薪酬激励员工方面会有更大的选择余地。在预见到员工和雇主之间会存在一种长期雇佣关系的情况下，效率工资便是一种更为有效的激励手段，因为一旦雇主解除与员工之间的雇佣关系，劳动者就会遭受两个方面的损失，即薪酬水平方面的损失以及未来预期任职年限方面的损失。显然，只有在雇主和员工之间存在长期雇佣关系时，延期支付型薪酬方案和晋升竞赛才能被使用。

虽然大企业有更多的机会采用效率工资、延期支付型薪酬方案以及晋升竞赛等做法，不过，它们采纳其中一种或几种方案的需求也更强烈。可以说，正是由于企业的规模较大，它们才发现要对自己的员工进行监督是十分困难的，从而必须转而依靠其他方法来激励员工达到较高的努力水平。一项研究的结论认为，相对工作环境要求较为苛刻导致补偿性工资差别出现而言，企业规模大小对效率工资的出现产生的影响可能更大。③

① 与这一争论主线有关的一些证据，参见 James B. Rebitzer and Lowell J. Taylor, "Efficiency Wages and Employment Rents: The Employer Size-Wage Effect in the Job Market for Lawyers," Journal of Labor Economics 13 (October 1995): 678 - 708。

② Todd L. Idson and Walter Y. Oi, "Workers are More Productive in Large Firms," American Economic Review 89 (May 1999): 104 - 107.

③ David Fairris and Lee J. Alston, "Wages and the Intensity of Labor Effort: Efficiency Wages Versus Compensating Payments," Southern Economic Journal 61 (July 1994): 149 - 160. 一项关于"监督"和"补偿性工资差别"方面的文献研究综述，参见 Rebitzer, "Radical Political Economy and the Economics of Labor Markets," 1417 - 1419。

实证研究

劳动力愿意为公平付费吗？
运用实验室试验研究经济行为

我们在讨论对群体中的个人进行激励的问题时曾指出，无论是针对员工还是针对人力资源管理者所做的意见调查的结果都表明，对公平的知觉会影响员工的生产率。那么，我们能否获得一些独立的证据来证明员工到底是仅仅从自己的工资性报酬以及这些工资性报酬允许他们消费的东西中获得效用，还是说他们相对于他人的工资性报酬对比情况也会影响他们的个人效用呢？换言之，员工是只关心自己的绝对工资性报酬水平，还是说出于对公平的关注，他们同时也会关心自己的工资性报酬与他人对比时的相对水平呢？

如果劳动者真的看重公平，那么根据经济理论的假设，他们应当是愿意支付某种特定的价格来实现公平的。要找出能够证明这种假设成立的自然试验显然是很困难的，所以一些经济学家转而采用实验室试验的方式来考察到底是什么在激励着员工。

下面这个游戏是由位于麦迪逊市的威斯康星大学的 112 名来自经济学院和商学院的学生共同参与的。学生们被匿名配对（他们始终不知道自己是和谁配成一对），每一对人中会有一个人被指定为“建议者”，另外一个人被指定为“回应者”。这个游戏的目标是将最多 12 美元在双方之间进行分配。首先由建议者提出将可供分配的美元按照多大的比例在双方之间进行分配，而回应者则可以决定从 12 美元中总共拿出多少美元（从 0 美元到 12 美元）来进行分配。

例如，如果建议者说他要留下所有这些美元中的 75%，则回应者最多可以拿走 3 美元——建议者建议双方瓜分全部的 12 美元。在这种情况下，建议者将会获得 9 美元。如果回应者只关心自己的收益，而并不关心他人得到的报酬，那么他就不会选择将可用于分配的美元总额降低到 12 美元以下。然而，如果回应者很关心他的相对收入，他就会宁愿放弃一些收益，也要对建议者提出的那种对自己不公平的做法加以报复，而他这样做的途径便是降低可以用于分配的美元总金额。例如，如果回应者认为 75%：25%的分配方式不公平，那么他可能就会将可用于分配的美元总额减少到 8 美元，这样的话，回应者最终拿走 2 美元，而建议者最终也只能得到 6 美元。在这种情况下，我们就会看到，回应者通过放弃 1 美元可能带来的效用水平，造成了建议者承受与 3 美元相联系的效用损失。

该实验室试验的结果表明，无论建议者提出的分配比例怎样，大约一半的回应者都会接受建议者提出的分配建议，而并没有减少可以用于分配的总金额。也就是说，大约有一半的人只关心他们自己得到的绝对报酬水平。

那么，在另外大约一半非常关心公平，从而愿意付出某种代价来报复使自己受到不公平对待的建议者的人当中，他们又愿意为此付出多大的代价呢？建议者提出的一般建议都是采用 60%：40% 的分配方法，即回应者在可供分配的每一美元中得到 40 美分，而那些想对建议者实施报复的回应者则会将可供分配的美元总额减少 3 美元。而这种将可供分配的美元总额减少 3 美元的情况就表明，回应者愿意放弃 1.2 美元（=0.4×3 美元）来使建议者损失 1.80 美元（=0.6×3 美元）。

尽管我们可能会怀疑被挑选出来参加游戏的人以及可供分配的钱数能否准确地勾勒出在实际工作中劳动者的真实偏好，但是诸如此类的实验室试验还是比问卷调查更具有优势。因为参加游戏的人并不是仅仅对问题做出假设性的反应，他们还要做出会产生后续结果的实际行为。在最近几年中，当从实际市场中很难或者无法得到行为数据时，实验室试验便成为一种可以被接受的考察经济行为的工具。

资料来源：James Andreoni，Marco Castillo，and Ragan Petrie，"What Do Bargainers' Preferences Look Like? Experiments with a Convex Ultimatum Game，" American Economic Review 93（June 2003）：672 - 685. Morris Altman，"The Nobel Prize in Behavioral and Experimental Economics：A Contextual and Critical Appraisal of the Contributions of Daniel Kahneman and Vernon Smith，" Journal of Political Economy 16（January 2004）：3 - 41.

复习题

1. 阐述劳动力市场上的隐含合同要想具备自我强制执行性需要满足哪些必要条件，其背后的基本原理是什么。

2. 领取计件工资的劳动者得到的工资性报酬，通常会比完成相同工作但领取计时工资的劳动者得到的工资性报酬更高。从理论上来说，有三种原因可以解释这种现象。这三种解释分别是什么？

3. 假如就业现在出现了从制造业向服务业转移的趋势，较大比例的劳动者都在小企业中就业。小企业中的就业人数增长这样一种情况对雇主用于刺激生产率提高的薪酬方案的类型会产生何种影响？

4. 假如有两家比萨店都雇用司机把比萨送到电话下单的地方。一家店采取的是按工时支付工资的做法，而另外一家店则根据司机每天运送的比萨数量（它可能会受到司机运送比萨的努力程度以及为完成下一单而快速回店情况的影响）来向司机支付工资。则在这两家店中，哪一家店的司机更有可能出现较高的交通事故率？为什么？

5. 有人说："要想获得控制员工的力量，就应当先对他们的工资实行减额支付"，请对这种说法加以评论。

6. 一些房地产经销商将从每一宗交易中获得的佣金收入与负责这一交易的代理人进行五五分成；还一些房地产经销商则要求代理人提前向他们（经销商）支付一定的费用，然后允许代理人保留他们从自己完成的每一宗交易中获得的全部佣金。你估计哪一家公司的房屋销售代理人能够完成更高的销售额，是与雇主平分佣金的人，还是在向雇主交纳一定的费用后保留全部佣金的人？请解释你的答案。

7. 在最近几年中，许多工厂都被关闭了，这就造成数以千计的劳动者失去了工作，不得不去寻找新的工作。对这些被裁减的劳动者遭受的工资损失所做的研究发现，在技能几乎完全相同和获得过几乎相同培训的劳动者群体中，与年龄介于 25 岁和 34 岁之间的劳动者相比，年龄介于 55 岁和 64 岁之间并且在工厂中工作了很多年的劳动者失去的工资性报酬显然更多。为了激励员工而设计的某种薪酬计划是怎样导致这样一种结果的?

8. 假设在评价日本企业为一些员工提供的终身雇佣制度时，一名分析人士认为，日本雇主支付给资深员工的工资实际上超出了他们为企业创造的价值。这种表述与经济理论是否相符？请解释。

9. 最近，某杂志上刊登的一篇文章提出这样一个主张，即首席执行官的薪酬正在出现一种逐渐与股票期权分离的可喜趋势——股票期权与这些人的绩效之间存在的联系常常很小，相反，他们的薪酬越来越多地转变为浮动性奖金。请运用经济理论分析下述说法：股票期权与首席执行官绩效之间的联系很小，且首席执行官的薪酬逐渐与股票期权分离，更多地变成浮动性奖金的做法有助于增强对他们的激励。

练习题

1. 假设市场工资率是每小时 5 美元，但是如果查理的雇主愿意支付更多的报酬，则他愿意更加努力地工作。查理的工资和边际收益产品（MRP_L）之间存在的关系如下表所示。对查理来说，哪一种工资是其效率工资?

工资（美元/小时）	劳动力边际收益产品（MRP_L）（美元/小时）
4	6.00
5	8.00
6	9.50
7	10.25
8	11.00
9	11.50
10	12.00
11	12.25
12	12.50
13	12.75

2. 一家企业正在考虑采用这样一种计划，即在员工职业生涯的早期阶段支付的报酬低于员工的边际收益产品（MRP_L），而在员工职业生涯的后期阶段支付的报酬水平则高于他们的边际收益产品。对这家公司中的一位典型员工而言，$MRP_L=10+0.1T$，其中，T 代表员工在这家企业中的连续任职年限，MRP_L 是用每小时的美元数来衡量的。劳动者的小时工资率为 $W=8+0.2T$。假设这种工资率已经高到足以吸引劳动者从其他企业到本企业来工作，这家企业的贴现率为零。并且一位员工的预期任职年限是 35 年。如果员工 35 年后退休，该计划对该企业来说是有利可图的吗？解释你的答案。这家企业实行减额支付的年限应该是多少年?

3. (1) 假定劳动力的边际收益产品取决于 $MRP_0=20-L$，其中，L 是劳动力的数量。如果市场工资率是每小时 5 美元，雇主会雇用多少劳动力?

（2）雇主现在发现，如果给员工支付更高的工资，他们会更加努力地工作。如果雇主支付给员工的工资率最少为每小时 6 美元，则员工能够达到的更高生产率会表现为一条新的边际收益产品曲线 $MRP_1=22-L$。当工资率为每小时 6 美元时，雇主愿意雇用多少名员工？

（3）运用经济理论解释当工资率由每小时 5 美元变为每小时 6 美元时带来的雇佣水平变化。

4. 假设一家公司的工资率决定公式为 $W=5+0.5T$，其中，T 是劳动者被公司雇用的年限。用每小时产生的美元数量来计算的边际收益产品为 $MRP_L=6+0.3T$。假设工资水平足够高，能够吸引到来自其他企业的劳动力。

（1）未来价值的贴现问题忽略不计，画出在长达 12 年的时间中的工资水平和劳动力边际收益产品（MRP_L）。

（2）这种薪酬计划会对以下哪种劳动者更富有吸引力：第一种，希望在未来的 12 年中都能在同一家公司中稳定就业的劳动者；第二种，计划在未来的 6 年中迁移到其他地区，因而届时必须辞掉当前工作的劳动者？请解释你的答案。

推荐阅读

Akerlof, George A., and Janet L. Yellen, eds. Efficiency Wage Models of the Labor Market. New York: Cambridge University Press, 1986.

Bertrand, Marianne, "CEOs," Annual Review of Economics 1 (September 2009): 121 - 150.

Carmichael, H. Lorne, "Self-Enforcing Contracts, Shirking, and Life Cycle Incentives," Journal of Economic Perspectives 3 (Fall 1989): 65 - 84.

Frank, Robert H., and Philip J. Cook, The Winner-Take-All Society. New York: Free Press, 1995.

Gibbons, Robert, "Incentives in Organizations," Journal of Economic Perspectives 12 (Fall 1998): 115 - 132.

Hallock, Kevin F. Pay: Why People Earn What They Earn and What You Can Do Now to Make More. New York: Cambridge University Press, 2012.

Lazear, Edward P., and Kathryn L. Shaw, "Personnel Economics: The Economist's View of Human Resources," Journal of Economic Perspectives 21 (Fall 2007): 91 - 114.

Sappington, David E. "Incentives in Principal-Agent Relationships," Journal of Economic Perspectives 5 (Spring 1991): 45 - 66.

Simon, Herbert A. "Organizations and Markets," Journal of Economic Perspectives 5 (Spring 1991): 24 - 44.

第 12 章 劳动力市场中的性别、种族和族裔

在最近的几十年中，美国的劳动力队伍经历了一个令人瞩目的人口结构转型时期。有些变革力量来自美国女性对家务劳动和市场工作之间的平衡有了不同的期望；有些导致劳动力队伍结构发生变化的因素则来自移民——其中既包括合法移民，也包括非法移民——以及不同种族或族裔群体在出生率方面的差别。所有这些因素导致的一个共同结果就是，美国劳动力队伍中的各群体构成已经发生了变化且正在继续发生着显著的变化。

表 12.1 包括两部分内容：一部分内容是 1990—2014 年间发生的劳动力人口结构变化情况，另外一部分内容是对 2024 年的前景所做的预测。白人劳动力在 1990 年时约占劳动力队伍的 78%，在 2014 年时仅约占 65%，预计到 2024 年，他们所占

表 12.1　各主要人口群体在美国平民劳动力队伍中的比重（%）：1990 年，2000 年，2010 年，2014 年，2024 年

	年度				
	1990 年	2000 年	2010 年	2014 年	2024 年（预测值）
白人（非西班牙裔）	77.7	72.0	67.5	64.6	59.6
女性（所有种族）	45.2	46.5	46.7	46.8	47.2
黑人（两种性别）	10.9	11.5	11.6	12.1	12.7
亚裔，印第安人（两种性别）[a]	3.7	4.4	4.7	5.6	6.6
西班牙裔（所有种族，两种性别）	8.5	11.7	14.8	16.3	19.8

a. 其中包括阿拉斯加原住民和太平洋岛屿上的岛民。

资料来源：Mitra Toossi，"Labor Force Projections to 2024：The Labor Force is Growing，but Slowly，" Monthly Labor Review (December 8，2015)：Table 1. www.bls.gov/opub/mlr/2015/article/labor-force-projections-to-2024.htm.

的比重会进一步下降到60%以下。而女性在劳动力队伍中的比重则稳步上升，非洲裔和亚裔美国人在劳动力队伍中的比重也在上升，西班牙裔美国人在劳动力队伍中的比重增长迅速——从1990年的8.5%增长到2014年的约16%。

除了亚裔美国人之外，在美国劳动力队伍中的比例增长最快的群体是那些平均来看挣到的工资性报酬比从事全日制工作的白人男性低得多的人。只要看一看图12.1我们就可以发现，在2014年时，在美国劳动力队伍比例增长最快的非亚裔劳动者群体中，没有哪一类劳动者的平均工资性报酬能够达到从事全日制工作的白人男性的工资性报酬的71%以上。相比之下，从事全日制工作的亚裔美国男性的平均工资性报酬实际上略微超过白人男性的平均工资性报酬。

年工资性报酬水平相对较低的劳动者群体的人口数量在显著增长，这种情况导致人们对造成不同群体之间的工资性报酬差别的原因产生了极大的兴趣。本章的目的就是对这种工资性报酬差别进行分析，并且对歧视问题给予充分的关注。

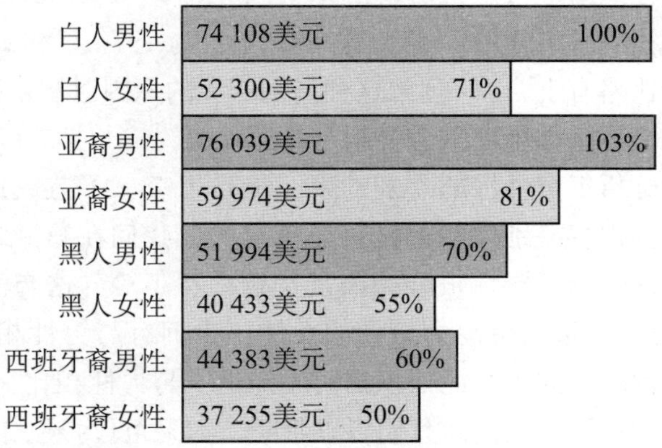

图12.1　从事全日制工作的24岁以上各美国劳动者群体的平均工资性报酬占白人男性工资性报酬的百分比，2014年

资料来源：图中的数据摘自U. S. Bureau of the Census，"Historical Income Tables：People，" Table P-39，at www.census.gov/data/tables/time-series/demo/income-poverty/historical-income-people.html。

可衡量的和不可衡量的工资性报酬差别来源

我们在本节中将论述女性、黑人以及西班牙裔这三个较大（但是存在部分重叠）劳动者群体的工资性报酬差别问题。这三个群体是被美国政府作为潜在就业歧视受害者加以政策保护的。我们之所以集中讨论这三大群体，主要是因为，与那些根据身体或性别特征划分出来的其他人口群体相比，我们比较容易找到与这些人相关的现成数据，而且学术界对此也进行了一些研究。[①] 此外，从实用的角度出发，我们把分析的对象界定为工资性报酬而不是总薪酬（尽管将其作为分析对象更合理），这是因为按人口群体划分的员工福利价值数据通常不是很容易得到。[②]

在考虑不同人口群体的工资性报酬时，我们会对全年都从事全日制工作的劳动者的工资性报酬加以比较（如图 12.1 所示）。不同的全日制员工在一整年中的工资性报酬差别主要是（但不完全是）因为工资率存在差别造成的，而对工资率存在的差别做出解释恰恰是本章的重点所在。然而，由于我们仅仅比较了全日制员工的工资性报酬，所以忽略了在这一年中存在的非全日制工作和失业等情况对工时数产生的较大影响——而在分析歧视这一主题的时候，我们是需要把因此而产生的差异考虑进去的。

□ 不同性别劳动者之间的工资性报酬差别

综合各种族女性的情形可以看出，在 2014 年时，24 岁以上且从事全日制工作的女性的平均工资性报酬是男性的 73%。这一百分比 与 1970 年和 1980 年的同一百分比数字（58%）相比略有上升。[③] 理解这种差别产生的原因对制定政策消除这种差别是至关重要的——当然，如果确实需要制定此类政策。[④]

年龄和教育 分析工资性报酬差别的第一步是思考一下造成这种差别的潜在来源有哪些——其中的许多差别来源都是可以衡量的。我们在第 9 章中论述过，两个非常重要、可衡量的影响工资性报酬的因素是教育和年龄（这与潜在的劳动力市场经验有关）。尽管近年来进入劳动力市场的女性至少拥有与男性相同的受教育水平，但是年纪较大的女性就不同了。此外，我们还知道，与男性相比，女性的年龄-工资性报酬剖面曲线更为扁平。因此，我们可以判断，如果可以控制年龄和受教育程度，则可以部分地解释女性和男性之间存在的工资性报酬差别。

表 12.2 根据年龄和受教育程度对男性和女性分别做了分类，表中的数据表明，

---

① 与这两个主题有关的文章，参见 Thomas Deleire，“Changes in Wage Discrimination against People with Disabilities：1984 - 1993，” Journal of Human Resources 36（Winter 2001）：144 - 158；and Christopher S. Carpenter，“Self-Reported Sexual Orientation and Earnings：Evidence from California，” Industrial and Labor Relations Review 58（January 2005）：258 - 273。

② 关于在不同性别间工资性报酬差别背景下讨论这一主题的研究，参见 Aaron Lowen and Paul Sicilian，“‘Family-Friendly’ Fringe Benefits and the Gender Wage Gap，” Journal of Labor Research 30（2009）：101 - 119；and Eric Solberg and Teresa Laughlin，“The Gender Pay Gap，Fringe Benefits，and Occupational Crowding，” Industrial and Labor Review 48（1995）：692 - 708。

③ 数据可以在以下来源找到：U. S. Bureau of the Census，Current Population Survey Tables for Personal Income，Personal Income：PINC-03，2014，at www.census.gov/data/tables/time-series/demo/income-poverty/cps-pine/pinc-03.html.

④ 正如我们强调过的，在本章中所揭示和分析的工资差别只与工资率和工资性报酬有关，而不是对劳动报酬（因为它包括了雇员福利）进行的衡量。有迹象表明，与具有可比性的男性相比，女性获得养老金、健康保险或工伤保险的可能性较小。参见 Janet Currie，“Gender Gaps in Benefits Coverage，” in The Human Resource Management Handbook，eds. David Lewin，Daniel Mitchell，and Mahmood Zaidi（Greenwich，Conn.：JAI Presws，1997），chapter 23。

正如我们估计的那样，女性和男性之间的工资性报酬比率趋向于随劳动者的年龄增大而下降。然而，令人奇怪的是，最年轻的女性得到的工资性报酬与男性的工资性报酬之间的比率竟然也如此之低（78%已经是最高值了），这就要求我们必须从其他方面去寻找可以解释女性与男性之间的工资性报酬差别的理由。

表 12.2　女性的工资性报酬占男性的工资性报酬的百分比（%），按年龄和教育程度划分，全日制劳动者，2014 年

年龄（岁）	高中毕业	学士毕业	硕士毕业
25～34	78	78	71
35～44	73	69	68
45～54	70	66	61
55～64	73	72	63

资料来源：U. S. Bureau of the Census，Current Population Survey Tables for Personal Income，Personal Income：PINC-03，2014，www. census. gov/data/tables/time-series/demo/income-poverty/cps-pinc/pinc-03. html.

职业　一个有助于对女性和男性之间的工资性报酬比率进行解释的可衡量因素是职业。正如表 12.3 所示，女性在低工资职业的从业人员中的占比明显过高，而在高工资职业的从业人员中的占比却明显过低；因此，在女性和男性的工资性报酬差别中，至少有某一部分差别是由职业分布状况不同造成的。此外，表 12.3 还表明，即使是从事相同的职业，女性的工资性报酬也大大低于男性。由于在表 12.3 中挑选出来的那些高工资职业一般都要求从业者受过专业化的本科或研究生教育，所以我们可以得出这样一个合理的假设，即进入这些职业领域的女性和男性都拥有同样的"职业"倾向——然而，在 2014 年，即使是在这些行业中，女性和男性的工资性报酬比率在列出来的四种职业中仍然大大低于 1.0。

表 12.3　女性与男性之间的工资性报酬比率以及女性从业者的人数占比，领取工资和薪金的全日制劳动者，按选定的高工资职业和低工资职业划分，2015 年

	女性从业人员在该职业中所占的比重（%）	女性与男性之间的工资性报酬比率（%）
高工资职业[a]		
首席执行官	27	0.82
计算机软件工程师	27	0.86
律师	37	0.90
药剂师	52	0.86
低工资职业[a]		
出纳	69	0.86
厨师	38	0.94
食品准备工	52	0.94

a. "高工资职业"是指在 2015 年时女性劳动者的周工资性报酬高于 1 500 美元的那些职业；"低工资职业"则指男性劳动者的周工资性报酬不足 430 美元的职业。

资料来源：U. S. Bureau of Labor Statistics，2015 Employment and Earnings Online，Annual Average Household Survey Data，Table 39，http：//www. bls. gov/cps/cpsaat39. pdf.

工时和工作经验 在同一职业内部，劳动者的工资性报酬还会受到个人的工时数和工作年限的影响。我们在第 9 章中已经论述过，在同一职业内部，女性劳动者平均每周的市场工作时间比男性少几个小时。现在，我们暂且忽略非全日制工作产生的影响（即女性在从事非全日制工作的劳动者中所占的比重较大），而是集中分析全日制工作中的情况。表 9.2 中的数据表明，在各种既定的职业中，女性劳动者平均每周的工作小时数比男性要少 1%～5%。由于领取薪金的劳动者在工作时间较长时会得到一笔补偿性工资差别[①]，因此，在表 12.3 显示出来的工资性报酬差别中，有一部分差别可以用女性的工时数较少加以解释。

各种分析均表明，在各种职业内部，女性的工作经验与男性相比通常也较少（有时还会出现职业中断），而且她们获得晋升的可能性也较小。[②] 比如，一项针对从排名等级相同的商学院毕业的工商管理硕士（MBA）所做的研究发现，女性在毕业之初和男性挣到的工资性报酬是一样多的，但在 10～16 年之后，她们就比男性少挣 45%了。在 10～16 年间出现的这种工资性报酬差别，有近三分之一是与女性的工时数较少密切相关的，另外三分之一则源于她们的工作经验积累较少（在选定的样本中，女性比男性的总工作经验——按月数来计算——要少，而从事非全日制工作的月数却较多）。[③] 鉴于女性在抚养孩子方面一般都扮演主要角色，因此，研究者将女性和男性之间的这种“经验差距”大部分都归结为照看孩子的需要。[④] 事实上，另外一项研究也报告，1991 年时，在所有年龄为 30 岁且在市场上工作的女性中，那些已经做了母亲的职业女性的工资性报酬比 30 岁的男性低 23%，而那些没有做母亲的职业女性的工资性报酬则只比男性低 10%。[⑤]

无法得到解释的差别 很显然，在控制了职业、受教育水平、年龄、工作经验

---

① Claudia Goldin, “A Grand Gender Convergence: Its Last Chapter,” American Economic Review 104 (April 2014): 1091 - 1119.

② Edward P. Lazear and Sherwin Rosen, “Male-Female Wage Differentials in Job Ladders,” Journal of Labor Economics 8 (January 1990): S106 - S123; Erica L. Groshen, “The Structure of the Female/Male Wage Differential: Is It Who You Are, What You Do, or Where You Work?” Journal of Human Resources 26 (Summer 1991): 457 - 472; and Stephen J. Spurr and Glenn J. Sueyoshi, “Turnover and Promotion of Lawyers: An Inquiry into Gender Differences,” Journal of Human Resources 29 (Summer 1994): 813 - 842.

③ 同①.

④ Nikolay Angelov, Per Johansson, and Erica Lindahl, “Parenthood and the Gender Gap in Pay,” Journal of Labor Economics 34 (July 2016): 545 - 579; Marianne Bertrand, Claudia Goldin, and Lawrence F. Katz, “Dynamics of the Gender Gap for Young Professionals in the Financial and Corporate Sectors,” American Economic Journal: Applied Economics 2 (July 2010): 228 - 255.

⑤ Jane Waldfogel, “Understanding the ‘Family Gap’ in Pay for Women with Children,” Journal of Economic Perspectives 12 (Winter 1998): 137 - 156. 与这个主题有关的更多的近期研究，参见 Nabanita Datta Gupta and Nina Smith, “Children and Career Interruptions: The Family Gap in Denmark,” Economica 69 (November 2002): 609 - 629; and Christy Spivey, “Time Off at What Price? The Effects of Career Interruptions on Earnings,” Industrial and Labor Relations Review 59 (October 2005): 119 - 140。一项研究显示，因生理周期而造成的缺勤或许能够解释女性在工资方面处于不利地位的一部分原因，参见 Andrea Ichino and Enrico Moretti, “Biological Gender Differences, Absenteeism, and the Earnings Gap,” American Economic Journal: Applied Economics 1 (January 2009): 183 - 218。

以及工时数之后，不同性别之间的工资性报酬差别大部分已经得到了解释，而另外一些可衡量的变量则可以解释剩下的一些差别。然而，即使所有可衡量的因素都已经包括在我们的分析中，有一些差别可能仍然无法得到解释。如果事实果真如此，那么这种情况会有两种可能的解释。第一种解释是，那些无法得到解释的工资性报酬差别很可能是由某些性别方面的原因导致并且是会对生产率产生影响的，但研究者却无法对其进行观察（例如，当市场工作和家庭生活出现冲突时，男性和女性看待两者的相对重要性程度是不同的）。第二种解释是，这些未能得到解释的差别可能是因为劳动力市场上存在歧视（从例 12.1 可以看出，在交响乐团中也存在对女性的歧视行为）。

例 12.1☞

交响乐团在选择音乐家时的歧视性行为

一个交响乐团中通常大约有 100 名演奏者。这些演奏者必须在一个甄选委员会面前接受试听测试才能进入交响乐团，甄选委员会通常由指挥以及其他一些乐团成员组成。在 1970 年以前，在交响乐团举行的几乎所有试听测试中，参加测试的候选人都是甄选委员会成员熟悉的人。这个过程对男性是有利的——尤其是那些由甄选委员会成员指导的弟子，这就导致在刚刚被雇用的乐团成员中只有 10%左右的人是女性。截至 20 世纪 90 年代，在新雇用的乐团成员中却已经有 35%的人是女性了。那么，是什么原因导致了该变化的出现呢？

一种情况是，在这一时期能够进入乐团的潜在女音乐家的数量是在上升的，但是，与此同时，实际上还存在另外一种非常重要的变化。即在整个 20 世纪 70—80 年代，大多数交响乐团都改变了测试办法，它们在举行试听测试时，利用一道屏幕来挡住甄选委员会成员的视线。于是，甄选委员会的成员就无法知道参加测试的候选人的身份和性别了。由于不同的乐团是在不同的时间里采用这种遮挡甄选委员会成员视线的做法的，于是，我们就可以评估这种甄选程序产生的效果了。一项非常仔细的研究发现，在受雇的女性乐手人数出现的 25 个百分点的增长中，有三分之一的增长要归功于采用了这种做法。换言之，研究结果发现，如果甄选委员会能够知道参加试听测试的候选人的性别，女性乐手的受雇率将会下降大约 8 个百分点（即从 35%下降到 27%）。

资料来源：Claudia Goldin and Cecilia Rouse，"Orchestrating Impartiality：The Impact of 'Blind' Auditions on Female Musicians，" American Economic Review 90（September 2000）：715－741.

歧视的界定　如果说生产率特征相同的劳动者仅仅是因为他们所属的人口群体不同而受到不同对待，则我们就可以说这时存在劳动力市场歧视。换言之，我们观察到的不同人口群体之间的平均工资性报酬差别来自两个方面：一是各人口群体在进入劳动力市场时便存在的生产特征差别（通常被称为前市场差别）；二是不同的人口群体受到劳动力市场中的其他参与者对待的方式不同。我们认为，不同人口群体在劳动力市场中受到的差别对待，就是我们所谓的劳动力市场歧视。

劳动力市场中的性别歧视通常有两种比较明显的形式。第一，有时候，人们怀疑雇主支付给女性员工的工资要低于与她们从事同种职业、具有相同工作经验以及在相同工作条件下完成工作的男性员工的工资；这种形式的歧视被称为工资歧视。第二，人们有时候会认为，雇主会将与男性员工具有相同受教育水平和生产率潜力的女性员工人为地安排到工资较低或承担责任较轻的工作岗位上，同时这些雇主会把高工资工作留给男性员工；这种形式的歧视被称为职业歧视。

工资歧视 劳动力市场歧视这一概念的基本含义是，劳动者的工资既是他们的生产率特征（他们的人力资本以及他们受雇的企业的规模等）的函数，同时也是他们的每一种生产率特征在劳动力市场上可以要求的价格的函数。因此，经济理论表明，女性和男性之间的工资差别既有可能是因为（比如说）工作经验有所不同，也有可能是因为女性和男性在同样增加一年工作经验的情况下，各自得到的补偿有所不同。当雇主针对既定的生产率特征支付的价格因劳动者所属的人口群体不同而呈现系统性差别时，我们便认为在劳动力市场上存在歧视。换言之，如果生产率特征相同的男性和女性（或少数族裔劳动者和非少数族裔劳动者）即使是从事同一职业，他们得到的工资也并不相同，这时我们便可以认定在劳动力市场上存在歧视现象。

职业歧视 对一位劳动者的人力资本至关重要的一点就是此人所做的职业准备以及接受的正规学校教育、职业培训或积累的工作经验。女性和男性的职业分布差别是很大的，但是要想证明在不同性别劳动者之间确实存在职业隔离，会比证明存在职业歧视容易得多。

当一个人口群体内部的职业分布与其他人口群体内部的职业分布存在很大的差异时，我们就说存在职业隔离。从性别的角度来说，职业隔离主要反映在这样一个方面，即在有些职业中是女性占主导地位，而在有些职业中则是男性占主导地位。

如果职业选择受到直接的限制，或者受到既定人力资本特征获得的回报较低这种情况的影响，则职业隔离显然就反映了劳动力市场歧视的存在。然而，如果这些选择仅反映了个人的偏好不同，或者存在不同的家庭责任（特别是抚养孩子方面的责任），这时可能就会存在两个方面的意见。一种意见认为，这种情况不存在什么特别的问题，职业偏好——其中也包括家务劳动偏好——是在一个人的生活经历中自然形成的，因而在市场经济中应当得到尊重。另一种意见则认为，这些偏好本身就是前市场歧视的一种结果——这种偏好在很大程度上是由父母、学校和社会对不同的人给予不同的对待导致的，女孩子在成人和进入劳动力市场之前就会被引导去从事低工资职业（包括家务劳动）。

我们现在讨论如何衡量职业隔离和工资歧视的问题。在这两个主题中，我们都会首先讨论可用的衡量指标，然后简要讨论这些指标在多大程度上精确地反映了歧视性待遇的存在。

职业隔离的衡量 正如表 12.3 所示，女性和男性在各种职业中的分布都是不均匀的。尽管在最近的几十年中情况已经发生了巨大的变化，但是女性在工资较高职业中的分布仍然显得不足，同时在工资较低职业中的分布仍然比重过大。人们用了很多指标来衡量在各种详细划分的职业类别中，男性和女性的分布比例不均匀的情况，所有这些方法所采取的基本做法都是，首先找到女性和男性在当前的各种职业中的实际分布情况，然后估计一下，如果男性和女性在各种不同职业中的分布是随机的，那么，男性和女性在不同职业中的分布状况应该是怎样的，最后对两者加以对比。①

比如，有一种衡量指标是差异指数。该衡量指标考察的是，假定某一种性别的劳动者继续留在现有工作岗位，那么，为了使两种性别的劳动者在各种职业中具有相同的职业分布，则在另外一种性别的劳动者中将会有多大比例的人不得不改变职业。如果所有的职业都是完全隔离的，那么这一指数将会等于100；如果女性和男性在各种职业中的分布都是完全相同的，则这一指数为零。有一项研究对定义范围非常狭窄的500种职业中的性别就业模式进行了分析，结果表明，这种差异指数已经从1970年时的64.5、1980年时的58.4、1990年时的54.1、2000年时的52.0下降到了2009年时的51.0。②

尽管职业隔离的程度有所下降，但是各种研究通常都发现它对女性劳动者的工资产生的影响仍然是巨大的。一般估计结果是，如果具有相同受教育程度以及工作经验的美国女性能够与美国男性分布于同一种职业和行业中，则她们的工资水平将会上升3%～10%。③

然而，正如我们在前面指出过的，并非所有的职业隔离都是劳动力市场歧视的结果。至少某些职业隔离是个人在进入劳动力市场之前形成的偏好或者在进入劳动力市场之后所做的决定——就像在需要进行家庭决策的背景下那样（参见例8.2）——造成的。例如，越来越多的文献指出这样一种可能性的存在，即女性更倾向于规避风险，并且她们更倾向于规避需要通过与雇主进行谈判确定工资的职业以及工资需要与绩效挂钩的职业——无论是从绝对的风险规避水平来看，还是从相对

① Dale Boisso, Kathy Hayes, Joseph Hirschberg, and Jacqures Silber, “Occupational Segregation in the Multidimensional Case: Decomposition and Tests of Significance,” Journal of Economics 61 (March 1994): 161－171; and Martin Watts, “Divergent Trends in Gender Segregation by Occupation in the United States: 1970－1992,” Journal of Post-Keynesian Economics 17 (Spring 1995): 357－379.

② Francine D. Blau, Peter Brummund, and Albert Yung-Hsu Liu, “Trends in Occupational Segregation by Gender 1970－2009: Adjusting for the Impact of Changes in the Occupational Coding System,” National Bureau of Economic Research, working paper no. 17993 (Cambridge, MA, April 2012). 关于20世纪职业隔离趋势的分析，参见Jessica Y. Pan, “Gender Segregation in Occupations: The Role of Tipping and Social Interactions,” Journal of Labor Economics 33 (April 2015): 365－408。

③ Francine D. Blau, Marianne A. Ferber, and Anne E. Winkler, The Economics of Women, Men and Work, 6th ed. (Boston: Prentice-Hall, 2010), 196; Marjorie L. Baldwin, Richard J. Butler, and William G. Johnson, “A Hierarchical Theory of Occupational Segregation and Wage Discrimination,” Economic Inquiry 39 (January 2001): 94－110; June O'Neill, “The Gender Gap in Wages Circa 2000,” American Economic Review 93 (May 2003): 309－314; and Michael Ransom and Ronald L. Oaxaca, “International Mobility and Sex Differences in Pay,” Industrial and Labor Relations Review 58 (January 2005): 219－237.

于男性的情况来看，都是如此。[1] 迄今为止，还没有哪一种衡量方法能够估计出到底有多大比例的职业隔离可以归咎于雇主采取的不公平对待措施。

尽管从一方面来看，可观察到的职业隔离程度是在下降的；从另一方面来看，我们也无法衡量出个人偏好在职业隔离中所起的作用到底有多大，但这并不意味着并不存在歧视。甚至在那些定义范围非常狭窄的职业中，女性和男性在不同的企业之间也是被隔离开的。例如，一种很常见的现象是，餐馆要么仅仅雇用男服务员，要么仅仅雇用女服务员，但不会同时雇用这两类服务员。此外，女服务员的工资性报酬往往只有男服务员的87%。对美国费城的各家餐馆进行的雇佣审计结果显示，歧视对职业隔离可能起着非常重要的作用。1994年时，有两组相互配对的男性和女性（有相同的履历）到65家餐馆去求职，结果却发现，那些饭菜定价比较高从而向员工支付的工资性报酬也比较高的餐馆向女性求职者发出面试邀请或提供工作机会的可能性较低。[2]

工资歧视的衡量 我们在前面曾指出过，女性和男性之间出现的平均工资性报酬差别可能是由两个方面的原因引起的：一是这两类人在平均生产率特征水平方面存在差异；二是生产率特征相同的这两类人获得的报酬却有所不同。前一种差距来源被我们解释为前市场差别。在理想情况下，我们可以通过以下四个步骤来确认和衡量工资歧视。[3]

步骤一：首先分别搜集与男性和女性有关的各种信息，这些信息必须涵盖所有在理论上与工资性报酬的决定有关的人力资本特征数据和其他方面的数据。回顾我们在前面章节中的论述，我们立即能够想到的一些特征包括年龄、受教育程度和培训水平、工作经验、在当前雇主那里工作的年限、工时数、受雇企业的规模、所在

---

① Rachel Crosen and Uri Gneezy, "Gender Differences in Preferences," Journal of Economic Literature 47 (June 2009): 448 - 474; Victor Lavy, "Gender Differences in Market Competitiveness in a Real Workplace: Evidence from Performance-Based Pay Tournaments among Teachers," Economic Journal 123 (June 2013): 540 - 573; Andreas Leibbrandt and John List, "Do Women Avoid Salary Negotiations? Evidence from a Large Scale Natural Field Experiment," working paper no. 18511, National Bureau of Economic Research (Cambridge, Mass.: November 2012); and Alan Manning and Farzad Saidi, "Understanding the Gender Pay Gap: What's Competition Got to Do with It," Industrial and Labor Relations Review 63 (July 2010): 681 - 698.

② Kimberly Bayard, Judith Hellerstein, David Neumark, and Kenneth Troske, "New Evidence on Sex Segregation and Sex Differences in Wages from Matched Employee-Employer Data," Journal of Labour Economics 21 (October 2003): 887 - 922; David Neumark, "Sex Discrimination in Restaurant Hiring: An Audit Study," Quarterly Journal of Economics 111 (August 1996): 915 - 941. 公司内部的男性和女性在晋升方面的差别也可以解释一部分职业隔离现象，参见 Michael Ransom and Ronald L. Oaxaca, "Intrafirm Mobility and Sex Differences in Pay," Industrial and Relations Review 58 (January 2005): 219 - 237; and Francine Blau and Jed DeVaro, "New Evidence on Gender Differences in Promotion Rates: An Empirical Analysis of a Sample of New Hires," Industrial Relations 46 (July 2007): 511 - 550。

③ 这一程序最早出现在下面这篇文章中，参见 Ronald Oaxaca, "Male-Female Wage Differentials in Urban Labor Markets," International Economic Review 14 (October 1973): 693 - 709。对这种步骤的补充和修订，参见 Ronald L. Oaxaca and Michael R. Ransom, "On Discrimination and the Decomposition of Wage Differentials," Journal of Economics 61 (March 1994): 5 - 21; and Moon-Kak Kim and Solomon W. Polachek, "Panel Estimates of Male-Female Earnings Functions," Journal of Human Resources 29 (Spring 1994): 406 - 428。

地区、工作努力程度、所在行业、岗位工作职责、工作地点以及工作条件等。

步骤二：接下来我们必须（利用统计方法）估计出每一种特征对女性的工资性报酬做出的贡献有多大。也就是说，我们将运用统计技术来估计出与女性的每一种特征相联系的回报分别为多少。（这里运用的基本统计技术被称为回归分析，它使我们能够估计出在其他生产率特征保持不变的情况下，某一种生产率特征的变化是如何对工资性报酬产生影响的。在进行这种估计的时候，如果我们处在像现在这样一种情况下，即需要将几种相关生产率特征放在一起进行分析，则我们就必须使用计算机。不过，我们已经在附录12A中用图形的方式将隐藏在这种技术背后的一般性思想表现出来了，在那里，我们列举了一个简单的例子来估计工作“难度”这个单一影响要素的变化是如何对工资产生影响的。）

步骤三：迄今为止，我们已经衡量出了典型的男性和女性拥有的各种生产率特征的水平（步骤一），并且也估计出了每一种生产率特征的变化是如何对女性的工资性报酬产生影响的（步骤二），下面我们要做的就是估计，如果女性的生产率特征与男性完全相同，则她们应当获得的工资性报酬是多少。具体的做法是，将女性从每一种生产率特征中获得的工资性报酬与男性具有的生产率特征的平均水平相乘。

步骤四：我们将计算出来的假设的女性平均工资性报酬水平（步骤三）与男性的实际平均工资性报酬水平加以比较，通过比较将会得出对工资歧视的平均水平的一种估计，因为它反映了具有同一种生产率特征的男性和女性得到的工资性报酬不同所产生的影响。（在不存在歧视的情况下，生产率特征相同的男性和女性应当获得同样的工资性报酬。）

我们能推断出工资歧视的程度吗？ 上述对工资歧视进行衡量的“理想”方法存在两个方面的问题。第一个问题是，正如上面解释过的，要想分离出劳动力市场歧视的影响，我们就必须将劳动者进入劳动力市场之前就存在的生产率特征差异对总体工资差别产生的影响分离出来。那些无法用生产率特征方面的水平差异进行解释的剩余工资差别可以被归结为劳动力市场歧视，否则就可以被归结为不同的生产率特征所产生的不同回报。前市场差别是个人所做的多种选择（主要是在人力资本和职业方面的投资决策）产生的结果，而这些选择在不同的人口群体中差别是很大的。一个很难回答的问题是：这些前市场选择本身又会在多大程度上受到劳动力市场歧视的影响？

职业选择就是这方面的一个问题。例如，在做出职业准备选择时，女性是自由地发挥自己的职业偏好，还是应避免选择那些因劳动力市场歧视而使她们很难进入的职业？一方面，如果我们假设女性能够自由选择自己的职业，那么，与性别有关的职业差别就反映了两性的不同偏好，在这种情况下，职业就成为一种前市场变量，我们在试图分离出劳动力市场歧视产生的影响时就会试图去控制这个变量。另一方面，如果女性的职业选择本身已经受到了劳动力市场中的歧视行为的约束，那么，我们就不会将职业包括在前市场控制变量中——因为职业选择对不同性别劳动者之间的工资差别产生的影响，实际上反映了劳动力市场歧视所产生的作用，而不是前市场偏好的作用。[①]（同样的问题也会出现在他们就职的行业中，例如建筑、木制品、保险和零售等行业。）

于是，我们在衡量工资歧视的过程中遇到的第一个问题就是，由于劳动力市场根据生产率特征提供的报酬会影响到劳动者做出的与生产率特征有关的前市场选择，所以这两种因素产生的影响是很难区分开的。如果我们在前市场控制中包含一个受到劳动力市场歧视影响的变量，我们就可能会低估劳动力市场歧视所产生的影响（因为这样的话，我们就会将这些影响归为“前市场”类别之中）。

衡量工资歧视时遇到的第二个问题是，我们经常无法得到会对工资构成影响的所有各种前市场变量的数据，在这样的情况下，上述衡量方法很可能又会高估劳动力市场歧视的程度。例如，由于承担的家庭责任更多，女性可能更愿意选择离家比较近的工作，更不愿意选择在常规工作时间以外上班的那些工作，并且当孩子在学校里生病的时候，作为母亲的女性往往会被更多地选择为学校联系的家长。这些选择都会减少女性的工资性报酬，而反映这些选择的变量显然都应该被涵盖在步骤二所说的前市场变量中，但是由于我们缺少这些方面的数据，所以它们的影响就在后面（步骤四中）显示出来了，即导致我们可以观察到的女性人力资本变量得到的回报下降。因此，如果我们认为女性工资水平的降低源自被忽略的那些前市场变量，我们就不能得出这样的结论，即所有未得到解释的工资差别都是由劳动力市场歧视引起的（因为有些未得到解释的工资差别可能是被忽略的生产率特征对女性的工资产生了影响的结果）。

工资差别分析　尽管确实存在上述两个方面的衡量问题，我们仍然可以根据上述四个步骤来分析一下，如果女性和男性的可观察生产率特征是相同的，两者之间的工资性报酬差别将会是怎样的。一项研究运用 2010 年的数据进行估计的结果是，尽管在这个调查样本中，女性获得的平均工资性报酬只有男性的 79.3%（也就是说，差距达到 20.7 个百分点），但是，如果女性的生产率特征（其中包括职业）与男性是相同的，她们的平均工资性报酬会大约相当于男性的 91.6%。[②]

如前所述，在判断劳动力市场中是否存在性别歧视以及歧视程度高低的时候，我们会遇到两个问题，而 2010 年的这项研究恰恰为我们了解上述这两个问题提供了一个很好的例子。为了了解性别间工资差距在多大程度上与男性和女性劳动者在工作选择方面的差异有关，研究者还专门仅仅利用男女劳动者在教育和劳动力市场经验等人力资本变量方面的差异进行了分析。他们估计，如果只考虑男女劳动者之间

① 一项研究试图衡量当前的劳动力市场歧视对后续的人力资本积累所产生的影响，参见 David Neumark and Michele McLennan, "Sex Discrimination and Women's Labor Market Outcomes," Journal of Human Resources 30 (Fall 1995): 713 - 740。

② Francine D. Blau and Lawrence M. Kahn, "The Gender Wage Gap: Extent, Trends, and Explanations," National Bureau of Economic Research, working paper no. 21913 (Cambridge, MA, January 2016), Table 4.

的人力资本差异，则女性的平均工资性报酬将会是男性的 82.1%，而不是 91.6%。一项研究表明，男女劳动者之间的工作选择（职位及其所属行业）差异起到的作用大约为 10 个百分点，约占男女劳动者之间工资差异的一半。因此，考察清楚女性劳动者的就业选择是完全自由的，还是这种选择本身就是劳动力市场歧视的结果，仍然是研究性别歧视的一个极为重要的需要讨论的问题。

2010 年的这项研究还说明了在衡量男性和女性劳动者所从事的工作的所有关键方面时可能会遇到的问题。这项研究能够测量（从而控制）男性和女性劳动者从事全日制和非全日制劳动力市场工作的年限；事实上，女性的平均劳动力市场工作年限要比男性少，这一事实导致两者之间的工资差距达到 3%左右。然而，最近的研究表明，对于解释男女劳动者之间存在的工资差别而言，同一职业和人力资本群体内部的工资差别甚至比这些群体之间的工资差别更为重要。一个有趣的新方法是，关注在相同职业中的男女劳动者之间存在的工作时间差异。

我们知道，在同一职业中，女性每周的平均工作时间比男性少（参见表 9.2），这反映了她们在养育子女和处理家庭事务方面通常需要承担更多的责任。为人父母和许多其他的"家庭"职责（例如，在家等人来修水管或修电器）不仅会占用一个人的工作时间，而且同时还需要雇主在工作安排方面提供一定的灵活性。要知道，许多工作尤其是薪酬水平较高的专业类工作（如法律、建筑类）和高层管理类工作，越来越需要劳动者工作更长的时间，同时能够提供的灵活安排也更少，这是因为从事这些工作的人必须应对时间压力和截止日期，必须与工作团队中的其他人密切合作，必须与客户建立并保持密切的关系，必须获得难以传授给同事的专业知识。与从事像药剂师这样的工作的女性相比，那些在需要长时间工作且工作时间不灵活的职业中工作的女性面临的工资劣势更明显，因为药剂师这种工作尽管需要很高的技能，但却可以使一个人在其他人结束了一个班次的工作时轻松将工作职责承接过来。[①] 要求工作较长时间的工作——很明显会减少一个人的休闲时间和家务劳动时间——似乎会要求得到更多的补偿性工资差别，同时对一个人获得晋升来说也显得越来越重要。因此，较长和较不灵活的工作时间被认为是缩小男女劳动者之间的工资差别的一个重要障碍，特别是在高技能劳动力市场上。[②]

□ 美国黑人和白人之间的工资性报酬差别

从图 12.1 中我们可以看出，在 2014 年时，从事全日制工作的黑人男性获得的

---

① Goldin, "A Grand Gender Convergence: Its Last Chapter."

② Dora Gicheva, "Working Long Hours and Early Career Outcomes in the High-End Labor Market," Journal of Labor Economics 31 (October 2013): 785 - 824. 能够从事家务劳动的低技能移民的存在似乎可以使高技能女性劳动者工作更长的时间成为可能，而这会缩小男女之间的工资差别，参见 Patricia Cortés and Jessica Pan, "When Time Binds: Returns to Working Long Hours and the Gender Wage Gap among the Highly Skilled," IZA Discussion Paper No. 9846 (Bonn, Germany: Institute for Labor Studies, March 2016)。

工资性报酬只有白人男性的 70%；黑人女性获得的工资性报酬只有白人男性的 55%。这种与种族有关的工资性报酬差别在 20 世纪 70 年代缩小了，在 80 年代稍有扩大，在 90 年代又再次缩小，但从 2000 年起就基本保持相对不变了。①

然而，从事全日制工作的劳动者的工资性报酬本身并没有告诉我们在美国的黑人和白人之间存在的经济收入差别总体上到底有多大。在黑人成年男性和白人成年男性中，从事全日制工作的人在各自总人数中所占的比例并没有太大的区别；而在黑人女性中，2015 年从事非全日制工作的人所占的比例（13.9%）却比白人女性中从事非全日制工作的人所占的比例（21.2%）要低。然而，美国黑人和白人在总人口就业率（指在某一特定的人口群体中，成年就业人口在全部成年人口中所占的比重）方面存在显著的差异。从表 12.4 的就业率所在的两列中我们可以看出，与白人相比，黑人人口中的就业人员所占的比例较低。这种差别在男性人口中表现得尤为突出。在分析美国黑人和白人之间的工资性报酬差别时，我们首先会考虑黑人和白人在就业率方面存在的这些差别。

就业率差别 某一既定人口群体的就业率完全取决于该群体中寻找工作的人所占的比例（劳动力参与率）以及这些寻找工作的人中最终找到了工作的人所占的比例。由于后一种比例等于 100%减去该人口群体的失业率，因此，就业率就可以用两种公开发布的比例，即某一群体的劳动力参与率及失业率的函数来表述。

表 12.4 显示了按照种族和性别划分的劳动力参与率和失业率。首先让我们来看一看劳动力参与率，从表中可以看出，在 1970—2015 年间，黑人女性的劳动力参与率比白人女性要高。然而在男性人口中，情况就完全不同了。黑人男性的劳动力参与率一直比白人男性低，同时，尽管黑人男性和白人男性的劳动力参与率在 1970—2015 年都呈现下降趋势，但是黑人男性的劳动力参与率下降的幅度更大。

男性劳动力参与率的下降，并不仅仅是由于老年男性退出劳动力市场的时间提前，以及年轻人在中学毕业后继续接受教育的时间延长这两方面因素导致的（正如我们在第 6 章中论述过的，这两种现象都起到了一定的作用）。因为，即使是年龄为 35～44 岁的男性，无论是白人还是黑人，劳动力参与率也都下降了，而且男性劳动力参与率的这些下降多多少少与那些只有高中毕业或不足高中毕业的受教育程度的人有关。受教育程度很低的劳动者——尤其是男性——的工资水平最近这些年已经出现了下降，他们中的许多人显然已经成为“灰心丧气的劳动者”，从而退出了劳动力队伍。由此看来，黑人男性的平均受教育水平较低是造成他们的劳动力参与率下

① Kevin Lang and Jee-Yeon K. Lehman, “Racial Discrimination in the Labor Market: Theory and Empirics,” Journal of Economic Literature 50 (December 2012): 959 - 1006. 关于这些工资性报酬差别的近期分析，参见 Chinhui Juhn, “Labor Market Dropouts and Trends in the Wages of Black and White Men,” Industrial and Labor Relations Review 56 (July 2003): 643 - 662; and Derek Neal, “The Measured Black-White Wage Gap among Women is Too Small,” Journal of Political Economy 112, no. 1, pt. 2 (February 2004): S1 - S28。

降幅度较大的一部分原因。①

表 12.4　不同种族及性别人口群体的就业率、劳动力参与率及失业率[a]（%），1970—2015 年

年份	就业率		劳动力参与率		失业率	
	黑人	白人	黑人	白人	黑人	白人
			男性			
1970	71.9	77.8	77.6	81.0	7.3	4.0
1980	62.5	74.0	72.1	78.8	13.3	6.1
1990	61.8	73.2	70.1	76.9	11.8	4.8
2000	63.4	72.9	69.0	75.4	8.1	3.4
2015	57.2	66.5	61.5	69.7	10.3	4.7
			女性			
1970	44.9	40.3	49.5	42.6	9.3	5.4
1980	46.6	48.1	53.6	51.4	13.1	6.5
1990	51.5	54.8	57.8	57.5	10.8	4.6
2000	58.7	57.7	63.2	59.8	7.2	3.6
2015	54.4	53.7	59.7	56.2	8.9	4.5

a. 1970 年和 1980 年的黑人数据中包括其他种族的人口。所有年份中的数据涵盖的都是 16 岁及以上的人。

资料来源：U. S. Bureau of Labor Statistics，Employment and Earnings 17（January 1971），Table A-1；28（January 1981），Table A-3；38（January 1991），Table 3；48（January 2001）；Employment and Earnings Online，Annual Average Household Data，Employment Status，Table 3，http：//www. bls. gov/opub/ee/2016/cps/annavg3 _ 2015. pd.

表 12.4 还表明，黑人的失业率较高也是导致他们的就业率较低的一个重要原因。在男性和女性两类人群当中，黑人的失业率大约都是白人的两倍。这种失业率格局并非仅仅是受教育程度、年龄、工作经验或居住地区等方面差别影响的一个函数；因为在每一种人口群体中，黑人的失业率大约都是白人的两倍。②

美国黑人的失业率和白人的失业率之间的比率相对稳定说明了，这一比率受经济周期的影响并不是很大。然而，如果从这种稳定性中简单地得出这样一个结论，即经济萧条对黑人的就业产生的影响和对白人的就业产生的影响是相同的，那就错了。事实上，这种稳定的失业率比率恰恰意味着，黑人劳动者在经济萧条时期蒙受的就业损失与白人相比是不成比例的。

① Amitabh Chandra，"Labor-Market Dropouts and the Racial Wage Gap：1940 - 1990，" American Economic Review 90（May 2000）：333 - 338；and John Bound and Richard B. Freeman，"What Went Wrong? The Erosion of Relative Earnings and Employment of Young Black Men in the 1980s，" Quarterly Journal of Economics 107（February 1992）：202 - 232；Kevin Lang and Jee-Yeon K. Lehman，"Racial Discrimination in the Labor Market：Theory and Empirics，" Journal of Economic Literature 50（December 2012）：959 - 1006.

② 关于失业率出现增长的分析，参见 Robert W. Fairlie and William A. Sundstrom，"The Emergence，Persistence，and Recent Widening of the Racial Unemployment Gap，" Industrial and Labor Relations Review 52（January 1999）：252 - 270。

比如，假如说白人的失业率是5%，而黑人的失业率是10%，那么，这两个失业率数字就意味着，95%的白人和90%的黑人都处于就业状态。假如现在出现了一场经济萧条，白人和黑人的失业率分别上升到了8%和16%。那么，对白人来说，就业率就从95%下降到了92%，这意味着在原来有工作的白人中，超过3%的人现在失去了工作（3/95=0.032）。然而，黑人的就业率却从90%下降到了84%，这表明在原来有工作的黑人中，有将近7%的人失去了工作（6/90=0.067）。黑人的就业水平对总体经济活动更为敏感这一事实，已经导致许多观察家得出这样的结论，即黑人是最后被雇用且最先被解雇的人。

职业隔离与工资歧视　在已经就业的黑人劳动者中，我们还可以运用类似的方法来对女性进行分析，从而衡量职业隔离的程度到底有多高，同时考察可衡量的生产率特征在多大程度上能够解释黑人和白人之间存在的工资性报酬差别。不同种族劳动者之间的职业隔离程度似乎不如不同性别劳动者之间的职业隔离程度那么高。最近的一些研究对不同种族和性别劳动者之间的职业差异指数进行了计算，结果发现，对黑人和白人的职业分布情况进行比较之后得到的职业差异指数，大约是对男性和女性的职业分布情况进行比较之后得到的职业差异指数的一半。尽管种族职业差异比较小，并且这种差异随着时间的推移而下降的速度比性别职业差异快，但经济学家仍然在努力研究这样一个问题，即如果存在歧视，那么歧视对种族职业差异的形成到底起一种什么样的作用。①

接下来我们将论述工资歧视问题。研究者们已经尝试使用本章前面说明过的用于解释不同性别间工资性报酬差别的那种统计方法，来试图考证到底哪些要素对黑人和白人之间存在的这种较大工资性报酬差别起的作用最大。在大多数数据集中，在解释黑人和白人之间的工资性报酬差别时必须被考虑进去的一些前市场变量是很容易被观察到的，这些变量包括受教育水平、工作经验、年龄、工时数、所在地区、所从事的职业、所在的行业以及受雇企业的规模等。尽管这些要素可以说明黑人和白人之间存在的部分工资性报酬差别，但它们却不能代表全部可被运用而且应该被运用的所有前市场变量。

一个在解释黑人和白人之间的工资性报酬差别时起着关键作用的前市场（或人力资本）特征是认知程度——对于这种认知程度，可以用一个人在军人资格测试（Armed Forces Qualification Test，AFQT）中得到的分数来加以衡量。就平均情况而言，美国黑人在军人资格测试中得到的分数较低，这与黑人所受的正规学校教育

---

① Andrew M. Gill, "Incorporating the Cause of Occupational Differences in Studies of Racial Wage Differentials," Journal of Human Resources 29 (Winter 1994): 20-41. 一项关于不同企业中的种族职业隔离问题的研究，参见 Judith Hellerstein and David Neumark, "Workplace Segregation in the United States: Race, Ethnicity, and Skill," Review of Economics and Statistics 90 (August 2008): 459-477。

质量较差以及贫困对他们的家庭和居住地区特征产生的影响有关。[①] 最近的一项研究控制了一些可观察的人力资本特征——包括受教育水平和军人资格测试分数，同时还控制了学校质量以及家庭背景等方面的因素，结果发现，这些可观察的变量可以解释黑人和白人之间存在的工资性报酬差别的三分之二。[②] 然而，这一发现也表明，尚有大约11%的工资性报酬差别不能得到解释。[③] 那么，这些无法得到解释的差别能否被理解为存在劳动力市场歧视的证据呢?

正如分析不同性别间的工资性报酬差别时存在职业选择的问题一样，同样的一个问题是：美国黑人在进入劳动力市场之前的教育和职业选择本身是否已经受到劳动力市场歧视预期的影响？也许可以说，黑人之所以选择不同于白人的受教育水平，恰恰是因为他们预期到在未来的劳动力市场上会遭受歧视。比如，如果受教育水平的选择是对劳动力市场歧视的一种反射，那么在估计黑人的工资性报酬在没有歧视的情况下是何种水平时，受教育水平就不应该被包含在前市场变量中。当前，关于在前市场变量中包括受教育程度的做法到底是扩大了还是减小了可归于歧视性的工资性报酬差别，在经济学家中引起了广泛的争论。[④] 尽管其他一些类型的研究显示劳动力市场歧视确实是存在的，但我们还是不能确定在黑人和白人之间存在的这种无法得到解释的工资性报酬差别及其幅度大小就是存在劳动力市场歧视的证据。例如，一项研究发现，当绩效工资的决定更具有主观性时，绩效工资使得白人相对于黑人的工资有所上升。[⑤] 比如，有充分且直接的证据（通过雇用审计人员、向政府的投诉

---

① 比如，可参见 David Card and Jesse Rothstein，“Racial Segregation and the Black-White Test Score Gap，” Journal of Public Economics 91 (December 2007)：2158－2184；and Rucker C. Johnson，“Long-Run Impacts of School Desegregation and School Quality on Adult Attainments，” working paper no. 16664，National Bureau of Economic Research (Cambridge，Mass.：January 2011)。其他检验测试成绩差异的研究包括 Roland G. Fryer，Jr. and Steven D. Levitt，“The Black-White Test Score Gap through Third Grade，” and Alan Krueger，Jesse Rothstein，and Sarah Turner，“Race，Income，and College in 25 Years：Evaluation Justice O'Connor's Conjecture，” both in American Law and Economics Review 8 (Summer 2006)：249－311。也可参见 Derek Neal，“Why Has Black-White Skill Convergence Stopped?” National Bureau of Economic Research，working paper no. 11090 (Cambridge，MA，January 2005)。

② Kevin Lang and Michael Manove，“Education and Labor Market Discrimination，” American Economic Review 101 (June 2011)：1467－1496. 对学校输入（比如教师素质和班级大小）和家庭背景的控制是一种尝试，试图控制学校教育的质量和与在学校中获得成功相关的非认知特征；对后一特征集的讨论，参见 Pedro Carneiro，James J. Heckman，and Dimitriy V. Masterov，“Labor Market Discrimination and Racial Differences in Premarket Factors，” Journal of Law and Economics 48 (April 2005)：1－39。

③ 使用不同方法的研究得出了类似的结论，参见 Roland G. Fryer，Jr.，Devah Pager，and Jörg L. Spenkuch，“Racial Disparities in Job Finding and Offered Wages，” Journal of Law and Economics 56 (August 2013)：633－689。

④ 关于这一问题的讨论，参见 Pedro Carneiro，James J. Heckman，and Dimitriy V. Masterov，“Labor Market Discrimination and Racial Differences in Premarket Factors”；Kevin Lang and Michael Manove，“Education and Labor Market Discrimination”；Kevin Lang and Jee-Yeon K. Lehman，“Racial Discrimination in the Labor Market：Theory and Empirics”；and Lisa Barrow and Cecilia Elena Rouse，“Do Returns to Schooling Differ by Race and Ethnicity?” American Economic Review 95 (May 2005)：83－87。

⑤ John S. Heywood and Daniel Parent，“Performance Pay and the White-Black Wage Gap，” Journal of Labor Economics 30 (April 2012)：249－290.

以及例 12.2 中总结的那些研究）能够证明，尽管很难归纳出劳动力市场歧视对工资的总体影响，但在劳动力市场上确实存在歧视现象。① 此外，由于黑人的失业率大约是白人的两倍，因此从两者在工作经验以及在职培训这种与任职年限有关的福利方面存在的差异来看，黑人的工资性报酬的平均水平将会继续大大落后于白人。②

例 12.2

当极少人关注时种族歧视可能会“击打”：职业棒球大联盟裁判的案例

工作场所中的种族歧视可以通过三种方式降低那些不被偏爱的劳动者群体的工资：一是来自这些人口群体的劳动者会更少被雇用；二是即使他们被雇用了，往往也可能会被分配从事低工资的工作；三是即使他们被雇用从事与其他种族劳动者相同的工作，在上级管理人员那里得到的绩效评价成绩也更低。经济学家们所做的关于劳动力市场歧视的许多研究都聚焦于就业和职业分布，因为这些结果能被研究者们客观地观察到。而上级管理人员的绩效评价结果却更难以观察和判断，因为在大多数工作场所中，员工的绩效表现是无法被特定工作场所之外的其他人客观评价的。然而，大量的绩效数据却可以从体育界观察到，有一项非常明智的研究发现了与美国职业棒球大联盟中存在种族歧视相一致的证据，那就是裁判（上级管理人员）对投手（员工）的评价。

如果裁判对和自己同属一个种族的投手有更为积极的感觉，则我们可以估计，如果投手与裁判种族相同，裁判更有可能把接近好球部位的投球判为“好球”（偏爱的判定）而非“坏球”。相反，如果投手与裁判的种族不同，则带有种族偏见的裁判就更有可能把一个接近好球部位的投球判为“坏球”。然而，由于裁判本身也受他们的上级管理人员（以及棒球球迷）的监督和评判，因此，经济学家们预计，在对裁判的监督无效或不可能实施监督时，在判定击球上的任何种族偏见都将会非常显眼。

在 2004—2008 年间，美国职业棒球大联盟在三分之一的棒球场中都安装了投球监控摄像机。这一摄像系统就使裁判处于监控之下，在一项对从 2004 年到 2008 年

① Marianne Bertrand and Sendhil Mullainathan, “Are Emily and Greg More Employable than Lakisha and Jamal? A Field Experiment on Labor Market Discrimination,” American Economic Review 94 (September 2004): 991 - 1013; and Michael A. Stoll, Steven Raphael, and Harry Holzer, “Black Job Applicants and the Hiring Officer's Race,” Industrial and Labor Relations Review 57 (January 2004): 267 - 287; Vojtěch Bartoš, Machal Bauer, Julie Chytilová, and Filip Matějka, “Attention Discrimination: Theory and Field Experiments with Monitoring Information Acquisition,” American Economic Review 106 (June 2016): 1437 - 1475. 一篇文章指出，歧视可能是潜在的，而不是故意造成的，参见 Mariannne Bertrand, Dolly Chugh, and Sendhil Mullainath, “Implicit Discrimination,” American Economic Review 95 (May 2005): 94 - 98。

② Edwin A. Sexton and Reed Neil Olsen, “The Returns to On-the-Job Training: Are They the Same for Blacks and Whites?” Southern Economic Journal 61 (October 1994): 328 - 342. 最近一项关于就业可能性的研究表明，肤色较深的黑人女性——她们由于自身人力资本特征的原因，历史上的就业可能性往往较低——的就业可能性不再比白人女性或肤色较浅的黑人女性低了。然而，黑人男性的就业可能性并没有显示出类似的改进；参见 Randall Akee and Mutlu Yuksel, “The Decreasing Effect of Skin Tone on Women's Full-Time Employment,” Industrial and Labor Relations Review 65 (April 2012): 398 - 426。

间发生的逾 350 万次投球所做的研究中，研究者们发现，在有这些摄像机的棒球场中，裁判和投手的种族对于投球质量的判定没有产生影响。而在没有安装监控摄像机的棒球场中，裁判的种族偏见却是显而易见的。也就是说，当裁判和投手属于不同种族时，“接近”好球部位的投球更不可能被判定为“好球”。而在观众人数很少，并且比赛并不是非常关键的情况下——也就是说，当更少的人在观看或更少的人可能给予密切关注时，在投球判定中发生的种族歧视会变得更为明显。

幸运的是，这种歧视的程度尽管在统计学上是可以被观察到的，但实际上仍然是比较小的。平均而言，在击球手击打后仍不发生转向的投球在 31.9%的情况下都被判定为好球。而当裁判没有受到严密的监督时（即在无监控摄像机的棒球场中举行且观众人数很少的比赛以及对于比赛结果而言并不关键的场次），如果裁判和投手属于不同的种族，同样的击球被判定为好球的可能性仅仅会下降至 31%。

资料来源：Christopher A. Parson, Johan Sulaman, Michael C. Yates, and Daniel S. Hamermesh, “Strike Three: Discrimination, Incentives, and Evaluation,” American Economic Review 101 (June 2011): 1410 - 1435. 在一项关于职业篮球裁判的研究中可以看到类似的行为，参见 Joseph Price and Justice Wolfers, “Racial Discrimination among NBA Referees,” Quarterly Journal of Economics 125 (November 2010): 1859 - 1887。

□ 不同族裔劳动者之间的工资性报酬差别

移民到美国的人不断增加这一事实重新激发了研究者们对祖籍来源不同的美国劳动者的相对工资性报酬的兴趣。事实上，大部分研究者之所以对此感兴趣，是因为这种工资性报酬差别实在是太大了。表 12.5 中的数据摘自 1990 年的人口普查(Census of Population)。表中的第二列显示的是属于几个选定的祖籍来源群体且从事全日制工作的男性获得的工资性报酬占美国全体劳动者的平均工资性报酬的百分比。从表中我们可以看出，工资性报酬相对较高的群体是祖籍来源分别为俄罗斯、意大利和日本的劳动者。而祖籍分别为印第安人、墨西哥人和波多黎各人的人口群体得到的工资性报酬都特别低。

联系我们对不同性别和种族劳动者之间的工资性报酬差别所做的讨论，我们现在也必须问这样一个问题，即不同祖籍来源群体之间的这种工资性报酬差别到底在多大程度上是由生产率特征方面的差异造成的？例如，不同族裔群体之间的受教育程度相差很大。1990 年时，祖籍来源为日本、中国和俄罗斯的美国男性接受高等教育的平均年限是全美平均水平（1.6 年）的两倍。而祖籍来源为波多黎各、墨西哥的美国男性受高等教育的平均年限却不到全美平均水平的一半。表 12.5 中的第三列表示的内容是，如果各族裔群体劳动者的可观察生产率特征——其中包括受教育水平和英语熟练程度——都是相同的，则他们各自的工资性报酬水平将分别是多少。结果表明，如果可观察的生产率特征是相同的，那么，日裔和俄罗斯裔美国男性的工资性报酬将会比美国全体劳动者的平均工资性报酬高出 15%～18%，而墨西哥裔、华裔以及祖籍为印第安人的美国男性得到的工资性报酬则比美国全体劳动者的平均工资性报酬低5%左右。[1]

表12.5　　不同祖籍来源的男性劳动者之间的工资性报酬差别，1990年

祖籍来源群体	工资性报酬占美国劳动者平均工资性报酬的百分比	如果群体的生产率特征处于平均水平，则其工资性报酬估计值占美国劳动者平均工资性报酬的百分比
全体美国劳动者	100	100
墨西哥人	71	95
波多黎各人	87	98
古巴人	90	102
中国人	99	95
日本人	133	115
印第安人	85	95
英国人	113	102
意大利人	121	109
俄罗斯人	157	118

资料来源：William Darity，Jr.，David Guilkey，and William Winfery，"Ethnicity，Race and Earnings，" Economic Letters 47（1995）：401－408.

由于社会对劳动力市场歧视十分关注，所以人们很自然地将注意力放在了那些在既定的生产率特征下获得的工资性报酬似乎很低的劳动者群体身上。然而，最近这些年，一些人却对美国白人各族裔群体之间的工资性报酬差别产生了兴趣，因为美国社会很少关心白人受歧视的问题。这些研究者的主要兴趣在于，在不同的美国白人族裔群体之间是否存在着某些无法衡量的教育或其他背景方面的质量差别。事实上，最近的一些研究已经发现了这样一些证据，即在这些族裔群体内部存在一种重要的"族裔人力资本"代际转移现象，其中的一些人力资本转移就表现为属于不同族裔的美国白人从教育中获得的收益率有所不同。[2]

对那些被怀疑属于劳动力市场歧视受害者的族裔群体所做的研究大都集中在对"西班牙裔人"的研究上，这是一个包括墨西哥人、波多黎各人、古巴人以及中美洲和南美洲人在内的复合群体。从表12.5中可以看出，尽管这些人都继承了同一种语言，但是他们的工资性报酬水平和人力资本水平的区别却很大。

说西班牙语的移民大量涌入美国的结果是导致美国劳动力市场上的这个劳动者群体不断增长，这一群体中的青年人大都只受过较低程度的教育，他们的工作经验

① 一项对美国边远地区的工资差别所做的研究表明，假如印第安血统的美国人与这些地区的美国白人的生产率特征相同，他们的收入仍然比美国白人低3%～7%。参见 Jean Kimmel，"Rural Wages and Returns to Education：Differences Between Whites，Blacks，and American Indians，" Economics of Education Review 16（February 1997）：81－96。一项对加拿大土著所做的研究也得到了类似的结论，参见 Peter George and Peter Kuhn，"The Size and Structure of Native-White Wage Differentials in Canada，" Canadian Journal of Economics 27（February 1994）：20－42。

② George J. Borjas，"Ethnic Capital and Intergenerational Mobility，" Quarterly Journal of Economics 107（February 1992）：123－150；and Barry R. Chiswick，"The Skills and Economic Status of American Jewry：Trends over the Last Half-Century，" Journal of Labor Economics 11，no. 1，pt. 1（January 1993）：229－242.

比较少，英语熟练程度也相对较低。部分地出于对歧视问题的关心，最近的一些关于西班牙裔白人和非西班牙裔白人之间的工资性报酬差别的研究集中考察了英语熟练程度对工资性报酬产生的影响。在关于工资性报酬差别的研究中，通常都没有将语言熟练程度纳入反映生产率特征的指标中，但是它很显然会影响一个人在任何一种工作岗位上的生产率；因此，如果在对工资性报酬差别的分析中忽略了对这方面情况的衡量，那么，在回答是否存在对移民群体的歧视这一问题时，我们就不可能得出任何确切的结论。

大量运用语言熟练程度数据的研究（其中包括一项运用表12.5中数据的研究）都得出了这样的结论，即只要所有的生产率特征（包括语言熟练程度）都相同，西班牙裔人的工资性报酬将会提高到仅仅比非西班牙裔白人的工资性报酬低3%～7%这样的水平。然而，有一项研究却发现，无论是不能度量的生产率特征对工资性报酬产生的影响，还是劳动力市场歧视对工资性报酬产生的影响，在西班牙裔黑人身上产生的作用都要比在非西班牙裔黑人身上产生的作用更大。①

市场歧视理论

我们不能排除在劳动力市场上存在对女性和少数族裔劳动者的歧视可能性。然而，在设计相应的政策来消除这些歧视现象之前，我们必须弄清楚引起歧视的根源以及它们发挥作用的机制。本节的目的就是列举并评价经济学家揭示出来的各种歧视理论。

经济学家通常假设存在三种可能的劳动力市场歧视来源，而每一种歧视来源又都包含着一种能够用来说明歧视产生的原因及其作用结果的相关模型。第一种歧视来源是个人偏见，即由于雇主、作为同事的员工或者顾客不喜欢与某些属于特定种族或性别的员工打交道而形成的。② 第二种常见的歧视来源是先入为主的统计性偏见，即雇主将自己印象中的某些先入为主的群体特征强加给个人。第三种歧视模型是建立在劳动力市场中存在某些非竞争性力量这样一种假设基础之上的。尽管所有这些模型都得出了一些有益的、富有建设性的结论，但是，目前还没有任何一种歧视模型能够取得令人信服的优势地位。

① Hoyt Bleakley and Aimee Chin，"Language Skills and Earnings：Evidence from Childhood Immigrants，" Review of Economics and Statistics 86（May 2004）：481 - 496；Pedro Carneiro，James J. Heckman，and Dimitriy V. Masterov，"Labor Market Discrimination and Racial Differences in Premarket Factors"；and Joni Hersh，"Profiling the New Immigrant Worker：The Effects of Skin Color and Height，" Journal of Labor Economics 26（April 2008）：345 - 386.

② 个人偏见模型是建立在下面这本著作基础上的，参见 Gary S. Becker，The Economics of Discrimination，2nd ed.（Chicago：University of Chicago Press，1971）。

□ 个人偏见模型：雇主歧视

基于个人偏见的歧视模型假定雇主、顾客或者员工中至少有一方是带有偏见的。也就是说，他们具有不与属于某一特定人口群体中的人打交道的偏好。我们首先假设（仅仅出于简化问题复杂性的目的），白人男性雇主对女性和少数族裔劳动者有偏见，而顾客和作为潜在同事的其他员工则没有这种偏见。其次，从本模型的目的出发，我们假设女性和少数族裔劳动者与白人男性的生产率特征相同。（这一假设使我们可以撇开劳动者在进入劳动力市场之前的差异因素，从而把注意力直接集中在劳动力市场歧视方面。）

如果在女性、少数族裔劳动者与白人男性具有相同资格条件的情况下，雇主却对雇用白人男性来从事高工资工作有一种预定的偏好，那么，他们将会按照女性和少数族裔劳动者的生产率比白人男性要低的假设来做出雇佣决策。由于我们假设女性和少数族裔劳动者的生产率与白人男性在所有方面都是完全一样的，因此，女性和少数族裔劳动者的生产率在雇主那里之所以会贬值，完全是因为雇主的主观臆断，是雇主的个人偏见造成的结果。雇主的偏见越深，则女性和少数族裔劳动者的实际生产率被打折扣的幅度就越大。

假设 MRP 为某一劳动力市场上所有劳动者的实际边际收益生产率，d 为女性和少数族裔劳动者的生产率被雇主在主观上加以贬值的程度。在这种情况下，只有当白人男性的工资率（W_M）等于 MRP 的时候，白人男性的劳动力市场才能达到均衡状态，即：

$$MRP=W_M \tag{12.1}$$

然而，对女性和少数族裔劳动者来说，只有当他们的工资率（W_F）等于他们对企业的主观价值时，才能达到劳动力市场均衡：

$$MRP-d=W_F \tag{12.2a}$$

或者

$$MRP=W_F+d \tag{12.2b}$$

由于我们假定女性和少数族裔劳动者的实际边际收益生产率与白人男性是相等的，即公式（12.1）和公式（12.2b）是相等的，因此我们可以清楚地看到，W_F 必然小于 W_M，即：

$$W_M=W_F+d \tag{12.3a}$$

或者

$$W_F=W_M-d \tag{12.3b}$$

这一数学表达式代表了一种十分简单的经济逻辑，即如果女性和少数族裔劳动者的实际生产率价值被雇主贬低了，那么，处于这两大群体中的劳动者为了同白人男性竞争工作岗位，就必须以一种比白人男性低的工资来向雇主提供服务。

存在雇主歧视时的利润 如图 12.2——这幅图是公式（12.2b）的一种图形表示——所示，上面这种雇主歧视模型有两个主要的含义。第一个方面的含义涉及利润问题。一位存在歧视性看法的雇主面对的女性和少数族裔劳动者的市场工资率为 W_F，因此，他会雇用的人数为 N_0，因为在这一点上，$MRP=W_F+d$ 这一等式成立。然而，利润最大化的雇主将雇用 N_1 名劳动者，也就是说，他会继续雇用，直到 $MRP=W_F$。如果我们还记得 MRP 曲线下方的面积代表的是企业的总收益，那么，从图 12.2 中我们就可以看出，这种情况对利润产生的影响到底是什么。从总收益中减去代表歧视性雇主支付的工资总额的区域（$0EFN_0$）的面积，就可以得到代表这些雇主获得的利润的区域，即图中的 $AEFB$。然而，对一位追求利润最大化的（非歧视性）雇主来说，他的利润区域应该是 AEG。非歧视性雇主在雇用女性和少数族裔劳动者时，会将雇用水平一直扩大到使得这些劳动者的边际收益产品等于其工资水平的那一点上，而歧视性雇主则在到达那一点之前就停止了雇用。因此，在女性和少数族裔劳动者的工资水平一定的情况下（W_F），歧视性雇主为了坚持自己的偏见就不得不放弃一部分利润。

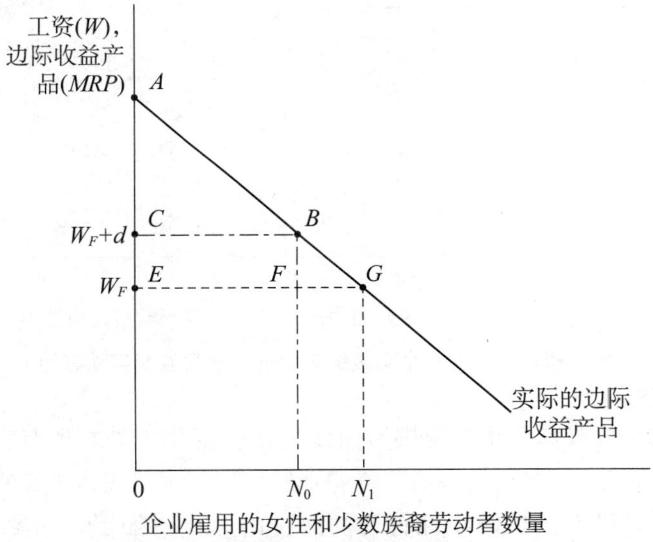

图 12.2 女性和少数族裔劳动者在歧视性企业中的均衡就业水平

存在雇主歧视时的工资差别 雇主歧视模型的第二个含义涉及 W_M 与 W_F 之间的差距大小。要想理解影响这两种工资水平之间差距大小的决定因素，我们最好转而论述对女性和少数族裔劳动者的市场需求曲线。在图 12.3 中，对女性和少数族裔劳动者的劳动力市场需求是根据其与白人男性之间的相对工资水平来表示的。该图假设在市场上还存在许多没有歧视性行为的雇主，在女性和少数族裔劳动者与白人男性之间的相对工资水平为 1 的时候（也就是说，在 $W_F=W_M$ 的情况下），这些雇主雇用的女性和少数族裔劳动者人数将会为 N_a。对存在歧视性偏好的雇主来说，W_F 必须下降到 W_M 以下才能诱使其雇用女性和少数族裔劳动者。我们假定这些雇主的歧视性偏好也是不一样的，其中有些雇主在女性和少数族裔劳动者的工资比白人男性的工资稍低的情况下就愿意雇用他们，而有些雇主则非要等到这种工资差别足够大的时候才愿意雇用他们。因此，我们假定劳动力市场的相对需求曲线在点 A 出现了向下弯曲，这种形状反映了这样一个事实，即如果要雇主增加自己雇用的女性和少数族裔劳动者人数，就必须使 W_F 相对 W_M 再进一步有所下降。

如果女性和少数族裔劳动者的供给相对较少（如图 12.3 中的供给曲线 S_1 所示），则这些劳动者将会全部被没有歧视性行为的雇主所雇用，从而就不存在工资差别的问题。但是，如果寻找工作的女性和少数族裔劳动者人数相对较多（如图 12.3 中的供给曲线 S_2 所示），那就不得不吸引一些有歧视性偏好的雇主来雇用女性和少数族裔劳动者，从而导致 W_F 低于 W_M。在图 12.3 中，供给曲线 S_2 和需求曲线相交所产生的共同作用会使得相对工资被压低到 0.75。

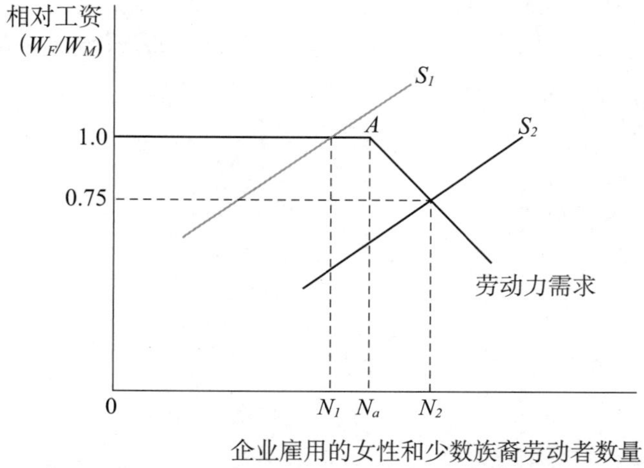

图 12.3　作为相对工资的一个函数的对女性和少数族裔劳动者的市场需求

除了女性和少数族裔劳动者的供给曲线出现的变化之外，还有其他两个方面的因素也会引起 W_F 和 W_M 之间的市场工资差别发生变化。首先，如果在劳动力供给曲线不变的情况下，没有采取歧视性行为的雇主的数量增加了，如图 12.4 所示，那么，女性和少数族裔劳动者与白人男性之间的工资差别就会有所下降。非歧视性雇主数量的增加在图形中表现为需求曲线的水平部分向点 A' 处延伸，从而使相对工资有所抬升（上升到图中的 0.85 这一水平上）。换句话说，大量非歧视性雇主的涌入导致被雇用的女性和少数族裔劳动者的数量比过去多了，以至只有很少的人需要到有歧视性偏好的雇主那里去寻求就业。此外，即使是那些必须到歧视性雇主那里寻求就业的为数不多的女性和少数族裔劳动者，现在也可以避开那些歧视程度最高的雇主，从而到那些歧视性偏好不是太强烈的雇主处去工作。

其次，如果有偏见的雇主的数量不发生变化，但是其歧视性偏好有所降低，则同样会出现上面提到的 W_F 相对 W_M 上升的情况。如图 12.5 所示，雇主的歧视性偏好降低在图形中会表现为市场相对需求曲线向下弯曲的那部分变得更加扁平。图 12.5 假设的这种变化之所以会引起 W_F 相对 W_M 的上升，是因为为了吸引歧视性雇主雇用女性和少数族裔劳动者，现在需要付出的工资差别代价变得更小了。

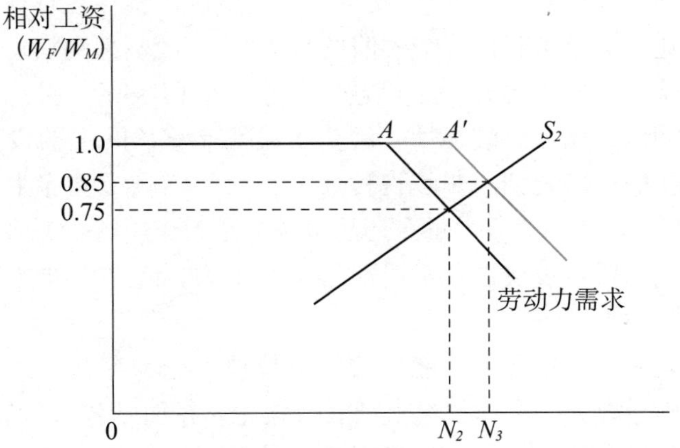

图 12.4　非歧视性雇主数量的增加对相对工资的影响

从我们对图 12.3、图 12.4 和图 12.5 的讨论中可得出与不同种族间的工资差别有关的三个实证性预测。第一，在人力资本存量保持不变的情况下，当一个地区的黑人数量增加时，与种族有关的工资差别将会变得更大（见图 12.3）。第二，在其他变量保持不变的情况下，当白人雇主对黑人的偏见增强时，与种族有关的工资差别会进一步变大（见图 12.4 和图 12.5）。第三，不同种族间的工资差别并不会受到那些最有偏见的雇主（不雇用黑人的人或企业）的偏见水平影响。最近的一项研究——根据被调查者对跨种族婚姻以及投票给黑人总统候选人的态度进行的研究——对这三个方面的预测都提供了支持。①

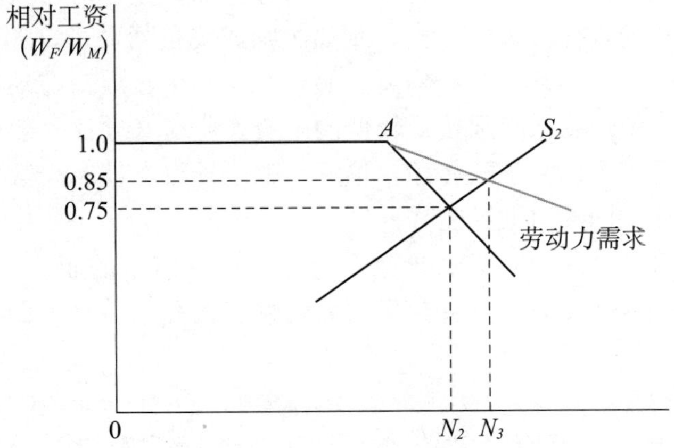

图 12.5　雇主的歧视性偏好弱化对相对工资的影响

① Kerwin Kofi Charles and Jonathan Guryan, "Prejudice and Wages: An Empirical Assessment of Becker's The Economics of Discrimination," Journal of Political Economy 116 (October 2009): 773-809.

哪些雇主能够承受歧视的代价？ 雇主歧视模型意味着存在歧视性行为的雇主追求的是效用最大化（满足了其带有个人偏见的偏好），而不是利润最大化。然而，它们的这种做法很快又引发了另外一个问题——它们如何生存下去？与歧视性雇主相比，由于追求利润最大化（非歧视性）的企业通常能够从既定的投资组合中获得更多的收益，因此我们可以看到，非歧视性雇主将会收购歧视性雇主，从而逐渐接管整个市场。[①] 简言之，如果竞争力量在产品市场上是起作用的，那么，存在歧视性行为的企业就会受到惩罚，歧视也就不可能再持续下去，除非企业的所有者愿意接受低于市场水平的收益率。

因此，理论表明，一种最有可能导致雇主歧视性行为存在的情况是：企业的所有者或者管理者不需要为生存而去追求利润最大化。在面临政府管制的垄断企业中，纵容歧视性偏好的机会是最多的，这是因为这种无用的歧视性行为产生的成本会使得企业的利润看起来比较少，从而能够达到管制的要求。

以银行业和卡车运输业为研究对象的多项研究提供的证据与我们的结论一致，即在受管制的垄断企业中，种族和性别歧视的表现程度更明显。因为这两个行业都曾经受到以限制竞争为目的的管制，同时在最近的几十年中又都出现了管制解除的局面，并且在这两个行业中的不同种族和性别劳动者之间的工资差别都会随着更为激烈的产品市场竞争而大大缩小。[②]

□ 个人偏见模型：顾客歧视

第二种个人偏见模型强调的是顾客偏见作为歧视的来源时的一种情况。在有些情况下，顾客可能更偏好于让白人男性来为自己提供服务；而在有些情况下，则可能更偏好于让少数族裔或女性劳动者来提供服务。如果顾客对白人男性的偏好延伸到任职者需要承担的责任较大的工作，例如医师或飞机驾驶员，那么，就会出现对女性和少数族裔劳动者不利的职业隔离。如果女性和少数族裔劳动者想要到这些工作岗位上去工作，他们要么必须接受较低的工资，要么必须比一般的白人男性的工作质量更高。这是因为，由于顾客存在偏见，就会导致女性和少数族裔劳动者对企业的价值要比素质相同的白人男性对企业的价值更低。

顾客歧视的含义之一是，它会导致在与顾客接触较多的职业中出现职业隔离。需要迎合歧视性顾客需要的企业将会雇用受到顾客偏爱的劳动者群体，与那些雇用

① 比如，有证据表明，当一家公司被新所有者接管时，女性在晋升和工资方面面临的歧视都减少了。参见 Frederik Heyman，Helena Svaleryd and Jonas Vlachos，“Competition，Takeovers，and Gender Discrimination，” ILR Review 66 (April 2013)：409 - 432。

② Sandra E. Black and Philip E. Strahan，“The Division of Spoil：Rent-Sharing and Discrimination in a Regulated Industry，” American Economic Review 91 (September 2001)：814 - 831；and James Peoples，Jr. and Wayne K. Talley，“Black-White Earnings Differentials：Privatization versus Deregulation，” American Economic Review 91 (May 2001)：164 - 168；Judith K. Hellerstein，David Neumark，and Kenneth R. Troske，“Market Forces and Sex Discrimination，” Journal of Human Resources 37 (Spring 2002)：353 - 380；Ross Levine，Alexey Levkov，and Yona Rubinstein，“Racial Discrimination and Competition，” National Bureau of Economic Research，working paper no. 14273 (Cambridge，MA，August 2008).

不受歧视性顾客偏爱的劳动者群体，同时为非歧视性顾客提供服务的企业相比，这些歧视性企业必须支付更高的工资，同时也必须向顾客收取更高的服务价格。因此，歧视性企业要想继续经营下去，就必须确保顾客愿意支付额外的成本。

多项实证研究都发现了存在顾客歧视的证据。例如，一家企业的顾客的种族构成会反映在该企业员工的种族构成上，特别是那些与顾客有较多接触的工作岗位。类似地，在最近对观看美国职业篮球联赛的电视观众所做的一项调查中，研究者发现，在其他条件完全相同的情况下，当白人球员上场的机会较多时，观众对比赛水平的评价也会随之上升。由于一支球队的收益会受到电视观众的影响，因此，这种情形实际意味着顾客歧视会导致白人球员比技能相同的黑人球员拥有更高的边际收益产品——同时也有更高的工资。①

□ 个人偏见模型：员工歧视

第三种建立在个人偏见基础上的歧视来源于劳动力市场的供给方。在这种情况下，白人男性员工可能会刻意避开与少数族裔或女性员工共事的情形。比如，他们可能不愿意接受一位女性下达的命令，或是拒绝与一位少数族裔员工分享工作职责。

比如说，如果白人男性员工存在歧视性偏好，他们可能就会从实行非歧视性雇用和晋升的雇主那里辞职或者不去那里求职。于是，那些按照非歧视性标准雇用员工的雇主为了留住白人男性员工，可能就不得不向他们支付一笔工资补贴（一笔补偿性工资差别）。

然而，如果雇主是不存在歧视性偏好的，在能够雇用到资格相同而且费用更低的女性员工和少数族裔员工的情况下，它们为什么还要支付一笔工资补贴来留住白人员工呢？答案之一是，白人男性在劳动力队伍中所占的比例相当大，所以很难想象在没有他们的情况下如何进行生产。此外，女性劳动者和少数族裔劳动者到“传统”职业之外去寻求就业的压力也是最近才开始出现的，而白人男性却在早些时候就按照一整套与晋升可能性有关的隐含合同被雇用了。一旦企业改变自己的雇佣实践，白人男性在竞争某个岗位时就必须针对在企业内部出现的一大批竞争者重新做出调整。企业也会意识到，改变自己的雇佣实践就意味着对自己过去承诺的反悔。因此，它们可能会针对自己的这些员工存在的歧视性偏好做出一些适应性调整。换言之，员工歧视的存在对雇主来说可能是成本高昂的，但是要想摆脱员工歧视，成本同样也很高。

针对员工歧视做出适应性调整的方法之一是在隔离的前提下雇用人员。尽管将

① Harry J. Holzer and Keith R. Ihlanfeldt, "Customer Discrimination and Employment Outcomes for Minority Workers," Quarterly Journal of Economics 113 (August 1998): 835 - 867; Neumark, "Sex Discrimination in Restaurant Hiring"; Mark T. Kanazawa and Jonas P. Funk, "Racial Discrimination in the Professional Basketball: Evidence from Nielsen Ratings," Economic Inquiry 39 (October 2001): 599 - 608. 一项关于在法国发生的顾客歧视的研究，参见 Pierre-Philippe Combes, Bruno Decreuse, Morgane Laouénan, and Alain Trannoy, "Customer Discrimination and Employment Outcomes: Theory and Evidence from the French Labor Market," Journal of Labor Economics 34, pt. 1 (January 2016): 107 - 160。

一个工厂中的劳动者完全隔离开来在经济上是不可行的，但是，仍然可以根据职位名称将员工进行隔离。因此，无论是员工歧视模型，还是顾客歧视模型，都有助于解释一项研究得出的这样一个结论，即雇主通常只雇用女性或只雇用男性来填补某一职位——即使其他雇主可能会雇用与其所雇用的员工性别相反的人来填补相同的职位。①

一项研究对员工歧视的存在进行了最为直接的检验。这项研究发现，与在种族相互隔离的环境中工作相比，白人青年在与各种族的员工一起工作的企业中工作时，他们的工资性报酬更多。此外，一些研究表明，企业高层经营管理职位中缺少女性的现象可能与男性员工厌恶在女上司的指挥下工作有关——尽管这种厌恶程度会随着时间的推移而有所下降。②（例 12.3 提供了一个与员工歧视有关的有趣历史事例。）

例 12.3

密歇根州家具行业的忧虑与板条加工

19 世纪后期，美国每年从国外吸引来的移民都有几十万人。族裔是非常重要的，因为人们是根据各自所属的族裔居住在不同的社区、去不同的教堂、参加不同的工会以及各种社会上的俱乐部的。这种移民狂潮推动美国在 19 世纪末期出现了排外主义的高潮。这种排外主义最为明显的一种表现形式就是，在美国本土出生的人对天主教徒以及从东欧和南欧新近移民到美国的群体非常敌视。此外，许多刚刚来到美国的移民彼此之间也互不信任、互不喜欢，将仇恨从原来的国家带到了美国。

这些族裔敏感性是怎样在劳动力市场上发挥作用的呢？密歇根州家具行业 1889 年的相关数据能够使我们在这方面形成一个明确的印象，因为这些数据包括了员工的工资水平、对员工的人力资本所做的衡量。此外，还包括关于该行业中的其他同事以及上级主管的所属族裔方面的信息。

在这一时期，监督管理人员或者监工在雇用员工以及确定他们的工资方面权力非常大。如果歧视的根源在于雇主，我们将能够看到，当员工及其上级主管人员都来自同一个族裔时，他们得到的工资应当比较多；当员工与自己的上级属于不同的族裔时，他们得到的工资应当比较少。如果歧视来源于作为同事的员工，我们将会看到，补偿性工资差别将会有所上升，即那些必须与来自其他族裔的员工一起工作的员工得到的工资将会较高，因为要抵消因此而带来的不愉快；而那些只需要与自己属于同一个族裔的人在一起工作的员工得到的工资则较低。

① Groshen, "The Structure of the Male/Female Wage Differential."

② James F. Ragan, Jr. and Carol Horton Tremblay, "Testing for Employee Discrimination by Race and Sex," Journal of Human Resources 23 (Winter 1988): 123 - 137; Baldwin, Butler, and Johnson, "A Hierarchical Theory of Occupational Segregation and Wage Discrimination"; and Marianne Bertrand and Kevin F. Hallock, "The Gender Gap in Top Corporate Jobs," Industrial and Labor Relations Review 55 (October 2001): 3 - 21; Jonathan S. Leonard and David I. Levine, "The Effect of Diversity on Turnover: A Large Case Study," Industrial and Labor Relations Review 59 (July 2006): 547 - 572.

这两种歧视的迹象在密歇根州的家具行业中都出现了，但是员工歧视似乎更严重：如果员工能够在与自己同属一个族裔的主管人员手下工作，那么，他们的工资性报酬将会高出大约2个百分点。

然而，同事所属的族裔产生的影响也相当大。如果在一种情况下，某员工是其所属族裔中唯一到某一工作场所工作的人，而在另外一种情况下，该员工的同事中与其同属一个族裔的人大约占到四分之一，那么，该员工在前一种情况下得到的工资性报酬就会比在后一种情况下得到的工资性报酬高出大约11%。如果在某员工上班的工厂中，90%以上的劳动者都属于同一个族裔，则其工资会低大约9%。于是，一位劳动者为了避免与来自其他族裔的劳动者一起工作，可能要支付很高的代价——相反，如果他们愿意与这些劳动者一起工作，则能够获得很高的回报。

资料来源：David Buffum and Robert Whapies, "Fear and Lathing in the Michigan Furniture Industry: Employee-Based Discrimination a Century Ago," Economic Inquiry 33 (April 1995): 234-252.

□ 统计性歧视

我们在第5章中讨论过，雇主需要以某种方式获取关于求职者的信息，而任何一种信息获取方式都是要付出一定成本的。显然，企业需要对求职者的个人特征做出评价，但是当它们试图对求职者的潜在生产率进行评估时，往往会利用求职者所属的特定群体具有的一般性特征来帮助自己做出判断。如果求职者所属的群体特征成为影响企业做出雇佣决策的重要因素，那么，即使在不存在个人偏见的情况下也有可能会导致统计性歧视的出现（至少在短期内如此）。[①]

统计性歧视可以被看成在员工甄选过程中遇到的问题之一，这种问题通常出现在这样一种情况下，即与生产率有关的可观察到的个人特征并不能对求职者的实际生产率提供完善的预测。举例来说，假如现在有两类生产率水平不同的劳动者在申请某一个秘书职位。一类求职者可以在一段较长的时间里保持每分钟70个字的打字速度，另外一类求职者在一段较长的时间里只能达到每分钟40个字的打字速度。然而，对雇主来说，这两类求职者的实际生产率都是未知的。雇主能够观察到的只是求职者参加5分钟打字测试的结果，这个结果不仅反映了求职者打字的技能，而且也会受到参加测试的能力以及运气的影响。

图12.6显示了两类劳动者的测试分数的分布情况。那些能够每分钟打70个字的人的平均得分为70分，但其中有一半的人得分却低于70分。同样，在那些每分钟只能打40个字的人中，也有一半的人所得到的分数高于40分。假如一位求职者的得分为55分，那么，雇主无法知道这位求职者是一位好的打字员（每分钟打70个字），还是一位差的打字员（每分钟只能打40个字）。如果雇主自动拒绝那些得分

① 对统计性歧视所做的更为广泛的分析以及提供大量参考文献的文章，参见 Kevin Lang and Jee-Yeon K. Lehman, "Racial Discrimination in the Labor Market: Theory and Empirics"。

为 55 分的求职者，可能会拒绝一部分好的打字员；如果它雇用了这些测试中只能得 55 分的人，可能又会雇用到一些较差的打字员。

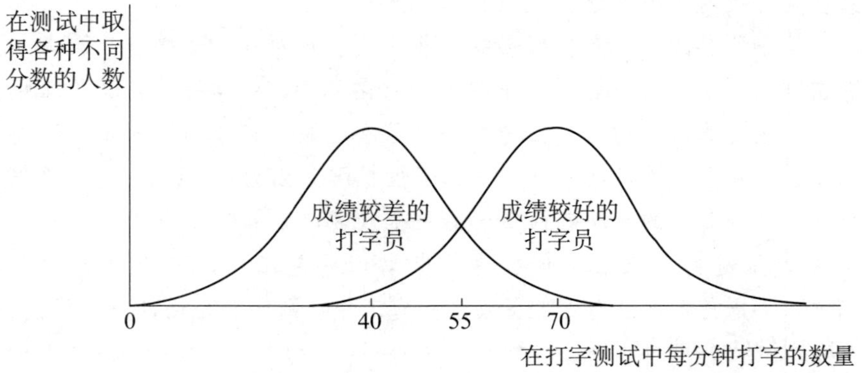

图 12.6　员工甄选问题

假定雇主为了避免遇到上面的两难困境开展了一些调查研究，结果发现，毕业于某一专业培训学校的求职者曾经接受过如何参加 5 分钟打字测试的专门训练，因而能够在测试中得到好的分数。由于受过特殊训练，那些在一个正常的工作日中每分钟只能打 X 个字的求职者，在 5 分钟打字测试中得到的分数很有可能会高于 X。企业一旦认识到来自这所学校的学生取得的平均测试成绩是高于他们的长期生产率的，它们可能就会拒绝所有来自这所学校且测试分数等于或低于 55 分的人（理由是，在大多数情况下，来自这所学校的学生取得的分数都是对他们实际能力的高估）。

这个例子给我们带来的一般性启示是，若求职者的个人特征（测试分数、受教育程度、工作经验等）不能用于准确预测其实际生产率，企业在进行雇佣决策时，就会同时将求职者的个人信息和其所属群体的群体信息作为决策依据。然而，这种运用群体信息的做法可能会引起市场歧视，这是因为，在这种情况下，生产率特征（测试分数、受教育程度等）相同的人将会由于本人所属的群体不同而得到不同的对待。当雇主运用种族和性别等群体特征来对求职者做出评价时，很可能会导致它们更愿意选择白人男性而不是其他群体中的劳动者。[①] 尽管这种偏好显然可能是因为偏见造成的，但也有可能是出于非恶意的理由（例如，女性的平均工作小时数少于男性）。然而，如果统计性歧视不是源于个人偏见，那么，随着一些更加精确的个人信

① 有关雇主对在本土出生的人（他们的英语比移民说得更好）的偏好的例子，参见 Philip Oreopoulos, "Why Do Skilled Immigrants Struggle in the Labor Market? A Field Experiment with Thirteen Thousand Resumes," American Economic Journal 3 (November 2011): 148 - 171。其他关于简历和申请的统计性歧视，参见 Bartoš, Bauer, Chytilová, and Matějka, "Attention Discrimination: Theory and Field Experiments with Monitoring Information Acquisition"; Luc Behaghel, Bruno Crépon, and Thomas Le Barbanchon, "Unintended Effects of Anonymous Résumés," American Economic Journal: Applied Economics 7 (July 2015): 1 - 27; Olof Åslund and Oskar Nordström Skans, "Do Anonymous Job Application Procedures Level the Playing Field?" Industrial and Labor Relations Review 65 (January 2012): 82 - 107。

息可获得，雇主就会展示出自己在不断“改进”的证据（即较少基于劳动者所属群体的群体特征来做出判断）。[①]

□ 非竞争性歧视模型

迄今为止，我们讨论过的歧视模型都说明了，在假定企业是工资接受者的劳动力市场上，个人偏见或者信息的问题会对劳动者的工资和就业产生什么样的影响。现在，我们转而讨论一个相反的模型，这个模型建立在这样一个假设基础之上，即单个企业对自己支付给员工的工资多多少少是具有一定的影响力的，这种影响力要么来自串谋，要么来自某种买方独家垄断力量。

拥挤 职业隔离——尤其是两性之间的职业隔离——的存在及其严重程度导致一些人认为这是为了降低某些职业的工资水平而故意采取的拥挤政策造成的结果。如果用图形表示，这种“拥挤假设”是非常简单的，我们从图 12.7 中可以很容易地看到这一点。图 12.7（a）描述的就是这样一种劳动力市场状况，即由于劳动力供给相对劳动力需求较少，结果导致工资率（W_H）相对较高。而在图 12.7（b）中描述的则是另外一种劳动力市场状况，即由于市场过于拥挤，相对于劳动力需求而言，劳动力供给过多，结果导致工资率（W_L）相对较低。

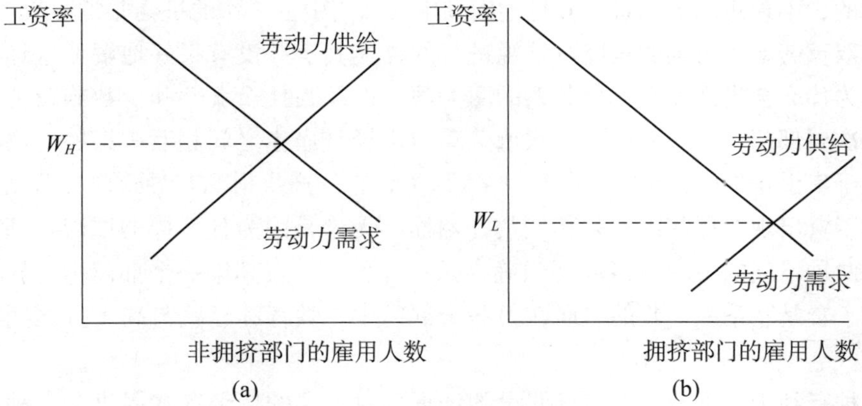

图 12.7　劳动力市场拥挤

尽管拥挤效应很容易看出，但是拥挤现象本身却很难加以解释。比如说，如果男性和女性在某种工作或某一组工作中的生产率是相同的，那么有人可能会认为，正是由于女性劳动者被人为地塞进某些特定类型的工作之中才导致她们只能获得较低的工资，而这种较低的工资反过来又使她们变得对企业更加富有吸引力，从而诱使那些本来只雇用男性劳动者的企业，现在转而用成本较低的女性劳动者来替代男性劳动者；而这种利润最大化行为最终必将逐渐消除任何一种工资差别。然而，拥

① 与该主题有关的一些文献，参见 Joshua C. Pinkston, “A Test of Screening Discrimination with Employer Learning,” Industrial and Labor Relations Review 59 (January 2006): 267 - 284; and Fabian Lange, “The Speed of Employer Learning,” Journal of Labor Economics 25 (January 2007): 1 - 35。

挤现象或职业隔离却并没有被消除，这表明在市场上仍然存在着一些彼此之间不能相互竞争的劳动者群体（从而对员工流动形成了障碍），但我们仍然需要解释的是，为什么这些不能相互竞争的劳动者群体在一开始时会存在。在过去的70年中，很多人提出了各种各样可能的解释。一个社会习惯于把某些工作界定为“男性工作”，而把另外一些工作界定为“女性工作”；男性和女性之间要么存在先天的能力差异，要么存在后天的能力差异；男性和女性对买方独家垄断企业的劳动力供给曲线是不同的（我们将在随后的章节中讨论）等。尽管所有这些原因都没能对歧视产生的最终根源做出完整的解释，但一个不可否认的事实是，在一种职业中，女性占主导地位的程度越高，这种职业的工资水平就越低——即使在控制了劳动者的人力资本差别之后，情况亦是如此。[①]

双重劳动力市场 关于拥挤假设的最新变种是这样一种观点，即劳动力市场被分割成没有竞争关系的两大部门：主要部门和次要部门。主要部门中的工作为劳动者提供了相对较高的工资、较为稳定的就业、良好的工作条件以及晋升的机会。而次要部门中的工作则只能为劳动者提供较低的工资、不稳定的就业以及较差的工作条件，并且根本没有职业发展的机会；在这一部门中，教育和经验的收益率被认为接近于零。在次要部门中工作的劳动者（主要是少数族裔和女性劳动者）被认为是不稳定的、不理想的劳动者，并且他们到主要部门中去工作的机会非常渺茫。

从双重劳动力市场的角度对歧视进行的描述其实并没有很好地解释这样两个问题，即为什么会出现没有竞争关系的两大部门以及为什么女性和少数族裔劳动者会被放到次要部门。一些人认为，双重劳动力市场是雇主之间相互串谋的产物（参见后文关于串谋行为的讨论），还有一些人认为，它的产生根源与导致内部劳动力市场和效率工资出现的那些因素是相同的。然而，无论是因为什么样的原因，都有证据表明这两种不同的劳动力市场部门确实是存在的——在其中一个部门中，教育和经验与高工资是联系在一起的，而在另一个部门中，教育和经验与高工资之间却不存在联系。[②]

这种有利于双重劳动力市场假设的证据，对歧视的持续存在提供了一种新的解释。它对当前存在的竞争水平和劳动力流动水平提出了质疑——为何在一开始就存在的这些不能相互竞争的族裔群体或性别群体会不断自我强化？简言之，双重劳动力市场假设与我们在前面分析过的任何一种歧视模型都是一致的；只不过它指出了，如果前面提到的任何一种歧视理论真的是正确的，我们就不能指望依靠自然的市场力量来消除歧视，因为这种歧视现象本身正是由自然的市场力量导致的。

与搜寻成本有关的买方独家垄断 拥挤假设和双重劳动力市场假设对歧视所做

---

① 参见Blau, Ferber, and Winkler, The Economics of Women, Men and Work, p. 203。对拥挤理论的精彩历史介绍，参见 Janice F. Madden, The Economics of Sex Discrimination (Lexington, Mass.: Lexington Books, 1973): 30-36。

② 有关这一主题的文献综述，参见 James Rebitzer, “Radical Political Economy and the Economics of Labor Markets,” Journal of Economic Literature 31 (September 1993): 1417。

的解释都是建立在这样一种假设基础之上的，即劳动者是被“安排”到相应的职业群体中的，并且他们从这些职业群体向其他职业群体的流动是受到严格限制的。然而，对这种安排是怎样做出的以及为什么会出现这种安排的问题却仍然没有清晰的答案。第三种关于流动限制的模型建立在这样一种假设基础之上——员工的工作搜寻活动是需要成本的。[①] 该模型将关于企业行为的买方独家垄断模型（我们在第 5 章中讨论的模型）与我们在前面讨论过的歧视现象结合在了一起。

假定尽管有些雇主由于它们自身的偏见、顾客的偏见以及它们所雇用的员工的偏见而拒绝雇用少数族裔劳动者或女性劳动者，但并非所有的雇主都会这么做。我们再进一步假定，没有哪一位雇主会拒绝雇用白人男性。然而，找工作的少数族裔劳动者和女性劳动者并不知道哪一位雇主会拒绝他们，因此，为了获得与白人男性同等数量的工作机会，他们就不得不花费更长的时间和付出更为艰苦的努力来进行搜寻。正如我们在第 5 章论述过的，正因为劳动者的工作搜寻成本的存在，才导致企业面临的劳动力供给曲线呈现向右上方倾斜的形状，并且，随着劳动者的工作搜寻成本上升，因此而导致的买方独家垄断后果就越明显。[②]

图 12.8 以图形的方式描述了这样一种情况，即劳动力市场上有两个生产率相同（也就是说，他们的劳动力边际收益产品都等于图中的 MRP_L^*）的劳动者群体，但其中一个劳动者群体的工作搜寻成本比另外一个劳动者群体高。图 12.8（a）所描述的是搜寻成本相对较低的劳动者群体（假定是白人男性）的劳动力供给曲线以及劳动力边际收益产品曲线。由于他们的工作搜寻成本较低，所以这一群体对其雇主的劳动力供给曲线 S_M 也就相对扁平，这就意味着与之相联系的劳动力边际费用曲线 $(ME_L)_M$ 也会相对扁平。追求利润最大化的雇主从这一劳动者群体中雇用的劳动者人数将会等于 E_M，并且会向他们支付相当于 W_M 的工资率——这一工资水平仅比 MRP_L^* 低一点。

图 12.8（b）描述的是由于歧视的存在而被迫承担较高搜寻成本的劳动者群体（少数族裔劳动者或女性劳动者）的劳动力供给曲线和劳动力边际收益产品曲线。我们假定这些劳动者与图 12.8（a）中的劳动者具有相同的劳动力边际收益产品，但是，由于他们的搜寻成本较高，因此他们的劳动力供给曲线 S_F 和劳动力边际费用曲线（$(ME_L)_F$ 的斜率都比较大。同时，在他们的劳动力边际收益产品和工资率之间存在的差距也更大。雇主从这一群体中雇用的劳动者人数将会等于 E_F，他们得到的工资率将为 W_F。对图 12.8（a）和图 12.8（b）进行了比较之后，我们不难看出，尽管

① 对该模型所做的更为严格的讨论，参见 Dan H. Black, “Discrimination in an Equilibrium Search Model,” Journal of Labor Economics 13 (April 1995): 309 - 334。

② 对这一理论含义提供的支持，参见 Michael R. Ranson and Ronald L. Oaxaca, “New Market Power Models and Sex Differences in Pay,” Journal of Labor Economics 28 (April 2010): 267 - 289; Boris Hirsch, Thorsten Schank, and Claus Schnabel, “Differences in Labor Supply to Monopsonistic Firms and the Gender Pay Gap: An Empirical Analysis Using Linked Employer-Employee Data from Germany,” Journal of Labor Economics 28 (April 2010): 291 - 330; and Torberg Falch, “Teacher Mobility Responses to Wage Changes: Evidence from a Quasi-Natural Experiment,” American Economic Review: Papers and Proceedings 101 (May 2011): 460 - 465。

这两大劳动者群体都具有相同的生产率，但是，搜寻成本较高的劳动者群体得到的工资水平却较低（$W_F < W_M$）。而在实践中，如果这两类劳动者被同一家企业雇用了，则搜寻成本较高的这些劳动者很可能会被安排到工资水平较低的那些职位上。

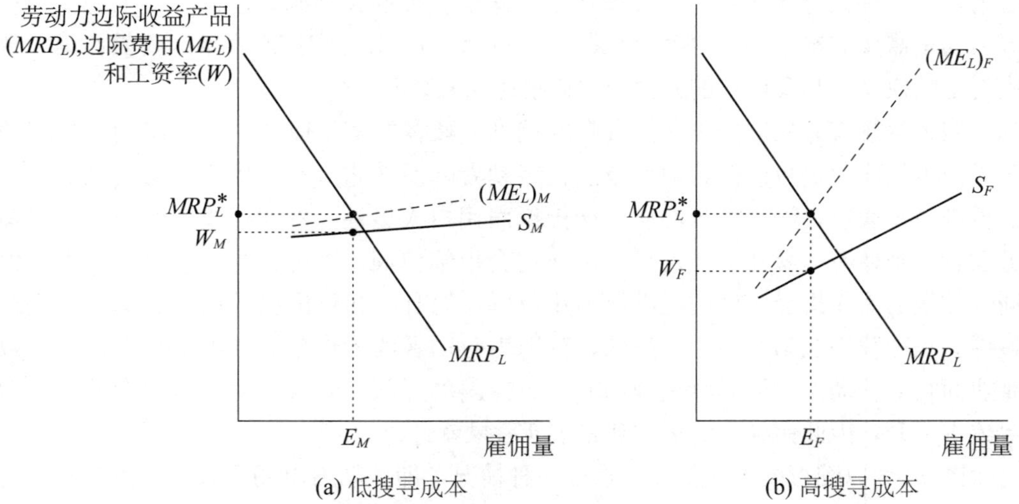

图 12.8　与搜寻成本有关的买方独家垄断和工资歧视

我们对与搜寻成本有关的买方独家垄断模型所做的讨论可以引发两点评论。第一，我们在第 5 章中介绍劳动力需求的买方独家垄断模型时，主要是为了试图解释为什么当最低工资立法导致工资出现强制性增长时，它对就业产生的影响不仅很小，并且是不确定的。此外，买方独家垄断模型还可以被用来解释这样一个事实，即随着 1970 年英国《公平薪酬法》（Equal Pay Act）的颁布，尽管英国女性的工资出现了强制性的增长，但她们的就业却几乎没有下降。[①]

第二，如果偏见导致少数族裔劳动者和女性劳动者的搜寻成本增加，从而使这些群体中的劳动者寻找另外一种就业机会的可能性更小，则与白人男性相比，他们的工作匹配质量就会更差。于是，属于女性和少数族裔群体的单个劳动者要想找到能够最好地利用他们的能力的雇主，机会就非常小。因此，由于少数族裔劳动者和女性劳动者的工作匹配质量较差，即使是在范围界定得很窄的职业群体中，他们的生产率也会更低，从而所获得的工资也会较少。

串谋行为　有些理论建立在这样一种假设基础之上，即雇主彼此联合起来，合谋对少数族裔劳动者或女性劳动者进行压制，从而使这些被压制的劳动者群体不得不接受买方独家垄断工资。与歧视有关的一种较为突出的串谋理论认为，偏见及其导致的冲突是资本主义社会的固有特征，因为这些特征是服务于资本所有者的利益的。[②] 即使

① Alan Manning，"The Equal Pay Act as an Experiment to Test Theories of the Labor Market，" Economica 63（May 1996）：191－212.

② Michael Reich，"The Economics of Racism，" in Problems in Political Economy：An Urban Perspective，ed. David M. Gordon（Lexington，Mass.：D. C. Health，1971）：107－113.

资本的所有者并未合谋起来制造偏见，他们也会发现，如果这种偏见能够延续下去，他们就能够增加自己的利润。将劳动者按照族裔或性别分割开来的做法，使得他们再组织起来就更为困难了，即使他们现在已经组织起来了，他们的需求也不会像过去那样一致了。此外，这种理论认为，歧视会使资本所有者受益，使所有劳动者——尤其是少数族裔劳动者和女性劳动者——受损。

然而，如果歧视是由资本家制造的或者至少是由他们故意保持下来的，我们又如何解释在资本主义社会以前以及在社会主义社会中同样也存在歧视现象呢？进而言之，下面这种说法或许是有道理的，即所有的白人雇主之所以串通起来，共同将女性劳动者和少数族裔劳动者固定在工资和社会地位都较低的工作之中，是因为他们能够从中获取垄断利润。然而，即使从雇主 A 到雇主 Y 都遵守串谋协议，雇主 Z 也总是存在撕毁协议的动机。由于签订串谋协议的其他雇主都不雇用女性劳动者或少数族裔劳动者，所以雇主 Z 就可以很低的成本雇用到这些劳动者。由于从雇主 A 到雇主 Y 的所有其他雇主都雇用价格相对较高的白人男性来填补工作岗位，而雇主 Z 却可以用生产率与白人男性完全相同，但工资却较低的女性劳动者和少数族裔劳动者来填补同样的工作岗位，这样雇主 Z 显然能够提高自己的利润水平。由于签订协议的所有其他雇主都与雇主 Z 存在相同的动机，因此，除非违背串谋协议的雇主以某种方式受到惩罚，否则这种串谋必然会破产。但该串谋行为模型并没有告诉我们，串谋协议是如何在数以百万计的美国雇主中得到维持和协调的。

□ 对歧视理论的总结

总的来说，所有的歧视理论都同意一个观点——劳动力市场歧视之所以会持续存在，要么是由于存在非竞争性力量，要么是因为向竞争性力量的方向进行调整时速度过慢。尽管在解释这一事实的时候，没有任何一个模型可以证明自己比其他模型更好，但是，各种理论以及它们所要解释的事实却表明，在消除非竞争性影响力（或滞后影响）方面，政府干预可能是有用的。在对这些政府项目进行分析时，牢记一点非常重要，那就是歧视性压力的来源有多种，并且，存在歧视性行为的主体未必就是能够从中获利的一方。

美国联邦政府消除歧视的计划

总体来说，为了与产生劳动力市场歧视的原因或其所产生的结果做斗争，美国联邦政府已经采取了两种有点相互冲突的做法。一种做法是，要求雇主必须采取非歧视性行动，这就意味着，雇主在雇用、晋升或者计算员工的薪酬时，不能考虑种族或性别因素；另一种做法是，要求雇主采取积极的反歧视行动，即要求雇主在自己的人事决策过程中，必须意识到劳动者存在种族、族裔和性别问题，并且要求它们采取措施来确保那些“受保护”的劳动者群体不会受到歧视。虽然我们下面的讨论侧重于美国联邦政府的法律和计划，但值得注意的是，类似的计划也在美国的州政府和地方政府层面实施。①

□ 1963年的《公平薪酬法》

在20世纪60年代以前，性别歧视是受到官方法律认可的，政府的有些法律不仅会对女性每周的总工作小时数加以限制，而且禁止她们从事夜间工作、搬运重物的工作以及在怀孕期间工作。虽然并不是所有的州都对女性施加所有这些方面的限制，但是这些法律产生的客观影响确实导致女性无法得到许多类型的工作。然而，所有这些方面的法律都被1963年的《公平薪酬法》推翻了，这部法律同时还宣布，向在相同的工作条件下运用相同的技能完成工作的男性和女性劳动者分别支付不同工资的做法属于非法。

然而，作为一种反歧视工具，《公平薪酬法》还存在许多重大缺陷，这是因为它对何谓雇用和晋升中的机会均等根本没有做出任何阐释。只要简单地回顾一下我们讨论过的歧视理论，就很容易理解这部法律在这方面所存在的缺陷了。假定无论出于何种原因，在当前的劳动力市场上存在着对女性的偏见，那么雇主在对待女性劳动者的时候，都必然会把她们当成生产率较低的人，或者认为雇用女性劳动者的成本比雇用具有相同生产率的男性的成本高。市场对这一情况做出的反应，必然使女性劳动者的工资水平下降到男性劳动者的工资水平之下，因为如果不这样，女性劳动者在寻找工作的时候就不能指望自己能够成功地与男性劳动者展开竞争。《公平薪酬法》在消除工资差别方面迈出了一步，但是它在消除工资差别的同时，却带来了一种不良的倾向，那就是它压制了有助于女性获得更多就业机会的市场机制作用的发挥。② 同时，这部法律也没有认识到，如果要消除劳动力市场歧视，法律不仅应当要求雇主向具有相同生产率的人支付相同的工资，而且还应当要求它们为具有可比性生产率的人提供相同的就业机会和晋升机会。

□《民权法案》第七章

1963年颁布的《公平薪酬法》存在的一些缺陷到第二年就得到了纠正。1964年颁布的《民权法案》(Civil Rights Act) 第七章规定，任何一位雇主如果“因为一个人的种族、肤色、宗教信仰、性别或国家来源等原因而拒绝雇用之或解雇之，或在

---

① 对其中的一些计划所做的评估，参见 Louis-Philippe Beland,“Political Parties and Labor-Market Outcomes: Evidence from the US States,” American Economic Journal: Applied Economics 7 (October 2015): 198 - 220; and Amalia R. Miller and Carmit Segal,“Does Temporary Affirmative Action Produce Persistent Effects? A Study of Black and Female Employment in Law Enforcement,” Review of Economics and Statistics 94 (November 2012): 1107 - 1125。

② 关于各州的《公平薪酬法》导致女性的相对就业水平下降的证据，参见 David Neumark and Wendy A. Stock,“The Labor Market Effects of Sex and Race Discrimination Laws,” Economic Inquiry 44 (July 2006): 385 - 419。

薪酬、待遇、工作条件或就业优惠权利等方面对一个人实施歧视”，均属于违法。《民权法案》第七章适用于所有拥有15名以上员工、从事州际贸易的雇主，它由公平就业机会委员会（Equal Employment Opportunity Commission，EEOC）强制监督执行。该委员会有权对申诉进行调解，敦促私人方面或美国司法部长提起法律诉讼，甚至以自己的名义对违反该项法律的雇主提起诉讼。为了扩大这项法律的影响，法院允许单个原告将他的诉讼扩大到群体行为，在这种情况下，法院会评估一个组织的雇用实践对整个劳动者群体产生的潜在歧视性影响。

在过去的几年中，美国联邦法院已经制定了两套歧视标准——差别对待和差别影响，当有人控告雇主实施了歧视性雇用实践的时候，法院就会运用这两套标准来做出判断。根据《民权法案》第七章的规定，差别对待存在于这样一种情况下，即一个人因为其族裔、性别、肤色、宗教信仰或国家来源而受到不同对待，并且可以明显地看出其中存在故意歧视的意图。然而，该标准引发了一个难题，也就是说，有些政策看起来似乎是属于中立性质的，因为它们当时没有考虑劳动者的族裔、性别等特征，但是它们的实际作用却使得过去发生过的歧视继续发挥影响。比如，根据《民权法案》第七章规定，在大部分劳动力都是白人的一家工厂中，通过口头发布招募信息的方式来招工（一个看似中立的政策）的做法就会受到怀疑，即使这家工厂从求职者中挑选新员工的方法是建立在非歧视基础之上的，也往往难以摆脱歧视的嫌疑。

由于人们担心过去的歧视会对当前产生影响，结果就导致了差别影响标准的出现。根据这种标准，在判断歧视是否存在时，重要的是看结果而不是动机。如果有些人事政策看上去似乎是属于中立性质的，但是实际上却对种族、性别等特征不同的劳动者产生了差别影响，那么，《民权法案》第七章中的规定对此也是要加以禁止的——除非这些差别确实是与工作绩效的差异联系在一起的。[①] 于是，令原告、雇主以及法院越来越感兴趣的一个问题是下面这两者之间的一致性有多高：一是实际被雇主雇用、晋升、培训或解雇的那些劳动者群体的性别或种族构成；二是作为备选来源的整个劳动者群体的种族或性别构成。

在运用差别影响标准来强化《民权法案》第七章的执行时，出现了几个与雇用、晋升以及工资决定有关的问题。第一个问题是，怎样界定到底哪些人应当成为一家企业的潜在雇用来源？例如，居住地离工作地点很远的那些未来的可能求职者，应当被赋予与那些居住地离工作地点很近的求职者相同的权重吗？第二个问题是统计方面的——什么样的证据属于能够证明存在代表性不足问题的令人信服的（显著的）证据？其他方面的问题分别涉及雇主如何对员工的资历提供回报；在存在职业隔离时，应当怎样判断支付给员工的工资是否属于“公平工资”。

资历 许多企业在分配晋升机会时，都会把资历作为一个重要的因素。此外，在衰退时期，雇主常常会按照与资历长短相反的顺序来解雇员工，即资历最浅的员

① Griggs v. Duke Power Company 401 U. S. 424 (1971).

工最先遭到解雇。资历既可以被看成在一家工厂的任职年限，也可以被看成在一家工厂的某个部门的工作年限；但是，在任何一种情况下，资历制度对少数族裔员工和女性员工都是不利的，因为这些劳动者往往是由于《民权法案》第七章所做的规定或其他一些反歧视计划的要求，才得以被雇用或者被晋升到某些非传统工作岗位上去的。最惊人的例子发生在以部门工作年限为基础的资历制度中，在这种情况下，当企业经营出现滑坡时，那些刚刚被晋升到新部门中的少数族裔员工和女性员工往往会比那些在当前工厂中的资历比自己还要低的人更先被裁减掉！关于资历制度的作用是锁定历史歧视的观点引发了大量的诉讼，但是，部门资历制度仍然是被允许的[①]，雇主为了保持员工的种族平衡而采取解雇资历较长的白人员工，而不是解雇新近刚刚被雇用的少数族裔劳动者的做法，也被认定为非法。[②]

可比价值：理论　许多人认为，实现“同工同酬”实际上只是一种虚假的胜利，由于两性之间的职业隔离程度如此之高，所以男性劳动者与女性劳动者之间几乎是不可能“同工”的。基于这种考虑，有些人就倾向于支持另外一个目标，即对具有“可比价值”的工作支付相同的工资。比如，可比价值的支持者可以指出这样一种事实，即维护机器这样的“男性”职业（普通的机器维修工）的小时工资为 15 美元，而照看孩子这样的“女性”工作（照看孩子的保姆）的小时工资却只有 8.50 美元。他们可能会问：这是为什么呢？难道那些照看人的劳动者得到的工资，反而应当比那些照看机器的劳动者得到的工资更低吗？

因此，当有人问起为什么机器维修工的工资比照看孩子的保姆的工资更高时，经济学家往往倾向于用市场力量来回答这一问题，即由于某些方面的原因，相对市场对机器维修工的需求来说，此类劳动者的供给比较少；而照看孩子的保姆的供给相对市场对此类劳动者的需求来说就没有这么少。出现这种情况的原因可能与工作条件有关，也可能是因为学习机器维修知识并且不断更新自己的技术水平更为困难，还有可能是由于职业拥挤导致了照看孩子的保姆的劳动力供给增加了。但无论由于何种原因，工资都是劳动力的价格——而在实践中，价格在资源配置过程中又起着如此关键的作用，所以最好是让它自发地发挥作用，而不是去对它加以管制。

因此，在反歧视的斗争中，大多数经济学家都赞成对导致不平等结果出现的劳动力需求和劳动力供给行为进行修正，而不是用对工资进行管制的方式来对这种症状加以“治疗”。就拿我们眼前的这个例子来说，如果政府将照看孩子的保姆的工资提高到市场出清水平以上，就会在保姆劳动力市场上制造出一种过剩。高于市场水平的工资意味着更少的工作岗位以及更多无法就业的求职者——这种结果可能是那些希望消除歧视的人想象不到的。（对这种意想不到的副作用所做的更为充分的分析，参见例 12.4。在例 12.4 中，我们分析了如果把各学科领域中的大学教授的工资

---

① International Brotherhood of Teamsters v. United States 431 U. S. 324, 14 FEP 1514 (1977).

② Frands v. Bowman Transportation 424 U. S. 747, 12 FEP Cases 549 (1976); Fire Fighters Local 1784 v. Stotts, U. S. S. Ct. no. 82－206, June 12, 1984; and Wygant v. Jackson Board of Education, U. S. S. Ct. no. 84－1340, May 19, 1986.

都变成完全一样的，将会出现什么样的情况。）

例 12.4☞

可比价值与大学

下面用不涉及性别的例子来说明可比价值这一概念引发的一些问题。我们现在考虑一下分别从事计算机科学和英语学科的教学和科研的大学教授的劳动力市场。假定一开始的时候，这两类教授在劳动力市场上的需求曲线和供给曲线分别是 D_{0C} 和 S_{0C}，以及 D_{0E} 和 S_{0E}。如图 12.9 所示，在这两个劳动力市场上，这两类教授的通行市场工资率都是相同的（W_0），并且，一共有 N_{0C} 位计算机教授和 N_{0E} 位英语教授被雇用。我们同时还假定，从某种客观的角度来说，这两个教授群体的质量都是相同的。

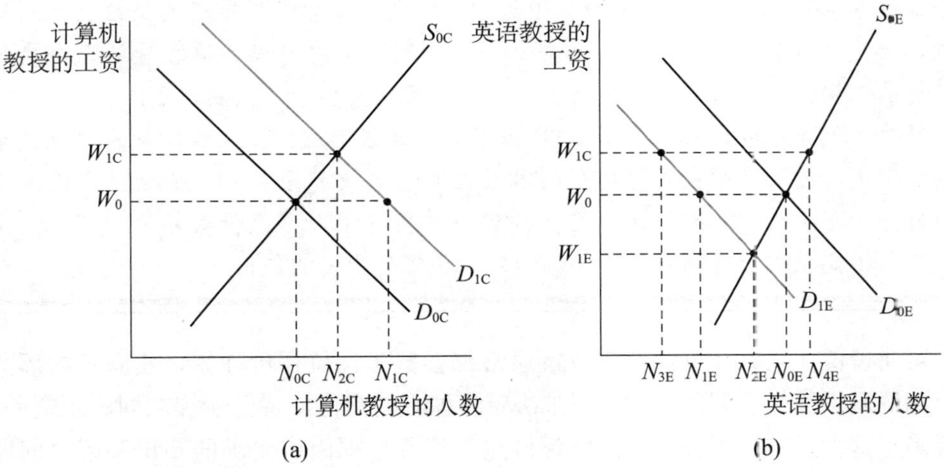

图 12.9　计算机教授和英语教授所在的劳动力市场

这可能就是可比价值的倡导者愿意看到的那种情况。两种不同类型的教授都必须接受相同数量的训练——这可以用他们同样都要拿到博士学位来代表，同时，这两类教授都被要求从事相同的工作活动——教学和科研。除非你愿意对不同学术领域中的教学活动和科研活动分别赋予不同的价值，否则你必然会得出这样的结论，即这两种工作的价值确实是具有可比性的。因此，如果两大劳动力群体在质量上是相同的，于是，根据可比价值的概念，他们获得相同的工资就是公平的。

然而，假如说由于愿意学习计算机课程的学生数量上升导致对计算机教授的需求现在上升到了 D_{1C}。而与此同时，由于愿意选修英语课程的学生数量下降，结果导致对英语教授的需求下降到了 D_{1E}。那么，在原本均衡的工资率水平上，现在却出现了对计算机教授的超额需求 $N_{1C}-N_{0C}$ 以及英语教授的超额供给 $N_{0E}-N_{1E}$。

那么，大学校方对此将做出何种反应呢？一种可能性是，让市场去发挥作用，即计算机教授的工资将上升到 W_{1C}，而英语教授的工资则下降到 W_{1E}；计算机教授的

雇佣量增加到 N_{2C}，而英语教授的雇佣量却变成 N_{2E}。

另外一种可能性是，两类教授的工资仍然保持在原来的工资率水平 W_0 上。针对计算机教授的超额需求和英语教授的超额供给，大学校方可以降低对前者的雇佣标准，提高对后者的雇佣标准。由于英语教授的平均质量会超过计算机教授的平均质量，因此，对计算机教授的每一“质量单位”支付的工资水平就更高。这样，真正的可比价值——向完成具有可比性的工作且质量相同的劳动者支付相同的工资——实际上就达不到了。此外，在这种情况下，两类教授的雇佣量和学校所提供的课程就不会为适应学生需求的变化而有所变化。

此外，可比价值的一些倡导者可能会认为，大学对此做出的反应应当是，将所有教授的工资都提高到 W_{1C}。尽管这种做法会消除计算机教授的短缺，但是会加剧英语教授的供给过剩状况，即将其供给过剩水平提高至 $N_{4E}-N_{3E}$。这样，大学校方将会做出的反应是将英语教授的雇用人数减少到 N_{3E}（同时减少学校向学生提供的英语课程数量）。此外，英语教授供给过剩的情况会使大学校方提高英语教授的雇佣标准，于是英语教授的平均质量就会提高。结果会再次出现英语教授的每个质量单位获得的工资比计算机教授低的情况，于是，可比价值又无法实现了。

从这个例子中我们可以看出，“欺骗市场”是很困难的。在相对需求状况发生变化的情况下，要么必须使两种类型的教授之间的工资差距扩大，要么必须使两者之间的质量差距扩大。然而，无论在上述哪一种情况下，可比价值都无法实现。换言之，我们不能独立于市场条件而单独确定一种工作岗位的价值。

可比价值：实践 可比价值政策通常都会基于岗位评价计划，建立了内部劳动力市场的雇主往往会利用这种计划来决定各种不同岗位或晋升阶梯之间的工资差别，或者确定这种差别是否合适。岗位评价过程涉及根据岗位要求的知识和解决问题的能力、责任的大小、物理工作条件以及其他各种可能的特征，给每一种岗位分别分配一定的点值。当然，相同点值的工作岗位获得的工资相同，而获得较高点值的工作岗位将获得较高水平的工资（参见附录12A）。为各种工作岗位分配点值的过程显然非常关键，因此，可比价值的支持者和反对者都将岗位评价看成一个难题。反对者认为，雇主可能会利用工作岗位评价来把某些目标工作岗位的工资不公正地提高到市场水平以上；支持者则认为，目前在企业中使用的工作岗位评价体系不公正地降低了女性承担的那些工作岗位的价值。①

然而，在英国和美国出现的运用可比价值政策来强调工资平等的相对较少的几个案件中，法院对同工同酬的要求也仅仅限于在同一雇主范围内达到。在英国，既涉及公共部门雇主，同时也涉及私营部门雇主的案件，往往会被送到专门的法院审

① 参见 Donald J. Treiman and Heidi L. Hartmann, eds., Women, Work and Wages: Equal Pay for Jobs of Equal Value (Washington, D.C.: National Academy Press, 1981); and Steven E. Rhoads, Incomparable Worth (Cambridge: Cambridge University Press, 1993): 160 - 165。

理，这些法院专门负责审理与可比价值问题有关的案件。① 美国则不同，对可比价值政策的推动力量主要来自州政府以及地方政府。

迄今为止，对美国和英国执行可比价值政策的效果进行估计的研究发现，它既不像其赞成者期望的那样起到了积极的作用，也不像其批评者预言的那样可怕。它对男性和女性之间的工资差别产生的影响实际上很小，对女性的就业产生的负面影响也很小。②

□ 联邦政府合同执行计划

1965 年，美国成立了联邦政府合同执行计划办公室（Office of Federal Contract Compliance Programs，OFCCP），该机构的任务是监督联邦政府的合同承包商（即向联邦政府提供产品或服务的企业）在雇用和晋升方面的实践。联邦政府合同执行计划办公室要求达到一定规模的承包商对雇用女性和少数族裔劳动者不足的问题进行自我分析，并且自行提出一个计划来对这种雇用不足的问题加以补救。这种计划又被称为积极的反歧视行动计划。如果这些承包商提交的计划不被联邦政府认可，或者没有达到计划预定的目标，则政府就会威胁取消与它们签订的承包合同，并且取消它们在将来投标联邦政府合同的资格——尽管联邦政府很少采用这种较为激进的做法。

积极的反歧视行动计划的目的在于，责成企业通过制定一个时间表迅速改变女性和少数族裔劳动者面临的职业发展机会不平等的问题。这种计划对雇主的雇佣实践和晋升实践都会产生影响，就像根据差别影响标准提出的要求一样，联邦政府合同执行计划也要求受该计划管辖的雇主在制定人事政策时，必须考虑员工的种族、族裔和性别等特征。

赞成积极的反歧视行动计划的人指出，严格跟踪企业的人事行为以确保其没有歧视性做法，仍然不是一种快速解决历史歧视产生的不利影响的方法。例如，考虑一下表 12.6 中列举的一个假设公司的数据，该公司已经同意采取非歧视性雇佣政策。在该公司的备选雇用人群中，黑人劳动者占了 12%，但是在该公司目前已经雇用的 1 600 名员工中，黑人员工只占 6.25%。由于这家公司已经没有什么发展的空间了，所以唯一的雇用机会只有在现有员工辞职的时候才会出现，且该公司员工每

① Rhoads，Incomparable Worth，148 - 160.

② Peter E. Orazem，J. Peter Mattila，and Sherry K. Welkum，"Comparable Worth and Factor Point Pay Analysis in State Government，" Industrial Relations 31（Winter 1992）：195 - 215；Mark R. Killingsworth，The Economics of Comparable Worth（Kalamazoo，Mich.：W. E. Upjohn Institute for Employment Research，1990）；Shulamit Kahn，"Economic Implications of Public Sector Comparable Worth：The Case of San Jose，California，" Industrial Relations 31（Spring 1992）：270 - 291；Ronald G. Ehrenberg and Robert S. Smith，"Comparable Worth Wage Adjustments and Female Employment in the State and Local Sector，" Journal of Labor Economics 5（January 1987）：43 - 62；and Manning，"The Equal Pay Act as an Experiment to Test Theories of the Labor Market."

年确实也有20%的离职率。由于每年只有这样一些有限的就业机会，并且每年只有20%已经被雇用的黑人员工会相继离开这家公司，在这种情况下，即使该公司实施非歧视性雇佣政策，其黑人员工在员工总人数中所占的比例在10年中都无法达到恰当的水平（当员工的离职率更低时，取得进展会更慢）。

表12.6　一家雇用了1 600名员工且执行非歧视性雇佣政策的公司，在从黑人占12%的求职者中雇用新员工时面临的员工种族构成变化（公司员工年流动率为20%）

	年份						
	0	1	2	3	4	5	10
黑人的人数							
离职		20	24	26	29	31	36
新雇用		38	38	38	40	38	38
净增		18	14	12	11	7	2
累积水平	100	118	132	144	155	162	181
黑人所占百分比	6.25%	7.37%	8.25%	9.00%	9.69%	10.12%	11.31%

除了有人认为积极的反歧视行动会引发反向歧视（对白人男性的歧视）问题之外，联邦政府合同执行计划发挥的潜在效果在以下两个方面也受到了质疑。第一，如果在企业的员工总人数中所占比例不足的劳动者群体在雇用时受到偏袒，这是否在要求企业雇用质量更差的劳动者呢？第二，由于该计划只覆盖了联邦政府合同承包商，这些符合要求的少数族裔劳动者和女性劳动者是否只不过是从未被合同覆盖部门转移到了合同覆盖部门，而其总就业量实际上根本就没有改变呢？这些问题导致我们不得不回顾反歧视行动计划在美国到底产生了怎样的作用。

□ 美国联邦政府反歧视行动计划的有效性

最近的一项研究对联邦政府实施的积极的反歧视行动计划做了一个全面的综述，这项研究得出的结论是：积极的反歧视行动计划达到了促使联邦政府合同承包商（它们支付的工资通常比非联邦政府合同承包商高）将就业机会向黑人和女性劳动者进行再分配的效果，尽管这种再分配的程度还不是非常高。此外，从女性劳动者的角度来说，还没有证据表明这种积极的反歧视行动计划是与较低的雇佣标准或较低的工作绩效联系在一起的。尽管这些雇主雇用的少数族裔劳动者拥有的劳动力市场资格证书稍微差一些，但是表明他们的工作绩效水平也较低的证据却很少。[①] 那么，我们能否得出这样的结论，即这个部门中的少数族裔劳动者和女性劳动者的就业和

① Harry Holzer and David Neumark, "Assessing Affirmation Action," Journal of Economic Literature 38 (September 2000): 483 - 568; and Harry Holzer and David Neumark, "Affirmative Action: What Do We Know?" Journal of Policy Analysis and Management 25 (Spring 2006): 463 - 490. 一项关于大多数少数族裔劳动者和女性劳动者的就业增加都发生在积极的反歧视行动计划开始实施的早期年份的研究，参见 Fidan Ana Kurtulus, "Affirmative Action and the Occupational Advancement of Minorities and Women during 1973—2003," Industrial Relations 51 (April 2012): 213 - 246。

工资水平出现的改善最终会转化成一种整体性改善？[①] 关于这个问题，人们已经针对非洲裔美国人做了大量的研究。

自20世纪60年代以来，黑人工资与白人工资之间的比率已经有所上升，于是，我们很自然地就要问一个问题，即这种情况到底是政府努力的结果，还是其他方面的因素导致的？经常被人们提到的因素有三个。第一，黑人劳动者的受教育程度在这一时期相对白人劳动者而言得到了改善，很多人认为这一因素是导致黑人与白人之间的工资性报酬比率上升的一个重要原因。事实上，一项研究估计，在20世纪60年代后期出现的黑人和白人的工资性报酬比率上升中，有20%～25%的部分可以归因于黑人受教育程度的提高。[②] 第二，有证据表明，1960年以后，黑人接受的正规学校教育质量的提高速度比白人快。一项研究估计，在黑人和白人之间的工资性报酬比率上升方面，有15%～20%的部分可以归因于黑人所接受的正规学校教育质量的改善。[③] 第三，有些人强调，黑人劳动力参与率在这一时期出现了相对较大幅度的下降，而这些人又主要集中在受教育程度较低的劳动者群体中，因此，那些继续得到雇用的黑人劳动力的平均工资性报酬就上升了，所以从表面上看，黑人的总体工资性报酬水平似乎上升了。在黑人和白人之间的工资性报酬比率上升方面，有10%～20%的部分可以归因于这种因素的作用。[④]

除上述三种解释因素外，在黑人和白人之间的工资性报酬比率上升方面，至少还有三分之一的部分未能得到解释。那么，这部分未能得到解释的改善是不是由于政府在劳动力市场上消除歧视的努力所产生的效果呢？有人对与这一问题有关的各种文献和证据进行了综述之后得出的结论是：联邦政府的反歧视努力确实成功地提高了黑人的工资性报酬水平。[⑤]

① 针对在发展中国家为女性赋能的计划对经济发展做出的贡献所做的一份全面的综述，参见 Ester Duflo, "Women Empowerment and Economic Development," Journal of Economic Literature 50 (December 2012): 1051-1079。

② James P. Smith and Finis R. Welch, "Black Economic Progress after Myrdal," Journal of Economic Literature 27 (June 1989): 519-564.

③ David Card and Alan B. Krueger, "School Quality and Black-White Relative Earnings: A Direct Assessment," Quarterly Journal of Economics 107 (February 1992): 151-200. 关于学校废除种族隔离对南部地区黑人工资影响的研究，参见 Orley Ashenfelter, Wiliam J. Collins, and Albert Yoon, "Evaluating the Role of Brown vs. Board of Education in School Equalization, Desegregation, and the Income of African Americans," American Law and Economics Review 8 (Summer 2006): 213-248。

④ John J. Donohue Ⅲ and James Heckman, "Continuous Versus Episodic Change: The Impact of Civil Rights Policy on the Economic Status of Blacks," Journal of Economic Literature 29 (December 1991) 1603-1643.

⑤ Donohue and Heckman, "Continuous Versus Episodic Change". 对这一综述的概要，参见 James Heckman, "Accounting for the Economic Progress of Black Americans," in New Approaches to Economic and Social Analyses of Discrimination, eds. Richard R. Cornwall and Phanindra v. Wunnava (New York: Praeger 1991): 331-337。最近的一篇文章也支持了这样一个观点，即美国联邦政府的努力有助于缩小黑人和白人之间的工资差距，参见 Kenneth Y. Chay, "The Impact of Federal Civil Rights Policy on Black Economic Progress: Evidence from the Equal Employment Opportunity Act of 1972," Industrial and Labor Relations Review 51 (July 1998): 608-632。

黑人经济状况得以改善的第一个重要事实是，1960—1975 年，黑人和白人之间的工资性报酬比率发生了一次不连续的飞跃。这种突然的改善与美国联邦政府的反歧视行动计划的启动是同时出现的，而这种情况是无法用像学校教育质量和受教育程度等一直都在改善的因素来加以解释的。第二个重要的事实是，在 1960—1975 年间发生的这次黑人和白人之间的工资性报酬比率上升形势中，上升幅度最高的是南方，而南方不仅种族隔离最严重，同时也是政府的反歧视努力力度最大的地方。

最终推导出的结论——美国联邦政府的反歧视行动计划确实部分地提高了黑人的相对工资性报酬——多多少少令人有些吃惊。这是因为，许多人对单个反歧视行动计划（如联邦政府合同执行计划）进行研究之后得出的结论都认为，这些计划起的作用实际上是非常微弱的。所以，奇怪之处就在于，那些看上去都只有很微弱作用的单项计划最终却导致了总体性的改善。对这种情况，我们唯一能够做出的合理解释就是，每一项反歧视行动计划其实都只不过是一套综合性反歧视行动计划——大部分是针对南方的——的一个组成部分而已，这套综合性反歧视行动计划包括消除各种形式的种族隔离、让黑人参加登记和选举、为歧视的受害者提供法律援助等各种措施。根据一位分析家的说法，这就是：

> 有证据表明，只要能给它们一个合理的借口，南方的雇主其实是很愿意雇用黑人的。这种情况为新法律的执行提供了一个有力的杠杆……种族排斥的总体模式受到了挑战。这有助于解释为什么一些看上去用处不太大的东西（公平就业机会委员会和联邦政府合同执行计划办公室）却能够打破南方的雇佣歧视。因为它们只不过是冲击南方雇佣歧视的联邦政府努力的冰山一角而已。①

尽管应当对美国联邦政府的反歧视行动计划在 20 世纪 60—70 年代产生的效果持一种乐观的态度，但是，我们仍然不清楚这些计划在 1980 年以后是否会取得成功，因为在这一时期，受教育程度较低的劳动者群体面临的劳动力市场状况变得越来越差了。我们也许可以说，如果没有美国联邦政府的反歧视行动计划，黑人在 1980 年以后的工资性报酬可能会更低，但是迄今为止的证据却表明，一旦最为明显的歧视形式受到打击，联邦政府的反歧视努力能够起到的效果会越来越微弱。②

实证研究

我们能抓到正在实施歧视行为的歧视者吗？使用实验室试验确定劳动力市场歧视

正如我们在本章前面论述过的，经济学家在衡量劳动力市场对（比如说）非洲

① Heckman, "Accounting for the Economic Progress of Black Americans," 336.

② Donohue and Heckman, "Continuous Versus Episodic Change," 1640. Harry J. Holzer, "Why Do Small Establishments Hire Fewer Blacks Than Large Ones?" Journal of Human Resources 32 (Fall 1998): 896 - 914. 这些文章记载了小企业在雇用黑人方面落后于大企业的情况。尽管小企业落后的原因尚不明朗，但是这种情况表明，政府在这方面还是存在取得新进展的空间的。

裔美国人的歧视时所采用的统计方法，实际上是将黑人和白人之间存在的可观察的工资差别分成两个部分：一部分是能够用可衡量的生产率特征差异来解释的工资差别；另外一部分则与对这些生产率特征支付的工资存在差别有关——虽然一些人认为这部分工资差别反映了劳动力市场歧视，但另外一些人则指出，这部分工资差别可以（全部或部分）归因于那些不可衡量的生产率特征。我们在本章中介绍的法律规定，在确定是否存在差别影响时，统计方法是非常有用的，但是在这方面，这些统计方法往往又无法得出确切的结论。此外，由于这类方法只关注结果，而不关注产生这些结果的行为，因此它们也无法提供关于差别对待的情况。我们能否找到一种方法来抓到那些正在实施歧视行为的歧视者呢？

一种用来观察歧视的方法是进行审计——现场试验。在运用这种方法时，不同种族的审计人员装扮成求职者去访问那些刊登了招募广告的雇主。每一位“求职者”都与另外一个不同种族的审计人员配对，这两个人的工作经历和受教育背景都是经过精心虚构的，以使其符合招募广告中的任职资格条件要求。如果黑人审计人员得到的待遇总是比白人审计人员差，那么，便可以推断出雇主存在歧视行为。

构建令人信服的审计机会极富挑战性，因为如果审计人员知道研究的目的，那么，他们在面试过程中就可能会诱导雇主按照他们认为研究者期望的情况做出反应。此外，将审计人员派去参加面试不仅很浪费时间，而且成本很高，所以通常不能获得大量的样本。最后，将审计人员根据体型和外表等进行匹配，同时对他们进行面试培训也非常富有挑战性。

然而，最近的一项研究通过下面的做法解决了审计方法面临的上述问题，它将5 000份简历发给一些刊登了招募广告的位于波士顿和芝加哥的企业，这些企业一共有1 300个职位空缺。然后，研究者分析每一份简历收到雇主来电的可能性。这些简历都经过配对，以达到彼此相当的条件，但是填写的姓名则可以暗示求职者所属的种族，例如，Lakisha Washington，Jamal Jones 等名字暗示求职者属于非洲裔美国人，而 Emily Walsh，Greg Baker 等名字则暗示求职者是白人。如果名字听起来像非洲裔美国人的简历收到的面试通知明显少于白人，就可以断定确实存在种族歧视。

研究结果是非常明显的。那些名字听起来像是白人的简历每发出10份便可以接到1个雇主来电，而那些名字听起来像非洲裔美国人的简历则每发出15份才会接到1个雇主来电。这50%的差距在统计上是显著的，并且随着简历质量的上升，这一差别会变得越来越大（也就是说，在那些对技能有较高要求的职位中，种族差别甚至会更大）。如果这些虚构的简历表明求职者是居住在一个富有的且受教育水平较高的社区中，虚拟的黑人和白人求职者接到雇主来电的可能性都会有所上升，但是种族差别依然保持不变。尽管报纸上的招募广告仅仅代表了一种雇佣渠道，并且审计方法也止步于接到雇主来电这一步（而不是继续进行直到拿到入职通知书为止），但这项研究表明，直到今天，劳动力市场中的种族歧视依然存在。

资料来源：Marianne Bertrand and Sendhil Mullainathan，“Are Emily and Greg More Employable than Lakisha and Jamal? A Field Experiment on Labor Market Discrimination，” American Economic Review 94 (September 2004)：991－1013. 对明显的非洲裔美国人的姓名的成因及经济影响所做的后续分析，参见 Ronald

G. Fryer and Steven D. Levitt, "The Causes and Consequences of Distinctively Black Names," Quarterly Journal of Economics 119 (August 2004): 767-805。一项关于亚洲、非洲和斯拉夫人移民到瑞典后，通过改变自己的名字掩盖自己的种族的研究，参见 Mahmood Arai and Peter Skogman Thoursie, "Renoucing Personal Names: An Empirical Examination of Surname Change and Earnings," Journal of Labor Economics 27 (January 2009): 127-147。一项来自加拿大的研究，参见 Philip Oreopoulos, "Why Do Skilled Immigrants Struggle in the Labor Market? A Field Experiment with Thirteen Thousand Resumes," American Economic Journal 3 (November 2011): 148-171。

复习题

1. 华裔美国人和日裔美国人的平均工资性报酬与美国白人相同或者更高。这一事实是否意味着他们不是劳动力市场歧视的受害者？

2. "在最近这些年中，美国的技术工人和非技术工人之间的工资差别越来越大了。这意味着针对技术水平较低的墨西哥移民的可衡量的劳动力市场歧视在不断加深。"评论能否从前一句话中推导出后一句话。

3. 最近，美联社（Associated Press）上的一篇文章引用的一份报告声称，高中男老师的工资水平高于高中女老师。假定这是一个事实，那么，在判断这是否表明确实存在工资歧视之前，你还需要得到哪些信息？

4. 如果政府强制要求雇主必须按照少数族裔劳动者在相关劳动力市场上所占的比例来等比例地雇用合格的少数族裔劳动者（在非歧视性工资率水平下），这会不会降低原来有歧视行为的这些雇主的利润？详细解释你的答案。

5. 假如美国准备采纳一项建议，即如果雇主雇用黑人劳动者以及处于劣势地位的劳动者（只接受过较少的教育且只具有很少的劳动力市场技能的人），那么政府将向这样的雇主提供一种永久性工资补贴。分析这种补贴对克服以下两方面问题的潜在效果：(1) 针对黑人的劳动力市场歧视；(2) 黑人和白人在长期中形成的进入劳动力市场之前的差异。

6. 假如你现在正在参与对一项指控的调查，这项指控认为某小城镇上的一所大学对女性员工存在歧视行为。你发现，在这个大学中有一个几乎全部都是由女性任教的社会工作学院，这个学院的女教授的工资与在同一所大学中任教的级别相同的其他教授相比要低 20%左右。这所大学是否实施了与雇主歧视有关的行为？解释你的答案。

7. 假如一个城市向其建筑检测员（全部是男性）支付的工资是每小时 16 美元，而向其护士（全部是女性）支付的工资是每小时 10 美元。再假定这个城市的议会通过了一项可比价值法律，这项法律要求支付给护士的工资必须等于建筑检测员的工资。有人说，这种可比价值政策的主要受益者将会是高质量的护士和低质量的建筑检测员，对这种说法做出评论。

8. 20 世纪 20 年代，南非通过了一系列法律来有效地禁止非洲黑人获得需要较高技能水平的工作，而将技术性工作留给白人做。试分析这种法律给南非黑人劳动者和白人劳动者带来的影响。

9. 假定女人的平均寿命比男性长。再假定一位雇主同时雇用男性劳动者和女性劳动者，向从事相同工作的男性和女性支付同样的工资，并且为他们缴纳相同的养老保险金。然而，由于女性的寿命比男性长，所以女性劳动者在退休后每个月得到的养老金比男性的少。根据最高法院的一项判决，这家企业由于没有在男女性劳动者退休后向他们支付相同的养老金而犯有歧视罪。

（1）评价法院对歧视做出的隐含定义。这种定义与经济学家通常意义上使用的定义是一样的吗？为什么？

（2）分析一下这种判决对男性和女性劳动者分别会产生何种经济影响。

练习题

1. 根据下面的数据来计算男性和女性之间的差异指数。

职业	男性	女性
A	40	20
B	40	25
C	20	25
合计	100	70

2. 假设左撇子劳动者的 $MRP_L=20-0.5L$，其中 L 为左撇子劳动者的人数；MRP_L 是根据每小时的美元数来衡量的。左撇子劳动者的通行工资水平是每小时 10 美元，但是雇主 A 对这些劳动者有歧视，并且歧视系数为 D，D 为每小时 2 美元。画出 MRP_L 曲线，并标明雇主 A 会雇用多少名左撇子员工。它由于歧视左撇子劳动者而失去的利润有多少？

3. 假设市场对女性劳动者的需求取决于女性与男性之间的相对工资率 W_F/W_M（与本章中的图 12.3 类似）。如果女性劳动者的人数少于 1 000 人，则 $W_F/W_M=1.1-0.000\,1N_F$，其中 N_F 为在市场上被雇用的女性劳动者的人数。如果女性劳动者的人数为 1 001～5 000，则 $W_F/W_M=1$。如果女性劳动者的人数大于 5 000 人，则 $W_F/W_M=1.5-0.000\,1N_F$。画出这条需求曲线，并分别计算出当受雇人数是 200 人、2 000 人以及 7 000 人时，女性劳动者的相对工资水平是多少。这个市场是从什么时候开始对女性劳动者实行歧视的？

4.（参考本章附录）在卡车司机的劳动力市场中，$L_S=-45+5W$，且 $L_D=180-10W$，其中，L 为劳动者的数量，W 为以美元为单位的小时工资数。在图书馆馆员的劳动力市场中，$L_S=-15+5W$，且 $L_D=190-10W$。分别找出每一个职业各自的均衡工资水平以及均衡雇佣量，并解释，如果一项可比价值法律做出这样一条规定，即图书馆馆员的工资必须上涨到与卡车司机相同的水平上，那么将会发生什么情况？用图形说明。

5.（参考本章附录）下表给出了 5 种女性职位的合益总点数（HP）以及相应的月薪数（S）。

总点数	月薪（美元）
200	1 200
310	1 300
425	1 500
500	1 580
550	1 635

再假设运用男性职位的数据所做的最小二乘回归得出了以下关系式：$S_i=1\ 200+0.90HP_i$。运用男性职位的这种薪酬公式，基于合益总点数估计出女性职位应获得的月薪水平。分析是否存在歧视。在不同的技能水平上存在什么模式吗？

6. 假设某一劳动力市场上的所有劳动者的小时边际收益产品都是 $MRP_L=20-L$，其中 L 为劳动力数量。这个市场上的女性劳动者的小时工资率是 $W=5.75$ 美元。如果 $L=12$，此时这个劳动力市场上的边际收益产品和工资水平之间的差距有多大？这种差距能够可靠地衡量出这个市场对女性产生了歧视吗？

7. 假设某一劳动力市场上所有劳动者的小时边际收益产品都是 $MRP_L=20-L$，其中 L 为劳动力数量。假设市场上有 10 位女性被雇用，且女性的小时工资率是 8 美元。如果一位雇主不实施歧视，则它会雇用多少位员工？如果仅仅雇用这 10 位女性员工，则雇主放弃的利润是多少？

8. 假设一位研究人员在估计包括男性和女性劳动者在内的一组人的薪资、性别以及年龄之间的关系，但是他却忽略了这样一个事实，即就平均情况而言，男性劳动者的工作经验比女性劳动者丰富。他估计出来的薪资与性别和年龄的回归结果为：

$$S_i=21\ 354.83+239.45G_i+93.17A_i$$
$$(15\ 252.9)\ (95.6)\qquad (29.58)$$

式中，S_i 为劳动者的工资。如果劳动者是男性，则 $G_i=1$；如果劳动者是女性，则 $G_i=0$。A_i 为劳动者的年龄。括号中的数字是相关系数的标准误。

当工作经验也被涵盖到回归公式中时，估计出来的回归公式为：

$$S_i=21\ 177.75+226.27G_i+89.73A_i+443.41X_i$$
$$(16\ 111.3)\ (186.8)\qquad (34.64)\qquad (47.7)$$

式中，X_i 为劳动者的工作经验年限。

比较两个估计出来的回归公式，从中能看出存在薪资方面的性别歧视吗？讨论在第一个回归公式中遗漏工作经验变量所产生的影响。

推荐阅读

Aigner, Dennis J., and Glen G. Cain, "Statistical Theories of Discrimination in Labor Markets," Industrial and Labor Relations Review 30 (January 1977): 175 - 187.

Altonji, Joseph G. and Rebecca M. Blank, "Race and Gender in the Labor Market," in Handbook of Labor Economics, eds. Orley Ashenfelter and David Card. New York: Elsevier, 1999.

Becker, Gary, The Economics of Discrimination. 2nd ed. Chicago: University of Chicago Press, 1971.

Blau, Francine D., and Lawrence M. Kahn, "The Gender Wage Gap: Extent, Trends, and Explanations," National Bureau of Economic Research, working paper no. 21913. Cambridge, MA: National Bureau of Economic Research, January 2016.

Blau, Francine D., Marianne A. Ferber, and Anne E. Winkler, The Economics of Women, Men, and Work. 7th ed. Boston, MA: Pearson, 2014.

Cain, Glen G. "The Challenge of Segmented Labor Market Theories to Orthodox Theory: A

Survey," Journal of Economic Literature 14 (December 1976): 1215 - 1257.

Cornwall, Richard R. and Phanindra V. Wunnava, eds. New Approaches to Economic and Social Analyses of Discrimination. New York: Praeger, 1991.

Donohue, John H., Ⅲ and James Heckman, "Continuous versus Episodic Change: The Impact of Civil Rights Policy on the Economic Status of Blacks," Journal of Economic Literature 24 (December 1991): 1603 - 1643.

Goldin, Claudia, Understanding the Gender Gap: An Economic History of American Women. New York: Oxford University Press, 1990.

Holzer, Harry and David Neumark, "Assessing Affirmative Action," Journal of Economic Literature 38 (September 2000): 483 - 568.

Killingsworth, Mark R. The Economics of Comparable Worth. Kalamazoo, Mich: W. E. Upjohn Institute for Employment Research, 1990.

Lang, Kevin and Jee-Yeon K. Lehman, "Racial Discrimination in the Labor Market: Theory and Empirics," Journal of Economic Literature 50 (December 2012): 959 - 1006.

Skrentny, John D. After Civil Rights: Racial Realism in the New American Workplace. Princeton, NJ: Princeton University Press, 2014.

Smith, James P. and Finis R. Welth, "Black Economic Progress after Myrdal," Journal of Economic Literature 27 (June 1989): 519 - 564.

附录12A 评估可比价值工资性报酬差别：回归分析的一个应用

尽管许多经济学家都难以接受这样一种观点，即我们可以独立于市场因素来确定某一个工作岗位的价值，但是正式的工作岗位评价方法确实已经存在很长时间了。美国有少数几个州已经开始根据正式的工作岗位评价来对政府雇员的工资进行符合可比价值要求的调整，明尼苏达州便是这少数几个州中的一个。我们如何运用工作岗位评价数据来估计是否存在歧视性工资差别呢?①

明尼苏达州 1979 年就开始与一家著名的美国薪酬管理顾问公司——合益集团（Hay Associates）开展合作，共同对州政府中的各种工作岗位进行评价。最先接受评价的是 188 个岗位，在所有这些岗位上至少都有 10 名员工任职，并且这些岗位要么可以被划分为男性职位（至少有 70%的任职者都是男性），要么可以被划分为女性职位（至少有 70%的任职者都是女性）。对每一种岗位的评价都是由经过专门训练的工作岗位评价人员来完成的，他们根据工作对任职者的知识要求、解决问题的能力要求、岗位责任大小以及工作条件等四个方面的要素，对每一个工作岗位赋予一个合益点数。然后将每一个岗位在每一种要素上所得到的点数进行加总，得到一个总的合益点数，或者每一种工作岗位的工作评价分数。从这些岗位所得到的点数的差别很大。在这 188 个岗位中，点数最低的岗位低于 100 点，点数最高的岗位超过了 800 点。

在得到这些工作岗位评价点数之后，下一步就是要搞清楚每一种男性职位的薪酬（S_i）与其总合益点数（HP_i）之间的关系如何。图 12A.1 中的每一个点都代表了一个男性工作岗位，在这

① 对明尼苏达州的工作岗位评价和可比价值研究的更完整讨论，参见 Pay Equity and Public Employment (St. Paul, Minn.: Council on the Economic Status of Women, March 1982)。

幅图上，我们描绘出了每一种工作岗位的月工资水平与总合益点数之间的对应关系。在一般情况下，可以很明显地看出，合益点数较高的工作岗位所得到的工资水平也较高。

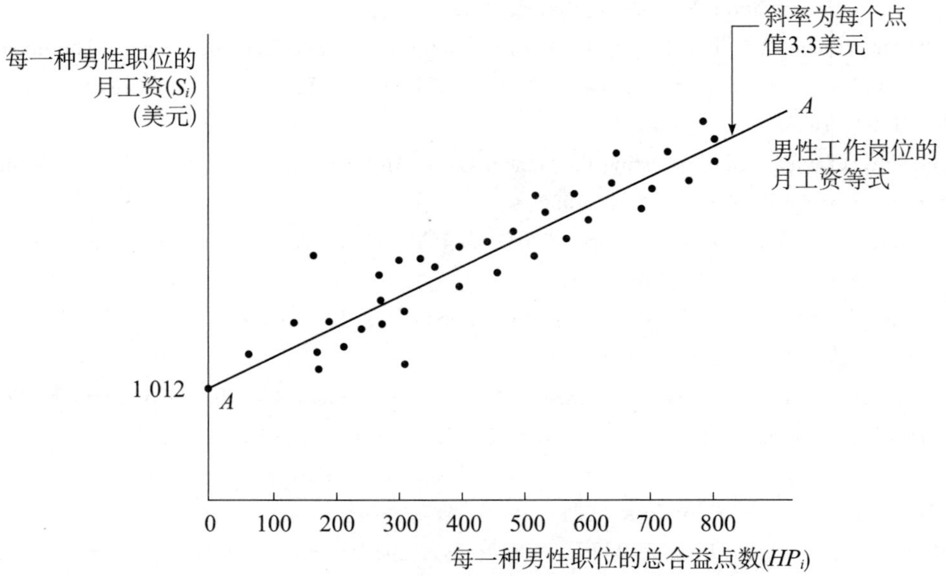

图 12A.1　对男性职位的可比价值工资等式所做的估计

尽管这些点并非都明显地分布在同一条直线上，但是我们很自然地想知道，哪一条直线能够与这些点最好地吻合起来？穿过上述这些点，我们可以画出无数条直线，因此，我们必须运用某种精确的标准来决定到底哪一条直线是匹配得最好的。正如我们在附录1A中讨论过的，统计学家和经济学家通常认为，能够使每一个数据点与这条直线之间的垂直距离平方和（包括所有数据点）最小的那条直线就是最合适的直线。运用这种方法——最小二乘法——从已知数据中估计出的这条直线，就具有许多理想的统计特点。①

运用这种方法分析与明尼苏达州的男性职位相关的数据，就可以得出这样一条估计直线②，即：

$$S_i = 1\,012 + 3.3\ HP_i \tag{12A.1}$$

举例来说，假如男性工作岗位 i 被评价之后得到的总合益点数为200点，则我们就可以预测出，与工作岗位 i 相联系的月工资水平就是 $1\,012+3.3\times200=1\,672$ 美元。估计出来的这种男性工作岗位的工资等式在图12A.1中被描绘成直线 AA。

现在，如果可以单独根据某一工作岗位的评价分数来确定其价值，我们就可以预见到，在女性没有受到工资歧视的情况下，在工作岗位评价中得到的总合益点数相同的女性工作岗位和男性工作岗位获得的工资就会相同（至少就一般情况而言应当如此）。换言之，用来预测男性工作岗位的工资的等式，同样可以运用于对女性工作岗位的工资预测，在这种预测中所出现的任何不精确的情况都是随机性的。所以，在女性工作岗位的总合益点数和男性工作岗位的工资等式一定的情况下，要检验女性工作岗位是否受到了工资歧视，只要看一看雇主实际支付给她们的工资水平是否总是比通过工资等式预测出来的工资估计值低就可以了。

---

① 参见附录1A。

② 这些估计数据是从该文章中取得的，参见 Ronald Ehrenberg and Robert Smith，"Comparable Worth in the Public Sector，" in Public Sector Payrolls，ed. David Wise（Chicago：University of Chicago Press，1987）。

图 12A. 2 描述了如何完成这一过程。图中每一个点都代表着一种女性工作岗位的工资和总合益点数组合。在这幅散点图上画的那条直线是估计出来的男性工作岗位工资等式，即图 12A. 1 中的 AA。图 12A. 2 中的大多数点都低于决定男性工作岗位工资的那条线，这一事实表明，与男性工作岗位具有相同总合益点数的女性工作岗位只得到了水平相对较低的工资。比如，评价点数为 300 的女性工作岗位（点 a）得到的月工资是 S_{300}^{F}。然而，根据估计出来的决定男性工作岗位工资的直线，如果这项工作是由男性来承担的，工资水平将会是 S_{300}^{M}。而以百分比的形式表示的存在于 S_{300}^{M} 和 S_{300}^{F} 之间的差别，就是根据可比价值对女性工作岗位的工资性报酬差别进行测算后的估计值——工资性报酬支付不足的程度。事实上，计算结果表明，在明尼苏达州的数据中，基于可比价值计算的平均工资性报酬差别达 16%以上。①

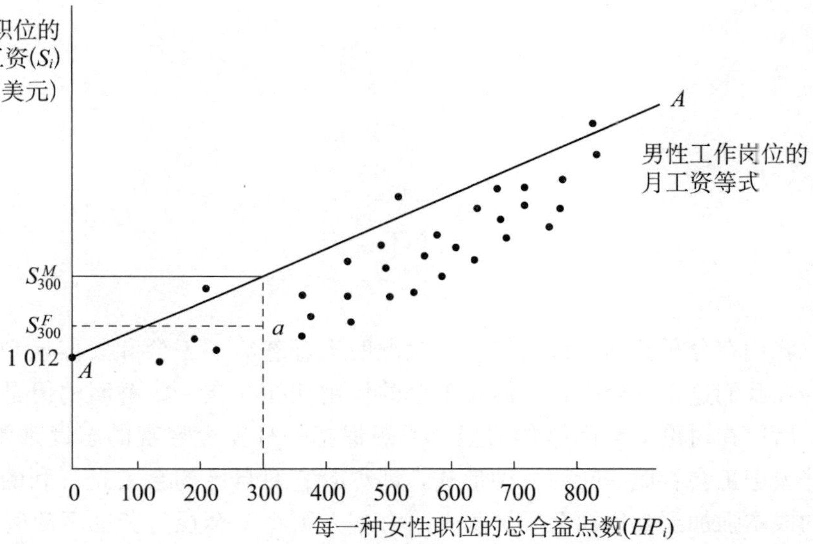

图 12A. 2 运用估计出的男性工作岗位的可比价值工资等式来估计女性工作岗位中存在的工资支付不足问题

由于我们在这里的描述过于简单，所以它掩盖了一系列复杂问题。如昊我们想把这种预测结果作为对女性工作岗位所受工资歧视的一种估计，我们就必须把一些较为复杂的问题也考虑在内。② 这些问题不仅包括与工作岗位评价方法本身的可信度以及/或潜在的性别偏见等有关的问题，还包括工资数据和总合益点数之间有无可能是一种非线性关系；任一既定水平的总合益点数的内部构成（四组工作岗位特征）是否会对工资产生影响；除了工作岗位评价点数之外，其他变量是否也会对工资产生合理的影响等问题。然而无论如何，我们还是应当让读者明白如何对“可比价值工资性报酬差别”进行估计。

---

① 参见 Ehrenberg and Smith，“Comparable Worth in the Public Sector”。此外，对美国其他四个州所做的类似分析，参见 Elaine Sorensen，“Implementing Comparable Worth：A Survey of Recent Job Evaluation Studies，” American Economic Review 76（May 1986）：364－367。

② 对这些问题以及与可比价值有关的经验研究所做的更为完整的讨论，参见 Ehrenberg and Smith，“Comparable Worth in the Public Sector”；M. Anne Hill and Mark R. Killingsworth，eds.，Comparable Worth：Analyses and Evidence（Ithaca，N. Y.：ILR Press，1989）；Robert T. Michael，Heidi L. Hartmann，and Brigid O'Farrel，eds.，Pay Equity：Empirical Inquiries（Washington，D. C.：National Academy Press，1989）；and Killingsworth，The Economics of Comparable Worth。

第 13 章 工会和劳动力市场

我们在分析劳动力市场的运行状况时大都忽略了工会和集体谈判的作用。这是因为在我们这个社会中，人们对工会的作用往往存在一些鲜明的但是相互冲突的观点，所以在讨论工会问题的时候，要想保持一种完全客观的态度常常是很困难的。有些人把工会看成垄断的一种形式，即尽管它对自己的会员是有利的，但却会将巨大的成本强加到其他社会成员身上；有些人则将工会视为劳动者改善自身的经济地位的一种重要手段以及隐藏在许多社会立法背后的一支重要力量。

本章的目的是在经济理论背景下，对工会的目标、主要活动及总体影响进行分析。我们首先对国际范围内的工会情况提供一些描述性的材料，并且对美国工会的情况做出更为全面的描述。接下来再讨论一个基本的理论问题，即从劳动力市场的需求方来说，对工会改善其会员福利水平的愿望构成约束的经济力量到底有哪些。在弄清楚这些约束条件之后，我们在本章的后半部分将着重分析在集体谈判过程中主要包括哪些活动，同时讨论工会对工资、就业、劳动生产率以及利润所产生的影响方面的一些实证研究。

工会结构与工会会员

工会是劳动者的组织，其主要目的是改善工会会员在货币和非货币方面的就业条件。工会被划分为两种类型：一种是产业工会，它代表的是某一行业或企业中的全体劳动者或大部分劳动者，它不考虑劳动者所从事的职业；另一种是同业工会，它代表的是属于某一特定职业群体的劳动者。产业工会的例子有汽车工人工会、烟煤煤矿工人工会、橡胶工人工会等；同业工会的例子有各种建筑工人、印刷工人和码头工人的工会等。

工会就雇佣合同中的各种条件——例如，工资和员工福利；工作条件；雇主在雇佣、加班、工作安排、晋升以及解雇等方面的政策；劳动者和资方之间一旦发生争议将采取的解决方式等——与雇主进行谈判。集体谈判可以在不同的层次上进行。

在一种极端情况下，集体谈判可以是高度集中的，整个产业的工会代表坐在谈判桌前共同决定对多位雇主具有约束力的雇佣合同。而在另外一种极端情况下，谈判则是分散化的，它可以发生在一个工会和一个公司之间——甚至可以发生在同一公司的某一个工厂内部的工人和管理人员之间。在这两个极端之间，则是由一个工会和几位雇主在地方层次上达成的多雇主集体协议；这种协议的一个例子就是，建筑业中的同业工会（比如说管道工工会）与在某一特定都市区经营的建筑承包商之间签订的集体协议。

作为一个较大的集体组织，工会还代表着民主国家中的一种政治力量。工会通常会试图通过政治过程来达到它们通过集体谈判无法轻易获得的利益。在一些国家（如英国），工会甚至有自己的政党；在另外一些国家，如美国，工会则没有加入任何一个政党，但是作为游说者在联邦政府、州政府和地方政府中为各项法律和政策的制定而奔走。

□ 工会主义的国际比较

表 13.1 揭示了一些国家在两个工会化衡量指标方面的情况。一个指标是加入工会的劳动者占劳动者总人数的比例；另一个指标是在这些国家中，就业条件被集体谈判协议覆盖的劳动者在全体劳动者中所占的比例。这张表有三个突出的特征。首先，被集体谈判协议覆盖的劳动者所占的比例在美国和日本相对较小，低于 20%。在美国、日本和加拿大，集体谈判发生在企业层面，最终达成的集体谈判协议条款很少被扩展到签订这一协议的工会会员之外的其他劳动者。

其次，在澳大利亚和大多数欧洲国家，集体谈判协议的覆盖面已经被扩展到了非工会会员的大部分劳动者。以奥地利为例，该国的集体谈判相当集中，并且集体谈判达成的协议几乎适用于全国范围，在欧洲大陆，谈判桌上的各方代表着经济中的所有行业。很明显，不同国家的工会所处的历史和法律背景是不同的，这一点对我们理解不同国家的工会会员发展水平差异和劳动力市场差异非常关键。[①]

---

① Richard B. Freeman, "Labor Market Institutions around the World," National Bureau of Economic Research, working paper no. 13242 (Cambridge, MA, July 2007); Harry Katz, "The Decentralization of Collective Bargaining: A Literature Review and Comparative Analysis," Industrial and Labor Relations Review 47 (October 1993): 3-22; and Richard B. Freeman, "American Exceptionalism in the Labor Market: Union-Nonunion Differentials in the United States and Other Countries," in Labor Economics and Industrial Relations: Markets and Institutions, eds. Clark Kerr and Paul D. Staudohar (Cambridge, MA: Harvard University Press, 1994): 272-299.

最后，表 13.1 中的数据表明，在 1990—2010 年间，表中列出的所有这些国家的工会会员比例都出现了大幅度的下降。然而，工会会员比例的下降要比被集体谈判协议覆盖的劳动者比例下降的幅度大——因为尚有半数的国家在 2009 年时仍保持着几乎与 1990 年时相同的覆盖率。很显然，工会运转所处的法律环境和机构环境都具有国别差异。

表 13.1 若干国家的工会会员发展水平及集体谈判协议覆盖情况，1990 年，2009—2010 年

国家	工会会员在劳动者中所占的比例（%）		被集体协议覆盖的劳动者所占的比例（%）	
	1990 年	2010 年*	1990 年	2009 年**
奥地利	46.9	28.1	98.0	99.0
法国	9.9	7.6	93.0	90.0
瑞典	80.0	68.4	89.0	91.0
澳大利亚	39.6	18.0	80.0	40.0
意大利	38.8	35.1	83.0	80.0
荷兰	24.3	19.4	82.0	82.3
德国	31.2	18.6	72.0	62.0
瑞士	22.7	17.8	48.0	48.0
英国	38.2	26.5	54.0	32.7
加拿大	34.0	27.5	38.0	31.6
日本	25.4	18.4	23.0	16.0
美国	15.5	11.4	18.3	13.6

* 荷兰和瑞士的数据是 2009 年的。

** 奥地利和澳大利亚的数据是 2007 年的，法国、瑞典、荷兰和瑞士的数据是 2008 年的。

资料来源：Organisation for Economic Cooperation and Development，www.oecd_ilibrary.org/employment/oecd-employment-outlook-2012/trade-union-density-and-collective-bargaining-coverage-1990-and-atest-year_empl_outlook-2012-graph50-en.

很多针对工会问题的实证研究都是在美国完成的，但是正如我们已经看到的，美国的集体谈判是分散型的，并且大多数劳动者都不是工会会员。然而，尽管由于法律和历史环境不同，对一个国家的工会所做的研究对其他国家并不一定具有普遍意义，但是这些实证研究在其他国家却同样引发了人们越来越浓厚的兴趣，主要原因可能在于，大多数发达国家的集体谈判在过去的十年中都越来越趋于分散化了。[①]然而，无论针对美国工会的研究如何完善（或不完善），我们都必须将这些研究的结果放到美国特定的制度环境中去理解。因此，下面我们简要描述一下对美国工会活动构成约束的法律结构的发展史。

□ 美国工会的法律结构

在美国，公众的态度和联邦政府的立法并不总是对工会和集体谈判过程有利。比如，

① Karz，“The Decentralization of Collective Bargaining.” Michael Wallerstein，Miriam Golden，and Peter Lange，“Unions，Employers' Associations，and Wage-Setting Institutions in Northern and Central Europe，1950—1992，” Industrial and Labor Relations Review 50（April 1997）：379－401. 对奥地利、德国、比利时、荷兰、斯堪的纳维亚所做的现实研究表明，分散化的一般过程在这些地方并未出现。关于西班牙的分散型集体谈判所产生的影响的一项近期研究，参见 David Card and Sara De La Rica，“Firm-Level Contracting and the Structure of Wages in Spain，” Industrial and Labor Relations Review 59（July 2006）：573－592。

20世纪早期，雇主常常可以站出来说工会在劳动力市场上是以一种近似垄断者的身份出现的，因此可以按照当时的反托拉斯法将工会认定为非法。这些雇主通常能够从法院得到一些命令或禁令，阻止工会开展活动或者阻止工会组织的组建。在这种情况下，我们丝毫不会感到奇怪的一点是，为什么在1930年时工会会员的人数占当时劳动力总人数的比例不到7%。然而，从那时起，美国的立法已经在开始改变工会的运行环境了。

《国家劳资关系法》 1935年颁布的《国家劳资关系法》(National Labor Relations Act，NLRA）要求，雇主必须与能够代表其大多数员工的工会进行谈判，并宣布如果雇主干预自己员工的集体结社权则属于非法活动。基于《国家劳资关系法》成立的美国国家劳资关系委员会（National Labor Relations Board，NLRB）被赋予了两项权利：其一是主持工会选举，以确定员工愿意让哪一个工会来行使代表自己的权利（“工会代表资格选举”）；其二是调查申诉案件，即一旦雇主被举报存在破坏选举规则或拒绝与被选举出来的工会进行谈判的情况，则由国家劳资关系委员会来对雇主进行调查。① 一旦发现雇主有违法行为，国家劳资关系委员会就会被赋予另外一项权利，即命令违法者立即停止违法行为，并且这些命令将会由法院来强制执行。

《塔夫脱-哈特利法》 第二次世界大战以后，反工会势力又重新占据了绝对的优势。1947年颁布的《劳资关系法》［Labor-Management Relations Act，又称《塔夫脱-哈特利法》(Taft-Hartley Act)］对工会活动的某些方面施加了限制，并且允许劳动者通过投票选举来取消某一工会代表他们的资格。该法案中最著名的可能是第14B节，它允许各州自行通过工作权利法。这种法律禁止工会提出建立“工会化工厂”的要求——这种要求通常被写入集体谈判协议，它把加入工会作为劳动者获得雇佣的前提条件。美国南部、西南部以及平原地区的24个州通过了这类法律，最近加入进来的两个州是印第安纳州和密歇根州（2012)。

《兰德勒姆-格里芬法》 美国国会在1959年通过了《劳资报告与披露法》［Labor-Management Reporting and Disclosure Act，又称《兰德勒姆-格里芬法》(Landrum - Griffin Act)］。该法的主要目的是保护工会会员的权利不受工会领导人的侵犯，其中包括的条款大都是要求提高工会民主性的。然而，正如我们下面将要论述的，这些条款的副作用是增加了整个经济中的罢工次数。

政府雇员工会 我们迄今为止讨论的法律还都只涉及私营部门，并且美国的工会主义也正是在私营部门中首先活跃起来的。事实上，在20世纪60年代以前，政府是禁止公共部门中的员工成立工会的。然而，肯尼迪总统在1962年签署了10988号行政令（Executive Order 10988)，赋予了美国联邦政府雇员成立工会以及与政府就工作条件进行谈判的权利，但其中不包括对工资进行谈判。② 联邦政府雇员工会能

① 事实上，美国《国家劳资关系法》远没有像我们在简要讨论中所表明的那样对劳工有利，《国家劳资关系法》规定，一旦雇主声称员工或工会违反了该法律的某些条款，赋予国家劳资关系委员会对员工或工会进行调查的权利。

② 也有一些重要的例外——举例来说，邮递员和联邦政府某些管理局，比如田纳西流域管理局（Tennessee Valley Authority）的雇员，就可以进行工资谈判。在这些情况下，可以通过产品或服务（邮递服务以及水电）的价格上涨来冲抵达成集体协议的成本。而在其他一些联邦政府机构中，工资都是通过财政统一下发的。

够对工资产生影响，其实现方式主要是首先对总统施加政治压力，再由总统向国会提出提高工资的建议。

1959年，自威斯康星州开始，许多州将组织起来与政府进行集体谈判的权利扩大到了州政府和地方政府中的员工（包括教师）。通常来说，公共部门工会是不被允许罢工的，因此，在允许它们与政府进行集体谈判的法律中，往往同时还有要求双方进行某种形式的强制仲裁（通过仲裁，一个中立的第三方可以对集体谈判双方不能通过协商自愿解决的争议做出最后的决定）的条款。[①] 然而，具有讽刺意味的是，威斯康星州在2011年颁布了一项极富争议的法律，这一法律对公共部门工会和政府雇主就基本工资（但不涉及其他形式的薪酬，比如福利和绩效工资）[②] 进行谈判做出了限制——公共安全人员不受此限制。2012年，由于政治家和纳税人希望对政府支出加以控制，所以在多个国家公共部门工会的角色和权力受到越来越多的挑战。[③]

工会会员 美国的工会会员在美国劳动力队伍中所占的比例在第二次世界大战之后的年份里达到了高峰，当时大约有三分之一的劳动者是工会会员。从那以后，工会会员在劳动力总人数中所占的比重就持续下降。图13.1描绘了美国工会会员所占的比例自1975年以来的发展趋势——1975年时，美国私营部门和公共部门中的工会会员在全体劳动者中所占的总比例接近22%。2015年时，私营部门中的工会会员所占的比例已经下降到6.7%，而公共部门中的工会会员所占的比例则上升到了35.2%，总的工会会员比例稳定在11.1%。

加入工会的美国工人都是某个“地方”工会的会员。地方工会是指那些在工厂层次上、同一个雇主层次上或者（尤其是建筑业工会）同一个都市区范围内建立起来的工会组织。我们已经指出，美国的集体谈判相对分散，因此地方工会实际上就是集体谈判的主力。然而，这些地方工会往往又是一个更大的“全国性”工会或“国际性”工会（一般意味着它们包括加拿大的劳动者）的会员。这些全国性工会或国际性工会在地方工会组建时以及后来的集体谈判过程中，负责向它们提供帮助和建议。如果集体谈判是在行业层次上进行的，或者谈判对象是一家在全国范围内经营的企业，则坐在谈判桌前的就是这些全国性工会或国际性工会的代表了。

而这些全国性工会和国际性工会中的大多数（占工会会员人数的四分之三）又都加入了美国劳联-产联（AFL-CIO），即美国劳工联合会（American Federation of Labor）和美国产业工会联合会（Congress of Industrial Organization）。劳联-产联并不是一个工会，而是一个由全国性工会或州一级工会共同组成的联合会。它的主要功能包括：代表各成员工会发出统一的政治声音；为各成员工会的活动提供建议和协调彼此之间的

---

① 关于公共部门集体谈判方面的法律沿革的更为全面的讨论，参见 Richard B. Freeman，“Unionism Comes to the Public Sector,” Journal of Economic Literature 24（March 1986）：41－86。

② State of Wisconsin，“Summary of Provision of 2011 Act 10,” http：//legis. wisconsin. gov/lfb/publications/budget/2011-13-Budget/document/act32/act%2010. pdf.

③ Barry T. Hirsch and David A. Macpherson，Union Membership and Earnings Data Book，2013，Figure 2 and Table 1a-1g.

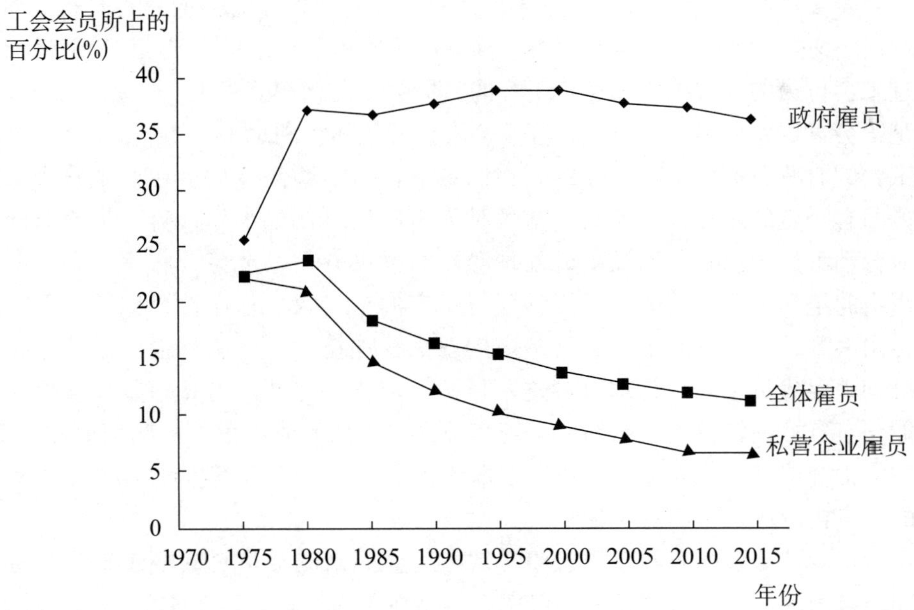

图 13.1　美国各部门中工会会员占全体劳动者的百分比，1975—2015 年

资料来源：Barry T. Hirsch and David A. Macpherson，2016 Union Membership and Earnings Data Book（Arlington，VA：Bureau of National Affairs，2016），Tables 1a，1c，1f.

活动；为各成员工会提供各项研究和信息服务。但是它并不直接同雇主进行谈判。

表 13.2 提供了考察美国工会会员的另外一种方法。从这张表中我们不难看出，男性比女性的工会化程度更高，少数族裔员工加入工会的比例比较高。从分行业的情况来看，工会化比例最高的是显然是政府雇员，在私营部门中，只有建筑业和交通运输、公用事业的工会会员比例超过了 10%。

表 13.2　　工会会员在领取工资和薪金的劳动者中所占的百分比（%），根据某些特征分组，2012 年

男性	12.0
女性	10.5
非洲裔	13.4
西班牙裔	9.8
白人	11.1
按行业划分	
采矿业	7.2
建筑业	13.2
制造业	9.6
交通运输、公用事业	20.6
批发、零售业	4.7
金融、保险业	1.2
公共部门	35.9

资料来源：Barry T. Hirsch and David A. Macpherson，Union Membership and Earnings Data Book，2013，Table 3a.

工会想要什么？ 有人曾经问过美国劳工联合会创立者塞缪尔·冈珀斯（Samuel Gompers）这样一个问题。他的回答很简单："当然是更多的东西。"几乎任何一个研究过工会行为的人都很难相信，工会的目标会如此简单。但有一点是不言自明的，那就是工会肯定希望以某种方式提高工会会员的整体福利水平。

工会的有些目标属于程序性的，它们希望自己能够使劳动者在雇主管理工厂的方式方面有一定的发言权，尤其是在各种人事问题（比如工作安排、加班时间的分配、对劳动者的纪律处分以及申诉处理等）的解决方面以及劳资联席安全委员会和工作小组的组建方面，使劳动者能够获得一定的参与权。程序性目标并不总是要求雇主付出太高的成本，雇主（尤其是运用现代管理技术的雇主）也许恰恰希望存在一种机制来促成员工参与管理决策这一目标的实现。然而，另外一些程序性目标则有可能会对资方的特权构成制约，尽管实现这些目标的成本很难被确切地加以量化，但雇主常常会将其看成需要付出较高成本才能实现的目标。[①] 我们将在本章末对工会提供的发言机制进行全面的讨论。

希望得到"更多的东西"的愿望常常与工会提高其会员总薪酬水平的目标联系在一起。最为明显的薪酬因素是工资率，但是在美国，集体谈判常常还包括养老金、健康保险以及休假等一些员工福利项目。（在许多其他发达国家，这些员工福利都是由政府强制规定的，因而不属于集体谈判的内容。）然而，工会希望获得"更多的东西"的愿望是在一定的约束条件下发生的。

工会实现目标的约束条件

雇主坐在谈判桌的另一端，双方达成的集体协议必须使雇主既能够与其员工和平共处，同时还能够在产品市场上获得必要的经营成果。提高员工的薪酬水平会对雇主形成一种用资本替代劳动力的激励，此外，一旦雇主的生产成本提高到一定的程度，它们还有可能会受到缩小规模的压力。简言之，工会最终必须面对一条向下倾斜的劳动力需求曲线（比如，对于职业运动员而言，参见例 13.1）。这样，无论是这条需求曲线的位置还是其弹性大小，都会对工会达到其目标的能力构成一种约束。

例 13.1☞

橄榄球运动员的劳动力需求曲线也是自上而下倾斜的吗？

工会组织也会在假定劳动力需求曲线是自左上方向右下方倾斜的基础上来采取行动吗？换言之，工会组织的行为是否表明它们也是知道提高工资水平会对工会会

① 对工会发言模型的有用总结，参见 John T. Addison and Clive R. Belfield, "Union Voice," Journal of Labor Research 25 (Fall 2004): 563 - 596。

员的就业机会产生限制的呢？来自全美橄榄球联盟（National Football League，NFL）的一些证据表明，它们确实有这方面的觉悟。

在工会和全美橄榄球联盟于 2011 年共同签署的集体谈判协议中，包含了如下两个方面的条款：第一，加入全美橄榄球联盟的球员的最低薪资，这一最低薪资水平会随着他们在联盟内服役的年限逐年上升；第二，一支球队可以向其全体球员支付的薪资总额上限（球队整体薪资的上限）。第一条本质上就是一个最低工资条款，这种最低工资的水平会随着球员的年龄增长而逐年增加，它旨在为那些不属于被各球队争抢的明星球员的“板凳球员”提供一个最低的薪资保障。第二条旨在通过限制球队“储备”明星球员（薪资水平更高）的能力来促进各球队之间的竞争。

然而，很显然，这个球员工会同时也存在这样一种担心：这种与服务年限相关的最低工资要求会对球队产生一种刺激，即倾向于用更年轻的低薪球员来替换年龄较大的经验丰富的板凳球员。因此，在 2011 年的这份协议中还包含了一个“最低薪资福利”，这一条款规定，当一名具有 4 年以上经验的球员按照最低工资领取薪酬时，只需按照服役 2 年的球员的最低工资来计算球队的薪资总额上限。例如，在 2013 年时，球队向一位具有 5 年球龄的球员必须支付的最低年薪为 71.5 万美元，但该球队却只需按照 55.5 万美元（球龄为 2 年的球员的最低薪资）来将其计入球队的薪资总额。实质上，当球队必须为一名老资历的板凳球员支付最低薪资时，他所在的球队就可以提高球队总薪资的实际上限。这使得球队至少有一些动机来保留那些经验丰富的板凳球员，而不是一味地用年轻球员来替代他们。

资料来源：NFL 集体谈判协议的规定引起了我们的注意。更多细节参见 NFL-NFL Players’ Association，“Collective Bargaining Agreement，” August 4，2011。

为了证明这一点，我们来分析图 13.2。在图 13.2 中，我们暂时忽略了员工福利和工作条件方面的因素。图 13.2 中有两条需求曲线，即 D_e^0 和 D_i^0，它们在一个初始的工资率水平 W_0 和就业水平 E_0 上相交。假如一个工会想将其会员的工资率提高到 W_1。要达到这一目的，工会会员的就业量就必须下降，并且，如果工会面临的需求曲线是相对富有弹性的 D_e^0，就要求其会员的就业量下降到 E_e^1；如果工会面临的需求曲线是相对缺乏弹性的 D_i^0，就要求其会员的就业量下降到 E_i^1。在其他条件相同的情况下，劳动力需求曲线的弹性越大，则与任何既定幅度的工资水平上涨相联系的就业量下降幅度就越大。

现在假定在谈判的过程中，劳动力需求曲线从 D_i^0 向右平移到了 D_i^1，这种移动可能是对最终产品的需求上升导致的。如果工会成功地将其会员的工资率提高到 W_1，那么在这种情况下，工会会员的就业量就不存在绝对数量的减少。只不过工会没有使就业量扩大到 E_i^3，只扩大到了 E_i^2 而已。因此，在一般情况下，如果其他条件相同，劳动力需求曲线向右（左）平移的速度越快，则与任何既定幅度的工资水平上涨相联系的就业量或就业增长率下降的程度就越小（越大）。因此，在劳动力需求曲线缺乏弹性的快速增长的产业中，工会提高其会员工资的能力是最强的；在那些劳动力需求的工资弹性极高的产业以及劳动力需求曲线向左平移的产业中，工会提高会员工资的能力是最弱的。

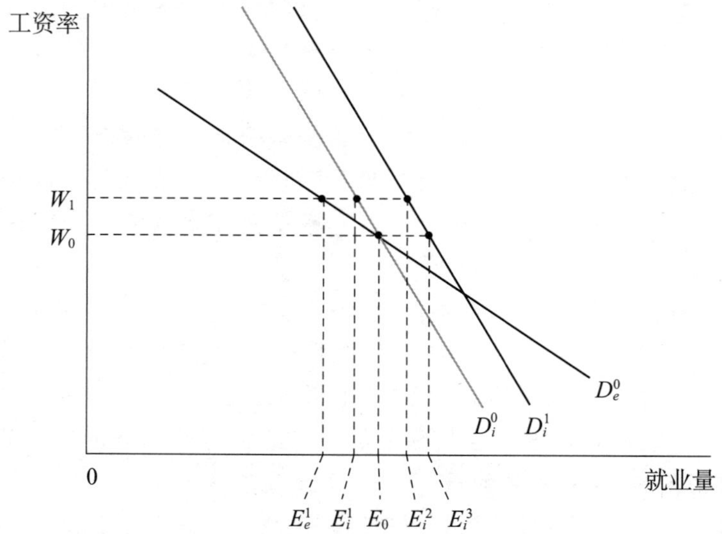

图 13.2　劳动力需求增长和需求工资弹性对工会面临的市场约束的影响

现在我们分析两个模型，这两个模型描述的是在面临的市场约束既定的情况下，工会和雇主在就工资和福利进行集体谈判的过程中会采取怎样的行为。这两种模型都分析了工资和就业之间的相互作用以及它们之间的权衡取舍关系。

□ 垄断性工会模型

对工会和雇主之间的关系进行描述的最简单模型被称为垄断性工会模型。在这种模型中，工会确定劳动力的价格，雇主只能在既定的新工资率下通过调整雇佣量来谋求自己的利润最大化。这一模型如图 13.3 所示，它意味着劳动者面临的劳动力需求曲线是工资率（出于简化的目的，我们将工资率从总薪酬中抽了出来）的一个简单函数。

在图 13.3 中，我们假定工会对其会员的工资水平和就业量的价值评价是相同的，并且它能够对其会员的偏好进行加总，这样我们就能够论述以工资水平和就业量为自变量的工会效用函数了。我们用无差异曲线组 U_0，U_1，U_2，U_3 来表示工会效用函数。这些曲线中的每一条都代表对工会来说没有效用差别的一系列就业量和工资率组合的轨迹。无差异曲线的斜率为负，这是因为要维持某一既定水平的效用，工会就必须用一种变量（就业量或工资）的增加来补偿另外一种变量的减少。它们还表现出边际替代率递减的特性（它们凸向原点），这是因为我们假定，随着就业量的下降，工会为了换取既定幅度的工资增长能够忍受的就业量损失会越来越小。我们还假定，较高的无差异曲线代表了较高的工会效用水平。

假如不存在工会，市场力量会使得工资率达到 W_0 的水平，就业量达到 E_0 的水平（图 13.3 中的点 a）。集体谈判是如何对这一结果产生影响的呢？一种可能性是，工会和雇主同意确定一个较高的工资率，于是雇主将在既定的工资率下决定自己想要雇用的工会会员人数。而在工资率一定的情况下，雇主为了实现利润最大化，必然会根据劳动力需求曲线来确定自己的雇佣量。由于我们假定工会知道这一情况，因此，它的目标就是在工资率-就业量组合必然处于劳动力需求曲线上这样一个约束条件下使自己的效用最大化。

如图 13.3 所示，工会会努力向点 b 移动，在这一点上，无差异曲线 U_2 正好与劳动力需求曲线相切，工资率等于 W_U，就业量等于 E_U。在劳动力需求曲线这一约束条件一定的情况下，点 b 就代表了工会能够达到的最高效用水平。

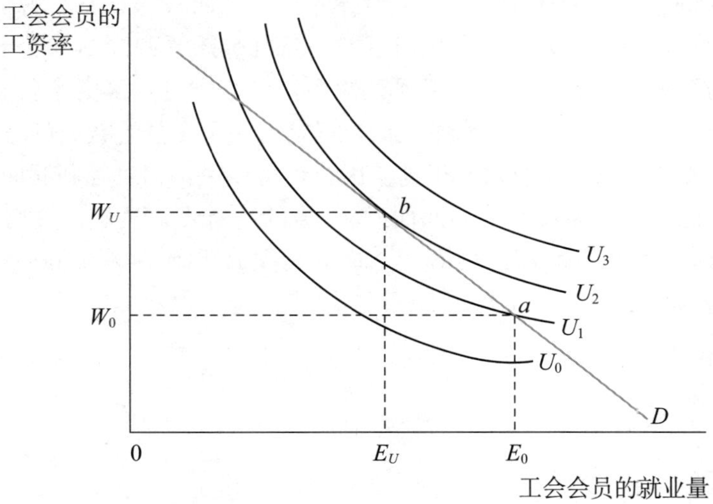

图 13.3　在劳动力需求曲线约束下的工会效用最大化

□ 效率合约模型

简单的垄断性工会模型的一个有趣特征是，工会不是有“效率”的。如果不是首先由工会确定工资水平，然后由雇主来决定雇佣量，而是由双方共同决定工资率和雇佣量，那么，双方的福利就都能够得到改善。如果根据图 13.3 做一个简要的说明，那就是，存在一整套至少可以使其中的一方获益，且不会使另外一方受损的工资水平和就业量组合；这些组合被称为效率合约。尽管“效率”一词会使我们想起在第 1 章中讨论过的帕累托效率，但是这里的效率却是狭义上的。帕累托效率指的是社会福利，因此，如果一种交易能够使整个社会变得更好，那么，这种交易就被称为帕累托改进——也就是说，有人受益而无人受损。而在当前这种情况下所说的“效率”，则仅仅指雇主和工会双方的福利会得到改善，它并不意味着整个社会能够从中获益。事实上，我们在下面的小节中将会论述，总体来说，这些“效率”合约导致了整个社会在劳动力使用上的浪费。

正式模型 为了开始我们的分析，我们必须回顾一下第3章中的一些内容。在那里，我们谈到，劳动力需求曲线是通过这样一种方式确定下来的，即雇主针对每一个工资率来选择能够使自己实现利润最大化的雇佣量。现在，我们从图13.3的劳动力需求曲线上找一个点，比如从工资率为W_0、就业量为E_0的点a出发，如果雇主想扩大或者缩减雇佣量，那么利润就会下降。因此，如果就业量从E_0开始变化，为了不使利润下降，就要求制定一个较低水平的工资率。若想进一步扩大或缩减雇佣量，而同时又使利润水平保持不变，就必须继续降低工资率。

我们现在引入在第8章中讨论过的等利润曲线这一概念来将上面的论述加以规范化。等利润曲线是一条由一系列的工资率和雇佣量组合点形成的轨迹，沿着这条轨迹运动的雇主能够获得的利润水平是不变的。图13.4显示的是劳动力需求曲线为D的一位雇主的三条等利润曲线。如上所述，每一条曲线都在它与劳动力需求曲线的交点处取得工资率的最大值；当我们沿着一条既定的等利润曲线朝着任何一个方向远离劳动力需求曲线的时候，为了保证利润是一个常量，工资率就必须下降。较高的等利润曲线代表的雇主利润水平较低，这是因为，在位置较高的等利润曲线上，与每一雇佣水平相联系的工资水平更高。因此，可以说，相对等利润曲线I_2上的任何一点而言，雇主都更加偏好等利润曲线I_0上的所有点，显然，最初的工资率-就业量组合（点a）位于等利润曲线I_0上，而等利润曲线I_2则涵盖了垄断性工会所得出的工资率-就业量组合（点b）。

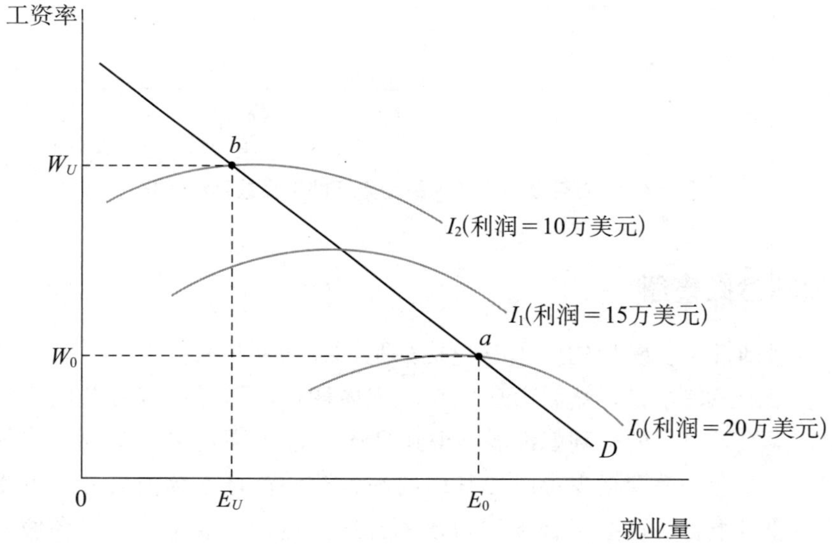

图13.4 雇主的等利润曲线

图13.5是将图13.4中雇主的一组等利润曲线与图13.3中工会的那组无差异曲线相结合画出的图形，它描述了为什么垄断性工会所得出的工资率-就业量组合，即点b，并不是一种效率合约。假如我们不是将决策点定在点b上，双方经过谈判确定的合约要求他们停留在点d上，这时的工资率（W_d）将会更低，并且工会会员的就业

量（E_d）将会更高。在点 d，工会的总体福利水平会更高，因为现在它位在一条更高水平的无差异曲线 U_3 上，而雇主却并未遭受任何损失，因为它仍位于等利润曲线 I_2 上。

同理，假如工会和雇主经过谈判之后订立的合约并不是将决策点确定在点 b 上，而是双方同意订立另外一种要求停留在点 e 上的合约，即确定在工资率为 W_e、就业量为 E_e的点上的合约。与垄断性工会的决策点即点 b 相比，工会的总体福利状况没有改变，因为它还位于同一条无差异曲线 U_2上，而雇主的福利状况却得到了改善，这是因为它现在能够达到等利润曲线 I_1 了。而 I_1 位于 I_2的下方，即它代表着更高的利润水平。

事实上，工会和雇主双方能够找到一系列至少不比点 b 更差的合约；我们用图 13.5 中的阴影部分来表示这些合约。在这些组合中，效率合约——这些合约使得谈判中的任何一方都不能再在不损害对方福利的前提下改善自己的福利水平——是指能够使雇主的等利润曲线与工会的无差异曲线相切的那些点——比如点 d 和点 e。实际上，还存在着一条代表这些点的完整轨迹，即图 13.5 中的曲线 ed。曲线 ed 上的每一点都代表工会的无差异曲线和雇主的等利润曲线的一个切点。在这些点上，雇主和工会都处在愿意用工资率来替代就业量的边际上（因此，对双方都有利的工资率和就业量之间的替代此时已经不存在了）。

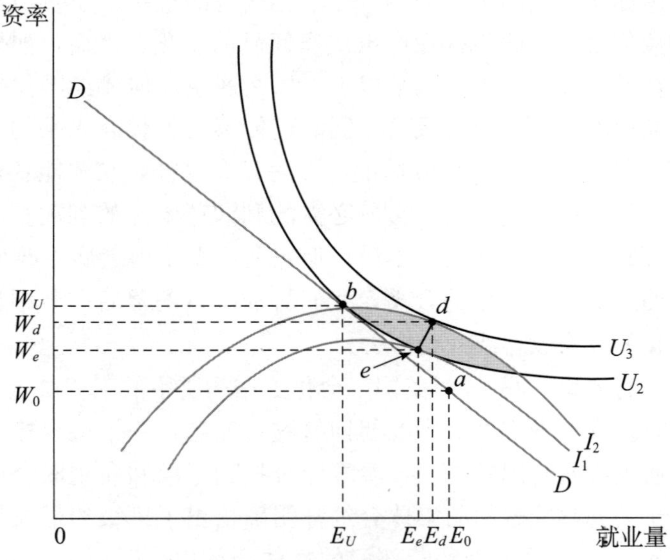

图 13.5　合约曲线—效率合约轨迹

曲线 ed 通常被称为合约曲线（或效率合约轨迹），而曲线上的各个点都会使双方的福利至少会像点 b 一样好，并且至少有一方的福利会比在点 b 更好。然而，在曲线 ed 上的所有决策点处，双方并不是无差异的。工会显然更为偏好接近点 d 的点，而雇主却更为偏好接近点 e 的点。而在此模型中，实际解决方案最终确定在合约曲线的哪一个点上，取决于双方谈判力量的大小。[1]

合约曲线 对于合约曲线，我们需要指出两点。第一，如图 13.5 所示，它偏离企业的劳动力需求曲线并且位于其右侧。这意味着与企业单方面控制雇用人数时的情况相比，企业在既定工资率下使用的劳动力人数现在更多了，这说明在集体谈判合约中将会包括一些导致在工厂中出现（更精确地说，是让雇主同意使用）超额劳动力的条款。比如，在合约中可能包括涉及最低人员雇用规模的条款，或者是与哪些劳动者必须完成哪些特定工作任务的严格规则有关的条款；在效率合约中甚至还包括不解雇某些劳动者的条款。尽管雇主可能会因为这些条款而获得福利方面的改善——因为这些条款能够诱使工会同意雇主支付水平较低的工资率，但是对社会而言，它却因为没有能够实现成本最小化而造成了极大的浪费（如果劳动力被重新配置并发挥出更大的生产率，那么社会就能够进一步提高总产出水平）。

第二，合约曲线向上倾斜，并不意味着它一定会像图 13.5 所示的那样向右上方倾斜。它倾斜的方向取决于工会的无差异曲线和雇主的等利润曲线的形状，合约曲线可以向左上方倾斜甚至垂直向上。

一个非常有趣的与垂直状的合约曲线有关的特殊情形发生在合约曲线在初始（工会出现前）雇佣水平上呈垂直状这样一种情况下。在这种情况下，企业同意在市场工资率一定时，维持能够使自己实现利润最大化的雇佣水平。工会与雇主在谈判时实际上是考虑如何对利润进行分割——工会获得的每一单位货币实际上都是雇主失去的每一单位货币，因此不存在产出或雇佣量的变化。然而，如果工会成功地把工资率提高到初始（市场）工资水平以上，那么雇主如何才能既保持初始雇佣水平不变，又在产品市场上取得经营成功，同时还能够支付较高水平的工资率？答案是它必须处在一个非竞争性的产品市场上，因为只有这样，它才能获得超额利润——比其能够在一个行业中继续经营下去所必需的利润还要高的利润。这种超额利润的任何一点减少都有可能会导致资方不满，但它还不至于引起雇主改变自己的行为。[2]关于垂直合约曲线的更深一层的含义，我们将在本章的最后一节中讨论，在那里我们将分析工会化的社会收益或社会损失。

合约真的“有效率”吗？ 对美国工会化工作场所中的工资决定过程而言，效率合约模型到底有多大的现实意义呢？要回答这一问题，一个最直接的做法就是考察一下集体谈判协议中所使用的语言，看看能否找到工会和雇主联合决定雇佣量的证据。许多适用于公立学校教师的集体合约都明确指出了班级的最大规模或师生之间的最小比率，而在一些适用于私营部门的集体合约中，则包括不解雇某些“核心”

---

① 通过建构模型来解释谈判力量对最终合约的性质会产生何种影响的努力，参见 Jan Svejnar, “Bargaining Power, Fear of Disagreement, and Wage Settlements: Theory and Empirical Evidence from U. S. Industry,” Econometrica 54 (September 1986): 1055 - 1078。

② Brian E. Becker, “Union Rents as a Source of Takeover Gains among Target Shareholders,” Industrial and Labor Relations Review 49 (October 1995): 3 - 19. 对垂直合约曲线所做的一个实证检验，参见 John M. Abowd, “The Effect of Wage Bargains on the Stock Market Value of the Firm,” American Economic Review 79 (September 1989): 774 - 800。

员工的条款，但是，由于未来的情况是很不确定的，因此很难让一位雇主明确做出保证，说自己一定会维持某一特定水平的雇佣量。

然而，集体合约中常常包括永久性使用超额劳动力的条款。许多合约要求工人不能“跨职位名称”履行工作职责，因此，（比如说）一位保管员不能去粉刷一面破损的墙壁（因为这是粉刷工应该干的活儿）；一位下了舞台的女演员也不能帮着做灯光师才应当干的事情。这些工作安排方面的严格规定显然是为了保护某些人的工作，尽管在集体合约中并没有明确规定雇主应保持多高水平的雇佣量。

一些人则对效率合约模型进行了一些间接的检验。如果影响劳动力需求或工会偏好的变量发生变化，那么工资率和雇佣量会对此做出何种反应？运用效率合约模型和垄断性工会模型对它进行分析，得出的推论是不同的。大量的研究对这些不同的推论进行了分析，但是要找到直接的证据来证实或推翻效率合约模型，现在还为时尚早。[①]

集体谈判活动及其谈判工具

在分析了工会为实现其目标而受到的约束之后，我们现在对影响工会力量的几种活动进行经济分析。首先，我们将从一个简单的工会会员模型出发，运用它来帮助我们理解美国工会在最近的几十年间遇到的会员人数下降问题；其次，我们将简要讨论工会是如何运用政治过程来改变它们面临的市场约束的；最后，我们分析工会在集体谈判过程中可以慎重使用的最后威胁手段，即号召工会会员举行罢工或将未决争议交由一个中立的第三方进行仲裁。

□ 工会会员人数：一种供求分析法

一个关于对工会活动的需求及其供给的简单模型可以帮助我们解释哪些因素会影响工会会员的人数。[②] 在需求方面，员工希望成为工会会员的需求是工会会员“价格”的一个函数。这个价格包括最初加入工会时需要交纳的会费、以后每月都要交纳的会费、个人在工会活动中可能花费的时间的价值等。在其他条件一定的情况下，工会会员的价格越高，则希望成为工会会员的员工所占的比例就越小，这种情况如

① 下面这篇文章引用了此前的一些文献，参见 Walter J. Wessels，“Do Unions Contract for Added Employment?” Industrial and Labor Relations Review 45（October 1991）：181 - 193。下面这本书的第 4 章提供了对与这个主题有关的各项研究结果所做的分析，大多数研究都对垂直合约曲线提供了有力的支持，参见 John Pencavel，Labor Markets under Trade Unionism（Cambridge，Mass.：Basil Blackwell，1991）。

② 这个模型建立在下面这两篇文章描述的方法基础之上，参见 Orley Ashenfelter and John Pencavel，“American Trade Union Growth，1900—1960，” Quarterly Journal of Economics 83（August 1969）：434 - 448；and John Pencavel，“The Demand for Union Services：An Exercise，” Industrial and Labor Relations Review 24（January 1971）：180 - 191。

图 13.6 中的需求曲线 D_0 所示。

工会在集体谈判过程中代表劳动者来对集体合约的执行情况进行监督是要付出很高成本的。因此，合理的结论是：在其他条件相同的情况下，工会愿意提供工会服务的意愿是工会会员价格的一个向右上方倾斜的函数，这种情况如图 13.6 中的供给曲线 S_0 所示。需求曲线和供给曲线的交点产生了一个工会化劳动力的均衡百分比（U_0）和一个工会服务的均衡价格（P_0）。

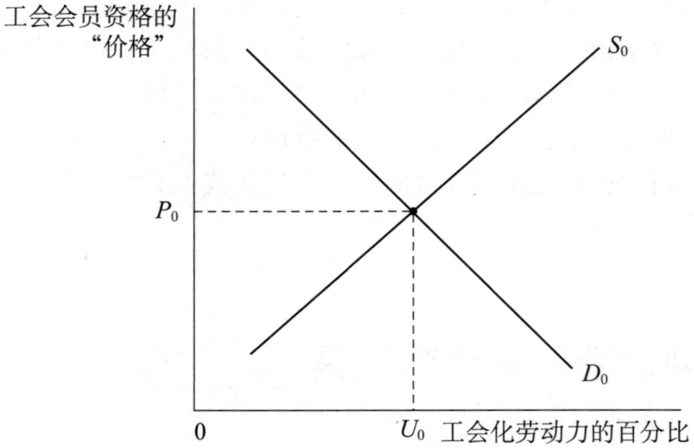

图 13.6 对工会化的需求和供给

决定工会需求曲线和供给曲线位置的因素有哪些呢？在其他条件一定的情况下，任何导致需求曲线或供给曲线向右移动的因素都会导致经济中的工会化水平提高。相反，在其他条件相同的情况下，任何一条曲线向左移动都会使经济中的工会化水平下降。只要能够确认哪些因素导致了两条曲线的移动，我们就能够解释为什么一个经济中的工会化水平会随着时间的推移而出现诸多变化。

在需求方面，劳动者个人对工会会员资格的需求，通常与他们对成为工会会员以后能够获得的预期净收益正相关。比如，劳动者认为工会能够为他们争取的工资收益越大，需求曲线向右移动的距离就会越远，工会化的程度就越高。另外一种因素是偏好，如果劳动者个人对工会会员资格的偏好上升，需求曲线同样也会向右移动，而这种偏好的上升既有可能是社会态度的改变造成的，也可能是颁布了保护劳动者加入工会的劳工立法的结果。

在供给方面，任何改变工会组织活动成本的因素都会对供给曲线构成影响。使工会更容易在代表资格选举中获胜的劳工立法的颁布会导致供给曲线右移。使工会的组织工作更加困难的产业结构变化会使供给曲线左移，从而降低工会化水平。[①]

美国的工会化率自 20 世纪 50 年代中期以来不断下降以及在最近出现加速下降

① 一项研究发现，在其他条件相同的情况下，拥有较多相同技术工人的企业更容易获得工会的支持，参见 Rebecca S. Demsetz, "Voting Behavior in Union Representation Elections: The Influence of Skill Homogeneity and Skill Group Size," Industrial and Labor Relations Review 47 (October 1993): 99 - 113。

的情况，至少可以用与工会服务的需求和供给有关的以下五个方面的因素来做出部分解释：劳动力队伍中的人口结构变化、就业的产业结构变化、工会环境不是特别有利的那些州中就业人数所占的比例上升、竞争压力的增加、雇主对工会组建的抵制加强。①

人口结构的变化 女性在劳动力队伍中所占的比例已经大大上升（参见第6章），而女性在历史上是倾向于不加入工会的。劳动者个人因成为工会会员而能够获得的收益是他在企业中的预期任职时间的一个函数。资历条款、工作保障条款以及退休金福利等，对那些只想在企业中工作较短一段时间的人来说是没有多大价值的。过去，女性预期的在职时间一般都比男性短，并且她们的劳动力参与也呈现出较多的中断特征。尽管女性在劳动力队伍中所占的比例越来越大，但人口结构似乎并不能对美国工会会员人数下降做出一个合理解释。②

就业的产业结构变化 导致工会会员人数下降的第二个可能因素是就业的产业构成发生了变化，而这一情况我们在第2章中就讨论过了。20世纪70年代中期以来，工会化程度最高的美国政府部门雇员在劳动力队伍中所占的比例几乎没有发生什么变化，而私营部门中工会化程度最高的相关产业——制造业，采矿业，建筑业，交通运输、公用事业——雇用的劳动力在总就业量中所占的比重却大大下降了（参见表13.2）。而在批发、零售业，金融、保险业和房地产业以及其他服务业等产业中就业的劳动力人数则出现了最为显著的上升——这些产业都是工会化程度最低的经济部门。

为什么这些产业中的工会化程度较低呢？这可能是因为这些产业都是高度竞争性的，产品需求的价格弹性较高。在其他条件一定的情况下，具有较高价格弹性的产业在劳动力需求方面也具有较高的工资弹性。较高的工资弹性对工会在避免导致就业大量下降的情况下提高工会会员工资的能力就构成了一种限制。出于这种原因，这些产业中的劳动者预期能够从成为工会会员中获得的净收益就比较低，而这些产业在经济中的重要性上升，则导致对工会服务的需求曲线出现了如图13.6所示的左移现象，从而降低了劳动力队伍的工会化率。

这些产业一般都是由一些小企业构成的。一般认为，在小企业中工作的员工对工会化的需求是很低的，这是因为他们常常感觉自己与管理自己的上级之间并不是那么疏远。类似地，把分散在100多个企业中的1 000名劳动者组织起来，显然比将

---

① 对美国工会化率提高和下降深层原因的讨论，参见 Edward P. Lazear, Richard B. Freeman, and Melvin W. Reder in Journal of Economic Perspectives 2 (Spring 1988): 59 - 110。本节中对影响工会化的因素所产生影响的量化，参见 Henry Farber, "The Decline of Unionization in the United States: What Can be Learned from Recent Experience?" Journal of Labor Economics 8, no. 1, pt. 2 (January 1990): S75 - S105; Henry Farber and Alan Krueger, "Union Membership in the United States: The Decline Continues," in Employee Representation: Alternatives and Future Decisions, eds. Bruce Kaufman and Morris Kleiner (Madison, Wis.: Industrial Relations Research Association, 1993)。

② 法伯（Farber）和克鲁格（Krueger）认为，人口结构变化在工会会员人数下降中几乎没有起到任何作用，参见 Farber and Krueger, "Union Membership in the United States: The Decline Continues"。

同一家工厂中的1 000名劳动者组织起来的成本更高，因此，一般可以认为，随着在小企业中就业的劳动者的比重不断上升，工会服务的供给曲线将会向左移动。这两种因素都表明（根据图13.6），随着小企业中的就业比重上升，工会化程度会下降。这就为我们解释就业的产业分布为什么会对工会化程度产生影响提供了另外一个理由。

就业的地区结构变化 可以用来解释工会力量下降的第三个因素是，自1955年以来，美国的人口和就业就发生了从东北部和中西部向南部和西部的迁移。正如我们在前面提到过的，以美国南部和西南部为代表的一共24个州通过了工作权利法案。这类法律提高了工会增加工会会员数量的成本，因为该法律禁止工会在劳动者接受一家企业雇用时把加入工会作为他们获得雇用的一个强制条件。如图13.6所示，这些法律使工会服务的供给曲线向左移动了，因此降低了工会化水平。1955—2010年，在通过了工作权利法案的那些州中工作的员工，在总就业量中所占的比重从24%上升到44%以上。劳动力在地理分布上发生的这种变化，再加上工作权利法案的存在，对工会会员人数的增加无疑会产生一种压制效果。

然而，目前还不是很清楚的一点是，与向南部和西部迁移相伴随的工会化程度下降能否完全归因于工作权利法案的通过。这是因为，即使是在工作权利法案颁布之前，这些州的工会化程度本来也比其他州要低。这些法律可能只不过反映了社会上已经存在的对工会的态度。①

竞争的压力 导致工会会员比例下降的第四个因素是，国外制造业对手的竞争加剧以及航空、卡车运输和电话行业的管制解除（参见例13.2）。在这些工会化程度比较高的行业中，产品市场竞争压力的加剧有助于削弱工会组织在增加工资方面的谈判力；也就是说，产品市场的竞争导致了产品需求的价格弹性上升，从而使劳动力需求的工资弹性也上升。所以，只要工会会员的工资不随着产品市场竞争压力的增强而大幅度下降，那么，在这些工会化产业中就业的人数必然会出现下降的趋势。事实上，在过去的20年间，随着来自国外企业以及管制解除产业中新增的非工会化雇主的竞争加剧，在这些解除管制的行业中，工会化就业比重下降了。②

通过使劳动力需求曲线变得更加富有弹性，竞争压力的增强就会降低劳动者借助集体行动能够获得的福利，从而使劳动者对工会会员资格的需求曲线向左移动。此外，产品市场的竞争同时要求雇主做出反应，而这种反应也会对劳动者的工会需求曲线产生影响。比如，如果企业发现来自国外的竞争加剧，它们可能会试图把企

① 引用关于工作权利法案所产生的效果方面的早期文献的最近一项研究，参见 Steven E. Abraham and Paula B. Voos，"Right-to-Work Laws：New Evidence from the Stock Market，" Southern Economic Journal 67 (October 2000)：345 - 362。

② 有关国外的竞争对美国的影响主要表现在工会会员的就业人数方面，而不是工资方面的证据，参见 John Abowd and Thomas Lemieux，"The Effects of International Trade on Union Wages and Employment：Evidence from the U. S. and Canada，" in Immigration，Trade，and the Labor Market，eds. John Abowd and Richard Freeman (Chicago：University of Chicago Press，1991)；也可参见 Matthew J. Slaughter，"Globalization and Declining Unionization in the United States，" Industrial Relations 46 (April 2007)：329 - 346。

业迁移到劳动者组建工会的可能性不大的地区。类似地，它们可能还会试图在人口群体中雇用对工会会员资格的需求相对较低的人。此外，竞争的激化可能还会引起雇主更为激烈地抵制工会的组建，而这又会进一步造成组建工会的成本的上升，使工会服务的供给曲线也向左移动。

例 13.2☞

解除管制对卡车运输业和民用航空业的影响

20 世纪 70 年代末之前，工会化程度很高的卡车运输业和民用航空业是受到美国政府管制的，政府严格限制潜在竞争者的进入，因而赋予已经进入者一定程度的垄断能力。然而，1978—1980 年，这些管制大部分都被废除了。产品市场竞争的加剧导致了这些行业的产品需求价格弹性上升，从而劳动力需求的工资弹性也上升了——因此削弱了工会提高工会会员工资的能力。

这些变化降低了劳动者加入工会的意愿，事实上，在这两个行业中，加入工会的员工人数都出现了大幅度的下降。以航空业为例，1983 年，对有工会会员身份的机械师的雇佣量下降了 15%～20%。在整个卡车运输业中，员工的工会化率也从管制解除之前的 88%下降到了 1990 年的 65%。

资料来源：David Card，"The Impact of Deregulation on the Employment and Wages of Airline Mechanics，" Industrial and Labor Relations Review 39（July 1986）：527 - 538；and Michael H. Belzer，Sweatshops on Wheels：Winners and Losers in Trucking Deregulation（New York：Oxford University Press，2000).

雇主的抵制　美国雇主可以而且常常能够运用合法和非法的手段积极地反对工会的组建运动。比如，《国家劳资关系法》规定，雇主可以告诉员工为什么在工会代表资格选举中对工会投反对票是符合他们自身利益的最佳选择，还可以聘请顾问来给自己提建议，从而帮助自己弄清楚怎样组织选举大会才能更为有效地阻止工会赢得选举，这些做法都是合法的。但是，如果雇主威胁说，一旦工会在选举中获得胜利，就废除计划中的加薪；或者企业对参与工会组织活动的员工采取歧视态度，那么，这些做法就属于非法的。如果一个工会认为某位雇主在工会代表资格选举的过程中进行了这些非法活动，它就可以向国家劳资关系委员会对雇主提起不公正劳资关系行为的控诉。如果这种控诉得到了认可，则国家劳资关系委员会就会对雇主提起正式的诉讼。

表 13.3 以编年史的方式记录了 1970—2010 年举行过的工会代表资格选举次数、工会获胜的比例，及由国家劳资关系委员会针对雇主的不公正劳资关系行为提起的诉讼案件数量。尽管并非所有的不公正劳资关系行为都发生在工会代表资格选举期间，但是因工会代表资格选举而导致的诉讼案件数量与工会代表资格选举次数之间的比率，却至少能使我们得出这样一种结论，即雇主的抵制还是很强烈的。这一比率在 20 世纪 70—80 年代一直稳步上升，到 1993 年时达到顶峰（在比率上超过前 20 年 5 倍以上），最近 10 年又差不多回到了 1980 年时的水平。

表 13.3　　美国国家劳资关系委员会发布的工会代表资格选举及不公正劳资关系行为申诉情况，1970—2010 年

年份	工会代表资格选举		就雇主的非法行为向国家劳资关系委员会提起的诉讼	
	总数	工会获胜的比例（%）	总数	诉讼案件数量与工会代表资格选举次数的比率
1970	8 074	55.2	1 474	0.183
1975	8 577	48.2	2 335	0.272
1980	8 198	45.7	5 164	0.630
1985	4 614	42.4	2 840	0.616
1990	4 210	46.7	3 182	0.756
1993	3 586	47.6	3 576	0.997
1996	3 277	44.8	2 919	0.891
1999	3 585	50.5	2 036	0.568
2003	2 937	53.8	1 767	0.601
2005	2 649	56.8	1 160	0.438
2010	1 823	62.3	1 166	0.640

资料来源：Annual Report of the National Labor Relations Board，Appendix Tables 3A，13（各年度）。

为什么在 1975 年之后雇主对工会的抵制增强了呢？一些人认为，雇主现在比过去更愿意维持一种无工会的企业形态，即雇主行为的改变纯粹是出于意识形态方面的原因；另外一些人则认为，雇主的行为之所以改变，是因为雇主对工会赢得胜利之后可能给自己带来的成本预期相比过去上升了。20 世纪 70 年代和 80 年代早期，加入工会的劳动者的工资比没有加入工会的劳动者的工资上升得更快，而在这一时期，来自外国生产商的竞争却在急剧增加。所以，对无工会企业来说，在其工作场所中保持一种无工会状态的预期收益增加了。正如我们论述过的，这一因素推动着雇主们越来越多而且越来越主动地以合法和非法的手段来与工会的选举运动做斗争。①

□ 工会影响劳动力需求曲线的行为

工会采取的许多行动都是以直接放松它们面临的市场约束为目的的，这些行为要么能够提高对工会劳动力的需求，要么能够降低工会会员劳动力需求的工资弹性。其中的大部分目的在集体谈判的过程中都无法实现。所以，工会主要通过支持能间接帮助工会目标实现的立法以及其他一些直接的公共关系活动来增加社会对工会会员所生产的产品的需求。

产品需求的变化　为了增加对工会会员生产的最终产品的需求——从而使工会会员的劳动力需求曲线向右移动——工会通过游说的方式已经使国家通过了许多重

① William T. Dickens，"The Effect of Company Campaigns on Certification Elections：Law and Reality Once Again，" Industrial and Labor Relations Review 36（July 1983）：560－575；Robert Flanagan，Labor Relations and the Litigation Explosion（Washington，D.C.：Brookings Institution，1987）；and Farber，"The Decline in Unionization in the United States."

要的配额立法和国内含量立法。前者严格限制美国进口的国外产品的数量，后者则要求从国外进口的产品中必须包含一定百分比的美国制造成分。工会还通过游说坚决反对类似《北美自由贸易协定》这样的立法，因为这项法案降低了进口商品的关税。有些工会还试图直接影响人们对工会会员生产的产品的偏好，鼓励人们“买美国货”或者“看清工会商标”。

严格限制替代劳动力：立法 我们前面对劳动力需求弹性的讨论（第4章）的含义之一是，当用其他生产要素替代工会劳动力越来越难、成本越来越高时，在同等条件下，对工会劳动力的需求就趋向于弹性越来越低。工会还力图通过立法手段来执行一种成本提高战略，即提高对工会会员存在潜在替代威胁的其他生产要素的成本。比如，工会已经成为制定较高水平的法定最低工资的主要支持者。[①] 虽然工会的这种支持性行为可以被看成对低工资劳动者福利的一种关心，但是，更应该看到，最低工资的提高同时也会使得雇主雇用技术水平较低的非工会劳动者的相对成本上升，从而既提高了非工会劳动者生产出来的产品的成本，同时也削弱了雇主利用非工会劳动者来替代技术水平较高的工会劳动者的动机。

严格限制替代劳动力：谈判 工会限制其他投入要素对劳动力进行替代的努力一般都发生在集体谈判过程中。有些工会经过努力后赢得了有保证的最低人员数量（比如，要驾驶某种型号的飞机至少必须有三名飞行员），这类情况尤以航空、铁路、印刷业工会为甚。这种人员数量要求阻止雇主用资本来替代劳动力。[②] 其他一些工会还赢得了一种合同条款，即禁止雇主将本应由工会会员提供的服务全部或部分地分包给他人。比如，代表某公司办公楼门卫的工会可能会赢得这样一种条款，即禁止企业雇用外部机构提供办公楼管理服务。这种类型的条款可以限制非工会劳动者对工会会员的替代。

同业工会，特别是建筑业和印刷业中的工会，常常会与雇主就限制每一位工会会员能够履行的工作职能进行一些特殊合同条款的谈判，从而限制一种类型的工会会员对另外一种类型的工会会员的替代。同业工会还会通过下述方式限制非熟练工会会员对熟练工会会员的替代，即制定一个规则，明确规定相对于有经验的熟练工人数，某一行业能够雇用的学徒工人数最多不能超过多少。不仅如此，学徒规则还会限制该职业的技术工人供给。事实上，这只不过是工会或员工联合会限制劳动者

---

① 参见 Daniel P. Kessler and Lawrence F. Katz，“Prevailing Wage Laws and Construction Labor Markets，” Industrial and Labor Relations Review 54（January 2001）：259－274。关于工会对最低工资立法的支持最终常常会转化为国会议员支持最低工资的投票的证据，参见 James Cox and Ronald Oaxaca，“The Determinants of Minimum Wage Levels and Coverage in State Minimum Wage Laws，” in The Economics of Legal Minimum Wages，ed. Simon Rottenberg（Washington，D. C.：American Enterprise Institute for Public Policy Research，1981）。

② 当这些要求迫使雇主雇用多余的员工时——比如，在使用柴油内燃机的机车上雇用锅炉工，我们就说发生了多余雇工现象。对这种现象的经济学分析，参见 George Johnson，“Work Rules，Featherbedding and Pareto Optimal Union Management Bargaining，” Journal of Labor Economics 8，no. 1，pt. 2（January 1990）：S237－S259。

进入某一职业的几种方式之一。

□ 集体谈判与罢工威胁

工会是如何说服雇主同意做出改变，从而降低工会化劳动力的需求工资弹性或者使工会化劳动力的需求曲线向右移动的呢？在需求曲线的弹性和位置一定且投入品的价格上涨往往会使得企业利润减少的情况下，工会怎样才能在提高实际工资的谈判中取得胜利呢？

在有些情况下，工会和雇主之间可以达成这样一种协议，即雇主同意提高实际工资水平，工会则同意对某些工作规则进行一些有利于提高生产率的修改。如果这种协议是明确达成的，并且是与生产率的改变联系在一起的，那么这一集体谈判过程通常就可以被称为生产率谈判。然而，更为典型的情况是，由于工会有能力对资方施加成本压力，所以它们在谈判桌上常常能够迫使资方做出让步。工会对雇主造成的成本通常是以消极怠工和罢工的形式表现出来的。罢工实际上是一种所有工会会员都拒绝为企业提供服务的做法。

在美国，实际发生的罢工相对来说很少，而且会越来越少，因为一旦罢工发生，公众必然都会知道。比如，20 世纪 70 年代，参加人数达到 1 000 人及以上的罢工一共有 381 起，这些罢工一共导致美国经济中总工时损失了 0.25%。相比较而言，1997 年和 2007 年（从计算出的失业率来看，这是两个与刚提到的那个时期的经济活动具有可比性的年份），涉及 1 000 人及以上的罢工一共分别只有 29 起和 21 起，造成的工时损失也只有万分之一。[①] 尽管罢工发生的频率并不是很高，但是在私营部门的每一次集体谈判过程中，罢工威胁实际上一直都是存在的。因此，关于集体谈判过程及其结果的模型必须对这种威胁有所强调。

罢工与集体谈判的一个简单模型 第一个同时也是最简单的一个关于谈判过程中的罢工模型是由约翰·R. 希克斯爵士（Sir John R. Hicks）建立起来的。[②] 假如资方和劳动者现在仅仅就雇主保证提供的加薪幅度这一个问题进行谈判，那么，工会要求的工资增长百分比和雇主愿意提供的工资增长百分比是如何随罢工的预期持续时间长短而发生变化的呢？希克斯用图 13.7 对这一问题进行了分析，其中，$\dot{W}$ 就是劳资双方正在谈判中的工资率增长百分比。

从雇主方面来说，假设在罢工之前的最高工资支付水平是 $\dot{W}_f$，如果支付的这种工资水平被工会拒绝，从而引发了罢工，那么在一个相对较短的时期内，雇主还能够通过原来积累下来的库存以及非罢工劳动者（包括管理人员）进行生产来满足顾客的需要。但是，随着罢工的继续，业务停滞或顾客不满导致的成本就会增加。近

① U. S. Department of Labor, Bureau of Labor Statistics, "Major Work Stoppages in 2009," Economic News Release USDL-10-0170 (February 10, 2010), Table 1.

② John R. Hicks, The Theory of Wages, 2nd ed. (New York: St. Martin's Press, 1966): 136 - 157.

期的一些文献表明，在劳工冲突期间，企业的生产率和产品质量——无论是以轮胎工厂的胎面分离数，还是用医院的病患死亡率来衡量——都会下降很多。[①] 面对这样的可能损失，雇主为了使罢工停止，很可能会提高它愿意支付的工资水平。关于随着罢工时间的延长，雇主提高工资的预期意愿这样一种情况，我们可以用图 13.7 中的那条向右上方倾斜的雇主让步曲线 *EC* 来表示。

从工会方面来说，假如工会在开始时是愿意接受某种程度的工资增加（$\dot{W}_i$），而不愿举行罢工的。但是，当罢工开始之后，劳动者的态度可能更强硬了，于是工会实际上所提出的工资增长幅度可能会比它当初本来愿意接受的工资要求还要高。然而，当过了罢工时间的某一点之后，劳动者遭受的收入损失可能就会影响他们的态度，于是工会开始降低工资要求。这种降低过程如图 13.7 的工会抵制曲线 *UR* 所示，它是一条逐渐向右下方倾斜的曲线。

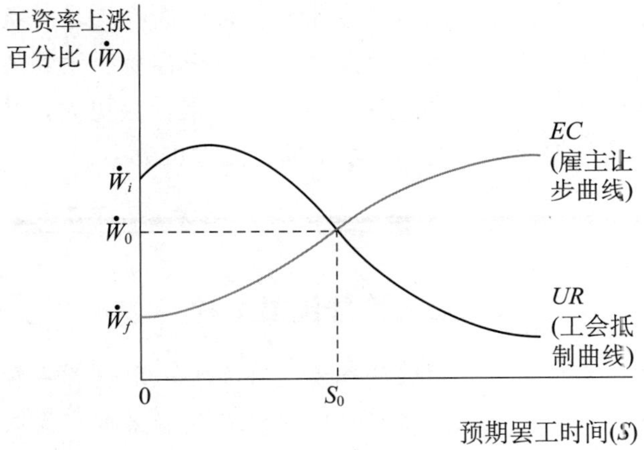

图 13.7　希克斯的集体谈判模型和预期的罢工持续时间

随着罢工进程的继续，我们将会看到，工会的工资需求将会下降，而雇主愿意提供的工资则会逐渐上升，直到罢工进行到 S_0 时，双方达成了妥协。在这一点上，谈判的解决方案是：工资增幅为 $\dot{W}_0$，而罢工也将结束。这一简单的罢工模型实际上包含了以下三层含义。

模型含义　首先，假定 *EC* 曲线保持不变，则任何使 *UR* 曲线向上移动（即增强

① Alan B. Krueger and Alexandre Mas, "Strikes, Scabs and Tread Separations: Labor Strife and the Production of Defective Bridgestone/Firestone Tires," Journal of Political Economy 112 (April 2004): 253 - 289; Morris M. Kleiner, Jonathan S. Leonard, and Adam M. Pilarski, "How Industrial Relations Affects Plant Performance: The Case of Commercial Aircraft Manufacturing," Industrial and Labor Relations Review 55 (January 2002): 195 - 218; and Alexandre Mas, "Labor Unrest and the Quality of Production: Evidence from the Construction Equipment Resale Market," Review of Economic Studies 75 (January 2008): 229 - 258; Jonathan Gruber and Samuel A. Kleiner, "Do Strikes Kill? Evidence from New York State," American Economic Journal: Economic Policy 4 (February 2012): 127 - 157.

工会抵制资方的力量）的因素同时都会延长预期罢工时间，提高预期工资上涨幅度。① 而工会抵制力量的增强则可能表现为下面两种方式：一是在“未罢工”时的工资要求更高（$\dot{W}_i$ 提高）；二是 *UR* 曲线的形状更加平坦——这就意味着，随着罢工进程的继续，工会越来越不愿意对自己的工资需求进行修正。比如，如果失业率很低，罢工者很容易找到临时性工作，或者工会会员可以在罢工过程中获得某种形式的失业保险（无论是从政府那里获得，还是从工会那里获得），则他们决定罢工以及将罢工继续进行下去的意愿就会增强。事实上，我们确实发现，在相对繁荣时期发生罢工的可能性不仅更大，而且罢工的时间也会更长；而罢工者获得失业保险的可能性对罢工活动的影响也大致相似。②

希克斯的简单模型的第二层含义是，任何强化雇主拒绝能力的因素都会导致 *EC* 曲线下降，从而拉长预期的罢工持续时间，同时降低预期的妥协工资水平。因此，在下面这些情况下——如果企业的盈利水平较低；所面临的是一条富有弹性的产品需求曲线；在罢工之前囤积了大批产品库存；能够很容易雇用到替代罢工者的其他劳动者（参见例 13.3）——企业抵制工会要求的可能性会更大，并且在罢工继续进行的情况下，提高自己愿意提供的工资水平的可能性也更小。③

例 13.3

永久性替代罢工者

在大多数国家，集体谈判方面的法律都允许企业采取这样一种做法，即当企业员工正在举行罢工时，企业可以雇用一些临时性替代者来取代原来的员工，以保证经营的正常进行。而美国则是允许企业雇用永久性替代者来取代罢工劳动者的为数

① 假设的 *UR* 曲线的斜率为负的证据，参见 Sheena McConnell, “Strikes, Wages, and Private Information,” American Economic Review 79 (September 1989): 801 - 815; and David Card, “Strikes and Wages: A Test of an Asymmetric Information Model,” Quarterly Journal of Economics 105 (August 1990): 625 - 659。

② Orley Ashenfelter and George Johnson, “Bargaining Theory, Trade Unions, and Industrial Strike Activity,” American Economic Review 59 (March 1969): 35 - 49; Susan B. Vroman, “A Longitudinal Analysis of Strike Activity in U. S. Manufacturing: 1957—1984,” American Economic Review 79 (September 1989): 816 - 826; Peter C. Cramton and Joseph S. Tracy, “The Determinants of U. S. Labor Disputes,” Journal of Labor Economics 12 (April 1994): 180 - 209; and Robert Hutchens, David Lipsky, and Robert Stern, “Unemployment Insurance and Strikes,” Journal of Labor Research 13 (Fall 1992): 337 - 354. 加拿大和英国有关罢工和经济周期的同类例证，参见 Alan Harrison and Mark Stewart, “Is Strike Behavior Cyclical?” Journal of Labor Economics 12 (October 1994): 524 - 553; and A. P. Dickerson, “The Cyclicality of British Strike Frequency,” Oxford Bulletin of Economics and Statistics 56 (August 1994): 285 - 303。

③ Melvin W. Reder and George R. Neumann, “Conflict and Contract: The Case of Strikes,” Journal of Political Economy 88 (October 1980): 867 - 886; John F. Schnell and Cynthia L. Gramm, “The Empirical Relations between Employers' Striker Replacement Strategies and Strike Duration,” Industrial and Labor Relations Review 47 (January 1994): 189 - 206; and Peter Cramton, Morley Gunderson, and Joseph Tracy, “The Effect of Collective Bargaining Legislation on Strikes and Wages,” Review of Economics and Statistics 81 (August 1999): 475 - 487.

不多的几个国家之一。也就是说，美国劳动者一旦举行罢工，就会面临永久失去工作的危险。

尽管企业拥有雇用罢工替代者的权利可以追溯到1938年的一项最高法院裁决，但是实际上截至20世纪80年代初，大公司才开始行使或者很严肃地威胁说要行使这一权利。1981年，里根政府通过对罢工的机场空中管制人员进行永久性替代而“解散”了空中管制员工会。此后，许多大公司，其中包括东方航空公司（Eastern Airlines）以及灰猎犬长途巴士（Greyhound），都对罢工者实行了永久性替代。一项研究表明，20世纪80年代，由于公司发出了对罢工者实行永久性替代的威胁，结果导致罢工次数减少了8%。

那么，为什么直到20世纪80年代大公司才开始使用替代劳动者，而在此之前的40年中却没有使用这种权利呢？有些人将这种情况归咎于联邦政府的反工会情绪在不断上升、工资水平较高的工会化工作岗位数量的减少以及相对较高的失业率，这些因素共同导致了许多非工会化劳动者和失业者愿意申请永久性替代职位，即使这样做要冒着被称为“工贼”的危险。还有一些人则将其归咎于国际竞争的压力，这些竞争强化了雇主降低成本的需要。

削弱了工会谈判力量的这种永久性替代罢工者的做法被越来越多的大公司使用的现象，是否预示着工会将在美国消失呢？答案可能是否定的。尽管雇主可能会从使用永久性替代者中获益，但它们同样也面临成本。在雇主必须非常仔细地甄选新员工以及需要对新员工进行大规模培训的情况下，它们雇用替代者的成本就特别高。此外，如果原来的有些员工在罢工之后又被重新雇用，那么他们和罢工替代者之间很可能会发生摩擦。同时，员工对雇主的忠诚度在长期中可能也会被削弱。

资料来源：Peter Cramton and Joseph Tracy，“The Use of Replacement Workers in Union Contract Negotiations：The U. S. Experience，1980—1989，” Journal of Labor Economics 16（October 1998）：667－701.

希克斯模型的第三层含义是，罢工似乎是一种不必要的浪费。如果在不出现罢工或只经过一段较短时间罢工的情况下，预期的妥协工资涨幅 $\dot{W}_0$ 就能够达到，那么，雇主和工会双方所承担的损失都可以少一些。在罢工会使得双方的成本都较高的情况下，双方可能都会同意提前达成某种谈判议定书，以避免发生罢工。比如，双方可能都同意在上一个集体合同还没有到期时，提前开始进行下一个集体合同的谈判；限制将要讨论的合同条款的数量；在双方无法自行达成协议的情况下，将争议提交到有约束力的仲裁机构仲裁。实际上，一些证据确实能够表明，罢工给双方造成的共同总成本越高，罢工发生的频率越低，持续的时间就越短。①

如果罢工引发的成本较高，且它们是可以提前避免的，为什么罢工还是会发生呢？一些人说，工会为了巩固它们的谈判地位以及保持罢工威胁的可信度，就必须

① Barry Sopher，“Bargaining and the Joint-Cost Theory of Strikes：An Experimental Study，” Journal of Labor Economics 8，no. 1，pt. 1（January 1990）：48－74.

阶段性地运用罢工这种武器；也就是说，罢工的作用恰恰在于对未来的谈判施加影响。此外，罢工可能还会被作为一种加强工会内部团结、对付共同对手——雇主——的手段来发挥作用。然而，从根本上说，罢工之所以会出现，是由于劳资双方所掌握的关于对方的目标和抵制意愿的信息是不完善的。

罢工与信息不对称 最近出现的大多数关于美国罢工活动的经济分析都是建立在某种信息不对称假设基础上的。比如，劳动者可能想分享企业的利润，但是他们可能会怀疑资方能否完整而诚实地告诉他们企业当前以及未来的利润情况。其中的原因不难理解，因为资方比劳动者更清楚企业的盈利状况，如果它能够让员工相信企业的盈利状况不太好，那么，工会估计就会提出更为适度的工资需求。

由于工会知道资方在这些信息方面存在优势，并且知道它有故意低报盈利水平的动机，因此，工会就会试图从资方那里获得关于真实利润水平的某种"信号"。罢工就是这种信号之一。如果资方是在撒谎，即企业的真实利润水平高于它所宣称的情况，那么，企业可能就不大愿意与工会进行斗争了（资方可能会计算出来，妥协的做法在经济上是可行的，最好避免不得不承担罢工成本的局面）。然而，如果资方说的是实话，企业的利润水平确实很低，那么，让资方妥协就不大可能——资方会"接受"罢工，从而发出这样一种信号，即企业认为劳方的工资需求远远超过了企业实际能够承受的水平，因而它必须坚决抵制。

罢工活动的信息不对称模型的一个含义是，工会对雇主提供较高工资增长幅度的意愿和能力所具有的不确定性越大，发生罢工的可能性就越大，罢工持续时间可能就越长。事实表明，在其他条件一定的情况下，企业的盈利能力随时间的推移发生变化的可能性越大，工会对企业盈利水平的不确定性也就越大，罢工发生的可能性确实也会越大，而且罢工活动持续的时间也越长。[①] 然而，如果双方都能够认识到这一点，它们就可能通过建立一个能够快速表明自己真实处境的名声而避免罢工的出现。

工会领导人和普通工会会员 对减少因信息不对称而导致的误解产生阻碍的因素之一是，在谈判过程中实际上有三个主体在参与，而不是两个主体。在集体谈判过程中，员工方面实际上存在两大群体，即工会领导人和普通工会会员，其中，在获得资方信息方面，普通工会会员对工会领导人是存在依赖的。[②] 普通工会会员可能会怀疑，他们的领导人为了在谈判中不承受那么大的压力，会故意隐瞒某些信息；换言之，普通工会会员可能怀疑他们的领导人会"出卖他们"。反之，工会领导人也会对普通工会会员抵制资方提出的某种要求的意愿到底有多强烈感到不确定。所以，

---

① Joseph Tracy, "An Empirical Test of an Asymmetric Information Model of Strikes," Journal of Labor Economics 5 (April 1987): 149 - 173; and "An Investigation into the Determinants of U. S. Strike Activity," American Economic Review 76 (June 1986): 423 - 436. 其他一些支持信息不对称模型的证据，参见 Peter Kuhn and Wulong Gu, "Learning in Sequential Wage Negotiations: Theory and Evidence," Journal of Labor Economics 17 (January 1999): 109 - 140。

② 这里提出的模型来自 Ashenfelter and Johnson, "Bargaining Theory, Trade Unions, and Industrial Strike Activity"。

谈判桌上的员工这一方内部，实际上也存在信息不对称（从而可能会造成误解）的问题。

由于在谈判的过程中，工会领导人与资方的接触机会较多，因而比一般的工会会员能够更好地了解与雇主的真实经济状况以及工会能够取得的最高妥协工资有关的一些信息。如果妥协工资低于工会会员希望达到的工资水平，工会领导人就面临两种选择。

一种选择是，工会领导人回到他们的会员中，力图使会员相信雇主的真实经济状况，并建议大家接受资方提出的最后方案。他们在做出这种选择时会面临一个风险，这就是工会会员可能会通过投票来反对这种建议，控诉工会领导人向资方出卖了他们，并最终在下一次选举中不再投这些工会领导人的票。

另外一种选择是，工会领导人同样回到他们的会员中，但建议工会会员举行罢工。即使这些领导人知道，罢工并不会导致雇主做出更大的让步，但是他们也很清楚，这种建议将会使他们看上去显得更为强硬、更富有进取性。然而，根据图 13.7 中所示的那条工会抵制曲线，在罢工进行一段时间以后，工会会员就会开始适当调整他们的工资需求，最终在一个能够保证工会领导人获得信任的工资水平上达成妥协。

由于后一种战略看上去更有可能维护工会的力量，并且使工会领导人保住自己的位子，因此，这很可能是工会领导人的最终选择，即使在短期中这并不符合普通工会会员的最大利益（工会会员必须承担罢工的成本）。有趣的是，当《兰德勒姆-格里芬法》在 1959 年刚刚颁布时，美国的罢工活动就出现了急剧的增加，这有可能是因为这一法案提高了工会的民主性，从而在谈判过程中更多地体现了普通工会会员的愿望。①

□ 公共部门的集体谈判：仲裁的威胁

尽管美国的一些州赋予公共部门员工以某种形式举行罢工的权利，但是在大多数州中，州政府雇员和地方政府雇员的罢工活动仍然是被禁止的，无论是在历史上还是在当前，情况都是如此。然而，在罢工被禁止的情况下，法律常常会提供另外一种解决机制，即当公共部门的集体谈判双方在谈判过程中陷入僵局的时候，允许一个中立的第三方进入帮助解决争议。解决争议过程的第一步通常是进行某种形式的调解，在这一步骤中，一个中立的第三方试图在分别听取双方意见的基础上形成一个解决方案，它应当就以下问题提出自己作为第三方的一个中立性建议，即谈判双方应如何修正它们各自的立场，从而使对方更容易接受己方的条件，同时还要采取各种措施来努力使双方实现争议的自愿解决。

如果这位调解者未能使双方达成争议的自愿解决，则争议解决过程有时就要进入第二个步骤了，即事实查证阶段，在这个步骤中，一个中立的第三方在听取完争

① Ashenfelter and Johnson, "Bargaining Theory, Trade Unions, and Industrial Strike Activity."

议双方的陈述，并且完成信息搜集工作之后，会写一份书面报告，提出一个建议性的解决方案。这份报告对双方都没有约束力，但是它可以被双方作为一个对未来解决方案的预期加以考虑，因为它在某种程度上预示了，如果僵局持续下去，从而最终进入仲裁阶段，那么最后可能出现的仲裁结果是怎样的。

如果非强制性方法未能达成自愿解决的结果，仲裁就成了解决争议的最后一道程序。在这个步骤中，既可以由唯一的仲裁者来听取案件，也可以由一个仲裁团来完成这一工作。仲裁团通常是由一位劳工代表、一位资方代表以及一位“中立者”组成。无论是争议双方自愿选择通过仲裁方式来解决争议，还是法律要求它们必须这么做，一旦仲裁报告公布，双方都要受到仲裁内容的约束。与集体谈判过程相联系的仲裁被称为利益仲裁（它与人们广泛使用的争议仲裁不同。争议仲裁是指在某一合同的有效期内，因为合同执行问题发生争议而进行的仲裁）。

仲裁的形式 利益仲裁有两种形式：一种是常规仲裁，另一种是最后出价仲裁。在常规仲裁中，一位仲裁者可以自由决定将妥协工资选定在哪个水平上。他在听取完劳资双方对案件的陈述后会自行做出决定。有些人怀疑，在常规仲裁过程中，仲裁者往往倾向于对争议双方各打五十大板，从而鼓励双方采取极端的立场（因为它们都希望能够将仲裁者“拉”向自己的真实目标）。

有些司法管辖区采取了最后出价仲裁。最后出价仲裁是指仲裁者只能将工会以及资方在接受仲裁前提出的最后要求作为自己考虑的对象，没有其他选择。从理论上说，最后出价仲裁会使劳资双方都更为理智地向对方提出自己的最后要求，因为这样做可以提高它们所提出的条件被仲裁者接受的机会。

合约区域 无论采取什么样的仲裁形式，接受仲裁对劳资双方来说都是一种风险，因为它们事先都不知道仲裁者会做出怎样的决定。只有当仲裁者决定的工资增长幅度比它们通过自愿协商能够达成共识的工资增长幅度更高时，其中的一方才有可能“赢得”这场博弈。于是，在决定是否继续进行谈判——或者决定是否采取尖锐立场，从而使得争议被提交仲裁——的时候，一方就需要对各种可能的仲裁决定做出预期。通过对各种可能结果发生的概率以及与之相联系的效用的计算，一方就可以得出在不接受仲裁时愿意接受的一整套自愿协议。如果双方提出的意向性方案恰好是重叠的，那么，在双方之间就会存在一个合约区域，在这个合约区域中，双方都愿意通过自愿协商的方式来达成协议，而不是去接受仲裁。但是，如果双方之间不存在这种重叠方案，它们就不可能达成自愿性协议，于是争议最终也就必然会被提交仲裁。

任何一方对协商而不是参与仲裁博弈的偏好都会随着其风险规避倾向的增强而上升，同样也会随着仲裁者的最终决策的不确定性增大而上升。如果双方规避损失的倾向都非常大，或者它们越来越无法预测仲裁者认为什么样的意见或者事实是可以接受的，那么，不同于仲裁博弈的、经过协商之后能够达成的各种方案的数量就会增加（附录 13A 论述了这一结论背后的一个更为正式的模型）。

尽管从逻辑上讲，在谈判中如果不存在合约区域，就不可能产生自愿性协议，但是，合约区域的扩大是否意味着达成自愿性协议的可能性也会越大呢？答案并不是显而易见的。[①] 较宽泛的合约区域为双方达成自愿性协议的结果提供了较大的可能性，因此，人们可能会认为，达成自愿性协议的机会大大增加了，但需要考虑的一点是，它同时也给双方提供了更多的争吵机会。举一个极端的例子，如果只有一种工资增长结果是双方认为有必要诉诸仲裁的，那么与双方之间存在几种有较大争议的可能结果相比，在前一种情况下达成自愿性协议的速度可能会更快。

说服仲裁者 尽管接受仲裁是要冒风险的，但是双方在对仲裁者的决定施加影响方面也并非完全无能为力。如果它们所要接受的是最后出价仲裁，那么，它们就可以通过在仲裁之前提出一个有可能会被仲裁者认为合理的最后出价来增加自己获胜的机会。因此，它们在最后出价仲裁中所能施加的影响实际上就是，首先猜测仲裁者认为合理的结果是什么，然后提出一种接近这一结果的出价。（显然，在双方都努力将仲裁者拉向自己这一方的时候，工会方会从较高的出价逐步接近仲裁结果，而资方则会从较低的出价接近这一结果。）

如果双方都准备接受常规仲裁，那么，它们的报价对仲裁者的决定将会产生何种影响就变得更加不确定了。有些人可能会做出这样的推理：仲裁者将在双方提出的工资增长幅度差距之间的某个点上做出决定；在极端情况下，仲裁者会简单地将两个出价之间差距的中间位置确定为双方的妥协点。如果事实果真如此，就会使双方提出的最后出价都尽量远离其预期的妥协条件。

然而，更为可信的一种情况可能是，仲裁者在一开始时会有一个自己的合适的解决方案意向，然后通过听取双方的辩论和各自的立场，再对这一基本想法进行进一步的修正。仲裁者对自己估计的关于合理结果的想法是不会轻易改变的，如果一方的立场（出价）远远偏离仲裁者认为合适的结果，那么，仲裁者也只会对其赋予很小的权重。[②] 关于仲裁者行为的后一种观点认为，接受仲裁的双方对仲裁者所能施加的影响只能表现在这样一种意义上，即根据它们预测的仲裁者决定，分别提出与仲裁者的可能决定比较接近的出价。如果双方对仲裁者可能做出的决定能够得出相似的（或正确的）估计，那么，它们的最后出价就会落入仲裁者的决定框架内。对外界的人来说，乍一看仲裁者似乎遵循了一种简单地将差距两分的规则来进行决策，而事实却是，双方在战略上都围绕仲裁者的预期决策来出价。[③]

仲裁的效果 如果在某个特定的案例中，仲裁者对合理的结果有其本人想强烈坚持的态度，并且仲裁双方都会围绕对仲裁者期望得到结果的预期来确定自己的出价，那么，无论采取何种形式的仲裁，仲裁双方和仲裁者所采取的行为大体都会相

① Vincent Crawford, "Arbitration and Conflict Resolution in Labor-Management Bargaining," American Economic Review 71 (May 1981): 205 - 210.

② 对相关仲裁者行为模型提供支持的经验性证据，参见 Henry S. Farber and Max H. Bazerman, "The General Basis of Arbitrator Behavior: An Empirical Analysis of Conventional and Final-Offer Arbitration," Econometrica 54 (July 1986): 819 - 844。

③ Henry S. Farber, "Splitting-the-Difference in Interest Arbitrator," Industrial and Labor Relations Review 35 (October 1981): 70 - 77.

同。事实上，一项对某个州中的警员合同——可以采用两种仲裁形式中的任何一种——所进行的研究表明，无论是采取常规仲裁，还是采取最后出价仲裁，仲裁者所确定的工资结果都是非常类似的。[①]但是，与通过谈判解决问题的方式相比，通过仲裁方式来解决问题所达成的效果如何?

毫不奇怪，通过谈判方式得到的工资解决结果和通过仲裁方式得到的工资解决结果是具有可比性的，因为在这些州中，所有的协商都是在存在仲裁威胁的前提下展开的。然而，尽管如此，让人多多少少感到有些惊奇的是，另外一项对警员合同所进行的研究发现，在最终将争议诉诸仲裁的州中的警员所获得的工资水平与在没有诉诸仲裁的州中的警员相比，两者基本上是相同的。[②] 因此可以说，仲裁对工资水平的影响相当小。[③]

工会的影响

长期以来，经济学家对工会针对工资率会产生何种影响一直有着浓厚的兴趣，最近，他们的关注点已经转移到工会对总薪酬（其中包括员工福利）、就业水平、工时数、生产率以及利润等的影响方面了。在本节中，我们将考察与工会产生的这些影响有关的一些理论和证据。

□ 工会对工资率的影响理论

假设我们能够得到两组不同劳动者的工资率数据，除了一组劳动者是工会会员，另外一组不是之外，这两组劳动者在其他方面都是完全相同的。再假设我们用 W_u 代表支付给工会会员的工资，用 W_n 代表支付给非工会会员的工资。如果这两组劳动者之间的工资差别可以完全归咎于工会的存在，那么，我们就可以得到工会为它们的会员争取到的相对工资优势（R）。如果用百分比来表示，则这种相对工资优势为：

$$R=(W_u-W_n)/W_n \tag{13.1}$$

然而，这种相对工资优势却并不代表以百分比形式表示的工会能够为其会员争取到的绝对工资水平提高程度，这是因为，工会还会同时以直接和间接的方式对非工会会员的工资水平产生影响。此外，我们还不太能肯定的一点是，R 的估计值到

① Orley Ashenfelter and David Bloom, “Models of Arbitration Behavior: Theory and Evidence,” American Economic Review 74 (March 1984): 111 - 124.

② Orley Ashenfelter and Dean Hyslop, “Measuring the Effect of Arbitration on Wage Levels: The Case of Police Officers,” Industrial and Labor Relations Review 54 (January 2001): 316 - 328.

③ 一项研究发现，如果只有争议中的一方雇用了律师向仲裁者呈现案件，雇用律师的一方就会得到更好的结果；然而，如果双方都雇用了律师，则没有任何一方能获利，尽管双方都增加了雇用律师的成本；参见 Orley Ashenfeler and Gordon B. Dahl, “Bargaining and the Role of Expert Agents: An Empirical Study of Final-Offer Arbitration,” Review of Economics and Statistics 94 (February 2012): 116 - 132.

底是高估还是低估了工会能够为其会员争取到的实际工资水平上涨程度。为了说明在解释工会会员和非工会会员之间的工资差别时可能遇到的困难，我们在一开始时采用如图 13.8 所示的简单的劳动力市场模型。

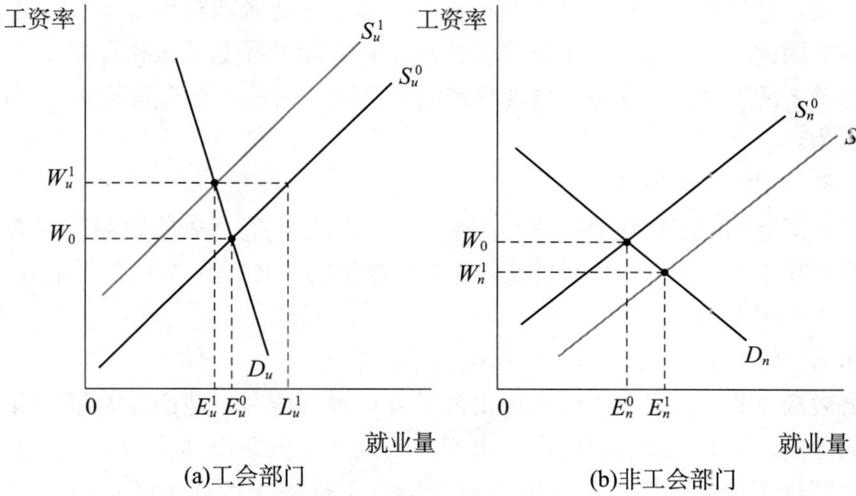

图 13.8　工会对工资率和就业量的溢出效应

图 13.8 代表的是劳动力市场上的两个部门，这两大部门雇用的劳动者是相似的。图 13.8（a）代表的是工会部门，图 13.8（b）代表的则是非工会部门。假设在最初时，两大部门都是非工会部门，并且劳动力在两大部门之间的流动没有成本。这样，劳动者就会在两大部门之间流动，直至两大部门的工资率完全相同。当两大部门的需求曲线分别是 D_u 和 D_n 时，劳动者会在两大部门之间流动，直到两大部门的劳动力供给曲线分别为 S_u^0 和 S_n^0 时为止。两大部门同时达到均衡时的工资率都将是 W_0，就业量将分别是 E_u^0 和 E_n^0。

一旦其中的某一部门工会化，成为工会部门，它的工资率就会上升到 W_u^1；而另外一个部门的工资率此时将会发生何种变化，则取决于在非工会部门中工作的劳动者所做出的反应。接下来，我们将讨论这些劳动者可能做出的四种反应。①

溢出效应　如果工会成功地将工会部门的工资水平提高到 W_u^1，那么，这种工资水平的提高将会导致就业量下降到 E_u^1，其结果是，这一部门中会有 $L_u^1-E_u^1$ 位劳动者遭受失业。如果所有这些失业者都溢出到了非工会部门中，则这两大部门的劳动力供给曲线就将会分别移动到 S_u^1 和 S_n^1。工会部门的失业将会消失；然而，在非工会部门，在原来的市场出清工资率水平 W_0 上，现在却会出现超额劳动力供给。其

① 本节中大部分的讨论都是基于刘易斯（H. G. Lewis）所做的开创性研究，参见 H. G. Lewis，Unionism and Relative Wages in the United States（Chicago：University of Chicago Press，1963）。在图 13.8 中，我们的分析采用一个两部门模型，其中的每一个部门都有自己的一条劳动力供给曲线。请记住，一个部门的劳动力供给曲线是在保持其他部门的工资水平（“替代工资水平”）不变的前提下画出来的；如果一个部门的工资水平发生了变化，则其他部门所面临的劳动力供给曲线可能就会发生移动。为了使我们的阐述尽量简单化，同时也为了揭示各部门对工会化可能会做出的各种行为反应，在下面的讨论中，我们有时会忽略这种复杂性。

结果是，非工会部门中的工资率会受到一种下降的压力，直到该部门中的劳动力市场达到一个更低的工资率 W_n^1 和一个更高的就业水平 E_n^1 为止。

在这一模型背景下，工会成功地提高了能够保住自己的工作的工会会员的工资水平。然而，它达到这一目的的手段却是将一部分就业者转移到低工资的非工会部门中工作。因此，通过这种溢出效应的作用，它实际上降低了最初在非工会部门中就业的劳动者的工资率。于是，可观察到的工会（部门的）相对工资优势（R_1）就可以表示为：

$$R_1=(W_u^1-W_n^1)/W_n^1 \qquad (13.2)$$

显然，工会相对工资优势比它对工会会员的实际工资产生的绝对影响大。如果我们用百分比来表示工会对会员的实际工资所产生的绝对影响（A），于是有：

$$A=(W_u^1-W_0)/W_0 \qquad (13.3)$$

由于 W_n^1 低于 W_0，因此 R_1 大于 A。

威胁效应 非工会会员可能会做出的另外一种反应是，他们也希望能有一个工会来代表他们。而非工会部门的雇主由于害怕成立工会会提高劳动力的成本，并且对资方的特权施加某些限制，可能会通过向员工提供比市场水平要高的工资率来“收买”他们。① 由于作为工会会员的劳动者也是要付出一定代价的（正如前面提到的），因此，只要雇主能够提供某种低于 W_u^1 但是高于 W_0 的工资水平（假设员工还是比较喜欢他们的非工资性雇佣条件），那么，雇主就可以非常有把握地确保自己的大多数员工不会在工会代表资格选举中投赞成票。

这种威胁效应的含义是：由于存在工会进入的威胁，会使得非工会部门的工资率上升，如图 13.9 所示。在这里，我们同样假设工会部门的工资率上升以及因此而产生的就业量下降会导致非工会部门的劳动力供给曲线移动到 S_n^1。然而，针对工会进入的威胁，非工会部门中的雇主会将其员工的工资率提高到位于 W_0 和 W_u^1 之间的 W_n^* 上。工资率的这种上升会使得就业量下降到 E_n^*；在更高的工资率水平上，非工会部门雇主对劳动力的需求量也下降了。此外，由于非工会部门的工资率也不是随意下降的，因此，过剩的劳动力供给 $L_n^*-E_n^*$ 的存在，就导致了失业的产生。最后，由于非工会部门的工资率现在也比原来更高了，所以，可观察到的工会相对工资优势就变为：

$$R_2=(W_u^1-W_n^*)/W_n^* \qquad (13.4)$$

显然，工会的这种相对工资优势比工会对其会员的实际工资水平产生的绝对影响要小。

等待性失业 在工会部门中失去了工作（或者是没有得到工作）的劳动者是不是必然会离开工会部门而到非工会部门去寻找工作呢？即使在工会部门的雇佣水平保持固定不变的情况下，由于退休、死亡以及自愿流动等原因，也会导致一些职位

① 对威胁效应的理论研究以及实证研究，参见 Henry S. Farber，“Nonunion Wage Rates and the Threat of Unionization，” National Bureau of Economic Research，working paper no. 9705（May 2003）。

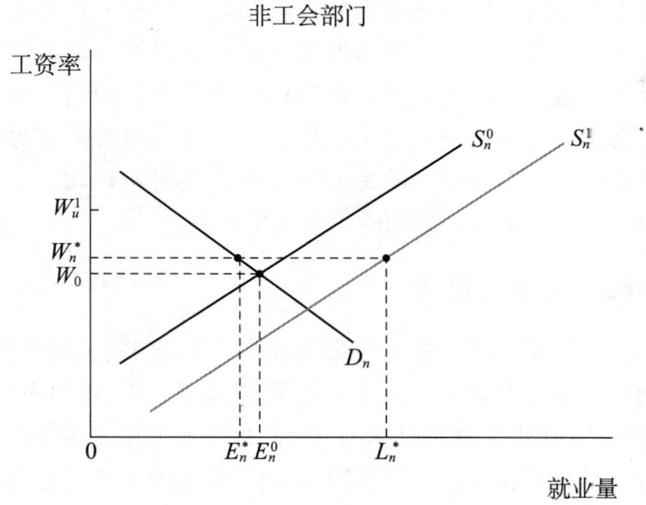

图 13.9　工会对非工会部门的工资率和就业量的威胁效应

空缺的出现。在工会部门没有找到工作的劳动者中，有一部分人会感到，在工会部门寻找工作更有吸引力。由于他们现在没有处于受雇状态，所以他们的工作搜寻活动可能会更富有成效。但是，由于这些劳动者拒绝接受非工会部门中的低工资工作，努力寻找工资水平更高的工会部门工作，这就会形成一种等待性失业的现象（他们等待在工会部门中出现的空缺职位）。①

隐藏在这种等待性失业背后的主要行为之一是，如果某部门的预期工资率较高，则劳动者就会从其他部门向此部门流动。某一部门的预期工资率等于该部门的工资率乘以在该部门找到工作的可能性。因此，即使某人总是能够在非工会部门找到工作，但是如果对他而言，存在一个合理的、在工资水平更高的工会部门找到工作的机会（即使这种机会小于百分之百），则他就很有可能会拒绝在非工会部门就业。我们在这里所讨论的等待性失业的重要性就在于：它能够说明，并非所有在工会部门失业的人都会溢出到非工会部门中。事实上，在理论上甚至有这种可能，即最初在非工会部门中就业的一些劳动者会辞去他们的工作，以便有机会在工会部门中找到工作！

工会部门中出现的等待性失业会削弱其对非工会部门劳动者所产生的溢出效应，从而减缓非工会部门中劳动者的工资受到的下降压力。此外，如果有足够多的非工会部门劳动者决定到工会部门寻找工作，则非工会部门中的劳动力供给曲线甚至有可能会向左移动。在这种情况下，一个部门的工会化反而会引起另外一个非工会部门的工资率上升，其作用就像威胁效应一样（事实上，在这里同样也存在一种“威胁”，即劳动者会离开非工会部门到工会部门寻找工作）。

劳动力需求曲线的移动　最后，请回忆一下我们在本章开始时讨论过的工会为

① 参见 Jacob Mincer, “Unemployment Effects of Minimum Wages,” Journal of Political Economy 84, no. 4, pt. 2 (August 1976): S87 - S104。虽然该作者讨论的是最低工资所产生的影响，但是对工会施加的这种最低工资，我们也可以采取类似的分析方法。

对其会员的劳动力需求曲线施加影响而采取的活动有哪些。在有些情况下，这些活动还包括使工会化企业面临的产品需求曲线（从而它们的劳动力需求曲线）向右移动的努力。如果工会通过自己的努力，成功地抬高了工会部门的产品需求曲线——可能建立在非工会部门的损失基础之上，那么，工会部门的劳动力需求曲线就会右移——与之相联系的是非工会部门的劳动力需求曲线向左移动，这种情况又会再次导致非工会部门的工资率下降到最初的工资水平之下。[①]

□ 工会影响工资率的证据

由于工会的存在可能会同时对工会部门和非工会部门的工资率产生影响，因此，我们不可能看到在工会不存在的情况下，工资率水平（W_0）到底是怎样的。因此，我们就无法衡量工会对其会员的实际工资率所产生的绝对影响（A）[参见公式(13.3)]。所以，我们必须小心，不能将我们能够看到的工会对相对工资的影响[公式（13.2）和公式（13.4）]与对绝对工资的影响混淆。

经济学家已经做了大量努力来估计，在私营部门中，相对非工会劳动者的工资而言，工会在多大程度上提高了工会会员的工资。这些研究一般都倾向于使用较大的个体样本数据，并试图将工会化造成的工资差别与个人特点、所在的行业以及职业的不同造成的工资差别区分开。也就是说，这些经济学家试图弄清楚，在剔除可能会对两组劳动者之间的工资差别造成影响的其他因素之后，工会会员得到的工资水平到底比非工会劳动者高多少。大多数这方面的研究都是在美国完成的。在美国，工会化水平较为有限，因此相对来说，找到非工会劳动者要更为容易。

由于与工会和非工会劳动者之间的工资差别有关的各种研究在使用的数据组合和统计方法上是极为不同的，因此，没有任何一种关于工资差别的估计能够得到所有研究者的共同认可。不过，针对这一问题开展的研究已经足够丰富了，因此，我们可以推导出以下六个要点。

（1）在美国，工会的相对工资优势为10%～20%。[②] 也就是说，我们能够做出

---

① 我们对这四种反应所进行的讨论都是建立在局部均衡模型基础之上的。一旦我们考虑一个一般均衡框架，并且允许资本在部门之间流动，那么，就将会存在更多的可能性。关于这一点，参见 Harry Johnson and Peter Mieszkowski，"The Effects of Unionization on the Distribution of Income：A General Equilibrium Approach，" Quarterly Journal of Economics 84（November 1969）：539 - 561。

② 对这些估计值的调查，参见 David G. Blanchflower and Alex Bryson，"What Effect Do Unions Have on Wages Now and Would Freeman and Medoff be Surprised?" Journal of Labor Research 25（Summer 2004）：383 - 414；Richard Freeman and James Medoff，What Do Unions Do?（New York：Basic Books，1984）；H. Gregg Lewis，Union Relative Wage Effects：A Survey（Chicago：University of Chicago Press，1986）；Barry T. Hirsch and John T. Addison，The Economic Analysis of Unions：New Approaches and Evidence（Boston：Allen and Unwin，1986）；and John Pencavel，Labor Markets under Trade Unionism（Cambridge，MA：Basil Blackwell，1991）。关于引用早前研究的文章，参见 Stephen Raphael，"Estimating the Union Earnings Effect Using a Sample of Displaced Workers，" Industrial and Labor Relations Review 53（April 2000）：503 - 521；and Barry T. Hirsch，"Reconsidering Union Wage Effects：Surveying New Evidence on an Old Topic，" Journal of Labor Research 25（Spring 2004）：233 - 266；and Ozkan Eren，"Does Membership Pay off for Covered Workers? A Distributional Analysis of the Free Rider Problem，" Industrial and Labor Relations Review 62（April 2009）：367 - 380。

的最好估计是，加入工会的美国劳动者的工资比具有可比性的同类非工会劳动者的工资高出 10%～20%。①

（2）美国私营部门的工会的相对工资优势比公共部门工会的相对工资优势大。一项运用同样的资料和相同的统计方法进行的研究估计，私营部门中的工会和非工会劳动者之间的工资差距在 2000—2012 年间是 18%～20%，而在同一时期的公共部门中，工会和非工会劳动者之间的工资差距只有 8%～12%。②

（3）与可以找到可比研究结果的其他一些国家的情况相比，美国工会的相对工资优势更大。例如，一项近期研究发现，20 世纪 90 年代末，不同国家中的工会会员与非工会劳动者的工资差别分别是：美国 18%；澳大利亚 12%；英国 10%；加拿大 8%；德国 4%；法国 3%。③

（4）各国工会都起到了缩小劳动者——尤其是男性——之间的工资性报酬差别的作用。在工会部门内部，它们提高了低技术劳动者相对高技术劳动者的工资水平，从而降低了人力资本投资可能得到的回报。它们将同一行业中的各企业之间以及每一企业内部的工资加以标准化，并且缩小了生产工人和办公室职员之间的工资性报酬差别。④ 它们还缩小了美国白人劳动者和黑人劳动者之间的工资差别。⑤

（5）至少在最近 10 年中，美国的工会相对工资优势在经济衰退时期有扩大的趋势。⑥ 尽管 20 世纪 80 年代之前的情况并不是很明朗，但是在最近这些年中，与非工会劳动者相比，工会会员的工资对经济状况的变化变得更加不敏感了。

（6）尽管在工会化水平提高对非工会部门的工资水平到底是起提高作用还是起降低作用这一方面，研究者尚未建立起一个统一的模型，但是他们已经开始在进行这方面的尝试了。这些研究都试图证实，在非工会部门的企业中到底是工会的溢出效应占主导地位，还是威胁效应占主导地位。然而，迄今为止，它们得出的证据都

① 一项近期研究使用的是与过去有所不同的研究方法，结果发现，新加入工会的劳动者的工资并没有出现上涨，参见 John DiNardo and David S. Lee，“Impacts of New Unionization on Private Sector Employees：1984—2001，” Quarterly Journal of Economics 116（November 2004）：1383 - 1441。

② Barry T. Hirsch and David A. Macpherson，Union Membership and Earnings Data Book：Compilations from the Current Population Survey（Washington，D. C.：Bureau of National Affairs，2013）：Table 2a.

③ David Blanchflower and Alex Bryson，“Changes over Time in Union Relative Wage Effects in the U. K. and the U. S. Revisited，” National Bureau of Economic Research，working paper no. 9395（December 2002）.

④ Richard B. Freeman，“Labor Market Institutions Around the World，” National Bureau of Economic Research，working paper no. 13242（Cambridge，MA，2007）；Lawrence M. Kahn，“Wage Inequality，Collective Bargaining and Relative Employment 1985—1994：Evidence from 15 OECD Countries，” Review of Economics and Statistics 82（November 2000）：564 - 579；and David Card，Thomas Lemieux，and W. Craig Riddell，“Unions and Wages Inequality，” Journal of Labor Research 25（Fall 2004）：519 - 562.

⑤ James Peoples，Jr.，“Monopolistic Market Structure，Unionization，and Racial Wage Differentials，” Review of Economics and Statistics 76（February 1994）：207 - 211；and Richard Freeman and James Medoff，What Do Union Do? chapter 5.

⑥ Darren Grant，“A Comparison of the Cyclical Behavior of Union and Nonunion Wages in the United States，” Journal of Human Resources 36（Winter 2001）：31 - 57；Blanchflower and Bryson，“What Effect Do Unions Have on Wages and Would Freeman and Medoff be Surprised?”.

是不明确的。比如说，最近的一项研究发现，在城市中，工会的威胁效应占主导地位（也就是说，在工会化程度较高的城市中，非工会劳动者的工资水平也较高）。但是另外一些研究却发现，在行业中，工会的溢出效应占主导地位（在工会化程度越高的行业中，非工会劳动者的工资水平越低）。这些相互矛盾的结果实际上与早期的研究发现的情况是一致的。[①]

□ 工会影响总薪酬的证据

在估计工会会员的工资多大程度上会超过与之具有可比性的非工会劳动者的工资时，很可能会出现偏差，这主要是由于以下两个方面的原因。第一，这些估计忽略了工资仅仅是总薪酬的一个组成部分这样一个事实。我们常常可以听到这样一种说法，即在工会化企业中，像带薪节假日、带薪休假、病假以及养老金等这样一些员工福利往往比非工会化企业高得多。这种说法表明，由于不同的人对各种福利的偏好不同，而在非工会化企业中，又无法通过一种简单方便的办法将员工对福利的偏好传达给雇主，所以，非工会化企业更倾向于将总薪酬的较大部分以货币工资的形式发放给员工。最近的实证研究证实了这一判断，即与非工会化企业相比，无论是员工福利总量，还是员工福利在总薪酬中所占的比重，工会化企业都较高。此外，很多研究也表明，工会化增加了员工申请他们有资格获得的政府规定的由雇主出资的那些福利计划的可能性。[②] 因此，在忽略员工福利的情况下对工会和非工会劳动者之间的总薪酬差别进行判断，就可能会造成对这种差别的估计不足。

第二，在忽略就业条件的情况下，人们在判断工会为其会员争取到的总体福利比非工会劳动者高多少时，可能又会出现高估的现象。比如，研究表明，与非工会化企业中的蓝领劳动者相比，工会化企业中的蓝领劳动者所处的工作环境更为单调、从事对身体有害的工作更多、工时弹性更小、工作节奏更快、员工对加班时间安排的控制能力更差。[③] 之所以会出现这种情况，可能是因为生产环境本身要求劳动者彼

---

① David Neumark and Michael L. Wachter, "Union Effects on Nonunion Wages: Evidence from Panel Data on Industries and Cities," Industrial and Labor Relations Review 49 (October 1995): 20 - 38.

② Barry T. Hirsch, David A. Macpherson, and J. Michael Dumond, "Workers' Compensation Recipiency in Union and Nonunion Workplaces," Industrial and Labor Relations Review 50 (January 1997): 213 - 236; John W. Budd and Brian P. McCall, "The Effects of Unions on the Receipt of Unemployment Insurance Benefits," Industrial and Labor Relations Review 51 (April 1997): 478 - 492; and Thomas C. Buchmuller, John DiNardo, and Robert G. Valletta, "Union Effects on Health Insurance Provision and Coverage in the United States," Industrial and Labor Relations Review 55 (July 2002): 610 - 627; and John W. Budd, "Non-Wage Forms of Compensation," Journal of Labor Research 25 (Fall 2004): 587 - 622.

③ Greg Duncan and Frank Stafford, "Do Union Members Receive Compensating Wage Differentials?" American Economic Review 70 (June 1980): 355 - 371; Keith A. Bender and Peter J. Sloane, "Job Satisfaction, Trade Unions, and Exit-Voice Revisited," Industrial and Labor Relations Review 51 (January 1998): 222 - 240; and John S. Heywood, W. S. Siebert, and Xiangdong Wei, "Worker Sorting and Job Satisfaction: The Case of Union and Government Jobs," Industrial and Labor Relations Review 55 (July 2002): 595 - 609.

此之间要相互依赖，同时雇主对员工提出的严格的工作要求也促成了工会的成立。也就是说，劳动者在做出对工会投赞成票的决定时在很大程度上会受他们就业时的非货币条件的影响。尽管工会常常可以通过斗争来改变这些工作条件，但它们并不是总能够取得成功。在工会和非工会劳动者之间的工资性报酬差别中，有一部分可能属于支付给工会劳动者的一种补贴，即对他们所从事工作的不利条件提供的一种补偿。一项研究估计，在工会和非工会劳动者之间的工资差别中大约有五分之二的部分都是由这类补贴因素导致的，这表明可观察的工资性报酬差别可能夸大了工会会员和非工会劳动者在总体福利水平方面存在的真实差别。①

□ 工会对就业的影响

如果工会提高了工会会员的工资水平和员工福利水平，并且对资方的特权构成了一种约束，那么，我们就可以看到，从经济理论的角度来说，工会的出现将会对就业产生一种负面的影响。最近几年中，已经有几项研究在对这一理论预测进行调查取证了，结果表明，工会确实降低了就业增长率。比如，一项对 20 世纪 70 年代末期加利福尼亚州的多家工厂所做的研究估计，与非工会化企业相比，工会化企业的就业增长率每年要低 2～4 个百分点。事实上，工会化企业和非工会化企业之间的就业增长率差别如此悬殊，使得加利福尼亚州出现了工会化率的下降，其中大约有 60％的下降都可以归咎于工会化企业的就业增长缓慢。② 以澳大利亚、加拿大和英国的整体状况为对象进行的一些研究也发现，工会对就业确实具有类似的影响。③ 最后，即使在就业没有因工会化的出现而发生太大改变的情况下，也有可能会出现年度总工时数的下降。④

□ 工会对生产率和利润的影响

关于工会对劳动生产率（单位劳动者的产出）会产生何种影响历来存在两种不同的观点。一种观点认为，在企业的资本数量一定的情况下，工会的存在提高了劳

① Duncan and Stafford, "Do Union Members Receive Compensating Wage Differentials?"

② Jonathan S. Leonard, "Unions and Employment Growth," Industrial Relations 31 (Winter 1992): 80 - 94.

③ Timothy Dunne and David A. Macpherson, "Unionism and Gross Employment Flows," Southern Economic Journal 60 (January 1994): 727 - 738; Stephen G. Bronars, Donald R. Deere, and Joseph Tracy, "The Effects of Unions on Firm Behavior: An Empirical Analysis Using Firm-Level Data," Industrial Relations 33 (October 1994): 426 - 451; Robert G. Valletta, "Union Effects on Municipal Employment and Wages: A Longitudinal Approach," Journal of Labor Economics 11 (July 1993): 545 - 574; Richard J. Long, "The Impact of Unionization on Employment Growth of Canadian Companies," Industrial and Labor Relations Review 46 (July 1993): 691 - 703; David G. Blanchflower, Neil Millward, and Andrew J. Oswald, "Unions and Employment Behaviour," Economic Journal 101 (July 1991): 815 - 834; Giuseppe Bertola, Francine D. Blau, and Lawrence M. Kahn, "Labor Market Institutions and Demographic Employment Patterns," Journal of Population Economics 20 (October 2007); and Michelle Brown and John S. Heywood, "Investigating the Cause of Death: Industrial Relations and Plant Closures in Australia," Industrial and Labor Relations Review 59 (July 2006): 593 - 612.

④ William M. Boal and John Pencavel, "The Effects of Labor Unions on Employment, Wages, and Days of Operation: Coal Mining in West Virginia," Quarterly Journal of Economics 109 (February 1994): 267 - 298.

动者的生产率，这是因为工会实际上提供了一种"发言"机制，通过这种"发言"机制，劳动者能够将自己的建议和偏好传达给资方。① 在能够用较为直接的方式表达自己的想法或意见的情况下，劳动者的工作积极性可能会得到强化，从而辞职的可能性就会变小。在辞职率较低的情况下，企业就有更大的动力在企业特殊培训上进行更多的投资，而这必然会提高劳动者的生产率。

第二种观点则强调了工会对资方特权的限制，尤其是对资方努力运用成本最小化劳动力投入的限制。我们在前面曾经指出，如果工会像关心工会会员的工资一样关心其就业，那么，它们就会向资方施加压力，要求资方在以下几个方面同意工会的要求：人员配备要求；对本职工作范围以外的工作活动加以限制；通过一些非常麻烦的方法来对生产率不高的劳动者进行惩罚；一些可以提高单位产出的劳动力成本的政策。

关于工会对生产率产生的影响的实证分析得出了一些相互矛盾的结论。工会对劳动者产出所产生的影响在很大程度上取决于在一个特定的集体谈判背景下，劳资双方之间的关系如何。事实上，一项研究发现，那些在人力资源管理实践中将劳资共同决策和基于产出的薪酬决定结合使用的工会化企业，在生产率方面要高于类似的非工会化企业；在非工会化企业中，那些没有采用这种人力资源管理制度安排的企业，其生产率也低于其他具有可比性的同类企业。②

如果工会提高了工资水平，但是劳动者的生产率却没有明显地提高，那么我们可以预见到，这就会降低企业的利润水平。在其他因素保持不变的情况下，一些研究直接分析了工会化和利润水平之间的关系；这些研究得出的估计相当一致，即无论是在美国，还是在英国，工会化企业的利润水平都较低。③ 此外，还可以采取另外一种方法来研究工会对企业利润的影响，那就是从股票市场上取得证据，例如，一项近期研究发现，当一家公司的员工被工会化以后，公司股价在未来的一年半中通

① 对这一观点的更为完整的讨论，参见 Freeman and Medoff, What Do Unions Do? 需要指出的是，工会还可以通过另外一个更具有技巧性的方法来提高劳动者的生产率。我们已经看到，一旦工会提高了工资，理论告诉我们，利润最大化的雇主对此做出的反应就是减少雇佣量，并且用资本来替代劳动力。因此，随着企业沿劳动力边际产品曲线向左上方移动，劳动力的边际产品对工资上升所做出的反应是随之递增。

② David G. Blanchflower and Richard B. Freeman, "Unionism in the U. S. and Other OECD Countries," Industrial Relations 31 (Winter 1992): 56 - 79; Sandra Black and Lisa Lynch, "How to Compete: The Impact of Workplace Practices and Information Technology on Productivity," Review of Economics and Statistics 83 (August 2001): 434 - 445; and Michael Ash and Jean Ann Seago, "The Effect of Registered Nurses' Unions on Heart-Attack Mortality," Industrial and Labor Relations Review 57 (April 2004): 422 - 442.

③ Bronars, Deere, and Tracy, "The Effects of Unions on Firm Behavior"; Blanchflower and Freeman, "Unionism in the U. S. and Other OECD Countries"; Barry T. Hirsch, "Unionization and Economic Performance: Evidence on Productivity, Profits, Investment, and Growth," in Unions and Right-to-Work Laws, ed. Fazil Mihlar (Vancouver: Fraser Institute, 1997), 35 - 70; Richard B. Freeman and Morris M. Kleiner, "Do Unions Make Enterprises Insolvent?" Industrial and Labor Relations Review 52 (July 1999): 510 - 527; and Elisabetta Magnani and David Prentice, "Did Lower Unionization in the United States Result in More Flexible Industries?" Industrial and Labor Relations Review 63 (July 2010): 662 - 680.

常会下滑大约 10%。[1]

□ 对工会的规范分析

在本书中，我们前前后后论述了经济理论既可以用实证的形式来表达，也可以用规范的形式来表达。截至本节，我们一直都在用实证的方法对工会产生的影响进行分析。我们总结了工会对各种劳动力结果产生的影响方面的理论和实证证据。现在，我们分析一个规范性问题，即工会到底是增加了社会福利，还是削减了社会福利？在关于工会的讨论以及政府对工会施加影响的政策的讨论中，实际上经常隐含着这样一个问题。然而，正如大家可以预料的，人们在这一问题上的观点存在很大分歧。

潜在地降低社会福利水平 我们在第 1 章中已经分析过，任何一个市场——包括劳动力市场——的作用都在于通过提供一种自愿的交换机制以方便互惠交易的完成。这种交换所要实现的最终目标是完成商品和服务的最佳配置，从而在社会资源数量既定的情况下，使社会中的每一个人都获得尽可能高的效用水平。如果一个市场能够为所有这种互惠交易提供方便，那么，我们就可以说该市场已经达到了帕累托效率。实现帕累托效率的一个要求就是，所有的生产性资源——其中也包括劳动力——都必须按照能够使社会效用（其中既包括劳动者自己的效用，也包括购买劳动者生产的商品或服务的那些消费者获得的效用）实现最大化的方式来加以使用。

认为工会降低了社会福利的观点是从工会仅仅代表其会员利益这一角度出发的。[2] 第一种观点是建立在劳动者罢工时造成的生产损失（劳动力资源浪费）基础之上的。第二种观点与此类似，它指出，在劳方和资方就一些限制性工作规则达成协议的情况下（就像我们在效率合约模型中讨论过的那样），雇主在生产过程中会使用多余的劳动者，而这会造成劳动力使用上的浪费，从而进一步造成社会的损失。第三种观点则显得更为微妙，我们接下来就分析这个观点。

简单的推理表明，为了达到帕累托效率，具有相同潜在生产率的资源必须同时具有相同的实际生产率。比如，我们现在考虑一组劳动者的情况，他们具有相同的技能、经验和工作动机。如果在这组劳动者中，有一部分人在每小时能够创造出 15 美元价值的岗位上工作，而另外一些人则在每小时只能创造 10 美元价值的岗位上工作，那么，通过在后一种岗位上工作的劳动者向高报酬岗位的自愿流动，就会使社会产出的价值得到提高。在每小时只能创造 10 美元价值的岗位上工作的劳动者的数量减少，就会提高仍然留在这种岗位上的劳动者的边际生产率，而在每小时能够创造 15 美元价值的岗位上工作的人员数量增加，则会使该部门的工资率（以及相应的边际生产率）受到一种下降的压力。然而，只要同一技能群体的劳动者之间在边际

---

① David S. Lee and Alexandre Mas, "Long-Run Impacts of Unions on Firms: New Evidence from Financial Markets: 1961—1999," Quarterly Journal of Economics 127 (February 2012): 333 - 378.

② Assar Lindbeck and Dennis J. Snower, " Insiders versus Outsiders," Journal of Economic Perspectives 15 (Winter 2001): 165 - 188.

生产率上继续存在差别，通过劳动力从低报酬部门向高报酬部门的流动，社会产出的价值仍然能够得到进一步的提高。只有当所有劳动者的边际生产率都相同，属于帕累托改进的所有流动都已经完成时，我们才能说帕累托效率已经达到了。

因此，认为工会降低了社会福利水平的第三种观点得出了两点结论。第一，工会通过将工会部门的工资提高到非工会部门之上的做法，在等价的劳动者之间制造出了工资水平（从而生产率）差别；第二，水平较高且比较僵化的工会工资阻碍了在低工资岗位上工作的劳动者向高工资岗位的流动，结果导致社会的产出低于其应当达到的水平。有些经济学家已经在试图估计这种损失到底有多大，但他们估计的数值通常都比较小——为国民总产出的0.2%～0.4%。[①]

潜在地提高社会福利水平 如果在不存在工会的情况下，劳动力市场和产品市场并非标准经济理论所假设的那样处于完全竞争状态，则工会降低了社会福利水平这一观点的说服力就会受到削弱。比如，我们可以假设存在流动成本过高的情况，因而劳动者不能自由地流向能够使他们的生产率（包括他们的效用）最大化的工作。如果这种流动障碍确实存在，它的一个隐含意思就是，补偿性工资差别可能不能正确地引导劳动者在具有不同令人不愉快（或令人愉快）特征的工作岗位之间进行配置。如果事实真是如此，就会有过多的劳动者停留在危险的或令人不愉快的工作岗位上，尽管如果有机会，他们是很乐意离开这种工作岗位的（即使到一个工资水平更低的岗位去工作）。

在工作条件方面，我们通常可以采取两种方式来对雇主的行为施加影响。个人交易市场依赖的是进入和退出机制。如果一位劳动者不喜欢某些特定的就业条件，他可以自由离开；如果有足够多的劳动者都不喜欢这些就业条件，雇主要么会被迫改变自己提出的条件，要么会将工资提到一个足够高的水平，以留住已经招来的劳动者。与进入和退出机制不同的另外一种机制是发言机制，在这种机制下，劳动者可以就雇主能够做出反应的一些问题提出他们自己的看法和希望。

由于以下两个方面的原因，个人要想将自己的要求表达出来，潜在成本是很高的。首先，工厂中的许多条件（比如照明、工作时间安排、安全保护等）都相当于工厂中的“公共产品”。因此，所有的劳动者都能够从这些条件的改善中获益，即使他们个人并没有为争取这些条件的改善做出任何贡献。因此，“搭便车”的可能性抑制了个人（独立采取行动）为争取工作条件改善而承担相关成本的意愿。其次，由于雇主对员工的抱怨做出的反应可能是解雇“麻烦制造者”，因此，在没有得到某种工作保障的情况下，那些采用发言机制的单个劳动者就必须时刻准备着承担退出的成本。

坚持认为工会改善了社会福利的人认为，在流动成本较高的情况下，工会为劳动者改善工作条件提供了一种集体发言机制。它们解决了“搭便车”的问题，并且使工会会员免除了与个人发言相联系的风险和成本负担。进一步来说，集体谈判协

① Freeman and Medoff, What Do Unions Do? 57.

议往往会确定一个争议处理程序，某位存在不满的员工还可以通过这一程序正式向一个中立的第三方提起申诉。简言之，可以证明，在确定会对劳动者的效用产生影响的工作条件时，工会提供了一种集体发言机制，这种机制能够取代成本很高的进入和退出机制。因此，工会促成了在员工流动成本很高情况下无法实现的帕累托改进交易的完成。

其他一些认为工会可以提高（或至少不降低）社会福利的观点，也是建立在不完全竞争市场这一条件基础之上的，即这些观点对标准经济理论中的雇主行为模型做出的主要假设是持怀疑态度的。比如，一种观点（我们在本章前面论述过）是，工会化的雇主在其产品市场上拥有强大的垄断力量，这使得它们能够获得超额垄断利润。如果集体谈判的效率合约模型成立，并且“合约曲线”是垂直的，那么，雇佣量就会仍然保持在与雇主实现工会化之前相同的水平上，工会和雇主最终的妥协点就是对雇主的超额利润实行分成。在这种情况下，收入就从所有者手中转移到了劳动者手中，而此时的总产出并没有受到影响，因此就不会存在与工会会员的较高工资相联系的社会福利损失。

另外一种观点是，雇主并不像标准经济理论假设的那样能够非常清楚地知道如何才能实现利润最大化。这种观点认为，由于资方发现寻找更好的（或成本更低的）生产方法是需要付出巨大代价的，因此，我们还不能确定，资方是否永远都会尽可能地以生产率最高的方式来使用劳动力（很显然，这种看法是建立在这样一种隐含假设基础之上的，即进入产品市场是非常困难的，因而已经处于产品市场上的无效率生产者并不一定会受到竞争力量的惩罚）。当工会组建起来并提高了工会会员的工资时，企业可能会因受到冲击而寻找更好的生产方式。此外，通过在劳动者和资方之间建立起一种正式的沟通渠道，工会化至少还潜在地提供了一种可以使雇主和员工能够更为有效地就工作场所中的各种政策和程序进行沟通的机制。[①]

实证研究

工会会员和非工会劳动者之间的工资差别到底有多大？在得出可靠估计前重复试验的重要性

自20世纪40年代以来，劳动经济学家一直都在研究工会是否真的提高了工会会员相对非工会劳动者的工资性报酬。关于这一问题的研究已经有数百项之多，这些研究运用了多种不同的数据来源以及各种不同的统计技术。现代劳动经济学之父

① 关于这个观点的更为全面的发展，参见 Freeman and Medoff，What Do Unions Do?；Barry T. Hirsch，“What Do Unions Do For Economic Performance?” Journal of Labor Research 25（Summer 2004）：415－455；Addison and Belfield，“Union Voice”。

格雷格·刘易斯（H. Gregg Lewis）对这些研究（至少是截至20世纪80年代早期的研究）进行了仔细的考察和比较。刘易斯在前后相隔20年的时间里分别撰写了两本书，这两本书的主题都是关于工会会员和非工会劳动者之间的工资差别问题的——他对自己考察过的那些研究项目采用的方法论细节进行了艰苦细致的分析，这些分析在以实证研究为导向的社会科学家中成为一个为大家所效仿的标准。

刘易斯的大部分职业生涯是在芝加哥大学度过的，在芝加哥大学，他是将近90名博士生的重要导师以及更多学生的授课教师——这些学生中的许多人相继成为劳动经济学领域的领军人物。然而，刘易斯公开发表的著作和论文却寥寥无几，这是因为他坚持对数据进行核查和交叉检查，对此前的一些研究结果进行重复操作，寻找在估计方程中存在的各种偏差，如果自己得到的结论与先前发表的估计结果是相似的，刘易斯则不急于将论文发表。他的第一本关于工会会员和非工会劳动者之间的工资性报酬差别的书出版于1963年，这本书对此前在这个问题上所做的20项研究进行了详尽的分析。他详尽考察了已发表文章的文字细节以及数据分析过程中的数学误差，并且通过重复前人的估计结果来确保文章所报告结果的准确性，当他认为前人的研究所做的初始估计存在错误，或者是可以得到新数据的时候，他会亲自进行重新估算工作。这本书得出的结论是：假设其他影响工资的因素保持不变，则1957—1958年间，工会会员的工资比非工会劳动者的工资高出10%～15%。

刘易斯于1986年出版了他关于这个问题的第二本书。这本书对在此前20年发表的200多项研究成果进行了分析，在这20年中，计算机和大型数据库的出现使得对不同行业、不同地区以及不同人口群体中的工会会员与非工会劳动者的工资差别进行更为复杂的分析成为可能。这些分析运用回归技术来确定，在其他生产率特征保持不变的情况下，工会会员是否获得了更高的工资。刘易斯非常关注这些研究在估算工会会员和非工会劳动者的工资差别时，是否存在以下几方面的偏差：工会会员的选取不是随机确定的（选择性偏差或不可观测的异质性）；在估计方程中遗漏了一些重要的变量（变量遗漏问题）或对变量进行了错误的衡量（变量误差问题）；某些群体中的劳动者被排除在样本之外。他在整本书中都对这些偏差进行考察和估算。

在分析对美国的总体工会工资差别所进行的估算时，刘易斯试图在他的第二本书中对大约117项研究得到的估算值进行综合。他根据自己通过分析发现的在这些研究中存在的估算偏差——这些偏差是由以下因素引起的：非随机数据抽样；样本中遗漏了非制造业中的劳动者、少数族裔群体以及年轻的劳动者；在回归方程中没有控制行业或职业因素；在薪酬变量中遗漏福利因素——对估计值进行了调整。他的艰苦分析所得出的最后结论是：1967—1979年间，与等价的非工会劳动者相比，工会会员的平均薪酬要高大约15%。虽然这个结果在很大程度上与他的早期研究所得出的结论是一致的，但是他谨慎地指出，他所得出的这个15%是对真实工资性报酬差别所做估计的上限。

一位著名的劳动经济学家这样评价刘易斯的伟大遗产："刘易斯整整影响了一代从事实证研究的劳动经济学家。他的这种责任心是对那种草率和虚假的研究提出的最好的抵制，（他的书）永远不会偏离这样一种信念——社会科学的目的是要衡量经济制度或市场变化实际产生的影响；而那些非试验性的数据对达成这样的目标则产生了某种限制。”[a]

a. Richard Freeman, “H. G. Lewis and the Study of Union Wage Effects,” Journal of Labor Economics 12 (January 1994): 144, 147.

资料来源：H. G. Lewis, Unionism and Relative Wages in the United States: An Empirical Inquiry (Chicago: University of Chicago Press, 1963); and H. Gregg Lewis, Union Relative Wage Effects: A Survey (Chicago: University of Chicago Press, 1986).

复习题

1. 假定我们现在正在讨论一个与资本设备的购买有关的税收抵免计划。再假设工会领导人现在号召大家从这一建议可能会对工会会员（而不是消费者）的福利产生何种影响的角度来对其做出评价。那么，他们对这一建议可能产生的影响能够达成一致意见吗？解释你的答案。

2. 在有些集体谈判协议中包括“工会标准”条款，这种条款禁止雇主将通常由本厂完成的一些工作外包给那些所付工资水平低于工会工资水平的其他企业。请问：

（1）工会为什么要设法制定这样一项“工会标准”条款？

（2）在何种条件下，这种“工会标准”条款最有可能成为工会追求的目标？

3. 《琼斯法案》(Jones Act) 要求，在美国政府采购的所有物资中，必须有不少于50%的物资由美国的轮船来运输，并且在任何一艘从美国港口出发的美国船只上，美国船员在船员中所占的比例不得小于90%。你认为这一法案对船运行业的劳动力需求以及工会提高美国船员工资的能力会产生何种影响？

4. 一种可以被观察到的情况是，在美国钢铁产出有所下降的特殊时期，钢铁行业（这是一种资本密集型行业）工会能够通过集体谈判获得比正常情况下更高的工资增长水平。运用经济理论解释为什么会出现这样的情况。

5. 在德国，临时解雇和在通知期很短的情况下解雇员工都属于非法。如果解雇具有“社会不公正性”，解雇也是非法的，所谓解雇的“社会不公正性”是指这样一种情况，即劳动者其实还能够在企业的其他工作岗位上或其他工作地点继续得到使用，但企业却解雇了他们。在这种情况下，即使只有对这些劳动者进行再培训才能继续雇用他们，企业也不能以此为理由将其解雇。被非法解雇的劳动者可以对雇主提起诉讼。解释德国的这项法律对德国工会提高工会会员工资的能力有何种影响。

6. 美国工会经常试图赢得公众的支持，让大家共同抵制由不发达国家的劳动者在较低的工资、不健康的工作环境以及较长的工时条件下生产出来的各种产品。

（1）如果美国工会的这种努力取得了成功，那么这些努力会很明显地帮助不发达国家中的劳动者获得更高水平的薪酬吗？充分解释你的答案。

（2）这些努力会很明显地对美国工会会员起到帮助作用吗？充分解释你的答案。

7. 假设工会认为，加入工会的劳动者通常比未加入工会者的生产率更高，因此雇主应当对工会和集体谈判采取更积极的方式。请运用经济理论分析加入工会的劳动者生产率更高（以单位劳动者的产出来衡量）的原因，并分析更高的劳动生产率是否有助于提高公司的盈利性。

8. 某国家有一种集中程度很高的集体谈判，工资谈判的结果会在全国范围内实施。该国家现在正在考虑采用一种新的更加分散的谈判结构，从而使工资谈判的结果能够在单个工厂或企业的层面上达成。这种分散化的集体谈判结构会对工资性报酬以及雇佣量产生何种影响？解释你的答案。

练习题

1. 假设雇主让步曲线为 $W=1+0.02S$，工会抵制曲线是 $W=5+0.02S-0.01S^2$，其中，W 是工资增长率，S 是预期的罢工持续天数。运用希克斯的简单模型来计算罢工持续天数和工资增长率。

2. 脑外科兄弟会（Brain Surgeons' Brotherhood）和国际捕狗者协会（Dog Catchers' International）的劳动力需求所面临的自身工资弹性分别为－0.1 和－3.0。假设这两个工会的领导都试图推动本工会会员的工资上涨 20%，但是都没有能力直接确定就业水平。为什么国际捕狗者协会的会员会对这种工资增长目标持更为谨慎的态度？

3. 假设在零售业中，加入工会的劳动者的工资是每小时 10 美元，没有加入工会的劳动者的工资是每小时 8 美元。那么，加入工会的劳动者所具有的相对工资优势是什么？工会对工会会员的实际工资产生的绝对影响是多少？

4. 下表给出了两家不同企业的劳动力需求情况。

工资率（美元/小时）	劳动力需求（企业 ABC）	劳动力需求（企业 XYZ）
3	24	28
4	23	26
5	22	24
6	21	22
7	20	20
8	19	18
9	18	16
10	17	14

这两家企业目前的工资率都是每小时 7 美元。有一个工会想要组织其中一家企业的工人与雇主进行集体谈判，从而将工资率提高到每小时 8 美元。计算在工资率从每小时 7 美元提高到每小时 8 美元的情况下，每一家企业的劳动力需求工资弹性。工会对到哪一家企业中去组织工会更有兴趣？为什么？

5. 下表给出了一家巧克力工厂的劳动力需求情况。这家工厂已经工会化，工会正在试图通过集体谈判将工资率从每小时 7 美元提高到每小时 8 美元。与此同时，社会上有更多的人开始发现这家工厂生产的巧克力很好吃，这导致对该工厂生产的巧克力的需求上升。我们在第三列中给出了这家巧克力工厂的产品需求上升之后对应的新的劳动力需求情况。

工资率（美元/小时）	劳动力需求（原来）	劳动力需求（新）
3	38	42
4	35	39
5	32	36
6	29	33
7	26	30
8	23	27
9	20	24
10	17	21

一位公司负责人声称："工资上涨将会导致工厂减少雇佣量。"作为回应，一位工会官员断言："这位公司负责人的说法是错误的；如果工资率上升到每小时 8 美元，将不会有任何一位工会会员失去工作。"这两个人的说法哪一个是正确的？论证你的答案。

6. 建筑行业中有两个部门现在支付给员工的是市场出清工资。每一个部门的劳动力需求曲线都是 $MRP_L=12-L$，其中，L 是员工人数（以千人为单位）。每一个部门的劳动力供给曲线都是 $L=W-2$，其中，W 是工资率（单位：美元/小时）。

某工会在其中一个部门中组织起了工会，并且通过坚持只有工会会员才能被本部门中的公司雇用，从而对该部门的劳动力供给进行约束（加入工会是很困难的）。当这个部门被工会化以后，该部门的劳动力供给曲线就变成了 $L=W-4$。

(1) 在工会化以前，两个部门的工资率是多少？每个部门分别雇用多少名员工？

(2) 工会化的部门现在的工资率是多少？它将雇用多少名员工？

(3) 如果刚刚工会化的部门中的失业人员溢出到了非工会化部门，那么，非工会化部门的工资率现在是多少？它现在将会雇用多少名员工？

(4) 工会的相对工资优势有多大？它的实际绝对影响有多大？

7. 假设第 6 题中的非工会化部门的员工现在也想有一个能够代表自己的工会。为了阻止某工会到本部门来进行工会组织活动，该部门中的雇主将工资率提高到了每小时 7.50 美元。此时，这个部门中的雇主将会雇用多少名非工会劳动者？工会的相对工资优势现在有多大？

推荐阅读

Atherton, Wallace, Theory of Union Bargaining Goals. Princeton, NJ: Princeton University Press, 1973.

Bennett, James, and Bruce E. Kaufman, eds. What Do Unions Do: A Twenty-Year Perspective. New Brunswick, NJ: Transaction, 2007.

Freeman, Richard B. and James L. Medoff, What Do Unions Do? New York: Basic Books, 1984.

Hirsch, Barry T. and John T. Addison, The Economic Analysis of Unions: New Approaches and Evidence. Boston: Allen and Unwin, 1986.

Kerr, Clark, and Paul D. Staudohar, eds. Labor Economics and Industrial Relations: Markets and Institutions. Cambridge, Mass.: Harvard University Press, 1994.

Lewis, H. Gregg, Union Relative Wage Effects: A Survey. Chicago: University of Chicago Press, 1986.

Pencavel, John, Labor Markets under Trade Unionism. Cambridge, Mass.: Basil Blackwell, 1991.

附录 13A　仲裁与谈判合约区域

导致参与集体谈判的双方都愿意自愿达成协议，而不是付诸仲裁，从而让一个外部的第三方来给双方强加解决问题的方案的原因是什么呢？一个可能的答案是，谈判双方对仲裁者最终可能会做出怎样的决定都感到不确定，而这种不确定性对双方来说都是一种成本，因此它们才有自愿达成协议的动力。本附录提供了一个描述这一看法的简单模型；它揭示了在谈判双方决定是否诉诸仲裁时，双方对仲裁者可能做出决定所具有的不确定性以及它们对风险的态度。①

现在让我们来考虑一个简单的双边谈判问题，在这种谈判中，A 方和 B 方将就如何分割大小一定的"饼"来进行谈判。双方的效用函数都仅仅取决于它们各自获得的饼的大小。图 13A. 1 描绘了 A 方的效用函数。假定当 A 方得到的饼的份额为零时，其效用（U_A）也为零。随着 A 方获得的份额（S_A）的增加，其效用也在增加。这里关键的一点是：我们假定这种效用函数同样也表现出一种边际效用递减的特征，即 S_A 的等量增加带来的 U_A 的增加会越来越少。正如我们在下面将要论述的，这种假设与双方都是风险规避型的这样一种假设实际上是等价的。风险规避型假设为，如果就平均水平而言，谈判双方在结果不确定和结果确定的情况下获得的饼的份额是相同的，那么，双方都更愿意接受饼的份额更为确定时的情况。②

现在假定 A 方认为，就一般情况而言，如果谈判最后被付诸仲裁，那么仲裁者会把一半的饼分给自己。如果 A 方确切地知道仲裁者会这么做，那么，它从接受仲裁中获得的效用就会是图 13A. 1 中的 $U_A(1/2)$，或者点 a。然而，假如 A 方对仲裁者的决定感到并不确定，并且认为仲裁者要么会把 1/4 的饼分给自己，要么会把 3/4 的饼分给自己，并且两种情况发生的概率各为 50%。那么，在这两种情况下，A 方的效用就分别为图 13A. 1 中的 $U_A(1/4)$，即点 b，或者 $U_A(3/4)$，即点 c。尽管就平均情况来说，A 方预期，自己仍然能够获得一半的饼，但是它在这种情况下的平均效用或预期效用就只有 $0.5U_A(1/4)+0.5U_A(3/4)$，而正如图 13A. 1 所示，这一效用水平（参见点 d）是低于 $U_A(1/2)$ 的。这反映出 A 方是风险规避者这样一个事实，即与能够获得相同预期份额的不确定结果（点 d）相比，它更愿意得到一种确定的结果（点 a）。

假如在一种情况下，A 方确切地知道自己将会获得 S_A^0 的份额，而在另外一种情况下，它对自己能够获得的份额感到并不确定，但是它预料到，仲裁者将会以相同的概率（即各 1/2 的机会）将 1/4 的饼或 3/4 的饼安排给自己，那么，A 方在这两种情况下所获得的效用水平就是相同的。毫无疑问，为了获得任何一种比 S_A^0 这一水平更高的确定份额，A 方愿意承担因接受仲裁而带来的不确定性所导致的成本。这样，A 方自愿签订的潜在合约集合将会是符合这样一种条件的 S_A，即：

① 这里所进行的讨论是对下文中的某些内容的简化描述，参见 Henry S. Farber and Harry C. Katz, "Interest Arbitration, Outcomes, and the Incentive to Bargain," Industrial and Labor Relations Review 33 (October 1979): 55 - 63。

② 对该基数效用函数的使用方法的介绍，参见附录 8A。

$$S_A^0 \leqslant S_A \leqslant 1;\ S_A^0 < 1/2 \tag{13A.1}$$

现在假定B方也具有与A方类似的风险规避倾向，并且对仲裁者可能做出的决定也有相同的预期。那么，很明显，运用相同的逻辑，我们也可以得出B方愿意接受的潜在合约集合 S_B，S_B 的表述方式与 S_A 是类似的，即：

$$S_B^0 \leqslant S_B \leqslant 1;\ S_B^0 \leqslant 1/2 \tag{13A.2}$$

现在，我们可以假定，如果某一个份额是B方愿意接受的，那么这同时也就暗含着B方愿意给予A方的份额是1减去B方愿意接受的这个份额。由于B方愿意接受的最低份额 S_B^0 小于1/2，因此，B方在谈判中愿意给予A方的最大份额 S_A^*（等于 $1-S_B^0$）就会大于1/2。显然，对任何给予A方的份额少于 S_A^* 的解决方案，B方都是愿意接受的。

现在再来看图13A.1，A方愿意接受任何给予它的份额至少为 S_A^0 的契约，而B方愿意接受给予A方的份额等于或低于 S_A^* 的任何契约。因此，在双方都认为接受仲裁是比较好的选择时（从而潜在地自愿同意接受仲裁），A方能够得到的合约集合将会位于下面两个端点之间的某一位置，即：

$$S_A^0 \leqslant S_A \leqslant S_A^* \tag{13A.3}$$

我们可以用图13A.1横轴上划重叠线的部分来表示在谈判问题上双方可能达成的潜在自愿解决方案，它又被称为合约区域。只要谈判双方都是风险规避型的，并且对仲裁者将要做出的决定都感到不确定，那么这种合约区域就总会存在。

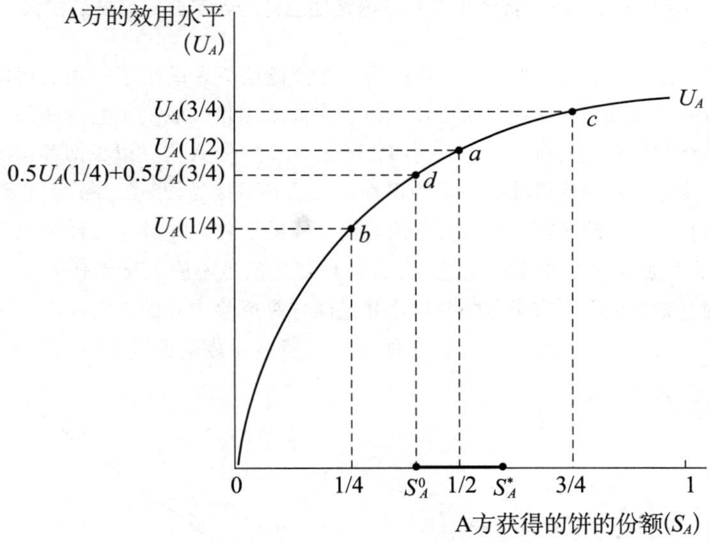

图13A.1　风险规避者的效用函数：对仲裁者的决定感到不确定所导致的合约区域

谈判双方对仲裁者决定的不确定程度以及双方的风险规避程度都是决定合约区域大小的重要因素。要想检验这种情况，首先要继续假设A方的预期仍然是：就平均情况而言，仲裁者会分给自己1/2的饼。但是在这里，A方预期得到的这1/2的饼却是从以下猜测中得出的，即仲裁者分给自己的饼的份额要么是1/8，要么是7/8，这两种情况的发生概率仍然是各为1/2。图13A.2表明了A方在这两种不同的情况下（点 e 和点 f）获得的效用。图13A.2表明，在预期得到的份额仍然为一半的情况下，不确定性的增加（或可能结果的"分散化"）导致了预期效用的降低（比较点 d 和点 g）。事实上，A方更愿意确定地获得 S_A^1 的份额，而不愿意冒险去接受仲裁。由于

$S_A^1 < S_A^0$，因此，合约区域的范围扩大了。所以，对仲裁者决定的不确定性上升会导致一个更大的合约区域出现。

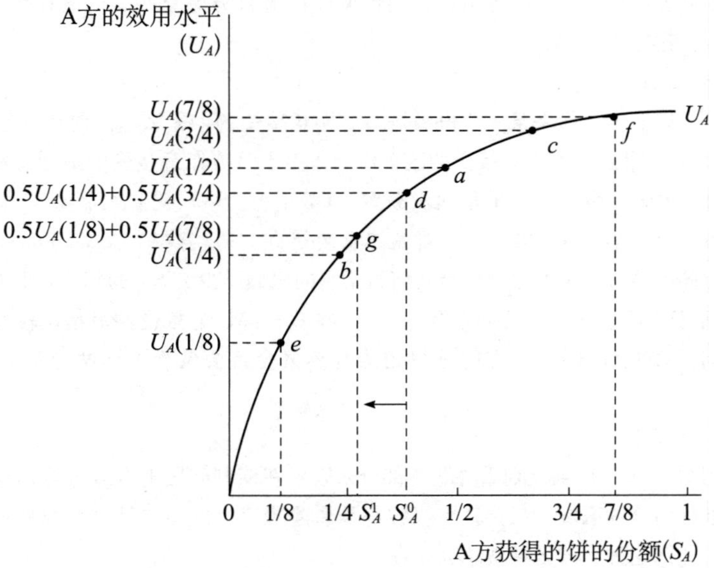

图 13A.2　对仲裁者决定的不确定性上升导致了合约区域的扩大

我们现在来考虑图 13A.3，在图中，我们为一个风险中立者画出了一条效用函数曲线。风险中立者之所以有一条直线形效用函数曲线，是由于它的效用仅仅取决于它所获得的预期份额，而不是取决于与最终结果有关的风险大小。例如，图 13A.3 中的 A 方在以下两种情况下获得的效用是相同的：一是确定无疑地获得其中一半的份额；二是必须接受仲裁结果，但它可以预料到，仲裁者要么会分给自己 1/4 的份额，要么会分给自己 3/4 的份额，并且这两种情况发生的可能性各为 1/2。于是，即使面对接受仲裁的可能，A 方在仲裁之前也不愿意接受任何低于一半份额的协议。如果 B 方对仲裁者的行为有类似的预期，并且同样是风险中立的，它也会拒绝接受任何低于一半份额的结果，因为就平均情况而言，它估计自己通过仲裁至少可以得到一半的份额。因此，

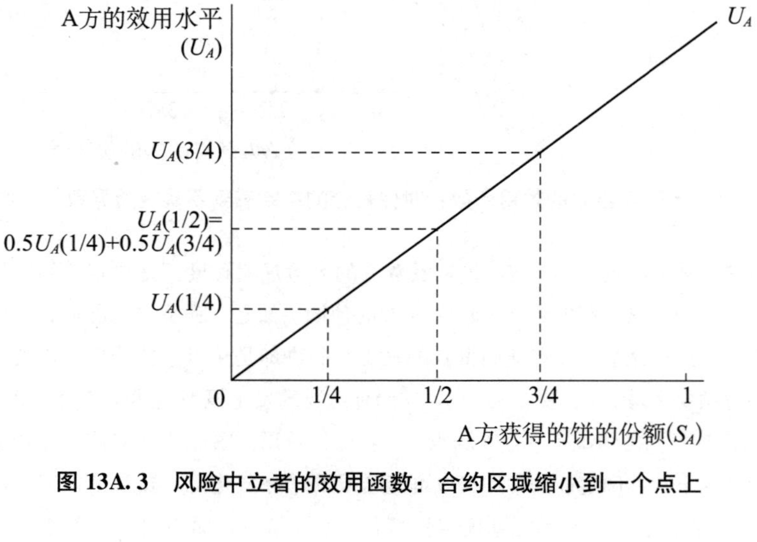

图 13A.3　风险中立者的效用函数：合约区域缩小到一个点上

合约区域将会缩小到双方各得 1/2 的点。双方自愿达成协议的唯一点就是它们估计在接受仲裁的情况下通常也能够获得的结果。(这就描绘了仲裁过程本身会对协商解决办法的性质产生怎样的影响。)

更为一般化地说，我们可以看到，随着一方风险规避倾向的增强（效用函数变得“更为弯曲”），合约区域的范围将会扩大。因此，任何一方的风险规避倾向增强或双方对仲裁者决定的不确定程度提高，都会扩大合约区域的范围。

合约区域越大，意味着双方为避免接受仲裁而愿意接受的潜在解决方案的数量就越多。正像有些人所说的，这种可选菜单的扩大提高了双方在接受仲裁之前自愿达成协议的可能性。① 这种说法的一个直接含义就是，如果我们估计谈判双方都更愿意自行解决问题，那么，在设计仲裁体系的时候就不能使仲裁者的行为变成完全可预测的。然而，正像我们在本章中讨论过的，还存在另外一种说法，这就是如果合约区域的范围较小，则说明谈判双方可以讨价还价的余地也就较小，因而较小的合约区域将会导致自愿解决方案更为迅速地达成。

① Farber and Katz, “Interest Arbitration, Outcomes, and the Incentive to Bargain.”

第 14 章 失　业

2007—2009 年的大衰退导致美国失业人数剧烈增加，这重新激发了大家对理解失业测量方法以及——更为重要的——失业形成原因的兴趣。我们在第 2 章中论述过，一个社会的总人口可以被划分为两个部分——在劳动力队伍中的人（L）和不在劳动力队伍中的人（N）。而在劳动力队伍中的人又可分为两部分，即已经就业的人口（E）和虽然失业但是希望就业的人口（U）。失业的概念有点模糊，这是因为从理论上来说，只要能够获得足够的总薪酬，任何人实际上都是愿意就业的。为了摆脱这一困境，经济学家倾向于根据一个人在某种通行市场工资率下的就业意愿来对失业加以界定。而政府在统计中则采用更为实用的做法，将失业人口定义为以下两类人：一类人是虽然被雇主临时解雇但还在等待原雇主将他们召回的人；另外一类人则是虽然没有处于工作状态，但是在接受调查的前一个月中仍然在积极寻找工作的人（当然，对“积极”一词并没有非常精确的界定）。

在上述几个定义的基础上，我们就可以用失业人数与劳动力总人数之比来对失业率（u）加以衡量，即：

$$u=\frac{U}{L} \tag{14.1}$$

人们非常关注的问题有两个：第一，一国的失业率在一段时期中是如何变化的；第二，不同地区以及不同年龄、种族、性别、族裔的劳动者的失业率有什么不同。

然而，理解失业率数据具有的局限性是很重要的，这一数据确实反映了在某一时点上的某一种人口群体中，迫切希望得到工作但是无法就业的人所占的比例。但是，由于多方面的原因，这一数据本身并不一定能准确反映某一个人口群体中的成员遭受的经济困境。第一，那些不积极地去寻找工作的人，包括那些曾经积极寻找工作但是因屡次失败而自愿放弃求职努力的人，都并没有被计算在失业人数中（参见第7章）；第二，失业统计数据并未告诉我们那些已经就业的人得到的工资性报酬水平如何，其中包括他们的工资性报酬是否超过了贫困线；第三，大部分失业者的家庭中都还有其他一些能够挣到工资性报酬的人——比如，许多失业者都是青少年，因而这些失业者并非家庭的主要经济来源；第四，失业者中有相当一部分人在失业时都能够获得一定的收入支持，这种支持要么是以政府失业保险金的形式支付的，要么是以企业补充失业保险金的形式支付的。

最后，尽管失业率数据为我们提供了与劳动力队伍中目前没有处于就业状态的那部分人有关的信息，但是，对劳动力队伍中的就业人口的情况却言之甚少。表14.1展示了在2000年和2015年以及早些年份中的美国总体失业率、劳动力参与率以及就业率（指就业人数与成年人口总量之比）等方面的数据——在早些年份中，失业率的变化情况大致相同。比如，1948—1958年，失业率从3.8%上升到6.8%，而就业率从56.6%下降到了55.4%；与之相反，1968—1991年，失业率的上升幅度与前一时期大致相同，但就业率竟然出现了大幅度的上升！在这两个时期中，失业率和就业率之间之所以会呈现一种完全相反的关系，主要原因在于，在前一时期中，劳动力参与率的增长速度是非常缓慢的，而在后一时期中，劳动力参与率的增长速度却是极快的。相反，在2000—2015年失业率小幅上升的同时，就业率和劳动力参与率都出现了相对较大的下降；事实上，与经济大衰退相关的失业导致许多劳动者永久地退出了劳动力队伍。[①]

无论如何，失业率都不失为反映劳动力市场条件的一个有用指标。本章将集中考察导致失业的原因以及各种政府政策是如何有意或无意地对失业水平产生影响的。

表14.1　　美国的平民劳动力参与率、就业率以及失业率（%）

年份	失业率（U/L）	劳动力参与率（L/POP）	就业率（E/POP）
1948	3.8	58.8	56.6
1958	6.8	59.5	55.4
1968	3.6	59.6	57.5
1991	6.8	66.2	61.7
2000	4.0	67.1	64.4
2015	5.3	62.7	59.3

注：U 为失业者人数；
L 为劳动力人数；
E 为就业人数；
POP 为16岁以上总人口数。

资料来源：U.S. Department of Labor，2016 Employment and Earnings Online，Household Survey Data (March 18，2016)，Table 1，at www.bls.gov/opub/ee/2015/cps/annual.htm#empstat.

① Alan B. Krueger，Judd Cramer，and David Cho，"Are the Long-Term Unemployed on the Margins of the Labor Market?，" Brookings Papers on Economic Activity (Spring 2014)：229 - 280；Andreas Mueller，Jesse Rothstein，and Till von Wachter，"Unemployment Insurance and Disability Insurance in the Great Recession，" Journal of Labor Economics 34，pt. 2 (January 2016)：S455 - S475.

劳动力市场的存量-流量模型

我们从一个关于劳动力市场的简单概念化模型谈起。该模型不仅强调了存在于各种劳动力市场状态之间的流量（比如，人们从就业状态向失业状态的流动）的重要性，而且强调了处于各种劳动力市场状态之中的人数（比如，失业人数）的重要性。了解到底哪些因素决定了这些流量，对我们理解失业产生的原因是至关重要的。

在美国，关于就业人数、失业人数以及非劳动力人数的数据在国家每个月发布的《当前人口调查》（Current Population Survey，CPS）中都有公布。如图 14.1 所示，2016 年 4 月有 1.51 亿人就业，740 万人失业，9 450 万年龄在 16 岁以上的人不在劳动力队伍中。如果对这些数据进行短期追踪，我们就会形成这样一种印象，即这些数据是相对稳定的。例如，在从上个月到下个月之间的这段时间里，失业率出现哪怕只是相当于一个百分点的十分之几的变动，都属于极不寻常的事情（2016 年 4 月为 5%，而 5 月则为 4.7%）。

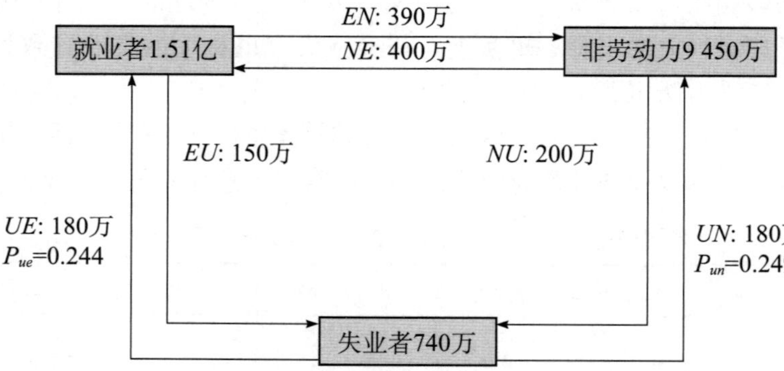

图 14.1　劳动力市场存量与流量：2016 年 4—5 月

资料来源：U. S. Bureau of Labor Statistics，"Labor Force Statistics from the Current Population Survey：Labor Force Status Flows by Sex，" http://www.bls.gov/web/empsit/cps_flows_recent.htm.

仅仅对一个月和另外一个月的就业人数、失业人数以及非劳动力人数进行定格比较的做法，会使我们忽略在这一个月中可能出现过的各种类型的大量人口流入和流出的情况。图 14.1 中的数据涵盖了 2016 年 4 月在各种人口类型之间流动的劳动者人数。在一个典型的月份中，大约有 180 万名失业者找到工作（这一流量在图 14.1 中用 *UE* 表示），另外 180 万名失业者离开劳动力队伍（这一流量在图 14.1 中用 *UN* 表示）。这些数字占失业存量总数的比例分别为 0.244（P_{ue}）和 0.249（P_{un}）。于是，我们就可以得出这样的结论：4 月初的失业者中有大约二分之一的人到月末就脱离了失业状态。那些被替换到失业存量中的对等流量来自以下两个方面的人口：一是从就业存量中进入失业队伍的人（150 万，流量 *EU*）；二是从非劳动力队伍中进入失业队伍中的人（200 万，流量 NU）。[①] 其中，流量 EU 是由那些自愿离开工作岗位或者非自愿性失去工作的人组成的；而流量 NU 则是由那些正在进入劳动力队伍的人构成的。流入失业状态的人流量（350 万）小于流出失业状态的人流量（360 万），这一事实意味着，这一时期的失业率略有下降。

□ 失业持续时间

正如我们看到的，劳动者有两种方法可以摆脱失业状态，即找到工作和退出劳动力市场。失业者离开失业队伍所需要的时间在很大程度上取决于工作机会的多少。例如，在 2006 年，当许多雇主在雇用员工时，失业者通常会在 5 周内找到工作；而在 2010 年的经济大衰退期间，失业者脱离失业状态的时间多出一倍。那些在 2010 年决定退出劳动力市场的失业者，通常是在失业后 20 周左右采取行动的；而在 2006 年，劳动者通常只需要在失业后 8 周左右的时间做出这种决定。这表明，大部分在 2010 年离开劳动力市场的失业者是在经历漫长的找工作失败后变得“灰心丧气的”，而 2006 年离开劳动力市场的劳动者，则很可能是因为家庭责任、健康问题或退休方面的原因而对找工作不太上心。[②]

□ 失业者的来源

一想到失业者，人们的脑海中往往立即会浮现出从原来的工作岗位上被解雇的那些人的形象。然而，如果认为这些人就是失业者的全部，或者甚至是失业者中的大部分，这种看法就是错误的。表 14.2 提供了与我们强调的这一点有关的一些数据，这些数据的统计时间是 1970—2015 年。在此期间，失业率变化很大。在典型的年份中，从原来工作岗位上被解雇的人在失业者总人数中所占的比例达到一半以上——尽管在高失业率年份中，被解雇者占的比重是最高的（在 2010 年时几乎达到了三分之二）。

在每一年中，三分之一以上的失业者都是从非劳动力状态转化过来的——也就是说，他们要么是第一次进入劳动力市场的（新进入者），要么是过去曾经有过就业经历，但在脱离了劳动力队伍一段时间之后又重新进入劳动力队伍中的（重新进入者）。当然，在这些重新进入者中，有些人最后很可能会再次成为被解雇的人，从而再次退出劳动力队伍一段时间。尽管绝大多数辞去工作的人都在辞职之前找到了新

① 从实际衡量的角度来看，被列为“失业者”的人和被列为“非劳动力”的人之间所存在的区别仅仅在于，当事人在向政府申报时所提供的本人的工作寻找情况是怎样的。因此，关于这两类人口的经验性区分，以及在记录这两种人口之间的流动情况时所存在的误差，已经引起了研究者的关注。关于前一个问题的分析，参见 Füsun Gönsül，“New Evidence on Whether Unemployment and Out of the Labor Force are Distinct States,” Journal of Human Resources 27 (Spring 1992)：329 - 361；Alan Krueger，Alexandre Max，and Xiaotong Niu，“The Evolution of Rotation Group Bias：Will the Real Unemployment Rate Please Stand Up?” Review of Economics and Statistics (forthcoming)。关于后一个问题的分析，参见 Paul Flaim and Carma Hogue，“Measuring Labor Force Flows：A Special Conference Examines the Problems,” Monthly Labor Review (July 1985)：7 - 15。

② Randy E. Ilg and Eleni Theodossiou，“Job Search of the Unemployed by Duration of Unemployment,” Monthly Labor Review 135 (March 2012)：41 - 49.

的工作，从而从来都不会经历失业，但在大多数年份中，每年至少有10％～15％的失业者是自愿离开原来的工作却又没有找到新工作的人。

表14.2　　美国的失业者来源，各年份（％）

年份	失业率	被解雇者	各类失业者占失业总人数的比例		
			自愿离职者	重新进入者	新进入者
1970	4.9	44.3	13.4	30.0	12.3
1974	5.6	43.5	14.9	28.4	13.2
1978	6.1	41.6	14.1	30.0	14.3
1982	9.7	58.7	7.9	22.3	11.1
1986	6.9	48.9	12.3	26.2	12.5
1990	5.5	48.3	14.8	27.4	9.5
1994	6.1	47.7	9.4	34.8	7.6
1998	4.5	45.5	11.8	34.3	8.4
2002	5.8	55.0	10.3	28.3	6.4
2006	4.6	47.4	11.8	32.0	8.8
2010	9.6	62.4	6.0	23.4	8.2
2014	6.2	50.7	8.6	29.4	11.3
2015	5.3	49.0	9.9	30.6	10.6

资料来源：U.S. Department of Labor，1982 Employment and Training Report of the President（Washington，D.C.：U.S. Government Printing Office，1982），Table A-36；U.S. Department of Labor，Monthly Labor Review，various issues.

流动率影响失业水平

尽管公众最终关注的是失业水平，但是要想了解失业水平的决定因素，我们仍然必须分析在各种劳动力市场状态之间流动的人员流量。某个人口群体的失业率之所以比较高，可能是因为这些人一旦失业就很难再找到工作，也可能是因为他们在找到工作之后却很难保住自己的工作（可能是自愿的，也可能是非自愿的），还可能是因为他们频繁地进出劳动力队伍。至于制定何种政策措施来降低失业率较为合适，则取决于在劳动力市场上的哪一种流量是造成高失业率的主要原因。

更正式地来说，人们可以这样讲：如果劳动力市场是大体均衡的，流入和流出失业状态的人员流量是基本相同的，那么，某一人口群体的失业率就取决于以下列方式发挥作用的各种劳动力市场流量，即：

$$u=F(\overset{+}{P}_{en},\ \overset{-}{P}_{ne},\ \overset{-}{P}_{un},\ \overset{+}{P}_{nu},\ \overset{+}{P}_{eu},\ \overset{-}{P}_{ue}) \tag{14.2}$$

式中，F 为“函数”；P_{en}为脱离了劳动力队伍的就业者所占的比例；P_{ne}为原来属于非劳动力，现在进入了劳动力队伍并且找到了工作的人所占的比例；P_{un}为脱离了劳动力队伍的失业者所占的比例；P_{nu}为原来属于非劳动力，现在进入了劳动力队伍却尚未找到工作的人所占的比例；P_{eu}为成为失业者的就业者所占的比例；P_{ue}为成为就业者的失业者所占的比例。

因此，举例来说，如果某人口群体中最初有 100 名就业者，在某一时期之后，有 15 个人变成了失业者，那么，P_{eu}就等于 0.15。

公式（14.2）中的变量顶部所标注的加号意味着，这一变量的值上升会提高失业率，而减号则意味着，这一变量的值上升会降低失业率。因此，这一等式断定，在其他条件相同的情况下，自愿或非自愿离开自己的工作岗位从而成为失业者或退出劳动力队伍的人所占的比例（即P_{eu}或P_{en}）上升，会提高这一人口群体的失业率，而从非劳动力状态进入劳动力队伍但是没有找到工作的人所占的比例（P_{nu}）上升，同样也会提高这一人口群体的失业率。类似地，脱离失业状态从而成为就业者或脱离劳动力队伍的人所占的比例（即P_{ue}或P_{un}）越大，则这一人口群体的失业率就越低；进入劳动力队伍之后马上找到工作的人所占的比例（P_{ne}）越大，则这一人口群体的失业率就越低。①

公式（14.2）和图 14.1 清楚地说明了，一个社会对任何一种既定失业水平的关注，都应当集中在失业的发生率（在某个人口群体中成为失业者的人所占的比例）以及失业的持续时间这两个方面。如果在一种情况下，某个人口群体中的少数人失业了很长时间，而在另外一种情况下，尽管某个人口群体中有许多人失业，但是他们都能够很快地走出失业状态，那么，一个社会可能会更加重视前一种情况。

表 14.3 展示了被选定的不同欧美国家在不同年份中的失业率以及持续时间方面存在的一些显著差异。更值得关注的是下面这样一些例子：

其一，总体来说，2005 年和 2015 年的失业率和长期失业变动方向是一致的；

其二，在 2015 年，加拿大的失业率高于德国，但加拿大的失业者一般能更快地找到工作（只有 11.6%的加拿大失业者失业时间会持续一年以上，而在德国，这类长期失业者则大约占到 44%）；

其三，英国和美国在 2005 年和 2015 年这两年中的失业情况相似，但在英国，失业超过一年者的比例要高得多；

其四，加拿大和美国的失业率在 2005—2015 年间没有太大的变化，但在这段时间里，美国长期失业者所占的比例增长更多。

显然，不同的国家在劳动力市场状况、制度或政策方面存在的重大差异是导致

① 公式（14.2）的具体推导过程参见 Stephen T. Marson, "Employment Instability and High Unemployment Rates," Brookings Papers on Economic Activity, 1976: 1, 169-203。至于为什么依据公式（14.2）总结的每一种结果都是正确的，可以从公式（14.1）失业率的定义中推导出来。从一种劳动力市场状态向另一种劳动力市场状态的流动，可能会影响失业率计算公式中的分子或分母，或者同时对两者产生影响。例如，P_{en}的上升并不直接影响失业者的人数，但是它却会缩减劳动力队伍的规模。根据公式（14.1），这种劳动力规模的缩减会导致失业率上升。

这些失业结果出现的原因。

本书虽然无法对表 14.3 中呈现的不同国家间的所有这些失业差异做出详细的解释，但我们在随后的章节中将讨论的各种失业理论都与公式（14.2）中表示的一种或多种流量的决定因素有关。也就是说，这些理论都试图解释为什么在各种劳动力市场状态之间流动的人的比例在不同的时间或地区——其中也包括国家——会存在差异。下面我们将论述摩擦性失业、结构性失业、需求不足性（周期性）失业以及季节性失业。

表 14.3　　选定的若干欧美国家的失业和长期失业情况，2005 年和 2015 年（%）

	总体失业率		失业超过一年者所占的比例	
	2005 年	2015 年	2005 年	2015 年
比利时	8.4	8.5	51.6	51.7
加拿大	6.8	6.9	9.6	11.6
丹麦	4.8	6.2	25.9	26.9
法国	9.5	10.4	42.5	44.3
德国	9.5	4.6	54.0	44.0
爱尔兰	4.3	9.4	34.3	57.6
荷兰	4.8	6.9	40.1	43.6
挪威	4.6	4.4	9.4	11.7
英国	4.7	5.3	22.4	30.7
美国	5.1	5.3	11.8	18.7

资料来源：OECD，Employment Outlook（Paris：OECD，2006），Tables A and G；and OECD，Employment Outlook（Paris：OECD，2016），Tables A and M.

摩擦性失业

假定一个竞争性的劳动力市场当前处于均衡状态，也就是说，在通行的市场工资率下，劳动力需求量正好等于劳动力供给量。图 14.2 就展示了这样一个劳动力市场，该市场的需求曲线为 D_0，供给曲线为 S_0，就业量为 E_0，工资率为 W_0。迄今为止，本书一直都将这种均衡状态看作一种充分就业状态，它意味着在这种市场状态下是不存在失业的。然而，这种含义并非完全正确。即使在劳动力市场处于均衡状态或充分就业的状态下，仍然会存在一些摩擦性失业，这是因为总会有些人恰好处在“前一份工作和后一份工作之间”。

正如我们在第 5 章中讨论过的，劳动力市场的一个重要特征就是其具有摩擦性，因为信息流是不完善的，同时失业的劳动者和有职位空缺的雇主之间进行相互搜寻

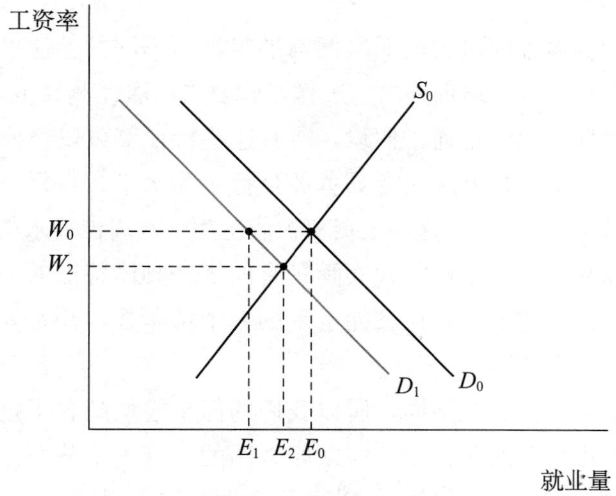

图 14.2　一个在最初实现了充分就业的劳动力市场

是需要花费时间和精力的。即使在劳动力队伍的规模保持不变的情况下，在每一时期仍然会有一些新进入劳动力市场的人在寻求就业，同时还会有其他一些就业者或失业者离开劳动力队伍。有些人还会先辞去现有的工作，然后再去他处谋求就业。[①]此外，在不同企业中常常还会出现需求的随机波动现象，从而导致有些企业出现倒闭或临时解雇员工的情况。与此同时，其他一些企业则可能刚刚开张或者需要扩大雇佣规模。由于与求职者的特征以及空缺职位的性质有关的信息往往无法立即得到，或者无法立即对这些信息做出准确的评价，因此，要想在失业者和潜在的雇主之间实现工作匹配是要花费一定的时间的。所以，即使劳动力需求和劳动力供给在总量上是相等的，摩擦性失业仍然会存在。

□ 工作搜寻理论

在任何一个经济体中，摩擦性失业水平都是由进入和退出劳动力市场的人员流量以及失业者找到（同时接受）工作的速度决定的，而决定这种速度的因素则可以通过对工作搜寻过程进行分析来找到，现在我们就来分析工作搜寻过程。

工作搜寻模型　想谋求就业的人必须寻找各种可能的工作，但由于有关工作机会和劳动者特征的信息是不完善的，因此，要想在失业的劳动者和潜在的雇主之间达成工作匹配，就必须付出一定的时间和精力。在其他条件相同的情况下，失业者在某一时期内成为就业者的可能性越小（也就是说，P_{ue}越小），他们的预期失业时间就会越长，同时失业率也会越高。为了理解哪些因素会影响P_{ue}，我们建立了一个正式的工作搜寻模型，这一模型建立在一个关键假设基础之上，即工资水平是与工作特征联系在一起的，而不是与填补工作岗位的具体的人的特征联系

① 关于在就业和非就业状态下寻找新工作的相对优势的比较，参见 Christian Belzil, "Relative Efficiencies and Comparative Advantages of Job Search," Journal of Labor Economics 14 (January 1996): 154 - 173。

在一起的。[①]

我们假设不同的雇主确定的最低雇佣标准组合是不同的。这里所说的雇佣标准可能包括受教育水平要求、培训要求、工作经验要求、雇佣测试成绩要求等。然而，一个非常简单的雇佣过程模型通常假设，所有这些特征都可以被概括为单一的变量 K，它表示一个工作岗位要求从业者具备的最低技能水平。与每一个工作岗位相联系的是一种工资率 $W(K)$ ——这一工资率被假定为工作岗位要求的技能水平的一个函数，而不是受雇从事这一工作的人实际具有的某些具体特征的一个函数。我们还假设工资率是工作要求达到的最低技能水平的一个增函数，并且采用相同雇佣标准的两位雇主提供的工资相同。

由于不同雇主的雇佣标准不同，所以我们的简单模型暗含了这样一个假设，即存在一个与劳动力市场上的各种职位空缺相联系的工资出价分布。这种工资出价分布可以用图 14.3 中的 $f(W)$ 来表示。当我们向图中的右侧部分移动的时候，与某一职位空缺相对应的最低技能水平要求以及工资水平都会有所上升。由于 $f(W)$ 代表的是工资出价的概率分布，所以曲线以下部分的面积总和将等于 1（也就是说，这里包括了劳动力市场上 100%的全部工资出价）。图 14.3 显示，每一种工资出价（在横轴上表示）与这种工资出价在总分布中所占的百分比（在纵轴上表示）都是相对应的。

现在假设某一位失业者拥有的技能水平为 K^*。由于没有任何一家企业会雇用没有达到自己的雇佣标准的员工，因此，这位失业者有希望获得的最高工资水平就是 $W^*(K^*)$。如果这位失业者知道哪些企业制定的雇佣标准为 K^*，那么他就会到这些企业去求职，由于这个人符合企业的雇佣标准，因而他将在 $W^*(K^*)$ 的工资率下被雇用。

然而，我们现在假定劳动力市场上的信息是不完善的，即尽管一位求职者知道工资出价分布的形状——$f(W)$，但是他却并不知道每一家特定企业提供的工资水平或制定的雇佣标准到底是什么。于是，我们就可以把工作搜寻过程概念化为这样一个过程，即求职者随机地造访各个企业中负责人员雇用的办公室。如果企业的雇佣标准超过了 K^*，那么，企业就会拒绝为上面的这位失业者提供工作；如果企业的雇佣标准恰好是 K^* 或比它还低，那么此人就能够得到一份工作。一方面，这位失业者可能会发现，对自己最有利的做法是先在手里攒上几个工作机会，然后接受其中最好的一个。但另一方面，求职者——尤其是那些技能水平较低的人——却并不

① 我们在此处的讨论大多取材于 Dale T. Mortensen，"Job Search，the Duration of Unemployment，and the Phillips Curve，" American Economic Review 60（December 1970）：846－862。又见 Theresa Devine and Nicholas Kiefer，Empirical Labor Economics：The Search Approach（New York：Oxford University Press，1990）。对人们搜寻工作的方式所做的概括，参见 Yannis M. Ioannides and Linda Datcher Loury，"Job Information Networks，Neighborhood Effects，and Inequality，" Journal of Economic Literature 42（December 2004）：1056－1093。

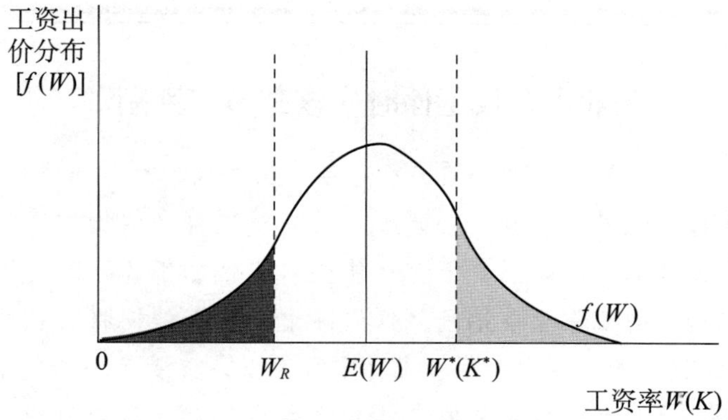

图 14.3　工作搜寻模型中的保留工资选择

总是能够享受这份奢侈。相反，他们常常必须马上决定是否接受一份工作，这是因为，如若不然，这个工作机会可能很快被其他求职者获得。

保留工资　一位失业者如何才能知道自己是否应当接受某一个特定的工作机会呢？策略之一是根据保留工资来进行决策，然后只接受那些工资水平高于保留工资的工作机会。于是，这里的关键问题就变成了："保留工资是如何决定的？"

为了回答这一问题，我们假设 W_R 是技能水平为 K^* 的某人选定的保留工资（见图 14.3）。现在我们可以看到，此人的求职申请将会被工资水平高于 $W^*(K^*)$ 的任何一家企业拒绝，因为此人达不到这类企业的最低雇佣标准。类似地，此人也会拒绝接受工资水平低于 W_R 的任何工作。因此，此人在任何一个时期能够找到可接受的工作的概率就等于曲线 $f(W)$ 之下、W_R 和 $W^*(K^*)$ 之间的那部分未涂阴影区域的面积。该概率越大，则劳动者的预期失业时间就越短。假定此人找到了一份工作，那么，他的预期工资水平将会简单地等于处于 W_R 和 $W^*(K^*)$ 之间的那些工作的工资出价的加权平均值。这一平均（或预期）工资在图 14.3 中是以 $E(W)$ 来表示的。

如果此人选择一个水平稍高的保留工资，他的这种选择将会产生两种效应。一方面，由于此人会拒绝工资水平低于这一保留工资的更多的工作，那么，他（一旦被雇用）的预期工资将会上升。另一方面，拒绝更多的工作机会还会降低他在任一时期找到可接受的工作的可能性，而这又会增加他的预期失业持续时间（关于更高的保留工资对预期失业持续时间产生的效应，参见例 14.1）。因此，每一位失业者都会将其保留工资选择在这样一种边际上，即因预期失业时间延长而产生的成本恰好等于失业过后得到的较高工资带来的预期收益。①

① 关于失业人员报告的保留工资如何受其失业时间长短的影响的研究，参见 Alan Krueger and Andreas Mueller, "A Contribution to the Empirics of Reservation Wages," American Economic Journal: Economic Policy 8 (February 2016): 142－179。

例 14.1

失业者在找工作时应该有多"挑剔"?

失业且正在找工作的劳动者必须决定，自己在寻找和接受工作机会时的"挑剔"程度应当保持在什么水平上。他们在继续寻找一份更符合他们的教育背景和经验的工作时，是否应该接受一份薪酬更低、技能要求更低的工作?还是说他们应该对所寻找的工作和将接受的工作非常挑剔（这实际上意味着他们将自己的保留工资定得相对较高)?一方面，如果他们把保留工资定得太低，接受了一份技能要求比自己实际技能低的工作，他们可能会向其他潜在雇主发出一个信号：他们对自己能否胜任更高级的工作感到绝望或缺乏信心；另一方面，如果他们因保留工资太高而持续失业很长一段时间，潜在的雇主（当然，潜在雇主并不知道为什么他们失业那么久）可能认为他们已经被很多其他雇主拒绝了，因此不是理想的候选人。

最近，经济学家试图用一些研究来回答这些问题，这些研究包括向正在登招募广告的雇主发送虚假简历。这些简历经过精心制作，所以虚拟求职者的受教育程度和技能水平是相似的，只是他们失业的时间长短或拥有"临时"工作的时间不同。然后，研究人员可以衡量申请人的不同特征对雇主打电话联系的可能性的影响。到目前为止，他们的研究仍然没有得出失业时间长短与雇主打电话联系可能性之间存在关系的一致结论。一些研究发现，长时间失业对雇主打电话联系没有影响，而其他一些人则发现，一个人失业的时间越久，雇主打来电话的概率就越低。然而，有趣的是，很多研究在估计劳动者接受一份"临时性"低级别工作所带来的影响时，却得出了一致性的结论，这就是，接受这样的工作降低了一个人接到雇主电话的机会。

因此，在设定一个人的保留工资时，迄今为止的研究表明，失业者可能会因为太挑剔（失业时间更长）或不够挑剔（接受一份较低级别的临时性工作）而只能得到较少的面试机会。我们希望未来的研究能帮助我们了解存在这两种风险的相对程度高低。

资料来源：Kory Kroft，Fabian Lange，and Matthew Notowidigdo，"Duration Dependence and Labor Market Conditions：Theory and Evidence from a Field Experiment，" Quarterly Journal of Economics 128 (August 2013)：1123－1167；Henry Farber，Dan Silverman，and Till von Wachter，"Factors Determining Callback to Job Applications by the Unemployed：An Audit Study，" National Bureau of Economic Research，working paper 21689 (October 2015)；John M. Nunley，Adam Pugh，Nicholas Romero，and R. Alan Seals，"The Effects of Unemployment and Underemployment on Employment Opportunities：Results from a Correspondence Audit of the Labor Market for College Graduates，" Industrial and Labor Relations Review online (June 22，2016) at http：//journals. sagepub. com/doi/full/10. 1177/0019793916654686. 关于长期失业会降低一个人的就业前景的研究，参见 Johannes F. Schmieder，Till von Wachter，and Stefan Bender，"The Effect of Unemployment Benefits and Nonemployment Durations on Wages，" American Economic Review 106 (March 2016)：739－777。

模型含义 这个简单的模型以及与之相关的一些决策规则使我们得出了一系列推论。第一，只要保留工资没有被确定在市场提供的最低工资水平上，那么，求职者找到工作的概率就会小于1，这样就有可能会造成一些搜寻性失业。在一个人不愿意接受已经获得的第一个工作机会——在信息不完善的世界中，这是一种理性的策略——的情况下，搜寻性失业就会发生。

第二，由于每个人的保留工资总是被确定在与本人的技能水平相适应的工资水平——$W^*(K^*)$——以下，因此，一旦这些人找到了工作，他们实际上都将处于就业不足状态［从他们预期获得的工资性报酬将会低于$W^*(K^*)$这个意义上来说］。这种就业不足的情况是信息不完善本身引发的一种成本，而更加完善的劳动力市场信息将会改善这一工作匹配过程。

第三，正如在第5章中指出的，其他方面的条件都相同的人最终可能会获得不同的工资。两位具有相同技能水平的失业者可能会选择相同水平的保留工资，并且在失业过后可能会得到相同的预期工资。然而，他们最终实际得到的工资水平却完全取决于运气的好坏——他们碰巧遇到的是位于W_R和$W^*(K^*)$之间的那一个工资出价。因此，在一个信息不完善的环境中，没有任何一个经济模型能够解释在不同个体之间存在的所有工资差距。

第四，在其他条件相同的情况下，任何能够导致失业者加快寻找工作步伐（每天造访更多的企业）的因素都可以缩减他们的失业时间。更为有效地搜集和传播与工作机会和求职者有关的信息将有助于加快劳动力市场上各方的工作搜寻进程——强化就业服务机构的计算机管理水平就是一个能够降低失业率的创新性例子。然而，回忆一下第7章中的内容我们就会知道，失业者也可以将自己的时间用在其他用途上（他们可以将自己的时间用在“家庭生产”上）。于是，失业者的工作搜寻紧张程度还会受到两个方面因素的影响，一是失业者的时间在家庭生产中具有的价值，二是他们从工作搜寻活动中预期能够获得的收益。如果前者的价值较高，而后者的预期收益较低，失业者可能就会变得心灰意冷，从而干脆退出工作搜寻过程——在这种情况下，他们将会被归为“退出劳动力队伍”的人。

第五，如果变成失业者对个人而言产生的成本有所下降，那么，这就会导致失业者提高自己的保留工资（也就是说，在选择最终能够被接受的工作时，他们会变得越来越挑剔）。当然，更高的保留工资同时也会导致失业者的预期失业时间延长以及失业过后的预期工资率水平上升。对失业引发的成本从而对失业者的保留工资产生重要影响的一个因素是，有没有政府失业保险（unemployment insurance，UI）计划以及这种计划的慷慨程度如何。

□ 失业保险福利的影响

实际上，每一个发达国家都会向失去工作的劳动者提供某种形式的失业补偿，尽管不同国家的失业保险体系在结构和慷慨程度方面存在很大的差别。[1] 美国的失业保险体系实际上是由各州的失业保险体系构成的。尽管各州的失业保险体系的细节不同，但是对这些体系的运作方式，我们还是可以很容易地勾勒出一个大体的轮廓的。

当美国的劳动者失业的时候，他们是否具有领取失业保险福利的资格主要取决于他们失业之前的劳动力市场经验以及失业的原因。就劳动力市场经验方面来说，美国的每一个州都要求失业者在获得领取失业保险福利的资格之前，必须能够证明自己"一直都"处在劳动力队伍中，即在某一基期中获得的工资性报酬水平或完成的工作时间达到了某一最低水平的要求。在所有的州中，所有能够通过上述劳动力市场经验审查的被临时解雇的劳动者都有资格领取失业保险福利。在有些州中，自愿辞去工作的人在某些情况下也有资格领取失业保险福利。从总体情况来看，新进入或者重新进入劳动力队伍的人以及被企业根据正当理由解雇的劳动者是没有资格领取失业保险福利的。

在经过了一定的等待期——在大多数州中都是一周的时间——之后，有资格领取失业保险福利的劳动者就可以领取失业保险福利了。我们在图 14.4 中描述了这种保险福利的结构。从图 14.4 中我们可以看到，失业保险福利水平的高低与失业者在失业前的工资性报酬水平有关。正如图 14.4（a）所示，有领取失业保险福利资格的失业者至少都能够获得最低水平的失业保险福利——B_{min}。当失业者在失业前的工资性报酬超出某一关键水平——W_{min}——之后，失业保险福利就将与失业者原来的工资性报酬等比例上升，但是，当失业者过去的工资性报酬水平达到某一最高点——W_{max}——之后，失业保险福利的水平就会一直保持在 B_{max} 上了。少数一些州还向失业者发放家属补贴，不过，即使是在采取这种做法的各州中，一些州也特别规定，这些家属补贴与失业者获得的失业保险福利加在一起，每周不能超过 B_{max}。

这种福利结构的一个含义就是，一个人能够获得的失业保险福利水平与此人在失业前的工资性报酬是成比例的，但是这种比例关系会随劳动者的历史工资性报酬水平不同而发生变化［参见图 14.4（b）］。这一比例通常被称为替代率，即失业保险福利在多大程度上对失业者在失业之前的工资性报酬做出了替代。当失业者失业前的周工资性报酬水平介于 W_{min} 和 W_{max} 这一范围时，替代率是固定的。大多数州的目标都是对失业者在失业之前的周工资性报酬水平的 50%左右进行替代。

一旦某位失业者开始领取失业保险福利，则此人是否有资格继续领取失业保险福利就取决于他是否继续做出寻找工作的"适当的努力"。对付出"适当的努力"的

① 经济合作与发展组织对各国的失业保险计划进行了介绍和比较，参见 OECD, Benefits and Wages: Statistics, at www.oecd.org/els/benefits-and-wages-statistics.htm。对美国失业保险体系的特点的介绍，参见 Highlights of State Unemployment Compensation Laws—Comparison of State Unemployment Laws in 2016 (Washington, D.C.: UWC—Strategic Services on Unemployment & Workers' Compensation, 2016)。对美国失业保险体系所做的描述及经济分析，参见 Walter Nicholson and Karen Needels, "Unemployment Insurance: Strengthening the Relationship between Theory and Policy," Journal of Economic Perspectives 20 (Summer 2006): 47-70。

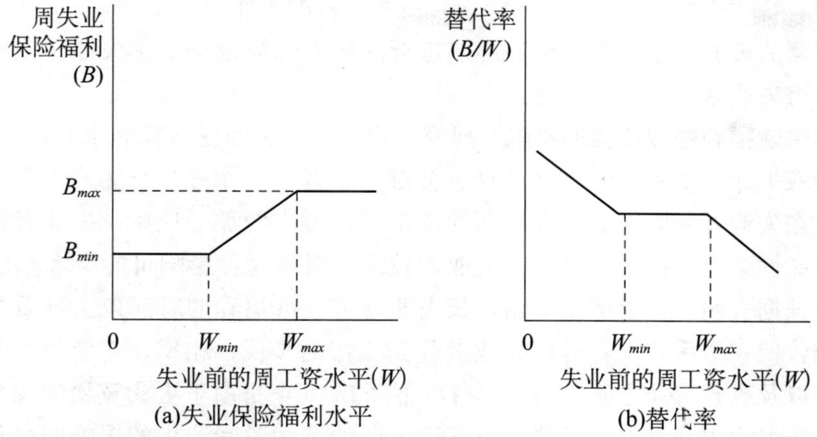

图 14.4　作为失业者失业前工资性报酬的一个函数的周失业保险福利

定义，不同的州有不同的规定。此外，有些州还对失业保险领取人的最长领取时间做出了规定，在有些州中这一时间是固定的（通常是 26 周的时间）；而在其他一些州中，这一时间则是随着失业者在失业前的劳动力市场经验（那些“在劳动力队伍中的时间更长”的人，也就有资格享受更长时间的失业保险福利）多少而变化的。美国国会也通过了立法，允许失业率较高的一些州将失业者领取失业保险的最长时间适当延长，通常可以延长 13 周，尽管在 2009 年经济衰退期被延长至 73 周。

慷慨的失业保险福利会增加失业吗？　从前面讨论的工作搜寻理论中，我们可以揭示出这样一条推论，即更为慷慨的失业保险福利会通过降低与失业相关的成本，导致失业者的保留工资上升。保留工资的上升会导致 P_{ue} 和 P_{un} 的下降，P_{ue} 和 P_{un} 的下降又会导致失业时间的延长。在其他条件相同的情况下，失业时间的延长又会导致失业率的上升。

由于美国各州的失业保险福利的慷慨程度是不同的，所以经济学家进行了大量实证研究来考察上面这个假设，即失业保险福利水平越高，失业率水平也会比原来更高。从这些研究中得出的证据表明，较高的失业保险福利水平确实是与失业保险福利领取者的较长失业时间联系在一起的。当然，关于失业时间对替代率水平变化做出反应的程度，这些研究得到的估计结果是不同的。有一项研究估计，如果美国在 1976 年就停止实行失业保险福利计划，则失业者在当年的平均失业时间将会从 4.3 个月下降到 2.8 个月。[①] 当然，更具有现实意义的一种研究是考察失业时间的长短对较为适中的失业保险福利水平变化做出的反应如何。大多数此类研究得出的结

---

① James M. Poterba and Lawrence H. Summers，“Unemployment Benefits and Labor Market Transitions：A Multinomial Logit Model with Errors in Classification，” Review of Economics and Statistics 77（May 1995）：207－216.

果都表明，替代率每上升 10 个百分点会使失业者的失业时间增加 3～10 天。[①] 一些对其他国家的失业补偿计划产生的影响进行的研究同样也证实了失业保险福利水平上升会使得失业率上升这一假设。[②]

失业保险福利领取资格的影响 研究发现，除了失业保险福利水平的高低之外，失业者领取失业保险福利的资格本身也会对失业者的工作搜寻行为产生影响。比如在美国，在失业者领取失业保险福利的资格即将丧失的那一周中，失业者接受一份工作的可能性会大大提高，尽管在失业率较高的时期这种影响可能会大幅度下降。[③] 另外一个证据表明，在经济衰退期延长失业者可获得福利的时间也会导致失业时间略有增加，但它似乎并没有延缓失业者找到工作的步伐；相反，它使得失业者停止寻找工作以及离开劳动力队伍的比率有所下降。[④]（正是由于更为宽松的福利可获得性以及失业保险福利水平在经济衰退期对失业的持续时间产生的影响明显很小，有

---

① David Card, Andrew Johnston, Pauline Leung, Alexandre Mas, and Zhuan Pei, "The Effect of Unemployment Benefits on the Duration of Unemployment Insurance Receipt: New Evidence from a Regression Kink Design in Missouri, 2003 - 2013," American Economic Review Papers and Proceedings 105 (May 2015): 126 - 130; Anthony B. Atkinson and John Micklewright, "Unemployment Compensation and Labor Market Transitions: A Critical Review," Journal of Economic Literature 29 (December 1991): 1679 - 1727; Peter Kuhn and Chris Riddell, "The Long-Term Effects of a Generous Income Support Program: Unemployment Insurance in New Brunswick and Maine, 1940 - 1991," Industrial and Labor Relations Review 63 (January 2010): 183 - 204; Bruce D. Meyer and Wallace K. C. Mok, "Quasi-Experimental Evidence on the Effects of Unemployment Insurance from New York State," National Bureau of Economic Research, working paper no. 12865 (Cambridge, MA, January 2007); and Alan B. Krueger and Andreas Mueller, "Job Search and Unemployment Insurance: New Evidence from Time Use Data," Journal of Public Economics 94 (April 2010): 298 - 307.

② Johannes F. Schmieder, Till von Wachter, and Stefan Bender, "The Effects of Extended Unemployment Insurance over the Business Cycle: Evidence from Regression Discontinuity Estimates over 20 Years," Quarterly Journal of Economics 127 (May 2012): 701 - 752; and Kenneth Carling, Bertil Holmlund, and Altin Vejsiu, "Do Benefit Cuts Boost Job Finding? Swedish Evidence from the 1990s," Economic Journal 111 (October 2001): 766 - 790.

③ Lawrence Katz and Bruce Meyer, "Unemployment Insurance, Recall Expectations and Unemployment Outcomes," Quarterly Journal of Economics 105 (November 1990): 993 - 1002. Alan B. Krueger and Andreas I. Mueller, "Job Search, Emotional Well-Being and Job Finding in a Period of Mass Unemployment: Evidence from High-Frequency Longitudinal Data," Brookings Paper on Economic Activity 42 (Spring 2011): 1 - 81. Orley Ashenfelter, David Ashmore, and Olivier Deschenes, "Do Unemployment Insurance Recipients Actively Seek Work? Evidence from Randomized Trials in Four U. S. States," Journal of Econometrics 125 (March-April 2005): 53 - 75，该研究认为，失业保险领取者在领取失业保险福利的时候确实是在寻找工作的；因此，失业者在失业保险福利即将结束时之所以能够找到一份工作，在很大程度上是因为在那个时候，他们的保留工资水平下降了。关于工作搜寻要求可能会加快失业者离开失业群体的速度的证据，参见 Jeff Borland and Yi-Ping Tseng, "Dose a Minimum Job Search Requirement Reduce Time on Unemployment Payments? Evidence from the Jobseeker Diary in Australia," Industrial and Labor Relations Review 60 (April 2007): 357 - 378。

④ Henry S. Farber and Robert G. Valletta, "Do Extended Unemployment Benefits Lengthen Unemployment Spells? Evidence from Recent Cycles in the U. S. Labor Market," Journal of Human Resources 50 (Fall 2015): 873 - 909. 来自另一个国家的证据，参见 Rafael Lalive, Camille Landais, and Josef Zweimüller, "Market Externalities of Large Unemployment Insurance Extension Programs," American Economic Review 105 (December 2015): 3564 - 3596。

人提出了这样一种政策建议，即在失业率较高的时期，失业保险福利应当变得更为慷慨。[①])

更为慷慨的失业保险福利有助于改善工作匹配情况吗？ 回顾工作搜寻理论，我们不难看出，与更为慷慨的失业保险福利水平相伴随的保留工资上升会使失业者的失业时间延长，但是它同时也会提高失业者在失业期过后的预期工资率。实际上，失业保险福利的明确目的之一就在于为劳动者提供一个寻求适当工作匹配的机会。然而，令人遗憾的是，只有非常微弱的证据表明，较高的失业保险福利水平确实有助于劳动者在失业期过后的工作匹配质量改善。[②]

结构性失业

结构性失业是在以下两种情况下产生的。一是在某一既定地区中，劳动力市场需要的技能与劳动者的实际供给之间出现了不匹配；二是劳动力供给和劳动力需求在不同地区之间出现了不平衡。如果工资率是完全富有弹性的，并且职业流动或地区流动的成本很低，市场调节很快就会使这种类型的失业趋于消失。然而在实际中，这些条件却很难得到满足，因此，不可避免地会存在结构性失业。

□ 职业失业率和地区失业率的差别

我们可以用图 14.5 中所示的两部门劳动力市场模型来描述结构性失业是如何上升的。我们首先假设这两大部门是不同职业类型的劳动者所在的劳动力市场，随后我们再假设这是在地理上被区分开来的两个劳动力市场。

职业不平衡 我们假定市场 A 是汽车行业中的生产工人市场，市场 B 是高技术

① Kory Kroft and Matthew Notowidigdo, "Should Unemployment Insurance Vary with the Unemployment Rate? Theory and Evidence," Review of Economic Studies 83 (July 2016): 1092 - 1124; Henry S. Farber and Robert G. Valletta, "Do Extended Unemployment Benefits Lengthen Unemployment Spells? Evidence from Recent Cycles in the U. S. Labor Market"; and Johannes F. Schmieder, Till von Wachter, and Stefan Bender, "The Effects of Extended Unemployment Insurance Over the Business Cycle: Evidence from Regression Discontinuity Estimates Over 20 Years."

② Christian Belzil, "Unemployment Insurance and Subsequent Job Duration: Job Matching versus Unobserved Heterogeneity," Journal of Applied Econometrics 16 (September-October 2001): 619 - 636; Daniel H. Klepinger, Terry R. Johnson, and Jutta M. Joesch, "Effects of Unemployment Insurance Work-Search Requirements: The Maryland Experiment," Industrial and Labor Relations Review 56 (October 2002): 3 - 22; and David Card, Raj Chetty, and Andrea Weber, "Cash-on-Hand and Competing Models of Intertemporal Behavior: New Evidence from the Labor Market," Quarterly Journal of Economics 122 (November 2007): 1511 - 1560; Sara LaLumia, "The EITC, Tax Refunds, and Unemployment Spells," American Economic Journal: Economic Policy 5 (May 2013): 188 - 221; and Johannes F. Schmieder, Till von Wachter, and Stefan Bender, "The Effect of Unemployment Benefits and Nonemployment Durations on Wages," American Economic Review 106 (March 2016): 739 - 777.

计算机专家市场，并且假定两大市场在一开始时都处于均衡状态。假定这两大劳动力市场上的劳动力需求曲线和劳动力供给曲线分别为（D_{0A}，S_{0A}）和（D_{0B}，S_{0B}），则这两大部门中的均衡工资率和就业量组合分别为（W_{0A}，E_{0A}）和（W_{0B}，E_{0B}）。由于培训成本和就业的非货币性条件不同，这两大部门的工资率也是不同的。

我们现在假设国外汽车进口的增加导致市场对汽车生产工人的需求下降到了 D_{1A}，而对计算机专家的需求则由于计算机使用量的增加而上升到 D_{1B}。如果在市场 A 中，存在工会合同条款、社会习俗或政府立法等原因导致工资率不具有向下浮动的灵活性，则汽车生产工人的均衡就业量将会下降到 E_{1A}。而计算机专家的均衡就业量和均衡工资率分别会上升到 E_{1B} 和 W_{1B}。于是，在短期中将出现 $E_{0A}-E_{1A}$ 位失业工人。

如果汽车生产工人可以在不付出任何成本的情况下变成计算机专家，那么，这些失业工人很快就会“流向”市场 B——我们假设市场 B 中的工资率是富有弹性的，其结果就是所有的失业者都会消失。[①] 然而，当调整的成本很高，从而延缓甚至阻止了两大市场之间的劳动力流动时，结构性失业就会上升。对很多五六十岁的失业工人来说，由于退休之前的这段时间已经十分有限了，所以重新寻找工作岗位的成本可能是非常高的。此外，他们可能也很难借到用于接受必要的工作培训所需要的资金。[②]

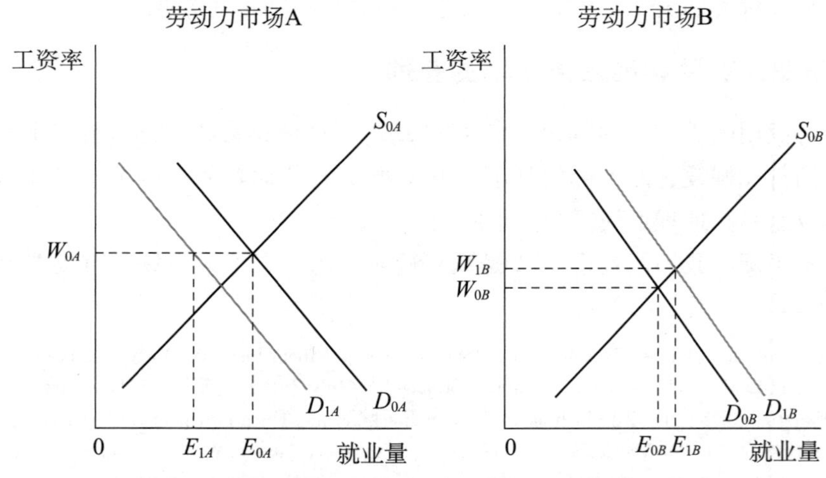

图 14.5　工资率不灵活以及存在调整成本造成的结构性失业

① 事实上，这种说法不是很准确。正如我们在第 13 章中指出的，当我们运用一个类似的模型来分析工会的影响时会发现，等待性失业可能会增加。也就是说，只要市场 A 的工资率超过市场 B 的工资率，市场 A 中的失业工人都有可能会这样估计，即正常的工作流动随后会在市场 A 中创造出新的职位空缺，因此留在市场 A 中等待工作机会，可能比流动到市场 B 更有利可图。

② 下面这篇文章衡量了有职位空缺的雇主所要求的职业技能与失业者实际拥有的职业技能之间的不匹配造成的失业水平，参见 Aysegül Sahin，Joseph Song，Giorgio Topa，and Giovanni L. Violante，“Mismatch Unemployment，” American Economic Review 104（November 2014）：3529－3564。

地区不平衡 我们采用与上述相同的框架来对地区不平衡问题进行分析。我们现在假设市场A是位于某一冰雪地带的城市，市场B是位于某一阳光地带的城市，并且这两个市场雇用的是同一种类型的劳动力。当冰雪地带的劳动力需求下降，并且市场A的工资率不具备充分的弹性导致失业人数增加时，这些失业工人可能会继续留在他们原来所在的城市等待工作机会的出现。这种情况主要是由以下三个方面的原因造成的。首先，信息的流动是不充分的，因此，这些失业工人可能不知道在很远的距离之外还存在着工作机会。其次，这种地区性流动引发的直接货币成本——其中包括流动过程中的成本以及买卖所居住的房屋时付出的交易成本——可能非常高。最后，因为流动者必须放弃已经熟识的朋友、邻居以及原有的社区支持系统，因此，长距离迁移的心理成本可能非常大。正如我们在第10章中指出的，这些都是进行地区迁移时的内在成本，并且迁移的可能性会随着年龄的增加而下降。由于这些成本是如此之高，因此，许多因工厂倒闭或遭到永久解雇而失业的工人，对到本地以外的其他地区去寻找工作大都没有什么兴趣。①

在某一个既定的年份中，结构性因素可能会导致不同州之间出现巨大的失业率差异，但是这些差异往往都不会无限期地持续下去。② 如果一个州的失业率高于全国平均水平，许多失业者最终会离开这个州，并且，一些本来准备进入的人也会避免进入该州，这两种决策都有助于降低失业率。相反，失业率低于平均水平的那些州则会吸引劳动者来找工作。

比如，1981年印第安纳州的失业率为10.1%，大大高于7.6%的全国平均失业率水平。由于在1981—1991年间，印第安纳州的劳动力增长率低于全国平均水平，因此，截至1991年，它的失业率为5.9%，比全国平均水平低了将近1个百分点。类似地，1981年，新罕布什尔州的失业率为5.0%，但是在接下来的10年间，新罕布什尔州的劳动力增长率是全国平均水平的3倍，因此在1991年，该州的失业率上升到了7.2%，高于当时的全国平均水平。

□ 长期失业的国际比较

根据公式（14.2），当失业者很难找到工作（即P_{ue}较低），同时持续失业时间较长时，结构性失业就会存在。我们从表14.3中可见，在大多数欧洲国家，失业时间

① 最近的一项研究对可能遭受永久解雇的劳动者在行业内部的流动情况进行了研究，这项研究是以对同一劳动者群体所做的其他流动性研究作为参照的，参见 Elisabetta Magnani, "Risk of Labor Displacement and Cross-Industry Labor Mobility," Industrial and Labor Relations Review 54 (April 2001): 593 - 610。关于在住房市场上遇到的困难是否妨碍了失业者接触到工作机会的研究，参见 Fredrik Anderson, John Haltiwanger, Mark Kutzbach, Henry Pollakowski, and Daniel Weinberg, "Job Displacement and the Duration of Joblessness: The Role of Spatial Mismatch," National Bureau of Economics Research, working paper no. 20066 (Cambridge, MA, April 2014); and Henry S. Farber, "Unemployment in the Great Recession: Did the Housing Market Crisis Prevent the Unemployment from Moving to Take Jobs?" American Economic Review: Papers and Proceedings 102 (May 2012): 520 - 525。

② 参见 Olivier Jean Blanchard and Lawrence F. Katz, "Regional Evolutions," Brookings Papers on Economic Activity, 1992-1: 1 - 75。

超过1年的劳动者在劳动力队伍中所占的比重大大高于美国（尽管这种差异在2005年时要远大于在2015年时），我们很自然地会考虑这样一个问题，即造成这种差别的原因是什么？

当劳动者接受再培训的激励增加以及劳动者发现他们到其他地方去寻找工作的成本不是很高时，失业者走出失业状态的速度就会加快。此外，当雇主觉得创造新的工作岗位的成本不是很高，从而能够以更快的步伐创造新的就业机会时，失业者同样会以更快的速度重新就业。尽管美国政府在政府培训项目上的支出比欧洲国家少得多[①]，但是，美国劳动者的地区流动率相对较高，这有助于弥补它在此方面的不足。美国和欧洲国家最大的不同似乎在于新工作岗位的创造率上。

欧洲各国普遍采取旨在降低失业率的工作保护政策。但是，很多人认为，这些政策减缓了新工作岗位的创造率（参见例5.1），从而延长了失业时间。比如在法国，因经济原因解雇员工必须通知政府，同时还要与工人代表进行协商，不仅要经历一个较长的等待期，而且还要向被解雇的员工支付遣散费。相反，美国只要求某些雇主在进行大规模解雇之前，必须提前通知员工，而且，这种要求也比大多数欧洲国家的要求温和得多。[②] 在分析结构性失业的时候，应当对这些工作保护政策给予充分的关注，这是因为，这些政策都使雇主雇用员工（雇主将来可能不得不解雇这些员工）的成本变得更高了。事实上，最近的一项比较研究发现，随着政府工作保护法规的严厉程度上升，失业者的平均失业时间也有所延长。[③]

□ 是效率工资造成了结构性失业吗？

假定雇主不能完全监控员工的工作绩效，因此其决定向员工支付高于市场平均水平的（效率）工资，以削弱员工消极怠工的动机。回忆一下第11章的内容，通常认为效率工资由于以下两个方面的原因能够提高员工的工作效率。[④] 首先，通过给劳动者提供一份慷慨的工资作为“礼物”，雇主可以指望员工通过尽心尽力工作来回报提供的“礼物”；其次，如果某位员工工作不够努力，那么，这位员工就会被解雇，在这种情况下，他要么是不得不到其他企业去工作，同时接受水平更低的工资，要

---

① 比如法国、德国和瑞典将国民收入的0.14%～0.36%用于对失业者进行培训的政府项目上，而美国的此类支出仅仅为0.03%。参见 OECD，“Public Spending on Labor Markets：Training as a % of GDP” at https://data.oecd.org/socialexp/public-spending-on-labour-markets.htm。

② Organization for Economic Cooperation and Development，“Chapter 2：Protecting Jobs，Enhancing Flexibility：A New Look at Employment Protection Legislation，” 2013 OECD Employment Outlook (Paris：OECD，2013).

③ Olivier Blanchard and Pedro Portugal，“What Hides Behind an Unemployment Rate：Comparing Portuguese and U. S. Labor Markets，” American Economic Review 91 (March 2001)：187－207. 对这一主题的其他研究的综述，参见 2013 OECD Employment Outlook，“Chapter 2：Protecting Jobs，Enhancing Flexibility：A New Look at Employment Protection Legislation”。

④ 我们这里的论述是从下面两本书的诸多复杂讨论中提取或摘录出来的，参见 George Akerlof and Janet Yellen，eds.，Efficiency Wage Models of the Labor Market (Cambridge：Cambridge University Press，1986)；and Andrew Weiss，Efficiency Wages：Models of Unemployment，Layoffs and Wage Dispersion (Princeton，NJ：Princeton University Press，1990)。

么是如我们在下面将要讨论的那样陷入失业。

效率工资影响失业率 如果所有的雇主都采取上述策略，即提供高于市场均衡水平的工资率，那么很显然，劳动力供给会超过劳动力需求，从而导致失业。如果只有某些企业支付了效率工资，那么在经济中就会出现高工资和低工资两大部门。即使仅要求获得介于低工资（市场工资）和高工资（效率工资）之间的某种工资率，在低工资企业中就业的劳动者可能也无法在高工资企业获得就业，这是因为，高工资企业希望维持它们的这种工资优势，以抑制员工的消极怠工行为。然而，由于高工资部门的工作是诱人的，并且这种工作有时也是可以获得的，因此，有些在低工资部门中就业的劳动者就会辞去自己的工作，想方设法跑到高工资部门中去等待工作机会的出现。也就是说，运用与第13章中类似的推理过程——在那里，高工资部门的出现是由于工会的存在——便可以知道，随着效率工资部门的出现，等待性失业会有所上升。①

失业率影响效率工资 雇主为了抑制员工的消极怠工行为而必须支付的工资溢价到底需要达到多高的水平，取决于其员工到其他企业工作时能够获得的工作机会的多少。在其他条件相同的情况下，某一地区的失业率越高，劳动者能够到其他企业就业的机会就越少，则他们冒着通过消极怠工而失去工作的风险的可能性也就越小。于是，雇主就不需要像在其他企业的工作机会很充足时那样支付高工资溢价。这就可以得出一个推论，即如果其他要素保持不变，则在各地区的平均工资率和失业率之间存在一种负相关关系。

效率工资与工资曲线 用效率工资对结构性失业所做的解释得到了大量实证研究的间接支持。一项对12个国家的工资率和地区失业率数据进行的综合性研究发现，在对劳动者个人（其中的350万人）的人力资本特征加以控制之后，所有国家的地区失业率和地区实际工资率之间都存在较强的负相关关系。也就是说，在这些国家失业率较高的地区中，劳动者的工资率也比其他地区的同类劳动者低。地区失业率和地区实际工资率之间的这种负相关关系——这种关系被称为工资曲线——如

① 假如员工是风险中立的（也就是说，如果他们的收入在某一段时间内是围绕某一均值上下波动的，他们的效用不会有所损失），那么，在均衡状态下，只要从选择等待中可能获得的预期工资率超过了到低工资部门中寻找工作并获得就业时可能获得的预期工资率，他们就会从低工资部门向高工资部门流动，并且一直保持自己失业的工作搜寻者的身份。如果用代数方式表达上述内容，即如果下式成立，则失业者会继续"等待"到高工资部门中去就业：

$$P_eW_e > P_0W_e + (1-P_0)W_0$$

式中，W_e 和 W_0 分别为高工资部门和低工资部门的工资水平；P_e 为如果某人是失业者，此人找到一份工资水平为 W_e 的工作的可能性有多大；P_0 为如果某人是一位已经在低工资部门中就业的工人，那么此人找到一份高工资工作的可能性有多大。由于劳动者在失业时可以比在低工资部门中就业时拿出更多的时间到高工资部门寻找工作，因此我们可以假设 $P_e > P_0$。

于是，上面的不等式就可以改写为：

$$(P_e - P_0)W_e > W_0(1-P_0)$$

从后一个不等式中我们不难看出，某人是否选择等待性失业取决于此人在失业后找到高工资工作的可能性增大了多少——$(P_e - P_0)$——以及两种工资率（即 W_e 和 W_0）之间的差别到底有多大。

图 14.6 所示。

工资曲线在三个方面比较引人注目。首先，它似乎存在于每一个国家中，并且每一个国家都有充足的数据能够估计出它的形状。其次，每一个国家的这种曲线都惊人地相似——在被研究的 12 个国家中，11 个国家的情况都表明，一个地区的失业率若上升 10%，则与其相联系的必然是实际工资水平下降 0.4%～1.9%。①

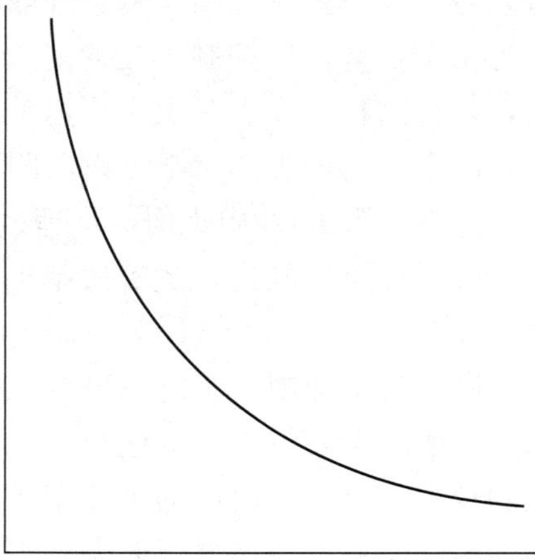

图 14.6　工资曲线

最后，工资曲线之所以引人注目，是由于它是在寻求对其他问题的解释时得到的一种发现。如果运用标准的需求曲线和供给曲线来进行分析，人们也许会认为，较高的失业率和较高的工资率是相互联系在一起的（换言之，将存在一条斜率为正的工资曲线）。根据这里的分析，如果工资率高于市场出清工资率，劳动力供给将会超过劳动力需求，其结果就是出现了一批想得到工作但是找不到工作的人（失业者）；这种工资水平高出均衡工资率越多，失业率就越高。因此，图 14.6 中所示的自左上方向右下方倾斜的关系，并不是简单的经济理论预示的那种关系。

当然，简单的经济理论确实指出，当失业率相对较高的时候，实际工资水平会下降。但是如果用这种方法来解释工资曲线，其问题就在于，这条曲线表示的是失业率和工资水平之间的关系，而不是失业率和工资率变动之间的关系。因此，标准经济理论的这种含义就不能解释我们观察到的这种现象。如果简单的经济理论不能对工资曲线提供合理的解释，那么，是否存在一种能够解释这种现象的更为复杂的理论呢？

关于为什么会观察到一条具有负斜率的工资曲线，我们可以从对结构性失业的效率工资的解释中找到一个原因。比如，我们假设引起长期失业的原因之一是，雇

① 参见 David G. Blanchflower and Andrew J. Oswald, "An Introduction to the Wage Curve," Journal of Economic Perspectives 9 (Summer 1995): 153 - 167; David Card, "The Wage Curve: A Review," Journal of Economic Literature 33 (June 1995): 785 - 799; and Lutz Bellmann and Uwe Blien, "Wage Curve Analyses of Establishment Data from Western Germany," Industrial and Labor Relations Review 54 (July 2001): 851 - 863.

主为减少员工的偷懒行为会普遍性地向员工支付高于市场平均水平的工资。而现在，在某一地区恰好由于这种原因或某些其他原因出现了一个较高水平的失业率，那么，为减少偷懒行为而必须支付的效率工资溢价会随之降低——而这可能会引发我们观察到的在地区失业率和工资水平之间出现的那种负相关关系。

需求不足性（周期性）失业

摩擦性失业是由劳动力市场的动态属性以及信息流的不完善而引发的，结构性失业是由劳动力需求和劳动力供给之间的持续性不平衡引发的，而需求不足性失业则是与经济活动的波动（“经济周期”）联系在一起的。在实际工资水平不具有向下浮动的灵活性的情况下，当产品市场上的总需求下降引起劳动力总需求下降时，需求不足性失业就出现了。最近的例子就是发生在 2007—2009 年的大衰退时期的劳动力总需求下降，在这一时期，美国的失业率从 2007 年春季的 4.4%上涨到 2009 年秋季的 10%。[①]

现在我们回顾图 14.2 所示的简单的劳动力需求和供给模型。假设总需求的暂时性下降导致劳动力需求曲线移动到 D_1。如果实际工资率不具有向下浮动的灵活性，那么就业量将会下降到 E_1，从而导致 E_0-E_1 名劳动者成为失业者。这种就业量的下降是在这样一种情况下出现的，即企业解雇员工（提高了 P_{eu}）[②]，同时降低他们对辞职或退休员工的替代率（降低了 P_{ne} 和 P_{ue}）。也就是说，在流入失业状态的人数上升，而流入就业状态的人员下降这样一种情况下，出现了就业量的下降。

然而，失业并非总需求下降的一种必然结果。比如说，雇主可以降低支付给员工的工资水平。如果采取这种做法，就业量就会移动到图 14.2 中的 E_2，实际工资率将会移动到 W_2。尽管就业量可能会比初始时的就业水平 E_0 低一些，但是没有产生可以被衡量的需求不足性失业，这是因为，将会有 E_0-E_2 位劳动者因为工资率的下降而脱离劳动力队伍。我们将会对美国劳动力市场的两大特点——一是导致货币工资刚性的制度原因和利润最大化原因；二是美国失业补偿计划的资金筹集方式——进行分析。有人认为，美国需求不足性失业的出现就是这两大特点导致的。

① Edward Lazear and James Spletzer，“The United States Labor Market：Status Quo or a New Normal?” working paper no. 18386，National Bureau of Economic Research (Cambridge，MA，September 2012).

② 有证据表明，大约 40%的被解雇者将会返回原来的企业。关于暂时性失业及其对工作搜寻行为的影响，参见 Shigeru Fujita and Giuseppe Moscarini，“Recall and Unemployment，” National Bureau of Economic Research，working paper 19640 (Cambridge，MA，November 2013)；Arash Nekoei and Andrea Weber，“Recall Expectations and Duration Dependence，” American Economic Review Papers and Proceedings 105 (May 2015)：142 - 146；and Mark Aguiar，Erik Hurst，and Loukas Karabarbounis，“Time Use during the Great Recession，” American Economic Review 103 (August 2013)：1664 - 1696。

□ 工资下降刚性

股票和商品的价格都是随供给和需求的变化而波动的。当需求下降时，产品市场上的零售商会廉价销售商品或提供折扣。当劳动力需求曲线向左移动时，支付给劳动者的工资水平会下降吗？如果出现这种工资水平下降的可能性较小，那么其中原因何在呢？

工资既可以用名义工资来衡量，也可以用实际工资来衡量。名义工资（向劳动者报价时的货币工资）可能是具有刚性的，但实际工资（名义工资除以物价指数）却会随着价格的上升而下降。下面的情况听起来也许不是那么令人吃惊，那就是劳动者获得的实际工资经常是在下降的，只要劳动者的名义工资增长速度低于物价增长速度，这种情况就会出现。在美国，一项 1970—1991 年间针对一些个体实施的跟踪调查研究发现，失业率每上升 1 个百分点，那些没有跳槽的劳动者平均每小时获得的实际工资性报酬会下降大约 0.5%。这种实际工资性报酬水平的下降对以计件工资或佣金的方式获得劳动报酬的劳动者的影响是最大的，而对以月薪为支付方式的人的影响不大。[①]

尽管有证据证明劳动者的实际工资具有适当向下浮动的灵活性，但是分析一下劳动者的名义工资出现普遍下降的可能性有多大同样也很重要。如果实际工资只有在物价上涨时才会出现下降，那么在经济滑坡时，实际工资的下降速度就不可能快到足以阻止失业增加的地步。一项针对没有跳过槽的劳动者进行的研究表明，在 1976—1988 年间，在 18%的情况下劳动者在某年的名义工资比上一年的名义工资要低；另外一项研究则运用员工自己提供的数据对上述情况做出了类似的估计，只不过这项研究一直延续到了 20 世纪 90 年代早期——在这一时期，领取小时工资的劳动者的名义工资被削减了 18%～20%。[②] 这些研究表明，在向下浮动的可能性方面，

---

① Thomas Lemieux, W. Bently MacLeod, and Daniel Parent, "Contract Form, Wage Flexibility, and Employment," American Economic Review: Papers and Proceedings 102 (May 2012): 526 - 531; Paul J. Devereux, "The Cyclicality of Real Wages within Employer-Employee Matches," Industrial and Labor Relations Review 54 (July 2001): 835 - 850. 对英国实际工资灵活性的近期研究，参见 Paul J. Devereux and Robert A. Hart, "Real Wage Flexibility of Job Stayers, Within-Company Job Movers, and Between-Company Job Movers," Industrial and Labor Relations Review 60 (October 2006): 105 - 119。

② Shulamit Kahn, "Evidence of Nominal Wage Stickiness from Microdata," American Economic Review 87 (December 1997): 993 - 1008; and David Gard and Dean Hyslop, "Does Inflation Grease the Wheels of the Labor Market?" in Reducing Inflation: Motivation and Strategy, eds. Christina D. Romer and David H. Romer (Cambridge, Mass: National Bureau of Economic Research, 1997): 71 - 121. 也可参见 Christopher Hanes and John A. James, "Wage Adjustment under Low Inflation: Evidence from U. S. History," American Economic Review 93 (September 2003): 1414 - 1424; and Louis N. Christofides and Thanasis Stengos, "Wage Rigidity in Canadian Collective Bargaining Agreements," Industrial and Labor Relations Review 56 (April 2003): 429 - 448。下面这篇文章运用从雇主和雇员方面搜集的数据，对没有跳过槽的劳动者的工资刚性进行了国际性研究，参见 William T. Dickens, Lorenz Goette, Erica L. Groshen, Steinar Holden, Julian Messina, Mark E. Schweitzer, Jarkko Turunen, and Melanie E. Ward, "How Wages Change: Micro Evidence from the International Wage Flexibility Project," Journal of Economic Perspectives 21 (Spring 2007): 195 - 214。

名义工资也并非完全是刚性的，尽管以奖金或其他浮动工资形式（比如利润分享）支付的工资似乎要比根据时间支付的工资在这方面更具灵活性。[①] 然而，这些研究也揭示出，降低名义工资确实是会受到抵制的，因此，与名义工资具有充分灵活性时的情况相比，经济滑坡期间的实际就业量调整不仅幅度更大，而且也更为普遍，那些失去工作的人可能会在接受新工作时经历名义工资的削减（见例 14.2）。

例 14.2☞

建筑工人的名义工资在大衰退时期下降了

即使既定雇主提供的名义工资水平不是很灵活，我们也会观察到，在大衰退时期，如果一个人失去了高薪工作，而此人为了避免失业，他所得到的名义工资同样会下降。例如，在经济大衰退期间，从 2007 年到 2009 年，那些仍然留在建筑业中的劳动者的工资上涨了 6%，而该行业的就业人数却下降了 14%以上！

建筑业就业人数的下降意味着，在 2007—2009 年期间大约有 100 万建筑工人失业了，而在那些在 6 个月内找到其他工作的工人中，名义工资通常都会下降。在那些找到其他工作的人中，大约 16%的人进入了食品服务行业，平均降薪 20%。在建筑业以外找到工作的其他 12%的人重新在零售业中找到了工作，他们的工资平均下降了近 4%。而 14%的人虽然在制造业或技术服务业中找到了工作，但他们的工资涨幅也不大。总体而言，在 6 个月内找到其他工作的建筑工人的工资平均下降了 3.4%。因此，虽然建筑业的工资在大衰退期间并没有下降（实际上是上升了），但那些不得不在建筑业之外从事工作的人的平均工资确实下降了。

资料来源：Henry Hyatt and Erika McEntarfer, "Job-to-Job Flows in the Great Recession," American Economic Review Papers and Proceedings 102 (May 2012): 580 - 583.

要想解释为什么在经济滑坡时期就业水平下降的可能性比名义工资下降的可能性更大，我们必须首先回答两个问题。第一，为什么企业发现减少雇佣量比降低工资更有利可图？第二，为什么面临失业危险的劳动者不愿意用降低工资的办法来挽救自己的就业？最近提出的一些关于工资刚性的假说对这两个问题都给出了答案。

工资刚性与工会 对货币工资刚性所做的一种解释是，由于工会的存在，雇主实际上不能单方面随意削减名义工资。这种说法对美国的情况显然并没有给予完整的解释，因为美国只有不到 14%的劳动者是工会会员（参见第 13 章），而且工会在任何情况下都愿意用临时降低工资的办法来挽救其会员的就业，而不愿意让工会会员遭到解雇。显然，如果我们能够解释工会为什么没有能够做到这一点，这将会是很有意义的。

① Thomas Lemieux, W. Bently MacLeod, and Daniel Parent, "Contract Form, Wage Flexibility, and Employment"; Harry J. Holzer and Edward B. Montgomery, "Asymmetries and Rigidities in Wage Adjustments by Firms," Review of Economics and Statistics 75 (August 1993): 397 - 408.

临时性的工资削减会降低所有劳动者的工资性报酬水平，而在大多数情况下，受到临时解雇影响的却仅仅是最近被雇用的劳动者。由于在大多数场合，这些劳动者仅仅代表工会会员中的少数，而工会领导则是根据多数原则选举出来的，同时工会领导更有可能是从工作经验较为丰富的劳动者（他们常常不会被临时解雇）中产生的。于是，工会就会更为偏向临时解雇政策，而不是降低所有工会会员工资的政策。[①] 这种解释的一个变形是内部人-外部人假说，该假说将工会会员视为内部人，这些内部人对非工会劳动者或者曾经是工会会员但现在已经被解雇的劳动者（外部人）关心很少或根本就不关心。这些内部人是通过保持较少的工会会员人数来获得利益的，他们甚至可能会选择与雇主进行工资谈判，以有效地阻止雇主将外部人召回或雇用外部人。[②]

工资刚性与特殊人力资本 在非工会化企业中也会出现临时解雇现象，尽管这种现象不如工会化企业中出现得那么频繁，因此，工资刚性并不能完全归因于工会化。一个可能的解释是，雇主在员工身上进行了投资。例如，在存在特殊人力资本投资的情况下，雇主就有这样一种动机，即在努力实现员工的自愿离职率最小化的同时，争取使员工的工作努力程度和生产率达到最大化。“一刀切”式的临时降低劳动者工资的做法不仅会强化所有员工的辞职意向，而且会导致在职员工的努力程度下降。相反，临时解雇员工的做法涉及的仅仅是经验最少的那部分员工，雇主在这些人身上进行的资源投入也是最少的。所以，雇主很可能会发现，临时解雇战略是一种更有利可图的策略选择。[③]

工资刚性与信息不对称 在企业中建立了内部劳动力市场的雇主常常会向员工做出这样的承诺——至少会以隐含的方式做出承诺，即保证员工在整个职业生涯中沿着一条既定的工资性报酬增长路径前进。正如我们在第 11 章中论述的，企业对新员工往往只支付相对较低水平的工资，但同时向他们做出承诺（给他们一种预期）：

---

① 关于这方面的证据，参见 James Medoff，“Layoffs and Alternatives under Trade Unions in United States Manufacturing,” American Economic Review 69（June 1979）：380－395。这种假说表明，当预期人员解雇计划将影响到 50%以上的工会会员时，工会更有可能会争取说服雇主采取削减工资的计划。这种情况在 20 世纪 80 年代初发生过，参见 Robert J. Flanagan，“Wage Concessions and Long-Term Union Flexibility,” Brookings Papers on Economic Activity，1984－1：183－216。

② Assar Lindbeck and Dennis J. Snower，“Insiders versus Outsiders,” Journal of Economic Perspectives 15（Winter 2001）：165－188.

③ 参见 Truman F. Bewley，Why Wages Don't Fall during a Recession（Cambridge，Mass.：Harvard University Press，1999）；and Weiss，Efficiency Wages：Models of Unemployment，Layoffs and Wage Dispersion。下面这篇文章所提供的经验证据表明，工资对失业具有敏感性的情况大部分都发生于在企业中工作时间比较短的工人身上，参见 Wendy L. Rayack，“Fixed and Flexible Wages：Evidence from Panel Data,” Industrial and Labor Relations Review 44（January 1991）：288－298；然而，下文却得出了有些不同的结果，参见 Mark Bils，Yongsung Chang，and Sun-Bin Kim，“Comparative Advantage in Cyclical Unemployment,” National Bureau of Economic Research，working paper no. 13231（July 2007）。一项研究发现，在最近几年中，在经济衰退期间，解雇率的上升不如雇用率的下降对失业产生的影响大，参见 Robert E. Hall，“Employment Efficiency and Sticky Wages：Evidence from Flows in the Labor Market,” Review of Economics and Statistics 87（August 2005）：397－407。

如果他们勤奋工作，在他们的职业生涯后期阶段将会获得水平相对较高的工资。企业的这种承诺必然是以自己的实际经营状况的好坏作为基本条件的。但是对本企业产品的真实市场需求状况，企业掌握的信息却比劳动者更为准确。所以，如果一家企业在总需求下降时向它的员工提出削减工资的要求，员工可能会认为，雇主宣称的那种需求下降实际上是在故意歪曲事实，并且他们的生产率可能会因为信任缺失或士气下降而降低。相反，如果一家企业暂时解雇了一些员工，它失去的仅仅是这些员工可能生产的产出，而员工也会把这种行动作为企业确实陷入困境的一种信号予以接受。换言之，雇主和员工之间的信息不对称使得解雇劳动者而不是降低工资成为一种更受青睐的政策选择。[①]

工资刚性与风险规避 在那些存在内部劳动力市场，从而在雇主和员工之间存在长期雇佣关系的企业中，雇主很可能会受到年纪较大的员工的风险规避倾向的推动，采取以资历为基础的临时解雇政策（“后进先出”），而不是采取削减所有劳动者的工资的政策。也就是说，年纪较大、工作经验较为丰富的劳动者更愿意接受一种较为稳定的收入流，而不是一种上下波动的收入流——两者的平均价值在长期中是一样的——并且他们愿意为此付出代价。[②] 所以，如果将收入波动的风险界定在一个人刚开始工作的阶段，那么，企业必须向有经验的劳动者支付的工资就可以比在相反情况下低一些。当然，在工作的最初阶段，劳动者可能就要面对潜在的工资性报酬多变的风险，于是，他们就可能会要求获得较高的工资来补偿自己承受的这一风险。但是，如果面临被解雇风险的人只占到劳动力队伍的很小一部分，雇主采取以资历为依据的解雇政策就可以降低自己的平均成本。

工资刚性：劳动者的地位与社会标准 上面的几种解释主要适用于已经建立了内部劳动力市场的企业，而这些企业一般都可以被想象为大企业。于是，人们可能就会问，为什么那些被大企业解雇的劳动者不到小企业中去找工作呢？小企业支付的工资水平较低，并且当总需求下降时，它们也不大可能会因上面所述的理由而不采取降低工资的做法。于是，在小企业中就业的人数就会上升，而这会降低整个经济的平均名义工资水平，同时还有助于减少失业。有些理论家认为，失业劳动者未能流向低工资工作岗位的主要原因在于他们有一种地位意识（他们在社会中的相对地位）。

比如，至少在一段比典型的经济衰退周期更长的时间里，一个人可能宁愿在一

① 比如，参见 Sanford Grossman，Olive Hart，and Eric Maskin，“Unemployment with Observable Aggregate Shocks，” Journal of Political Economy 91（December 1983）：907－928；Sanford Grossman and Oliver Hart，“Implicit Contracts，Moral Hazard and Unemployment，” American Economic Review 71（May 1981）：301－307；and Costas Azariadis，“Employment with Asymmetric Information，” Quarterly Journal of Economics 98（Supplement，1983）：157－172；and Daiji Kawaguchi and Fumio Ohtake，“Testing the Morale Theory of Nominal Wage Rigidity，” Industrial and Labor Relations Review 61（October 2007）：59－74。

② 该结论是从下面两篇文章中推导出来的，参见 Costas Azariadis，“Implicit Contracts and Underemployment Equilibria，” Journal of Political Economy 83（December 1975）：1183－1202；and Martin Baily，“Wages and Employment under Uncertain Demand，” Review of Economic Studies 41（January 1974）：37－50。

份“好”工作上失业，也不愿意以接受一份较差工作的方式而就业。[1] 因此，劳动者的地位意识可能会阻止工资在经济衰退期下降，同时也会阻止低工资工作岗位的增加。然而，劳动者对社会地位的考虑也可能会以另外一种不同的方式起作用，这就是通行市场工资水平可能会被大家作为一种社会标准而接受，从而阻碍了失业者以可能会削减已就业劳动者的工资的方式去找工作。[2]

□ 美国失业补偿金的资金来源

雇主之所以更愿意选择临时解雇政策，而不是采取实际工资浮动政策，与美国失业保险制度的一个关键特征有关，这就是失业补偿金的资金筹集方式。正如我们接下来将论述的，美国政府为失业保险福利筹集资金的方式对周期性解雇的发生有着非常大的影响。

美国失业保险工薪税 美国失业保险制度支付的福利是通过工薪税的方式来筹集资金的。与社会保障工薪税不同，在美国的大多数州中，失业保险税都是由雇主单方面缴纳的。[3] 雇主必须为每一位员工缴纳的失业保险税数量（T）是由下列两个公式决定的，即：

$$T=tW，\text{如果 } W\leqslant W_B \tag{14.3a}$$

以及

$$T=tW_B，\text{如果 } W>W_B \tag{14.3b}$$

式中，t 为雇主的失业保险税税率；W 为员工在一个日历年份中的工资性报酬总额；W_B 为课税工资基数，超过这一基数的其他工资性报酬就不需要再缴纳失业保险税了。2010 年，在美国大约三分之二的州中，这一课税工资基数都为 7 000～14 000 美元。于是，根据各州的情况不同，雇主只需要按照每一位员工挣到的第一个 7 000～14 000 美元工资性报酬来缴纳失业保险税。其他三分之一的州所制定的课税工资基数稍高。

雇主缴纳失业保险税的税率取决于其所在州的总体经济条件、雇主所在的行业以及雇主的解雇经验。最后一个条件在不同的州中规定不同。该条件的一个隐含的意思就是，既然失业保险是一种保险制度，那么，那些比较频繁地解雇劳动者，从而对失业保险制度的资源需求比较大的雇主，在缴纳失业保险税的时候税率也就应当比较高。这种做法被称为经验税率确定法。

不完全的经验税率确定法 因为雇主每多解雇一位劳动者的边际成本（根据较高的失业保险税税率来确定）常常低于失业保险制度向这位劳动者支付的失业保险

---

① 参见 Alan S. Blinder, “The Challenge of High Unemployment,” American Economic Review 78 (May 1988): 1-15。

② 参见 Robert M. Solow, The Labor Market as an Institution (Cambridge, Mass.: Basil Blackwell, 1990), chapter 2。

③ 回顾一下我们在第 3 章中的讨论就可以知道，雇主单方面缴纳这种税并不意味着事实上承担这种税的就是雇主自己。

福利，所以经验税率确定法是不完全的。不完全的经验税率确定法如图 14.7 所示，图中描述了某位雇主的失业保险税税率与其解雇经验之间的关系。（我们把解雇经验解释为在某企业中工作的员工被解雇的可能性。显然，这种可能性既取决于企业解雇劳动者的经常性，也取决于这些劳动者在被召回原来的工作岗位之前等待的平均时间长短。）

美国的每一个州都有一个最低的失业保险税税率，在这一税率水平（图 14.7 中的 t_{min}）上，企业的失业保险税税率就不能再降了。当企业的解雇经验达到某一关键水平（图 14.7 中的 l_{min}）之后，这家企业的失业保险税税率就会在一定的范围内随其历史解雇经验的增多而上升。① 同时，在每一个州中，都有一个失业保险税的最高税率（t_{max}），在税率上升到这一水平之后，企业解雇员工的历史经验再多，也不会导致该企业的失业保险税税率继续上升。之所以说这种做法是一种不完全的经验税率确定法，是因为对解雇员工的历史经验处于 l_{min} 以下或 l_{max} 以上的企业而言，解雇率的变化不会对企业的失业保险税税率产生任何影响。② 此外，在失业保险税税率随解雇率上升而上升的那个区间内，在大多数州中，税率的上升也都没有高到足以使雇主解雇一位劳动者的边际成本（根据企业因多解雇一位劳动者而必须支付的失业保险税的增加额来计算）等于这位被解雇的劳动者得到的边际失业保险福利。

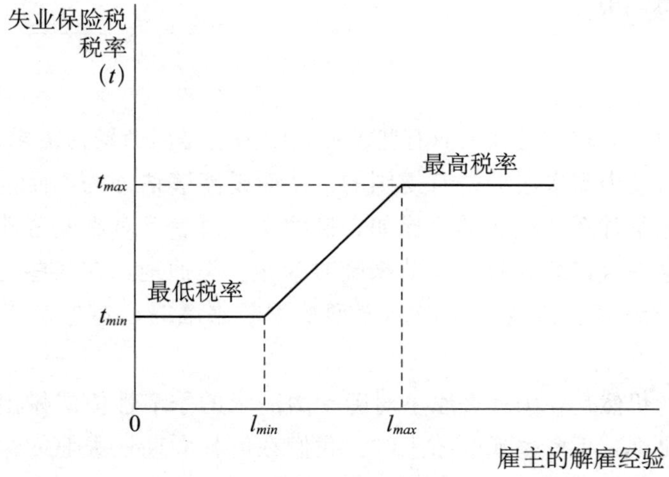

图 14.7 失业保险税税率的不完全经验确定法

失业保险税会鼓励雇主解雇员工吗？ 在美国失业保险制度中，对雇主解雇劳动者的意愿会产生影响的一个关键特征，就是失业保险工薪税中的不完全经验税率确

---

① 在现实中，失业保险税税率在 $l_{min} \sim l_{max}$ 这一区间上的变化是不连续的（阶梯函数），而不是如图 14.7 所示的那种具有连续性的情形。为了解释上的方便，我们忽略了这种复杂的情况。

② 这种失业保险资金筹集制度导致了不同行业之间的补贴与被补贴关系，因为有些实际上几乎没有临时解雇情况的行业（比如银行业）也必须按照最低税率缴纳失业保险税，这些行业实际上是为那些临时解雇率很高但只按照最高税率缴纳失业保险税的行业（比如建筑业）提供了一种补贴。

定法。为了理解这种特征带来的影响，我们可以假定失业保险税的税率完全是按照历史经验确定的。并且，企业在解雇一位劳动者时不得不缴纳的失业保险税必须等于这位劳动者获得的失业保险福利（相当于正常工资性报酬的50%），于是，企业通过解雇劳动者节约下来的成本就等于这位劳动者的工资水平的一半。现在，我们再假定雇主必须缴纳的失业保险税税率与其过去的解雇经验完全无关（不存在历史经验税率确定法）。在这种情况下，企业通过解雇一位劳动者节约的成本就等于该劳动者的全部工资，因为失业保险税并不会随解雇人数的增加而有所上升。所以，我们很容易看到，与完全根据历史经验确定税率等级的失业保险制度相比，不完全根据历史经验确定税率等级的失业保险制度实际上增强了解雇员工的做法对雇主所具有的吸引力。

实证研究表明，不完全根据历史解雇经验确定失业保险税税率的做法对雇主的行为产生的影响是非常大的。这些研究估计，如果美国的失业保险制度完全根据雇主的历史解雇经验来确定其失业保险税税率（从而使雇主必须承担自己多解雇一位劳动者所导致的社会失业保险福利增加的全部成本），那么失业率将下降10%～33%。①

季节性失业

季节性失业与需求不足性失业有些类似，因为它是由劳动力需求的波动引起的。但是，这里的劳动力需求波动是有规则的，从而是能够估计的，而且它在一年中的变化方式是遵循某种系统模式的。比如，耕种季节过后，对农业劳动者的需求将下降，这种情况会一直持续到收获季节来临时为止。类似地，在某些行业中，当一年中工厂更换机器设备、改变当年产品模型的季节来临时，对生产工人的需求也会下降。

这里的问题仍然是，为什么雇主对劳动力需求的季节性模式做出的反应是解雇劳动者，而不是削减工资率或削减工时？我们在解释周期性失业的存在以及雇主因周期性原因而解雇劳动者时论述的那些理由在这里也同样有效。事实上，一项研究已经揭示出，美国失业保险制度的扩张（发生于20世纪70年代初期）——将大多数农业劳动者也纳入失业保险制度中的做法——是与美国农业工人的季节性失业大幅上升联系在一起的。对非农行业的季节性解雇问题所做的一些研究也表明，美国

① Patricia M. Anderson and Bruce D. Meyer, "The Effects of the Unemployment Insurance Payroll Tax on Wages, Employment, Claims, and Denials," Journal of Public Economics 78 (October 2000): 81 - 106; and Robert H. Topel, "Financing Unemployment Insurance: History, Incentives, and Reform," in Unemployment Insurance: The Second Half-Century, eds. W. Lee Hansen and James F. Byers (Madison: University of Wisconsin Press, 1990): 108 - 135.

失业保险制度在确定失业保险税税率时采用的不完全经验税率确定法导致了美国的季节性失业显著上升。[①]（从长期角度对失业保险和季节性失业所做的分析，参见例 14.3。）

例 14.3☞

失业保险与季节性失业：一个历史视角

美国在 20 世纪 30 年代的大萧条时期就建立起了自己的失业保险制度。当时的劳动经济学家约翰·康芒斯（John Commons）极力主张，立法中应当包括对失业率较高的公司进行处罚的条款。他认为，雇主有足够的办法大幅减少季节性失业以及其他类型的临时解雇，因此，他倡导建立一种能够激励雇主避免较多地临时解雇劳动者的制度，但是，另外一些经济学家却不认为雇主对失业有一定的控制力。到最后，康芒斯的计划被美国的绝大多数州接受了。但是在美国之外的其他国家，这种方案却极少被采纳。

季节性失业方面的证据似乎对康芒斯的观点提供了支持，在较长的一段时间里，随着经济多元化的发展，总体的季节性失业会下降，但是，季节性失业下降速度最快发生在因临时解雇员工而受到处罚的雇主那里。一项最近的研究表明，在根据历史解雇经验确定的失业保险税税率水平最高的州中，就业增长率的季节性波动也是最小的。

美国与加拿大之间的比较更令人瞩目——后者建立了一个不考虑雇主的任何历史解雇经验的失业保险制度。从 1929 年到 1947—1963 年期间，随着施工技术的改进和不断变革，加拿大的建筑业（一个由于其季节性用工而臭名昭著的行业）用工的季节性波动下降了一半。但是，在沿加拿大边界的美国各州中，用工的季节性波动下降的幅度更大，超过了三分之二！

资料来源：Katherine Baicker，Clandia Goldin，and Lawrence F. Katz，"A Distinctive System：Origins and Impact of U. S. Unemployment Compensation，" in The Defining Moment：The Great Depression and the American Economy in the Twentieth Century，eds. Michacl D. Bordo，Clandia Goldin，and Eugene N. White (Chicago：University of Chicago Press，1998)：259.

然而，我们可能会问，为什么劳动者事先明明知道自己如果到某些行业中就业，在一年中肯定会有一段时间被解雇，他们仍然会接受这些工作呢？对某些劳动者来说，既然存在失业保险，同时也知道当需求疲软季节过去之后自己必然会被重新雇

① Barry Chiswick，"The Effect of Unemployment Compensation on a Seasonal Industry：Agriculture，" Journal of Political Economy 84 (June 1976)：591－602；Patricia M. Anderson，"Linear Adjustment Costs and Seasonal Labor Demand：Evidence from Retail Trade Firms，" Quarterly Journal of Economics 108 (November 1993)：1015－1042；and David Card and Philip B. Levine，"Unemployment Insurance Taxes and the Cyclical and Seasonal Properties of Unemployment，" Journal of Public Economics 53 (January 1994)：1－29.

用，那么，他们就会将这一段被临时解雇的时间当成一种带薪休假来对待。[①] 然而，由于失业保险福利替代的工资性报酬通常不到失业者在失业前挣到的工资性报酬的一半，对工资水平较高的劳动者来说，它替代的甚至是他们在失业前的工资性报酬的一个更小比例（参见图 14.4），所以，大多数劳动者都不会认为这种状况是令人满意的。为了吸引劳动者到这种季节性用工的行业中来就业，企业就不得不向劳动者支付较高的工资以补偿他们遭遇的阶段性失业。比如最近的一项研究就发现，与永久性地从事农业劳动相比，从事季节性工作的农民的小时工资率要高出 10%。[②]

由于在具有高失业风险的行业中，雇主向劳动者支付了一种用于补偿他们承担的失业风险的工资差别，这使得我们很难判断季节性失业在本质上到底是一种自愿性失业，还是一种非自愿性失业。一方面，劳动者可能是自愿到那些能够提供较高水平的工资，但是同时面临的失业可能性会比其他行业更高的行业中去工作的。另一方面，一旦就业了，员工常常会更愿意保持就业，而不是被解雇。因此，我们既可以将季节性失业看成一种自愿性失业，也可以将其看成一种非自愿性失业，这取决于从哪个角度来看问题。

何时才能实现“充分就业”？

各国政府常常为失业率感到担心，这是因为失业率似乎是衡量一个经济体的稳健程度的很方便的晴雨表。一国的失业率如果过高就会引起整个国家的关注，这是因为它意味着该国将有许多人不能养活自己，并且该国的许多劳动者都不能为国家的产出做出贡献。通常情况下，当政府认为失业率过高的时候，它们就会采取某种方式来刺激劳动力需求的增长。

但是，各国政府也会担心失业率过低。这是因为很多人常常认为，失业率过低实际上反映了一国的劳动力市场上出现了超额劳动力需求的情况。如果劳动力需求超过劳动力供给，工资就会趋于上升，而工资上升又被认为会导致通货膨胀。此外，过低的失业率可能还会增加劳动者消极怠工的机会，同时减少新企业或扩张规模的老企业在劳动力市场上能够网罗到的优秀人才数量。

---

① 加拿大新布伦瑞克省的非全年性工作的发生率要高于与其相邻的美国缅因州，而后者的失业保险福利水平更低，参见 Peter Kuhn and Chris Riddell, “The Long-Term Effects of a Generous Income Support Program: Unemployment Insurance in New Brunswick and Main, 1940 - 1991”。

② Enrico Moretti, “Do Wages Compensate for Risk of Unemployment? Parametric and Semiparametric Evidence from Seasonal Jobs,” Journal of Risk and Uncertainty 20 (January 2000): 45 - 66. 也可参见 Susan Averett, Howard Bodenhorn, and Justas Staisiunas, “Unemployment Risk and Compensating Differentials in Late-Nineteenth Century New Jersy Manufacturing,” Economic Inquiry 43 (October 2005): 734 - 749。

□ 定义自然失业率

如果过高和过低的失业率都不是人们希望看到的，那么，失业率到底达到多高才算正好呢？换句话说，什么样的失业率才能代表充分就业呢？对充分就业（或自然）失业率下一个精确的定义是很困难的，但是，有几个可供大家选择的通常定义。一种定义是自然失业率是在工资和通货膨胀处于稳定状态或可接受水平时的失业率。另外一种定义是充分就业（失业率）就是职位空缺数量等于失业者人数时的失业率。还有一种定义则把充分就业（失业率）界定为当总需求的任何增加都不再会引起失业人数减少时的失业水平。这种定义的一个变形是，自然失业率就是指所有的失业都属于自愿性失业（摩擦性失业或者季节性失业）时的失业率。关于自然失业率的最后一个定义就是，当失业水平保持不变并且流入失业状态的人的流量以及处于失业状态的时间都保持在正常水平时的失业率。①

所有这些定义都想以某种特定的方式来把充分就业定义为一个更为一般化的概念，即把它当成一种在“正常”时候出现的失业率。如果我们假设即使是在劳动力市场处于均衡状态的时候（在劳动力市场上既不存在超额需求，也不存在超额供给），也存在摩擦性失业和季节性失业，那么很显然，自然失业率就会受到下列因素的影响，即处于就业状态的劳动者的自愿流动率、进出劳动力队伍的人员流动状况以及失业者为找到可接受的工作而需要花费的时间。这些因素在不同的人口群体之间的差别是很大的，因此，任何一个时期的自然失业率都会受到劳动力人口构成的强烈影响。

□ 失业率与人口结构特征

表 14.4 显示的是 2015 年美国各年龄、种族、性别和族裔群体的实际失业率。这一年中的总体失业率水平比较适中，为 5.3%。表 14.4 所示的 2015 年的模式与其他最近几年的模式基本上是相似的：与各种族或性别群体中年纪较大的成年人相比，青少年以及年轻人的失业率较高；在大多数年龄或性别群体中，黑人的失业率大致高出白人失业率一倍；西班牙裔美国人的失业率一般介于白人失业率和黑人失业率之间；在各群体中，女性的失业率大致等于或低于男性的失业率（西班牙裔中年妇女除外）。较高的黑人青少年失业率——2015 年处于 26%～33%之间——尤其引起了政策制定者的注意。

在最近的几十年中，劳动力队伍的年龄、种族、性别和族裔构成已经发生了非常大的变化，女性的劳动力参与率上升，青少年、黑人和西班牙裔人口在劳动力队伍中的相对规模发生了巨大的变化。1975—2015 年间，女性在劳动力队伍中所占的比例已经从 40%上升到了 47%（西班牙裔从 4%增长到 17%）。与此相反，青少年在

① James Tobin, “Inflation and Unemployment,” American Economic Review 62 (March 1972): 1-18; and John Haltiwanger, “The Natural Rate of Unemployment,” in The New Palgrave, eds. J. Eatwell, M. Milgate, and P. Newman (New York: Stockton Press, 1987): 610-612.

劳动力队伍中所占的比重在 1975 年时超过 9%，截至 2015 年则下降到了不足 4%。①

表 14.4　根据人口群体划分的美国失业率，2015 年（%）

年龄（岁）	白人男性	白人女性	黑人男性	黑人女性	西班牙裔男性	西班牙裔女性	总体
16～17	18.1	14.8	33.1	26.3	23.8	21.4	
18～19	15.3	12.3	29.5	26.5	18.9	16.9	
20～24	9.4	7.0	18.3	14.6	10.6	9.4	
25～54	3.8	3.9	8.4	8.0	4.8	6.2	
55～64	3.5	3.5	7.4	4.5	5.5	5.2	
总体	4.7	4.5	10.3	8.9	6.3	7.1	5.3

注：“西班牙裔”是指那些祖上有西班牙血统的人；根据他们各自的种族特征，他们中的有些人可能被包括在白种人中，有些人则被包括在黑种人中。

资料来源：U. S. Department of Labor，2015 Employment and Earnings Online：Household Survey Data，Tables 3 and 4，at www.bls.gov/opub/ee/2016/cps/annual.htm#charunem.

总体失业率状况既反映了劳动力市场的紧张程度，同时也反映了劳动力的构成。如果失业率相对较高的人口群体在劳动力队伍中所占的比重上升，那么在任何既定的劳动力市场紧张程度上，总体失业率都会上升。与此类似，在其他情况相同的条件下，如果失业率相对较高的人口群体在劳动力队伍中所占的比重下降，失业率就会下降。自 1975 年以来，劳动力队伍构成发生的变化对失业率产生的影响是在相互抵消的。非洲裔美国人在劳动力队伍中所占的比重相对稳定（11%～12%），由于女性的失业率与男性基本相同，因而女性在劳动力队伍中的比重上升对失业率所产生的影响是中性的。西班牙裔在劳动力队伍中所占的比重上升会导致总体失业率趋于上升，但是青少年在劳动力队伍中所占的比重下降则有助于降低失业率。

□ 自然失业率究竟是多少？

在不同的时间里，经济学家对自然失业率的预测是在变化的。20 世纪 60 年代，自然失业率为 5.4%左右，到了 70 年代就变成了 7%左右，到了 80 年代又变成了 6%～6.5%，最近十年为大约 5%。② 人们可能会感到疑惑，如果对自然失业率的估

---

① 参见 U. S. Department of Labor，Employment and Earnings，有关最新数据，参见表 14.4。有关种族之间的失业率差别分析，参见 Robert W. Fairlie and William A. Sundstrom，“The Emergence，Persistence，and Recent Widening of the Racial Unemployment Gap，” Industrial and Labor Relations Review 52（January 1995）：252 - 270。

② Mary C. Daly，Bart Hobijn，Aysegul Sahin，and Robert Valletta，“A Search and Matching Approach to Labor Markets：Did the Natural Rate of Unemployment Rise?” Journal of Economic Perspectives 26（Summer 2012）：3 - 26；George A. Akerlof，William T. Dickens，and George L. Perry，“Near-Rational Wage and Price Setting and the Long-Run Phillips Curve，” Brookings Papers on Economic Activity，2000 - 1：1 - 44；and Laurence Ball and N. Gregory Mankiw，“The NAIRU in Theory and Practice，” Journal of Economic Perspectives 16（Fall 2002）：115 - 136；U. S. Congressional Budget Office，“Natural Rate of Unemployment（Long-Term），” retrieved from FRED，Federal Reserve Bank of St. Louis；https：//fred. stlouisfed. org/series/NROU，September 1，2016.

计总是变来变去，它对政策制定者到底还有多大的用处。事实上，诺贝尔经济学奖获得者、自然失业率概念的创立者之一米尔顿·弗里德曼（Milton Friedman）一直就反对预测自然失业率的任何尝试。他说："我不知道自然失业率到底是多少……也没有其他任何人能够知道这一点。"①

当然，在一个与信息不充分相伴随的动态社会中，摩擦性失业是不可避免的。此外，正如我们论述过的，失业保险制度中的一些参数对搜寻性失业、周期性失业和季节性失业起到了一定的促进作用。然而，无论如何，当失业率上升到比充分就业或自然失业还要高的水平上时，资源必然会被浪费。大约 50 年前，阿瑟·奥肯（Arthur Okun）就曾经指出，美国的总失业率每下降 1 个百分点，产出就必然会上升 3 个百分点。最近的一些研究则估计，两者之间的关系更有可能是这样的，即失业率每下降 1 个百分点，就会导致美国的产出增长 2 个百分点。② 然而，即使是后一个数字，也表明了一个社会为过高的失业率付出的成本是多么巨大。此外，经济研究表明，失业对失业者的健康会产生不利影响。③

实证研究

再就业奖金会降低失业率吗？社会实验的结果

在前面各章中，我们已经强调过，社会科学中的实证研究要求我们对实验组相对于对照组（或控制组）的行为进行分析。在理想状态下，研究人员会创造出一项受控实验，在这种实验中，其他方面完全相同的测试者会被随机分为两个组，但是这两个小组中只有一个小组会接受精心设计的某种实验。

经济理论通常可以用来预测在某个较大的群体中处于边际状态的人的行为所产生的结果。当在一定的条件下，这些人的可观察行为会产生某些真实的社会效果时，我们便可以对他们进行非常可靠的实验。但是，受控实验在经济学中通常是不可行的，这是因为它往往需要很大的样本和很高的费用。同时，这种实验在许多情况下也会由于道德方面的原因而不能被接受。例如，我们无法想象，我们可以通过故意让实验组接触高风险工作来对补偿性工资差别理论进行验证。除了一些非常特殊的情况之外（参见第 11 章和第 12 章中总结的那些实证研究），经济学家通常会去寻找

① Amanda Bennett, "Business and Academia Clash over a Concept: 'Natural' Jobless Rate," Wall Street Journal, January 24, 1995, A8.

② Arthur Okun, "Potential GNP: Its Measurement and Significance," reprinted in The Political Economy of Prosperity, ed. Arthur Okun (Washington, D.C.: Brookings Institution, 1970); Clifford L. F. Attfield and Brian Silverstone, "Okun's Coefficient: A Comment," Review of Economics and Statistics 79 (May 1997): 326 - 329; and Brent Meyer and Murat Tasci, "An Unstable Okun's Law, Not the Best Rule of Thumb," Economic Commentary, no. 2012 - 08 (Federal Reserve Bank of Cleveland, June 7, 2012).

③ Daniel Sullivan and Till von Wachter, "Job Displacement and Mortality: An Analysis Using Administrative Data," Quarterly Journal of Economics 124 (August 2009): 1265 - 1306.

出现自然实验的机会，在这种情况下，经济条件或政府政策恰好对相似的劳动力产生了不同的影响。

然而，确实出现了一组受控的社会实验，其目的是考察向能够“快速”找到新工作的失业者提供现金奖励的做法是否有助于降低失业率。这一社会实验的预期是，通过支付再就业奖金，失业者的失业持续时间会缩短，从而失业率会下降。

20 世纪 80 年代中后期，美国有 4 个州进行了这样的实验。实验人员根据社会保障号码的后两位数字将领取失业保险的人随机分配到实验组和控制组中。虽然各州的具体情况存在差别，但总体来说，实验组中的失业保险领取者在不到 11～13 周的时间内找到工作了——并且能够连续工作至少 4 个月，他们得到的平均现金奖励是 500 美元，其中 1 个州的最高奖金达到 1 600 美元。但是这种奖金并不向控制组提供。

对这些实验所进行的分析估计，就平均情况而言，实验组中的失业者找到工作的速度比控制组中的失业者快一周半的时间。换言之，快速再就业奖金使得失业持续时间平均缩短了大约 3%，关于这种奖金在这 4 个州中产生的影响大部分估计在统计上都非常显著。实验还发现，在所提供再就业奖金水平不同的各州中，从对失业持续时间的缩短产生的影响来看，更高的奖励水平并没有产生统计上非常显著的作用。

对这些实验所做的估计是否允许我们将其推广为这样一种情况，即如果所有领取失业保险的劳动者都能够快速找到工作，则他们都将得到再就业奖金？这些实验只是暂时性的，实验中的这些失业保险领取者既无法预见这种奖金的出现，也无法预测自己能否被分配到实验组中。因此，这种奖金的存在并不会影响他们是否会去申请失业保险。然而，如果该奖金成为失业保险制度中的一个固定部分，并且所有的失业保险领取者都有资格获得，那么，处于失业状态的时间比较短的人获得的收益就更多，而这种情况可能会使更多的人想方设法使自己有资格领取失业保险。

所以，我们就不能非常确定再就业奖金真的能降低失业率，因为即使它确实缩短了失业者处于失业状态的时间，但它同时可能会导致有资格领取失业保险的人数增加。这种问题反映出社会实验的一个缺陷，即它必然是暂时性的，在项目被长期采纳的情况下，在实验中产生的行为反应通常并不能得到完全转化。

资料来源：Bruce D. Meyer，“Lessons from the U. S. Unemployment Insurance Experiments，”Journal of Economic Literature 33（March 1995）：91－131.

令人遗憾的是，经济学家们对降低失业率的最有效方案并没有达成明确的共识。第 3 章中讨论过的旨在刺激雇主增加雇用的工资补贴计划似乎有一定的希望，但是我们在那一章的末尾指出，这些补贴并没有达到相当大的或持久的增加雇用的效果。同样，有人可能会认为，政府资助的就业培训项目有助于加快失业者找到新工作的速度，但在第 9 章的末尾，我们引用的研究同样显示，这些培训项目普遍缺乏有效性。即使政府在岗位安置方面提供援助，也被证明对减少失业几乎没有什么净效果。[①] 使失业问题变得更加复杂的一种情况是，正如本章开头指出的那样，近些年来失业者的劳动力参与率呈下降趋势；政策制定者们在未来几年面临的最大挑战可能是那些刺激并未到退休年龄的成年人实现就业的政策。[②]

复习题

1. 一位总统候选人在竞选过程中提出要提高失业保险福利水平，同时降低失业率。对这两种目标的兼容性进行评价。

2. 政府官员发现，对一国的“经济稳健状况”进行衡量是十分有用的。而失业率在当前又被作为衡量劳动力供求相对强度的一个重要指标。你认为失业率是一个有助于反映劳动力市场松紧程度的有用指标吗？为什么？

3. 最近的实证研究表明，随着失业者的失业时间延长，他们的保留工资也会有所下降。这就是说，他们失业的时间越长，保留工资水平就会越低。解释这种说法为什么可能是正确的。

4. 判断下面的说法是正确的、错误的还是不确定的：“由于提高失业保险福利水平将会延长平均失业时间，因此，提高失业保险福利水平的政策对整个社会是不利的。”解释你的答案。

5. 在最近几年中，美国联邦政府通过并且扩大了这样一种要求，即失业保险福利受益者获得的失业保险福利也必须缴纳所得税。这种对失业保险福利征收的税对失业率会产生怎样的影响？解释你的答案。

6. “随着自由贸易的增长，墨西哥的雇主正在试图削弱工会对国内劳动力市场的控制，它们已经废除了以资历为依据的晋升制度、反对外包的规定以及对使用临时性员工施加的限制——所有这些都打着实现更大的灵活性的旗号。”你认为在雇用和分配劳动力方面，雇主取得更大的灵活性会提高还是会降低墨西哥的失业率？请解释。

7. “自由雇佣”原理允许雇主无论因何种原因都能够解雇劳动者。除了在有工会合同限制或禁止实行年龄、种族或性别歧视的法律限制的地方外，这一原理在美国曾经非常盛行。然而，最近，法院和立法机构开始抛弃这一自由雇佣原理，转而越来越多地趋向这样一种原理：劳动者的工作已经成为他们的一种产权，在没有强制性原因的情况下，劳动者的工作是不能被剥夺的。如果雇主失去了在没有“理由”的情况下任意解雇劳动者的权利，那么，这种情况会对失业率产生何种影响？

8. 一名研究自由贸易对劳动力市场所产生影响的学生认为，政府应当为由于实行自由贸易而失去工作的劳动者提供“工资保险”。根据这一建议，一旦因为自由贸易失去工作的劳动者实现了再就业，同时新的工作岗位提供的薪酬低于他们原来的薪酬，则政府应当补偿他们损失的薪酬中的较大一部分。这种工资保险存在的最长时间为劳动者失去原工作岗位之后的两年内。这项工资

① Bruno Crépon, Esther Duflo, Marc Gurgand, Roland Rathelot, and Phillippe Zamora, “Do Labor Market Policies Have Displacement Effects? Evidence from a Clustered Randomized Experiment,” Quarterly Journal of Economics 128 (May 2013): 531 – 580.

② Alan B. Krueger, “How Tight is the Labor Market?” National Bureau of Economic Research 2015 Martin Feldstein Lecture, NBER Reporter (Cambridge, MA, 2015, number 3).

保险计划会降低失业率吗？请解释。

练习题

1. 假定在月初，就业人数 E 为 1.2 亿人；不在劳动力队伍中的人数 N 为 7 000 万人；失业人数 U 为 1 000 万人。在这个月发生了如下表所示的人口流动。如果这个月的人口总数没有增长，计算月初和月末时的失业率和劳动力参与率。

EU	180 万人
EN	300 万人
UE	220 万人
UN	170 万人
NE	450 万人
NU	130 万人

2. 假定在一开始时，宾夕法尼亚州的经济处于均衡状态，没有失业，且 $L_S=-1\ 000\ 000+200W$，$L_D=19\ 000\ 000-300W$，其中，W 代表年工资水平，L 代表劳动者人数。现在，由于宾夕法尼亚州的劳动力需求减少，但是该州的工资却不具有向下浮动的弹性，而且没有人愿意离开到其他地方去寻找工作，结果导致结构性失业增加。如果劳动力需求下降至 $L_D=18\ 000\ 000-300W$，那么，宾夕法尼亚州将会有多少失业人口？它的失业率将会是多少？

3. 假如失业保险制度的情况如下，即 $B_{min}=200$ 美元，$B_{max}=500$ 美元，介于最高失业保险福利水平和最低失业保险福利水平之间的那部分失业保险福利的计算公式为 $B=0.5W+100$，其中，W 代表劳动者失业前的周工资水平，B 代表周失业保险金。请以图形方式表示这一失业保险福利的计算公式，并计算失业之前周工资分别为 100 美元、500 美元以及 2 000 美元的劳动者所能够享受的失业保险金及其替代率。

4. 下表给出了美国某镇居民的相关资料。

（1）确定该镇的就业人口数量、失业人口数量以及劳动力人口数量。

（2）运用官方定义计算该镇的劳动力参与率、就业率以及失业率。

特征	人数（千人）
总人口	500
16 岁及以上的人口	400
全日制或非全日制就业者	200
失业并积极寻找工作者	20
因成功性缺乏而放弃寻找工作者	10
寻找全日制工作的非全日制工作者	30

5. 假设失业保险制度规定的最低失业保险税税率为 1.5%，最高失业保险税税率为 6.2%，在这两者之间的税率根据公式 $t=0.1+2.4l$ 来计算，其中，t 是雇主的失业保险税税率，l 是雇主解

雇员工的历史经验。某雇主的历史解雇经验表示的是在该公司中工作的员工被解雇的可能性，它用该公司劳动者人数的一定百分比来表示，一般来说取值范围为1%～5%。

用图形表示失业保险税税率公式，并计算出历史解雇经验的关键值（l_{min}）以及历史解雇经验的最高值（l_{max}）。

6. 2007年7月24日，美国联邦政府规定的最低工资水平从每小时5.15美元提高到了每小时5.85美元。考虑这一最低工资水平调整对正在寻找工作的失业者产生的影响。根据工作搜寻模型，这些失业者在任一给定时期内找到一份可接受工作的可能性会受到怎样的影响？这种调整是如何影响预期失业持续时间以及（一旦就业之后的）预期工资水平的？

推荐阅读

Atkinson, Anthony, and John Micklewright, "Unemployment Compensation and Labor Market Transitions: A Critical Review," Journal of Economic Literature 29 (December 1991): 1679 - 1727.

Blanchflower, David G., and Andrew J. Oswald, The Wage Curve. Cambridge, Mass.: MIT Press, 1994.

Blank, Rebecca M., ed. Social Protection versus Economic Flexibility: Is There a Trade-off? Chicago: University of Chicago Press, 1994.

Freeman, Richard, and Harry Holzer, eds. The Black Youth Unemployment Crisis. Chicago: University of Chicago Press, 1986.

Lang, Kevin, and Jonathan Leonard, eds. Unemployment and the Structure of Labor Markets. New York: Basil Blackwell, 1987.

Meyer, Bruce D. "Lessons from the U. S. Unemployment Insurance Experiments," Journal of Economic Literature 33 (March 1995): 91 - 131.

Reducing Unemployment: Current Issues and Policy Options. Kansas City, Mo.: Federal Reserve Bank of Kansas City, 1994.

第15章 工资性报酬分配的不均等

无论是劳动者个人，还是一个社会，都十分关心经济生活中的收入水平以及收入分配的不均等程度。收入水平显然决定了一个人有能力消费和享受的商品和服务的数量。大家之所以对收入分配极为关注，主要是因为作为个人的劳动者高度重视自己在社会上的相对地位，而作为一个整体的社会则非常重视公平的问题。

在对贫困以及相对消费机会进行评价时，家庭收入的分配状况是一个非常有意义的研究课题。然而，在对家庭收入进行考察时，需要同时分析一个家庭获得的劳动收入和非劳动收入；因此，在研究家庭收入问题时，我们必须同时将遗产继承、投资收益、福利转移以及税收政策等方面的因素一并加以考虑。同时，我们还必须研究家庭规模、家庭的定义、家庭的形成以及家庭解体等因素。而这些因素很多都超出了劳动经济学教材所能够涵盖的范畴。

为了与我们对劳动力市场的考察保持一致，我们在本章中主要考察工资性报酬的分配问题。虽然很明显的一点是，工资性报酬仅仅是总收入中的一个组成部分，但工资性报酬却与个人的边际生产率、教育投资（及其收益）、培训和移民活动以及各种相关机会密切相关。本章首先分析工资性报酬均等或不均等的概念及其衡量问题。然后，运用可以获得的一些公开出版数据来描述20世纪80年代以来美国的工资性报酬分配是如何发生变化的。最后，我们将分析在这些工资性报酬分配不均等的情况发生变化的背后，经济学家认为有哪些基本的力量在起作用。

不均等的衡量

为了理解与工资性报酬分配有关的若干基本概念①，我们用图形进行思考。我们先画出一个简单的图形来表示获得每一种既定工资性报酬水平的人数。如果每个人获得的工资性报酬都是一样的，比如说每年 20 000 美元，那么，就不存在工资性报酬不均等的问题，如图 15.1 所示。

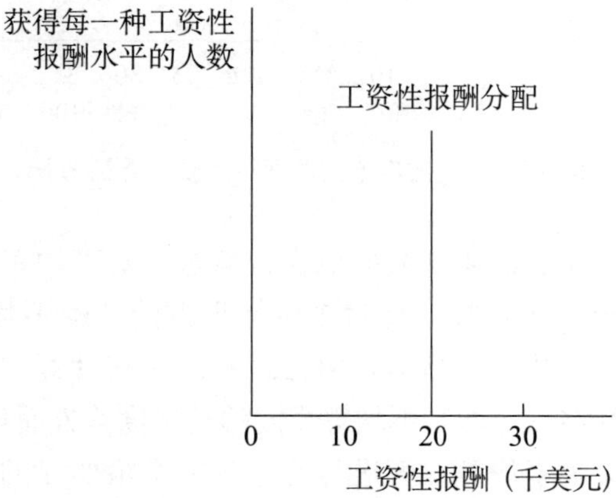

图 15.1　完全均等的工资性报酬分配

如果人们获得的工资性报酬存在差异，那么，这种差异可能相对较大，也可能相对较小。如果大家的工资性报酬的平均值是每年 20 000 美元，而事实上几乎所有的人获得的工资性报酬都非常接近这一平均值，那么，工资性报酬的分配不均等程度就很低。相反，如果大家的平均工资性报酬仍为每年 20 000 美元，但是其中有些人的工资性报酬大大高于 20 000 美元，而有些人的工资性报酬远远低于 20 000 美元，那么，工资性报酬的分配不均等程度就很高。图 15.2 显示的是两种假设的工资性报酬分配情况。尽管在这两种情况下，工资性报酬的分配都以同一种平均水平（20 000 美元）为中心，但是 A 类分配状况的离散度显然比 B 类分配状况的离散度

① 在理想情况下，我们应当关注的是总薪酬，以便分析能包括员工福利。然而，这里存在的一个实际问题是，我们很难得到与员工福利的价值有关的大量数据——这些数据使我们能够考察不同时期的员工福利分配情况以及不同员工之间的福利水平差异。一项对总薪酬的离散状况进行分析的研究，参见 Brooks Pierce, "Compensation Inequality," Quarterly Journal of Economics 116 (November 2001): 1493 - 1525。需要注意的非常重要的另外一点是，工资性报酬反映了工资和工时数两个方面的因素。一项研究表明，最近出现的闲暇时间增加可能会进一步加剧工资性报酬（分配）不均等的情况，参见 Mark Aguiar and Erik Hurst, "Measuring Trends in Leisure: The Allocation of Time Over Five Decades," Quarterly Journal of Economics 122 (August 2007): 969 - 1006。

低。在B类情况下，工资性报酬的离散范围更大，从而表现出更高的不均等程度。[①]

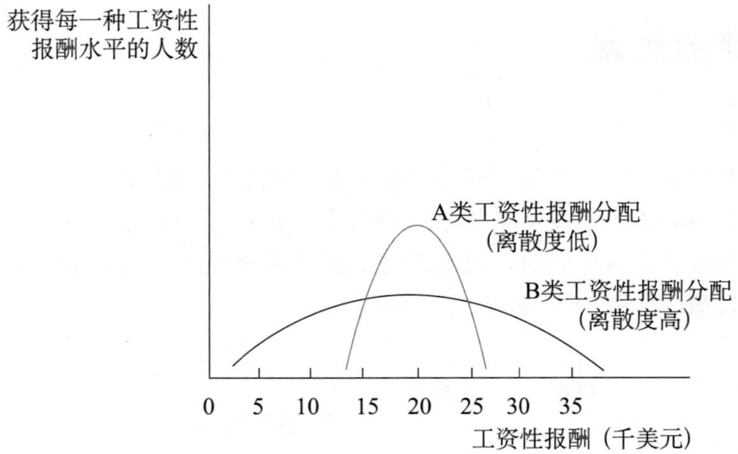

图 15.2　离散度不同的两种工资性报酬分配

虽然图形可以帮助我们描述离散的概念，但是从对不均等程度进行衡量的角度来看，这一工具却显得过于粗糙。在对工资性报酬的分配不均等程度进行衡量时，我们可以设计出各种不同的量化指标，但是这些指标在计算的方便性、容易被理解的程度以及代表各种社会（分配）不均等维度的精确度等方面都存在着很大差异。

对工资性报酬的分配不均等程度进行衡量的一个最明显的指标就是方差。方差是对离散度进行衡量的一个常用指标，其计算公式为：

$$方差=\frac{\sum_i (E_i-\bar{E})^2}{n} \tag{15.1}$$

式中，E_i 为总人口中的个体 i 获得的工资性报酬水平；n 为人口总数；$\bar{E}$ 为全部人口的工资性报酬的平均值；$\sum$ 表示我们对总人口中所有人的情况进行加总。然而，使用方差时存在的一个问题是，随着工资性报酬水平的上升，方差有升高的趋势。比如，如果总人口中的每一个人的工资性报酬水平都翻了一番，则每个人的工资性报酬与平均工资性报酬（或其他任何人的工资性报酬）之间的比率是保持不变的，但是，在这种情况下，方差仍然会变成原来的4倍。因此，方差是对工资性报酬分配的绝对离散度进行衡量的一个较好工具，却不是对其相对离散度进行衡量的一个

① 关于各种不均等衡量指标，参见 Frank Levy and Richard J. Murnane, "U. S. Earnings Levels and Earnings Inequality: A Review of Recent Trends and Proposed Explanations," Journal of Economic Literature 30 (September 1991): 1333-1381。另外一个令人感兴趣的问题是，工资性报酬分配的不均等是不是对称的？如果正如图15.2所示，这种工资性报酬的分配情况属于对称的，那么，个人的工资性报酬水平比平均工资性报酬水平低 X 美元的人和个人的工资性报酬水平比平均水平高 X 美元的人应当是一样多的。如果情况不是这样，我们就说这种分配状况是偏斜的，也就是说，在平均工资性报酬的一侧聚集着大量的人，而在另外一侧则比较松散地分布着较少的人。比如，很多欠发达国家都没有一个成规模的中产阶级，在这些国家中往往同时存在着大量非常贫困的家庭和极少数非常富有的家庭（收入分配高度向右侧偏斜）。

较好工具。

方差的一个替代指标是离散系数。离散系数等于方差的平方根（称为标准差）除以工资性报酬的平均值。如果所有人的工资性报酬都同时翻了一番，则离散系数会保持不变，而不像方差那样会升高。然而，由于在计算离散系数的时候，我们必须能够得到每个人的工资性报酬数据，而我们很难从公开发表的文献中找到这样的数据，所以，构建离散系数的做法通常是不现实的。除非离散系数本身是经公开发表的或者研究者能够获得全部工资性报酬数据，否则，我们都必须努力发现能够对工资性报酬分配的离散度进行衡量的其他一些更为现实的办法。

对工资性报酬分配的不均等程度进行衡量的最常用方法是，首先按照工资性报酬水平的高低对人口进行排序，然后确定工资性报酬达到某一个既定水平的人应被归入百分位的哪一个分位上。比如，2014 年，25～64 岁的男性中，年工资性报酬为 45 827 美元的男性位于中位数上（第 50 分位上），这就意味着，有一半的人每年挣到的工资性报酬不足 45 827 美元；年工资性报酬为 22 675 美元的男性位于第 20 分位上（20％的男性挣到的年工资性报酬比他少，80％的男性比他挣得多）；年工资性报酬为 82 406 美元的男性则位于第 80 分位上。

在确定了与每一分位相联系的工资性报酬水平之后，我们就不仅可以对与各分位相联系的工资性报酬水平进行相互比较，而且可以对每一分位上的人获得的工资性报酬在工资性报酬总额中所占的份额进行比较。对收入不均等程度进行衡量的最常用方法是，对收入水平最高和最低的各五分之一（或者是上下“五分之一分位”上）的家庭的收入在总收入中所占的份额加以比较。例如，我们运用这种衡量方法可以发现，2010 年，收入水平最高的五分之一的家庭的收入在总收入中占 51.2％，而收入水平最低的五分之一的家庭则仅仅占 3.1％。①

然而，令人遗憾的是，对于个人工资性报酬，每一部分的工资性报酬在所有人的工资性报酬总额中所占的份额方面的数据并不像家庭收入数据那样容易得到。但是，我们还是可以对与每一分位相联系的工资性报酬水平进行比较。这方面通常使用的一个衡量指标是位于第 80 分位上的人的工资性报酬水平和位于第 20 分位上的人的工资性报酬水平之间的比率。计算这种比率的目的在于考察工资性报酬分配的两端之间到底存在多大的差距，同时，这种比率可以作为一种不仅容易理解，而且容易计算的衡量收入分配不均等程度的指标。

比如说，如果我们现在知道，2014 年，位于第 80 分位上的男性的工资性报酬水平是位于第 20 分位上的男性的工资性报酬水平的 3.63 倍，那么，了解这种情况对

① U. S. Bureau of the Census，“Income and Poverty in the United States：2014”（Washington，DC：United States Census Bureau），Table 2，at https：//www. census. gov/content/dam/Census/library/publications/2015/demo/p60-252. pdf. 有一种更为复杂的衡量方法将所有这 5 个五分位上的家庭的收入占总收入的百分比都考虑在内，最终计算出实际收入分配状况偏离严格均等情况（每个五分位上的家庭在总收入中占的比重都是 20％）的程度，关于这种方法，我们将在附录 15A 中讨论。有关位于收入分配最顶端的家庭的收入在不同国家和不同时间中的情况的综合考察，参见 Anthony B. Atkinson，Thomas Piketty，and Emmanuel Saez，“Top Incomes in the Long Run of History，” Journal of Economic Literature 49（March 2011）：3－71。

我们来说有什么意义呢？事实上，如果不将既定年份中的这一比率与某些东西加以对比，它本身是无法给人们带来太多启示的。一种很自然的对比就是将这一比率与上一年的同一比率加以比较。比如说，如果过了一段时间以后，这一比率上升了，那么，这就表明工资性报酬分配正在逐渐向两端拉开，即位于工资性报酬分配两端之间的收入差距正在扩大，工资性报酬分配的不均等程度变得越来越高了。

将第 80 分位上的工资性报酬与第 20 分位上的工资性报酬之间的比率作为一种衡量工资性报酬分配两端之间的距离扩大程度的简单工具可以说是令人满意的；但是，这种简单的比率无论如何也不能对不均等进行完整的描述。这是因为，它仅仅集中考察了在工资性报酬分配序列中任意选取的两个点上的工资性报酬水平，而忽略了选定的这些分位两侧的工资性报酬分配状况。比如，如果第 10 分位上的工资性报酬水平下降了，第 20 分位上的工资性报酬水平上升了，而其他各分位上的工资性报酬水平都没有发生变化，那么，尽管工资性报酬分配最底端的工资性报酬水平进一步下降了，但是上面所说的这种比率仍然会下降。类似地，如果第 20 分位和第 80 分位上的工资性报酬水平都保持不变，而位于两者之间的其他各分位上的工资性报酬水平却变得更为接近了，那么，总体工资性报酬水平向更加均等的方向发展的这样一种趋势，同样也是无法由第 80 分位上的工资性报酬与第 20 分位上的工资性报酬的比率这种简单的指标反映出来的。在下一节中，我们将考察在其他分位上的工资性报酬分配的一般趋势（例如，第 90 分位上的工资性报酬与第 10 分位上的工资性报酬之间的比率），目的是更加细致地考察最近 30 年中工资性报酬分配的变化情况。

然而，尽管这种简单的比率指标存在这样或那样的缺点，在下一节中，我们还将展示一些表示工资性报酬分配的不均等程度变化情况的描述性数据，这些数据就是基于对第 80 分位和第 20 分位上的工资性报酬水平进行对比得出的。尽管这些数据比较粗糙，但是这些衡量指标仍然揭示出这样一个事实：1980 年以后，工资性报酬的分配变得更加不均等了。

1980 年以来的工资性报酬分配不均等状况：一些描述性数据

表 15.1 显示的是在 1980—2014 年间 25～64 岁的美国男性和女性劳动者的工资性报酬分配不均等状况所出现的变化，这里我们考察了前面所说的第 80 分位和第 20 分位之间的工资性报酬比率。1980—1990 年，在男性中，第 80 分位上的工资性报酬几乎保持不变（以 2014 年美元计量），但是第 20 分位上的工资性报酬却下降了。结果导致第 80 分位和第 20 分位之间的工资性报酬比率大幅上升，从 3.08 上升到 3.52。从 1990 年到 2005 年，这两个分位上的工资性报酬水平都有所上升，第 80 分位和第 20 分位之间的工资性报酬比率差不多保持平稳。从 2005 年开始，这两个分

位上的工资性报酬水平都有所下降，但由于在工资水平较低的这一端工资降幅更大，结果导致第 80 分位和第 20 分位之间的工资性报酬比率从 2005 年时的 3.41 上升到了 2014 年时的 3.63。[①]

表 15.1　25～64 岁劳动者的分性别工资性报酬分配，1980—2014 年（以 2014 年美元计量）

	工资性报酬水平所处的具体分位		
	第 80 分位 (a)（美元）	第 20 分位 (b)（美元）	比率 (a) ÷ (b)
男性			
1980 年	82 191	26 725	3.08
1990 年	82 232	23 384	3.52
2005 年	83 396	25 304	3.41
2014 年	82 406	22 675	3.63
女性			
1980 年	42 866	11 847	3.70
1990 年	49 713	10 819	4.60
2005 年	58 463	14 828	3.94
2014 年	60 297	15 481	3.89

资料来源：U. S. Bureau of the Census，Money Incomes of Households，Families，and Persons in the United States：Series P-60：no. 132（1980），Table 54；no. 174（1990），Table 29；and U. S. Bureau of the Census，http：//pubdb3. census. gov/macro/032006/perinc/new03 _ 000. htm（2005）；http：//www. census. gov/data/tables/time-series/demo/income-poverty/cps-pinc/pinc-03. html（2014）.

尽管位于第 20 分位上的女性的工资性报酬非常低——这很可能是从事非全日制工作的女性得到的工资性报酬（2014 年时大约有 25%的女性从事的是非全日制工作），但是女性在工资性报酬分配不均等方面的总体变化却和男性相似。女性的工资性报酬分配不均等程度在 20 世纪 80 年代有所上升，这主要是由于第 80 分位上的工资性报酬上升，同时第 20 分位上的工资性报酬下降引起的。1990 年之后，不均等程度下降，因为第 20 分位上的女性的工资性报酬得到了相对较快的提高。

正如我们在前面讨论过的，第 80 分位和第 20 分位之间的工资性报酬比率并不能完全解释工资性报酬分配不均等的增长状况。更明确地说，在工资性报酬分配中选择这两点是很武断的，这两点之间的工资性报酬比率并不能捕捉到介于这两个分

① 回忆一下我们在第 2 章中对表 2.2 的讨论，即消费者价格指数——我们在表 15.1 中运用消费者价格指数对所有的工资性报酬按照 2014 年的美元价值做了调整——可能会将每年的通货膨胀率夸大 1 个百分点。如果事实果真如此，那么，举个例子来说，第 80 分位上的男性的实际工资性报酬在 1980—2014 年间上升了 9%（不是表 15.1 中的 0）；与此同时，第 20 分位上的男性的实际工资性报酬下降了 8%（而不是下降了 15%）。有一篇文章得出了这样一个结论，即运用消费者价格指数计算实际工资性报酬的做法可能会夸大贫困的程度，参见 Bruce D. Meyer and James X. Sullivan，"Winning the War：Poverty from the Great Society to the Great Recession，" working paper no. 18718，National Bureau of Economic Research (Cambridge，Mass.：January 2013)。然而，表 15.1 要表达的主要观点却是，第 80 分位与第 20 分位上的男性之间的工资性报酬比率上升了，需要意识到的很重要的一点是，任何一年中的上述这种比率都不会受到假设的通货膨胀率的影响（因为这一比率中的分子和分母将会针对相同的通货膨胀率做出调整）。然而，一项研究发现，由于大学毕业生经历了大幅度的生活成本上升，因此他们的实际工资性报酬增长并没有名义工资性报酬增长那么高，参见 Enrico Moretti，"Real Wage Inequality，" American Economic Journal：Applied Economics 5 (January 2013)：65 - 103。

位之间以及位于其外的其他分位（也就是说，在工资性报酬分配的中间部分及其两端）所发生的变化情况。表 15.2 提供了一种更为详细的分析视角，以考察 1980—2014 年所发生的工资性报酬分配不均等变化情况，其中，它着重关注了工资性报酬分配的不均等程度所发生变化的以下两个方面。

首先，我们想知道的是，在工资性报酬水平较高的一端和工资性报酬水平较低的一端所发生的变化是否相同；换言之，工资性报酬分配的上下两个极端之间的差距是不是变得更加大了。回答这个问题的一种方法是，计算第 80 分位和第 50 分位之间的工资性报酬比率，同时计算第 50 分位和第 20 分位之间的工资性报酬比率；这两个比率表明了，与位于中间的分位（第 50 分位）相比，工资性报酬水平较高的那一端（第 80 分位）和较低的那一端（第 20 分位）的工资性报酬是如何随着时间的推移发生变化的。仔细观察表 15.2 中的男性和女性的前三行数据就可以清楚地发现，20 世纪 80 年代，这两个部分内部的工资性报酬分配不均等程度都明显上升了，但是在 1990—2005 年间，位于工资性报酬水平较高的那一端的分配不均等程度是相对稳定的，而位于水平较低的那一端的分配不均等程度却是降低的。2005 年以后，男性工资性报酬的分配不均等程度在工资性报酬分配的两个部分中都上升了，而女性工资性报酬的分配不均等程度在上半部分中上升了，但在下半部分却是呈下降趋势的。

表 15.2　在工资性报酬分配的不同分位上的工资性报酬比率，1980 年，1990 年，2005 年，2014 年

在既定分位上的工资性报酬比率	1980 年	1990 年	2005 年	2014 年
男性				
80：20（参见表 15.1）	3.08	3.52	3.41	3.63
80：50	1.53	1.74	1.77	1.80
50：20	2.01	2.03	1.93	2.02
女性				
80：20（参见表 15.1）	3.70	4.60	3.94	3.89
80：50	1.66	1.79	1.78	1.88
50：20	2.24	2.57	2.22	2.07
男性				
90：10	4.68	7.31	7.97	8.01*
90：50	1.87	2.14	2.49	2.63*
50：10	2.50	3.41	3.20	3.04
女性				
90：10	9.12	13.88	9.74	7.22
90：50	2.07	2.27	2.34	2.51
50：10	4.41	6.12	4.16	2.87

* 由于公布的工资性报酬水平在第 90 分位落入了一个“开放”区间（即“100 000 美元及以上”），因此这个分位上的工资性报酬水平只能依据 2016 年的数据进行估计，www.bls.gov/opub/ted/2016/weekly-earnings-by-educational-attainment-in-first-quarter-2016.htm，按照 2014 年美元调整。

资料来源：U. S. Bureau of the Census，Money Incomes of Households，Families，and Persons in the United States，Series P-60：no. 132（1980），Table 54；no. 174（1990），Table 29；and U. S. Bureau of the Census，http：//pubdb3. census. gov/macro/032006/perinc/new03 _ 000. htm（2005）；http：//www. census. gov/data/tables/time-series/demo/income-poverty/cps-pinc/pinc-03. html（2014）.

其次，我们可能想知道位于工资性报酬分配的两个尾部的工资性报酬水平在这段时间里的变化情况。第 90 分位和第 10 分位之间的工资性报酬比率提供了对这种不均等程度进行测量的一种方法，它集中考察了分别位于工资性报酬分配的最顶端和最底端的那 10％的工资性报酬状况，因此，它能够反映出位于第 80 分位和第 20 分位之外的工资性报酬所发生的变化。表 15.2 中也包含了第 90 分位和第 10 分位之间的工资性报酬比率及其两个组成部分（第 90 分位和第 50 分位之间的工资性报酬比率，以及第 50 分位和第 10 分位之间的工资性报酬比率）的情况。

1980—1990 年，第 90 分位和第 10 分位之间的工资性报酬比率（及其组成部分）反映出来的男性和女性的工资性报酬分配不均等程度变化情况，与第 80 分位和第 20 分位之间的工资性报酬比率反映出来的情况是相同的；也就是说，20 世纪 80 年代，男性和女性的工资性报酬分配不均等程度都明显上升了，并且在工资性报酬分配的较高和较低的两半人中都上升了。然而，虽然在整个 20 世纪 80 年代，第 90 分位和第 50 分位之间的工资性报酬比率与第 80 分位和第 50 分位之间的工资性报酬比率大体是可比的，但是，第 50 分位和第 10 分位之间的工资性报酬比率却相比第 50 分位和第 20 分位之间的工资性报酬比率出现了更为显著的增长——这表明，在工资性报酬分配的最底部出现的相对工资性报酬水平下降的情况特别显著。

1990 年之后，女性劳动者的第 90 分位和第 10 分位之间的工资性报酬比率下降了，而男性的这一比率却仍然在持续上升——这一点与第 80 分位和第 20 分位之间的工资性报酬比率是不同的。在工资性报酬分配较低的一端，男性和女性在 2014 年的第 50 分位和第 10 分位（如同第 50 分位和第 20 分位一样）之间的工资性报酬比率均低于 1990 年，这表明在这个时期工资性报酬分配较低一端的工资性报酬变得更加均等了。在工资性报酬分配较高的这一端，男性和女性的第 90 分位和第 50 分位之间的工资性报酬比率在 1990 年之后出现了持续上升，增幅大于第 80 分位和第 50 分位之间的工资性报酬比率。所以，很显然，在 1990 年之后，处在分配最高那一端的男性和女性的工资性报酬在持续增长（相对于中位数）——但是在工资性报酬分配中仅稍低于这些人的那部分人的工资性报酬却没有增加。

总体来说，表 15.2 中的数据表明，自 1980 年以来，在工资性报酬分配不均等方面发生了以下几个主要变化：

（1）20 世纪 80 年代，工资性报酬分配不均等的情况明显加剧，工资性分配较低的一端和较高的一端之间的差距变得更大。

（2）在整个 20 世纪 80 年代，处于分配最底端（最低的第 10 分位上）的人的相对工资性报酬出现了显著的下降，这表明低技能劳动者的工资性报酬承受着一种向下的压力。

（3）1990—2014 年，在工资性报酬分配较低的那一半人中，工资性报酬的差别在缩小，因为处于最底端的那些劳动者的工资性报酬相对于中位数而言有所上升——特别是在女性中。

（4）自 1990 年以来，男性和女性劳动者在第 90 分位上的工资性报酬水平相对于第80分位来说更加远离中位数。这表明位于分配最顶端的那部分人的相对工资性报酬水平持续上升。

(关于工资性报酬分配不均等的情况在若干发达国家中的全面比较，参见例15.1。)

和我们接下来所展示的一样，工资性报酬分配的变化自1980年以来是沿着两个维度发展的。一个维度是高等教育投资回报的上升，这提高了处于分配高分位的那部分人的工资性报酬(他们的人力资本投资水平较高)。另一个维度是，在同一人力资本投资群体内部的工资性报酬增长拉开了差别，这使得无论是位于分配较高一端还是较低一端，两部分人内部的工资性报酬差别都更大了。在接下来的两节中，我们将讨论在这两个维度上出现的变化。

例15.1☞

若干发达国家在工资性报酬分配不均等方面存在的差异

美国的工资性报酬分配不均等现象在发达国家中十分突出。以下是在2005年时若干个发达国家的第90分位和第10分位之间的工资性报酬比率(这些比率代表的工资性报酬分配不均等情况与本书中呈现的情况有所不同，因为这些比率衡量的都是全日制员工，并且同时包括了男性和女性的数据)：

国家	第90分位与第10分位工资性报酬之比，2005年
澳大利亚	3.12
加拿大	3.74
法国	3.10
日本	3.13
荷兰	3.12
挪威	2.91
瑞典	2.33
美国	4.88

美国的工资性报酬分配不均等程度之所以更高，可能原因之一是美国劳动力的技能离散度更高。如果一个国家的劳动力队伍内部的技能差异非常大，那么很自然地就会通过悬殊的工资性报酬差别来反映存在的这种技能差异。一项研究指出，测量劳动力技能等级的一种方法就是考察他们参加国际成人阅读素养调查(International Adult Literacy Survey)时在“定量素养”这部分的得分。这一研究发现，美国劳动力在这项测试上的得分差异最大，而(在上述国家列表中)得分差异最小的是北欧国家、德国和荷兰，加拿大和澳大利亚的得分差异属于中等水平。该研究还发现，测试分数差异和工资性报酬差别之间在统计上的相关性十分显著。这一发现描述了美国高中生在成就测试中表现相对较差这种情况(我们已在第9章中提及)造成的一个显著后果。

资料来源：Organisation for Economic Cooperation and Development, OECD Employment Outlook 2007 (Paris: June 19, 2007), Table H; and Stephen Nickell, "Is the U. S. Labor Market Really that Exceptional: A Review of Richard Freeman's America Works: The Exceptional U. S. Labor Market," Journal of Economic Literature 46 (June 2008): 384 - 395.

□ 高等教育投资回报的上升

为了描述高等教育投资回报的上升情况，我们首先看一看从事全日制工作的35～44岁的男性劳动者的情况。正如表15.3中上面的一组数据所示，相比于1980年，这一年龄组中，接受过本科以及研究生教育的男性劳动者的实际工资性报酬是上升的，而与此同时，只有高中学历或者以下的劳动者的实际工资性报酬却下降了。获得学士学位或研究生学位的劳动者具有的工资性报酬优势（见工资性报酬比率）在最近几年中比1980年时更高。然而，拥有高中学历的劳动者具有的工资性报酬优势（相对那些高中辍学者而言）在这段时间中变化并不大，虽然自2005年以来有所下滑。

表15.3　全年都工作的35～44岁的全日制劳动者的平均工资性报酬及其教育投资回报（以2014年美元价值衡量）

	工资性报酬（美元）				工资性报酬比率		
	高中辍学者	高中毕业者	学士学位获得者	研究生学位获得者[a]	高中毕业者/高中辍学者	学士学位获得者/高中毕业者	研究生学位获得者/学士学位获得者
男性							
1980年	42 368	59 114	83 299	95 157	1.40	1.41	1.14
1990年	37 279	52 640	86 216	106 480	1.41	1.64	1.24
2005年	35 619	51 286	97 888	134 286	1.44	1.91	1.37
2014年	37 655	48 285	93 003	120 295	1.28	1.93	1.29
女性							
1980年	26 214	33 883	46 160	53 938	1.29	1.36	1.17
1990年	26 107	36 171	57 533	68 388	1.39	1.59	1.19
2005年	24 643	35 666	66 124	86 468	1.45	1.85	1.31
2014年	24 135	35 521	64 345	81 936	1.47	1.81	1.27

a. 2005年和2014年的数据是对拥有各种不同水平研究生学历的人的工资性报酬所做的加权平均；1980年和1990年的数据来自那些完成了4年以上大学教育的人。

资料来源：U. S. Bureau of the Census, Money Income of Households, Families, and Persons in the United States, Series P-60: no. 132 (1980), Table 52; no. 174 (1990), Table 30; and U. S. Bureau of the Census website: http://pubdb3.census.gov/macro/032006/perinc/new03_190.htm and http://pubdb3.census.gov/macro/032006/perinc/new03_316.htm (2005); http://www.census.gov/data/tables/time-series/demo/income-poverty/cps-pinc/pinc-03.html (2014).

在女性中同样也可以观察到本科和研究生教育的投资回报上升的情况，虽然在这两种不同的教育水平内部存在的一些潜在的变化不同。20世纪80年代，相对于高中辍学的女性劳动者而言，拥有高中学历的女性劳动者的工资性报酬，无论是从相对角度还是从绝对角度看，实际上都上升了，但是，由于拥有学士学位和研究生学位的女性劳动者的工资性报酬增长得更快，所以女性劳动者的高等教育投资回报情况基本上与男性相同。获得学士学位或研究生学位的女性的工资性报酬优势增大的情况与男性相似，在2005年之前出现了最大的涨幅，但此后基本不变。

（请回忆一下我们在第9章中论述过的很重要的一点，那就是高等教育投资回报的上升会导致上大学的人数增多，最终使大学毕业生的劳动力供给曲线向右移动。这种向右移动的劳动力供给曲线会趋于降低大学毕业生要求的工资水平，因此，大学毕业生在1980—2005年间的工资性报酬优势反而上升这种情况就表明，劳动力供给曲线的右移幅度比劳动力需求曲线的右移幅度更小。[①] 正如例15.2所示，在20世纪初出现的办公技术的重大变化导致社会对受过良好教育者的劳动力需求上升，但是在这一时期的此类劳动力供给增加，结果却使得教育投资的收益实际上反而是下降的！）

例 15.2☞

20世纪初的教育投资回报率的变化

教育投资的收益率近年来是不断上升的，而且目前的水平也相对较高，但是，20世纪初，教育投资的收益率比现在还高。不过，这种高收益率并没有维持太长的时间，这是因为尽管市场对受教育程度较高的劳动者的需求在增长，但是这类劳动力的供给却增长得更快。1914年，办公室文员——这种职位通常要求任职者获得高中毕业文凭——的工资性报酬水平要明显高于受教育程度较低的体力劳动者。女性办公室文员的工资性报酬水平比女性生产工人高出107%，而男性办公室文员的工资性报酬水平则比男性生产工人高出70%。然而，在第一次世界大战期间以及20世纪20年代初期，教育带来的工资性报酬溢价却大幅度下降了。截至1923年，女性劳动者从高中教育中获得的工资性报酬溢价只有41%，而男性则只有10%。在20世纪20年代其余的年份里以及整个30年代，这一收益率都仅有微小的回升。

然而，令人吃惊的是，导致高中教育产生的工资性报酬溢价出现如此大规模下降的原因却是，经济中出现的一些变化导致市场对这些劳动者的相对需求增加了。新的办公设备（比如经过改良的打字机、计算机、装订机、录音机以及油印机等）降低了信息技术的成本，并且增加了对与这些设备构成互补关系的生产要素——受过高中教育的办公室文员——的需求。在1910年之后的20年中，办公室文员的就业量在美国总就业人数中所占的比例已经上升了47%。

---

① 有关此问题的更详细分析，参见 Kevin M. Murphy and Robert H. Topel, "Human Capital Investment, Inequality, and Economic Growth," Journal of Labor Economics 34, pt. 2 (April 2016): S99 - S127; and David H. Autor, "Why are There Still So Many Jobs? The History and Future of Workplace Automation," Journal of Economic Perspectives 29 (Summer 2015): 3 - 30。

然而，与这种需求曲线移动相伴随的是，高中毕业生的供给曲线出现了更大规模的向右移动，这是因为，在这一时期，美国大部分地区的高中都向大众开放了。比如，1910—1920 年，新英格兰地区的高中入学率由 25%上升到了 43%；而在太平洋地区，高中入学率则由 29%上升到了 60%。在整个 20 世纪 20 年代，内燃机、柏油路和联合学区的建立等第一次将中等教育带到了农村地区。在城市中，各个学校也不再仅仅提供为上大学而准备的课程，并且开始吸收更多的学生。1910—1930 年，高中毕业生在整个劳动力队伍中所占的比例已经上升了几乎 130%。

因此，尽管在 20 世纪初和 20 世纪末都出现了相似的对受教育水平更高劳动者的需求的相对增长，但是教育引发的工资性报酬变化却不尽相同。就像我们在本书中强调的那样，需求和供给两个方面的因素是理解工资的关键所在！

资料来源：Claudia Goldin and Lawrence F. Katz，"The Decline of Non-Competing Groups：Changes in the Premium to Education，1890 - 1940，" National Bureau of Economic Research，working paper no. 5202，August 1995.

□ 相同人力资本群体内部的工资性报酬差别的扩大

导致工资性报酬差别扩大的因素之一是受教育程度较高和受教育程度较低的劳动者之间的平均工资水平差别扩大了，而另外一种可能也会导致这种情况的出现，这就是，即使是在范围界定得非常狭窄的同一人力资本群体内部，工资性报酬的差别也变得越来越大了。为了理解这种情况是如何对工资性报酬分配的不均等程度的测量结果产生影响的，我们假设位于工资性报酬分配顶端的都是受过高等教育的年龄较大的人，而在工资性报酬分配底端的都是高中时期就辍学的年轻人。如果每个群体内部的工资性报酬差别扩大，本来就位于工资性报酬很高的群体中的某些人就会获得更高的工资性报酬，而那些本来就属于低技能群体的某些人得到的工资性报酬会更低。其最终结果就是，第 80 分位和第 20 分位之间的工资性报酬比率或第 90 分位和第 10 分位之间的工资性报酬比率在总体上会上升。

为了理解同一人力资本群体内部的工资性报酬差别，表 15.4 根据年龄和受教育程度将男性全日制劳动者划分成 6 组，并且给出了 1994—2014 年每一个人力资本群体内部的第 80 分位和第 20 分位之间的工资性报酬比率数据。[①] 在大学毕业生中，每一个年龄组的工资性报酬差别在这 20 年中都略有扩大。高中毕业生之间的工资性报酬差别没有呈现出什么明显的规律，与 20 年前相比，2014 年时，年轻的两组人中的工资性报酬差别有所缩小，而在年龄最大的那一组中，工资性报酬差别有所扩大。表 15.4 中的数据显示，群体内部工资性报酬差别适度上升的情况主要集中在受过大

① 之所以主要关注男性劳动者，是因为每个年龄-教育群体中的男性劳动者具有的劳动力市场经验年限更相似。

学教育的人中，这与使用更详细的数据得出的研究结果是一致的。[①]

表 15.4　　第 80 分位和第 20 分位上的男性劳动者的工资性报酬比率，按年龄和受教育程度分组，1994—2014 年

	1994 年	2004 年	2014 年
有学士学位的男性			
25～34 岁	2.23	2.35	2.46
35～44 岁	2.67	2.72	2.83
45～54 岁	2.57	2.69	2.61
高中毕业的男性			
25～34 岁	2.52	2.39	2.33
35～44 岁	2.67	2.40	2.47
45～54 岁	2.13	2.37	2.57

资料来源：U. S. Bureau of the Census，Current Population Survey Tables for Personal Income，PINC-03：https://www.census.gov/data/tables/time-series/demo/income-poverty/cps-pinc/pinc-03.1994.html（1994）；https://www.census.gov/data/tables/time-series/demo/income-poverty/cps-pinc/pinc-03.2004.html（2004）；https://www.census.gov/data/tables/time-series/demo/income-poverty/cps-pinc/pinc-03.2014.html（2014）.

工资性报酬分配不均等程度加剧的根本原因

我们必须解释的一个重要现象是，为什么受教育程度较高的劳动者和受教育程度较低的劳动者之间的工资性报酬差别会扩大。在这方面，我们的基本经济模型提出了三种可能的原因。第一，受教育程度较低的劳动者的供给可能比大学毕业生的供给增长得更快，从而降低了低技能劳动者的相对工资水平；第二，与对受教育程度较低的劳动者的需求相比，对受教育程度较高的劳动者的需求增长得更快；第三，像工会主义势力下降等一些制度力量发生的变化，可能会导致受教育程度较低的生

① 对群体内部工资性报酬差别的分析，参见 Thomas Lemieux，“Increasing Residual Wage Inequality：Composition Effects，Noisy Data，or Rising Demand for Skill?” American Economic Review 96（June 2006）：461－498；Anders Akerman，Elhanan Helpman，Olerg Itskhoki，Marc-Andreas Muendler，and Stephen J. Redding，“Source of Wage Inequality，” American Economic Review：Papers and Proceeding (May 2013)：214－219。一项研究发现，在工资性报酬分配顶端差别的扩大与越来越多地使用绩效工资体系有关，参见 Thomas Lemieux，W. Bentley Macleod，and Daniel Parent，“Performance Pay and Wage Inequality，” Quarterly Journal of Economics 124（February 2009）：1－49。拥有相同的可衡量人力资本的劳动者之间的工资性报酬差别扩大，也可能与不同企业的平均薪酬水平差别扩大有关；参见 Jae Song，David J. Price，Fatih Guvenen，Nicholas Bloom，and Till von Wachter，“Firming Up Inequality，” National Bureau of Economic Research，working paper no. 21199 (Cambridge，MA，May 2015)；and Erling Barth，Alex Bryson，James C. Davis，and Richard Freeman，“It's Where You Work：Increases in the Dispersion of Earnings across Establishments and Individuals in the United States，” Journal of Labor Economics 34，pt. 2 (April 2016)：S67－S97。

产工人相对受教育程度较高的劳动者的工资下降。接下来，我们分别讨论上述三种可能性。

□ 劳动力供给方面的变化

在现实中，劳动力供给曲线和劳动力需求曲线的移动，甚至制度因素的变化，往往都是同时发生的，或者是一前一后发生的。一般情况下，通过复杂的统计研究可以对导致一种变化产生的各种可能影响因素进行分类整理，并且估计出每一种因素对这种变化的出现所起到的独立作用。然而，在大多数情况下，这些研究中的细节问题都超出了本书的讨论范围；我们在本小节中把重点放在找出哪些因素是导致工资性报酬分配的不均等程度在最近几年加剧的主要原因。

如果某一特定劳动者群体的市场出清工资水平下降主要是劳动力供给曲线的移动造成的，那么，劳动力供给曲线这时必然是向右移动的，而这种移动又必然将会导致就业量的上升［如图 15.3（a）所示］。如果劳动力供给曲线向左移动是造成工资率上升的主要原因，那么，与这种工资率上升相伴随的必然是市场出清就业量的下降［如图 15.3（b）所示］。在其他条件相同的情况下，劳动力供给曲线移动的幅度越大，则它对均衡工资率的影响程度就越高。

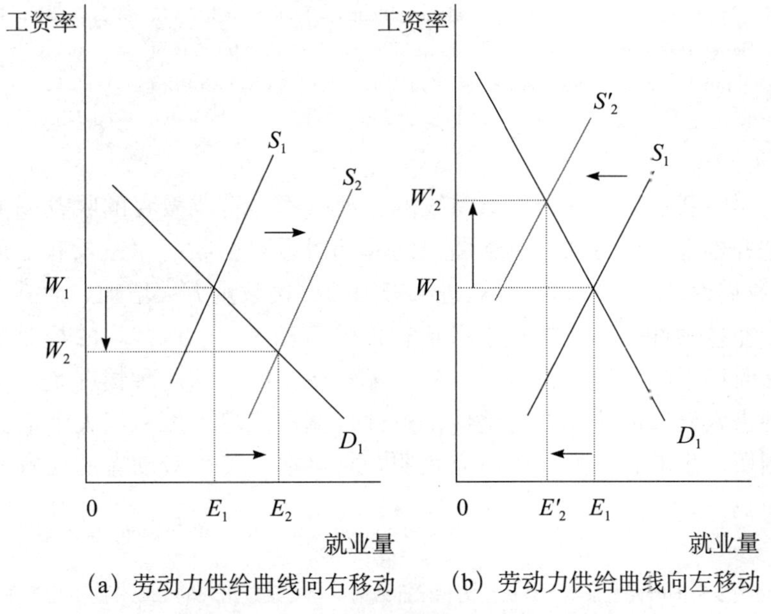

(a) 劳动力供给曲线向右移动　　(b) 劳动力供给曲线向左移动

图 15.3　作为工资率变化的主要影响因素的劳动力供给变化

我们试图解释的主要现象是受教育水平较高的劳动者和受教育水平较低的劳动者之间的工资差距为什么在不断扩大。如果劳动力供给曲线的移动是造成这一现象的主要原因，那么，我们应当可以观察到这样一种情况，即相对大学毕业生的就业量而言，受教育水平较低的劳动者的就业量会上升。表 15.5 中的数据表明，劳动力供给曲线的移动不可能是造成上述工资差距扩大的主要原因。通过对在 1980 年以后工资性报酬上升的劳动者的就业份额（A 行到 D 行）与工资性报酬下降的劳动者的就业份额（E 行到 H 行）进行比较就可以很清楚地看到，工资性报酬增加和就业量增加是正相关的。相对工资性报酬增长的劳动者群体同时也是就业量增长幅度较大的群体，而相对工资性报酬下降的群体恰恰也是就业份额下降的群体。因此，劳动力供给曲线的移动不可能是造成教育收益率上升的主要原因。①

表 15.5　　不同受教育群体的就业份额（%），25 岁及以上劳动者：1980 年，1990 年，2005 年，2014 年

相对工资性报酬上升的群体	1980 年	1990 年	2005 年	2014 年
A. 有研究生学位的男性	9.1	10.5	11.6	12.7
B. 有学士学位的男性	11.4	14.0	20.5	22.7
C. 有研究生学位的女性	5.7	8.2	11.1	15.3
D. 有学士学位 的女性	10.3	13.9	21.8	25.0
相对工资性报酬下降的群体				
E. 高中毕业的男性	38.2	38.1	30.8	28.7
F. 高中辍学的男性	22.7	16.3	11.6	9.8
G. 高中毕业的女性	46.4	42.1	28.6	23.7
H. 高中辍学的女性	17.8	12.2	7.8	6.1

资料来源：U. S. Bureau of the Census，Money Income of Households，Families，and Individuals in the United States，Series P-60：no. 132（1980），Table 52；no. 174（1990），Table 30；and U. S. Bureau of the Census，http：//pubdb3. census. gov/macro/032006/perinc/new03 _ 127. htm，http：//pubdb3. census. gov/macro/032006/perinc/new03 _ 253. htm（2005），and http：//www. census. gov/hhes/www/cpstables/032015/penic03_000.htm(2014).

当然，尽管我们说劳动力供给曲线的移动并不是造成教育的收益率上升的主导因素，但这并不等于说劳动力供给曲线的移动对教育的收益率就没有任何影响。在第 10 章中我们论述过，在这一时期进入美国的移民数量大大增加，而其中的绝大多数人都属于非技术性的、受教育水平比较低的劳动者——这些人的相对工资性报酬水平在这一时期下降的幅度也是最大的。虽然说很明显的一种情况是，技能水平较低的移民的进入会增加劳动者的整体工资性报酬不均等程度，但大多数关于低技能移民对美国所产生的影响方面的研究表明，它对本土美国劳动者的工资或工资分配几乎没有影响。②

① 一些更为复杂的研究也证实了，劳动力供给曲线的移动对最近出现的工资分配不均等所起的作用通常是很小的，参见 Lawrence F. Katz and Kevin M. Murphy，" Changes in Relative Wages，1963 - 1987：Supply and Demand Factors，" Quarterly Journal of Economics 107（February 1992）：35 - 78；John Bound and George Johnson，" Changes in the Structure of Wages in the 1980s：An Evaluation of Alternative Explanations，" American Economic Review 82（June 1992）：371 - 392；and John Bound and George Johnson，" What are the Causes of Rising Wage Inequality in the United States?" Federal Reserve Bank of New York Economic Policy Review 1（January 1995）：9 - 17。

② 关于这方面文献的一个综述，参见 Francine D. Blau and Lawrence M. Kahn，"Immigration and the Distribution of Incomes，" National Bureau of Economic Research，working paper no. 18515（Cambridge，MA，November 2012）。

□ 劳动力需求的变化：技术变革

相对工资性报酬上升较快的人力资本群体同时也是就业比重相对较高的群体这一事实表明，劳动力需求曲线的移动是导致1980年以来的工资性报酬不均等程度上升的主要因素。在其他条件不变的情况下，劳动力需求曲线的右移会导致工资和就业水平同时上升。因此，表15.5中的数据与下列情况是一致的，即对达到大学教育水平的那些劳动者的需求曲线右移，而对高中毕业或高中以下学历的那些劳动者的需求曲线左移。

技术变革和技能等级 经济学家普遍认为，在这些劳动力需求变化的背后潜藏着这样一种现象，即"技能偏向型技术变革"——技术变革提高了高技能劳动者的生产率，同时降低了对低技能劳动者的需求。20世纪80年代，几乎每一个行业中的企业都采用了多功能计算机化的生产和办公系统。例如，在机器人、自动测量装置、数据管理系统、文字处理和沟通网络等"高技术"方面的投资远远超过了在传统的机械化形式，比如更大或更快的机器设备等方面的投资。在工作中使用计算机的劳动者所占的百分比也从1984年的25%上升到1989年的37%以及1993年的47%。[①]总体来说，我们完全有理由怀疑，许多流程的计算机化会增加对高技能劳动力的需求，同时减少对其他劳动力的需求。

正如我们在第4章中指出的，技术变革与资本价格的下降是等价的，而技术变革对劳动力需求的影响则取决于规模效应和替代效应这两种效应的相对大小。如果劳动力与一种价格出现下降的资本在生产过程中是互补的，或者说尽管这种劳动力在生产过程中与这种资本是相互替代的，但是两者却属于一种总互补关系，那么，技术变革就会增加对劳动力的需求。然而，如果某种类型的劳动力与资本是总替代关系，技术变革就会减少对劳动力的需求。我们在第4章中论述过，至少在最近几十年中，资本和技术劳动力呈现出总互补关系，而资本和非技术劳动力则更可能呈现出总替代关系。如果这种一般情况适用于高技术资本，那么这种资本的价格下降以及它的不断普及就会导致对技术劳动力的需求曲线右移，同时对非技术劳动力的需求曲线左移。

高技术资本增长幅度最大的行业恰恰是大学毕业生在劳动力总量中所占比重最大的行业。1993年，大学毕业生中使用计算机的人所占的比例（70%）比高中毕业生中的同一比例（35%）高得多。此外，使用计算机的劳动者的生产率明显提高，据估计，他们使用计算机后的工资水平比没有使用计算机时的工资水平高20%——这一差距在1984—1993年进一步增大了。[②]

---

① 参见 Daron Acemoglu，" Technical Change，Inequality，and the Labor Market，" Journal of Economic Literature 40（March 2002）：7－22；David H. Autor，Lawrence F. Katz，and Alan B. Krueger，"Computing Inequality：Have Computers Changed the Labor Market?" Quarterly Journal of Economics 113（November 1998）：1169－1213。

② Autor，Katz，and Krueger，" Computing Inequality：Have Computers Changed the Labor Market?"

由于与计算机化的工作流程相联系的工作场所技术变革的速度越来越快、范围也越来越大，这就要求劳动者必须掌握新的技能（甚至是一些现在的学生认为非常基础的技能，例如学习打字或是使用各种计算机程序）。我们在第 9 章中论述过，学习一项新技能的成本对每个人来说并不都是相同的。学习速度最快的人往往也是学习的心理成本最低的人。学习成本差异的存在可能会在不同的人力资本群体之间以及人力资本群体内部造成工资性报酬差别。一方面，由于学习成本较低的人最有可能对教育进行更多的投资，正因为如此，我们很容易发现，那些受教育程度更高的劳动者也是适应高新技术环境速度更快的人；另一方面，即使在同一人力资本群体内部，学习的心理成本也使一些劳动者比另外一些人更倾向于抵制变革。在一个快速变革时期，由于有些劳动者比其他人能够适应得更快和更彻底，因此，在同一人力资本群体内部，工资性报酬之间的差别可能也会扩大。

技术变革和工作极化 有观点认为，高技术资本价格的下降及其广泛应用普遍提高了对高技能劳动力的需求，这种观点与 20 世纪 80 年代的工资性报酬不均等的变化趋势总体来说是一致的，即高技能劳动者的工资性报酬上升，而低技能劳动者的工资性报酬下降；同时无论是在高技能人力资本群体内部，还是在低技能人力资本群体内部，工资性报酬之间的差别也变得越来越大（在工资性报酬分配较高的一端和较低的一端同样也出现了工资性报酬的内部差别越来越大的情况）。然而，如果高技术资本的引入导致在所有的层次上都出现了对技能的需求上升，我们该如何解释以下事实——至少对男性而言，高中毕业生的工资性报酬优势是保持相对稳定的？此外，如果快速的技术变革——一直持续到 1990 年之后——全面地提高了对技能的需求，我们又该如何解释 1990 年之后在工资性报酬分配较低的那一端（以及在受教育程度较低和人力资本较少的劳动者群体中）出现的工资性报酬不均等程度下降的情况呢？

经济学家在最近所做的一些研究表明，高技术革命对劳动力需求产生的两种影响可能更为复杂，不仅仅表现在单纯地提高了对技术劳动力的需求方面。[①]首先，各种基于计算机的技术很容易在一些常规工作中替代劳动力：给机器喂料、回复函的自动生成、检查所生产出产品的缺陷、处理客户订单和旅行安排，或进行金融或财务计算等（例如，报税方面的专业人士的工作通常可以运用税务软件程序来取代）。然而，计算机并不擅长提出新问题、创造新想法、进行团队合作或与客户进行面对面的互动——所有这些任务都是由从事管理工作或专业工作的人完成的。虽然信息技术的改进消除了工厂中和办公室中的工作者的许多日常工作，但它们提高了管理

---

① Maarten Goos, Alan Manning, and Anna Salomons, "Explaining Job Polarization: Routine-Biased Technological Change and Offshoring," American Economic Review 104 (August 2014): 2509 - 2526; David H. Autor and David Dorn, "The Growth of Low-Skill Service Jobs and the Polarization of the U. S. Labor Market," American Economic Review 103 (August 2013): 1553 - 1597; and Guido Matias Cortes, "Where Have the Middle-Wage Jobs Gone? A Study of Polarization Using Panel Data," Journal of Labor Economics 34, pt. 1 (January 2016): 63 - 105.

人员和专业人员的生产率（从而提高了他们的工资），这些人所从事的工作是对计算机收集和传递的数据与信息加以利用。换句话说，受过高等教育的员工现在可以花更少的时间获取工作所需的信息，而花更多的时间来分析和解释这些信息，从而做出决策或提出新的想法。①

其次，高技能人群的工资增长似乎也导致了对另外一类人的需求不断上升，这些人所从事的是计算机无法替代的一些非常规性手工技能工作，例如，修剪草坪、照顾孩子和在餐馆提供用餐服务等。有证据表明，随着受过高等教育的人的工资水平增长，他们的工作时间也延长了②，因此，他们需要雇用的儿童看护、庭院维护以及餐食准备等方面的服务提供者也同时上升了。③

因此，计算机化可能会对就业增长产生极化影响，即它减少了对许多工资性报酬处于分配的中间位置的工厂工人和办公室职员的需求，同时（通过规模效应）增加了对受过高等教育的人以及从事非常规性手工工作的人（他们中的很多人都是工资性报酬水平最低的）的需求。从表 15.6 中可以看到两极分化的证据，其中包含了四大职业群体中的就业人口比例的变化：管理人员、专业技术人员、办公室和行政支持人员以及服务人员（医疗保健支持、保护性服务、食品准备、保管或个人护理工作）。④ 与工作极化假设一致，从 1983 年到 2015 年，管理人员和专业技术人员在劳动力队伍中所占的比例上升，办公室和行政支持人员的就业比例下降，服务人员的比例上升。因此，有可能存在的一种情况是，对处于工资性报酬分配较低端的劳动力需求的上升——特别是在 1990 年之后——对缩小工资性报酬分配在下半部分

表 15.6　　　　四大主要职业群体的就业比重变化情况，1983—2015 年（%）

职业群体（2015 年的周工资性报酬）	在总就业量中所占的比重		
	1983 年	2000 年	2015 年
管理人员（1 258 美元）	10.7	15.1	16.2
专业技术人员（1 112 美元）	12.7	15.6	22.7
办公室和行政支持人员（656 美元）	16.3	14.2	12.0
服务人员（509 美元）	13.7	13.9	17.4

资料来源：U. S. Bureau of Labor Statistics，Employment and Earnings：31（January 1984），Table 20（1983）；48（January 1991），Table 23（2000）；Employment and Earnings Online（January 2016） Tables 10，39（2016）at http：//www. bls. gov/opub/ee/2016/cps/annavg10 _ 2015. pdf，and http：//www. bls. gov/opub/ee/2016/cps/annavg39 _ 2015. pdf.

---

① 更多关于该问题的详细论述，参见 Erik Brynjolfsson and Andrew McAfee，The Second Machine Age：Work，Progress，and Prosperity in a Time of Brilliant Technologies（New York：W. W. Norton，2014）。

② Peter Kuhn and Fernando Lozano，"The Expanding Workweek? Understanding Trends in Long Work Hours among U. S. Men，1979 - 2006，" Journal of Labor Economics 26（April 2008）：311 - 343.

③ Marco Leonardi，"The Effect of Product Demand on Inequality：Evidence from the United States and the United Kingdom，" American Economic Journal：Applied Economics 7（July 2015）：221 - 247；Autor，"Why Are There Still So Many Jobs? The History and Future of Workplace Automation."

④ 之所以选择这四个群体，是因为自 1983 年至今，对它们的界定一直没有发生过变化。在此期间，其他职业群体都经历过定义的改变，于是，就无法使用已经公开发表的数据来进行比较了。

中的不均等程度发挥了作用。[①]

技术变革和社会技能 与技术变革相关的工作极化似乎可以解释这样一种现象，即对日常性工厂技能以及办公室事务性技能的需求下降，而对低技能的非常规性服务类工作的需求上升。但是，哪些原因能够解释在工资性报酬分配的上半部分出现的不均等加剧的情况呢？正如表 15.2 中的第 80 分位与第 50 分位的工资性报酬之比以及第 90 分位与第 50 分位的工资性报酬之比所显示出来的那样。一种可能的解释是基于这样一个事实，即计算机非常擅长进行计算并以图形化的方式展示方程或模型，但却不能很好地替代人类之间的交互作用。因此，自 2000 年以来，需要高认知技能但不需要太多社会互动的工作（例如许多工程类工作）要比需要高认知和社会技能的工作（例如管理人员和卫生专业人员）的就业增长速度慢得多。[②] 因此，一些受过大学教育的人所从事的职业已经开始比其他职业增长得更快，这可能会在工资性报酬分配的上半部分造成越来越大的工资性报酬差别。

技术变革和“胜利者”薪酬 数字化的快速增长也为工资性报酬分配的上半部分工资性报酬差别扩大——尤其是最顶层的工资性报酬差别扩大的速度（表现为第 90 分位与第 50 分位之间的工资性报酬比率增大速度超过了第 80 分位与第 20 分位之间的工资性报酬比率增大速度）——提供了另一种可能的解释。随着服务和电信的数字化程度提高，顶级的娱乐明星和成功的创新者——比如社交媒体网站和税务软件的开发者——能够以较低的成本接触到数量庞大且不断扩大的观众或用户群体，因此，这些“成功的”娱乐明星和创新者之所以能得到高额的回报，正是因为他们越来越有能力以更大的规模来提供服务。同样，这些技术进步也让最优秀的商业领袖能够扩大自己的能力，从而成功地管理更多的员工或接触更多的客户，进而推高了他们相对于能力较差的其他同行的薪酬。因此，可以说，快速的数字化极大地提高了某些劳动力市场中能力最出色的那些人能够得到的回报。[③]

技术变革和薪酬不稳定性 上述的技术发展，再加上由于放松管制和生产全球化带来的产品市场上日益激烈的竞争（参见第 16 章），也可能导致单个劳动者的工资性报酬不稳定的情况有所加剧。在快速变化时期，一些公司在增长，而另一些公司却正在消亡，一些劳动者在加班，而另一些劳动者却被裁掉。工资性报酬不稳定

---

① 关于这一问题的争论，参见 Autor and Dorn，“The Growth of Low-Skills Service Jobs and the Polarization of the U. S. Labor Market”。

② David J. Deming，“The Growing Importance of Social Skills in the Labor Market，” National Bureau of Economic Research，working paper no. 21473 (Cambridge，MA，August 2015)；Paul Beaudry，David A. Green，and Benjamin M. Sand，“The Great Reversal in the Demand for Skill and Cognitive Tasks，” Journal of Labor Economics 34，pt. 2 (January 2016)：S199 - S247. 还有证据表明，在过去 20 年中，不同大学专业之间的工资性报酬差别已经扩大了，参见 Joseph G. Altonji，Lisa B. Kahn，and Jamin D. Speer，“Trends in Earnings Differentials across College Majors and the Changing Task Composition of Jobs，” American Economic Review Papers and Proceedings 104 (May 2014)：387 - 393。

③ Steven N. Kaplan and Joshua Rauh，“It's the Market：The Broad-Based Rise in the Return to Top Talent，” Journal of Economic Perspectives 27 (Summer 2013)：35 - 56；Brynjolfsson and McAfee，The Second Machine Age：Work，Progress，and Prosperity in a Time of Brilliant Technologies.

程度的任何上升——单个劳动者在不同年份中的工资性报酬波动——也可能会加剧我们此前描述的那种工资性报酬分配不均等。

为了了解工资性报酬不稳定是如何影响可衡量的工资性报酬不均等的，让我们集中考察一下工资性报酬分配的下五分之一分位。我们假设最初时，位于工资性报酬分配下五分之一分位上的劳动者的工资性报酬每年都没有变化。然后假设技术或产品市场的变化导致这些劳动者的工资性报酬出现了波动。在某些年份中，这些劳动者中有一半的人很不幸地遭遇了失业，从而减少了他们的收入，而另一半人则足够幸运，通过加班或利润分享获得了暂时性的工资性报酬上升。在工资性报酬分配下五分之一分位上的人平均工资可能不会改变，但第 10 分位上的劳动者的工资性报酬却会下降（这反映了那些不走运的劳动者的经历），而第 20 分位上的劳动者的工资性报酬会上升。如果位于工资性报酬分配上五分之一分位上的人的工资性报酬的不稳定情况并未发生变化，那么，第 80 分位和第 20 分位之间的工资性报酬比率将会缩小，而第 90 分位与第 10 分位之间的工资性报酬比率将会上升。有证据表明，目前的工资性报酬的不稳定程度要高于 1980 年，尤其是在工资性报酬分配的较低端——尽管这种不稳定程度上升的情况大部分发生在 1980—1990 年间。①

□ 制度因素的变化

除了市场的供给和需求力量之外，经济学家还考虑到了另外两种会引发工资性报酬分配不均等程度上升的原因。一是工会的衰落。二是自 20 世纪 80 年代以来，美国的最低工资基本上保持不变，而总体工资水平却上升了。由于参加工会的劳动者的工资通常位于工资性报酬分配的中段，因此，工会的衰落可能推动了第 80 分位和第 50 分位之间的工资性报酬比率或第 90 分位和第 50 分位之间的工资性报酬比率上升，而实际最低工资水平的下降则可能降低了位于工资性报酬分配最底端的劳动者的工资性报酬——在其他条件不变的情况下，这种情况会提高第 50 分位和第 20 分位之间的工资性报酬比率或第 50 分位和第 10 分位之间的工资性报酬比率。

根据可以推理出来的这两个方面原因，我们有理由怀疑工会力量的下降是导致教育收益率在 1980 年之后上升的一个主要影响因素。首先，正如我们在第 13 章中提及的，加入工会的劳动者在劳动力总人口中所占的比重下降是始于 20 世纪 50 年代的一个现象，此后，这种现象毫无遏制地延续到了下一个十年——甚至一直延续到 20 世纪 70 年代，即教育收益率开始下降的时期（参见第 9 章）。其次，女性劳动者的工会化程度比男性劳动者要低（参见第 13 章），但是 1980 年之后，女性劳动者

① Peter Gottschalk and Robert Moffitt, "The Rising Instability of U.S. Earnings," Journal of Economic Perspectives 23 (Fall 2009): 3 - 24.

的教育收益率上升幅度却与男性一样大，甚至比后者还要大。

一些实证研究在就工会化程度下降对总体工资分配不均等状况所产生的影响进行分析之后得出了这样的结论，即对男性劳动者来说，在 20 世纪 80 年代出现的工资性报酬分配不均等中，大约有 20%的原因可以归咎于劳动者的工会化水平发生的变化，但是 1990 年之后，这种因素就不再起重要作用了。① 这些经过谨慎分析得出的结论与我们在前面总结出来的观点是一致的，即第 80 分位和第 50 分位之间的工资性报酬比率在 20 世纪 80 年代的时候大幅度上升，但是在 1990 年之后就停止上升了——因此，1990 年之后出现的第 90 分位和第 50 分位之间的工资性报酬比率上升，仅仅是因为位于工资性报酬分配最顶端的那部分人的相对工资上升（工会化对此并没有产生影响）。

另一个被认为是导致教育的回报上升的可能制度因素是最低工资实际水平的下降。正如我们在第 4 章中看到的，美国联邦政府最低工资在 1981 年大约为平均工资的 45%，但在随后的 35 年中最低工资仅仅上调了五次，导致最低工资不到平均工资的 40%（2015 年时为平均工资水平的 34%）。尽管这可能会影响到第 50 分位和第 10 分位上的工资性报酬比率，但最近的一项研究却发现，这种影响相对较小。②

最后，一些经济学家认为，工资性报酬分配最顶层的工资性报酬（尤其是企业高管的工资性报酬）有所上升，这主要是因为这些公司高管与董事会通过讨价还价获得更高水平薪酬的动机（或能力）有所增强。有一种观点认为，随着美国降低富人的个人所得税税率，税前多挣 1 美元的价值变得更大，因此更值得他们去努力争取。到目前为止，还没有达成共识的一个问题是：这些高管的工资性报酬上涨到底是因为市场力量创造了上文提到的那一类“赢家”，还是说这些位于工资性报酬分配最顶层的人所获得的工资性报酬上升实际上源于变革后对他们更为有利的制度环境？③

① David Card, “The Effect of Unions on Wage Inequality in the U. S. Labor Market,” Industrial and Labor Relations Review 54 (January 2001): 296 - 315; Nicole M. Fortin and Thomas Lemieux, “Institutional Changes and Rising Wage Inequality: Is There a Linkage?” Journal of Economic Perspectives 11 (Spring 1997): 75 - 96; and David Card, Thomas Lemieux, and W. Craig Riddell, “Unions and Wage Inequity,” Journal of Labor Research 25 (Fall 2004): 519 - 562.

② 参见 David H. Autor, Alan Manning, and Christopher L. Smith, “The Contribution of the Minimum Wage to U. S. Wage Inequality over Three Decades,” American Economic Journal: Applied Economic 8 (January 2016): 58 - 99。关于劳动力市场制度整体上如何影响各国的工资分配不均等问题，参见 Winfried Koeniger, Marco Leonardi, and Luca Nunziata, “Labor Market Institutions and Wage Inequality,” Industrial and Labor Relations Review 60 (April 2007): 340 - 356。

③ Thomas Piketty, Emmanuel Saez, and Stefanic Stantcheva, “Optimal Taxation of Top Labor Incomes: A Tale of Three Elasticities,” American Economic Journal: Economic Policy 6 (February 2014): 230 - 271; Josh Bivens and Lawrence Mishel, “The Pay of Corporate Executives and Financial Professionals as Evidence of Rents in Top 1 Percent Incomes,” Journal of Economic Perspective 27 (Summer 2013): 57 - 78; Kaplan and Rauh, “It's the Market: The Broad-Based Rise in the Return to Top Talent”; Song, Price, Guvenen, Bloom and von Wachter, “Firming Up Inequality.”

实证研究

父母的工资性报酬决定了子女的工资性报酬吗？经济流动研究中的代际数据使用

我们在分析工资性报酬分配不均等时关注的是某一个时点上的工资性报酬分配情形，但是在工资性报酬分配不均等问题上还有另一个非常重要的方面，这就是子女——尤其是生活在工资性报酬分配底层家庭中的子女——在父母的经济状况基础上取得改善的机会。换言之，对一个工资性报酬分配的不均等程度不断上升的国家来说，它可能更为关心这样一种趋势，即子女是否会从父母那里继承这种工资性报酬分配的不均等状况；而能够提供各种受教育和工作的机会，从而使人们有非常多的机会实现向上流动的国家，则不会太关注这方面的问题。

研究代际流动，就需要获得一批非同寻常的数据，其中必须包括父母及其成年子女的工资性报酬数据。在获得这种数据的时候，统计分析的核心就是衡量子女的工资性报酬相对于父母的工资性报酬的弹性。也就是说，如果父母的工资性报酬上升了10%，那么子女的工资性报酬会上升多少？如果是单位弹性，则意味着代与代之间有高度一致的工资性报酬分配模式，上一代的工资性报酬差别会完全被下一代所继承；如果弹性为零，则意味着父母的工资性报酬与子女的工资性报酬并不相关，工资性报酬状况并不会在代与代之间传递。

对于上述这种弹性，我们可以使用回归分析的方法来进行估计，其中因变量是子女的工资性报酬，自变量是其父母的工资性报酬。当然，由于诸如失业、疾病、家庭问题和总体经济活动状况等短期因素的影响，父母和子女的工资性报酬可能每年都在发生变化。因此，对父母的工资性报酬的测量要反映出他们的长期——或长期平均——工资性报酬水平。如果研究者只能得到父母这一代在一年或两年中的工资性报酬数据，则回归分析得出的估计结果很可能就会由于变量误差的原因而出现弹性趋于零的偏差（我们在第8章的实证研究中曾经提到过）。对研究代际流动来说，这是一个非常严重的问题，因为弹性为零实际上意味着在代与代之间有着很大规模的流动，这可能会引导我们得出这样的结论：这个社会允许劳动者向上进行大规模的流动，但是事实却并非如此。

对美国男性的工资性报酬相对于他们父亲的工资性报酬的弹性所做的估计为说明这类统计问题提供了一个很好的例子。在仅使用父亲在一年中的工资性报酬数据时，估计出来的弹性为0.25～0.35。但是，当使用的数据是父亲在5年中的平均工资性报酬时，估计出来的弹性会升至大约0.40；当可以使用长达16年的数据时，估计出来的弹性则是0.6。

因此，当数据的质量提高，即可以对父亲在更多年份中的工资性报酬进行观察时，估计出来的弹性值就会上升，经济学家对美国的向上流动程度也就感到更加悲观。最近的一些估计还表明，如果影响工资性报酬的其他因素保持不变，且目前在获得高工资性报酬的男性和低工资性报酬的男性之间存在200%的工资差距，那么，在25年或30年之后，他们的儿子之间的工资性报酬差别会变成120%。

资料来源：Gary Solon，"Intergenerational Income Mobility in the United States，" American Economic Review 82 (June 1992)：393-408；and Bhashkar Mazumder，"Analyzing Income Mobility over Generations，" Chicago Fed Letter，issue 181 (Federal Reserve Bank of Chicago，September 2002)：1-4；and Raj Chetty，Nathaniel Hendren，Patrick Kline，Emmanuel Saez，and Nicholas Turner，"Is the United States Still a Land of Opportunity? Recent Trends in Intergenerational Mobility，" American Economic Review Papers and Proceedings 104 (May 2014)：141-147.

复习题

1. 试分析企业购买新资本时的投资税收抵免额度上升会对工资性报酬差别产生何种影响。(相关的概念，参见第4章。)

2. 假如为了根据"可比价值"原理来消除对女性劳动者的工资歧视，要求政府以及大型私营企业主必须提高支付给在女性占主导地位的工作岗位上就职的女性员工的工资水平。但这项计划却不适用于小企业。结合你在前面的章节中学习过的不同规模企业以及女性占主导地位的工作岗位上的工资决定方面的知识，分析这种可比价值对女性劳动者中的工资性报酬分配不均等产生的影响。(相关的概念，参见第12章。)

3. 工会争取实现的一个主要目标就是促使国家通过立法来禁止雇主另外雇人来替换正在罢工的员工。如果这种法律被通过，那么，它对工资性报酬分配的不均等将会产生何种影响？(相关的概念，参见第13章。)

4. 最近几年中，有些人提出了这样一个建议，即对目前还没有征税的健康福利以及其他员工福利也开始征税。假定工资水平较高的员工同时也享有较高水平的员工福利，那么，如果这种征税建议被采纳，它会对工资性报酬分配的不均等产生何种影响？(相关的概念，参见第8章。)

5. "旨在实现收入均等化的一些计划开始实施时，劳动力供给方面做出的反应既有可能是缩小工资性报酬差距，也有可能是扩大。"根据在"负所得税"计划下，向不工作的人提供的补贴水平上升了这种情况，对上述观点加以评论。假定这种计划产生了一种高于零但是低于市场工资的有效工资水平，并且这种有效工资不会随着向不工作的人支付的补贴水平的上升而有所改变。(相关的概念，参见第6章。)

6. 分析地理上的劳动力流动对工资性报酬差距的扩大或缩小产生的影响。(相关的概念，参见第10章。)

7. 假定某国政府对工资性报酬分配的不均等程度日益严重的现状非常关注，从而希望采取一项计划来提高非技术劳动者的总体工资性报酬水平。该国现行的工薪税征税方式是，根据员工挣到的第一个100 000美元的一定百分比向其雇主征税。该国政府现在正在考虑对现行的工薪税进行以下两种不同方式的改革。

(1) 将向雇主征收的工薪税的范围扩大到每年100 000美元以上的所有工资性报酬，同时通过取消与工厂和机器设备有关的某些税收抵免来提高资本的成本；

(2) 对员工每年挣到的第一个 30 000 美元工资性报酬不再向雇主征税，但是介于 30 000 美元和 100 000 美元之间的所有工资性报酬都要向雇主征税（对员工挣到的 100 000 美元以上的工资性报酬部分则不向雇主征税）。

分别对上述第一个和第二个建议进行分析（该国政府只能在两者之中择其一实行，而不能两者同时实施）。哪一种方案更有可能实现政府提高非技术劳动者的工资性报酬水平的目标？为什么？

8. 一位经济学家发现，一个人的认知技能和非认知技能到 20 岁的时候基本上就确定下来了，那些不善于学习新技能或新概念的人即使参加了教育或培训计划，在这方面也很难有大的改善。假设这种发现确实是真的，运用经济理论分析这种情况对当今世界上存在的工资性报酬分配不均等问题有何启示。

练习题

1. (参考本章附录) 10 名大学的高年级学生接到了雇主发给他们的工作录用通知书，他们的起薪如下所示（单位：美元）。将这些数据分为 5 组，然后运用这些数据绘出洛伦兹曲线。最后，计算出基尼系数。

贝姬	42 000
比利	20 000
查理	31 000
卡西亚	24 000
尼娜	34 000
鲁尔	37 000
罗斯	29 000
托马斯	35 000
威利斯	60 000
尤可科	32 000

2. 假设一个小镇的工资分配情况如下表所示。

部门	劳动者人数	工资水平
A	50	每小时 10 美元
B	25	每小时 5 美元
C	25	每小时 5 美元

假定一部最低工资立法的颁布对工资水平较高的 A 部门并未产生影响，但是将这部法律所覆盖的 B 部门的工资水平提高到了每小时 7 美元，同时使得该部门的雇用人数减少到了 20 人。假定从 B 部门失业的劳动者转移到了不受最低工资立法覆盖的 C 部门，结果导致 C 部门的就业人员上升到 30 人，但是工资水平却下降到了每小时 4.50 美元。工资分配的不均等程度是加深了还是减弱了？解释你的答案。

3. 下表给出了纽约市的客户服务代表的工资分配状况（单位：美元），列出了三个分位所对应的平均工资率。

分位	1990 年	2005 年
第 10 分位	9.13	10.51
第 50 分位	11.23	12.15
第 90 分位	13.98	14.78

（1）计算这两年中各个不同分位之间的工资性报酬比率。

（2）描述在这个地方劳动力市场中的工资性报酬分配不均等状况发生的变化。

4. 计算练习题 1 中所列出的劳动者的离散系数。

5. （参考本章附录）下表给出的数据是 2005 年美国的家庭收入数据，一共划分了五个分位，并且列举了每一分位的家庭收入在总收入中所占的百分比。画出洛伦兹曲线，并计算基尼系数。

五个分位	在总收入中所占的百分比（%）
最低	3.4
第二	8.6
第三	14.6
第四	23.0
最高	50.4

推荐阅读

Autor, David H. "Why are There Still So Many Jobs? The History and Future of Work-place Automation," Journal of Economic Perspectives 29 (Summer 2015): 3 - 30.

Bound, John, and George Johnson, "Changes in the Structure of Wages in the 1980s: An Evaluation of Alternative Explanations," American Economic Review 82 (June 1992): 371 - 392.

Brynjolfsson, Erik, and Andrew McAfee, The Second Machine Age: Work, Progress, and Prosperity in a Time of Brilliant Technologies. New York: W. W. Norton, 2014.

Burtless, Gary, ed. A Future of Lousy Jobs? The Changing Structure of U. S. Wages. Washington, D. C.: Brookings Institution, 1990.

Freeman, Richard B., and Lawrence F. Katz, eds. Differences and Changes in Wage Structures. Chicago: University of Chicago Press, 1995.

Gordon, Robert J., and Gordon Ian Dew-Becker, "Controversies about the Rise of American Inequality: A Survey," Cambridge, MA: National Bureau of Economic Research, working paper no. 13982 (April 2008).

Levy, Frank, and Richard J. Murnane, "U. S. Earnings Levels and Earnings Inequality: A Review of Recent Trends and Proposed Explanations," Journal of Economic Literature 30 (September 1992): 1333 - 1381.

附录 15A　洛伦兹曲线和基尼系数

对工资性报酬分配的不均等程度进行衡量的最常用方法是将工资性报酬分配按照十分之一分位或五分之一分位进行划分，然后再对每一个分位上的个人或家庭获得的工资性报酬（或收入）加以比较。正如我们在本章正文中所做的那样，我们还可以对位于工资性报酬分配序列较高分位（比如第 80 分位）上的个人（或家庭）与位于较低分位（比如第 20 分位）上的个人（或家庭）进行对比。然而，要想更为充分和完整地描述工资性报酬分配的不均等状况，还是要利用每一群体中劳动者所获得的工资性报酬（或收入）在总工资性报酬（或总收入）中所占的份额来进行衡量。

假如每一个家庭的收入都相同。那么，在这种收入分配完全均等的情况下，五分之一的家庭将会获得总收入的五分之一。如果用图形来说明，这种完全均等的收入分配状况就可以用图 15A.1 中的直线 AB 来表示，它所代表的是每一个五分之一分位上的家庭以及位于其下的那些家庭（用横轴表示）所获得的累积收入份额（用纵轴表示）。所以，第一个五分之一分位上的家庭（在家庭总数中占 0.2 或 20%的份额）将获得总收入的 0.2（或 20%）。第一个五分之一分位和第二个五分之一分位上的家庭（占总人口的 40%）将获得总收入的 40%，依此类推。

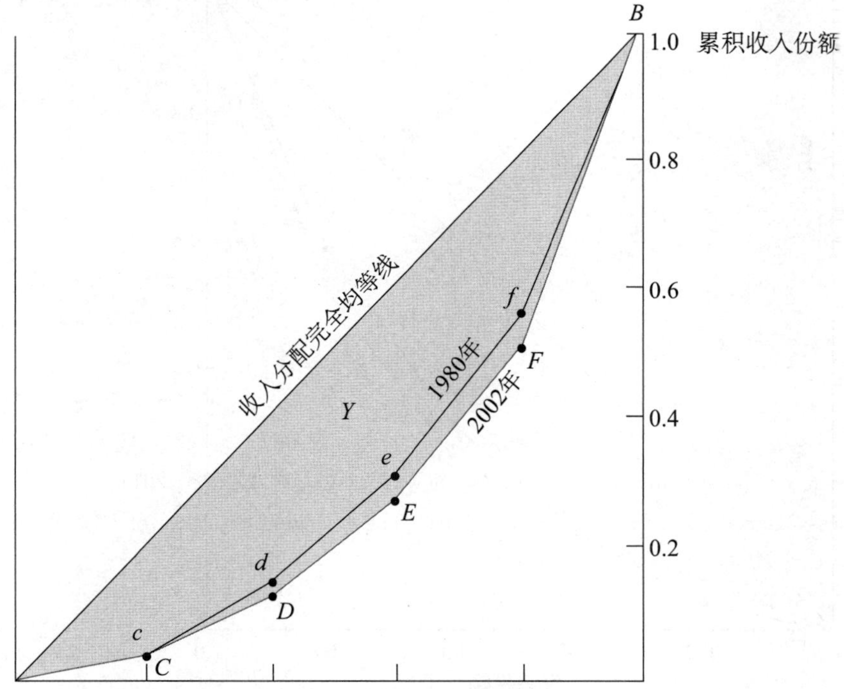

图 15A.1　美国家庭收入分配的洛伦兹曲线，1980 年和 2002 年

如果收入分配不是完全均等的，那么，代表多个五分之一分位上的家庭的累积收入百分比的曲线——洛伦兹曲线——就将呈现出一种凸状，并且位于收入分配完全均等线之下。比如，2002

年，美国收入水平最低的五分之一的家庭获得的收入仅占总收入的 3.5%，第二个五分之一的家庭获得了总收入的 8.8%，第三个五分之一的家庭获得了总收入的 14.8%，第四个五分之一的家庭获得了总收入的 23.3%，而收入水平最高的那五分之一的家庭则获得了总收入的 49.7%。将这些累积数据绘制在图 15A.1 中，我们将可以得到一条洛伦兹曲线 $ACDEFB$。由于在美国不同家庭之间的收入分配中存在明显的不均等现象，因此这条曲线显示出可以预料到的那种凸状。

假如一条洛伦兹曲线完全位于另外一条洛伦兹曲线的内部（即更接近完全均等线），那么，通过对这两条洛伦兹曲线所代表的均等状况进行对比，我们就可以得出明确的结论。比如，如果我们有兴趣对美国 1980 年和 2002 年的收入分配状况进行对比，那么，我们将会看到，根据 1980 年的收入分配数据绘制出来的洛伦兹曲线，即图 15A.1 中的 $AcdefB$，就比根据 2002 年的收入分配数据绘制出来的洛伦兹曲线更接近完全均等线。

然而，如果两条洛伦兹曲线是相互交叉的，那么，就无法说出哪一条曲线的均等程度更高了。比如，我们现在要对图 15A.2 中的曲线 A 和曲线 B 进行对比。我们可以看到，与曲线 B 代表的情况相比，在曲线 A 上，位于收入最低的那个五分之一分位上的家庭获得的收入在总收入中所占的比例要小一些；但是，从位于收入最低的两个五分之一分位上的家庭（合在一起）的收入在总收入中所占的比例来看，曲线 A 和曲线 B 的情况却是相同的；而从位于收入最低的三个五分之一分位以及四个五分之一分位上的家庭获得的收入占总收入的比例来看，曲线 A 上的家庭又比曲线 B 上的家庭所占的比例更高。

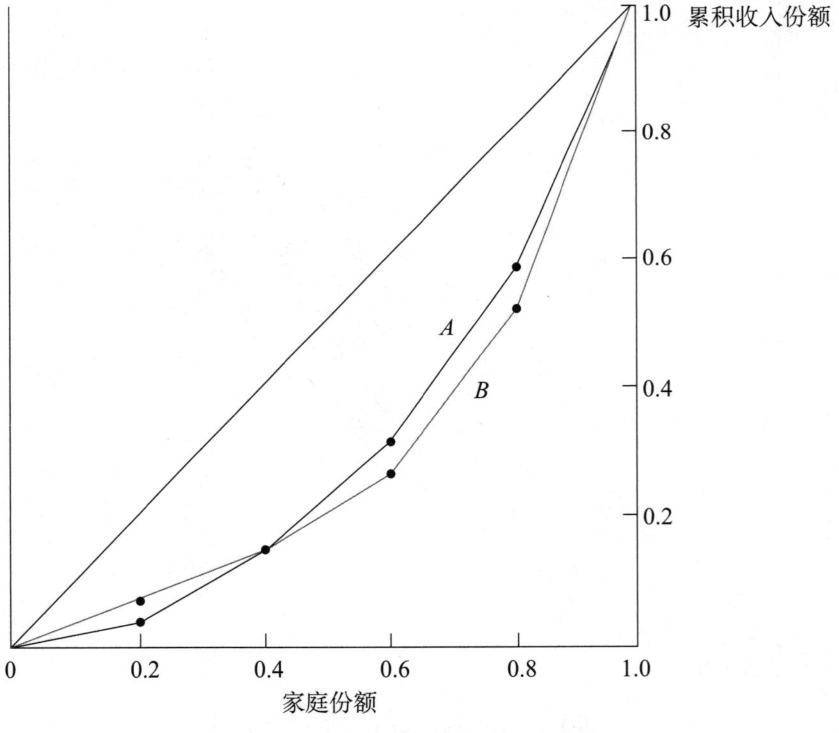

图 15A.2　相互交叉的洛伦兹曲线

另外一种对收入分配不均等程度进行衡量的方法是基尼系数法，在对各种收入分配情况进行对比时，只要看看该系数，我们就能够得出明确的结论。所谓基尼系数，就是指位于洛伦兹曲线和完全均等线之间的这一区域的面积（图 15A.1 中的 Y 表示的面积）与完全均等线以下的全部区域的总面积之比。很显然，在收入分配完全均等的情况下，基尼系数是等于零的。

计算基尼系数的方法之一是将位于洛伦兹曲线之下的区域划分成一系列的三角形和长方形，就像图 15A. 3 中那样（这里又重复了图 15A. 1 中描绘过的 2002 年的洛伦兹曲线）。每一个三角形的底边都等于 0. 2——每一个五分之一分位的水平距离，而其高则等于相应的那个五分之一分位上的家庭获得的收入百分比（累积百分比减去其下那些五分之一分位上的家庭所获得的收入百分比）。由于每一个三角形的底都是相同的，而它们的高度之和等于单位 1，因此，所有三角形的面积之和总是等于 0. 5×0. 2×1. 0=0. 1（底乘以高再除以 2）。

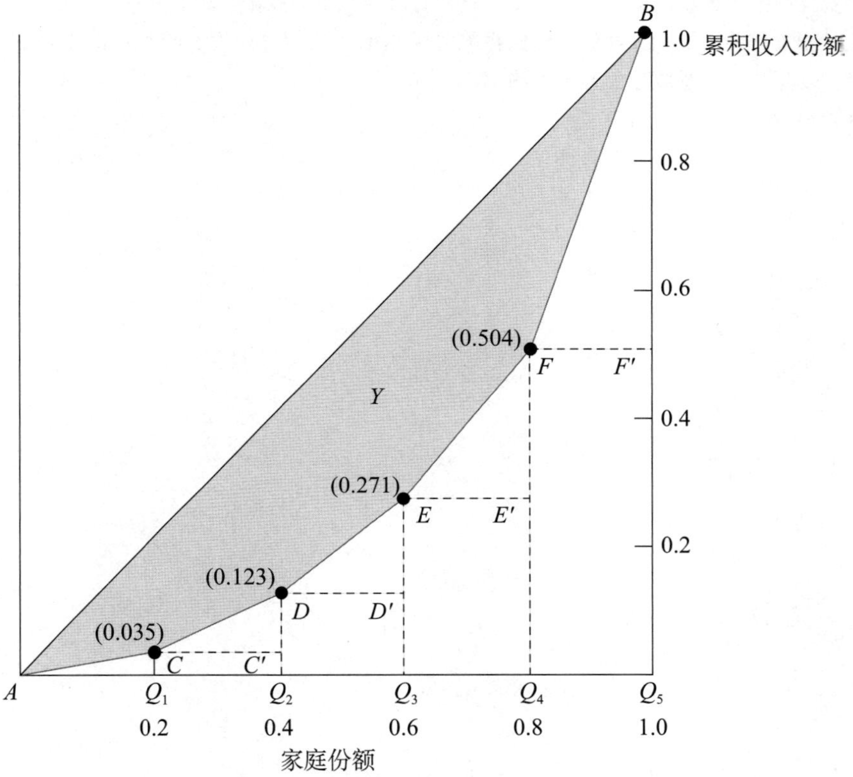

图 15A. 3　美国家庭收入分配的基尼系数，2002 年

图 15A. 3 中的长方形都有一条等于 0. 2 的边，并且另外一条边等于前面所有五分之一分位上的家庭获得的收入百分比的累积数。比如，长方形 $Q_1CC'Q_2$ 的面积为 0. 2×0. 035=0. 007，而 $Q_2DD'Q_3$ 的面积则为 0. 2×0. 123=0. 024 6。类似地，$Q_3EE'Q_4$ 的面积为 0. 054 2，$Q_4FF'Q_5$ 的面积为 0. 100 8。图 15A. 3 中的所有这四个长方形的面积总和为 0. 186 6。

于是，在图 15A. 3 中，位于洛伦兹曲线以下的面积等于 0. 186 6+0. 1=0. 286 6。由于完全均等线以下区域的总面积为 0. 5×1×1=0. 5，所以，美国 2002 年的基尼系数可以依照下述公式计算，即：

$$基尼系数（2002）=\frac{0.5-0.2866}{0.5}=0.4268 \quad (15A.1)$$

出于比较的目的，我们也可以对 1980 年的收入分配基尼系数加以计算，其结果为 0. 376 8——由于它比 2002 年的基尼系数更接近于零，因此，1980 年的收入分配均等程度显然比 2002 年高。

然而，令人遗憾的是，无论富裕阶层是将他们收入的一部分转移给中产阶级，还是转移给贫穷阶层，基尼系数本身同样都会变小。所以，在没有任何其他说明的情况下来对收入分配的均等程度进行比较时，基尼系数可能就只能产生一种“有限的”答案。正如我们在图 15A.2 中看到的，只要被比较的两条洛伦兹曲线是相互交叉的，那么，当我们对两种收入分配状况的相对均等程度进行比较时，就不能总得出一个毫无争议的明确答案。

到目前为止，我们已经根据家庭收入对洛伦兹曲线和基尼系数进行了分析，为了简便起见，我们仅仅分析了这类数据，因为这类数据有公开出版的资料。尽管个人所得到的工资性报酬占总工资性报酬的份额的数据目前还没有公开发表的资料，但是在 1967—1992 年，建立在可比基础上的涉及工资性报酬分配状况的基尼系数却一直都有公开发布的数据。20 世纪 70 年代，在美国全年都从事全日制工作的男性和女性的工资性报酬分配基尼系数相对来说一直是停滞不前的，但是到了 20 世纪 80 年代，该系数却上升了大约 15%。①

① U. S. Bureau of the Census, The Changing Shape of the Nation's Income Distribution, 1947 - 1998, P-60, no. 204 (June 2000): 2 - 3.

第 16 章 国际贸易和生产共享对劳动力市场的影响

很多国家在传统上都通过对进口产品征税（“关税”）或发放配额的方式来保护自己的许多工业免受国外企业的竞争。近年来，许多国家都通过与一个或多个贸易伙伴达成协议的方式放松了对进口的这种限制。此外，通信技术的最新发展也使人们有能力在全世界范围内保持即时的虚拟沟通，这使得在远离消费者的地方生产产品和提供服务的可能性得到了极大的提高。这些变革的结果是，商品、服务、金融资源以及信息的跨国界流动变得日益重要，而这些流动具有重要意义。

例如，1985 年时美国从国外进口的商品和服务还不到全部购买量的 10%，但截至 2015 年，美国人购买的大约 15%的商品和服务来自其他国家。类似地，1985 年，在美国生产或提供的商品和服务中大约有 7%被售往其他国家，而在 2015 年，在美国生产或提供的商品和服务的 13%被销往海外。[①] 而且现在越来越难以搞清楚到底什么是“美国的”产品；例如，一家美国公司销售的笔记本电脑可能是在美国设计的，但是这些电脑使用的微处理器却是在哥斯达黎加或马来西亚制造的，而键盘是在韩国制造的，组装则是在中国台湾完成的，提供服务热线支持的又是印度的技术人员！这种生产过程的各个步骤分散在不同国家和地区完成的情况就被称为“生产共享”。

越来越多的零部件、服务以及最终产品的跨国界流动引发了这样的关注，即薪酬水平较高的美国劳动者现在面临着来自为数众多的低工资国外劳动者的竞争，生产共享就意味着他们的工作正在被外包给其他国家（或者是采取“离岸生产”方式），这样他们可能就会丧失工作岗位，同时他们的工资水平也可能会下降。这些观

① U. S. President，Economic Report of the President（Washington，D. C.：Government Printing Office，2016），Table B-2.

点的一个典型含义就是，更为一体化的世界经济使美国劳动力——或者至少是其中的大部分人——的境况变得更差了。

我们在本章中将运用本书前面提出的一些经济概念来分析美国与其他国家的贸易增长（其中包括产品和生产要素两个方面）会对劳动力市场产生何种影响。正如我们在第 15 章论述过的，我们的目标是通过回顾和运用在整本书中提出的许多理论来对一个热门话题进行分析。我们的分析将既运用实证分析的方法，同时也运用规范分析的方法。我们的分析将考察个人或企业（无论是在一个国家内部，还是在不同国家之间）为什么要进行贸易。

为什么会出现贸易

我们在第 1 章中强调过，市场的功能是促进互惠交易的实现。如果在交易中有些人受益但是没有人受损，那么，这些交易就是对社会有益的交易（帕累托改进）。这种状态也可以通过下述途径达成，即交易的受益者愿意为交易的受损者提供补偿。由于跨国界交易——正如在国内交易中一样——发生在个人或企业之间，因此我们必须理解这些交易决策者的动机。

□ 个人间贸易和比较优势原理

正如我们在第 7 章中论述过的，每一个家庭几乎每一天都面临许多到底是自己生产还是去市场上购买的决策。我们必须决定每天把哪些日常家庭工作留给自己来做，同时把哪些工作外包给别人去做（或者从他人处购买）。我们是自己买菜做饭呢，还是到饭店去购买？我们是自己花两天时间来粉刷自己的房间呢，还是雇用一名粉刷匠来做这件事？我们是自己给车加油、自己准备个人收入所得报税表格、自己修剪草坪、自己照看年迈的双亲，还是花钱请其他人来打理这些琐事？

在做出这些生产抑或购买的决策时，通常都需要权衡自己完成这些家务劳动的机会成本和从他人那里购买商品和服务的成本到底哪一个更高。如果我们决定专门从事一项家务劳动，并且从他人那里购买其他的商品和服务，我们就是在进行贸易；也就是说，我们出售自己专门从事的那些劳务，同时用出售这些劳务得到的钱从外部人那里购买其他的商品或服务。

当我们自己从事上面提到的所有这些家务劳动时，其中会包括两种成本。第一，我们并不擅长所有的家务劳动，所以，如果我们自己做所有的事情，最终产出结果就会比较差。第二，如果我们自己做所有的家务，我们就会放弃其他的时间利用机会，即从事其他生产率更高的工作，或者从事更为愉快的闲暇活动。例如，当一位每天收入高达 400 美元的律师可以每天只花 120 美元就能雇到人来粉刷自己的房间时，她是否真的愿意用两天的时间来自己干这件事呢？

为了更好地理解会对这些生产或购买决策产生影响的因素，我们列举一个简单的例子。假设多丽丝是上文中提到的那位律师，住在她街对面的是一位名叫达里尔的个体户修鞋匠。多丽丝每天能赚到 400 美元，她现在需要三套新衣服。假定达里尔和多丽丝都会做缝纫活，尽管两个人做这件事的速度不同。现在，多丽丝需要决定她到底是应该自己来做这三套服装，还是应该花钱请达里尔做。

如果多丽丝从自己的律师工作中抽出工作时间全力以赴地缝制服装，则她可以用一周的时间做好这三套服装。因此，她可以计算出自己制作这三套服装的价值是 2 000 美元（另外还需要加上材料的成本），因为她要放弃每天能赚 400 美元的 5 个律师工作日。很显然，除非她是真的喜欢缝纫活，否则，只要达里尔的收费低于 2 000 美元，她就会很乐意从达里尔那里购买服装。

达里尔没有多丽丝那么高的天分。他每天只能赚 120 美元，虽然他也会做缝纫活，但是他要想做好三套能够满足多丽丝要求的服装，需要花费的时间为两周。如果他决定为多丽丝缝制服装，则他就要放弃两周的工作，或者说 1 200 美元（每天 120 美元，总共 10 天）。然而，需要注意的是，他缝制服装的机会成本远远低于多丽丝缝制服装的机会成本（2 000 美元）。

如果达里尔同意为多丽丝缝制服装，并且对三套服装的收费为（比如说）1 500 美元，则这两个人都能够从中获益。达里尔将会比他平常修鞋多赚 300 美元，而多丽丝也会比自己缝制服装时节省 500 美元。此外，如果多丽丝专注于律师工作而从达里尔那里购买服装，那么，不仅这两个人能够获益，整个社会的产出也会提高！在达里尔缝制服装期间，社会损失了另外一部分价值 1 200 美元的产出。但是如果多丽丝自己缝制服装，那么社会损失的就会是价值 2 000 美元的法律服务。因此，从社会的角度来说，由达里尔缝制服装的成本也更低。

好奇的读者可以从这个例子中看到一个有趣的迷局。达里尔在做每一件事情上的生产率都低于多丽丝——他不仅在做自己的修鞋工作时赚的钱比多丽丝少，而且缝制服装的速度也比多丽丝慢——但是到最后，却有人需要他来做一名裁缝！为什么会是这样的呢？在制定生产或购买决策的时候，每一方的第一步都是进行一次内部比较，即一个人必须考虑到自己在生产商品或提供服务时的机会成本。换言之，在到底是自己生产还是购买某些物品这一问题上需要做出决策的人，自己是不能同时做两件事情的，他们必须首先计算出，如果自己去生产那些物品，则他们所要放弃的那些活动的价值是多少。

在这个例子中，达里尔计算出他缝制这三套服装的劳动力成本是 1 200 美元，多丽丝计算出她缝制同样的三套服装的劳动力成本是 2 000 美元。一旦他们自己做过内部计算，就会与对方进行谈判，看一看能否达成一项对大家都有利的互惠交易。尽管多丽丝缝制服装的速度比达里尔快，但是她的机会成本也更高，因为如果她从事其他工作（法律服务），则会比达里尔从事他自己的工作（修鞋）的生产率更高。于是经济学家得出这样的结论，即在缝制服装方面，达里尔更具有比较优势，达里尔缝制服装的机会成本（他损失的生产价值）低于多丽丝——由于双方的机会成本不同，这样就为达成互惠交易提供了一个空间。

比较优势原理隐藏在所有与他人进行的交易决策的背后。总体来说，每个人都有很强的动机去专门从事他们具有比较优势的商品或服务的生产，同时从其他人那里购买自己的生产成本比较高的商品或服务。

□ 跨国贸易的动机

如果贸易发生在同一个城市、一个州或一个国家内的不同个人之间，这种贸易对交易双方和整个社会都是有益的，那么，发生在不同国家的个人或企业之间的交易是否具有类似的益处呢？经济学家大多认为，国际贸易具有使从事国际贸易的国家的产出扩大的潜在可能，尽管对这种可能性在现实中能否实现还存在很多争论。为了理解这种争论，我们必须首先问自己：为什么经济理论认为，国与国之间的贸易只是为双方提供潜在利益呢？我们在上一小节中推导出的结论都是在个人层面上进行分析的结果，在本小节中，我们将在总体（国家）层面上进行分析。

无贸易条件下的生产可能性　我们现在假设某两个国家之间的贸易过去是受到严重限制的，这可能是因为对进口物品征收关税，也可能是因为受到某些技术方面的限制，例如，在跨国运输货物或者交流重要的交易信息方面存在困难等。无论如何，对国际贸易施加限制的结果就是这两个国家都只能用自己在国内生产的商品和服务来满足客户的需求。

为了使分析简便化，假设我们现在来考察 A 国和 B 国，这两个国家都能够利用自己拥有的资源来生产两种物品——食品和服装。由于在任何一个时点上，两国的资源都是固定的，因此，任何一个国家如果想增加食品的产出，就必须减少服装的产出；同样，要想生产更多的服装就必须减少一部分食品的生产。A 国和 B 国的生产资源状况不同，每一个国家利用其生产资源能够生产的食品和服装的不同数量组合可以被绘制在一张图上；其结果被称为“生产可能性曲线”（我们在第 4 章讨论技术变革产生的影响时论述过这条曲线）。

图 16.1 和图 16.2 中的直线——图 16.1 中的 XY 和图 16.2 中的 $X'Y'$——就是我们分别假设的 A 国和 B 国的生产可能性曲线。我们还假设（同样为了简化起见），每个国家从事生产的机会成本不随食品和服装的数量组合变化而发生改变，所以，在这两幅图中，生产可能性“曲线”都被描绘成了直线。

如图 16.1 所示，如果 A 国将所有的资源都用来生产食品，那么它能够生产 2 亿单位的食品，但是不生产任何 1 单位的服装（点 Y）。如果 A 国将所有的资源都用于生产服装，则我们假设它能够生产 1 亿单位的服装，但是不生产任何 1 单位的食品（点 X）。如果不与 B 国进行贸易，则 A 国最有可能选择生产两种物品的某种组合，因此，最终的生产决策点会位于生产可能性曲线上的点 X 和点 Y 之间。至于最终会选择哪个点，则取决于 A 国的偏好。

再来看图 16.2 中 B 国的情况，我们假设，如果它将所有的资源都用来生产食品，则它能够生产 2 亿单位的食品，但不生产任何 1 单位的服装（点 Y'）；相反，如果它将所有的资源都用来生产服装，则它能够生产 4 亿单位的服装，但是不生产任何 1 单位的食品（点 X'）。你会注意到，我们假设的这两个国家的生产可能性曲线是不同的；这种差别的根源在于每个国家拥有的自然、人力或技术等资源是存在差异的。

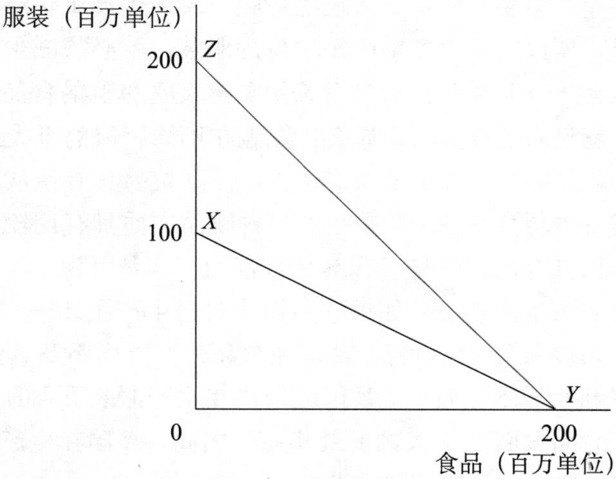

图 16.1　A 国的生产可能性曲线

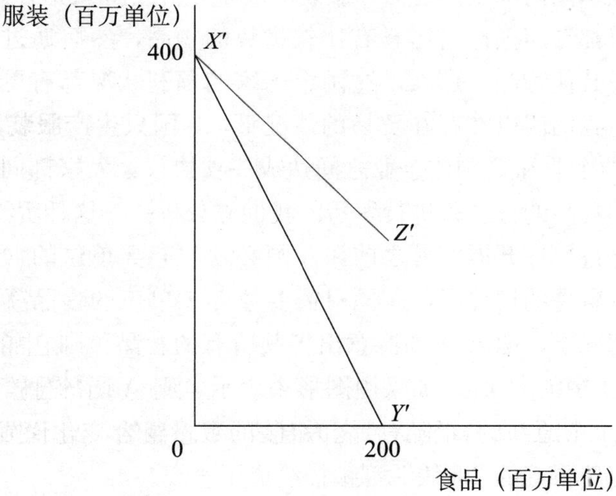

图 16.2　B 国的生产可能性曲线

比较优势　我们能否从这些生产可能性曲线中推导出比较优势呢？正如我们在前面指出的，确定比较优势要从计算在国内（内部）进行生产的机会成本开始，所以我们首先分析一下在每个国家内部生产食品的机会成本。如果 A 国过去一直只生产服装，但是它后来决定只生产食品了，那么，它将获得 2 亿单位的食品，但代价是因放弃 1 亿单位的服装生产而产生的机会成本。这样，在 A 国，只要放弃 0.5 单位的服装就可以得到新增的 1 单位的食品。而在 B 国，只有放弃 4 亿单位的服装才能生产出 2 亿单位的食品。于是，在 B 国，要想新增 1 单位的食品，就必须放弃 2 单位的服装。很显然，A 国生产食品的机会成本要比 B 国低——因为为了多生产 1 单位的食品，A 国所要放弃的服装数量少于 B 国。因此，在我们列举的这两个国家中，A 国在生产食品方面具有比较优势。

哪一个国家在生产服装方面具有比较优势呢？A 国生产 1 亿单位的服装需要放弃 2 亿单位的食品，所以它要想多生产 1 单位的服装，就必须减少 2 单位的食品的生产。而在 B 国，生产 4 亿单位的服装只需要放弃 2 亿单位的食品，它如果想多生产 1 单位的服装，就只需要减少 0.5 单位的食品的生产。显然，B 国在生产服装方面具有比较优势。

这是否仅仅是一种巧合——A 国在生产一种物品方面具有比较优势，而 B 国在生产另一种物品方面具有比较优势？答案是否定的。这是因为，A 国拥有的资源使它能够以不同的方式来生产食品，如果它不得不自己生产服装——而不是专门生产食品——那么它必须放弃大量的食品！B 国在食品生产方面不及 A 国的效率高，所以 B 国生产服装的机会成本比较低。B 国之所以在生产服装方面具有比较优势，恰恰是因为它在生产食品方面不及 A 国的效率高！因此，A 国在生产食品方面具有比较优势，实际上意味着它在生产服装方面具有比较劣势。

有贸易条件下的生产可能性 与我们在前面的例子中分析的多丽丝和达里尔的情况相似，一国在本国内部生产食品和服装的成本差异会导致这样一种情况的出现，即如果每一个国家都专门生产自己具有比较优势的物品，然后通过与其他国家进行贸易的方式来获得其他物品，那么，这两个国家的福利状况都有可能得到改善。为了理解这一点，让我们假设在存在贸易的情况下，B 国只生产服装，而 A 国只生产食品，同时 A 国的企业和 B 国的企业之间达成一项协议：大家都同意按照 1 单位的服装交换 1 单位的食品的方式来进行贸易。我们先分析一下这种贸易对 A 国的影响。

我们曾经指出过，在开展贸易之前，A 国必须放弃 2 单位的食品才能获得 1 单位的服装。而在有贸易的情况下，A 国只需要放弃 1 单位的食品就可以获得 1 单位的服装。在极端情况下，如果 A 国愿意出售其所有的食品，则它能够获得 2 亿单位的服装（见图 16.1 中的点 Z）。如果用图形来表示，则 A 国的生产可能性曲线会向外移动，从图 16.1 中原来的直线 XY 变为直线 ZY。显然，与 B 国进行贸易能够使 A 国的国民同时消费更多的食品和服装。

这里，我们必须停下来解释一下，对 A 国来说，从图 16.1 中的直线 XY 移动到直线 ZY，实际上等同于在图 4.6 中所发生的那种移动。在图 4.6 中，我们假设有一条与本节相同的生产可能性曲线（XY），然后进一步描绘了当技术变革导致服装行业的生产率翻了一番时，这条生产可能性曲线将会发生怎样的移动。图 16.1 中发生的那种移动与这里所说的两国出现贸易后发生的移动是相同的。事实上，从 A 国的角度看，贸易实际上可以被视为一种新的（服装生产）技术。由于 A 国的服装现在是在 B 国生产的，所以 A 国人穿的服装实际上是用一种新技术来生产的！

在 B 国同样也存在这种类似的生产可能性曲线外移的情况。在无贸易之前，B

国要想多消费 1 单位的食品，就需要放弃 2 单位的服装（沿着图 16.2 中的生产可能性曲线 $X'Y'$）。而有了贸易之后，B 国的国民仅需要放弃 1 单位的服装，就可以获得 1 单位的食品（见直线 $X'Z'$）。这种食品成本的变化实际上等同于发明了一种可以将 B 国食品行业的生产率提高 1 倍的新技术。B 国在无贸易之前，需要将能够生产 4 亿单位服装的资源用于在内部生产 2 亿单位的食品；而在有了贸易之后，B 国仅以其在内部生产食品时的一半机会成本就可以获得 2 亿单位的食品。

资源的重新配置 然而，为了能够实现 A 国和 B 国之间的潜在贸易收益，还需要每个国家的资源必须在内部从一个部门流向另一个部门——在 A 国，资源需要从服装生产部门流向食品生产部门；在 B 国，资源则需要从食品生产部门流向服装生产部门。然而，资源在这些部门之间的转换是成本高昂的，对那些需要被重新配置的劳动者及其雇主来说常常是非常痛苦的事情。如果资源从一个部门向另一个部门的转移由于某种原因受到阻碍，则贸易的增长会导致长期失业的出现。于是，一国从贸易中获得的收益将会减少甚至完全消失。因此，关于贸易能够扩大一国产出的规范性判断是部分地建立在这样一种假设基础之上的，即任何与资源在部门间的转移相联系的失业都是短期的——而不会变成长期的或者“结构性的”（正如第 14 章所定义的那样）。规范分析还意味着——正如我们在第 1 章中论述过，同时在第 4 章中讨论技术变革时再次提到的那样——一个社会应当采取措施来补偿那些因贸易扩大而承受了成本的人。我们将在本章的末尾详细讨论这个问题。

尽管当贸易扩张时，资本和劳动力的跨部门转移会产生大量实际成本，但是图 16.1 和图 16.2 所示的通过专业化和贸易能够获得的最终收益仍然为经济学家倡导国际贸易提供了一种强有力的论据。理论表明，多丽丝和达里尔——以及双方生活的这个社会——会从双方之间的贸易中获得福利改善。（类似地，没有人会怀疑这样一个事实，即如果纽约州的居民能够与新泽西州和佛罗里达州的居民进行自由贸易，则无论是从个人层面来说，还是从总体社会层面来说，都会获得福利的改善。）推动个人做出生产或购买决策的比较优势原理，同样也是隐藏在跨国界交易背后的一个原理。理论表明，从整体上说，如果一国人民能够与他国人民达成互惠贸易，则两国人民都能从中获益。

令人遗憾的是，很难收集到令人信服的实证性证据来证明国际贸易的增长确实导致了一国的总产出上升。例如，许多研究都试图证实这样一种情况，即在其他条件相同的情况下，在贸易方面更加开放的国家是否增长率也更高。然而，研究者在研究过程中遇到的一些问题使他们的研究结果受到了质疑。[①] 衡量贸易“开放度”的方法有很多，而研究结果却很容易受到研究者采用的不同衡量方法的影响。此外，即使研究表明，更高的开放度和更高的增长率之间是正相关的，研究者也必须能够找到一种方法来确定他们的研究能够很好地处理这样一个问题，即更高的增长率反

① 一个比较好的试图测量国家从贸易中获得的总体收益的研究，参见 Richard Freeman，“Trade Wars：The Exaggerated Impact of Trade in Economic Debate，” National Bureau of Economic Research，working paper no. 10000（September 2003）。

过来可能又会引发更高的开放度——也就是说，从因果关系的角度来说，有可能不是更高的开放度引发了更高的增长率，而是更高的增长率引发了更高的开放度！最后，更高的开放度只不过是影响一个国家经济增长率的因素之一，所以研究者还必须找到一种方法来妥善考虑与增长有关的所有其他方面的因素。[①] 迄今为止，一些最为细致的实证研究表明，贸易扩大的影响尽管是积极的，但可能相对较小。[②]（一项关于突然开放贸易对经济增长会产生何种影响的很有趣的自然试验，参见例 16.1。）

例 16.1☞

贸易开放对经济增长的影响：1859 年日本的突然对外开放

在考察更高的贸易开放度对经济增长会产生何种影响时，大部分实证研究都去估计在贸易壁垒变化时会发生什么样的情况，但是这种变化——在现实中——是相对较小的。在现实中，几乎很难观察到像我们在本节中列举的 A 国和 B 国的例子，即从完全的自我满足（经济学家所谓的“自给自足”）转向完全的自由贸易。然而，这样一个例子却可以在 19 世纪的日本找到，在经历了 200 年的自给自足之后，日本于 1859 年打开了国门。

1639 年，葡萄牙人试图将日本公民变为天主教信徒。当时的统治者德川家康将其视为一种威胁，因而做出了这样的规定，即禁止所有的日本人出国，并且严格限制产品进口。荷兰和中国是两个仅有的能与日本进行贸易往来的国家，但是被允许的贸易量也非常小。日本与荷兰的贸易量限制在每年一船货物，并且只能在长崎港的一个小岛上卸货；而到 19 世纪 20 年代，中国每年与日本也仅仅能进行 3～4 小船货物的贸易。19 世纪 40 年代初，英国因为在鸦片战争中获胜，从而打开了中国的市场，而且由于当时日本的军事力量很弱，并不足以抵制外国开放市场的要求，于是，在 1859 年，日本市场对外开放。

所以，在研究贸易是如何影响一个国家的经济增长方面，日本就提供了一个非常好的“自然试验”。19 世纪 50 年代，日本几乎完全是自给自足的。截至 1870 年，日本实际上完全转向了自由贸易，它进口和出口的物品的价格发生了巨大的变化。此外，日本采取自由贸易的做法并不是由于经济方面的原因，而是由外界的政治和军事压力所致。于是就不能在这样一个问题上——日本的开放度提高是不是由其经

---

① 关于引用和评论早期文献的研究，参见 Timothy J. Kehoe and Kim J. Ruhl，“Why Have Economic Reforms in Mexico Not Generated Growth?” Journal of Economic Literature 48（December 2010）：1005 - 1027；David Greenaway，Wyn Morgan，and Peter Wright，“Trade Liberalization and Growth in Developing Countries，” Journal of Economic Development 67（February 2002）：229 - 244；and L. Alan Winters，Neil McCulloch，and Andrew McKay，“Trade Liberalization and Poverty：The Evidence So Far，” Journal of Economic Literature 42（March 2004）：72 - 115。

② 关于得出这一结论的理论分析，参见 Costas Arkolakis，Arnaud Costinot，and Andrés Rodrígues-Clare，“New Trade Models，Same Old Gains?” American Economic Review 102（February 2012）：94 - 130。也可参见 Lorenzo Caliendo and Fernando Parro，“Estimates of the Trade and Welfare Effects of NAFTA，” Review of Economic Studies 82（January 2015）：1 - 44。

济增长引起的（也就是说，在这种情况下，因果关系表现为对外开放导致经济增长，而不是相反）——进行分析了。在这一时期，日本并没有经历太大的技术变革，所以除了对外贸易之外，也没有其他能够影响经济增长的重要因素。

最近的一项研究比较了日本消费者在19世纪50年代早期和19世纪70年代早期所面对的物品价格及其数量，结果发现，贸易给日本带来的收益是正的，但是规模相当小。这项研究估计，如果日本在19世纪50年代早期（而不是末期）就开始开放对外贸易，那么它的人均收入会更高，但是最高也不会超出8%或9%。

资料来源：Daniel M. Bernhoffen and John C. Brown，"An Empirical Assessment of the Comparative Advantage Gains from Trade：Evidence from Japan，" American Economic Review 95（March 2005）：208-225.

贸易对劳动力需求的影响

我们已经论述过，从理论上说，国际贸易的扩大对一个国家的生产可能性曲线产生的影响与技术变革对其产生的影响是相似的，这是因为，无论是贸易还是技术变革，带来的都是获取商品和服务的新机会。正如我们接下来将论述的，扩大的贸易对劳动力需求的影响也与技术变革带来的影响相似。因此，我们对贸易增加是如何影响劳动力需求的分析就与我们在第4章中对技术变革是如何影响就业和工资的分析是相似的。

首先，我们要提醒一下，对任何一种既定类型的劳动力的需求都取决于以下两个方面的因素。一是产品市场的情况，二是其他生产要素的价格及生产率。由于贸易会同时对产品需求和其他生产要素的可获得性产生影响，所以我们必须考虑其中的每一种变化来源。

□ 产品需求的变化

由于贸易涉及交换，所以一般来说，一个国家朝着扩大国际贸易的方向发展就意味着它的进口和出口同时上升。当出口增加时，由于生产规模的扩大，处于出口商品生产行业的劳动力需求曲线就会向右移动，出口行业的就业机会就会增多，同时工资水平也会有所提高。

此外，如果贸易的扩张使一个国家变得更加富有，那么这个国家对商品和服务的总体需求就会上升——其中也包括对国内生产的商品和服务需求的上升，而这就会使生产这些商品和提供这些服务的劳动力需求曲线向右移动（规模效应）。因此，随着人们变得更加富有，他们可能想要更大的房子、更光鲜的外表以及给子女更好的教育——而这些变化将会增加对木匠、美容师和教师的需求。

然而，与贸易相联系的进口的增加又会直接或间接地减少对国内生产的一些商品或服务的需求。例如，亚洲生产的衣服太便宜了，所以对美国的消费者很有吸引力。于是，美国国内的服装生产商就会被迫减少一些服装的生产，其结果是，对生产服装的美国劳动力的需求也随之下降。类似地，如果美国不能种植香蕉，那么，香蕉进口的增加就会使对美国国内生产的苹果的需求下降，从事苹果种植和销售的美国劳动力需求曲线就会向左移动。

因此，与国际贸易增长相联系的产品需求的变化也会导致劳动力需求的变化。劳动力需求曲线向右移动了的劳动者，其就业机会就会扩张，同时工资可能还会上涨，至于这两种劳动力市场结果将如何组合，则取决于相关职业或行业的劳动力供给曲线的形状。也就是说，当劳动力供给曲线相对富有弹性时（形状较为平坦），劳动力需求曲线的右移会扩大就业，但工资上涨幅度不会太大；当劳动力供给曲线相对缺乏弹性时，劳动力需求曲线的右移就会带来较大的工资上涨幅度和较小的就业增长。

然而，对国际贸易的出现使其劳动力需求曲线左移的劳动者而言，可能就无法分享国际贸易扩张在总体上存在的潜在收益了——即使贸易的扩大降低了消费者价格。这些劳动者被迫变换工作，而他们在寻找新工作的时候可能会有一段时间处于失业状态。变换工作的成本可能还包括工资损失，或者还需要在学习新技能方面进行大笔投资。与劳动力需求曲线左移相关的就业下降和工资减少两者之间的组合情况，同样也取决于劳动力供给曲线的形状。面临劳动力需求曲线左移的劳动者学习新技能的成本越高，他们所在职业的劳动力供给曲线弹性越小，则他们工资下降的幅度越大。

虽然劳动力需求曲线的左移会对就业和名义工资水平施加一种向下的压力，但仍然存在这样一种可能，即贸易扩张至少会使得一部分消费品或服务的价格下降。于是，劳动者的实际工资可能没有名义工资下降得多。①

□ 其他生产要素供给的变化

近些年来，许多美国（以及其他发达国家）的企业都将它们的生产环节重新配置到世界上比较贫穷的一些地区——最为显著的是在亚洲和拉丁美洲。② 这种生产共享的做法有效地使得大量的低工资外国劳动力与美国的高工资劳动力展开了直接的竞争。从生产过程看，从世界其他地区获得低工资劳动者的做法，使美国企业可以将使用本国劳动力的高成本降下来（如果美国企业以前不能利用这种低成本劳动力，则可以认为它们在过去雇用外国劳动力的成本是无限高的）。当其他国家的低工资劳动力可以为美国企业所用时，这种情况会对美国本土的劳动力产生怎样的影响呢？

---

① 一项关于贸易扩张对通货膨胀所产生的影响的研究，参见 Laurence Ball，“Has Globalization Changed Inflation?” National Bureau of Economic Research，working paper no. 12687（November 2006）。

② 显然，高工资国家中的企业最近发现：使用较贫穷国家的廉价劳动力是有利可图的。越来越多地使用外国劳动力的原因可能与国内和国外通信技术发展、交通系统的提升、构成最终产出的成分的小型化以及重新配置的政治障碍减少有关。

我们现在回忆一下第 4 章中的内容。我们在第 4 章中论述过，另外一种生产要素的成本下降会对劳动力需求产生一种交叉工资效应；也就是说，对某种既定类型的劳动力的需求产生的总体影响可以概括为替代效应和规模效应，并且这两种效应的作用方向是相反的。我们先分析替代效应。

替代效应 用外国劳动力来替代美国本国劳动力的动机并不源自对两地的工资水平所做的简单比较；相反，雇主真正关心的是两个国家的劳动力的工资与边际生产率之比。回忆一下第 3 章的内容［公式（3.8c）］便可以理解，这些比率表明了使用每一种不同的劳动力多生产 1 单位产出时的成本情况。于是，在考虑是否用一国的劳动力替代另外一国的劳动力时，企业会同时考虑每一个国家的劳动力的工资水平和边际生产率。只有外国劳动力的工资与边际生产率之比比较低时，企业才会考虑用外国的劳动力代替美国的劳动力。

为了分析一种潜在的替代效应的大小，我们必须回顾一下与替代效应最直接相关的两条希克斯-马歇尔派生需求定理（参见第 4 章）。一条定理指出，替代效应的大小部分取决于美国劳动力供给做出的反应。如果当外国劳动力开始代替美国劳动力时，美国劳动力会迅速离开这些工作岗位并且去寻找新工作——也就是说，如果美国劳动力目前职业的劳动力供给曲线相对平坦——那么，留在现有职业中的美国劳动力的工资就不会下降很多，替代效应就不会被削弱。然而，如果劳动力供给曲线相对陡峭，还留在原职业中的美国劳动力的工资就会大幅度下降，而工资的下降将会降低企业继续用外国劳动力替代本国劳动力的动机。（当然，在后面这种情况下，只有通过降低工资才能挽救美国人的工作岗位。）因此，美国相关职业的劳动力供给越富有弹性，则替代效应就会越大。

另一条与替代效应密切相关的希克斯-马歇尔派生需求定理是用外国劳动力替代美国劳动力的难易程度。许多美国劳动者所在的工作岗位生产出来的都是可以实现跨国运输的产品。于是，制造部门中的生产类工作——通常由受教育程度较低的劳动者来承担——被转移到低工资国家的风险是相对较高的。虽然我们在接下来的章节中将论述，贸易扩张的成本大部分似乎都由低技能劳动者承担，但某些高技能劳动者（例如金融领域的劳动者）会发现自己同样面临虽然具有与自己可比的受教育水平，但工资水平却相对较低的来自贫穷国家的劳动者的竞争。

其他一些工作（可能是最多的）是不能简单地在遥远的某处完成的，比如理发师、园林工人、外科医生以及身体理疗等方面的工作——都是不能通过离岸经营的方式来实现的，因为这类工作都需要与消费者进行面对面的交流。语言障碍是会对替代过程产生阻碍的一个因素，其他一些替代障碍还包括交通成本和远距离沟通成本、培训需求、雇主掌握当地的法律以及工厂运营实践知识的必要性、在工作习惯方面存在的实际的或感知到的差异、对管理权威的态度、对变革的开放度等。替代的障碍越大，替代效应就越小。

规模效应 回顾我们在第 4 章中对劳动力需求的交叉工资弹性所做的讨论，它提醒我们，与外国劳动力替代美国劳动力相伴随的还有规模效应。如果在某一特定的行业中，贫困国家的低成本劳动力替代了美国的劳动力，那么由此带来的生产成本下降将会使得产品价格下降，而与此相联系的则是产品需求上升。于是，虽然离岸生产的替代效应会导致对美国劳动力的需求减少，但与低成本相联系的规模效应则会增加对美国劳动力的需求——所以，受到直接影响的那些部门中的工作岗位总数是否会下降在理论上并不明确。例如，如果在海外缝制服装的成本更低，那么，制衣成本的下降会使美国消费者增加对衣服的购买。而服装消费的增加又会导致对与外国劳动力在生产中互补的美国劳动力的需求上升，对布料采购人员、服装设计师、包装人员、卡车运输人员、零售人员及其上级监督者的需求都会趋于上升。

使用低工资劳动力引发的规模效应的大小主要取决于我们在第 4 章中讨论过的两个要素。一个要素是成本降低行业的最终产品的需求弹性。消费者对该行业提供的产品和服务的价格下降越敏感，则对该行业生产的产品和服务的需求上升幅度也就越大。

另一个影响规模效应大小的要素是劳动力（在这里就是外国劳动力）成本占总成本的比重。如果外国劳动力成本在生产成本中占较大一部分，那么，对生产成本以及产品价格的影响也就比较大，相应的规模效应也比较大。

劳动力需求弹性的变化　减少国际贸易障碍不仅会引起某一行业或职业的劳动力需求曲线向右或向左移动，还会提高劳动力的需求弹性，这主要是由以下两个方面的原因造成的。第一，在其他条件不变的情况下，用外国劳动力对美国劳动力进行替代的能力越高，则替代效应就越大；第二，随着允许在国外生产的产品和提供的服务与在美国本国生产的产品和提供的服务展开竞争，产品的需求弹性将趋于上升。如果面临更富有弹性的劳动力需求曲线的劳动者的工资由于某种非市场力量——比如最低工资或集体谈判方面的因素——被提高了，那么，这些劳动者还会遭遇更大规模的失业。实际上，正如我们在第 13 章中论述的，最近几十年中，美国的工会力量被削弱源于对国际贸易的更大开放度和其他一些因素的共同作用。

□ 对劳动力需求的净影响

我们已经论述过，从理论上说，与外国开展的商品或服务贸易的扩张（包括生产共享）会对有些劳动者有利，但是也会导致另外一些劳动者被迫更换工作。例如，最容易因国际贸易而失业的美国劳动者从事的往往都是很容易被外国劳动者替代的那些工作；从部门来看，一旦对外贸易扩大，国内生产就会减少的那些部门，比如制造业，也容易出现失业；在成本下降并不会使得产品需求大量增加的行业中，失业也很容易出现。如果这些被替代的劳动者很难转换职业或行业，或者转换的成本很高，那么他们将会遭受较大的损失。最有可能获益的劳动者是在具有生产比较优势的部门（因为这些部门会随着贸易的扩张而扩张）中工作的劳动者，或者从事与国外的生产工人具有互补性的工作的劳动者。

就业效应估计 数百项研究都试图考察贸易或离岸就业的扩大对国内相关部门所产生的影响。然而，要想分离出贸易对就业水平产生的影响，实际上存在很多内在的困难，这大体是出于两个方面的原因。一方面，贸易变化是在其他一些同样会对劳动力供给和需求产生影响的因素持续变化的背景下发生的。比如，技术变革同样会导致受贸易或离岸经营威胁最大的那批劳动者被替代[①]，对贸易和技术变革做出的反应也体现在移民、个人收入以及消费者偏好等方面所发生的变化中。另一方面，很多研究都试图考察受贸易障碍变化影响较大的部门中的就业受到的影响，这些部门包括面临大量进口竞争的制造业、所从事的工作被转移到海外风险最高的那些职业群体（例如，非技术性的工厂工人）或者一国中比其他地方受贸易影响更大的地区等。虽然这些研究对评估实际承担贸易成本的劳动者的人数是很有用的，但是它们却并不能衡量出贸易对就业产生的总效应——因为它们通常都发现，很难计算出贸易在其他行业、职业或地区中创造的就业收益。[②]

在过去的 20 年中，美国、加拿大和墨西哥之间的贸易壁垒降低了很多，有多项研究试图估计有多少美国劳动者因为这三国之间的贸易自由度扩大而被替代。例如，一项研究估计，当美国和加拿大之间的自由贸易协定（Free Trade Agreement）——于 1989 年开始实施——降低了加拿大对从美国进口的物品征收的关税时，在加拿大关税下降幅度最大的那些行业（受到从美国进口的商品影响最大的行业），就业率下降了 12%。[③] 虽然这项研究表明，当贸易扩大时，在受到贸易影响的这些部门中工作的相当大一部分加拿大劳动者失去了工作岗位，但这项研究却指出这样一个事实，即加拿大在 2002 年的总体就业率与 1988 年是相同的——这项研究的作者估计那些被替代的劳动者会相对较快地找到新工作。

关于工作岗位被离岸转移到国外对美国的就业造成了多大的损失，很多估计结果表明，这种损失的百分比相当小。一项研究估计，截至 2002 年，每年有大约 30 万名美国劳动力——或者每个月大约有 2.5 万人——可能会由于工作岗位离岸而失去工作。[④] 那么，这个数量到底是大还是小呢？为了对这个数字的大小进行判断，我们分析一下 2001 年 5 月—2002 年 4 月的失业情况。在此期间，美国每个月大约有

---

① Ann Harrison and Margaret McMillan, "Offshoring Jobs? Multinationals and U. S. Manufacturing Employment," Review of Economics and Statistics 93 (August 2011): 857 - 875; David H. Autor, David Dorn, and Gordon H. Hanson, "Untangling Trade and Technology: Evidence from Local Labor Markets," Economic Journal 125 (May 2015): 621 - 646; Maarten Goos, Alan Manning, and Anna Salomons, "Explaining Job Polarization: Routine-Biased Technological Change and Offshoring," American Economic Review 104 (August 2014): 2509 - 2526.

② 下面这篇文章尝试衡量出由贸易引起的工作岗位丢失和工作岗位增加的净效应，参见 Daron Acemoglu, David Autor, David Dorn, Gordon H. Hanson, and Brendan Price, "Import Competition and the Great U. S. Employment Sag of the 2000s," Journal of Labor Economics 34, pt. 2 (January 2016): S141 - S198。

③ Daniel Trefler, "The Long and Short of the Canada-U. S. Free Trade Agreement," American Economic Review 94 (September 2004): 870 - 895.

④ Jagdish Bhagwati, Arvind Panagariya, and T. N. Srinivasan, "The Muddles over Outsourcing," Journal of Economic Perspectives 18 (Fall 2004): 93 - 114.

160 万名劳动者失去工作（每个月还有 290 万人自愿辞去工作）。[①] 如果对工作岗位离岸导致的工作岗位损失量进行的估计是正确的，那么，这部分工作岗位损失在每个月的工作岗位损失总量中实际上仅仅占到约 1.5%。然而，正如例 16.2 指出的，工作岗位离岸对美国劳动者构成的潜在替代性影响，可能会比我们现在引用的数据要大。

到 21 世纪初，对因贸易增长（而不仅仅是离岸经营）而被替代的美国劳动者的数量所做的估计表明，其影响是相对较小的。[②] 然而，2000 年以后来自中国的制造业产品进口的大量而快速的增长，似乎对美国的就业产生了相对大的负面影响，许多受此影响的劳动者退出了劳动力市场，并且依赖联邦政府和州政府的转移支付计划（通常是养老金或伤残福利）为生。[③]与扩大对华贸易相关的就业下降，可能至少在一定程度上对 2000 年以后美国总体就业率和劳动力参与率急剧下降的情况起到了一定的作用（参见表 14.1）。

无论国际贸易扩张导致的劳动力被替代的规模是大还是小，经济理论都表明，在长期中，对外贸易开放度对一个国家的总体就业情况产生的影响都不会超过技术变革带来的影响（参见第 4 章）。对总体就业情况产生影响的是劳动力市场在平衡劳动力供求方面的运行状况。如果被替代的劳动者有动力和能力去掌握新技能，而且能够相对比较容易地找到新工作，如果工资具有足够的灵活度，从而使劳动力市场能够实现劳动力供求双方的均衡，那么这些失去工作的劳动者处于失业状态的时间相对就较短。我们在前面论述过，虽然在加拿大的某些部门中有 12%的劳动者都在进口关税降低之后失业，但是十年过去之后，加拿大的总体就业率并没有发生改变。同样，我们在第 4 章中也曾指出，1979—2016 年，美国的就业率实际上是在上升的——在这段时间中，技术变革的速度和国际贸易扩张的速度都很快。

然而，即使在国际贸易扩张之后，从长期来看总体就业率并没有发生变化，但

① U. S. Bureau of Labor Statistics, "New Monthly Data Series on Job Openings and Labor Turnover Announced by BLS," News Release USLD 02-412, July 30, 2002. 美国劳工统计局发布的每月解雇量可能被轻描淡写，这将意味着离岸工作占据每月总体工作损失的比重更小了。参见 Steven J. Davis, R. Jason Faberman, John C. Haltiwanger, and Ian Rucker, "Adjusted Estimates of Worker Flows and Job Opening in JOLTS," National Bureau of Economic Research, working paper no. 14137 (June 2008)。

② Harrison and McMillan, "Offshoring Jobs? Multinationals and U. S. Manufacturing Employment"; Mary E. Burfisher, Sherman Robinson, and Karen Thierfelder, "The Impact of NAFTA on the United States," Journal of Economic Perspectives 15 (Winter 2001): 125 - 144; Bhagwati, Panagariya, and Srinivasan, "The Muddles over Outsourcing"; and Freeman, "Trade Wars: The Exaggerated Impact of Trade in Economic Debate."

③ David H. Autor, David Dorn, and Gordon H. Hanson, "The China Syndrome: Local Labor Market Effects of Import Competition in the United States," American Economic Review 103 (October 2013): 2121 - 2168; Acemoglu, Autor, Dorn, Hanson, and Price, "Import Competition and the Great U. S. Employment Sag of the 2000s"; David H. Autor, David Dorn, Gordon H. Hanson, and Jae Song, "Trade Adjustment: Worker Level Evidence," Quarterly Journal of Economics 129 (November 2014): 1799 - 1860; Justin R. Pierce and Peter K. Schott, "The Surprisingly Swift Decline of U. S. Manufacturing Employment," American Economic Review 106 (July 2016): 1632 - 1662.

那些从工作岗位上被替换下来的劳动者却仍然要承担胜任新工作以及寻找新工作的成本。最近的一些研究结果显示，这种调整的成本是很高的，而且要完全调整到位可能要花费数年的时间。[①] 许多受国际贸易影响的劳动者都经历了失去工作和工资水平下降所导致的工资性报酬大幅度下降、退出劳动力队伍以及领取政府收入支持支付（比如来自伤残和退休计划中的资金）的情况增加等。[②] 对于受教育程度较低的劳动者而言，这种调整的成本更高。[③]

例 16.2☞

四分之一的美国工作都可以离岸吗？你未来的工作是否就在其中？

对因工作岗位被转移到海外而被替代的美国劳动力人数所做的估计主要是以迄今为止的工作岗位离岸数量及其模式为基础的。然而，一位著名经济学家认为，受工作岗位离岸影响的美国工作岗位的潜在数量为 3 000 万～4 000 万——这大约是目前就业人口的四分之一！他得出这种估计的方式是对各种职业进行甄别，以考察哪些服务是必须通过面对面的方式来提供的，哪些商品或服务则是可以通过远程方式来生产或提供的。

例如，他认为，美国制造业中的 1 400 万劳动力——他们生产能够运往国外的商品——可能会与正在快速成为全球经济一部分的中国、印度或其他相对贫穷国家中的 15 亿劳动力展开竞争。他还认为，计算机编程和金融服务领域中的很多工作是可以在远离消费者或客户的地方完成的。相反，修理、维护保养、教育、健康护理、休闲以及零售服务等方面的工作则是必须面对面完成的。

当然，没有人能说清实际上到底有多少个工作岗位被转移到国外，这是因为与其他国家的劳动者进行交易的成本很高。但是，通过评估哪些服务可以通过远程的方式来提供却可以为学生规划自己的职业发展提供一些启示，通过让他们为从事必须面对面完成的工作做好准备，有助于提高他们未来从事的工作的安全性。

资料来源：Alan S. Blinder，“Offshoring：The Next Industrial Revolution?” Foreign Affairs 85（March/April 2006）：113 - 128. 关于关注服务工作的类似文章，参见 Roger J. Moncarz，Michael G. Wolf，and Benjamin Wright，“Service-Providing Occupations，Offshoring，and the Labor Market，” Monthly Labor Review 131（December 2008）：71 - 86。

---

① David H. Autor，David Dorn，and Gordon H. Hanson，“The China Shock：Learning from Labor Market Adjustment to Large Changes in Trade，” National Bureau of Economic Research，working paper no. 21906（Cambridge，MA，January 2016）；Erhan Artuc，Shubham Chaudhuri，and John McLaren，“Trade Shocks and Labor Adjustment：A Structural Empirical Approach，” American Economic Review 100（June 2010）：1008 - 1045.

② David H. Autor，David Dorn，and Gordon H. Hanson，“The China Syndrome：Local Labor Market Effects of Import Competition in the United States.”

③ David H. Autor，David Dorn，Gordon H. Hanson，and Jae Song，“Trade Adjustment：Worker Level Evidence.”

工资效应估计 在估计贸易对工资产生的影响时，研究者也会遇到在估计贸易对就业的影响时同样存在的问题，即贸易只是影响一国的劳动力需求和工资水平的众多因素之一。最近的一项研究试图通过比较受制造业进口影响程度不同的各个地区间的工资变化来对这些其他因素进行考察，结果发现，贸易增加并没有带来制造业工资的变化，但非制造业的工资却下降了。① 由于制造业中的工作减少，被取代的劳动者去非制造业中寻找工作，因而那些不得不换工作的劳动者可能就会遭遇工资水平下降的情况。②

大多数关于贸易产生的工资效应的研究都关注相对工资——在被研究的一国内部的技术工人和非技术工人之间存在的工资差别。一些研究就贸易对美国的工资产生的影响进行了估计，结果表明，与其他因素（主要是技术变革）相比，贸易对工资产生的影响相当小，在高中辍学者的工资相对高中毕业生的工资出现的下降中，贸易仅能解释其中不足 10%的部分。③ 另外一些研究则估计，贸易扩张和工作岗位离岸对技术工人的相对工资上涨产生了重要影响（然而，相同的研究还得出了这样的结论，即贸易并没有导致低技能美国劳动者的实际工资性报酬下降）。④ 最近的一项研究考察了中国香港的工资情况——自从中国 20 世纪 80 年代后期降低了贸易壁垒，中国香港就开始将生产性的工作外包到内地。这项研究也发现，贸易和外包在扩大技术工人和非技术工人之间的工资差距方面起到了重要的作用。⑤

---

① David H. Autor, David Dorn, and Gordon H. Hanson, "The China Syndrome: Local Labor Market Effects of Import Competition in the United States."

② 一项与高技能服务业的离岸经营相关的工资效应的研究，参见 Runjuan Liu and Daniel Trefler, "A Sorted Tale of Globalization: White Collar Jobs and the Rise of Service Offshoring," National Bureau of Economic Research, working paper no. 17559 (Cambridge, MA, November 2011)。

③ 研究估计，在高中毕业生的工资相对大学毕业生的工资出现的下降中，贸易所能解释的部分更少，参见 George J. Borjas, Richard B. Freeman, and Lawrence F. Katz, " How Much Do Immigration and Trade Affect Labor Market Outcomes?" Brookings Papers on Economic Activity (1997: 1): 1 - 67。相似的结论可参见 Robert Z. Lawrence, Blue-Collar Blues: Is Trade to Blame for Rising US Income Inequality? (Washington, D. C.: Peterson Institute for International Economics, 2008); Jonathan Haskel, Robert Z. Lawrence, Edward E. Leamer, and Matthew J. Slaughter, "Globalization and U. S. Wages: Modifying Classic Theory to Explain Recent Facts," Journal of Economic Perspectives 26 (Spring 2012): 119 - 140。然而，来自外国公司的竞争更加激烈似乎增加了绩效工资计划被使用的程度（因此导致同一人力资本群体内部的工资性报酬分配不均等程度的上升）；参见 Vicente Cuñat and Maria Guadalupe, "Globalization and the Provision of Incentives Inside the Firm: The Effect of Foreign Competition," Journal of Labor Economics 27 (April 2009): 179 - 212; Anders Akerman, Elhanan Helpman, Oleg Itskhoki, Marc-Andreas Muendler, and Stephen Redding, "Source of Wage Inequality," American Economic Review: Paper and Proceeding 103 (May 2013): 214 - 219。

④ Robert C. Feenstra and Gordon H. Hanson, "The Impact of Outsourcing and High-Technology Capital on Wages: Estimates for the U. S., 1979 - 1990," Quarterly Journal of Economics 114 (August 1999): 907 - 940; and Robert C. Feenstra and Gordon H. Hanson, "Global Production Sharing and Rising Inequality: A Survey of Trade and Wages," National Bureau of Economic Research, working paper no. 8372 (July 2001).

⑤ Chang-Tai Hsieh and Keong T Woo, "The Impact of Outsourcing to China on Hong Kong's Labor Market," American Economic Review 95 (December 2005): 1637 - 1687；在丹麦能发现相似的结果，参见 David Hummels, Rasmus Jorgensen, Jakob Munch, and Chong Xiang, "The Wage Effects of Offshoring: Evidence from Danish Matched Worker-Firm Data," American Economic Review 104 (June 2014): 1597 - 1629。

一些研究考察了贸易和生产共享对较贫穷国家——接收外包工作的国家——工资产生的影响，得到的结果很令人惊讶，即贸易和外包也引起了这些国家中的技术工人和非技术工人之间的工资差距扩大！显然，从富裕国家转移到贫穷国家的工作是富裕国家中的那些低技能工作，而在贫穷国家中则是技能相对高的工作。于是，在富裕国家和贫穷国家，生产共享可能都会增加对技术工人的相对需求。

此外，在许多贫穷国家中，劳动力流动是受到限制的，所以从衰退部门向增长部门转移的劳动力重新配置过程是缓慢的。换言之，在这些国家的特定职业或行业中，劳动力供给曲线是相对缺乏弹性的，所以，与贸易和外包增加相伴随的劳动力需求方面的变化主要体现在工资率方面，而不是就业水平方面。[①] 这些工资方面的调整又会对贫穷国家中的低技能劳动力的工资产生一种向下的压力。

各国的工资会逐渐趋同吗？

许多人对国际贸易壁垒降低有一种担忧，那就是它会使美国以及其他高工资国家的劳动者（尤其是低技能劳动者）与亚洲、拉丁美洲和非洲等国家的低工资劳动者直接竞争。他们担心这种竞争会将富裕国家的工资拉低到与贫穷国家的工资持平的水平上。本节的目的就是分析影响各国工资趋同的因素。

在努力实现理想产出水平的成本最小化的过程中，企业会对这样两个方面的情况加以对比。一是使用美国劳动力多生产 1 单位产出的成本，二是使用中国、印度或墨西哥的劳动力多生产 1 单位产出的成本。正如我们在前面论述过的，这些成本可以用每个国家的工资与劳动力边际生产率之比来表示。当一个国家的这个比值低于另一个国家时，企业就会考虑将生产向拥有较低成本的国家转移，这种将生产从高成本国家向低成本国家转移的过程会一直持续下去，直到这一比率在各国之间相等为止。因此，如果企业可以自由地将生产在各国之间进行转移，那么利润最大化的过程将会产生一个与一价定律一致的结果，那就是各国的工资与劳动力边际生产率之比在严格界定的各种职业内部都是相等的。

在将一价定律应用于国际贸易时，需要指出的非常重要的一点是，如果可以很容易地对生产进行重新安置，那么，在各国之间出现趋同的就会是各国的工资和劳动力边际生产率之比，而不是工资本身。只有当各国的劳动力边际生产率相等时，工资才会相等；因此，各国之间在教育水平、工作实践、管理和组织技能以及在生产过程中使用的技术方面存在的差别都会影响工资水平趋同的程度。

① Pinelopi Koujianou Goldberg and Nina Pavcnik, "Distributional Effects of Globalization in Developing Countries," Journal of Economic Literature 45 (March 2007): 39 - 82. 关于涌入发展中国家的资本对工资所产生的影响的分析，参见 Anusha Chari, Peter Blair Henry, and Diego Sasson, "Capital Market Integration and Wages," American Economic Journal: Macroeconomics 4 (April 2012): 103 - 132。

然而，各国的工资与劳动力边际生产率之比存在差异会使企业考虑将生产转移到低成本国家这一说法，并不意味着企业实际上真的就会这样做。跨国流动和贸易的成本很高，有人估计，这些成本会在典型的生产成本基础上再增加75%的成本。[①]虽然在大多数国家，关税成本已经下降了，但是在用外语进行沟通、货物运输（尤其是从贫穷国家运输出来）、用外国货币进行交易、获取关于当地法律和规章制度等方面的信息以及执行国际合同等方面的成本仍然是很高的。这种与国际贸易相联系的成本削弱了企业将生产重新安置到低成本地区的动机，因此，阻碍了各国的工资和劳动力边际生产率之比按照一价定律所预测的那样逐渐趋同（我们在第5章中列举过这方面的一些例子，同样是流动成本阻碍了处于同一劳动力市场上的各企业之间的工资水平趋同）。

工资趋同的情况主要集中发生在可以在远离最终用户的地方进行生产的工作岗位上，这是因为，在转移的成本障碍相对成本节约来说较小的情况下，这些工作是可以从一个地方转移到另外一个地方的。正如在例16.2中讨论过的那样，制造业中的工人以及在能够运用通信技术提供服务的行业中工作的劳动者是最可能与其他国家的类似劳动者进行竞争的。然而，大约75%的美国劳动者从事的工作都是不能转移到海外的——他们承担的都是必须在销售地点提供的服务，比如医疗、交通、保养、维修、休闲、教育或促销服务。这一类劳动者是不直接与其他国家的类似劳动者展开竞争的。

随着对提供面对面服务的劳动力的需求上升，被国外劳动力替代的劳动者就有了得到不受国外竞争影响的这样一些工作岗位的机会——如果他们能够胜任（我们在第2章中论述过，在过去的几十年中，美国的就业已经出现了从制造业向服务业的转移，而与商品相比，服务更难以在远处提供）。此外，在本章前面我们论述过，贸易扩张就意味着出口部门的扩大，即使在高工资国家也是这样，因为国际贸易是受比较优势——也就是生产商品或提供服务的内部机会成本——驱动的。因此，获得不与国外劳动者进行竞争的工作，或者获得存在于具有国际比较优势的部门中的工作，就会限制工资水平由于受到来自低工资国家的劳动者的竞争而出现下降。实际上，一项关于美国和墨西哥之间的贸易扩张现象的研究发现，并没有证据表明，两国的工资水平在趋同。[②]

虽然在扩张部门中能够创造出一些新的工作岗位，这可以对在贸易中被替代的劳动者的工资水平下降起到一种“刹车”作用，但很关键的一点是，这些被替代的劳动者必须能够相对容易地找到新工作，达到从事新工作的资格要求并转移到新创

---

① James E. Anderson and Eric van Wincoop, “Trade Costs,” Journal of Economic Literature 42 (September 2004): 691-751.

② Gordon H. Hanson, “What Has Happened to Wages in Mexico since NAFTA?” National Bureau of Economic Research, working paper no. 9563 (March 2003). 有人担心，来自贫穷国家的低工资劳动者的竞争会使工资和工作条件“滑向底层”，正因为如此，有些人建议，应当在全世界范围内推行一套统一的劳工标准。对这些建议的经济分析，参见 Drusilla K. Brown, “Labor Standards: Where Do They Belong on the International Trade Agenda?” Journal of Economic Perspectives 15 (Summer 2001): 89-112。

造出来的这些工作岗位上。此外，规范经济学理论还要求，在贸易扩张中获益的人必须补偿在贸易扩张中受损的人。因此，我们将在本章结束的时候分析一下哪些政策能够使与贸易有关的替代成本达到最小化，并且将国际贸易扩张产生的收益惠及更大的范围。

政策问题

我们在对国际贸易扩张和生产共享对劳动者产生的影响进行分析时，得出了两个概括性的结论。第一，消除国家间的贸易壁垒有助于增加两国的总消费量——通过更高程度的专业化以及更好地利用比较优势；第二，为了实现更高程度的专业化而需要在每个国家内部完成的资源流动会增加工作被替代的劳动力面临的成本。因此，尽管社会在整体上会从中获益，但社会中还是会有许多人由于国际贸易扩大和生产共享而遭受损失。我们已经论述过，迄今为止，最有可能因为国际贸易受损的通常都是一国中的低技能劳动力。

我们在第 1 章以及第 4 章中讨论技术变革产生的影响时强调过，只有当某些政策改变能够带来下面某种结果时，我们才能得出结论说整个社会的福利状况改善了。第一，交易中的各方均从中受益。第二，某些人受益，但是没有人受损。第三，某些人受益，另外一些人受损，但是受益者能够为受损者提供充分的补偿——这种情况就转化为第二种情况了。由于贸易扩张——与发生技术变革时的情况一样——确实使一个社会中的某些劳动者被替代了，规范经济学就要求从国际贸易壁垒降低中获益的人对因为这项政策变化而受损的人进行补偿。我们接下来将用本书前面提出的理论来分析这种补偿可能采取的形式。

□ 补贴人力资本投资

许多在国际贸易中被替代的劳动者遭受的损失大部分都体现在他们不得不更换工作以及可能会面临的工资水平下降这两个方面。由于寻找新工作是需要花费时间的，失去工作的劳动者在寻找工作的过程中可能有一段时间处于失业状态（参见第 14 章）。此外，被替代的劳动者可能不得不在培训方面进行投资，从而使自己具备获取新工作的资格（参见第 9 章）[1]，他们还可能为了得到新的工作而不得不搬往新的城市或另外一个州（参见第 10 章）。简言之，由于贸易扩张或工作岗位离岸而被替代的劳动者会被迫进行新的人力资本投资。

① 关于劳动者被替代后确实进行人力资本投资的证据，参见 Daniel C. Hickman and William W. Olney, "Globalization and Investment in Human Capital," Industrial and Labor Relations Review 64 (July 2011): 652-670。

如果让从国际贸易扩张中获益的人出资[①]，通过政府计划来对这些人力资本投资进行补贴，则可以实现两个方面的重要目标。首先，这些计划有助于补偿因政策变化而遭受损失的劳动者，减轻他们在人力资本投资方面承受的经济负担；其次，这些计划可以通过帮助被替代的劳动者获得找到新工作的资格，使失业率降到最低，加速劳动力资源向更为有效的利用途径的重新配置——这样就可以帮助整个社会获得贸易扩张所带来的消费方面的收益。

在美国，对因贸易和生产共享而被替代的劳动者进行人力资本投资补贴的一个例子是 2002 年修正的"贸易调整援助计划"（Trade Adjustment Assistance program)。要想有资格获得这些福利，必须有三名或三名以上的劳动者（或者由工会或公司的管理者代表他们）提出申请，并且必须能够证明他们所在的企业由于进口或离岸活动的扩张而发生了一定规模的解雇活动。[②] 一旦被证明具备相应的资格，这些被替代的劳动者便可以接受最长达 104 周的培训或补救性教育。在此期间，他们还能领取失业保险福利（并得到部分补贴的医疗保险）。除了培训投资之外，有资格参与该计划的劳动者还能获得最高达 1 250 美元的工作搜寻成本补偿，还能另外获得 1 250 美元作为改变居住地点的成本补贴。然而，迄今为止，有资格获得这个项目资助的劳动者的数量相对较少。[③]

因贸易扩张而受损的劳动力不得不通过投资来应对自己被替代的现实，这种情况告诉我们，应当认真回顾一下我们在第 5 章、第 9 章和第 10 章中对影响人力资本投资决策的因素所做的分析。(在其他条件不变的情况下）最有可能从流动和培训投资中获益的人，也就是说，最有可能找到愿意与他们分担这些投资成本的雇主的人是那些足够年轻的劳动者，他们"收回"这些投资的收益的预期持续时间相对较长。对学习起来比较容易，或者学习的心理成本不高的劳动者来说，他们从培训中获得的净收益也会更大，而贴现率较低的人——也就是那些不太注重短期的人——从任何一种投资中获得的收益都会更大。

考虑到在任何一种特定的用途上使用资源都会排除资源在其他用途上的使用，因此，只有当一项人力资本投资的社会收益超过社会成本时，一个社会才会愿意进行这项人力资本投资。对影响人力资本投资决策的因素所做的考虑可以告诉我们，在哪些条件下人力资本投资的成本会超过收益。对年龄较大的劳动者（甚至是中年劳动者）来说，一项投资的未来收益现值可能是非常有限的，很可能低于投资的成

---

① 由于从贸易中获益的主要是高技能劳动者，由此，一些经济学家指出，政府应该通过提高税收制度的累进税率来增加税收，这种做法会提高收入相对较高的劳动者的税负水平。例如，参见 Joseph E. Stigliz, Making Globalization Work (New York: W. W. Norton, 2006): 100。

② 这项计划要求，在提出福利申请的前 12 个月中，在不到 50 人的群体中至少有 3 个人会由于工作岗位离岸或进口被解雇；在 50 人及以上的群体中至少有 5%的人因此而被解雇（或者面临被解雇的危险）。

③ Autor, Dorm, and Hanson, "The China Shock: Learning from Labor Market Adjustment to Large Changes in Trade." 关于这项计划的更为详细的介绍及其前身，参见 Katherine Baicker and M. Marit Rehavi, "Policy Watch: Trade Adjustment Assistance," Journal of Economic Perspectives 18 (Spring 2004): 239 - 255; and U. S. Department of Labor website at http: //www. dol. gov。

本。对当前导向的劳动者，或者是在学习新技术方面存在困难的劳动者——也正是由于这方面的原因，许多在贸易中被替代的劳动力会避免进行早期的人力资本投资——而言，投资的成本可能也会超过收益。于是，对许多被替代的劳动者来说，培训补贴可能并不是一种明智的资源利用方式。[事实上，对被政府资助覆盖的目标人群较为广泛的培训计划——无论是美国的（参见第 9 章），还是欧洲的[①]——所做的评价都表明，这种政府培训计划的净收益在最好的情况下也很一般。]

□ 收入支持计划

由于对有些培训和重新安置计划进行投资是不值得的，所以政府对此做出的一种反应就是，向那些被替代的劳动者提供一种延长期限的失业福利，或者通过提供一笔资金来让那些被替代的年纪较大的劳动者能够提前退休。尽管更为慷慨的失业和养老福利有助于补偿在贸易扩张中被替代的劳动者，但是提供这些福利——正如我们在第 6 章、第 7 章和第 14 章中论述过的——会鼓励人们不工作。很自然地，劳动力人数的减少会降低贸易扩张带来的产出收益。

另外一种形式的收入支持计划则会鼓励就业，这就是直接针对工作中的个人提供补贴。我们在第 6 章中分析的工资性收入所得税减免计划就是这方面的一个例子——虽然它并不是专门针对因贸易扩张而被替代的那些劳动者。一项专门针对因贸易而被替代的劳动者的计划是“工资保险”计划，在这个计划下，被替代的劳动者在新工作中得到的工资如果低于原工作的工资，则会得到由政府提供的一笔补贴，这笔补贴至少能够补偿前后工资差价中的一部分。例如，美国就有这样一项计划，对有资格参加“贸易调整援助计划”的年纪较大的劳动者来说，如果他们能够在被解雇的 26 周以内找到一份工作，但是年收入低于 5 万美元，则该计划就会把他们遭受的年收入损失的一半补偿给他们——期限为两年。[②] 虽然这项计划相对比较新，但是其目的非常清楚，这就鼓励被替代的劳动者中已经不值得再进行培训投资的那批人能够尽快实现再就业，即使再就业之后的工资水平会较低。

□ 补贴性就业

政府针对并非所有的培训都会创造社会净收益这一问题做出的另外一种反应是向愿意雇用被替代的员工的那些雇主提供补贴，因为对这些员工进行培训的成本相对较高，或者预期收益相对较低。[③] 一种做法是，如果雇主雇用了因贸易或离岸经营

---

① Jochen Kluve, et al., Active Labor Market Policies in Europe: Performance and Perspectives (Berlin: Springer, 2007).

② 劳动者年龄必须在 50 岁以上并且从事全日制工作。他们在为期两年的时间内可以获得的补贴上限为 1 万美元，参见 Baicker and Rehavi, “Policy Watch: Trade Adjustment Assistance”。关于工资保险的专论，参见 Robert J. LaLonde, “The Case for Wage Insurance,” Council on Foreign Relations, Council Special Report no. 30 (September 2007)。

③ 以下文章提出了关于发放这些补贴的建议，参见 Adrian Wood, North-South Trade, Employment, and Inequality: Changing Fortunes in a Skill-Driven World (Oxford: Clarendon Press, 1994)。

而被替代的劳动者——比如年纪较大或技能较低的劳动者，则政府会向雇主提供工薪补贴。我们在第 3 章中论述过，面向雇主提供的工薪补贴会同时起到增加目标劳动力群体的就业以及提高其工资水平的作用，至于这两种效应会以怎样的程度组合在一起，则取决于目标劳动力群体的市场劳动力供给曲线的形状。我们在本章末尾的实证研究部分介绍的一项研究指出，在加速劳动者再就业方面，提供私人就业补贴比进行培训更有效。

政府提供就业补贴的另外一种做法是，自己成为“最后的雇主”，即直接雇用目标劳动者在一段时间内从事公共工程方面的工作。但是，在帮助劳动者在项目结束后获得没有补贴的新工作方面，这些计划的有效性相对较差（参见本章末尾的实证研究）。

□ 补偿的目标群体范围应该有多大?

我们的分析已经表明，贸易扩张和生产共享产生的替代效应与技术变革产生的影响是相似的，在现实中很难分清楚到底是这两个因素中的哪一个会导致某位劳动者被替代。事实上，我们已经指出，在一个动态的经济体中，还有无数的其他因素同样能够导致劳动力供给曲线和劳动力需求曲线的移动，例如，收入、偏好以及人口结构特征的变化等。因此，虽然国际贸易壁垒的降低存在着使被替代的劳动者数量增加这样一种趋势，但是这种替代发生在大范围的劳动力市场变革背景之下，而这种变革可能会因为很多原因而持续不断地发生。

一方面，规范经济学的补偿原则适用于下列所有交易，即社会上有人为了集体利益而被迫承受损失，另一方面，国际贸易扩张只是引起劳动者被替代的因素之一（可能还是相对较小的影响因素），所以，要想证明一套只针对因贸易而被替代的劳动者的补偿计划是正确的确实非常困难。实际上，要想证明确实是国际贸易或生产共享导致一群特定的劳动者被替代是需要很多资源和时间的，而正因为如此，我们才不难解释为什么“贸易调整援助计划”的受益者那么少。[①] 相反，许多欧洲国家提供了一系列“积极的劳动力市场政策”，根据这些政策，岗位被替代的劳动者——无论由于何种原因——都能够成为培训和就业补贴的受益者。虽然这些欧洲国家的政策并没有完全取得成功，但是它们代表着这样一种努力方向，即试图使由各种经济因素导致的转型变得更加顺利。[②]

我们还必须认识到，贸易扩张和生产共享的成本并不仅仅是由被替代的劳动者承担的。当经济中的某些变革力量增强时——无论这种力量是技术进步，还是国际贸易更加开放，或是其他方面的原因，除了实际上被替代了的那些劳动者以外，其他的劳动者同样也面临更大的未来不确定性，他们的工资性报酬在未来的一段时间里可能也会出现波动。

---

① Baicker and Rehavi，“ Policy Watch：Trade Adjustment Assistance.”

② Kluve，et al.，Active Labor Market Policies in Europe.

例如，我们在前面提到过，国际贸易壁垒的降低会在受到影响的劳动力市场上创造出一条更加富有弹性的劳动力需求曲线。为了理解劳动力需求曲线弹性的变化对就业和工资产生的影响，我们可以来看一看如图 16.3 所示的相对缺乏弹性的劳动力需求曲线（D_0）和相对富有弹性的劳动力需求曲线（D_1）。假设劳动力供给曲线（S）如图 16.3 所示，在两条曲线形成的最初均衡点上，工资水平为 W^*，就业水平为 E^*。现在，假设产品价格下降，两条劳动力需求曲线以相同的纵向距离（ab）向左移动。在缺乏弹性的劳动力需求曲线上，新的均衡点为 x，而在富有弹性的劳动力需求曲线上，新的均衡点为 y。因此，当劳动力需求曲线更加富有弹性时，产品价格的下降能够引发的就业和工资损失会更大。于是，如果劳动力需求曲线——由于国际竞争的加剧——随着时间的推移变得越来越富有弹性，那么，产品市场上的任何价格波动都会导致劳动力市场上出现很大的工资和就业水平波动。然而，更大的开放度在多大程度上会导致劳动力需求曲线变得更加富有弹性，我们并不是很清楚。[①]

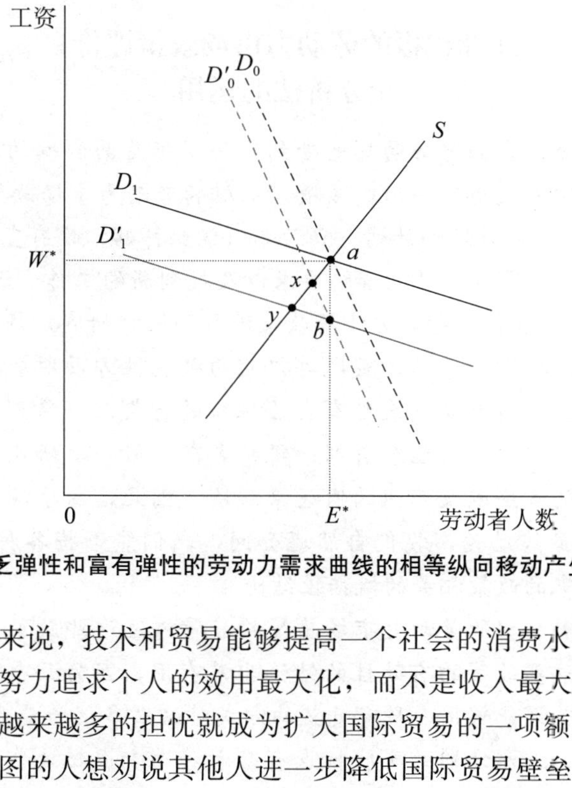

图 16.3　缺乏弹性和富有弹性的劳动力需求曲线的相等纵向移动产生的效果对比

尽管从理论上来说，技术和贸易能够提高一个社会的消费水平，但是我们必须牢记，每个人都在努力追求个人的效用最大化，而不是收入最大化。因此，对未来的不确定性产生的越来越多的担忧就成为扩大国际贸易的一项额外成本，如果认为国际贸易是有利可图的人想劝说其他人进一步降低国际贸易壁垒，那么，他们就必须同意建立一张更大的补偿政策"安全网"。事实上，一项研究发现，对外贸易更为开放的国家，其政府的规模往往都更大，这大概是由于政府支出在扮演着降低风险

① 与这个主题有关的文献引用，参见 Goldberg and Pavcnik，"Distributional Effects of Globalization in Developing Countries"。

的角色。[1]

□ 总结

我们已经论述过，国际贸易壁垒的减弱增强了其他因素——例如技术变革——给劳动力市场带来的影响，提高了对高技能劳动者的相对需求。一方面，教育投资的收益率在上升；另一方面，劳动者在自己的职业生涯中不得不将针对劳动力需求的变化进行的调整视为一件风险越来越高的事情。于是，政府在扩大正规学校教育的范围并改善其质量方面的工作就必须加强。认知技能水平较高的劳动者能够适应范围较大的很多工作，他们也能够更为轻松地学会更多的新技能（因此成本更低）。让年轻人有机会接受高质量的教育，可能是一个政府能够承担的、旨在帮助本国劳动者应对国际贸易扩张带来的劳动力需求变化的最为重要的一项计划。[2]

实证研究

欧洲积极的劳动力市场政策评价：元分析法的运用

在讨论一个社会应当如何帮助那些受到贸易扩张负面影响的劳动者的时候，我们看到，许多欧洲国家采用了一项或多项“积极的劳动力市场政策”（Active Labor Market Policies）——各种培训计划、私营部门就业补贴、政府直接雇佣——来帮助被替代的劳动力达到从事新工作的资格要求以及找到新的工作。近 10 年中，有几十项研究对欧盟 15 国的积极的劳动力市场政策进行了统计研究，评价了这些政策在缩短劳动者的失业时间或增加劳动者实现再就业的可能性方面所取得的成功程度。然而，每一项积极的劳动力市场政策都有自己独特的背景及一系列特点。此外，在本书前面章节的实证研究中我们已经看到，研究者在任何一项研究中遇到的方法论问题都可以运用不同的方法以及不同的假设来解决。因此，由于没有任何一项评价研究能够得出确切的最终结论，我们自然还会问，我们能否将各种研究汇集在一起，得出一些与这些国家的政策相关的概括性结论？

欧洲实施的各种积极的劳动力市场政策的数量以及这些政策实施时的制度环境多样性对得出关于这些政策的有效性的结论非常有用，因为每个项目都可以被视为一项独立的试验。如果能够用一种有意义的方式对这么多试验产生的结果加以比较，我们应该就能够找出这些计划的哪些特点有助于劳动者成功地实现新的就业。元分

① Dani Rodrik, “Why Do More Open Economies Have Bigger Government?” Journal of Political Economy 106 (October 1998): 997 - 1032.

② 一项研究比较透彻地分析了，政府需要做些什么才能使整个社会从更加开放的国际贸易中获得（并更为广泛地分配）收益，参见 Stiglitz, Making Globalization Work，特别是其中的第 2 章。一些补充材料参见 Dennis J. Snower, Alessio J. G. Brown, and Christian Merkl, “Globalization and the Welfare State: A Review of Hans-Werner Sinn's Can Germany Be Saved?” Journal of Economic Literature 47 (March 2009): 136 - 158。

析法为概括和分析这些不同的研究得出的结果提供了一种统计方法。

最近发表的一份元分析中一共包含了137项评价性研究，它将这些评价性研究得出的结果划分为两类：一类是将被替代的劳动者加速转移到新工作岗位上取得成功的，另一类则是转移失败的。这样就创造出一个“结果”变量，即如果一项研究得出的结论认为积极的劳动力市场计划是成功的，那么就将这项计划赋值为1；如果研究结果认为一项计划是不成功的，那么就将其赋值为0。在将积极的劳动力市场计划的结果作为被解释变量（因变量）的同时，元分析还获得了四类解释变量（自变量）数据，即积极的劳动力市场政策的类型及其筹资水平、一国的失业率和经济增长率、对计划进行效果评价时所属的十年期间以及被研究国家颁布的各种“保护”劳动者免遭解雇的法律。

从本质上说，元分析实际上是二分结果变量相对上述各种自变量进行的一种回归。[a]分析发现，在其他种类的变量保持不变的情况下，从帮助劳动者转移到新工作岗位的角度来看，运用就业补贴以及对寻找工作提供帮助和经济激励的积极的劳动力市场政策要比培训计划更为有效。对帮助劳动者在长期中找到工作而言，雇用被替代的劳动者来完成公共工程的计划取得的效果则比培训计划更差。分析发现，在使劳动者免受解雇而提供强大保护的国家中，所有各种积极的劳动力市场政策在缩短失业时间方面都不怎么成功（回忆一下第5章中谈到的这样一种情况，即提高雇主解雇劳动者的成本的同时，也会增加它们雇用劳动力的成本）。

a. 在回归分析中，使用一个不是0就是1的二分变量作为因变量，在统计上会成为一个很麻烦的问题。我们在本研究中是使用众所周知的所谓“概率分析法”来解决这一问题的。

资料来源：Jochen Kluve, et al., Active Labor Market Policies in Europe: Performance and Perspectives (Berlin: Springer, 2007): 172-185.

复习题

1. 在解释和描述比较优势原理时，本章比较了A、B两国在进行贸易和不进行贸易两种情况下的生产可能性曲线。学生可能会注意到，虽然B国的潜在总产出大于A国（比较图16.1和图16.2），但是我们的讨论并没有明确说明两国的人口数量情况。那么，以下两种情况是否会对比较优势分析的结果产生影响：(1) B国人口等于A国人口；(2) B国人口是A国人口的10倍（因此在人均水平上B国比A国更穷）？请解释。

2. X公司是一家制作画框的利润最大化雇主，它正在扩张，并且需要为自己的新工厂选址。它目前正在考虑两个选址：一个位于美国的得克萨斯州，另外一个位于墨西哥，墨西哥的工资水平大约是得克萨斯州的四分之一。运用经济理论分析X公司在做出选址决策时需要考虑哪些方面的因素。

3. 假设美国许多生产家庭防盗系统的企业决定（没有事前商量）将它们的生产转移到亚洲或

拉丁美洲去完成，这样就可以使生产成本下降许多。运用经济理论分析这一决定对美国防盗行业的就业水平所产生的影响。

4. 电视评论员 A 做出如下评论："经济理论表明，降低国际贸易壁垒会立即使社会上每一个人的福利都得到改善。"对此做出评论。

5. 电视评论员 B 做出如下评论："取消关税和其他保护美国生产商远离低工资国家竞争的那些措施，只会导致美国的就业岗位减少。"运用经济理论对此做出评论。

6. 电视评论员 C 做出如下评论："降低与低工资国家之间的贸易壁垒，会使我们的劳动者与数以百万计的发展中国家的低工资劳动者进行竞争。其结果将会是美国的工资水平骤降，直到与中国和其他发展中国家的工资水平相等。"运用经济理论对此加以评论。

7. 电视评论员 D 做出如下评论："更多的贸易会提高整体国民收入这一事实，告诉大家都需要知道的事情——更多的贸易对我们的社会来说是有好处的。"运用经济理论对此加以评论。

练习题

1. M 国每年能够生产 5 000 万辆自行车或者 6 000 万台电冰箱。N 国每年能够生产 7 500 万辆自行车或 5 000 万台电冰箱。这两个国家的生产可能性曲线都是直线。

(1) 每个国家生产自行车的机会成本各有多大？每个国家生产电冰箱的机会成本各有多大？

(2) 哪个国家在生产自行车方面具有比较优势？为什么？

(3) 这两个国家之间应该进行贸易吗？如果应该，哪个国家应该生产自行车，哪个国家应该生产电冰箱？

2. C 国每年能够生产 200 吨小麦或者 5 000 万辆汽车。D 国每年能够生产 500 吨小麦或者 1.25 亿辆汽车。这两个国家的生产可能性曲线都是直线。

(1) 每个国家生产小麦的机会成本各有多大？每个国家生产汽车的机会成本各有多大？

(2) 哪个国家在生产小麦方面具有比较优势？为什么？

(3) 这两个国家之间应该进行贸易吗？如果应该，哪个国家应该生产小麦，哪个国家应该生产汽车？

3. 假设一个富裕国家的客户服务代表的边际生产率是 $MP_L=17-0.6L$，其中 L 是劳动力数量（单位为千人）。一个贫穷国家的客户服务代表的边际生产率是 $MP_L=11-0.8L$。现在，富裕国家中有 10 000 名劳动者从事客户服务代表工作，工资率是每小时 20 美元。在贫穷国家中，有 5 000 名劳动者从事客户服务代表工作，工资率是每小时 10 美元。富裕国家中的一家企业正在考虑将 1 000 个客户服务代表的工作岗位转移到贫穷国家。你认为应该这样做吗？为什么？

推荐阅读

Anderson, James E. and Eric Van Wincoop, "Trade Costs," Journal of Economic Literature 42 (September 2004): 691 - 751.

Freeman, Richard, "Trade Wars: The Exaggerated Impact of Trade in Economic Debate," National Bureau of Economic Research, working paper no. 10000 (September 2003).

Goldberg, Pinelopi Koujianou, and Nina Pavcnik, "Distributional Effects of Globalization in Developing Countries," Journal of Economic Literature 45 (March 2007): 39 - 82.

Lawrence, Robert Z. Blue-Collar Blues: Is Trade to Blame for Rising US Income Inequality? Washington, D. C.: Peterson Institute for International Economics, 2008.

Stiglitz, Joseph, Making Globalization Work. New York: W. W. Norton, 2006.

(奇数题) 答案

第 1 章

复习题

1. 规范分析的基本价值前提是：如果一个既定的交易对同意进行交易的双方来说都是有益的，并且不会使其中的任何一方受损，那么，达成这笔交易就可以说是“好”的。当然，这一标准就意味着，交易中受损的任何一方都应当因为所遭受的损失而得到补偿（这一条件实际上相当于这样一种说法，即同意参加交易的任何一方都必须是自愿的）。当劳动力市场上的所有互惠交易都已经达成时，劳动力市场就达到了最优状态。如果还有一些互惠交易没有达成，那么，劳动力市场就还没有达到最优状态。

阻碍互惠交易达成的一种情况是信息不充分。一方可能因为不知道在某一交易中存在的负面影响而同意参加交易。类似地，本来是潜在交易人的一方，也有可能会因为不知道该交易的好处而放弃参加交易。然而，即使当事人能够获得充分的信息，由于交易障碍的存在，互惠交易可能仍然无法实现。这种交易障碍产生的原因可能是，政府禁止进行某些类型的交易、市场缺乏将买者和卖者牵引到一起的能力或者存在市场缺位的问题。

3. 尽管在劳动力招募的过程中，无论是采用征召制，还是采用自愿制，估计都可以招到相同数量的劳动者到大堤上来工作，但是自愿制却有一个重要的规范性优点，这就是它保证了所有到大堤上来工作的劳动者都把参加这项工作看成自己福利的一种改善。当劳动者是被征召来的时候，至少有一部分人会把这种交易看成带有强迫性质的，并且是有损于自己的利益的；如果允许这些劳动者改变这种就业方式，那么，我们通过简单地重新分配（而不是增加）资源，就可以实现社会福利的改善。因此，与强制征召制相比，自愿制增加了社会福利。

5.（1）这一行为是完全符合本章中描述的辞职模型的内容的。经济理论假设，劳动者是追求效用（快乐）最大化的。如果两种工作的所有其他方面都是一样的，那么，经济理论会预期，劳动者会更加偏好那种工资率较高的工作，而不是工资率较低的工作。然而，在两种工作之间，常常很多重要的方面都并不一样，其中包括工作环境、管理人员的个性以及工作给员工带来的压力等。因此，对这位女员工的行为进行解释的方法之一就是，她之所以愿意每小时放弃 50 美分的收入，是因为在这种情况下，她就能够在一种没有压力的环境中工作了。

（2）我们没有办法证明她的行为是“理性”的。经济学家将理性界定为一个人做出预期（在做决策时）能够导致个人利益改善的决策的能力。我们不能根据任何一个人的行为来判断此人所采取的行为是理性的还是非理性的。当然，如上所述，这位女员工所做出的辞职决策，可以被解释为一种预期能够提高其效用（或快乐）水平的决策。然而，在做决策时，她也可能是处于一种难以控制的愤怒状态之中，从而并没有对自己所做决策的后果进行仔细的考虑。

（3）经济理论并没有预测每一个人都会采取相同的做法。由于经济学家假定经济人是追求效用最大化的，并且可以假设每一个人的偏好集合都是独一无二的，因此，即使是面对一系列相同的刺激，会有一些人采取某种行动，也会有另外一些人不采取行动，这种情况与经济理论是完全相符的。所以，从题目描述的情况中我们不能得出经济理论仅仅适用于某些人的行为，而不适用于另外一些人的行为的结论。对另外那些人的选择，我们也许可以这样解释：他们受压力困扰的程度较低，并且他们不愿意为避免这种压力而每小时放弃 50 美分的收入。

7. 禁止童工的法律看上去似乎违反了互惠的原则，因为它取缔了某些可能是互惠的交易。但是，至少在以下两种条件下，这种禁止童工的做法与规范经济学的原则是一致的：首先，参加雇佣交易的儿童可能并不知道，他们决定在某一特定的环境中工作可能会遭受怎样的危险或后果。从本质上说，儿童是缺乏经验的，因此，社会常常通过立法的形式来保护他们不因自己的无知而受害。

其次，社会可能还把禁止童工的立法作为保护儿童不受其父母所害的一种手段。如果儿童是被父母逼迫，不得不到一种危险的或有害健康的环境中工作，那么，他们就不是自愿参加交易的。这样，在父母逼迫儿童劳动的情况下，法律禁止儿童参加雇佣交易，实际上也并没有违反互惠的原则。

□ 练习题

1.（参考本章附录）将这些数据绘制成散点图就可以看出，年龄和工资水平是一起上升的。一个恰当的线性模型将会是 $W_i=\alpha_0+\alpha_1 A_i+\varepsilon_i$，其中，$W_i$ 是第 i 个人的工资，A_i 表示第 i 个人的年龄，α_0 和 α_1 是模型的两个参数，ε_i 是第 i 个人的随机误差。请注意，在这里，工资必须是因变量，年龄必须是自变量，而不能反过来。

3.（参考本章附录）是的，t 统计值（回归系数除以标准误）等于 0.3/0.1，即 3。当 t 统计值超过 2 的时候，我们就可以非常确信，这个系数的实际值不为零。

5.（参考本章附录）t 统计值等于回归系数除以标准误。对于年龄的回归系数，t 统计值是 0.25/0.10，即 2.5。对于全日制工作状态的回归系数，t 统计值是 0.75/0.20，即 3.75。这样，两个回归系数在统计上都是显著的，这意味着回归系数的实际值等于 0 的假设可以被拒绝。

第 2 章

□ 复习题

1. 正如图中所示，建筑工人的外流导致埃及建筑部门中的劳动力供给曲线向左移动（从 S_1 移动到 S_2），与此同时，对建筑工人劳务的需求曲线却向右移动了（从 D_1 移动到 D_2）。由于这两条曲线移动，结果导致均衡工资率从 W_1 上升到 W_2。我们显然可以估计，埃及建筑部门的工资率的上升速度要快于平均速度。然而，由于两条曲线的移动对就业起到的作用是相反的，因此，在两者同时发生移动的情况下，预期的就业量会发生何种净变化，在理论上是说不清楚的。

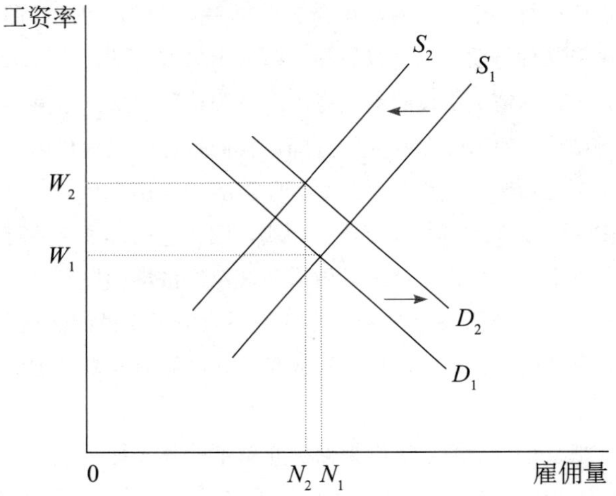

3. 许多工程师都被雇用来从事研发工作。因此，如果研发工作的一个重要需求者要减少它的需求，那么，工程师的劳动力需求曲线就将左移，从而导致他们的工资率和就业水平下降。

5. 如果公司支付给电焊工的工资高于均衡工资率，那么，公司就支付了比它需要支付的工资要高的工资率，结果，它能够雇用的电焊工的人数就较少。所以在这种情况下，所谓水平过高的工资，就应当是指那些高出均衡工资水平的工资。

要想衡量某种工资率是否高于均衡水平，一个现成的标准是，看一看是否存在下面这种情况：只要公司中有一个职位空缺，就总会有大批的求职者。另外一个标准是：那些幸运地获得了高出均衡水平的工资率的劳动者（在本例中是电焊工）会牢牢抓住自己的工作不放，从而出现一种低得反常的辞职率。

7. 见下页图（a）和图（b）。

9. 这种规定必然会增加资本的成本，但是它对劳动力需求曲线的影响却是不确定的。一方面，资本成本的上升将会提高生产成本，从而产生压低雇佣量的规模效应。另一方面，这一规定又将提高资本相对于劳动力的成本，从而可能刺激企业用劳动力来替代资本。因此，替代效应会增加雇佣量，而规模效应则会减少雇佣量。至于哪一种效应更强，则无法事前知道。

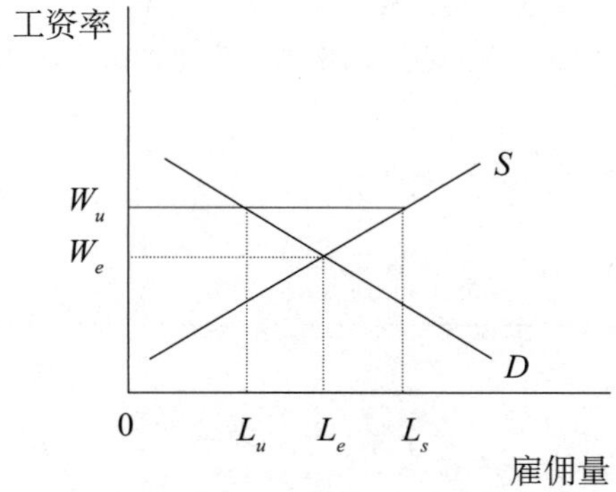

第7题图(a)

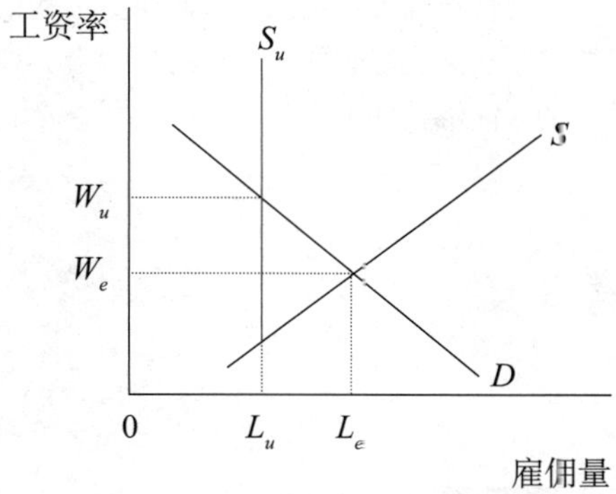

第7题图(b)

11. (1) 经济增长趋于使劳动力需求曲线向右移动（在每一个工资率水平上都需要更多的劳动力）。

(2) 如果与美国的劳动力供给曲线相比，加拿大的劳动力供给曲线更为平缓（有一个更小的正斜率），则会出现更大幅度的工作岗位数量增长以及更为缓慢的工资增长。

□ 练习题

1. 失业率＝100%×失业人口/(就业人口＋失业人口)

＝100%×500 万人/13 500 万人＝3.7%

劳动力参与率＝100%×(就业人口＋失业人口)/成年人口

＝100%×13 500 万人/21 000 万人＝64.3%

3. 能够最迅速地找到相关数据的地方可能是 www. bls. gov/ces/，“Table from Employment and Earnings”（表 B－11）以及 www.bls.gov，Consumer Price Index。如果平均每小时的工资性报酬上升的速度比消费者价格指数快，那么，实际工资就会上涨。另外，我们还应当考虑在衡量消费者价格指数时可能存在的偏差所产生的影响。如果消费者价格指数过高地估计了通货膨胀水平（就如在正文中讨论过的那样），那么，实际工资水平上升速度就会比官方统计数据所显示的还要快。在美国劳工统计局的网站上有关于消费者价格指数的最新构建方法的链接，这种新的构建方法力图消除一些历史偏差的影响。

5. 1990 年的实际最低小时工资率＝1990 年的名义工资/1990 年的消费者价格指数(CPI)×100

＝(3.80 美元/130.7)×100

＝2.91 美元

2006 年的实际最低小时工资率＝2006 年的名义工资/2006 年的消费者价格指数(CPI)

＝(5.15 美元/201.6)×100

＝2.55 美元

从 1990 年到 2006 年，联邦政府的实际最低工资水平是在下降的。

7. 如果收银员的小时工资率为 8 美元，那么他们所获得的工资是高于市场均衡水平的。在工资率为每小时 8 美元时，雇主会雇用 110 名收银员，但是市场上有 175 个可以做收银员的人。这样，就会有 65 名想要在工资率为每小时 8 美元时从事收银工作的劳动者无法找到工作。对一份工作支付的工资水平过高导致了劳动力过剩的出现，这种高于均衡水平的工资率有两个方面的含义。第一，雇主支付的工资水平高于生产相应的产出时所必须支付的工资；雇主即使降低工资也仍然可以找到足够的、称职的劳动者来填补空缺职位。事实上，如果雇主确实降低了工资，也还能增

（奇数题）答案

加产出，同时使产品价格更低，从而使更多的消费者能够购买这种产品。第二，希望得到工作的劳动者要多于实际上能够找到工作的劳动者。如果工资下降一点，那么那些失望的劳动者当中就会有更多的人能够找到工作。

第3章

复习题

1. 利润最大化的基本要求是，雇主在雇用劳动力的时候，必须达到劳动力的边际收益生产率等于市场工资率这样一点。如果工资率较低，那么，追求利润最大化的企业必然会雇用大量的劳动力，从而将劳动力的边际收益生产率降低到与较低的工资率相等的水平上。因此，题目中的这种说法似乎暗含了这样一层意思，即企业似乎不是利润最大化的追求者。

3. 职业安全与健康管理标准对就业产生的潜在影响会随着该标准要求企业采用的防护方法的不同而有所不同。如果标准是应用于资本（机器）的，那么，这些标准就会提高资本设备的成本。这种成本的上升会产生一种规模效应，而规模效应会减少对所有各种投入（包括劳动力在内）的需求量。另外，在生产任何一个既定的理想产出水平时，它还向雇主提供了一个用劳动力（现在变得相对便宜了）来替代资本的动力，这种替代效应将会缓解雇佣量的下降。

相反，如果要求雇主为员工装备个人防护用品，则这种标准会提高劳动力成本。在这种情况下，雇主在生产任何一个既定的产出水平时，就会有一种用相对较为便宜的资本来替代劳动力的动力（跟上面一样，生产成本的上升也会带来导致雇佣量趋于减少的规模效应）。

因此，在其他条件一定的情况下，如果职业安全与健康管理标准所采取的是配备个人防护设施的办法，则雇佣量就会降低。然而，要完整地回答这一问题，还需要获得这样一种信息，即在运用这两种方法达到该标准的要求时，企业需要的费用是多少。比如，如果“资本”法将资本成本提高了50%，而“个人保护”法却仅仅将劳动力成本提高了1%，那么，第一种方法所产生的规模效应就有可能会相当大，从而导致与第一种方法相联系的就业损失更大。

5. 在这一题中，我们必须同时考虑工薪税对服务业和制造业两个部门中的工资率和就业的影响。在分析工薪税对服务业中的雇主所产生的影响时，可以采用本章在分析工薪税时采用的那种类似方法。也就是说，如果劳动力需求曲线是以员工拿到的工资为基础绘制出来的，那么，以员工的工资为基础对雇主征税的做法会导致需求曲线左移。对于员工拿到的每一个小时的工资，雇主的成本都会以与税收数量相等的幅度上升。与任何一位员工的工资率相联系的成本上升都将会使雇主减少劳动力需求，从而引起劳动力需求曲线下移和左移。

工薪税对就业量和工资率的影响，实际上取决于劳动力供给曲线的形状。如果劳动力供给曲线是向右上方倾斜的，那么，就业量和员工拿到的工资都将会下降。如果劳动力供给曲线是垂直的，那么，就业量是不会下降的，但是工资率会以与税收数量相对应的方式全额下降。如果劳动力供给曲线是水平的，那么，工资率就不会下降，但是就业量却会下降。

服务业中的就业量和（或）工资率下降将会导致制造业中的劳动力供给向右移动（因为原来被服务部门雇用的一些人现在到制造业中来找工作了）。劳动力供给曲线的这种移动会引起制造业中的就业量上升，即使该行业的劳动力需求曲线并未发生变化。如果制造业中的劳动力需求曲线确实没有发生变化，那么，制造业中的就业量上升就将伴随着该行业的工资率下降。然而，随着消费者用相对较为便宜的制造业产品来替代现在变得相对较为昂贵的服务，制造业的劳动力需求曲线也有可能会向右移动。如果这种形式的劳动力需求曲线移动真的发生了，那么，就业量上升就有可能会与工资率上升或者较小幅度的工资率下降共同出现。这就不同于在制造业的劳动力需求没有发生变化时出现的那种状况，即就业量的增加一定是与工资率的下降联系在一起的。

7. 对被发现的雇用非法移民的雇主实行经济处罚的做法，必然会提高雇主雇用非法移民的成本。雇主现在不仅必须支付通行的移民工资，而且还要面临非法雇用劳动者的做法被发现，从而受到处罚的可能。这种处罚可以被看成雇主雇用非法移民的成本增加了，因此，在这种情况下，雇用非法移民的成本就超过了支付给非法移民的工资。这种影响可以被看成非法移民的劳动力需求曲线向左移动了，因此，其结果就是，非法移民的就业量和工资率都下降了。

处罚雇用非法移民的雇主的做法对“本土”的技术劳动者的需求会产生怎样的影响，取决于技术劳动力和非技术劳动力之间到底是一种总替代关系，还是一种总互补关系。非技术劳动力成本的提高会产生一种规模效应，而规模效应趋于提高生产成本，从而减少技术劳动力的雇佣量。如果技术劳动力和非技术劳动力在生产过程中是互补的，那么，政府执行这种政策的结果显然是，导致技术劳动力的需求曲线向左移动。然而，如果这两种劳动力在生产过程中是相互替代的，那么，非技术劳动力成本的上升将会激励雇主用技术劳动力来替代非技术劳动力。所以，在本例中的情况下，对技术劳动力的需求曲线既有可能向右移动（如果替代效应大于规模效应而占主导地位），也有可能向左移动（如果规模效应占主导地位）。

9. 工资补贴（以雇员工资的形式发放）会使劳动力需求曲线向右移动。它对就业的影响取决于劳动力供给曲线的斜率，劳动力供给曲线的斜率会影响到劳动力需求的增长有多大的部分会转化为工资的增长。当劳动力供给曲线比较平缓时，就业的增长幅度会更大，而劳动者获得的相应的工资增长却会较小。

□ 练习题

1. 劳动力边际产品（根据这些测试分数来计算）为零。

3. 如下图所示：由于供给曲线是垂直的，税收将全部由劳动者来承担。工资水平将每小时下降1美元，从每小时4美元下降到每小时3美元。

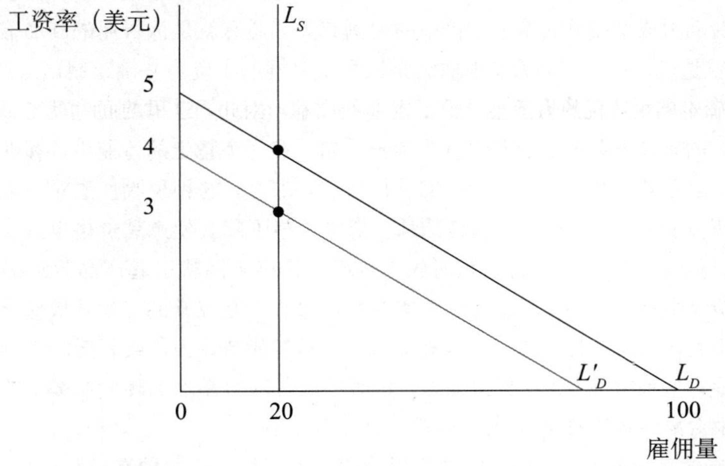

5.（参考本章附录）根据本章的解释，为了使成本最小化，企业将选择能够满足下列要求的 K 和 L：$W/MP_L=C/MP_K$，其中 C 是资本的租金成本。将其进行变形，就是 $W/C=MP_L/MP_K$，用问题中所提供的信息来替代以下公式中的符号，即为：

$$12/4=30K^{0.25}L^{-0.25}/(10K^{-0.75}L^{0.75})$$

$$3=3K/L$$

$$K=L$$

7.（参考本章附录）（1）能达到成本最小化的资本-劳动力比率必须能够满足下列条件：$MP_L/MP_K=W/C$，即 $25K/25L=8/8=1$。

（2）由于成本最小化的资本-劳动力比率是 1，这家企业就应当使用同等数量的资本和劳动力。要生产 10 000 对耳环，则计算公式如下：

$$Q=25K\times L$$

$$10\ 000=25K\times L$$

$$400=K\times L$$

由于 $K=L$，所以 $400=K\times K$。即必须使用 20 个单位的资本和 20 个单位的劳动力，每单位劳动力或资本的成本为 8 美元，这样生产 10 000 对耳环的总成本为 320 美元。

（3）当 $MP_L/MP_K=W/C$ 时成本能够达到最小化。$MP_L=25K$，$MP_K=25L$，所以 $MP_L/MP_K=K/L$。要想使成本最小化，则 K/L 必须等于 8/6，这就意味着资本-劳动力比率从原来的 1 上升到了 1.33。一旦资本变得更便宜，资本就会替代劳动力。

第 4 章

□ 复习题

1. 青少年的就业岗位遭受较少损失的总体条件包括：要有一个小的替代效应和一个小的规模效应。替代效应在下列两种情况下会相对较小：一是很难用资本或成年劳动者来替代青少年；二是当这些能够成为青少年替代者的要素的需求上升时，它们的价格也上升了。而较小的规模效应则与青少年的劳动力成本在总成本中占较小的比例有关，还有就是该行业的产品需求曲线是相对缺乏弹性的。

3. 对购买资本的税收优惠有效地降低了资本的成本，因此，这里的问题就变成了：资本价格的降低在什么样的条件下会带来最多的就业增长？如果在一个特定的行业中，存在一个与税收优惠有关的巨大的规模效应和一个相对较小的替代效应，那么，这种税收优惠对就业的影响是最好的。如果资本所占的份额相对较大（这样的话，资本价格下降会使产品价格也有相对较大幅度的下降），并且该行业的产品需求弹性也相对较大（产品价格下降将引起产品需求的大幅度增加），那么，规模效应是最强的。如果劳动力和资本在生产过程中是互补的，替代效应将不会存在；如果两者在生产中是可以相互替代的，但是资本却不容易替代劳动力，或者劳动力的供给是缺乏弹性的（这样的话，如果用资本来替代劳动力，从而导致劳动力需求下降，那么，劳动力的价格也会下降——这就会减弱替代效应），替代效应将会相对较小。

5. 对于那些尚未向员工提供适当的健康保险的企业来说，这两种选择都会提高它们的成本。

由于没有向员工提供保险的大多是小企业，因此，这两种方案都将提高小企业与大企业相比较时的相对成本。而这会产生一种规模效应，这种效应趋于减少小企业与大企业相比的相对雇佣量。在通常情况下，产品需求弹性越大、劳动力成本在总成本中所占的份额越大，则这种规模效应就会越大。

第一种选择除了会产生规模效应之外，还会产生一种趋于减少企业所雇用的劳动力数量的替代效应。资本越容易对劳动力进行替代、资本的供给弹性越大，则这种替代效应就会越大。

第二种选择是对企业的收益课税的做法，因此它只对劳动力需求产生了规模效应，而没有替代效应。因此，这种做法将会提高总成本，从而产生一种将雇佣量和工资率都向下压的力量，但是它并没有提高劳动力成本和资本成本之间的比率。因此，它对工资率和就业量的影响就会比方案一要小。

7.（1）钢材进口关税的提高将会使国内产品需求从而国内劳动力需求变得更加缺乏弹性。

（2）禁止企业因经济原因而裁员的法律将会打击资本对劳动力的替代，从而使劳动力需求更加缺乏自身工资弹性。

（3）机器制造业的爆炸式发展会使钢铁行业的产品需求曲线向右移动，从而使该行业中的劳动力需求曲线也向右移动。这种移动对劳动力需求的自身工资弹性会产生何种影响，我们是无法预测的（我们所能预测的是，一条直线形需求曲线向右移动将会降低它在每一种工资率上的弹性）。

（4）由于资本和劳动力在长期中是最容易相互替代的，因此，当新的生产过程可以建立起来的时候，延缓采纳新技术的决策无疑会降低资本对劳动力的替代性，从而使劳动力需求曲线变得更加缺乏弹性。

（5）工资水平的上升只能使企业沿着它的劳动力需求曲线移动，而不会改变该曲线的形状。然而，如果劳动力需求曲线碰巧是一条直线，那么，沿着这条曲线向上、向左移动将会提高企业在经营区间中的劳动力需求弹性。

（6）对每吨钢材征税的做法只会使劳动力需求曲线左移，而不一定会改变该曲线的弹性。然而，如果劳动力需求曲线碰巧是一条直线，那么该曲线向左移动的结果，就将会是提高每一种工资率水平上的劳动力需求弹性。

□ 练习题

1. 需求弹性$=\Delta E\%/\Delta W\%=(\Delta L_D/L_D)/(\Delta W/W)=(\Delta L_D/\Delta W)\times(W/L_D)$。这里 $W=100$，$L_D=3\,000$，因此 $W/L_D=100/3\,000$。你可能会注意到，$(\Delta L_D/\Delta W)$ 是劳动力需求曲线的斜率（一个单位的工资率变化所带来的雇佣量变化）。这个斜率等于-20。因此，劳动力需求的自身工资弹性$=(-20)\times(100/3\,000)=-2/3$。这条劳动力需求曲线在这一点上是缺乏弹性的。

我们用同样的方法还能计算出当 $W=200$ 时的弹性是多少。这时，劳动力需求的自身工资弹性$=(-20)\times(200/1\,000)=-4$。这条劳动力需求曲线在这一点上是富有弹性的。

3.（1）工资水平的上升将会导致沿着劳动力需求曲线的移动，L_D 会从 $220(=300-20\times4)$ 下降到 $200(=300-20\times5)$。

（2）未被覆盖部门的最初均衡工资率是每小时 4 美元，并且 $L=220$。然后，劳动力供给曲线移动了 20 个单位，达到了 $L_{S'}=-80+80W$。新的均衡点就是，均衡工资率 $W=3.80$ 美元/小时，而均衡雇佣量 $L=224$。

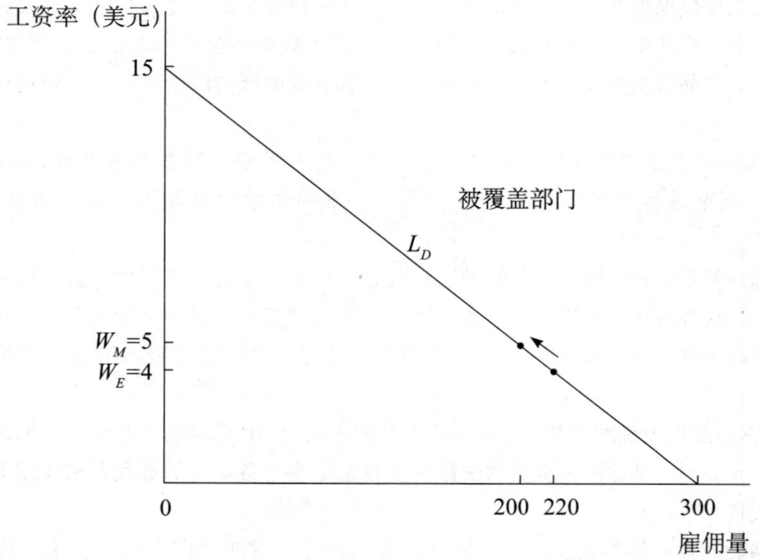

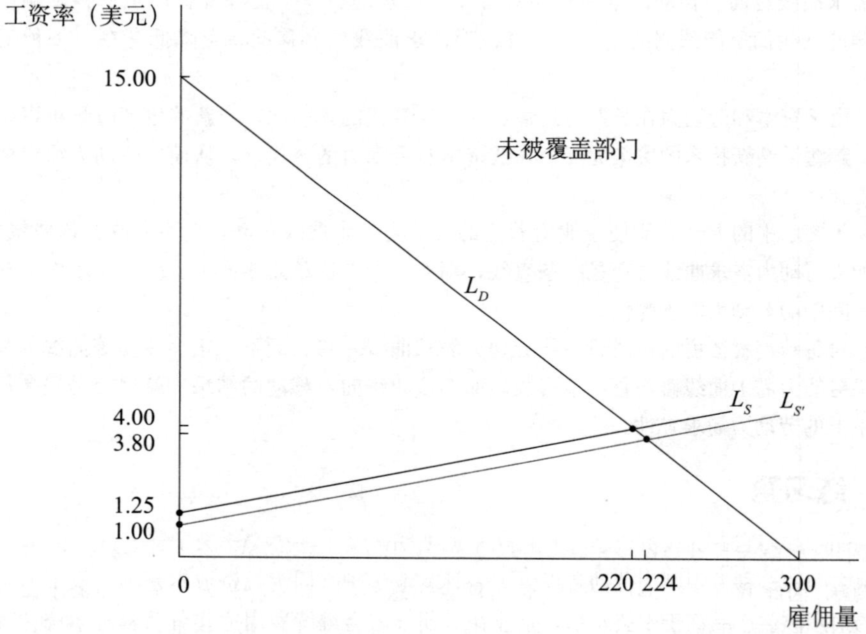

5.（1）劳动力需求弹性被定义为雇佣量变化的百分比除以工资率变化的百分比。以初始的雇佣量和工资率数值作为基数，对于工会 A 会员来说，当工资水平从 4 美元上升到 5 美元时（上升了 25%），雇佣量变化的百分比是（10 000－20 000）/20 000——或雇佣量下降了 50%。因此，工会 A 会员的劳动力需求弹性是（－50%）/25%＝－2。对于工会 B 会员来说，工资率从 6 美元下降到 5 美元（下降了 16%），雇佣量从 30 000 人上升到 33 000 人——上升了 10%。因此，工会 B 会员的劳动力需求弹性是 10%/(－16%)＝－0.625。工会 A 比工会 B 所面临的劳动力需求曲线更加富有弹性。

（2）我们无法说出在增加工会会员的总工资性报酬方面哪一个工会可能会更加成功。因为这取决于许多因素，其中包括两个工会的谈判力量如何，以及它们是在跟什么样的企业打交道。不过，可以肯定的是，在工资率出现任何百分比上涨的情况下，劳动力需求曲线弹性更大的那个工会的雇佣量都会出现更大百分比的就业损失，而这很可能会削弱工会争取工资进一步上涨的动力。因此，劳动力需求曲线弹性较小的那个工会在提高其会员的工资水平方面可能会更加成功。

7. 资本价格下降 10%会使助理面包师的雇佣量下降 15%，因此在这里，交叉工资弹性是 1.5。交叉工资弹性为正意味着两者之间是一种总替代关系。

第 5 章

□ 复习题

1. 一家企业的劳动力供给曲线描绘的是，随着这家企业提供的工资水平的变动，有多少位劳动者愿意为这家企业工作。如果劳动者可以毫无成本地从一家企业转移到另外一家企业去工作，那么，很小的工资水平变动就会带来很大的劳动力供给量变化（因为劳动者会在劳动力市场上寻找能够支付最高工资的雇主）。因此，如果流动成本真的为零，那么一家企业提供的工资水平就不能偏离市场工资率，它的劳动力供给曲线会是位于市场工资水平上的一条水平直线。

如果劳动者发现在不同的雇主之间换工作的成本很高，那么，只有当流动所产生的工资收益足以抵消流动成本时，劳动者才会选择流动——有些工资变化太小，不足以引起劳动力流动。此外，有些劳动者可能发现，与其他人相比，流动给自己带来的成本会更高——或获益更低（他们发现自己更难获得新的工作录用机会；更不喜欢变化；与当前的工作场所存在较深的感情；换工作之后能够从中获益的持续时间比较短等）。既定的工资水平变化对劳动者的流动动机所产生的影响是不同的，这意味着有些劳动者想要换雇主，而另外一些劳动者则不想跳槽。

一方面，并非劳动力市场上的每一个人都想要进入提高了工资的企业，另一方面，在降低了工资的企业中，也并不是所有的员工都会辞职，所以企业的劳动力供给曲线并不是水平的，相反，它是自左下方向右上方倾斜的。劳动力供给曲线的斜率为正意味着，工资上涨的幅度越大，被吸引到企业中来的劳动者也就越多。相反，工资下降的幅度越小，则企业可能会失去的现有劳动力也会越多。

3. 企业在扩张时期增加人员雇用的速度会很慢的原因之一是，企业在衰退时期的裁员速度会很慢。在那些对员工进行投资的企业中，员工们所获得的工资是低于他们的边际产品价值的，这样企业就能够收回它们的投资成本，并且在衰退期间，员工的生产率会下降，而工资水平和边际产品价值之间的这种差距则为劳动者提供了一种就业保护（因为投资成本是沉没成本，所以，只要员工的边际收益产品高于工资水平，企业在短期中就会继续雇用这些劳动者）。而在扩张阶段，尽管员工的生产率在上升，企业却不会雇用新员工（因为需要进行新的投资），除非边际收益生产率和工资之间的差距足够大，从而能使企业收回投资成本。

5. 低工资工作岗位通常比高工资工作岗位受到的培训要少，如果高工资工作岗位上的劳动者所受到的培训有部分费用是由雇主支付的，那么，培训成本会使雇主采用让员工工作更长时间的方式来代替雇用更多员工的做法。因此，雇主要求技能水平较高的员工工作更长的时间这一事实，与经济理论是一致的。

7. 这种变化会将准固定劳动力成本转化为可变劳动力成本，从而会诱使雇主采用雇用更多员工的做法来替代让现有员工增加周工作小时数（尤其是加班时数）的做法。由于这种新的缴费计划提高了高工资劳动者相对于低工资劳动者的成本，因此，它还会诱使企业用低技能劳动者来替代高技能劳动者。(这两方面的影响都会增强劳动力之间的相互替代;如果总的保费不变,规模效应会是最小的。)

9. 在其他条件相同的情况下,从雇佣和培训投资中获得收益的时间越长,则雇佣和培训投资对雇主(和员工)的吸引力也就越大。对周工作时间设置上限的做法对获得投资收益的时间产生了限制,因此会降低大家学习新技能的动力。此外,虽然这种设置周工作时间上限的做法目的在于通过"扩散工作"来增加就业,但是它却通过约束雇主如何配置其资源而增加了劳动力成本,从而创造了一种趋于减少就业的规模效应。

□ 练习题

1. (1) 因为 $E=5W$,所以 $W=0.2E$。因此,所雇用的员工人数每增加一人,工资就必须上涨 20 美分。

(2) 总的小时劳动力成本 $C=E\times W=E\times 0.2E=0.2E^2$。

(3) 劳动力边际费用(ME_L)是将总的小时劳动力成本 C 相对于所雇用人数 E 进行求导得到的,即 $\mathrm{d}C/\mathrm{d}E=0.4E$。要注意,虽然每增加一位劳动者,工资水平就要上升 20 美分,但是劳动力边际费用却要上升 40 美分。

3. 考虑到员工不存在流动成本,企业不能收回因为提供一般培训而支出的成本。因此,员工必须支付的培训费用是

$$W=MRP_L-\text{培训成本}=3\ 000\text{ 美元}-1\ 000\text{ 美元}=2\ 000\text{ 美元}$$

5. (1) 劳动力总成本等于企业提供的工资乘以劳动力供给。劳动力边际费用等于劳动力总成本的变化值除以劳动力供给的变化值。参见下表。

提供的工资(美元)	劳动力供给(小时数)	劳动力总成本(美元)	劳动力边际费用(美元)
4	18	72	—
5	19	95	23
6	20	120	25
7	21	147	27
8	22	176	29

(2) 见下图。

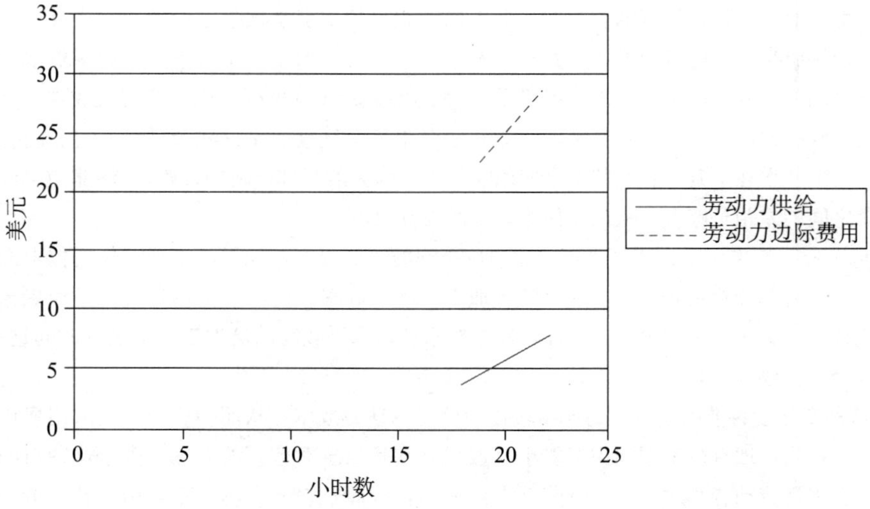

7.（1）见下表。

提供的工资（美元）	劳动力供给（小时数）	劳动力总成本（美元）	劳动力边际费用（美元）
4	19	76	—
5	20	100	24
6	21	126	26
7	22	154	28
8	23	184	30

（2）见下图。

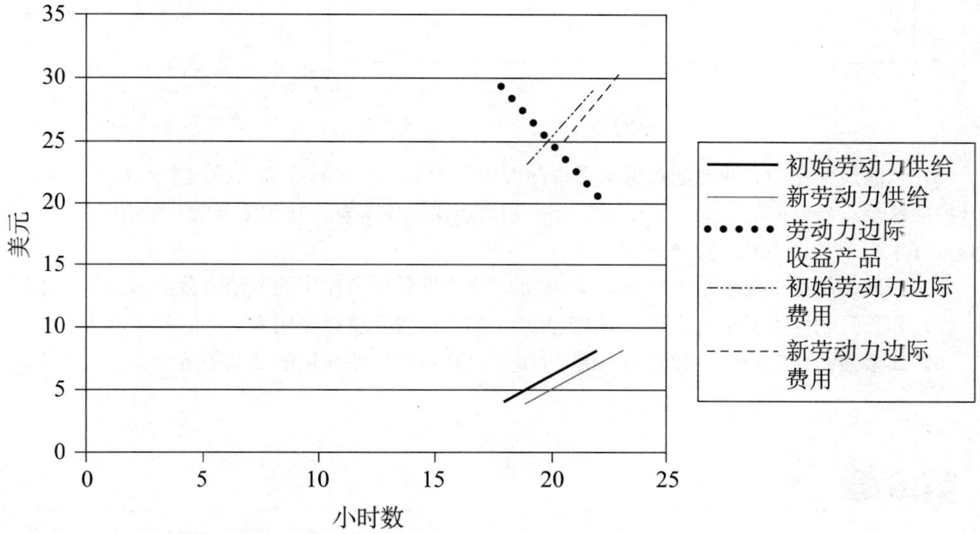

（3）劳动力供给曲线和劳动力边际费用曲线都向右移动。

（4）雇佣量将会上升到 20～21 个小时，企业提供的工资水平将会介于 5 美元和 6 美元之间。

9.（1）见下表。

劳动力数量（小时数）	需要提供的工资（美元）	劳动力总成本（美元）	劳动力边际费用（美元）	劳动力边际收益产品（美元）
5	6	30	—	—
6	8	48	18	50
7	10	70	22	38
8	12	96	26	26
9	14	126	30	14
10	16	160	34	2
11	18	198	38	1

（2）见下图。

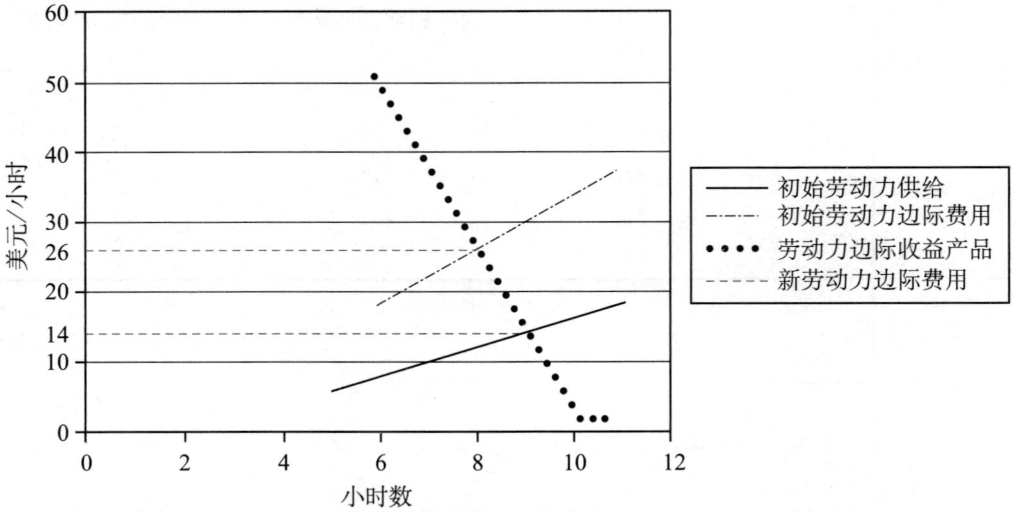

（3）利润最大化的企业会通过劳动力边际费用等于劳动力边际收益产品这个点来决定工时数，并且按照这个点所对应的劳动力供给曲线上的相应点来提供工资。托尔斯蒂餐厅会用每小时 12 美元的工资来雇用 8 个小时的劳动力。

（4）如果强制性工资水平为每小时 14 美元，那么该餐厅所雇用的劳动力就会增至 9 个小时。

（5）如果强制性工资水平为每小时 26 美元，那么该餐厅就会雇用 8 个小时的劳动力。

（6）如果强制性工资水平超过每小时 26 美元，则该餐厅所雇用的劳动力将会少于 8 个小时。

第 6 章

□ 复习题

1. 不正确。低档物品被界定为：随着收入的增加，人们对其消费反而减少的那些物品（如果该物品本身的价格保持不变）。劳动力供给曲线是依据个人的工资率得出的。因此，对于一条逐渐向后弯曲的劳动力供给曲线来说，该曲线在一定的范围内斜率必然是正的，只是到了另外一个区间才变成负斜率的。描述向后弯曲的劳动力供给曲线的典型方式如下页图所示。

在向后弯曲的劳动力供给曲线的正斜率部分，工资率上升的替代效应大于收入效应，随着工资率的上升，此人会增加他的劳动力供给。然而，当工资率达到图中的 W_0 后，工资率的进一步上涨就只会伴随着劳动力供给的减少。在劳动力供给曲线的这个负斜率区域，收入效应要大于替代效应。

我们已经假设收入效应是负的，因而闲暇是一种正常物品。如果我们假设闲暇是一种低档物品，那么，工资率上升所带来的财富增加将会与潜在的替代效应共同发挥作用，从而导致劳动力供给曲线毫无疑问是一条斜率为正的曲线。

3. 每一种备选方案都可以在下列图形中表示出来，新的约束线可以用图中的虚线来表示。在强制要求律师拿出 5%的工作时间提供免费服务的情况下，方案 A 降低了律师的工资率，对律师的可能劳动力供给同时带来了收入效应和替代效应，而这两种效应的作用方向是相反的。

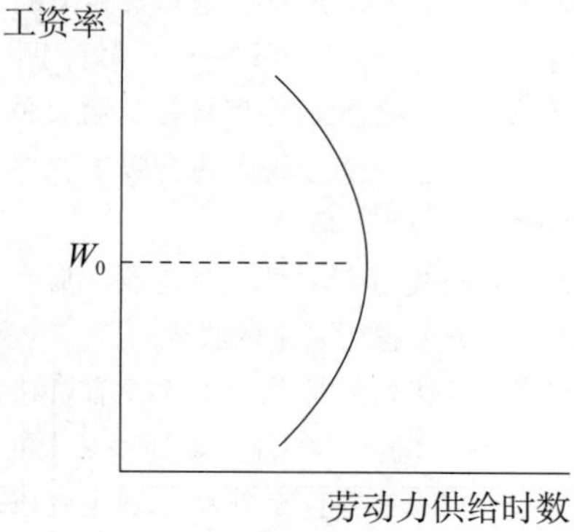

第 1 题图

方案 B 减少了律师可能用于闲暇和有偿工作的时间，这使得律师的预算约束线向左平行移动（律师的工资率仍然保持不变）。这就产生了一种收入效应，从而强化了他们从事有偿工作的动力。

对于那些工作时间相对较少的律师来说，方案 C 对他们的预算约束线并没有产生影响，但是对于那些工作时间较长，从而获得的收入超过了 50 000 美元的律师来说，却产生了一种收入效应，这种效应趋向于强化工作激励。但是，对于那些收入只是稍微超出 50 000 美元的律师来说，这一数额为 5 000 美元的“税”就有可能使他们减少工作时数，从而把收入降低到 50 000 美元，以避免纳税。这些律师发现，在代表方案 C 的图形中，在预算约束线的点 X 上，他们可以实现自己效用的最大化。

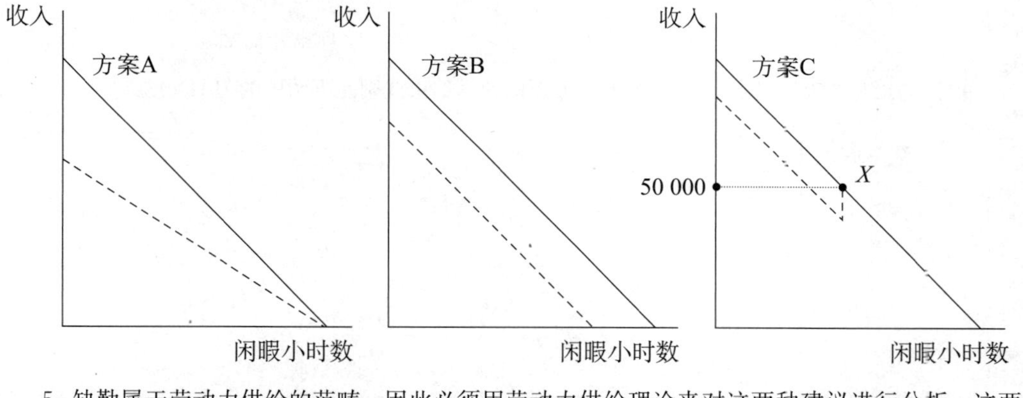

5. 缺勤属于劳动力供给的范畴，因此必须用劳动力供给理论来对这两种建议进行分析。这两种方案都会增加劳动者的收入，因为员工现在有了带薪病假；收入的这种增加会通过收入效应提高缺勤率。然而，方案 A 同时还会提高小时工资率，因为任何未被使用的病假都可以按照实际未用的天数转化为现金。这样，方案 A 就会在产生规模效应的同时，也产生一种替代效应，因此它对缺勤产生的总体预期影响是模糊的。

方案 B 提高了请第一天病假的成本，因为一旦有一次缺勤，劳动者就会失去企业答应支付的全部保单。这样，就第一天的缺勤而言，存在一种能够抵消收入效应的巨大替代效应。然而，一旦病假被使用过一次，以后再进一步休病假就不会带来任何损失了；所以，在请过第一天病假之后，就不存在能够抵消收入效应的替代效应了，而这会增强缺勤的动力。

7. 在图中，直线 AB 代表当事人的市场预算约束线（也就是说，在没有补贴情况下的市场预算约束线）。$ACDEB$ 是在住房补贴生效以后才开始起作用的预算约束线。

住房补贴对劳动力供给的影响，取决于当事人处在 $ACDEB$ 这条线上的哪一部分。在这里，存在四种可能的情况。第一种情况，如果无差异曲线是非常陡峭的（反映出对闲暇消费的强烈偏好），那么，住房补贴建议就不会影响工作动机。那些强烈偏好闲暇的人仍然不会工作（将会位于图中的点 C），但是他们却能够获得 2 400 美元的住房补贴。第二种情况发生在某人的无差异曲线与 CD 段存在切点的情况下。由于位于这一部分的人的有效工资率与市场工资率是相同的，所以存在一种弱化工作动机的纯粹的收入效应。

第三种情况，如果某人的无差异曲线与 DE 段存在切点，那么，住房补贴很可能会弱化此人的工作动机，因为预算约束线向右上方外移所带来的收入效应，与有效工资率的降低是相伴随的。第四种情况，个人无差异曲线与 EB 段相切的那些人由于没有资格获得住房补贴，所以是不会改变自己的劳动力供给行为的。（这种情况的一个例外是，如果某人的无差异曲线在没有住房补贴计划时是在点 E 附近与 EB 段相切的，那么，在住房补贴计划生效以后，此人的无差异曲线将会与 DE 段相切，当然，这种变化的结果是工作小时数的减少。）

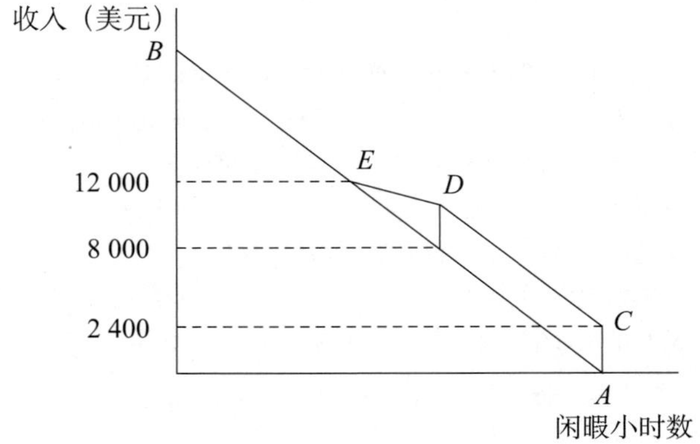

9. 旧的预算约束线是下图中的 ABC，而新的预算约束线则是下图中的 $BADEC$。

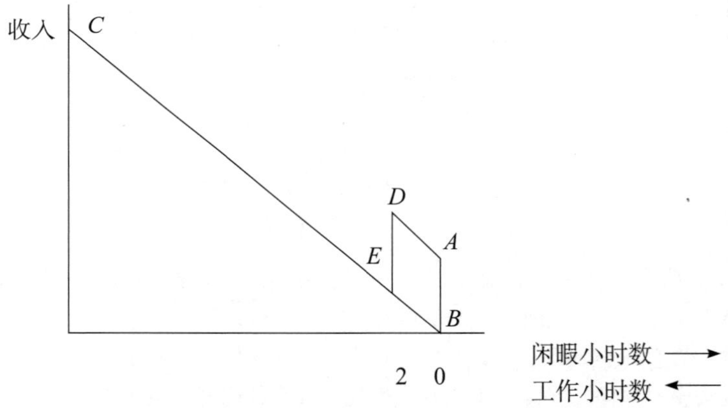

新的预算约束线对工作动机的影响取决于劳动者的偏好。对于那些闲暇偏好较强的人以及此前不在劳动力队伍中的人来说，新的预算约束线会增强他们加入劳动力队伍以及从事非全日制工作的动机。对于那些闲暇偏好较弱的人（他们的无差异曲线与预算约束线的切点此前就在 EC 的上端）来说，则没有影响。然而，对于那些无差异曲线与预算约束线的切点此前位于 EC 中下端的人来说，新的预算约束线可能会带来一种减少工作小时数的动机，从而在点 D 实现效用最大化。

□ 练习题

1.（1）如图所示，最初的预算约束线为 ACE。新的法案通过之后，新的预算约束线在工作 8

个小时以后就向上弯曲了。因此，新的工资率和加班条件下的预算约束线为 $ABCD$，它与旧的预算约束线相交于点 C——收入和工时数（在此例中为工作 10 个小时）的最初组合点。

（2）最初的工资性报酬为 11 美元×10＝110 美元。新的工资性报酬公式则为 $8W+2\times1.5W$，这里 W 是小时工资率。选择一个 W 使两者之和等于 110 美元。因为 $11W=110$ 美元，我们可以计算出，$W=10$ 美元/小时。

（3）如果劳动者最初位于一个效用最大化点上，他们最初的无差异曲线和最初的预算约束线（ACE）相切于点 C。因为新的预算约束线（沿着 BD 段）更陡（每小时 15 美元，而不是每小时 11 美元），劳动者最初的无差异曲线就不能和新预算约束线相切于点 C 了。然而，在 CD 段上会有一个新的切点，并且工时数会增加——切点在 CD 段上并且位于点 C 左边。（点 C 附近的收入可以维持不变，无论工资率何时上涨，替代效应都将会促使闲暇时间减少。）

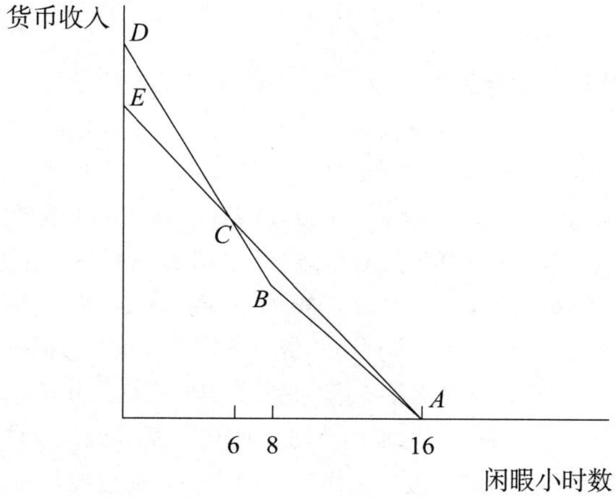

3.（1）年工作时数的变化值＝周工作时数的变化值×每年的周数＝(－10)×50＝－500

收入效应＝$(\Delta H/\Delta Y)|W$(常量)＝(－500)/50 000＝(－1)/100

解释：非劳动收入每增加 100 美元，你每年的工作时数就会减少 1 个小时。

（2）替代效应为零，彩票中奖会在不增加工作时数的情况下增加一个人的财富（收入）。因此，收入是在每小时的薪酬不变的情况下增加的。

5.

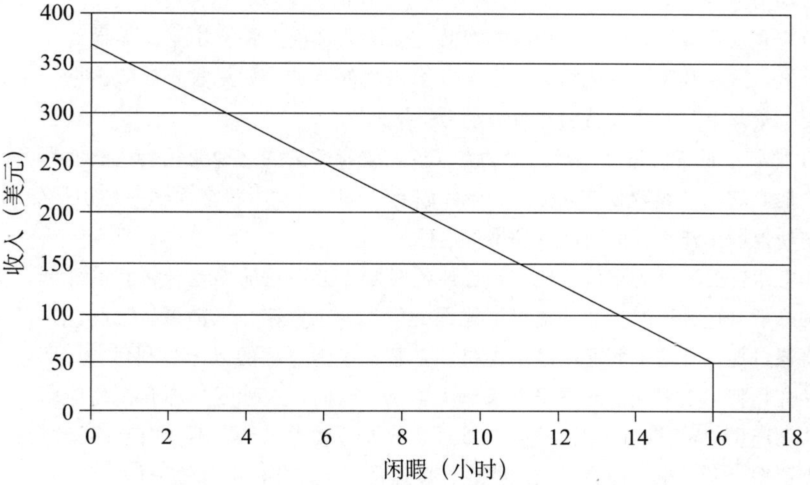

7. 特迪的非劳动收入是 75 美元。他的基本工资率是(145 美元−75 美元)/(16−9)＝70/7＝每小时 10 美元。他的加班工资率是（325 美元−145 美元)/(9−0)＝180 美元/9＝每小时 20 美元。特迪在能够获得加班工资之前必须至少工作 7 个小时。

第 7 章

□ 复习题

1.（1）6 000−5 600＝400。

（2）劳动力参与率从 60%下降到了 56%，即下降了 4 个百分点。

（3）隐性失业的一个含义是，失业率没有能够充分反映工作岗位减少的程度。也就是说，一些想参加工作但却没有找到工作的人，实际上并没有被算在失业人口中，因为这些人被雇用的可能性是如此之小，以至他们停止寻找工作了。可以观察到的这种情况表明，隐性失业应当被包括在公开发表的失业数据中，但是，这样做又有可能会为失业衡量方法的理论基础带来一系列问题。经济理论表明，如果愿意在现行工资率下参加工作的人比在这一工资率下实际被雇用的人数要多，那么就会存在失业。如果在现有经济条件和现行工资率下，某人认为，把时间花在家庭生产上要比花在寻找市场工作上更好，那么，我们就可以说，此人事实上已经退出劳动力市场了。

3. 吉米・卡特的这种说法反映了“附加的劳动者假设”。简要地说，该假设认为，随着经济走向衰退，劳动力队伍中的有些成员就会被“扔出”劳动大军，而现在从事家庭生产或赋闲在家的其他家庭成员就不得不进入劳动力队伍，以维持家庭收入。卡特关于附加的劳动者假设的说法是对这种假设的一种恰当描述，但是，他的这种说法却未能反映这样一个事实，即许多研究表明，“灰心丧气的劳动者”效应实际上盖过了附加的劳动者效应（也就是说，随着经济进入衰退期以及劳动者被解雇，劳动力队伍的规模总的来说是要萎缩的）。

5. 对于那些已经有小孩的父母来说，这种日托补贴等于提高了他们的工资率。对于当前脱离劳动力队伍的父母来说，提高的工资率伴随着占主导地位的替代效应，使之从事市场工作（替代效应支配劳动力参与决策）。对那些当前从事市场工作的人来说，这种可支配工资率的上升会同时引起收入效应和替代效应，因此，最终的净效应无法从理论上预测出来。如果替代效应占据了主导地位，那么，这种政策性变化将会引起劳动力供给的增加。如果收入效应占据了主导地位，那么，可支配工资率上升的情况就会导致劳动力供给的减少。

7. 对于那些接近常规退休年龄的劳动者来说，政府政策的这种变化会造成他们退休后收入的显著下降。他们的基本养老金被砍掉了一半，因此，这些劳动者将会面临一种很强烈的收入效应，这种效应驱使他们工作更长的时间（即推迟退休）。

对于非常年轻的劳动者来说，他们到退休的时候才会面对的养老金福利的降低，实际上已经被工薪税的降低（这种情况当然是提高了他们的可支配工资率）抵消了。因此，如果我们假定这些劳动者将通过他们在整个职业生涯中支付的工薪税来为自己的退休福利付费，那么，社会保障政策的这种变化就不会对他们的终身财富产生影响。然而，这种变化却会提高他们在工作期间的工资率，从而产生一种纯粹的替代效应，因而会增加劳动力供给。不会引起终身财富发生任何增加的这种工资率上升，很可能会导致这些人在接近常规退休年龄时推迟退休。

9.（1）这位青少年所面临的预算约束如下图所示，ABC 代表与她从事餐厅服务员这种工作相联系的预算约束线。而 AD 则代表她从事婴儿看护工作时面临的预算约束线（假设她每天需要花 8 个小时的时间来睡觉和恢复体力）。

（2）学习和练习乐器对这位青少年的价值大小，我们需要用无差异曲线来描述，曲线越陡峭，表明她对学习和练习乐器的价值评价越高。如果她对家庭活动评价很高，那么，她很可能不会去参加工作（在点 A 拐角处的解），或者选择沿着预算约束线 AB 去从事餐厅服务员工作。在这种情况下，州政府的法律就不会产生任何影响。然而，如果这位青少年的无差异曲线较为扁平，她就可能会在点 B 处（餐厅服务员工作），或在 ED 段实现效用最大化。在上述这两种情况下，州政府的法律都会减少她的收入，并降低她的效用水平，至于对她在家庭活动上花费的时间会产生何种影响，我们却无法确知。如果她的工作时间增加到点 B 处就停止了，那么与不存在约束时花在家庭活动上的时间相比，她现在花在家庭活动上的时间就会更多，但是在 ED 段，这项法律所产生的收入效应和替代效应是向着彼此相反的方向起作用的，从而使其对花在家庭活动上的时间的影响变得模糊不清。

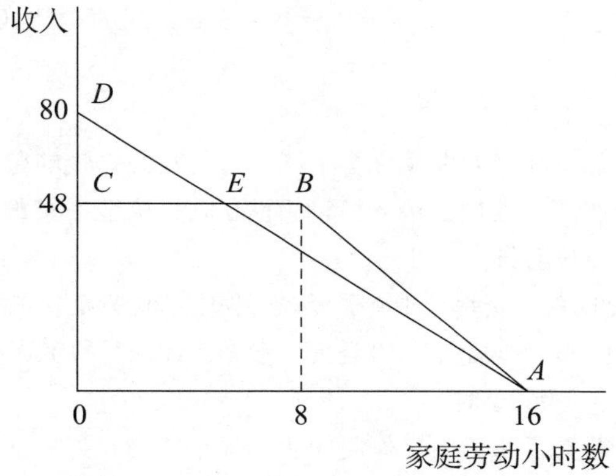

11.（1）X 公司的预算约束线是下图中的 ABC，Y 公司的预算约束线则是下图中的 AD；假设这两家公司的年最长工作时间为 4 000 个小时。

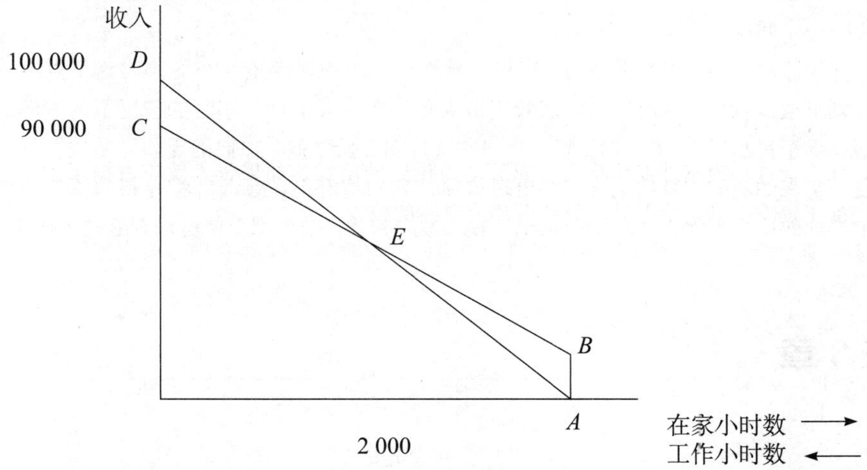

（2）对于一位愿意为 X 公司工作 2 000 个小时以上的女性来说，如果她在 X 公司工作，则她的无差异曲线与预算约束线的切点会位于 EC 段。如果这位女性现在被 Y 公司以每小时 25 美元的工资水平录用，那么她会更愿意在 Y 公司工作，因为她的无差异曲线与预算约束线的切点现在会

落在 ED 段。ED 段比 EC 段陡峭，因此，来自 Y 公司的入职邀请将会提高她的工资率。这样，工资水平提高的收入效应会促使她减少工作时间，而工资水平提高的替代效应又会促使她工作更长的时间；因此，她的工作时间所受到的总体影响是不确定的。

□ 练习题

1.（1）失业率(官方)＝(失业人数/劳动力人数)×100％

2006 年 6 月：失业率＝(7 341/152 557)×100％＝4.81％

2007 年 6 月：失业率＝(7 295/154 252)×100％＝4.73％

官方失业率下降了 0.08％。

（2）失业率(非官方)＝(失业人数＋灰心丧气的劳动者人数)/(劳动力人数＋灰心丧气的劳动者人数)×100％

2006 年 6 月：失业率(包括灰心丧气的劳动者人数)＝(7 341＋481)/(152 557＋481)×100％＝5.11％

2007 年 6 月：失业率(包括灰心丧气的劳动者人数)＝(7 295＋401)/(154 252＋401)×100％＝4.98％

非官方失业率下降了 0.13％。

（3）如果工作机会增加，则官方失业率会下降，但是灰心丧气的劳动者人数同时也会下降。因为这些人不再感到灰心丧气，他们会进入劳动力队伍，以失业人员的身份去寻找工作，因此，这会使得官方失业率的下降被削弱。

3.（1）没有这项计划时的工资率是 160 美元/16 小时＝10 美元/小时。

（2）这项计划所提供的非工作福利是 40 美元。参加该计划时的工资率是(80 美元－40 美元)/8 小时＝40 美元/8 小时＝5 美元/小时。

（3）如果一个人已经选择了每天的工作时间少于 8 个小时，那么加入计划会使这个人获益，因为现在的货币收入增加了，因而效用水平更高了。如果一个人已经选择了每天的工作时间为 8 个小时以上，那么，此人可能不会受到这项计划的影响。然而，对于那些选择刚好比 8 小时多一点的日工作时间的人来说，通过缩减一部分工作小时数来使自己有资格参加这项计划可能会更有利（参见下一个问题的答案）。

（4）如果劳动者的无差异曲线与“市场”预算约束线的切点正好在 8 小时这个点上，那么他们在新计划下通过减少工作时间会实现效用最大化。在每天工作 8 小时的情况下，他们的无差异曲线的斜率等于每小时 10 美元的工资，所以在该计划开始之前，他们的无差异曲线会从下方穿过该计划创造出来的新的预算约束线。在出现这项计划的情况下，劳动者将在新的预算约束线的某一部分上实现效用最大化；从理论上来说，收入效应和替代效应都会使劳动者缩减工作小时数。

第 8 章

□ 复习题

1. 劳动力需求曲线表明，劳动力的边际收益产品（MRP_L）会受到所雇用人数的影响；如果只有很少的劳动者被雇用，那么，他们将会被安排在每个人的边际收益产品都相对较高的工作岗位上。劳动力供给曲线则表明了，在每一种不同的工资率上，愿意提供自己的服务的劳动者人数。由于在工作条件艰苦的地方（比如阿拉斯加），在任何一种工资率上都只有很少的建筑工人愿意提供服务，因此，这种地方的建筑工人的工资将会比美国本土的建筑工人的工资要高。此外，为诱使劳动者在较为艰苦的条件下工作而必须支付的高工资，也限制了为完成某一项目所能够雇用的劳动者人数，这样就使劳动力的边际收益产品很高。

3. 如果一个社会不愿意依靠强制或欺骗的手段把劳动力分配到那些危险的或带有不利工作条件的岗位上，那么，它就必须对劳动者进行“贿赂”才能让他们到这一类岗位上去工作。也就是说，在存在多种选择的情况下，必须让劳动者自愿选择去做这些工作。要想诱导劳动者选择危险的工作，而不是选择更安全的工作，就要求前一类工作必须在其他方面比后一类工作更具有吸引力，而达到这一目的的办法之一就是，提高前一类工作的工资水平。这种情况下的工资水平提高在本章中被我们称为补偿性工资差别。

如果劳动者能够得到充分的信息，并且可以从数量充足的各种工作中做出选择，那么，只要存在工作条件方面的差别，就会存在补偿性工资差别。如果劳动者别无选择，那么，社会实际上就是在强迫他们接受分配给自己的工作，而强迫的手段要么采取威胁要对他们进行监禁的方式，要么采取让他们无法获得其他谋生手段的方式。

如果并不是别无选择，但是劳动者缺乏与可选择工作岗位的工作条件有关的信息，那么，社会实际上就是在运用欺骗手段在分配劳动力。也就是说，如果劳动者不知道真实的工作条件，并且在他们接受工作之后的很长一段时间内仍然不知道这些工作条件，那么，他们就不是在信息充分的情况下做出选择的。他们是在被蒙骗的情况下选择从事这些工作的。

5. 错误。在一个特定的劳动力市场上，是否有必要制定政府政策，取决于该市场的功能发挥得如何。如果市场的运行结果考虑到了劳动者的偏好（在具有充分信息和选择余地的情况下），那么，劳动力市场决策将会导致劳动者的效用实现最大化。在这种情况下，政府如果制定一种比市场结果水平更高的安全程度，就有可能会导致劳动者福利的下降（这一点与我们在正文中的讨论是一样的）。

如果市场没有能够充分考虑到劳动者的偏好，那么，在要么缺乏信息，要么缺乏选择余地的情况下，劳动者个人做出选择时就不能对更高的安全程度所带来的全部成本和收益进行权衡。这样，最终的市场结果对于整个社会来说，也就很有可能并不是最优的。在这种情况下，制定适当的政府标准就能够改善劳动者的效用水平。

当然，如果社会不相信劳动者的偏好，或者希望他们改变自己的偏好，那么，即使市场的功能是完善的，社会也不会依靠它，因为市场本身所反映的就是劳动者的偏好。

7. 在家中工作的男性和女性都不需要像在工厂中工作的劳动者那样支付通勤费和托儿费。此外，许多人喜欢在家中工作所具有那种的灵活性，而不喜欢严格的工厂制度，因为他们在家中工作的时候，还可以从事一些家务活动，而这些事情即使是在工厂的工休时间里也是不可能进行的。由于在家中工作在本质上更让人喜欢或更为节约成本，因此，在家中工作的人即使获得的工资率比工厂中的劳动者要低，也能够与工厂中的劳动者获得相同的效用水平。因此，在支付给工厂劳动者的高工资中，至少有一部分属于补偿性工资差别，即用来补偿人们在工厂中工作时产生的成本和不便。

9. 从实证经济学的角度来看，禁止大家在星期日工作的要求会降低雇主们的利润，而这又会给就业带来一种规模效应，并且使劳动力相对于资本的成本上升（因为政府并没有禁止机器在星期日运转）。总而言之，企业会雇用更少的劳动力。

此外，在没有政府禁令的情况下，大多数劳动者可能都更愿意选择在安息日举行庆祝活动，比如在德国，星期日是大家最有可能做出的一种典型选择。在大多数劳动者都愿意在星期日休息的情况下，那些想在星期日继续开门营业的雇主能够选择的劳动者的范围，就只能局限在那些不把星期日当成安息日来过的少数人了。如果相对于星期日的劳动力需求来说，这些不过安息日的人的数量很少，那么，雇主们就必须向这些人支付补偿性工资差别，以诱使他们在星期日提供劳动。最容易受到诱惑的是那些对在星期日休息不怎么在乎的人。（如果不能获得法律规定所给予的豁免，）这些劳动者就会失去他们的工资溢价。

从规范经济学的角度来看，这种法律阻碍了一些自愿性交易的达成。它使整个社会的福利变得更差了，因为它阻止了那些愿意在星期日工作的劳动者（按照某一价格）与在星期日需要雇用劳动力的雇主之间达成交易，因此，它限制了某些互惠交易。

□ 练习题

1. 如下图所示。劳动者 A 在水下 3 米处工作时的工资是 10＋0.5×3＝11.50（美元/小时）。劳动者 B 在水下 5 米处工作时的工资为 10＋0.5×5＝12.50（美元/小时）。A 的无差异曲线必须在 3 米处与提供曲线相切——B 的无差异曲线则必须在 5 米处与提供曲线相切。因为两条无差异曲线都相切于一条直线，所以在各自的切点处都有相同的斜率；因此，为了将工作地点在水下的深度减少（或增加）1 米，两位劳动者都愿意拿出（或得到）每小时 50 美分的报酬。在每一个深度上，选择在水下 3 米处工作的劳动者 A 的无差异曲线都更为陡峭（更愿意为减少深度而付费）；这就是劳动者 A 为什么总是选择在水下更浅的地方工作的原因所在。

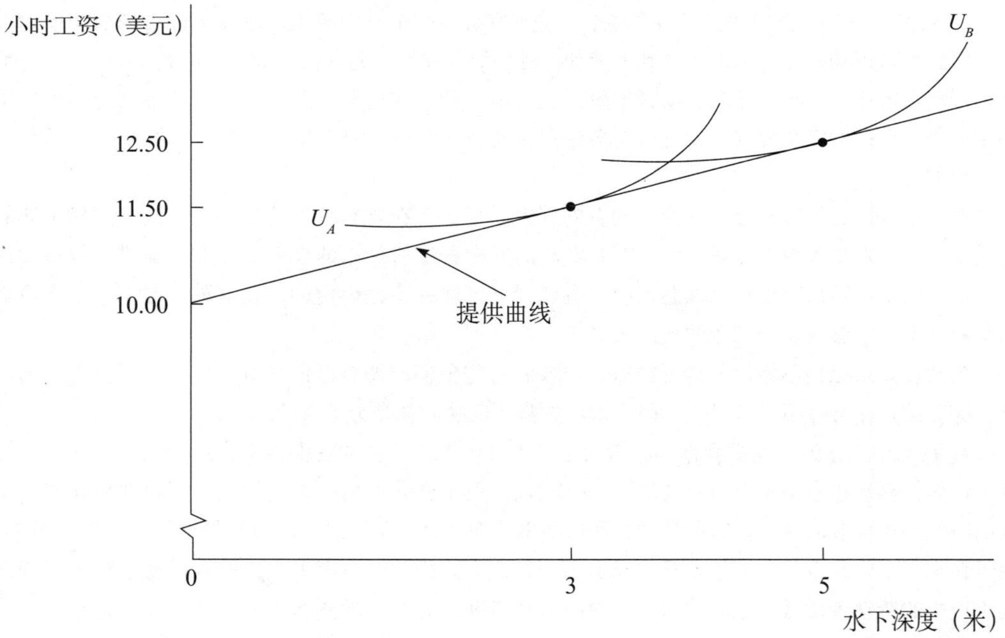

3.（参考本章附录）在从两份工作中得到的期望效用相同的情况下，他将会得到充分的补偿。

他能够从第一份工作中得到的效用为：$\sqrt{Y}=\sqrt{40\ 000}=200$。

他能够从第二份工作中得到的效用为：$U=0.5\times\sqrt{Y_{\text{bad}}}+0.5\times\sqrt{Y_{\text{good}}}=0.5\times\sqrt{22\ 500}+0.5\times$

$\sqrt{Y_{good}}$。当 Y_{good}=62 500 美元时，他从第二份工作中获得的效用将会等于从第一份工作中获得的效用（$0.5\times150+0.5\times\sqrt{Y_{good}}=200$）。如果他在一半的时间里挣 22 500 美元，在另外一半的时间里挣 62 500 美元，则他的期望收入就为 42 500 美元。因此，他为承担被解雇风险而期望获得的额外补偿为每年 2 500 美元。

5.（1）谢尔顿愿意用 1%的工伤风险与每小时 3 美元进行交换。谢尔伯则愿意用 1%的工伤风险与每小时 2 美元进行交换。由于谢尔顿需要得到较大的工资增长来补尝 1%的工伤风险上升，所以他有更强的风险规避倾向。

（2）凹形（从下往上看）的等利润曲线表明，安全支出的边际收益是递减的。在等利润曲线比较陡峭的地方，如果企业想在维持利润不变的情况下降低风险，则工资水平就必须下降很多；这种在工资与工伤风险之间的交易，与谢尔顿愿意在工资和工伤风险之间进行交易的意愿是相似的。因此，有较强的风险规避倾向的人更有可能会与凹形等利润曲线上更靠近左侧的那些点实现匹配。谢尔伯的效用最大化点会在谢尔顿的右侧。

7.（1）如下图所示。

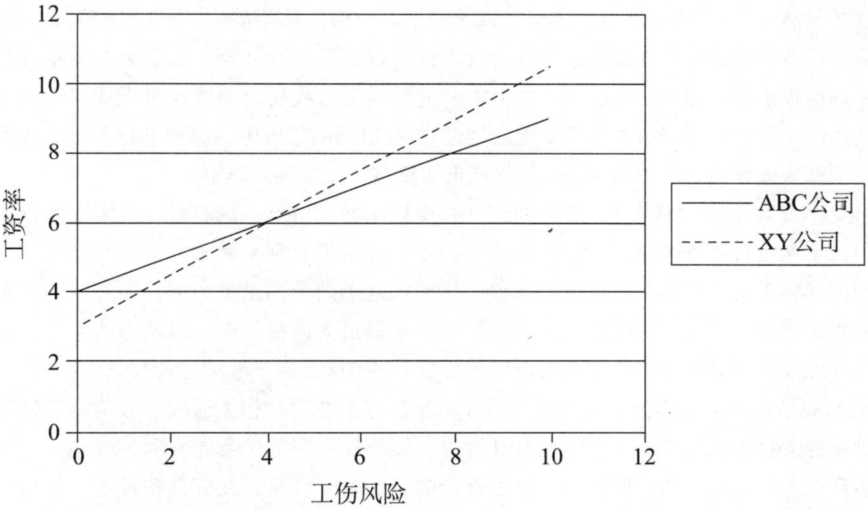

图中绘制的等利润曲线是线性的，这与下列假设是一致的，即安全支出的边际收益是不变的。在这种情况下，工伤风险与工资之间的交易关系是不变的。

（2）$W_{ABC}=4+0.5R$

$W_{XY}=3+0.75R$

解 R：$4+0.5R=3+0.75R$

$1=0.25R$

$4=R$

解 W：$W=4+0.5\times4=4+2=6$ 美元

在工伤风险水平为 4 的时候，两家公司都会提供每小时 6 美元的工资水平。

（3）在工伤风险水平低于 4 的时候，劳动者会更喜欢在 ABC 公司工作，因为该公司在这些工伤风险水平上提供的工资水平更高。当工伤风险水平高于 4 时，劳动者会更喜欢在 XY 公司工作，因为在这些工伤风险水平上，这家公司所提供的工资水平更高。

第9章

□ 复习题

1. 为了理解为什么女性的工资率比具有可比年龄的男性的工资率要低，需要对多种可能的原因进行分析，其中包括歧视问题。这里的回答将说明从人力资本投资理论方面提供的解释。

女性在传统上会有劳动力市场职业中断的经历，这就缩短了教育和培训投资能够获得回报的时间。直到最近，在相对较为年轻的男性和女性之间的受教育程度已经基本相同的情况下，女性仍然主要集中在工作中断造成的损失最小的那些职业中。显然，较低的教育和培训投资及职业扎堆现象毫无疑问会与较低的工资率联系在一起。

女性的年龄-工资性报酬剖面曲线相对较为扁平，而男性的年龄-工资性报酬剖面曲线则更向右上方倾斜，并且呈凹状，这也可以用人力资本投资理论来进行分析。如果男性在年轻时比女性获得的在职培训更多，那么，他们此时的工资率就会因为这些投资而被相对压低（这就导致男性和女性之间的工资率在年轻时比在后来更为接近）。在以后的年份中，那些进行了人力资本投资的人将会得到回报，而这会导致男性和女性之间的工资水平变得越来越不一样。

3. 推迟入学降低了学费成本，但也推迟了接受医学教育所产生的收益（大体上可以由获得医学学位的医生和没有获得医学学位的医生之间的工资性报酬差别来衡量）。对于那些（在学医前）能够获得的其他工资性报酬是最少的人来说，这种收益上的差别是最大的。而且，它减少了可收回投资回报的年数。因此，那些期望在医学教育中获得最大回报的人，以及那些年纪比较大，因而只有较少的年份来获得投资收益的人，可能是最不愿意接受医学院的这种政策的。

5. 教育投资的一项成本是学生为了获得成功在学习上花费的相关时间。那些能够以较快的速度完成学业的人将会以较低的成本完成教育投资。如果我们假定学习能力和一般能力（包括在工作中的生产能力）是相关的，那么人力资本理论的一个含义就是，在其他条件不变的情况下，最能干的人会获得最高的学位。

7. 政府补贴当然会降低个人在受教育时的（作为人力资本投资的）成本。从个人的角度来看，上大学成本的下降将会提高个人在大学投资上获得的收益率。与没有补贴的情况相比，将会有更多的人被吸引来上大学。如果说在没有大学补贴的情况下，有些学生会要求大学教育带来的工资差别（与高中毕业生相比）至少为每年 6 000 美元才肯上大学，那么，在有补贴的情况下，工资差别达到 3 000 美元就足以吸引他们来上大学了。然而，从社会的角度来看，生产率每年提高 3 000 美元，可能还不足以弥补社会对大学生的投资成本。

9. 这两个事实在理论上是相互关联的。人力资本投资需要得到回报，而投资得到回报的时间（在投资结束后工作的总小时数）越长，则收益就会越高（其他条件不变的情况下）。如果女医生希望工作时间比与男医生要短——或许是出于家庭责任方面的原因，那么女医生在额外的培训方面所进行的投资就会比男医生要少。

□ 练习题

1. 她需要对获得 MBA 学位的成本和收益的现值进行比较。获得这一学位的成本等于放弃

48～49 岁时的收入和需要缴纳的学费。公寓成本不包括在内，因为不管她是在工作的时候，还是在学习的时候，都需要找地方住。获得这一学位的收益等于 15 000 美元，这是她在 50～59 岁期间每年将获得的工资增加值。获得这一学位的成本现值＝50 000 美元＋50 000 美元/1.06＝97 170 美元。收益现值＝15 000 美元/1.06^2＋15 000 美元/1.06^3＋…＋15 000 美元/1.06^{10}＋15 000 美元/1.06^{11}＝104 152 美元。

因此，贝姬应当去攻读 MBA 学位，因为她这样做的净收益现值是 6 982 美元。

3. 现值$(PV)=B_5/(1+r)^5$

$=125/(1+0.4)^5$

$=125/1.04^5$

$=125/1.217$

＝102.71 美元

你会选择在 5 年后得到 125 美元，因为与现在得到 100 美元相比，它的现值更高。

5. 现值$(PV)=B_1/(1+r)+B_2/(1+r)^2+B_3/(1+r)^3+B_4/(1+r)^4+B_5/(1+r)^5-20\ 000-100\ 000$

$=30\ 000/(1+0.05)+30\ 000/(1+0.05)^2+30\ 000/(1+0.05)^3+30\ 000/(1+0.05)^4+30\ 000/(1+0.05)^5-120\ 000$

$=28\ 571+27\ 211+25\ 916+24\ 681+23\ 505-120\ 000$

$=129\ 884-120\ 000$

＝9 884 美元＞0

所以，西奥多应该去参加这个培训项目。

第 10 章

□ 复习题

1. (1) 各州分别颁发证书的制度增加了这些持证专业人员在州与州之间进行流动的成本，从而减少了这些职业的劳动力总供给，提高了工资率。此外，从低工资性报酬地区向高工资性报酬地区的流动也被禁止了，而这会减缓这些专业人员的工资率在地区之间实现均衡的速度。

(2) 从证书一体化中获益的将会是那些在低工资性报酬地区工作的持证专业人员，因为他们现在进行劳动力流动更方便了。(有人可能还会说，需要向这些专业人员购买服务的工资性报酬比较高的那些地区的顾客也会从这些持证人员的流动性增强中获益。) 受损者将会是已经在高工资性报酬地区获得证书的那些专业人员，由于本专业内部的人员流动增强，他们将面临更大的竞争。

3. (1) 移民劳动者创造或提供了对社会上的其他人有价值的产品或服务。因此，移民的进入对美国本土人（从总体上而言）的福利是否有利，主要取决于移民提供的劳务总价值以及他们获得的净工资。如果移民得到的工资不比他们的边际收益产品高，那么，美国本土人就不会遭受任何损失，事实上，他们反而能够从中获益。如果移民得到了美国本土人提供的补贴，那么，他们就成为产品和服务的净消费者，从而美国本土人就会因移民的进入遭受福利上的损失。

(2) 从规范分析的角度来说，存在两个关键问题。第一个问题是，从总体上来说，移民是否得到了本土劳动者所提供的补贴（如上所述）？如果他们没有得到补贴，那么，就产生了第二个问题：是否存在这样一种机制，即使那些从移民身上获得好处的本土劳动者向因移民进入而受损的另外一些本土劳动者提供补偿？许多经济学家认为，对受损者的补偿必须采取一种能够导致潜在帕累托改进的政策，因为只有这样，这种政策才能得到社会的拥护，因此，一个关键的社会问题就是，必须确认到底哪些人的工资因移民的进入而下降了，以及降低的幅度到底有多大。

5. 导致辞职率较低的原因之一是，换工作的成本可能太高（养老金损失、资历损失、在得到关于其他工作的信息时存在的困难等，都有可能提高辞职的成本）。如果存在流动的成本障碍，那么，员工就更有可能容忍企业中的不利条件，而不是离开企业。

如果辞职率较低，企业还更有可能向它们的员工提供企业特殊培训。这样，如果企业需要对它们的员工进行企业特殊培训，它们显然希望员工的辞职率越低越好。

最后，企业之所以对较低的辞职率有更大的偏好，还因为这样就可以使雇佣成本保持在最低水平上。每出现一个员工辞职，企业就必须雇用一位替代者，由于寻找和雇用一位替代者都是需要付出成本的，因此，企业希望避开这些成本。

从社会方面来看，辞职率过低的不利之处在于，它会导致市场快速调整劳动力短缺和过剩的能力出现不足。相对于劳动力需求的变化，往往要求就业分布也出现一定的变化，而阻碍就业分布发生变化的因素，同样也会阻碍对新的需求条件的适应。

此外，较高的辞职成本不仅与较低的辞职率联系在一起，而且还会导致在不同企业以及地区之间，具有同等技能水平的劳动者之间会存在较大的工资差别。由于企业在雇用劳动力时必然要达到边际生产率等于它们所必须支付的工资率这样一点，所以，与较大的工资差别相伴随的还会有这样一种现象，即具有相同技能的劳动者群体内部存在较大的边际生产率差别。根据我们关于工作匹配的讨论，如果具有相同技能的劳动者具有非常不同的边际生产率，那么，只要将劳动力进行重新分配，提高低工资劳动者的边际生产率，整个经济的国民产出就能够有所增加。

7. 日本员工有可能真的比美国员工对忠诚有着更高的偏好（这意味着他们更愿意放弃从流动中可能获得的货币收益，而“消费”他们对当前雇主的忠诚）。而下面的现象也同样是事实，即辞职率不仅会受到偏好的影响，而且还会受到动机的影响。辞职率本来比较低的种族也有可能会因为雇主的政策变化而改变自己的动机。因此，我们无法用辞职率本身来衡量员工在本性上是不是忠诚的。

日本员工的低辞职率可能是由以下几个方面的原因引起的：与其他地区的工作有关的信息流动性较差；换工作的成本较高（员工福利可能与员工个人在企业中的资历紧密相关，所以当员工辞职的时候，他们很可能会失去这些福利，而新的雇主又不大可能迅速为他们提供对这种福利损失的补偿）；雇主之间的工资差别较小；日本雇主因为对企业特殊人力资本投资有更强的依赖，所以采取了其他一些政策。

9. 我们假定罪犯会权衡犯罪的收益和预期的未来成本（可以被视为被捕后预期的收入损失以及所失去的自由的贴现值）之间的关系。一个人的贴现率越高，则这些成本就越小——在其他条件相同的情况下，犯罪的吸引力也就越大。因此，罪犯通常都会有高于平均水平的贴现率。相反，由于移民所产生的初始成本非常高，而收益只有在未来的数年当中才能逐渐得到，这样我们就可以推断出，决定移民的人其个人贴现率通常是低于平均水平的。因此，理论引导我们得出这样的预期：移民的犯罪率会低于平均水平。

□ 练习题

1. 她通过迁移到其他国家去工作所能够获得的净收益现值可以用本章正文中的公式（10.1）

来计算。假定我们根据实际工资来计算她到国外去从事这种完全相同的工作所能够获得的收益，那么，她从迁移中可能获得的收益现值就是：$20\ 000+20\ 000/1.1+20\ 000/1.1^2+20\ 000/1.1^3+20\ 000/1.1^4=83\ 397$ 美元。

由于她不愿意迁移到国外去工作，我们知道，对她来说，迁移的成本要超过迁移的收益。迁移的直接成本只有 2 000 美元，因此，她的心理成本一定超过 81 397 美元。

3. 克莱尔应当对她的各项选择的现值加以比较。

$$PV_{美国}=32\ 000/(1+0.06)+32\ 000/(1+0.06)^2+32\ 000/(1+0.06)^3+32\ 000/(1+0.06)^4-6\ 000$$
$$=30\ 189+28\ 480+26\ 868+25\ 347-6\ 000$$
$$=104\ 884 \text{ 美元}$$

$$PV_{法国}=30\ 000/(1+0.06)+30\ 000/(1+0.06)^2+30\ 000/(1+0.05)^3+30\ 000/(1+0.06)^4$$
$$=28\ 302+26\ 700+25\ 189+23\ 762$$
$$=103\ 953 \text{ 美元}$$

克莱尔应该接受美国的那份工作，这样会比她在法国工作能多挣 931 美元。

5. (1) 可根据下表绘制出曲线。

工资（美元）	需求	国内劳动力供给	劳动力总供给	移民
3	30	12	16	4
4	28	13	18	5
5	26	14	20	6
6	24	15	22	7
7	22	16	24	8
8	20	17	26	9
9	18	18	28	10
10	16	19	30	11

注：第五列中的移民数量是通过将每一个工资率水平上的劳动力总供给减去国内劳动力供给得到的。

(2) $D=S_{国内}$

$36-2W=W+9$

$27=3W$

$9=W$

$36-2\times 9=18$

在移民到来之前，均衡工资率是每小时 9 美元，总共会有 18 000 名劳动者被雇用。

(3) $D=S_{总}$

$36-2W=10+2W$

$26=4W$

$6.5=W$

$S_{总}=2\times 6.5+10=13+10=23$

$S_{国内}=9+W=9+6.5=15.5$

$S_{移民}=S_{总}-S_{国内}=23-15.5=7.5$

移民到来后，均衡工资率是 6.5 美元。总共会有 23 000 名劳动者被雇用，其中 15 500 名是国内劳动者，7 500 名是移民。

第 11 章

复习题

1. 当一种隐含的劳动力市场合约并不具有法律上的强制性时，对签订合约双方当中的任何一方的欺骗行为进行处罚的唯一方法是，一方终止和另外一方的雇佣合同。因此，隐含在这种自我强制执行力背后的一个基本原则是：如果双方之间的关系终止了，那么，双方都必须因此而遭受损失。要想使双方都从终止关系中遭受损失，企业支付给劳动者的工资就必须高于他们能够在其他企业得到的工资，但是要低于他们对当前雇主的价值。这里的后一个条件暗含着这样一个前提，即必须存在一种能够在雇主和员工之间进行分割的剩余（员工的边际收益产品和他们能够在其他企业获得的工资之间的差额）。

3. 像效率工资、延迟支付这样的薪酬方案以及晋升竞赛等，都只有在劳动者和企业之间预期存在长期雇佣关系的情况下才会出现。如果小企业并不提供足够长的工作岗位发展阶梯，从而无法为员工提供长期职业发展的可能，那么，长期雇佣关系出现的可能性就不会太大，上面所说的那三种计划也就不可能存在。因此，大量小企业的成长可能意味着，企业必须更多地依赖建立在个人或群体产出基础上的工资计划（或者更为严密的监督）。

5. 如果说由于受到失业以及买方独家垄断等的影响，劳动者到其他企业去寻找工作的能力受到严重限制，那么，资方在与劳动者的实力对比中已经占据了明显的上风，企业很可能会支付低工资。但是，对于那些现在还没有获得这种力量的资方来说，支付低工资却并非它们获取这种权力的一种手段。薪酬过低的劳动者会缺乏忍受资方提出的那些苛刻性要求的动力，因为他们当前的工作并不比他们可以在其他地方找到的工作更好（反倒可能更差）。然而，如果一家企业支付给劳动者的工资比他们可能在其他地方获得的工资要高，那么，这些劳动者在决定辞职之前，就能够容忍他们的主管所发布的非常苛刻的要求。因此，获得控制劳动者的力量的方法之一是，向他们支付更高水平的工资，而不是支付低工资。

7. 在一开始时向劳动者支付的工资比他们对企业的价值低，而在后来向他们支付的工资却比他们对企业的价值高，这样一种薪酬计划就能够导致这种结果的出现：年纪较大的劳动者最终获得的工资要比他们的生产率高，因此，如果他们必须到其他雇主那里去寻求就业，则他们的工资水平必然会下降。而那些刚刚进入这种薪酬计划的年轻人，由于他们的工资水平还比较低，因此，他们不会遇到这样的工资水平下降问题。

9. 为了产生强烈的绩效动机，作为薪酬基础的绩效衡量指标（股票价格）就必须直接受到首席执行官个人努力的影响。将股票期权作为一种绩效衡量指标存在的问题是：股票的价格不仅受到首席执行官为强化本公司相对于竞争对手的绩效而付出的努力的影响，而且还会受到市场总体情况（既包括股票市场，也包括产品市场）的影响。如果对首席执行官进行激励的基础是他们成功地提高公司的相对绩效的程度，那么，从激励的角度来说，奖金的效果会更好。

练习题

1. 查理的雇主将会支付给他每小时 6 美元的工资。将支付给他的工资从每小时 5 美元提高到每小时 6 美元所诱导出来的产出增加，就能够使边际收益产品从 8 美元上升到 9.5 美元——也就是说，每小时的工资上涨 1 美元，就会因产出增加而每小时多得 1.5 美元的收益，因此，雇主将工资从每小时 5 美元提高到 6 美元会获益。然而，雇主如果再进一步将工资提高到每小时 6 美元以上，就无利可图了。因为将工资从每小时 6 美元提高到每小时 7 美元所能够带来的边际收益产品只能从 9.5 美元上升到 10.25 美元——只有每小时 75 美分，这还不足以覆盖多支付的每小时 1 美元的工资。

3.（1）雇主的雇佣决策取决于工资水平（W）等于边际收益产品（MRP）的那一点。如果工资率是每小时 5 美元，则雇主会雇用 15 名员工。

（2）如果工资率是每小时 6 美元，那么，根据新的劳动力边际产品，雇主会雇用 16 名员工。

（3）在较高的工资率水平上，雇主会雇用更多的员工，这是因为劳动力的边际生产率会随着更高的工资率（效率工资）而上升。

第 12 章

□ 复习题

1. 当具有完全相同的生产率特征的两种人，仅仅因为种族或族裔（或其他与生产率无关的人口特征）的不同，所得到的工资就总是存在系统性差别时，我们就说此时存在劳动力市场歧视。由于工资性报酬的简单平均值并没有控制这些方面的特征，因此，我们无法通过这种数据来说明在劳动力市场上是否存在歧视（比如华裔和日裔美国人的平均生产率特征就有可能大大超过美国白人）。

3. 当具有完全相同的生产率特征的劳动者，仅仅因为他们所属的人口群体不同，所得到的工资就总是存在系统性差别时，我们就说此时存在劳动力市场歧视。在本题所说的这种情况下，要判断是否存在工资歧视，一个关键点在于，高中男老师和高中女老师是否具有相同的生产率特征。

我们需要获得的第一类重要信息与人力资本特征有关，比如，高中男老师和高中女老师的受教育水平和工作经验一样吗？他们所教授的领域具有可比性吗？我们需要得到的第二类信息涉及工作条件。男老师的工作时间更长吗（比如要训练学生运动队或负责管理学校的俱乐部）？或者男老师开展工作的地理位置是与某种补偿性工资差别联系在一起的吗？

5.（1）向那些雇用处于不利地位的黑人劳动者的雇主提供工资补贴的做法会使对这类劳动者的需求曲线（根据员工的工资得出的）向右移动。这种移动既有可能引起雇佣量的上升，也有可能导致支付给黑人劳动者的工资率上升，或者两种情况同时发生。工资率和雇佣量组合的变化取决于这些劳动者的劳动力供给曲线的形状。由工资补贴引起的这种工资率和雇佣量的变化有助于克服劳动力市场歧视对技术水平较低的黑人劳动者产生的不利影响。

（2）提高技术水平较低的黑人劳动者的工资率以及增加他们的就业机会，也会导致这些人投资于培训活动的动机弱化，而培训是使他们成为技术劳动者必不可少的一条途径。因此，仅仅向技术水平较低的黑人劳动者提供工资补贴的做法可能会产生的一个后果是，这种补贴诱使更多的黑人比没有补贴时更愿意保持在低技术状态，而不是去努力成为技术劳动者。

7. 当护士的工资率上升到市场出清水平以上时，求职做护士的人出现过剩这种状况就会进一步加剧。当然，高工资不仅会吸引大量的求职者，而且会吸引大量质量非常高的求职者；由于备选人员数量充足，所以该城市可以从中选择最优秀的人。所以，可比价值政策将会导致可以提供的护士职位空缺大大减少，但是它也会增加对高质量护士的雇用。

由于护士的工资率与建筑检测员的工资是捆绑在一起的，因此，即使是在存在建筑检测员短缺的情况下，这个城市也不愿意提高建筑检测员的工资率。该城市可能不再用提高工资率的办法来招募建筑检测员，而是采取降低对求职人员的要求、雇用它原来曾经拒绝过的那些人的办法来招募自己所需要的建筑检测员。因此，可比价值法律的颁布，就为那些质量较低的建筑检测员提供了更好的就业机会。

9.（1）如果向一个劳动者群体支付的薪酬水平低于向另外一个与之具有完全相同生产率特征的劳动者群体支付的薪酬，那么，我们就说存在工资歧视。如果运用这种标准来进行判断，则这家企业就没有实行歧视，因为当男性和女性劳动者在这家企业工作的时候，企业支付给双方的年薪酬水平是完全相同的。这种完全相同的年薪酬水平又会导致企业在养老金基金中为男性和女性劳动者缴纳的养老金是相同的，从而双方在退休时所获得的养老金的现值也是相同的。然而，由于女性的寿命比男性要长，因此，向女性支付养老金的时间就会比男性要长一些，这样，女性每年获得的养老金数量就会比男性低。最高法院的裁决要求企业为女性劳动者缴纳更多的养老金，这实际上是要求企业向在职的女性员工（在她们工作期间）提供的年薪酬水平要高于具有可比性的男性。

（2）这项判决实际上强制性地导致女性相对于具有可比生产率特征的男性而言，给雇主带来的劳动力成本更高，这种提高企业雇用女性劳动者的成本的做法，很可能会导致企业产生一种用男性员工（或资本）来替代女性劳动者的动机。

□ 练习题

1. 假定一种性别的劳动者仍然留在他们的工作岗位上，那么，差异指数就表明，为了使两种性别的劳动者具有完全相同的职业分布，在另外一种性别的劳动者中，有多大百分比的人必须改变自己的职业。我们现在假定男性劳动者仍然留在他们原来的工作岗位上，然后来看看，为了保持男性和女性劳动者的职业分布完全相同，在每一种职业中到底有多少女性劳动者需要变换自己的职业。

职业	女性的实际分布状况	如果女性和男性所占百分比相同	需要变换职业的女性人数
A	20	40%，28	28－20＝8
B	25	40%，28	28－25＝3
C	25	20%，14	14－25＝－11

正如上表所示，一共有 11 位女性需要变换工作——这 11 位女性将离开职业 C，然后转移到职业 A 和职业 B 中。这 11 个人相当于女性劳动者总人数的 15.7%，这就是差异指数。

3. 见下图。

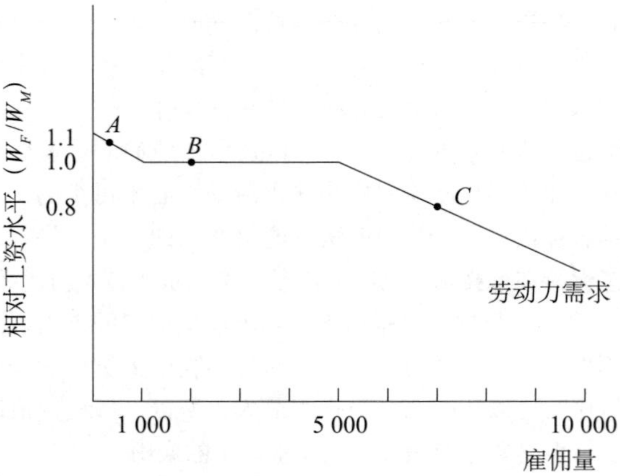

当有 200 名女性在点 A 被雇用时，$W_F/W_M=1.08$

当有 2 000 名女性在点 B 被雇用时，$W_F/W_M=1$

当有 7 000 名女性在点 C 被雇用时，$W_F/W_M=0.8$

只有当雇用的女性人数达到 5 000 人以上时，这个市场上的歧视才开始对女性劳动者不利。事实上，当女性劳动力的雇用人数不足 1 000 人时，歧视是对女性有利的。

5. （参考本章附录）下表中的第三列给出了基于对男性职位的薪资所做的回归分析结果，根据每个职位的合益总点数计算出来的薪资估计值。第四列则给出了女性职位和男性职位之间的薪资差距。

合益总点数	女性职位实际薪资水平	女性职位估计薪资水平	实际值和估计值之间的差距
200	1 200	1 380	180
310	1 300	1 479	179
425	1 500	1 582.5	82.5
500	1 580	1 650	70
550	1 635	1 695	60

就平均情况来说，与具有可比性的合益总点数的男性职位相比，女性职位所获得的工资水平较低。正如我们在第四列中所看到的，随着职位所要求的技能水平提高，这种差距在逐渐变小。

7. 下图显示了劳动力的边际收益产品。如果工资率是每小时 8 美元，在没有歧视的情况下，雇主会雇用 12 名员工。雇主所能得到的利润则等于劳动力的边际收益产品（MRP_L）（需求曲线）之下和水平工资线之上这一区域的面积。如果雇用 12 名员工，那么三角形 ABC 的面积就是 $0.5\times(20-8)\times12=72$ 美元。

如果存在歧视，雇主仅雇用 10 名女性，那么此时的利润就等于梯形 $ABDF$ 的面积，它相当于三角形 AGF 和矩形 $BDFG$ 的面积之和，其总面积的计算过程如下：$0.5\times(20-10)\times10+2\times10=50+20=70$ 美元。

因此，如果雇主歧视女性，只雇用 10 名女性，那么，他每小时将放弃 2 美元的利润——等于三角形 CDF 的面积。

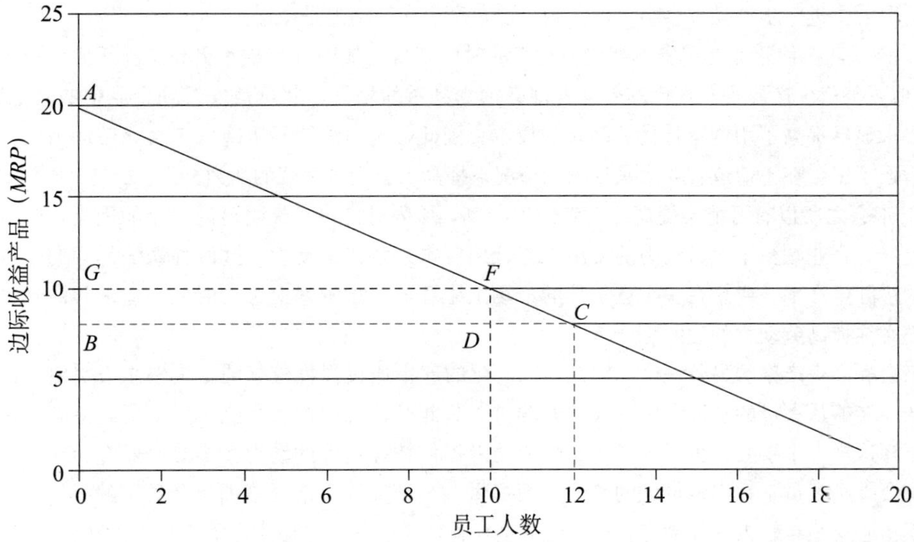

第 13 章

复习题

1. 由于资本设备价格的下降会刺激企业购买资本设备，因此，工会应当注意的是，工会会员与资本之间到底是一种总互补关系，还是总替代关系。如果是总互补关系，那么，这种政策建议（即降低资本的价格）会引起对工会会员的劳动力需求的上升，但若是总替代关系，结果则是需求的下降。在其他条件相同的情况下，劳动力需求曲线外移的速度越快，则与工会能够争取到的任一工资方面的收益相联系的就业量下降幅度就会越小（假设集体谈判协议取决于劳动力需求曲线）。因此，那些与资本呈总互补（总替代）关系的劳动者所属的工会将会从该政策中获益（受损）。

本章中的证据表明，资本和技术劳动者可能是总互补关系，而资本和非技术劳动者则是总替代关系。这表明，代表后一种类型劳动者的工会的领导人会反对这项立法，而代表前一种类型劳动者的工会的领导人则会赞同这一立法。

3.《琼斯法案》的这些条款规定至少会通过两种方式影响美国船运行业的劳动力需求。第一，要求 50%的美国政府货物必须由美国船只来运输，这样一条规定使美国的航运服务在产品市场上变得更加缺乏价格弹性了。第二，要求在美国船只上工作的船员中，美国公民必须至少占到 90%，这种限制条件使船主用外籍船员替代美国船员的能力下降了。这两种变化都使美国船员劳动力需求的自身工资弹性比原来更小了。

由于美国的航运行业本来就是高度工会化的，从而在加入工会和没有加入工会的船员之间的竞争是很少的（一种合理的假设），所以，《琼斯法案》的颁布会使对美国船员的需求变得更为缺乏工资弹性。正如本章中强调的，缺乏弹性的劳动力需求曲线使工会可以在避免遭受大量就业损失的情况下，进一步推动工会会员的工资上涨，至少在短期内是这样。

5. 该项法律使企业在用资本替代劳动力的时候变得更加困难和成本更高了。任何一位被资本（或其他可替代生产要素）替代的劳动者都必须受到重新培训，并且被安置到企业中的其他岗位，这种要求显然提高了用资本替代劳动者的成本。因此，这项法律趋于降低工会化劳动力的需求弹性，增强了工会在不造成就业大量损失的情况下提高工会会员工资的能力。

7. 工会之所以有可能会提高劳动者的生产率，原因有许多。最明显的一个原因是，随着工资率的上升，企业减少了对劳动力的使用，并且用资本来替代劳动力。这两种做法都倾向于提高劳动力的边际生产率。要想在一个竞争性的市场上生存，在工资率上涨的时候，追求利润最大化的企业都必须提高劳动力的边际生产率。

工会提高生产率的另外一个原因是，工会化的雇主通过提供较高的工资率来吸引更多的求职者，从而能够从大量的求职者中吸收最好的员工。此外，我们在工会化工厂中所观察到的员工流动率下降这样一个事实，也增强了企业向劳动者提供特殊培训的动力。工会一般都会执行的资历制度也会鼓励老员工在年轻员工的培训方面提供一些帮助（在帮助培训年轻员工的时候，这些老员工不担心这些年轻人在受到充分训练之后会对他们自己的工作形成竞争）。

由于许多提高生产率的办法都是企业为应对高工资而做出的一种反应，所以，这些措施会缓解工会化对成本的影响。有些非工会化企业为了吸引和留住能干的员工，往往还有意支付高工资；即使是在不存在潜在的工会化威胁的情况下，它们也常常会采取这种策略。然而，企业通常只是在它们的员工组织了工会之后，才会支付工会化工资水平，这一事实表明，它们认为工会导致劳动力成本提高的程度，要大于员工的生产率提高程度。

这段话忽视了这样一个问题，即在衡量生产率提高程度时，必须考虑到成本增加的程度。如果工会提高生产率的程度比它们提高生产成本的程度更高，那么，雇主显然会对工会采取一种不那么敌对的态度。然而，如果劳动生产率的增长程度不及劳动成本的增长程度，那么，雇主的盈利能力就会因工会化而有所下降。

□ 练习题

1. 假定雇主让步曲线等于工会抵制曲线，然后求解 W：$1+0.02S=5+0.02S-0.01S^2$，化简为 $0.01S^2=4$，或者 $S^2=400$，于是 $S=20$（天）。将 S 代入等式，可得 $W=1.4$。

3. 相对工资优势为 $R=(W_u-W_n)/W_n=$(10 美元$-$8 美元)/8 美元$=0.25$。加入工会的劳动者挣到的钱比没加入工会的劳动者高出 25%。至于工会产生的绝对影响，则无法确定，因为我们不知道在没有工会的情况下，加入工会的劳动者所得到的工资水平会是怎样的。例如，我们不知道溢出效应、威胁效应以及等待性失业的程度有多大。

5. 工厂的劳动力需求曲线如下图所示。

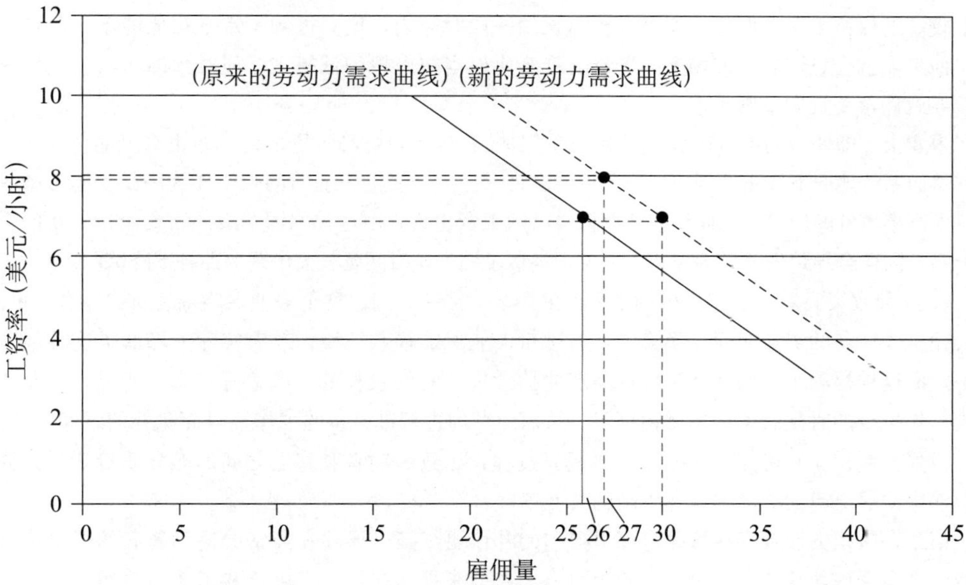

公司负责人和工会官员的说法都是正确的。目前，在工资率为每小时 7 美元的水平上，雇主会雇用 26 名员工。如果工会在集体谈判中取得成功，那么，随着对产品需求的增长，雇主将会雇用 27 名员工。所以说，工会官员的说法是正确的。但是，如果工会没能成功地提高工资，公司就会雇用 30 名员工。所以说，公司负责人的说法也是正确的。在产品需求增长的情况下，成功地进行工资谈判所产生的影响就是降低就业增长的速度。

7. 在工资率为 7.5 美元时，将会有 4 500 名非工会劳动者被雇用。工会的相对工资优势为 $R=(8-7.5)/7.5=0.067$。

第 14 章

□ 复习题

1. 这两种政策在短期内是不相容的。失业保险福利的提高降低了失业人员增加工作搜寻的成本；这会导致他们延长自己的失业时间，以便能够找到工资水平更高的工作。在短期内，提高失业保险福利将会提高失业率。

然而在长期中，这两种政策目标却有可能是相容的。如果工作搜寻时间的延长导致劳动者和工作岗位之间能够形成更好的匹配，那么，劳动者在将来再次失业的可能性就会变小。也就是说，劳动者与工作岗位之间更好的匹配将会降低劳动者辞职以及他们被企业解雇的可能性。劳动者再次陷入失业状态的可能性下降，在长期中会降低失业率。至于因失业发生的可能性下降而导致的失业率降低，以及因失业时间延长而导致的失业率上升这两种情况之间到底哪一种情况占优势，则无法得出定论。

3. 当一位劳动者第一次失业的时候，他可能会对未来的就业机会感到很乐观，从而确定一个水平较高的保留工资。但是，如果在相当长的一段时间内，他只得到了水平很低的工资出价，那么，他可能就会意识到，市场上的工资出价要比他当初设想的低得多。他对预期所做的这种修正将会导致保留工资向下修正。

事实上，即使劳动者最初对工资出价的感知是正确的，这种工资出价分布也有可能会随着时间的推移而系统地向下修正。例如，雇主可能会将一位劳动者的失业时间长短作为一种表明劳动者的相对生产率较低的信号，从而相应地调低自己的工资出价。由这种原因造成的工资出价分布的系统性下降，同样会导致失业者的保留工资出现类似于因失业时间延长而出现的那种下降情况。

5. 这种政策会对失业率产生两个方面的影响。第一，通过降低失业保险福利对失业者的价值，它会缩短失业者的失业时间。换言之，通过对失业保险福利征税，政府实际上降低了这种福利的水平，而这种福利水平的降低又会提高那些持续失业时间较长的人的边际成本。所以，失业者在接受工作机会的时候就不会那么挑剔了，从而缩短为进行进一步的工作搜寻而花费的时间。然而，失业保险福利税又有可能通过缩短工作搜寻过程，导致劳动者和雇主之间的匹配质量下降，从而在长期中造成更高的流动率（和更高的失业率）。

第二，由于失业者现在从政府那里得到的补偿更少了，那些在经常会遭到解雇的岗位上工作的劳动者会发现，这些工作对自己的吸引力不像原来那么强了。提供这些工作岗位的雇主也会发现，除非提供更高的工资，否则雇用员工会变得越来越难（假如劳动者有其他的工作选择机会）。这种补偿性工资差别将会成为对解雇率较高的企业的一种惩罚，这种惩罚会导致企业将解雇水平降低到一定的程度。解雇员工倾向的减弱当然有助于失业率的降低（在其他条件相同的情况下）。

7. 失业率会受流入和流出失业状态的人员流量的影响。对雇主解雇员工的能力施加限制，会减少劳动者流入失业状态的流量，从而减少失业人数。然而，由于这些限制提高了雇用劳动者的成本（解雇员工的成本是一种准固定成本），企业会倾向于减少雇用劳动力。而由这种原因导致的雇佣量减少会导致流出失业状态的速度放慢。因此，我们无法预测这种政策限制对失业率所产生的总体影响到底是怎样的。

□ 练习题

1. 为了使得计算更为简便，我们可以将百万人这个数字单位省略。最初的失业率是 $100\%\times U/(U+E)=100\%\times10/(10+120)=7.69\%$。

最初的劳动力参与率为：$100\%\times(U+E)/(U+E+N)=100\%\times(10+120)/(10+120+70)=65.0\%$。

三种衡量指标的新水平（单位：万人）分别为：

$U_1=U_0+EU+NU-UE-UN=1\,000+180+130-220-170=920$

$E_1=E_0+UE+NE-EU-EN=12\,000+220+450-180-300=12\,190$

$N_1=N_0+EN+UN-NE-NU=7\,000+300+170-450-130=6\,890$

新的比率为：

失业率 $=100\%\times9.2/131.1=7.02\%$

劳动力参与率 $=100\%\times131.1/200=65.55\%$

3. 见下图。

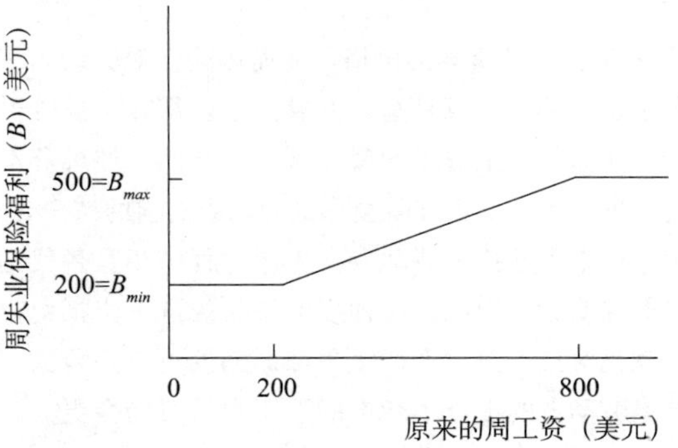

第一种情况：如果周工资=100 美元，那么，劳动者获得最低保险福利 B_{min}=200 美元，替代率为 B/W=200 美元/100 美元=2。

第二种情况：如果周工资=500 美元，那么，劳动者获得的保险福利 $B=0.5\times500+100=350$ 美元，替代率为 B/W=350 美元/500 美元=0.7。

第三种情况：如果周工资=2 000 美元，那么，劳动者获得最高保险福利 B_{max}=500 美元，替代率为 B/W=500 美元/2 000 美元=0.25。

5. 见下图：

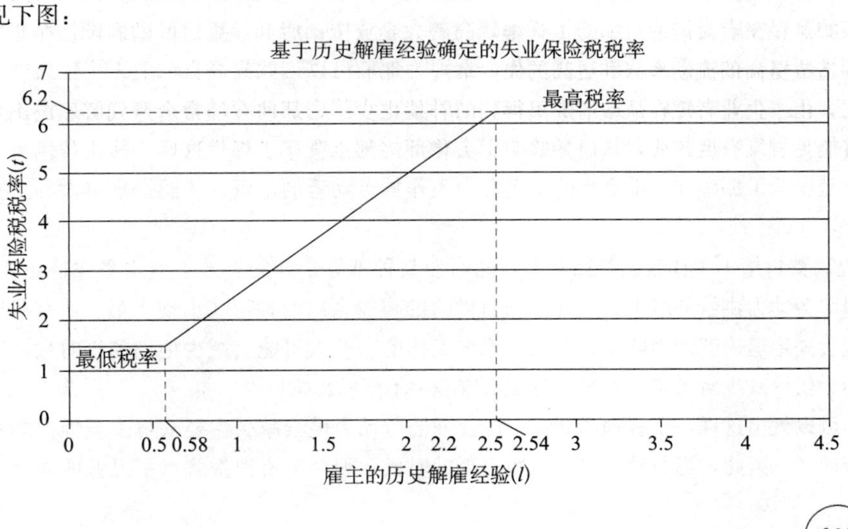

如果企业的历史解雇经验值低于 l_{min}，企业将支付最低保险税税率。当企业的历史解雇经验值达到关键值 l_{min} 之后，企业支付的失业保险税税率将会随着裁员的历史经验值上升而升高，一直到达到最高税率。

计算企业历史解雇经验的关键值（l_{min}）：$1.5=0.1+2.4l_{min}$，可以得出 $l_{min}=0.58$。

计算企业历史解雇经验的最高值（l_{max}）：$6.2=0.1+2.4l_{max}$，可以得出 $l_{max}=2.54$。

第 15 章

□ 复习题

1. 提高投资税收抵免水平会降低资本的价格，从而可能会对劳动力需求产生两种影响。如果劳动力和资本在生产过程中是互补的，或是呈总互补关系，那么，投资税收抵免水平的提高会使劳动力需求曲线向右移动，从而提高工资率和就业水平。然而，如果资本和劳动力之间是总替代关系，那么，这种投资税收抵免水平的提高就会导致劳动力需求的减少。

从第 4 章中我们知道，资本和非技术劳动者在生产过程中相互替代的可能性，比资本和技术劳动者之间相互替代的可能性要大。因此，这种投资税收的进一步抵免，对非技术劳动者的需求产生负面影响的可能性，就比对技术劳动者产生负面影响的可能性要大。如果事实果真如此，那么，这种税收抵免对非技术劳动者的工资率产生的下压力量可能会更大，而工资性报酬最低的这些劳动者的相对工资水平下降无疑会进一步扩大工资性报酬差别。

3. 禁止雇主替换正在罢工的员工这样一种规定对工资性报酬差别所产生的影响是模糊的。一方面，我们知道，禁止替换罢工者的规定会增强工会提高工会会员工资的能力，事实上，工会在历史上确实曾经提高了那些技术水平较低的工会会员与技术水平较高的工会会员相比的相对工资。因此，如果工会的力量得到了加强，那么，主要受益者将会是技术水平较低的工会会员，所以，这种影响将有利于促进工资性报酬分配的均等化。

另一方面，我们还要考虑这种规定对那些作为罢工员工的替代者所产生的影响。我们知道，工会更多的是存在于支付给员工的工资率较高的大企业中，所以，我们可以假设，那些罢工员工的替代者之所以会被吸引来从事这些工作，是因为他们可以借此提高自己的工资性报酬水平。通过鼓励工会化大企业支付较高水平的工资，同时禁止它们用其他劳动者来替代罢工员工，其最终结果很可能是引发溢出效应，从而导致非工会化部门的工资率下降。这样，禁止替代罢工者的规定实际上是压低了那些在非工会化的小企业中工作的劳动者的工资，从而带来更大的工资性报酬差别。

5. 提高支付给不工作者的补贴水平，同时使某种不等于零的有效工资水平保持不变的做法，显然会引起劳动力供给的减少。这种劳动力供给的减少会以两种形式出现。第一，有些原来工作的人可能会决定退出劳动力队伍；第二，原来工作的一些人可能会减少他们的工时数。这两种形式的劳动力供给减少对工资性报酬的分配有着非常不同的影响。

我们可以做出这样一个合理的假设，即预期的劳动力供给减少主要来自工资性报酬水平最低的那些劳动者。因此，当劳动力退出开始出现的时候，那些工资性报酬水平最低的人就会离开劳动力队伍，这种劳动力退出会使工资性报酬的分配更为均等化（那些处于工资性报酬分配较低一端的人现在退出了分配）。

然而，如果继续留在劳动力队伍中的那些工资性报酬水平最低的人也采取削减工时的做法来进行劳动力供给调整，那么，这种工时削减的做法就会对工资性报酬的分配产生一种负面作用。工时数的削减会进一步降低这些低工资劳动者的工资性报酬，而这会进一步扩大工资性报酬差别。

所以，尽管这种更为慷慨的负所得税计划有利于促进收入（其中包括补贴）分配的均等化，但是劳动力供给方面所做出的反应却是既有可能缩小，也有可能扩大工资性报酬的差别。

7. 第一个建议增加了企业雇用高工资（高技术）劳动力和使用资本的成本，但是它对非技术劳动者的劳动力需求曲线所产生的影响却是模糊的。一方面，它将引起非技术劳动者对技术劳动者和（或）资本（假如非技术劳动者和资本在生产过程中是相互替代的）的替代。另一方面，生产成本的上升和规模效应的作用又趋于降低产出水平和对所有各类劳动者（包括非技术劳动者）的劳动力需求。

如果替代效应占据了主导地位，那么，对非技术劳动者的需求曲线将向右移动，趋于提高他们的就业量和工资率。如果规模效应占据了主导地位（或非技术劳动者与技术劳动者和资本在生产过程中是互补的关系），那么，对非技术劳动者的需求曲线将向左移动，他们的工资率和就业量都将下降。

第二个建议降低了雇用各种类型劳动力的成本，但是它导致低工资（非技术）劳动者的工资下降比例更大。所以，这个建议降低了非技术劳动者相对于资本和技术劳动者的成本。这毫无疑问将使得对非技术劳动者的需求曲线向右移动（员工的工资率在纵轴上表示），这是因为，规模效应和替代效应此时的作用方向是相同的。这将趋于同时提高非技术劳动者的就业量和工资率。

对于实现政府改善非技术劳动者的工资性报酬这一目标来说，第二个建议显然更好，因为规模效应趋于提高而不是降低对他们所提供服务的需求。

□ 练习题

1. （参考本章附录）首先，要求学生们根据收入水平依次找到收入最低的20%的人、收入水平次低的20%的人、收入水平位于中间的20%的人、收入水平比较高的20%的人、收入水平最高的20%的人（参见下表）。其次，找到总收入——在这里是344 000美元。用上述五种20%拥有不同收入水平的人的收入总和除以总收入，得到各自在总收入中所占的百分比。最后，计算收入所占的累积百分比。

现在，再将上述信息以图形的形式勾画出来，确保收入的累积百分比放在纵轴上，家庭数量的累积百分比放在横轴上（参见下图）。（要想绘制出更为精确的洛伦兹曲线，我们可以将上述数据划分为十份，而不是五份。）

为了获得基尼系数，可以运用本章附录中所描绘的那种方法来找到位于洛伦兹曲线下方那个区域的面积。这个区域的面积等于0.1加上四个矩形的面积，每一个矩形的底边都是0.2，高则为前四个收入群体的收入累积百分比。这一区域的面积＝0.1＋(0.2×0.128)＋(0.2×0.302)＋(0.2×0.494)＋(0.2×0.703)＝0.1＋0.324 5＝0.424 5。而基尼系数＝(0.5－洛伦兹曲线以下区域的面积)/0.5＝(0.5－0.425 4)/0.5＝0.149 2。

姓名	收入	收入占总收入的百分比	收入的累积百分比
收入最低的 20%的人			
比利	20 000 美元	44 000/344 000=0.128	0.128
卡西亚	24 000 美元		
收入次低的 20%的人			
罗斯	29 000 美元	60 000/344 000=0.174	0.128+0.174=0.302
查理	31 000 美元		
收入居中的 20%的人			
尤可科	32 000 美元	66 000/344 000=0.192	0.302+0.192=0.494
尼娜	34 000 美元		
收入次高的 20%的人			
托马斯	35 000 美元	72 000/344 000=0.209	0.494+0.209=0.703
鲁尔	37 000 美元		
收入最高的 20%的人			
贝姬	42 000 美元	102 000/344 000=0.297	0.703+0.297=1.000
威利斯	60 000 美元		

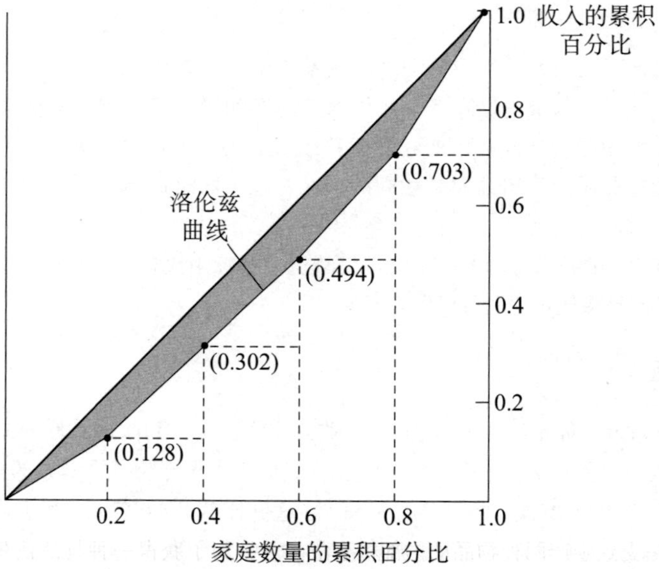

3.（1）

既定分位上的工资性报酬比率	1990 年	2005 年
90∶10	1.53	1.41
90∶50	1.24	1.22
50∶10	1.23	1.16

（2）从 1990 年到 2005 年，所有的工资性报酬比率都在下降。第 90 分位和第 50 分位之间的工资性报酬比率下降的幅度，比第 50 分位和第 10 分位之间的工资性报酬比率下降的幅度要小，这一事实表明，与工资性报酬分配较低的一端相比，工资性报酬分配较高的一端趋于分配均等化的

程度更低。

5.（参考本章附录）洛伦兹曲线见下图。

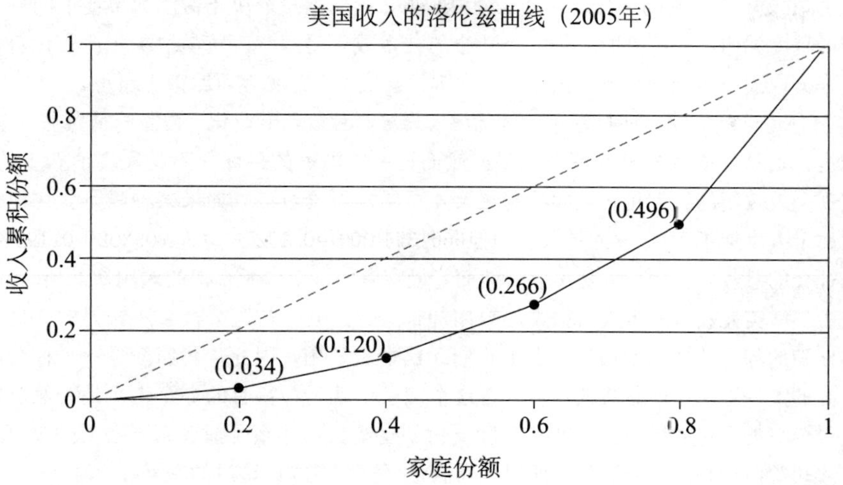

要想计算基尼系数，就必须像在本章附录中一样（图 15A.3），将洛伦兹曲线下方的区域分割为一系列的三角形和矩形。我们知道，五个三角形的面积之和是 0.1（即 0.2×1×0.5）。根据这里的收入分配问题，矩形的面积是：

$$(0.2\times0.034)+(0.2\times0.120)+(0.2\times0.266)+(0.2\times0.496)=0.183\,2$$

因此，洛伦兹曲线下方的面积为 0.1+0.183 2=0.283 2，基尼系数便可以计算如下：

$$(0.5-0.283\,2)/0.5=0.433\,6$$

第 16 章

□ 复习题

1. 比较优势是受到生产两种物品的内部机会成本——为了获得一种物品额外的一个单位所必须进行的交易——驱动的，而不是人均财富或人均消费量之间的差异。因此，B 国的人口与所做的分析无关。

3. 可获得更为廉价的外国劳动力既会产生替代效应，也会产生规模效应。外国劳动力对美国生产工人的替代很显然会降低美国的就业水平，至于就业损失的大小，则取决于用外国劳动力替代美国劳动力的难易程度。而替代效应的大小也部分取决于美国的这一行业所面临的劳动力供给曲线的弹性。如果劳动力供给曲线是富有弹性的，则美国劳动力很容易离开这一行业，他们的工资并不会下降太多；如果劳动力供给曲线是相对缺乏弹性的，则美国劳动力的工资会下降，这会使替代效应变得更小。

除此之外还存在规模效应。随着防盗系统的价格下降，更多的美国人可能会购买这种系统——这就增加了对那些与外国劳动力呈互补关系的劳动力的需求，比如系统安装人员、销售人员以及监控、维修人员等。如果这种防盗系统的需求曲线是富有弹性的，且生产人员的成本在总成本中所占的比重较大，则规模效应会更大。

5. 正如在文中所讨论的那样，一个社会中的工作岗位数量取决于劳动力市场上的供给和需求达到均衡的程度如何，而不是取决于一个社会的技术或贸易水平。贸易取决于比较优势，而比较优势反过来又取决于生产产品或提供服务的内部机会成本（参见复习题第1题）。

7. 经济理论确实表明，通过基于比较优势实现更高程度的专业化，以及降低贸易壁垒的做法，将会增加进行贸易的这些国家的消费总量。然而，一个国家的目标并不是实现消费量的最大化，而是要实现个人效用的最大化。正如我们在第4章结尾讨论过的，如果某种政策变化使得社会上最富有的那个人增加了10亿美元的收入，但同时却使得100万穷人每人减少500美元的收入，那么，这个社会的总收入会增加5亿美元；然而，最富有的这个人所获得的效用增加值却几乎为零，而那些失去500美元收入的穷人所损失的效用却很大。因此，与这个社会所获得的5亿美元的收入增长相伴随的却是总效用的损失。由于我们无法衡量效用，因此，我们衡量一个社会的效用水平是否上升的唯一方法，就是看获益者（在这个例子中就是最富有的那个人）是否愿意向受损的人每人支付500美元；如果他愿意并且实际支付了这笔钱，那么受损者就不会受到损害——也就是说，有人获益但是却没有人受损（所以交易满足了第1章中讨论过的帕累托标准）。

□ 练习题

1. (1) 在M国，为了生产5 000万辆自行车，就必须放弃生产6 000万台电冰箱。每辆自行车的机会成本就是60/50，即1.2台电冰箱。在N国，为了生产7 500万辆自行车，就要放弃生产5 000万台电冰箱。所以每辆自行车的机会成本是50/75，即0.67台电冰箱。

在M国，为了生产6 000万台电冰箱，就必须放弃生产5 000万辆自行车。电冰箱的机会成本是50/60，即0.83辆自行车。在N国，为了生产5 000万台电冰箱，就要放弃生产7 500万辆自行车。生产电冰箱的机会成本是75/50，即1.5辆自行车。

(2) N国在生产自行车方面有比较优势，因为N国生产自行车的机会成本比较低。也就是说，为了生产一辆自行车而需要放弃的电冰箱台数比较少。

(3) 两国之间应该进行贸易。N国生产自行车，M国生产电冰箱。

3. 在富裕国家，客户服务代表的边际生产率是 $MP_L=17-0.6L=17-0.6\times10=11$

在贫穷国家，客户服务代表的边际生产率是 $MP_L=11-0.8L=11-0.8\times5=7$

对这两个国家的工资和边际生产率之比加以比较：

富裕国家的比值：$W/MP_L=20/11=1.82$

贫穷国家的比值：$W/MP_L=10/7=1.43$

在贫穷国家中，1单位服务的边际成本是1.43美元；在富裕国家，1单位服务的边际成本是1.82美元。因此，正在考虑将1 000个客户服务代表工作岗位转移到贫穷国家去的富裕国家中的这家企业可以借此降低成本。如果这家企业确实将这1 000个客户服务代表工作岗位转移到贫穷国家，则富裕国家的客户服务代表的边际生产率会提高到 $17-0.6\times9=11.6$。而贫穷国家的客户服务代表的边际生产率会下降到 $11-0.8\times6=6.2$。所以，即便是将1 000个客户服务代表工作岗位转移到贫穷国家，富裕国家的单位服务成本（20/11.6=1.72）还是高于贫穷国家（10/6.2=1.61）。因此，这家企业可能会考虑将更多的工作岗位转移到贫穷国家。

经济科学译丛

序号	书名	作者	Author	单价	出版年份	ISBN
1	现代劳动经济学:理论与公共政策(第十三版)	罗纳德·G. 伊兰伯格等	Ronald G. Ehrenberg	99.00	2021	978-7-300-29116-1
2	国际贸易(第十一版)	保罗·R.克鲁格曼等	Paul R. Krugman	52.00	2021	978-7-300-29058-4
3	国际金融(第十一版)	保罗·R.克鲁格曼等	Paul R. Krugman	59.00	2021	978-7-300-29057-7
4	国际经济学:理论与政策(第十一版)	保罗·R. 克鲁格曼等	Paul R. Krugman	98.00	2021	978-7-300-28805-5
5	财政学(第五版)	乔纳森·格鲁伯	Jonathan Gruber	118.00	2021	978-7-300-28892-5
6	面板数据分析(第三版)	萧政	Cheng Hsiao	69.00	2021	978-7-300-28646-4
7	宏观经济学(第十三版)	鲁迪格·多恩布什等	Rudiger Dornbusch	89.00	2021	978-7-300-28853-6
8	曼昆版《宏观经济学》(第十版)课后题解答与题库	N. 格里高利·曼昆等	N. Gregory Mankiw	62.00	2021	978-7-300-28855-0
9	共谋理论和竞争政策	小约瑟夫·E. 哈林顿	Joseph E. Harrington, Jr.	39.00	2021	978-7-300-28804-8
10	离散时间的经济动力学	苗建军	Jianjun Miao	108.00	2020	978-7-300-28814-7
11	微观经济学(第四版)	戴维·A. 贝赞可	David A. Besanko	125.00	2020	978-7-300-28647-1
12	经济建模:目的与局限	劳伦斯·A. 博兰德	Lawrence A. Boland	49.00	2020	978-7-300-28532-0
13	计量经济分析(第八版)(上下册)	威廉·H. 格林	William H. Greene	158.00	2020	978-7-300-27645-8
14	微观经济学(第四版)	保罗·克鲁格曼等	Paul Krugman	86.00	2020	978-7-300-28321-0
15	发展宏观经济学(第四版)	皮埃尔·理查德·阿根诺等	Pierre-Richard Agenor	79.00	2020	978-7-300-27425-6
16	平狄克《微观经济学》(第九版)学习指导	乔纳森·汉密尔顿等	Jonathan Hamilton	42.00	2020	978-7-300-28281-7
17	经济地理学: 区域和国家一体化	皮埃尔-菲利普·库姆斯等	Pierre-Philippe Combes	56.00	2020	978-7-300-28276-3
18	公共部门经济学(第四版)	约瑟夫·E. 斯蒂格利茨等	Joseph E. Stiglitz	96.00	2020	978-7-300-28218-3
19	递归宏观经济理论(第三版)	拉尔斯·扬奎斯特等	Lars Ljungqvist	128.00	2020	978-7-300-28058-5
20	策略博弈(第四版)	阿维纳什·迪克西特等	Avinash Dixit	85.00	2020	978-7-300-28005-9
21	劳动关系(第10版)	小威廉·H. 霍利等	William H. Holley, Jr.	83.00	2020	978-7-300-25582-8
22	微观经济学(第九版)	罗伯特·S. 平狄克等	Robert S. Pindyck	93.00	2020	978-7-300-26640-4
23	宏观经济学(第十版)	N. 格里高利·曼昆	N. Gregory Mankiw	79.00	2020	978-7-300-27631-1
24	宏观经济学(第九版)	安德鲁·B.亚伯等	Andrew B. Abel	95.00	2020	978-7-300-27382-2
25	商务经济学(第二版)	克里斯·马尔赫恩等	Chris Mulhearn	56.00	2019	978-7-300-24491-4
26	管理经济学:基于战略的视角(第二版)	蒂莫西·费希尔等	Timothy Fisher	58.00	2019	978-7-300-23886-9
27	投入产出分析:基础与扩展(第二版)	罗纳德·E. 米勒等	Ronald E. Miller	98.00	2019	978-7-300-26845-3
28	宏观经济学:政策与实践(第二版)	弗雷德里克·S. 米什金	Frederic S. Mishkin	89.00	2019	978-7-300-26809-5
29	国际商务:亚洲视角	查尔斯·W.L. 希尔等	Charles W. L. Hill	108.00	2019	978-7-300-26791-3
30	统计学:在经济和管理中的应用(第10版)	杰拉德·凯勒	Gerald Keller	158.00	2019	978-7-300-26771-5
31	经济学精要(第五版)	R. 格伦·哈伯德等	R. Glenn Hubbard	99.00	2019	978-7-300-26561-2
32	环境经济学(第七版)	埃班·古德斯坦等	Eban Goodstein	78.00	2019	978-7-300-23867-8
33	管理者微观经济学	戴维·M.克雷普斯	David M. Kreps	88.00	2019	978-7-300-22914-0
34	税收与企业经营战略:筹划方法(第五版)	迈伦·S. 斯科尔斯等	Myron S. Scholes	78.00	2018	978-7-300-25999-4
35	美国经济史(第12版)	加里·M. 沃尔顿等	Gary M. Walton	98.00	2018	978-7-300-26473-8
36	组织经济学:经济学分析方法在组织管理上的应用(第五版)	塞特斯·杜玛等	Sytse Douma	62.00	2018	978-7-300-25545-3
37	经济理论的回顾(第五版)	马克·布劳格	Mark Blaug	88.00	2018	978-7-300-26252-9
38	实地实验:设计、分析与解释	艾伦·伯格等	Alan S. Gerber	69.80	2018	978-7-300-26319-9
39	金融学(第二版)	兹维·博迪等	Zvi Bodie	75.00	2018	978-7-300-26134-8
40	空间数据分析:模型、方法与技术	曼弗雷德·M. 费希尔等	Manfred M. Fischer	36.00	2018	978-7-300-25304-6
41	《宏观经济学》(第十二版)学习指导书	鲁迪格·多恩布什等	Rudiger Dornbusch	38.00	2018	978-7-300-26063-1
42	宏观经济学(第四版)	保罗·克鲁格曼等	Paul Krugman	68.00	2018	978-7-300-26068-6
43	计量经济学导论:现代观点(第六版)	杰弗里·M. 伍德里奇	Jeffrey M. Wooldridge	109.00	2018	978-7-300-25914-7
44	经济思想史:伦敦经济学院讲演录	莱昂内尔·罗宾斯	Lionel Robbins	59.80	2018	978-7-300-25258-2
45	空间计量经济学入门——在R中的应用	朱塞佩·阿尔比亚	Giuseppe Arbia	45.00	2018	978-7-300-25458-6
46	克鲁格曼经济学原理(第四版)	保罗·克鲁格曼等	Paul Krugman	88.00	2018	978-7-300-25639-9
47	发展经济学(第七版)	德怀特·H.波金斯等	Dwight H. Perkins	98.00	2018	978-7-300-25506-4
48	线性与非线性规划(第四版)	戴维·G.卢恩伯格等	David G. Luenberger	79.80	2018	978-7-300-25391-6
49	产业组织理论	让·梯若尔	Jean Tirole	110.00	2018	978-7-300-25170-7
50	经济学精要(第六版)	巴德、帕金	Bade, Parkin	89.00	2018	978-7-300-24749-6
51	空间计量经济学——空间数据的分位数回归	丹尼尔·P. 麦克米伦	Daniel P. McMillen	30.00	2018	978-7-300-23949-1
52	高级宏观经济学基础(第二版)	本·J. 海德拉	Ben J. Heijdra	88.00	2018	978-7-300-25147-9

经济科学译丛						
序号	书名	作者	Author	单价	出版年份	ISBN
53	税收经济学(第二版)	伯纳德·萨拉尼耶	Bernard Salanié	42.00	2018	978-7-300-23866-1
54	国际贸易(第三版)	罗伯特·C. 芬斯特拉	Robert C. Feenstra	73.00	2017	978-7-300-25327-5
55	国际宏观经济学(第三版)	罗伯特·C. 芬斯特拉	Robert C. Feenstra	79.00	2017	978-7-300-25326-8
56	公司治理(第五版)	罗伯特·A.G. 蒙克斯	Robert A. G. Monks	69.80	2017	978-7-300-24972-8
57	国际经济学(第15版)	罗伯特·J. 凯伯	Robert J. Carbaugh	78.00	2017	978-7-300-24844-8
58	经济理论和方法史(第五版)	小罗伯特·B. 埃克伦德等	Robert B. Ekelund. Jr.	88.00	2017	978-7-300-22497-8
59	经济地理学	威廉·P. 安德森	William P. Anderson	59.80	2017	978-7-300-24544-7
60	博弈与信息:博弈论概论(第四版)	艾里克·拉斯穆森	Eric Rasmusen	79.80	2017	978-7-300-24546-1
61	MBA宏观经济学	莫里斯·A. 戴维斯	Morris A. Davis	38.00	2017	978-7-300-24268-2
62	经济学基础(第十六版)	弗兰克·V. 马斯切纳	Frank V. Mastrianna	42.00	2017	978-7-300-22607-1
63	高级微观经济学:选择与竞争性市场	戴维·M. 克雷普斯	David M. Kreps	79.80	2017	978-7-300-23674-2
64	博弈论与机制设计	Y. 内拉哈里	Y. Narahari	69.80	2017	978-7-300-24209-5
65	宏观经济学(第十二版)	鲁迪格·多恩布什等	Rudiger Dornbusch	69.00	2017	978-7-300-23772-5
66	国际金融与开放宏观经济学:理论、历史与政策	亨德里克·范登伯格	Hendrik Van den Berg	68.00	2016	978-7-300-23380-2
67	经济学(微观部分)	达龙·阿西莫格鲁等	Daron Acemoglu	59.00	2016	978-7-300-21786-4
68	经济学(宏观部分)	达龙·阿西莫格鲁等	Daron Acemoglu	45.00	2016	978-7-300-21886-1
69	中级微观经济学——直觉思维与数理方法(上下册)	托马斯·J. 内契巴	Thomas J. Nechyba	128.00	2016	978-7-300-22363-6
70	环境与自然资源经济学(第十版)	汤姆·蒂坦伯格等	Tom Tietenberg	72.00	2016	978-7-300-22900-3
71	货币金融学(第十一版)	弗雷德里克·S. 米什金	Frederic S. Mishkin	85.00	2016	978-7-300-23001-6
72	动态优化——经济学和管理学中的变分法和最优控制(第二版)	莫顿·I. 凯曼等	Morton I. Kamien	48.00	2016	978-7-300-23167-9
73	投资学精要(第九版)	兹维·博迪等	Zvi Bodie	108.00	2016	978-7-300-22236-3
74	环境经济学(第二版)	查尔斯·D. 科尔斯塔德	Charles D. Kolstad	68.00	2016	978-7-300-22255-4
75	MWG《微观经济理论》习题解答	原千晶等	Chiaki Hara	75.00	2016	978-7-300-22306-3
76	横截面与面板数据的计量经济分析(第二版)	杰弗里·M. 伍德里奇	Jeffrey M. Wooldridge	128.00	2016	978-7-300-21938-7
77	宏观经济学(第十二版)	罗伯特·J. 戈登	Robert J. Gordon	75.00	2016	978-7-300-21978-3
78	动态最优化基础	蒋中一	Alpha C. Chiang	42.00	2015	978-7-300-22068-0
79	管理经济学:理论、应用与案例(第八版)	布鲁斯·艾伦等	Bruce Allen	79.80	2015	978-7-300-21991-2
80	微观经济分析(第三版)	哈尔·R. 范里安	Hal R. Varian	68.00	2015	978-7-300-21536-5
81	财政学(第十版)	哈维·S. 罗森等	Harvey S. Rosen	68.00	2015	978-7-300-21754-3
82	经济数学(第三版)	迈克尔·霍伊等	Michael Hoy	88.00	2015	978-7-300-21674-4
83	发展经济学(第九版)	A. P. 瑟尔沃	A. P. Thirlwall	69.80	2015	978-7-300-21193-0
84	宏观经济学(第五版)	斯蒂芬·D. 威廉森	Stephen D. Williamson	69.00	2015	978-7-300-21169-5
85	现代时间序列分析导论(第二版)	约根·沃特斯等	Jürgen Wolters	39.80	2015	978-7-300-20625-7
86	空间计量经济学——从横截面数据到空间面板	J. 保罗·埃尔霍斯特	J. Paul Elhorst	32.00	2015	978-7-300-21024-7
87	战略经济学(第五版)	戴维·贝赞可等	David Besanko	78.00	2015	978-7-300-20679-0
88	博弈论导论	史蒂文·泰迪里斯	Steven Tadelis	58.00	2015	978-7-300-19993-1
89	社会问题经济学(第二十版)	安塞尔·M. 夏普等	Ansel M.Sharp	49.00	2015	978-7-300-20279-2
90	时间序列分析	詹姆斯·D. 汉密尔顿	James D. Hamilton	118.00	2015	978-7-300-20213-6
91	微观经济理论	安德鲁·马斯-克莱尔等	Andreu Mas-Collel	148.00	2014	978-7-300-19986-3
92	产业组织:理论与实践(第四版)	唐·E. 瓦尔德曼等	Don E. Waldman	75.00	2014	978-7-300-19722-7
93	公司金融理论	让·梯若尔	Jean Tirole	128.00	2014	978-7-300-20178-8
94	公共部门经济学	理查德·W. 特里西	Richard W. Tresch	49.00	2014	978-7-300-18442-5
95	计量经济学导论(第三版)	詹姆斯·H. 斯托克等	James H. Stock	69.00	2014	978-7-300-18467-8
96	中级微观经济学(第六版)	杰弗里·M. 佩罗夫	Jeffrey M. Perloff	89.00	2014	978-7-300-18441-8
97	计量经济学原理与实践	达摩达尔·N. 古扎拉蒂	Damodar N.Gujarati	49.80	2013	978-7-300-18169-1
98	经济学简史——处理沉闷科学的巧妙方法(第二版)	E. 雷·坎特伯里	E. Ray Canterbery	58.00	2013	978-7-300-17571-3

经济科学译丛

序号	书名	作者	Author	单价	出版年份	ISBN
99	环境经济学	彼得·伯克等	Peter Berck	55.00	2013	978-7-300-16538-7
100	高级微观经济理论	杰弗里·杰里	Geoffrey A. Jehle	69.00	2012	978-7-300-16613-1
101	高级宏观经济学导论:增长与经济周期(第二版)	彼得·伯奇·索伦森等	Peter Birch Sørensen	95.00	2012	978-7-300-15871-6
102	卫生经济学(第六版)	舍曼·富兰德等	Sherman Folland	79.00	2011	978-7-300-14645-4
103	计量经济学基础(第五版)(上下册)	达摩达尔·N. 古扎拉蒂	Damodar N.Gujarati	99.00	2011	978-7-300-13693-6
104	《计量经济学基础》(第五版)学生习题解答手册	达摩达尔·N. 古扎拉蒂等	Damodar N. Gujarati	23.00	2012	978-7-300-15080-8

金融学译丛

序号	书名	作者	Author	单价	出版年份	ISBN
1	货币金融学(第三版)	R. 格伦·哈伯德等	R. Glenn Hubbard	96.00	2021	978-7-300-28819-2
2	房地产金融与投资(第十五版)	威廉·B. 布鲁格曼等	William B. Brueggeman	118.00	2021	978-7-300-28473-6
3	金融工程学原理(第三版)	罗伯特·L. 科索斯基等	Robert L. Kosowski	109.00	2020	978-7-300-28541-2
4	金融市场与金融机构(第12版)	杰夫·马杜拉	Jeff Madura	99.00	2020	978-7-300-27836-0
5	个人理财(第11版)	E. 托马斯·加曼等	E. Thomas Garman	108.00	2020	978-7-300-25653-5
6	银行学(第二版)	芭芭拉·卡苏等	Barbara Casu	99.00	2020	978-7-300-28034-9
7	金融衍生工具与风险管理(第十版)	唐·M. 钱斯	Don M. Chance	98.00	2020	978-7-300-27651-9
8	投资学导论(第十二版)	赫伯特·B. 梅奥	Herbert B. Mayo	89.00	2020	978-7-300-27653-3
9	金融几何学	阿尔文·库鲁克	Alvin Kuruc	58.00	2020	978-7-300-14104-6
10	银行风险管理(第四版)	若埃尔·贝西	Joël Bessis	56.00	2019	978-7-300-26496-7
11	金融学原理(第八版)	阿瑟·J. 基翁等	Arthur J. Keown	79.00	2018	978-7-300-25638-2
12	财务管理基础(第七版)	劳伦斯·J. 吉特曼等	Lawrence J. Gitman	89.00	2018	978-7-300-25339-8
13	利率互换及其他衍生品	霍华德·科伯	Howard Corb	69.00	2018	978-7-300-25294-0
14	固定收益证券手册(第八版)	弗兰克·J. 法博齐	Frank J. Fabozzi	228.00	2017	978-7-300-24227-9
15	金融市场与金融机构(第8版)	弗雷德里克·S. 米什金等	Frederic S. Mishkin	86.00	2017	978-7-300-24731-1
16	兼并、收购和公司重组(第六版)	帕特里克·A. 高根	Patrick A. Gaughan	89.00	2017	978-7-300-24231-6
17	债券市场:分析与策略(第九版)	弗兰克·J. 法博齐	Frank J. Fabozzi	98.00	2016	978-7-300-23495-3
18	财务报表分析(第四版)	马丁·弗里德森	Martin Fridson	46.00	2016	978-7-300-23037-5
19	国际金融学	约瑟夫·P. 丹尼尔斯等	Joseph P. Daniels	65.00	2016	978-7-300-23037-1
20	国际金融	阿德里安·巴克利	Adrian Buckley	88.00	2016	978-7-300-22668-2
21	个人理财(第六版)	阿瑟·J. 基翁	Arthur J. Keown	85.00	2016	978-7-300-22711-5
22	投资学基础(第三版)	戈登·J. 亚历山大等	Gordon J. Alexander	79.00	2015	978-7-300-20274-7
23	金融风险管理(第二版)	彼德·F. 克里斯托弗森	Peter F. Christoffersen	46.00	2015	978-7-300-21210-4
24	风险管理与保险管理(第十二版)	乔治·E. 瑞达等	George E. Rejda	95.00	2015	978-7-300-21486-3
25	个人理财(第五版)	杰夫·马杜拉	Jeff Madura	69.00	2015	978-7-300-20583-0
26	企业价值评估	罗伯特·A.G. 蒙克斯等	Robert A. G. Monks	58.00	2015	978-7-300-20582-3
27	基于Excel的金融学原理(第二版)	西蒙·本尼卡	Simon Benninga	79.00	2014	978-7-300-18899-7
28	金融工程学原理(第二版)	萨利赫·N. 内夫特奇	Salih N. Neftci	88.00	2014	978-7-300-19348-9
29	国际金融市场导论(第六版)	斯蒂芬·瓦尔德斯等	Stephen Valdez	59.80	2014	978-7-300-18896-6
30	金融数学:金融工程引论(第二版)	马雷克·凯宾斯基等	Marek Capinski	42.00	2014	978-7-300-17650-5
31	财务管理(第二版)	雷蒙德·布鲁克斯	Raymond Brooks	69.00	2014	978-7-300-19085-3
32	期货与期权市场导论(第七版)	约翰·C. 赫尔	John C. Hull	69.00	2014	978-7-300-18994-2
33	国际金融:理论与实务	皮特·塞尔居	Piet Sercu	88.00	2014	978-7-300-18413-5
34	货币、银行和金融体系	R. 格伦·哈伯德等	R.Glenn Hubbard	75.00	2013	978-7-300-17856-1
35	并购创造价值(第二版)	萨德·苏达斯纳	Sudi Sudarsanam	89.00	2013	978-7-300-17473-0
36	个人理财——理财技能培养方法(第三版)	杰克·R. 卡普尔等	Jack R. Kapoor	66.00	2013	978-7-300-16687-2
37	国际财务管理	吉尔特·贝克特	Geert Bekaert	95.00	2012	978-7-300-16031-3
38	应用公司财务(第三版)	阿斯沃思·达摩达兰	Aswath Damodaran	88.00	2012	978-7-300-16034-4
39	资本市场:机构与工具(第四版)	弗兰克·J. 法博齐	Frank J.Fabozzi	85.00	2011	978-7-300-13828-2

Modern Labor Economics: Theory and Public Policy, 13th Edition by Ronald G. Ehrenberg; Robert S. Smith
ISBN: 9781138218154

北京市版权局著作权合同登记号：01-2018-5212

图书在版编目（CIP）数据

现代劳动经济学：理论与公共政策：第十三版/（美）罗纳德·G. 伊兰伯格（Ronald G. Ehrenberg），（美）罗伯特·S. 史密斯（Robert S. Smith）著；刘昕译. --北京：中国人民大学出版社，2021. 4
（经济科学译丛）
书名原文：Modern Labor Economics：Theory and Public Policy，13th
ISBN 978-7-300-29116-1

Ⅰ. ①现… Ⅱ. ①罗… ②罗… ③刘… Ⅲ. ①劳动经济学 Ⅳ. ①F240

中国版本图书馆 CIP 数据核字（2021）第 045625 号

"十三五"国家重点出版物出版规划项目
经济科学译丛
现代劳动经济学：理论与公共政策（第十三版）
罗纳德·G. 伊兰伯格
罗伯特·S. 史密斯 著
刘昕 译
Xiandai Laodong Jingjixue：Lilun yu Gonggong Zhengce

出版发行	中国人民大学出版社		
社　　址	北京中关村大街 31 号	**邮政编码**	100080
电　　话	010－62511242（总编室）		010－62511770（质管部）
	010－82501766（邮购部）		010－62514148（门市部）
	010－62515195（发行公司）		010－62515275（盗版举报）
网　　址	http://www.crup.com.cn		
经　　销	新华书店		
印　　刷	涿州市星河印刷有限公司		
开　　本	787 mm×1092 mm　1/16	**版　　次**	2021 年 4 月第 1 版
印　　张	39.5　插页 2	**印　　次**	2025 年 3 月第 2 次印刷
字　　数	844 000	**定　　价**	99.00 元